SŁOWNIK *frazeologiczny* angielsko-polski i polsko-angielski

English-Polish and Polish-English

Phraseological DICTIONARY

Teresa Jaworska

SŁOWNIK
frazeologiczny

angielsko-polski i polsko-angielski

Wydawnictwa Naukowo-Techniczne
Warszawa

Redaktorzy części angielsko-polskiej
Teresa Jaworska, Anna Baranowska, Monika Barańska

Redaktorzy części polsko-angielskiej
Teresa Jaworska, Anna Baranowska

Opiniodawca części polsko-angielskiej
dr Halina Majer

Okładkę i strony tytułowe projektował
Wojciech Jerzy Steifer

Redaktor techniczny
Anna Szeląg

Przygotowanie do druku
Dział Składu Komputerowego WNT

© Copyright by Wydawnictwa Naukowo-Techniczne
Warszawa 2002

All Rights Reserved
Printed in Poland

Utwór w całości ani we fragmentach nie może być powielany
ani rozpowszechniany za pomocą urządzeń elektronicznych, mechanicznych,
kopiujących, nagrywających i innych, w tym również nie może być
umieszczany ani rozpowszechniany w postaci cyfrowej zarówno w Internecie,
jak i w sieciach lokalnych bez pisemnej zgody posiadacza praw autorskich.

Adres poczty elektronicznej: wnt@pol.pl
Strona WWW: www.wnt.com.pl

ISBN 83-204-2623-5

WSTĘP

Słownik frazeologiczny angielsko-polski i polsko-angielski zawiera ponad 35 000 haseł. Słownik podaje powszechnie używane wyrażenia i zwroty idiomatyczne, uwzględnia wybrane przysłowia i powiedzenia oraz zamieszcza przykłady zdań ilustrujące użycie wyrazów idiomatycznych. Użytkownik słownika znajdzie w nim idiomy stosowane w języku angielskim i polskim w różnych sytuacjach życia codziennego, np. w szkole, pracy, podróży, a także filmach, programach telewizyjnych, prasie, książkach, piosenkach. Idiom to wyraz, wyrażenie lub zwrot właściwy danemu językowi, nie dający się przetłumaczyć dosłownie na inny język, np.: **be in the same boat** jechać na tym samym/na jednym wózku, **be the apple of sb's eye** być czyimś oczkiem w głowie, **keep one's fingers crossed (for sb)** trzymać (za kogoś) kciuki, **show a clean pair of heels** wziąć nogi za pas, dać nogę. Wyrażenie to ustalone połączenie wyrazowe, którego ośrodkiem jest rzeczownik lub przymiotnik, np. **biały kruk, słomiany ogień, w gorącej wodzie kąpany, sól ziemi**. Zwrot to ustalone połączenie wyrazowe, którego ośrodkiem jest czasownik, np. **spiec raka, bić się z myślami, upiec dwie pieczenie przy jednym ogniu**. Fraza to ustalone połączenie wyrazowe mające postać zdania, np. **kamień spadł komuś z serca, woda sodowa uderzyła komuś do głowy**. Do frazeologii zaliczane są tylko takie zdania, które mają charakter utarty i powtarzane są w tym samym porządku wyrazowym. Termin nadrzędny w stosunku do wyrażenia, zwrotu, frazy nosi nazwę frazeologizmu lub jednostki frazeologicznej. Frazeologia to zasób wyrażeń i zwrotów właściwych danemu językowi. Oprócz utartych wyrażeń i zwrotów, słownik notuje również wiele luźniejszych połączeń wyrazowych upowszechnionych w ciągu ostatnich kilkunastu lat.

Słownik frazeologiczny angielsko-polski i polsko-angielski adresowany jest do szerokiego grona użytkowników – od osób uczących się języka angielskiego, w tym zwłaszcza uczniów róż-

Wstęp

nego rodzaju szkół średnich, do osób znających język angielski na poziomie zaawansowanym. Przybliżając czytelnikowi idiomatykę angielską i polską słownik stanowi pomoc w nauce języka, a zwłaszcza w rozwijaniu umiejętności samodzielnego tworzenia wypowiedzi w języku angielskim znacznie wykraczającej poza nabywaną w szkole.

Słownik angielsko-polski ma służyć przede wszystkim do sprawdzania znaczeń wyrazów idiomatycznych z zakresu współczesnej angielszczyzny brytyjskiej oraz amerykańskiej, stanowiąc tym samym pomoc w tłumaczeniach. Słownik ma układ gniazdowy. Gniazdo składa się z angielskiego hasła wyjściowego i jego polskiego odpowiednika, po których podane są w kolejności alfabetycznej wyrażenia i zwroty idiomatyczne, bądź przykłady zdań wraz z ich odpowiednikami w języku polskim. Opracowując materiał kierowano się zasadą, by odnalezienie danego idiomu było łatwe. Dlatego też wiele idiomów powtórzono w różnych gniazdach, np. zwroty: **keep one's fingers crossed (for sb)** znajdujemy pod **cross, finger** i pod **keep, the die is cast** pod **cast** i pod **die**; wyrażenia: **body and soul** znajdujemy w gniazdach **body** i **soul, heart and soul** w gniazdach **heart** i **soul, heavy sleeper** w gniazdach **heavy** i **sleeper** itd.

Słownik polsko-angielski to słownik „aktywny", „do czytania", służący nie tyle do sprawdzania znaczeń, co przede wszystkim do rozwijania umiejętności samodzielnego tworzenia wypowiedzi w języku angielskim. Słownik ma układ gniazdowy. Gniazdo stanowi pewną całość tematyczną, składającą się z polskiego hasła wyjściowego i jego angielskiego odpowiednika, po których podane są wyrażenia, zwroty i frazy oraz przykładowe zdania wraz z ich odpowiednikami w języku angielskim. Aby zachować spójność treściową bloków hasłowych i ułatwić czytelnikowi odnalezienie szukanego przez niego hasła, niektóre związki frazeologiczne powtórzone zostały w różnych gniazdach, np. zwrot **wsadzić/wetknąć kij w mrowisko** znajdujemy pod **kij** i pod **mrowisko, stanąć na własnych nogach** pod **noga** i pod

stanąć; wyrażenie **pokaz siły** znajdujemy w gniazdach **pokaz** i **siła** itd. Hasła w gnieździe podane są w porządku alfabetycznym w następującej kolejności: najpierw hasła, zaczynające się od hasła wyjściowego, następnie hasła, w których wyraz hasłowy jest na drugim miejscu, na końcu zaś zwroty zaczynające się od czasowników. Na przykład dla hasła **pomoc** organizacja jest następująca: **pomoc finansowa; pomoc gospodarcza; pomoc humanitarna; pomoc państwa; bezinteresowna pomoc; pierwsza pomoc (medyczna); pomocy!/na pomoc!; ofiarować pomoc; otrzymać pierwszą pomoc; potrzebować pomocy; przy pomocy kogoś; przyjść komuś z pomocą; wzywać pomocy; za pomocą czegoś** itd.

W *Słowniku frazeologicznym angielsko-polskim i polsko-angielskim* ograniczono ilość kwalifikatorów, objaśnień gramatycznych, skrótów i odsyłaczy, w przeświadczeniu, że zapewni mu to większą przejrzystość budowy, a tym samym ułatwi czytelnikowi posługiwanie się nim. Cyframi arabskimi oddzielone są różne grupy znaczeniowe w obrębie hasła wyjściowego. Kreska ukośna używana jest w celu ukazania wyrazów alternatywnych lub dla uniknięcia powtórzeń tych samych wyrazów. Przecinki rozdzielają odpowiedniki synonimiczne. Średniki rozdzielają odpowiedniki bliskie znaczeniowo lub hasła zgrupowane w gnieździe. W nawiasach podano różnego rodzaju dopowiedzenia, objaśnienia znaczeń lub też zawarto wyrazy, które mogą być opuszczone lub zamienione na inne. W części polsko-angielskiej znak tyldy ~ zastępuje wyraz hasłowy. Jeśli wyraz ten jest przedzielony kreską pionową, tylda zastępuje pierwszą jego część. W części angielsko-polskiej znak rombu ♦ oddziela hasło wyjściowe od reszty gniazda, gdzie podano wyrażenia i zwroty. Na końcu słownika zamieszczono zestaw czasowników nieregularnych.

SŁOWNIK
frazeologiczny

angielsko-polski

opracowała
Teresa Jaworska

ABBREVIATIONS
OBJAŚNIENIE SKRÓTÓW

a – przymiotnik/adjective
adv – przysłówek/adverb
conj – spójnik/conjunction
dosł. – dosłownie/literally
GB – brytyjski/British usage
interj – wykrzyknik/interjection
itd. – i tak dalej/and so forth
n – rzeczownik/noun
np. – na przykład/for example
num – liczebnik/numeral
one's – wymagane użycie wyrazu dzierżawczego, np. my, your, her, his
part – partykuła/particle
pl – liczba mnoga/plural
pot. – potocznie/colloquial
prep – przyimek/preposition
pron – zaimek/pronoun
przen. – przenośnie/figurative
przysł. – przysłowie/proverb
sb – ktoś, kogoś, komuś/somebody
sb's – czyjś, kogoś/somebody's
sing – liczba pojedyncza/singular
sth – coś, czegoś/something
US – amerykański/American usage
v – czasownik/verb
zob. – zobacz/see
zwł. – zwłaszcza/especially

A

A ♦ (*w wyrażeniach*) **A1** *pot.* pierwszorzędny; pierwszej klasy; wyborowy; przedni; super; **an A student** prymus; piątkowy//bardzo dobry uczeń; bardzo dobry/wzorowy student; **from A to Z** od a do z

ABC *n* abecadło, alfabet; *przen.* abecadło, Abc (*tematu, dziedziny wiedzy*) ♦ **as easy as ABC** śmiesznie łatwy, dziecinnie łatwy/prosty

aback *adv* ♦ (*w zwrocie*) **be taken aback** być bardzo zaskoczonym/zdziwionym

about 1. *adv* prawie; w przybliżeniu **2.** *prep* o; co do; w sprawie ♦ **about time** najwyższy czas; **be about to do sth** mieć zamiar coś zrobić, mieć/zamierzać właśnie coś zrobić; **be all about sb/sth** być o kimś/czymś, mieć za (główny) temat kogoś/coś; traktować o kimś/czymś; **how about...?** a co z...?; a może by tak...?; **it's all about love** wszystko o miłości; **just about** (już) prawie; **out and about 1.** powracający do zdrowia **2.** tu i tam, tu i ówdzie; **round about** około (*określając czas, objętość itd.*); **that's about it/that's about the size of it** *pot.* tak to widzę, tak na to patrzę, tak to oceniam; tak to wygląda; **that's (just) about all/that's (just) about it** to (na razie) tyle, to (na razie) wszystko; na tym skończymy; **what about...?** a co z...?; a może by tak...?

above *adv, prep* nad; powyżej ♦ **above all (else)** przede wszystkim; nade wszystko; **above average** powyżej przeciętnej/średniej; **above board** legalny, uczciwy, czysty (*interes, sprawa itd.*); **above ground** nad ziemią; **above mentioned** wyżej wymieniony; **above reproach** bez zarzutu; **above sb's head** za trudny dla kogoś, zbyt trudny dla kogoś, zbyt skomplikowany dla kogoś; **above sea level** nad poziomem morza; **above suspicion** poza podejrzeniem; **be above (doing) sth** nie zniżać się do (zrobienia) czegoś; stawiać się ponad coś; **be/get above oneself** wynosić się, wywyższać się, pysznić się; wysoko się cenić; **from above** z góry; **open and above board** legalny, uczciwy, czysty (*interes, sprawa itd.*); **over and above** oprócz (czegoś), powyżej (czegoś)

abreast *adv* w (jednym) rzędzie, jeden przy drugim, obok siebie ♦ **be/keep abreast of sth** być na bieżąco z czymś (*najnowszymi wydarzeniami itd.*); nadążać za czymś (*nowościami, postępem technicznym itd.*), dotrzymywać kroku czemuś; **be/keep abreast of the times** iść z duchem czasu/epoki

absence *n* **1.** nieobecność **2.** brak ♦ **in/during sb's absence** pod czyjąś nieobecność, w czasie czyjejś nieobecności, podczas czyjejś nieobecności; **in the absence of** z braku (*dowodów itd.*); **leave of absence** urlop (*szkoleniowy, okolicznościowy itd.*); *pot.* przepustka (*na opuszczenie koszar*); **sentenced in absence** skazany zaocznie

absent *a* nieobecny ♦ **the absent are always wrong** *przysł.* nieobecni nie mają racji

abstract *n* **1.** abstrakcja **2.** abstrakt, skrót, streszczenie ♦ **abstract concept** pojęcie abstrakcyjne; **abstract reasoning** myślenie/ /rozumowanie abstrakcyjne; **in the abstract** abstrakcyjnie; teoretycznie

absurdity *n* absurdalność; absurd, niedorzeczność ♦ **bring sth to an absurdity** doprowadzić coś do absurdu

abundantly *adv* obficie, dostatnio, bogato ♦ **abundantly clear** jasny/jasne jak słońce, oczywisty (dla wszystkich), bezsporny, nie budzący wątpliwości; **make sth abundantly clear** jasno się wyrazić; postawić sprawę jasno; dać wyraźnie do zrozumienia, że...

accident *n* **1.** wypadek **2.** przypadek ♦ **accidents will happen/accidents can happen** nieszczęścia/wypadki chodzą po ludziach; **a chapter of accidents** pasmo klęsk/niepowodzeń/nieszczęść; **by accident** przypadkowo, przypadkiem; **happy accident** szczęśliwy przypadek/traf; **meet with/have an accident** mieć wypadek, ulec wypadkowi; **road accident** wypadek drogowy; **scene of accident** miejsce wypadku

accidentally *adv* przypadkiem, przypadkowo ♦ **accidentally on purpose** (*żartobliwie*) nie całkiem/niezupełnie przez przypadek, niby przez przypadek, niby przypadkiem

acclaimed *a* uznany, mający ugruntowaną/dobrą opinię ♦ **critically acclaimed** uznany/chwalony przez krytykę, cieszący się uznaniem krytyków; **highly acclaimed** cieszący się wielkim/wysokim uznaniem; **widely/universally acclaimed** cieszący się szerokim uznaniem, powszechnie/ogólnie uznany

accord *n* zgoda; porozumienie ♦ **in accord with sb/sth** w zgodzie z kimś/czymś; **in total/perfect accord** w idealnej zgodzie; **of one's own accord** z własnej woli, dobrowolnie; **with one accord** zgodnie, jednomyślnie; jak jeden mąż; razem

accordance *n* zgodność ♦ **in accordance with sth** zgodnie z czymś (*prawem, regulaminem, zwyczajem itd.*)

according to *prep* według; zgodnie z; stosownie do ♦ **according to plan** zgodnie z planem, według planu, planowo; **go according to plan** przebiegać/pójść/odbywać się zgodnie z planem

account[1] *n* **1.** sprawozdanie, raport; relacja **2.** rachunek, konto ♦ **bank account** konto bankowe; **blow-by-blow account** szczegółowa/drobiazgowa relacja; **bring sb to account** pociągać kogoś do odpowiedzialności; wyciągać konsekwencje w stosunku do kogoś; **by all accounts** z tego co (ludzie) mówią; według relacji; wszyscy mówią, że...; w opinii większości; panuje opinia, że...; **by his/her own account** z tego co on/ona mówi, według jego/jej własnych słów; **call sb to account** pociągać kogoś do odpowiedzialności; domagać się/żądać od ko-

account 4

goś wyjaśnień; **eyewitness account** relacja naocznego świadka; **firsthand account** relacja z pierwszej ręki; **from all accounts** z tego co (ludzie) mówią; według relacji; wszyscy mówią, że...; w opinii większości; panuje opinia, że...; **give a good/bad account of oneself** dobrze/źle się spisać; **give an account of sth** zdawać sprawozdanie/raport/relację z czegoś; **not on any account** pod żadnym pozorem, pod żadnym warunkiem; **of great account** wielkiej wagi, doniosły; **of little account** małej wagi, mało ważny; **of no account** bez znaczenia, nieważny, nieistotny, nic nie znaczący; **of small account** małej wagi, mało ważny; **of some account** mający pewne znaczenie; **on account 1.** tytułem zaliczki **2.** na kredyt; na rachunek; **on account of sth** z powodu czegoś, wskutek czegoś, z racji czegoś; **on no account** pod żadnym pozorem, pod żadnym warunkiem; **on one's own account** na własną rękę; na własne konto/ryzyko; **on sb's account** ze względu na kogoś, z powodu kogoś, z uwagi na kogoś; **on this/that account** z tego powodu, z tej przyczyny, wskutek tego; **profit and loss account** rachunek strat i zysków; **put sth to good account** zrobić z czegoś dobry użytek; obrócić coś na własną korzyść; odnieść z czegoś pożytek; **settle/square an account/one's account(s) with sb** wyrównać z kimś rachunki; **take sth into account/take account of sth** brać coś pod uwagę; **turn sth to good account** zrobić z czegoś dobry użytek; obrócić coś na własną korzyść; odnieść z czegoś pożytek

account² *v* uważać (*kogoś za coś*) ♦ **there's no accounting for taste** *przysł.* są gusta i guściki; o gustach się nie dyskutuje

ace *n* as ♦ **have an ace up one's sleeve/***US* **have an ace in the hole** mieć asa w rękawie; **hold all the aces** mieć/trzymać wszystkie atuty w ręku; **within an ace of sth/doing sth** o (mały) włos od czegoś/od zrobienia czegoś, o krok od czegoś/od zrobienia czegoś

ache *n* ból ♦ **aches and pains** dolegliwości (*zdrowotne*)

Achilles *n* Achilles ♦ **an/one's Achilles' heel** (czyjaś) pięta achillesowa/Achillesa

acid *n* kwas ♦ **acid rain** kwaśny deszcz; **the acid test** probierz, kryterium, sprawdzian, miernik, prawdziwa próba (*wykazująca wartość czegoś*)

acquaintance *n* **1.** znajomość **2.** znajomy ♦ **have a nodding/passing acquaintance with sb/sth** znać kogoś/coś powierzchownie, słabo kogoś/coś znać; **make sb's acquaintance/make the acquaintance of sb** poznać kogoś (osobiście), zawrzeć z kimś znajomość; **on closer/further acquaintance** przy bliższym poznaniu

across 1. *adv* w poprzek, poprzecznie **2.** *adv* wszerz, na szerokość **3.** *prep* przez; po drugiej stronie ♦ **across from sb/sth** naprzeciw kogoś/czegoś; po przeciwnej/przeciwległej stronie kogoś/czegoś; **across the board** dotyczący/obejmujący wszystkich, całościowy, kompletny

act[1] *n* **1.** akt **2.** *pot.* udawanie; pozory ♦ **(an) act of God** siła wyższa; wypadek losowy; dopust boży; **be in on the act** *pot.* angażować się w coś (*np. przedsięwzięcie*); wciągać się w coś; wchodzić do interesu; **catch sb in the (very) act (of doing sth)** złapać/schwytać/przyłapać kogoś na gorącym uczynku; **do a disappearing act** przepadać, ulatniać się (jak kamfora), ginąć; **get in on the act** *pot.* angażować się w coś (*np. przedsięwzięcie*); wciągać się w coś; wchodzić do interesu; **get one's act together** *pot.* (z)mobilizować się, przygotować się; **put on an act** *pot.* udawać; **sex act** stosunek płciowy

act[2] *v* **1.** działać; przystąpić do działania **2.** grać **3.** udawać ♦ **act as** działać/występować w charakterze; zastępować kogoś (*kierownika itd.*); **act as a brake on sth** *przen.* hamować coś; spowalniać coś; utrudniać coś; przeszkadzać czemuś; **act for sb** reprezentować kogoś (*w sądzie itd.*); występować w czyimś imieniu; **act in good/bad faith** działać w dobrej/złej wierze; **act on sb's advice** iść/pójść za czyjąś radą; (po)słuchać czyjejś rady; skorzystać z czyjejś rady; **act on sb's behalf** reprezentować kogoś (*w sądzie itd.*); występować w czyimś imieniu; **act strangely/stupidly** zachowywać się dziwnie/głupio; **act the fool** błaznować, wygłupiać się; **act the goat** *GB pot.* wygłupiać się, zachowywać się niepoważnie; **act the hero** udawać bohatera

action *n* **1.** akcja; działanie; postępowanie **2.** powództwo; skarga
♦ **action film** film akcji; **a man of action** człowiek czynu; **be killed in action** polec/zginąć na polu chwały; **be out of action** nie być na chodzie; nie funkcjonować; nie działać; **in action** w akcji; w działaniu; **bring an action against sb** wytoczyć komuś sprawę sądową; **bring/call sth into action** wcielać//wprowadzać coś w czyn, wcielać coś w życie; **divorce action** sprawa rozwodowa; **go into action** wchodzić do akcji; **have freedom of action/enjoy the freedom of action** mieć swobodę działania; **industrial action/US job action** związkowa akcja protestacyjna; **line of action** sposób/linia działania, sposób/linia postępowania; **plan of action** plan działania; **preparatory action** czynności przygotowawcze; **put sth into action** wcielać/wprowadzać coś w czyn, wcielać coś w życie; **scheme of action** plan działania; **strike action** akcja strajkowa; **swing/spring into action** wchodzić natychmiast do akcji; przystąpić natychmiast do działania; zacząć działać; **take action** podjąć działanie; **take evasive action** zrobić unik; uciec; **terrorist action** akcja terrorystyczna; **the action takes place in...** akcja toczy się w/rozgrywa się w...; **this problem calls for prompt/immediate action from the government** ten problem wymaga natychmiastowego działania ze strony rządu; **where (all) the action is** *pot.* miejsce, gdzie się coś (ważnego) dzieje; miejsce tętniące życiem; **workers are calling for strike action** robotnicy nawołują do akcji strajkowej

active *a* aktywny; czynny ♦ **live an active life** prowadzić aktywne życie, żyć aktywnie; **on active service/US on active duty** w czynnej służbie (wojskowej)

actual *a* rzeczywisty, faktyczny ♦ **in actual fact** rzeczywiście, faktycznie, w rzeczywistości, naprawdę

actuality *n* realność, rzeczywistość, prawdziwość ♦ **in actuality** rzeczywiście, faktycznie, w rzeczywistości, naprawdę

Adam *n* Adam ♦ **Adam's ale** (*żartobliwie*) woda; **Adam's apple** jabłko Adama, grdyka; **not know sb from Adam** *pot.* nie poznać kogoś, nie rozpoznać kogoś; nie znać kogoś; nie mieć pojęcia kim jest dana/ta osoba

add *v* dodawać ♦ **add charm to sth** dodawać czemuś uroku; **add colour to sth** czynić coś (bardziej) kolorowym, uatrakcyjniać coś, ożywiać coś; **added to this** jeśli dodać do tego...; w dodatku, na dodatek; **add fuel to the fire/flames** dolewać oliwy do ognia; **add insult to injury** ponownie/dodatkowo kogoś urazić/zranić; zaognić/pogorszyć sytuację; pogorszyć sprawę; dolać oliwy do ognia; dobić kogoś; **add one's voice to sth** publicznie opowiedzieć się za czymś, publicznie udzielić czemuś poparcia; **add wings to sb** dodawać komuś skrzydeł; **if you add to this** jeśli dodać do tego...; w dodatku, na dodatek

addition *n* dodawanie ♦ **in addition** na dodatek; dodatkowo; oprócz tego; ponadto

ado *n* ♦ (*w wyrażeniach*) **much ado about nothing** wiele hałasu o nic; **without much/further ado** bez większych/dalszych ceregieli

adrenalin *n* adrenalina ♦ **get the adrenalin going** podnosić poziom adrenaliny

advance *n* **1.** postęp; rozwój **2.** zaliczka ♦ **be in advance of one's time** wyprzedzać swoje czasy/swoją epokę; **be in advance of sth/sb** wyprzedzać coś/kogoś (*w rozwoju itd.*); **in advance** z góry; uprzednio

advantage *n* **1.** przewaga **2.** korzyść; zaleta ♦ **advantages and disadvantages** wady i zalety; **gain an advantage over sb** zyskać nad kimś przewagę; **have the advantage of sb** mieć nad kimś przewagę; być w lepszej sytuacji; **take advantage of sb**

advice 8

wykorzystać kogoś (*nieuczciwie*); **take (full) advantage of sth 1.** wykorzystać coś (w pełni), skorzystać (w pełni) z czegoś **2.** wykorzystać coś (*nieuczciwie*); **to advantage** korzystnie; w korzystnym świetle; **to the best advantage** jak najkorzystniej

advice *n* rada ♦ **act on sb's advice** iść/pójść za czyjąś radą; (po)słuchać czyjejś rady; skorzystać z czyjejś rady; **advice column** *US pot.* rubryka porad (*w gazecie*); **advice columnist** *US pot.* osoba prowadząca rubrykę porad, osoba udzielająca porad, osoba odpowiadająca na listy czytelników (*w gazecie*); **a piece of advice** rada; **ask sb's advice** prosić/pytać kogoś o radę; **follow sb's advice** iść/pójść za czyjąś radą; (po)słuchać czyjejś rady; skorzystać z czyjejś rady; **give advice** udzielać rad; służyć (komuś) radą; **on sb's advice** idąc za czyjąś radą; zgodnie z czyimś zaleceniem (*lekarza itd.*); **take sb's advice** iść//pójść za czyjąś radą; (po)słuchać czyjejś rady; skorzystać z czyjejś rady

advise *v* **1.** radzić **2.** informować, zawiadamiać, powiadamiać ♦ **it would be ill advised to do sth** niemądrze/nierozsądnie byłoby zrobić coś; **it would be well advised to do sth** rozsądek nakazuje zrobienie czegoś; mądrze/rozsądnie byłoby zrobić coś; **keep sb advised** informować kogoś na bieżąco

aegis *n* ♦ (*w wyrażeniu*) **under the aegis of...** pod egidą...

affair *n* **1.** sprawa; kwestia **2.** wydarzenie ♦ **affairs of the heart** sprawy sercowe; **a state of affairs** sytuacja; stan rzeczy; sprawy; **have an affair with sb** mieć z kimś romans; **love affair** romans, przygoda miłosna, flirt

afield *adv* w polu; na polu ♦ **far/farther/further afield** daleko (*zwł. od domu*); dalej; z daleka; **no further afield than...** nie dalej niż...

afresh *adv* na nowo, od nowa ♦ **start sth afresh** zaczynać coś na nowo/od nowa

after 1. *adv* później; potem **2.** *prep* za; po; według ♦ **after a fashion** jako tako, niezbyt dobrze; znośnie; możliwie; **after all** pomimo wszystko, pomimo to; ostatecznie; **after all one's efforts/work** pomimo wysiłków/włożonej pracy (*itd.*); **after a while** po chwili; wkrótce; **after effects** następstwa, skutki, konsekwencje; **after hours** po godzinach (*urzędowania itd.*); **after one's own heart** (ktoś) w czyimś typie, czyjaś bratnia dusza; **be after sb/sth** *pot.* szukać kogoś/czegoś; rozglądać się za kimś/czymś; **come after sth** nastąpić po czymś, pojawić się po czymś, mieć miejsce po czymś, wydarzyć się po czymś; **in after years** w następnych latach; **one after another** pojedynczo, jeden za drugim; **soon/shortly/not long after** wkrótce po tym jak...; **straight after** zaraz/prosto/tuż po; **they lived happily ever after** i żyli długo i szczęśliwie (*w zakończeniach bajek*); **time after time** wielokrotnie, wiele razy; **week after week** (całymi) tygodniami

again *adv* znów; ponownie, jeszcze raz ♦ **again and again** wciąż, stale; ustawicznie; **all over again** na nowo, od nowa, od początku, ponownie, jeszcze raz; **as much/as many again** drugie tyle; **be on one's feet again** stanąć na nogi/na nogach (*po chorobie, kryzysie*); **come again?** *pot.* słucham? (*prośba o powtórzenie wyrażająca niedowierzanie lub niezrozumienie*); **(every) now and again** od czasu do czasu, co jakiś czas; **half as many again/half as much again** półtora raza większy/więcej; **never again** nigdy więcej; **once again** jeszcze raz; **once and again** niejednokrotnie; czasem; **over and over again** wiele razy, niejednokrotnie; wciąż, stale; ustawicznie; **the same again** drugie tyle; **time and (time) again** wciąż, stale; ustawicznie; **yet again** i znowu, i ponownie, raz jeszcze

against *prep* przeciw; wbrew ♦ **against a background (of sth)** na tle (czegoś); **against (all) expectation(s)** wbrew (wszelkim//najśmielszym) oczekiwaniom; **against all (the) odds** wbrew przeciwnościom, pomimo wszystkich przeciwności; **against one's/sb's better judgement** wbrew zdrowemu rozsądkowi; **against order** na zamówienie; **against sb's will/against sb's**

against 10

wishes wbrew czyjejś woli; **against the law** wbrew prawu; niezgodny/niezgodnie z prawem; **against the light** pod światło; **against the rules** niezgodnie z przepisami/z regulaminem; **against the tide** *przen.* pod prąd; **as against sth** w przeciwieństwie do czegoś; **be/come up against sth** napotkać coś (*trudności, przeszkody itd.*); borykać się z czymś (*życiem, przeciwnościami itd.*); **have nothing against sb/sth** nie mieć nic przeciwko komuś/czemuś; **have sth against sb/sth** mieć coś przeciw komuś/czemuś; **over against sth** w przeciwieństwie do czegoś; **work against sb** działać na czyjąś niekorzyść; obracać się przeciwko komuś

age *n* **1.** wiek **2.** epoka; era; czasy ♦ **age group** grupa wiekowa; **age of consent** wiek uprawniający do zawarcia małżeństwa; **at an early age** w młodym wieku; **awkward age** trudny wiek (*wchodzenia w dorosłe życie*); **be of age 1.** osiągnąć pełnoletność **2.** *przen.* rozwinąć się; osiągnąć pełnię rozwoju; dojrzewać; **be of an age 1.** być w wieku, osiągnąć wiek (*odpowiedni do czegoś*) **2.** być w tym samym/jednakowym wieku; **come of age 1.** osiągnąć pełnoletność **2.** *przen.* rozwinąć się; osiągnąć pełnię rozwoju; dojrzewać; **for ages** od wieków, (całe) wieki (*nie widzieć kogoś itd.*); **golden age** złoty wiek (*sztuki itd.*), złote lata; **in this day and age** w dzisiejszych czasach; **it takes ages to...** *przen.* całe wieki trwa..., całą wieczność trwa..., coś trwa (całe) wieki; **live to the ripe old age** dożyć/doczekać sędziwego wieku, dożyć/doczekać późnej starości; **look one's age** wyglądać na swój wiek; **old age** starość, podeszły wiek; **old age pension** emerytura; **old age pensioner** emeryt; **over age** mający przekroczoną granicę wieku; za stary; **retirement age** wiek emerytalny; **ripe old age** starość, podeszły wiek; **take ages to** *zob.* **it takes ages to...**; **tender age** młody wiek; **under age** niepełnoletni, nieletni; **what age is she?** ile ona ma lat?, w jakim ona jest wieku?; **when I was your age...** kiedy byłem w twoim wieku...

agency *n* agencja ♦ **by/through the agency of...** za pośrednictwem...; przy pomocy...; za pomocą...; **news/press agency** agencja informacyjna/prasowa; **travel agency** biuro podróży

aggregate *n* zespół; skupienie; masa ♦ **in (the) aggregate** w całości; w sumie; ogólnie biorąc; **on aggregate** w sumie; ogółem

agony *n* **1.** agonia **2.** *przen.* męka; udręka; zgryzota ♦ **agony aunt** *GB pot.* osoba prowadząca rubrykę porad, osoba udzielająca porad, osoba odpowiadająca na listy czytelników (*w gazecie*); **agony column** *GB pot.* rubryka porad (*w gazecie*)

agree *v* **1.** zgadzać się **2.** uzgadniać ♦ **agree to differ** pozostać (każdy) przy swoim zdaniu; **be agreed on/about sth** zgadzać się co do/w sprawie...; **it was agreed that...** zgodzono się, że...; uzgodniono, że...

ahead *adv* z przodu; do przodu; na przedzie ♦ **ahead of sb/sth** przed kimś/czymś; **ahead of schedule** przed (ustalonym) terminem, przedterminowo; **ahead of time 1.** przed czasem, za wcześnie **2.** *US* z góry, zawczasu; **be ahead of one's time** wyprzedzać swoje czasy/swoją epokę; **be streets ahead of sb/sth** *pot.* być o całe niebo lepszym od kogoś/czegoś, bić kogoś/coś na głowę, przerastać/przewyższać kogoś/coś o głowę; **days/months ahead** nadchodzące dni/miesiące, zbliżające się dni/miesiące, przyszłe dni/miesiące (*itd.*); **get ahead** robić postępy (*w pracy, nauce*); posuwać się, postępować (*o czynności, procesie*); **go ahead!** dalej!; śmiało!; **go ahead (with sth)** zaczynać (coś), rozpoczynać (coś); **keep one jump ahead of sb** *pot.* wyprzedzać kogoś (*rywali*); utrzymywać/mieć przewagę nad kimś; **look ahead** patrzeć przed siebie; **stay one jump ahead of sb** *pot.* wyprzedzać kogoś (*rywali*); utrzymywać/mieć przewagę nad kimś; **straight/right ahead** prosto przed siebie

aid[1] *n* pomoc; wsparcie ♦ **come to sb's aid** przyjść komuś z pomocą; **give first aid** udzielić pierwszej pomocy; **hearing aid** aparat słuchowy; **in aid of sth/sb** z pomocą dla czegoś/kogoś; na rzecz czegoś/kogoś, wspierając coś/kogoś, na cele (*np. cha-*

aid

rytatywne); **what's (all) this in aid of?** *pot.* po co to wszystko?, czemu to ma służyć?; **with the aid of sth** za pomocą czegoś

aid² *v* pomagać ♦ **aid and abet** współuczestniczyć (*w przestępstwie*); nakłaniać (*do zachowań nagannych, popełnienia przestępstwa itd.*)

aim¹ *n* cel ♦ **follow an aim** dążyć do celu; **meet an aim** osiągnąć cel; **take aim at** celować do (*tarczy*)

aim² **at** *v* **1.** celować do **2.** dążyć do ♦ **aim at the target** mierzyć do celu; **be aimed at** być przeznaczonym dla, być kierowanym do, być adresowanym do (*czytelników, słuchaczy itd.*)

air *n* **1.** powietrze **2.** atmosfera; nastrój **3.** wygląd ♦ **a breath of fresh air** *przen.* powiew świeżego powietrza; pożądana zmiana; miła odmiana; **a change of air** zmiana klimatu; zmiana otoczenia; **air attack** atak lotniczy/powietrzny; **air disaster** katastrofa lotnicza; **airs and graces** zadzieranie nosa; **air time** czas antenowy (*w telewizji, radiu*); **appear out of thin air** zjawić się/wyrosnąć jakby spod ziemi; pojawić się nagle/niespodziewanie; zjawić się/przyjść znikąd; **as light as air** lekki jak piórko/puch; leciutki; **be off (the) air** skończyć nadawanie (*programu*), zejść z anteny; **be on (the) air** nadawać (*program*), być na antenie/na wizji; **(build) castles in the air** (budować) zamki na piasku/na lodzie; **clear the air** uzdrowić/oczyścić atmosferę; **disappear into thin air** przepaść/zniknąć/wpaść jak kamień w wodę, ulotnić się/zniknąć jak kamfora; **float on air** być wniebowziętym, być w siódmym niebie, nie posiadać się ze szczęścia/z radości; **give oneself airs** zadzierać nosa; wywyższać się, puszyć się, pysznić się; **have a breath of fresh air** odetchnąć świeżym powietrzem; zaczerpnąć świeżego powietrza; **hot air** *pot.* puste/czcze słowa, słowa rzucane na wiatr; czcze/puste gadanie, czcza gadanina; mowa-trawa; przechwałki; obietnice bez pokrycia; **in the air 1.** (wiszący) w powietrzu; (wszędzie) obecny, dający się wyczuć **2.** niepewny; (jeszcze) nie postanowiony/nie zdecydowany; wciąż nie rozstrzygnięty; **in the open air** na otwartym/wolnym/świeżym powietrzu, pod gołym niebem, w plenerze; **leave sth hanging in the air** zostawić coś bez odpowiedzi, nie rozstrzygnąć czegoś, nic nie postanowić, nie (móc) podjąć decyzji w jakiejś sprawie; **light as air** lekki jak piórko/puch; leciutki; **live on air** żyć powietrzem, żyć z niczego; **on the air** na wizji; na antenie; **over the air** w telewizji; w radiu; **produce sth out of thin air** wytrzasnąć/wziąć coś spod ziemi/znikąd/z kapelusza; zrobić coś z niczego; **put on airs** zadzierać nosa; wywyższać się, puszyć się, pysznić się; **sth hangs in the air** coś wisi w powietrzu; **take the air** odetchnąć świeżym powietrzem; zaczerpnąć świeżego powietrza; **talk hot air** *pot.* nawijać;ględzić bez treści; przechwalać się; rzucać słowa na wiatr; **up in the air** niepewny; (jeszcze) nie postanowiony/nie zdecydowany; wciąż nie rozstrzygnięty; **vanish into thin air** przepaść/zniknąć/wpaść jak kamień w wodę, ulotnić się/zniknąć jak kamfora; **walk on air** być wniebowziętym, być w siódmym niebie, nie posiadać się ze szczęścia/z radości; **with one's nose in the air** zadzierając nosa

airing *n* dyskusja, przedyskutowanie (*tematu, sprawy itd.*); naświetlenie (*zagadnienia itd.*) ♦ **give/get sth an airing** dyskutować nad czymś (*na forum publicznym*); przedyskutować coś; naświetlać coś (*zagadnienie itd.*)

aisle *n* przejście (*między rzędami, np. foteli w teatrze*) ♦ **rolling in the aisles** zrywając boki ze śmiechu, pękając ze śmiechu, pokładając się ze śmiechu

alarm *n* 1. alarm 2. zaniepokojenie; przerażenie ♦ **alarm clock** budzik; **false alarm** fałszywy alarm; **give/sound the alarm** bić na alarm; **in alarm** zaniepokojony; przerażony; przestraszony; **raise the alarm** podnieść/wszcząć alarm, (za)alarmować

albatross *n* albatros ♦ **be/become an albatross (around sb's neck)** być/stać się komuś kamieniem u szyi; stać się dla kogoś ciężarem

alert

alert *n* alarm; alert; pogotowie ♦ **be on the (full) alert (for sth)** być przygotowanym (na coś), być w (pełnej) gotowości, mieć się na baczności (przed czymś), uważać (na coś)

alive *a* **1.** żywy; żyjący **2.** aktywny; ożywiony ♦ **alive and kicking** *pot.* (wciąż) w pełni sił; (ciągle) w dobrej formie; **alive to sth** świadomy czegoś; **be alive** żyć; **be alive to sth** zdawać sobie sprawę z wagi czegoś; doceniać coś; **be alive with...** tętnić życiem...; **be more dead than alive** być ledwie/na pół/na wpół żywym; **bring sth alive** ożywiać coś; urozmaicać coś; czynić coś ciekawym/ciekawszym; uatrakcyjniać coś; **come alive** ożywiać się; **eat sb alive** zjeść kogoś żywcem; **keep sb alive** trzymać kogoś przy życiu; podtrzymywać czyjeś życie (*lekami itd.*); **look alive!** *pot.* pospiesz się!; **skin sb alive** obdzierać kogoś żywcem ze skóry; **stay alive** przeżyć, utrzymać się przy życiu, przetrwać

all 1. *a* cały **2.** *pron* wszystko **3.** *pron* wszyscy **4.** *adv* zupełnie, całkowicie ♦ **after all** pomimo wszystko, pomimo to; ostatecznie; **all alone** zupełnie sam; **all along** cały czas; od początku; **all and sundry** *pot.* wszyscy bez wyjątku, każdy; **all anyhow** *pot.* w nieładzie; niestarannie, niedbale; jakkolwiek, byle jak (*robić coś*); **all around** *US* **1.** pod każdym względem **2.** dla każdego, każdemu **3.** ogólny; wszechstronny (*np. wykształcenie, sportowiec*); **all at once 1.** nagle, znienacka, naraz, nieoczekiwanie, niespodziewanie **2.** (wszyscy/wszystko) naraz, jednocześnie; wspólnie, razem; **all but 1.** prawie, niemal, bez mała **2.** oprócz; **all clear!** (wszystko) w porządku!; **all day and every day** dzień w dzień, bezustannie; **all day long** cały dzień; **all hell broke/all hell was let loose** zrobiło się piekło; **all in 1.** wykończony, zmęczony, wyczerpany **2.** całkowity (*koszt*); **all in all** w sumie; **all in good time** wszystko w swoim czasie; **all in one** w jednym; jednocześnie (*wielofunkcyjny, wielozadaniowy itd.*); **all is not gold that glitters** *przysł.* nie wszystko złoto, co się świeci; **all is (not) lost** (jeszcze nie) wszystko stracone; **all I want is...** chcę tylko...; **all kinds of...** różnego/wszelkiego rodzaju...; **all night (long)** całą noc; **all of a piece with sth** zgodny z czymś, spójny z czymś, stanowiący/tworzący jednolitą całość z czymś, identyczny z czymś; **all of a sudden** nagle, naraz, wtem, raptem, znienacka; **all of sth** cały; ponad (*o odległości, rozmiarze itd.*); **all on one's own** sam; **all or nothing** wszystko albo nic; **all out 1.** całkowity, cały, zupełny **2.** z całych sił; używając wszelkich dostępnych środków; **all over 1.** wszędzie **2.** zupełnie jak (*wyżej wspomniana osoba*); **all over again** na nowo, od nowa, od początku, ponownie, jeszcze raz; **all over the place 1.** wszędzie **2.** w nieładzie; bez ładu i składu; **all over the world** na całym świecie; **all right 1.** dobrze; zadowalająco **2.** dobry; zadowalający **3.** (*wyrażając zgodę, pozwolenie*) dobrze, zgoda **4.** zdrowy; bezpieczny; w porządku; mający się dobrze **5.** *pot.* (*podkreślając przekonanie*) z pewnością, na pewno; **all right by/with sb** *pot.* pasujący komuś, odpowiadający komuś; **all right for sb** *pot.* odpowiedni dla kogoś, stosowny dla kogoś; **all roads lead to Rome** *przysł.* wszystkie drogi prowadzą do Rzymu; **all round 1.** pod każdym względem **2.** dla każdego, każdemu **3.** ogólny; wszechstronny (*np. wykształcenie, sportowiec*); **all's well that ends well** wszystko dobre, co się dobrze kończy; **all that glitters is not gold** *przysł.* nie wszystko złoto, co się świeci; **all the better/worse/easier** tym lepiej/gorzej/łatwiej; **all there** *pot.* przy zdrowych zmysłach; **all the same** mimo wszystko, mimo to, jednak, w każdym razie; **all the same (to sb)** bez różnicy (komuś), wszystko jedno (komuś); **all the time** cały czas; **all the way 1.** całą drogę; całą podróż **2.** w całej rozciągłości, w całej pełni, w zupełności, całkowicie; **all the year round** przez okrągły/cały rok; **all-time low** sytuacja gorsza niż kiedykolwiek; dotychczas najgorsza sytuacja; **all together (now)** wszyscy razem (teraz); **all told** w sumie; ogółem; ogólnie; **all too often** najczęściej; nader często; **all very well but...** *pot.* (*ironicznie*) wszystko pięknie, ale..., wszystko ładnie,

all 16

ale...; **all well and good** w porządku; **all year long** cały rok; **and all** *pot.* również, także; włączając, na dodatek; **and all that (stuff)** *pot.* i tak dalej; i temu podobne; **at all** wcale, w ogóle; **at all hours (of the day and night)** o każdej porze (dnia i nocy); o różnych godzinach/porach (dnia i nocy); **be all about sb/sth** być o kimś/czymś, mieć za (główny) temat kogoś/coś; traktować o kimś/czymś; **be all fingers and thumbs** mieć dwie lewe ręce; **be all go** *zob.* **it is all go**; **be all over...** obiec, rozejść się, dotrzeć do... (*o wiadomościach itd.*); **be all over sb** *pot.* przepadać za kimś; nadskakiwać komuś; **be all wet** *US pot.* zupełnie nie mieć racji, być w błędzie, mylić się; **be sb all over** *pot.* być typowym/charakterystycznym dla kogoś, to cały ktoś; **do one's all** dawać z siebie wszystko; zrobić wszystko, co możliwe/na co kogoś stać; **first of all** w pierwszej kolejności, najpierw; przede wszystkim; **for all...** pomimo..., niezależnie od...; **for all I know** o ile mi wiadomo, o ile wiem; **get the all clear for sth** uzyskać oficjalną zgodę na coś; *pot.* dostać/uzyskać zielone światło dla czegoś; **give one's all** dawać z siebie wszystko; zrobić wszystko, co możliwe/na co kogoś stać; **give the all clear** odwołać alarm (*sygnałem*); **hit an all-time low** osiągnąć dno, sięgnąć dna; osiągnąć najniższy poziom; **in all** ogółem, w całości; razem; w sumie; **it is all go** *pot.* panuje duży ruch/nieopisany rwetes (*w biurze itd.*); jest dużo bieganiny (*przy załatwianiu czegoś*); **it's all about love** wszystko o miłości; **it's all over now** skończyło się, jest (już) po wszystkim; **it's all right with/by me** *pot.* mnie to odpowiada/pasuje, nie mam nic przeciwko temu; **it's all the same to me** jest mi wszystko jedno; **it's all up with us/you** *pot.* to nasz/wasz koniec, z nami/wami koniec; jesteśmy/jesteście skończeni; (już) po nas/was; **last of all** na koniec, na zakończenie, w końcu; **least of all** zwłaszcza nie (*ktoś*), szczególnie nie (*ktoś*); **most of all** najbardziej; najwięcej; **not all that** wcale nie taki (*dobry itd.*); **not at all 1.** bynajmniej; ani trochę

2. proszę bardzo, nie ma za co (*w odpowiedzi na „dziękuję"*); **nothing at all** nic a nic; zupełnie nic; **once and for all** raz na zawsze; po raz pierwszy i ostatni; **one and all** wszyscy (bez wyjątku); każdy; **one's all** wszystko, co się posiada; swoje życie; **sound the all clear** odwołać alarm (*sygnałem*); **that's all right with/by me** *pot.* mnie to odpowiada/pasuje, nie mam nic przeciwko temu; **the all clear 1.** odwołanie alarmu (*sygnał*) **2.** pozwolenie, zgoda (*na rozpoczęcie czegoś*); *pot.* zielone światło (*dla czegoś*); **till all hours** do późnych godzin nocnych, do późna (w nocy); **what's this all about?** *pot.* o co (tu) chodzi?; w czym problem?; **with all one's heart** całym sercem, z całego serca

allowance *n* **1.** przydział (*np. czasu, pieniędzy*) **2.** zasiłek; pomoc (pieniężna); wsparcie (finansowe); kieszonkowe; ulga ♦ **make allowance(s) for sth** uwzględniać coś, brać poprawkę na coś; **make allowances for sb** wyróżniać kogoś, dawać komuś pierwszeństwo, faworyzować kogoś

alone **1.** *a* sam; jedyny **2.** *adv* tylko; jedynie ♦ **all alone** zupełnie sam; **go it alone** przejść/pójść na swoje; założyć własny biznes/interes; zacząć samodzielne życie; (zacząć) żyć na własny rachunek; usamodzielnić się; **leave it alone!** zostaw to!; **leave sb/sth alone** zostawić kogoś/coś w spokoju; **leave well alone** zostawić coś (w spokoju), nie ruszać czegoś, nie ingerować w coś (*aby tego nie pogorszyć*); **let alone** nie mówiąc już o..., nie uwzględniając..., pomijając..., nie biorąc pod uwagę...; **let sb/sth alone** zostawić kogoś/coś w spokoju

along *prep* wzdłuż ♦ **all along** cały czas; od początku; **along with sb/sth** razem z kimś/czymś, wraz z kimś/czymś; **be along in a minute** być/przyjść/przyjechać/przybyć za chwilę

alpha *n* alfa ♦ **the alpha and omega** alfa i omega

amazement *n* zdumienie ♦ **in amazement** ze zdumieniem; ze zdumienia; zdumiony; **to my (utter) amazement** ku memu (ogromnemu) zdumieniu

amends *pl* rekompensata; odszkodowanie ♦ **make amends (to sb for sth/doing sth)** rekompensować (komuś coś), wynagrodzić (*np. szkodę, stratę, krzywdę*)

amiss *adv* nie w porządku; źle ♦ **be amiss** nie być w porządku; szwankować; źle funkcjonować; zawodzić; **not come/go amiss** przydawać się, być potrzebnym, okazywać się przydatnym/potrzebnym; **take sth amiss** wziąć/brać/mieć coś za złe; poczuć się dotkniętym; brać/wziąć coś do siebie

among *prep* wśród; między ♦ **among other (things)** między innymi

amount[1] *n* ilość; suma; kwota ♦ **any amount of sth** mnóstwo/ /masa/ogrom/moc/multum czegoś

amount[2] **to** *v* wynosić; równać się ♦ **amount to the same thing** sprowadzać się do tego samego; być równoznacznym z czymś; oznaczać/znaczyć to samo; odnosić ten sam skutek; dawać ten sam rezultat; **not amount to much/a great deal** nie mieć dużego znaczenia, niewiele znaczyć, nie być istotnym/ważnym

analogy *n* analogia ♦ **by analogy** przez analogię; **draw an analogy between** wykazać analogię między

analysis *n* (*pl* **analyses**) analiza ♦ **in-depth analysis** wnikliwa/dogłębna analiza; **in the final/last analysis** w końcu, ostatecznie

anchor *n* kotwica ♦ **cast/drop anchor** rzucać kotwicę; **lie/ride at anchor** stać na kotwicy; **raise/weigh anchor** podnieść kotwicę

and *conj* i; a ♦ **and all** *pot.* również, także; włączając, na dodatek; **and all that (stuff)** *pot.* i tak dalej; i temu podobne; **and how!** *pot.* jeszcze jak!; **and so on/forth** i tak dalej; **and with that** po czym, i natychmiast

answer[1] *n* odpowiedź ♦ **give (sb) an answer** udzielić (komuś) odpowiedzi; dać (komuś) odpowiedź; odpowiedzieć (komuś); **have/know all the answers** *pot.* mieć na wszystko (gotową) odpowiedź; pozjadać wszystkie rozumy; **in answer to sth**

w odpowiedzi na coś; **make an answer** udzielić odpowiedzi; dać odpowiedź; odpowiedzieć

answer² *v* odpowiadać ♦ **answering machine** automatyczna sekretarka; **answer (sb) back** *pot.* pyskować (komuś), odpowiadać (komuś) arogancko, odzywać się (do kogoś) bezczelnie; **answer the door** otworzyć drzwi (*na czyjeś pukanie itd.*); **answer the needs** zaspokajać potrzeby; **answer the phone/ /answer the telephone** odebrać telefon; **answer (to) the description (of sb/sth)** odpowiadać opisowi (kogoś/czegoś), zgadzać się z opisem (kogoś/czegoś), pasować do opisu (kogoś/czegoś); **answer to the name of...** *pot.* (*żartobliwie*) nazywać się, zwać się; (*o zwierzętach*) wabić się; **sb's prayers were answered** czyjeś prośby/modlitwy zostały wysłuchane, Bóg kogoś wysłuchał

any *a*, *pron* **1.** jakiś; jakikolwiek (*w zdaniu pytającym*) **2.** każdy (*w zdaniu twierdzącym*) **3.** żaden (*w zdaniu przeczącym*) ♦ **any amount of sth** mnóstwo/masa/ogrom/moc/multum czegoś; **any day** w każdej chwili; w każdych okolicznościach; **any day/ /hour/minute now** lada dzień/godzina/chwila; **any longer** więcej (już) nie; już nie; **any moment** w każdej chwili; **any more** już więcej nie; nigdy już; **any number of sth** mnóstwo/masa/ogrom/moc/multum czegoś; **any old how** *pot.* jakkolwiek, byle jak (*robić coś*); **any old place/where** *pot.* gdziekolwiek, byle gdzie, gdzie bądź; **any old time** *pot.* kiedykolwiek, w dowolnym czasie, o dowolnej porze; **any time now** wkrótce, niebawem, niedługo; **in any case** *pot.* **1.** w każdym razie **2.** tak czy inaczej; mimo wszystko; **in any way** bynajmniej nie, wcale, zupełnie, ani trochę; w żaden sposób; **just any** zwykły, zwyczajny; jakikolwiek; prosty; niewyszukany

anybody *pron* **1.** ktoś **2.** każdy **3.** nikt ♦ **be anybody's guess** *pot.* być/stanowić wielką niewiadomą

anyhow *adv* jakkolwiek; w każdym razie ♦ **all anyhow** *pot.* w nieładzie; niestarannie; niedbale; jakkolwiek, byle jak (*robić coś*)

anything *pron* **1.** coś; cokolwiek **2.** nic **3.** wszystko ♦ **anything but** wszystko tylko nie...; bynajmniej nie, wcale; zdecydowanie nie; **as easy/happy as anything** najłatwiejszy/najszczęśliwszy (*itd.*) w świecie; **for want of anything better (to do)** z braku lepszego zajęcia, nie mając nic lepszego do roboty; **is anything the matter?** o co chodzi?; co się stało?; *pot.* co jest grane?; **like anything** niezmiernie, strasznie, ogromnie; jak szalony; **not anything like 1.** zupełnie niepodobny do, zupełnie inny niż (ktoś)/od (kogoś) **2.** zdecydowanie/absolutnie nie; **not for anything** *pot.* za nic (*nie zrezygnować z czegoś itd.*), pod żadnym warunkiem; **or anything** *pot.* lub/czy coś w tym rodzaju, lub coś w tym guście, lub coś podobnego

apart *adv* osobno; od siebie ♦ **apart from** oprócz; poza; **be poles apart** *pot.* stanowić dwa bieguny, zajmować krańcowo różne stanowiska; kogoś dzieli przepaść nie do przebycia; **be worlds apart** być zupełnie innym, różnić się diametralnie (*od kogoś*); prezentować/wyznawać zupełnie inne poglądy; kogoś dzieli przepaść nie do przebycia; **come/fall apart** rozpaść się/rozlecieć się na kawałki; rozsypać się; **joking apart** żarty na bok; **take apart** rozebrać na części; **tell apart** odróżniać (od siebie)

apology *n* przeproszenie ♦ **an apology for sth** (*żartobliwie*) marna/żałosna namiastka czegoś; parodia czegoś; **make an apology** przepraszać

appeal *n* **1.** apel; odezwa **2.** atrakcyjność; urok ♦ **have appeal for sb** być atrakcyjnym dla kogoś, przyciągać kogoś; **have popular/wide appeal** cieszyć się powszechnym/szerokim zainteresowaniem; wzbudzać powszechne/szerokie zainteresowanie; **launch/make an appeal** zwrócić się z apelem, wystosować apel; **sex appeal** seksapil

appear *v* **1.** ukazywać się; pojawiać się **2.** wydawać się ♦ **appear out of thin air/appear out of nowhere** zjawić się/wyrosnąć jakby spod ziemi; pojawić się nagle/niespodziewanie; zjawić się/przyjść znikąd; **so it would appear** tak by się mogło wydawać

appearance *n* **1.** pojawienie się; przybycie **2.** wygląd **3. appearances** *pl* pozory ♦ **against appearances** wbrew pozorom; **appearances are deceptive/deceitful** pozory (często) mylą; **by all appearances** na pozór, pozornie; **contrary to appearances** wbrew pozorom; **create/give the appearances of...** stwarzać pozory...; **false appearances** fałszywe pozory; **have all the appearances of...** wyglądać na..., na pozór być...; **judge by/on appearances** sądzić po wyglądzie/z pozorów; **keep up appearances** zachowywać pozory; **make an appearance 1.** przedstawić, okazać **2.** pojawić się; stawić się; przybyć; pokazać się, wpaść na chwilę (*na przyjęcie itd.*); **public appearance** publiczne pojawienie się/pokazanie się/wystąpienie; **to all appearances** na pozór, pozornie

appetite *n* apetyt ♦ **have a huge/voracious appetite** mieć wilczy apetyt; **whet one's/sb's appetite** (za)ostrzyć sobie/komuś apetyt

apple *n* jabłko ♦ **Adam's apple** jabłko Adama, grdyka; **an apple of discord** jabłko niezgody; **apple polisher** *US pot.* wazeliniarz, lizus; **be the apple of sb's eye** być czymś oczkiem w głowie; **in apple-pie order** *pot.* w idealnym/we wzorowym porządku; porządnie; **rotten apple** osoba mająca zły wpływ na grupę; czarna owca; prowodyr; **the Big Apple** Nowy York; **upset the/sb's apple cart** pokrzyżować/pomieszać/poplątać/ /popsuć komuś szyki, pokrzyżować czyjeś plany/zamiary

appointment *n* **1.** mianowanie; nominacja **2.** stanowisko **3.** spotkanie (*umówione*) ♦ **appointments column** *GB* rubryka ofert pracy/zatrudnienia (*w gazecie*); **break an appointment** nie stawić się/nie przyjść na spotkanie; **by appointment** będąc (wcześniej) umówionym, ustaliwszy wcześniej termin spotkania, umówiony; **keep an appointment** przyjść/stawić się na spotkanie; **make an appointment** umawiać się (na spotkanie), ustalać termin spotkania

apprenticeship *n* praktyka (*w zawodzie*), staż ♦ **serve an/one's apprenticeship (with a firm)** odbywać staż (w firmie), być na stażu (w firmie)

April *n* kwiecień ♦ **April Fool's Day/April Fools' Day** (dzień) prima aprilis

apron *n* fartuch ♦ **be tied to one's mother's apron strings** trzymać się matczynej spódnicy; **be tied to one's wife's apron strings** być/siedzieć pod pantoflem żony

argue *v* **1.** dowodzić; argumentować **2.** spierać się; kłócić się ♦ **argue sb into sth** *zwł. GB* namówić kogoś na coś/do czegoś; **argue sb out of sth** *zwł. GB* odwieść kogoś od czegoś, wyperswadować komuś coś; **argue the toss** *GB pot.* spierać się (*o coś, co zostało postanowione*); kwestionować decyzję; podważać (jakieś) ustalenia

argument *n* **1.** argument **2.** sprzeczka; kłótnia; spór ♦ **do sth without argument** zrobić coś bez sprzeciwu; **get into an argument** wdać się w kłótnię/spór; **have an argument (about/over)** sprzeczać się (o); kłócić się (o); **heated argument** burzliwa/gorąca/zażarta kłótnia; burzliwy/gorący/zażarty spór; **in the heat of the argument** w ferworze kłótni/sporu

arm *n* ramię ♦ **arm in arm** pod rękę; **a shot in the arm** *przen.* zastrzyk (*np. gotówki, energii, nowych sił*); **as long as your arm** *pot.* bardzo długi, tasiemcowy; **be a babe in arms** być bezradnym jak dziecko, być zupełnie bezradnym, być zupełnie bezsilnym; **chance one's arm** *GB pot.* zaryzykować, brać na siebie duże ryzyko; **cost an arm and a leg** *pot.* kosztować fortunę/majątek/kupę pieniędzy, słono kosztować; **fold one's arms** spleść/skrzyżować ręce na piersiach; **fold sth/sb in one's arms** brać/wziąć coś/kogoś na ręce/w ramiona; trzymać coś/kogoś w ramionach; **give one's right arm for sth/to do sth** *pot.* dać sobie rękę uciąć za coś/żeby coś zrobić; **in one's arms** na rękach; w ramionach; **keep/hold sb at arm's length** trzymać kogoś na dystans; nie spoufalać się z kimś; **lock arms**

zewrzeć się w szereg; zewrzcć szyk; **pay an arm and a leg** *pot.* słono zapłacić, zapłacić mnóstwo pieniędzy/forsy; **shoulder arms!** na ramię broń!; **the (long) arm of the law** ręka/ramię sprawiedliwości; **twist sb's arm 1.** wykręcać komuś rękę **2.** *pot.* nakłonić kogoś (*do czegoś*); zmusić kogoś; wymuszać coś na kimś; **under one's arm** pod pachą (*trzymać, nieść coś*); **within arm's reach** w zasięgu ręki; na wyciągnięcie ręki; **with open arms** z otwartymi ramionami/rękami (*przyjmować, witać kogoś*)

armed *a* uzbrojony ♦ **armed conflict** konflikt zbrojny; **armed forces/armed services** siły zbrojne; **armed robbery** napad//rozbój z bronią w ręku; **armed to the teeth** uzbrojony po zęby

armour *n* **1.** pancerz **2.** broń pancerna ♦ **a chink in sb's armour** słaby punkt (*charakteru, w argumentacji itd.*)

arms *pl* broń ♦ **arms control** kontrola zbrojeń; **arms race** wyścig zbrojeń; **be up in arms about/over sth** ostro/stanowczo protestować przeciw(ko) czemuś; **brothers in arms** towarzysze broni; **carry arms** mieć przy sobie broń, nosić broń; **lay down one's arms** złożyć broń; **present arms** prezentować broń; **take up arms (against sb)** chwycić za broń (przeciw komuś); wystąpić zbrojnie (przeciw komuś); **the arms trade** handel bronią; **under arms** pod bronią

army *n* wojsko, armia ♦ **be in the army** być w wojsku, służyć w wojsku; **join the army** wstąpić do wojska; **raise an army** uformować/stworzyć/zebrać armię; **rebel army** armia rebeliantów

around *adv, prep* dookoła, naokoło ♦ **all around** *US* **1.** pod każdym względem **2.** dla każdego, każdemu **3.** ogólny; wszechstronny (*np. wykształcenie, sportowiec*); **around the clock** całą/okrągłą dobę; **around the world** dookoła świata; **be around** być czynnym/aktywnym zawodowo; udzielać się, działać, być aktywnym (*w jakiejś dziedzinie*); **have been around** *pot.* z niejednego pieca chleb jeść; mieć duże/spore doświadczenie ży-

arrest 24

ciowe; znać życie, dużo wiedzieć o życiu; **(just) around the corner** tuż za rogiem; w pobliżu; bardzo blisko; niedaleko

arrest *n* areszt ♦ **arrest warrant** nakaz aresztowania; **close arrest** areszt obostrzony; **house arrest** areszt domowy; **make arrests** dokonać aresztowań; **place/put sb under arrest** osadzić kogoś w areszcie; **resist arrest** stawiać opór przy aresztowaniu; **under arrest** aresztowany; **under house arrest** w areszcie domowym; **warrant for sb's arrest** nakaz aresztowania

art *n* **1.** sztuka **2.** umiejętność ♦ **art for art's sake** sztuka dla sztuki; **art market** rynek dzieł sztuki; **be quite an art** być nie lada sztuką, być wielką sztuką/umiejętnością (*o wykonywanej czynności*); **fine arts** sztuki piękne; **have/get sth down to a fine art** *pot.* opanować coś do perfekcji; **work of art** dzieło sztuki

as *conj* **1.** kiedy, podczas gdy **2.** ponieważ, skoro ♦ **as against sth** w przeciwieństwie do czegoś; **as a matter of fact** jeśli chodzi o ścisłość, w gruncie rzeczy; właściwie; **as a rule** z reguły, z zasady, zasadniczo; **as a whole 1.** w całości **2.** generalnie; ogólnie; **as ever** jak zawsze, jak zwykle; **as far as** o ile; aż do; **as far as I know** o ile wiem, o ile mi wiadomo; **as far as possible** w miarę możliwości/możności; **as far as sb/sth is concerned** jeśli chodzi o kogoś/coś, co do kogoś/czegoś; **as follows** następująco, w następujący sposób, jak następuje; **as for sb/sth** co się tyczy kogoś/czegoś, co do kogoś/czegoś, jeśli chodzi o kogoś/coś; **as from** (począwszy) od (*dnia itd.*); **as good as** prawie, niemalże; prawie na pewno; **as good as new** jak nowy; **as if** jak gdyby; **as if by magic** w magiczny/cudowny sposób; jak za dotknięciem czarodziejskiej różdżki; **as it were** niejako, poniekąd; **as long as** pod warunkiem, że; tak długo jak; o ile; **as long as your arm** *pot.* bardzo długi, tasiemcowy; **as many/much as** tyle samo co, tyle ile; **as much/as many again** drugie tyle; **as of** *zwł. US* (począwszy) od (*dnia itd.*); **as of now** począwszy od tej chwili, od tej pory, odtąd, w przyszłości; **as of right** z mocy prawa, na mocy prawa; zgodnie z prawem; słusznie; **as often as not** bardzo często, zwykle, zazwyczaj; **as one (man)** jak jeden mąż, zgodnie, jednomyślnie; **as opposed to** w przeciwieństwie do; w odróżnieniu od; **as per sth** *pot.* zgodnie z czymś, stosownie do czegoś, według czegoś; **as regards...** odnośnie..., co się tyczy..., co do...; **as soon as** jak tylko; **as such** jako taki; **as the case may be** zależnie od okoliczności; **as though** jak gdyby; **as to** jeśli chodzi o; jak; **as usual** jak zwykle; **as well** również, też, także, i; **as well as...** zarówno... jak i...; **as yet** jak dotąd; **as you know** jak wiesz, jak ci wiadomo; **as you wish** jak chcesz; jak/gdzie ci się (żywnie) podoba; **in so far as** o tyle że; **it is just as well (that...)** dobrze, że...; **it looks as if...** wygląda na to, że..., wydaje się, że..., prawdopodobnie...; **just as** tak jak; **so as to** żeby, aby; **such as** taki jak; **you know as well as I do that...** wiesz, równie dobrze jak ja, że...

ash *n* 1. popiół 2. **ashes** *pl* prochy (*ludzkie*) ♦ **burn to ashes** spalić (się) na popiół; **his ashes were buried...** jego prochy spoczęły/zostały złożone...; **reduce sth to ashes** obrócić coś w popiół, obrócić coś w perzynę; zamienić coś w perzynę; zburzyć/zniszczyć coś zupełnie; **rise from the ashes** odradzać się z popiołów; **rise like phoenix from the ashes** powstać/odrodzić się jak feniks z popiołów

ask *v* 1. pytać 2. prosić ♦ **ask for sb's hand (in marriage)** (po)prosić kogoś o rękę; **ask for the moon** chcieć gwiazdki z nieba; **ask for trouble/it** *pot.* szukać kłopotów/nieszczęścia, szukać guza; **ask leave** prosić o zgodę/pozwolenie; **ask sb's advice** prosić/pytać kogoś o radę; **ask the earth/a fortune (for sth)** żądać zbyt wygórowanej ceny/opłaty (za coś), brać (za coś) zbyt wysokie ceny, drzeć/zdzierać skórę z kogoś, obdzierać/łupić kogoś ze skóry; **ask the way** pytać o drogę; **if you ask me** *pot.* moim zdaniem, jeśli chcesz wiedzieć; skoro o to pytasz; **you asked for it!** *pot.* sam się o to prosiłeś!

askance *adv* ♦ (*w zwrocie*) **look askance at sb/sth** patrzeć na kogoś/coś krzywo, patrzeć na kogoś/coś spode łba, patrzeć na kogoś/coś wilkiem

asking *n* ♦ (*w wyrażeniu*) **for the asking** wystarczy tylko poprosić; na zawołanie; na żądanie

asleep *a* śpiący ♦ **be asleep 1.** spać **2.** zdrętwieć (*ręka, noga*); **be fast asleep/be sound asleep** spać mocno/głęboko; smacznie (sobie) spać; **fall asleep** zasypiać; **fall sound asleep** usnąć mocno/głęboko/twardo/smacznie, zasnąć mocno/głęboko/twardo/smacznie; **half asleep** *pot.* półprzytomny (ze zmęczenia)

association *n* **1.** stowarzyszenie; związek **2.** skojarzenie ♦ **in association with** wspólnie z; przy współpracy

assumption *n* założenie ♦ **make an assumption** przyjmować założenie; **on the assumption that...** wychodząc z założenia, że...

assured *a* pewny (siebie) ♦ **rest assured (that...)** pozostawać/być pewnym (, że...)

astonishment *n* zdziwienie ♦ **in astonishment** ze zdziwieniem; ze zdziwienia; zdziwiony; **to my astonishment** ku memu zdziwieniu

astray *adv* ♦ (*w zwrotach*) **go astray 1.** (z)gubić się, zaginąć **2.** *przen.* zejść na manowce, zejść na złą drogę, pobłądzić; **lead sb astray 1.** zwieść kogoś, wprowadzić kogoś w błąd; otumanić kogoś **2.** zwieść kogoś na manowce, sprowadzić kogoś na złą drogę

at *prep* przy; w; na; u (*kogoś*); o (*godzinie*) ♦ **at all** wcale, w ogóle; **at all hours (of the day and night)** o każdej porze (dnia i nocy); o różnych godzinach/porach (dnia i nocy); **at any moment** w każdej chwili; **at any price** za wszelką cenę; **at any rate** w każdym razie; przynajmniej; **at a price** za wysoką cenę, po wysokiej cenie; **at a profit** z zyskiem; **at a push** na siłę; **at a rate of... 1.** z szybkością... **2.** po kursie (*o walucie*); **at a rate of knots** *pot.* bardzo szybko; w zawrotnie szybkim tempie, z zawrotną szybkością; **at a (rough) guess** *pot.* na oko; przypuszczalnie, w przybliżeniu, mniej więcej; **at a run** biegiem;

biegnąc; **at a time** kolejno, po kolei; pojedynczo; za jednym razem; osobno, oddzielnie; **at a time like this/that** w takiej chwili, w takim momencie (*ważnym, nieodpowiednim itd.*); **at best** w najlepszym wypadku; **at bottom** zasadniczo, właściwie; w gruncie rzeczy; **at close quarters** z bliska, z (bardzo) bliskiej odległości; **at first** najpierw; w pierwszej chwili; **at first hand** z pierwszej ręki; **at hand** pod ręką; w pobliżu; **at heart** w głębi serca/duszy; **at her/his place** u niej/u niego (w domu); **at home 1.** w domu **2.** w kraju; **at its/one's best** u szczytu formy, w najlepszej formie; **at its height** w okresie największego rozwoju/rozkwitu; **at large 1.** ogólnie, generalnie **2.** na wolności (*zbiegły więzień itd.*); **at last** nareszcie, wreszcie, w końcu; **at least 1.** co najmniej **2.** przynajmniej; **at length 1.** szczegółowo, wnikając w szczegóły, drobiazgowo, dokładnie **2.** nareszcie, wreszcie, w końcu; **at long last** nareszcie, po długim oczekiwaniu, wreszcie, w końcu; **at most** co najwyżej; **at noon** w południe; **at once 1.** od razu, niezwłocznie, natychmiast **2.** jednocześnie, zarazem; **at one and the same time** jednocześnie, w tym samym czasie, równolegle; **at one's leisure** w wolnym czasie; w dogodnej/wolnej chwili; **at one's own risk** na własne ryzyko; **at one time** kiedyś; wtedy, wówczas; **at one time or another** kiedyś, dawniej, swego czasu; **at play** bawiący się; podczas zabawy; **at pleasure** według/wedle życzenia; dowolnie; do woli; **at present** teraz, obecnie; w tej chwili, w tym momencie; **at random** pierwszy z brzegu, pierwszy lepszy, na chybił trafił (*wybrany itd.*); gdzie popadnie; **at risk** w niebezpieczeństwie; zagrożony; **at sb's hands** od kogoś, z czyjejś strony, po kimś (*spodziewać się czegoś itd.*); **at sb's request** na czyjeś życzenie; na czyjąś prośbę; **at sea level** na poziomie morza; **at second hand** z drugiej ręki; **at that** na dodatek, w dodatku; również, także; **at the bottom** na dole; w dole; u dołu; **at the hands of** z czyichś rąk (*doznać przykrości itd.*); **at the last** na koniec; **at the moment** w tej chwili, w tym momencie, teraz; **at the most** co najwyżej; **at the request of sb** na czyjeś życzenie; na czyjąś prośbę; **at the time** wtedy, w tym czasie, wtenczas, wówczas; **at the same time 1.** jednocześnie, w tym samym czasie **2.** jednocześnie, zarazem; **at the wheel** za kierownicą (*samochodu*); **at the worst** w najgorszym wypadku, w najgorszym razie; **at this hour** *pot.* o tej porze; **at this rate** *pot.* w tym tempie; **at times** czasem, czasami, co jakiś/pewien czas, niekiedy, nieraz; **at will** dowolnie, według własnej woli; do woli; **at work on sth** zajęty/pochłonięty czymś, pracujący nad czymś; **at worst** w najgorszym wypadku, w najgorszym razie; **not at any price** za żadną cenę; **nothing at all** nic a nic; zupełnie nic

attach *v* przyłączać; mocować ♦ **attach importance to/attach significance to/attach weight to** przywiązywać wagę/znaczenie do, przykładać wagę/znaczenie do; **(with) no strings attached** *pot.* bez żadnych warunków; bez (specjalnych/żadnych) ograniczeń

attack *n* atak ♦ **air attack** atak lotniczy/powietrzny; **all-out attack** atak wszystkimi siłami; **attack is the best form of defence** najlepszą obroną jest atak; **bomb attack** atak bombowy; **carry out an attack** przeprowadzić atak; **fatal attack** śmiertelny atak (*choroby*); **heart attack** atak serca; **in/on the attack** w ataku (*w grach sportowych*); **launch an attack** przypuścić atak; **make an attack** dokonać ataku; **rocket attack** atak rakietowy; **terrorist attack** atak terrorystyczny

attempt[1] *n* próba ♦ **abortive attempt** nieudana/niepomyślna próba; **attempt on the world record** próba pobicia rekordu świata; **fresh attempt** nowa próba; **last-ditch attempt** ostatnia próba (*osiągnięcia czegoś*), rozpaczliwa/desperacka próba; **make an attempt on sb's life** dokonać zamachu na czyjeś życie; **make an attempt to do sth** próbować/usiłować coś zrobić; **rescue attempt** próba (u)ratowania

attempt[2] *v* próbować; usiłować ♦ **attempt suicide** próbować popełnić samobójstwo; **attempt the impossible** porywać się z motyką na słońce, próbować dokonać rzeczy niemożliwej; podejmować zadanie niemożliwe do wykonania/ponad siły

attendance *n* frekwencja; obecność ♦ **dance attendance on/upon sb** nadskakiwać komuś; tańczyć koło kogoś; dogadzać komuś; spełniać czyjeś zachcianki

attention *n* **1.** uwaga **2.** baczność ♦ **be at attention** stać (w pozycji) na baczność; **be the centre of attention** być w centrum uwagi; **bring/call sth to sb's attention** zwracać/skierować czyjąś uwagę na coś; **call sb to attention** wydać komuś komendę baczność; **capture/catch sb's attention** przyciągać czyjąś uwagę; **draw attention to sth/sb** zwracać czyjąś uwagę na coś/kogoś; przyciągać czyjąś uwagę; **hold/rivet attention** przykuwać uwagę; **may/could I have your attention?** czy mogę prosić o uwagę?; **pay attention to sth** zwracać uwagę na coś, uważać na coś; **spring to attention** stawać na baczność; **stand to/at attention** stać (w pozycji) na baczność

attitude *n* postawa; stosunek; nastawienie ♦ **harden one's attitude** stać się bardziej nieustępliwym, usztywnić swoje stanowisko; **strike an attitude 1.** przyjąć/zająć postawę **2.** przyjąć/ /przybrać postawę (*ciała*)

auction *n* aukcja, licytacja, przetarg ♦ **at/by auction** na aukcji; **Dutch auction** aukcja/licytacja zniżkowa (*polegająca na obniżaniu ceny wywoławczej*); **put up for auction** wystawić na aukcję/licytację

audience *n* **1.** publiczność, widownia **2.** audiencja ♦ **an audience with the Pope** audiencja u Papieża; **a thin audience** nielicznie zebrana/przybyła publiczność, nieliczni widzowie; **give/grant an audience** udzielić audiencji; **receive sb in audience** przyjąć kogoś na audiencji; **seek an audience with sb** starać się/ubiegać się o audiencję u kogoś

aunt *n* ciotka; ciocia ♦ **agony aunt** *GB pot.* osoba prowadząca rubrykę porad, osoba udzielająca porad, osoba odpowiadająca na listy czytelników (*w gazecie*)

auspices

auspices *pl* auspicje ♦ **under the auspices of...** pod auspicjami...

avail *n* korzyść; pożytek ♦ **of little avail** mało przydatny; mało skuteczny; **of no avail** daremny, bezskuteczny, bezowocny; **to no/without avail** daremnie, bezskutecznie

average *n* przeciętna, średnia ♦ **above average** powyżej przeciętnej/średniej; **below average** poniżej przeciętnej/średniej; **on average** przeciętnie, średnio

avoid *v* unikać; uchylać się ♦ **avoid sb/sth like the plague** unikać kogoś/czegoś jak zarazy/ognia

awake *a* przebudzony ♦ **be awake to sth** być świadomym czegoś, zdawać sobie sprawę z czegoś; **be/keep awake** nie spać; **keep sb awake** nie pozwalać (komuś) zasnąć; przeszkadzać (komuś) zasnąć; **wide awake** zupełnie rozbudzony (ze snu)

away *adv* z dala; w oddaleniu ♦ **away with sb/sth!** precz z kimś/czymś!; **right away** w tej chwili, teraz, w tym momencie; natychmiast

awkward *a* **1.** niezgrabny; niezręczny **2.** nieporęczny; niewygodny **3.** kłopotliwy (*np. pytanie*) ♦ **awkward age** trudny wiek (*wchodzenia w dorosłe życie*); **awkward customer** kłopotliwa osoba, trudny człowiek; *pot.* kłopotliwy gość/facet; **awkward silence** kłopotliwa cisza; **awkward squad** rekruci; *przen.* nowicjusze, grupa nowicjuszy; (*żartobliwie*) żółtodzioby; **make things awkward for sb** utrudniać/uprzykrzać komuś życie; stwarzać komuś problemy; przysporzyć komuś kłopotów; **put sb in an awkward position** stawiać kogoś w kłopotliwej/niezręcznej sytuacji

axe *n* siekiera; topór ♦ **give sb the axe** *pot.* wyrzucić kogoś z pracy, wylać kogoś z pracy; posłać kogoś na zieloną trawkę; **give sth the axe** *pot.* pozbyć się czegoś; **have an axe to grind** upiec własną pieczeń przy cudzym/czyimś ogniu, nie działać/nie postępować bezinteresownie, mieć na uwadze swój/własny interes, kierować się własnym interesem

ay(e) *n* ♦ (*w zwrocie*) **the ayes have it** większość głosowała za

B

babe *n* niemowlę; dziecko ♦ **be a babe in arms** być bezradnym jak dziecko, być zupełnie bezradnym, być zupełnie bezsilnym

baby *n* niemowlę; dziecko ♦ **baby boom** wyż demograficzny; **baby talk** gaworzenie (*dziecka*); **be expecting a baby** spodziewać się dziecka, być przy nadziei, być w ciąży; **be one's/sb's baby** *przen.pot.* być czyimś dzieckiem, być czyimś dziełem (*np. projekt, książka*); **leave sb holding the baby** *pot.* zepchnąć/spychać/zrzucać na kogoś odpowiedzialność; przerzucać na kogoś odpowiedzialność/obowiązki; **throw the baby out with the bath water** wylać dziecko z kąpielą

back[1] *n* **1.** plecy **2.** grzbiet; tył; odwrotna strona ♦ **a pat on the back (for sth)** pochwała (za coś); aprobata (czegoś); **at the back** z tyłu; **at the back of one's mind** w myślach; podświadomie; **back to back 1.** plecami do siebie **2.** po kolei, kolejno; (ileś razy) z rzędu; **back to front** tył na przód (*włożyć coś*); **behind sb's back** *pot.* za czyimiś plecami (*zrobić coś*); **be on sb's back** siedzieć komuś na karku; **break one's back (to do sth)** bardzo ciężko pracować (aby coś osiągnąć); *pot.* tyrać, harować (aby coś osiągnąć); **break the back of sth** poradzić sobie/uporać się z najtrudniejszą częścią czegoś; **deserve a pat on the back (for sth)** zasłużyć na pochwałę (za coś); **do sth with one hand tied behind one's back** zrobić coś z zawiązanymi/zamkniętymi oczami, zrobić coś bez (większego) trudu; **flat on one's back** w łóżku, złożony chorobą; przykuty do

back 32

łóżka; **get off sb's back** *pot.* odczepić się od kogoś, dać komuś spokój; **get sb's back up** *pot.* rozzłościć kogoś, wkurzyć kogoś; **give sb a pat on the back** pochwalić kogoś, udzielić komuś pochwały; **have eyes in the back of one's head** *pot.* mieć oczy z tyłu głowy (*widzieć wszystko*); **have one's back to the wall** być przypartym/przyciśniętym do muru; **in the back of one's mind** w myślach; podświadomie; **(it's) like water off a duck's back** (spływać) jak po gęsi/kaczce woda; **know sth back to front** znać coś na wylot/gruntownie/dokładnie; **know sth/sb like the back of one's hand** znać coś/kogoś jak swoje pięć palców/jak własną dłoń/jak własną kieszeń; **live off sb's back** żyć cudzym kosztem, pasożytować na kimś, wyzyskiwać kogoś; **make a rod for one's own back** (u)kręcić bicz na swoje plecy/na siebie; **on one's back** w łóżku, złożony chorobą; przykuty do łóżka; **out (the) back** *GB pot.* z tyłu (*budynku*), na tyłach (*domu*); **pat sb on the back** pochwalić kogoś, udzielić komuś pochwały; **put one's back into sth** przykładać się do czegoś, starać się, włożyć w coś dużo wysiłku, nie szczędzić starań, wysilać się, żeby...; **put sb's back up** *pot.* rozzłościć kogoś, wkurzyć kogoś; **round the back** *GB pot.* z tyłu (*budynku*), na tyłach (*domu*); **say sth behind sb's back** powiedzieć coś za czyimiś plecami; **stab sb in the back** *przen.* wbić/wsadzić komuś nóż w plecy; **the back of beyond** odludzie, pustkowie; odludne miejsce; odludna miejscowość; głucha/zapadła wieś; koniec świata; **turn one's back** odwrócić się; **turn one's back on sb/sth** odwrócić się plecami do kogoś/czegoś, odwrócić się od kogoś/czegoś, zacząć kogoś/coś lekceważyć; *pot.* wypiąć się na kogoś; **with one's back to the wall** przyparty/przyciśnięty do muru; **you scratch my back and I'll scratch yours** *przysł.* ręka rękę myje

back² *v* cofać (się) ♦ **back sb into a corner** zapędzić kogoś w kozi róg; zapędzić kogoś w ślepy zaułek; **back the wrong horse** stawiać/postawić na złego konia

back³ *a* tylny; wsteczny ♦ **back issue/number** wcześniejszy numer, numer wsteczny (*czasopisma*); **back pay** zaległa zapłata; **back rent** zaległy czynsz; **back road** boczna droga; **back street** boczna ulica; **back tax** zaległy podatek; **by the back door** po znajomości (*załatwić, osiągnąć coś*); **on the back burner** *pot.* odłożony na później (*plan itd.*); **take a back seat** schodzić na drugi/dalszy plan; usunąć (się) na drugi/dalszy plan; **through the back door** po znajomości (*załatwić, osiągnąć coś*)

back⁴ *adv* **1.** w tył, do tyłu, wstecz **2.** w tyle **3.** z powrotem, znowu ♦ **back and forth** tam i z powrotem; **back at home** wróciwszy do domu, po powrocie do domu; z powrotem w domu; **back of sth** *US* z tyłu czegoś, za czymś; **be back (in/to)** wracać/wrócić (do); **be back where one started** wrócić do punktu wyjścia, być znowu w punkcie wyjścia, znaleźć się w punkcie wyjścia; **in back of sth** *US* z tyłu czegoś, za czymś; **there and back** tam i z powrotem; **two years/months back** dwa lata/miesiące temu; przed dwoma laty/miesiącami (*itd.*)

backbone *n* **1.** kręgosłup **2.** grzbiet książki **3.** siła; odwaga; determinacja **4.** *przen.* ostoja; oparcie ♦ **I don't have the backbone to...** nie mam siły/odwagi, aby...; **to the backbone** do szpiku kości

background *n* **1.** tło **2.** (*czyjeś*) wychowanie/pochodzenie społeczne/wykształcenie ♦ **against a background (of sth)** na tle (*czegoś*); **in the background** na dalszym/drugim planie; **remain/stay in the background** *przen.* pozostawać w cieniu/na dalszym planie; **with a good family background** z dobrej rodziny; **working class background** pochodzenie robotnicze

backward(s) *adv* wstecz; do tyłu; w przeciwnym/odwrotnym kierunku; z powrotem ♦ **backward(s) and forward(s)** tam i z powrotem; **bend/lean over backwards (to do sth)** usilnie starać się pomóc (coś zrobić); pospieszyć komuś z pomocą; **know sth backwards/***US* **know sth backwards and forwards** znać coś na wylot/gruntownie/dokładnie

backyard *n* podwórko ♦ **in one's (own) backyard** *przen.* na własnym/swoim podwórku

bacon *n* bekon ♦ **bring home the bacon** *pot.* **1.** zarabiać na rodzinę **2.** wykonać postawione zadanie; wywiązać się ze swoich zadań, sprostać czemuś; sprawdzić się; **save one's/sb's bacon** *pot.* ocalić własną/cudzą skórę, ratować własną/cudzą skórę

bad¹ *n* **the bad** zło; źli ludzie ♦ **be to the bad** *pot.* być stratnym, stracić na czymś; **go to the bad** zejść na złą drogę/na manowce/na marne/na psy, wykoleić się; **take the bad with the good** akceptować zarówno dobre jak i złe strony czegoś, akceptować coś w pełni/bez zastrzeżeń; godzić się na wszystko

bad² *a* zły; niedobry; niewłaściwy ♦ **a bad head** ból głowy, boląca głowa; **a run of bad luck** zła passa; ciąg/pasmo niepowodzeń; **bad at sth** *pot.* słaby z czegoś/w czymś (*nauce itd.*); **bad child** niegrzeczne dziecko; **bad company** nieodpowiednie/złe towarzystwo; **have a bad conscience** mieć nieczyste sumienie; **bad debt** nieściągalny dług; **bad egg 1.** zepsute jajko **2.** *pot.* nicpoń, gagatek, ananas, ziółko; **bad feeling** uraza; niechęć; wrogość; animozja; **bad food** zepsuta żywność, zepsute produkty żywnościowe; **bad fortune** pech, niepowodzenie, zły los; **bad language** wulgarny/nieprzyzwoity/ordynarny język; **bad leg** chora/niesprawna/ranna noga (*itd.*); **bad luck** pech, niepowodzenie, zły los; nieszczęście; **bad luck!** a to pech!; **bad name** zła reputacja; **bad news** zła wiadomość; złe wieści; **bad sort/type/lot** *pot.* nicpoń, gagatek, ananas, ziółko; **be bad for sb** być szkodliwym dla kogoś, szkodzić komuś; być szkodliwym dla (czyjegoś) zdrowia; **be bad for sb's health** być szkodliwym dla (czyjegoś) zdrowia; **be given a bad press** mieć złą prasę; **be taken bad** *pot.* zachorować; rozchorować się; **feel bad 1.** źle się czuć **2.** czuć się źle/winnym, mieć poczucie winy; **get a bad press** mieć złą prasę; **go bad** zepsuć się (*żywność*); **have a bad night** mieć złą noc, źle spać; **have a bad opinion of sb/sth** mieć o kimś/czymś złe zdanie; **in**

a bad humour/temper/mood w złym humorze/nastroju; **in bad faith** w złej wierze; **in bad repair** w złym stanie; **look bad** wyglądać źle; nie uchodzić, nie wypadać, to nieładnie...; **look bad (for sb)** wyglądać źle (*przyszłość itd.*); źle się (dla kogoś) zapowiadać; nie wróżyć (komuś) nic dobrego, źle (komuś) wróżyć; **make a bad job of sth** *GB* źle coś zrobić, zrobić coś byle jak; spisać się źle, nie wywiązać się z czegoś; **not (too) bad/not so bad** *pot.* całkiem niezły/nieźle; lepszy/lepiej niż się spodziewano; **put a good face on a bad business** robić dobrą minę do złej gry; **too bad** *pot.* szkoda, że...; (jaka/wielka) szkoda; **with (a) bad grace** niechętnie

badly *adv* 1. źle; niedobrze; niewłaściwie 2. silnie, intensywnie, mocno, bardzo, ogromnie ♦ **badly off** biedny, ubogi; źle sytuowany; **badly prepared for sth** źle przygotowany do czegoś; **be badly in need of sth/be badly off for sth** bardzo czegoś potrzebować; dotkliwie odczuwać brak czegoś; **come off badly** źle wypaść; zrobić złe wrażenie; **do badly 1.** źle się spisać (*na egzaminie itd.*), nie spisać się **2.** powodzić się źle; **go badly wrong** bardzo/znacznie się pogarszać (*sytuacja itd.*); walić się (*sprawy itd.*); przybrać/wziąć zły obrót (*wydarzenia itd.*); **perform badly** spisywać się źle; **sell badly** źle się sprzedawać, nie iść (*towar*); **speak badly of sb** mówić źle o kimś, źle się o kimś wyrażać; **think badly of sb/sth** źle o kimś/czymś myśleć, mieć o kimś/czymś złe zdanie

bag *n* worek; torba ♦ **a bag of bones** *pot.* (sama) skóra i kości; **a bag of nerves** kłębek nerwów; **a mixed bag** zbieranina; różnorodna mieszanina/mieszanka; zróżnicowana grupa (*osób, przedmiotów*); **bag and baggage** *pot.* manatki; **bags of sth** *GB pot.* mnóstwo/dużo/masa czegoś; **(be) in the bag** *pot.* (być/mieć coś) jak w banku; **leave sb holding the bag** *US pot.* zepchnąć/spychać/zrzucać na kogoś odpowiedzialność; przerzucać na kogoś odpowiedzialność/obowiązki; **let the cat out of the bag** *pot.* zdradzić się, wygadać się, puścić farbę; **pack**

baggage

one's bags *pot.* pakować/zbierać swoje manatki; **sb's bag** *pot.* czyjś konik, czyjeś hobby/ulubione zajęcie, czyjaś specjalność

baggage *n* bagaż ♦ **bag and baggage** *pot.* manatki; **excess baggage** nadwaga bagażu; **hand baggage** bagaż ręczny

bail *n* kaucja (*sądowa*); zwolnienie za kaucją ♦ **go bail (for sb)** zapłacić/złożyć kaucję (za kogoś); **jump bail** nie dotrzymać warunków zwolnienia za kaucją; **levy bail** wyznaczyć wysokość kaucji; **(out) on bail** (zwolniony) za kaucją; **put up/stand bail (for sb)** zapłacić/złożyć kaucję (za kogoś); **release sb on bail** zwolnić kogoś za kaucją

bait *n dosł. i przen.* przynęta ♦ **live bait** żywa przynęta; **rise to the bait** chwycić przynętę; **swallow/take the bait** połknąć przynętę

baker *n* piekarz ♦ **a baker's dozen** trzynaście

balance *n* **1.** waga **2.** równowaga **3.** bilans; saldo ♦ **balance of payments** bilans płatniczy; **balance of power** równowaga sił; **balance of trade** bilans handlowy; **balance sheet** zestawienie bilansowe; **be/hang in the balance** wisieć na włosku; ważyć się; **keep one's balance** zachowywać równowagę; **lose one's balance** stracić równowagę; **off balance** wytrącony z równowagi; **on balance** *pot.* w ostatecznym rozrachunku, wziąwszy wszystko pod uwagę; **redress the balance** przywrócić równowagę, doprowadzić do stanu równowagi, zrównoważyć; **strike a balance between...** utrzymywać równowagę między...; **swing/tip the balance in sb's favour** przechylić szalę na czyjąś korzyść/stronę; **throw sb off his balance** wytrącać kogoś z równowagi

bald *a* łysy ♦ **(as) bald as a coot** *GB pot.* łysy jak kolano; **bald facts** suche/gołe fakty; **bald language** suchy język; **bald truth** naga/goła prawda; **go bald** łysieć

ball *n* **1.** piłka **2.** kula; kulka **3.** kłębek (*wełny*) **4.** bal (*zabawa*) ♦ **a whole new ball game** *pot.* zupełnie/całkiem nowa sytuacja (*dla kogoś*), nowe doświadczenie; (zupełnie) coś nowego; **have**

a ball *pot.* świetnie/dobrze się bawić; **have the ball at one's feet** *GB pot.* mieć dobrą okazję do czegoś; mieć możność/sposobność (do) czegoś; mieć okazję wykazać się; **on the ball** *pot.* bystry; obrotny, przedsiębiorczy, zaradny; przebojowy; nowoczesny; **play a ball** odbić/uderzyć piłkę; grać w piłkę; **play ball with sb** *pot.* współdziałać z kimś; pracować wspólnie z kimś; współpracować z kimś; **set/start the ball rolling** zacząć, rozpocząć; uruchomić; puścić w ruch

ballot *n* **1.** tajne głosowanie **2.** kartka do głosowania ♦ **ballot box** urna wyborcza/do głosowania; **ballot paper** kartka do głosowania; **elect by ballot** wybierać w tajnym głosowaniu; **put sth to a ballot** poddać coś pod głosowanie tajne

banana *n* banan ♦ **banana republic** republika bananowa; **be bananas** *pot.* być szalonym/nieobliczalnym; **go bananas** *pot.* szaleć, wariować, fiksować; wściekać się, wpadać w złość

bandwagon *n* moda na coś (*na określony typ działalności, zachowań*) ♦ **climb on/jump on/get on the bandwagon** *pot.* hołdować nowej modzie; naśladować coś; małpować coś; **environmental bandwagon** moda na ekologię

bang[1] *n* huk; trzaśnięcie; uderzenie ♦ **get a real bang out of doing sth** *US pot.* mieć prawdziwą frajdę/uciechę z robienia czegoś; **go off with a bang** *pot.* odnieść sukces, wspaniale się udać, pójść znakomicie; **with a bang** z hukiem

bang[2] *v* trzaskać; uderzać ♦ **bang one's head against a brick wall** *pot.* walić/bić/tłuc głową o mur

bank *n* **1.** bank **2.** brzeg (*rzeki*) ♦ **bank account** konto bankowe; **bank book** książeczka bankowa; **bank card** karta bankowa; **bank draft** przelew bankowy; **bank robbery** napad na bank, obrabowanie banku; **bank statement** wyciąg z konta bankowego, zestawienie zbiorcze operacji; **break the bank** rozbić bank (*w grach hazardowych*); **burst the banks** występować z brzegów (*rzeka*); **hold up a bank** napaść na bank; **organ bank** bank organów ludzkich do przeszczepu; **river bank** brzeg rzeki

bankrupt *a* zbankrutowany, upadły ♦ **go bankrupt** (z)bankrutować; stać się bankrutem

banner *n* sztandar; chorągiew ♦ **under the banner of sth** pod sztandarem czegoś (*walczyć, skupiać się itd.*)

baptism *n* chrzest ♦ **baptism of fire** chrzest ogniowy/bojowy

bare[1] *v* odsłaniać; odkrywać ♦ **bare one's soul/heart to sb** otworzyć duszę/serce przed kimś

bare[2] *a* **1.** nagi **2.** nieosłonięty ♦ **bare facts** suche/gołe fakty; **bare minimum** absolutne minimum, konieczne minimum; **bare truth** naga/goła prawda; **lay sth bare** odsłonić coś (*prawdę, tajemnicę itd.*); **the bare bones of sth** suche/gołe fakty dotyczące czegoś, ogólne zarysy czegoś, zasadnicze/podstawowe części czegoś (*np. planu – z pominięciem szczegółów*); **with one's bare hands** gołymi rękami/rękoma

bargain *n* transakcja; targ; okazja ♦ **a bargain's a bargain** *przysł.* słowo się rzekło (, kobyłka u płotu); **bargain basement** dział wyprzedaży; **bargain price** cena okazyjna; **into the bargain**/*US* **in the bargain** *pot.* na dodatek, w dodatku; **keep one's side of the bargain** dotrzymać zobowiązania/umowy, wywiązać się ze swoich zobowiązań/z umowy; **make/strike a bargain with sb** dobić targu z kimś, ubić interes z kimś

bark[1] *n* **1.** kora **2.** szczekanie (*psa*) ♦ **sb's bark is worse than their bite** *przysł.* nie taki diabeł straszny, jak go malują

bark[2] *v* **1.** ocierać skórę **2.** szczekać ♦ **barking mad** *GB pot.* kompletnie szalony/zwariowany/stuknięty; **bark up the wrong tree** *przen.pot.* pomylić adres, zwracać się do niewłaściwej osoby; pomylić się, coś się komuś pomyliło

barrel *n* **1.** beczka; baryłka **2.** lufa ♦ **have sb over a barrel** nie zostawić/nie dać komuś wyboru; postawić kogoś w przymusowej sytuacji; **lock, stock and barrel** z dobrodziejstwem inwentarza; w całości, całkowicie

bars *pl* krata; kraty ♦ **behind (prison) bars** za kratkami/kratami (więzienia)

base *n* **1.** podstawa; baza; podłoże **2.** baza (*wojskowa itd.*) ♦ **off base** *US pot.* błędny, mylny, niewłaściwy

bash[1] *n pot.* silne uderzenie ♦ **give sb a bash on** *pot.* walnąć kogoś w; uderzyć kogoś w; **have a bash at sth** *pot.* spróbować czegoś, zrobić coś na próbę

bash[2] *v pot.* walić, mocno uderzać, tłuc ♦ **bash one's head against a brick wall** *pot.* walić/bić/tłuc głową o mur

basis *n* (*pl* **bases**) baza; podstawa ♦ **be on a first name basis** *US* być (z kimś) po imieniu, mówić sobie po imieniu; **on the basis of...** na podstawie...

basket *n* kosz; koszyk ♦ **laundry/clothes basket** kosz na brudne rzeczy do prania; **make a basket** strzelić kosza (*w koszykówce*); **miss the basket** nie trafić do kosza (*piłką*); **put all one's eggs in one basket** *pot.* położyć wszystko na jednej szali, rzucić wszystko na jedną szalę, postawić wszystko na jedną kartę; **shoot at the basket** wbijać kosza, rzucać kosza (*w koszykówce*); **shoot/score a basket** strzelić kosza (*w koszykówce*); **wastepaper basket** kosz na śmieci

bat[1] *n* **1.** nietoperz **2.** kij (*baseballowy, do krykieta itd.*) ♦ **(as) blind as a bat** ślepy jak kret; **be bats (in the belfry)** *pot.* nie mieć piątej klepki, być niespełna rozumu; **do sth off one's own bat** *GB pot.* zrobić coś samodzielnie/bez niczyjej pomocy/z własnej inicjatywy/na własną rękę; **do sth (right) off the bat** *US pot.* zrobić coś natychmiast/bezzwłocznie/momentalnie; **have bats in the belfry** *pot.* nie mieć piątej klepki, być niespełna rozumu; **like a bat out of hell** *pot.* bardzo szybko, jak oparzony, raptownie; **old bat** *pot.* stara/złośliwa/wstrętna jędza, sekutnica; **right off the bat** *US pot.* natychmiast, bezzwłocznie, momentalnie

bat[2] *v* ♦ (*w zwrotach*) **bat one's eyes/eyelashes** mrugać oczami/powiekami; **go to bat for sb** *US* pomóc komuś, wesprzeć kogoś, wstawić się za kimś, poprzeć kogoś; **not bat an eye/eyelid** (nawet) nie mrugnąć okiem

bated *a* ♦ (*w wyrażeniu*) **with bated breath** z zapartym tchem
battle *n* bitwa; walka ♦ **a losing battle** (z góry) przegrana sprawa; walka/bitwa skazana na niepowodzenie/klęskę; **battle cry 1.** okrzyk wojenny **2.** hasło propagandowe; **be locked in battle** zetrzeć się (ostro) w walce, ścierać się (ostro) w walce; **do battle with sb (over sth)** walczyć z kimś (o coś); toczyć z kimś boje (o coś); **fall in a battle** polec w bitwie; **fight a battle** stoczyć walkę; **fight a losing battle against** stoczyć/ /prowadzić nierówną walkę z; **half the battle** połowa wygranej; połowa sukcesu
bay *n* **1.** zatoka **2.** ujadanie; wycie (*psa*) ♦ **at bay** osaczony; **hold/keep sth at bay** oddalać coś, odsuwać coś (*niebezpieczeństwo itd.*); zapobiegać czemuś; odstraszać coś, działać odstraszająco
be *v* (**was/were, been**) być; istnieć; znajdować się ♦ **be about to do sth** mieć zamiar coś zrobić, mieć/zamierzać właśnie coś zrobić; **be above (doing) sth** nie zniżać się do (zrobienia) czegoś; stawiać się ponad coś; **be above oneself** wynosić się, wywyższać się, pysznić się; wysoko się cenić; **be abreast of sth** być na bieżąco z czymś (*najnowszymi wydarzeniami itd.*); nadążać za czymś (*nowościami, postępem technicznym itd.*), dotrzymywać kroku czemuś; **be a dead loss** *pot.* być do niczego; **be after sb/sth** *pot.* szukać kogoś/czegoś; rozglądać się za kimś/czymś; **be all about sb/sth** być o kimś/czymś, mieć za (główny) temat kogoś/coś; traktować o kimś/czymś; **be all fingers and thumbs** mieć dwie lewe ręce; **be amiss** nie być w porządku; szwankować; źle funkcjonować; zawodzić; **be around** być czynnym/aktywnym zawodowo; udzielać się, działać, być aktywnym (*w jakiejś dziedzinie*); **be at home 1.** czuć się jak u siebie (w domu); czuć się swobodnie **2.** poruszać się w czymś swobodnie/łatwo, dobrze się orientować w czymś; **be at one with sb/sth** zgadzać się z kimś/czymś, być zgodnym z kimś/ /czymś; być z kimś/czymś w harmonii; **be at work** być w pra-

cy; **be back (in/to)** wracać/wrócić (do); **be badly off for sth** bardzo czegoś potrzebować; dotkliwie odczuwać brak czegoś; **be beside oneself (with)** wychodzić z siebie (*z radości, ze złości itd.*); **be beyond sb** *pot.* przerastać czyjeś możliwości; nie móc zrozumieć/pojąć czegoś; nie mieścić się komuś w głowie; **be born** urodzić się; **be called** nazywać się; nosić tytuł; **be called to (do) sth** mieć powołanie do czegoś; **be called up (for military service)** powołać kogoś do wojska, wcielić kogoś do armii; **be carried away** dać się ponieść emocjom; **be caught up in sth** być zamieszanym w coś; **be coming up roses** *pot.* iść jak z płatka; **be dead** nie żyć; **be dead against sth** być zagorzałym/zawziętym przeciwnikiem czegoś; **be driving at** zmierzać do czegoś (*w wypowiedzi*); **be far from doing sth** być dalekim od zrobienia czegoś; **be firm with sb** być stanowczym wobec kogoś; **be for it** *pot.* dostać za swoje, oberwać; **be frank with sb** być z kimś/wobec kogoś szczerym; **be friends with sb** przyjaźnić się z kimś; **be given to understand** dać komuś do zrozumienia; **be going on (for) sth** zbliżać się do czegoś (*określonego wieku, liczby itd.*); nadciągać, nadchodzić (*noc, pora dnia itd.*); **be going to** zamierzać, mieć zamiar; **be good for nothing** nie nadawać się; być do niczego; **be hard at it** ciężko nad czymś pracować; ślęczeć nad czymś; **be hard on sb/sth 1.** być dla kogoś/czegoś surowym; być dla kogoś/czegoś niewyrozumiałym; traktować kogoś/coś surowo **2.** być dla kogoś/czegoś niesprawiedliwym; źle się z kimś/czymś obchodzić **3.** łatwo coś uszkodzić; powodować w czymś szkody; mieć zły wpływ na coś; źle na coś oddziaływać/wpływać; **be hard to come by** trudno (jest) coś znaleźć/dostać, trudno (jest) o coś, trudno (jest) na coś trafić; **be head and shoulders above sb/sth** być o całe niebo lepszym od kogoś/czegoś, bić kogoś/coś na głowę, przerastać/przewyższać kogoś/coś o głowę; **be in 1.** być w domu **2.** *pot.* być w modzie, być modnym (*odzież, kolor*); **be in at sth** *pot.* być obecnym przy czymś; **be**

in a whirl *pot.* mieć mętlik w głowie; mieć zamęt w głowie/w myślach; mieć urwanie głowy; **be in for it** *pot.* dostać za swoje, oberwać; **be in for sth** *pot.* mieć coś przed sobą (*zwł. przykre doświadczenie*); **be in luck** mieć szczęście; **be in on sth** *pot.* uczestniczyć w czymś, brać w czymś udział, mieć swój udział w czymś; być w coś zaangażowanym; **be in on the ground floor** *pot.* uczestniczyć w czymś od samego początku, brać w czymś udział od samego początku, mieć swój udział w czymś od samego początku; być w coś zaangażowanym od samego początku (*w przedsięwzięcie itd.*); **be in operation** działać, funkcjonować; **be in the clear** *pot.* **1.** być poza podejrzeniem; być oczyszczonym z zarzutów **2.** zdrowieć, mieć kryzys choroby za sobą; **be into sth** *pot.* interesować się czymś; lubić coś; poświęcać się czemuś; **be in with sb** *pot.* być z kimś w przyjaźni, być z kimś w dobrych stosunkach; **be late** spóźniać się; **be late with** spóźniać się z, zalegać z (*płatnościami*); **be (like) a dream come true** być spełnieniem marzeń; **be low (on sth)** kończyć się, wyczerpywać się (*zapasy czegoś*); **be new at/to sth** być nowicjuszem w czymś, być początkującym w czymś; **be no good** nie nadawać się; być do niczego; **be no object** nie grać roli (*pieniądze, wydatki itd.*), nie stanowić problemu; **be nothing to sb** być dla kogoś nikim, nic dla kogoś nie znaczyć; **be off 1.** być wyłączonym (*światło, urządzenie*) **2.** być/zostać odwołanym (*np. koncert*) **3.** mieć wolne **4.** być nieobecnym **5.** być zepsutym (*żywność*); **be off for sth** *pot.* mieć zapas czegoś; **be off to** iść do; jechać do; **be of use** być przydatnym, przydać się; **be on 1.** być włączonym (*światło, urządzenie*) **2.** odbywać się; być aktualnym **3.** być w programie/repertuarze, być granym (*np. film w kinie*) **4.** zarabiać; **be on about sth** *pot.* zawracać komuś czymś głowę, zamęczać kogoś czymś; **be on at sb** *pot.* zawracać komuś głowę, zamęczać kogoś (*prośbami*); **be oneself** być sobą; **be on fire** palić się, płonąć; **be on first name terms (with sb)**/*US* **be on a first**

name basis być (z kimś) po imieniu, mówić sobie po imieniu; **be on foot** być w przygotowaniu (*projekt itd.*); **be on for sth** *pot.* być gotowym do czegoś, być przygotowanym na coś; **be on one's feet** być na nogach; **be on one's feet again** stanąć na nogi/na nogach (*po chorobie, kryzysie*); **be on sb's case** *pot.* czepiać się kogoś, ciągle kogoś krytykować; **be on the case** prowadzić sprawę/dochodzenie/śledztwo (*o policjancie*); **be on the go** *pot.* być w ruchu, być zalatanym; **be on the move 1.** poruszać się; przemieszczać się **2.** *pot.* być w ruchu, być zalatanym; **be on the offensive** być w ofensywie/w natarciu; atakować; **be on the upturn** wziąć/przybrać pomyślny obrót; **be on the wagon** *pot.* rzucić picie (alkoholu), przestać pić, zerwać z nałogiem; **be onto sb** *pot.* **1.** być na czyimś tropie; dobrać się do kogoś; dopaść kogoś **2.** (s)kontaktować się z kimś; **be onto sth** być na tropie czegoś, trafić/wpaść na trop czegoś; **be out** nie być w domu (*wyjść*); być poza domem; **be out for sth** *pot.* chcieć czegoś; próbować coś dostać/zrobić; **be out of breath** nie móc złapać tchu; **be out of it** być bezradnym; być wyobcowanym; **be out of shape** nie być w formie, być bez formy; **be out of sorts 1.** czuć się niedobrze/niezbyt dobrze, czuć się słabo, niedomagać **2.** czuć się nieswojo; być nie w sosie; być wytrąconym z równowagi; **be over** skończyć się; **be over sth** mieć coś za/poza sobą; **be over the hump** najgorsze mieć (już) za sobą; **be over the moon** *pot.* nie posiadać się ze szczęścia; **be right** mieć rację; mieć słuszność; **be rushed off one's feet/ /be run off one's feet** być zaganianym, być zalatanym; **be taken aback** być bardzo zaskoczonym/zdziwionym; **be taken ill/sick** zachorować; **be taken in** dać się nabrać, dać się oszukać; **be taken up with sth** być pochłoniętym czymś, być czymś bardzo zajętym; **be that as it may** jak było, tak było; **be the new kid on the block** *US pot.* być nowym (*świeżo przybyłym – w pracy, klasie itd.*); **be through** połączyć się (*telefonicznie*); uzyskać połączenie (*telefoniczne*); dodzwonić się (*do*

beach

kogoś); **be to do sth** mieć coś zrobić; **be up** być na nogach; **be up against sth** napotkać coś (*trudności, przeszkody itd.*); borykać się z czymś (*życiem, przeciwnościami itd.*); **be up to 1.** być w stanie/móc coś zrobić **2.** należeć do kogoś, być czyimś obowiązkiem; **be up to no good** nie zamyślać nic dobrego; **be up with the lark** wstawać razem z kurami, wstawać ze słońcem, wstawać skoro świt; **be well off** być bogatym/zamożnym; **be well off for sth** *pot.* mieć czegoś pod dostatkiem/w bród; **be with sb** *pot.* **1.** nadążać za kimś (*za biegiem czyjejś myśli*), rozumieć kogoś **2.** być z kimś, popierać kogoś, zgadzać się z kimś, brać czyjąś stronę; **far be it from me to (do sth)** daleki jestem od (zrobienia czegoś); **it's up to you (to decide)** decyzja należy do ciebie; **leave/let sth/sb be** zostawić coś/kogoś w spokoju; **so be it!** niech tak będzie!; **the be-all and end-all of sth** istota/sedno czegoś; sens czegoś; treść czegoś; **the decision is up to you** decyzja należy do ciebie; **to be frank** szczerze/otwarcie mówiąc, jeśli mam być szczery

beach *n* plaża ♦ **you're not the only pebble on the beach** świat się na tobie nie kończy

beam *n* **1.** promień (*światła*) **2.** promienny uśmiech **3.** belka ♦ **broad in the beam** *pot.* szeroki w biodrach; **off beam** *pot.* niedokładny; błędny

bean *n* ziarno (*fasoli, kawy*) ♦ **be full of beans** *pot.* być pełnym życiowej energii, tryskać energią, być pełnym życia; **it isn't worth a bean** niewiele wart(e); nic nie wart(e); nie wart(e) złamanego grosza; **not have a bean** *pot.* być/pozostać bez grosza, nie mieć grosza (przy duszy), być bez pieniędzy; **not know beans (about sth)** *US pot.* nie mieć zielonego pojęcia (o czymś); nic nie wiedzieć (o czymś/na temat); **spill the beans** *pot.* zdradzić sekret, wydać tajemnicę, wygadać się

bear *v* (**bore, borne**) **1.** nosić; dźwigać **2.** podtrzymywać, podpierać **3.** znosić, tolerować; wytrzymywać ♦ **bear a child** urodzić dziecko; **bear a grudge against sb** mieć do kogoś żal/pretensje, żywić do kogoś urazę; **bear all the hallmarks of sth** nosić wszelkie znamiona czegoś; **bear a resemblance (to)** być podobnym (do); **bear a signature/the date** być zaopatrzonym w podpis/datę; **bear comparison with** wytrzymywać porównanie z; **bear fruit** wydawać/przynosić/dawać owoce; **bear in mind (that)** pamiętać (, że); uwzględniać; zachować w pamięci; **bear left/right/north** skręcać w lewo/w prawo/na północ; trzymać się lewej/prawej/północnej strony; **bear no reference to sth** nie mieć żadnego związku z czymś (*daną sprawą itd.*); **bear no relation to...** nie mieć związku z..., pozostawać bez związku z...; **bear oneself** zachowywać się (*z godnością itd.*); **bear responsibility/the blame** ponosić odpowiedzialność/winę; **bear sb no ill will** nie być do kogoś wrogo usposobionym; nie żywić do kogoś urazy/nienawiści; **bear the brunt of sth** ponosić/wziąć na siebie główny ciężar czegoś; ściągnąć na siebie odium czegoś; **bear the burden/expense/ /costs** ponosić ciężar/wydatek/koszty; **bear the evidence of sth** nosić ślady czegoś; świadczyć o czymś; **bear the name/title** nosić imię/nazwisko/tytuł; **bear the palm** dzierżyć palmę pierwszeństwa; **bear to the left/right/north** skręcać w lewo/ /w prawo/na północ; trzymać się lewej/prawej/północnej strony; **bear witness to sth** świadczyć o czymś, być świadectwem czegoś; **be borne in on sb** uświadomić sobie w pełni, jasno zdać sobie sprawę (z czegoś); **bring pressure to bear on sb** wywierać na kogoś nacisk/presję; **can't bear the thought of...** nie móc znieść myśli o..., nie móc pogodzić się z myślą o...; **grin and bear it** robić dobrą minę do złej gry; **it doesn't bear thinking about** strach o tym pomyśleć; lepiej o tym nie myśleć; trudno to sobie wyobrazić, to przechodzi ludzkie wyobrażenie; **sth doesn't bear repeating** coś nie nadaje się do powtórzenia

<u>bearing</u> *n* **1.** zachowanie (się); postawa **2.** aspekt (*problemu*) **3.** namiar ♦ **beyond bearing** nie do zniesienia, nie do wytrzy-

beat

mania; **get/find one's bearings 1.** ustalić swoje położenie **2.** zorientować się (*w sytuacji*); **have a direct/some bearing on sth** mieć bezpośredni/pewien wpływ na coś (*sytuację, wydarzenia itd.*); **have no bearing on sth** nie mieć żadnego wpływu na coś (*sytuację, wydarzenia itd.*); **lose one's bearings** stracić orientację (*w terenie, sytuacji*); **past all bearing** nie do zniesienia, nie do wytrzymania; **take a bearing** brać/wziąć namiar, dokonać namiaru; **take one's bearings 1.** ustalić swoje położenie **2.** zorientować się (*w sytuacji*)

beat¹ *n* **1.** uderzenie; bicie; dudnienie **2.** takt; rytm **3.** obchód (*terenu*); rejon patrolowany ♦ **be on the beat** patrolować (*miasto, ulice*); **my heart missed a beat when...** serce mi zamarło, kiedy...

beat² *v* (**beat, beaten**) **1.** uderzać; bić **2.** pobić (*wroga, rekord*) ♦ **beat about/around the bush** owijać w bawełnę; **beat a (hasty) retreat** szybko uciec; zwiewać co sił w nogach; **beat hell out of sb** *pot.* porachować/policzyć komuś kości; **beat it!** *pot.* zjeżdżaj (stąd)!; zwiewaj!; uciekaj!; wynoś się!; **beat its wings** bić skrzydłami; **beat one's brain(s) over/about sth** *pot.* łamać sobie głowę nad czymś, głowić się nad czymś; **beat one's breast** *przen.* bić/uderzać się w piersi; **beat one's head against a brick wall** *pot.* walić/bić/tłuc głową o mur; **beat sb at their own game** pokonać/pobić kogoś jego własną bronią; **beat sb black and blue** posiniaczyć kogoś, poturbować kogoś; **beat sb hollow** *GB pot.* pobić kogoś na głowę, pokonać kogoś na całej linii; **beat sb to it** *pot.* uprzedzić kogoś, wyprzedzić kogoś, ubiec kogoś, prześcignąć kogoś, zrobić coś prędzej/ /wcześniej niż ktoś inny; **beat sb unconscious/to death** pobić kogoś do nieprzytomności/na śmierć; **beat the heat** *US pot.* ochłodzić się; zaradzić upałowi, uporać się z upałem; uciec przed upałem; **beat the (living) daylights out of sb** *pot.* zbić/stłuc kogoś na kwaśne jabłko; porachować/policzyć komuś kości; **beat the rap** *US pot.* wymigać się od kary; **beat**

time wybijać takt; **can you beat that/it?** *pot.* możesz to sobie wyobrazić?!; **it beats me** *pot.* to nie mieści mi się w głowie; **to beat the band** *US pot.* potężnie, intensywnie; ogromnie; silnie

beaten *a* bity; utarty; wydeptany ♦ **off the beaten track** z dala od głównych dróg, na uboczu, na ustroniu

beating *n* lanie; bicie; *pot.* cięgi ♦ **a good/severe beating** porządne/tęgie lanie; porządne/tęgie cięgi; **get a beating** dostać lanie; dostać/oberwać/zbierać cięgi; dostać w skórę; **give sb a beating** sprawić/spuścić komuś lanie; sprawić/dać/spuścić komuś cięgi; dać komuś w skórę; **take a beating** dostać lanie; dostać/oberwać/zbierać cięgi; dostać w skórę; **take a lot of/some beating** być nie do pobicia, być nie do pokonania; być lepszym od innych, nie mieć sobie równego

beauty *n* piękno; uroda ♦ **beauty contest/pageant** konkurs piękności; **beauty is in the eye of the beholder** *przysł.* nie to piękne, co piękne, ale to, co się komu podoba; **beauty mark** *US* pieprzyk (*na twarzy*); **beauty queen** królowa piękności; **beauty salon/***US* **beauty parlor/***US* **beauty shop** salon kosmetyczny; **beauty spot 1.** pieprzyk (*na twarzy*) **2.** uroczy zakątek; malownicza miejscowość

beaver *n* bóbr ♦ **eager beaver** *pot.* nadgorliwiec; gorliwiec; zapaleniec; entuzjasta; pracuś

beck *n* ♦ (*w zwrocie*) **be at sb's beck and call** być na każde (czyjeś) zawołanie; być gotowym na (każde) czyjeś skinienie

become *v* (**became, become**) **1.** stawać się **2.** zostać (*czymś, kimś*) **3.** wypadać; być stosownym ♦ **become a reality** stać się rzeczywistością, urzeczywistnić się, ziścić się, spełnić się; **become hardened towards/to sth** uodpornić się na coś, przyzwyczaić się do widoku czegoś; zobojętnieć na coś/w stosunku do czegoś/wobec czegoś; **become heavily/deeply involved in sth** bardzo się w coś zaangażować; **it ill becomes you to...** nie wypada, żebyś...; **what has become of...?** co się stało z...?; co się przydarzyło...?

bed *n* 1. łóżko 2. koryto (*rzeki*) ♦ **a bed of roses** życie usłane różami; **as you make your bed so you must lie on it** *przysł.* jak sobie pościelesz, tak się wyśpisz; **bunk bed** łóżko piętrowe; **camp bed** łóżko polowe; **double bed** łóżko dwuosobowe/podwójne; **folding bed** łóżko składane; **garden bed** grządka; **get into bed** położyć się do łóżka, pójść spać; **get out of bed** wstać z łóżka; **get out of bed (on) the wrong side**/*US* **get up on the wrong side of the bed** *przen.* wstać z łóżka lewą nogą; **go to bed** iść/kłaść się do łóżka, iść spać; **go to bed with sb** *pot.* iść z kimś do łóżka; **hospital bed** łóżko szpitalne; **make (up) the bed** posłać łóżko; **river bed** koryto rzeki; **roll out of bed** *pot.* zwlec się z łóżka, wstać z łóżka; **sea bed** dno morskie; **single bed** łóżko jednoosobowe, łóżko pojedyncze; **take to one's bed** położyć się do łóżka, zostać w łóżku (*z powodu choroby*); **time for bed** pora spać; **undo the bed** rozebrać łóżko; **you've made your bed and you must lie on it** *przysł.* jak sobie pościelesz, tak się wyśpisz

bee *n* pszczoła ♦ **(as) busy as a bee** pracowity jak pszczoła//mrówka; **have a bee in one's bonnet about sth** *pot.* mieć bzika na punkcie czegoś; mieć obsesję na punkcie czegoś

beeline *n* ♦ (*w zwrocie*) **make a beeline for sb/sth** iść/udawać się prosto do kogoś/czegoś, kierować swoje (pierwsze) kroki prosto do kogoś/czegoś

beer *n* piwo ♦ **life is not all beer and skittles** życie to nie bajka; **small beer** *pot.* małe piwo; bułka z masłem

beetroot/*US* **beet** *n* burak ♦ **(as) red as a beetroot**/*US* **(as) red as a beet** czerwony jak burak/jak piwonia/jak rak

before 1. *adv* przedtem, poprzednio 2. *prep* przed 3. *conj* zanim ♦ **before God** Bóg mi świadkiem; **before long** niebawem, wkrótce, niedługo; **before me** przede mną; **before now** już, do tej pory; dotychczas; **right before** tuż przed; **shortly before** wkrótce przed tym jak...; **the day/month before** poprzedniego dnia/miesiąca; dzień/miesiąc wcześniej (*itd.*); **the day before last/yesterday** przedwczoraj, dwa dni temu

beg *v* **1.** błagać **2.** żebrać ♦ **beg a favour** prosić o przysługę; **beg forgiveness/mercy** błagać o przebaczenie/łaskę; **beg leave to do sth** prosić o pozwolenie na zrobienie czegoś; **beg sb's pardon** przeprosić kogoś; prosić kogoś o wybaczenie; **beg the question 1.** opierać się na nie sprawdzonych/fałszywych przesłankach **2.** ponownie stawiać pytanie/podnosić kwestię; **beg to differ** (pozwolić sobie) mieć inne/odmienne zdanie; **I beg your pardon 1.** przepraszam **2.** (o) bardzo przepraszam! (*wyrażając oburzenie, zdumienie itd.*) **3.** słucham? (*prośba o powtórzenie*)

beggar *v* ♦ (*w zwrotach*) **beggar (all) description** być nie do opisania, być trudnym/niemożliwym do opisania; **beggar belief** być nie do uwierzenia, być trudnym do uwierzenia

begin *v* (**began, begun**) rozpoczynać; zaczynać (się) ♦ **can't begin to imagine/understand** *pot.* zupełnie nie móc sobie wyobrazić/zrozumieć, nie być w stanie sobie wyobrazić/zrozumieć; **to begin with 1.** najpierw, z początku **2.** po pierwsze

beginning *n* początek ♦ **at/in the beginning** na początku; **from the beginning** od początku; **the beginning of the end** początek końca

behalf *n* ♦ (*w zwrocie i wyrażeniach*) **act on sb's behalf** reprezentować kogoś (*w sądzie itd.*); występować w czyimś imieniu; **in behalf of sb/US in sb's behalf/on behalf of sb/on sb's behalf 1.** w imieniu kogoś, w czyimś imieniu; na rzecz kogoś **2.** ze względu na kogoś, z czyjegoś powodu

behaviour *n* zachowanie (się) ♦ **be on one's best behaviour** zachowywać się nienagannie/wzorowo; **I won't have behaviour like this in my house!** nie pozwolę na takie zachowanie w moim domu!

behind *adv*, *prep* z tyłu; za ♦ **be behind** spóźniać się; pozostawać w tyle; **be behind sb/sth all the way** stać/stanąć murem za kimś/czymś; **be behind with/in sth** opóźniać się z czymś, zalegać z czymś; **behind closed doors** za zamkniętymi drzwiami;

behind schedule/time spóźniony, opóźniony; **behind the scenes** *dosł. i przen.* za kulisami; zakulisowy; **behind the wheel** za kierownicą (*samochodu*); **be right behind sb** *pot.* popierać kogoś zdecydowanie, stać za/przy kimś murem; **close behind** tuż za, (blisko) z tyłu; **get behind** spóźniać się; pozostawać w tyle; **what's behind...?** co się kryje za...?, co stoi za...?

being *n* **1.** istota **2.** istnienie ♦ **bring/call sth into being** powołać coś do życia, powołać coś do istnienia; **come into being** zostać powołanym do istnienia/do życia, powstać; zaistnieć; **for the time being** na razie; tymczasowo; tymczasem; **human being** istota ludzka, człowiek; **Supreme Being** Istota Najwyższa/Nieskończona, Bóg

belfry *n* dzwonnica ♦ **have bats in the belfry** *pot.* nie mieć piątej klepki, być niespełna rozumu

belief *n* **1.** wiara **2.** przekonanie; pogląd **3.** zaufanie ♦ **beggar belief** być nie do uwierzenia, być trudnym do uwierzenia; **beyond belief** nie do uwierzenia, trudny do uwierzenia, nie do wiary; **contrary to popular belief** wbrew powszechnemu przekonaniu/mniemaniu; **hold a belief** wyznawać pogląd; **in the belief that...** w przekonaniu, że...; przekonany, że...; **it is my belief that...** jestem przekonany, że...; **shake one's belief in...** zachwiać czyjąś wiarę w...; **to the best of my belief** według mojego najgłębszego przekonania; o ile wiem

believe *v* **1.** wierzyć **2.** przypuszczać, mniemać **3.** mieć zaufanie ♦ **believe it or not** choć trudno w to uwierzyć; **have reason to believe that...** mieć powody sądzić, że...; **I find it hard to believe...** trudno mi uwierzyć, że...; **make believe (that...)** udawać (, że...); **not believe one's ears/eyes** nie wierzyć/nie dowierzać (własnym) uszom/oczom; **seeing is believing** *pot.* uwierzę, jak zobaczę; **would you believe it!** *pot.* dasz wiarę?!, nie uwierzysz!

bell¹ *n* dzwon; dzwonek ♦ **(as) clear as a bell** jasny, dźwięczny, wyraźny, donośny; **(as) sound as a bell** zdrowy jak rydz/jak ryba/*pot.* jak byk/*pot.* jak koń; **give sb a bell** *GB pot.* (za)dzwonić do kogoś, (za)telefonować do kogoś; **ring the bell** dzwonić; **that rings a bell** *pot.* to mi coś przypomina, gdzieś już to słyszałem; **the bell goes** dzwonek dzwoni/rozlega się

bell[2] *v* ♦ (*w zwrocie*) **bell the cat** *pot.* wziąć na siebie ryzyko, narażać się dla innych

bellyful *n* ♦ (*w zwrocie*) **have had a bellyful of sth** *pot.* mieć czegoś po dziurki w nosie, mieć już czegoś dość

below *adv, prep* poniżej; pod; na dole ♦ **below average** poniżej przeciętnej/średniej; **below ground** pod ziemią; **below mentioned** niżej wymieniony; **(hit) below the belt** *przen.pot.* (uderzyć) poniżej pasa; **well/way below** dużo poniżej, znacznie poniżej

belt *n* **1.** pas; pasek **2.** strefa, pas ♦ **(at) full belt** *pot.* pędem; galopem; pełnym gazem, na pełny gaz, na pełnym gazie (*gnać, jechać*); **fasten seat belts** zapiąć pasy (bezpieczeństwa); **green belt** pas zieleni; strefa zieleni; **(have sth) under one's belt** *pot.* (mieć coś) na swoim koncie (*dokonać czegoś*); **(hit) below the belt** *przen.pot.* (uderzyć) poniżej pasa; **life belt** koło ratunkowe; **seat/safety belts** pasy bezpieczeństwa; **tighten one's belt** zaciskać pasa

bend[1] *n* **1.** zakręt (*drogi, rzeki*) **2.** zgięcie; wygięcie ♦ **drive sb round the bend** *pot.* wkurzać kogoś; złościć kogoś; doprowadzać kogoś do furii; **go round the bend** *pot.* wkurzyć się; zezłościć się; wpaść w złość/furię; **round the bend** *pot.* szalony; zwariowany; **sharp bend** ostry zakręt

bend[2] *v* (**bent, bent**) **1.** zakręcać (*droga, rzeka*) **2.** zginać; wyginać (się) ♦ **bend one's steps towards** skierować swe kroki w kierunku; **bend over backwards (to do sth)** usilnie starać się pomóc (*coś zrobić*); pospieszyć komuś z pomocą; **bend sb to sth** zmuszać kogoś do czegoś; nakłaniać kogoś do czegoś; podporządkowywać kogoś czemuś; **bend the law/rules** naginać prawo/przepisy

bended *a* ♦ (*w wyrażeniu*) **on bended knee** na klęczkach, na kolanach (*prosić o coś, modlić się*)

benefit *n* **1.** korzyść, pożytek **2.** dobrodziejstwo, dobro **3.** zasiłek, zapomoga **4.** przywilej ♦ **benefit concert/performance** koncert/przedstawienie na cele dobroczynne; **benefit in cash** świadczenie pieniężne; zasiłek pieniężny; **benefit in kind** świadczenie w naturze; **be of benefit to sb** przynosić komuś korzyść; **child benefit** zasiłek na dziecko; **for the benefit of...** na rzecz...; **for the public benefit** w interesie społecznym/publicznym; **give sb the benefit of the doubt** rozstrzygnąć wątpliwość/sprawę na korzyść osoby zainteresowanej (*z braku dowodów*); uwierzyć komuś pomimo wątpliwości; **live on benefit** żyć z zasiłku; **reap the benefit (of sth)** osiągać/czerpać/odnosić korzyść (z czegoś), mieć (z czegoś) korzyść, korzystać (z czegoś); **sickness benefit** zasiłek chorobowy; **the benefit of the doubt** przywilej wątpliwości (*zasada rozstrzygania wątpliwości na korzyść oskarżonego*); **unemployment benefit** zasiłek dla bezrobotnych

berry *n* jagoda ♦ **(as) brown as a berry** opalony na brązowo

berth *n* **1.** koja (*na statku*); miejsce leżące (*w wagonie sypialnym*) **2.** miejsce cumowania (*statku*) **3.** *pot.* miejsce w zespole/drużynie ♦ **give sb/sth a wide berth** omijać kogoś/coś z daleka; trzymać się od kogoś/czegoś z daleka; nie zbliżać się do kogoś/czegoś

beside *prep* przy; obok ♦ **be beside oneself (with)** wychodzić z siebie (*z radości, ze złości itd.*); **be beside the point** nie mieć nic do rzeczy, nie mieć związku ze sprawą, być nie na temat

best[1] *n* (to co) najlepsze ♦ **all the best!** wszystkiego najlepszego!; **at best** w najlepszym wypadku; **at its/one's best** u szczytu formy, w najlepszej formie; **be (all) for the best** wyjść na dobre; **best of luck!** powodzenia!, wszystkiego najlepszego/dobrego!, życzę szczęścia!; **bring out the best in sb** wyzwalać w kimś najlepsze cechy charakteru/najlepsze instynkty; **do one's best/do the best one can/do one's level best** zrobić, co tylko można; dołożyć wszelkich starań, postarać się; zrobić wszystko, aby...; **for the best** w najlepszej wierze, mając najlepsze intencje (*robić coś*), w dobrej intencji (*działać*); **get//have the best of sth** osiągnąć/uzyskać z czegoś maksymalną korzyść; odnieść z czegoś maksymalny pożytek; **look one's best** wyglądać szczególnie dobrze, wyglądać nadzwyczaj pięknie, wyglądać przepięknie/prześlicznie; **make the best of a bad job** zrobić wszystko co (w danej sytuacji) możliwe, spisać się jak najlepiej; **make the best of sth** (z)robić z czegoś najlepszy użytek; **one's Sunday best** czyjeś odświętne/świąteczne ubranie; **to the best of my ability** w miarę możności; jak najlepiej, najlepiej jak potrafię (*zrobić coś*); **to the best of my belief** według mojego najgłębszego przekonania; o ile wiem; **to the best of my knowledge** o ile wiem, o ile mi wiadomo; **to the best of my recollection** o ile sobie przypominam, o ile pamiętam; **try one's best** zrobić, co tylko można; dołożyć wszelkich starań, postarać się; zrobić wszystko, aby...; **with the best of intentions** mając najlepsze intencje (*zrobić coś*), w dobrej intencji (*działać*)

best² *a* najlepszy ♦ **be on one's best behaviour** zachowywać się nienagannie/wzorowo; **best card** *przen.* (czyjaś) karta atutowa; **best man** drużba (*weselny*); **one's best bib and tucker** czyjeś odświętne/świąteczne ubranie; **the best part of sth** przeważająca część czegoś; większość czegoś; większa część czegoś; **with the best will in the world** pomimo najszczerszych chęci

best³ *adv* najlepiej ♦ **as best as I/you can** najlepiej jak potrafię/potrafisz; **for reasons best known to oneself** z przyczyn sobie tylko wiadomych; **know best** wiedzieć najlepiej; **you had best...** powinieneś...

bet¹ *n* zakład ♦ **a good/safe bet** *pot.* rzecz pewna (*dająca spodziewane rezultaty*), pewniak; dobry/trafny wybór; **have a bet on** postawić na (*kogoś, coś*); **hedge one's bets** asekurować się, zabezpieczać się; działać na dwa fronty; **it's a safe bet that...**

śmiało można powiedzieć, że...; **lose a bet** przegrać zakład; **make a bet** zakładać się; **my bet is (that)...** *pot.* idę o zakład, że..., założę się, że...; **take bets** przyjmować zakłady; **what's the bet?** o co zakład?; **win a bet** wygrać zakład

bet[2] *v* **(bet/betted, bet/betted)** zakładać się ♦ **bet one's bottom dollar/one's life on sth/that...** *pot.* założyć się o wszystko, że..., dać głowę, że...; **I bet (that)...** *pot.* idę o zakład, że..., założę się, że...; **you bet** *pot.* (a) pewnie!, możesz się założyć!

better[1] *n* coś lepszego; lepsze ♦ **a change for the better** zmiana na lepsze; **get the better of sb** pokonać kogoś; uzyskać nad kimś przewagę; wziąć nad kimś górę; **one's (elders and) betters** (ludzie) starsi; **so much the better (for sb/sth)** tym lepiej (dla kogoś/czegoś); **take a turn for the better** przyjąć pomyślny obrót, polepszyć się, poprawić się; **the sooner the better** im prędzej/wcześniej tym lepiej; **think the better of sb** mieć o kimś lepsze zdanie/mniemanie

better[2] *a* lepszy ♦ **against one's/sb's better judgement** wbrew zdrowemu rozsądkowi; **better days** lepsze czasy; **better off 1.** bogatszy **2.** szczęśliwszy; **do better** osiągnąć lepsze wyniki/rezultaty; lepiej wypaść; lepiej się spisać; **for want of anything better (to do)** z braku lepszego zajęcia, nie mając nic lepszego do roboty; **get better 1.** poprawiać się, polepszać się **2.** wracać do zdrowia, zdrowieć; **have known/seen better days** (*żartobliwie*) pamiętać/widzieć lepsze czasy; **one's better half** (*żartobliwie*) czyjaś lepsza połowa (*żona*); **the better part of sth** przeważająca część czegoś; większość czegoś; większa część czegoś; **two heads are better than one** co dwie głowy, to nie jedna

better[3] *adv* lepiej ♦ **better late than never** *przysł.* lepiej późno niż wcale/nigdy; **had better...** lepiej...; **I'd better go** lepiej pójdę; **know better (than that/than to do sth)** mieć (trochę) więcej rozumu/oleju w głowie; postępować/zachowywać się rozumnie; **think better of doing sth** rozmyślić się, odstąpić od zamiaru, zmienić zdanie/decyzję; **think better of sb** mieć o kimś lepsze zdanie/mniemanie

between *adv, prep* między; pomiędzy ♦ **between you and me/between you, me and the gatepost/between ourselves** między nami (mówiąc); **in between** *pot.* w międzyczasie

beyond *adv, prep* za; poza; ponad ♦ **be beyond all one's expectations** przejść czyjeś najśmielsze oczekiwania; **be beyond all reason** urągać zdrowemu rozsądkowi, wykraczać poza/przekraczać granice zdrowego rozsądku, być nie do przyjęcia, być nie do zaakceptowania; **be beyond hope** nie rokować nadziei; **be beyond sb** *pot.* przerastać czyjeś możliwości; nie móc zrozumieć/pojąć czegoś; nie mieścić się komuś w głowie; **beyond (all) doubt** ponad wszelką wątpliwość; **beyond a shadow of a doubt** bez cienia wątpliwości; **beyond bearing** nie do zniesienia, nie do wytrzymania; **beyond belief** nie do uwierzenia, trudny do uwierzenia, nie do wiary; **beyond compare** nieporównany, niezrównany, nie mający sobie równego, jedyny w swoim rodzaju; **beyond description** nie do opisania, trudny do opisania; **beyond help** nie do uratowania, stracony; **beyond measure** niezwykle; niezmiernie; nadmiernie, ponad miarę; **beyond (one's/sb's) reach** poza (czyimś) zasięgiem; nieosiągalny; niedostępny; **beyond price** bezcenny; **beyond question** na pewno; bez wątpienia; **beyond recall** nieodwołalny; nieodwracalny; **beyond recognition** nie do (roz)poznania, trudny do (roz)poznania; **beyond reproach** bez zarzutu; **beyond (sb's) range** poza (czyimś) zasięgiem; **beyond suspicion** poza podejrzeniem; **it is beyond all question** to nie ulega wątpliwości; **it's beyond my comprehension** to nie mieści mi się w głowie; to przechodzi moje wyobrażenie; **the back of beyond** odludzie, pustkowie; odludne miejsce; odludna miejscowość; głucha/zapadła wieś; koniec świata

bid *v* **1. (bade, bid/bidden)** życzyć **2. (bade, bid/bidden)** kazać **3. (bid, bid)** licytować **4. (bid, bid)** składać ofertę ♦ **bid fair**

bid 56

(to do sth) zapowiadać się (że); **bid sb farewell** żegnać kogoś; **bid sb good night** życzyć komuś dobrej nocy; **do as you are bidden** rób, co ci każą

big *a* **1.** duży; wielki **2.** znaczny; ważny ♦ **a big fish/noise/shot** *pot.* gruba ryba, szycha; **be too big for one's boots** *pot.* zważnieć; być zarozumiałym; zadzierać nosa; **big brother** *pot.* starszy brat; **big bucks** gruba/ciężka forsa, kupa forsy/pieniędzy; **big deal!** *pot.* (*ironicznie*) wielkie rzeczy!, też mi coś!; **big decision** ważna decyzja; **big game** gruba zwierzyna; **big hit** wielki przebój/szlagier/hit; **big mistake** duży błąd; *pot.* gruby błąd; **big money** gruba/ciężka forsa, kupa forsy/pieniędzy, grube/ciężkie pieniądze; **big name** *pot.* wielkie/sławne/powszechnie znane nazwisko; **big sister** *pot.* starsza siostra; **get a big hand** dostać/zebrać/zdobyć gorące/burzliwe/owacyjne brawa, dostać/zebrać/zdobyć gorące/burzliwe/owacyjne oklaski; **get too big for one's boots** *pot.* zważnieć; stać się zarozumiałym; zacząć zadzierać nosa; **give sb a big hand** oklaskiwać kogoś głośno/gorąco, nagrodzić/przyjąć kogoś gromkimi/burzliwymi/owacyjnymi brawami/oklaskami; **great big** *pot.* wielki, wielgachny, ogromny, olbrzymi, bardzo duży; **half as big again** półtora raza większy/więcej; **have a big head** *pot.* zadzierać nosa, pysznić się, wywyższać się, udawać ważnego; **have a big mouth** *pot.* mieć długi język, mleć językiem; mieć niewyparzony język, mieć niewyparzoną gębę; **have bigger fish to fry** *pot.* mieć inne/ważniejsze sprawy na głowie, mieć inne/ważniejsze rzeczy na głowie; **hit the big time** *pot.* wygrać wielki los na loterii, odnieść nagle sukces/powodzenie, nagle osiągnąć sukces/powodzenie; zdobyć sławę/rozgłos; **in a big way** *pot.* na dużą skalę, z rozmachem; **make a big deal (out) of sth** przesadzać z czymś, wyolbrzymiać coś, przejaskrawiać coś, z igły robić widły; **make a big thing out of sth** przesadzać w czymś, wyolbrzymiać coś, przeceniać coś; **make it big** *pot.* odnieść/osiągnąć sukces; poszczęścić się, powieść się, udać się

bird

(*komuś*); **make it to the big time** *pot.* osiągać wyżyny/szczyty, wspiąć się na wyżyny/szczyty (*popularności, profesjonalizmu itd.*); **one's/sb's big break (came when...)** *pot.* czyjaś wielka/życiowa szansa (nadarzyła się/nadeszła, kiedy...), czyjeś pięć minut (nadeszło, gdy...); **talk big** przechwalać się; **the Big Apple** Nowy York; **the big stick** *pot.* straszak (*użycie siły*); **the big wide world** szeroki świat; **what's the big issue?** *pot.* w czym problem?!; nie ma sprawy!; też mi coś!

bill *n* 1. rachunek 2. plakat 3. projekt ustawy 4. *US* banknot ♦ **bill of exchange** weksel; **bill of fare** jadłospis, menu; **bill of lading** konosament; **bill of rights** ustawa o prawach obywatelskich; **bill of sale** akt kupna-sprzedaży; **fill/fit the bill** odpowiadać/pasować (*komuś*) idealnie; nadawać się; być odpowiednim/stosownym (*do czegoś*); **foot the bill** zapłacić rachunek; **give sb/sth a clean bill of health** wydać/wystawić komuś świadectwo zdrowia/lekarskie o zdolności do pracy (*itd.*); wydać/wystawić zaświadczenie o sprawności/przydatności czegoś do użytku (*itd.*); **head/top the bill** być gwoździem programu; być gwiazdą programu (*rozrywkowego*); **make out a bill** wystawić rachunek; **pick up the bill for sth** *pot.* zapłacić za coś rachunek, słono za coś zapłacić, wybulić za/na coś; płacić rachunek za coś (*czyjeś błędy itd.*); **theatre bill** afisz teatralny

bind *v* (**bound, bound**) 1. wiązać; łączyć 2. oprawiać (*książki*) ♦ **bind sb hand and foot** wiązać komuś ręce; krępować czyjeś poczynania/działania

bird *n* ptak ♦ **a bird in the hand is worth two in the bush** *przysł.* lepszy wróbel w garści niż gołąb na dachu; **a bird's-eye view (of sth)** widok (czegoś) z lotu ptaka; **an early bird** ranny ptaszek; **as free as a bird** wolny jak ptak; **bird of passage** ptak przelotny; **bird of prey** ptak drapieżny; **birds of a feather (flock together)** *przysł.* swój zawsze ciągnie do swego; swój swego zawsze znajdzie; **eat like a bird** jeść jak ptaszek/jak kurczę/jak wróbelek; **fine feathers make fine birds** *przysł.* jak

birth 58

cię widzą, tak cię piszą; **free as a bird** wolny jak ptak; **home bird** *GB* domator; **it is an ill bird that fouls its own nest** *przysł.* zły to ptak, co własne gniazdo kala; **kill two birds with one stone** upiec dwie pieczenie przy jednym ogniu; **migratory bird** ptak wędrowny; **the early bird catches the worm** *przysł.* kto rano wstaje, temu Pan Bóg daje; **wading bird** ptak brodzący; **water bird** ptak wodny

birth *n* **1.** urodzenie **2.** *przen.* początek; narodziny ♦ **birth certificate** świadectwo urodzenia, metryka; **birth control** kontrola urodzeń; **birth rate** przyrost naturalny; **give birth to 1.** urodzić (*dziecko*) **2.** *przen.* dać początek, zapoczątkować; **of low birth** niskiego urodzenia/pochodzenia

birthday *n* urodziny ♦ **in one's birthday suit** *pot.* (*żartobliwie*) w stroju Adama/adamowym; taki, jak(im) go Pan Bóg stworzył

bit *n* kawałek; odrobina ♦ **a bit much** *pot.* nadmierny; przesadny; **a bit of a...** *GB pot.* raczej..., właściwie...; **a good bit** całkiem dużo; znacznie; **bit by bit** stopniowo; **bit part** rola epizodyczna (*w filmie, sztuce*); **bits and pieces/bobs** *pot.* (różne) drobiazgi; drobne przedmioty; (różne)/drobne szczegóły; **do one's bit** *pot.* (z)robić swoje; (z)robić to, co do kogoś należy; **every bit as bad/good as...** równie zły/dobry jak...; **it's a bit much (doing sth)** *pot.* to przesada...; **not a bit of it!** *GB pot.* ani trochę!; **not one bit/not a bit** wcale, bynajmniej, ani trochę; **not the least bit** w najmniejszym stopniu, bynajmniej; **quite a bit** całkiem dużo; znacznie; **to bits** na kawałki (*rozpaść się, rozbić coś itd.*); **with a bit of luck** przy odrobinie szczęścia

bite[1] *n* **1.** kęs **2.** ugryzienie; ukąszenie ♦ **a bite to eat** *pot.* coś na ząb; coś do jedzenia; **another/second bite at the cherry** *GB* druga szansa; druga próba; drugie podejście; **give sb a bite** ugryźć kogoś; **have/take a bite of sth** ugryźć coś; **sb's bark is worse than their bite** *przysł.* nie taki diabeł straszny, jak go malują

bite[2] *v* (**bit, bitten**) **1.** gryźć **2.** zaciskać się; chwytać **3.** (*o rybach*) brać, chwytać przynętę **4.** dawać się we znaki ♦ **bite one's lip** zagryzać wargi; **bite one's tongue** *przen.* ugryźć się w język; **bite sb's head off** *pot.* zmyć komuś głowę, nakrzyczeć na kogoś, zwymyślać kogoś, skrzyczeć kogoś, objechać kogoś; **bite the dust** *pot.* **1.** gryźć ziemię, leżeć w ziemi/w grobie **2.** upaść (*plan, pomysł itd.*), spalić na panewce, spełznąć na niczym **3.** wysiąść, zepsuć się, przestać działać; **once bitten, twice shy** *przysł.* kto się na gorącym sparzył, ten na zimne dmucha; **what's biting you?** co cię gryzie?, czym się martwisz?

bitter *a* gorzki ♦ **bitter enemy** nieprzejednany/zaciekły wróg; **bitter pill/truth** gorzka pigułka/prawda; **to/until the bitter end** do samego końca; do upadłego; do ostatniego tchu; do ostatniej kropli krwi; **weep bitter tears** płakać gorzkimi łzami, płakać gorzko

black[1] *n* czerń ♦ **be in the black** mieć pieniądze na koncie bankowym, być wypłacalnym; **in black and white 1.** czarno na białym **2.** w czarno-białych kolorach (*widzieć coś*)

black[2] *a* czarny ♦ **(as) black as coal/soot** czarny jak święta ziemia (*brudny*); **(as) black as pitch** czarny jak kruk/noc/sadza/węgiel/smoła; **beat sb black and blue** posiniaczyć kogoś, poturbować kogoś; **black art(s)** czarna magia; **black box** czarna skrzynka; **black comedy** czarna komedia; **black day** czarny/pechowy/fatalny dzień; **black deed** podły/nikczemny postępek, podły/nikczemny czyn; **black despair** czarna rozpacz; **black eye** podbite oko; **black gold** *pot.* ropa naftowa; **black humour** czarny humor; **black lie** podłe kłamstwo; **black list** czarna lista; **black magic** czarna magia; **Black Maria** *pot.* karetka więzienna; **black market** czarny rynek; **black mass** czarna msza; **black news** zła wiadomość; złe wieści; **black sheep** czarna owca (*w rodzinie*); **black spot** czarny punkt, miejsce na drodze szczególnie niebezpieczne, miejsce w którym dochodzi do częstych wypadków; **black work** praca „na czarno"/bez zezwolenia; **give sb a black eye** podbić komuś oko; **not as black as it/one is painted** nie najgorszy; nie taki straszny, jak się o nim mówi; nie taki diabeł straszny, jak go malują; **see a black cloud on the horizon** czarno coś widzieć; **the pot calling the kettle black** *przysł.* przyganiał kocioł garnkowi

blame[1] *n* wina ♦ **accept the blame for sth** brać na siebie winę za coś; **ascribe/assign/attribute the blame to sb** przypisywać komuś winę; **bear the blame for** ponosić winę za; **lay/place/put the blame for sth on sb** obarczyć kogoś winą za coś, winić kogoś za coś; **shift the blame to sb** zrzucić winę na kogoś; **take the blame for sth** brać na siebie winę za coś

blame[2] *v* winić ♦ **be to blame for sth** być winnym czegoś; **who is to blame?** czyja to wina?, kto jest temu winien?; **you only have yourself to blame** możesz winić wyłącznie/tylko siebie samego

blank *a* **1.** pusty; nie wypełniony; nie zapisany **2.** ślepy (*np. nabój, okno*) ♦ **blank cheque/US blank check** czek in blanco; **blank tape** czysta taśma; **blank verse** biały wiersz; **give sb a blank cheque** dać komuś carte blanche/wolną rękę/swobodę działania; **go blank 1.** *przen.* dostać zaniku pamięci, mieć pustkę w głowie/pamięci, dostać zaćmienia pamięci, nie móc sobie przypomnieć **2.** zaniknąć, zniknąć (*obraz telewizyjny itd.*), stać się niewidocznym; **refuse point blank** odmawiać zdecydowanie, odmawiać kategorycznie

blanket *n* koc ♦ **born on the wrong side of the blanket** nieślubny, z nieprawego łoża (*dziecko*)

blast *n* **1.** wybuch; podmuch (*od wybuchu*) **2.** *pot.* ostra krytyka; zwymyślanie, obsztorcowanie (*kogoś*) **3.** *US pot.* ubaw ♦ **(at/on) full blast** pełną/całą parą; na całego; całą siłą; z całej siły/mocy; na cały regulator (*np. głośnik radiowy*); **have quite a blast** *US pot.* mieć ubaw po same pachy

blaze[1] *n* **1.** płomień **2.** (duży) pożar **3.** blask ♦ **blaze of anger//hatred** przypływ gniewu/nienawiści; **die in the blaze** zginąć w pożarze/w ogniu/w płomieniach; **in a blaze of glory** w blasku chwały; **like blue blazes** *US pot.* okropnie; piekielnie; jak (wszyscy) diabli; **put the blaze out** ugasić pożar

blaze² *v* 1. płonąć; buchać 2. błyszczeć ♦ **blaze a trail (in the field of...)** być pionierem (w dziedzinie...), torować nowe drogi (w dziedzinie...), przecierać nowe szlaki/drogi (w dziedzinie...)

bleed *v* (bled, bled) 1. krwawić 2. przeciekać; robić zacieki ♦ **bleed sb dry/white** oskubać kogoś z pieniędzy, ogałacać kogoś z pieniędzy, zdzierać z kogoś skórę, obdzierać/łupić kogoś ze skóry, wyciskać z kogoś (ostatnie) soki

blessing *n* błogosławieństwo ♦ **a blessing in disguise** szczęście w nieszczęściu; nie ma tego złego, co by na dobre nie wyszło; **give a blessing** pobłogosławić, udzielić błogosławieństwa (*wiernym*); **give one's blessing to sth** *przen.* dać czemuś swoje błogosławieństwo, udzielić czemuś swego błogosławieństwa; **God's blessing** błogosławieństwo boże; **have sb's blessing** *przen.* mieć/otrzymać czyjeś błogosławieństwo; **make a blessing** pobłogosławić, udzielić błogosławieństwa (*wiernym*); **say a blessing** odmówić modlitwę przed jedzeniem/po jedzeniu

blind¹ *n* **the blind** niewidomi ♦ **the blind leading the blind** *przysł.* wiódł ślepy kulawego; uczył Marcin Marcina

blind² *a* ślepy ♦ **(as) blind as a bat/mole** ślepy jak kret; **blind alley** ślepa ulica; **blind chance** ślepy traf/przypadek/los; **blind date** randka w ciemno; **blind faith/hatred** ślepa wiara/nienawiść; **blind fate/destiny** ślepe przeznaczenie, ślepe zrządzenie losu, ślepe fatum, ślepy los; **blind in one eye** ślepy na jedno oko; **blind landing** lądowanie (samolotu) bez widoczności; **blind-man's buff** ciuciubabka; **blind trust** ślepe zaufanie; **blind window** ślepe okno; **love is blind** miłość jest ślepa; **not take a blind bit of notice** *pot.* nie zwracać najmniejszej uwagi (*na coś*); **turn a blind eye to sth** przymykać na coś oczy, patrzeć na coś przez palce

blind 62

blind³ *adv* na ślepo ♦ **blind drunk** *pot.* pijany jak bela/w sztok/ /jak szewc/jak bąk; **swear blind** *pot.* kląć się na wszystkie świętości, kląć się na wszystko (że)...

blindfold *a* z zasłoniętymi oczami ♦ **can do sth blindfold** *pot.* umieć/móc/potrafić coś zrobić z zawiązanymi oczami

blink *n* mrugnięcie (*powiek*); mgnienie ♦ **in the blink of an eye** w mgnieniu oka; **on the blink** *pot.* szwankujący; zepsuty (*urządzenie*)

block *n* **1.** bryła; blok **2.** korek; zator (*na drodze*) **3.** przeszkoda **4.** klocek ♦ **a chip off the old block** *pot.* wykapany ojciec; wykapana matka; nieodrodny syn; nieodrodna córka; charakterem podobny do matki/do ojca; **be the new kid on the block** *US pot.* być nowym (*świeżo przybyłym – w pracy, klasie itd.*); **block of flats** blok mieszkalny; **block of shares** pakiet akcji; **in block letters** wielkimi drukowanymi literami; **knock sb's block off** *pot.* rozwalić komuś głowę/łeb; **office block** biurowiec, budynek biurowy

blood *n* krew ♦ **blood bank** bank krwi; **blood bath** krwawa łaźnia; **blood donor** krwiodawca, dawca krwi; **blood feud** wendeta; **blood group** grupa krwi; **blood heat** normalna temperatura/ciepłota ciała ludzkiego; **blood is thicker than water** bliższa ciału koszula (niż sukmana); **blood loss** utrata krwi; **blood pressure** ciśnienie tętnicze krwi; **blood test** badanie krwi; **blood ties** więzy krwi; **blood type** *US* grupa krwi; **blue blood** błękitna krew; **donate blood** oddawać krew (*np. honorowo*); **draw blood** pobierać krew; **freeze one's blood** mrozić komuś krew w żyłach; **fresh blood** *przen.* świeża krew; **give blood** oddawać krew (*np. honorowo*); **have sb's blood on one's hands** mieć ręce splamione krwią, mieć czyjąś krew na rękach; **in cold blood** z zimną krwią; **it is in her blood/it runs in her blood** ona ma to we krwi; **loss of blood** utrata krwi; **make one's blood freeze/make one's blood run cold** mrozić komuś krew w żyłach; **make sb's blood boil** burzyć komuś krew; **new**

blood *przen.* świeża krew; **one's (own) flesh and blood** krew z krwi, kość z kości; **sb's blood froze/sb's blood ran cold in his veins** krew zastygła komuś w żyłach; **sb's blood is up** kogoś zalewa (nagła) krew; ktoś jest w wojowniczym nastroju, ktoś jest wojowniczo usposobiony w stosunku do kogoś; **shed/spill blood** przelewać krew; **sweat blood** *pot.* pracować/harować w pocie czoła, pracować/harować do siódmego potu, wypruwać z siebie żyły; **without shedding any blood** bez rozlewu krwi, bez przelewu krwi

blow[1] *n dosł. i przen.* cios ♦ **at a blow/at one blow** jednym ciosem; **blow-by-blow account** szczegółowa/drobiazgowa relacja; **body blow** *przen.* ciężki/poważny cios; cios w samo serce; **crushing/shattering blow** druzgocący cios; **deal/deliver a blow** zadać cios; **death blow** śmiertelny cios; **dodge a blow** uniknąć ciosu; **exchange of blows** wymiana ciosów; **flurry of blows** grad ciosów; **heavy/hard/severe blow** ciężki cios; **mortal/fatal blow** śmiertelny cios; **parry a blow** odparować cios; **receive/take a blow (on/to the head)** otrzymać cios (w głowę); **strike a blow** zadać/wymierzyć cios; **under blows** pod ciosami; **ward off a blow** odparować cios

blow[2] *v* (**blew, blown**) **1.** dmuchać; wydmuchiwać **2.** (*o wietrze*) wiać **3.** (*o gwizdku*) gwizdać ♦ **a storm/hurricane blows itself out** burza/huragan ucicha; **a storm is blowing up** burza zrywa się; **blow hot and cold (about sth)** *pot.* wahać się, zmieniać zdanie (odnośnie czegoś), być jak chorągiewka na wietrze/dachu; **blow one's brains out** *pot.* strzelić/palnąć sobie w łeb; **blow one's nose** wycierać nos; **blow one's own trumpet/horn** *pot.* zachwalać się, chwalić się, podkreślać swoje zalety; przechwalać się; pysznić się; chełpić się; **blow one's top/stack** *pot.* wybuchnąć gniewem; stracić cierpliwość; rozzłościć się, rozgniewać się; **blow sb a kiss** posłać komuś całusa/pocałunek (ręką); **blow sth sky-high 1.** wysadzić coś w powietrze (*budynek itd.*) **2.** obalić coś (*teorię itd.*); **blow sth (up) out of all**

blue

proportion rozdmuchać coś, wyolbrzymiać coś, nadać czemuś nadmierny rozgłos/zbyt dużą wagę; **blow the lid off sth** uchylić zasłony, odsłonić/ujawnić/ukazać coś, (z)demaskować coś; **blow the whistle (on)** *pot.* nagłośnić (*sprawę*); poinformować opinię publiczną (*o działaniach niezgodnych z prawem*); zaalarmować (czymś) opinię publiczną; donieść (*o czymś władzom, policji*); **blow up a balloon** nadmuchać balon; **it's an ill wind that blows nobody any good** *przysł.* nie ma tego złego, co by na dobre nie wyszło; **the wind blows away the clouds** wiatr rozpędza chmury

blue[1] *n* **1.** kolor niebieski; błękit **2. blues** *pl* blues (*muzyka*) **3. the blues** *pl pot.* przygnębienie, smutek, depresja; chandra ♦ **have (got)/get the blues** być przygnębionym/smutnym; poddawać się depresji; mieć chandrę; **in blue** na niebiesko; **like a bolt out of/from the blue** jak grom z jasnego nieba; **out of the blue** ni stąd, ni zowąd; niespodziewanie, nagle; **the boys in blue** *pot.* policja; policjanci

blue[2] *a* **1.** niebieski **2.** siny **3.** smutny, przygnębiony **4.** pornograficzny (*film*); nieprzyzwoity (*kawał, dowcip*) ♦ **beat sb black and blue** posiniaczyć kogoś, poturbować kogoś; **be between the devil and the deep blue sea** być między młotem a kowadłem; **blue with cold** zsiniały/siny z zimna; **feel blue** być przygnębionym/smutnym; poddawać się depresji; mieć chandrę; **go blue** zsinieć (*z zimna, braku powietrza*); **in a blue mood** przygnębiony, smutny; przybity; w ponurym nastroju; **like blue blazes** *US pot.* okropnie; piekielnie; jak (wszyscy) diabli; **once in a blue moon** *pot.* raz od wielkiego święta, od wielkiego dzwonu; **sb's blue-eyed boy** *pot.* czyjś pupil(ek); **scream/cry/yell blue murder** *pot.* krzyczeć/wrzeszczeć wniebogłosy, stanowczo/ostro (za)protestować, podnieść krzyk protestu, podnieść protest, narobić krzyku; **talk a blue streak** *US pot.* mówić jak nakręcony/bez przerwy; gadać jak nakręcony/jak najęty; trajkotać jak młynek

blush n rumieniec ♦ **spare sb's blushes** oszczędzić komuś wstydu

board n 1. deska 2. tablica; płyta 3. tektura; karton 4. łącznica (*telefoniczna*) 5. burta 6. komisja 7. zarząd 8. wyżywienie 9. **the boards** pl deski sceniczne, scena ♦ **above board** legalny, uczciwy, czysty (*interes, sprawa itd.*); **across the board** dotyczący/obejmujący wszystkich, całościowy, kompletny; **board and lodging** zakwaterowanie z wyżywieniem; **board meeting** posiedzenie/zebranie zarządu; **board of control** komisja rewizyjna; **board of directors** rada nadzorcza; **go by the board** zostać odrzuconym/porzuconym/zignorowanym; *pot.* brać w łeb (*plan itd.*), nie udać się; **on board** na statku; na pokładzie (*statku, samolotu*); **open and above board** legalny, uczciwy, czysty (*interes, sprawa itd.*); **room and board** pokój z wyżywieniem; **sit on a board** zasiadać w zarządzie; **sweep the board** zgarnąć wszystkie nagrody/pieniądze; zdobyć wszystkie nagrody; wygrać wszystko; **take sth on board** przyjąć coś do wiadomości, zaakceptować coś, zgodzić się z czymś

boat n łódź; łódka ♦ **be in the same boat** *przen.pot.* jechać na tym samym/na jednym wózku; **burn one's boats** palić za sobą mosty; **by boat/in a boat** łódką; łodzią; **miss the boat** *pot.* stracić/przepuścić/przegapić okazję; zawalić sprawę; **rescue boat** łódź ratownicza; **rock the boat** *pot.* pogorszyć sprawę; popsuć komuś szyki; stwarzać trudności; wprowadzić zamieszanie; **sailing boat** łódź żaglowa, żaglówka

Bob n ♦ (*w zwrocie*) **and Bob's your uncle!** *GB pot.* to żadna filozofia!, i to cała filozofia!; bułka z masłem!; proste jak drut!

bode v ♦ (*w zwrotach*) **bode ill for sb/sth** źle wróżyć komuś/czemuś, nie wróżyć komuś/czemuś nic dobrego, być dla kogoś//czegoś złym znakiem, być dla kogoś/czegoś złą zapowiedzią//wróżbą; **bode well for sb/sth** dobrze wróżyć komuś/czemuś, być dla kogoś/czegoś dobrym znakiem, być dla kogoś/czegoś dobrą zapowiedzią/wróżbą

body *n* **1.** ciało **2.** ogół; masa; grupa (*osób*); zespół, ciało (*doradcze itd.*) **3.** główna część (*czegoś*); trzon **4.** nadwozie (*samochodu*) ♦ **body and soul** ciałem i duszą; **body blow** *przen.* ciężki/poważny cios; cios w samo serce; **body clock** zegar biologiczny; **body heat** ciepłota/temperatura ciała ludzkiego; **body language** język ciała/gestów/ruchów; **body search** rewizja osobista; **body temperature** ciepłota/temperatura ciała ludzkiego; **celestial body** ciało niebieskie; **do a body search on sb** poddać kogoś rewizji osobistej; **foreign body** obce ciało; **heavenly body** ciało niebieskie; **in a body** wszyscy razem, gremialnie, wspólnie, razem; **keep body and soul together** utrzymać się przy życiu, przetrwać, przeżyć; **over my dead body!** po moim trupie!; **solid body 1.** ciało stałe (*w fizyce*) **2.** bryła (*geometryczna*); **the body politic** organizm państwowy

boggle *v pot.* wahać się (*przed zrobieniem czegoś*); wzdrygać się; być mocno zaniepokojonym; przestraszyć się ♦ **boggle at the thought of doing sth** wzdrygać się/drżeć na myśl o zrobieniu czegoś; strach ogarnia (kogoś) na myśl o zrobieniu czegoś; **sth boggles sb's mind/the mind boggles at sth/imagination boggles at sth** coś nie mieści się komuś w głowie

boil[1] *n* wrzenie; gotowanie (się) ♦ **bring sth to the boil** doprowadzić coś do wrzenia, zagotować coś; **go off the boil** *pot.* obniżyć lot/poprzeczkę; wypaść/spisać się (nieco) gorzej

boil[2] *v* wrzeć; gotować (się) ♦ **boil dry** (*o płynach*) wygotować się; **boiling hot** (*o pogodzie*) upalny, skwarny, żar/skwar lejący się z nieba; **make sb's blood boil** burzyć komuś krew; **put sth on to boil** nastawić coś (*obiad, kartofle itd.*); **the problem all boils down to...** cały problem sprowadza się do...

bold *a* śmiały ♦ **(as) bold as brass** bezczelny, zuchwały; **be so bold as to do sth** ośmielić się coś zrobić, posunąć się do czegoś, odważyć się coś zrobić; **if I may be so bold** ośmielę się zapytać..., jeśli wolno zapytać (*zwrot grzecznościowy*); **in bold (type)** tłustym drukiem, grubym pismem; **make so bold as to**

do sth ośmielić się coś zrobić, posunąć się do czegoś, odważyć się coś zrobić; **may I make so bold as to ask...** ośmielę się zapytać..., jeśli wolno zapytać (*zwrot grzecznościowy*); **put on/show a bold front** nadrabiać miną

bolt¹ *n* **1.** piorun **2.** zasuwa; rygiel **3.** śruba; sworzeń ♦ **bolt of lightning** błyskawica; **like a bolt out of/from the blue** jak grom z jasnego nieba; **shoot one's bolt** *pot.* dać z siebie wszystko (*aby osiągnąć cel*)

bolt² *adv* ♦ (*w wyrażeniu*) **bolt upright** jakby kij połknął, sztywny, wyprostowany

bomb *n* **1.** bomba **2. a bomb** *GB pot.* ciężka/gruba forsa; ciężkie/grube pieniądze ♦ **bomb attack** atak bombowy; **car bomb** bomba podłożona w samochodzie; **cost a bomb** *pot.* kosztować fortunę/majątek/kupę pieniędzy, słono kosztować; **letter bomb** bomba podłożona w liście/w przesyłce pocztowej; **like a bomb 1.** jak burza (*szybko*) **2.** rewelacyjnie, bombowo; **make a bomb** *GB pot.* zarabiać ciężkie/grube pieniądze; zarabiać fortunę; **make a bomb out of sth** *GB pot.* zbić forsę na czymś; zbić majątek na czymś, dorobić się fortuny na czymś; **parcel bomb** bomba podłożona w paczce (pocztowej); **time bomb 1.** bomba zegarowa/czasowa **2.** *przen.* bomba z opóźnionym zapłonem

bone *n* kość ♦ **a bag of bones** *pot.* (sama) skóra i kości; **a bone of contention** kość niezgody; **all skin and bone(s)** *pot.* sama skóra i kości; **(as) dry as a bone** suchy jak pieprz; **chilled/frozen to the bone** przemarznięty do szpiku kości; **feel it in one's bones** czuć coś przez skórę, wyczuwać coś intuicyjnie; **have a bone to pick with sb** *pot.* mieć z kimś na pieńku; **make no bones about (doing) sth** *pot.* nie robić z czymś ceregieli; **nothing but/just skin and bone(s)** *pot.* (sama) skóra i kości; **off the bone** bez kości (*mięso*); **on the bone** z kością (*mięso*); **skin and bone(s)** *pot.* (sama) skóra i kości; **the bare bones of sth** suche/gołe fakty dotyczące czegoś, ogólne zarysy czegoś, za-

bonnet

sadnicze/podstawowe części czegoś (*np. planu – z pominięciem szczegółów*); **to the bone** do szpiku kości (*do głębi, całkowicie*); **two dogs fight for a bone, and the third runs away with it** *przysł.* gdzie dwóch się bije, tam trzeci korzysta; **work one's fingers to the bone** urabiać sobie ręce po łokcie

bonnet *n* **1.** czepek (damski); czapeczka (dziecinna) **2.** maska silnika ♦ **have a bee in one's bonnet about sth** *pot.* mieć bzika na punkcie czegoś; mieć obsesję na punkcie czegoś

booby *n pot.* głupek; tuman; matoł ♦ **booby trap 1.** bomba-pułapka; ukryta bomba **2.** głupi kawał, żart; pułapka

book *n* **1.** książka **2.** księga (*rozdział*) **3. the book** *GB* książka telefoniczna **4. The Book** Biblia ♦ **a closed book** *przen.* zamknięta księga; **an open book** *przen.* otwarta księga; **be in sb's bad books** *pot.* nie być przez kogoś mile widzianym; nie cieszyć się czyjąś sympatią; **be in sb's good books** *pot.* być przez kogoś mile widzianym; cieszyć się czyjąś sympatią; **book of condolence** księga kondolencyjna; **by the book** *pot.* ściśle według przepisów/instrukcji; trzymając się ustalonych reguł; **charge/check a book out of a library** (wy)pożyczyć książkę z biblioteki; **complaint book** książka zażaleń; **cookery book** książka kucharska; **cook the books** *pot.* fałszować zapisy w księgach/dokumentach (*finansowych itd.*), fałszować dane (*z chęci zysku*); **don't judge a book by its cover** *pot.* nie sądź (rzeczy) po wyglądzie/z pozorów; **in my/your book** *pot.* moim/twoim zdaniem; **keep/make a book on sth** przyjmować zakłady na coś; **read sb like a book** czytać w kimś jak w (otwartej) księdze; **reference book** informator; **set book** lektura obowiązkowa (*do egzaminu*); **sign the book (of condolence)** wpisać się do księgi (kondolencyjnej); **suit sb's book** *GB pot.* odpowiadać komuś, pasować komuś; nie kolidować z czyimś planem; **take a leaf out of sb's book** naśladować kogoś, wzorować się na kimś, brać kogoś za wzór/przykład; **telephone//phone book** książka telefoniczna; **throw the book at sb** *pot.*

złajać/zbesztać/zwymyślać kogoś surowo; ukarać kogoś surowo; **visitors' book** księga pamiątkowa

boot *n* **1.** but **2.** bagażnik (*samochodu*) **3.** *pot.* kopnięcie; kopniak ♦ **as tough as old boots** nie do zdarcia; **be too big for one's boots** *pot.* zważnieć; być zarozumiałym; zadzierać nosa; **Denver boot** US *pot.* blokada kół (*przy nieprawidłowym parkowaniu*); **get the boot** *pot.* zostać wyrzuconym z pracy, wylecieć z pracy; **get too big for one's boots** *pot.* zważnieć; stać się zarozumiałym; zacząć zadzierać nosa; **give sb the boot** *pot.* wyrzucić kogoś z pracy, wylać kogoś z pracy; posłać kogoś na zieloną trawkę; **give sth a boot** *pot.* kopnąć coś, dać czemuś kopniaka; **have one's heart in one's boots** być mocno/bardzo zaniepokojonym; mieć/żywić obawy; być zasmuconym, smucić się; **lick sb's boots** *pot.* podlizywać się komuś; **put the boot in** kopać leżącego; **shake in one's boots** *pot.* trząść się/drżeć ze strachu, umierać ze strachu, bardzo się denerwować, być przerażonym, mieć pietra; **the boot is on the other foot** *pot.* (teraz) sytuacja się odwróciła; karta się odwróciła; **to boot** *pot.* na dodatek, w dodatku (*na końcu zdania*); **tough as old boots** nie do zdarcia

bore *n* nudziarz ♦ **a crashing bore** nieznośny/potworny/okropny nudziarz

bored *a* znudzony ♦ **be bored stiff/to death/to tears/out of one's mind** śmiertelnie się nudzić, być nieludzko znudzonym; **get bored** znudzić się

born *a* **1.** urodzony **2.** *przen.* urodzony, prawdziwy (*przywódca itd.*) ♦ **as/as if to the manner born** (jak) stworzony do czegoś; **be born** urodzić się; **be born under a lucky star** urodzić się pod szczęśliwą gwiazdą; **born and bred** urodzony, rdzenny; **born on the wrong side of the blanket** nieślubny, z nieprawego łoża (*dziecko*); **born with a silver spoon in one's mouth** w czepku urodzony; **in all my born days** *pot.* w całym moim życiu; **I wasn't born yesterday** *pot.* nie urodziłem się wczoraj, swoje wiem, mnie nie oszukasz; **there's one born every min-**

ute *przysł.* głupich nie trzeba siać, sami się rodzą; **to the manner born** (jak) stworzony do czegoś

borrow *v* pożyczać (*od kogoś*) ♦ **borrow heavily** zapożyczyć się, pożyczyć znaczną/sporą sumę pieniędzy; **borrow trouble** *US pot.* martwić się na zapas/z góry/naprzód

bosom *n* pierś ♦ **bosom friend/buddy** serdeczny przyjaciel; **in the bosom of sth** na łonie czegoś

botch *n pot. także* **botch-up, botch job** spaprana/sfuszerowana/ /sknocona robota; partactwo, fuszerka ♦ **make a botch(-up) of sth** (s)partaczyć coś, sknocić coś, sfuszerować coś

bother[1] *n* kłopot; fatyga ♦ **go to the bother (of doing sth)** zadawać sobie fatygę; **it's no bother!** to żaden kłopot!; **save sb/ /oneself the bother (of doing sth)** zaoszczędzić komuś/sobie kłopotu; oszczędzić komuś/sobie fatygi; **they went to a lot of bother** zadali sobie wiele fatygi

bother[2] *v* niepokoić; dręczyć; martwić się ♦ **be hot and bothered** *pot.* być mocno zaniepokojonym/przejętym; bardzo się martwić; przejmować się bardzo/do głębi/do żywego; odchodzić od rozumu/od zmysłów, rozpaczać, tracić jasność rozumowania; **bother oneself about sth/bother one's head about sth** zawracać sobie czymś głowę; **bother sb** suszyć komuś głowę; zawracać komuś głowę; **can't/couldn't be bothered to do sth** nie chcieć sobie zawracać czymś głowy; **don't bother yourself about this at all** w ogóle się tym nie martw/nie przejmuj; w ogóle nie zawracaj sobie tym głowy; **I'm not bothered** jest mi to obojętne; to nie ważne; **oh bother!** *pot.* o kurczę!; o rety!; a niech to...!

bottle[1] *n* butelka ♦ **be on the bottle** *pot.* upijać się, pić, być alkoholikiem; **hit the bottle** *pot.* (często/chętnie) zaglądać do kieliszka

bottle[2] *v* butelkować, rozlewać do butelek ♦ **bottle sth up inside you** tłamsić coś w sobie (*gniew itd.*), ukrywać coś w sobie (*uczucia*)

bottom¹ *n* **1.** dno; spód; dół **2.** głębia; koniec ♦ **at bottom** zasadniczo, właściwie; w gruncie rzeczy; **at the bottom** na dole; w dole; u dołu; **at the bottom of one's heart** w głębi serca//duszy; **at the bottom of sth** na dnie czegoś; **at the bottom of the street** na końcu ulicy, w głębi ulicy; **be at the bottom of sth** leżeć/tkwić u podstaw czegoś; być przyczyną czegoś; stanowić przyczynę czegoś; **bottoms up!** *pot.* do dna! (*toast*); **double/false bottom** podwójne dno; **fall to rock bottom** *przen.pot.* spaść na dno, stoczyć się na (samo) dno; **from the bottom of one's heart** z głębi serca/duszy; **from top to bottom** od stóp do głów; całkowicie; **get to the bottom of sth** dochodzić/dojść do sedna sprawy; **go to the bottom** iść/pójść na dno, zatonąć (*statek*); **hit rock bottom** *przen.pot.* osiągnąć dno, sięgnąć dna; osiągnąć najniższy poziom; **knock the bottom out of sth** *pot.* osłabić coś; doprowadzić coś do upadku/załamania się; **lie at the bottom of sth** leżeć/tkwić u podstaw(y) czegoś; **on the bottom of sth** na dnie czegoś; **reach rock bottom** *przen.pot.* osiągnąć dno, sięgnąć dna; osiągnąć najniższy poziom; **rock bottom** *przen.pot.* dno; **sink to the bottom** iść/pójść na dno, zatonąć (*statek*); **the bottom dropped out of sb's world when.../the bottom fell out of sb's world when...** czyjś świat zawalił się/runął, gdy...; **the bottom falls out of sth** *przen.* coś się wali; **the bottom of a street/road** koniec ulicy/drogi; **touch bottom** *przen.pot.* osiągnąć dno, sięgnąć dna

bottom² *a* dolny ♦ **bet one's bottom dollar on sth/that...** *pot.* założyć się o wszystko, że..., dać głowę, że...; **the bottom line** *pot.* sedno sprawy; najważniejszy argument; rozstrzygający fakt

bound *a* zobowiązany (*do czegoś*); zmuszony ♦ **be bound to...** na pewno..., z pewnością...; **bound for** będący w drodze do; udający się do; **bound up in sth** pochłonięty czymś; bardzo zajęty czymś; **bound up with sth** (ściśle) związany z czymś; **I am**

bound to say (that)... muszę powiedzieć, że...; **I feel duty bound/honour bound to...** poczucie obowiązku/honor nakazuje mi, żebym...; **it's bound to rain** na pewno będzie padać

bounds *pl* granice ♦ **by/in leaps and bounds** skokowo, gwałtownie, nagle; wielkimi krokami; **go beyond the bounds of** wykraczać poza/przekraczać granice (*rozsądku, dobrego smaku itd.*); **know no bounds** nie znać granic; **out of bounds (to sb)** wstęp wzbroniony (komuś); zamknięty (dla kogoś); **within reasonable bounds** w rozsądnych granicach

bow *n* **1.** wygięcie; łuk **2.** łuk (*strzelecki*) **3.** kokarda; węzeł **4.** smyczek ♦ **have a second string to one's bow/have more than one string to one's bow** mieć coś w rezerwie/w zapasie/w zanadrzu

box[1] *n* **1.** skrzynia; pudełko **2.** loża (*teatralna*) **3.** boks (*pomieszczenie*) **4.** budka **5. the box** *pot.* telewizja, telewizor **6.** (*w piłce nożnej*) pole karne **7.** *pot.* trumna ♦ **box office 1.** kasa biletowa (*w kinie, teatrze*) **2.** sukces kasowy (*filmu itd.*); **brain box** *GB pot.* tęga głowa, tęgi umysł; **call box** budka telefoniczna; kabina telefoniczna; **do well at the box office** odnieść sukces kasowy; **give sb a box on the ear** zdzielić kogoś po uchu/uszach; **on the box** *pot.* w telewizji; **penalty box** pole karne (*w piłce nożnej*); **phone/telephone box** budka telefoniczna; kabina telefoniczna; **post office box** skrytka pocztowa; **royal box** loża królewska

box[2] *v* uprawiać boks; boksować (się) ♦ **box sb's ears** zdzielić kogoś po uchu/uszach

boy *n* chłopiec; chłopak ♦ **mama's boy/mummy's boy/mother's boy** maminsynek, maminy synek; **man and boy** od najmłodszego, całe życie, od chłopięcych lat, od dzieciństwa, od wieku chłopięcego; **(oh) boy!** *pot.* o rany!; o rety!; **sb's blue-eyed boy** *pot.* czyjś pupil(ek); **the boys in blue** *pot.* policja; policjanci; **whipping boy** chłopiec do bicia

brain *n* **1.** mózg **2. brain(s)** rozum ♦ **beat one's brain(s) over/about sth** *pot.* łamać sobie głowę nad czymś, głowić się nad czymś; **be the brains behind sth** być mózgiem czegoś (*organizacji itd.*); **blow one's brains out** *pot.* strzelić/palnąć sobie w łeb; **brain box** *GB pot.* tęga głowa, tęgi umysł; **cudgel one's brains (over sth)** łamać sobie głowę (nad czymś); zachodzić w głowę; **have sth on the brain** *pot.* mieć w głowie wyłącznie...; w głowie komuś tylko...; **pick sb's brains** poradzić się kogoś, wypytać kogoś, zapytać kogoś o radę; **rack one's brain(s) (about/over sth)** łamać sobie głowę (nad czymś), głowić się (nad czymś)

brake *n* hamulec ♦ **act as a brake on sth** *przen.* hamować coś; spowalniać coś; utrudniać coś; przeszkadzać czemuś; **apply the brakes** nacisnąć hamulce; **emergency brake** hamulec bezpieczeństwa; **foot brake** hamulec nożny; **hand brake** hamulec ręczny; **put on the brakes** nacisnąć hamulce; **put the brakes on sth** *przen.* (za)hamować coś, położyć czemuś tamę, wstrzymać coś; **serve as a brake on sth** *przen.* hamować coś; spowalniać coś; utrudniać coś; przeszkadzać czemuś; **slam on the brakes** nacisnąć gwałtownie hamulce

branch *n* **1.** gałąź (*drzewa, wiedzy*) **2.** oddział, filia (*przedsiębiorstwa*) **3.** odgałęzienie; odnoga ♦ **root and branch** z korzeniami (*zniszczyć coś itd.*); całkowicie

brass *n* mosiądz ♦ **(as) bold as brass** bezczelny, zuchwały; **get down to brass tacks** *pot.* przejść do rzeczy; **have the brass to do sth** *pot.* mieć czelność coś zrobić; ośmielić się coś zrobić; być na tyle zuchwałym, aby coś zrobić

brave *a* odważny; śmiały ♦ **brave heart** nieustraszone/waleczne/mężne serce; **put on a brave face/put on a brave front/show a brave front** nadrabiać miną

breach *n* **1.** przerwanie; wyłom; wyrwa **2.** naruszenie (*prawa itd.*) **3.** zerwanie stosunków (*dyplomatycznych itd.*) ♦ **breach of confidence** nadużycie zaufania; **breach of contract** zerwanie umowy, niedotrzymanie umowy; **breach of promise** złamanie obietnicy; **breach of the law/rules** złamanie prawa/przepisów,

bread

naruszenie prawa/przepisów; **breach of the peace** naruszenie porządku publicznego; **heal the breach** pogodzić zwaśnione/ /skłócone strony

bread *n* **1.** chleb **2.** *pot.* forsa ♦ **bread and butter 1.** chleb z masłem **2.** *przen.* chleb, utrzymanie, sposób zarabiania na życie; **earn one's bread and butter as...** zarabiać na chleb jako...; **earn one's (daily) bread** zarabiać/pracować na chleb; zarabiać/pracować na kawałek chleba; **it's my bread and butter** z tego żyję; tak zarabiam na życie; **know which side one's bread is buttered on** wiedzieć komu się przypodobać; wiedzieć komu się przypochlebiać; **live on bread and water** żyć o chlebie i wodzie; **loaf of bread** bochenek chleba; **take the bread out of sb's mouth** odebrać/odbierać komuś chleb, pozbawić kogoś chleba

breadline *n* ♦ (*w zwrocie*) **live on/below the breadline** żyć na/poniżej granicy ubóstwa, żyć na/poniżej granicy nędzy

breadth *n* **1.** szerokość **2.** *przen.* rozmach ♦ **by/within a hair's breadth** o włos, o mały włos, mało brakowało, omal; **in breadth** o szerokości; **the length and breadth of sth** wzdłuż i wszerz czegoś

break[1] *n* **1.** złamanie; rozbicie (się) **2.** przerwanie; przerwa **3.** zmiana (*np. pogody*) ♦ **a break in the weather** zmiana/poprawa pogody; **break time** *GB* przerwa (*między lekcjami*); **coffee/tea break** przerwa na kawę/herbatę; **commercial break** przerwa na reklamę (*w programie telewizyjnym, radiowym*); **during break** w czasie przerwy, w przerwie (*między lekcjami*); **give me a break!** *pot.* daj (mi) spokój!; przestań!; **have a break** mieć/zrobić (sobie) przerwę; **lunch break** przerwa na lunch; **make a/the break** zerwać definitywnie; definitywnie zakończyć; **make a break (for it)** próbować uciec/zbiec/zwiać; **make a break from** uciec/zbiec/zwiać z; **make a clean/complete break** zerwać definitywnie (*znajomość, związek*); rozstać się (*z kimś*); **one's/sb's big/lucky break (came when...)** *pot.* czyjaś wielka/życiowa szansa (nadarzyła się/nadeszła, kiedy...), czyjeś pięć minut (nadeszło, gdy...); **take a break** zrobić przerwę; **the break of day** świt, brzask; **without a break** bez przerwy

break² *v* **(broke, broken) 1.** łamać (się) **2.** rozbijać (się); tłuc (się) **3.** rwać się; pękać **4.** psuć się (*maszyna itd.*) **5.** przerywać (*podróż itd.*) **6.** świtać; rozjaśniać się (*dzień*) **7.** (po)bić (*rekord*) **8.** naruszać, łamać (*prawo, przepisy itd.*) ♦ **a storm breaks** burza zrywa się; **a war/a fire/an epidemic breaks out** wojna/pożar/epidemia wybucha; **break a cipher/a code** złamać szyfr//kod; **break a habit** zerwać z nałogiem; **break a horse** ujeżdżać konia; **break a leg!** *przen.pot.* (*żartobliwie*) złam ręce i nogi!, połamania rąk i nóg! (*życzenie powodzenia*); **break an agreement** zerwać porozumienie, nie dotrzymać (warunków) porozumienia; **break an appointment** nie przyjść/nie stawić się na spotkanie; **break an impasse** przełamać impas; wyjść z impasu; ruszyć z martwego punktu; **break a promise** złamać obietnicę, nie dotrzymać obietnicy; **break a record** (po)bić rekord; **break a strike** złamać strajk; przerwać strajk, stłumić/zdusić strajk; **break a vow** złamać przyrzeczenie, nie dotrzymać przyrzeczenia; **break camp** zwinąć obóz; **break cover** wyjść z kryjówki/ukrycia; przestać się ukrywać; **break (down) a barrier** pokonać barierę; **break even** wyjść na swoje (*w interesach*); **break for coffee/dinner** (z)robić przerwę na kawę/obiad; **break free** uciec; uwolnić się; **break fresh ground** wkraczać na nowy teren/grunt, podejmować/otwierać nową działalność; przecierać szlaki (w jakiejś dziedzinie); **break in a horse** ujeżdżać konia; **break in (new) shoes** rozchodzić (nowe) buty; **break into a run** zacząć biec; poderwać się do biegu; rzucić się biegiem; **break into (hoots of) laughter** wybuchnąć śmiechem, parsknąć śmiechem; **break into pieces** rozbić się; rozpaść się na kawałki; **break into tears** wybuchnąć płaczem; **break into (the house)** włamać się do (domu); **break loose 1.** uciec; uwolnić się **2.** wybuchać (*uczu-*

break

cia itd.); wymykać się spod kontroli (*rozwój wydarzeń itd.*); **break new ground** wkraczać na nowy teren/grunt, podejmować/otwierać nową działalność; przecierać szlaki (w jakiejś dziedzinie); **break off negotiations/diplomatic relations** zerwać negocjacje/stosunki dyplomatyczne; **break one's back (to do sth)** bardzo ciężko pracować (aby coś osiągnąć); *pot.* tyrać, harować (aby coś osiągnąć); **break one's neck** *pot.* skręcić/złamać sobie kark; **break one's ties/connection with** zerwać więzy/związek z; **break one's word** złamać słowo, nie dotrzymać słowa; **break out from prison** uciec/zwiać z więzienia; **break out in a (cold) sweat** oblać/oblewać się (zimnym) potem; **break out in a rash** dostać wysypki; **break ranks 1.** opuścić szeregi (*organizacji*), wystąpić z szeregów (*na znak protestu itd.*) **2.** (z)łamać/przełamać szeregi (*nieprzyjaciela, demonstrantów itd.*); **break sb** złamać kogoś; **break sb's concentration** dekoncentrować kogoś, rozpraszać kogoś; **break sb's fall** złagodzić skutki upadku; **break sb's heart** złamać komuś serce; **break sb's spirit** złamać czyjegoś ducha; **break sth open** wyważyć coś; wyłamać coś; otworzyć coś siłą; **break the back of sth** poradzić sobie/uporać się z najtrudniejszą częścią czegoś; **break the bank** rozbić bank (*w grach hazardowych*); **break the deadlock** przełamać impas; wyjść z impasu; ruszyć z martwego punktu; **break the habit** zerwać z nałogiem, odzwyczaić się; **break the ice** przełamać pierwsze lody; **break the law** (z)łamać/naruszyć/pogwałcić/przekroczyć prawo; **break the news 1.** podawać do (publicznej) wiadomości; przekazywać/rozgłaszać wiadomości **2.** przekazać komuś złą wiadomość/złe wieści; **break the rules** złamać/naruszyć przepisy; złamać/naruszyć regulamin; **break the silence** przerwać/(z)mącić ciszę; **break the sound barrier** przekroczyć barierę dźwięku; **break the stalemate** przełamać impas; wyjść z impasu; ruszyć z martwego punktu; **break up a demonstration** rozbić/rozpędzić demonstrację; **break with tradi-**

tion/the past zerwać z tradycją/przeszłością; **it breaks my heart to...** serce mi się kraje..., serce mnie boli..., serce mi pęka...; **the day is breaking** wstaje dzień, świta; **waters break** wody odchodzą (*przy porodzie*); **we break up on June 30th** kończymy szkołę 30 czerwca; **when does school break up?** kiedy kończy się szkoła?

breakfast *n* śniadanie ♦ **a dog's breakfast** *pot.* fuszerka, partactwo; **make a dog's breakfast of sth** *pot.* zrobić coś źle/byle jak, spaprać coś

breast¹ *n* pierś ♦ **make a clean breast of it/sth** bić/uderzać się w piersi, przyznać się do czegoś

breast² *v* **1.** wspinać się, wspiąć się (*na szczyt, górę itd.*) **2.** stawiać czoło (*czemuś*); borykać się (*z czymś*) ♦ **breast the tape** przerwać taśmę (*na mecie*); rzucić się na taśmę (*na mecie*)

breath *n* oddech ♦ **a breath of fresh air** *przen.* powiew świeżego powietrza; pożądana zmiana; miła odmiana; **a breath of wind** powiew/tchnienie wiatru; **be out of/be short of breath** nie móc złapać tchu; **be the breath of life to sb** być komuś potrzebnym jak powietrze/chleb, być dla kogoś najważniejszą rzeczą w życiu; **catch one's breath 1.** wstrzymać oddech (*ze zdumienia itd.*), zaniemówić **2.** złapać oddech; **draw breath 1.** nabrać tchu **2.** odetchnąć, odpocząć chwilę, odsapnąć, odzipnąć; **get one'e breath again/back** odsapnąć; **have a breath of fresh air** odetchnąć świeżym powietrzem; zaczerpnąć świeżego powietrza; **hold one's breath** wstrzymać oddech; **indrawn breath** wstrzymany oddech; **in the same/next breath** jednym tchem; **out of/short of breath** bez tchu; z zadyszką; **save your breath!** szkoda słów!; **take a deep breath** wziąć głęboki wdech/oddech; **take one's breath away** zapierać komuś dech w piersiach; **under one's breath** pod nosem (*np. mówić coś*); półgłosem; **waste one's breath** strzępić sobie język; **with bated breath** z zapartym tchem; **with one's dying/last breath** do ostatniego tchnienia, do samej śmierci

breathe

breathe *v* oddychać ♦ **breathe a sigh of relief** odetchnąć z ulgą; **breathe down sb's neck** *pot.* siedzieć komuś na karku; stać komuś nad głową/karkiem; stać nad kimś jak kat nad dobrą duszą; **breathe heavily** ciężko oddychać; **breathe life into sth** tchnąć (nowe) życie/nowego ducha w coś; **breathe one's last** wydać ostatnie tchnienie, wyzionąć ducha; **live and breathe sth** żyć czymś, żyć dla czegoś; **not breathe a word (of/about sth to sb)** nie pisnąć (ani) słowa (o czymś komuś)

breather *n* ♦ (*w zwrotach*) *pot.* **have/take a breather** odetchnąć, odpocząć, zrobić sobie krótką przerwę

breed *v* (**bred, bred**) **1.** wychowywać **2.** hodować **3.** rozmnażać (się) **4.** rodzić **5.** powodować, wywoływać ♦ **breed like rabbits** mnożyć się/rozmnażać się jak króliki

breeze *n* bryza; podmuch wiatru ♦ **shoot the breeze** *US pot.* rozmawiać o niczym, (po)gawędzić

brick *n* cegła ♦ **bang/bash/beat/hit/knock one's head against a brick wall** *pot.* walić/bić/tłuc głową o mur; **come up against a brick wall** napotkać mur (*obojętności, niechęci itd.*); **drop a brick** *pot.* popełnić gafę; **like a cat on hot bricks** *pot.* jak na gorących/rozżarzonych węglach, jak na szpilkach; nie mogący znaleźć sobie miejsca; **like a ton of bricks** *pot.* miażdżąco, druzgocąco; **make bricks without straw** próbować zrobić coś z niczego; **run up against a brick wall** napotkać mur (*obojętności, niechęci itd.*); **talk to a brick wall** *pot.* mówić/gadać jak do ściany

bridge *n* **1.** most **2.** brydż ♦ **a lot of water has flowed under the bridge** dużo/wiele wody upłynęło od czasu gdy...; **build bridges** *przen.* budować mosty (*porozumienia itd.*); **burn one's bridges** palić za sobą mosty; **don't cross a bridge until you come to it** nie martw się na zapas/z góry/naprzód!; **highway bridge** most drogowy; **it's water under the bridge** co się stało, to się nie odstanie; co było – minęło; **much water has flowed under the bridge** dużo/wiele wody upłynęło od czasu gdy...; **play bridge** grać w brydża; **pontoon bridge** most pontonowy; **railway bridge** most kolejowy; **road bridge** most drogowy; **suspension bridge** most wiszący

brief *a* krótki, zwięzły ♦ **in brief** krótko mówiąc

bright *a* **1.** jasny; połyskujący **2.** inteligentny; bystry **3.** pogodny (*człowiek*) **4.** pomyślny ♦ **(as) bright as a button** bardzo bystry; żywy jak iskra; **bright and early** o świcie, skoro świt; **bright spot** jasna strona, jasny punkt, jedyna dobra strona (*niepomyślnej sytuacji*); **(have) a bright idea** (mieć) świetny/genialny pomysł

bring *v* (**brought, brought**) **1.** przyprowadzać; przynosić; przywozić **2.** powodować; prowadzić (*do czegoś*) ♦ **bring about a war/reforms** doprowadzać do wojny/reform; **bring an action against sb** wytoczyć komuś sprawę sądową; **bring charges (against sb)** postawić (komuś) zarzuty, wysuwać/kierować zarzuty (przeciwko komuś); **bring down the government/president** obalić rząd/prezydenta; doprowadzić do upadku rządu/ /prezydenta; **bring good results** dawać dobre wyniki; **bring home the bacon** *pot.* **1.** zarabiać na rodzinę **2.** wykonać postawione zadanie; wywiązać się ze swoich zadań, sprostać czemuś; sprawdzić się; **bring oneself to do sth** zmuszać się do zrobienia czegoś; **bring out the best in sb** wyzwalać w kimś najlepsze cechy charakteru/najlepsze instynkty; **bring out the worst in sb** wyzwalać w kimś najgorsze cechy charakteru/najgorsze instynkty; **bring pressure to bear on sb** wywierać na kogoś nacisk/presję; **bring sb down a peg (or two)** przytrzeć komuś nosa; **bring sb into line** *pot.* przywołać kogoś do porządku; **bring sb to account** pociągać kogoś do odpowiedzialności; wyciągać konsekwencje w stosunku do kogoś; **bring sb to heel** przytrzeć komuś nosa; zmusić kogoś do posłuszeństwa; **bring sb to his knees** rzucić kogoś na kolana; **bring sb to reason/to their senses** *pot.* przemówić komuś do rozsądku; przemówić komuś do rozumu; **bring sb to the verge of sth**

bring

doprowadzać kogoś do kresu czegoś (*wytrzymałości itd.*); **bring sb up short** przerwać komuś (nagle); **bring shame on sb** przynosić komuś wstyd; **bring sth alive** ożywiać coś; urozmaicać coś; czynić coś ciekawym/ciekawszym; uatrakcyjniać coś; **bring sth back to one's mind** przywodzić komuś coś na myśl/na pamięć; **bring sth down on one's head** ściągnąć/sprowadzić coś na swoją głowę; **bring sth home to sb** uświadomić coś komuś, uzmysłowić coś komuś; **bring sth into action** wcielać/wprowadzać coś w czyn, wcielać coś w życie; **bring sth into being/existence** powołać coś do życia, powołać coś do istnienia; **bring sth into effect** wprowadzić coś w życie; doprowadzić coś do skutku; zrealizować coś; **bring sth into force** wprowadzać coś w życie; **bring sth into line with** dostosować coś do, dopasować coś do (*wymaganych norm itd.*); **bring sth into play** wykorzystać coś; użyć czegoś; posłużyć się czymś; **bring sth on oneself/sb** sprowadzać coś na siebie/kogoś, przynosić coś sobie/komuś (*wstyd itd.*); **bring sth (out) into the open** ujawnić coś, wydobyć coś na jaw; **bring sth to a close** zamykać, (za)kończyć (*zebranie, lekcję itd.*); **bring sth to a halt** wstrzymać coś, zatrzymać coś; przerwać coś; **bring sth to a head** postawić/stawiać coś na ostrzu noża; **bring sth to an absurdity** doprowadzić coś do absurdu; **bring sth to an end** doprowadzić coś do końca, (s)finalizować coś; **bring sth to a stop** zatrzymać coś; powstrzymać coś; **bring sth to life** ożywiać coś; **bring sth to perfection** doprowadzić coś do perfekcji; **bring sth to sb's attention** zwracać/skierować czyjąś uwagę na coś; **bring sth to the boil** doprowadzić coś do wrzenia, zagotować coś; **bring sth up for discussion** poddać coś pod dyskusję; **bring the fire under control** opanować pożar; **bring the house down** wywoływać entuzjazm widzów, wzbudzić entuzjazm widowni, podbić widownię/widzów, porwać widownię; **bring to a conclusion** zakończyć; sfinalizować; **bring to justice** oddać pod sąd; **bring to light** wyciągnąć/wydobywać na światło dzienne; **bring to ruin** doprowadzić do ruiny/do zguby; **bring to sb's knowledge** podawać do czyjejś wiadomości; **bring to trial** oddać pod sąd; **bring up a child** wychowywać dziecko; **bring up a question** poruszyć kwestię/sprawę; **bring up the rear** zamykać pochód/wyścig/kolejkę; **bring up-to-date** aktualizować; **what brings you here?** *pot.* co cię tu sprowadza?

brink *n* skraj (*przepaści, ruiny itd.*) ♦ **be on the brink of...** być o krok od...; być/stać na skraju...

broad *a* szeroki ♦ **broad hint** jasna/wyraźna/zrozumiała/wymowna aluzja; **broad in the beam** *pot.* szeroki w biodrach; **broad jump** *US* skok w dal; **in broad daylight** w biały dzień; **it's as broad as it's long** *pot.* bez różnicy, wszystko jedno

broke *a pot.* spłukany, bez grosza ♦ **flat broke** *US pot.* kompletnie spłukany; **go broke** (z)bankrutować, splajtować; **go for broke** *pot.* postawić wszystko na jedną kartę, zaryzykować; **stony broke** *GB pot.* kompletnie spłukany

broom *n* miotła ♦ **a new broom (sweeps clean)** nowa miotła (nowe porządki)

broth *n* rosół; bulion ♦ **too many cooks spoil the broth** *przysł.* gdzie kucharek sześć, tam nie ma co jeść

brother *n* brat ♦ **big brother** *pot.* starszy brat; **brothers in arms** towarzysze broni; **kid/little brother** *pot.* młodszy brat, (młodszy) braciszek

brow *n* **1.** brew **2.** czoło ♦ **by the sweat of one's brow** w pocie czoła; **knit/wrinkle one's brow** marszczyć brwi/czoło

brown *a* brązowy ♦ **(as) brown as a berry** opalony na brązowo

brunt *n* ♦ (*w zwrotach*) **bear/take the brunt of sth** ponosić/wziąć na siebie główny ciężar czegoś; ściągnąć na siebie odium czegoś

brush *n* szczotka; pędzel ♦ **be tarred with the same brush (as sb)** być ulepionym z jednej/z tej samej gliny (co ktoś), mieć te same wady (co ktoś)

buck *n* 1. (*pl* **buck, bucks**) samiec 2. *pot.* dolar, dolec ♦ **big bucks** gruba/ciężka forsa, kupa forsy/pieniędzy; **buck naked** goły/nagi jak go Pan Bóg stworzył, zupełnie nagi; **feel like a million bucks** czuć się jak młody bóg, czuć się bosko/znakomicie; **look like a million bucks** wyglądać wystrzałowo/rewelacyjnie/nadzwyczaj atrakcyjnie/super/ekstra; **make a fast//quick buck** szybko się dorobić (*zwłaszcza nieuczciwie*), zbić forsę, szybko zrobić forsę; **pass the buck to sb** *pot.* (próbować) zwalać na innych/na kogoś innego (*odpowiedzialność itd.*), spychać/zepchnąć na innych (*pracę itd.*)

bucket *n* wiadro; kubeł ♦ **a drop in the bucket** *przen.* kropla w morzu; **it's coming down in buckets** (deszcz) leje jak z cebra; **kick the bucket** *pot.* wyciągnąć kopyta, kopnąć w kalendarz (*umrzeć*); **sweat buckets** *pot.* (s)pocić się jak mysz; **weep buckets** *pot.* płakać jak bóbr, zalewać się łzami

bud *n* pączek (*kwiatu*) ♦ **come to bud** pączkować, wypuszczać pączki; **nip sth in the bud** stłumić/zdusić/zniszczyć/zgasić coś w zarodku

budget *n* budżet ♦ **be on a tight budget** dysponować skromnym budżetem; **budget deficit** deficyt budżetowy; **defence budget** budżet (przeznaczony) na obronę

buff *n* ♦ (*w wyrażeniu*) **in the buff** *pot.* w stroju Adama/adamowym; taki, jak(im) go Pan Bóg stworzył, nagi

bug *n* 1. pluskwa; insekt 2. urządzenie podsłuchowe, podsłuch 3. ukryta usterka 4. **the bug** *pot.* bakcyl ♦ **(as) snug as a bug in a rug** *przysł.* jak u Pana Boga za piecem; **be bitten by the bug/get the bug** połknąć bakcyla, zarazić się bakcylem (*czegoś*); **plant a bug in** założyć podsłuch w; **travel/skiing bug** bakcyl podróży/jazdy na nartach

build *v* (**built, built**) budować ♦ **build bridges** *przen.* budować mosty (*porozumienia itd.*); **build castles in the air/in Spain** budować/stawiać zamki na lodzie/na piasku; **build up sb's hopes** rozbudzać/podsycać czyjeś nadzieje; **Rome was not**

built in a day *przysł.* nie od razu Kraków zbudowano; **tension builds up** napięcie rośnie

bulge *v* sterczeć; wybrzuszać się; wydymać się ♦ **sth is bulging at the seams** coś pęka/trzeszczy w szwach (*pomieszczenie itd.*)

bull *n* **1.** byk **2.** środek tarczy; strzał w dziesiątkę/w środek tarczy **3.** *US pot.* bzdura, nonsens, brednie ♦ **a bull in a china shop** słoń w składzie porcelany; **be like a red rag to a bull** działać jak (czerwona) płachta na byka; **shoot the bull** *US pot.* rozmawiać o niczym, (po)gawędzić; **take the bull by the horns** chwycić/wziąć byka za rogi; **that's pure bull** *US pot.* to kompletna bzdura, to czysty nonsens

bull's-eye *n* środek tarczy; strzał w dziesiątkę/w środek tarczy ♦ **hit/score a bull's-eye** trafić w dziesiątkę, trafić w środek tarczy

bun *n* **1.** słodka bułka **2.** kok ♦ **have a bun in the oven** *GB* (*żartobliwie*) być przy nadziei/w ciąży, spodziewać się dziecka

bundle *n* **1.** wiązka; pęk; pakunek **2.** *pot.* ciężka/gruba forsa; duże pieniądze ♦ **a bundle of nerves** kłębek nerwów; **cost a bundle** *pot.* kosztować fortunę/majątek/kupę pieniędzy, słono kosztować; **make a bundle** *pot.* zarobić kupę pieniędzy/forsy; wygrać kupę pieniędzy/forsy; **not go a bundle on sth/sb** *GB pot.* nie przepadać za czymś/kimś

bunk *n* koja ♦ **bunk bed** łóżko piętrowe; **do a bunk** *GB pot.* wziąć nogi za pas, dać nogę

burn *v* (**burnt, burnt**) palić (się) ♦ **a bulb burnt out** żarówka się przepaliła; **be burning with desire/rage** pałać żądzą/wściekłością; **be burnt 1.** zranić (kogoś)/dotknąć (kogoś)/dopiec (komuś)/dokuczyć (komuś)/dogryźć (komuś) do żywego **2.** sparzyć się na (jakiejś) transakcji, źle wyjść na (jakiejś) transakcji, stracić dużo pieniędzy; **be burnt alive/to death** spłonąć/spalić się żywcem; **be burnt up** pójść z ogniem; **burn a hole in sth** wypalić w czymś dziurę (*papierosem itd.*); **burn (alive) at the stake** (s)palić (żywcem) na stosie; **burning hot** rozżarzony; gorący; palący; **burn off calories/energy** spalać kalorie/ener-

burner

się; **burn one's boats** palić za sobą mosty; **burn oneself out** *przen.* spalać się (*w pracy itd.*); **burn one's fingers** poparzyć sobie na czymś palce, sparzyć się na czymś; **burn sb in effigy** spalić kukłę (*polityka itd.*); **burn sth to a cinder** spalić coś na popiół; **burn the candle at both ends** nadwerężać/nadwyrężać/rujnować zdrowie, szafować zdrowiem; **burn the midnight oil** pracować po nocach; uczyć się po nocach; siedzieć do późnej nocy; **burn to ashes/to a cinder** spalić (się) na popiół; **burn to do sth** *pot.* palić się do zrobienia czegoś; **burn to the ground** spalić się do cna/doszczętnie; **burn up calories//energy** spalać kalorie/energię (*w ćwiczeniach fizycznych*); **get burnt 1.** zranić (kogoś)/dotknąć (kogoś)/dopiec (komuś)/dokuczyć (komuś)/dogryźć (komuś) do żywego **2.** sparzyć się na (jakiejś) transakcji, źle wyjść na (jakiejś) transakcji, stracić dużo pieniędzy; **get one's fingers burnt** poparzyć sobie na czymś palce, sparzyć się na czymś; **have money to burn** *pot.* mieć w bród pieniędzy, mieć forsy jak lodu, sypiać na pieniądzach; **money burns a hole in sb's pocket** pieniądze nie trzymają się kogoś; ktoś szasta pieniędzmi; ktoś przepuszcza pieniądze; **my/her ears are burning** pieką mnie/ją uszy; **sb is burning with curiosity** *pot.* ciekawość pożera/pali kogoś; **the ground is burning under sb's feet** grunt/ziemia pali się komuś pod nogami

burner *n* palnik ♦ **on the back burner** *pot.* odłożony na później (*plan itd.*)

burst *v* (**burst, burst**) pękać; rozrywać się; rozsadzać ♦ **be bursting to do sth** *pot.* bardzo chętnie coś zrobić; palić się do zrobienia czegoś; rwać się/wyrywać się do czegoś; **burst in on sb/sth** wtargnąć do kogoś/gdzieś; **burst into flames** stanąć w płomieniach; **burst into laughter** wybuchnąć śmiechem, parsknąć śmiechem; **burst into tears** wybuchnąć płaczem; **burst one's sides with laughing** zrywać boki ze śmiechu; **burst open** nagle się otworzyć (*drzwi*); **burst out crying** wybuchnąć płaczem; **burst out laughing** wybuchnąć/parsknąć śmiechem; **burst sth open** wyważyć coś; wyłamać coś; otworzyć coś siłą; **burst the banks** występować z brzegów (*rzeka*); **laugh fit to burst** *pot.* śmiać się do rozpuku; **sb is bursting with curiosity** *pot.* ciekawość pożera/pali kogoś; **sb is bursting with energy/pride** kogoś rozpiera energia/duma; **sth is bursting at the seams** coś pęka/trzeszczy w szwach (*pomieszczenie itd.*)

bury *v* 1. zakopać; pogrzebać 2. grzebać 3. chować ♦ **bury oneself in** pogrążyć się w (*pracy, nauce, lekturze itd.*); **bury oneself in the country** zaszyć się na wsi, zagrzebać się na wsi; **bury one's emotions** ukrywać/skrywać swoje uczucia; **bury one's face/head in** skryć twarz/głowę w (*poduszkę itd.*); **bury one's face/head in one's hands** ukryć twarz/głowę w dłoniach; **bury one's head in the sand** chować/kryć głowę w piasek; **bury one's nose in a book** wetknąć/wsadzić nos w książkę; **bury the hatchet** *przen.* zakopać topór wojenny; **dead and buried** pogrzebany

bus *n* autobus ♦ **articulated bus** autobus przegubowy; **bus line** linia autobusowa; **bus station** dworzec autobusowy; **bus ticket** bilet autobusowy; **by bus** autobusem; **city bus** autobus miejski; **double-deck bus** autobus piętrowy; **miss the bus** *pot.* stracić/ /przepuścić/przegapić okazję; zawalić sprawę; **school bus** autobus szkolny; **take a bus** pojechać autobusem; **touring/sightseeing bus** autobus turystyczny/wycieczkowy

bush *n* krzew; zarośla ♦ **a bird in the hand is worth two in the bush** *przysł.* lepszy wróbel w garści niż gołąb na dachu; **beat about/around the bush** owijać w bawełnę; **bush league** *US pot.* kiepski, marny, nędzny, zły, byle jaki; **bush telegraph** poczta pantoflowa

business *n* 1. sprawa; zadanie 2. biznes, interesy; handel 3. biznes, własna firma, interes, przedsiębiorstwo ♦ **be not in the business of doing sth** nie planować zrobienia czegoś, nie nosić się z zamiarem zrobienia czegoś; **business address** adres firmy//służbowy; **business card** wizytówka (służbowa); **business centre** centrum handlowe; **business hours** godziny urzędowania/biurowe; **business meeting** spotkanie w interesach; **business premises** lokal biurowy; **business trip** delegacja/podróż służbowa; **do business with** robić interesy z; **funny business** *pot.* oszustwa, kanty; **get down to business** przejść do sedna sprawy; przejść do rzeczy; zabierać się do roboty; **go about one's business** załatwiać swoje sprawy; zajmować się swoimi sprawami; być zajętym swoimi sprawami; krzątać się wokół swoich interesów; **go out of business** *pot.* wypaść z interesu; zwinąć interes/biznes; **have no business to do sth/doing sth** *pot.* nie mieć prawa czegoś robić; **it's none of your business!** to nie twoja sprawa!, to nie twój interes!; **keep one's nose out of sb else's business** nie wtykać nosa w cudze sprawy; **like nobody's business** *pot.* świetnie, wyśmienicie, nadzwyczaj dobrze; **mean business** *pot.* nie żartować, mówić serio/poważnie; **mind one's own business** pilnować swego nosa, pilnować swoich spraw, nie wtrącać się w sprawy innych; **monkey business** *pot.* podejrzana/dziwna sprawa; czyjeś sprawki; machlojki; **on business** służbowo; w interesach; **poke one's nose into other people's business** wtykać/wsadzać/wścibiać nos w nie swoje sprawy; **put a good face on a bad business** robić dobrą minę do złej gry; **run a business** prowadzić interes; **show business** przemysł rozrywkowy; **start (up) a business** założyć biznes/interes; **stick one's nose into other people's business** wtykać/wsadzać/wścibiać nos w nie swoje sprawy; **what is everybody's business is nobody's business** *przysł.* gdzie kucharek sześć, tam nie ma co jeść; **wind up a business** zwinąć interes/biznes, zamknąć interes/biznes; zakończyć/zwinąć działalność

bust *a pot.* **1.** zepsuty; popsuty **2.** plajtujący ♦ **go bust** *pot.* plajtować, (z)robić plajtę

bustle *n* ♦ (*w wyrażeniu*) **hustle and bustle** zgiełk; bieganina; wrzawa; urwanie głowy

busy *a* zajęty ♦ **(as) busy as a bee** pracowity jak pszczoła/mrówka; **busy signal/tone** *US* sygnał zajętości (*telefoniczny*)

but *conj* **1.** ale, lecz, a **2.** ale jednak **3.** oprócz, poza ♦ **all but 1.** prawie, niemal, bez mała **2.** oprócz; **anything but** wszystko tylko nie...; bynajmniej nie, wcale; zdecydowanie nie; **but for sb/sth** gdyby nie ktoś/coś; **but then 1.** jednakże, z drugiej (jednak) strony **2.** zresztą; **none but** nikt prócz, tylko; **nothing but** nic tylko, wyłącznie

butter *n* masło ♦ **like a knife through butter** *pot.* jak po maśle

butterfly *n* motyl ♦ **have butterflies (in one's stomach)** *pot.* mieć tremę, denerwować się

button *n* **1.** guzik **2.** przycisk, guzik ♦ **a button came off** guzik odpadł/urwał się; **(as) bright as a button** bardzo bystry; żywy jak iskra; **do up the buttons** zapinać guziki; **one of the buttons is undone/one of the buttons has come undone** jeden z guzików jest odpięty/odpiął się; **open the buttons** odpinać guziki; **press/push the button** przycisnąć guzik/przycisk

buy *v* (**bought, bought**) kupować ♦ **buy a pig in a poke** kupować kota w worku; **buy a round** stawiać/fundować kolejkę (*trunku*); **buy low** kupować tanio; **buy sth for a song** kupić coś za pół darmo/za bezcen; **buy sth on hire purchase/***pot.* **buy sth on the HP/***US* **buy sth on the installment plan** kupować/brać coś na raty; **buy time** zyskać na czasie; grać na zwłokę

buzz *n* brzęczenie; buczenie ♦ **give sb a buzz** *pot.* zadzwonić do kogoś, zatelefonować do kogoś

by *prep* **1.** przy, obok **2.** nad **3.** w (*dzień, nocy itd.*) **4.** do (*jutra itd.*) ♦ **(all) by oneself** (zupełnie) sam; **by a head** o głowę (*wyższy itd.*); **by a miracle** cudem; **by and by 1.** wkrótce, za jakiś czas **2.** *pot.* przy okazji...; **by and large** *pot.* ogólnie biorąc; **by (any) chance** przypadkiem; **by a vote** w głosowaniu, drogą głosowania; **by a whisker** o włos, o mały włos, mało/

by

/niewiele brakowało, omal; **by day** w dzień; **by degrees** stopniowo; **by far** o wiele, bez porównania (*szybszy, szybciej itd.*); **by force** siłą; przemocą; **by half** o połowę; **by hand 1.** ręcznie; ręczny **2.** przez posłańca/gońca/umyślnego (*wysłać wiadomość*); **by heart** na pamięć; **by land** drogą lądową; **by machine** maszynowo; maszynowy; **by majority vote** większością głosów; **by mistake** przez pomyłkę, omyłkowo; **by night** w nocy, nocą; **by now** już, do tej pory; dotychczas; **by phone** telefonicznie, przez telefon; **by post** pocztą; **by profession** z zawodu; **by proxy** w zastępstwie, z upoważnienia, per procura; **by rail** koleją, pociągiem; **by right** z mocy prawa, na mocy prawa; zgodnie z prawem; słusznie; **by right of sth** prawem czegoś; na mocy czegoś; z powodu czegoś; skutkiem czegoś; **by rights 1.** na dobrą sprawę **2.** zgodnie z prawem; **by road 1.** drogą lądową **2.** transportem drogowym; **by satellite** satelitarny, przez satelitę, drogą satelitarną; **by sea** drogą morską; **by telephone** telefonicznie, przez telefon; **by the hour** z godziny na godzinę (*zmieniać się itd.*); **by the majority of votes** większością głosów; **by the sea** nad morzem; **by the way** nawiasem mówiąc, przy okazji; z innej beczki...; **by train** pociągiem, koleją; **by tube** *GB* metrem; **by turns** na przemian, na zmianę; **by virtue of...** dzięki..., za pomocą...; na mocy...; z racji...; z powodu...; **by way of sth 1.** przez coś, drogą/trasą przez coś (*miasto itd.*) **2.** jako coś, w ramach czegoś, tytułem czegoś (*wstępu itd.*); **by word of mouth** ustnie; słownie; **close by** tuż obok, w pobliżu; **have sb by sth** chwycić kogoś za coś (*rękę, gardło itd.*); **week by week** co tydzień, tydzień w tydzień, tydzień po tygodniu

bygones *pl* ♦ (*w zwrocie*) **let bygones be bygones** co było, to było; puścić w niepamięć (*krzywdy itd.*)

C

cahoots *n* ♦ (*w zwrocie*) *pot.* **be in cahoots with sb** być/działać w zmowie z kimś; obmyślać/planować/knuć coś z kimś potajemnie

cake *n* ciastko; placek ♦ **a piece of cake** *pot.* bardzo/śmiesznie łatwy; bułka z masłem; prosta/łatwa sprawa; **go/sell like hot cakes** iść/sprzedawać (się) jak świeże/gorące bułeczki, iść jak woda (*towar*); **the icing on the cake** *pot.* (*pozytywnie*) dodatkowa atrakcja; dodatek ekstra; (*negatywnie*) zbędny dodatek; kwiatek do kożucha; **you can't have your cake and eat it** *pot.* albo – albo

calculate *v* **1.** liczyć; obliczać **2.** *US* myśleć, sądzić **3.** rozważać ♦ **be calculated to do sth** być obliczonym na (*wywołanie zamierzonego efektu*)

calf *n* (*pl* **calves**) cielę ♦ **in/with calf** cielna (*krowa*)

call[1] *n* **1.** krzyk; wołanie **2.** wezwanie **3.** krótka wizyta **4.** telefon, rozmowa telefoniczna **5.** potrzeba **6.** popyt **7.** żądanie **8.** zbiórka, apel **9.** *US pot.* decyzja ♦ **at call** na żądanie; **at sb's call** na czyjeś wezwanie/zawołanie (*przybyć itd.*); **be a close call** *pot.* o (mały) włos uniknąć nieszczęścia/wypadku/katastrofy; **be at sb's beck and call** być na każde (czyjeś) zawołanie; być gotowym na (każde) czyjeś skinienie; **call box** budka telefoniczna; kabina telefoniczna; **call for help** wołanie o pomoc, wzywanie pomocy; **easy call** *US pot.* łatwa decyzja; **get a call (from sb)** odebrać telefon (od kogoś); **give sb a call** (za)dzwonić do kogoś, (za)telefonować do kogoś; **hard call** *US pot.* trudna decy-

call

zja; **long-distance call** rozmowa międzymiastowa; **make a call 1.** dzwonić, telefonować **2.** *US pot.* zdecydować; **make a call on sb** odwiedzić kogoś; **make a phone call** dzwonić, telefonować; **on call** na żądanie; na (każde) wezwanie; **pay a call on sb** odwiedzić kogoś; **phone call** rozmowa telefoniczna, telefon; **receive a call (from sb)** odebrać telefon (od kogoś); **return a call** oddzwonić (*na czyjś telefon*), odtelefonować; **strike call** wezwanie do strajku; **take a call** odebrać telefon (*gdzieś – w biurze itd.*); **telephone call** rozmowa telefoniczna, telefon; **there is no call for...** *pot.* nie ma potrzeby...., niepotrzebnie...; **within call** w zasięgu głosu, w pobliżu

call² *v* **1.** wołać; wzywać (*np. lekarza*) **2.** telefonować **3.** wstępować (*do kogoś*); odwiedzać; składać wizytę **4.** zwoływać (*np. zebranie*); ogłaszać (*np. wybory, strajk*) **5.** nazywać (się) ♦ **be called** nazywać się; nosić tytuł; **be called to (do) sth** mieć powołanie do czegoś; **be called up (for military service)** być/zostać powołanym do służby wojskowej, powołać/wcielić kogoś do armii; **call a halt (to sth)** przerwać (coś), zrobić przerwę (w czymś); zarządzić przerwę (w czymś); zawiesić (coś); wstrzymać się (od czegoś); **call a news conference** zwołać konferencję prasową; **call a spade a spade** nazywać rzeczy po imieniu; nie owijać w bawełnę; **call a strike** nawoływać do strajku; **call at a port** zawinąć do portu; **call a truce** ogłosić rozejm; **call collect** *US* rozmawiać (telefonicznie) na koszt odbiorcy; **call for prompt/immediate action** wymagać natychmiastowego działania; **call in at/on sb** wstąpić/wpaść do kogoś po drodze (*do domu itd.*); **call in sick** zawiadomić telefonicznie (pracodawcę) o chorobie; **call it a day** *pot.* zakończyć coś; poprzestać na czymś; wycofać się z czegoś (*działalności, pracy itd.*); **call it quits** *pot.* **1.** dogadać się (*z kimś*); zaprzestać (*kłótni itd.*); wyrównać (*dług itd.*); być z kimś kwita **2.** przerwać coś; zakończyć coś; poprzestać na czymś; **call off a strike/an appointment/the search** odwołać strajk/spotkanie/poszukiwania; **call on sb to do sth** wezwać kogoś do czegoś (*np. walczące strony do rozejmu*); **call sb all the names under the sun** wyzywać kogoś od najgorszych; **call sb by his (first) name** mówić/zwracać się do kogoś po imieniu; **call sb names** obrzucać kogoś wyzwiskami; **call sb's attention to sth** zwracać/skierować czyjąś uwagę na coś; **call sb to account** pociągać kogoś do odpowiedzialności; domagać się/żądać od kogoś wyjaśnień; **call sb to attention** wydać komuś komendę baczność; **call sb to order** przywołać kogoś do porządku; **call sb to the telephone** prosić kogoś do telefonu; **call sb up** powołać kogoś do wojska, wcielić kogoś do armii; **call sth into action** wcielać/wprowadzać coś w czyn, wcielać coś w życie; **call sth into being/existence** powołać coś do życia, powołać coś do istnienia; **call sth into question** podać coś w wątpliwość; stawiać coś pod znakiem zapytania; **call sth to mind** przywodzić komuś coś na myśl/na pamięć; **call sth to sb's attention** zwracać/skierować czyjąś uwagę na coś; **call the banns** ogłosić zapowiedzi (*ślubu*); **call the roll** odczytywać listę obecności; **call the shots/tune** *pot.* wodzić rej; nadawać ton, dominować; **call to witness** powoływać/wezwać na świadka; **call up the spirits of the dead** wywoływać duchy (zmarłych); **duty calls** obowiązek wzywa; **feel called to (do) sth** czuć w sobie powołanie do czegoś; **he who pays the piper calls the tune** kto płaci, ten wymaga; kto płaci – wymaga; **the pot calling the kettle black** *przysł.* przyganiał kocioł garnkowi; **what is this called?** jak to się nazywa?

calm[1] *n* spokój; cisza ♦ **the calm before the storm** cisza przed burzą

calm[2] *a* spokojny; cichy ♦ **keep/stay calm** nie stracić zimnej krwi, zachować zimną krew, zachować spokój

camp *n* **1.** obóz **2.** obóz (*miejsce odosobnienia*) **3.** obóz, ugrupowanie, stronnictwo (*polityczne*) ♦ **army camp** obóz wojskowy; **be in camp** być na obozie; **break camp** zwinąć obóz; **concentration camp** obóz koncentracyjny; **death camp** obóz zagłady/śmierci; **detention camp** obóz (*miejsce odosobnienia*); **have a foot in both camps** działać na dwa fronty; **internment camp** obóz (dla) internowanych; **labour camp** obóz pracy; **make camp** rozbić obóz; **military camp** obóz wojskowy; **opposing camps** zwalczające się obozy; **pitch camp** rozbić obóz; **prison camp/prisoner-of-war camp/POW camp/PW camp** obóz jeniecki; **refugee camp** obóz dla uchodźców; **rival camp** obóz przeciwnika; **scout camp** obóz harcerski; **set up camp** rozbić obóz; **strike camp** zwinąć obóz; **training camp** obóz szkoleniowy; **transit camp (for refugees)** obóz przejściowy (dla uchodźców); **work camp** obóz pracy

can[1] *n* **1.** puszka (*konserwowa itd.*) **2.** kanister ♦ **carry the can (for sth)** *pot.* wziąć na siebie winę/odpowiedzialność (za coś); **open up a can of worms** *pot.* otworzyć puszkę Pandory

can[2] *v* **(could)** móc; potrafić; umieć ♦ **can ill afford (to do) sth** nie móc sobie pozwolić na coś, nie stać kogoś na coś; **cannot help** nic nie móc poradzić; nie móc się powstrzymać; **I can't help thinking...** nie mogę przestać myśleć...; **it can't be helped** nie ma na to rady, nic nie można pomóc/poradzić/zrobić; **one/you/she/he/I (just) can't win** *pot.* i tak źle, i tak niedobrze; tak źle, a tak jeszcze gorzej; (być) bez szans

candle *n* świeca; świeczka ♦ **burn the candle at both ends** nadwerężać/nadwyrężać/rujnować zdrowie, szafować zdrowiem; **not hold a candle to sb/sth, can't hold a candle to sb/sth, be not fit to hold a candle to sb/sth** nie umywać się do kogoś//czegoś, nie dorastać komuś/czemuś do pięt, nie dorównywać komuś/czemuś; **the game is not worth the candle** gra nie warta świeczki

canoe *n* kanoe; kanadyjka (*łódź*) ♦ **paddle one's own canoe** *pot.* polegać wyłącznie na sobie; być samodzielnym/niezależnym; radzić sobie samemu

canvas *n* **1.** płótno; brezent **2.** płótno, obraz ♦ **under canvas** pod namiotem

cap[1] *n* **1.** czapka; czepek **2.** kołpak; nakrywka; kapsel **3.** kapelusz grzyba ♦ **a feather in one's cap** duma, chluba; powód do dumy, przedmiot dumy; **cap in hand** pokornie, z pokorą; **if the cap fits (, wear it)** *przysł.* uderz w stół, a nożyce się odezwą; **put on one's thinking cap** *pot.* zacząć myśleć, zacząć poważnie się zastanawiać; wysilić umysł/szare komórki

cap[2] *v* **1.** nakrywać **2.** (u)wieńczyć ♦ **to cap it all** na domiar złego, na dodatek

capital[1] *n* **1.** kapitał; fundusze; środki pieniężne **2.** stolica **3.** głowica kolumny, kapitel **4.** wielka litera ♦ **bring in the capital** wnieść kapitał; **capital flight** ucieczka kapitału; **capital goods** dobra inwestycyjne; **flight of capital** ucieczka kapitału; **in capitals** wielkimi literami; **make capital (out) of sth** zbić na czymś kapitał; **political capital** kapitał polityczny; **working capital** kapitał obrotowy

capital[2] *a* **1.** znakomity **2.** główny, podstawowy **3.** stołeczny **4.** wielka (*litera*) ♦ **capital punishment/sentence** kara śmierci; wyrok śmierci; **in capital letters** wielkimi literami

captive *a* uwięziony; w niewoli ♦ **be taken captive** być/zostać wziętym do niewoli; **hold captive** więzić; trzymać kogoś w niewoli

capture *v* **1.** schwytać **2.** zdobywać **3.** brać do niewoli ♦ **capture sb's attention** przyciągać czyjąś uwagę; **capture sb's imagination** przemawiać do czyjejś wyobraźni, działać na czyjąś wyobraźnię; **capture the atmosphere of sth** uchwycić/oddać//przedstawić/odtworzyć atmosferę czegoś

card *n* karta ♦ **a card up one's sleeve** as w rękawie; **admission card** karta wstępu/wejścia; **ATM card** *US* karta bankowa; **be on the cards/***US* **be in the cards** być prawdopodobnym, być możliwym; **be shown a (red/yellow) card** dostać/otrzymać (czerwoną/żółtą) kartkę (*piłkarz*); **best card** *przen.* (czyjaś) karta atutowa; **business card** wizytówka (służbowa); **calling card** wizytówka; **card index/***US* **card catalog** kartoteka; **card**

card 94

table stół do gry, karciany stół, zielony stół; **cash card** karta bankowa; **Christmas card** karta/kartka świąteczna (*na Boże Narodzenie*); **court card** figura (*w kartach*); **credit card** karta kredytowa; **deal the cards** rozdawać karty; **deck of cards** *US* talia kart; **draft card** *US* karta powołania (do służby wojskowej); **face card** *US* figura (*w kartach*); **gamble at cards** grać w karty (hazardowo); **get one's cards** *pot.* zostać zwolnionym/wyrzuconym z pracy; **give sb their cards** *pot.* wyrzucić kogoś z pracy, wylać kogoś z pracy; posłać kogoś na zieloną trawkę; **have a card up one's sleeve** mieć asa w rękawie; **hold all the cards** mieć/trzymać wszystkie atuty w ręku; **hold one's cards close to one's chest** nie odkrywać kart, nie odsłaniać kart, nie wykładać kart; **house of cards** domek z kart; **identity/ID card** dowód osobisty, dowód tożsamości; **keep one's cards close to one's chest** nie odkrywać kart, nie odsłaniać kart, nie wykładać kart; **lay one's cards on the table** grać w otwarte karty, wykładać karty na stół; **lucky at cards, unlucky in love** *przysł.* kto ma szczęście w kartach, nie ma szczęścia w miłości; **membership card** karta/legitymacja członkowska; **pack of cards** talia kart; **picture card** figura (*w kartach*); **play cards** grać w karty; **playing card** karta (do gry); **play one's cards close to one's chest** nie odkrywać kart, nie odsłaniać kart, nie wykładać kart; **play one's cards right/well** dobrze/zręcznie/sprytnie coś rozegrać, dobrze/zręcznie/sprytnie rozegrać swoją partię; **postal card** karta/kartka pocztowa; **put one's cards on the table** grać w otwarte karty, wykładać karty na stół; **guarantee card** karta gwarancyjna; **red card** czerwona kartka (*w piłce nożnej*); **show one's cards** odkrywać/odsłaniać karty; **shuffle the cards** tasować karty; **strongest/trump card** *przen.* (czyjaś) karta atutowa; **test card** obraz kontrolny (*na ekranie telewizora*); **visiting card** wizytówka; **yellow card** żółta kartka (*w piłce nożnej*)

cardinal *a* główny, zasadniczy, kardynalny ♦ **cardinal error** kardynalny błąd; **cardinal number** liczebnik główny; **cardinal points of the compass** strony świata; **cardinal sin** grzech główny

care[1] *n* 1. troska, niepokój 2. staranność, dbałość; ostrożność 3. opieka, nadzór ♦ **care of** z listami, pod adresem, do rąk; **exercise care** zachować ostrożność; **handle with care** ostrożnie! (*napis na przesyłkach*); **health care** opieka zdrowotna; opieka medyczna; **in care of sb** pod czyjąś opieką; **intensive care** intensywna opieka medyczna; **leave sb in one's care** zostawić kogoś pod czyjąś opieką; **medical care** opieka medyczna; **not have a care in the world** niczym się w życiu nie przejmować, niczym się w życiu nie martwić; **take care!** trzymaj się! (*na pożegnanie*); **take care not to fall off the ladder** uważaj, żebyś nie spadł z drabiny; **take care of...** troszczyć się..., dbać...; uważać..., starać się...; **take care of number one** dbać wyłącznie o siebie; zajmować się wyłącznie sobą; troszczyć się wyłącznie o siebie; **take care of yourself!** uważaj na siebie!; **take sb into care** zaopiekować się kimś, roztoczyć opiekę nad kimś; sprawować nad kimś opiekę; **under the care of...** pod opieką medyczną (*lekarza*); **with care** z troską; ostrożnie

care[2] *v* troszczyć się, dbać ♦ **care about sth** przywiązywać do czegoś wagę; **care for sb** opiekować się kimś; **care for sth** mieć na coś ochotę; **I care about you a lot** bardzo mi na tobie zależy; **I couldn't care less** co mnie to obchodzi!; **I don't care** jest mi wszystko jedno; jest mi to obojętne; **I don't care a fig about it** figę mnie to obchodzi; **I don't care a pin** wcale mi nie zależy; **not care a damn (about)/not care a hoot (about)//not care two hoots (about)/not care a hang (about)** *pot.* gwizdać na (coś), mieć coś w nosie; **not care a straw/two straws (about sth/sb)** zupełnie się nie przejmować (czymś//kimś); **what do I care?** *pot.* co mnie to obchodzi?!; **who**

cares? kogo to obchodzi?!; **would you care to go for a walk?** czy masz ochotę pójść na spacer?

carpet *n* dywan ♦ **have sb on the carpet** *pot.* wezwać kogoś na dywanik; **lay out/lay down/roll out the red carpet** przyjmować (niezwykle) uroczyście; **magic carpet** latający/czarodziejski dywan; **sweep sth under the carpet** zatuszować coś; ukrywać coś

carrot *n* marchew ♦ **the carrot and the stick (policy/approach//method)** polityka/taktyka/metoda marchewki i kija

carry *v* **1.** nosić; dźwigać **2.** przewozić; transportować **3.** przewodzić (*ciepło, dźwięk*) **4.** podtrzymywać **5.** uchwalać **6.** zdobywać (*np. nagrodę*) **7.** mieć (*znaczenie, wagę*) ♦ **as fast as one's legs can carry one** na jednej nodze, jak najprędzej; **be carried away** dać się ponieść emocjom; **carry a burden** dźwigać/ponosić ciężar (*odpowiedzialności itd.*); **carry a guarantee** mieć gwarancję; być na gwarancji; **carry all before one** odnieść pełen sukces; zdobyć/zgarnąć wszystko; **carry arms** mieć przy sobie broń, nosić broń; **carry a torch for sb** kochać się w kimś bez wzajemności; być czyimś cichym wielbicielem/adoratorem; **carry a virus** być nosicielem wirusa; **carry coals to Newcastle** *GB pot.* wozić drzewo do lasu, niepotrzebnie coś robić, niepotrzebnie zadawać sobie trud; **carry conviction** trafiać do przekonania; **carry everything before one** odnieść pełen sukces; zdobyć/zgarnąć wszystko; **carry into effect** wprowadzać/wcielać w życie; **carry it off with a dash** trzymać//mieć fason; zadać szyku; **carry off the palm** zdobyć palmę pierwszeństwa; **carry on a conversation** prowadzić rozmowę; **carry one's point** osiągnąć swój cel; **carry on negotiations** prowadzić negocjacje/rokowania; **carry out a massacre** urządzić masakrę; **carry out an attack** przeprowadzić atak; **carry out a plan** wykonać plan; zrealizować plan; **carry out a promise** spełnić obietnicę; dotrzymać obietnicy; **carry out a search of sth** przeszukać coś; **carry out a task** wykonać zadanie, wypełnić zadanie, wywiązać się z zadania; **carry out one's duty** spełniać swój obowiązek; wykonywać swój obowiązek; **carry sb piggyback** nieść kogoś na barana; **carry sth in one's head/mind** zapamiętać coś, nauczyć się czegoś na pamięć; **carry sth too far/too excess** *przen.* posuwać coś za daleko; **carry the can (for sth)** *pot.* wziąć na siebie winę/odpowiedzialność (za coś); **carry the day** *pot.* zwyciężyć, odnieść zwycięstwo; odnieść sukces; (za)triumfować; być górą; **carry weapons** mieć przy sobie broń, nosić broń; **carry weight** mieć znaczenie; **get carried away** dać się ponieść emocjom

cart *n* wóz; wózek ♦ **put the cart before the horse** stawiać sprawę na głowie; **upset the/sb's apple cart** pokrzyżować/pomieszać/poplątać/popsuć komuś szyki, pokrzyżować czyjeś plany/zamiary

case *n* 1. przypadek; okoliczność 2. sprawa (*np. sądowa*) 3. pudełko; kaseta; futerał 4. skrzynia 5. przypadek (*gramatyczny*) ♦ **a case in point** dobry/trafny przykład; **as the case may be** zależnie od okoliczności; **be on sb's case** *pot.* czepiać się kogoś, ciągle kogoś krytykować; **be on the case** prowadzić sprawę/dochodzenie/śledztwo (*o policjancie*); **case law** prawo zwyczajowe; **classic case of...** klasyczny przypadek...; **emergency case** nagły przypadek; **get off my case!** *pot.* odczep się ode mnie!, przestań się mnie czepiać!; **hopeless case** beznadziejny przypadek; **in any case** *pot.* 1. w każdym razie 2. tak czy inaczej; mimo wszystko; **in case of...** w przypadku..., w razie...; **in no case** w żadnym wypadku; **in that case** w tym przypadku; w takim razie; wobec tego; **isolated case** pojedynczy/odosobniony przypadek; **it is not the case** nie o to chodzi; **just in case** na wszelki wypadek; **lose a case** przegrać sprawę (*w sądzie*); **make out a case for sth** dostarczyć argumentów na uzasadnienie/poparcie czegoś, poprzeć coś argumentami, dobrze coś uzasadnić/umotywować; **test case** precedens sądowy;

the case is... chodzi o to, że...; **upper case** duże litery; **win a case** wygrać sprawę (*w sądzie*)

cash *n* gotówka ♦ **be out of cash** nie mieć pieniędzy; **be strapped for cash** mieć mało pieniędzy; **cash card** karta bankowa; **cash desk** kasa (sklepowa); **cash dispenser** bankomat; **cash injection of...** zastrzyk gotówki w wysokości...; **cash machine** bankomat; **cash on delivery** płatne gotówką przy dostawie, zapłata przy dostawie; **cash purchase** zakup za gotówkę; **cash register** kasa sklepowa (*rejestrująca*); **cash sale** sprzedaż za gotówkę; **hard cash** gotówka; **in cash** gotówką; w gotówce; **pay (in) cash** płacić gotówką; **ready cash 1.** gotówka **2.** płatność w gotówce, płatność gotówkowa

cast *v* (**cast, cast**) **1.** rzucać **2.** obsadzać, dawać rolę (*aktorowi*) ♦ **cast a glance** spojrzeć, rzucić okiem; **cast a horoscope** stawiać/układać horoskop; **cast a look** spojrzeć, rzucić okiem; **cast an eye/one's eye(s) over/on sth** rzucić na coś okiem; **cast a shadow on/over sth** *dosł. i przen.* rzucać na coś cień; **cast a spell over** rzucać czar/urok na; **cast a vote** oddawać głos (*w głosowaniu*); **cast caution to the winds** przestać zachowywać ostrożność; nie zachowywać ostrożności; lekceważyć niebezpieczeństwo; **cast covetous eyes at sth** patrzeć na coś chciwym okiem; **cast doubt on sth** podać coś w wątpliwość; stawiać coś pod znakiem zapytania; **cast envious eyes/glances at sth** patrzeć na coś zazdrosnym okiem; **cast in the same mould (as sb)** ulepiony z jednej/tej samej gliny (co ktoś); **cast light on sth** rzucać światło na coś; **cast off one's apathy** otrząsnąć się z apatii; **cast off the yoke (of slavery)** zrzucić jarzmo (niewoli); **cast one's mind back to sth** wrócić myślami do czegoś, przypomnieć sobie coś; **cast one's vote (for sb)** oddać głos (na kogoś); **cast pearls before swine** rzucać perły przed wieprze; **cast sb into prison/into a dungeon** wtrącić/wsadzić kogoś do więzienia/do lochu; **cast suspicion on** rzucać podejrzenie na;

cast the first stone pierwszy rzucić kamieniem; **the die is cast** kości zostały rzucone; klamka zapadła

castle *n* zamek ♦ **(build) castles in the air/in Spain** (budować/ /stawiać) zamki na piasku/na lodzie

cat *n* kot ♦ **bell the cat** *pot.* wziąć na siebie ryzyko, narażać się dla innych; **be the cat's whiskers/pyjamas** *pot.* być pępkiem świata; **cat got your tongue?** *pot.* zapomniałeś języka w gębie?; **curiosity killed the cat** *przysł.* ciekawość (to) pierwszy stopień do piekła; **fight like cat and dog** drzeć z kimś koty; żyć jak pies z kotem; **it's raining cats and dogs** (deszcz) leje jak z cebra; **it would make a cat laugh** koń by się uśmiał; **lead a cat-and-dog life** drzeć z kimś koty; żyć jak pies z kotem; **let the cat out of the bag** *pot.* zdradzić się, wygadać się, puścić farbę; **like a cat on hot bricks** *pot.* jak na gorących/rozżarzonych węglach, jak na szpilkach; nie mogący znaleźć sobie miejsca; **live like cat and dog** żyć jak pies z kotem; drzeć z kimś koty; **look like sth the cat brought in/dragged in** wyglądać jak nieboskie stworzenie (*niechlujnie, brudno*); **no room to swing a cat** nie ma gdzie się ruszyć, jest bardzo ciasno; nie ma gdzie szpilki wetknąć; **play cat and mouse with sb/play a cat-and-mouse game with sb** bawić się z kimś jak kot z myszką/w kotka i myszkę, igrać z kimś jak kot z myszką; **put/set the cat among the pigeons** wsadzić/wetknąć kij w mrowisko; **there's not enough room to swing a cat** nie ma gdzie się ruszyć, jest bardzo ciasno; nie ma gdzie szpilki wetknąć; **when the cat's away (the mice will play)** *przysł.* myszy tańcują, kiedy kota nie czują

catch *v* **(caught, caught)** łapać; chwytać ♦ **be caught up in sth** być zamieszanym w coś; **catch a bus/train** zdążyć na autobus/pociąg; złapać autobus/pociąg; **catch a cold** przeziębić się, nabawić się przeziębienia, zaziębić się; **catch a disease** zarazić się chorobą, nabawić się choroby; **catch a glimpse of sth/sb** dostrzec coś/kogoś, dojrzeć coś/kogoś; **catch a whiff of sth**

catch

poczuć powiew czegoś (*wolności itd.*); poczuć zapach czegoś; **catch fire** zapalić się, stanąć w ogniu, zająć się ogniem; **catch hell** *US pot.* oberwać, dostać za swoje, zostać ukaranym; **catch hold of...** 1. złapać za coś, chwycić coś 2. opanować, zawładnąć; przejąć kontrolę nad; **catch in a trap** chwytać w pułapkę; **catch it** *pot.* oberwać; dostać za swoje; zostać ukaranym; **catch one's breath** 1. wstrzymać oddech (*ze zdumienia itd.*), zaniemówić 2. złapać oddech; **catch one's death (of cold)** *pot.* silnie się przeziębić, przeziębić się na śmierć; **catch oneself doing sth** przyłapać się na czymś; **catch on fire** zapalić się, stanąć w ogniu, zająć się ogniem; **catch sb at it** złapać/schwytać/przyłapać kogoś na gorącym uczynku; **catch sb doing sth** przyłapać kogoś na czymś; **catch sb in the (very) act (of doing sth)** złapać/schwytać/przyłapać kogoś na gorącym uczynku; **catch sb napping/catch sb on the hop** zaskoczyć kogoś; **catch sb off guard** zaskoczyć kogoś; zmylić/uśpić czyjąś czujność; **catch sb on the raw** dotknąć kogoś/zranić kogoś/dokuczyć komuś/dogryźć komuś/dopiec komuś (czymś) do żywego; **catch sb red-handed** złapać/schwytać/przyłapać kogoś na gorącym uczynku; **catch sb's attention** przyciągać czyjąś uwagę; **catch sb's eye** przykuwać czyjś wzrok/spojrzenie; **catch sb's imagination** przemawiać do czyjejś wyobraźni, działać na czyjąś wyobraźnię; **catch sb unawares** zaskoczyć kogoś; **catch sight of sth/sb** dostrzec coś/kogoś; **sth catches sb's fancy** coś przypada/trafia komuś do gustu, coś przypada/trafia komuś do smaku; **the early bird catches the worm** *przysł.* kto rano wstaje, temu Pan Bóg daje

cause *n* 1. przyczyna; powód 2. sprawa (*np. sądowa*) ♦ **a lost cause** przegrana/stracona sprawa; **cause and effect** przyczyna i skutek; związek przyczynowy; **cause for concern** powód do niepokoju; **defend the right cause** bronić słusznej sprawy; **for a good cause** w dobrej/słusznej sprawie; **I have no cause to complain** nie mam powodu do narzekań; **immediate cause**

bezpośrednia przyczyna; **in a good cause** w dobrej/słusznej sprawie; **make common cause (with sb)** zjednoczyć się (z kimś); połączyć się (z kimś) we wspólnej sprawie; **proximate cause** bezpośrednia przyczyna; **root/underlying cause** podstawowy powód, zasadniczy powód; **without (good) cause** bez (ważnego) powodu

caution *n* 1. ostrożność, uwaga 2. ostrzeżenie; przestroga ♦ **cast/fling/throw caution to the winds** przestać zachowywać ostrożność; nie zachowywać ostrożności; lekceważyć niebezpieczeństwo; **treat sth with caution** podchodzić do czegoś ostrożnie, odnosić się do czegoś z rezerwą, traktować coś ostrożnie, zachowywać ostrożność w stosunku do czegoś; **with caution** z ostrożnością, ostrożnie

cease *n* ♦ (*w wyrażeniu*) **without cease** bez przerwy

ceiling *n* 1. sufit 2. pułap (*np. chmur*) ♦ **hit the ceiling** *pot.* wściec się (ze złości); stracić kontrolę/panowanie nad sobą; wpaść w gniew, rozgniewać się

cent *n* cent ♦ **not have a red cent** *US* być bez grosza, nie mieć grosza (przy duszy); **per cent** procent; **put in one's two cents' worth** *US* wtrącać/wsadzać/dorzucać swoje trzy grosze, wtrącać się; **sth is not worth a red cent** coś jest diabła/licha warte; coś nie jest warte złamanego grosza, coś nie jest warte funta kłaków

centre *n* 1. środek 2. ośrodek; centrum 3. środkowy napastnik (*gracz*) ♦ **be the centre of attention/interest** być w centrum uwagi/zainteresowania; **be the centre of sb's universe** być dla kogoś wszystkim, być dla kogoś całym światem, być dla kogoś najważniejszą rzeczą na świecie; **business centre** centrum handlowe; **centre forward** środkowy napastnik (*gracz*); **centre half** środkowy obrońca (*gracz*); **centre of gravity** środek ciężkości; **centre of population** skupisko ludności; **city centre** śródmieście, centrum miasta; **command centre** centrum dowodzenia; **commercial centre** centrum handlowe; **industrial cen-**

ceremony

tre ośrodek przemysłowy; **job centre** giełda pracy; **left, right and centre** *przen.* na prawo i lewo; **research centre** ośrodek badawczy; **right, left and centre** *przen.* na prawo i lewo; **shopping centre** centrum handlowe; **trunk centre** centrala międzymiastowa (*telefoniczna*)

ceremony *n* ceremonia; uroczystość ♦ **attestation ceremony** ceremonia zaprzysiężenia; **closing ceremony** ceremonia zakończenia/zamknięcia; uroczystość zakończenia/zamknięcia; **master of ceremonies** mistrz ceremonii; **not stand on ceremony** nie robić z czymś ceregieli; **opening ceremony** akt otwarcia; ceremonia/uroczystość otwarcia; **swearing-in ceremony** ceremonia zaprzysiężenia; **victory ceremony** ceremonia dekoracji (*zwycięzców zawodów sportowych*); **without (much) ceremony** bez (wielkich) ceremonii; bez (wielkich) ceregieli; **wreath-laying ceremony** ceremonia składania wieńca; uroczyste złożenie wieńca

cert *n pot.* pewność ♦ **it's a (dead) cert that...** jest absolutnie pewne, że...

certain *a* **1.** pewny **2.** pewien, jakiś ♦ **a certain Mr Smith** jakiś pan Smith; **be certain to do sth** na pewno coś zrobić; **certain death** niechybna/pewna śmierć; **for certain** na pewno, z pewnością; **know for certain** wiedzieć na pewno; **make certain of sth/of doing sth** przekonać się o czymś; być pewnym czegoś; mieć pewność, że...; **make certain (that)** upewnić się (, że); **to a certain extent/degree** do pewnego stopnia

chaff *n* plewy ♦ **separate the wheat from the chaff** oddzielać ziarno od plew

chain *n* **1.** łańcuch **2.** seria; ciąg ♦ **chain of events** łańcuch wydarzeń/zdarzeń; **chain reaction** reakcja łańcuchowa; **chain store** sklep należący do danej sieci; **food chain** łańcuch pokarmowy; **human chain** łańcuch ludzki (*protestacyjny*), żywy łańcuch; **in chains** zakuty w łańcuchy (*kajdany*); **island chain** łańcuch wysp; **keep a dog on a chain** trzymać psa na łańcuchu; **link in**

the chain etap/faza (procesu); **mountain chain** łańcuch górski/gór

chair *n* **1.** krzesło **2.** katedra (*na wyższej uczelni*) **3. the chair** przewodniczący (*zebrania*) **4. the chair** *pot.* krzesło elektryczne ♦ **address sth to the chair** zwracać się z czymś do przewodniczącego (*zebrania*); **draw up a chair to** przysunąć krzesło do; **easy chair** fotel; **electric chair** krzesło elektryczne; **have a chair** usiąść; **rocking chair** fotel na biegunach; **swivel chair** krzesło obrotowe; **take the chair 1.** objąć przewodnictwo (*zebrania*) **2.** otworzyć zebranie

chalk *n* kreda ♦ **(as) different as chalk and cheese** *GB* zupełnie niepodobny/inny; różniący się jak dzień i noc; podobny jak dzień do nocy

chance[1] *n* **1.** szansa; okazja **2.** przypadek, traf **3.** ryzyko, hazard ♦ **a chance in a million** jedna szansa na milion; **another chance** druga/następna okazja; druga/następna szansa; **as chance would have it** przypadek zrządził...; los chciał, że...; **a second chance** druga/następna okazja; druga/następna szansa; **a sporting chance** spora/realna szansa; **be in with a chance** mieć szansę wygrać (*rywalizację*); **blind chance** ślepy traf/przypadek/los; **by (any) chance** przypadkiem; **chance meeting** przypadkowe spotkanie; **fat chance!** *pot.* bez szans!; zupełnie niemożliwe!; wykluczone!; **fifty-fifty chance** szansa pół na pół, prawdopodobieństwo pięćdziesiąt procent; **game of chance** gra hazardowa; **given half a chance** *pot.* gdyby dano mu/jej (choć najmniejszą) szansę; **give sb a chance** dać komuś szansę; **grab the chance** chwytać okazję; wykorzystać okazję/szansę; skwapliwie/chętnie skorzystać z okazji; **have a chance** mieć szansę/okazję; **have an even chance (of doing sth)** mieć równą/jednakową szansę, mieć szansę pół na pół (*na sukces lub porażkę*); na dwoje babka wróżyła; **have an eye to the main chance** mieć w czymś (osobisty/swój) interes, mieć własny interes na uwadze; **jump at the chance** chwytać oka-

chance

zję; nie przepuścić okazji, wykorzystać okazję/szansę; skwapliwie/chętnie skorzystać z okazji; **kill a chance for...** zaprzepaścić szansę na...; **last chance** ostatnia szansa; **leap at the chance** chwytać okazję; nie przepuścić okazji, wykorzystać okazję/szansę; skwapliwie/chętnie skorzystać z okazji; **leave sth to chance** zdać się na los szczęścia; **miss a chance** stracić/zmarnować/zaprzepaścić okazję; stracić/zmarnować/zaprzepaścić szansę; przegapić/przepuścić okazję; **no chance!** bez szans!; zupełnie niemożliwe!; wykluczone!; **not have the slightest chance/not have a snowball's chance in hell/not have a dog's chance/not have the ghost of a chance** nie mieć najmniejszej szansy; **now's your chance (to do sth)** *pot.* teraz masz szansę/okazję (coś zrobić); **one chance in a million** jedna szansa na milion; **on the off chance (of doing sth/that...)** nie robiąc sobie wielkich nadziei (na coś), nie mając wielkich nadziei (na coś), nie obiecując sobie zbyt wiele (po czymś); **poor/slight/slim/remote chance** nikła/znikoma szansa; **pure//sheer chance** czysty przypadek; **seize a chance** chwytać szansę, skwapliwie wykorzystać szansę, skwapliwie skorzystać z okazji; **stand a chance (of)** mieć szansę (na); **take a chance//take chances** (za)ryzykować; **take one's chances** (umiejętnie) wykorzystać swoją szansę; **take the chance** skorzystać z okazji; **the chance of a lifetime** życiowa szansa; **the chances are (that)...** wszystko wskazuje na to, że...; **this is your big chance** to jest twoja wielka/ogromna szansa

chance² *v* **1.** zaryzykować; spróbować **2.** przytrafić się; zdarzyć się ♦ **chance one's arm** *GB pot.* zaryzykować, brać na siebie duże ryzyko; **chance one's luck** spróbować szczęścia; **I chanced to meet them** spotkałam ich przypadkiem; **it chanced that...** tak się zdarzyło, że...; tak się złożyło, że...; **let's chance it!** zaryzykujmy!

change¹ *n* **1.** zmiana; przemiana; wymiana **2.** reszta, drobne pieniądze ♦ **a change for the better/worse** zmiana na lepsze/gorsze; **a change of air/climate** zmiana klimatu; zmiana otoczenia; **change of heart** zmiana zdania/decyzji/nastawienia; **change of state** zmiana stanu skupienia (*materii*); **chemical change** przemiana chemiczna; **for a change** dla odmiany; **give the change** wydać resztę; **have a change of heart** zmienić zdanie/decyzję/nastawienie; **in change** bilonem; drobnymi; **it makes a change** *pot.* a to wielka różnica; **keep the change** reszty nie trzeba, proszę zatrzymać resztę; **loose change** *pot.* drobne (pieniądze), drobniaki, drobnica, grosze; **ring the changes** wprowadzać urozmaicenia, urozmaicać; uatrakcyjniać; **sea change** ogromna/kolosalna/olbrzymia/doniosła zmiana; **sex change** zmiana płci (*operacyjna*); **small change** *pot.* drobne (pieniądze), drobniaki, drobnica, grosze; **the change of life** menopauza; **undergo changes** zmieniać się; ulegać zmianom; **you've given me the wrong change** źle mi pani wydała resztę

change² *v* **1.** zmieniać (się); ulegać zmianie **2.** przebierać się ♦ **a leopard can't change its spots** *przysł.* (natura) ciągnie wilka do lasu; **change course** zmienić kurs; **change gear** zmieniać bieg; **change hands** przejść w inne ręce; przechodzić z rąk do rąk; zmieniać właściciela; **change horses in midstream** zmieniać zaprzęg w połowie brodu; zmieniać reguły gry w trakcie gry; wycofać się z czegoś; przerzucić się z czegoś na coś innego; **change money** rozmieniać pieniądze; **change one's mind** zmienić zdanie; rozmyślić się; **change one's tune** *pot.* zmienić śpiewkę; zmienić zdanie; **change out of all recognition** zmienić się nie do poznania; **change places with sb 1.** zamienić się miejscami z kimś **2.** zamienić się z kimś; **change step** zmienić nogę (*w marszu*); **change tack** zmienić taktykę; obrać/przyjąć inną taktykę; **change the subject** zmieniać temat; **change trains** przesiąść się do innego pociągu; **chop and change** *pot.* być niekonsekwentnym, wciąż zmieniać zdanie, wahać się

chapter *n* rozdział ♦ **a chapter of accidents** pasmo klęsk/niepowodzeń/nieszczęść; **(quote) chapter and verse** (cytować) dosłownie/słowo w słowo

character *n* 1. charakter 2. cecha 3. postać (*literacka*); rola 4. znana osobistość 5. dziwak, ekscentryk 6. reputacja 7. znak (*pisma*); litera; czcionka ♦ **bad character** czarny charakter; **be in character** być charakterystycznym/typowym dla kogoś; **be out of character** być nietypowym dla kogoś; **character actor** aktor charakterystyczny; **character building** kształtowanie charakteru; **character trait** cecha charakteru; **give sth character** nadawać czemuś charakter; **leading character** postać pierwszoplanowa (*w filmie*); **one's true character** czyjś prawdziwy charakter; **play a character** odtwarzać/kreować/grać postać (*w filmie*); **supporting character** postać drugoplanowa (*w filmie*); **suspicious character** podejrzany typ; **suspicious-looking character** podejrzanie wyglądający typ; **test of character** próba charakteru

charge *n* 1. oskarżenie, zarzut 2. atak, gwałtowne natarcie 3. opłata, należność 4. nabój; ładunek 5. obowiązek; odpowiedzialność 6. ciężar, ładunek ♦ **be in/under sb's charge** podlegać komuś; być pod czyjąś opieką/nadzorem; **bring charges (against sb)** postawić (komuś) zarzuty, wysuwać/kierować zarzuty (przeciwko komuś); **clear of charge** uwolnić od zarzutu; **counter a charge** odpierać zarzut; **drop the charges** wycofać zarzuty; **free of charge** bezpłatny; **in charge** pełniący obowiązki; **negative charge** ładunek ujemny (elektryczny); **positive charge** ładunek dodatni (elektryczny); **prefer/press charges (against sb)** postawić (komuś) zarzuty, wysuwać/kierować zarzuty (przeciwko komuś); **reverse the charges** *GB* rozmawiać (telefonicznie) na koszt odbiorcy; **take charge of sth** zajmować się czymś; przejąć odpowiedzialność za coś

charm *n* czar; urok ♦ **add charm to sth** dodawać czemuś uroku; **charm school** szkoła wdzięku; **work like a charm** *pot.* działać natychmiast, zadziałać, podziałać (*np. lekarstwo*); powieść się, udać się (*plan itd.*); pójść/iść jak po maśle

chase *n* gonitwa; pościg ♦ **be on a wild-goose chase** porywać się z motyką na słońce; **give chase** puścić się/rzucić się/ruszyć w pogoń; **lead sb a merry chase** *US* wodzić kogoś za nos; **police chase** pościg policyjny

cheap[1] *a* **1.** tani **2.** lichy; marny ♦ **cheap labour** tania siła robocza; **dirt cheap** za bezcen, za pół darmo; **on the cheap** tanio; tanim kosztem

cheap[2] *adv* tanio ♦ **go cheap** *pot.* iść tanio; sprzedawać tanio

cheaply *adv* tanio ♦ **get off cheaply** *pot.* wykręcić się sianem

check *n* **1.** sprawdzenie; kontrola **2.** kwit; numerek (*np. w szatni*) **3.** *US* czek **4.** wzór w kratkę, kratka **5.** powstrzymanie; ograniczenie ♦ **blank check** *US* czek in blanco; **blood pressure check** kontrola ciśnienia krwi; **by check** czekiem (*płacić*); **check skirt** spódnica w kratę; **do a check for sth** sprawdzać coś, (s)kontrolować coś; **draw a check** *US* wystawić czek; **have a check** sprawdzać (*coś*); **hold/keep sth in check** kontrolować coś; mieć kontrolę nad czymś; powstrzymać coś; **rubber check** *US pot.* czek bez pokrycia; **run a check on** sprawdzać (*kogoś, coś*); przeprowadzać dochodzenie (*w czyjejś, jakiejś sprawie*); **spot check** wyrywkowa kontrola

cheek *n* **1.** policzek **2.** tupet ♦ **cheek by jowl (with sb/sth)** tuż obok siebie, jeden obok drugiego, jeden na drugim, bardzo blisko (kogoś/czegoś), w ścisku, stłoczeni; **have the cheek to do sth** mieć tupet coś zrobić; **turn the other cheek** nadstawić drugi policzek; **what (a) cheek!** co za tupet!

cheese *n* ser ♦ **(as) different as chalk and cheese** *GB* zupełnie niepodobny/inny; różniący się jak dzień i noc; podobny jak dzień do nocy

cheque *n* czek ♦ **blank cheque** czek in blanco; **by cheque** czekiem (*płacić*); **draw a cheque** wystawić czek; **give sb a blank cheque** dać komuś carte blanche/wolną rękę/swobodę działania; **make out a cheque** wystawić czek

cherry

cherry *n* wiśnia; czereśnia ♦ **another/second bite at the cherry** *GB* druga szansa; druga próba; drugie podejście

chest *n* **1.** skrzynia; skrzynka **2.** klatka piersiowa ♦ **get sth off one's chest** *pot.* zrzucić ciężar z serca, zwierzyć się (z czegoś); **hold/keep/play one's cards close to one's chest** nie odkrywać kart, nie odsłaniać kart, nie wykładać kart

chicken *n* kura; kurczę ♦ **a chicken-and-egg situation/thing/problem** kwestia/sprawa/dylemat co było pierwsze: jajko czy kura; **don't count your chickens before they hatch/are hatched** nie chwal dnia przed zachodem słońca; **no spring chicken** (*żartobliwie, lekceważąco*) nie pierwszej młodości; **which came first, the chicken or the egg?** co było pierwsze: jajko czy kura?

child *n* (*pl* **children**) dziecko ♦ **an only child** jedynak; jedynaczka; **bear a child** urodzić dziecko; **child benefit** zasiłek na dziecko; **child prodigy** cudowne dziecko, młody/mały geniusz; **children's home** dom dziecka, sierociniec; **children should be seen and not heard** *przysł.* dzieci i ryby głosu nie mają; **child's play (to/for sb)** *pot.* dziecinna zabawa, rzecz/sprawa dziecinnie prosta (dla kogoś); **problem child** trudne dziecko, dziecko stwarzające problemy wychowawcze

chill[1] *n* **1.** zimno; chłód **2.** przeziębienie ♦ **catch a chill** przeziębić się; **send a chill down sb's spine** zmrozić komuś krew w żyłach, zmrozić kogoś; **take the chill off sth** podgrzać coś

chill[2] *v* chłodzić; ochładzać; stygnąć ♦ **chilled to the bone/marrow** przemarznięty do szpiku kości

chin *n* podbródek; broda ♦ **(keep your) chin up!** głowa do góry!

china *n* porcelana ♦ **a bull in a china shop** słoń w składzie porcelany

chink *n* szpara; pęknięcie ♦ **a chink in sb's armour** słaby punkt (*charakteru, w argumentacji itd.*)

chip *n* **1.** wiór; odłamek **2.** żeton **3. chips** *pl* frytki ♦ **a chip off the old block** *pot.* wykapany ojciec; wykapana matka; nieodrodny syn; nieodrodna córka; charakterem podobny do matki/do ojca; **have a chip on one's shoulder (about sth)** mieć pretensje/żal do całego świata (o coś); **when the chips are down** *pot.* jak przyjdzie co do czego, to...

choice *n* wybór ♦ **at choice** do wyboru; **by choice** z wyboru; **from choice** z (własnego) wyboru; **have a choice** mieć wybór, mieć do wyboru; **have a free choice** mieć swobodę wyboru; **leave sb with no choice** nie pozostawić komuś wyboru, nie dać komuś wyboru; **make one's choice** dokonać wyboru, wybrać; **of your choice** wybrany przez ciebie; ten, który wybierzesz; ten, na który się zdecydujesz; **out of choice** z (własnego) wyboru; **right choice** właściwy/dobry/trafny wybór; **take one's choice** dokonać wyboru; **wise choice** mądry wybór; **wrong choice** zły/niewłaściwy wybór

choose *v* **(chose, chosen) 1.** wybierać; dokonywać wyboru **2.** woleć; chcieć ♦ **pick and choose** przebierać (*w czymś*); wybredzać; wybrzydzać; kaprysić; grymasić; **there is little/nothing to choose between...** nie ma prawie żadnej różnicy między...; niewiele różnią się między sobą...

chop *v* ♦ (*w zwrocie*) **chop and change** *pot.* być niekonsekwentnym, wciąż zmieniać zdanie, wahać się

chord *n* **1.** akord (*muzyczny*) **2.** cięciwa ♦ **play chords** brać akordy; **strike/touch a chord (with sb)** przypominać o czymś (komuś), przywoływać (komuś) na pamięć

chorus *n* chór ♦ **chorus girl** chórzystka; **female chorus** chór żeński; **in chorus** chórem; **male chorus** chór męski; **mixed chorus** chór mieszany

cinder *n* **1.** żużel **2. cinders** *pl* popiół ♦ **burn sth to a cinder** spalić coś na popiół

circle *n* **1.** koło **2.** okrąg **3.** okrążenie; obrót **4.** sfera; środowisko; grupa; grono (*przyjaciół itd.*) ♦ **business circles** koła finansowe/biznesowe; **charmed circle** zaczarowany/zaklęty krąg; **come full circle** wrócić do punktu wyjścia, być znowu w punkcie wyjścia, znaleźć się w punkcie wyjścia; **financial circles** koła finansowe; **go round (and round) in circles** kręcić się w kółko, dreptać w miejscu, nie posuwać pracy/sprawy naprzód; **in a family circle** w gronie rodzinnym; **make circles** zataczać koła; zataczać/zakreślać kręgi; **move in the... circles** obracać się w... środowisku; obracać się w kołach...; **run round in (small) circles** kręcić się w kółko, dreptać w miejscu, nie posuwać pracy/sprawy naprzód; **squaring the circle** kwadratura koła; **traffic circle** *US* rondo; **turn full circle** wrócić do punktu wyjścia, być znowu w punkcie wyjścia, znaleźć się w punkcie wyjścia; **vicious circle** błędne koło

circumstance *n* **1.** zbieg okoliczności; okoliczność **2.** **circumstances** *pl* okoliczności; warunki **3. circumstances** *pl* sytuacja finansowa ♦ **circumstances surrounding sth** okoliczności towarzyszące czemuś; **due to circumstances beyond/outside our control** z przyczyn od nas niezależnych; **force of circumstance(s)** sytuacja zewnętrzna, warunki, (zbieg/splot) okoliczności; **in no circumstances** pod żadnym pozorem; pod żadnym warunkiem; w żadnym wypadku; **in reduced circumstances** w trudnej sytuacji finansowej, skromnie; w niedostatku; **in suspicious circumstances** w podejrzanych okolicznościach; **in the circumstances** w tych okolicznościach; w tych warunkach; **under no circumstances** pod żadnym pozorem; pod żadnym warunkiem; w żadnym wypadku; **under the circumstances** w tych okolicznościach; w tych warunkach; **with (great) pomp and circumstance** z (wielką/należytą) pompą

city *n* miasto ♦ **city centre** śródmieście, centrum miasta; **city hall** ratusz; **freedom of the city** honorowe obywatelstwo miasta

civil *a* **1.** obywatelski **2.** cywilny **3.** uprzejmy ♦ **civil defence** obrona cywilna; **civil law** prawo cywilne; **civil liberties** swobody obywatelskie; **civil marriage** ślub cywilny; **civil responsibility** odpowiedzialność cywilna; **civil rights** prawa obywatelskie; **civil servant** urzędnik państwowy; **civil service** administracja państwowa; służba cywilna/państwowa; **civil war** wojna domowa; **civil year** rok kalendarzowy

claim *n* **1.** żądanie; domaganie się; roszczenie **2.** pretensja; reklamacja; zażalenie ♦ **lay claim to sth** rościć sobie prawo do czegoś; **pay claim** żądanie płacowe (*pracowników*); **raise a claim** zgłaszać pretensję/reklamację; **stake a/one's claim to sth** zgłaszać roszczenie/prawo do czegoś; rościć sobie prawo do czegoś; **wage claim** żądanie płacowe (*pracowników*)

clanger *n pot.* gafa ♦ **drop a clanger** *pot.* popełnić gafę

clap *v* **1.** klaskać; bić brawo **2.** klepać **3.** trzaskać ♦ **clap eyes on sb/sth** *pot.* spostrzec kogoś/coś, zobaczyć kogoś/coś, ujrzeć kogoś/coś, dostrzec kogoś/coś; **clap hold of sb/sth** chwycić kogoś/coś, złapać kogoś/coś; **clap sb in irons** zakuć kogoś w kajdany; nałożyć/założyć komuś kajdany; **clap sb in prison** wtrącić kogoś do więzienia

clapper *n* serce dzwonu ♦ **like the clappers** *pot.* co sił w nogach, jak najszybciej

class *n* **1.** klasa (*styl*) **2.** klasa (*szkolna*) **3.** lekcja **4.** klasa; kategoria ♦ **be in a class of its own/in a class by oneself** być pierwszej/wysokiej klasy, być klasą samą dla siebie; **be in the same class** chodzić do tej samej klasy, być w tej samej klasie; **class consciousness** świadomość klasowa; **class differences** różnice klasowe; **class player/actor** gracz/aktor pierwszej klasy; **class reunion** zjazd (absolwentów) klasy; **class struggle** walka klas; **economy class** klasa turystyczna (*w samolocie, na statku*); **have class** mieć klasę; **history/geography class** lekcja historii/geografii; **in class** na/w czasie lekcji; **middle class** burżuazja; klasa średnia; **ruling class** klasa rządząca; **show class** pokazać klasę; **tourist class** klasa turystyczna (*w samolocie, na statku*); **travel second class** podróżować drugą klasą; **upper class** wyższe sfery; **working class** klasa pracująca/robotnicza

clay *n* glina; ił ♦ **have feet of clay** mieć słabą stronę; mieć wadę

clean *a* czysty ♦ **a clean sheet/slate** *przen.* czyste konto; **a clean sweep 1.** czystka (*w instytucji itd.*) **2.** zwycięstwo na całej linii, całkowite zwycięstwo; **as clean as a new pin/as clean as a whistle** nienagannie czysty; czyściutki; **clean copy** czystopis; **clean fight** czysta walka; **come clean** *pot.* przyznać się, wyznać (skrywaną) prawdę; **give sb/sth a clean bill of health** wydać/wystawić komuś świadectwo zdrowia/lekarskie o zdolności do pracy (*itd.*); wydać/wystawić zaświadczenie o sprawności/przydatności czegoś do użytku (*itd.*); **have clean hands** mieć czyste ręce; **keep one's nose clean** *pot.* być uczciwym; nie kantować; nie wchodzić w konflikt z prawem; nie pakować się w kłopoty; **make a clean break** zerwać definitywnie (*znajomość, związek*); rozstać się (*z kimś*); **make a clean breast of it/sth** bić/uderzać się w piersi, przyznać się do czegoś; **make a clean copy of sth** przepisać coś na czysto; **make a clean sweep (of sth) 1.** przeprowadzić/zrobić czystkę (*w instytucji itd.*) **2.** pokonać wszystkich rywali; odnieść zwycięstwo na całej linii; **show a clean pair of heels** wziąć nogi za pas, dać nogę

cleaner's *n* (*pl* **cleaners, cleaners'**) pralnia (chemiczna) ♦ **pick up sth from the cleaner's** odebrać coś z pralni; **take sb to the cleaners/cleaner's** *pot.* **1.** puścić kogoś z torbami; oskubać kogoś (*z czegoś*) **2.** bić kogoś na głowę, zwyciężyć kogoś druzgocąco, odnieść nad kimś druzgocące zwycięstwo, pokonać kogoś na całej linii

clear¹ *n* ♦ (*w zwrotach*) *pot.* **be in the clear 1.** być poza podejrzeniem; być oczyszczonym z zarzutów **2.** zdrowieć, mieć kryzys choroby za sobą; **get the all clear for sth** uzyskać oficjalną zgodę na coś; *pot.* dostać/uzyskać zielone światło dla czegoś; **give/sound the all clear** odwołać alarm (*sygnałem*); **the all clear 1.** odwołanie alarmu (*sygnał*) **2.** pozwolenie, zgoda (*na rozpoczęcie czegoś*); *pot.* zielone światło (*dla czegoś*)

clear² *v* **1.** czyścić; sprzątać **2.** wyjaśniać (się) **3.** zarabiać na czysto **4.** wyprzedawać **5.** rozjaśniać się; *przen.* rozchmurzyć się ♦ **clear a hurdle/wall** pokonać płotek/mur, przeskoczyć przez płotek/mur; **clear a space for** przygotować miejsce na/pod; **clear of charge** uwolnić od zarzutu; **clear one's debts** spłacić długi; **clear sth through customs/clear customs** odprawiać celnie; **clear the air** uzdrowić/oczyścić atmosferę; **clear the table** sprzątnąć/sprzątać ze stołu; **clear the way** torować (sobie) drogę

clear³ *a* 1. czysty 2. klarowny; wyraźny 3. bezchmurny; pogodny 4. zrozumiały 5. pewny, przekonany ♦ **abundantly clear** jasny/jasne jak słońce, oczywisty (dla wszystkich), bezsporny, nie budzący wątpliwości; **(as) clear as a bell** jasny, dźwięczny, wyraźny, donośny; **(as) clear as crystal** czysty jak kryształ, czysty jak łza; **(as) clear as day** jasne jak słońce; oczywisty; **clear head** przytomna głowa, przytomny/jasny umysł; **clear conscience** czyste/spokojne sumienie; **clear profit** czysty zysk; **clear soup** rzadka/wodnista zupa; **crystal clear** 1. jasny; oczywisty 2. czysty jak kryształ, czysty jak łza; **do I make myself clear?** czy jasno się wyrażam?!; **get sth clear** wyjaśnić coś; **make oneself clear** wyrażać się jasno, jasno przedstawiać sprawę; **make sth abundantly clear** jasno się wyrazić; postawić sprawę jasno; dać wyraźnie do zrozumienia, że...; **there is a clear resemblance between... and...** zachodzi/istnieje wyraźne podobieństwo między... a...

clear⁴ *adv* wyraźnie; jasno ♦ **all clear!** (wszystko) w porządku!; **jump clear** uniknąć niebezpieczeństwa, wyjść bez szwanku, wyjść cało (*z niebezpieczeństwa*); **keep/stay/steer/stand clear (of sb/sth)** unikać (kogoś/czegoś), trzymać się z daleka (od kogoś/czegoś); nie zbliżać się (do kogoś/czegoś), odsunąć się (od kogoś/czegoś)

climb *v* wspinać się ♦ **climb on the bandwagon** *pot.* hołdować nowej modzie; naśladować coś; małpować coś

clip *v* 1. zaciskać; spinać 2. obcinać; odcinać 3. strzyc ♦ **clip sb's wings** podcinać komuś skrzydła

clock *n* zegar ♦ **a clock is fast** zegar śpieszy się; **a clock is slow** zegar spóźnia się/późni się; **a clock keeps good/bad time** zegar dobrze/źle chodzi; **a clock keeps time** zegar mierzy/odmierza czas; **advance a clock (by one hour)** przesuwać wskazówki zegara do przodu (o godzinę) (*przy zmianie czasu na letni*); **alarm clock** budzik; **around/round the clock** całą dobę, okrągłą dobę; **biological/body clock** zegar biologiczny; **chiming clock** zegar z kurantem; **cuckoo clock** zegar z kukułką; **grandfather clock** zegar stojący; **is that clock right?** czy ten zegar dobrze chodzi?; **put the clock back 1.** cofać zegar (o godzinę) **2.** cofać czas; **put the clock forward** przesuwać wskazówki zegara do przodu (o godzinę) (*przy zmianie czasu na letni*); **run against the clock** prowadzić wyścig z czasem; **set a clock** nastawiać zegar; **set a clock ahead (by one hour)** przesuwać wskazówki zegara do przodu (o godzinę) (*przy zmianie czasu na letni*); **set a clock back (by one hour)** cofać zegar (o godzinę); **set a clock for sth** nastawić zegar na coś (*godzinę, budzenie itd.*); **set back the clock 1.** cofać zegar **2.** cofać czas; **speaking clock** zegarynka; **the clock doesn't go** zegar nie chodzi; **turn a clock ahead (by one hour)** przesuwać wskazówki zegara do przodu (o godzinę) (*przy zmianie czasu na letni*); **turn a clock back (by one hour)** cofać zegar (o godzinę); **turn back the clock 1.** cofać zegar **2.** cofać czas; **wall clock** zegar ścienny; **watch the clock** patrzeć/spoglądać (niecierpliwie) na zegarek; **wind (up) a clock** nakręcać zegar; **work against the clock** prowadzić wyścig z czasem

clockwork *n* mechanizm zegarowy ♦ **like clockwork/regular as clockwork** jak w zegarku

close[1] *n* koniec; zakończenie ♦ **bring sth to a close** zamykać, (za)kończyć (*zebranie, lekcję itd.*); **come/draw to a close** kończyć się, zbliżać się do końca, dobiegać końca

close[2] *v* **1.** zamykać (się) **2.** kończyć **3.** zbliżać się ♦ **close a gap** wypełnić lukę; **close one's eyes to sth** przymykać na coś oczy, patrzeć na coś przez palce; **close ranks** zwierać/zewrzeć szeregi; jednoczyć się wokół wspólnego celu/przeciwko wspólnemu wrogowi; **close the door on sth** zamykać furtkę przed czymś, uniemożliwiać coś

close[3] *a* **1.** zamknięty **2.** bliski **3.** serdeczny (*np. przyjaciel*) **4.** surowy; rygorystyczny **5.** zwarty, gęsty **6.** szczegółowy; dokładny **7.** tajny; ściśle strzeżony **8.** duszny **9.** wyrównany (*współzawodnictwo itd.*) ♦ **at close quarters/at close range** z bliska, z (bardzo) bliskiej odległości; **be a close call/shave** *pot.* o (mały) włos uniknąć nieszczęścia/wypadku/katastrofy; **be a close thing** niewiele brakowało (*do czegoś*), o mały włos coś się nie stało; **close arrest** areszt obostrzony; **close match** wyrównany mecz; **close relation 1.** bliski krewny **2.** bliskie pokrewieństwo; **close season** okres ochronny (*dla zwierząt*); **close to sb's heart** bliski sercu; **from close quarters** z bliska, z (bardzo) bliskiej odległości; **in close proximity** w bezpośrednim sąsiedztwie; **keep a close eye/watch on sb/sth** nie spuszczać kogoś/czegoś z oczu, bacznie obserwować kogoś/coś; **that was close** *pot.* niewiele brakowało!; **there is a close resemblance between... and...** zachodzi/istnieje wyraźne podobieństwo między... a...

close[4] *adv* blisko ♦ **be close to tears** być bliskim łez, być bliskim płaczu; **close at hand** pod ręką; w pobliżu; **close behind** tuż za, (blisko) z tyłu; **close by** tuż obok, w pobliżu; **close on** prawie, blisko; **close to 1.** niedaleko, blisko, z bliska **2.** prawie, blisko; **close to the ground** przy samej ziemi; **close up** niedaleko, blisko, z bliska; **get close** zbliżyć się; **hold one's cards close to one's chest** nie odkrywać kart, nie odsłaniać kart, nie wykładać kart; **keep close together** trzymać się razem; **keep/play one's cards close to one's chest** nie odkrywać kart, nie odsłaniać kart, nie wykładać kart; **run sb close** doganiać kogoś, dorównywać komuś; **sail close to the wind** lawirować; kręcić; szarżować; **stay close together** trzymać się razem

closed *a* zamknięty ♦ **a closed book** *przen.* zamknięta księga; **behind closed doors** za zamkniętymi drzwiami; **closed season** *US* okres ochronny (*dla zwierząt*); **with one's eyes closed** z zamkniętymi oczami, z zawiązanymi oczami

cloth *n* tkanina; sukno; materiał ♦ **cut one's coat according to one's cloth** *przysł.* tak krawiec kraje, jak mu materii staje

clothing *n* odzież ♦ **a wolf in sheep's clothing** wilk w owczej skórze

cloud *n* chmura; obłok ♦ **be on cloud nine** *pot.* być w siódmym niebie, nie posiadać się ze szczęścia; **every cloud has a silver lining** *przysł.* nie ma tego złego, co by na dobre nie wyszło; **have one's head in the clouds** bujać w obłokach, chodzić z głową w chmurach; **see a black cloud on the horizon** czarno coś widzieć

clover *n* koniczyna ♦ **four-leaf clover** czterolistna koniczyna; **live/be in clover** opływać we wszystko; żyć/czuć się jak pączek w maśle; **roll in clover** pławić się w luksusie

clutch[1] *n* **1.** sprzęgło **2.** szpon; pazur **3.** uchwyt, chwytanie **4.** grupa; grupka ♦ **be in sb's clutches** być w czyichś szponach; **escape from sb's clutches** wyzwolić się/wyrwać się z czyichś szponów; **fall into the clutches of sb/sth** dostać się/popaść w szpony kogoś/czegoś

clutch[2] *v* chwytać (się); łapać kurczowo; ściskać ♦ **clutch at straws** chwytać się wszelkich dostępnych sposobów/środków, chwytać się brzytwy

coal *n* węgiel ♦ **(as) black as coal** czarny jak święta ziemia (*brudny*); **carry/take coals to Newcastle** *GB pot.* wozić drzewo do lasu, niepotrzebnie coś robić, niepotrzebnie zadawać sobie trud; **drag/haul/rake sb over the coals** zbesztać kogoś, zganić kogoś, złajać kogoś, zwymyślać kogoś; zmyć komuś głowę; zmieszać kogoś z błotem

coat *n* **1.** płaszcz **2.** marynarka; żakiet ♦ **coat of arms** herb; **cut one's coat according to one's cloth** *przysł.* tak krawiec kraje, jak mu materii staje

cobblers *pl* ♦ (*w zwrocie*) **a load of old cobblers** stek bzdur

cock *v* podnosić; podciągać ♦ **cock a gun** odciągnąć kurek (*strzelby*); **cock an ear for/at sb/sth** nastawić ucha/uszu, nasłuchiwać kogoś/czegoś; **cock an eye for/at sb/sth** wypatrywać kogoś/czegoś, wypatrywać (sobie) oczy za kimś/czymś; wpatrywać się w kogoś/coś; **cock a snook at sb/sth** lekceważyć kogoś/coś, traktować kogoś/coś pogardliwie; mieć kogoś/coś w nosie

code *n* 1. kodeks; przepisy 2. kod; szyfr ♦ **area code** *US* numer kierunkowy; **bar code** kod kreskowy (*oznaczania towarów*); **break/crack a code** złamać kod/szyfr; **dialling code** *GB* numer kierunkowy; **genetic code** kod genetyczny; **in code** szyfrem; zakodowany; **safety code** przepisy bezpieczeństwa; **STD code** *GB* numer kierunkowy; **zip code** *US* kod pocztowy

coffin *n* trumna ♦ **a nail in sb's coffin** gwóźdź do trumny

cog *n* ząb (*koła zębatego*) ♦ **a cog in the machine/wheel** *przen.pot.* pionek; trybik w maszynie

coin *n* moneta ♦ **flip a coin** grać w orła i reszkę, rzucić monetę; **pay back in the same coin/pay sb in his own coin** odpłacić komuś tą samą monetą; odpłacić komuś pięknym za nadobne; **the other side of the coin** druga/odwrotna strona medalu; **throw a coin** grać w orła i reszkę, rzucić monetę; **toss a coin** grać w orła i reszkę, rzucić monetę; **two sides of the same coin** dwie strony medalu

cold[1] *n* 1. **the cold** zimno; chłód 2. katar; przeziębienie ♦ **blue with cold** zsiniały/siny z zimna; **catch a cold** przeziębić się, nabawić się przeziębienia, zaziębić się; **catch one's death of cold** *pot.* silnie się przeziębić, przeziębić się na śmierć; **come down with a cold** przeziębić się, nabawić się przeziębienia, zaziębić się; **common cold** przeziębienie; **have a cold** być przeziębionym; mieć katar; **leave sb out in the cold** *pot.* pominąć kogoś, wykluczyć kogoś, (z)ignorować kogoś, zlekceważyć kogoś; **shake with cold** trząść się z zimna; **shiver with cold** drżeć z zimna; **with cold** z zimna

cold² *a* zimny; chłodny ♦ **(as) cold as ice** zimny jak lód; **blow hot and cold (about sth)** *pot.* wahać się, zmieniać zdanie (odnośnie czegoś), być jak chorągiewka na wietrze/dachu; **break out in a cold sweat** oblać/oblewać się (zimnym) potem; **cold as ice** zimny jak lód; **cold comfort** słaba/żadna/marna pociecha; **cold heart** nieczułe/oschłe/zimne serce; **cold meat** mięso na zimno; **cold murder** morderstwo (popełnione) z zimną krwią, zimne morderstwo; **cold pole** biegun zimna; **cold shower** zimny prysznic; **cold snap** nagłe oziębienie; **cold sore** zimno (*na ustach*); **cold spell** fala chłodów/zimna; **cold sweat** zimny pot; **cold turkey** *pot.* głód narkotyczny; **cold war** zimna wojna; **cold wave** fala zimna; **get cold 1.** wystygnąć, ostygnąć (*herbata, obiad itd.*) **2.** (z)marznąć; **get cold(er)** ochładzać się (*pogoda*); **get cold feet** *pot.* mieć stracha, mieć pietra; **get the cold shoulder** zostać zimno/chłodno potraktowanym; **give sb the cold shoulder** traktować kogoś zimno/chłodno; **go cold** wystygnąć, ostygnąć (*herbata, obiad itd.*); **go cold turkey** *pot.* być na głodzie (*narkotycznym*); **go hot and cold** oblać się zimnym potem, robić się komuś gorąco i zimno na przemian, doznać szoku; **have cold feet** *pot.* mieć stracha, mieć pietra; **I have cold hands/ears** zimno mi w ręce/uszy; **I'm (feeling) cold** jest mi zimno; **in a cold sweat** zlany zimnym potem; **in cold blood** z zimną krwią; **in the cold light of day** *przen.* na zimno, trzeźwo; **it's as cold as ice** jest zimno jak w lodowni//jak w psiarni/nie do wytrzymania; **it's cold (out/outside)** jest zimno (na dworze); **I've got a cold coming on** czuję, że bierze mnie przeziębienie; **leave sb cold** nie robić na kimś wrażenia, nie działać na kogoś, nie interesować kogoś; **make one's blood run cold** mrozić komuś krew w żyłach; **pour cold water on/over** *przen.pot.* wylać kubeł zimnej wody na; **sb's blood ran cold in his veins** krew zastygła komuś w żyłach; **stone cold** zimny jak lód; **talk cold turkey to/with sb** *pot.* **1.** walić komuś prawdę prosto z mostu; rozmawiać z kimś otwarcie **2.**

US omawiać z kimś szczegóły; dogadywać się z kimś (*w interesach itd.*); **throw cold water on** *przen.pot.* wylać kubeł zimnej wody na; **you're getting colder!** zimno! (*w grze dziecięcej „ciepło-zimno"*)

collar *n* **1.** kołnierz; kołnierzyk **2.** obroża ♦ **get hot under the collar** *pot.* nasrożyć się, rozzłościć się, rozgniewać się, być gotowym do kłótni; emocjonować się, podniecać się

collect *a, adv* na koszt odbiorcy (*rozmowa telefoniczna*) ♦ **call collect** *US* rozmawiać (telefonicznie) na koszt odbiorcy; **collect call** *US* rozmowa na koszt odbiorcy

colour *n* **1.** kolor; barwa **2.** barwnik; farba **3. colours** *pl* barwy (*klubu, drużyny itd.*) **4. colours** *pl* bandera statku ♦ **add colour to sth** czynić coś (bardziej) kolorowym, uatrakcyjniać coś, ożywiać coś; **a horse of a different colour** inna para kaloszy, zupełnie inna sprawa/historia; **colour bar/***US* **color line** dyskryminacja rasowa; **colour film** film kolorowy; **fly under false colours** stroić się w cudze piórka; **give/lend colour to sth 1.** uwiarygodnić coś, czynić coś prawdopodobnym/prawdziwym **2.** czynić coś (bardziej) kolorowym, uatrakcyjniać coś, ożywiać coś; **have a high colour** *pot.* mieć kolory/rumieńce; **lose colour** blednąć; stracić kolory/rumieńce; **nail one's colours to the mast** zdeklarować się (publicznie) za czymś/kimś, opowiedzieć się zdecydowanie za czymś/kimś; **national colours** barwy narodowe/państwowe; **off colour** *pot.* **1.** mizerny; chory; źle wyglądający **2.** nieprzyzwoity, ordynarny (*dowcip*); **one's true colours** czyjś prawdziwy charakter, czyjeś prawdziwe ja; **sail under false colours** stroić się w cudze piórka; **show (oneself in) one's true colours** pokazać prawdziwe oblicze/swoje prawdziwe ja/swój prawdziwy charakter/rogi; **with flying colours** *przen.pot.* śpiewająco

column *n* kolumna ♦ **agony column** *GB***/advice column** *US pot.* rubryka porad (*w gazecie*); **appointments column** *GB* rubryka ofert pracy/zatrudnienia (*w gazecie*)

comb *n* grzebień ♦ **go over/through sth with a fine-tooth comb/sift sth with a fine-tooth comb** *przen.* przesiewać coś przez gęste sito

come *v* (**came, come**) **1.** przychodzić; przybywać; przyjeżdżać **2.** iść **3.** nadchodzić **4.** dziać się ♦ **be coming apart at the seams 1.** pękać/pruć się/puszczać w szwach (*odzież*) **2.** *przen.* walić się (*plany itd.*), chwiać się w posadach; **be coming up roses** *pot.* iść jak z płatka; **be hard to come by** trudno (jest) coś znaleźć/dostać, trudno (jest) o coś, trudno (jest) na coś trafić; **be (like) a dream come true** być spełnieniem marzeń; **come about (that...)** stać się, wydarzyć się, zdarzyć się; **come across an obstacle** natrafić na przeszkodę; **come after sth** nastąpić po czymś, pojawić się po czymś, mieć miejsce po czymś, wydarzyć się po czymś; **come again?** *pot.* słucham? (*prośba o powtórzenie wyrażająca niedowierzanie lub niezrozumienie*); **come alive** ożywiać się; **come a long way** przebyć daleką drogę; **come apart** rozpaść się/rozlecieć się na kawałki; rozsypać się; **come back from the dead** powstać z grobu/z martwych; **come back to earth** zejść na ziemię, przestać bujać w obłokach; **come clean** *pot.* przyznać się, wyznać (skrywaną) prawdę; **come down a peg or two** spuścić z tonu; **come down hard on** surowo karać; rozprawić się z; **come down to** sprowadzać się do (*zagadnienie, sprawa itd.*); **come down to earth** zejść na ziemię, przestać bujać w obłokach; **come down with a disease** zarazić się chorobą, nabawić się choroby; **come easily/naturally to sb** przychodzić komuś łatwo/w naturalny sposób; **come face to face with** stanąć twarzą w twarz z; **come first (with sb)** być (u kogoś) na pierwszym miejscu, być (dla kogoś) najważniejszym; **come for a visit** przybywać z wizytą; **come from a broken home** pochodzić z rozbitej rodziny; **come from out in left field** *US pot.* pojawić się nieoczekiwanie/niespodziewanie, pojawić się ni stąd ni zowąd; **come full circle** wrócić do punktu wyjścia, być znowu w punkcie wyjścia, znaleźć się w punkcie wyjścia; **come good** *pot.* dobrze/szczęśliwie się skończyć; **come home to sb** dotrzeć do kogoś/do czyjejś świadomości, stać się dla kogoś jasnym/zrozumiałym; **come hot on the heels of...** następować/wydarzyć się/mieć miejsce zaraz po..., następować/wydarzyć się/mieć miejsce wkrótce po...; **come in for landing** podchodzić do lądowania; **come in handy** przydać się; **come into being** zostać powołanym do istnienia/do życia, powstać; zaistnieć; **come into conflict with** wejść w konflikt z; **come into fashion** stawać się modnym, wchodzić w modę; **come into force** wchodzić w życie (*przepisy itd.*); **come into leaf** wypuszczać liście; **come into one's head** przyjść komuś do głowy, wpaść komuś do głowy; **come into one's own** sprawdzić się (*na stanowisku, w działaniu itd.*); **come into operation** wchodzić w życie; **come into play** wchodzić w grę (*być branym pod uwagę*); **come into power** dojść do władzy; **come into question** wchodzić w rachubę; **come into sight** pojawić się, ukazać się (czyimś oczom); **come into the world** przyjść na świat, urodzić się, narodzić się; **come into touch with sb** nawiązać z kimś kontakt; **come into use** wchodzić do użytku; **come into view** ukazać się; **come in useful** przydać się; **come loose** obluzować się; **come near(er)** zbliżać się; podchodzić; **come of age 1.** osiągnąć pełnoletność **2.** *przen.* rozwinąć się; osiągnąć pełnię rozwoju; dojrzewać; **come off badly** źle wypaść; zrobić złe wrażenie; **come off it!** *pot.* daj spokój!, nie bądź śmieszny!, przestań opowiadać bajki!; **come off well 1.** wyjść z czegoś cało//obronną ręką/bez szwanku **2.** dobrze wypaść; zrobić dobre wrażenie; **come one's way** trafiać się komuś (*okazja itd.*), nadarzać się komuś, przytrafiać się komuś, zdarzać się komuś; **come onto the market** wchodzić na rynek/do sprzedaży, pojawić się na rynku/w sprzedaży; **come out in a rash** dostać wysypki; **come out in sympathy (with sb)** przeprowadzić strajk solidarnościowy (z kimś); **come out of hiding** wyjść z ukrycia;

come

ujawnić się; **come out on top** wziąć/brać górę; osiągnąć przewagę; zwyciężyć; wygrać; **come over to our side** przejść na czyjąś stronę/do czyjegoś obozu; **come rain or shine** niezależnie od pogody, w każdą pogodę, słońce czy deszcz/czy słota; **come right** *pot.* dobrze/szczęśliwie się skończyć; **come sth to a head** postawić/stawiać coś na ostrzu noża; **come through with flying colours** dać sobie śpiewająco radę; **come to a bad end** źle skończyć; **come to a close** kończyć się, zbliżać się do końca, dobiegać końca; **come to a compromise** osiągnąć kompromis; **come to a conclusion** dojść do wniosku; **come to a full stop** znaleźć się w impasie, utknąć w martwym punkcie; **come to a halt** zatrzymać (się); stanąć w miejscu; **come to an end** kończyć się, dobiegać końca; **come to a standstill/come to a grinding halt** utknąć w martwym punkcie; **come to a sticky end** źle skończyć; **come to a stop** zatrzymać się (*pojazd*); **come to grips with** zmierzyć się z, zmagać się z; wziąć się/chwytać się za bary z; **come to hand** nawinąć się/wleźć pod rękę; **come to life** budzić się do życia; ożywiać się; **come to light** wychodzić na światło dzienne, wychodzić na jaw; **come to mind** przychodzić do głowy/na myśl; **come to much** osiągnąć coś, dojść do czegoś (*np. w życiu zawodowym*); spełnić się; **come to no harm** nie doznać krzywdy, nie ucierpieć; nie ponieść szkody; nie doznać uszczerbku; wyjść bez szwanku; nic (złego) się komuś nie dzieje/nie stanie; **come to nothing** spełznąć na niczym; **come to oneself** dochodzić do siebie, przychodzić do siebie/do normalnego stanu; ochłonąć; **come to one's senses 1.** odzyskać świadomość/przytomność, oprzytomnieć, ocknąć się **2.** *przen.* przejrzeć, ocknąć się (z czegoś), zrozumieć coś, opamiętać się, oprzytomnieć; **come to power** dojść do władzy; **come to rest** zatrzymać się; **come to sb's aid** przyjść komuś z pomocą; **come to sb's notice** zauważyć; usłyszeć; **come to sb's rescue** przyjść/pospieszyć komuś na ratunek; **come to terms** dojść do porozumienia (*o walczących stro-*

nach, skłóconych osobach); **come to that** *pot.* na dodatek; **come to the negotiating table** usiąść przy stole negocjacyjnym; **come to the point** przejść do rzeczy, przejść do sedna sprawy; **come to the same thing** sprowadzać się do tego samego; być równoznacznym z czymś; oznaczać/znaczyć to samo; odnosić ten sam skutek; dawać ten sam rezultat; **come to the surface** *przen.* dochodzić do głosu; brać górę; wychodzić na jaw; **come true** spełniać się, urzeczywistniać się; **come under the hammer** iść/pójść pod młotek (*na licytacji*); **come undone** odpiąć się; rozwiązać się; **come unstuck 1.** odkleić się; oderwać się; odpaść **2.** *pot.* spalić na panewce, nie udać się, zawieść, nie powieść się; **come up against a brick wall** napotkać mur (*obojętności, niechęci itd.*); **come up against sth** napotkać coś (*trudności, przeszkody itd.*); borykać się z czymś (*życiem, przeciwnościami itd.*); **come up in the world** piąć się (po szczeblach kariery zawodowej), robić karierę; odnosić sukcesy w życiu; zdobywać pozycję w świecie, wypłynąć; **come up to one's expectations** spełniać czyjeś oczekiwania, sprostać czyimś oczekiwaniom; **come up trumps** *pot.* poratować kogoś w potrzebie/w biedzie; **come up with an idea** wpaść na pomysł; **come what may** niech się dzieje co chce; cokolwiek się stanie; cokolwiek by się działo; cokolwiek by się miało wydarzyć; **come with the territory** być (integralną) częścią czegoś, być w coś wkalkulowane (*ryzyko itd.*); stanowić nieodzowną część czegoś; być elementem czegoś; stanowić ryzyko zawodowe, być ryzykiem zawodowym; **don't come the innocent with me!** *pot.* nie udawaj (mi tu) niewiniątka!; **don't cross a bridge until you come to it** nie martw się na zapas/z góry//naprzód!; **easy come, easy go** lekko/łatwo przyszło, lekko/łatwo poszło; **first come, first served** kto pierwszy, ten lepszy; **God comes with leaden feet but strikes with iron hands** *przysł.* Pan Bóg niespieszliwy, ale sprawiedliwy; **have come a long way** osiągnąć znaczny postęp; **have (got) it coming** *pot.*

come

zasłużyć (sobie) na coś; **how come (...)?** *pot.* dlaczego (...)?; jak to się stało (, że...)?; jak to się dzieje (, że...)?; z jakiego powodu (...)?; **how did it come about that...?** jak to się stało, że...?; **I don't know what came over me!** nie wiem co mnie napadło!; **if it comes to the point/to the push** w razie czego, jak przyjdzie co do czego; **if the worst comes to the worst** jeśli zdarzy się najgorsze, jeśli dojdzie do najgorszego; jeśli sprawdzi się czarny scenariusz; w najgorszym wypadku, w najgorszym razie; **it comes as no surprise that...** nie jest dla nikogo niespodzianką, że...; **it'll all come out in the wash** *pot.* wszystko wyjdzie w praniu; wszystko się jakoś ułoży; wszystko się dobrze skończy, wszystko zostanie naprawione; **it's coming down in buckets** (deszcz) leje jak z cebra; **not come amiss** przydawać się, być potrzebnym, okazywać się przydatnym/potrzebnym; **not come to any harm** nie doznać krzywdy, nie ucierpieć; nie ponieść szkody; nie doznać uszczerbku; wyjść bez szwanku; nic (złego) się komuś nie dzieje/nie stanie; **not come to anything** spełznąć na niczym; **not know what has come over sb** nie wiedzieć co kogoś napadło/co się komuś stało (*mówiąc o jego dziwnym zachowaniu*); **sth comes out of one's ears** *pot.* coś wychodzi/wylewa się komuś uszami; **sth comes to sb's ears** coś dociera do czyichś uszu, coś obija się komuś o uszy; **the world to come** przyszły świat, tamten świat; **till kingdom come** *pot.* do końca świata, (aż) do skończenia świata; **to come** (*po rzeczowniku*) przyszły, w przyszłości; **truth and sweet oil always come to the top** *przysł.* prawda jak oliwa na wierzch wypływa; **until kingdom come** *pot.* do końca świata, (aż) do skończenia świata; **what's it all coming to?/what's the world coming to?** *pot.* do czego to wszystko zmierza?; dokąd ten świat zmierza?; **when it comes to sth** kiedy przychodzi do czegoś; jak przyjdzie co do czego...; **when my ship comes in** jeśli nagle stanę się bogaty; kiedy będę bogaty; jeśli kiedyś się wzbogacę

comfort *n* **1.** wygoda **2.** pociecha; otucha ♦ **cold comfort** słaba//żadna/marna pociecha; **derive/take/draw comfort from** czerpać pociechę z; **eat for comfort** jeść ze zdenerwowania/dla uspokojenia nerwów; **she was a great comfort to her parents** rodzice mieli z niej wielką pociechę

command *n* **1.** rozkaz; polecenie **2.** dowództwo **3.** znajomość (*np. języka*) **4.** rozporządzanie ♦ **be at sb's command** być do czyjejś dyspozycji; **be in command of oneself** panować nad sobą, kontrolować się; **command centre** centrum dowodzenia; **have (a) command of sth** mieć dobrą znajomość czegoś; **take command** objąć dowództwo; **under the command of/under sb's command** pod (czyimś) dowództwem; **your wish is my command** twoje życzenie jest dla mnie rozkazem; twoja prośba jest dla mnie rozkazem

commission *n* **1.** zamówienie, zlecenie **2.** komisja **3.** prowizja **4.** mianowanie (*na oficera*), nominacja ♦ **be in commission** *pot.* być do użytku; **be out of commission** *pot.* być nie do użytku; **commission of a crime** popełnienie przestępstwa; **on commission** na prowizji (*pracować*)

common[1] *n* **1.** błonie (*miejskie itd.*) **2.** wspólne użytkowanie/posiadanie **3. the Commons** Izba Gmin (*parlamentu angielskiego*) ♦ **have sth in common (with sb/sth)** mieć coś wspólnego (z kimś/czymś); **in common** wspólnie (*posiadany itd.*); **in common with sb/sth** razem z kimś/czymś; podobnie jak ktoś/coś

common[2] *a* **1.** wspólny; publiczny **2.** zwykły; zwyczajny **3.** *pot.* prostacki ♦ **be a victory for common sense** być zwycięstwem zdrowego rozsądku; **be common knowledge** być rzeczą powszechnie/ogólnie znaną, być rzeczą powszechnie/ogólnie wiadomą; **bring to a common denominator** sprowadzić do wspólnego mianownika; **common cold** przeziębienie; **common decency** zwykła przyzwoitość; **common ground** wspólne zainteresowania; wspólnota interesów; wspólne stanowisko; **common noun** rzeczownik pospolity; **common people** zwykli/zwyczajni ludzie; **common room** świetlica (*szkolna*); **common sense** zdrowy rozsądek; **in common use** powszechnie używany/stosowany; **make common cause (with sb)** zjednoczyć się (z kimś); połączyć się (z kimś) we wspólnej sprawie; **of common use** powszechnego użytku; **the common good** dobro wspólne; dobro ogółu/powszechne/publiczne; **the common man** przeciętny obywatel, zwykły/szary człowiek

company *n* **1.** towarzystwo **2.** towarzystwo; spółka ♦ **bad company** nieodpowiednie/złe towarzystwo; **fall in with bad company** wpaść w złe towarzystwo; **for company** dla towarzystwa; towarzysząc komuś; **get into bad company** wpaść w złe towarzystwo; **in company with sb** w towarzystwie kogoś, razem z kimś, wspólnie z kimś; **in good company** (*żartobliwie*) w dobrym towarzystwie; **insurance company** towarzystwo ubezpieczeniowe; **in the company of sb/in sb's company** w czyimś towarzystwie; **joint-stock/stock company** spółka akcyjna; **keep bad company** obracać się/przebywać w złym towarzystwie, obracać się/przebywać w nieodpowiednim towarzystwie; **keep sb company/keep company with sb** dotrzymać komuś towarzystwa; **limited (liability) company** spółka z ograniczoną odpowiedzialnością; **part company with** pójść swoją drogą, pójść w swoją stronę; rozstać się z; rozejść się; **present company excepted** z wyjątkiem obecnych, wykluczając osoby obecne; **public company** spółka akcyjna

compare[1] *n* ♦ (*w wyrażeniu*) **beyond/without compare** nieporównany, niezrównany, nie mający sobie równego, jedyny w swoim rodzaju

compare[2] *v* porównywać ♦ **compare notes with sb** wymieniać z kimś poglądy/opinie

comparison *n* porównanie ♦ **bear comparison with** wytrzymywać porównanie z; **by comparison with/to** w porównaniu z; **degrees of comparison** stopnie przymiotnika/przysłówka; **for comparison** dla porównania; **in comparison with/to** w porównaniu z; **make a comparison (between... and...)** dokonać porównania (między... a...), przeprowadzić porównanie (między... a...); **on comparison** porównawszy, dokonawszy porównania; **stand comparison with** wytrzymywać porównanie z; **there is no comparison (between...)** nie ma porównania (między...)

compliment *n* 1. komplement 2. **compliments** *pl* gratulacje; pozdrowienia ♦ **back-handed/left-handed compliment** nieszczery komplement, wątpliwy komplement; **lavish/shower compliments on sb** prawić komuś komplementy; **pay sb a compliment** powiedzieć komuś komplement; **present one's compliments** składać wyrazy szacunku; **with the compliments of...** z pozdrowieniami od...; z wyrazami szacunku od...

comprehension *n* zrozumienie ♦ **it's beyond/above my comprehension** to nie mieści mi się w głowie; to przechodzi moje wyobrażenie; **pass comprehension** być niemożliwym do zrozumienia, być niezrozumiałym

con *n* ♦ (*w wyrażeniu*) **the pros and cons** za i przeciw

concern *v* dotyczyć ♦ **as concerns** odnośnie, co się tyczy; **as far as sb/sth is concerned** jeśli chodzi o kogoś/coś, co do kogoś/ /czegoś; **be concerned about/for** martwić się o, niepokoić się o; **be concerned with** zajmować się (*czymś*); **concern oneself with/in/about** interesować się; być zajętym (*czymś*)

concert *n* koncert ♦ **in concert** na koncercie (*muzycznym*); **in concert with** wspólnie z; współpracując z

conclusion *n* 1. zakończenie; koniec 2. wniosek, konkluzja ♦ **arrive at a conclusion** dojść do wniosku; **be a foregone conclusion** być sprawą przesądzoną, wynik/rezultat czegoś jest (z góry) przesądzony; **bring to a conclusion** zakończyć; sfinalizować; **come to a conclusion** dojść do wniosku; **draw a conclusion** wyciągnąć/wyciągać wniosek; **in conclusion** na koniec, na zakończenie; **jump to conclusions/to the conclusion (that...)** wyciągać pochopne wnioski; **jump to the wrong conclusion** wyciągać mylne wnioski; **leap to conclusions/to the**

concrete 128

conclusion (that...) wyciągać pochopne wnioski; **reach a conclusion** dojść do wniosku

concrete *n* beton ♦ **concrete desert** *przen.* betonowa pustynia; **concrete jungle** *przen.* betonowa dżungla

condition *n* **1.** warunek **2.** stan; kondycja **3. conditions** *pl* okoliczności ♦ **be in no condition to** nie być w stanie, nie móc; **fulfil a condition** spełnić warunek; **in good/bad condition** w dobrym/złym stanie; w dobrej/złej kondycji; **in mint condition** w idealnym/doskonałym stanie; **make a condition** postawić warunek; **meet a condition** spełnić warunek; **on condition (that)** pod warunkiem, że...; **on no condition** pod żadnym warunkiem; **out of condition** w złej kondycji fizycznej; **satisfy a condition** spełnić warunek; **set a condition** postawić warunek; **under existing/favourable conditions** w istniejących/ /sprzyjających okolicznościach; w istniejących/sprzyjających warunkach; **working conditions** warunki pracy

confidence *n* **1.** zaufanie **2.** przeświadczenie; pewność siebie ♦ **be in sb's confidence** cieszyć się czyimś zaufaniem; **confidence trick/***US* **confidence game** nadużycie (czyjegoś) zaufania; **every confidence** bezgraniczne/całkowite/pełne zaufanie; **give a vote of confidence** udzielić wotum zaufania; **in confidence** w zaufaniu; **place one's confidence in sb** darzyć kogoś zaufaniem; **reject a motion of no confidence in the government** odrzucić wniosek o wotum nieufności dla rządu; **take sb into one's confidence** powiedzieć komuś coś w zaufaniu, zwierzyć się komuś; **vote of confidence (in sb)** wotum zaufania (dla kogoś); **vote of no confidence** wotum nieufności; **win a vote of confidence** otrzymać wotum zaufania

conflict *n* konflikt ♦ **armed conflict** konflikt zbrojny; **be in conflict with 1.** być w konflikcie z **2.** być/pozostawać w sprzeczności z; **come into conflict with** wejść w konflikt z; **conflict of interests** sprzeczność/konflikt interesów; **settle a conflict** zażegnać/zakończyć konflikt

connection n 1. związek 2. połączenie (*np. telefoniczne, kolejowe*)
♦ **in connection with** w związku z; **in this connection** w związku z tym

conscience n sumienie ♦ **be square with one's conscience** być w zgodzie ze swoim sumieniem/ze sobą; **can you square it with your conscience?** czy pozwala ci na to sumienie?, co na to twoje sumienie?; **clear conscience** czyste/spokojne sumienie; **have a bad/guilty conscience** mieć nieczyste sumienie; **have sth on one's conscience** mieć coś na sumieniu; **his/her conscience is pricking him/her** sumienie go/ją gryzie; **in (all/good) conscience** z ręką na sercu; **it's on my conscience that...** mam wyrzuty sumienia, że...; **liberty of conscience** wolność sumienia; **lie heavy on one's conscience** obciążać czyjeś sumienie; **prick sb's conscience** poruszyć czyjeś sumienie, być wyrzutem sumienia; **prisoner of conscience** więzień sumienia; **sth preys/weighs on one's conscience** coś obciąża czyjeś sumienie, coś ciąży/leży komuś na sumieniu; **the still small voice of conscience** głos sumienia

consent n zgoda; przyzwolenie ♦ **age of consent** wiek uprawniający do zawarcia małżeństwa; **by mutual consent** za obopólną zgodą; **give one's consent to sth** wyrazić/dać zgodę na coś; **silence gives consent** milczenie oznacza zgodę, milczenie jest oznaką zgody; **with one consent** jednomyślnie; **without sb's consent** bez czyjejś zgody

consequence n 1. konsekwencja; skutek 2. ważność, znaczenie
♦ **as a consequence of sth** w wyniku czegoś; **bear the consequences** ponosić konsekwencje; **in consequence of sth** w wyniku czegoś; **of no consequence** nieważny, bez znaczenia; **suffer the consequences** ponosić konsekwencje; **take the consequences** ponosić konsekwencje

consider v 1. rozważać, rozpatrywać 2. sądzić, uważać 3. uwzględniać ♦ **all things considered** po dokładnym zastanowieniu się, rozważywszy wszystkie za i przeciw, dobrze się zastanowiwszy; wziąwszy wszystko pod uwagę; w sumie; **consider it necessary** uważać za konieczne; **consider yourself lucky** możesz uważać się za szczęściarza; miałeś/masz dużo szczęścia...; **I consider it a great honour** uważam to za wielki zaszczyt, jest to dla mnie wielki zaszczyt; **one's considered opinion** czyjeś dobrze przemyślane zdanie, czyjaś dobrze przemyślana opinia

consideration *n* **1.** rozważenie; rozpatrywanie **2.** wzgląd **3.** zapłata; wynagrodzenie; odpłatność ♦ **after long consideration** po głębokim zastanowieniu; **for a small consideration** za niewielką odpłatnością; **in consideration of sth** z uwagi na coś; wobec czegoś; **of no consideration** nieważny, bez znaczenia; **safety considerations** względy bezpieczeństwa; **take sth into consideration** brać coś pod uwagę, uwzględniać coś

contact *n* **1.** kontakt; styczność; zetknięcie się **2.** połączenie ♦ **break contact** przerwać połączenie; **have contact with the outside world** mieć kontakt ze światem zewnętrznym; **make contact 1.** skontaktować się; zetknąć się **2.** nawiązać połączenie

contempt *n* **1.** pogarda **2.** obraza sądu ♦ **beneath contempt** poniżej wszelkiej krytyki; **contempt of court** obraza sądu; **hold sth/sb in contempt** pogardzać czymś/kimś, mieć coś/kogoś w pogardzie; **treat sb with contempt** traktować kogoś pogardliwie/z pogardą; odnosić się do kogoś z pogardą

content *n* **1.** zawartość **2. contents** *pl* zawartość; spis treści; spis rzeczy **3.** zadowolenie ♦ **fat/salt content** zawartość tłuszczu//soli; **table of contents** spis treści; spis rzeczy; **to one's heart's content** do woli; ile dusza zapragnie

contention *n* **1.** przeświadczenie; (s)twierdzenie **2.** kontrowersja, spór **3.** walka, współzawodnictwo, rywalizacja ♦ **a bone of contention** kość niezgody; **be in contention** walczyć, współzawodniczyć, rywalizować; **in contention** sporny, kontrowersyjny

contradiction *n* **1.** zaprzeczenie **2.** sprzeczność ♦ **a contradiction in terms** sprzeczność sama w sobie

contradistinction *n* ♦ (*w wyrażeniu*) **in contradistinction to sb/sth** w przeciwieństwie do kogoś/czegoś

contrary[1] *n* **the contrary** przeciwieństwo ♦ **on the contrary** przeciwnie; **quite the contrary** wręcz przeciwnie; odwrotnie; **to the contrary** wskazujący na coś zupełnie innego/przeciwnego; świadczący o czymś zupełnie innym/przeciwnym

contrary[2] *a* przeciwny; odwrotny ♦ **contrary to (all) expectation(s)** wbrew (wszelkim/najśmielszym) oczekiwaniom; **contrary to popular belief** wbrew powszechnemu przekonaniu/ /mniemaniu; **contrary to popular opinion** wbrew powszechnej opinii, wbrew powszechnemu mniemaniu, wbrew rozpowszechnionemu sądowi; **contrary to sth** wbrew czemuś (*np. przepisom, zaleceniom lekarza*)

control *n* **1.** kontrola; sprawdzanie; nadzór **2.** sterowanie; regulacja ♦ **arms control** kontrola zbrojeń; **be in control of sth** kontrolować coś, sprawować/mieć kontrolę nad czymś; kierować czymś; zarządzać czymś; **be under control** być pod kontrolą; **bring/ /come under control** opanować, wziąć pod kontrolę; **control centre** ośrodek dowodzenia; **control tower** wieża kontrolna (*lotniska*); **due to cirumstances beyond/outside our control** z przyczyn od nas niezależnych; **get out of control** wymykać się spod kontroli; **get under control** opanować, wziąć pod kontrolę; **have/keep control over** mieć/sprawować kontrolę nad; **lose control of sth** stracić kontrolę nad czymś; **remote control 1.** pilot (*do telewizora, magnetowidu*) **2.** zdalne sterowanie; **take control of sth** przejąć/objąć kontrolę nad czymś

convenience *n* **1.** wygoda **2.** **conveniences** *pl* udogodnienia ♦ **at one's convenience** kiedy/gdzie komuś wygodnie/dogodnie; **at your earliest convenience** przy najbliższej sposobności/okazji; **for convenience** dla wygody; **marriage of convenience** małżeństwo z rozsądku; **public convenience** toaleta publiczna

conversation 132

conversation *n* rozmowa ♦ **be in conversation with sb** przeprowadzić rozmowę z kimś; (po)rozmawiać z kimś; **carry on a conversation** prowadzić rozmowę; **conversation piece** pretekst do rozmów/rozmowy, temat rozmów/rozmowy; **get into (a) conversation** nawiązać z kimś rozmowę; **hold a conversation** odbyć rozmowę; prowadzić rozmowę; **make conversation** podtrzymywać rozmowę; **turn a conversation to sth** skierować rozmowę na inny temat

conviction *n* **1.** skazanie **2.** przekonanie ♦ **carry (much) conviction** (bardzo) trafiać do przekonania; **have the courage of one's convictions** mieć cywilną odwagę; **lack the courage of one's convictions** nie mieć cywilnej odwagi; **speak in the full conviction** mówić z głębokim przekonaniem; **without much conviction** bez specjalnego przekonania

cook¹ *n* kucharz ♦ **too many cooks spoil the broth** *przysł.* gdzie kucharek sześć, tam nie ma co jeść

cook² *v* gotować ♦ **cook sb's goose** *pot.* wykończyć kogoś; załatwić kogoś; rozprawić się z kimś; **cook the books** *pot.* fałszować zapisy w księgach/dokumentach (*finansowych itd.*), fałszować dane (*z chęci zysku*)

cool¹ *n* **1. the cool** zimno, chłód **2.** *pot.* opanowanie; zimna krew ♦ **keep one's cool** nie stracić zimnej krwi, zachować zimną krew, zachować spokój; **lose one's cool** stracić zimną krew, nie zachować spokoju, stracić panowanie nad sobą

cool² *a* **1.** chłodny **2.** opanowany ♦ **(as) cool as a cucumber** nie tracący głowy, zimny, beznamiętny, opanowany; **keep a cool head** nie tracić głowy, zachować spokój; **play it cool** *pot.* podejść do czegoś spokojnie, potraktować coś ze spokojem, nie dać ponieść się nerwom

coot *n* łyska (*ptak*) ♦ **(as) bald as a coot** *GB pot.* łysy jak kolano

core *n* rdzeń; *przen.* sedno ♦ **hard core 1.** aktywiści, działacze (*polityczni*); najbardziej aktywna grupa (*członków organizacji* *itd.*) **2.** grupa twardogłowych; **to the core** do szpiku kości, do gruntu, zupełnie, całkowicie

corn *n* **1.** zboże; *US* kukurydza **2.** odcisk (*np. na stopie*) ♦ **tread on sb's corns** nastąpić/nadepnąć komuś na odcisk, urazić/dotknąć kogoś; wchodzić komuś w paradę

corner *n* **1.** narożnik; naroże; róg; kąt **2.** zakątek, miejsce **3.** zakręt (*drogi*) ♦ **around the corner** tuż za rogiem; w pobliżu; bardzo blisko; niedaleko; **back sb into a corner** zapędzić kogoś w kozi róg; zapędzić kogoś w ślepy zaułek; **be in a tight corner** być przypartym do muru, być w trudnej/podbramkowej sytuacji; mieć nóż na gardle; **cut corners** robić coś po łebkach; **drive sb into a corner** zapędzić kogoś w kozi róg; zapędzić kogoś w ślepy zaułek; **force sb into a corner** przyprzeć kogoś do muru; **from all corners of the earth/from the four corners of the earth** ze wszystkich stron świata, ze wszystkich zakątków świata; **from the corner of one's eye** kątem oka; **in the corner** w kącie; w rogu; **just around the corner** tuż za rogiem; w pobliżu; bardzo blisko; niedaleko; **out of the corner of one's eye** kątem oka; **round the corner** tuż za rogiem; w pobliżu; bardzo blisko; niedaleko; **the referee awarded a corner** sędzia przyznał rzut rożny/róg; **tight corner** trudna//podbramkowa sytuacja; **turn the/a corner** wyjść z dołka, przezwyciężyć kryzys, wyjść na prostą

correct[1] *v* poprawiać; korygować ♦ **I stand corrected** *pot.* (przyznaję) myliłem się, nie mam/miałem racji; **stand corrected** przyznać się do (popełnienia) błędu/pomyłki

correct[2] *a* **1.** poprawny, prawidłowy **2.** odpowiedni, właściwy ♦ **politically correct** politycznie poprawny

corridor *n* korytarz ♦ **the corridors of power** wysokie szczeble władzy

cost[1] *n* koszt ♦ **at all cost(s)** za wszelką cenę; **at the cost of...** kosztem...; **bear the costs** ponosić koszty; **cost of living** koszty utrzymania; **count the cost of sth** *przen.* płacić za coś, ponosić konsekwencje czegoś; **know sth to one's cost** wiedzieć/znać coś z doświadczenia; poznać coś/doświadczyć czegoś/przekonać się o czymś na własnej skórze; **meet costs** pokrywać koszty; **to one's cost** czyimś kosztem; **whatever the cost** za wszelką cenę

cost² v (cost, cost) kosztować ♦ **cost a bomb/cost a bundle/cost an arm and a leg/cost a small fortune/cost the earth** *pot.* kosztować fortunę/majątek/kupę pieniędzy, słono kosztować; **cost sb dear(ly)** *przen.* drogo kogoś kosztować; **cost sb their life/job** kosztować kogoś życie/utratę pracy; **it will cost you!** *pot.* to cię będzie (drogo) kosztować!

counsel n 1. rada; porada; konsultacja 2. adwokat; obrońca ♦ **keep one's own counsel** nie zdradzać się ze swoimi zamiarami/planami, nie wyjawiać swoich zamiarów/planów

count¹ n liczenie; zliczanie ♦ **at the last count** według ostatnich//najnowszych szacunków, według ostatnich/najnowszych danych; **death count** liczba ofiar; **do a head count** (po)liczyć obecnych; **lose count of sth** stracić rachubę czegoś; **on all counts** *przen.* na wszystkich frontach (*przegrać itd.*)

count² v 1. liczyć; zliczać 2. uważać za, poczytywać 3. liczyć się, mieć znaczenie ♦ **count sb among sth** zaliczać kogoś do czegoś, zaliczać kogoś do grona czegoś, zaliczać kogoś w poczet czegoś; **count sheep** *pot.* liczyć barany/owce (*aby zasnąć*); **count the cost of sth** *przen.* płacić za coś, ponosić konsekwencje czegoś; **don't count your chickens before they hatch/are hatched** nie chwal dnia przed zachodem słońca; **every minute counts** liczy się każda minuta; **it doesn't count!** to się nie liczy!; **I wouldn't count on it** nie liczyłabym na to; **not counting...** nie licząc...; **one could count on the fingers of one hand...** na palcach jednej ręki można było policzyć...

counter n 1. licznik 2. lada, kontuar ♦ **over the counter** 1. bez recepty (*kupować, sprzedawać lekarstwa*) 2. bez (specjalnego) zezwolenia; bez licencji; **under the counter** spod lady

couple *n* para; dwie; dwoje; dwóch ♦ **a couple of...** parę..., kilka...; **in a couple of shakes** *pot.* zaraz, za chwilę, za parę chwil, wkrótce; **married couple** młoda para; para małżonków; **unlikely couple** niedobrana para

courage *n* odwaga ♦ **Dutch courage** odwaga po pijanemu, odwaga po kieliszku, odwaga/pewność siebie po jednym głębszym; **exemplary courage** bezprzykładna odwaga; **have the courage of one's convictions** mieć cywilną odwagę; **it takes courage to tell the truth** powiedzenie prawdy wymaga odwagi; **lack the courage of one's convictions** nie mieć cywilnej odwagi; **liquid courage** *US* odwaga po pijanemu, odwaga po kieliszku, odwaga/pewność siebie po jednym głębszym; **muster (up)/summon up/pluck up one's courage** zdobyć się na odwagę, zebrać się na odwagę

course *n* **1.** kurs (*np. statku*) **2.** bieg; przebieg (*np. sprawy*) **3.** kierunek; droga **4.** kurs, seria wykładów **5.** danie, potrawa **6.** bieżnia (*sportowa*) **7.** kanał; koryto **8.** warstwa ♦ **advanced course** kurs dla zaawansowanych; **(as) a matter of course** rzecz oczywista, zrozumiała sprawa; **beginning course** kurs dla początkujących; **be off course** zbaczać z (wyznaczonej) trasy, zejść z kursu; **be on course** trzymać się (wyznaczonej) trasy, trzymać się kursu; **be on course to do sth** *przen.* zmierzać do czegoś, być na prostej drodze do czegoś; **but of course!** ależ oczywiście!; **change course** zmienić kurs; **course of the river** bieg rzeki; **during the course of** podczas (*np. rozmowy*); **elementary course** kurs dla początkujących; **first course** pierwsze danie; **golf course** pole golfowe; **hold a course** trzymać kurs (*samolot, statek*); **in course of** w trakcie (*np. budowy*); **in due course** we właściwym czasie/trybie; **intermediate course** kurs dla średnio zaawansowanych; **in the course of** podczas (*np. rozmowy*); **in the course of centuries** na przestrzeni wieków; **in the course of time** z biegiem czasu; **in the normal/ordinary course of events** zwykłym/normalnym biegiem wydarzeń; **introductory course** kurs dla początkujących; **let sth take its (natural) course** *pot.* puścić coś na żywioł; **main course** główne danie; **middle course** złoty środek; **of course!** oczywiście!; **over the course of time** w miarę upływu czasu, z czasem; **refresher course** kurs dokształcający; **run its course** przebiegać normalnym trybem; **second course** drugie danie; **stay the course** dotrwać do końca; wytrzymać do końca; nie odpaść (*z zawodów itd.*); **steer a middle course** znaleźć złoty środek; **take a course** uczęszczać na kurs; **take a middle course** znaleźć złoty środek; **take its course** przebiegać normalnym trybem

court *n* **1.** sąd **2.** dziedziniec; podwórze **3.** kort (*tenisowy*) **4.** boisko sportowe **5.** dwór królewski ♦ **appeal/appellate court** sąd apelacyjny; **contempt of court** obraza sądu; **court card** figura (*w kartach*); **court martial** sąd wojenny; **court of appeal** sąd apelacyjny; **court of inquiry** komisja dochodzeniowa/śledcza; **court of justice/law** sąd; **court shoe** but na obcasie; **court sitting** posiedzenie sądu; **High Court** Wysoki Trybunał; **in court** przed sądem; **in open court** przy drzwiach otwartych (*rozprawa*); **kangaroo court** *pot.* sąd nielegalny; parodia sądu; **laugh sb/sth out of court** *pot.* wyśmiać kogoś/coś; wyszydzić kogoś/coś; wydrwić kogoś/coś; **out of court** niewłaściwy; nieodpowiedni; nie wart zastanowienia/rozważenia; **pay court to sb** zabiegać o czyjeś względy; **Supreme Court** Sąd Najwyższy; **take sb to court** wnieść przeciw komuś sprawę do sądu

cover *n* **1.** pokrywa; przykrycie; wieczko; pokrowiec **2.** okładka (*książki*) **3.** koperta **4.** schronienie **5.** *przen.* maska **6.** nakrycie, zastawa stołowa **7.** ubezpieczenie; gwarancja; pokrycie ♦ **break cover** wyjść z kryjówki/ukrycia; przestać się ukrywać; **cover girl** dziewczyna z okładki (*magazynu*); **don't judge a book by its cover** *pot.* nie sądź (rzeczy) po wyglądzie/z pozorów; **read sth from cover to cover** czytać coś od deski do deski; **run for cover** chronić się, kryć się, chować się, uciekać, szukać schronienia; **send under separate cover** przesyłać jako osobną przesyłkę; **take cover** schronić się; **under cover of...** pod pozorem...; **under cover of darkness** pod osłoną ciemności

cow *n* krowa ♦ **sacred cow** święta krowa; **till the cows come home** *pot.* bardzo długo; bez końca

crack¹ *n* 1. pęknięcie 2. trzask, huk ♦ **at the crack of dawn** o świcie, skoro świt; **until the crack of dawn** do świtu

crack² *v* 1. pękać 2. rozłupywać (*np. orzechy*) 3. trzaskać ♦ **a hard/tough nut to crack** twardy orzech do zgryzienia, trudny orzech do zgryzienia; **a voice cracks** głos łamie się; **crack a joke** powiedzieć dowcip

cradle *n* 1. kołyska 2. *przen.* kolebka ♦ **from the cradle to the grave** od kolebki/kołyski do grobu

cramp *v* krępować ruchy; ograniczać; hamować ♦ **be cramped for room/space** tłoczyć się, gnieść się, być stłoczonym jak śledzie w beczce; nie mieć gdzie szpilki wetknąć; **cramp sb's style** *pot.* krępować kogoś; żenować kogoś; wprawiać kogoś w zakłopotanie; onieśmielać kogoś; przeszkadzać komuś

cranny *n* szczelina; szpara ♦ **every nook and cranny** *pot.* każdy zakamarek (*przeszukać itd.*)

crazy *a* głupi; zwariowany ♦ **(as) crazy as a loon** *pot.* mocno stuknięty, kopnięty, zbzikowany; **be crazy about...** mieć bzika na punkcie..., (z)wariować na punkcie...; **drive sb crazy** doprowadzać kogoś do szału; **like crazy** jak szalony

credit *n* 1. kredyt 2. zaufanie 3. zasługa ♦ **be a credit to sb** przynosić komuś zaszczyt; stanowić dla kogoś powód do dumy; być czyjąś chlubą; **credit card** karta kredytowa; **credit titles** czołówka filmu; **do sb credit/do credit to sb** przynosić komuś zaszczyt; stanowić dla kogoś powód do dumy; być czyjąś chlubą; **give (sb) credit (for sth)** zapisać/policzyć/zaliczyć (coś komuś) na plus; **on credit** na kredyt

creek *n* **1.** mała zatoka **2.** potok, strumień ♦ **up the creek** *pot.* w tarapatach, w opałach

creep¹ *n* lizus; pochlebca ♦ **it gives me/her the creeps** skóra mi/jej cierpnie, dostaję/dostaje gęsiej skórki

creep² *v* **(crept, crept) 1.** pełzać **2.** piąć się **3.** cierpnąć ♦ **it makes my/her flesh creep** skóra mi/jej cierpnie, dostaję/dostaje gęsiej skórki

crime *n* zbrodnia; przestępstwo; przestępczość ♦ **commit a crime against** popełnić przestępstwo przeciwko; **crime against humanity** zbrodnia przeciw ludzkości; **crime of passion** zabójstwo/zbrodnia w afekcie; **crime rate** przestępczość; **crime wave** fala przestępczości; **organized crime** przestępczość zorganizowana; **perfect crime** zbrodnia doskonała; **perpetrate a crime against** popełnić przestępstwo przeciwko; **petty crime** drobne przestępstwo; **scene of crime** miejsce przestępstwa/zbrodni; **turn to crime** wkroczyć na drogę przestępstwa; **war against/on crime** wojna z przestępczością; **war crime** zbrodnia wojenna

crook *n* **1.** *pot.* oszust **2.** zgięcie ♦ **by hook or by crook** *pot.* nie przebierając w środkach, wszystkimi/wszelkimi sposobami; po trupach

cross¹ *n* krzyż; krzyżyk ♦ **bear/carry one's cross** *przen.* dźwigać swój krzyż, nieść swój krzyż; **make the sign of the Cross** (z)robić znak krzyża; **noughts and crosses** *GB* (gra w) kółko i krzyżyk; **Red Cross** Czerwony Krzyż; **the sign of the Cross** znak krzyża; **the Stations of the Cross** Stacje Drogi Krzyżowej; **the Way of the Cross** Droga Krzyżowa

cross² *v* **1.** krzyżować (się); przecinać **2.** przechodzić; przedostawać się **3.** pokrzyżować (*plany itd.*) ♦ **cross my heart (and hope to die)!** słowo honoru!, z ręką na sercu!; **cross one's legs** założyć nogę na nogę; **cross one's mind** przychodzić komuś do głowy/na myśl, przechodzić komuś przez myśl; **cross swords with sb 1.** skrzyżować z kimś miecze/szpady **2.** *przen.* zmierzyć się z kimś; wejść w spór z kimś; spierać się z kimś;

kłócić się z kimś; **cross the finishing line** przekroczyć linię mety, minąć metę/linię mety; **cross the Line** przekroczyć równik; **cross the Rubicon** przekroczyć Rubikon; **cross the street** przechodzić na drugą stronę ulicy/przez ulicę; **don't cross a bridge until you come to it** nie martw się na zapas/z góry//naprzód!; **dot the i's and cross the t's** *pot.* dopracować szczegóły czegoś, dopracować coś starannie do końca, wykończyć coś drobiazgowo/precyzyjnie, wycyzelować coś; **get one's wires crossed** *pot.* nie zrozumieć się; nie zrozumieć kogoś; **it never crossed my mind that/to...** nigdy nie przyszło mi do głowy, że/żeby...; **keep one's fingers crossed (for sb)** trzymać (za kogoś) kciuki

cross³ *a* **1.** poprzeczny, przecinający **2.** zły; rozgniewany ♦ **at cross purposes** nie rozumiejąc się nawzajem; mając coś innego na względzie/na myśli/na uwadze; **be cross about sth** być złym o coś; **be cross with sb** być złym na kogoś

crossroads *n* (*pl* **crossroads**) skrzyżowanie dróg ♦ **at a/the crossroads** na rozdrożu, w trudnej sytuacji

crow *n* kruk; wrona ♦ **as the crow flies** w linii prostej; **crow's nest** (*w żeglarstwie*) bocianie gniazdo; **eat crow** *US* pokajać się, przyznać się ze skruchą do błędu, kajać się w skrusze; mieć się z pyszna

crown *v* **1.** koronować **2.** wieńczyć, okalać **3.** wieńczyć, kończyć ♦ **to crown it all** na dodatek; na domiar złego

cry¹ *n* **1.** płacz **2.** krzyk **3.** wołanie ♦ **a cry of delight** okrzyk zachwytu; **a cry of protest** krzyk protestu; **a cry of terror** krzyk grozy/przerażenia; **battle cry 1.** okrzyk wojenny **2.** hasło propagandowe; **be in full cry** być rozentuzjazmowanym, entuzjazmować się; krzyczeć entuzjastycznie; **be in full cry over sth** atakować/krytykować coś głośno; **give a cry** podnieść krzyk; wydać okrzyk; **great/much cry and little wool** *przysł.* z wielkiej chmury mały deszcz; **let out a cry** podnieść krzyk; wydać okrzyk; **war cry** okrzyk wojenny

cry

cry² *v* **1.** płakać **2.** krzyczeć **3.** wołać ♦ **a voice crying in the wilderness** głos wołającego na puszczy; **be crying out for sth** domagać się czegoś; **cry blue murder** *pot.* krzyczeć/wrzeszczeć wniebogłosy, stanowczo/ostro (za)protestować, podnieść krzyk protestu, podnieść protest, narobić krzyku; **cry for the moon** chcieć gwiazdki z nieba; **cry hard** bardzo płakać; **cry one's eyes out/heart out** wypłakiwać sobie oczy; **cry over spilt milk/spilled milk** płakać nad rozlanym mlekiem; **cry to heaven** wołać o pomstę do nieba; **cry with pain** płakać z bólu; **cry wolf** podnosić fałszywy alarm; **laugh till/until one cries** śmiać się do łez, uśmiać się do łez; **make sb cry** doprowadzać kogoś do płaczu

crystal *n* kryształ ♦ **(as) clear as crystal** czysty jak kryształ, czysty jak łza; **crystal ball** szklana/czarodziejska kula; **crystal clear 1.** jasny; oczywisty **2.** czysty jak kryształ, czysty jak łza

cucumber *n* ogórek ♦ **(as) cool as a cucumber** nie tracący głowy, zimny, beznamiętny, opanowany

cudgel *v* uderzyć pałką ♦ **cudgel one's brains (over sth)** łamać sobie głowę (nad czymś); zachodzić w głowę

cuff *n* mankiet ♦ **off the cuff** z głowy, z pamięci (*powiedzieć coś itd.*)

cup *n* **1.** filiżanka; garnuszek **2.** puchar **3.** kielich ♦ **sth isn't sb's cup of tea** coś nie jest w czyimś guście; ktoś się czymś nie interesuje; ktoś czegoś nie lubi, ktoś nie przepada za czymś

cupboard *n* kredens ♦ **cupboard love** (*żartobliwie – o dziecku*) interesowna miłość, przymilanie się; **skeleton in the cupboard** *przen.pot.* trup w szafie

curiosity *n* **1.** ciekawość **2.** osobliwość ♦ **curiosity is eating sb up** *pot.* ciekawość pożera/pali kogoś; **curiosity killed the cat** *przysł.* ciekawość (to) pierwszy stopień do piekła; **die of curiosity** umierać z ciekawości; **out of curiosity** z ciekawości, przez ciekawość; **sb is burning/bursting with curiosity** *pot.* ciekawość pożera/pali kogoś

curl *v* **1.** kręcić (się), zawijać (się) **2.** wić się ♦ **curl one's lip** wykrzywiać pogardliwie usta, skrzywić się pogardliwie

cut[1] *n* **1.** cięcie; nacięcie; przecięcie (*skóry itd.*); rana cięta **2.** cięcie, strzyżenie **3.** obniżka, redukcja **4.** krój (*ubrania*) **5.** przekrój; przecięcie **6.** wykop (*w robotach ziemnych*) **7.** szlif (*drogich kamieni*) **8.** *pot.* dola, działka ♦ **be a cut above sb/sth** być dużo lepszym od kogoś/czegoś; przewyższać kogoś/coś (*w czymś*); **job cuts** redukcja miejsc pracy; **make cuts** skracać; dokonywać cięć (*w przemówieniu itd.*); **short cut 1.** skrót, krótsza droga **2.** *przen.* skrót, ułatwienie; **take a short cut** iść na skróty

cut[2] *v* (**cut, cut**) **1.** ciąć; ścinać; nacinać **2.** ciosać **3.** redukować; obniżać **4.** ranić (się); skaleczyć (się) ♦ **be cut off from the outside world** być odciętym od świata (zewnętrznego); **cut a dash** trzymać/mieć fason; zadać szyku; **cut a disc** nagrać płytę; **cut a fine/brilliant figure** zadać szyku; **cut a lecture** nie pójść na wykład, opuścić wykład; **cut and run** wziąć nogi za pas, dać nogę; uciekać/wiać/drapnąć gdzie pieprz rośnie; **cut corners** robić coś po łebkach; **cut in line** *US* wepchnąć się/wpychać się do kolejki; **cut it out!** *pot.* przestań!, dosyć tego!; **cut loose 1.** uwolnić się, oswobodzić się **2.** *US pot.* rozluźnić się, wyluzować się; **cut no ice (with sb)** nic nie wskórać (u kogoś), nic nie osiągnąć (u kogoś); pozostać bez wpływu (na kogoś), nie mieć wpływu (na kogoś); **cut off one's nose to spite one's face** na złość mamie odmrozić sobie uszy; **cut one's coat according to one's cloth** *przysł.* tak krawiec kraje, jak mu materii staje; **cut one's own throat** podcinać gałąź, na której się siedzi; **cut one's teeth on sth** *pot.* zjeść zęby na czymś; **cut sb dead** zignorować kogoś; udawać, że się kogoś nie widzi; **cut sb short** przerwać komuś (nagle); **cut sb to the quick (with sth)** dotknąć kogoś/zranić kogoś/dokuczyć komuś/dogryźć komuś/dopiec komuś (czymś) do żywego; **cut sth short** przerwać coś; **cut that out!** *pot.* przestań!, dosyć tego!;

cut the cards/pack przekładać karty/talię kart; **cut the cord** usamodzielnić się, stać się samodzielnym, uniezależnić się (*zwł. od rodziców*); przejść na swoje; **cut the Gordian knot** przeciąć/rozciąć węzeł gordyjski; **cut the ground from under sb's feet** wytrącić komuś broń z ręki; **cut wound** rana cięta; **diamond cut diamond** *przysł.* trafiła kosa na kamień; **it cuts both ways** *pot.* to jest broń obosieczna; to działa w dwie strony; **the baby is cutting teeth** dziecku wyrzynają się zęby, dziecko dostaje zębów; **to cut a long story short** krótko mówiąc

cute *a pot.* **1.** bystry, sprytny **2.** miły; sympatyczny **3.** atrakcyjny; czarujący ♦ **get cute with sb** *US* próbować kogoś nabrać/oszukać/przechytrzyć

cylinder *n* **1.** walec **2.** cylinder ♦ **working on all cylinders** pracujący pełną/całą parą

D

dab *n* ♦ (*w zwrocie*) **be a dab hand at doing sth** mieć wprawę w czymś; znać się na czymś; mieć smykałkę do czegoś

dagger *n* sztylet ♦ **be at daggers drawn with sb** *pot.* być/iść z kimś na noże; **look daggers at sb** *pot.* patrzeć/spoglądać na kogoś spode łba, patrzeć/spoglądać na kogoś wilkiem

daisy *n* stokrotka ♦ **(as) fresh as a daisy** *pot.* żwawy, rześki i wypoczęty; **push up (the) daisies** *pot.* wąchać kwiatki od spodu, leżeć w grobie

damage *n* **1.** szkoda; uszkodzenie; awaria **2. damages** *pl* odszkodowanie ♦ **claim damages** żądać odszkodowania; **storm damage** szkody wyrządzone/spowodowane przez burzę; **what's the damage?** *pot.* ile się należy?, ile płacę?

damn¹ *n* ♦ (*w zwrotach*) **be not worth a damn** coś jest diabła/ /licha warte; coś nie jest warte złamanego grosza, coś nie jest warte funta kłaków; **not care/give a damn (about)** *pot.* gwizdać na (coś), mieć coś w nosie

damn² *v* **1.** skazywać na potępienie (*w piekle*) **2.** krytykować; potępiać **3.** przeklinać (*kogoś*) ♦ **damn it!** *pot.* do licha!; **I'll be damned** *pot.* niech mnie licho (porwie)!, a to dopiero!

dance¹ *n* taniec ♦ **lead sb a (merry/pretty) dance** wodzić kogoś za nos; **war dance** taniec wojenny

dance² *v* tańczyć ♦ **dance attendance on/upon sb** nadskakiwać komuś; tańczyć koło kogoś; dogadzać komuś; spełniać czyjeś zachcianki; **dance to sb's tune** *pot.* tańczyć (tak), jak ktoś komuś zagra

dare *v* ośmielać się; odważyć się ♦ **dare I say it** ośmielę się rzec/stwierdzić/zauważyć; **don't you dare!** ani (mi) się waż!, nie waż się (tego robić)!; **how dare you!** jak śmiesz!; **I dare say** przypuszczam; nie wątpię; uważam; powiedziałbym; zapewne

dark[1] *n* **1.** ciemność **2.** zmrok ♦ **after dark** o zmierzchu/zmroku; **a leap in the dark** *pot.* działanie w ciemno/na ślepo; ryzykowny krok, ryzykowne posunięcie; **a shot in the dark** *pot.* strzał w ciemno; **before dark** przed zmierzchem/zmrokiem; **in the dark** w ciemności; po ciemku; **keep sb in the dark** utrzymywać kogoś w nieświadomości; **take a shot in the dark** *pot.* strzelać w ciemno

dark[2] *a* **1.** ciemny **2.** ciemno- (*brązowy, zielony itd.*) **3.** tajemniczy **4.** ponury; smutny **5.** niezrozumiały; niejasny ♦ **dark horse 1.** zwycięski koń, na którego nikt nie stawiał (*w wyścigach*) **2.** *przen.* wielka niewiadoma; cicha woda (*osoba, która ujawniła nieoczekiwany talent*) **3.** *przen.* cichy faworyt; czarny koń; **it gets dark** ściemnia się; **keep sth dark** utrzymywać coś w tajemnicy, trzymać coś w sekrecie; robić z czegoś tajemnicę

dash[1] *n* **1.** uderzenie **2.** fason (*sposób bycia*) **3.** plusk **4.** myślnik; kreska (*np. w alfabecie Morse'a*) **5.** odrobina; dodatek ♦ **carry it off with a dash/cut a dash** trzymać/mieć fason; zadać szyku; **make a dash for sth** rzucić się na coś

dash[2] *v* **1.** rzucać się; pędzić; dawać susa **2.** uderzać; ciskać; miotać **3.** niweczyć; rozwiać (*np. nadzieję*) ♦ **dash (it)!/dash it all!** *pot.* do licha!; psiakość!; niech to gęś kopnie!; **dash one's hopes** rozwiać czyjeś nadzieje

date *n* **1.** data **2.** randka; umówione spotkanie ♦ **at a later date** w późniejszym terminie; **bear the date** być zaopatrzonym w datę; **blind date** randka w ciemno; **go out of date 1.** wychodzić z mody **2.** stracić aktualność/na aktualności; stracić ważność; **go (out) on a date** iść na randkę; **heavy date** *US* (*żartobliwie*) ważna randka, ważne spotkanie; **make a date**

umawiać się; **out of date 1.** niemodny, nie na czasie **2.** nieaktualny; przeterminowany; **set a date** ustalić datę/termin; **to date** po dziś dzień, do dzisiejszego dnia; **up to date 1.** modny; nowoczesny **2.** aktualny

dawn *n* **1.** brzask, świt **2.** zaranie, początek ♦ **at the crack of dawn** o świcie, skoro świt; **from dawn till dark** od świtu do nocy; **until the crack of dawn** do świtu

day *n* **1.** dzień **2.** doba **3.** dniówka ♦ **all day and every day** dzień w dzień, bezustannie; **any day** w każdej chwili; w każdych okolicznościach; **any day now** lada dzień; **April Fool's Day/April Fools' Day/All Fools' Day** (dzień) prima aprilis; **as clear as day** jasne jak słońce; oczywisty; **at the end of the day** *pot.* koniec końców; w ostatecznym rozrachunku; **be the order of the day 1.** być na porządku dziennym (zebrania/obrad) **2.** być wymogiem czasu; być aktualnym/powszechnym **3.** być (w tej/danej sytuacji) stosownym/właściwym; **better days** lepsze czasy; **by day** w dzień; **call it a day** *pot.* zakończyć coś; poprzestać na czymś; wycofać się z czegoś (*działalności, pracy itd.*); **carry the day** *pot.* zwyciężyć, odnieść zwycięstwo; odnieść sukces; (za)triumfować; być górą; **clear as day** jasne jak słońce; oczywisty; **day and night** dniem i nocą, całą dobę; **day by day** dzień w dzień, dzień po dniu; **day in, day out** codziennie; **day off** dzień wolny (*od pracy*); **day of reckoning** dzień/czas sądu; dzień/czas zapłaty; czas porachunków//rozrachunku; **day out** jednodniowy wypad, jednodniowa wyprawa (*poza miasto itd.*); **day return** *GB* bilet powrotny (*ważny jeden dzień*); **dog days** upalne dni; **every dog has its/his day** *przysł.* fortuna kołem się toczy; **for a rainy day** na czarną godzinę; **from day to day** z dnia na dzień; **from that day on** odtąd, od tego czasu, od tej chwili; **hardly a day passes without...** nie ma dnia bez...; **have a day off** mieć wolny dzień (*od pracy*); **have an off day** mieć zły dzień; **have known/seen better days** (*żartobliwie*) pamiętać/widzieć lepsze czasy; **in all**

day

my born days *pot.* w całym moim życiu; **in my day** za moich czasów; **in the cold light of day** *przen.* na zimno, trzeźwo; **in this day and age** w dzisiejszych czasach; **it's early days (yet)** jest jeszcze za wcześnie (aby móc coś powiedzieć); **keep sth for a rainy day** trzymać/odkładać coś na czarną godzinę; **live from day to day** żyć z dnia na dzień; **make sb's day** *pot.* uszczęśliwić/uradować kogoś, ucieszyć kogoś, sprawić komuś prawdziwą przyjemność/radość; **many happy returns of the day** wszystkiego najlepszego z okazji/w dniu urodzin!, sto lat!; **market day** dzień targowy; **name the day** wyznaczyć datę ślubu; **night and day** dniem i nocą, całą dobę; **not a day passes without...** nie ma dnia bez...; **one day** któregoś dnia, kiedyś (*w przyszłości*); **one of these days** wkrótce, niebawem; **one of those days** pechowy dzień; **one's salad days** czyjeś szczenięce/młodzieńcze lata; czyjś szczenięcy/młodzieńczy wiek; **open day** dzień otwarty; **Rome was not built in a day** *przysł.* nie od razu Kraków zbudowano; **rue the day (that)...** przeklinać dzień (kiedy)..., żałować dnia (kiedy)...; **sb's days are numbered** czyjeś dni są policzone; **some day** któregoś dnia, kiedyś (*w przyszłości*); **the break of day** świt, brzask; **the day after tomorrow** pojutrze; **the day before yesterday/last** przedwczoraj, dwa dni temu; **the evil day** zły dzień; **the good old days** dawne dobre czasy; **the Lord's Day** dzień święty/pański (*niedziela*); **the other day** parę dni temu, niedawno, ostatnio; **these days** teraz, obecnie, współcześnie, w dzisiejszych czasach; **this day week** od dziś za tydzień; **to the day** co do dnia, dokładnie; **to the present day** do dzisiejszego dnia; do czasów obecnych/współczesnych; **to this day** po dziś dzień, do dzisiejszego dnia, nawet dzisiaj; **to/until your dying day** do grobowej deski, do (samej) śmierci; **win the day** *pot.* zwyciężyć, odnieść zwycięstwo; odnieść sukces; (za)triumfować; być górą; **working day** dzień pracy/roboczy/powszedni

daylight *n* światło dzienne, dzień ♦ **beat the (living) daylights out of sb** *pot.* zbić/stłuc kogoś na kwaśne jabłko; porachować/policzyć komuś kości; **before daylight** przed świtem; **daylight robbery** rozbój na równej drodze/w biały dzień; **daylight-saving time** *US* czas letni; **frighten the (living) daylights out of sb** przestraszyć kogoś śmiertelnie; **in broad daylight** w biały dzień; **knock the (living) daylights out of sb** *pot.* zbić/stłuc kogoś na kwaśne jabłko; porachować/policzyć komuś kości; **scare the (living) daylights out of sb** przestraszyć kogoś śmiertelnie; **see daylight 1.** doznać olśnienia, pojąć nagle, zacząć coś rozumieć **2.** ujrzeć światło dzienne

daze *n* ♦ (*w wyrażeniu*) **in a daze** oszołomiony, w oszołomieniu

dead[1] *n* **the dead 1.** zmarli, umarli **2.** zabici; polegli ♦ **at dead of night** w (samym) środku nocy; **come back from the dead** powstać z grobu/z martwych; **in the dead of night** w (samym) środku nocy; **in the dead of winter** w samym środku zimy, w pełni zimy; **rise from the dead** powstać z grobu/z martwych; **the quick and the dead** żywi i martwi; **wake the dead** *przen.* zbudzić umarłego

dead[2] *a* **1.** zmarły; umarły **2.** martwy; nieżywy; śnięty (*o rybie*) **3.** głuchy (*dźwięk*) ♦ **a dead end 1.** ślepa ulica **2.** *przen.* ślepy zaułek; martwy punkt, sytuacja bez wyjścia; **be a dead loss** *pot.* być do niczego; **be dead** nie żyć; **be dead against sth** być zagorzałym/zawziętym przeciwnikiem czegoś; **be dead set on/upon sth** być zdecydowanym na coś; być zdeterminowanym coś zrobić; nastawić się na coś; **be dead silent** milczeć jak głaz/jak kamień/jak grób/jak zamurowany/jak zaklęty; **be in dead trouble** *pot.* być w opałach, mieć kłopoty; **be more dead than alive** być ledwie/na pół/na wpół żywym; **come to a dead end** utknąć w martwym punkcie; **cut sb dead** zignorować kogoś; udawać, że się kogoś nie widzi; **dead beat** *pot.* śmiertelnie zmęczony, wykończony, skonany, ledwie żywy; **dead certainty/cert** *pot.* absolutna pewność; **dead language** martwy język;

deadlock 148

dead letter 1. martwa litera (*prawa*) **2.** list nie doręczony (*którego nie można również zwrócić nadawcy*); **dead match** spalona/zużyta/niedobra zapałka; **dead on time** co do minuty, punktualnie; **dead season** martwy sezon; **dead silence** głucha/grobowa/martwa/śmiertelna cisza; **dead stock** inwentarz martwy; **dead tired** śmiertelnie zmęczony; **dead to the world** pogrążony w głębokim śnie, śpiący kamiennym snem; **drop dead** *pot.* padać trupem/martwym/nieżywym/bez życia; **drop dead!** *pot.* spadaj!; **fall dead** *pot.* padać trupem/martwym/nieżywym/bez życia; **go dead** (z)drętwieć; **keep dead silent** milczeć jak głaz/jak kamień/jak grób/jak zamurowany/jak zaklęty; **over my dead body!** po moim trupie!; **reach a dead end** utknąć w martwym punkcie; **shoot sb dead** zabić/zastrzelić kogoś

deadlock *n* martwy punkt, sytuacja bez wyjścia ♦ **break the deadlock** przełamać impas; wyjść z impasu; ruszyć z martwego punktu; **reach a deadlock** utknąć w martwym punkcie

deaf *a* głuchy ♦ **(as) deaf as a post** głuchy jak pień; **fall on deaf ears** pozostawać bez odzewu, nie wywołać odzewu, trafiać w próżnię; **stone deaf** głuchy jak pień; **turn a deaf ear to sth** pozostawać głuchym na coś (*krytykę, prośby itd.*); puszczać coś mimo uszu

deal *n* **1.** interes, transakcja; umowa **2.** rozdanie kart ♦ **a good//great deal (of sth)** dużo (czegoś), wiele (czegoś); **big deal!** *pot.* (*ironicznie*) wielkie rzeczy!, też mi coś!; **do a deal with sb** ubić z kimś interes; **it's a deal!** załatwione!, zgoda!; umowa stoi!; **make a big deal (out) of sth** przesadzać z czymś, wyolbrzymiać coś, przejaskrawiać coś, z igły robić widły

dear *a* **1.** drogi, kochany **2.** drogi, kosztowny ♦ **cost sb dear** *przen.* drogo kogoś kosztować; **dear to sb's heart** drogi sercu; **hold sth dear** cenić sobie coś, uważać coś za rzecz najdroższą/najważniejszą w życiu; **run for dear life** uciekać co sił w nogach; pędzić co sił/ile sił w nogach/co tchu; **sb's nearest and dearest** (*żartobliwie*) najbliższa rodzina, najbliżsi (krewni)

death *n* śmierć, zgon ♦ **abolish the death penalty** znieść karę śmierci; **a matter of life and death** sprawa życia i śmierci; **be at death's door** stać nad grobem; **beat sb to death** pobić kogoś do nieprzytomności/na śmierć; **be bored to death** śmiertelnie się nudzić, być nieludzko znudzonym; **be burnt to death** spłonąć/spalić się żywcem; **be frightened/scared to death** bać się śmiertelnie; przestraszyć się śmiertelnie; **between life and death** jedną nogą na tamtym świecie; **catch one's death (of cold)** *pot.* silnie się przeziębić, przeziębić się na śmierć; **certain death** niechybna/pewna śmierć; **deal a death blow** zadać śmiertelny cios; **death by hanging/drowning** śmierć przez powieszenie/utonięcie; **death by misadventure** przypadkowa śmierć, śmierć na skutek nieszczęśliwego wypadku, śmierć w wypadku; **death camp** obóz zagłady/śmierci; **death cell** cela śmierci; **death certificate** akt/świadectwo zgonu; **death count** liczba ofiar; **death knell** *dosł. i przen.* podzwonne; **death march** marsz śmierci; **death mask** maska pośmiertna; **death penalty** kara śmierci; **death rate** śmiertelność, wskaźnik śmiertelności; **death roll 1.** lista ofiar (*katastrofy*); lista poległych **2.** liczba ofiar; **death sentence** wyrok śmierci; kara śmierci; **death's head** trupia czaszka; **death threat** grożenie (komuś) śmiercią; **death toll** liczba ofiar śmiertelnych (*wypadku, katastrofy itd.*); krwawe/śmiertelne żniwo; **death trap** śmiertelna pułapka; **death warrant** wyrok śmierci; **dice with death** igrać ze śmiercią; **die the death** *przen.pot.* umrzeć (śmiercią naturalną); zaniknąć; **escape death** uniknąć śmierci; **escape death by an inch** o włos uniknąć śmierci; **fight to the death** walczyć na śmierć i życie; **freeze to death** zamarznąć na śmierć; **frighten sb to death** przestraszyć kogoś śmiertelnie; **have a narrow escape from death** cudem/o włos uniknąć śmierci; **look like death warmed up/warmed over** wyglądać jak śmierć/jak trup/jak widmo/jak z krzyża zdjęty; **meet a violent death** umrzeć/zginąć śmiercią tragiczną; **meet**

death 150

one's death ponieść śmierć; znaleźć śmierć; **on death row** *US* w celi śmierci (*skazaniec*); **put sb to death** zabić kogoś; uśmiercić kogoś, stracić kogoś, wykonać na kimś wyrok śmierci; **reintroduce the death penalty** przywrócić karę śmierci; **scare sb to death** przestraszyć kogoś śmiertelnie; **sick to death (of sth)** *pot.* śmiertelnie znudzony (czymś); mający czegoś po dziurki w nosie; śmiertelnie zmęczony (czymś); **sign one's own death warrant** podpisać/wydać na siebie wyrok; **sign sb's death warrant** podpisać/wydać na kogoś wyrok; **sound the death knell (of/for...) 1.** dzwonić podzwonne (*zmarłemu*) **2.** *przen.* zapowiadać koniec (*czegoś*), zwiastować schyłek (*czegoś*), być początkiem końca (*czegoś*), odchodzić w przeszłość; **stab sb to death** zadźgać kogoś; **starve to death** umrzeć z głodu; **the kiss of death** *przen.* pocałunek śmierci; śmierć, klęska, kres, niepożądany koniec (*czegoś*); **to death** na śmierć, śmiertelnie; **toll the death knell (of/for...) 1.** dzwonić podzwonne (*zmarłemu*) **2.** *przen.* zapowiadać koniec (*czegoś*), zwiastować schyłek (*czegoś*), być początkiem końca (*czegoś*), odchodzić w przeszłość; **to the death** do samej śmierci, na śmierć i życie; **trample sb to death** zadeptać kogoś na śmierć, stratować kogoś

debt *n* dług ♦ **bad debt** nieściągalny dług; **be in debt** mieć długi; **be in sb's debt** mieć dług wdzięczności wobec kogoś, być czyimś dłużnikiem; **be out of debt** wyjść/wybrnąć z długów; **be over one's head in debt** *US* być po uszy w długach, siedzieć po uszy w długach, tonąć w długach; **be up to one's ears/neck in debt** być po uszy w długach, siedzieć po uszy w długach, tonąć w długach; **debt of honour** dług honorowy; **for debt** za długi (*pójść do więzienia*); **gambling debt** dług karciany/hazardowy; **get/go into debt** wpadać w długi; brnąć w długi; **get out of debt** wyjść/wybrnąć z długów; **meet debts** spłacać długi; **owe a debt of gratitude to sb** mieć dług wdzięczności wobec kogoś; **run into debt** wpadać w długi; brnąć w długi

decision n decyzja ♦ **big decision** ważna decyzja; **decision making** podejmowanie decyzji, decydowanie; **hand down a decision** (oficjalnie) ogłosić decyzję; **hard decision** trudna decyzja; **landmark decision** przełomowa decyzja; historyczna decyzja; **majority decision** decyzja większości, decyzja podjęta większością głosów; **make a decision** podjąć decyzję, powziąć decyzję; **much hangs on his decision** dużo zależy od jego decyzji; **snap decision** pochopna decyzja; **take a decision** podjąć decyzję, powziąć decyzję; **the decision is up to you** decyzja należy do ciebie; **tough decision** trudna decyzja

deck n **1.** pokład (*statku*) **2.** piętro (*autobusu*) **3.** talia kart ♦ **below deck(s)** pod pokładem; **hit the deck** *pot.* paść na ziemię; **on deck** na pokład; na pokładzie

deep[1] *a* **1.** głęboki **2.** niski (*głos*) **3.** ciemny (*kolor*) **4.** wnikliwy ♦ **be between the devil and the deep (blue) sea** być między młotem a kowadłem; **deep waters** *przen.pot.* głębokie wody, trudna sytuacja; **fall into a deep sleep** zapadać w głęboki sen; **find oneself in deep water** znaleźć się w kropce; **jump/plunge in at the deep end** puszczać się/wypływać na szerokie wody; **sink into a deep sleep** zapadać w głęboki sen; **take a deep breath** wziąć głęboki wdech/oddech; **throw sb in at the deep end** puszczać kogoś na szerokie/głębokie wody, rzucać kogoś na szerokie/głębokie wody

deep[2] *adv* głęboko ♦ **be deep in thought** być pogrążonym/zatopionym w myślach, zamyślić się głęboko; **deep into the night** do późnej nocy; **go/run deep** być głębokim, być intensywnym; pogłębiać się (*o uczuciach, przekonaniach itd.*); **still waters run deep** *przysł.* cicha woda brzegi rwie; **two/three deep** w dwóch/trzech szeregach (*stojący, ustawiony itd.*); w dwu//trzech warstwach (*ułożony itd.*)

default n ♦ (*w wyrażeniach*) **by default** walkowerem; **in default of sth** z braku czegoś, wobec braku czegoś

defence n obrona ♦ **defence of necessity** obrona konieczna

defensive *n* defensywa, obrona ♦ **on the defensive** w defensywie
degree *n* stopień ♦ **by degrees** stopniowo; **give sb the third degree** *pot.* (wy)maglować/(wy)męczyć/zadręczać kogoś pytaniami; natarczywie kogoś indagować; wyciskać z kogoś informacje; dawać komuś niezły wycisk; **the third degree** natarczywe/męczące indagowanie; brutalne przesłuchanie; wymuszanie zeznań; wyciskanie z kogoś informacji; **to/in a lesser degree** w mniejszym stopniu; **to some/a certain degree** do pewnego stopnia; **to what degree** w jakim stopniu, jak dalece
delusion *n* złudzenie ♦ **delusions of grandeur** mania wielkości; **labour under the delusion that.../be under a delusion that...** łudzić się, że...; ulegać złudzeniu, że...; nie móc się oprzeć złudzeniu, że...; odnosić mylne wrażenie, że...
demand *n* **1.** żądanie; domaganie się **2.** zapotrzebowanie; popyt ♦ **in demand** poszukiwany, cieszący się dużym popytem; **meet a demand 1.** zaspokajać/spełniać żądanie **2.** zaspokajać popyt; **on demand** na żądanie; **supply and demand** podaż i popyt
demur *n* sprzeciw; wahanie (się); obiekcje ♦ **without demur** bez sprzeciwu; bez wahania; bez żadnych obiekcji
den *n* **1.** nora, jaskinia **2.** kryjówka, melina ♦ **den of iniquity** (*żartobliwie*) siedlisko rozpusty/wszelkiego zła; **in the lion's den** w paszczy lwa; we wrogim środowisku, wśród nieprzyjaciół/wrogów
depart *v* odchodzić; odjeżdżać ♦ **depart this life/depart this world** rozstać się z życiem/ze światem/z tym światem; opuścić świat/ziemię; opuścić ten padół, opuścić ziemski padół
depend (on/upon) *v* **1.** zależeć (od) **2.** polegać (na) ♦ **it (all) depends/that depends** to zależy
depth *n* **1.** głębokość **2.** głębia ♦ **be in the depths of despair** pogrążyć się/być w prawdziwej rozpaczy; **be/get out of one's depth** *dosł. i przen.* tracić grunt pod nogami; **in depth** szczegółowo, dokładnie; **in the depth of winter** w samym środku

zimy, w pełni zimy; **in the depths of the country** w głębi kraju; **plumb the depths of sth** osiągać dno czegoś, sięgać dna czegoś (*nieszczęścia, rozpaczy itd.*)

description *n* **1.** opis **2.** *pot.* gatunek, rodzaj ♦ **answer (to) the description (of sb/sth)** odpowiadać opisowi (kogoś/czegoś), zgadzać się z opisem (kogoś/czegoś), pasować do opisu (kogoś/czegoś); **beggar (all) description** być nie do opisania, być trudnym/niemożliwym do opisania; **beyond/past description** nie do opisania; **fit the description (of sb/sth)** odpowiadać opisowi (kogoś/czegoś), zgadzać się z opisem (kogoś/czegoś), pasować do opisu (kogoś/czegoś); **of all descriptions** wszelkiego rodzaju

desert *n* pustynia ♦ **concrete desert** *przen.* betonowa pustynia; **desert island** bezludna wyspa

deserts *pl* ♦ (*w zwrotach*) **be rewarded/punished according to one's deserts, meet with/get one's just deserts** dostać za swoje, oberwać za swoje, mieć za swoje

desire *v* **1.** pragnąć; życzyć sobie **2.** pożądać ♦ **desired effect** pożądany efekt; **have everything one's heart could desire** mieć wszystko, czego dusza zapragnie; brakować komuś tylko (chyba) ptasiego mleka; **it leaves a lot/much to be desired** to pozostawia wiele do życzenia; **the more one has, the more one desires** apetyt rośnie w miarę jedzenia

despair *n* rozpacz ♦ **be in the depths of despair** pogrążyć się/być w prawdziwej rozpaczy; **be the despair of sb** być czymś utrapieniem/zmartwieniem; **drive sb to despair** doprowadzać kogoś do rozpaczy; **in despair** zrozpaczony; w rozpaczy; **sink into despair** wpadać/popadać w rozpacz

detail *n* szczegół ♦ **attention to detail** dbałość/troska o szczegóły; **go/enter into detail(s)** wchodzić/wdawać się/wnikać w szczegóły; **in (great) detail** (bardzo) szczegółowo; **settle the details** ustalać szczegóły; **spare sb the details** oszczędzić komuś szczegółów

detriment *n* szkoda; krzywda ♦ **to the detriment of sb/sth** ze szkodą dla kogoś/czegoś, z uszczerbkiem dla kogoś/czegoś; **without detriment to sb/sth** bez szkody dla kogoś/czegoś, bez uszczerbku dla kogoś/czegoś

deuce *n* ♦ (*w wyrażeniu*) **what/where/who the deuce...?** co//gdzie/kto u licha...?

device *n* **1.** przyrząd; urządzenie **2.** fortel, podstęp; sztuczka; wybieg ♦ **leave sb to their own devices** zostawić kogoś jego własnej pomysłowości

devil *n* diabeł; szatan ♦ **be a devil!** *pot.* daj się skusić!; **be between the devil and the deep (blue) sea** być między młotem a kowadłem; **devil's advocate** adwokat diabła; **go to the devil!** idź/wynoś się do diabła!; **have the luck of the devil** *pot.* mieć diabelne szczęście, mieć farta; **like the devil** jak (wszyscy) diabli; **sell one's soul to the devil** zaprzedać się; zaprzedać duszę diabłu; **speak/talk of the devil!** o wilku mowa!; **what/why the devil...?** co/dlaczego u licha...?

diamond *n* diament ♦ **diamond cut diamond** *przysł.* trafiła kosa na kamień; **rough diamond** *dosł. i przen.* surowy/nieoszlifowany diament

dice *v* **1.** krajać w kostkę **2.** grać w kości ♦ **dice with death** igrać ze śmiercią

die[1] *n* (*pl* **dice**) kostka do gry ♦ **the die is cast** kości zostały rzucone; klamka zapadła

die[2] *v* **1.** umierać **2.** zanikać; wygasać ♦ **be dying for sth/to do sth** marzyć o czymś, pragnąć czegoś; **die hard** umierać/zanikać powoli, być trudnym do wykorzenienia, nie dawać się wykorzenić (*zwyczaj, przesądy itd.*); **die laughing** umierać/konać ze śmiechu; **die like flies** umierać/ginąć/padać jak muchy; **die of curiosity** umierać z ciekawości; **die of laughter** umierać/konać ze śmiechu; **die of shame** umierać ze wstydu; **die the death** *przen.pot.* umrzeć (śmiercią naturalną), zaniknąć; **die without issue** umrzeć bezpotomnie, umrzeć nie zostawiając potomka

differ *v* różnić się ♦ **agree to differ** pozostać (każdy) przy swoim zdaniu; **beg to differ** (pozwolić sobie) mieć inne/odmienne zdanie

difference *n* różnica ♦ **a world of difference** ogromna różnica; **difference lies in...** różnica tkwi w/polega na...; **make a difference** stanowić/sprawiać/robić różnicę; **make no difference/ /not make any difference** nie robić różnicy, nie mieć znaczenia; **tell the difference between sth and sth** odróżnić coś od czegoś

different *a* różny; różniący się ♦ **(as) different as chalk and cheese** *GB* zupełnie niepodobny/inny; różniący się jak dzień i noc; podobny jak dzień do nocy; **in a different manner** w inny sposób, inaczej; **know different** wiedzieć swoje; **that's a different kettle of fish** ale to już (zupełnie) inna historia; to inna para kaloszy; to zupełnie inna sprawa

dig *v* (**dug, dug**) kopać (*ziemię*) ♦ **dig one's heels in/dig one's toes in** upierać się przy swoim, obstawać przy swoim (zdaniu), upierać się przy swoich poglądach/racjach; **dig one's own grave** kopać sobie samemu grób

dignity *n* godność ♦ **beneath one's dignity** poniżej czyjejś godności

dilemma *n* dylemat; problem ♦ **on the horns of a dilemma** przed trudnym dylematem

dinner *n* obiad ♦ **a dog's dinner** *pot.* fuszerka, partactwo; **make a dog's dinner of sth** *pot.* zrobić coś źle/byle jak, spaprać coś; **wait dinner for sb** czekać na kogoś z obiadem

dirt *n* brud; zanieczyszczenie ♦ **dirt cheap** za bezcen, za pół darmo; **hit the dirt** *pot.* paść na ziemię; **rub sb's nose in the dirt** przytrzeć/utrzeć komuś nosa; **treat sb like dirt** *pot.* mieć kogoś za nic, traktować kogoś jak śmieć

dirty *a* **1.** brudny **2.** nieprzyzwoity (*wyraz itd.*) **3.** nikczemny (*czyn*) ♦ **dirty joke** nieprzyzwoity kawał; nieprzyzwoity dowcip; **dirty word** brzydkie słowo; **dirty work** brudna/czarna robota; **give sb a dirty look** spojrzeć na kogoś gniewnie/pogardliwie/lekceważąco; przeszyć kogoś gniewnym/pogardliwym/ /lekceważącym spojrzeniem; zmierzyć/przeszyć kogoś nieprzyjaznym wzrokiem; **wash one's dirty linen in public** *pot.* prać (swoje/rodzinne/domowe) brudy publicznie, wywlekać (swoje/rodzinne/domowe) brudy na jaw, wywlekać (swoje/rodzinne/domowe) brudy/sprawy na światło dzienne

disadvantage *n* wada; niekorzyść; słaba strona ♦ **advantages and disadvantages** wady i zalety; **be at a disadvantage** być w niekorzystnej sytuacji; **put sb at a disadvantage** stawiać kogoś w niekorzystnej sytuacji; **(work) to sb's disadvantage** (działać) na czyjąś niekorzyść

disappear *v* znikać ♦ **disappear from sight/view** zniknąć z oczu; **disappear into thin air** przepaść/zniknąć/wpaść jak kamień w wodę, ulotnić się/zniknąć jak kamfora; **disappear off the face of the earth** zniknąć z powierzchni ziemi; **disappear without trace** zniknąć/przepaść bez śladu

disaster *n* klęska; katastrofa ♦ **air disaster** katastrofa lotnicza; **disaster area** teren/obszar dotknięty klęską żywiołową, obszar klęski żywiołowej; **disaster victim** ofiara kataklizmu; **experience/meet a disaster** ponieść klęskę; **flood disaster** klęska powodzi; **natural disaster** klęska żywiołowa; **sea disaster** katastrofa morska/na morzu; **sth threatens ecological disaster** coś grozi klęską ekologiczną; **train disaster** katastrofa kolejowa

discord *n* niezgoda, rozdźwięk ♦ **an apple of discord** jabłko niezgody

discretion *n* **1.** dyskrecja **2.** rozwaga **3.** swoboda ♦ **at sb's discretion** według czyjegoś uznania; **discretion is the better part of valour** lepsza rozwaga niż odwaga

disguise *n* przebranie ♦ **a blessing in disguise** szczęście w nieszczęściu; nie ma tego złego, co by na dobre nie wyszło; **in disguise** w przebraniu

disposal *n* pozbycie się, usunięcie, likwidacja ♦ **at one's/sb's disposal** do czyjejś dyspozycji

dispute *n* **1.** dyskusja; debata; polemika **2.** kłótnia; spór ♦ **a matter in dispute** sporna sprawa; przedmiot sporu; punkt sporny; **be in dispute** być przedmiotem sporu/dyskusji; być dyskusyjnym; **be in dispute with sb over sth** spierać się z kimś o coś; **be locked in dispute** zetrzeć się (ostro) w sporze, ścierać się (ostro) w sporze; **beyond/past dispute** niewątpliwy, nie budzący wątpliwości, bezsprzeczny, bezsporny; **resolve/settle a dispute** rozstrzygnąć spór, zażegnać spór; **there was a bit of dispute over...** powstał mały spór o/w sprawie...

disrepair *n* zły stan, zaniedbanie, stan zniszczenia (*urządzenia, budynku*) ♦ **be in disrepair** być w złym stanie; **fall into disrepair** popadać w ruinę

distaff *n* ♦ (*w wyrażeniu*) **on the distaff side** po kądzieli

distance *n* **1.** odległość **2.** dystans, rezerwa ♦ **from a distance** z oddali; **in the distance** w oddali; **keep one's distance 1.** zachować dystans **2.** zachować odległość; **keep sb at a distance** trzymać kogoś na dystans; nie spoufalać się z kimś

ditch *n* rów ♦ **last-ditch attempt** ostatnia próba (*osiągnięcia czegoś*), rozpaczliwa/desperacka próba; **the last ditch** ostatnia szansa (*uniknięcia czegoś*)

ditchwater *n* ♦ (*w wyrażeniu*) **as dull as ditchwater** *pot.* nudny jak flaki z olejem

do[1] *n pot.* prywatka; przyjęcie ♦ **dos and don'ts** nakazy i zakazy, reguły; **have a do** wydawać prywatkę/przyjęcie; organizować prywatkę/przyjęcie

do[2] *v* (**did, done**) robić; czynić; wykonywać ♦ **be hard done by** *pot.* być źle (po)traktowanym, zostać źle/niesprawiedliwie potraktowanym; **be to do sth** mieć coś zrobić; **do a bunk** *GB pot.* wziąć nogi za pas, dać nogę; **do a check for sth** sprawdzać coś, (s)kontrolować coś; **do a good/great job** wykonać kawał dobrej/świetnej roboty, wywiązać się z czegoś dobrze/znakomicie; **do a head count** (po)liczyć obecnych; **do an impression of sb** parodiować kogoś; **do a ton** *GB pot.* jechać/pędzić/lecieć setką; **do badly 1.** źle się spisać (*na egzaminie itd.*), nie spisać się **2.** powodzić się źle; **do battle with sb (over sth)** walczyć z kimś (o coś); toczyć z kimś boje (o coś); **do better** osiągnąć lepsze wyniki/rezultaty; lepiej wypaść; lepiej się spisać; **do business with** robić interesy z; **do credit to sb** przynosić komuś zaszczyt; stanowić dla kogoś powód do dumy; być czyjąś chlubą; **do duty as/for sth** zastępować coś, służyć jako/ /za coś; **do harm to** krzywdzić; szkodzić; wyrządzić krzywdę/ /szkodę; **do justice to sb/sth** oddać komuś/czemuś sprawiedliwość; **do magic** czarować, czynić czary; **do miracles** czynić cuda; **do more harm than good** wyrządzić/przynieść więcej zła niż dobra/pożytku, wyrządzić/przynieść więcej szkody niż pożytku; **do one's all** dawać z siebie wszystko; zrobić wszystko, co możliwe/na co kogoś stać; **do one's best** zrobić, co tylko można; dołożyć wszelkich starań, postarać się; zrobić wszystko, aby...; **do one's bit** *pot.* (z)robić swoje; (z)robić to, co do kogoś należy; **do one's duty** spełniać swój obowiązek; **do one's head in** *pot.* wkurzać kogoś, złościć kogoś, irytować kogoś; **do one's level best/do one's utmost** zrobić, co tylko można; dołożyć wszelkich starań, postarać się; zrobić wszystko, aby...; **do one's nut** *pot.* odchodzić od zmysłów, denerwować się; wściekać się; **do sb a favour** zrobić komuś przysługę; **do sb an injustice** ocenić/osądzić kogoś niesprawiedliwie, być niesprawiedliwym wobec/dla kogoś, wyrządzić komuś krzywdę, skrzywdzić kogoś; **do sb credit** przynosić komuś zaszczyt; stanowić dla kogoś powód do dumy; być czyjąś chlubą; **do (sb) good** dobrze (coś komuś) robić; **do sb proud 1.** sprawić komuś ucztę, ugościć kogoś wystawnie/po królewsku, uraczyć kogoś, ufetować kogoś **2.** być z kogoś dumnym; być powodem czyjejś dumy, stanowić powód do dumy; przynosić komuś zaszczyt; **do sb/sth justice** oddać komuś/czemuś sprawiedliwość; **do something about sth** zrobić coś z czymś; **do sth by halves** iść na łatwiznę, robić coś po łebkach, nie przykładać się, odwalać coś (*pracę, obowiązki itd.*); **do sth for kicks** *pot.* robić coś dla rozrywki/zabawy/przyjemności; mieć z czegoś dużą frajdę; **do sth in fits and starts/do sth by fits and starts** *pot.* robić coś na raty/z przerwami; pracować/robić coś zrywami; **do sth on one's own responsibility** zrobić coś na własną odpowiedzialność; **do the best one can** zrobić, co tylko można; dołożyć wszelkich starań, postarać się; zrobić wszystko, aby...; **do the honours** czynić honory domu; **do the job/trick** *pot.* zadziałać; podziałać; okazać się skutecznym//przydatnym; odnieść skutek; **do the ton** *GB pot.* jechać/pędzić/lecieć setką; **do violence to sth** zadać czemuś gwałt, pogwałcić coś, naruszyć coś; **do voluntary work** odbywać wolontariat; *pot.* być/pracować na wolontariacie; **do well 1.** powodzić się dobrze **2.** (*używane w czasach ciągłych*) mieć się lepiej; (po)wracać do zdrowia; **do well at the box office** odnieść sukces kasowy; **do well out of sth** skorzystać na czymś; odnieść z czegoś korzyść/pożytek; zyskać na czymś; **do wonders** czynić cuda; **easier said than done** łatwiej powiedzieć, niż wykonać/zrobić; łatwo się mówi, łatwo powiedzieć; **have a hard job doing/to do sth, have a hard time doing sth** napracować się nad/przy czymś, natrudzić się nad/przy czymś, namęczyć się z/przy czymś; **have done with sth** skończyć z czymś, zakończyć coś; **have sth/nothing to do with** mieć coś/nie mieć nic wspólnego z; **have to do with** mieć związek z; wynikać z; **how do you do?** miło mi poznać; **in doing sth** w trakcie czegoś, w ciągu czegoś, w czasie (trwania) czegoś; **it does no harm to do sth** nie zaszkodzi zrobić coś; **make sth do/make do with sth** zadowolić się czymś; poprzestać na czymś; **no harm done** *pot.* nic (złego) się nie stało; **not do a hand's turn** nie kiwnąć palcem (aby coś zrobić), nie ruszyć palcem (aby coś zrobić); **nothing doing** nic z tego; wykluczo-.

dog ne; nie ma mowy!; szkoda gadać!; **sth does sb's heart good** coś podnosi/podtrzymuje kogoś na duchu; **that does it!** dosyć tego!, wystarczy!; **that will do!** wystarczy!, dosyć!; **there's no harm in doing sth** nie zaszkodzi zrobić coś; **well done!** brawo!, doskonale!, świetnie!; dobra robota!

dog *n* pies ♦ **a dog in the manger** pies ogrodnika; **a dog's breakfast/dinner** *pot.* fuszerka, partactwo; **a dog's life** pieskie/psie życie; **dog days** upalne dni; **dog show** wystawa psów; **every dog has its/his day** *przysł.* fortuna kołem się toczy; **fight like cat and dog** drzeć z kimś koty; żyć jak pies z kotem; **go to the dogs** schodzić na psy; **it's dog eat dog** wszystkie chwyty dozwolone; **it's raining cats and dogs** (deszcz) leje jak z cebra; **let sleeping dogs lie** *przysł.* nie budź licha, kiedy śpi; nie wywołuj wilka z lasu; **live like cat and dog** żyć jak pies z kotem; drzeć z kimś koty; **make a dog's breakfast/dinner of sth** *pot.* zrobić coś źle/byle jak, spaprać coś; **not have a dog's chance** nie mieć najmniejszej szansy; **police dog** pies policyjny; **sea dog** *przen.* wilk morski; **top dog** *pot.* gruba ryba, szycha; **treat sb like a dog** *pot.* mieć kogoś za nic, traktować kogoś jak śmieć; **two dogs fight for a bone, and the third runs away with it** *przysł.* gdzie dwóch się bije, tam trzeci korzysta; **walk the dog** wyprowadzać psa na spacer; **work like a dog** pracować jak koń/jak mrówka/jak wół/jak dziki osioł, pracować za dwóch

dollar *n* dolar ♦ **bet one's bottom dollar on sth/that...** *pot.* założyć się o wszystko, że..., dać głowę, że...; **feel like a million dollars** czuć się jak młody bóg, czuć się bosko/znakomicie; **look like a million dollars** wyglądać wystrzałowo/rewelacyjnie/nadzwyczaj atrakcyjnie/super/ekstra

donkey *n* osioł ♦ **donkey's years** *pot.* wieki całe; **talk the hind legs off a donkey** *pot.* gadać/trajkotać bez przerwy, przegadać każdego, nie dać się przegadać; gadać, że aż głowa puchnie; gadać, że aż uszy puchną

door *n* drzwi ♦ **be at death's door** stać nad grobem; **behind closed doors** za zamkniętymi drzwiami; **be next door to** graniczyć z; **by the back door** po znajomości (*załatwić, osiągnąć coś*); **close the door on sth** zamykać furtkę przed czymś, uniemożliwiać coś; **keep the wolf from the door** wiązać koniec z końcem, żyć skromnie, cienko prząść, z trudem się utrzymywać, żyć od wypłaty do wypłaty; **next door** obok; w sąsiedztwie; **out of doors** poza domem; na (wolnym) powietrzu, na dworze; **show sb the door** pokazać komuś drzwi, wyprosić kogoś za drzwi, wyrzucić kogoś za drzwi; **show sb to the door** odprowadzić kogoś do drzwi; **shut the door on sth** zamykać furtkę przed czymś, uniemożliwiać coś; **through the back door** po znajomości (*załatwić, osiągnąć coś*); **within doors** w domu

dose *n* dawka ♦ **give sb a dose of his own medicine** odpłacić komuś pięknym za nadobne

dot[1] *n* kropka ♦ **on the dot** *pot.* punktualnie; co do minuty

dot[2] *v* kropkować ♦ **dot the i's and cross the t's** *pot.* dopracować szczegóły czegoś, dopracować coś starannie do końca, wykończyć coś drobiazgowo/precyzyjnie, wycyzelować coś; **sign on the dotted line** podpisać się na formularzu/na dokumencie

double *n* **1.** podwójna stawka; podwójna kwota **2.** dubler **3.** sobowtór ♦ **do sth at the double**/*US* **do sth on the double** *pot.* zrobić coś biegiem/w biegu, zrobić coś na jednej nodze, zrobić coś w pędzie

doubt[1] *n* wątpliwość ♦ **a shadow of (a) doubt** cień wątpliwości; **beyond (all) doubt** ponad wszelką wątpliwość; **cast doubt on sth** podać coś w wątpliwość; stawiać coś pod znakiem zapytania; **I have my doubts (about it)** mam wątpliwości (co do tego); **in doubt** wątpliwy, niepewny; **no doubt** bez wątpienia, niewątpliwie, z pewnością; **past (all) doubt** ponad wszelką wątpliwość; **throw doubt on sth** podać coś w wątpliwość; stawiać coś pod znakiem zapytania; **without doubt** bez wątpienia, niewątpliwie, z pewnością

doubt 162

doubt² *v* wątpić ♦ **doubting Thomas** niewierny Tomasz

down¹ *n* ♦ (*w wyrażeniu*) **ups and downs** wzloty i upadki; powodzenia i klęski/porażki

down² *adv, prep* na dół, w dół ♦ **down in the mouth** smutny, nieszczęśliwy, zdołowany, w depresji; **down river** w dół rzeki; **turn sth upside down** przewracać/wywracać coś do góry nogami; **up and down** tam i z powrotem; do góry i na dół; **upside down** do góry nogami

downhill *adv* z góry (na dół), w/na dół ♦ **go downhill** pogarszać się, psuć się

dozen *n* tuzin ♦ **a baker's dozen** trzynaście; **dozens of...** *pot.* kilkadziesiąt, mnóstwo, wiele; **half a dozen 1.** pół tuzina **2.** kilkanaście; wiele; **talk nineteen to the dozen/talk ten to the dozen** *pot.* mówić jak nakręcony/bez przerwy; gadać jak nakręcony/jak najęty; trajkotać jak młynek

drabs *pl* ♦ (*w wyrażeniu*) *pot.* **in dribs and drabs** po trochu; stopniowo; małymi partiami

drag *v* wlec; ciągnąć (się) ♦ **drag one's feet/heels** ociągać się (z decyzją); zwlekać; **drag sb over the coals** zbesztać kogoś, zganić kogoś, złajać kogoś, zwymyślać kogoś; zmyć komuś głowę; zmieszać kogoś z błotem; **look like sth the cat dragged in** wyglądać jak nieboskie stworzenie (*niechlujnie, brudno*)

drain *n* **1.** dren, sączek **2.** spust; ściek ♦ **go down the drain** pójść/iść na marne, zmarnować, wyrzucić w błoto; **throw money down the drain** wyrzucać pieniądze w błoto, marnować pieniądze

drama *n* dramat ♦ **make a drama out of sth** robić dramat z czegoś

draw¹ *n* **1.** pociągnięcie; szarpnięcie **2.** losowanie, ciągnienie losów **3.** remis **4.** atrakcja (*programu, występu itd.*); urozmaicenie ♦ **be fast/quick on the draw 1.** szybko dobywać/wyciągać broń **2.** chwytać wszystko w lot, chwytać szybko, być bystrym;

szybko się w czymś orientować; **end in a draw** zakończyć się remisem; **the luck of the draw** ślepy przypadek/los/traf

draw² v **(drew, drawn) 1.** rysować; szkicować **2.** ciągnąć; wyciągać **3.** wyrywać (*ząb, gwóźdź itd.*) **4.** czerpać (*wodę, natchnienie itd.*) **5.** przyciągać (*tłumy, uwagę itd.*) **6.** losować, ciągnąć losy **7.** wystawiać (*czek*); pobierać (*pieniądze z konta*) **8.** remisować ♦ **be at daggers drawn with sb** *pot.* być/iść z kimś na noże; **draw a blank** *pot.* doznać zawodu; nie odnieść sukcesu; nie przynieść/nie dać rezultatu; nie wywołać/nie znaleźć odzewu; **draw a cheque**/*US* **draw a check** wystawić czek; **draw a conclusion** wyciągnąć/wyciągać wniosek; **draw a moral from sth** wysnuć z czegoś morał; **draw an analogy between** wykazać analogię między; **draw attention to sth/sb** zwracać czyjąś uwagę na coś/kogoś; przyciągać czyjąś uwagę; **draw a veil over sth** spuścić/zapuścić zasłonę (milczenia) na coś; **draw blood** pobierać krew; **draw breath 1.** nabrać tchu **2.** odetchnąć, odpocząć chwilę, odsapnąć, odzipnąć; **draw lots** ciągnąć losy; **draw near** zbliżać się; nadciągać; **draw on a cigarette** zaciągnąć się papierosem; **draw one's horns in** ograniczyć wydatki; (zacząć) liczyć się z pieniędzmi/z każdym groszem; **draw the line at sth** nie pozwalać na coś; **draw to a close/to an end** kończyć się, zbliżać się do końca, dobiegać końca; **draw to a stop** zatrzymać się (*pojazd*); **draw to scale** rysować w skali; **draw up a chair to** przysunąć krzesło do; **draw up a will** sporządzić testament

dream *n* **1.** sen **2.** marzenie ♦ **be beyond one's wildest dreams** przechodzić czyjeś najśmielsze marzenia; **be (like) a dream come true** być spełnieniem marzeń; **in one's wildest dreams** w najśmielszych marzeniach; **like a dream** (piękny) jak marzenie; **live in a dream world** żyć w świecie marzeń, żyć marzeniami, bujać w obłokach

dressing *n* **1.** ubieranie się; ubiór **2.** opatrunek **3.** dressing (*np. do sałatek*) **4.** wyrównywanie (*powierzchni*); struganie (*drewna*)

dribs 164

5. nawóz naturalny ♦ **dressing room** garderoba (*teatralna*); **window dressing** 1. dekorowanie/dekoracja wystawy sklepowej 2. *pot.* mydlenie oczu, pozory, stwarzanie pozorów

dribs *pl* ♦ (*w wyrażeniu*) *pot.* **in dribs and drabs** po trochu; stopniowo; małymi partiami

drink *v* (**drank, drunk**) 1. pić; napić się 2. upijać się ♦ **drink and drive** prowadzić (pojazd) po pijanemu; **drink like a fish** pić jak szewc, pić bez umiaru; **drink oneself silly** spić się, upić się; **drink oneself unconscious/to death** upić/upijać się na umór, pić/upijać się do nieprzytomności; **drink to sb's health/success** wypić za czyjeś zdrowie/czyjś sukces, wznieść toast za czyjeś zdrowie/czyjś sukces

drive *v* (**drove, driven**) 1. prowadzić (*samochód*) 2. podrzucać, zawozić (*samochodem*) 3. pędzić; gonić 4. wciskać; wbijać; wkręcać 5. doprowadzać (*do szału, rozpaczy itd.*) ♦ **be driving at** zmierzać do czegoś (*w wypowiedzi*); **drink and drive** prowadzić (pojazd) po pijanemu; **drive a wedge between** wbijać klin między; **drive home** wbijać do oporu (*gwóźdź itd.*); **drive oneself into the ground** zapracowywać się, zaharowywać się, zamęczać się pracą; **drive sb insane** doprowadzać kogoś do szału; **drive sb into a corner** zapędzić kogoś w kozi róg; zapędzić kogoś w ślepy zaułek; **drive sb mad/crazy** doprowadzać kogoś do szału; **drive sb to despair** doprowadzać kogoś do rozpaczy; **drive sb round the twist/drive sb up the wall** *pot.* wkurzać kogoś; złościć kogoś; wnerwiać kogoś; doprowadzać kogoś do szału; **drive sb wild** doprowadzać kogoś do pasji; **drive sense into sb** *pot.* przemówić komuś do rozsądku; przemówić komuś do rozumu; **drive sth home (to sb)** wbijać coś do głowy (komuś); unaoczniać coś (komuś); uzmysławiać coś (komuś)

drop[1] *n* 1. kropla 2. spadek, zmniejszenie się ♦ **(only) a drop in the bucket/ocean** *przen.* (zaledwie) kropla w morzu; **rain drop** kropla deszczu

drop[2] *v* **1.** spadać **2.** kapać **3.** upuszczać **4.** opuszczać, pomijać **5.** zaprzestawać; przerywać; porzucać ♦ **drop a brick/clanger** *pot.* popełnić gafę; **drop a hint** dać do zrozumienia; (za)sugerować; zrobić aluzję; zauważyć/wspomnieć mimochodem; **drop a word in sb's ear** szepnąć komuś słówko do ucha/na ucho (*w czyjejś sprawie*); **drop dead** *pot.* padać trupem/martwym/nieżywym/bez życia; **drop dead!** *pot.* spadaj!; **drop in(to) sb's lap** spaść komuś (jak) z nieba; **drop (off) like flies** umierać/ginąć/padać jak muchy; **drop one's eyes** opuścić/spuścić oczy; **drop one's voice** zniżyć głos; **drop sb a line** napisać/skreślić do kogoś parę słów, napisać/skreślić do kogoś (krótki) list; **drop sth in sb's lap** *pot.* zwalać coś na kogoś (*obowiązki, odpowiedzialność, robotę*), obarczać kogoś czymś, zrzucać coś na kogoś/na czyjeś barki; **drop the charges** wycofać zarzuty; **drop the gun!** rzuć broń!; **let drop** upuścić; **let drop (the news)** odsłonić/ukazać rąbek czegoś, uchylić rąbka tajemnicy; **let sth drop** dać sobie z czymś spokój, zostawić coś w spokoju; **the bottom dropped out of sb's world when...** czyjś świat zawalił się/runął, gdy...; **you could hear the pin drop** było cicho, jak makiem zasiał

drum *v* **1.** grać na bębnie **2.** bębnić ♦ **drum sth into sb/drum sth into sb's head** wbijać coś komuś do głowy

drunk *a* pijany ♦ **blind drunk/(as) drunk as a lord/***US* **(as) drunk as a skunk** *pot.* pijany jak bela/w sztok/jak szewc/jak bąk; **drunk driving** *US* jazda (samochodem) po pijanemu; **roaring drunk** *pot.* pijany i hałaśliwy/rozwrzeszczany; awanturujący się po pijanemu, pijany i awanturujący się; pijany jak bela/w sztok/jak szewc/jak bąk

dry *a* **1.** suchy **2.** wytrawny (*wino*) ♦ **(as) dry as a bone** suchy jak pieprz; **bleed sb dry** oskubać kogoś z pieniędzy, ogałacać kogoś z pieniędzy, zdzierać z kogoś skórę, obdzierać/łupić kogoś ze skóry, wyciskać z kogoś (ostatnie) soki; **boil dry** (*o pły-*

duck

nach) wygotować się; **keep one's powder dry** dmuchać na zimne; **run dry** wyschnąć (*studnia itd.*)

duck *n* kaczka ♦ **(it's) like water off a duck's back** (spływać) jak po gęsi/kaczce woda; **lame duck** *pot.* **1.** niedołęga, fajtłapa, niezdara, ofiara losu, nieudacznik życiowy **2.** kulejące/nieudane przedsięwzięcie; niepowodzenie, przegrana; **lame duck president** *US pot.* ustępujący prezydent; **sitting duck** łatwy cel

duckling *n* kaczątko, kaczę ♦ **ugly duckling** brzydkie/kulawe kaczątko

due[1] *n* ♦ (*w zwrocie*) **give sb his/her due** oddać komuś sprawiedliwość

due[2] *a* **1.** stosowny; odpowiedni **2.** należny ♦ **be due to...** (*wyrażając oczekiwanie*) mieć coś zrobić; coś ma się wydarzyć; **in due course** we właściwym czasie/trybie; **in due time** na czas, w (samą) porę; **the train is due at...** pociąg przybywa o...; **with (all) due respect** z całym szacunkiem

dull *a* **1.** tępy **2.** mętny; matowy **3.** pochmurny **4.** nudny; monotonny ♦ **as dull as ditchwater** *pot.* nudny jak flaki z olejem; **there's never a dull moment when...** nie ma czasu się nudzić, kiedy...; nie ma czasu na nudę, kiedy...; nie ma chwili spokoju, kiedy...

dust *n* pył; kurz ♦ **bite the dust** *pot.* **1.** gryźć ziemię, leżeć w ziemi/w grobie **2.** upaść (*plan, pomysł itd.*), spalić na panewce, spełznąć na niczym **3.** wysiąść, zepsuć się, przestać działać

Dutch *a* holenderski ♦ **Dutch auction** aukcja/licytacja zniżkowa (*polegająca na obniżaniu ceny wywoławczej*); **Dutch courage** odwaga po pijanemu, odwaga po kieliszku, odwaga/pewność siebie po jednym głębszym; **go Dutch (with sb)** płacić każdy za siebie, wspólnie zapłacić rachunek (*w restauracji*)

duty *n* **1.** obowiązek **2.** cło, opłata celna **3.** dyżur **4.** podatek ♦ **assume a duty** brać na siebie obowiązek; **be off duty** nie mieć dyżuru; być po dyżurze; nie być na służbie; **be on duty** mieć dyżur; odbywać dyżur, być na dyżurze; być na służbie, pełnić służbę; **collect a duty** pobierać cło; **do duty as/for sth** zastępować coś, służyć jako/za coś; **do one's duty** spełniać swój obowiązek; **duty calls** obowiązek wzywa; **free from duty** wolny od cła; **I feel duty bound to...** poczucie obowiązku nakazuje mi, żebym...; **in the line of duty** na posterunku pracy; służbowo; **on active duty** *US* w czynnej służbie (wojskowej); **on duty** dyżurny; na służbie; **take on a duty** brać na siebie obowiązek

dying *a* 1. umierający 2. zanikający ♦ **be dying for sth/to do sth** marzyć o czymś, pragnąć czegoś; **dying wish** ostatnie życzenie; **to/until your dying day** do grobowej deski, do (samej) śmierci

E

eager *a* gorliwy ♦ **eager beaver** *pot.* nadgorliwiec; gorliwiec; zapaleniec; entuzjasta; pracuś

ear *n* ucho ♦ **a flea in one's ear** bura, nagana; **be all ears** zamieniać się w słuch; **be music to one's ears** wlewać komuś balsam do duszy; być komuś balsamem/jak balsam; mieć miód w uszach, słuchać rzeczy przyjemnych/pochlebnych; **be out on one's ear** *pot.* wylecieć, zostać wylanym/wyrzuconym (*z pracy itd.*); **box sb's ears** zdzielić kogoś po uchu/uszach; **cock an ear for/at sb/sth** nastawić ucha/uszu, nasłuchiwać kogoś/czegoś; **drop a word in sb's ear** szepnąć komuś słówko do ucha/na ucho (*w czyjejś sprawie*); **easy on the ear** przyjemny dla ucha, łatwo wpadający w ucho; **fall on deaf ears** pozostawać bez odzewu, nie wywołać odzewu, trafiać w próżnię; **get a flea in one's ear** dostać burę/naganę; **get a thick ear** dostać/oberwać po uszach; **give sb a box on the ear** zdzielić kogoś po uchu/uszach; **give sb a thick ear** zmyć komuś głowę; dać komuś po uszach, natrzeć komuś uszu; **have a word in sb's ear** szepnąć komuś słówko do ucha/na ucho (*w czyjejś sprawie*); **have/keep one's ear(s) (close) to the ground** wiedzieć o wszystkim; mieć oczy i uszy otwarte; trzymać rękę na pulsie; we wszystkim się orientować; **keep one's eyes and ears open** mieć oczy i uszy otwarte; **lend an ear (to sb/sth)** wysłuchać (kogoś/czegoś), (po)słuchać (kogoś/czegoś); **listen to sth with half an ear** słuchać czegoś jednym uchem; **make a pig's ear (out) of sth** *pot.* zrobić coś źle/byle jak, spaprać coś; **my/her ears are burning** pieką mnie/ją uszy; **not believe one's ears** nie wierzyć/nie dowierzać (własnym) uszom; **play by ear** grać ze słuchu (*na instrumencie*); **play it by ear** *przen.pot.* improwizować; **prick up one's ears** nastawić/nadstawić uszu/ucha; **ring in one's ears** brzmieć komuś w uszach (*słowa itd.*); dzwonić komuś w uszach; **send sb off/away with a flea in his/her ear** ostro kogoś zganić, zbesztać kogoś, zwymyślać kogoś, powiedzieć komuś do słuchu; **shut one's ears to sth/sb** nie (chcieć) słuchać czegoś/kogoś; puszczać coś mimo uszu; **smile from ear to ear** śmiać się od ucha do ucha; **sth comes out of one's ears** *pot.* coś wychodzi/wylewa się komuś uszami; **sth comes to sb's ears** coś dociera do czyichś uszu, coś obija się komuś o uszy; **sth goes in (at) one ear and out (at) the other** coś jednym uchem wlatuje, a drugim wylatuje; **sth reaches sb's ears** coś dociera do czyichś uszu, coś obija się komuś o uszy; **still wet behind the ears** *pot.* (*w ujemnym znaczeniu*) zielony, niedoświadczony; mający mleko pod nosem; **turn a deaf ear to sth** pozostawać głuchym na coś (*krytykę, prośby itd.*); puszczać coś mimo uszu; **up to one's ears in sth** po uszy w czymś (*długach, pracy, kłopotach*); **walls have ears** *przysł.* ściany mają uszy; **wet behind the ears** *pot.* (*w ujemnym znaczeniu*) zielony, niedoświadczony; mający mleko pod nosem; **you can't make a silk purse out of a sow's ear** *przysł.* i w Paryżu nie zrobią z owsa ryżu; z pustego i Salomon nie naleje

early *a* wczesny ♦ **an early bird/riser** ranny ptaszek; **at an early age** w młodym wieku; **at the earliest** najwcześniej, najprędzej; **at your earliest convenience/at the earliest opportunity** przy najbliższej sposobności/okazji; **bright and early** o świcie, skoro świt; **have an early night** wcześnie położyć się spać, iść wcześnie spać; **it's early days (yet)** jest jeszcze za wcześnie (aby móc coś powiedzieć); **keep early hours** chodzić spać z kurami, wcześnie chodzić spać; **retire early/take early retirement** przejść/odejść na wcześniejszą emeryturę; **the early**

earn

bird catches the worm *przysł.* kto rano wstaje, temu Pan Bóg daje; **the early hours** wczesna pora, wczesne godziny poranne; **till the early hours** do białego świtu/rana

earn *v* **1.** zarabiać **2.** zdobywać (*np. szacunek*) **3.** zasługiwać ♦ **earn a living** zarabiać na życie; **earn a reputation as...** zyskać sobie reputację...; zyskać/zdobyć sławę kogoś/jako ktoś; **earn money** zarabiać pieniądze; **earn one's bread and butter as...** zarabiać na chleb jako...; **earn one's (daily) bread** zarabiać/pracować na chleb; zarabiać/pracować na kawałek chleba; **earn one's keep** zarabiać na swoje utrzymanie, zarabiać na siebie; **earn sb's respect** zyskać/zdobyć czyjś szacunek; zdobyć/zyskać sobie autorytet

earnest *a* poważny; szczery ♦ **in (deadly) earnest** (śmiertelnie) poważnie

earth *n* ziemia ♦ **ask the earth (for sth)** żądać zbyt wygórowanej ceny/opłaty (za coś), brać (za coś) zbyt wysokie ceny, drzeć/ /zdzierać skórę z kogoś, obdzierać/łupić kogoś ze skóry; **come back/down to earth** zejść na ziemię, przestać bujać w obłokach; **cost the earth** *pot.* kosztować fortunę/majątek/kupę pieniędzy, słono kosztować; **disappear off the face of the earth** zniknąć z powierzchni ziemi; **go to earth** zapaść się pod ziemię, zniknąć, przepaść jak kamień w wodę/bez wieści; **go to the ends of the earth** *przen.* pójść na koniec/kraniec świata; **heaven on earth** raj na ziemi; **hell on earth** piekło na ziemi; **look like nothing on earth** wyglądać jak nieboskie stworzenie (*źle, dziwnie*); **move heaven and earth** poruszyć niebo i ziemię; **pay the earth** *pot.* zapłacić fortunę, zapłacić mnóstwo pieniędzy/forsy; **promise the earth** obiecywać złote góry; obiecywać gruszki na wierzbie; **run to earth** zapaść się pod ziemię, zniknąć, przepaść jak kamień w wodę/bez wieści; **the ends of the earth** *przen.* koniec/kraniec świata; **the salt of the earth** *przen.* sól ziemi; **why/how/where/who on earth...?** dlaczego/jak/gdzie/kto, u licha/na litość boską,...?; **wipe sb/sth off**

the face of the earth zetrzeć/zgładzić/znieść kogoś/coś z powierzchni ziemi

earthly *a* ziemski; doczesny ♦ **not have/stand an earthly 1.** nie mieć cienia nadziei **2.** nie mieć zielonego pojęcia **3.** nie mieć najmniejszej szansy

ease *n* swoboda; luz; łatwość ♦ **be/feel at (one's) ease** być/czuć się na luzie; **be/feel ill at ease** czuć się nieswojo; **ill at ease** zakłopotany; zmieszany; nieswój; **put/set sb's mind at ease** uspokoić kogoś; **stand at ease** stać na spocznij

easily *adv* **1.** lekko; łatwo; spokojnie **2.** niewątpliwie ♦ **easily the best** bez wątpienia/niewątpliwie najlepszy; **easily the biggest/the most stupid** bez wątpienia/niewątpliwie największy/najgłupszy

easy[1] *a* łatwy ♦ **as easy as ABC/as easy as anything/as easy as falling off a log/as easy as pie/as easy as winking** śmiesznie łatwy, dziecinnie łatwy/prosty; **easy chair** fotel; **easy on the eye/ear** przyjemny dla oka/ucha, łatwo wpadający w oko/ucho; **easy target** łatwy cel; łatwy łup; **free and easy** swobodny; na luzie; bezceremonialny; **I'm easy** *pot.* wszystko mi jedno; **of easy virtue** lekkich obyczajów (*kobieta*); **within easy reach** łatwo dostępny; pod ręką

easy[2] *adv* łatwo; lekko; spokojnie ♦ **easier said than done** łatwiej powiedzieć, niż wykonać/zrobić; łatwo się mówi, łatwo powiedzieć; **easy come, easy go** lekko/łatwo przyszło, lekko/łatwo poszło; **easy does it!** pomału!; bez pośpiechu!; **go easy** *pot.* nie wysilać się, nie przemęczać się; oszczędzać siły; **go easy on sb** być wyrozumiałym/bardziej pobłażliwym dla kogoś; **go easy on sth** oszczędnie czegoś używać, oszczędzać coś, nie marnować czegoś, nie trwonić czegoś; **make things easy** ułatwiać sprawę; **stand easy!** spocznij!; **take it/things easy** nie przejmować się

eat *v* (**ate, eaten**) jeść ♦ **a bite to eat** *pot.* coś na ząb; coś do jedzenia; **curiosity is eating sb up** *pot.* ciekawość pożera/pali kogoś; **eat crow** *US*/**eat humble pie** pokajać się, przyznać się ze skruchą do błędu, kajać się w skrusze; mieć się z pyszna; **eaten here** *GB* na miejscu (*konsumpcja*); **eat for comfort** jeść ze zdenerwowania/dla uspokojenia nerwów; **eat like a bird** jeść jak ptaszek/jak kurczę/jak wróbelek; **eat like a horse** jeść za trzech/za dwóch/za dziesięciu/jak wilk; **eat oneself sick (on sth)** przejeść się (czymś); zjeść za dużo (czegoś); rozchorować się z przejedzenia; **eat one's heart out** zamartwiać się; zadręczać się; umierać z tęsknoty (*za czymś*); **eat one's words** odwołać to, co się powiedziało; *pot.* odszczekać coś; **eat out of sb's hand** jeść komuś z ręki; **eat sb alive** zjeść kogoś żywcem; **eat sb out of house and home** objeść/objadać kogoś; **I'll eat my hat!** *pot.* prędzej mi kaktus na dłoni wyrośnie!; **what's eating you?** co cię gryzie?, czym się martwisz?; **you can't have your cake and eat it** *pot.* albo – albo

ebb *n* odpływ (*morza*) ♦ **at a low ebb** przygnębiony; w złym stanie; w stanie upadku; dogorywający

edge *n* **1.** brzeg; krawędź **2.** ostrze ♦ **be on the edge of one's seat** nie móc usiedzieć na miejscu, niecierpliwić się; **on edge** *pot.* rozdrażniony; zirytowany; podenerwowany; **put an edge to** naostrzyć; **take the edge off sth** zmniejszyć coś; złagodzić coś; stępić coś

edgeways/*US* **edgewise** *adv* na kant, wzdłuż krawędzi ♦ **get a word in edgeways**/*US* **get a word in edgewise** dojść do słowa

effect *n* efekt; wynik; rezultat; skutek ♦ **after effects** następstwa, skutki, konsekwencje; **bring sth into effect** wprowadzić coś w życie; doprowadzić coś do skutku; zrealizować coś; **carry into effect** wprowadzać/wcielać w życie; **come/go into effect** wchodzić w życie, obowiązywać; **in effect 1.** w rzeczywistości; ze względów praktycznych **2.** (*o przepisach*) obowiązujący; mający moc prawną; **put sth into effect** wprowadzić coś w życie; doprowadzić coś do skutku; zrealizować coś; **side**

effect 1. działanie uboczne (*leku itd.*) **2.** *przen.* skutek uboczny; **sound effects** efekty dźwiękowe; **special effects** efekty specjalne; **take effect 1.** (zacząć) działać (*np. lekarstwo*); skutkować **2.** obowiązywać, wchodzić w życie; nabierać mocy prawnej; **the greenhouse effect** efekt cieplarniany; **to no effect** bez rezultatu; bezskutecznie; **to the effect that...** tej treści, że..., informując, że...; **with effect from...** z ważnością od...

effigy *n* podobizna; wizerunek; kukła ♦ **burn/hang sb in effigy** spalić/powiesić kukłę (*polityka itd.*)

effort *n* wysiłek ♦ **effort involved in sth** wysiłek włożony w zrobienie czegoś/w coś; **last-ditch effort** rozpaczliwy wysiłek; **vain effort** daremny trud/wysiłek

egg *n* jajko; jajo ♦ **bad egg 1.** zepsute jajko **2.** *pot.* nicpoń, gagatek, ananas, ziółko; **get/have egg on/all over one's face** *pot.* wyjść na głupka; **kill the goose that lays the golden eggs** zabić kurę znoszącą złote jajka; **lay eggs** znosić jaja; **nest egg** zaoszczędzone pieniądze; pieniądze odłożone na czarną godzinę; **put all one's eggs in one basket** *pot.* położyć wszystko na jednej szali, rzucić wszystko na jedną szalę, postawić wszystko na jedną kartę; **sure as eggs is eggs** (pewny) jak amen w pacierzu, murowany; (pewny) jak w banku; **teach one's grandmother to suck eggs** *przysł.* jajko (chce być) mądrzejsze od kury, jajko kurę uczy; **which came first, the chicken or the egg?** co było pierwsze: jajko czy kura?

elder *a* starszy ♦ **one's elders and betters** (ludzie) starsi

element *n* żywioł ♦ **in one's element** w swoim żywiole; **out of one's element** nie w swoim żywiole

elephant *n* słoń ♦ **a white elephant** kłopotliwy nabytek; rzecz bezużyteczna, sprawiająca dużo kłopotu; **see pink elephants** *pot.* widzieć białe myszki, spić się do nieprzytomności, upić się jak bela

eleven *num* jedenaście ♦ **at the eleventh hour** *przen.* za pięć dwunasta, w ostatniej chwili, w ostatnim momencie

end¹ *n* **1.** koniec; kres **2.** końcówka **3.** cel ♦ **a dead end 1.** ślepa ulica **2.** *przen.* ślepy zaułek; martwy punkt, sytuacja bez wyjścia; **a means to an end** środek do celu; **an end in itself** cel sam w sobie; **at one's wits' end** w kropce; zdesperowany; nie wiedzący, co począć; **at the end of one's tether/US at the end of one's rope** u kresu wytrzymałości; u kresu cierpliwości; **at the end of the day** *pot.* koniec końców; w ostatecznym rozrachunku; **be at a loose end/US be at loose ends** *pot.* nie mieć nic do roboty; nie mieć co ze sobą zrobić; **(be) at the end of sth** (być) u kresu czegoś; **bring sth to an end** doprowadzić coś do końca, (s)finalizować coś; **burn the candle at both ends** nadwerężać/nadwyrężać/rujnować zdrowie, szafować zdrowiem; **come to a bad/sticky end** źle skończyć; **come/draw to an end** kończyć się, zbliżać się do końca, dobiegać końca; **end result** rezultat końcowy; efekt końcowy; **end to end** podłużnie, jeden za drugim, w jednej linii; **fight to the bitter end** walczyć do końca/do ostatniego tchu/do upadłego/do ostatniej kropli krwi; **get (hold of) the wrong end of the stick** zrozumieć coś opacznie, zrozumieć coś odwrotnie; **go to the ends of the earth** *przen.* pójść na koniec/kraniec świata; **in the end** w końcu; **it's not the end of the world!** to jeszcze nie koniec świata!, świat się na tym nie kończy!; **jump in at the deep end** puszczać się/wypływać na szerokie wody; **keep one's end up** *GB pot.* nie dać/dawać się; dorównywać (*komuś*); **light at the end of the tunnel** *przen.* światło na końcu tunelu; **make (both) ends meet** *przen.* wiązać koniec z końcem; **make one's hair stand on end** *przen.* jeżyć komuś włosy na głowie; **near the end of sth** zbliżać się do końca czegoś; **no end** *pot.* bardzo, okropnie, ogromnie; **no end of sth** *pot.* mnóstwo czegoś, bez liku czegoś, multum czegoś; **odds and ends** *pot.* drobiazgi; rupiecie; **on end 1.** pionowo **2.** bez przerwy, wciąż, nieustannie; **put an end to one's life** odebrać sobie życie, skończyć ze sobą, popełnić samobójstwo; zabić się; **put an end to sth** położyć czemuś kres, zakończyć coś; **reach the end of the line/** **/road** *pot.* zabrnąć w ślepy zaułek; znaleźć się w sytuacji bez wyjścia; **sucked out of one's fingers ends** wyssany z palca; **that's the end of the matter** to kończy sprawę; koniec kropka; i koniec; i na tym koniec, ...i już, ...i tyle; **the beginning of the end** początek końca; **the end justifies the means** *przysł.* cel uświęca środki; **the end of the line/road** *pot.* ślepy zaułek; sytuacja bez wyjścia; **the end of the world** *przen.* koniec/kraniec świata; **throw sb in at the deep end** puszczać kogoś na szerokie/głębokie wody, rzucać kogoś na szerokie/głębokie wody; **tie up the loose ends** dokończyć coś, uzupełnić coś, dopracować coś/szczegóły, wycyzelować coś; **to that end** w tym celu; **to the world's end** na koniec świata; **to/until the bitter end** do samego końca; do upadłego; do ostatniego tchu; do ostatniej kropli krwi

end² *v* kończyć (się); zakończyć ♦ **all's well that ends well** wszystko dobre, co się dobrze kończy; **end in a tie** zakończyć się remisem; **end it all** odebrać sobie życie, skończyć ze sobą, popełnić samobójstwo; zabić się; **end one's life 1.** zakończyć życie, dokonać życia/żywota/swoich dni **2.** odebrać sobie życie, skończyć ze sobą, popełnić samobójstwo; zabić się

English *n* język angielski ♦ **in English** po angielsku; **in plain English** prosto, jasno, zrozumiale; przystępnym językiem; **speak English** mówić po angielsku; **the King's/Queen's English** poprawna angielszczyzna, piękna angielszczyzna

enough *adv* dosyć; wystarczająco; dostatecznie ♦ **a word is enough to the wise/a word to the wise is enough** *przysł.* mądrej głowie dość dwie słowie; **enough is enough** *pot.* dosyć tego!; co za dużo, to niezdrowo!; **fair enough** *pot.* w porządku, zgoda, nie ma sprawy; **have had enough of (sb/sth)** mieć (kogoś/czegoś) dosyć; **sb is old enough to be sb's father/mother** ktoś mógłby być czyimś ojcem/czyjąś matką (*ze względu na wiek*); **strangely/oddly enough...** rzecz dziwna, że..., dziwne

enquire

że...; **sure enough** faktycznie, jak się było można spodziewać, rzeczywiście; **there's not enough room to swing a cat** nie ma gdzie się ruszyć, jest bardzo ciasno; nie ma gdzie szpilki wetknąć

enquire *v* zasięgać informacji, informować się; zapytywać ♦ **enquire after sb/sth** pytać się/dowiadywać się o kogoś/coś; pytać się/dowiadywać się o czyjeś zdrowie; **enquire whether/ /why/how...** pytać (się) czy/dlaczego/jak...; **enquire within** (*w napisie*) wiadomość na miejscu

enquiry *n* **1.** zapytanie; dowiadywanie się **2.** dochodzenie; dociekanie **3.** śledztwo, dochodzenie **4.** ankieta **5. enquiries** *pl* informacja (*świadcząca usługi informacyjne*) ♦ **ask at enquiries** zapytać w informacji; **conduct an enquiry** prowadzić dochodzenie; **directory enquiry** informacja telefoniczna, biuro numerów; **enquiry agent** *GB* prywatny detektyw; **enquiry desk** informacja (*wyznaczone miejsce*); **enquiry form** kwestionariusz; **enquiry office** informacja, biuro informacji; **hold an enquiry** prowadzić dochodzenie; **make (discreet) enquiries** dowiadywać się (dyskretnie), zasięgać (dyskretnie) informacji; **official enquiry** oficjalne śledztwo; **on enquiry** zapytawszy; **scientific enquiry** naukowe dochodzenie/poszukiwania/badania

enter *v* **1.** wchodzić **2.** wstępować (*do organizacji itd.*) **3.** wprowadzać, wpisywać (*dane*) ♦ **enter into a war** przystąpić do wojny; **enter into detail(s)** wchodzić/wdawać się/wnikać w szczegóły; **enter one's name for** ubiegać się o przyjęcie do (*szkoły itd.*); zgłosić się/zapisać się/przystąpić do (*konkursu, zawodów itd.*); **enter one's/sb's mind/head** przyjść komuś do głowy, wpaść komuś do głowy; **it never entered my head that/to...** nigdy nie przyszło mi do głowy, że/żeby...

equal *a* **1.** jednakowy **2.** równy ♦ **all/other things being equal** w takich samych warunkach; jeśli nic się nie zmieni; zakładając, że sytuacja pozostanie bez zmian; **equal opportunities**

równe/jednakowe szanse; **equal rights** równe/jednakowe prawa; **on equal terms (with sb)** na jednakowych warunkach (z kimś), na takich/tych samych warunkach (co ktoś), na równych prawach (co ktoś)

err *v* mylić się, popełniać błąd/błędy ♦ **err on the side of sth** wykazywać nadmiar czegoś (*dobrej woli itd.*); **to err is human** błądzić jest rzeczą ludzką

error *n* błąd ♦ **by trial and error** metodą prób i błędów; **human error** błąd człowieka; **pilot error** błąd pilota; **trial and error** metoda prób i błędów

escape[1] *n* ucieczka ♦ **have a narrow escape from death** cudem//o włos uniknąć śmierci; **have a narrow escape (from sth)** cudem/o włos uniknąć (czegoś); **make good one's escape** uciec, zbiec

escape[2] *v* 1. uciekać 2. unikać 3. ulatniać się; przeciekać ♦ **escape death** uniknąć śmierci; **escape death by an inch** o włos uniknąć śmierci; **escape lightly** *pot.* wykręcić się sianem; **escape sb's notice** umknąć/uchodzić czyjejś uwadze; **escape scot-free** *pot.* ujść komuś na sucho, ujść komuś płazem, ujść komuś bezkarnie, upiec się komuś; **escape the responsibility** uniknąć odpowiedzialności

essence *n* istota; treść ♦ **in essence** zasadniczo; w zasadzie; **of the essence** istotny, zasadniczy; najwyższej wagi

estate *n* 1. posiadłość 2. dzielnica; osiedle 3. majątek ♦ **real estate** nieruchomość, majątek nieruchomy; **the fourth estate** czwarta władza (*prasa*)

eternal *a* wieczny; nieśmiertelny ♦ **the eternal triangle** trójkąt małżeński

even[1] *a* równy; gładki ♦ **be even with sb** wyrównać z kimś rachunki/krzywdy; **break even** wyjść na swoje (*w interesach*); **even number** liczba parzysta; **get back on an even keel** wrócić do równowagi, przywrócić równowagę/spokój (*po okresie trudności, kłopotów*); **get even with sb** wyrównać z kimś ra-

even 178

chunki/krzywdy; **have an even chance (of doing sth)** mieć równą/jednakową szansę, mieć szansę pół na pół (*na sukces lub porażkę*); na dwoje babka wróżyła; **make odds even** wyrównywać (*różnice, szanse itd.*); **on an even keel 1.** bez kołysania (*płynąć*) **2.** *przen.* bez wstrząsów, równo, spokojnie; na równym poziomie; zachowując spokój

even² *adv* nawet ♦ **even as** właśnie gdy, w momencie gdy; **even if/though** chociażby nawet, nawet jeśli; **even less** a już na pewno nie, a już z pewnością nie; **even now/then** nawet teraz/wtedy; mimo wszystko; **even so 1.** nawet gdyby tak było **2.** pomimo tego

event *n* **1.** zdarzenie, wydarzenie **2.** wypadek; przypadek ♦ **at all events/in any event** w każdym razie; na wszelki wypadek; **in that event** w takim razie, w takim przypadku; **in the event** ostatecznie; **in the event of sth** w przypadku czegoś; **in the unlikely event of...** w razie/w przypadku... (*czegoś – pożaru, burzy itd.*), co jest raczej mało prawdopodobne; **wise after the event** *przysł.* mądry Polak po szkodzie

every *a* każdy; wszelki ♦ **all day and every day** dzień w dzień, bezustannie; **at every (available) opportunity** przy każdej (nadarzającej się) okazji; **at every turn** na każdym kroku; raz po raz; wciąż; **every bit as bad/good as...** równie zły/dobry jak...; **every cloud has a silver lining** *przysł.* nie ma tego złego, co by na dobre nie wyszło; **every hour on the hour** co godzina; **every inch 1.** w każdym calu, pod każdym względem, całkowicie **2.** cal po calu, centymetr po centymetrze, każdy zakamarek/zakątek (*przeszukać itd.*); **every man jack** *GB* każdy (bez wyjątku), wszyscy; **every nook and cranny** *pot.* każdy zakamarek (*przeszukać itd.*); **every now and again/then** od czasu do czasu, co jakiś czas; **every once in a while** od czasu do czasu, raz na jakiś czas, okazjonalnie, niekiedy; **every other 1.** co drugi **2.** każdy; **every second day/year** co drugi dzień/rok; **every so often** od czasu do czasu, czasem, niekiedy, nieraz; **every time** za każdym razem; zawsze; **in every respect** pod każdym względem; **it's every man for himself** *pot.* każdy sobie rzepkę skrobie

evidence *n* dowód; świadectwo; oznaka ♦ **bear the evidence of sth** nosić ślady czegoś; świadczyć o czymś; **be in evidence** być widocznym, być na widoku, rzucać się w oczy; **give (one's) evidence** zeznawać, składać zeznanie (*w sądzie*); **turn King's evidence**/*GB* **turn Queen's evidence**/*US* **turn State's evidence** obciążyć winą wspólnika, wydać wspólnika, składać zeznanie obciążające wspólnika (*dla złagodzenia własnego wyroku*)

evil *n* zło ♦ **a necessary evil** zło konieczne; **the lesser evil/the lesser of two evils** mniejsze zło

example *n* przykład; wzór ♦ **follow sb's example** iść/pójść za czyimś przykładem, brać z kogoś przykład; **for example** na przykład; **make an example of sb** ukarać kogoś dla przykładu; **prime example** klasyczny/typowy przykład; **set a bad/good/ /excellent example to sb** dawać komuś zły/dobry/wspaniały przykład

exception *n* wyjątek ♦ **take exception to sth** mieć zastrzeżenia do czegoś; **the exception proves the rule** *przysł.* wyjątek potwierdza regułę

execution *n* wykonanie; dokonanie; egzekucja ♦ **a stay of execution** zawieszenie wykonania (wyroku) kary śmierci

exert *v* **1.** wytężać (*siły*) **2.** wywierać ♦ **exert influence on** wywierać wpływ na; **exert pressure on sb** wywierać na kogoś nacisk/presję

exhibition *n* **1.** wystawa; pokaz **2.** okazywanie (*uczuć*) ♦ **make an exhibition of oneself** zrobić z siebie widowisko

expect *v* spodziewać się, oczekiwać ♦ **be expecting (a baby)** spodziewać się dziecka, być przy nadziei, być w ciąży; (**be only**) **to be expected** należy się spodziewać; może wystąpić/mieć miejsce; jest całkiem normalne

expectation *n* oczekiwanie ♦ **against/contrary to (all) expectation(s)** wbrew (wszelkim/najśmielszym) oczekiwaniom; **be beyond all one's expectations** przejść czyjeś najśmielsze oczekiwania; **expectation of life** średnia długość życia; **fall short of sb's expectations/not come up to (sb's) expectations** nie spełnić czyichś oczekiwań, nie sprostać czyimś oczekiwaniom; zawieść czyjeś oczekiwania

expense *n* koszt ♦ **at sb's expense 1.** na czyjś koszt **2.** czyimś kosztem; **at the expense of sth** kosztem czegoś; **bear the expense** ponosić koszty; **expense is no object** koszty/wydatki nie grają roli, koszty/wydatki nie stanowią problemu; **go to (a lot of/great) expense** ponosić (wielkie) koszty; **meet expenses** pokrywać koszty; **no expense(s) spared** bez względu na koszt(y); **put sb to (a lot of/great) expense** narazić kogoś na (wielkie) koszty; **spare no expense** nie szczędzić wydatków, nie szczędzić grosza/pieniędzy

extension *n* przedłużenie; rozszerzenie ♦ **(and) by extension** a co za tym idzie, a w konsekwencji

extent *n* **1.** rozciągłość; rozpiętość **2.** stopień; granica ♦ **to a certain extent** do pewnego stopnia; **to a large/great extent** w wysokim stopniu; **to a limited extent** w ograniczonym zakresie; **to some extent** w pewnej mierze; **to what extent...?** do jakiego stopnia...?

extreme *n* skrajność; ekstremum ♦ **go to extremes** popadać w skrajność; **in the extreme** w najwyższym stopniu, niezwykle; **lurch from one extreme to the other** popadać z jednej skrajności w drugą

eye *n* oko ♦ **an eye for an eye (and a tooth for a tooth)** *przysł.* oko za oko (, ząb za ząb); **as far as the eye can reach** jak okiem sięgnąć; **at eye level** na wysokości oczu; **bat one's eyes** mrugać oczami/powiekami; **be all eyes** wlepić w coś oczy, wpatrywać się; **before one's very eyes** na czyichś oczach (*w obecności*); **be the apple of sb's eye** być czyimś oczkiem w głowie; **blind in one eye** ślepy na jedno oko; **by the naked eye** gołym okiem; **cast an eye/one's eye(s) over/on sth** rzucić na coś okiem; **cast covetous eyes at sth** patrzeć na coś chciwym okiem; **cast envious eyes at sth** patrzeć na coś zazdrosnym okiem; **catch sb's eye** przykuwać czyjś wzrok/spojrzenie; **clap eyes on sb/sth** *pot.* spostrzec kogoś/coś, zobaczyć kogoś/ /coś, ujrzeć kogoś/coś, dostrzec kogoś/coś; **close one's eyes to sth** przymykać na coś oczy, patrzeć na coś przez palce; **cock an eye for/at sb/sth** wypatrywać kogoś/czegoś, wypatrywać (sobie) oczy za kimś/czymś; wpatrywać się w kogoś/coś; **cry one's eyes out** wypłakiwać sobie oczy; **drop one's eyes** opuścić/spuścić oczy; **easy on the eye** przyjemny dla oka, łatwo wpadający w oko; **feast one's eyes on sth/sb** cieszyć/napawać oczy widokiem czegoś/kogoś; **fix one's eyes on sb/sth** utkwić w kimś/czymś oczy, wbić/wlepić w kogoś/coś oczy; **from the corner of one's eye** kątem oka; **give sb a black eye** podbić komuś oko; **give sb the eye** robić/puszczać do kogoś oko; **have a good eye for sth** mieć (dobre/bystre) oko do czegoś; **have an eye to sth** nie tracić czegoś z oczu; **have an eye to the main chance** mieć w czymś (osobisty/swój) interes, mieć własny interes na uwadze; **have eyes in the back of one's head** *pot.* mieć oczy z tyłu głowy (*widzieć wszystko*); **have eyes like a hawk** mieć sokole oko, mieć sokoli wzrok; być bystrym; dostrzegać najdrobniejsze szczegóły; **have one's eye on sb/sth** mieć kogoś/coś na oku, mieć oko na kogoś/coś; **hit sb in the eye** uderzyć kogoś w oczy, rzucić się komuś w oczy; wydawać się komuś oczywistym; **in one's mind's eye** w czyjejś wyobraźni, oczami wyobraźni; **in the blink/twinkling of an eye** w mgnieniu oka; **in the eyes of (the world)** w oczach (świata); **keep a close/sharp eye on sb/sth** nie spuszczać kogoś/czegoś z oczu, bacznie obserwować kogoś/coś; **keep an eye on sb/sth** rzucić okiem na kogoś/coś; nie spuszczać kogoś/czegoś z oka/ /z oczu; popilnować kogoś/czegoś, zaopiekować się kimś/

eye

/czymś; **keep an eye out for sb/sth** wypatrywać (sobie) za kimś/czymś oczy; **keep one's eyes glued to sb/sth** utkwić w kimś/czymś oczy, wbić/wlepić w kogoś/coś oczy; **keep one's eyes open** mieć oczy otwarte, uważać; **keep one's eyes skinned/peeled for sb/sth** wyglądać kogoś/czegoś, wypatrywać kogoś/czegoś; **keep one's weather eye open for sth** mieć oczy i uszy szeroko otwarte na coś; **lay eyes on sb/sth** *pot.* spostrzec kogoś/coś, zobaczyć kogoś/coś, ujrzeć kogoś/coś, dostrzec kogoś/coś; **look at/on sth with a jaundiced eye** patrzeć na coś złym/krzywym okiem; spoglądać/patrzeć na coś zawistnym wzrokiem; **look at sth through sb's eyes** spojrzeć na/zobaczyć coś cudzymi oczami, spojrzeć na/zobaczyć coś z cudzego punktu widzenia; **look sb in the eye(s)** spojrzeć komuś (prosto) w oczy; **make eyes at sb** robić/puszczać do kogoś oko; **meet one's eyes** ukazać się czyimś oczom; **never/not be able to take one's eyes off sb/sth** nie móc oderwać oczu od kogoś/czegoś; **not bat an eye** (nawet) nie mrugnąć okiem; **not believe one's eyes** nie wierzyć/nie dowierzać (własnym) oczom; **open sb's eyes to sth** otworzyć komuś oczy na coś; **out of the corner of one's eye** kątem oka; **private eye** *pot.* prywatny detektyw; **pull the wool over sb's eyes** *pot.* mydlić komuś oczy; **roll one's eyes** przewracać oczami; **run one's eye over sth** rzucić na coś okiem, przebiec coś wzrokiem; **sb's eyes are bigger than their stomach** *przysł.* popie oczy (wilcze gardło, co zobaczy, to by żarło); **see eye to eye with sb** zgadzać się z kimś (w pełni), podzielać czyjeś poglądy; **see sth through sb's eyes** spojrzeć na/widzieć coś cudzymi oczami, spojrzeć na/widzieć coś z cudzego punktu widzenia; **set eyes on sb/sth** *pot.* spostrzec kogoś/coś, zobaczyć kogoś/coś, ujrzeć kogoś/coś, dostrzec kogoś/coś; **shut one's eyes to sth** przymykać na coś oczy, patrzeć na coś przez palce; **the eye of the storm** oko cyklonu; **the master's eye fattens the horse/the master's eye fats the horse/the master's eye**

makes the horse fat *przysł.* pańskie oko konia tuczy; **the scales fell from my eyes** bielmo spadło mi z oczu, łuska spadła mi z oczu; **to my eye** na moje oko; **turn a blind eye to sth** przymykać na coś oczy, patrzeć na coś przez palce; **under one's very eyes** na czyichś oczach (*w obecności*); **up to one's eyes in sth** po uszy w czymś (*długach, pracy, kłopotach*); **weak eyes** słabe oczy, słaby wzrok; **what the eye doesn't see the heart doesn't grieve (over)** *przysł.* co z oczu, to i z serca; czego oko nie widzi, tego sercu nie żal; **with one's eyes shut/closed** z zamkniętymi oczami, z zawiązanymi oczami; **with the naked eye** gołym okiem

eyeball *n* gałka oczna ♦ **eyeball to eyeball (with sb)** oko w oko (z kimś)

eyebrow *n* brew ♦ **raise one's eyebrows** marszczyć brwi, unosić brwi (*dziwiąc się czemuś, dezaprobując coś*); **up to one's eyebrows in sth** po uszy w czymś (*długach, pracy, kłopotach*)

eyelash *n* rzęsa ♦ **bat one's eyelashes** mrugać oczami/powiekami

eyelid *n* powieka ♦ **not bat an eyelid** (nawet) nie mrugnąć okiem

F

face[1] *n* **1.** twarz **2.** mina; wyraz twarzy **3.** czelność, śmiałość **4.** płaszczyzna; powierzchnia ♦ **a long face** smutna/posępna/zakłopotana/zafrasowana mina; **a slap in the face** policzek, zniewaga, upokorzenie; **as plain as the nose on one's face** *pot.* jasne jak słońce; **be written all over sb's face** mieć coś wypisane na twarzy; **bury one's face in** skryć twarz w (*poduszkę itd.*); **bury one's face in one's hands** ukryć twarz w dłoniach; **come face to face with** stanąć twarzą w twarz z; **cut off one's nose to spite one's face** na złość mamie odmrozić sobie uszy; **disappear off the face of the earth** zniknąć z powierzchni ziemi; **face card** *US* figura (*w kartach*); **face mask/guard** maska ochronna (twarzy); **face to face with** twarzą w twarz z; **face value** wartość nominalna; **fly in the face of common sense** urągać zdrowemu rozsądkowi; **fly in the face of sth** urągać czemuś, być/pozostawać w rażącej sprzeczności z czymś; **have a face as long as a fiddle** spuścić nos na kwintę; **have the face to...** mieć czelność, żeby...; **in the face of... 1.** w obliczu..., wobec... **2.** wbrew...; **keep a straight face** zachować powagę; **laugh in sb's face** roześmiać się komuś w twarz; śmiać się komuś w żywe oczy, śmiać się komuś w nos; **look on one's face** wyraz twarzy; **look sb in the face** spojrzeć komuś (prosto) w twarz, spojrzeć komuś prosto w oczy; **lose face** (s)tracić twarz; **make faces** robić/stroić miny; **one's face fell when...** zrzedła komuś mina kiedy...; **on the face of it** *pot.* na pozór, z pozoru, na oko, pozornie; **plain as the nose on one's face**

pot. jasne jak słońce; **poker face** twarz pokerowa/pokerzysty; **pull a long face** zrobić smutną minę; **pull faces** robić/stroić miny; **put a good face on a bad business** robić dobrą minę do złej gry; **put on a brave/good face** nadrabiać miną; **put on a long face** zrobić smutną minę; **round face** okrągła twarz; *pot.* twarz jak księżyc w pełni; **save face** zachować twarz; **say sth to sb's face** *pot.* powiedzieć coś komuś prosto w oczy; **set one's face against sth/sb** zawziąć się na coś/kogoś; **shut your face!** *pot.* zamknij się!; **stony face** kamienna twarz; **take sth at (its) face value** brać coś za dobrą monetę; **to sb's face** prosto w twarz, prosto w oczy, otwarcie; **vanish off the face of the earth** zniknąć z powierzchni ziemi; **wipe sb/sth off the face of the earth** zetrzeć/zgładzić/znieść kogoś/coś z powierzchni ziemi; **you'll be laughing on the other side of your face!** nie będzie ci do śmiechu!

face² *v* **1.** stawiać czoło **2.** wychodzić na coś (*okno, budynek*); być skierowanym na coś ♦ **be faced with the necessity of doing sth** być postawionym wobec konieczności zrobienia czegoś; **face the facts** liczyć się z faktami; **face the music** stawić czemuś czoło; wypić piwo, którego się nawarzyło; **face (up to) the truth** spojrzeć prawdzie prosto w oczy; **let's face it** spójrzmy prawdzie w oczy

fact *n* fakt; zdarzenie ♦ **accomplished fact** fakt dokonany; **as a matter of fact** jeśli chodzi o ścisłość, w gruncie rzeczy; właściwie; **bald facts/bare facts** suche fakty, gołe fakty; **hard fact** niezaprzeczalny/niezbity fakt; **in (actual) fact/in point of fact** rzeczywiście, faktycznie, w rzeczywistości, naprawdę; **is that a fact?** *pot.* czy to prawda?; **it's a fact that/the fact is/the fact of the matter is...** faktem jest, że...; sprawa polega na tym, że...; **the facts speak for themselves** fakty mówią same za siebie

fail *n* oblanie egzaminu ♦ **without fail** niezawodnie, niewątpliwie, z pewnością, zdecydowanie

faint *a* **1.** słaby; blady; nikły **2.** słaby, mdlejący **3.** słaby, osłabiony ♦ **faint heart** zajęcze serce; **feel faint** czuć się słabo, mdleć; **not have the faintest (idea)** nie mieć najmniejszego/zielonego pojęcia

fair[1] *a* **1.** jasny **2.** piękny **3.** czysty **4.** słuszny; rzetelny; sprawiedliwy; uczciwy; honorowy; lojalny ♦ **be a fair size** być całkiem dużym; **by fair means or foul** nie przebierając w środkach, chwytając się wszelkich dostępnych środków; **fair enough** *pot.* w porządku, zgoda, nie ma sprawy; **fair play** fair play, uczciwe/sprawiedliwe/lojalne postępowanie; uczciwa/honorowa gra; **fair sex** płeć piękna; **fair to middling** *pot.* taki sobie; średni; **make a fair copy** przepisać na czysto

fair[2] *adv* fair, uczciwie; honorowo; lojalnie ♦ **bid fair (to do sth)** zapowiadać się (że); **fair and square** szczerze; uczciwie; **play fair** (za)grać fair; grać uczciwie/honorowo; postępować uczciwie/sprawiedliwie/lojalnie; przestrzegać zasad/reguł fair play(u)

faith *n* wiara ♦ **(act) in good/bad faith** (działać) w dobrej/złej wierze

fall[1] *n* **1.** upadek **2.** spadek, zmniejszenie się, obniżka **3.** opad (*atmosferyczny*) **4.** *US* jesień **5.** (*zwykle*) **falls** *pl* wodospad ♦ **be riding for a fall** *pot.* szukać guza; skazywać się na porażkę/na zgubę/na niepowodzenie; zmierzać do klęski/do zguby; **break sb's fall** złagodzić skutki upadku; **have a fall** upaść, przewrócić się; **rise and fall 1.** wzrost i spadek (*temperatury w ciągu doby itd.*) **2.** okres świetności i upadku; wzloty i upadki

fall[2] *v* (**fell, fallen**) **1.** spadać; padać **2.** upadać; przewracać się **3.** spadać, obniżać się ♦ **be falling apart at the seams 1.** pękać/pruć się/puszczać w szwach (*odzież*) **2.** *przen.* walić się (*plany itd.*), chwiać się w posadach; **fall (an easy) victim to sth/fall (an easy) prey to sth** padać/paść (łatwą) ofiarą czegoś; **fall apart** rozpaść się/rozlecieć się na kawałki; rozsypać się;

fall asleep zasypiać; **fall dead** *pot.* padać trupem/martwym/ /nieżywym/bez życia; **fall down on the job** zawalić robotę/sprawę; **fall down tired** padać ze zmęczenia; **fall flat** nie udać się, nie powieść się; **fall foul of the law** popaść/wejść w konflikt z prawem, popaść/wejść w kolizję z prawem; **fall from favour/grace** utracić czyjeś względy, popaść w niełaskę; **fall ill** zachorować; **fall in a battle** polec w bitwie; **fall in love with** zakochać się w; **fall into a deep sleep** zapadać w głęboki sen; **fall into a trap** wpaść w pułapkę/zasadzkę; **fall into disrepair** popadać w ruinę; **fall into place** układać się w (logiczną) całość, mieć sens (*fakty itd.*); **fall into ruin** popadać w ruinę; sypać się (w gruzy); obracać się w gruzy; rozpadać się, niszczeć; **fall into sb's hands** wpaść w czyjeś ręce, dostać się w czyjeś ręce; **fall in(to) sb's lap** spaść komuś (jak) z nieba; **fall into step** równać krok; **fall into the habit of doing sth** popadać w nałóg/nawyk robienia czegoś; przyzwyczajać się do robienia czegoś; **fall into the wrong hands** dostać się w niepowołane ręce; **fall in with bad company** wpaść w złe towarzystwo; **fall in with sb's views** podzielać czyjeś poglądy; **fall like flies** padać/umierać/ginąć jak muchy; **fall off the wagon** *pot.* znowu zacząć pić, wrócić do nałogu (*picia*); **fall on deaf ears** pozostawać bez odzewu, nie wywołać odzewu, trafiać w próżnię; **fall on one's feet** spadać na cztery łapy; **fall over oneself to do sth** *pot.* zabijać się o coś/aby; **fall short** (*o człowieku*) zawieść; (*o sprawie*) skończyć się niepomyślnie; (*o pogodzie*) nie dopisać; **fall short of expectations** zawieść oczekiwania/nadzieje; **fall sick** *US* zachorować; **fall silent** zamilknąć; ucichnąć; uciszyć się; pogrążyć się w ciszy/w milczeniu; **fall sound asleep** usnąć mocno/głęboko/twardo/smacznie, zasnąć mocno/głęboko/twardo/smacznie; **fall to pieces** rozpaść się na kawałki; rozlecieć się; **fall to sb to do sth** przypaść komuś w udziale; **let fall (the news)** odsłonić/ukazać rąbek czegoś, uchylić rąbka tajemnicy; **not a word fell from his lips** z jego

false 188

ust nie padło ani jedno słowo; **one's face fell when...** zrzedła komuś mina kiedy...; **silence falls** cisza zapada; **the bottom falls out of sth** *przen.* coś się wali; **the bottom fell out of sb's world when...** czyjś świat zawalił się/runął, gdy...; **the scales fell from my eyes** bielmo spadło mi z oczu, łuska spadła mi z oczu; **the weight of responsibility fell upon me** spadł na mnie ciężar odpowiedzialności

false *a* **1.** fałszywy, błędny **2.** fałszywy, obłudny **3.** fałszywy, podrobiony ♦ **false alarm** fałszywy alarm; **false appearances** fałszywe pozory; **false bottom** podwójne dno; **false mirror** krzywe zwierciadło; **false move** fałszywy krok, fałszywy ruch; **false pretences** fałszywe pozory; **false prophet** fałszywy prorok; **false scent** fałszywy trop; **false step** fałszywy krok, fałszywy ruch; **fly/sail under false colours** stroić się w cudze piórka

family *n* rodzina ♦ **be in the family way** być przy nadziei, być w ciąży; **family tree** drzewo genealogiczne; **Holy Family** Święta Rodzina; **run in the family** być cechą rodzinną; być dziedzicznym; **start a family** założyć rodzinę

fan *v* **1.** wachlować **2.** *przen.* rozniecać, rozpalać (*gniew, nadzieję itd.*) ♦ **fan the flames of sth** rozniecać/rozpalać płomień czegoś

fancy *n* **1.** wyobraźnia, fantazja **2.** pomysł **3.** zamiłowanie ♦ **sth catches/takes/tickles sb's fancy** coś przypada/trafia komuś do gustu, coś przypada/trafia komuś do smaku; **take a fancy to sb** przypaść sobie do gustu

far *adv* daleko ♦ **as far as** o ile; aż do; **as far as I know** o ile wiem, o ile mi wiadomo; **as far as possible** w miarę możliwości/możności; **as far as sb/sth is concerned** jeśli chodzi o kogoś/coś, co do kogoś/czegoś; **as far as the eye can reach** jak okiem sięgnąć; **be far from doing sth** być dalekim od zrobienia czegoś; **by far** o wiele, bez porównania (*szybszy, szybciej itd.*); **carry sth too far** *przen.* posuwać coś za daleko; **far/far-**

ther afield daleko (*zwł. od domu*); dalej; z daleka; **far and away** daleko (*lepszy, gorszy itd.*), znacznie; **far and wide** wszędzie; **far be it from me to (do sth)** daleki jestem od (zrobienia czegoś); **far from the truth/far from (being) true** daleki od prawdy; **far more** znacznie/dużo więcej; **far off** daleko; **how far** jak daleko; jak dalece; **in so far as** o tyle że; **so far** jak dotąd, dotychczas; **so far as** o ile; aż do; **so far as I know** o ile wiem, o ile mi wiadomo

fashion *n* **1.** moda **2.** sposób, tryb ♦ **after a fashion** jako tako, niezbyt dobrze; znośnie; możliwie; **come into fashion** stawać się modnym, wchodzić w modę; **fashion parade** rewia mody; **fashion show** pokaz mody; **in fashion** modny; **out of fashion** niemodny; **the last word in fashion** ostatni krzyk mody; **the latest fashion** najnowsza moda

fast¹ *a* **1.** szybki **2.** pospieszny (*pociąg*) **3.** przymocowany; mocny **4.** odporny; trwały (*kolor*) ♦ **a clock is fast** zegar śpieszy się; **be fast on the draw 1.** szybko dobywać/wyciągać broń **2.** chwytać wszystko w lot, chwytać szybko, być bystrym; szybko się w czymś orientować; **fast food** szybkie dania; **fast food restaurant** bar szybkiej obsługi; **fast friends** starzy przyjaciele, przyjaciele od serca; **fast road** droga szybkiego ruchu; **hard and fast** niezmienny, nienaruszalny; stały; sztywny; żelazny (*reguły, przepisy itd.*); **make a fast buck** szybko się dorobić (*zwłaszcza nieuczciwie*), zbić forsę, szybko zrobić forsę; **make fast** (za)mocować; **pull a fast one** *pot.* przechytrzyć kogoś, próbować swoich sztuczek, podejść kogoś, oszukać (kogoś); **(repeat sth) parrot fashion** (powtarzać coś) jak papuga

fast² *adv* **1.** szybko **2.** mocno ♦ **as fast as one's legs can carry one** na jednej nodze, jak najprędzej; **be fast asleep** spać mocno/głęboko; smacznie (sobie) spać; **be stuck fast** utknąć, uwięznąć, ugrzęznąć; **hold fast to sth** trzymać się czegoś, wytrwale/niezłomnie obstawać przy czymś, wyznawać coś; **not so fast!** *pot.* nie tak szybko!, wolnego!; **stand fast** stać twardo na

fat

swoim stanowisku, (twardo/stanowczo) upierać się przy swoim; **stick fast** utknąć, uwięznąć, ugrzęznąć; **thick and fast** często gęsto, nierzadko, częstokroć, nieraz

fat *a* **1.** gruby **2.** tłusty ♦ **fat chance!** *pot.* bez szans!; zupełnie niemożliwe!; wykluczone!

fate *n* przeznaczenie, los; fatum ♦ **abandon sb to his/her fate** pozostawić kogoś na łasce losu; **(as) sure as fate** (pewny) jak amen w pacierzu, murowany; (pewny) jak w banku; **a stroke of fate** zrządzenie losu; **blind fate** ślepe przeznaczenie, ślepe zrządzenie losu, ślepe fatum, ślepy los; **by a quirk of fate/by a strange turn of fate/by a strange twist of fate** dziwnym zrządzeniem losu; **seal sb's fate** przypieczętować czyjś los; przesądzić o czyimś losie; **tempt fate** kusić licho/los, igrać z losem, wyzywać los

father *n* ojciec ♦ **Father Christmas** Święty Mikołaj; **from father to son** z ojca na syna, z pokolenia na pokolenie; **like father, like son** *przysł.* niedaleko pada jabłko od jabłoni; jaki ojciec, taki syn; **one's natural father** czyjś rodzony/własny ojciec; **Our Father** *pot.* Ojcze Nasz (*modlitwa*); **sb is old enough to be sb's father** ktoś mógłby być czyimś ojcem (*ze względu na wiek*); **the Holy Father** Ojciec Święty; **the very/living/spitting image of one's father** wykapany ojciec

fatten *v* tyć; tuczyć ♦ **the master's eye fattens the horse** *przysł.* pańskie oko konia tuczy

fault *n* **1.** wada; skaza; uszkodzenie **2.** wina; błąd ♦ **be at fault** mylić się; być w błędzie; zawodzić (*o pamięci, wzroku itd.*); być winnym, ponosić winę; **find fault (with sb/sth)** krytykować (kogoś/coś), ganić (kogoś/coś)

favour *n* **1.** łaska; względy; przychylność **2.** przysługa **3.** korzyść ♦ **beg a favour** prosić o przysługę; **be in favour of sb/sth** być za kimś/czymś; **be in favour with sb** cieszyć się czyjąś życzliwością/przychylnością; **be out of favour with sb** nie cieszyć się czyjąś życzliwością/przychylnością, być w niełasce; **do sb**

a favour zrobić komuś przysługę; **fall from favour** utracić czyjeś względy, popaść w niełaskę; **find favour with sb** spotkać się z czyjąś przychylnością, zostać/być życzliwie przyjętym przez kogoś; **in favour of.../in sb's favour** na czyjąś korzyść...; **in favour of sth** w zamian za; **work in sb's favour** działać na czyjąś korzyść

favourite *n* **1.** ulubieniec; ulubiona rzecz/osoba **2.** faworyt ♦ **hot favourite** pewny faworyt, pewniak

fear¹ *n* strach; lęk; obawa ♦ **for fear of sth** ze strachu przed czymś; **grave fear** śmiertelny/blady strach; **in fear and trembling** drżąc ze strachu; **in fear of one's life** w obawie o własne życie; **mortal fear** śmiertelny/blady strach; **no fear!** *pot.* bez obawy!, nie ma obawy!, bądź spokojny!; **one's insides are knotted with fear** *pot.* strach skręca/szarpie kogoś, strach skręca/szarpie komuś wnętrzności; **out of fear** ze strachu; **put the fear of God into sb** *pot.* napędzić komuś stracha; **shake with fear/tremble with fear** trząść się ze strachu, drżeć ze strachu; **with fear** ze strachu

fear² *v* bać się; obawiać się; lękać się; niepokoić się ♦ **fear for sb's life** bać się/obawiać się/lękać się/niepokoić się o czyjeś życie; **fear the worst** bać się/obawiać się najgorszego; **I fear not** obawiam się, że nie; **I fear so** obawiam się, że tak; **never fear!** *pot.* bez obawy!, nie ma obawy!, bądź spokojny!

feast *v* ucztować, biesiadować ♦ **feast one's eyes on sth/sb** cieszyć/napawać oczy widokiem czegoś/kogoś

feather¹ *n* pióro; piórko ♦ **a feather in one's cap** duma, chluba; powód do dumy, przedmiot dumy; **as light as a feather** lekki jak piórko/puch; leciutki; **birds of a feather (flock together)** *przysł.* swój zawsze ciągnie do swego; swój swego zawsze znajdzie; **fine feathers make fine birds** *przysł.* jak cię widzą, tak cię piszą; **light as a feather** lekki jak piórko/puch; leciutki; **show the white feather** okazać się tchórzem; okazywać strach/tchórzostwo, zdradzać strach/tchórzostwo

feather[2] *v* ozdabiać piórami; upierzyć ♦ **feather one's nest** wzbogacić się nieuczciwie/cudzym kosztem; porosnąć/obrosnąć w piórka

feel *v* **(felt, felt) 1.** czuć (się); odczuwać **2.** wyczuwać dotykiem ♦ **feel apprehesive about/for** mieć/żywić obawy o; **feel at home 1.** czuć się jak u siebie (w domu); czuć się swobodnie **2.** poruszać się w czymś swobodnie/łatwo, dobrze się orientować w czymś; **feel bad 1.** źle się czuć **2.** czuć się źle/winnym, mieć poczucie winy; **feel blue** być przygnębionym/smutnym; poddawać się depresji; mieć chandrę; **feel called to (do) sth** czuć w sobie powołanie do czegoś; **feel fine** czuć się świetnie; **feel ill** źle się czuć; **feel ill at ease** czuć się nieswojo; **feel it in one's bones** czuć coś przez skórę, wyczuwać coś intuicyjnie; **feel like...** przypominać w dotyku...; **feel like a fish out of water** nie być w swoim żywiole; czuć się jak ryba bez wody, czuć się nieswojo; **feel like a million bucks/dollars** czuć się jak młody bóg, czuć się bosko/znakomicie; **feel (like) a new man/woman** czuć się jak nowo narodzony/narodzona; **feel like doing sth** mieć ochotę coś zrobić; **feel like jelly** trząść się jak galareta, drżeć jak galareta; **feel one's way 1.** iść po omacku **2.** postępować ostrożnie; **feel rough** źle się czuć; czuć się nieszczególnie; **feel small** czuć się głupio; czuć się upokorzonym; **feel sorry for sb** współczuć komuś; ubolewać nad kimś; odczuwać żal; **feel sorry for yourself** litować się nad sobą, rozczulać się nad sobą, ubolewać nad sobą; **feel up to doing sth** czuć się na siłach coś zrobić; **feel well** czuć się dobrze; **I feel duty bound/honour bound to...** poczucie obowiązku/honor nakazuje mi, żebym...; **I feel sick** jest mi niedobrze, mam nudności, mdli mnie; **if you feel like it/if you feel inclined to/if you feel so inclined** jeśli masz (na to) ochotę; **not feel a thing** nic nie czuć

feeling *n* **1.** uczucie **2.** czucie **3.** odczucie ♦ **bad/ill feeling** uraza; niechęć; wrogość; animozja; **gut feeling** *pot.* intuicja, przeczucie; **have mixed feelings** mieć mieszane uczucia; **hurt sb's feelings** (z)ranić czyjeś uczucia; **no hard feelings!** bez urazy!; **nurse feelings of revenge** szukać zemsty, pałać żądzą/chęcią zemsty, chcieć się zemścić

feet *zob.* **foot**

fence *n* płot; ogrodzenie ♦ **sit on the fence** być/pozostawać neutralnym, nie opowiadać się po żadnej ze stron, nie opowiadać się za nikim; **the grass is (always) greener on the other side of the fence** *przysł.* cudze zawsze lepsze; cudze chwalicie, swego nie znacie; wszędzie dobrze, gdzie nas nie ma

fiddle *n* **1.** *pot.* skrzypce **2.** *pot.* afera; kant; oszustwo ♦ **(as) fit as a fiddle** w świetnej/znakomitej formie; zdrów jak ryba; **be on the fiddle** być wplątanym/zamieszanym w aferę; kantować; **be second fiddle (to)** grać drugie skrzypce (w); **have a face as long as a fiddle** spuścić nos na kwintę; **play second fiddle (to)** grać drugie skrzypce (w)

field *n* **1.** pole **2.** boisko, plac **3.** pole, dziedzina, zakres ♦ **come from out in left field** *US pot.* pojawić się nieoczekiwanie/niespodziewanie; pojawić się ni stąd, ni zowąd; **hold the field** dominować; utrzymać się; pozostać dominującym; **lead the field (in)** przodować (w dziedzinie), zajmować czołowe miejsce (w dziedzinie); **(way) out in left field** *US pot.* dziwny, niezwykły

fifty *num* pięćdziesiąt ♦ **fifty-fifty** *pot.* pół na pół; **fifty-fifty chance** szansa pół na pół, prawdopodobieństwo pięćdziesiąt procent; **go fifty-fifty** podzielić się po połowie

fig *n* figa ♦ **be not worth a fig** coś jest diabła/licha warte; coś nie jest warte złamanego grosza, coś nie jest warte funta kłaków; **fig leaf** listek figowy; **I don't care/give a fig...** figę mnie obchodzi...

fight[1] *n* **1.** walka; bitwa **2.** chęć walki; duch bojowy ♦ **be spoiling for a fight** palić się/rwać się do walki; **clean fight** czysta walka; **fight to the death** walka na śmierć i życie; **fight to the**

finish walka do końca/do ostatniego tchu/do upadłego/do ostatniej kropli krwi; **fist fight** walka na pięści; walka wręcz; **get into a fight** wdać się w walkę; **put up a fight** stoczyć walkę, wydać walkę; **take all the fight out of sb** odebrać komuś wolę walki; **title fight** walka o tytuł mistrzowski

fight² v **(fought, fought)** 1. walczyć; bić się 2. zwalczać, przezwyciężać ♦ **fight a battle** stoczyć walkę; **fight a fire** walczyć z pożarem; **fight a losing battle against** stoczyć/prowadzić nierówną walkę z; **fight a war** toczyć wojnę, prowadzić wojnę; **fight for one's life** walczyć ze śmiercią; **fighting spirit** duch walki; **fight like a lion/tiger** walczyć jak lew/tygrys; **fight like cat and dog** drzeć z kimś koty; żyć jak pies z kotem; **fight one's way** iść przebojem; **fight shy of doing sth** wzdragać się przed czymś, wzbraniać się przed czymś; **fight the windmills** *przen.* walczyć z wiatrakami; **fight tooth and nail** walczyć o coś zębami i pazurami; **fight to the death** walczyć na śmierć i życie; **fight to the finish/to the bitter end** walczyć do końca/do ostatniego tchu/do upadłego/do ostatniej kropli krwi; **two dogs fight for a bone, and the third runs away with it** *przysł.* gdzie dwóch się bije, tam trzeci korzysta

figment n ♦ (*w wyrażeniu*) **a figment of sb's imagination** wytwór czyjejś wyobraźni

figure n 1. figura; kształt 2. postać 3. cyfra 4. liczba; cena 5. ilustracja, rysunek ♦ **become/be a figure of fun** stać się/być przedmiotem kpin, stać się/być pośmiewiskiem; **cut a fine/ /brilliant figure** zadać szyku; **figure skating** jazda figurowa na lodzie, łyżwiarstwo figurowe; **have a good figure** mieć zgrabną figurę; **in round figures** w zaokrągleniu; **public figure** osoba publiczna; **single figures** liczby jednocyfrowe; **solid figure** bryła (geometryczna)

file n 1. pilnik 2. kartoteka 3. segregator 4. plik (*danych komputerowych*) 5. **files** *pl* akta ♦ **in Indian/single file** gęsiego, rzędem, jeden za drugim; **on file/on the files** w kartotece;

w aktach; w archiwum; **the rank and file** szeregowcy, szeregowi żołnierze; szeregowi członkowie (*organizacji*)

fill *v* **1.** napełniać; wypełniać **2.** spełniać (*rolę itd.*) ♦ **fill a gap** wypełnić lukę; **fill in/out a form** wypełnić formularz; **fill teeth** plombować zęby; **fill the bill** odpowiadać/pasować (*komuś*) idealnie; nadawać się; być odpowiednim/stosownym (*do czegoś*)

final *a* **1.** końcowy, ostatni **2.** ostateczny ♦ **final heats** finał (*w sporcie*); **final result** rezultat końcowy; efekt końcowy; **final score** wynik końcowy, ostateczny rezultat; **he always gets/has the final word** ostatnie słowo zawsze należy do niego; **in the final analysis** w końcu, ostatecznie; **one's final resting place** miejsce (czyjegoś) wiecznego spoczynku; **say one's final word (on sth)** powiedzieć ostatnie słowo (w sprawie), wypowiedzieć się ostatecznie (w sprawie), rozstrzygnąć (coś) w sposób ostateczny; **the final sacrifice** najwyższa ofiara, ofiara złożona z własnego życia; **the final straw** ostatnia kropla (przepełniająca miarę)

find *v* (**found, found**) **1.** znajdować **2.** wykrywać; odkrywać **3.** stwierdzać; orzekać ♦ **cannot find words** nie móc znaleźć słów; **find a way out** znaleźć wyjście z sytuacji; **find a way to...** znaleźć sposób, aby...; **find fault (with sb/sth)** krytykować (kogoś/coś), ganić (kogoś/coś); **find favour with sb** spotkać się z czyjąś przychylnością, zostać/być życzliwie przyjętym przez kogoś; **find guilty** uważać za winnego; **find it necessary** uważać za konieczne; **find one's bearings 1.** ustalić swoje położenie **2.** zorientować się (*w sytuacji*); **find oneself in deep water** znaleźć się w kropce; **find one's feet** stanąć na nogi/na nogach, usamodzielnić się, uniezależnić się; **find one's match** trafić na równego sobie, trafić na swego; **find one's tongue/voice** odzyskać mowę; **find one's way to...** znaleźć/odnaleźć drogę do...; **find out how the land lies** rozejrzeć się w sytuacji, zorientować się w sytuacji, rozeznać się w sytuacji;

fine 196

find out sth the hard way doświadczyć czegoś/poznać coś/przekonać się o czymś na własnej skórze; **find sth heavy going** uważać, że coś jest trudne; **find the trace of sth/sb** wpaść/trafić na trop czegoś/kogoś, wpaść/trafić na ślad czegoś/kogoś; **I find it hard to believe...** trudno mi uwierzyć, że...

fine[1] *a* **1.** ładny; przyjemny; delikatny **2.** drobny; cienki; miałki **3.** *pot.* wspaniały; świetny ♦ **cut a fine figure** zadać szyku; **feel fine** czuć się świetnie; **fine arts** sztuki piękne; **fine feathers make fine birds** *przysł.* jak cię widzą, tak cię piszą; **go over/through sth with a fine-tooth comb** *przen.* przesiewać coś przez gęste sito; **have a fine head of hair** mieć bujne włosy, mieć gęste włosy; **have/get sth down to a fine art** *pot.* opanować coś do perfekcji; **not to put too fine a point on it** mówiąc wprost, mówiąc szczerze, otwarcie mówiąc; **sift sth with a fine-tooth comb** *przen.* przesiewać coś przez gęste sito; **there's a fine line between... and...** jest cienka granica między... a...

fine[2] *adv* bardzo dobrze, świetnie ♦ **that's fine!** świetnie!, doskonale!, wspaniale!

finger *n* palec ♦ **be all fingers and thumbs** mieć dwie lewe ręce; **burn one's fingers** poparzyć sobie na czymś palce, sparzyć się na czymś; **finger language** język migowy; **get one's fingers burnt** poparzyć sobie na czymś palce, sparzyć się na czymś; **have green fingers** być dobrym ogrodnikiem, znać się na ogrodnictwie, umieć uprawiać/pielęgnować ogród; **have one's finger on the pulse (of sth)** trzymać rękę na pulsie (czegoś); **have sb wrapped around one's little finger** owinąć sobie kogoś wokół małego palca; **have sticky fingers** *pot.* mieć długie ręce, mieć lepkie ręce, kraść; **index finger** palec wskazujący; **itchy fingers** *pot.* lepkie ręce (*do kradzieży*); **keep one's finger on the pulse (of sth)** trzymać rękę na pulsie (czegoś); **keep one's fingers crossed (for sb)** trzymać (za kogoś) kciuki; **let sth slip through one's fingers** przepuścić coś, zmarnować coś, nie wykorzystać czegoś, stracić coś (*okazję itd.*); **little finger** mały palec; **middle finger** palec środkowy; **not lay a finger on sb** nie tknąć kogoś palcem; **not lift/raise a finger (to do sth)** nie kiwnąć/ruszyć palcem (aby coś zrobić); **point a/the finger at sb** pokazywać kogoś palcem; wytykać kogoś palcem (*piętnować*); **point one's finger at** wskazać palcem na; **ring finger** palec serdeczny; **shake one's finger at sb** (po)grozić komuś palcem; **snap one's fingers** strzelać palcami/na palcach, pstrykać palcami; **sucked out of one's fingers ends** wyssany z palca; **twist sb round one's little finger/wind sb round one's (little) finger** owinąć sobie kogoś wokół małego palca; **work one's fingers to the bone** urabiać sobie ręce po łokcie

fingertip *n* koniuszek palca ♦ **have sth at one's fingertips** mieć coś w małym palcu; **to one's fingertips** w każdym calu, pod każdym względem, całkowicie

finish *n* koniec; finał; finisz; meta ♦ **fight to the finish** walczyć do końca/do ostatniego tchu/do upadłego/do ostatniej kropli krwi; **finish line** *US* linia mety, meta; **from start to finish** od początku do końca

fire *n* **1.** ogień **2.** pożar **3.** ostrzał (*artyleryjski itd.*) **4.** zapał, ogień ♦ **add fuel to the fire** dolewać oliwy do ognia; **as red as a fire** czerwony jak burak/jak piwonia/jak rak; **baptism of fire** chrzest ogniowy/bojowy; **be on fire** palić się, płonąć; **bring the fire under control** opanować pożar; **by the fire** przy ognisku; **catch (on) fire** zapalić się, stanąć w ogniu, zająć się ogniem; **fall out of the frying pan into the fire** trafić//wpaść/dostać się z deszczu pod rynnę; **fear sb/sth like fire** bać się kogoś/czegoś jak ognia; **fight a fire** walczyć z pożarem; **fire brigade/***US* **fire department** straż pożarna; **fire drill** próbny alarm przeciwpożarowy, ćwiczenia przeciwpożarowe; **fire engine** wóz strażacki, samochód strażacki; **fire fighting** gaszenie pożaru; **fire hazard** ryzyko (wybuchu) pożaru, niebezpieczeństwo pożaru, zagrożenie pożarowe; **fire practice** próbny alarm przeciwpożarowy, ćwiczenia przeciwpożarowe; **fire risk** ryzyko (wybuchu) pożaru, niebezpieczeństwo pożaru, zagrożenie pożarowe; **fire service** straż pożarna; **fire station** remiza strażacka; **fire truck** *US* wóz strażacki, samochód strażacki; **forest fire** pożar lasu; **get on like a house on fire** *pot.* szybko się z sobą zaprzyjaźnić; **hang fire** opóźnić się; wlec się; być/zostać wstrzymanym; **have several irons in the fire** mieć szerokie pole działania, udzielać się/być aktywnym w wielu dziedzinach; **he won't set the Thames on fire** on prochu nie wymyśli; **hold your fire!** nie strzelać!; wstrzymać ogień!; **house fire** pożar domu; **in the line of fire** na linii ognia; **no smoke without fire** *przysł.* nie ma dymu bez ognia; **open fire on** otworzyć ogień do; **out of the frying pan into the fire** z deszczu pod rynnę; **play with fire** igrać z ogniem//losem, kusić los/licho; **put out a fire** ugasić pożar; **red as a fire** czerwony jak burak/jak piwonia/jak rak; **return (sb's) fire** odpowiedzieć ogniem; **roaring fire** szalejący pożar; **set sth on fire/set fire to sth** podpalić coś; spowodować/wywołać/wzniecić pożar czegoś; **set the world on fire** *przen.* podbić/zawojować świat; **start a fire** podłożyć ogień, podpalić; **(there is) no smoke without fire/where there's smoke there's fire** *przysł.* nie ma dymu bez ognia; **wall of fire** ściana ognia

firm[1] *a* 1. mocny; twardy 2. zwięzły, zwarty 3. stały; niewzruszony ♦ **a firm hand** *przen.* silna/twarda ręka; **be firm with sb** być stanowczym wobec kogoś; **take a firm stand/line on** zająć zdecydowane stanowisko wobec/w sprawie

firm[2] *adv* mocno; silnie; twardo ♦ **hold firm to sth** trzymać się czegoś, wytrwale/niezłomnie obstawać przy czymś, wyznawać coś; **stand firm** stać twardo na swoim stanowisku, (twardo/stanowczo) upierać się przy swoim

first[1] *num* pierwszy ♦ **at first hand** z pierwszej ręki; **at first sight/glance** od pierwszego wejrzenia; na pierwszy rzut oka;

be on first name terms (with sb)/*US* **be on a first name basis** być (z kimś) po imieniu, mówić sobie po imieniu; **cast the first stone** pierwszy rzucić kamieniem; **first floor** *GB* pierwsze piętro; *US* parter; **first hand** z pierwszej ręki; **first in line for sth** pierwszy w kolejce/kolejności do czegoś; **first name** imię; **first night** premiera (*filmu, sztuki*); **first rate** pierwszorzędny; pierwszej klasy; wyborowy; znakomity; **first thing (in the morning)** z samego rana; **first things first** wszystko po kolei; **for the first time** po raz pierwszy; **from the (very) first** od (samego) początku; **give first aid** udzielić pierwszej pomocy; **in the first instance** najpierw; przede wszystkim; **in the first place** w pierwszym rzędzie, po pierwsze; **love at first sight** miłość od pierwszego wejrzenia; **make the first move** *przen.* zrobić pierwszy krok; **not know the first thing about sth/doing sth** znać się na czymś jak kura na pieprzu; **of the first rank** pierwszorzędny; pierwszej klasy; wyborowy; znakomity; **the first time round** za pierwszym razem

first² *adv* najpierw; po raz pierwszy; po pierwsze ♦ **at first** najpierw; w pierwszej chwili; **come first (with sb)** być (u kogoś) na pierwszym miejscu, być (dla kogoś) najważniejszym; **first and foremost** nade wszystko, przede wszystkim; **first come, first served** kto pierwszy, ten lepszy; **first of all** w pierwszej kolejności, najpierw; przede wszystkim; **first off** *pot.* przede wszystkim; najpierw; **from first to last** od początku do końca; **go over the top first** iść na pierwszy ogień; **head first** na głowę (*spaść itd.*); **put sth/sb first** stawiać coś/kogoś na pierwszym miejscu; **which came first, the chicken or the egg?** co było pierwsze: jajko czy kura?

fish *n* (*pl* **fish, fishes**) ryba ♦ **a big fish** *pot.* gruba ryba, szycha; **a fine kettle of fish!/a pretty kettle of fish!** ładna historia!; **drink like a fish** pić jak szewc, pić bez umiaru; **feel like a fish out of water** nie być w swoim żywiole; czuć się jak ryba bez wody, czuć się nieswojo; **have other/bigger fish to fry** *pot.*

fist

mieć inne/ważniejsze sprawy na głowie, mieć inne/ważniejsze rzeczy na głowie; **neither fish nor fowl** ni pies, ni wydra; ni to, ni owo; **that's a different kettle of fish/that's another kettle of fish** ale to już (zupełnie) inna historia; to inna para kaloszy; to zupełnie inna sprawa; **there are (plenty of) other fish in the sea/there are more (good) fish in the sea** świat się na tym nie kończy, to jeszcze nie koniec świata, nie wszystko stracone

fist *n* pięść ♦ **clench one's fist** zacisnąć pięść/pięści; **fist fight** walka na pięści; walka wręcz; **make money hand over fist** *pot.* szybko robić/zarabiać pieniądze; robić kasę; szybko zarobić duże/ciężkie/grube pieniądze; **shake one's fist (at sb)** wygrażać/(po)grozić (komuś) pięścią, potrząsać pięścią; **spend hand over fist** *pot.* mieć lekką rękę do wydawania pieniędzy, wydawać pieniądze lekką ręką; (prze)puszczać ciężkie/grube/duże pieniądze

fit[1] *n* **1.** atak (*choroby itd.*); napad, przypływ (*gniewu itd.*) **2.** dopasowanie, rozmiar ♦ **do sth in fits and starts/do sth by fits and starts** *pot.* robić coś na raty/z przerwami; pracować/robić coś zrywami

fit[2] *v* **1.** pasować, nadawać się, być odpowiednim **2.** dopasować; dostosować ♦ **fit (sb) like a glove** leżeć (na kimś) jak ulał/doskonale, pasować (na kogoś) jak ulał; **fit the bill** odpowiadać/pasować (*komuś*) idealnie; nadawać się; być odpowiednim/stosownym (*do czegoś*); **fit the description (of sb/sth)** odpowiadać opisowi (kogoś/czegoś), zgadzać się z opisem (kogoś/czegoś), pasować do opisu (kogoś/czegoś); **if the cap fits (, wear it)**/*US* **if the shoe fits (, wear it)** *przysł.* uderz w stół, a nożyce się odezwą

fit[3] *a* **1.** odpowiedni; zdatny; stosowny **2.** w dobrym zdrowiu, w dobrym stanie zdrowia ♦ **as fit as a fiddle** *pot.* w świetnej/znakomitej formie; zdrów jak ryba; **be fit to (eat/drink)** nadawać się do (jedzenia/picia); **be not fit to hold a candle to**

sb/sth *pot.* nie umywać się do kogoś/czegoś, nie dorastać komuś/czemuś do pięt, nie dorównywać komuś/czemuś; **fit as a fiddle** *pot.* w świetnej/znakomitej formie; zdrów jak ryba; **fit for use** nadający się/zdatny do użytku; **laugh fit to burst** śmiać się do rozpuku; **see/think fit (to do sth)** uważać za stosowne/właściwe (zrobić coś)

five *num* pięć ♦ **gimme five!** *pot.* przybij piątkę!; **give oneself five/take five/have five** *pot.* zrobić (sobie) pięć minut przerwy, zrobić (sobie) parę minut przerwy

flame *n* płomień ♦ **add fuel to the flames** dolewać oliwy do ognia; **burst into flames** stanąć w płomieniach; **fan the flames of sth** rozniecać/rozpalać płomień czegoś; **go up in flames** pójść z dymem, spalić się, spłonąć; **in flames** w płomieniach; **old flame** stara miłość

flash *n* **1.** błysk; rozbłysk **2.** przebłysk (*intuicji itd.*) **3.** wiadomość; krótka relacja (*w telewizji itd.*) **4.** flesz, lampa błyskowa ♦ **a flash in the pan** słomiany ogień; krótkotrwały/jednorazowy sukces; **(as) quick as a flash/in a flash/like a flash** szybki/szybko jak błyskawica/jak piorun/jak strzała; błyskawicznie; **flash point** punkt zapalny

flat *a* **1.** płaski **2.** kategoryczny, stanowczy, zdecydowany **3.** ospały; bez życia **4.** zwietrzały **5.** bez powietrza (*dętka*) ♦ **fall flat** nie udać się, nie powieść się; **flat on one's back** w łóżku, złożony chorobą; przykuty do łóżka; **knock sb flat** powalić kogoś na obie łopatki

flea *n* pchła ♦ **a flea in one's ear** bura, nagana; **a flea market** pchli targ; **get a flea in one's ear** dostać burę/naganę; **send sb off/away with a flea in his/her ear** ostro kogoś zganić, zbesztać kogoś, zwymyślać kogoś, powiedzieć komuś do słuchu

flesh *n* **1.** mięso **2.** ciało **3.** miąższ ♦ **be a thorn in sb's flesh** być komuś solą w oku; **go the way of all flesh** przenieść się/odejść do wieczności; **it makes my/her flesh creep** skóra mi/jej cierpnie, dostaję/dostaje gęsiej skórki; **one's (own) flesh and**

flight

blood krew z krwi, kość z kości; **put on flesh** nabierać ciała; przybierać na wadze

flight *n* **1.** lot **2.** ucieczka ♦ **in flight** w locie, lecący; **maiden flight** pierwszy lot (*samolotu*); **put sb to flight** zmusić kogoś do ucieczki; **space flight** lot kosmiczny/w kosmos; **take (to) flight** wziąć nogi za pas, dać nogę, zacząć uciekać

fling *v* (**flung, flung**) ciskać; rzucać ♦ **fling caution to the winds** przestać zachowywać ostrożność; nie zachowywać ostrożności; lekceważyć niebezpieczeństwo; **fling mud at sb** obrzucić kogoś błotem, zmieszać kogoś z błotem; **fling oneself into sth** rzucać się w wir czegoś; **fling sb in prison/jail** wtrącić kogoś do więzienia, wsadzić kogoś do więzienia

float *v* **1.** pływać, unosić się na wodzie **2.** szybować ♦ **float on air** być wniebowziętym, być w siódmym niebie, nie posiadać się ze szczęścia/z radości

flog *v* **1.** *pot.* opylić, opchnąć, sprzedać **2.** chłostać ♦ **flog oneself to death at work** *pot.* zapracowywać się na śmierć

floor *n* **1.** podłoga **2.** strop **3.** piętro, kondygnacja **4.** dno (*morza itd.*) ♦ **be/get in on the ground floor** *pot.* uczestniczyć w czymś od samego początku, brać w czymś udział od samego początku, mieć swój udział w czymś od samego początku; być w coś zaangażowanym od samego początku (*w przedsięwzięcie itd.*); **first floor** *GB* pierwsze piętro; *US* parter; **go through the floor** spadać do niskiego poziomu (*ceny, wartość*), tracić znacznie na wartości; **ground floor** *GB* parter; **have/hold the floor** być przy głosie, mieć głos; **second floor** *GB* drugie piętro; *US* pierwsze piętro; **take the floor 1.** zabrać głos, przemówić **2.** zatańczyć; **the shop floor 1.** teren fabryki; wydział fabryki/zakładu pracy **2.** załoga (*fabryki, zakładu pracy*); **top floor** najwyższe piętro; **wipe the floor with sb** *pot.* pobić kogoś na głowę, rozgromić kogoś, zwyciężyć/pobić/pokonać kogoś (*w walce sportowej, na argumenty itd.*)

flower *n* kwiat; kwiatek ♦ **in flower** kwitnący

fly¹ *n* mucha ♦ **a/the fly in the ointment** łyżka dziegciu w beczce miodu; **die like flies/drop (off) like flies/fall like flies** umierać/ginąć/padać jak muchy; **not harm/hurt a fly** nie skrzywdzić nawet muchy

fly² *v* **(flew, flown) 1.** latać **2.** fruwać **3.** uciekać; lecieć ♦ **as the crow flies** w linii prostej; **fly high** wysoko mierzyć, mieć (wielkie/wysokie) aspiracje; **fly in the face of common sense** urągać zdrowemu rozsądkowi; **fly in the face of sth** urągać czemuś, być/pozostawać w rażącej sprzeczności z czymś; **fly into a fury** wpaść we wściekłość/w furię; **fly into a passion/rage/temper** wpadać w pasję/we wściekłość/w złość; **fly off at a tangent** *pot.* zmieniać nagle temat, przeskakiwać z tematu na temat; **fly off the handle** *pot.* unieść się gniewem (*z błahego powodu*); **fly under false colours** stroić się w cudze piórka; **let fly at sb/sth** zaatakować kogoś/coś; naskoczyć na kogoś/coś; rzucić się na kogoś/coś

flying *a* latający; lecący ♦ **come through with flying colours** dać sobie śpiewająco radę; **flying squad** lotna brygada; **flying visit** krótka wizyta; **get off to a flying start/have a flying start** świetnie (się) zacząć; **with flying colours** *przen.pot.* śpiewająco

fold *v* **1.** zaginać **2.** składać (się) **3.** splatać, zakładać (*ręce*) **4.** zawijać, owijać **5.** zwijać (*działalność*) ♦ **fold one's arms** spleść/skrzyżować ręce na piersiach; **fold sth/sb in one's arms** brać/wziąć coś/kogoś na ręce/w ramiona; trzymać coś/kogoś w ramionach

follow *v* **1.** następować, iść za (*kimś, czymś*) **2.** iść do przodu, postępować (*drogą*) **3.** stosować się do, trzymać się (*prawa itd.*) **4.** nadążać za (*myślą*) **5.** następować, wynikać ♦ **as follows** następująco, w następujący sposób, jak następuje; **follow a diet** przestrzegać diety; **follow an aim** dążyć do celu; **follow a profession** wykonywać zawód; **follow in sb's footsteps/follow in the footsteps of sb** pójść w ślady kogoś, wstępować w czyjeś ślady; **follow one's heart** iść za głosem serca; **follow one's (own) bent** chodzić własnymi drogami/ścieżkami; **follow one's (own) nose 1.** *pot.* iść prosto przed siebie **2.** kierować się intuicją, robić coś intuicyjnie, robić coś na wyczucie; **follow sb's advice** iść/pójść za czyjąś radą; (po)słuchać czyjejś rady; skorzystać z czyjejś rady; **follow sb's example** iść/pójść za czyimś przykładem, brać z kogoś przykład; **follow suit** (z)robić to samo, naśladować; **follow the instructions** postępować zgodnie ze wskazówkami, stosować się do wskazówek; **follow the line/path of least resistance** pójść/iść po linii najmniejszego oporu; **follow the scent** iść/podążać tropem; **it follows (that)...** z tego wynika, że...; **the text reads as follows** tekst brzmi następująco

food *n* pożywienie, pokarm, żywność, jedzenie ♦ **bad food** zepsuta żywność, zepsute produkty żywnościowe; **fast food** szybkie dania; **food chain** łańcuch pokarmowy; **food for thought** pożywka dla wyobraźni; **health food** zdrowa żywność; **junk food** niezdrowe/tanie jedzenie

fool *n* głupiec ♦ **act the fool** błaznować, wygłupiać się; **April Fool's Day/April Fools' Day/All Fools' Day** (dzień) prima aprilis; **be living in a fool's paradise** żyć w błogiej nieświadomości; **fortune favours fools** *przysł.* głupi ma (zawsze) szczęście; **make a fool of oneself/sb** robić z siebie/kogoś głupca; **perfect fool** skończony głupiec/idiota, kompletny głupiec/idiota; **play the fool** błaznować, wygłupiać się; **sb is nobody's fool** ktoś nie jest głupcem; ktoś jest kuty na cztery nogi; kogoś trudno oszukać

foot[1] *n* (*pl* **feet**) **1.** stopa **2.** noga (*zwierzęcia*) **3.** chód **4.** spód, dół, dolna część ♦ **be bound hand and foot (by sth)** mieć związane/skrępowane ręce (czymś); **be on foot** być w przygotowaniu (*projekt itd.*); **be on one's feet** być na nogach; **be on one's feet again** stanąć na nogi/na nogach (*po chorobie, kryzysie*); **be rushed off one's feet/be run off one's feet** być zaganianym, być zalatanym; **be shaky on one's feet** mieć nogi jak z waty, nie móc utrzymać się na nogach (*z powodu choroby itd.*), słaniać się na nogach; **bind sb hand and foot** wiązać komuś ręce; krępować czyjeś poczynania/działania; **cut the ground from under sb's feet** wytrącić komuś broń z ręki; **drag one's feet** ociągać się (z decyzją); zwlekać; **fall on one's feet** spadać na cztery łapy; **find one's feet** stanąć na nogi/na nogach, usamodzielnić się, uniezależnić się; **from head to foot** od stóp do głów; **get back on one's feet** stanąć na nogi/na nogach (*po chorobie, kryzysie*); **get cold feet** *pot.* mieć stracha, mieć pietra; **get itchy feet** *pot.* nie móc wytrzymać długo w jednym miejscu, lubić podróżować, lubić podróże; być ciągle w rozjazdach; **get off on the wrong foot** źle/fatalnie zacząć, zrobić zły początek; **get to one's feet** wstawać; podnosić się; **God comes with leaden feet but strikes with iron hands** *przysł.* Pan Bóg nierychliwy, ale sprawiedliwy; **have a foot in both camps** działać na dwa fronty; **have both feet on the ground** mocno stąpać po ziemi; **have cold feet** *pot.* mieć stracha, mieć pietra; **have feet of clay** mieć słabą stronę; mieć wadę; **have itchy feet** *pot.* nie móc wytrzymać długo w jednym miejscu, lubić podróżować, lubić podróże; być ciągle w rozjazdach; **have one foot in the grave** być jedną nogą w grobie, stać jedną nogą w grobie, być jedną nogą na tamtym świecie; **have one's feet on the ground** mocno stąpać po ziemi; **have the ball at one's feet** *GB pot.* mieć dobrą okazję do czegoś; mieć możność/sposobność (do) czegoś; mieć okazję wykazać się; **have two left feet** *pot.* (po)ruszać się niezgrabnie, (po)ruszać się jak słoń, (po)ruszać się niezdarnie/jak niezdara; **jump to one's feet** skoczyć/zerwać się na równe nogi; **keep one's feet on the ground** mocno stąpać po ziemi; **land on one's feet** spadać na cztery łapy; **leap to one's feet** skoczyć/zerwać się na równe nogi; **not let the grass grow under one's feet** nie tracić czasu, nie marnować czasu, nie zasypiać gruszek w popiele; **on foot** pieszo,

foot

piechotą, na piechotę; **pull the rug (out) from under sb's feet** *pot.* pozbawić kogoś punktu oparcia; uniemożliwić coś komuś; sprawić, że komuś grunt usuwa się spod nóg; **put one's best foot forward/foremost** *pot.* ruszyć z kopyta; **put one's foot down 1.** *pot.* protestować, sprzeciwiać się **2.** dać/dodać gazu; **put one's foot in it** *pot.* popełnić gafę/błąd; wprawić (kogoś) w zakłopotanie; **rise to one's feet** wstawać; podnosić się; **sb got pins and needles in his foot** noga komuś ścierpła; ktoś czuje/ma mrowienie w nodze; **set foot on foreign soil** postawić nogę na obcej ziemi; **set sb/sth on their/its feet** postawić/stawiać kogoś/coś na nogi; **spring to one's feet** skoczyć/zerwać się na równe nogi, poderwać się, wstać raptownie; **stand on one's own (two) feet** stanąć na własnych nogach; **the boot is on the other foot** *pot.* (teraz) sytuacja się odwróciła; karta się odwróciła; **the ground is burning under sb's feet** grunt/ziemia pali się komuś pod nogami; **tie sb hand and foot** wiązać komuś ręce; krępować czyjeś poczynania/działania; **under foot** pod nogami; **wait on sb hand and foot** skakać koło kogoś, być na czyjeś każde zawołanie, spełniać czyjeś zachcianki, dogadzać czyimś zachciankom, nadskakiwać komuś; **walk sb off their feet** schodzić/uchodzić nogi, uchodzić się, nachodzić się, uchodzić nogi do kolan

foot² *v* ♦ (*w zwrocie*) **foot the bill** zapłacić rachunek

footstep *n* **1.** krok **2.** ślad stopy ♦ **follow in sb's footsteps/follow in the footsteps of sb** pójść w ślady kogoś, wstępować w czyjeś ślady

for *prep* **1.** dla **2.** za, zamiast **3.** za (*ile*); jako **4.** na, dla (*celu*) **5.** do (*kierunek*) **6.** z (*powodu*) **7.** od; przez; na (*jakiś czas*) **8.** dla, żeby **9.** za (*czymś, kimś*), po stronie **10.** po (*coś, kogoś*) **11.** co do **12.** wbrew, pomimo **13.** o coś **14.** ponieważ ♦**as for sb/sth** co się tyczy kogoś/czegoś, co do kogoś/czegoś, jeśli chodzi o kogoś/coś; **be for it/be in for it** *pot.* dostać za swoje, oberwać; **for ages** od wieków, (całe) wieki (*nie widzieć kogoś itd.*);

for all... pomimo..., niezależnie od...; **for all I know** o ile mi wiadomo, o ile wiem; **for all one is worth** z całych sił, co sił(y), ile sił; **for all the world as if...** zupełnie jakby..., jak gdyby...; **for a start** po pierwsze; **for a time** przez jakiś czas; **for a while** chwilowo; na razie; **for certain** na pewno, z pewnością; **for dear life** szybko; energicznie; z całych sił; ile sił w nogach; **for example** na przykład; **for free** za darmo, gratis; **for fun** dla zabawy; **for good (and all)** na zawsze, na dobre; na amen; **for health reasons** z przyczyn zdrowotnych, ze względów zdrowotnych; **for hire** do wynajęcia; **for instance** na przykład; **for keeps** *pot.* na zawsze, na dobre; na stałe, na własność; **for let** *US* do wynajęcia; **for my part** ja ze swej strony, jeśli o mnie chodzi; **for nothing 1.** za darmo, gratis **2.** na nic, na próżno, bez skutku; **for now** na razie, tymczasem (*póki się coś nie zmieni*); **for once** tylko ten raz, tylko ten jeden raz; **for one reason or another** z jakiegoś powodu; z niewiadomych/nieznanych przyczyn; **for one's life** szybko; energicznie; z całych sił; ile sił w nogach; **for one thing** po pierwsze; **for personal reasons** z przyczyn osobistych, ze względów osobistych; **for real** *pot.* naprawdę, rzeczywiście, na serio, poważnie, bez udawania; **for reasons best known to oneself** z przyczyn sobie tylko wiadomych; **for reasons of...** ze względów... (*bezpieczeństwa itd.*); **for sale** na sprzedaż, do sprzedania; **for short** w skrócie (*nazwa, imię*); **for show** na pokaz; **for some reason or another** z jakiegoś powodu; z niewiadomych/nieznanych przyczyn; **for some time** przez dłuższy czas; **for that matter** jeśli o to chodzi; **for the best** w najlepszej wierze, mając najlepsze intencje (*robić coś*), w dobrej intencji (*działać*); **for the good of...** dla dobra...; **for the first time** po raz pierwszy; **for the fun of it** dla zabawy; **for the future** na przyszłość; **for the life of one** *pot.* za skarby, za żadne skarby (świata), za nic na świecie; **for the moment** na razie, chwilowo; **for the most part** w przeważającej części, przeważnie; **for**

forbid 208

the present na razie, chwilowo; **for the rest** co do reszty, poza tym, co się tyczy pozostałych spraw; **for these reasons** z tych powodów, z tych przyczyn; **for the simple reason that...** z (tego) prostego powodu, że...; **for the time being** na razie; tymczasowo; tymczasem; **for want of sth** z braku czegoś; **for years** od lat; **just for once** tylko ten raz, tylko ten jeden raz; **now for...** a teraz...; czas/pora na...; **what for?** po co?

forbid v (**forbade, forbidden**) zabraniać, zakazywać ♦ **forbidden fruit** owoc zakazany; **God/Heaven forbid (that...)** niech Bóg broni

force[1] n 1. siła; przemoc 2. ważność (*ustawy*) ♦ **a show of force** pokaz/manifestacja siły (*militarnej*); **bring sth into force** wprowadzać coś w życie; **by force** siłą; przemocą; **come into force** wchodzić w życie (*przepisy itd.*); **driving force** siła napędowa; **employ force** używać siły; **force majeure** siła wyższa; **force of circumstance(s)** sytuacja zewnętrzna, warunki, (zbieg/splot) okoliczności; **force of habit** siła przyzwyczajenia; **in force** obowiązujący, w mocy; **labour force** siła robocza; **resort to force** uciekać się do użycia siły/do przemocy; **security forces** siły bezpieczeństwa; **task force** 1. grupa interwencyjna 2. oddział specjalny; **the forces of nature** siły przyrody/natury

force[2] v forsować, przeprowadzać coś siłą ♦ **force sb into a corner** przyprzeć kogoś do muru; **force sb's hand** zmusić kogoś; przynaglić kogoś, ponaglić kogoś; zmusić kogoś do pośpiechu; **force the door** wyłamać/wyważyć drzwi

fore n ♦ (*w zwrotach*) **come to the fore** pojawić się na scenie, wypłynąć (na szerokie wody); wysuwać się na czoło/na pierwszy plan/na pierwsze miejsce; **put sth to the fore** stawiać coś na pierwszym miejscu

forearm v ♦ (*w zwrocie*) **forewarned is forearmed** *przysł.* strzeżonego Pan Bóg strzeże

foregone a ♦ (*w zwrocie*) **be a foregone conclusion** być sprawą przesądzoną, wynik/rezultat czegoś jest (z góry) przesądzony

foremost *adv* głównie ♦ **first and foremost** nade wszystko, przede wszystkim; **put one's best foot foremost** *pot.* ruszyć z kopyta

forest *n* las ♦ **not see the forest for the trees** gubić się w szczegółach/w drobiazgach; rozmieniać się na drobne; rozpraszać się na drobiazgi; nie dostrzegać istoty rzeczy/sprawy przywiązując zbyt dużą wagę do drobiazgów; rozdrabniać się (w szczegółach)

forewarn *v* **(sb of/about/against sth)** przestrzegać (kogoś przed czymś), uprzedzać (kogoś o czymś), ostrzegać (kogoś przed czymś) ♦ **forewarned is forearmed** *przysł.* strzeżonego Pan Bóg strzeże

form *n* **1.** forma, kształt, postać **2.** rodzaj **3.** forma (*sportowa itd.*) **4.** blankiet, formularz **5.** klasa (*oddział*) ♦ **be on top form** być u szczytu formy, być w szczytowej/znakomitej formie; **complete a form** wypełnić formularz; **in any shape or form** pod żadną postacią; pod jakąkolwiek postacią, w jakiejkolwiek formie; **inquiry/enquiry form** kwestionariusz; **in the form of...** w postaci..., pod postacią...; **true to form** w sposób sobie właściwy, w sposób dla siebie charakterystyczny/typowy

former *a* **1.** dawny; miniony **2.** poprzedni, były ♦ **he is a shadow of his former self** cień z niego pozostał; **the former... the latter...** pierwszy... drugi... (*z wymienionych*)

fort *n* fort ♦ **hold the fort** *przen.* pełnić wartę, stać na straży/na posterunku, objąć straż/wartę (*pod czyjąś nieobecność*)

forth *adv* naprzód ♦ **and so forth** i tak dalej; **back and forth** tam i z powrotem

fortune *n* **1.** traf; przypadek; los **2.** fortuna, majątek ♦ **ask a fortune (for sth)** żądać zbyt wygórowanej ceny/opłaty (za coś), brać (za coś) zbyt wysokie ceny, drzeć/zdzierać skórę z kogoś, obdzierać/łupić kogoś ze skóry; **bad fortune** pech, niepowodzenie, zły los; **changing fortunes of sth** zmienne koleje czegoś; **cost a small fortune** *pot.* kosztować fortunę/majątek/kupę pieniędzy, słono kosztować; **fortune favours fools** *przysł.* głupi ma (zawsze) szczęście; **fortune teller** wróżka; wróżbita; **I am dogged by ill fortune** prześladuje/ściga mnie złe fatum; **make a fortune** zrobić majątek; dorobić się fortuny; **seek one's fortune** szukać szczęścia; **soldier of fortune** najemnik; **tell sb's fortune** przepowiedzieć komuś przyszłość; wróżyć komuś; **try one's fortune** spróbować szczęścia; **we had the good fortune to...** szczęście nam dopisało...

forward(s) *adv* naprzód, do przodu ♦ **backward(s) and forward(s)** tam i z powrotem; **know sth backwards and forwards** *US* znać coś na wylot/gruntownie/dokładnie; **put one's best foot forward** *pot.* ruszyć z kopyta

foul *v* **1.** zanieczyszczać; zabrudzić **2.** zaplątać się; wplątać się **3.** faulować ♦ **foul one's own nest** kalać własne gniazdo; **it is an ill bird that fouls its own nest** *przysł.* zły to ptak, co własne gniazdo kala

four *num* cztery ♦ **on all fours** na czworakach; **the fourth dimension** czwarty wymiar; **the fourth estate** czwarta władza (*prasa*); **these four walls** *przen.pot.* cztery ściany (*mieszkania*)

fowl *n* (*pl* fowl, fowls) **1.** ptak (*zwł. domowy*) **2.** ptactwo ♦ **neither fish nor fowl** ni pies, ni wydra; ni to, ni owo

frame *n* **1.** rama; ramka; oprawa **2.** konstrukcja; szkielet konstrukcji **3.** kadr, klatka filmowa **4.** postura ♦ **frame of mind** nastrój; **frame of reference** (wyznawany) system wartości

frank *a* szczery, otwarty ♦ **be frank with sb** być z kimś/wobec kogoś szczerym; **to be frank** szczerze/otwarcie mówiąc, jeśli mam być szczery

freak *n* kaprys; wybryk ♦ **freak of nature** wybryk natury

free[1] *a* **1.** wolny; swobodny **2.** niezależny **3.** bezpłatny ♦ **as free as a bird** wolny jak ptak; **free agent** osoba niezależna; **free and easy** swobodny; na luzie; bezceremonialny; **free as a bird** wolny jak ptak; **free election** wolne wybory; **free from duty** wolny od cła; **free kick** rzut wolny (*w piłce nożnej*); **free market** wolny rynek; **free of charge** bezpłatny; **free ticket** bilet bezpłatny; **free time** wolny czas; **free translation** wolny przekład; **free will** wolna wola; **get a free hand** dostać wolną rękę; **give free rein to one's imagination** puszczać wodze fantazji/wyobraźni; **give sb a free hand/rein** dać komuś wolną rękę; **have a free hand** mieć wolną rękę, mieć swobodę działania; **make free with sb** za dużo sobie pozwalać wobec kogoś; **make free with sth** rozporządzać się czymś (*bez wiedzy właściciela*), rządzić się czymś według swojej woli; **of one's own free will** z własnej woli; z dobrej (i nieprzymuszonej) woli

free² *adv* 1. wolno; swobodnie 2. bezpłatnie ♦ **be home free** *US pot.* najtrudniejsze mieć za sobą; **break free** uciec; uwolnić się; **for free** za darmo; **set free** uwolnić; **walk free** pozostawać na wolności; wyjść (z więzienia) na wolność

freedom *n* wolność; swoboda ♦ **freedom fighter** bojownik o wolność; **freedom of speech** wolność słowa; **freedom of the city** honorowe obywatelstwo miasta; **freedom of thought** swoboda/wolność przekonań

freeze *v* (**froze, frozen**) 1. marznąć; zamarzać 2. zamrażać 3. krzepnąć ♦ **freeze to death** zamarznąć na śmierć; **freezing rain** marznący deszcz; **make one's blood freeze/freeze one's blood** mrozić komuś krew w żyłach; **when hell freezes over** nigdy; na święty nigdy

French *a* francuski ♦ **take French leave** wyjść po angielsku

fresh *a* 1. świeży 2. nowy ♦ **a breath of fresh air** *przen.* powiew świeżego powietrza; pożądana zmiana; miła odmiana; **as fresh as a daisy** *pot.* żwawy, rześki i wypoczęty; **break fresh ground** wkraczać na nowy teren/grunt, podejmować/otwierać nową działalność; przecierać szlaki (w jakiejś dziedzinie); **fresh approach** nowe podejście; **fresh as a daisy** *pot.* żwawy, rześki i wypoczęty; **fresh attempt** nowa próba; **fresh blood** *przen.* świeża krew; **fresh water** słodka woda; **have a breath of fresh air** odetchnąć świeżym powietrzem; zaczerpnąć świeżego powietrza

friend *n* przyjaciel; znajomy; kolega ♦ **a friend in need (is a friend indeed)** *przysł.* prawdziwych przyjaciół poznaje się w biedzie, przyjaciela poznaje się w biedzie; **be friends with sb** przyjaźnić się z kimś; **bosom friend** serdeczny przyjaciel; **fast friends** starzy przyjaciele, przyjaciele od serca; **make friends with sb** przyjaźnić się z kimś; **some friend!** (*w znaczeniu negatywnym*) a to dopiero przyjaciel!

friendly *a* przyjacielski ♦ **be friendly with sb** przyjaźnić się z kimś, być zaprzyjaźnionym z kimś; **environmentally friendly** przyjazny dla środowiska (naturalnego); **user friendly** łatwy w użyciu; łatwy w obsłudze; łatwy dla użytkownika

fright *n* strach ♦ **stage fright** trema; **take fright at sth** przestraszyć się czegoś

frighten *v* przestraszyć; przerazić; straszyć; nastraszyć ♦ **be frightened of one's own shadow** bać się/lękać się swego (własnego) cienia; **be frightened out of one's wits/be frightened to death** bać się śmiertelnie; przestraszyć się śmiertelnie; **frighten sb to death/frighten the life out of sb/frighten the (living) daylights out of sb/frighten sb out of their wits** przestraszyć kogoś śmiertelnie

fringe *n* **1.** frędzla **2.** grzywka **3.** brzeg, obrzeże, skraj **4.** frakcja, odłam, ugrupowanie (*w partii*) ♦ **the lunatic fringe** frakcja ekstremistyczna (*w partii*), ekstremistyczni działacze, oszołomy polityczne

fro *adv* ♦ (*w wyrażeniu*) **to and fro** tam i z powrotem

frog *n* żaba ♦ **have a frog in one's throat** mieć chrypę

from *prep* od; z ♦ **across from sb/sth** naprzeciw kogoś/czegoś; po przeciwnej/przeciwległej stronie kogoś/czegoś; **apart from/ /US aside from** oprócz; poza; **as from** (począwszy) od (*dnia itd.*); **from above** z góry; **from a distance** z oddali; **from all sides/from all quarters** z każdej strony, ze wszystkich stron; **from A to Z** od a do z; **from close quarters** z bliska, z (bardzo) bliskiej odległości; **from cover to cover** od deski do deski (*czytać coś*); **from first to last** od początku do końca; **from habit** z przyzwyczajenia; z nawyku; **from hand to hand** z ręki do ręki; **from head to foot/toe** od stóp do głów; **from here** stąd; **from hour to hour** z godziny na godzinę (*zmieniać się itd.*); **from memory** z pamięci; **from morning to night** od świtu do nocy; **from nowhere** ni stąd, ni zowąd, niespodziewanie, nagle; znikąd; **from now on** począwszy od tej chwili, od tej pory, odtąd, w przyszłości; **from one's own pocket** z własnej kieszeni (*finansować coś itd.*), za własne pieniądze; **from place to place** z miejsca na miejsce; **from the inside** od/z wewnątrz; **from then on/from that day on** odtąd, od tego czasu, od tej chwili; **from there** stamtąd; **from the start** od początku; **from the top** *pot.* od początku; **from the (very) first** od (samego) początku; **from the word go** *pot.* od (samego) początku; **from time to time** od czasu do czasu, co pewien czas, co jakiś czas; **from... to...** od... do...; **from under** spod; **from within** od wewnątrz, z wewnątrz, od środka; **right from the start/right from the word go** *pot.* od (samego) początku; **take sth from sth** odjąć/odejmować coś od czegoś (*liczby*); **where from?** skąd?

front *n* przód; czoło; front ♦ **back to front** tył na przód (*włożyć coś*); **be a front for sth** *pot.* być przykrywką dla czegoś (*nielegalnej działalności itd.*); **front line** linia frontu; **front page** pierwsza strona (*gazety*); **in front** na przedzie; **in front of... 1.** przed... **2.** przy..., w obecności...; **know sth back to front** znać coś na wylot/gruntownie/dokładnie; **put on/show a brave/bold front** nadrabiać miną; **up front** z góry (*płacić*)

frontier *n* granica ♦ **push back the frontiers** wytyczać/wyznaczać/odkrywać nowe granice (*wiedzy*), poszerzać granice/horyzonty

frozen *a* **1.** zamarznięty **2.** mrożony **3.** przemarznięty ♦ **frozen to the bone/marrow** przemarznięty do szpiku kości

fruit *n* (*pl* **fruit, fruits**) owoc ♦ **bear fruit** wydawać/przynosić/dawać owoce; **forbidden fruit** owoc zakazany

fry¹ *n* narybek; drobne rybki ♦ **small fry** *pot.* 1. płotki, osoby mało znaczące 2. *US* dzieci, dzieciaki, drobiazg

fry² *v* smażyć (się) ♦ **fall out of the frying pan into the fire** trafić/wpaść/dostać się z deszczu pod rynnę; **have other/bigger fish to fry** *pot.* mieć inne/ważniejsze sprawy na głowie, mieć inne/ważniejsze rzeczy na głowie

fuel *n* paliwo ♦ **add fuel to the fire/flames** dolewać oliwy do ognia

full *a* 1. pełny 2. wypełniony ♦ **at full belt** *pot.* pędem; galopem; pełnym gazem, na pełny gaz, na pełnym gazie (*gnać, jechać*); **at full blast** pełną/całą parą; na całego; całą siłą; z całej siły/mocy; na cały regulator (*głośnik radiowy itd.*); **at full pelt/ /tilt** *pot.* pędem; galopem; pełnym gazem, na pełny gaz, na pełnym gazie (*gnać, jechać*); **at full speed** z maksymalną prędkością; **be full of beans/life** *pot.* być pełnym życiowej energii, tryskać energią, być pełnym życia; **be in full cry** być rozentuzjazmowanym, entuzjazmować się; krzyczeć entuzjastycznie; **be in full cry over sth** atakować/krytykować coś głośno; **come full circle** wrócić do punktu wyjścia, być znowu w punkcie wyjścia, znaleźć się w punkcie wyjścia; **come to a full stop** znaleźć się w impasie, utknąć w martwym punkcie; **full belt** *pot.* pędem; galopem; pełnym gazem, na pełny gaz, na pełnym gazie (*gnać, jechać*); **full blast** pełną/całą parą; na całego; całą siłą; z całej siły/mocy; na cały regulator (*głośnik radiowy itd.*); **full house** pełna widownia, widownia wypełniona po brzegi; **full length** jak długi; **full marks** najwyższe oceny/noty (*na egzaminie itd.*); **full name** imię i nazwisko; **full of oneself** zarozumiały, pyszałkowaty; **full of one's own importance** udający ważnego (*osoba*); **full of the joys of spring** radosny/szczęśliwy jak skowronek; **full pelt/tilt** *pot.* pędem; galopem; pełnym gazem, na pełny gaz, na pełnym gazie (*gnać, jechać*); **full stop** 1. kropka 2. *pot.* koniec kropka; **have one's hands full** mieć pełne ręce roboty; **in full** w pełni; w całości;

in full swing na całego; **in full view of...** na oczach...; na widoku; **on a full stomach** na pełny żołądek; z pełnym żołądkiem; **on full blast** pełną/całą parą; na całego; całą siłą; z całej siły/mocy; na cały regulator (*głośnik radiowy itd.*); **to the full** do pełna; na całego; **turn full circle** wrócić do punktu wyjścia, być znowu w punkcie wyjścia, znaleźć się w punkcie wyjścia

fun *n* zabawa; radość, przyjemność ♦ **become/be a figure of fun** stać się/być przedmiotem kpin, stać się/być pośmiewiskiem; **for fun/for the fun of it** dla zabawy; **have fun** bawić się; **make fun of** wyśmiewać się z, kpić z; **poke fun at sb/sth** wyśmiewać kogoś/coś, kpić z kogoś/czegoś, żartować z kogoś/czegoś

funny *a* **1.** śmieszny; zabawny **2.** dziwny, niesamowity ♦ **funny business** *pot.* oszustwa, kanty; **what's so funny?** co w tym śmiesznego?, co cię tak bawi/rozbawiło?

fury *n* wściekłość; furia ♦ **fly into a fury** wpaść we wściekłość/w furię; **like fury** *pot.* jak furia; jak burza; gwałtownie

fuss *n* **1.** zamieszanie **2.** awantura ♦ **kick up/make a fuss (about sth)** awanturować się (o coś), urządzić/zrobić awanturę (o coś), wszcząć awanturę (o coś); **make a fuss of/over** skakać koło (*kogoś, czegoś*)

future *n* przyszłość ♦ **distant future** daleka/odległa przyszłość; **for the future** na przyszłość; **future husband** przyszły mąż; **immediate future** najbliższa przyszłość; **in (the) future** w przyszłości; **the future lies in...** przyszłość należy do...

G

gain *v* zyskać; zdobyć; osiągnąć ♦ **gain an advantage over sb** zyskać nad kimś przewagę; **gain a victory (over)** odnieść/wywalczyć zwycięstwo (nad); **gain ground** puścić/zapuścić korzenie, ugruntować się; zdobywać coraz większe poparcie, cieszyć się rosnącą akceptacją; **gain ground on sb/sth** zbliżać się do kogoś/czegoś, doganiać kogoś/coś, doścignąć kogoś/coś, zmniejszyć dystans do kogoś/czegoś; **gain height** wznosić się; nabierać wysokości (*samolot*); **gain laurels** zdobywać laury; **gain one's point** osiągnąć swój cel; **gain sb's heart** podbić/zdobyć czyjeś serce; **gain the upper hand over sb** brać nad kimś górę, zdobywać nad kimś przewagę; **gain time** zyskać na czasie; **nothing ventured, nothing gained** bez ryzyka nie ma zysku; kto nie ryzykuje, ten nic nie ma; kto nie ryzykuje, ten nie je; bez ryzyka daleko nie zajdziesz; **stand to gain** móc zyskać, mieć szansę zyskać, stać przed szansą zyskania/zdobycia

game *n* **1.** gra **2. games** *pl* zawody sportowe; igrzyska **3.** zwierzyna ♦ **a whole new ball game** *pot.* zupełnie/całkiem nowa sytuacja (*dla kogoś*), nowe doświadczenie; (zupełnie) coś nowego; **beat sb at their own game** pokonać/pobić kogoś jego własną bronią; **big game** gruba zwierzyna; **confidence game** *US* nadużycie (czyjegoś) zaufania; **game of chance** gra hazardowa; **give the game away** wygadać się, (przypadkiem) zdradzić tajemnicę/sekret, niechcący zdradzić tajemnicę/sekret; **play a cat-and-mouse game with sb** bawić się z kimś jak kot z myszką/w kotka i myszkę, igrać z kimś jak kot z myszką; **play games** używać sztuczek; próbować różnych sztuczek; **play the game** przestrzegać reguł gry; postępować uczciwie/honorowo; **that's not playing the game!** to nieuczciwe!; tak się nie postępuje!; postępujesz nie fair!; **the game is not worth the candle** gra nie warta świeczki; **the game is up** gra skończona; podstęp się nie udał

gap *n* luka; szczelina; szpara ♦ **bridge/close/fill a gap** wypełnić lukę

garden *n* ogród ♦ **lead sb up the garden path** *pot.* wpuścić kogoś w maliny

gas *n* **1.** gaz **2.** *US* benzyna ♦ **gas station** *US* stacja benzynowa; **step on the gas** *pot.* dać/dodać gazu; **tear gas** gaz łzawiący

gasp *n* dyszenie ♦ **at one's last gasp** ledwie żywy, na pół/na wpół żywy

gatepost *n* słupek bramy ♦ **between you, me and the gatepost** *pot.* między nami (mówiąc)

gauntlet *n* rękawica ♦ **pick up/take up the gauntlet** podnieść/ /podjąć (rzuconą) rękawicę; **run the gauntlet** być wystawionym na ataki/na krytykę; **throw down the gauntlet** rzucić rękawicę

gear *n* **1.** przekładnia; bieg (*w samochodzie*) **2.** sprzęt **3.** mechanizm; urządzenie mechaniczne **4.** rzeczy; strój ♦ **be in top gear** *przen.pot.* iść/pracować pełną parą, być/pracować na pełnych obrotach; nabierać rozmachu, osiągnąć punkt kulminacyjny; **change gear** zmieniać bieg; **gear lever/***US* **gear shift** dźwignia zmiany biegów; **in gear** na biegu; **shift gear** *US* zmieniać bieg; **top gear** najwyższy bieg (*w samochodzie*)

general *a* ogólny; powszechny; generalny ♦ **as a general rule** z reguły, z zasady, zasadniczo; **general meeting** zgromadzenie ogólne; **general strike** strajk generalny; **in general** w ogóle; na ogół; **in general interest** w interesie ogółu; **the general public** ogół; szerokie rzesze społeczeństwa

get *v* (**got, got/*US* gotten**) **1.** otrzymywać; uzyskiwać; dostawać **2.** wystarać się; zdobyć **3.** stawać się; robić się **4.** przygotowywać; robić (*posiłek*) **5.** mieć (*uczucie, pomysł*) **6.** *pot.* rozumieć **can't get over sth** nie móc sobie darować czegoś; **don't get me wrong** *pot.* nie zrozum mnie źle; **get a beating** dostać lanie; dostać/oberwać/zbierać cięgi; dostać w skórę; **get a big hand** dostać/zebrać/zdobyć gorące/burzliwe/owacyjne brawa, dostać/zebrać/zdobyć gorące/burzliwe/owacyjne oklaski; **get a (big) laugh** wywołać (duży) śmiech; **get above oneself** wynosić się, wywyższać się, pysznić się; wysoko się cenić; **get a call (from sb)** odebrać telefon (od kogoś); **get a free hand** dostać/mieć wolną rękę; **get a good hiding** *pot.* dostać/oberwać (porządne) lanie; **get a grip on oneself** *pot.* wziąć się w garść; **get ahead** robić postępy (*w pracy, nauce*); posuwać się, postępować (*o czynności, procesie*); **get a kick out of sth/get a kick from sth/get one's kicks from sth** *pot.* mieć z czegoś dużą frajdę; mieć wielką przyjemność z czegoś; **get a line on sb/sth** *pot.* mieć/dostać informacje o kimś/czymś, wiedzieć coś o kimś/czymś; **get all the clear for sth** uzyskać oficjalną zgodę na coś; *pot.* dostać/uzyskać zielone światło dla czegoś; **get a load of sb/sth!** *pot.* spójrz/popatrz na kogoś/coś!; posłuchaj kogoś/czegoś!; zwróć uwagę na kogoś/coś!; **get a move on** *pot.* (po)śpieszyć się; **get a real bang out of doing sth** *US pot.* mieć prawdziwą frajdę/uciechę z robienia czegoś; **get away from the point** odbiegać od tematu; **get away scot-free/get away with murder** *pot.* ujść komuś na sucho, ujść komuś płazem, ujść komuś bezkarnie, upiec się komuś; **get a whiff of sth** poczuć powiew czegoś (*wolności itd.*); poczuć zapach czegoś; **get back on one's feet** stanąć na nogi/na nogach (*po chorobie, kryzysie*); **get behind** spóźniać się; pozostawać w tyle; **get better 1.** poprawiać się, polepszać się **2.** wracać do zdrowia, zdrowieć; **get carried away** dać się ponieść emocjom; **get close** zbliżyć się; **get cold 1.** wystygnąć, ostygnąć (*herbata, obiad itd.*) **2.** (z)marznąć; **get cold(er)** ochładzać się (*pogoda*); **get cold feet** *pot.* mieć stracha, mieć pietra; **get down to business** przejść do sedna sprawy; przejść do rzeczy; zabierać się do roboty; **get down to work** zabierać się do pracy; zająć się pracą; **get even with sb** wyrównać z kimś rachunki/krzywdy; **get home** przyjść do domu; dotrzeć do domu; **get hot under the collar** *pot.* nasrożyć się, rozzłościć się, rozgniewać się, być gotowym do kłótni; emocjonować się, podniecać się; **get in on sth** *pot.* uczestniczyć w czymś, brać w czymś udział, mieć swój udział w czymś; być w coś zaangażowanym; **get in on the act** *pot.* angażować się w coś (*np. przedsięwzięcie*); wciągać się w coś; wchodzić do interesu; **get in on the ground floor** *pot.* uczestniczyć w czymś od samego początku, brać w czymś udział od samego początku, mieć swój udział w czymś od samego początku; być w coś zaangażowanym od samego początku (*w przedsięwzięcie itd.*); **get in sb's hair** *pot.* wchodzić komuś w drogę/w paradę; grać komuś na nerwach, złościć kogoś; **get into (a) conversation** nawiązać z kimś rozmowę; **get into an argument** wdać się w kłótnię/spór; **get into bad company** wpaść w złe towarzystwo; **get into bad habits** popadać w złe nawyki; nabrać złych/fatalnych przyzwyczajeń; **get into bed** położyć się do łóżka, pójść spać; **get into hot water** *pot.* wpakować się w kłopoty, wpaść w opały, popaść/wpaść w tarapaty, nawarzyć sobie piwa, narozrabiać, nabroić; **get into sb's hands** wpaść w czyjeś ręce, dostać się w czyjeś ręce; **get in(to) the habit of doing sth/get into the way of doing sth** popadać w nałóg/nawyk robienia czegoś; przyzwyczajać się do robienia czegoś; **get into the wrong hands** dostać się w niepowołane ręce; **get involved in an argument/a fight/a discussion** wdać się w spór/walkę/dyskusję; **get itchy feet** *pot.* nie móc wytrzymać długo w jednym miejscu, lubić podróżować, lubić podróże; być ciągle w rozjazdach; **get it in the neck** *pot.* oberwać; oberwać

get

po grzbiecie/po głowie; oberwać guza; **get it into one's head that...** pojąć, że...; zrozumieć, że...; uzmysłowić sobie, że...; uprzytomnić sobie, że...; **get longer** wydłużać się, stawać się dłuższym; **get loose** uciec; uwolnić się; **get low (on sth)** kończyć się, wyczerpywać się *(zapasy czegoś)*; **get married** pobrać się; ożenić się; wyjść za mąż; **get moving** *pot.* ruszyć się; **get near(er)** zbliżać się; podchodzić; **get nowhere** prowadzić donikąd; **get off lightly/get off cheaply** *pot.* wykręcić się sianem; **get off my case!** *pot.* odczep się ode mnie!, przestań się mnie czepiać!; **get off on the wrong foot** źle/fatalnie zacząć, zrobić zły początek; **get off sb's back** *pot.* odczepić się od kogoś, dać komuś spokój; **get off scot-free** *pot.* ujść komuś na sucho, ujść komuś płazem, ujść komuś bezkarnie, upiec się komuś; **get off to a good start** dobrze się rozpoczynać/zaczynać; **get old** starzeć się; **get one over sb/sth** *pot.* zdobyć przewagę nad kimś/czymś; **get one's act together** *pot.* (z)mobilizować się, przygotować się; **get one's bearings 1.** ustalić swoje położenie **2.** zorientować się *(w sytuacji)*; **get one's breath again/back** odsapnąć; **get one's cards** *pot.* zostać zwolnionym/wyrzuconym z pracy; **get one's hands on sth/sb** dostać coś/kogoś w swoje ręce; dopaść coś/kogoś; dorwać się do czegoś/kogoś; **get one's knife into sb** *pot.* zawziąć się na kogoś, uwziąć się na kogoś; **get one's own back** *pot.* odpłacić pięknym za nadobne, odegrać się; **get one's own way** postawić na swoim, dokazać swego, dopiąć swego; **get one's revenge 1.** mścić się, zemścić się, dokonać zemsty *(na kimś)* **2.** zrewanżować się *(w zawodach sportowych)*; **get one's teeth into sth** poświęcić się czemuś, zająć się wyłącznie czymś, oddać się czemuś bez reszty; **get on like a house on fire** *pot.* szybko się z sobą zaprzyjaźnić; **get on sb's nerves** działać komuś na nerwy, grać komuś na nerwach; **get on the bandwagon** *pot.* hołdować nowej modzie; naśladować coś; małpować coś; **get on the wrong side of the law** popaść/wejść w konflikt z prawem, popaść/wejść w kolizję z prawem; **get out of bed** wstać z łóżka; **get out of bed (on) the wrong side/**US **get up on the wrong side of the bed** *przen.* wstać z łóżka lewą nogą; **get out of control** wymykać się spod kontroli; **get out of hand** wymykać się z rąk, wymykać się spod kontroli; **get out of my way!** z drogi!, zejdź mi z drogi!; **get out of order** zepsuć się; **get out of the habit** wyjść z nałogu, pozbyć się nałogu, wykorzenić nałóg; **get out of the road!** *pot.* z drogi!, precz!; **get out of the way of doing sth** odzwyczajać się od czegoś; nie przyzwyczajać się do czegoś; nie mieć zwyczaju robienia czegoś; **get ready** przygotować się; **get real!** *pot.* bądź poważny!, bądź rozsądny!, bądź realistą!; **get rich** wzbogacić się; **get sb off the hook** wyciągnąć/uratować/wydobyć kogoś z opresji, wyciągnąć kogoś z tarapatów/kłopotów; **get sb's back up** *pot.* rozzłościć kogoś, wkurzyć kogoś; **get sb's goat** *pot.* zirytować kogoś; **get sb wrong** źle kogoś zrozumieć; zrozumieć kogoś opacznie, zrozumieć kogoś odwrotnie; **get sick** US zachorować; **get sleep** zaznać snu; **get sth an airing** dyskutować nad czymś (*na forum publicznym*); przedyskutować coś; naświetlać coś (*zagadnienie itd.*); **get sth down on paper** zanotować coś; napisać coś/o czymś; przelać coś na papier; **get sth down to a fine art** *pot.* opanować coś do perfekcji; **get sth into one's head** *pot.* uświadomić coś sobie, uprzytomnić coś sobie, zrozumieć coś, dotrzeć do kogoś; **get sth into shape** *pot.* udoskonalić coś; ulepszyć coś; usprawnić coś; ukształtować coś; przystosować coś do użytku; **get sth moving** *pot.* rozruszać coś; rozkręcić coś; puścić coś w ruch; pobudzić coś do działania; uaktywnić coś; **get sth off one's chest** *pot.* zrzucić ciężar z serca, zwierzyć się (z czegoś); **get sth off the ground** ruszyć z miejsca; **get sth out of one's mind** wymazać coś z pamięci; **get sth ready** przygotować coś; **get sth wrong** źle coś zrozumieć; pokręcić coś; pomieszać coś; **get the best of sth** osiągnąć/uzyskać z czegoś maksymalną korzyść; odnieść z czegoś

get

maksymalny pożytek; **get the better of sb** pokonać kogoś; uzyskać nad kimś przewagę; wziąć nad kimś górę; **get the blues** być przygnębionym/smutnym; poddawać się depresji; mieć chandrę; **get the hump** *pot.* wkurzyć się; **get the idea** (z)rozumieć; **get the idea (that...)** wydawać się, że...; **get the impression that...** odnosić/mieć wrażenie, że...; **get the joke** zrozumieć dowcip/kawał; **get the measure of sb** wyrobić sobie pogląd/zdanie/sąd o kimś; **get the message** *pot.* zrozumieć aluzję; zrozumieć; **get the wrong idea** mieć mylne/błędne wyobrażenie; **get through** połączyć się (*telefonicznie*); uzyskać połączenie (*telefoniczne*); dodzwonić się (*do kogoś*); **get to grips with** zmierzyć się z, zmagać się z; wziąć się/chwytać się za bary z; **get too big for one's boots** *pot.* zważnieć; stać się zarozumiałym; zacząć zadzierać nosa; **get to one's feet** wstawać; podnosić się; **get to sleep** zasypiać; **get to the bottom of sth** dochodzić/dojść do sedna sprawy; **get to the point** przejść do rzeczy, przejść do sedna sprawy; **get to the truth** dotrzeć do prawdy, odkryć prawdę; **get to work** zabierać się do pracy; zająć się pracą; **get under control** opanować, wziąć pod kontrolę; **get up with the lark** wstawać razem z kurami, wstawać ze słońcem, wstawać skoro świt; **get used to sth** przyzwyczaić się do czegoś; **get wet** przemoknąć; przemoczyć się; **get wet through** przemoknąć do (suchej) nitki/doszczętnie/na wskroś; **get wind of sth** zwietrzyć/zwęszyć coś; **get worse** pogorszyć się; **have got to** musieć; **how are you getting on?** jak ci się powodzi?; **I don't get you** nie rozumiem cię; **it gets light** rozwidnia się, widnieje, świta; **it's getting late** robi się późno; **where did you get that idea?** skąd ten pomysł?

ghost *n* duch ♦ **(as) white as a ghost** śmiertelnie blady, blady jak trup, trupio blady; **give up the ghost** wyzionąć ducha; **I didn't have the ghost of an idea...** nie miałem najmniejszego/bladego/zielonego pojęcia...; **not have the ghost of a chance** nie mieć najmniejszej szansy; **the Holy Ghost** Duch Święty

gift *n* **1.** dar; prezent **2.** dar, talent; uzdolnienie ♦ **by/as a gift** w darze; **don't/never look a gift horse in the mouth** *przysł.* darowanemu koniowi nie zagląda się w zęby; **small gift** drobny/skromny upominek

give *v* (**gave, given**) dawać; udzielać ♦ **be given to understand** dać komuś do zrozumienia; **give a cry** podnieść krzyk; wydać okrzyk; **give a damn (about)** *pot.* gwizdać na (coś), mieć coś w nosie; **give a glance at** spojrzeć na, rzucić okiem na; **give a good/bad account of oneself** dobrze/źle się spisać; **give a hammering** pobić (kogoś) dotkliwie/okropnie, zadać (komuś) klęskę/dotkliwy cios; **give an account of sth** zdawać sprawozdanie/raport/relację z czegoś; **give and take** być gotowym do pójścia na kompromis, być skłonnym do kompromisu; **give an idea of...** dawać pojęcie/wyobrażenie o...; **give a party** wydawać przyjęcie/prywatkę; organizować przyjęcie/prywatkę; **give birth to 1.** urodzić (*dziecko*) **2.** *przen.* dać początek, zapoczątkować; **give colour to sth 1.** uwiarygodnić coś, czynić coś prawdopodobnym/prawdziwym **2.** czynić coś (bardziej) kolorowym, uatrakcyjniać coś, ożywiać coś; **give credence to sth** dawać czemuś wiarę; **give evidence** zeznawać, składać zeznanie (*w sądzie*); **give free rein to one's imagination** puszczać wodze fantazji/wyobraźni; **give ground** ustępować; **give heed to sth** zwracać uwagę na coś, uważać na coś; mieć wzgląd na coś; **give hope** dawać nadzieję; rokować nadzieje; **give in to (the) temptation** ulec pokusie; **give it a rest!** *pot.* daj (temu) spokój!, zostaw to w spokoju!, przestań!; **give it to sb straight from the shoulder** powiedzieć/mówić komuś coś prosto z mostu; **give lip service to sth** popierać/wspierać coś ustnie, udzielać czemuś ustnego poparcia, wyrażać ustne poparcie dla czegoś, składać ustne deklaracje na rzecz czegoś/popierające coś, kończyć na ustnych deklaracjach na rzecz czegoś (*nie przechodząc do czynu*); **give me a break!** *pot.* daj (mi) spokój!; przestań!; **give notice** wypowiadać pracę; wymówić (*np. mieszkanie*); **give one's all** dawać z siebie wszystko; zrobić wszystko, co możliwe/na co kogoś stać; **give oneself airs** zadzierać nosa; wywyższać się, puszyć się, pysznić się; **give one's evidence** zeznawać, składać zeznanie (*w sądzie*); **give one's life** oddać życie; **give one's mind to sth** koncentrować się/swoją uwagę na czymś; **give one's respects to sb** przekazać/przesłać komuś wyrazy szacunku; **give one's right arm for sth/to do sth** *pot.* dać sobie rękę uciąć za coś/żeby coś zrobić; **give or take** plus minus, około, w przybliżeniu; **give place to sb/sth** ustępować miejsca komuś/czemuś; **give results** dawać/przynosić wyniki, dawać/przynosić rezultaty, dawać/przynosić efekty; **give rise to sth** prowadzić do czegoś, dać asumpt do czegoś; dać początek czemuś; zainicjować coś; **give sb a beating** sprawić/spuścić komuś lanie; sprawić/dać/spuścić komuś cięgi; dać komuś w skórę; **give sb a bell** *GB pot.* (za)dzwonić do kogoś, (za)telefonować do kogoś; **give sb a (big) hand** oklaskiwać kogoś (głośno/gorąco), nagrodzić/przyjąć kogoś (gromkimi/burzliwymi/owacyjnymi) brawami/oklaskami; **give sb a black eye** podbić komuś oko; **give sb a blank cheque** dać komuś carte blanche/wolną rękę/swobodę działania; **give sb a call** (za)dzwonić do kogoś, (za)telefonować do kogoś; **give sb a dirty look** spojrzeć na kogoś gniewnie/pogardliwie/lekceważąco; przeszyć kogoś gniewnym/pogardliwym/lekceważącym spojrzeniem; zmierzyć/przeszyć kogoś nieprzyjaznym wzrokiem; **give sb a free hand/rein** dać komuś wolną rękę; **give sb a good hiding 1.** zbić kogoś; złoić/(wy)garbować/przetrzepać komuś skórę **2.** pobić kogoś; **give sb a hard time** dać się komuś we znaki, dać komuś do wiwatu, zaleźć komuś za skórę, dopiec komuś; **give sb a (helping) hand** podać komuś pomocną dłoń; pomóc komuś; **give sb a kick** *pot.* sprawiać komuś dużą frajdę; sprawiać komuś wielką przyjemność; **give sb a look** spojrzeć na kogoś; zmierzyć kogoś wzrokiem/spojrzeniem; **give sb an inch (and they'll** take a mile/yard) *przysł.* daj mu palec, a on całą rękę chwyta; **give sb a pat on the back** pochwalić kogoś, udzielić komuś pochwały; **give sb a piece of one's mind** *pot.* powiedzieć coś komuś do słuchu; **give sb a ring** *pot.* (za)dzwonić do kogoś, (za)telefonować do kogoś; **give sb hell** robić komuś piekło; **give sb ideas** robić komuś nadzieję, rozbudzać czyjeś nadzieje/oczekiwania; **give sb one's love** pozdrowić kogoś, przesłać komuś pozdrowienia; **give sb plenty of rope** dać komuś swobodę działania; **give sb six months/a year to live** dawać komuś sześć miesięcy/rok życia (*itd.*); **give sb/sth a clean bill of health** wydać/wystawić komuś świadectwo zdrowia/lekarskie o zdolności do pracy (*itd.*); wydać/wystawić zaświadczenie o sprawności/przydatności czegoś do użytku (*itd.*); **give sb/sth a kick** dać komuś/czemuś kopniaka; **give sb/sth a wide berth** omijać kogoś/coś z daleka; trzymać się od kogoś/czegoś z daleka; nie zbliżać się do kogoś/czegoś; **give sb the axe** *pot.* wyrzucić kogoś z pracy, wylać kogoś z pracy; posłać kogoś na zieloną trawkę; **give sb the benefit of the doubt** rozstrzygnąć wątpliwość/sprawę na korzyść osoby zainteresowanej (*z braku dowodów*); uwierzyć komuś pomimo wątpliwości; **give sb the cold shoulder** traktować kogoś zimno/chłodno; **give sb the eye** robić/puszczać do kogoś oko; **give sb the horrors** przestraszyć kogoś, przerazić kogoś; **give sb the hump** *pot.* rozzłościć kogoś, wkurzyć kogoś; **give sb their cards** *pot.* wyrzucić kogoś z pracy, wylać kogoś z pracy; posłać kogoś na zieloną trawkę; **give sb their head** dać/zostawić komuś swobodę działania; nie wtrącać się do kogoś; **give sb to understand** dać komuś do zrozumienia; **give sth a miss** darować sobie coś, zrezygnować z czegoś; opuścić coś; **give sth an airing** dyskutować nad czymś (*na forum publicznym*); przedyskutować coś; naświetlać coś (*zagadnienie itd.*); **give sth a whirl** *pot.* przymierzyć się do czegoś; spróbować czegoś/swoich sił; zmierzyć się z czymś; **give sth the axe** *pot.* pozbyć się czegoś; **give sth up as a bad**

glance

job zrezygnować z czegoś, dać za wygraną; **give the alarm** bić na alarm; **give the all clear** odwołać alarm (*sygnałem*); **give the game away** wygadać się, (przypadkiem) zdradzić tajemnicę/sekret, niechcący zdradzić tajemnicę/sekret; **give the impression of sb/sth** sprawiać wrażenie kogoś/jakiegoś; **give the lie to sth** zadawać/zadać czemuś kłam, zadać czemuś fałsz; **give up all thoughts of (doing sth)** porzucić myśl o (zrobieniu czegoś); **give up hope** stracić nadzieję; porzucić (wszelką) nadzieję; **give up smoking** rzucić palenie; **give up the ghost** wyzionąć ducha; **give vent to sth** dawać upust czemuś (*uczuciom itd.*); **give voice to sth** dawać czemuś wyraz (*uczuciom, przekonaniom itd.*); **give way** (z)łamać się, spadać; zapadać się; **give way to sb/sth 1.** ustępować komuś/czemuś; ugiąć się przed kimś/czymś; ulec komuś/czemuś; poddać się komuś/czemuś **2.** ustępować komuś/czemuś drogi; dawać komuś/czemuś pierwszeństwo przejazdu; **it gives me/her the creeps** skóra mi/jej cierpnie, dostaję/dostaje gęsiej skórki; **not give a damn/ /a hang (about)** *pot.* gwizdać na (coś), mieć coś w nosie; **what gives?** *pot.* co nowego?; co się dzieje?, o co chodzi?

glance *n* spojrzenie; rzut oka ♦ **at a (single) glance** na pierwszy rzut oka, od razu; **at first glance** od pierwszego wejrzenia; na pierwszy rzut oka; **cast/give/take/shoot/throw a glance at** spojrzeć na, rzucić okiem na; **cast envious glances at sth** patrzeć na coś zazdrosnym okiem

glimpse *n* spojrzenie; rzut oka ♦ **catch a glimpse of sth/sb** dostrzec coś/kogoś, dojrzeć coś/kogoś

glitter *v* błyszczeć, lśnić ♦ **all that glitters is not gold/all is not gold that glitters** *przysł.* nie wszystko złoto, co się świeci

glove *n* rękawiczka; rękawica ♦ **be hand in glove with sb** współpracować z kimś; mieć kontakty/powiązania/związki z kimś; być powiązanym z kimś (*mafią, światem przestępczym itd.*); trzymać sztamę z kimś; **fit (sb) like a glove** leżeć (na kimś) jak ulał/doskonale, pasować (na kogoś) jak ulał; **handle/treat**

sb/sth with kid gloves obchodzić się z kimś/czymś jak z jajkiem, traktować kogoś/obchodzić się z kimś (jak) w rękawiczkach, postępować z kimś delikatnie/ostrożnie/uprzejmie

go¹ *n* **1.** kolej (*na kogoś*) **2.** podejście (*do egzaminu itd.*) **3.** werwa, energia ♦ **at one go** za jednym zamachem, od razu; **be all go** *zob.* **it is all go**; **be on the go** *pot.* **1.** być w ruchu, być załatanym **2.** być w trakcie (*powstawania, tworzenia*), być w toku, powstawać, trwać; **first/second go** za pierwszym/drugim podejściem (*zdać egzamin itd.*); **have a go (at sth/doing sth)** spróbować, próbować (czegoś/coś zrobić); **in one go** za jednym zamachem, od razu; **it is all go** *pot.* panuje duży ruch/nieopisany rwetes (*w biurze itd.*); jest dużo bieganiny (*przy załatwianiu czegoś*); **leave go of sth** *pot.* uwolnić coś, puścić coś; **make a go of sth** odnieść sukces w czymś

go² *v* **(went, gone) 1.** iść; chodzić **2.** jechać **3.** (*o czasie*) mijać; upływać **4.** stawać się; robić się ♦ **as the saying goes** jak mówi powiedzenie/przysłowie; **be going on (for) sth** zbliżać się do czegoś (*określonego wieku, liczby itd.*); nadciągać, nadchodzić (*noc, pora dnia itd.*); **be going to** zamierzać, mieć zamiar; **be still going strong** dobrze/świetnie się trzymać, mieć się dobrze/świetnie; **easy come, easy go** lekko/łatwo przyszło, lekko/łatwo poszło; **from the word go** *pot.* od (samego) początku; **go about one's business** załatwiać swoje sprawy; zajmować się swoimi sprawami; być zajętym swoimi sprawami; krzątać się wokół swoich interesów; **go according to plan** przebiegać/pójść/odbywać się zgodnie z planem; **go ahead!** dalej!; śmiało!; **go ahead (with sth)** zaczynać (coś), rozpoczynać (coś); **go a long way 1.** starczyć/wystarczyć na długo **2.** w zupełności starczyć/wystarczyć; **go a long way towards doing sth** przyczynić się walnie do czegoś, bardzo pomóc w osiągnięciu/zdobyciu czegoś, dobrze się przysłużyć jakiejś sprawie; **go and take a running jump!** *pot.* zmiataj stąd!, zmiataj w podskokach!, zjeżdżaj stąd!, zjeżdżaj w podskokach!; **go**

astray 1. (z)gubić się, zaginąć **2.** *przen.* zejść na manowce, zejść na złą drogę, pobłądzić; **go back on one's word** złamać słowo, nie dotrzymać słowa; **go bad** zepsuć się (*żywność*); **go badly wrong** bardzo/znacznie się pogarszać (*sytuacja itd.*); walić się (*sprawy itd.*); przybrać/wziąć zły obrót (*wydarzenia itd.*); **go bail (for sb)** zapłacić/złożyć kaucję (za kogoś); **go bananas** *pot.* szaleć, wariować, fiksować; wściekać się, wpadać w złość; **go bankrupt** (z)bankrutować; stać się bankrutem; **go beyond all reason** urągać zdrowemu rozsądkowi, wykraczać poza/przekraczać granice zdrowego rozsądku, być nie do przyjęcia, być nie do zaakceptowania; **go beyond the bounds of** wykraczać poza/przekraczać granice (*rozsądku, dobrego smaku itd.*); **go blank 1.** *przen.* dostać zaniku pamięci, mieć pustkę w głowie/pamięci, dostać zaćmienia pamięci, nie móc sobie przypomnieć **2.** zaniknąć, zniknąć (*obraz telewizyjny itd.*), stać się niewidocznym; **go broke** (z)bankrutować, splajtować; **go by the board** zostać odrzuconym/porzuconym/zignorowanym; *pot.* brać w łeb (*plan itd.*), nie udać się; **go by the name of...** używać nazwiska..., występować pod nazwiskiem...; być znanym pod imieniem...; **go cold** wystygnąć, ostygnąć (*herbata, obiad itd.*); **go cold turkey** *pot.* być na głodzie (*narkotycznym*); **go dead** (z)drętwieć; **go downhill** pogarszać się, psuć się; **go down in history as** przejść do historii jako; **go down on one's knees** uklęknąć; **go down the drain** pójść/iść na marne, zmarnować, wyrzucić w błoto; **go fifty-fifty** podzielić się po połowie; **go for a walk** iść na spacer; **go for a wander** iść/pójść na spacer; iść/pójść na przechadzkę; przejść się; **go for broke** *pot.* postawić wszystko na jedną kartę, zaryzykować; **go for nothing** pójść/iść na marne; **go great guns** *pot.* świetnie sobie radzić; iść jak po maśle; **go half and half/go halves (with sb)** podzielić się (z kimś) po połowie (*kosztami czegoś*); **go hand in hand** iść w parze, ściśle się z sobą wiązać, być ściśle powiązanym; **go hard** (s)twardnieć; **go haywire** *pot.*

wymknąć się spod kontroli; przestać działać właściwie, popsuć się, zbikować; zawodzić (*plan itd.*); **go home** iść do domu; **go hot and cold** oblać się zimnym potem, robić się komuś gorąco i zimno na przemian, doznać szoku; **go hungry** głodować, cierpieć głód; **go into action** wchodzić do akcji; **go into detail(s)** wchodzić/wdawać się/wnikać w szczegóły; **go into hiding** ukryć się; skryć się; **go into production** wchodzić do produkcji, rozpoczynać produkcję; **go into raptures (over/about sth/sb)** zachwycać się (czymś/kimś); wpadać w zachwyt (nad czymś/kimś), piać z zachwytu (nad czymś/kimś); **go it alone** przejść/pójść na swoje; założyć własny biznes/interes; zacząć samodzielne życie; (zacząć) żyć na własny rachunek; usamodzielnić się; **go lame** okuleć; **go like hot cakes** iść/sprzedawać (się) jak świeże/gorące bułeczki, iść jak woda (*towar*); **go like the wind** pędzić jak na skrzydłach/jak huragan/jak strzała; **go mad 1.** oszaleć, zwariować **2.** *przen.* oszaleć; wpaść w furię/we wściekłość; wściec się; rozwścieklić się; rozzłościć się; **go missing** z(a)ginąć; zniknąć; zgubić się; **go nowhere** prowadzić donikąd; **go nuts** *pot.* zwariować, oszaleć; **go off at a tangent** *pot.* zmieniać nagle temat, przeskakiwać z tematu na temat; **go off the boil** *pot.* obniżyć lot/poprzeczkę; wypaść/spisać się (nieco) gorzej; **go off the rails** *pot.* **1.** wykoleić się; zejść na złą drogę **2.** przestać działać; wymknąć się spod kontroli; zacząć szwankować; zawodzić; **go off with a bang** *pot.* odnieść sukces, wspaniale się udać, pójść znakomicie; **go off without a hitch** mijać bez zakłóceń/bez przeszkód/bez problemów; **go on about sth** *pot.* zawracać komuś czymś głowę, zamęczać kogoś czymś; **go one's own way** pójść własną drogą; zrobić coś/postąpić według własnego uznania; podjąć samodzielną decyzję; działać/postępować samodzielnie; **go one's separate ways 1.** rozstać się, pójść swoją drogą, zerwać ze sobą, zakończyć związek **2.** rozstać się, rozejść się, pójść (każdy) w swoją stronę, pójść swoją drogą; **go on one's knees** uklęknąć; **go on**

the wagon *pot.* rzucić picie (alkoholu), przestać pić, zerwać z nałogiem; **go on (to) the offensive** przejść do ofensywy; zaatakować; **go out like a light** *pot.* natychmiast zasnąć, przyłożyć głowę do poduszki i zasnąć; **go out of business** *pot.* wypaść z interesu; zwinąć interes/biznes; **go out of date 1.** wychodzić z mody **2.** stracić aktualność/na aktualności; stracić ważność; **go out of one's mind 1.** odchodzić od rozumu/od zmysłów **2.** wylecieć komuś z głowy/z pamięci, zapomnieć; **go out of order** zepsuć się; **go out (of) the window** *pot.* przepaść, zniknąć/ulotnić się bez śladu, zniknąć/ulotnić się jak kamfora; **go out of use** wychodzić z użycia/z użytku; **go out on a limb** głosić/wyznawać niepopularny pogląd, być osamotnionym w przekonaniu; narażać się (*komuś*); **go overboard** *pot.* zbytnio się podniecać, zbytnio się entuzjazmować; wkładać w coś zbyt dużo zapału; **go over sth in one's mind** (bez przerwy) wracać do czegoś myślami, być pochłoniętym/zaprzątniętym myślą/myślami o czymś, rozpamiętywać coś; **go over sth with a fine-tooth comb** *przen.* przesiewać coś przez gęste sito; **go over the top first** iść na pierwszy ogień; **go rags to riches** wzbogacić się zaczynając od zera; dorobić się majątku/fortuny zaczynając od zera/od jednego dolara/od jednej złotówki; zrobić karierę od pucybuta do milionera; **go round (and round) in circles** kręcić się w kółko, dreptać w miejscu, nie posuwać pracy/sprawy naprzód; **go sb's way 1.** iść/jechać/podróżować w tym samym kierunku (*co ktoś inny*) **2.** iść/odbywać się/dziać się po czyjejś myśli, iść/odbywać się/dziać się zgodnie z czyimś oczekiwaniem; **go shopping** robić zakupy; pójść na zakupy; **go slow on sth** nie wykazywać/nie przejawiać entuzjazmu do czegoś, nie palić się do czegoś, mieć niechętny stosunek do czegoś, odnosić się do czegoś z rezerwą; **go stale 1.** czerstwieć, zsychać się (*pieczywo*) **2.** gnuśnieć; popadać w rutynę; popadać w marazm; **go the way of all flesh** przenieść się/odejść do wieczności; **go the whole hog** *pot.* iść na całość, iść na całego;

go through one's paces pokazać na co kogoś stać, pokazać swoje możliwości, pokazać co ktoś potrafi/umie; **go through sth with a fine-tooth comb** *przen.* przesiewać coś przez gęste sito; **go through the floor** spadać do niskiego poziomu (*ceny, wartość*), tracić znacznie na wartości; **go through the hoops** przejść przez gęste sito (*egzaminacyjne itd.*); być/zostać gruntownie sprawdzonym; być/zostać poddanym ciężkiej próbie; **go through the mill** przejść twardą szkołę życia; **go through the motions (of doing sth)** *pot.* odwalać coś (*obowiązki itd.*); udawać, że coś się robi; robić coś z konieczności/obowiązku; **go through the roof** *pot.* 1. wściec się (ze złości); stracić kontrolę/panowanie nad sobą; wpaść w gniew, rozgniewać się 2. skoczyć (do góry), wzrosnąć gwałtownie (*ceny, koszty itd.*); **go to a lot of trouble** zadać sobie wiele trudu; **go to any lengths/go to great lengths (to do sth)** iść/pójść na całość (aby coś osiągnąć), iść na całego (aby coś osiągnąć), nie cofać się przed niczym (aby coś osiągnąć); **go to bat for sb** *US* pomóc komuś, wesprzeć kogoś, wstawić się za kimś, poprzeć kogoś; **go to earth** zapaść się pod ziemię, zniknąć, przepaść jak kamień w wodę/bez wieści; **go to (a lot of/great) expense** ponosić (wielkie) koszty; **go to extremes** popadać w skrajność; **go to hell!** idź do diabła!; **go to law (against sb)** wytoczyć (komuś) proces; pójść do sądu; podać/pozwać (kogoś) do sądu; **go to one's head** uderzać komuś do głowy (*alkohol, sukces itd.*); **go to pieces** 1. rozlecieć się na kawałki 2. załamać się (psychicznie/nerwowo); **go to press** pójść do druku; **go to ruin/go to rack and ruin** popadać w ruinę; sypać się (w gruzy); obracać się w gruzy; rozpadać się, niszczeć; **go to sleep** 1. iść/pójść/kłaść się spać 2. (z)drętwieć; **go to the bad** zejść na złą drogę/na manowce/na marne/na psy, wykoleić się; **go to the bottom** iść/pójść na dno, zatonąć (*statek*); **go to the devil!** idź/wynoś się do diabła!; **go to the dogs** schodzić na psy; **go to town** *pot.* iść na całość; **go to war with/against** zacząć wojnę z/przeciwko, rozpocząć wojnę z/przeciwko; **go to waste** marnować się; pójść/iść na marne; **go under the hammer** iść/pójść pod młotek (*na licytacji*); **go unnoticed** mijać niepostrzeżenie/niezauważalnie/bez echa/bez wrażenia/nie zauważony; **go up in flames** pójść z dymem, spalić się, spłonąć; **go up in smoke 1.** pójść z dymem, spalić się, spłonąć **2.** spalić na panewce, nie udać się, spełznąć na niczym; **go up in the world** piąć się (po szczeblach kariery zawodowej), robić karierę; odnosić sukcesy w życiu; zdobywać pozycję w świecie, wypłynąć; **go up the wall** *pot.* wkurzyć się; zezłościć się; wnerwić się; zwariować, oszaleć; **go weak at the knees** mieć nogi/kolana jak z waty; **go wild 1.** (o)szaleć, wpaść w entuzjazm/zachwyt **2.** wściec się, wpaść w złość/furię, rozzłościć się; **go without** obywać się bez; **go with the territory** być (integralną) częścią czegoś, być w coś wkalkulowane (*ryzyko itd.*); stanowić nieodzowną część czegoś; być elementem czegoś; stanowić ryzyko zawodowe, być ryzykiem zawodowym; **go with the tide** *przen.* iść z prądem, płynąć z prądem, poddać się prądowi, dać się porwać prądowi; **go wrong 1.** nie mieć racji; (po)mylić się **2.** iść źle, psuć się; **have a lot of going on** *US* mieć urwanie głowy, mieć dużo spraw na głowie, mieć nawał spraw/zajęć; **here we go** zaczynamy!; **he's going places** on daleko/wysoko zajdzie; **it goes without saying** to się samo przez się rozumie; **it looks as if it's going to rain** *pot.* zanosi się na deszcz, zbiera się na deszcz, ma się na deszcz; **let go (of sth/sb)** puścić (coś/kogoś); **let it go (at that)** dać (temu) spokój, zostawić (to) w spokoju, poprzestać na tym; **let oneself go 1.** dać się ponieść (*nastrojowi chwili itd.*); wyluzować się **2.** zaniedbać się, stać się niedbałym, opuścić się; **let sb go 1.** puścić kogoś, wypuścić kogoś **2.** zwolnić kogoś, pozwolić komuś odejść (*z pracy*); **let sth go** puszczać coś (komuś) płazem; uznawać coś za niebyłe; puszczać coś w niepamięć; **not go a bundle on sth/sb** *GB pot.* nie przepadać za czymś/kimś; **not go amiss** przydawać się, być potrzebnym, okazywać się przydatnym/potrzebnym; **out you go!** *pot.* wyjdź!; wynoś się!, już cię nie ma!; **ready, steady, go!/ready, get set, go!** *pot.* na miejsca, gotowi, start!; do biegu, gotowi, start!; **right from the word go** *pot.* od (samego) początku; **sth goes/has gone to hell in a handbasket** *US* coś diabli biorą/wzięli, coś bierze/wzięło w łeb, coś się wali/zawaliło; **the clock doesn't go** zegar nie chodzi; **time goes by** czas płynie/mija; **to go** *US* na wynos

goal *n* **1.** cel **2.** bramka **3.** gol, bramka ♦ **achieve a goal** osiągnąć cel; **keep goal** bronić bramki; **kick/make a goal** strzelić gola/bramkę, zdobyć bramkę; **meet a goal** osiągnąć cel; **open goal** pusta bramka; **own goal** bramka samobójcza; **score a goal** strzelić gola/bramkę, zdobyć bramkę

goat *n* koza; kozioł ♦ **act/play the goat** *GB pot.* wygłupiać się, zachowywać się niepoważnie; **get sb's goat** *pot.* zirytować kogoś; **separate the sheep from the goats** oddzielać ziarno od plew

god *n* bóg ♦ **(an) act of God** siła wyższa; wypadek losowy; dopust boży; **as God is my witness/before God** Bóg mi świadkiem; **for God's sake/for the love of God** na miłość/litość boską!; **God Almighty/Almighty God** Bóg Wszechmocny/ /Wszechmogący; **God bless you** Bóg zapłać, szczęść Boże; **God comes with leaden feet but strikes with iron hands** *przysł.* Pan Bóg nierychliwy, ale sprawiedliwy; **God forbid (that...)** niech Bóg broni; **God helps those who help themselves/God helps them that help themselves** *przysł.* strzeżonego Pan Bóg strzeże; **God help them/her...** niech Bóg ma ich/ją w opiece...; **God knows** Bóg jeden wie; Bóg raczy wiedzieć; **God never sends mouths but he sends meat/God never sends mouths without sending meat** *przysł.* kogo Pan Bóg stworzy, tego nie umorzy; **God speed you well** z Bogiem!; **God stays long but strikes at last** *przysł.* Pan Bóg nierychliwy, ale sprawiedliwy; **God willing** jeśli Bóg pozwoli, z pomocą bożą; **house of God** dom boży, dom modlitwy; **it's in the lap of the gods** teraz wszystko w rękach Boga; **man proposes but God disposes** *przysł.* człowiek strzela, Pan Bóg kule nosi; **please God!** daj Boże!; **put the fear of God into sb** *pot.* napędzić komuś stracha; **so help me God** tak mi dopomóż Bóg; **Son of God** Syn Boży; **thank God** dzięki Bogu; **the Word of God** słowo boże; **what/how/where in God's name...?** co/jak/gdzie na litość boską...?; **whom God would destroy He first makes mad** *przysł.* kogo Bóg chce ukarać, temu rozum odbiera; **work all the hours that God sends** pracować dwadzieścia cztery godziny na dobę; pracować dzień i noc; pracować (w) piątek czy świątek

gold *n* 1. złoto 2. złoty kolor ♦ **a heart of gold** złote/anielskie serce; **all that glitters is not gold/all is not gold that glitters** *przysł.* nie wszystko złoto, co się świeci; **(as) good as gold** grzeczny jak aniołek; **gold rush** gorączka złota; **solid gold** z czystego złota; **strike gold** znaleźć żyłę złota, natrafić na żyłę złota; **worth one's weight in gold** na wagę złota

golden *a* złoty ♦ **golden age** złoty wiek (*sztuki itd.*), złote lata; **kill the goose that lays the golden eggs** zabić kurę znoszącą złote jajka; **silence is golden** *przysł.* milczenie jest złotem; **the golden mean** złoty środek; kompromis, kompromisowe rozwiązanie, rozwiązanie satysfakcjonujące obie/wszystkie strony

good[1] *n* 1. dobro; korzyść; pożytek 2. **goods** *pl* towary, artykuły ♦ **be up to no good** nie zamyślać nic dobrego; **do more harm than good** wyrządzić/przynieść więcej zła niż dobra/pożytku, wyrządzić/przynieść więcej szkody niż pożytku; **do sb a power of good** dobrze komuś zrobić, bardzo dobrze na kogoś wpłynąć, wywierać/mieć na kogoś dobry wpływ; **do (sb) good** dobrze (coś komuś) robić; **for good (and all)** na zawsze, na dobre; na amen; **for the good of...** dla dobra...; **for your own good** dla twojego własnego dobra; **it'll do you good to...** dobrze ci zrobi...; **it's an ill wind that blows nobody any good** *przysł.* nie ma tego złego, co by na dobre nie wyszło; **sth does sb's heart good** coś podnosi/podtrzymuje kogoś na duchu; **take the bad with the good** akceptować zarówno dobre, jak i złe strony czegoś, akceptować coś w pełni/bez zastrzeżeń; godzić się na wszystko; **the common good** dobro wspólne; dobro ogółu/powszechne/publiczne; **white goods** artykuły/sprzęt gospodarstwa domowego

good² *a* 1. dobry 2. grzeczny ♦ **a good beating** porządne/tęgie lanie; porządne/tęgie cięgi; **a good bet** *pot.* rzecz pewna (*dająca spodziewane rezultaty*), pewniak; dobry/trafny wybór; **a good bit** całkiem dużo; znacznie; **a good deal (of sth)** dużo (czegoś), wiele (czegoś); **a good many** sporo; **a good many years** ładnych parę lat; **a good mixer** człowiek towarzyski, osoba towarzyska/łatwo nawiązująca znajomości; **a good way** kawał drogi; **all in good time** wszystko w swoim czasie; **all well and good** w porządku; **a run of good luck** dobra passa; ciąg/pasmo sukcesów; **as good as** prawie, niemalże; prawie na pewno; **as good as gold** grzeczny jak aniołek; **as good as new** jak nowy; **be a good size** być całkiem dużym; **be as good as one's word** dotrzymywać (danego) słowa/obietnicy; **be given a good press** mieć dobrą prasę; **be good for nothing/be no good** nie nadawać się; być do niczego; **be in sb's good graces** cieszyć się czyimiś (specjalnymi) względami; **be too good to be true** *pot.* być zbyt pięknym, żeby być prawdziwym; **come good** *pot.* dobrze/szczęśliwie się skończyć; **do sb a good turn** zrobić/spełnić komuś dobry uczynek; wyświadczyć komuś przysługę; **for a good cause** w dobrej/słusznej sprawie; **get a good hiding** *pot.* dostać/oberwać (porządne) lanie; **get a good press** mieć dobrą prasę; **get off to a good start** dobrze się rozpoczynać/zaczynać; **give sb a good hiding** 1. zbić kogoś; złoić/(wy)garbować/przetrzepać komuś skórę 2. pobić kogoś; **good and...** *pot.* zupełnie; kompletnie; bez reszty; całkowicie, całkiem (*np. pewny*); **good as gold** grzeczny jak aniołek; **good for you/her/them!** *pot.* brawo!, świetnie!, gratulacje!;

good

Good Friday Wielki Piątek; **good gracious/good grief/good heavens!** mój Boże!, coś podobnego!, coś takiego!; **good job!** *US pot.* dobrze/świetnie się spisałeś!; dobra robota!; brawo!; **good looks** ładny/atrakcyjny wygląd; **good Lord!** wielki Boże!, dobry Boże!; **good luck!** powodzenia!, wszystkiego najlepszego/dobrego!, życzę szczęścia!; **good money 1.** duże/ładne pieniądze; przyzwoity zarobek/zysk, ładny zarobek/zysk **2.** ciężko zarobione pieniądze; **good riddance (to bad rubbish)!** *przysł.* baba z wozu, koniom lżej!; **good riddance (to sb)!** krzyżyk na drogę!; **good sense** zdrowy rozsądek; **good will** życzliwość; dobra wola; **good with one's hands** zręczny, mający zręczne ręce, mający smykałkę do czegoś; mający umiejętności/zdolności manualne, uzdolniony manualnie; **good works** dobre uczynki; pomoc niesiona/udzielana innym ludziom; **have a good eye for sth** mieć (dobre/bystre) oko do czegoś; **have a good head of hair** mieć bujne włosy, mieć gęste włosy; **have a good head on one's shoulders** mieć głowę na karku/nie od parady; **have a good mind to do sth** mieć wielką ochotę coś zrobić; **have a good opinion of sb/sth** mieć o kimś/czymś dobre zdanie; **have a good time** dobrze się bawić; **hold good** być prawdziwym; być ważnym, mieć/zachować ważność, obowiązywać; pozostawać w mocy; mieć zastosowanie; **in a good cause** w dobrej/słusznej sprawie; **in a good humour** w dobrym humorze/nastroju; **in good company** (*żartobliwie*) w dobrym towarzystwie; **in good faith** w dobrej wierze; **in good hands** w dobrych rękach; **in good heart** radosny; pogodny; w dobrym nastroju; dobrej myśli; **in good repair** w dobrym stanie; **in good time** na czas, w (samą) porę; **it does one's heart good to see...** serce się raduje na widok...; serce rośnie patrząc/na widok...; aż miło popatrzeć, jak...; **it is a good thing (that)...** *pot.* dobrze, że...; dobrze się stało, że...; **look good** wyglądać dobrze; dobrze/obiecująco się zapowiadać; **make a good job of sth** dobrze coś zrobić, dobrze się z czegoś wywiązać; **make a good match** zrobić dobrą partię, dobrze się ożenić/wyjść za mąż; **make (it) good** *pot.* **1.** odnieść/osiągnąć sukces; poszczęścić się, powieść się, udać się (*komuś*) **2.** wyrównywać, pokrywać; **no news is good news** brak wiadomości to dobra wiadomość; **not look good** nie wyglądać dobrze; nie uchodzić, nie wypadać, to nieładnie...; **put on a good face** nadrabiać miną; **take a good look at it!** dobrze się temu przyjrzyj!; **the good old days** dawne dobre czasy; **to good purpose** skutecznie, z dobrym skutkiem, nie na darmo, nie na próżno; **wait for a good hour** czekać dobrą godzinę; **with (a) good grace** z uśmiechem na twarzy, ochoczo, chętnie; **with good reason** nie bez racji, (całkiem) słusznie; **your guess is as good as mine** *pot.* wiem tyle, co ty

goodbye *n* pożegnanie ♦ **kiss sb goodbye** pocałować kogoś na pożegnanie; **say goodbye** pożegnać się; **sb can kiss goodbye to sth/sb can kiss sth goodbye** *przen.pot.* ktoś może się z czymś pożegnać (*z planami itd.*); **wave goodbye (to sb)** (po)machać (komuś) ręką na pożegnanie

goodness *n* dobroć ♦ **for goodness' sake** na miłość/litość boską!; **goodness knows** Bóg jeden wie; Bóg raczy wiedzieć; **my goodness/goodness me!** mój Boże!; na litość boską!; **thank goodness** dzięki Bogu

goose *n* (*pl* **geese**) gęś ♦ **cook sb's goose** *pot.* wykończyć kogoś; załatwić kogoś; rozprawić się z kimś; **kill the goose that lays the golden eggs** zabić kurę znoszącą złote jajka

Gordian *a* ♦ (*w zwrocie*) **cut/untie the Gordian knot** przeciąć//rozciąć węzeł gordyjski

gospel *n* **1.** Gospel Ewangelia **2.** doktryna **3.** święta prawda **4.** muzyka gospel ♦ **gospel truth** święta prawda; **preach/spread the gospel** głosić doktrynę; **take sth as gospel** przyjmować/uważać/brać coś za prawdę

grace *n* **1.** wdzięk **2.** łaska; dobrodziejstwo **3.** modlitwa (dziękczynna) przed jedzeniem ♦ **airs and graces** zadzieranie nosa;

be in sb's good graces cieszyć się czyimiś (specjalnymi) względami; **fall from grace** utracić czyjeś względy, popaść w niełaskę; **saving grace** zaleta, dodatnia cecha/strona, plus; **say grace** odmówić modlitwę przed jedzeniem; **with (a) bad grace** niechętnie; **with (a) good grace** z uśmiechem na twarzy, ochoczo, chętnie

gracious *a* 1. łaskawy 2. miłosierny ♦ **good gracious!** mój Boże!, coś podobnego!, coś takiego!

grain *n* 1. zboże 2. ziarno 3. ziarenko, odrobina ♦ **against the grain** wbrew naturze; **take sth with a grain of salt** *pot.* traktować coś z przymrużeniem oka, nie dowierzać czemuś, nie do końca uwierzyć w coś, nie do końca dawać czemuś wiarę

grandmother *n* babcia; babka ♦ **teach one's grandmother to suck eggs** *przysł.* jajko (chce być) mądrzejsze od kury, jajko kurę uczy

grant *v* przyznawać; nadawać; udzielać; zezwalać ♦ **granted, but...** to prawda, ale...; **sb's wish is granted** czyjeś życzenie/pragnienie spełnia się; **take sb/sth for granted** 1. przyjmować coś za rzecz oczywistą/naturalną 2. nie doceniać kogoś/czegoś

grasp *v* chwytać; łapać ♦ **grasp at straws** chwytać się wszelkich dostępnych sposobów/środków, chwytać się brzytwy; **grasp the nettle** chwycić/wziąć byka za rogi

grass *n* trawa ♦ **a snake in the grass** *przen.* zdradziecki/podstępny wąż, podstępna/nikczemna/jadowita żmija; **grass roots** zwykli członkowie partii/organizacji, szeregowi członkowie partii/organizacji, doły partyjne; **grass widow** słomiana wdowa; **grass widower** słomiany wdowiec; **not let the grass grow under one's feet** nie tracić czasu, nie marnować czasu, nie zasypiać gruszek w popiele; **put sb out to grass** *pot.* wysłać kogoś na zieloną trawkę; **the grass is (always) greener on the other side (of the fence)** *przysł.* cudze zawsze lepsze; cudze chwalicie, swego nie znacie; wszędzie dobrze, gdzie nas nie ma

grateful *a* wdzięczny ♦ **be grateful for small mercies** nigdy nie jest tak źle, aby nie mogło być gorzej; **eternally grateful** dozgonnie wdzięczny, wdzięczny do końca życia/do grobowej deski

grave *n* grób ♦ **be as silent/quiet as the grave** milczeć jak grób/jak kamień/jak głaz/jak zamurowany/jak zaklęty; **dig one's own grave** kopać sobie samemu grób; **from the cradle to the grave** od kolebki/kołyski do grobu; **have one foot in the grave** być jedną nogą w grobie, stać jedną nogą w grobie, być jedną nogą na tamtym świecie; **rise from the grave** powstać z grobu/z martwych; **turn (over) in one's grave** przewracać się w grobie

gray *US zob.* **grey**

grease *v* smarować (*tłuszczem*) ♦ **grease sb's palm** *pot.* dać komuś w łapę, posmarować komuś łapę, dać komuś łapówkę; **like greased lightning** bardzo szybko; błyskawicznie, jak błyskawica; piorunem

great *a* **1.** wielki; duży **2.** znany; ważny **3.** świetny; wspaniały ♦ **a great deal (of sth)** dużo (czegoś), wiele (czegoś); **a great many** sporo; **be no great shakes** *pot.* nie być niczym specjalnym/nadzwyczajnym/niezwykłym; **go great guns** *pot.* świetnie sobie radzić; iść jak po maśle; **great big** *pot.* wielki, wielgachny, ogromny, olbrzymi, bardzo duży; **of great significance** mający wielkie znaczenie, doniosły, istotny, bardzo ważny; **to a great extent** w wysokim stopniu

Greek *a* grecki ♦ **it is all Greek to me** *pot.* to dla mnie chińszczyzna

green *a* zielony ♦ **give green light to sth** dać czemuś zielone światło; **green belt** pas zieleni; strefa zieleni; **have green fingers** być dobrym ogrodnikiem, znać się na ogrodnictwie, umieć uprawiać/pielęgnować ogród; **keep sb's memory green** nie pozwolić komuś zapomnieć o kimś (*o zmarłej osobie*), przypominać komuś o kimś; **the grass is (always) greener on**

greenhouse

the other side (of the fence) *przysł.* cudze zawsze lepsze; cudze chwalicie, swego nie znacie; wszędzie dobrze, gdzie nas nie ma; **the green stuff** *US pot.* zielone, dolce, dolary, forsa

greenhouse *n* szklarnia ♦ **the greenhouse effect** efekt cieplarniany

grey *a* szary ♦ **grey area 1.** trudna sytuacja **2.** szara strefa (*w gospodarce*); **grey eminence** szara eminencja; **grey matter** *pot.* szare komórki; **turn grey** osiwieć; posiwieć

grief *n* smutek; żal ♦ **come to grief** *pot.* **1.** doznać niepowodzenia, ponieść klęskę **2.** mieć wypadek, ulec wypadkowi; **good grief!** mój Boże!, coś podobnego!, coś takiego!

grin *v* uśmiechać się szeroko ♦ **grin and bear it** robić dobrą minę do złej gry

grind *v* **(ground, ground) 1.** mleć; rozdrabniać **2.** szlifować, ostrzyć **3.** trzeć (*o coś*); zgrzytać ♦ **grind to a halt/standstill, come to a grinding halt** utknąć w martwym punkcie; **have an axe to grind** upiec własną pieczeń przy cudzym/czyimś ogniu, nie działać/nie postępować bezinteresownie, mieć na uwadze swój/własny interes, kierować się własnym interesem; **the mill of God grinds slow but sure** *przysł.* Pan Bóg nierychliwy, ale sprawiedliwy

grip *n* uchwyt; uścisk ♦ **come/get to grips with** zmierzyć się z, zmagać się z; wziąć się/chwytać się za bary z; **keep/get/take a grip on oneself** *pot.* wziąć się w garść; **lose one's grip (on sth)** *pot.* stracić kontrolę (nad czymś); stracić panowanie nad sobą

grist *n* ♦ (*w wyrażeniu*) **(all) grist to the mill** woda na młyn; zysk, (dodatkowa) korzyść

grit *v* posypywać żwirem ♦ **grit one's teeth** *dosł. i przen.* zacisnąć zęby

ground *n* **1.** ziemia, gleba **2.** grunt; podłoże; podkład (*malarski*) **3.** dno (*morza, rzeki*) **4.** teren, obszar **5. grounds** *pl* podstawa ♦ **above ground** nad ziemią; **be in on the ground floor** *pot.*

uczestniczyć w czymś od samego początku, brać w czymś udział od samego początku, mieć swój udział w czymś od samego początku; być w coś zaangażowanym od samego początku (*w przedsięwzięcie itd.*); **below ground** pod ziemią; **break new/fresh ground** wkraczać na nowy teren/grunt, podejmować/otwierać nową działalność; przecierać szlaki (w jakiejś dziedzinie); **common ground** wspólne zainteresowania; wspólnota interesów; wspólne stanowisko; **cut the ground from under sb's feet** wytrącić komuś broń z ręki; **drive oneself into the ground** zapracowywać się, zaharowywać się, zamęczać się pracą; **gain ground** puścić/zapuścić korzenie, ugruntować się; zdobywać coraz większe poparcie, cieszyć się rosnącą akceptacją; **gain ground on sb/sth** zbliżać się do kogoś/czegoś, doganiać kogoś/coś, doścignąć kogoś/coś, zmniejszyć dystans do kogoś/czegoś; **get in on the ground floor** *pot.* uczestniczyć w czymś od samego początku, brać w czymś udział od samego początku, mieć swój udział w czymś od samego początku; być w coś zaangażowanym od samego początku (*w przedsięwzięcie itd.*); **get sth off the ground** ruszyć z miejsca; **give ground** ustępować; **ground floor** *GB* parter; **ground rules** podstawowe zasady, podstawy; **have both feet on the ground** mocno stąpać po ziemi; **hold/keep one's ground** utrzymywać się na swoich pozycjach; nie ustępować, wybronić się; **knock sb to the ground** powalić kogoś na ziemię; **lose ground 1.** ustępować; cofać się; tracić grunt pod nogami **2.** tracić dystans (*do czegoś, kogoś*); **make up ground on sb/sth** zbliżać się do kogoś/czegoś, doganiać kogoś/coś, doścignąć kogoś/coś, zmniejszyć dystans do kogoś/czegoś; **on safe ground** na pewnym gruncie; **on the grounds** na podstawie; **parade ground** plac apelowy; **prepare the ground for** przygotowywać grunt do/dla; **shift one's ground** zmienić stanowisko/nastawienie/zdanie; **stand one's ground** utrzymywać się na swoich pozycjach; nie ustępować, wybronić się; **the**

grow

ground is burning under sb's feet grunt/ziemia pali się komuś pod nogami; **thick on the ground** częsty, często spotykany, codzienny; **thin on the ground** rzadki, rzadko spotykany, niecodzienny; **to the ground** całkowicie; gruntownie; doszczętnie; **work oneself into the ground** zapracowywać się, zaharowywać się, zamęczać się pracą

grow *v* (**grew, grown**) **1.** rosnąć **2.** stawać się ♦ **grow a beard** zapuszczać brodę; **grow in wisdom** nabierać rozumu, mądrzeć, stawać się mądrzejszym; **grow old** starzeć się; **grow out of sth** wyrosnąć z czegoś (*z ubrania, zainteresowań itd.*); **grow plants** uprawiać/hodować rośliny; **grow to like sb/sth** przekonać się do kogoś/czegoś, (stopniowo) polubić kogoś/coś, zaczynać kogoś/coś lubić; **not let the grass grow under one's feet** nie tracić czasu, nie marnować czasu, nie zasypiać gruszek w popiele

grudge *n* żal; uraza ♦ **bear/have/hold/nurse a grudge against sb** mieć do kogoś żal/pretensje, żywić do kogoś urazę; **deep-seated grudge** głęboka/długotrwała/zadawniona uraza

guard *n* **1.** straż; warta **2.** strażnik; wartownik **3.** kierownik pociągu **4.** uwaga **5.** osłona, zabezpieczenie **6. guards** *pl* gwardia; straż przyboczna ♦ **be on guard** być na warcie, mieć wartę; **be on one's guard** mieć się na baczności, być czujnym, strzec się; **catch sb off guard** zaskoczyć kogoś; zmylić/uśpić czyjąś czujność; **guards of honour** kompania honorowa; **keep/mount/ /stand guard over** pełnić wartę przy, trzymać wartę przy, zaciągnąć wartę przy; **life guard** ratownik (*na plaży, basenie*); **old guard** stara gwardia (*byli towarzysze broni, koledzy z dawnych lat*); **on guard** na warcie; **security guard** strażnik; ochroniarz; **take/throw sb off guard** zaskoczyć kogoś; zmylić/uśpić czyjąś czujność; **under guard** pod strażą

guess *n* **1.** zgadywanie **2.** przypuszczenie; domysł ♦ **at a (rough) guess** *pot.* na oko; przypuszczalnie, w przybliżeniu, mniej więcej; **be anybody's guess** *pot.* być/stanowić wielką niewiadomą; **have a guess at sth** *GB*/*US* **take a guess at sth** (s)próbować coś zgadnąć; **your guess is as good as mine** *pot.* wiem tyle, co ty

guest *n* gość ♦ **be my guest!** *pot.* proszę bardzo!, nie krępuj się!; **guest of honour** gość honorowy; **welcome guest** gość mile widziany

guilty *a* winny ♦ **find guilty** uważać za winnego; **have a guilty conscience** mieć nieczyste sumienie; **hold sb guilty** uważać kogoś za winnego; **the guilty party** strona winna

gun *n* **1.** broń palna; karabin; rewolwer; strzelba **2.** armata; działo ♦ **go great guns** *pot.* świetnie sobie radzić; iść jak po maśle; **hired gun** *US pot.* wynajęty morderca/zabójca, płatny morderca/zabójca; **jump the gun** *pot.* pospieszyć się z czymś, zrobić coś pochopnie/bez zastanowienia; **reach for the gun** sięgać po broń; **run guns** przemycać broń; **shoot a gun** strzelać z broni/ /z karabinu; **spike sb's guns** *pot.* pokrzyżować czyjeś plany/ /zamiary; **stick to one's guns** *pot.* obstawać przy swoim zdaniu; **threaten sb with a gun** grozić komuś bronią

gunpoint *n* ♦ (*w wyrażeniu*) **at gunpoint** z użyciem broni; grożąc bronią; na muszce

gusto *n* ♦ (*w wyrażeniu*) **with gusto** z werwą, z entuzjazmem, energicznie

guts *pl pot.* **1.** wnętrzności **2.** odwaga **3.** treść (*książki itd.*); zawartość ♦ **gut feeling** *pot.* intuicja, przeczucie; **hate sb's guts** *pot.* szczerze/prawdziwie kogoś nienawidzić; nie cierpieć kogoś; nie znosić kogoś; **have the guts to do sth** *pot.* mieć odwagę coś zrobić, odważyć się coś zrobić; **know sth at gut level** *pot.* wiedzieć/przeczuwać coś intuicyjnie, wyczuwać coś intuicją; **slog/sweat/work one's guts out** *pot.* pracować/harować w pocie czoła, pracować/harować do siódmego potu, wypruwać z siebie żyły

gutter *n* **1.** rynna **2.** kanał ściekowy; ściek; rynsztok ♦ **the gutter press** prasa brukowa

guy *n pot.* facet ♦ **wise guy** *pot.* przemądrzalec, mądrala

H

habit *n* **1.** przyzwyczajenie; nałóg; nawyk **2.** habit (*zakonny*) ♦ **be in the habit of doing sth** mieć zwyczaj coś robić; robić coś nałogowo; **break the habit** zerwać z nałogiem, odzwyczaić się; **cocaine habit** uzależnienie od kokainy; **eating habits** nawyki żywieniowe; **fall into the habit of doing sth** popadać w nałóg/nawyk robienia czegoś; przyzwyczajać się do robienia czegoś; **force of habit** siła przyzwyczajenia; **from habit** z przyzwyczajenia; z nawyku; **get into bad habits** popadać w złe nawyki; nabrać złych/fatalnych przyzwyczajeń; **get in(to) the habit of doing sth** popadać w nałóg/nawyk robienia czegoś; przyzwyczajać się do robienia czegoś; **get out of the habit** wyjść z nałogu, pozbyć się nałogu, wykorzenić nałóg; **habit is a second nature** *przysł.* przyzwyczajenie jest drugą naturą (człowieka); **habit of mind** usposobienie; **habit of smoking** nałóg palenia papierosów; **heroin habit** uzależnienie od heroiny; **kick the habit** zerwać z nałogiem, odzwyczaić się; **make a habit of doing sth** mieć zwyczaj coś robić; robić coś nałogowo; **out of habit** z przyzwyczajenia; z nawyku

hackles *pl* ♦ (*w zwrotach*) **make sb's hackles rise/raise sb's hackles** rozjuszyć kogoś; rozzłościć kogoś; rozwścieczyć kogoś; **sb's hackles rise** rozjuszyć się; rozzłościć się

hair *n* **1.** włos(y) **2.** sierść ♦ **a hair of the dog (that bit you)** *pot.* (*żartobliwie – jako kuracja po przepiciu*) klin (klinem wybijać); **by a hair's breadth** o włos, o mały włos, mało brakowało, omal; **get in sb's hair** *pot.* wchodzić komuś w drogę/ /w paradę; grać komuś na nerwach, złościć kogoś; **hair trigger temper** wybuchowe/impulsywne usposobienie, wybuchowy/ /impulsywny temperament; **hang by a hair** wisieć na włosku, być w niebezpieczeństwie, być poważnie zagrożonym; **keep your hair on!** *pot.* spokojnie!, zachowaj spokój!, nie trać głowy!; **let one's hair down** *pot.* rozluźnić się; (z)relaksować się, odprężyć się, odpocząć (po pracy); **make one's hair stand on end** *przen.* jeżyć komuś włosy na głowie; **neither hide nor hair of sb/sth** ani śladu kogoś/czegoś; **not harm/touch a hair of sb's head** nie tknąć kogoś nawet palcem, włos komuś z głowy nie spadnie; **not turn a hair** niczego po sobie nie pokazać, nie dać po sobie nic poznać, nie pokazać po sobie zdziwienia/zaskoczenia, nawet nie mrugnąć okiem, nie zareagować; **red hair** rude włosy; **split hairs** dzielić włos na czworo; **tear one's hair (out)** rwać/wyrywać/drzeć sobie włosy z głowy; **the hair of the dog (that bit you)** *pot.* (*żartobliwie – jako kuracja po przepiciu*) klin (klinem wybijać); **within a hair's breadth** o włos, o mały włos, mało brakowało, omal

half *n* (*pl* **halves**) połowa, pół ♦ **be half right** mieć częściowo rację, mieć trochę racji; **by half** o połowę; **centre half** środkowy obrońca (*gracz*); **do sth by halves** iść na łatwiznę, robić coś po łebkach, nie przykładać się, odwalać coś (*pracę, obowiązki itd.*); **go half and half/go halves (with sb)** podzielić się (z kimś) po połowie (*kosztami czegoś*); **half a dozen 1.** pół tuzina **2.** kilkanaście; wiele; **half a loaf is better than none** *przysł.* lepszy rydz niż nic; na bezrybiu i rak ryba; **half and half** pół na pół; **half asleep** *pot.* półprzytomny (ze zmęczenia); **half as many again/half as much again/half as big again** półtora raza większy/więcej; **half measures** półśrodki; **half moon** półksiężyc; **half one/two/three** *pot.* pierwsza/druga/trzecia trzydzieści, wpół do drugiej/trzeciej/czwartej (*itd.*); **half past one/two/three** wpół do drugiej/trzeciej/czwartej, pierwsza/druga/trzecia trzydzieści (*itd.*); **half the battle** połowa wygranej; połowa sukcesu; **in half** na pół; **not half!** *pot.* jeszcze jak!, okropnie!, bardzo!, strasznie!; **not have half-pennies to rub together** być bez grosza, nie mieć grosza (przy duszy); **one and a half** półtora; **one's better half** (*żartobliwie*) czyjaś lepsza połowa (*żona*)

half-mast *n* ♦ (*w wyrażeniu*) **(flown) at half-mast** (opuszczona) do połowy masztu (*flaga*)

halfway *adv* w połowie drogi ♦ **meet sb halfway** wyjść komuś naprzeciw; pójść z kimś na kompromis, osiągnąć kompromis z kimś, wejść z kimś w kompromis

hallmark *n* **1.** próba odbita na metalu, cecha **2.** cecha charakterystyczna, znamię, oznaka ♦ **bear/have all the hallmarks of sth** nosić/mieć wszelkie znamiona czegoś

halt *n* **1.** zatrzymanie (się); wstrzymanie; przerwa **2.** postój (*w podróży*) **3.** przystanek kolejowy ♦ **bring sth to a halt** wstrzymać coś, zatrzymać coś; przerwać coś; **call a halt (to sth)** przerwać (coś), zrobić przerwę (w czymś); zarządzić przerwę (w czymś); zawiesić (coś); wstrzymać się (od czegoś); **come to a halt** zatrzymać (się); stanąć w miejscu; **grind to a halt/come to a grinding halt** utknąć w martwym punkcie

hammer¹ *n* młot; młotek ♦ **be at it hammer and tongs/be at each other hammer and tongs** *pot.* być/iść z kimś na noże; wrzeszczeć na siebie, kłócić się/sprzeczać się/walczyć ze sobą zapamiętale; **come/go under the hammer** iść/pójść pod młotek (*na licytacji*); **go at it hammer and tongs/go at each other hammer and tongs** *pot.* być/iść z kimś na noże; wrzeszczeć na siebie, kłócić się/sprzeczać się/walczyć ze sobą zapamiętale; **hammer and sickle** sierp i młot

hammer² *v* uderzać młotkiem; wbijać; przybijać ♦ **hammer sth home 1.** wbijać/dobić gwóźdź młotkiem, dobić do oporu **2.** wyraźnie zaznaczyć coś, podkreślić coś, zaakcentować coś, uwypuklić coś; **hammer sth into sb/into sb's head** wbijać coś komuś do głowy; kłaść/wkładać/pakować coś komuś łopatą do głowy

hammering *n* **1.** walenie (*młotkiem*); uderzanie **2.** *pot.* sromotna klęska/porażka, dotkliwa porażka/klęska ♦ **give a hammering** pobić (kogoś) dotkliwie/okropnie, zadać (komuś) klęskę/dotkliwy cios; **take a hammering** doznać dotkliwej porażki/klęski, odnieść/ponieść sromotną porażkę/klęskę; zostać dotkliwie pobitym

hand[1] *n* **1.** ręka; dłoń **2.** pismo ręczne; charakter pisma **3.** wskazówka (*zegara, przyrządu*) **4.** robotnik; pomocnik ♦ **a bird in the hand is worth two in the bush** *przysł.* lepszy wróbel w garści niż gołąb na dachu; **a firm hand** *przen.* silna/twarda ręka; **an old hand** *pot.* stary wyga; stary wyjadacz; znawca; **a show of hands** podniesienie rąk (*przy głosowaniu*); **ask for sb's hand (in marriage)** (po)prosić kogoś o rękę; **at first hand** z pierwszej ręki; **at hand** pod ręką; w pobliżu; **at sb's hands** od kogoś, z czyjejś strony, po kimś (*spodziewać się czegoś itd.*); **at second hand** z drugiej ręki; **at the hands of** z czyichś rąk (*doznać przykrości*); **be a dab hand at doing sth** mieć wprawę w czymś; znać się na czymś; mieć smykałkę do czegoś; **be bound hand and foot (by sth)** mieć związane/skrępowane ręce (czymś); **be hand in glove with sb** współpracować z kimś; mieć kontakty/powiązania/związki z kimś; być powiązanym z kimś (*mafią, światem przestępczym itd.*); trzymać sztamę z kimś; **be rubbing one's hands** *przen.* zacierać ręce; **bind sb hand and foot** wiązać komuś ręce; krępować czyjeś poczynania/działania; **by a show of hands** przez podniesienie rąk (*głosowanie*); **by hand 1.** ręcznie; ręczny **2.** przez posłańca/gońca/umyślnego (*wysłać wiadomość*); **cap in hand** pokornie, z pokorą; **change hands** przejść w inne ręce; przechodzić z rąk do rąk; zmieniać właściciela; **close at hand** pod ręką; w pobliżu; **come to hand** nawinąć się/wleźć pod rękę; **do sth with one hand tied behind one's back** zrobić coś z zawiąza-

hand

nymi/zamkniętymi oczami, zrobić coś bez (większego) trudu; **eat out of sb's hand** jeść komuś z ręki; **fall into sb's hands** wpaść w czyjeś ręce, dostać się w czyjeś ręce; **fall into the wrong hands** dostać się w niepowołane ręce; **feed out of sb's hand** jeść komuś z ręki; **first hand** z pierwszej ręki; **force sb's hand** zmusić kogoś; przynaglić kogoś, ponaglić kogoś; zmusić kogoś do pośpiechu; **from hand to hand** z ręki do ręki; **gain the upper hand over sb** brać nad kimś górę, zdobywać nad kimś przewagę; **get a big hand** dostać/zebrać/zdobyć gorące/burzliwe/owacyjne brawa, dostać/zebrać/zdobyć gorące/burzliwe/owacyjne oklaski; **get into sb's hands** wpaść w czyjeś ręce, dostać się w czyjeś ręce; **get into the wrong hands** dostać się w niepowołane ręce; **get one's hands on sth/sb** dostać coś/kogoś w swoje ręce; dopaść coś/kogoś; dorwać się do czegoś/kogoś; **get out of hand** wymykać się z rąk, wymykać się spod kontroli; **give sb a (big) hand** oklaskiwać kogoś (głośno/gorąco), nagrodzić/przyjąć kogoś (gromkimi/burzliwymi/ /owacyjnymi) brawami/oklaskami; **give sb a free hand** dać komuś wolną rękę; **give sb a (helping) hand** podać komuś pomocną dłoń; pomóc komuś; **God comes with leaden feet but strikes with iron hands** *przysł.* Pan Bóg nierychliwy, ale sprawiedliwy; **go hand in hand** iść w parze, ściśle się z sobą wiązać, być ściśle powiązanym; **good with one's hands** zręczny, mający zręczne ręce, mający smykałkę do czegoś; mający umiejętności/zdolności manualne, uzdolniony manualnie; **hand baggage/luggage** bagaż ręczny; **hand in hand** trzymając się za ręce; ręka w rękę; **hands off!** zostaw!, nie ruszaj!, nie dotykaj!; **hands up!** ręce do góry!/w górę!; **hand to hand fighting/ /combat** walka wręcz; **hand-to-mouth existence** życie z dnia na dzień; **have a free hand** mieć wolną rękę, mieć swobodę działania; **have a hand in sth** maczać w czymś palce; **have an iron hand** trzymać coś żelazną ręką; **have clean hands** mieć czyste ręce; **have one's hands full** mieć pełne ręce roboty;

have sb in the palm of one's hand mieć/trzymać kogoś w garści, mieć nad kimś władzę; **have sth/sb on one's hands** mieć coś/kogoś na głowie; **have sth to hand** mieć coś pod ręką; **have the upper hand over sb** mieć nad kimś przewagę; **have time on one's hands** mieć czas, mieć dużo czasu; nie mieć nic do roboty; **hold hands** podać sobie ręce (*na powitanie itd.*); trzymać się za ręce; **hold in one's hands** trzymać w garści; **hour hand** wskazówka godzinowa (*zegara*); **in good/safe hands** w dobrych/bezpiecznych rękach; **in hand 1.** do dyspozycji; w posiadaniu; dostępny **2.** pod kontrolą; kontrolowany; opanowany **3.** omawiany; rozpatrywany; rozważany; **in rebel hands** w rękach rebeliantów; **in sb's hands/in the hands of...** w czyichś rękach, kontrolowany przez kogoś; pod czyjąś kontrolą/opieką; powierzony komuś; **keep one's hand in** mieć/zachować wprawę w czymś, nie wyjść z wprawy; trzymać rękę na pulsie; **keep sth to hand** trzymać coś pod ręką; **know sth off hand** wiedzieć coś z głowy, wiedzieć coś bez sprawdzania; **know sth/sb like the back of one's hand** znać coś/kogoś jak swoje pięć palców/jak własną dłoń/jak własną kieszeń; **lay one's hands on sth/sb** dostać coś/kogoś w swoje ręce; dopaść coś/kogoś; dorwać się do czegoś/kogoś; **lead by the hand** prowadzić za rękę; **left hand side** lewa strona; **lend sb a (helping) hand** podać komuś pomocną dłoń; pomóc komuś; **lift one's hand against sb** podnieść rękę na kogoś; **live from hand to mouth** żyć z dnia na dzień; **make money hand over fist** *pot.* szybko robić/zarabiać pieniądze; robić kasę; szybko zarobić duże/ciężkie/grube pieniądze; **minute hand** wskazówka minutowa (*zegara*); **near at hand** pod ręką; w pobliżu; **need a hand** potrzebować pomocy; **not do a hand's turn/not lift a hand (to do sth)** nie kiwnąć palcem (aby coś zrobić), nie ruszyć palcem (aby coś zrobić); **not soil one's hands with sth** nie zabrudzić sobie rąk czymś; nie splamić się czymś; **off hand** z głowy, z pamięci; bez sprawdzania; od ręki; **on either hand**

po obu stronach; w obu kierunkach; **on hand** pod ręką; w pobliżu; na zawołanie; do dyspozycji; dostępny; **on the one hand... on the other (hand)** z jednej strony..., z drugiej (zaś) strony...; **out of hand 1.** wymykający się spod kontroli; niekontrolowany **2.** od ręki; natychmiast; zdecydowanie; **overplay one's hand** przeceniać swoje możliwości, przeliczyć się (z siłami); **raise one's hand against sb** podnieść rękę na kogoś; **right hand side** prawa strona; **sb's hands are tied** *przen.* ktoś ma związane ręce, ktoś nie może nic zrobić; **second hand** wskazówka sekundowa, sekundnik (*zegara*); **shake hands (with sb)** uścisnąć/podać sobie ręce (z kimś); **shake sb's hand/shake sb by the hand** uścisnąć czyjąś rękę, uścisnąć czyjąś dłoń; **show one's hand** odkrywać/odsłaniać karty; **spend hand over fist** *pot.* mieć lekką rękę do wydawania pieniędzy, wydawać pieniądze lekką ręką; (prze)puszczać ciężkie/grube/duże pieniądze; **take matters into one's own hands** wziąć sprawy w swoje ręce; **take one's life in one's (own) hands** ryzykować życie; **take sb by the hand** wziąć kogoś za rękę; **take sth in hand** wziąć coś w swoje ręce; zacząć coś kontrolować, przejąć kontrolę nad czymś; **take the law into one's own hands** wziąć/brać prawo w swoje ręce; dokonać samosądu; **throw one's hand in** *pot.* machnąć na coś ręką, zarzucić coś, porzucić coś, zaniechać czegoś, zrezygnować z czegoś, zaprzestać czegoś; **tie sb hand and foot** wiązać komuś ręce; krępować czyjeś poczynania/działania; **time lies/hangs heavy on one's hands** czas się (komuś) wlecze, czas się (komuś) dłuży; **try one's hand at sth** spróbować czegoś (*zupełnie nowego*), zrobić coś na próbę, spróbować swoich sił w czymś; **turn one's hand to** zabrać się do (*czegoś nowego*), zająć się (*czymś nowym*); **wait on sb hand and foot** skakać koło kogoś, być na czyjeś każde zawołanie, spełniać czyjeś zachcianki, dogadzać czyimś zachciankom, nadskakiwać komuś; **wash one's hands of sth** umywać ręce od czegoś;

odcinać się od czegoś; **win hands down** łatwo wygrać/zwyciężyć; odnieść łatwe zwycięstwo; wygrać bez większego wysiłku; **with one's bare hands** gołymi rękami/rękoma; **wring one's hands** załamywać ręce; **wring sb's hand** uścisnąć czyjąś rękę, uścisnąć czyjąś dłoń

hand² v wręczać; podawać ♦ **hand down a decision/sentence** (oficjalnie) ogłosić decyzję/wyrok; **hand in one's resignation** złożyć (swoją) rezygnację, przedłożyć (swoją) rezygnację; **you have to hand it to her/him** *pot.* trzeba jej/jemu to przyznać, należą się jej/jemu słowa podziwu, trzeba jej/jemu oddać sprawiedliwość

handle¹ n **1.** klamka **2.** rękojeść; uchwyt; rączka ♦ **fly off the handle** *pot.* unieść się gniewem (*z błahego powodu*); **get a handle on sth** *pot.* zacząć coś rozumieć, zorientować się/połapać się w czymś, załapać coś

handle² v **1.** dotykać **2.** manipulować; obsługiwać **3.** kierować; mieć do czynienia **4.** traktować, obchodzić się **5.** poradzić sobie, dać sobie radę ♦ **handle sb/sth with kid gloves** obchodzić się z kimś/czymś jak z jajkiem, traktować kogoś/obchodzić się z kimś (jak) w rękawiczkach, postępować z kimś delikatnie/ostrożnie/uprzejmie; **handle with care** ostrożnie! (*napis na przesyłkach*)

handy a **1.** zręczny **2.** poręczny, łatwy w użyciu **3.** będący pod ręką, łatwo dostępny ♦ **be handy for sth** być blisko/w pobliżu czegoś; **come in handy** przydać się

hang¹ n ♦ (*w zwrotach*) **get/have the hang of sth** *pot.* nauczyć się czegoś, opanować coś; **not care/give a hang about sb/sth** *pot.* gwizdać na kogoś/coś, mieć kogoś/coś w nosie

hang² v **1.** (**hung, hung**) powiesić, zawiesić; rozwiesić **2.** (**hung, hung**) wisieć; opadać; zwisać **3.** (**hanged, hanged**) powiesić (kogoś/się) ♦ **and thereby hangs a tale...** (a) z tym się łączy następująca/inna historia...; **a threat hangs over...** groźba wisi nad...; **be hanging over sb's head** wisieć nad kimś, wisieć

hang

komuś nad głową; **hang by a hair/a (single) thread** wisieć na włosku, być w niebezpieczeństwie, być poważnie zagrożonym; **hang fire** opóźnić się; wlec się; być/zostać wstrzymanym; **hang glider 1.** lotniarz **2.** lotnia; **hang in the balance** wisieć na włosku; ważyć się; **hang in there!** *pot.* trzymaj się!, nie dawaj się!, odwagi!, wytrwaj!, przetrzymaj!; **hang it (all)!** (*przestarzałe*) do licha!, niech to diabli!; **hang loose!** *US pot.* spokojnie!, spoko!; **hang on (a minute)!** *pot.* poczekaj (chwilę)!; **hang one's head** spuścić/zwiesić/opuścić głowę; **hang on sb's every word/on sb's words** słuchać uważnie/z uwagą każdego słowa, przysłuchiwać się, wsłuchiwać się w każde słowo; **hang sb in effigy** powiesić kukłę (*polityka itd.*); **hang the wash out** powiesić/rozwiesić pranie; **hang tough!** *pot.* trzymaj się!, nie dawaj się!, odwagi!, wytrwaj!, przetrzymaj!; **he that is born to be hanged will never be drowned** *przysł.* co ma wisieć, nie utonie; **I'll be hanged/I'm hanged if...** niech mnie/to diabli jeśli..., ani mi się śni...; **leave sth hanging in the air** zostawić coś bez odpowiedzi, nie rozstrzygnąć czegoś, nic nie postanowić, nie (móc) podjąć decyzji w jakiejś sprawie; **one may/might as well be hanged/hung for a sheep as (for) a lamb** *przysł.* jak wisieć, to za obie nogi; **sth hangs in the air** coś wisi w powietrzu; **sth hangs over sb like a sword of Damocles** coś wisi nad kimś jak miecz Damoklesa; **thereby hangs a tale...** (a) z tym się łączy następująca/inna historia...; **time hangs heavy on one's hands** czas się (komuś) wlecze, czas się (komuś) dłuży

happen *v* **1.** zdarzyć się; wydarzyć się **2.** przydarzyć się ♦ **accidents can happen/accidents will happen** *przysł.* nieszczęścia/wypadki chodzą po ludziach; **as if nothing had happened** jak gdyby nigdy nic; **as it happens.../it (just) so happens that.../it happens that...** tak się składa, że...; przypadkiem...; **these things happen** zdarza się; **what's happening? 1.** co się dzieje? **2.** *US* co się z tobą dzieje?, co (u ciebie) słychać?

happy *a* **1.** szczęśliwy **2.** zadowolony (*w zwrotach grzecznościowych*) ♦ **a happy ending** szczęśliwe zakończenie, szczęśliwy koniec (*filmu itd.*); **a happy medium** złoty środek; kompromis, kompromisowe rozwiązanie, rozwiązanie satysfakcjonujące obie/wszystkie strony; **(as) happy as a lark** bardzo szczęśliwy, radosny jak skowronek; **be happy to do sth** bardzo chętnie coś zrobić; **happy accident** szczęśliwy przypadek/traf; **make happy** uszczęśliwiać; **many happy returns (of the day)** wszystkiego najlepszego z okazji/w dniu urodzin!, sto lat!; **strike a happy medium** osiągnąć kompromis; **the happy mean** złoty środek; kompromis, kompromisowe rozwiązanie, rozwiązanie satysfakcjonujące obie/wszystkie strony

hard[1] *a* **1.** twardy; mocny **2.** trudny **3.** surowy, srogi; ostry, ciężki **4.** stanowczy ♦ **a hard nut to crack** twardy orzech do zgryzienia, trudny orzech do zgryzienia; **as hard as nails** twardy jak skała/jak ze skały; mocny; silny; niewzruszony; **be between a rock and a hard place** być między młotem a kowadłem; **be hard at it** ciężko nad czymś pracować; ślęczeć nad czymś; **be hard on sb/sth 1.** być dla kogoś/czegoś surowym; być dla kogoś/czegoś niewyrozumiałym; traktować kogoś/coś surowo **2.** być dla kogoś/czegoś niesprawiedliwym; źle się z kimś/czymś obchodzić **3.** łatwo coś uszkodzić; powodować w czymś szkody; mieć zły wpływ na coś; źle na coś oddziaływać/wpływać; **be hard to come by** trudno (jest) coś znaleźć/dostać, trudno (jest) o coś, trudno (jest) na coś trafić; **be stuck between a rock and a hard place** być między młotem a kowadłem; **come down hard on** surowo karać; rozprawić się z; **find out sth the hard way** doświadczyć czegoś/poznać coś/przekonać się o czymś na własnej skórze; **give sb a hard time** dać się komuś we znaki, dać komuś do wiwatu, zaleźć komuś za skórę, dopiec komuś; **go hard** (s)twardnieć; **hard and fast** niezmienny, nienaruszalny; stały; sztywny; żelazny (*reguły, przepisy itd.*); **hard as nails** twardy jak skała/jak ze

hard

skały; mocny; silny; niewzruszony; **hard cash** gotówka; **hard copy** kopia trwała, wydruk (*komputerowy*); **hard core 1.** aktywiści, działacze (*polityczni*); najbardziej aktywna grupa (*członków organizacji itd.*) **2.** grupa twardogłowych; **hard currency** mocna waluta; twarda waluta; **hard disk** dysk twardy; **hard drugs** narkotyki twarde; **hard fact** niezaprzeczalny/niezbity fakt; **hard going 1.** trudny, ciężki; wymagający wysiłku; oporny **2.** nudny; **hard hat** hełm ochronny; kask; **hard heart** nieczułe/oschłe/zimne serce; **hard labour** ciężkie roboty (*kara*); **hard landing** twarde lądowanie; **hard line** twarde stanowisko; **hard lines!** a to pech!; **hard liquor** mocny alkohol, wysokoprocentowy napój alkoholowy; **hard luck!** a to pech!; **hard of hearing** niedosłyszący, źle słyszący; **hard on 1.** wkrótce po **2.** tuż za; **hard porn** twarda pornografia; **hard sell** nachalna sprzedaż/reklama; **hard shoulder** pobocze drogi; **hard to reach** trudno dostępny; **hard to take** trudny do przyjęcia/zaakceptowania; **hard to tell/say** trudno powiedzieć; **hard up** spłukany, bez pieniędzy; bez grosza przy duszy; **hard upon 1.** wkrótce po **2.** tuż za; **hard water** twarda woda; **hard winter** ciężka/surowa zima; **hard work** ciężka praca; **have a hard job doing/to do sth, have a hard time doing sth** napracować się nad/przy czymś, natrudzić się nad/przy czymś, namęczyć się z/przy czymś; **have a hard life** mieć ciężkie życie; **I find it hard to believe...** trudno mi uwierzyć, że...; **learn sth the hard way** doświadczyć czegoś/poznać coś/przekonać się o czymś na własnej skórze; **make hard work of sth** utrudnić sobie pracę/zadanie; **no hard feelings!** bez urazy!; **take a hard line over/on** zająć twarde stanowisko wobec/w sprawie; **take a (long) hard look at sth** spojrzeć na coś na trzeźwo/bez emocji, spojrzeć na coś trzeźwym/zimnym/chłodnym okiem; **the hard way** na własnej skórze (*doświadczyć czegoś*)

hard² *adv* **1.** twardo; mocno **2.** trudno; z trudem **3.** ciężko; surowo **4.** usilnie; bardzo ♦ **be hard done by** *pot.* być źle (po)traktowanym, zostać źle/niesprawiedliwie potraktowanym; **be hard hit/be hit hard by sth** być/zostać ciężko dotkniętym przez coś; **be hard on sb's heels** deptać komuś po piętach; **be hard put/pressed/pushed to do sth** *pot.* mieć trudności ze zrobieniem czegoś, ciężko (jest) komuś coś zrobić; **be hard up for sth** *pot.* odczuwać brak czegoś; brakować (komuś) czegoś, mieć czegoś mało; **cry hard** bardzo płakać; **die hard** umierać/zanikać powoli, być trudnym do wykorzenienia, nie dawać się wykorzenić (*zwyczaj, przesądy itd.*); **hard on the heels of sth** wkrótce/zaraz/tuż po czymś; **laugh hard** bardzo się śmiać; **take sth hard** *pot.* ciężko coś przyjąć/zaakceptować/znosić; **work sb hard** zmuszać kogoś do ciężkiej/wyczerpującej pracy; zamęczać kogoś pracą; dawać komuś wycisk; wyciskać z kogoś siódme poty

hardball *n US* baseball ♦ **play hardball** *pot.* ostro grać, iść na całość, iść po trupach do celu (*w biznesie, polityce*)

harden *v* **1.** (s)twardnieć **2.** umocnić; wzmocnić ♦ **become hardened towards/to sth** uodpornić się na coś, przyzwyczaić się do widoku czegoś; zobojętnieć na coś/w stosunku do czegoś/wobec czegoś; **hardened criminal/offender** zatwardziały przestępca; **harden one's attitude** stać się bardziej nieustępliwym, usztywnić swoje stanowisko; **harden one's heart** znieczulić czyjeś serce

hare *n* (*pl* **hare, hares**) zając ♦ **(as) mad as a March hare** *pot.* kompletny wariat, szalona głowa; **run with the hare and hunt with the hounds** *przysł.* (palić) Panu Bogu świeczkę i diabłu ogarek

harm¹ *n* krzywda; szkoda; *pot.* uszczerbek, szwank ♦ **come to no harm** nie doznać krzywdy, nie ucierpieć; nie ponieść szkody; nie doznać uszczerbku; wyjść bez szwanku; nic (złego) się komuś nie dzieje/nie stanie; **do harm to** krzywdzić; szkodzić; wyrządzić krzywdę/szkodę; **do more harm than good** wyrządzić/przynieść więcej zła niż dobra/pożytku, wyrządzić/przy-

harm

nieść więcej szkody niż pożytku; **it does no harm to do sth** nie zaszkodzi zrobić coś; **mean no harm** nie mieć nic złego na myśli, zrobić coś w najlepszej intencji; **no harm done** *pot.* nic (złego) się nie stało; **not come to any harm** nie doznać krzywdy, nie ucierpieć; nie ponieść szkody; nie doznać uszczerbku; wyjść bez szwanku; nic (złego) się komuś nie dzieje/nie stanie; **not mean any harm** nie mieć nic złego na myśli, zrobić coś w najlepszej intencji; **out of harm's way** w bezpiecznym miejscu, bezpieczny; **there's no harm in doing sth** nie zaszkodzi zrobić coś

harm[2] *v* krzywdzić; szkodzić; wyrządzić krzywdę/szkodę; *pot.* narazić/wystawić na szwank ♦ **harm sb's reputation** narazić na szwank czyjąś reputację, (za)szkodzić czyjejś reputacji, psuć czyjąś reputację; **not harm a fly** nie skrzywdzić nawet muchy; **not harm a hair of sb's head** nie tknąć kogoś nawet palcem, włos komuś z głowy nie spadnie

harvest *n* **1.** żniwa **2.** zbiór; zbiory; plon(y) ♦ **reap a harvest of sth** zbierać owoce/plony czegoś

hash *n* ♦ (*w zwrocie*) **make a hash of sth** *pot.* (s)partaczyć coś, sknocić coś, sfuszerować coś; popsuć coś; zawalić coś; pogmatwać coś

haste *n* pośpiech ♦ **haste makes waste** *przysł.* gdy się człowiek śpieszy, to się diabeł cieszy; co nagle, to po diable; **in haste** w pośpiechu; szybko; **more haste, less speed** śpiesz się powoli

hat *n* kapelusz ♦ **hard hat** hełm ochronny; kask; **I'll eat my hat!** *pot.* prędzej mi kaktus na dłoni wyrośnie!; **keep sth under one's hat** trzymać/chować coś w tajemnicy; dochować/dotrzymać tajemnicy, dochować/dotrzymać sekretu; **knock sb/sth into a cocked hat** być o całe niebo lepszym od kogoś/czegoś, bić kogoś/coś na głowę, przerastać/przewyższać kogoś/coś o głowę; **old hat** *pot.* staroświecki, niemodny, zacofany, przestarzały; **take one's hat off to sb** chylić przed kimś czoło/czoła; **talk through one's hat** *pot.* pleść/gadać/opowiadać głupstwa

hatchet n toporek; siekierka ♦ **bury the hatchet** *przen.* zakopać topór wojenny

hate v 1. nienawidzić 2. *pot.* ubolewać ♦ **hate sb's guts** *pot.* szczerze/prawdziwie kogoś nienawidzić; nie cierpieć kogoś; nie znosić kogoś; **hate the sight of...** nie móc patrzeć na...; **I hate to trouble you** przykro mi, że cię niepokoję

hatter n kapelusznik ♦ **(as) mad as a hatter** *pot.* kompletny wariat, szalona głowa

haul[1] n 1. holowanie; ciągnięcie; wleczenie 2. przewóz 3. zaciąg (*sieci*); połów z jednego zaciągu 4. zdobycz; łup 5. droga (do przebycia), odległość ♦ **long/slow haul (to sth)** *przen.* daleka (i trudna) droga (do czegoś); żmudna praca (prowadząca do czegoś); praca ciągnąca się w nieskończoność; kawał roboty (do zrobienia)

haul[2] v 1. holować; ciągnąć 2. wybierać (*linę, sieć*) 3. przewozić, transportować ♦ **haul sb over the coals** zbesztać kogoś, zganić kogoś, złajać kogoś, zwymyślać kogoś; zmyć komuś głowę; zmieszać kogoś z błotem

have v (**had, had**) 1. mieć; posiadać 2. jeść 3. pić ♦ **have a bad opinion of sb/sth** mieć o kimś/czymś złe zdanie; **have a bee in one's bonnet about sth** *pot.* mieć bzika na punkcie czegoś; mieć obsesję na punkcie czegoś; **have a big head** *pot.* zadzierać nosa, pysznić się, wywyższać się, udawać ważnego; **have a breath of fresh air** odetchnąć świeżym powietrzem; zaczerpnąć świeżego powietrza; **have a card up one's sleeve** mieć asa w rękawie; **have a chair** usiąść; **have a check** sprawdzać (*coś*); **have a day off** mieć wolny dzień (*od pracy*); **have a face as long as a fiddle** spuścić nos na kwintę; **have a foot in both camps** działać na dwa fronty; **have a free hand** mieć wolną rękę, mieć swobodę działania; **have a go (at sth/doing sth)** spróbować, próbować (coś zrobić); **have a good head on one's shoulders** mieć głowę na karku/nie od parady; **have a good opinion of sb/sth** mieć o kimś/czymś dobre zdanie;

have a good time dobrze się bawić; **have a grudge against sb** mieć do kogoś żal/pretensje, żywić do kogoś urazę; **have a guess at sth** *GB* (s)próbować coś zgadnąć; **have a hand in sth** maczać w czymś palce; **have a hard job doing/to do sth, have a hard time doing sth** napracować się nad/przy czymś, natrudzić się nad/przy czymś, namęczyć się z/przy czymś; **have a hard life** mieć ciężkie życie; **have a head for heights** nie mieć lęku wysokości; **have a heart!** (*zwł. żartobliwie*) litości!, zlituj się!, miej serce!; **have a high opinion of sb/sth** mieć o kimś/czymś dobre zdanie; **have a joke** żartować, nie mówić poważnie; **have all the answers** *pot.* mieć na wszystko (gotową) odpowiedź; pozjadać wszystkie rozumy; **have a look (a)round** rozejrzeć się, rozglądać się dookoła; **have a look at** spojrzeć na; **have a lot on/*US* have a lot of going on** mieć urwanie głowy, mieć dużo spraw na głowie, mieć nawał spraw/zajęć; **have a lot to lose** mieć dużo do stracenia; **have a low opinion of sb/sth** mieć o kimś/czymś złe zdanie; **have a memory/mind like a sieve** mieć dziurawą/złą pamięć, mieć krótką/kurzą pamięć; **have an accident** mieć wypadek, ulec wypadkowi; **have an ace up one's sleeve/*US* have an ace in the hole** mieć asa w rękawie; **have an affair with sb** mieć z kimś romans; **have a narrow escape from death** cudem/o włos uniknąć śmierci; **have a narrow escape (from sth)** cudem/o włos uniknąć (czegoś); **have an early night** wcześnie położyć się spać, iść wcześnie spać; **have an even chance (of doing sth)** mieć równą/jednakową szansę, mieć szansę pół na pół (*na sukces lub porażkę*); na dwoje babka wróżyła; **have an idea that...** wydawać się, że...; wyobrażać sobie, że...; **have a nodding acquaintance with sb/sth** znać kogoś/coś powierzchownie, słabo kogoś/coś znać; **have an off day** mieć zły dzień; **have an open mind** mieć otwarty umysł; **have an operation** mieć/przejść operację; poddać się operacji; **have a passing acquaintance with sb/sth** znać kogoś/coś powierzchownie, słabo kogoś/coś znać; **have a roof over one's head** mieć dach nad głową; mieć swój/własny kąt; **have a seat** usiąść; **have a tantrum** mieć napad złości, dostać napadu złości, wpaść w złość; **have bigger fish to fry** *pot.* mieć inne/ważniejsze sprawy na głowie, mieć inne/ważniejsze rzeczy na głowie; **have both feet on the ground** mocno stąpać po ziemi; **have cold feet** *pot.* mieć stracha, mieć pietra; **have done with sth** skończyć z czymś, zakończyć coś; **have everything one's heart could desire** mieć wszystko, czego dusza zapragnie; brakować komuś tylko (chyba) ptasiego mleka; **have eyes in the back of one's head** *pot.* mieć oczy z tyłu głowy (*widzieć wszystko*); **have got it coming** *pot.* zasłużyć (sobie) na coś; **have got sb's number** *pot.* dobrze kogoś znać; przejrzeć kogoś na wskroś/na wylot/do gruntu; rozpoznać czyjeś zamiary; **have got to** musieć; **have guests** mieć/przyjmować gości; **have it all worked out** mieć wszystko dokładnie/ściśle zaplanowane, mieć coś opracowane/zaplanowane w najdrobniejszych szczegółach; **have itchy feet** *pot.* nie móc wytrzymać długo w jednym miejscu, lubić podróżować, lubić podróże; być ciągle w rozjazdach; **have it coming** *pot.* zasłużyć (sobie) na coś; **have money on you** mieć przy sobie pieniądze; **have money to burn** *pot.* mieć w bród pieniędzy, mieć forsy jak lodu, sypiać na pieniądzach; **have no business to do sth/doing sth** *pot.* nie mieć prawa czegoś robić; **have none of sth** nie zezwolić/pozwolić (komuś) na coś; nie tolerować czegoś; **have nothing against sb/sth** nie mieć nic przeciwko komuś/czemuś; **have nothing to do with** nie mieć nic wspólnego z; **have nothing to lose** nie mieć nic do stracenia; **have one foot in the grave** być jedną nogą w grobie, stać jedną nogą w grobie, być jedną nogą na tamtym świecie; **have one for the road** (wy)pić strzemiennego; **have one's back to the wall** być przypartym/przyciśniętym do muru; **have one's eye on sb/sth** mieć kogoś/coś na oku, mieć oko na kogoś/coś; **have one's feet on**

the ground mocno stąpać po ziemi; **have one's hands full** mieć pełne ręce roboty; **have one's head in the clouds** bujać w obłokach, chodzić z głową w chmurach; **have one's heart in one's mouth** mieć duszę na ramieniu; drżeć ze strachu; czuć serce w gardle, serce komuś podchodzi do gardła; **have one's heart in the right place** mieć dobre serce; być uczciwym/prawym człowiekiem; **have one's heart's desire** mieć wszystko, czego dusza zapragnie; brakować komuś tylko (chyba) ptasiego mleka; **have one's knife in sb** *pot.* zawziąć się na kogoś, uwziąć się na kogoś; **have one's own way** postawić na swoim, dokazać swego, dopiąć swego; **have one's points** mieć swoje dobre strony, mieć swoje plusy/zalety, mieć pewne plusy/zalety; **have one's tail between one's legs** *pot.* chować ogon pod siebie, kulić ogon pod siebie; **have one's wits about one** nie być w ciemię bitym; **have other fish to fry** *pot.* mieć inne/ /ważniejsze sprawy na głowie, mieć inne/ważniejsze rzeczy na głowie; **have pity on** (z)litować się nad; **have sb by sth** chwycić kogoś za coś (*rękę, gardło itd.*); **have sb in the palm of one's hand** mieć/trzymać kogoś w garści, mieć nad kimś władzę; **have sb on the inside** mieć swojego człowieka/wtyczkę (*w organizacji, instytucji itd.*); **have sb over a barrel** nie zostawić/nie dać komuś wyboru; postawić kogoś w przymusowej sytuacji; **have sb's number** *pot.* dobrze kogoś znać; przejrzeć kogoś na wskroś/na wylot/do gruntu; rozpoznać czyjeś zamiary; **have sb with you** być z kimś, być w czyimś towarzystwie; **have sth against sb/sth** mieć coś przeciw komuś/czemuś; **have sth down pat** umieć coś na wyrywki, znać coś na wyrywki; **have sth down to a fine art** *pot.* opanować coś do perfekcji; **have sth in common (with sb/sth)** mieć coś wspólnego (z kimś/czymś); **have sth licked** *pot.* uporać się z czymś, poradzić sobie z czymś, dać sobie z czymś radę, załatwić coś; **have sth off pat** umieć coś na wyrywki, znać coś na wyrywki; **have sth on the brain** *pot.* mieć w głowie wyłącznie...; w głowie komuś tylko...; **have sth on you** *pot.* mieć coś przy sobie (*pieniądze, dokumenty itd.*); **have sth/sb on one's hands** mieć coś/kogoś na głowie; **have sth to do with** mieć coś wspólnego z; **have sth to hand** mieć coś pod ręką; **have sth with you** *pot.* mieć coś przy sobie (*pieniądze, dokumenty itd.*); **have the advantage of sb** mieć nad kimś przewagę; być w lepszej sytuacji; **have the ball at one's feet** *GB pot.* mieć dobrą okazję do czegoś; mieć możność/sposobność (do) czegoś; mieć okazję wykazać się; **have the best of sth** osiągnąć/uzyskać z czegoś maksymalną korzyść; odnieść z czegoś maksymalny pożytek; **have the face to** mieć czelność żeby...; **have the floor** być przy głosie, mieć głos; **have the guts to do sth** *pot.* mieć odwagę coś zrobić, odważyć się coś zrobić; **have the impression that...** mieć/odnosić wrażenie, że...; **have the time of one's life** znakomicie się bawić, bawić się jak nigdy w życiu; **have the upper hand over sb** mieć nad kimś przewagę; **have time on one's hands** mieć czas, mieć dużo czasu; nie mieć nic do roboty; **have to** musieć; **have to do with** mieć związek z; wynikać z; **have what it takes (to be...)** *pot.* mieć wszelkie niezbędne cechy/zdolności/zadatki (*na bycie – dobrym piłkarzem, muzykiem itd.*); **I have to admit/confess** muszę przyznać/wyznać; **let sb have it** *pot.* nakrzyczeć na kogoś, skrzyczeć kogoś, złajać kogoś, zbesztać kogoś, powiedzieć komuś do słuchu; **not have a bean** *pot.* być/pozostać bez grosza, nie mieć grosza (przy duszy), być bez pieniędzy; **not have the first/slightest/faintest idea of...** nie mieć zielonego/najmniejszego pojęcia o...; **not have the slightest chance/not have a snowball's chance in hell/not have a dog's chance/not have the ghost of a chance** nie mieć najmniejszej szansy; **you've been had!** *pot.* dałeś się nabrać!; dałeś się naciągnąć!

havoc *n* spustoszenie; zniszczenie; zamieszanie ♦ **play havoc with/wreak havoc on** szerzyć spustoszenie wśród; dewastować; niszczyć; (s)pustoszyć

hawk *n* **1.** jastrząb **2.** sokół ♦ **have eyes like a hawk** mieć sokole oko, mieć sokoli wzrok; być bystrym; dostrzegać najdrobniejsze szczegóły

hay *n* siano ♦ **hit the hay** *pot.* uderzyć w kimono, iść spać; **make hay while the sun shines** *przysł.* kuć żelazo, póki gorące

haystack *n* stóg siana ♦ **look for a needle in a haystack** szukać igły w stogu siana

haywire *a pot.* w nieładzie; pogmatwany ♦ **go haywire** *pot.* wymknąć się spod kontroli; przestać działać właściwie, popsuć się, zbikować; zawodzić (*plan itd.*)

hazard *n* ryzyko; niebezpieczeństwo ♦ **at hazard** w niebezpieczeństwie; zagrożony; **fire hazard** ryzyko (wybuchu) pożaru, niebezpieczeństwo pożaru, zagrożenie pożarowe; **health hazard** zagrożenie dla zdrowia, ryzyko utraty zdrowia; **in hazard** w niebezpieczeństwie; zagrożony

hazy *a* **1.** mglisty **2.** niewyraźny, niejasny, niepewny, mętny ♦ **be hazy about sth** mieć mgliste pojęcie o czymś; **hazy memories** mgliste wspomnienia

head[1] *n* **1.** głowa **2.** łeb **3.** head(s) orzeł (*strona z orłem monety polskiej; strona z głową monety brytyjskiej*) **4.** głowa (*młotka*); łeb (*śruby, nitu*); głowica **5.** góra; wierzchołek **6.** nagłówek **7.** główka (*kapusty*) **8.** korona (*drzewa*) **9.** szef; kierownik; zwierzchnik; głowa (*czegoś*); dyrektor(ka) szkoły **10.** przód, przednia część; wierzch, górna część **11.** piana (*na piwie*) ♦ **a bad/sore head** ból głowy, bojąca głowa; **above sb's head** za trudny dla kogoś, zbyt trudny dla kogoś, zbyt skomplikowany dla kogoś; **bang/bash/beat one's head against a brick wall** *pot.* walić/bić/tłuc głową o mur; **be hanging over sb's head** wisieć nad kimś, wisieć komuś nad głową; **be head and shoulders above sb/sth** być o całe niebo lepszym od kogoś/czegoś, bić kogoś/coś na głowę, przerastać/przewyższać kogoś/coś o głowę; **be in one's right head** być przy zdrowych zmysłach; **be over one's head in debt** *US* być po uszy w długach, siedzieć po uszy w długach, tonąć w długach; **bite sb's head off** *pot.* zmyć komuś głowę, nakrzyczeć na kogoś, zwymyślać kogoś, skrzyczeć kogoś, objechać kogoś; **bother one's head about sth** zawracać sobie czymś głowę; **bring sth down on one's head** ściągnąć/sprowadzić coś na swoją głowę; **bring sth to a head** postawić/stawiać coś na ostrzu noża; **bury one's head in** skryć głowę w (*poduszkę itd.*); **bury one's head in one's hands** ukryć głowę w dłoniach; **bury one's head in the sand** chować/kryć głowę w piasek; **by a head** o głowę (*wyższy itd.*); **carry sth in one's head** zapamiętać coś, nauczyć się czegoś na pamięć; **clear head** przytomna głowa, przytomny/jasny umysł; **come into one's head** przyjść komuś do głowy, wpaść komuś do głowy; **come sth to a head** postawić/stawiać coś na ostrzu noża; **death's head** trupia czaszka; **do a head count** (po)liczyć obecnych; **do one's head in** *pot.* wkurzać kogoś, złościć kogoś, irytować kogoś; **drum sth into sb's head** wbijać coś komuś do głowy; **enter one's/sb's head** przyjść komuś do głowy, wpaść komuś do głowy; **from head to foot/toe** od stóp do głów; **get it into one's head that...** pojąć, że...; zrozumieć, że...; uzmysłowić sobie, że...; uprzytomnić sobie, że...; **get sth into one's head** *pot.* uświadomić coś sobie, uprzytomnić coś sobie, zrozumieć coś, dotrzeć do kogoś; **give sb their head** dać/zostawić komuś swobodę działania; nie wtrącać się do kogoś; **go to one's head** uderzać komuś do głowy (*alkohol, sukces itd.*); **hammer sth into sb's head** wbijać coś komuś do głowy; kłaść/wkładać/pakować coś komuś łopatą do głowy; **hang one's head** spuścić/zwiesić/opuścić głowę; **have a big head** *pot.* zadzierać nosa, pysznić się, wywyższać się, udawać ważnego; **have a good/fine head of hair** mieć bujne włosy, mieć gęste włosy; **have a good head on one's shoulders** mieć głowę na karku/nie od parady; **have a head for heights** nie mieć lęku wysokości; **have a roof over one's head** mieć dach nad głową; mieć swój/własny kąt; **have**

head

eyes in the back of one's head *pot.* mieć oczy z tyłu głowy (*widzieć wszystko*); **have no head for heights** mieć lęk wysokości; **have one's head in the clouds** bujać w obłokach, chodzić z głową w chmurach; **have one's head screwed on (straight)** mieć głowę na karku/nie od parady; **have sth on one's head** mieć coś na głowie; **head first** na głowę (*spaść itd.*); **head of state** głowa państwa; **head over heels** po uszy; bez reszty; całkowicie; **head over heels in love** zakochany po uszy, nieprzytomnie zakochany; **heads or tails?** orzeł czy reszka?; **head start (over sb)** przewaga na starcie (nad kimś), przewaga (nad kimś) już na samym początku czegoś; **heads will roll (for sth)** polecą głowy (za coś); **head teacher** dyrektor(ka) szkoły; **hide one's head in the sand** chować/kryć głowę w piasek; **hit one's head against a brick wall** *pot.* walić/bić/tłuc głową o mur; **hit the nail on the head** trafić w (samo) sedno, trafnie coś ująć/określić; **hold a pistol to sb's head** przyłożyć/przystawić komuś pistolet do głowy, używać gróźb wobec kogoś, zmuszać kogoś; **hold one's head high** nosić głowę wysoko, nosić wysoko czoło, mieć powody do dumy; **hold up one's head** iść/chodzić z podniesioną głową; spojrzeć ludziom w oczy; **in/inside one's head** w pamięci; **it never entered my head that/to...** nigdy nie przyszło mi do głowy, że/żeby...; **keep a cool head/keep a level head/keep one's head** nie tracić głowy, zachować spokój; **keep one's head above water** *przen.pot.* utrzymywać się na powierzchni, radzić sobie, nie iść na dno; **knock one's head against a brick wall** *pot.* walić/bić/tłuc głową o mur; **knock sb's head off** *pot.* rozwalić komuś głowę/łeb; **knock sth on the head** zniweczyć coś, popsuć coś, pokrzyżować coś (*plany, zamiary*); **laugh one's head off** *pot.* śmiać się do rozpuku; **lose one's head** stracić głowę; **make head or tail of sth** połapać się w czymś; **make one's head spin** przyprawiać kogoś o zawrót głowy; **need sth like a hole in the head** *pot.* zupełnie czegoś nie potrzebować, być komuś potrzebnym jak dziura w moście; **not harm/touch a hair of sb's head** nie tknąć kogoś nawet palcem, włos komuś z głowy nie spadnie; **not right in the head** *pot.* niespełna rozumu, głupi, kopnięty, lekko stuknięty; **off one's head** *pot.* szalony, zwariowany, mocno stuknięty; **off the top of one's head** z głowy, z pamięci (*powiedzieć coś*); **over sb's head** za trudny dla kogoś, zbyt trudny dla kogoś, zbyt skomplikowany dla kogoś; **per head** na głowę (*ludności*); **play at heads or tails** grać w orła i reszkę; **put one's head into the lion's mouth** iść/włazić w paszczę lwa; **put our/your heads together** naradzić się, wspólnie się zastanowić, wspólnie rozważyć sprawę, wspólnie znaleźć rozwiązanie, połączyć siły; **put sth into sb's head** wbijać coś komuś do głowy; (za)sugerować coś komuś; **put sth out of one's head** wybić sobie coś z głowy; **sb got a swollen head** woda sodowa uderzyła komuś do głowy; **sb hasn't much of a head for.../sb has no head for...** ktoś nie ma głowy do...; **sb's head is splitting** głowa komuś pęka; **sb takes it into his/her head to do sth/that...** coś wpada/strzela/przychodzi komuś do głowy, żeby...; **scratch one's head 1.** podrapać się w głowę/po głowie **2.** *pot.* głowić się, zachodzić w głowę; **shake one's head** kręcić przecząco głową; **snap sb's head off** *pot.* zmyć komuś głowę, nakrzyczeć na kogoś, zwymyślać kogoś, skrzyczeć kogoś, objechać kogoś; **soft in the head** *pot.* głupkowaty, przygłupi; **stand head and shoulders above sb/sth** być o całe niebo lepszym od kogoś/czegoś, bić kogoś/coś na głowę, przerastać/przewyższać kogoś/coś o głowę; **standing on one's head** *pot.* z wielką łatwością, śpiewająco, bez problemu, bez trudu; **stand on one's head** stać na głowie; **stand on one's head to do sth** stawać na głowie, żeby coś zrobić; **stand sth on its head** stawiać/postawić coś na głowie; **stuff sb's head with sth** nabić komuś (sobie) czymś głowę; **take it into one's head to do sth** wpaść na pomysł, aby coś zrobić; **talk a person's head**

head 266

off ciągle/wciąż/bez przerwy zawracać komuś głowę; ciągle/wciąż/bez przerwy suszyć komuś głowę; **turn sb's head** przewrócić komuś w głowie; zawrócić komuś w głowie; **turn sth on its head** stawiać/postawić coś na głowie; **two heads are better than one** co dwie głowy, to nie jedna; **use one's head** ruszyć głową/konceptem; **weak in the head** *pot.* głupi, niespełna rozumu

head² *v* **1.** stać na czele; przewodzić **2.** zdążać do, kierować się do **3.** mieć/nosić tytuł, być zatytułowanym ♦ **head the bill** być gwoździem programu; być gwiazdą programu (*rozrywkowego*)

headache *n* **1.** ból głowy **2.** *pot.* zmartwienie ♦ **I have a headache** boli mnie głowa; **that's not your headache!** niech cię o to głowa nie boli!

header *n* **1.** nagłówek **2.** główka, odbicie (piłki) głową ♦ **take a header** skoczyć na głowę (*do wody*)

headlines *pl* (krótki) serwis informacyjny; wiadomości w skrócie, skrót (najważniejszych) wiadomości ♦ **hit/make/reach the headlines** trafić na czołówki gazet; stać się tematem dnia (*w wiadomościach*), zdominować serwisy informacyjne

head-on *adv* zdecydowanie, w zdecydowany sposób, z determinacją ♦ **crash/collide head-on** zderzyć się czołowo; **head-on collision** zderzenie czołowe; **meet sth head-on 1.** zderzyć się czołowo; zderzyć się głowami **2.** *przen.* stawić czemuś czoło

headway *n* ♦ (*w zwrocie*) **make headway 1.** posuwać się do przodu **2.** robić/czynić postępy; zbliżać się do wyznaczonego celu

heal *v* **1.** goić (się) **2.** leczyć ♦ **heal the breach** pogodzić zwaśnione/skłócone strony; **time heals all wounds/time cures all things/time heals all sorrows** *przysł.* czas goi/leczy rany

healer *n* **1.** uzdrowiciel **2.** środek leczniczy; lekarstwo ♦ **time is a great healer** *przysł.* czas jest najlepszym lekarzem

health *n* zdrowie ♦ **be a picture of health** być okazem/uosobieniem zdrowia; **be bad for sb's health** być szkodliwym dla (czyjegoś) zdrowia; **be in excellent health** tryskać zdrowiem; **be in poor health** mieć marne zdrowie; zapadać/zapaść na zdrowiu; **drink (to) sb's health** wypić za czyjeś zdrowie, wznieść toast za czyjeś zdrowie; **for health reasons** z przyczyn zdrowotnych, ze względów zdrowotnych; **give sb/sth a clean bill of health** wydać/wystawić komuś świadectwo zdrowia/lekarskie o zdolności do pracy (*itd.*); wydać/wystawić zaświadczenie o sprawności/przydatności czegoś do użytku (*itd.*); **health care** opieka zdrowotna; opieka medyczna; **health food** zdrowa żywność; **health hazard/risk** zagrożenie dla zdrowia, ryzyko utraty zdrowia; **health service** służba zdrowia; **health visitor** pielęgniarka środowiskowa; **here's to your (good) health!/your health!** (za) twoje zdrowie!, zdrowie!; **ill health** zły stan zdrowia; **propose sb's health** wznieść/zaproponować toast za czyjeś zdrowie

heap[1] *n* **1.** stos; zwał; hałda **2.** *pot.* (*żartobliwie o samochodzie*) stary gruchot **3. heap(s)** *pot.* masa, dużo, mnóstwo ♦ **feel heaps better** czuć się o wiele lepiej; **heaps bigger** dużo większy; **heaps of time** mnóstwo czasu

heap[2] *v* **1.** nakładać; ładować **2.** gromadzić **3.** układać w stos; zwałować ♦ **heap praises on sb** obsypywać kogoś pochwałami, nie szczędzić komuś pochwał

hear *v* (**heard, heard**) **1.** słyszeć **2.** słuchać **3.** dowiedzieć się ♦ **have you heard the one about...** (czy) znasz/słyszałeś dowcip o..., (czy) znasz/słyszałeś kawał o...; **I can't hear myself think** *pot.* nie słyszę własnych myśli; **I will/would not hear of...** nie chcę słyszeć o...; **you could hear the pin drop** było cicho, jak makiem zasiał

hearing *n* **1.** słuch **2.** słyszalność **3.** przesłuchanie; rozprawa sądowa ♦ **hard of hearing** niedosłyszący, źle słyszący; **hearing aid** aparat słuchowy; **in sb's hearing** w zasięgu słuchu; w czyjejś obecności; **restore sb's hearing** przywracać komuś słuch; **within sb's hearing** w zasięgu słuchu; w czyjejś obecności

heart

heart *n* **1.** serce **2.** (*zwrot pieszczotliwy*) kochanie; serduszko **3.** *przen.* serce, centrum, środek **4.** sedno **5. hearts** *pl* kiery (*kolor w kartach*) ♦ **affairs of the heart** sprawy sercowe; **after one's own heart** (ktoś) w czyimś typie, czyjaś bratnia dusza; **a heart of gold** złote/anielskie serce; **a heart of stone** serce z kamienia, kamienne serce; **at heart/at the bottom of one's heart** w głębi serca/duszy; **bare one's heart to sb** otworzyć serce przed kimś; **brave heart** nieustraszone/waleczne/mężne serce; **break sb's heart** złamać komuś serce; **by heart** na pamięć; **change of heart** zmiana zdania/decyzji/nastawienia; **close to sb's heart** bliski sercu; **cold heart** nieczułe/oschłe/zimne serce; **conquer sb's heart** zdobyć/podbić czyjeś serce; **cross my heart!** słowo honoru!, z ręką na sercu!; **cry one's heart out** wypłakiwać sobie oczy; **dear to sb's heart** drogi sercu; **eat one's heart out** zamartwiać się; zadręczać się; umierać z tęsknoty (za czymś); **faint heart** zajęcze serce; **follow one's heart** iść za głosem serca; **from the bottom of one's heart** z głębi serca/duszy; **gain sb's heart** podbić/zdobyć czyjeś serce; **give sb heart** dodać komuś otuchy; zachęcić kogoś; **harden one's heart** znieczulić czyjeś serce; **hard heart** nieczułe/oschłe/zimne serce; **have a change of heart** zmienić zdanie/decyzję/nastawienie; **have a good heart** mieć dobre serce; **have a heart!** (*zwł. żartobliwie*) litości!, zlituj się!, miej serce!; **have a heart-to-heart with sb** porozmawiać z kimś szczerze/od serca, odbyć z kimś szczerą rozmowę; **have everything one's heart could desire** mieć wszystko, czego dusza zapragnie; brakować komuś tylko (chyba) ptasiego mleka; **have no heart for sth** nie mieć serca do czegoś; **have one's heart in one's boots** być mocno/bardzo zaniepokojonym; mieć/żywić obawy; być zasmuconym, smucić się; **have one's heart in one's mouth** mieć duszę na ramieniu; drżeć ze strachu; czuć serce w gardle, serce komuś podchodzi do gardła; **have one's heart in the right place** mieć dobre serce; być uczciwym/prawym człowiekiem;

have one's heart's desire mieć wszystko, czego dusza zapragnie; brakować komuś tylko (chyba) ptasiego mleka; **have sth at heart** coś leży komuś na sercu, mieć coś na sercu; **heart and soul** duszą i ciałem, z całego serca, całym sercem, z całej duszy; **heart attack** atak serca; **heart failure** zawał serca; **heart-to-heart talk** szczera/serdeczna rozmowa; **in good heart** radosny; pogodny; w dobrym nastroju; dobrej myśli; **in one's heart (of hearts)** w głębi serca/duszy; **in the heart of...** w (samym) sercu..., w (samym) środku...; **it breaks my heart to...** serce mi się kraje..., serce mnie boli..., serce mi pęka...; **it does one's heart good to see...** serce się raduje na widok...; serce rośnie patrząc/na widok...; aż miło popatrzeć, jak...; **it's tearing my heart out** serce mi się kraje, serce mnie boli, serce mi pęka; **learn by heart** uczyć się na pamięć; **lie at the heart of sth** leżeć/tkwić u podstaw(y) czegoś; **lose heart** stracić serce (*do czegoś*); zniechęcić się; stracić nadzieję; **lose one's heart to sb** oddać komuś serce, stracić dla kogoś głowę; **my heart missed a beat when.../my heart sank when.../my heart stood still when...** serce mi zamarło, kiedy...; **near to sb's heart** bliski sercu; **not have the heart to do sth** nie mieć sumienia/serca czegoś zrobić; **open one's heart to sb/pour out one's heart to sb** otworzyć przed kimś serce; **put one's heart (and soul) into sth** wkładać w coś (całe) serce/dużo serca, wkładać w coś całą duszę; **sb's heart lurches** serce podchodzi komuś do gardła; **search one's heart** zaglądać w głąb serca; **set one's heart on sth** nastawić się na coś; pragnąć czegoś z całego serca/z całej duszy, bardzo czegoś pragnąć, zapragnąć czegoś; **sick at heart** rozżalony, rozgoryczony, zasmucony; **soft heart** miękkie serce; **sth does sb's heart good** coś podnosi/podtrzymuje kogoś na duchu; **take heart** nabrać otuchy; nie tracić nadziei; **take sth (very much) to heart** brać sobie coś (bardzo) do serca; **tender heart** miękkie serce; **the heart of the matter** sedno sprawy; **to one's heart's content** do woli;

heartstrings 270

ile dusza zapragnie; **wear one's heart on one's sleeve** mieć serce na dłoni; **what the eye doesn't see the heart doesn't grieve (over)** *przysł.* co z oczu, to i z serca; czego oko nie widzi, tego sercu nie żal; **win sb's heart** zdobyć/podbić czyjeś serce; **with a heavy heart** z ciężkim sercem; **with all one's heart/with one's whole heart** całym sercem, z całego serca; **wring one's heart** ściskać kogoś za serce, serce się komuś ściska

heartstrings *pl* ♦ (*w zwrotach*) **play upon sb's heartstrings** grać na czyichś uczuciach; **tear/tug at sb's heartstrings** chwytać (kogoś) za serce

heat *n* **1.** upał; gorąco **2.** ciepło **3.** zapał; uniesienie **4.** ruja **5. heats** *pl* eliminacje (sportowe) ♦ **beat the heat** *US pot.* ochłodzić się; zaradzić upałowi, uporać się z upałem; uciec przed upałem; **final heats** finał (*w sporcie*); **heat wave** fala upałów/gorąca; **in heat** w okresie rui; **in the heat of the argument** w ferworze kłótni/sporu; **in the heat of the moment** w ferworze chwili; **on heat** w okresie rui; **qualifying heat** wyścig eliminacyjny; **take the heat out of the situation** uspokoić sytuację, ostudzić emocje

heave *v* **1.** dźwignąć, podnieść **2.** kołysać się (*o statku*) **3.** wymiotować; mieć nudności/mdłości ♦ **heave a sigh** westchnąć ciężko, wydać ciężkie westchnienie; **heave a sigh of relief** odetchnąć z ulgą; **heave (hove, hove) into sight/view** pojawić się, ukazać się (czyimś oczom)

heaven *n* **1.** niebiosa; raj **2. the heaven(s)** niebo **3.** opatrzność ♦ **be in seventh heaven** być w siódmym niebie; **cry to heaven** wołać o pomstę do nieba; **for Heaven's sake/for the love of Heaven** na miłość boską!, na litość boską!; **good heavens!** mój Boże!, coś podobnego!, coś takiego!; **Heaven forbid (that...)** niech Bóg broni; **heaven help them/her...** niech Bóg ma ich/ją w swojej opiece...; **heaven on earth** raj na ziemi; **heaven (only) knows** Bóg jeden wie; Bóg raczy wiedzieć; **(like) manna**

from heaven (jak) manna z nieba; **move heaven and earth** poruszyć niebo i ziemię; **smell to high heaven** *pot.* cuchnąć; śmierdzieć, jak wszyscy diabli; **thank heaven(s)** dzięki Bogu; **what/why in heaven's name...** co/dlaczego na litość boską...?

heavy[1] *a* **1.** ciężki; wielki; silny **2.** powolny; ociężały **3.** intensywny; mocny **4.** wzburzony; burzliwy **5.** uciążliwy; trudny **6.** ciężkostrawny ♦ **be heavy on sth** *pot.* zużywać czegoś dużo/za dużo; nadużywać czegoś; **find sth heavy going** uważać, że coś jest trudne; **heavy date** *US* (*żartobliwie*) ważna randka, ważne spotkanie; **heavy hitter** *US* wpływowa osoba, osoba mająca wpływy/władzę, wielka szycha (*w świecie biznesu, polityki*); **heavy industry** przemysł ciężki; **heavy losses** ciężkie/poważne straty; **heavy penalty** ciężka/surowa/dotkliwa kara; **heavy rain** ulewa, ulewny deszcz; **heavy repair** remont kapitalny, remont generalny; **heavy schedule** napięty harmonogram; **heavy seas** wzburzone morze; **heavy silence** głucha/grobowa/martwa//śmiertelna cisza; **heavy sky** ciemne/zachmurzone/pochmurne niebo, niebo zasnute chmurami; **heavy sleep** mocny/twardy sen; **heavy sleeper** śpioch; **heavy smoker** nałogowy palacz; **heavy traffic** duży/wzmożony ruch (drogowy/uliczny); **lie heavy on one's conscience** obciążać czyjeś sumienie; **lie heavy on sb/sth** ciążyć na kimś/czymś, obciążać kogoś/coś; **make heavy weather of sth** komplikować coś, wyolbrzymiać coś, potęgować coś, utrudniać coś; pogmatwać coś; **with a heavy heart** z ciężkim sercem

heavy[2] *adv* ♦ (*w zwrotach*) **time lies/hangs heavy on one's hands** czas się (komuś) wlecze, czas się (komuś) dłuży

hedge *v* **1.** ogradzać; otaczać żywopłotem **2.** unikać odpowiedzi, uchylać się od odpowiedzi ♦ **hedge one's bets** asekurować się, zabezpieczać się; działać na dwa fronty

heed *n* uwaga ♦ **give heed to sth/pay heed to sth/take heed of sth** zwracać uwagę na coś, uważać na coś; mieć wzgląd na coś

heel *n* 1. pięta 2. obcas ♦ **an/one's Achilles' heel** (czyjaś) pięta achillesowa/Achillesa; **be hard on sb's heels/be on sb's heels/be at sb's heels/tread on sb's heels** deptać komuś po piętach; **bring sb to heel** przytrzeć komuś nosa; zmusić kogoś do posłuszeństwa; **call a dog to heel** przywołać psa do nogi; **come hot on the heels of...** następować/wydarzyć się/mieć miejsce zaraz po..., następować/wydarzyć się/mieć miejsce wkrótce po; **dig one's heels in** upierać się przy swoim, obstawać przy swoim (zdaniu), upierać się przy swoich poglądach/racjach; **drag one's heels** ociągać się (z decyzją); zwlekać; **hard on the heels of sth** wkrótce/zaraz/tuż po czymś; **head over heels** po uszy; bez reszty; całkowicie; **head over heels in love** zakochany po uszy, nieprzytomnie zakochany; **high heels** buty na wysokich obcasach, wysokie obcasy; **hot on sb's heels** tuż za kimś; **kick one's heels** *pot.* czekać bez końca/bezczynnie; **on the heels of sth** wkrótce/zaraz/tuż po czymś; **take to one's heels/show a clean pair of heels** wziąć nogi za pas, dać nogę; **to heel!** (*do psa*) do nogi!; **turn/spin on one's heel** odwrócić się/zakręcić się na pięcie; **under the heel of...** pod butem (*tyrana itd.*); kontrolowany przez; zdominowany przez

height *n* 1. wysokość 2. szczyt; góra; wzgórze 3. szczyt, punkt kulminacyjny; rozkwit; wyżyny (*czegoś*) ♦ **at its height** w okresie największego rozwoju/rozkwitu; **be at the height of one's success/fame** być u szczytu sukcesu/sławy; **be the height of stupidity** być szczytem głupoty; **be the same height as** być równego/jednakowego/tego samego wzrostu co; **gain height** wznosić się; nabierać wysokości (*samolot*); **have a head for heights** nie mieć lęku wysokości; **have no head for heights** mieć lęk wysokości; **in height** o wysokości..., mający... wysokości; **in the height of winter** w samym środku zimy, w pełni zimy; **lose height** spadać; wytracać/tracić wysokość (*samolot*); **rise to new heights** osiągać nowe wyżyny, wzbić się na nowe wyżyny (*czegoś*); **what height are you?** ile masz wzrostu?

hell *n* piekło ♦ **a hell of a mess** piekielny/potworny bałagan; **a hell of a writer** *pot.* świetny/bardzo dobry pisarz; **all hell broke/all hell was let loose** zrobiło się piekło; **at a hell of a lick** *pot.* bardzo prędko/szybko; piorunem, błyskawicznie; **beat hell out of sb** *pot.* porachować/policzyć komuś kości; **be hell on sb/sth** mieć fatalny wpływ na kogoś/coś, mieć zgubny wpływ na kogoś/coś, szkodzić komuś/czemuś; **catch hell** *US pot.* oberwać, dostać za swoje, zostać ukaranym; **for the hell of it** dla żartu, dla zabawy; **from hell** fatalny; najgorszy z możliwych; z piekła rodem; **give sb hell** robić komuś piekło; **go to hell!** idź do diabła!; **hell for leather** *pot.* szybko, jak wszyscy diabli (*jechać, biec itd.*); **hell on earth** piekło na ziemi; **just for the hell of it** dla żartu, dla zabawy; **knock hell out of sb** *pot.* porachować/policzyć komuś kości; **like a bat out of hell** *pot.* bardzo szybko, jak oparzony, raptownie; **like hell** piekielnie; diabelnie; **living hell** piekło na ziemi; prawdziwe/istne piekło; **mad as hell** wściekły, jak wszyscy diabli; **make sb's life (a living) hell** zamienić czyjeś życie w (istne) piekło; **not have a snowball's chance in hell/not have a hope in hell** nie mieć najmniejszej szansy; **play (merry) hell with sb/sth** mieć fatalny wpływ na kogoś/coś, mieć zgubny wpływ na kogoś/coś, szkodzić komuś/czemuś; **raise hell** piekliść się, robić piekło, pienić się; **sheer hell** istne/prawdziwe piekło; **sth goes/has gone to hell in a handbasket** *US* coś diabli biorą/wzięli, coś bierze/wzięło w łeb, coś się wali/zawaliło; **to hell with sb/sth** do diabła z kimś/czymś; **what/where/how the hell...?** co/gdzie/jak u licha...?, co/gdzie/jak u diabła...?; **when hell freezes over** nigdy; na święty nigdy

helm *n* ster ♦ **be at the helm of...** stać u steru... (*organizacji itd.*); **take (over) the helm of...** przejąć ster, stanąć u steru (*rządu itd.*)

help

help¹ *n* **1.** pomoc; ratunek **2.** rada; środek zaradczy **3.** pomoc domowa ♦ **be a great help/be of great help** bardzo pomóc, bardzo się przydać; **be more of a hindrance than a help** bardziej przeszkadzać/zawadzać niż pomagać; przynosić więcej szkody niż pożytku; **be of no help** nie pomóc, na nic się nie przydać, na niewiele się przydać; **beyond help** nie do uratowania, stracony; **come to sb's help** przyjść/pośpieszyć komuś z pomocą; **home help** pomoc domowa; **some help (that is)!** (*w znaczeniu negatywnym*) a to dopiero pomoc!; **there is no help for it** nie ma na to rady, nic nie można pomóc/poradzić/zrobić; **with the help of...** przy pomocy..., z pomocą...; za pomocą...

help² *v* pomagać ♦ **cannot help** nic nie móc poradzić; nie móc się powstrzymać; **give sb a helping hand** podać komuś pomocną dłoń; pomóc komuś; **God helps those who help themselves/ /God helps them that help themselves** *przysł.* strzeżonego Pan Bóg strzeże; **God help them/her..., heaven help them/ /her...** niech Bóg ma ich/ją w swojej opiece...; **help oneself to sth** (po)częstować się czymś; **I can't help thinking...** nie mogę przestać myśleć...; **it can't be helped** nie ma na to rady, nic nie można pomóc/poradzić/zrobić; **lend sb a helping hand** podać komuś pomocną dłoń; pomóc komuś; **so help me God** tak mi dopomóż Bóg

hen *n* kura ♦ **(as) mad as a wet hen** *US* zły; rozwścieczony; wściekły, jak wszyscy diabli; **hen party** wieczór panieński

here 1. *adv* tu, tutaj, w tym miejscu **2.** (*wykrzyknikowo*) **here!** obecny! ♦ **as sure as I'm standing here** (pewny) jak amen w pacierzu, murowany; (pewny) jak w banku; **eaten here** *GB* na miejscu (*konsumpcja*); **from here** stąd; **here and there** tu i tam; **here is/are...** oto jest/są...; **here's to...** wypijmy za..., (za) zdrowie...; **here, there, and everywhere** wszędzie; **here they are!** otóż/oto i oni!, wreszcie są! (*o kimś długo oczekiwanym*); **here we go** zaczynamy!; **here you are** proszę (*wręcza-*

jąc coś komuś); **look here!** słuchaj!; **neither here nor there** nie mający nic do rzeczy, nieważny, nieistotny, bez (większego) znaczenia; **same here** *pot.* i ja też; **sure as I'm standing here** (pewny) jak amen w pacierzu, murowany; (pewny) jak w banku; **we're over here!** jesteśmy tutaj!

hero *n* bohater ♦ **act the hero** udawać bohatera; **make a hero of sb** robić z kogoś bohatera; **war hero** bohater wojenny

hide[1] *n* skóra surowa (*zwierząt*) ♦ **neither hide nor hair of sb/sth** ani śladu kogoś/czegoś; **tan sb's hide/tan the hide off sb** złoić/(wy)garbować/przetrzepać komuś skórę

hide[2] *v* (**hid, hidden**) chować (się); ukrywać (się) ♦ **have nothing to hide** nie mieć nic do ukrycia; **hide one's head in the sand** chować/kryć głowę w piasek; **hide one's light under a bushel** chować/kryć/trzymać światło pod korcem, starać się coś zataić; **hide one's tracks** zacierać za sobą ślady

hiding *n* **1.** ukrywanie (się); ukrycie (się) **2.** *pot.* lanie ♦ **be on a hiding to nothing** *pot.* tracić/marnować tylko czas, niepotrzebnie się trudzić, niepotrzebnie zadawać sobie trud; **come out of hiding** wyjść z ukrycia; ujawnić się; **get a good hiding** *pot.* dostać/oberwać (porządne) lanie; **give sb a good hiding 1.** zbić kogoś; złoić/(wy)garbować/przetrzepać komuś skórę **2.** pobić kogoś; **go into hiding** ukryć się; skryć się; **hiding place 1.** kryjówka **2.** schowek

high[1] *a* **1.** wysoki **2.** główny; ważny **3.** ekstremalny; wielki **4.** całkowity; pełny **5.** silny, jaskrawy (*kolor*) **6.** wzniosły **7.** (*o morzu*) burzliwy; pełny, otwarty **8.** silny, porywisty (*wiatr*) ♦ **at the highest pitch** w najwyższym stopniu; **be high on drugs** *pot.* być na haju, być naćpanym; **be (in) for the high jump** *pot.* oberwać (za coś), dostać za swoje; **be/get on one's high horse** pysznić się, wynosić się/wywyższać się nad innych; **have a high colour** *pot.* mieć kolory/rumieńce; **have a high opinion of sb/sth** mieć o kimś/czymś dobre zdanie; **have high hopes for sth/sb** wiązać z czymś/kimś wielkie/duże/olbrzymie nadzieje; **high and mighty** pyszałkowaty, pyszny, zarozumiały, wywyższający się nad innych; **High Court** Wysoki Trybunał; **higher education** wyższe wykształcenie; szkolnictwo wyższe; **high fidelity** wysoka wierność (*odtwarzania dźwięku*); **high finance** wielka finansjera; **high heels** buty na wysokich obcasach, wysokie obcasy; **high jump** skok wzwyż; **high life** życie wyższych sfer; wyższe sfery, śmietanka towarzyska, wielki świat; **High Mass** suma (*msza*); **high noon** samo południe; **high point** punkt kulminacyjny, najważniejszy punkt; **highs and lows** wzloty i upadki; zmienne koleje losu; **high school** *US* szkoła średnia; **high season** szczyt/środek/pełnia sezonu; **high society** wyższe sfery, śmietanka towarzyska, wielki świat; **high spirits** doskonały/świetny/znakomity humor; **high street** główna ulica; **high tea** *GB* podwieczorek, kolacja; **high technology** nowoczesna/najnowsza technika; **high tide** przypływ (*morza*); **high time** najwyższy czas; **high treason** zdrada stanu; **keep/maintain a high profile** szukać rozgłosu, zwracać na siebie uwagę, rzucać się w oczy, (starać się) być w centrum uwagi; **knee high** (wysoki/sięgający) do kolan; **of a high order** wysokiej klasy, wysokiego rzędu; **of high rank** wysokiej rangi; wysokiego szczebla; **the high seas** otwarte/pełne morze

high^2 *adv* **1.** wysoko; w górze **2.** wysoce, bardzo, w wysokim stopniu ♦ **be riding high** odnosić sukcesy; mieć powody do zadowolenia; **be running high** brać górę (*emocje, uczucia itd.*); **fly high** wysoko mierzyć, mieć (wielkie/wysokie) aspiracje; **hold one's head high** nosić głowę wysoko, nosić wysoko czoło, mieć powody do dumy; **look/search high and low** *pot.* szukać wszędzie; przeszukać wszystko

highly *adv* **1.** wysoko; w górze **2.** wysoce, bardzo, w wysokim stopniu ♦ **highly placed** wysoko postawiony (*urzędnik itd.*), wysokiego szczebla, na wysokim stanowisku, piastujący wysokie/poważne stanowisko; **highly strung** nerwowy; nadpobudliwy; spięty; **speak highly of sb** dobrze się o kimś wyrażać; wyrażać się o kimś z uznaniem; mówić/wyrażać się o kimś w (samych) superlatywach; **think highly of sb** mieć o kimś dobre zdanie; stawiać/cenić kogoś wysoko; patrzeć na kogoś z uznaniem; podziwiać kogoś

hindrance *n* przeszkoda ♦ **be more of a hindrance than a help** bardziej przeszkadzać/zawadzać niż pomagać; przynosić więcej szkody niż pożytku; **without let or hindrance** bez przeszkód

hint *n* **1.** aluzja **2.** wskazówka, sugestia **3.** cień, ślad ♦ **broad hint** jasna/wyraźna/zrozumiała/wymowna aluzja; **drop/give a hint** dać do zrozumienia; (za)sugerować; zrobić aluzję; zauważyć/wspomnieć mimochodem; **take a hint** zrozumieć aluzję

hire *n* wynajęcie; najem, wynajem ♦ **for hire** do wynajęcia; **hire purchase** sprzedaż ratalna/na raty; **on hire from** wynajęty od

history *n* historia ♦ **go down in history as** przejść do historii jako; **history repeats itself** historia lubi się powtarzać; **make history** tworzyć historię; **page in history** karta w historii; **that's ancient/past history** *pot.* to już historia/przeszłość, to należy już do przeszłości; **the march of history** bieg historii

hit[1] *n* **1.** uderzenie **2.** trafienie (*w cel*) **3.** przebój, szlagier, hit ♦ **a hit at sb** złośliwość pod czyimś adresem, złośliwa aluzja/uwaga, uszczypliwa aluzja/uwaga; napaść na kogoś; **be a hit with sb** przypaść komuś do gustu, spodobać się komuś, być przez kogoś lubianym; **big hit** wielki przebój/szlagier/hit; **hit man** *pot.* płatny/wynajęty morderca, płatny/wynajęty zabójca; **hit parade** lista przebojów (płytowych); **make a hit with sb** przypaść komuś do gustu, spodobać się komuś, być przez kogoś lubianym; **smash hit** wielki przebój/szlagier/hit

hit[2] *v* (**hit, hit**) **1.** uderzyć; ugodzić **2.** trafić **3.** natrafić **4.** uderzyć, (za)atakować (*nieprzyjaciela itd.*) **5.** osiągnąć **6.** dotrzeć, przybyć (do) **7.** zaskoczyć kogoś (*informacją itd.*); oszołomić kogoś ♦ **a storm hits the city** burza przetacza się nad miastem, burza

hit

przechodzi nad miastem; **be hard hit/be hit hard by sth** być/zostać ciężko dotkniętym przez coś; **hit a bull's-eye** trafić w dziesiątkę, trafić w środek tarczy; **hit a man when he's down** kopać leżącego; **hit an all-time low** osiągnąć dno, sięgnąć dna; osiągnąć najniższy poziom; **hit a sensitive nerve** poruszyć drażliwą kwestię; dotknąć drażliwego tematu; uderzyć w niewłaściwą strunę; **hit below the belt** *przen.pot.* uderzyć poniżej pasa; **hit home** odnieść zamierzony efekt/rezultat (*uwaga itd.*), zrobić swoje; **hit it off with** *pot.* znaleźć wspólny język z; zaprzyjaźnić się z, przypaść sobie do gustu; **hit on an idea** wpaść na pomysł; **hit one's head against a brick wall** *pot.* walić/bić/tłuc głową o mur; **hit rock bottom** *przen.pot.* osiągnąć dno, sięgnąć dna; osiągnąć najniższy poziom; **hit sb for six** przeżyć/odczuć coś głęboko, odczuć coś dotkliwie, przeżyć/odczuć coś boleśnie; **hit sb in the eye** uderzyć kogoś w oczy, rzucić się komuś w oczy; wydawać się komuś oczywistym; **hit sb when he's down** kopać leżącego; **hit sb where it hurts** uderzyć w czyjeś czułe miejsce, dać się komuś we znaki; **hit the big time** *pot.* wygrać wielki los na loterii, odnieść nagle sukces/powodzenie, nagle osiągnąć sukces/powodzenie; zdobyć sławę/rozgłos; **hit the bottle** *pot.* (często/chętnie) zaglądać do kieliszka; **hit the ceiling** *pot.* wściec się (ze złości); stracić kontrolę/panowanie nad sobą; wpaść w gniew, rozgniewać się; **hit the deck/hit the dirt** *pot.* paść na ziemię; **hit the hay** *pot.* uderzyć w kimono, iść spać; **hit the headlines** trafić na czołówki gazet; stać się tematem dnia (*w wiadomościach*), zdominować serwisy informacyjne; **hit the jackpot** *pot.* 1. zgarnąć całą pulę; wygrać dużo pieniędzy 2. odnieść (wielki) sukces, wygrać los na loterii; **hit the mark** 1. trafić do celu 2. odnieść zamierzony skutek, wywrzeć pożądany skutek/efekt, powieść się, udać się, wypalić, trafić w dziesiątkę; **hit the nail on the head** trafić w (samo) sedno, trafnie coś ująć/określić; **hit the right note** uderzyć we właściwą strunę; **hit the road** *pot.* wyruszyć (w podróż), ruszyć w drogę, rozpocząć podróż; **hit the roof** *pot.* wściec się (ze złości); stracić kontrolę/panowanie nad sobą; wpaść w gniew, rozgniewać się; **hit the sack** *pot.* uderzyć w kimono, iść spać; **hit the target** trafić do celu; **hit the wrong note** uderzyć w niewłaściwą strunę; **hit town** dotrzeć/przybyć do miasta; **hit upon an idea** wpaść na pomysł; **not know what hit one** *pot.* zdębieć (w pierwszej chwili), osłupieć, nie wiedzieć jak zareagować; **suddenly it hit me** nagle mnie olśniło

hitch *n* komplikacja; (mały) problem; przeszkoda ♦ **go off/pass off without a hitch** mijać bez zakłóceń/bez przeszkód/bez problemów

hog *n* wieprz ♦ **go the whole hog** *pot.* iść na całość, iść na całego

hoist *v* dźwigać; podnosić; ciągnąć (w górę) ♦ **be hoist(ed) with one's own petard/be hoist(ed) by one's own petard** *przen.* wpaść we własne sidła, zaplątać się we własne sidła; **hoist a flag** wciągać flagę (na maszt)

hold[1] *n* **1.** ujęcie; uchwyt **2.** władza; kontrola; wpływ(y) **3.** ładownia; pomieszczenie towarowe ♦ **catch hold of...** **1.** złapać za coś, chwycić coś **2.** opanować, zawładnąć; przejąć kontrolę nad; **clap hold of sb/sth** chwycić kogoś/coś, złapać kogoś/coś; **get hold of...** **1.** dostać; wpaść na (*pomysł itd.*) **2.** uchwycić, złapać (*kogoś*); **get hold of oneself** brać się/wziąć się w garść; **have a hold over sb** trzymać/mieć kogoś w garści; **leave hold of sth** *pot.* uwolnić coś, puścić coś; **lose hold of...** puścić, wypuścić (*z ręki*); **take hold of...** **1.** złapać za coś, chwycić coś **2.** opanować, zawładnąć; przejąć kontrolę nad; **with no holds barred** wszystkie chwyty dozwolone, wolnoamerykanka

hold[2] *v* (**held, held**) **1.** trzymać (się) **2.** zatrzymywać; wstrzymywać **3.** zawierać **4.** piastować/sprawować (*urząd*) **5.** mieć, posiadać **6.** utrzymywać; uważać, że; podtrzymywać **7.** odbywać (*rozmowę, wybory itd.*) **8.** przetrzymywać (*w więzieniu*) **9.** być ważnym; mieć/zachować ważność **10.** utrzymywać się (*pogo-

hold

da itd.) **11.** utrzymać; wytrzymać (*atak, ciężar czegoś itd.*) **12.** mieścić; pomieścić (się), zmieścić (się) **13.** (*o wojsku*) sprawować kontrolę, być w rękach armii **14.** obowiązywać, mieć zastosowanie ♦ **be held up to ridicule** narazić się na pośmiewisko; zostać (publicznie) wyśmianym/wykpionym; **be not fit to hold a candle to sb/sth, can't hold a candle to sb/sth** nie umywać się do kogoś/czegoś, nie dorastać komuś/czemuś do pięt, nie dorównywać komuś/czemuś; **hold a conversation** odbyć rozmowę; prowadzić rozmowę; **hold a course** trzymać kurs (*samolot, statek*); **hold all the aces/hold all the cards** mieć/trzymać wszystkie atuty w ręku; **hold a meeting** odbywać spotkanie, mieć spotkanie; **hold an opinion** być zdania, że...; uważać, że...; **hold a pistol to sb's head** przyłożyć/przystawić komuś pistolet do głowy, używać gróźb wobec kogoś, zmuszać kogoś; **hold a place/seat for sb** trzymać miejsce/siedzenie dla kogoś, zarezerwować miejsce/siedzenie dla kogoś, zająć miejsce/siedzenie dla kogoś; **hold a record** być rekordzistą, posiadać rekord; **hold a title** posiadać/mieć tytuł; **hold attention** przykuwać uwagę; **hold a vote on sth** przeprowadzić głosowanie nad czymś; **hold back one's tears** dławić/hamować łzy, powstrzymywać się od płaczu/od łez; **hold fast/firm to sth** trzymać się czegoś, wytrwale/niezłomnie obstawać przy czymś, wyznawać coś; **hold good** być prawdziwym; być ważnym, mieć/zachować ważność, obowiązywać; pozostawać w mocy; mieć zastosowanie; **hold hands** podać sobie ręce (*na powitanie itd.*); trzymać się za ręce; **hold in one's hands** trzymać w garści; **hold it a second/a minute!** *pot.* poczekaj chwilę!; **hold no terrors for sb** nie przerażać kogoś; **hold office** zajmować/piastować stanowisko, piastować/sprawować urząd; **hold on a minute** *pot.* proszę chwilę poczekać; chwileczkę; **hold one's alcohol** mieć mocną głowę (*do alkoholu*), móc dużo wypić; **hold one's breath** wstrzymać oddech; **hold one's cards close to one's chest** nie odkrywać kart, nie odsłaniać kart, nie wykładać kart; **hold one's drink** mieć mocną głowę (*do alkoholu*), móc dużo wypić; **hold one's ground** utrzymywać się na swoich pozycjach; nie ustępować, wybronić się; **hold one's head high** nosić głowę wysoko, nosić wysoko czoło, mieć powody do dumy; **hold one's own** nie dawać za wygraną; **hold one's peace** zachować milczenie; **hold one's tongue** trzymać język za zębami; **hold out an olive branch to sb** wyciągnąć do kogoś gałązkę oliwną, podać komuś gałązkę oliwną; **hold out hope** dawać nadzieję; rokować nadzieje; **hold sb accountable (for sth)** czynić kogoś odpowiedzialnym (za coś), obarczać kogoś odpowiedzialnością (za coś); **hold sb at arm's length** trzymać kogoś na dystans; nie spoufalać się z kimś; **hold sb captive** więzić kogoś; trzymać kogoś w niewoli; **hold sb guilty** uważać kogoś za winnego; **hold sb hostage** trzymać kogoś jako zakładnika, więzić zakładnika, przetrzymywać kogoś; **hold sb in (high) respect** darzyć kogoś (ogromnym) szacunkiem; **hold sb in high regard** darzyć kogoś ogromnym/dużym szacunkiem; **hold sb in low regard** nie darzyć kogoś szacunkiem, nie szanować kogoś, mieć o kimś złe zdanie; **hold sb prisoner** więzić kogoś; trzymać więźnia; **hold sb responsible (for sth)** czynić kogoś odpowiedzialnym (za coś), obarczać kogoś odpowiedzialnością (za coś); **hold sb's interest** wzbudzać/skupiać czyjeś zainteresowanie, budzić//wzbudzać czyjąś ciekawość; **hold sb to ransom 1.** trzymać/przetrzymywać kogoś dla okupu; żądać okupu za kogoś **2.** *przen.* robić z kogoś zakładnika (*własnych żądań itd.*), stawiać kogoś w przymusowej sytuacji, trzymać kogoś w szachu, przystawiać komuś pistolet do głowy, szantażować kogoś, wymuszać coś na kimś; **hold shares** posiadać akcje, być akcjonariuszem; **hold steady!** nie ruszaj się!; **hold sth at bay** oddalać coś, odsuwać coś (*niebezpieczeństwo itd.*); zapobiegać czemuś; odstraszać coś, działać odstraszająco; **hold sth dear** cenić sobie coś, uważać coś za rzecz najdroższą/najważniejszą w ży-

hold

ciu; **hold sth in check** kontrolować coś; mieć kontrolę nad czymś; powstrzymać coś; **hold sth/sb in contempt** pogardzać czymś/kimś, mieć coś/kogoś w pogardzie; **hold still!** nie ruszaj się!; **hold the field** dominować; utrzymać się; pozostać dominującym; **hold the floor** być przy głosie, mieć głos; **hold the fort** *przen.* pełnić wartę, stać na straży/na posterunku, objąć straż/wartę (*pod czyjąś nieobecność*); **hold the line, please** (*w rozmowie telefonicznej*) proszę czekać, proszę się nie rozłączać; **hold tight** trzymać mocno; **hold true** być prawdziwym; być ważnym, mieć/zachować ważność, obowiązywać; pozostawać w mocy; mieć zastosowanie; **hold up a bank** napaść na bank; **hold up one's head** iść/chodzić z podniesioną głową; spojrzeć ludziom w oczy; **hold up traffic** wstrzymać ruch (*uliczny*); **hold your fire!** nie strzelać!; wstrzymać ogień!; **hold your horses!** *pot.* wolnego!; nie śpiesz się!; poczekaj chwilę!; spokojnie!; trzymaj nerwy na wodzy!; **leave sb holding the baby/*US* leave sb holding the bag** *pot.* zepchnąć/spychać/zrzucać na kogoś odpowiedzialność; przerzucać na kogoś odpowiedzialność/obowiązki; **not hold a candle to sb/sth** nie umywać się do kogoś/czegoś, nie dorastać komuś/czemuś do pięt, nie dorównywać komuś/czemuś; **not hold out much hope of...** nie mieć wielkiej nadziei, że/na...; nie mieć złudzeń co do...; **not hold water** nie trzymać się kupy, być bez sensu, nie mieć sensu; być ni w pięć, ni w dziewięć/dziesięć; **there is no holding her/us** nic nie jest w stanie jej/nas powstrzymać, nic nie może jej/nas powstrzymać, nic nie może jej/nam przeszkodzić, nic jej/nas nie powstrzyma

hole *n* **1.** dziura **2.** nora; jama ♦ **a square peg in a round hole** *pot.* ktoś, kto nie jest na swoim miejscu; osoba nie nadająca się do wykonywania danej pracy; ktoś pasujący/nadający się jak wół do karety; **be in a hole** być w trudnej sytuacji; być w dołku; być w kropce; **have an ace in the hole** *US* mieć asa w rękawie; **in holes** dziurawy (*np. ubranie*); **make a hole in sth**

pot. nadszarpnąć coś (*oszczędności itd.*), nadwerężyć/nadwyrężyć coś, uszczuplić coś; **money burns a hole in sb's pocket** pieniądze nie trzymają się kogoś; ktoś szasta pieniędzmi; ktoś przepuszcza pieniądze; **need sth like a hole in the head** *pot.* zupełnie czegoś nie potrzebować, być komuś potrzebnym jak dziura w moście; **pick holes in sth** *pot.* znaleźć dziurę w całym; szukać dziury w całym; **tear a hole in sth** zrobić dziurę w czymś, przetrzeć coś, przedziurawić coś, wyszarpać dziurę w czymś

hollow *a* 1. pusty; wydrążony 2. zapadnięty (*policzki, oczy itd.*) 3. pusty (*słowa, dźwięk itd.*) ♦ **beat sb hollow** *GB pot.* pobić kogoś na głowę, pokonać kogoś na całej linii

holy *a* 1. święty 2. poświęcony ♦ **a holy terror** *pot.* 1. diabeł wcielony 2. (*o dziecku*) diabełek, urwis; **Holy Bible** Pismo Święte, Biblia; **Holy Family** Święta Rodzina; **holy orders** święcenia (kapłańskie); **holy war** święta wojna; **holy water** woda święcona; **Holy Week** Wielki Tydzień; **Holy Writ** Pismo Święte; **take holy orders** przyjąć święcenia kapłańskie; **the Holy Father** Ojciec Święty; **the Holy Ghost** Duch Święty; **the Holy Land** Ziemia Święta; **the Holy See** Stolica Apostolska; **the Holy Spirit** Duch Święty

homage *n* hołd ♦ **do/pay homage to sb** składać komuś hołd

home[1] *n* 1. dom 2. kraj rodzinny 3. przytułek 4. siedlisko ♦ **at home** 1. w domu 2. w kraju; **be at home** 1. czuć się jak u siebie (w domu); czuć się swobodnie 2. poruszać się w czymś swobodnie/łatwo, dobrze się orientować w czymś; **children's home** dom dziecka, sierociniec; **come from a broken home** pochodzić z rozbitej rodziny; **eat sb out of house and home** objeść/objadać kogoś; **feel at home** 1. czuć się jak u siebie (w domu); czuć się swobodnie 2. poruszać się w czymś swobodnie/łatwo, dobrze się orientować w czymś; **home straight//home stretch** 1. ostatnia prosta (*przed metą*) 2. *przen.* ostatnia prosta, końcowa/ostatnia faza, końcówka (*działalności*); **home**

sweet home wszędzie dobrze, ale w domu najlepiej; **live at home** mieszkać z rodzicami, mieszkać przy rodzicach; **make oneself at home** czuć się jak u siebie w domu; rozgościć się; **make one's home somewhere** zadomowić się gdzieś; **old folks' home/old people's home** dom starców; **play at home** grać u siebie/na własnym boisku (*mecz*); **rest home** dom spokojnej starości; **return home** wracać do domu; **run sb home** *pot.* odwieźć kogoś do domu (samochodem); podrzucić kogoś do domu; **see sb home** odprowadzać kogoś do domu; **set up home** założyć (własny) dom; **there's no place like home** *pot.* nie ma jak w domu; **walk sb home** odprowadzać kogoś do domu

home² *a* **1.** domowy; rodzinny **2.** krajowy; wewnętrzny; miejscowy ♦ **home bird** *GB* domator; **home help** pomoc domowa; **home life** życie domowe/rodzinne; **home market** rynek krajowy; **home match** mecz rozegrany u siebie/na własnym boisku; **home team** drużyna gospodarzy (*w sporcie*); **home town** miasto rodzinne; **home truth** gorzka/nieprzyjemna prawda; **home visit** wizyta domowa (*lekarza*)

home³ *adv* **1.** do domu; do siebie **2.** mocno; do oporu ♦ **be home free** *US pot.* najtrudniejsze mieć za sobą; **bring home the bacon** *pot.* **1.** zarabiać na rodzinę **2.** wykonać postawione zadanie; wywiązać się ze swoich zadań, sprostać czemuś; sprawdzić się; **bring sth home to sb** uświadomić coś komuś, uzmysłowić coś komuś; **come home to sb** dotrzeć do kogoś/do czyjejś świadomości, stać się dla kogoś jasnym/zrozumiałym; **drive home** wbijać do oporu (*gwóźdź itd.*); **drive sth home (to sb)** wbijać coś do głowy (komuś); unaoczniać coś (komuś); uzmysławiać coś (komuś); **get home** przyjść do domu; dotrzeć do domu; **go home** iść do domu; **hammer sth home 1.** wbijać/dobić gwóźdź młotkiem, dobić do oporu **2.** wyraźnie zaznaczyć coś, podkreślić coś, zaakcentować coś, uwypuklić coś; **hit home** odnieść zamierzony efekt/rezultat (*uwaga itd.*), zrobić swoje; **nothing to write home about** *pot.* nic nadzwyczajnego, nic specjalnego; **press sth home 1.** wcisnąć/docisnąć coś do oporu **2.** wyraźnie zaznaczyć coś, podkreślić coś, zaakcentować coś, uwypuklić coś; **ram sth home** jasno/wyraźnie/ /dobitnie coś unaocznić, jasno/wyraźnie/dobitnie coś uzmysłowić, jasno coś uświadomić; **strike home** odnieść zamierzony efekt/rezultat (*uwaga itd.*), zrobić swoje; **take home** *pot.* zarabiać na czysto, brać/otrzymywać do ręki; **till the cows come home** *pot.* bardzo długo; bez końca

honey *n* **1.** miód **2.** kochanie (*zwrot grzecznościowy*) ♦ **a land flowing with milk and honey/a land of milk and honey** kraina mlekiem i miodem płynąca, kraj mlekiem i miodem płynący

honour *n* **1.** honor; cześć **2.** zaszczyt **3. honours** *pl* honory, zaszczyty ♦ **a man of honour** człowiek honoru; **a point of honour** punkt/sprawa honoru; **a rare honour** wyjątkowy zaszczyt; **do the honours** czynić honory domu; **guards of honour** kompania honorowa; **guest of honour** gość honorowy; **I consider it a great honour** to dla mnie wielki zaszczyt; **I feel honour bound to...** honor nakazuje mi, żebym...; **in honour of sb/in sb's honour** ku czci..., na cześć...; **lap of honour** runda honorowa; **military honours** honory wojskowe; **one's word of honour** czyjeś słowo honoru; **on my honour** (daję) słowo honoru; **place of honour** miejsce honorowe

hook *n* hak; haczyk ♦ **by hook or by crook** *pot.* nie przebierając w środkach, wszystkimi/wszelkimi sposobami; po trupach; **get sb off the hook** wyciągnąć/uratować/wydobyć kogoś z opresji, wyciągnąć kogoś z tarapatów/kłopotów; **hook, line and sinker** całkowicie, ślepo, bez zastrzeżeń (*uwierzyć w coś*); **leave the phone off the hook** odwiesić słuchawkę (telefoniczną); **let sb off the hook** wyciągnąć/uratować/wydobyć kogoś z opresji, wyciągnąć kogoś z tarapatów/kłopotów; **take the phone off the hook** odwiesić słuchawkę (telefoniczną)

hook(e)y *n* ♦ (*w zwrocie*) **play hooky** *US pot.* iść/pójść/chodzić na wagary, wagarować

hoop *n* obręcz, koło ♦ **go/jump through the hoops** przejść przez gęste sito (*egzaminacyjne itd.*); być/zostać gruntownie sprawdzonym; być/zostać poddanym ciężkiej próbie; **put sb through the hoops** wymaglować kogoś (*pytaniami itd.*), wymęczyć kogoś (*na egzaminie itd.*), sprawdzić kogoś gruntownie; poddać kogoś ciężkiej próbie

hoot *n* **1.** hukanie (*sowy*) **2.** trąbienie (*klaksonu*); wycie (*syreny*) **3.** wybuch, salwa (*śmiechu, radości itd.*); krzyk (*na sali*); gwizdy; wygwizdanie (*aktora itd.*) ♦ **an absolute hoot/a real hoot** *pot.* ubaw po (same) pachy, prawdziwy ubaw; **break into hoots of laughter** wybuchnąć śmiechem, parsknąć śmiechem; **not care a hoot (about)/not care two hoots (about)** *pot.* gwizdać na (coś), mieć coś w nosie

hop¹ *n* **1.** chmiel **2.** podskok (*na jednej nodze*) **3.** *pot.* tańce; wieczorek taneczny; potańcówka **4.** krótki lot/przelot, etap (*podróży samolotem*) ♦ **catch sb on the hop** zaskoczyć kogoś; **hop, step and jump** *pot.* trójskok; **keep sb on the hop** *pot.* nie dać komuś odzipnąć, nie dać komuś odetchnąć, nie dać komuś chwili wytchnienia

hop² *v* skakać; podskakiwać ♦ **hopping mad** zły; rozwścieczony; wściekły, jak wszyscy diabli

hope *n* nadzieja ♦ **be beyond hope** nie rokować nadziei; **be sb's last/only hope** być czyjąś ostatnią/jedyną nadzieją; **build up sb's hopes** rozbudzać/podsycać czyjeś nadzieje; **dash one's hopes** rozwiać czyjeś nadzieje; **give hope** dawać nadzieję; rokować nadzieję; **give up hope** stracić nadzieję; porzucić (wszelką) nadzieję; **have high hopes for sth/sb** wiązać z czymś/kimś wielkie/duże/olbrzymie nadzieje; **hold out hope** dawać nadzieję; rokować nadzieje; **in the hope of...** w nadziei, że..., z nadzieją, że...; **it is our hope that...** żywimy nadzieję, że..., mamy nadzieję, że...; **live in hope (of/that...)** żyć nadzieją(, że...); **lose hope** stracić nadzieję; **not have a hope in hell** nie mieć najmniejszej szansy; **not hold out much hope of...**

nie mieć wielkiej nadziei, że/na...; nie mieć złudzeń co do...; **offer hope** dawać nadzieję; rokować nadzieje; **past hope** beznadziejny; **pin/place/put one's hopes on** pokładać nadzieje w; **raise sb's hopes** robić komuś nadzieję; **ray of hope** promyk/ /iskra/błysk nadziei; **restore hope** przywracać nadzieję; **shatter one's hopes** rozwiać czyjeś nadzieje; **while there's life, there is hope** póki życia, póty nadziei

horn *n* **1.** róg **2.** klakson **3.** tuba; głośnik tubowy ♦ **blow one's own horn** *pot.* zachwalać się, chwalić się, podkreślać swoje zalety; przechwalać się; pysznić się; chełpić się; **draw one's horns in** ograniczyć wydatki; (zacząć) liczyć się z pieniędzmi/z każdym groszem; **lock horns with sb (over sth)** chwycić się z kimś za głowę (o coś), brać się/chwycić się za łby z kimś; **on the horns of a dilemma** przed trudnym dylematem; **take the bull by the horns** chwycić/wziąć byka za rogi

hornet *n* szerszeń ♦ **as mad as a hornet** zły jak osa; **stir up a hornet's nest** wsadzić/wetknąć kij w mrowisko

horror *n* **1.** przerażenie **2.** zgroza; makabra; okropność ♦ **give sb the horrors** przestraszyć kogoś, przerazić kogoś; **have a horror of sth** panicznie/okropnie bać się czegoś; **horror film/***US* **horror movie** film grozy; **horror story** koszmarna/okropna historia; **little horror 1.** (*o dziecku*) diabełek, urwis, utrapienie, nicpoń **2.** okropieństwo, szkarada, brzydota; **oh horrors!/horror of horrors!** (*wyrażając oburzenie*) o zgrozo!, zgroza!; **to sb's horror** ku czyjemuś przerażeniu

horse *n* **1.** koń **2.** konnica; kawaleria **3.** horses *pl pot.* wyścigi konne ♦ **a horse of a different colour** inna para kaloszy, zupełnie inna sprawa/historia; **back the wrong horse** stawiać/postawić na złego konia; **be on one's high horse** pysznić się, wynosić się/wywyższać się nad innych; **break (in) a horse** ujeżdżać konia; **change horses in midstream** zmieniać zaprząg w połowie brodu; zmieniać reguły gry w trakcie gry; wycofać się z czegoś; przerzucić się z czegoś na coś innego;

hostage

dark horse 1. zwycięski koń, na którego nikt nie stawiał (*w wyścigach*) **2.** *przen.* wielka niewiadoma; cicha woda (*osoba, która ujawniła nieoczekiwany talent*) **3.** *przen.* cichy faworyt; czarny koń; **don't look a gift horse in the mouth** *przysł.* darowanemu koniowi nie zagląda się w zęby; **draught horse** koń pociągowy; **eat like a horse** jeść za trzech/za dwóch/za dziesięciu/jak wilk; **from the horse's mouth** z pierwszej ręki, z pewnego źródła (*informacja*); **full-blood horse** koń czystej krwi; **get on one's high horse** pysznić się, wynosić się/wywyższać się nad innych; **hold your horses!** *pot.* wolnego!; nie śpiesz się!; poczekaj chwilę!; spokojnie!; trzymaj nerwy na wodzy!; **horse racing** wyścigi konne; **horse sense** *pot.* chłopski rozum; zdrowy rozsądek; **horse show** zawody hipiczne/jeździeckie, konkurs hipiczny; **mount a horse** dosiąść konia; (w)siadać na konia; **never look a gift horse in the mouth** *przysł.* darowanemu koniowi nie zagląda się w zęby; **put the cart before the horse** stawiać sprawę na głowie; **race horse** koń wyścigowy; **rocking horse** koń na biegunach; **saddle horse** koń wierzchowy, wierzchowiec; **straight from the horse's mouth** z pierwszej ręki, z pewnego źródła (*informacja*); **swap horses in midstream** zmieniać zaprzęg w połowie brodu; zmieniać reguły gry w trakcie gry; wycofać się z czegoś; przerzucić się z czegoś na coś innego; **the master's eye makes the horse fat/the master's eye fattens the horse/the master's eye fats the horse** *przysł.* pańskie oko konia tuczy; **Trojan horse** koń trojański; **whole-blood horse** koń czystej krwi; **work like a horse** pracować jak koń/jak mrówka/jak wół/jak dziki osioł, pracować za dwóch

hostage *n* zakładnik ♦ **hold sb hostage** trzymać kogoś jako zakładnika, więzić zakładnika, przetrzymywać kogoś; **take sb hostage** wziąć kogoś jako zakładnika

hot *a* **1.** gorący **2.** ostry; gryzący **3.** porywczy, zapalczywy, gwałtowny **4.** *pot.* świetny, znakomity (*w czymś*) ♦ **be a hot ticket**

US być na topie, być rozchwytywanym, cieszyć się dużym wzięciem; **be hot and bothered** *pot.* być mocno zaniepokojonym/przejętym; bardzo się martwić; przejmować się bardzo/do głębi/do żywego; odchodzić od rozumu/od zmysłów, rozpaczać, tracić jasność rozumowania; **be hot at sth** *pot.* być świetnym w czymś; **be hot on sb's trail/track** być na czyimś tropie, deptać komuś po piętach; **be hot on sth** *pot.* 1. dużo wiedzieć o czymś, znać się na czymś 2. przestrzegać czegoś; być przeczulonym na punkcie czegoś; **be in hot water** *pot.* być w tarapatach/opałach; **be in the hot seat** *pot.* mieć niewdzięczną pracę; mieć niewdzięczne zajęcie/zadanie; **blow hot and cold (about sth)** *pot.* wahać się, zmieniać zdanie (odnośnie czegoś), być jak chorągiewka na wietrze/dachu; **boiling hot** (*o pogodzie*) upalny, skwarny, żar/skwar lejący się z nieba; **burning hot** rozżarzony; gorący; palący; **come hot on the heels of...** następować/wydarzyć się/mieć miejsce zaraz po..., następować/wydarzyć się/mieć miejsce wkrótce po...; **get hot under the collar** *pot.* nasrożyć się, rozzłościć się, rozgniewać się, być gotowym do kłótni; emocjonować się, podniecać się; **get into hot water** *pot.* wpakować się w kłopoty, wpaść w opały, popaść/wpaść w tarapaty, nawarzyć sobie piwa, narozrabiać, nabroić; **go hot and cold** oblać się zimnym potem, robić się komuś gorąco i zimno na przemian, doznać szoku; **go like hot cakes** iść/sprzedawać (się) jak świeże/gorące bułeczki, iść jak woda (*towar*); **hot air** *pot.* puste/czcze słowa, słowa rzucane na wiatr; czcze/puste gadanie, czcza gadanina; mowa-trawa; przechwałki; obietnice bez pokrycia; **hot favourite** pewny faworyt, pewniak; **hot flush** uderzenie gorąca; wypieki, nagłe zaczerwienienie twarzy; **hot line** gorąca linia; **hot news** najświeższe/najnowsze/ostatnie wiadomości; **hot on sb's heels** tuż za kimś; **hot potato** *pot.* niezręczna/trudna sytuacja; trudna/ciężka sprawa; **hot property** *pot.* osoba na topie, popularna/rozchwytywana osoba, osoba ciesząca się dużym wzięciem; **hot scent**

hound

świeży trop; świeży ślad; **hot spell** fala upałów/gorąca/ciepła; **hot stuff** *pot.* **1.** laska (*o kobiecie*) **2.** szał, moda (*na coś*) **3.** numer jeden, nie do pobicia, nie do pokonania, nie mający sobie równych; **hot temper** gorąca krew, zapalczywość, porywczość, krewkość; **hot topic** temat budzący silne emocje, kontrowersyjny temat; gorący temat; **I'm hot** jest mi gorąco, gorąco mi; **it's hot** jest gorąco; **like a cat on hot bricks** *pot.* jak na gorących/rozżarzonych węglach, jak na szpilkach; nie mogący znaleźć sobie miejsca; **not so hot** *pot.* nieszczególny; nieszczególnie, niespecjalnie, niezbyt dobrze, słabo; **red hot** rozżarzony do czerwoności; zacietrzewiony; zawzięty; **scorching/roasting hot** (*o pogodzie*) upalny, skwarny, żar/skwar lejący się z nieba; **sell like hot cakes** iść/sprzedawać (się) jak świeże/gorące bułeczki, iść jak woda (*towar*); **strike while the iron is hot** *przysł.* kuć żelazo, póki gorące; **talk hot air** *pot.* nawijać; ględzić bez treści; przechwalać się; rzucać słowa na wiatr; **while the trail is still hot** kiedy/dopóki ślad jest jeszcze świeży

hound *n* ogar, pies gończy ♦ **run with the hare and hunt with the hounds** *przysł.* (palić) Panu Bogu świeczkę i diabłu ogarek

hour *n* godzina ♦ **after hours** po godzinach (*urzędowania itd.*); **any hour now** lada godzina; **at all hours (of the day and night)** o każdej porze (dnia i nocy); o różnych godzinach/porach (dnia i nocy); **at the eleventh hour** *przen.* za pięć dwunasta, w ostatniej chwili, w ostatnim momencie; **at this hour** *pot.* o tej porze; **by the hour** z godziny na godzinę (*zmieniać się itd.*); **every hour/every hour on the hour** co godzina; **from hour to hour** z godziny na godzinę (*zmieniać się itd.*); **hour hand** wskazówka godzinowa (*zegara*); **into the small hours** do białego świtu/rana; **keep early hours** chodzić spać z kurami, wcześnie chodzić spać; **keep late hours** późno chodzić spać; **office hours** godziny biurowe/urzędowania; **on the hour** dokładnie/punktualnie o... (*pierwszej, drugiej, trzeciej godzinie itd.*), o pełnej godzinie (*odjazdy pociągów, wiadomo-*

ści itd); **out of hours** poza godzinami pracy, nie w godzinach pracy; **per hour** na godzinę; **rush hour** godzina szczytu; **strike the hour** wybijać godzinę; **the early hours** wczesna pora, wczesne godziny poranne; **the small hours** wczesny ranek, wczesne godziny poranne, blady świt; **till all hours** do późnych godzin nocnych, do późna (w nocy); **till the early hours/until the small hours** do białego świtu/rana; **visiting hours** godziny odwiedzin (*w szpitalu*); **wait for a solid hour** czekać bitą godzinę; **work all the hours that God sends** pracować dwadzieścia cztery godziny na dobę; pracować dzień i noc; pracować (w) piątek czy świątek; **zero hour** czas rozpoczęcia operacji (*wojskowej*); godzina zero; decydująca chwila/godzina

house *n* 1. dom; budynek 2. firma; instytucja 3. dom, gospodarstwo domowe 4. rodzina panująca; ród 5. widownia (*w teatrze*) 6. **the House** giełda londyńska ♦ **as safe as houses** całkowicie bezpieczny, pewny; murowany; **bring the house down** wywoływać entuzjazm widzów, wzbudzić entuzjazm widowni, podbić widownię/widzów, porwać widownię; **eat sb out of house and home** objeść/objadać kogoś; **empty house** pusta widownia; **full house** pełna widownia, widownia wypełniona po brzegi; **get on like a house on fire** *pot.* szybko się z sobą zaprzyjaźnić; **house arrest** areszt domowy; **house of cards** domek z kart; **house of God/house of worship** dom boży, dom modlitwy; **keep house** zajmować się domem; prowadzić dom; **keep house for sb** prowadzić komuś dom; **keep open house** prowadzić dom otwarty; **make house** tworzyć/stanowić kworum; **move house** przeprowadzić się; wyprowadzić się; **on the house** na koszt firmy; **open house** dom otwarty; **packed house** pełna widownia, widownia wypełniona po brzegi; **public house** bar, pub; **run the house** prowadzić dom; **safe as houses** całkowicie bezpieczny, pewny; murowany; **set up house** założyć (własny) dom; **the House of Commons** Izba Gmin; **the**

household 292

House of Lords Izba Lordów; **the White House** Biały Dom; **tree house** domek na drzewie

household *n* **1.** gospodarstwo domowe **2.** domownicy ♦ **household name** *pot.* sławne/powszechnie znane nazwisko

how *adv* jak; jakim sposobem; w jaki sposób ♦ **and how!** *pot.* jeszcze jak!; **any old how** *pot.* jakkolwiek, byle jak (*robić coś*); **how about you?** a ty?; **how am I to know?!** skąd mam wiedzieć?!; **how are things?** co słychać?; **how come(...)?** *pot.* dlaczego(...)?; jak to się stało(, że...)?; jak to się dzieje(, że...)?; z jakiego powodu(...)?; **how do you do?** miło mi poznać; **how do you know?** skąd wiesz?; **how do you mean?** co masz na myśli?, to znaczy?; **how much?** ile?; **how much is...?** ile kosztuje...?; **how should I know?!** skąd mam wiedzieć?!; **how's that? 1.** jak to?, dlaczego? **2.** dobrze?, może być?

howl *v* wyć ♦ **be a howling success** odnieść oszałamiający/zawrotny sukces; zrobić zawrotną karierę; **howl with laughter** ryczeć ze śmiechu, wyć ze śmiechu, zanosić się śmiechem/od śmiechu

human *a* ludzki; człowieczy ♦ **human being** istota ludzka, człowiek; **human chain** łańcuch ludzki (*protestacyjny*), żywy łańcuch; **human error** błąd człowieka; **human nature** natura ludzka/człowieka; **human resources 1.** możliwości człowieka/ludzkie **2.** dział kadr, kadry; **human rights** prawa człowieka; **sb is only human** ktoś jest tylko człowiekiem; **the human race** ród ludzki, ludzkość; **the milk of human kindness** dobroć serca; **to err is human** błądzić jest rzeczą ludzką

humble *a* **1.** uniżony, pokorny **2.** skromny ♦ **eat humble pie** pokajać się, przyznać się ze skruchą do błędu, kajać się w skrusze; mieć się z pyszna; **in my humble opinion** *pot.* moim skromnym zdaniem; **of humble birth/origin** niskiego urodzenia/pochodzenia

humour *n* **1.** humor **2.** nastrój ♦ **in a bad humour** w złym humorze/nastroju; **in a good humour** w dobrym humorze/nastroju;

out of humour bez humoru, w złym nastroju; **sense of humour** poczucie humoru

hump *n* garb ♦ **be over the hump** najgorsze mieć (już) za sobą; **get the hump** *pot.* wkurzyć się; **give sb the hump** *pot.* rozzłościć kogoś, wkurzyć kogoś

hunger *n* **1.** głód **2.** *przen.* głód, pragnienie, żądza ♦ **hunger march** marsz głodowy; **hunger strike** strajk głodowy

hungry *a* **1.** głodny **2.** *przen.* głodny, spragniony, żądny ♦ **go hungry** głodować, cierpieć głód

hunt *v* **1.** polować **2.** ścigać, tropić ♦ **run with the hare and hunt with the hounds** *przysł.* (palić) Panu Bogu świeczkę i diabłu ogarek

hurl *v* ciskać, miotać ♦ **hurl mud at sb** obrzucić kogoś błotem, zmieszać kogoś z błotem

hurry *n* pośpiech ♦ **be in a hurry** śpieszyć się; **(there's) no hurry** *pot.* nie ma pośpiechu!

hurt *v* **(hurt, hurt) 1.** (z)ranić; (s)kaleczyć **2.** boleć **3.** sprawiać ból; dotknąć ♦ **hit sb where it hurts** uderzyć w czyjeś czułe miejsce, dać się komuś we znaki; **hurt sb's feelings** (z)ranić czyjeś uczucia; **hurt sb's pride** zranić czyjąś dumę; **it won't//wouldn't hurt to...** nie zaszkodzi...; **not hurt a fly** nie skrzywdzić nawet muchy

hustle *n* **1.** bieganina **2.** *US* lewe/nieuczciwe/niezgodne z prawem interesy ♦ **hustle and bustle** zgiełk; bieganina; wrzawa; urwanie głowy

hysteria *n* histeria ♦ **mass hysteria** zbiorowa histeria

I

i ♦ (*w zwrocie*) **dot the i's and cross the t's** *pot.* dopracować szczegóły czegoś, dopracować coś starannie do końca, wykończyć coś drobiazgowo/precyzyjnie, wycyzelować coś

ice *n* **1.** lód **2.** lody ♦ **as cold as ice** zimny jak lód; **be (skating) on thin ice** poruszać się/stąpać po cienkim/kruchym lodzie, stać na niepewnym/śliskim gruncie, wkraczać na śliski grunt, wkraczać na śliskie tory, ryzykować; **break the ice** przełamać pierwsze lody; **cold as ice** zimny jak lód; **cut no ice (with sb)** nic nie wskórać (u kogoś), nic nie osiągnąć (u kogoś); pozostać bez wpływu (na kogoś), nie mieć wpływu (na kogoś); **ice cream** lody; **ice cube** kostka lodu; **ice lolly** lody na patyku; **ice rain** marznący deszcz; **it's as cold as ice** jest zimno jak w lodowni/jak w psiarni/nie do wytrzymania; **on ice 1.** na lodzie (*rewia itd.*) **2.** trzymany w lodzie, chłodzony lodem (*alkohol*); **put sth on ice** odłożyć/zostawić coś na później; odłożyć coś na bok; zostawić coś w rezerwie

iceberg *n* góra lodowa ♦ **the tip of the iceberg** wierzchołek/czubek góry lodowej

icing *n* lukier ♦ **icing sugar** cukier puder; **the icing on the cake** *pot.* (*pozytywnie*) dodatkowa atrakcja; dodatek ekstra; (*negatywnie*) zbędny dodatek; kwiatek do kożucha

idea *n* **1.** idea **2.** wyobrażenie; pojęcie **3.** pomysł ♦ **be full of good ideas** mieć mnóstwo dobrych pomysłów; **bright/brilliant idea** świetny pomysł, genialny pomysł; **come up with an idea** wpaść na pomysł; **daring idea** śmiały pomysł; **foggy idea**

mgliste pojęcie; **get the idea** (z)rozumieć; **get the idea (that...)** wydawać się, że...; **get the wrong idea** mieć mylne/błędne wyobrażenie; **give an idea of...** dawać pojęcie/wyobrażenie o...; **give sb ideas** robić komuś nadzieję, rozbudzać czyjeś nadzieje/oczekiwania; **have an idea that...** wydawać się, że...; wyobrażać sobie, że...; **have no idea** nie mieć pojęcia; **hit (up)on an idea** wpaść na pomysł; **I didn't have the ghost of an idea...** nie miałem najmniejszego/bladego/zielonego pojęcia...; **implement an idea** zrealizować/wcielić w życie pomysł, urzeczywistnić pomysł; **insane idea** głupi/zwariowany/szalony pomysł; **not have the first/slightest/faintest idea of...** nie mieć zielonego/najmniejszego pojęcia o...; **that's an idea** to dobry pomysł; **the idea!** co za pomysł!; **toy with the idea of doing sth** nosić się z pomysłem/planem/zamiarem zrobienia czegoś; **vague idea** mgliste pojęcie; **what an idea!** co za pomysł!; **where did you get that idea?** skąd ten pomysł?; **you have no idea...** nie masz pojęcia...

if *conj* **1.** jeżeli **2.** gdyby **3.** czy ♦ **as if** jak gdyby; **even if** chociażby nawet, nawet jeśli; **if I were you** na twoim miejscu; **if only...** gdyby tylko...; żeby tylko...; **if so** jeśli tak; **what if...?** co będzie jeśli...?, a co jeśli...?

ill[1] *a* **1.** chory **2.** zły; niedobry; niekorzystny ♦ **bear sb no ill will** nie być do kogoś wrogo usposobionym; nie żywić do kogoś urazy/nienawiści; **be ill at ease** czuć się nieswojo; **be taken ill** zachorować; **fall ill** zachorować; **feel ill** źle się czuć; **feel ill at ease** czuć się nieswojo; **I am dogged by ill fortune** prześladuje/ściga mnie złe fatum; **ill at ease** zakłopotany; zmieszany; nieswój; **ill feeling** uraza; niechęć; wrogość; animozja; **ill health** zły stan zdrowia; **ill repute** zła reputacja; **ill-timed visit** wizyta nie w porę; **ill will** nieżyczliwość; wrogość; nienawiść; **it's an ill wind (that blows nobody any good)** *przysł.* nie ma tego złego, co by na dobre nie wyszło; **mentally ill** umysłowo/psychicznie chory; **terminally ill** śmiertelnie/nieuleczalnie chory

ill² *adv* (*zwł. w złożeniach*) źle; niedobrze ♦ **be ill treated** być źle traktowanym; być maltretowanym; **be ill used** być źle/niewłaściwie używanym; **bode ill for sb/sth** źle wróżyć komuś/czemuś, nie wróżyć komuś/czemuś nic dobrego, być dla kogoś/czegoś złym znakiem, być dla kogoś/czegoś złą zapowiedzią/wróżbą; **can ill afford (to do) sth** nie móc sobie pozwolić na coś, nie stać kogoś na coś; **ill-bred** źle wychowany; **ill-equipped for adult life** źle przygotowany do dorosłego życia; **ill-treat sb** źle kogoś traktować; maltretować kogoś; **it ill becomes you to...** nie wypada, żebyś...; **speak ill of sb** mówić źle o kimś, źle się o kimś wyrażać; **think ill of sb** myśleć o kimś źle

illusion *n* złudzenie; iluzja ♦ **dispel an illusion** rozwiać/rozproszyć czyjeś złudzenia; **have no illusions about sth** nie mieć złudzeń co do czegoś; **labour under an illusion that.../be under an illusion that...** łudzić się, że...; ulegać złudzeniu, że...; nie móc się oprzeć złudzeniu, że...; odnosić mylne wrażenie, że...

image *n* **1.** wizerunek; podobizna **2.** wyobrażenie, obraz; image ♦ **be a mirror image of sth** być wiernym/zwierciadlanym odbiciem czegoś; **be the very/living/spitting image of sb** być kubek w kubek podobnym do kogoś, być istnym/żywym/wykapanym kimś; **in the image of...** na podobieństwo...; **mirror image** zwierciadlane/wierne odbicie; **project an image of oneself as...** stworzyć/ukształtować swój image/wizerunek jako...

imagination *n* wyobraźnia, fantazja ♦ **a figment of sb's imagination** wytwór czyjejś wyobraźni; **capture/catch sb's imagination** przemawiać do czyjejś wyobraźni, działać na czyjąś wyobraźnię; **give free rein to one's imagination** puszczać wodze fantazji/wyobraźni; **have much imagination** mieć bogatą wyobraźnię/fantazję; **it takes a great leap of imagination to...** trzeba nie lada wyobraźni, aby... (*coś zrozumieć itd.*); **the imagination boggles at sth** coś nie mieści się komuś w głowie; **wild imagination** bujna/wybujała wyobraźnia, bujna/wybujała fantazja

immemorial *a* odwieczny ♦ **from/since time immemorial** od niepamiętnych czasów

impasse *n* impas ♦ **be at an impasse** być w impasie; **break an impasse** przełamać impas; wyjść z impasu; ruszyć z martwego punktu; **reach an impasse** znaleźć się w impasie

importance *n* ważność; znaczenie ♦ **a matter of the utmost importance** sprawa najwyższej wagi; **attach importance to** przywiązywać wagę/znaczenie do, przykładać wagę/znaczenie do; **full of one's own importance** udający ważnego (*osoba*); **of great importance** wielkiej wagi; **of supreme importance** najwyższej wagi

impossible *n* rzecz niewykonalna, rzecz niemożliwa ♦ **attempt the impossible** porywać się z motyką na słońce, próbować dokonać rzeczy niemożliwej; podejmować zadanie niemożliwe do wykonania/ponad siły; **do the impossible** dokonać rzeczy niemożliwej

impression *n* **1.** wrażenie **2.** odcisk **3.** parodia, parodiowanie **4.** nakład (*książki*) ♦ **do an impression of sb** parodiować kogoś; **false/erroneous impression** błędne wrażenie, mylne wrażenie; **favourable impression** dodatnie/korzystne wrażenie; **first impression** pierwsze wrażenie; **general impression** ogólne wrażenie; **get the impression that...** odnosić/mieć wrażenie, że...; **give the impression of sb/sth** sprawiać wrażenie kogoś/jakiegoś; **have the impression that...** mieć/odnosić wrażenie, że...; **indelible impression** niezatarte wrażenie; **I was under the impression that...** odniosłem (mylne) wrażenie, że..., miałem wrażenie, że..., uległem wrażeniu, że...; **make an impression on/upon** zrobić wrażenie na; **make a strong impression on** wywierać silne wrażenie na; **misleading impression** błędne wrażenie, mylne wrażenie; **overall impression** ogólne wrażenie; **she created the impression that...** sprawiała/stwarzała wrażenie, że...; **unfavourable impression** niekorzystne wrażenie

imprint *v* odbijać (się); zostawiać ślad ♦ **be imprinted on one's memory/mind** wryć się komuś w pamięć

in[1] *n* ♦ (*w wyrażeniu*) **the ins and outs (of sth)** tajniki, arkana, zawiłości; szczegóły (czegoś)

in[2] *adv* wewnątrz; do wewnątrz ♦ **be in 1.** być w domu **2.** *pot.* być w modzie, być modnym (*odzież, kolor*); **be in at sth** *pot.* być obecnym przy czymś; **be in for it** *pot.* dostać za swoje, oberwać; **be in for sth** *pot.* mieć coś przed sobą (*zwł. przykre doświadczenie*); **be/get in on sth** *pot.* uczestniczyć w czymś, brać w czymś udział, mieć swój udział w czymś; być w coś zaangażowanym; **be in with sb** *pot.* być z kimś w przyjaźni, być z kimś w dobrych stosunkach; **the in colour** modny kolor

in[3] *prep* **1.** w **2.** na (*wsi, ulicy, świecie itd.*) **3.** za (*tydzień, kilka minut itd.*) **4.** do (*wnętrza czegoś*) **5.** w dziedzinie ♦ **in all** ogółem, w całości; razem; w sumie; **in all probability** według wszelkiego prawdopodobieństwa; **in a minute/moment** za chwilę; **in a row 1.** rzędem; w rzędzie **2.** pod rząd, z rzędu (*kolejny raz*); **in as many words** jasno i wyraźnie, kategorycznie, dobitnie (*powiedzieć coś*); **in a way** pod pewnym względem; poniekąd; **in a whisper** szeptem; **in a word** (jednym) słowem; **in between** *pot.* w międzyczasie; **in doing sth** w trakcie czegoś, w ciągu czegoś, w czasie (trwania) czegoś; **in due time** na czas, w (samą) porę; **in every respect** pod każdym względem; **in flight** w locie, lecący; **in for a penny, in for a pound** jak się powiedziało A, trzeba powiedzieć i B; **in force** obowiązujący, w mocy; **in front** na przedzie; **in front of...** **1.** przed... **2.** przy..., w obecności...; **in full** w pełni; w całości; **in general** w ogóle; na ogół; **in general interest** w interesie ogółu; **in good hands** w dobrych/bezpiecznych rękach; **in good time** na czas, w (samą) porę; **in half** na pół; **in hand 1.** do dyspozycji; w posiadaniu; dostępny **2.** pod kontrolą; kontrolowany; opanowany **3.** omawiany; rozpatrywany; rozważany; **in holes** dziurawy (*np. ubranie*); **in honour of sb/in sb's**

honour ku czci..., na cześć...; **in keeping with** pasujący do, stosowny do/na, odpowiedni do/na; harmonizujący z; **in kind 1.** w naturze (*zapłata*) **2.** podobnie; w ten sam sposób; tak samo (*zareagować*); **in memory of...** ku pamięci...; poświęcony pamięci...; **in one** w jednym; jednocześnie (*wielofunkcyjny, wielozadaniowy itd.*); **in one piece** *pot.* cały; cały i zdrowy; **in one's heart (of hearts)** w głębi serca/duszy; **in one's line** w swoim fachu/zawodzie; **in one's own words** własnymi słowami, swoimi słowami (*opowiedzieć coś itd.*); **in one's/sb's hands** w czyichś rękach; pod czyjąś kontrolą/opieką; powierzony komuś; **in one's way** na drodze (*stać itd.*); na przeszkodzie (*komuś*); **in one way** pod pewnym względem; poniekąd; **in one word** (jednym) słowem; **in order 1.** sprawny, zdatny do użytku **2.** w porządku; uporządkowany; **in order of...** w kolejności..., według...; **in order to.../in order that...** w celu..., celem..., żeby/aby...; **in pairs** parami; **in parallel** równolegle; **in part** częściowo; w pewnym stopniu; **in particular** szczególnie, w szczególności, zwłaszcza; **in pencil** ołówkiem; **in person** osobiście; **in pieces** w częściach; w kawałkach; rozbity; **in places** miejscami; **in play** dla zabawy; dla żartów; **in point** stosowny, odpowiedni; **in point of...** pod względem...; **in preparation** w przygotowaniu; **in principle** w zasadzie, zasadniczo; **in print** w sprzedaży (*książka*); **in private** na osobności; **in profile** z profilu, w profilu, z boku; **in proportion to...** proporcjonalnie do...; w stosunku do...; **in protest** na znak protestu/sprzeciwu; **in public** publicznie; **in quantity** w dużych ilościach; **in question** wspomniany; dyskutowany; omawiany; rozpatrywany; **in reality** w rzeczywistości; **in reason** w granicach (zdrowego) rozsądku, w rozsądnych granicach, rozsądnie; **in recognition of...** w uznaniu... (*zasług itd.*); **in regard to...** odnośnie..., co się tyczy..., co do...; **in relation to... 1.** w odniesieniu do...; dotyczący... **2.** w stosunku do..., w porównaniu z...; **in reply to sth** w odpowiedzi na coś (*list, pytanie itd.*); **in**

respect of... 1. pod względem...; odnośnie..., w odniesieniu do... 2. jako zapłata za...; **in response to...** w odpowiedzi na...; **in retrospect** z perspektywy czasu; **in return for...** w zamian za...; **in revenge for sth** z zemsty za coś; w akcie zemsty za coś; **in safe hands** w dobrych/bezpiecznych rękach; **in short** krótko mówiąc, w paru słowach; **in short order** szybko; natychmiast; w przyspieszonym trybie; **in sight 1.** widoczny, widzialny, (będący) w zasięgu wzroku **2.** zbliżający się, bliski końca; **in some measure** w pewnej mierze; **in some ways** pod pewnym względem; poniekąd; **in state** uroczyście; okazale; wystawnie; podniośle; **in terms of...** w kategoriach..., kategoriami..., według...; **in terror** przerażony; w przerażeniu; **in the heart of...** w (samym) sercu..., w (samym) środku...; **in the hope of...** w nadziei, że..., z nadzieją, że...; **in the middle of...** w połowie...; w/na środku...; **in the morning** rano, z rana; **in the ordinary way** zwykle, normalnie; **in the person of...** w osobie...; w postaci...; **in the process** w trakcie (*czegoś*); **in the rear** z tyłu, w tyle; **in these parts** w tych stronach; w tej okolicy; **in the way** na drodze (*stać itd.*); na przeszkodzie (*komuś*); **in the way of sth** jako coś, w ramach czegoś, tytułem czegoś (*wstępu itd.*); **in the world** na/w świecie; **in this/that regard** pod tym względem, w tym względzie; w tej sprawie; **in time** na czas, w (samą) porę; **in turn 1.** z kolei, w rezultacie **2.** po kolei, kolejno, jeden po drugim; **in unison** zgodnie; jednogłośnie; unisono; **in use** w użyciu; **in vain** na próżno; bezskutecznie; daremnie; **in view of...** ze względu na..., z uwagi na...; **in words** słownie; słowami; **in work** zatrudniony, mający pracę; **in writing** na piśmie

inch *n* cal ♦ **by inches** o cal, o włos; **escape death by an inch** uniknąć śmierci o włos; **every inch 1.** w każdym calu, pod każdym względem, całkowicie **2.** cal po calu, centymetr po centymetrze, każdy zakamarek/zakątek (*przeszukać itd.*); **give sb an inch (and they'll take a mile/yard)** *przysł.* daj mu palec, a on całą rękę chwyta; **inch by inch** stopniowo; krok po kroku; cal po calu, powoli; **not trust sb an inch** *pot.* nie mieć za grosz zaufania do kogoś, zupełnie/ani trochę komuś nie ufać; **within an inch of sth/doing sth** o cal od czegoś/od zrobienia czegoś, o (mały) włos od czegoś/od zrobienia czegoś

inclined *a* **1.** skłonny **2.** nachylony; pochyły ♦ **be inclined to do sth** mieć skłonność coś robić; być skłonnym coś zrobić; **I am inclined to agree with you** skłonny jestem się z tobą zgodzić; **I am inclined to think/believe...** skłonny jestem pomyśleć/ /uwierzyć, że...; **if you feel inclined to/if you feel so inclined** jeśli masz (na to) ochotę; **linquistically/mathematically/musically inclined** uzdolniony językowo/matematycznie/muzycznie

income *n* dochód; przychód ♦ **be on a high/low income** mieć wysokie/niskie dochody; **income support** *GB* zasiłek dla ludzi o niskich dochodach; **income tax** podatek dochodowy

increase *n* przyrost; wzrost ♦ **be on the increase** mieć/wykazywać tendencję wzrostową; wzrastać; **pay/tax increase** wzrost płac/podatków; **price increase** wzrost/podwyżka cen; **sharp increase** nagły wzrost

index *n* (*pl* **indices, indexes**) indeks; wskaźnik ♦ **(card) index** kartoteka; **index finger** palec wskazujący; **index of economic growth** wskaźnik wzrostu gospodarczego/ekonomicznego

Indian *a* **1.** indiański **2.** hinduski ♦ **Indian summer 1.** babie lato (*dni wczesnej jesieni*) **2.** pogodna/szczęśliwa jesień życia; pomyślne/pełne sukcesów zakończenie kariery zawodowej; **in Indian file** gęsiego, rzędem, jeden za drugim

indulge *v* pobłażać (*komuś*); ulegać (*czemuś*) ♦ **indulge oneself** pozwalać sobie na coś; **indulge sb's every whim** spełniać czyjeś zachcianki/czyjąś każdą zachciankę, dogadzać czyimś zachciankom/kaprysom

infancy *n* niemowlęctwo ♦ **in infancy** w powijakach, w początkowym stadium

infant *n* niemowlę; małe dziecko ♦ **infant prodigy** cudowne dziecko, młody/mały geniusz

inferiority *n* gorszy gatunek; mierność; niższość ♦ **inferiority complex** kompleks niższości

influence *n* wpływ; oddziaływanie ♦ **exert influence on** wywierać wpływ na; **have an influence on/over** mieć wpływ na; **under the influence** pod wpływem alkoholu; **under the influence of sth** pod wpływem czegoś

information *n* informacja; wiadomość ♦ **a mine of information** kopalnia informacji/wiadomości; **a piece of information** informacja; wiadomość; **classified information** tajna informacja; **confidential information** poufna informacja; **firsthand information** informacja/wiadomość z pierwszej ręki; **for your information** do twojej wiadomości, dla/do twojej informacji; **further information** dodatkowe informacje; **give information on/about** udzielać informacji o; **inside information** przeciek, informacja pochodząca z przecieku; poufna informacja; **my/our information is that...** z posiadanych przeze mnie/ /przez nas informacji wynika, że...; **offer information** służyć informacjami; **provide sb with information about sth** udzielić komuś informacji o czymś; **secondhand information** informacja/wiadomość z drugiej ręki

informed *a* poinformowany ♦ **ill-informed/badly-informed** źle poinformowany; **informed sources** źródła dobrze poinformowane; **keep sb informed** informować kogoś na bieżąco; **well-informed** dobrze poinformowany

initiative *n* **1.** inicjatywa **2.** przedsięwzięcie **3.** przedsiębiorczość ♦ **do sth on one's own initiative** zrobić coś z własnej inicjatywy; **take the initiative** przejąć inicjatywę

injury *n* zranienie; obrażenie; uraz, uszkodzenie; rana ♦ **add insult to injury** ponownie/dodatkowo kogoś urazić/zranić; zaognić/pogorszyć sytuację; pogorszyć sprawę; dolać oliwy do ognia; dobić kogoś; **bodily injury** obrażenie cielesne/ciała/fizyczne; **employment injury/injury at work** wypadek przy pracy; **injury time** czas doliczony/dodatkowy/dodany przez sędziego (*w meczu piłkarskim – z powodu kontuzji zawodników itd.*); **internal injuries** obrażenia wewnętrzne; **personal injury** uszkodzenie ciała; **receive/suffer/sustain injuries** doznać obrażeń; **you'll do yourself an injury!** zrobisz sobie krzywdę!

injustice *n* **1.** niesprawiedliwość **2.** krzywda ♦ **do sb an injustice** ocenić/osądzić kogoś niesprawiedliwie, być niesprawiedliwym wobec/dla kogoś, wyrządzić komuś krzywdę, skrzywdzić kogoś

innings *n* (*pl* innings) ♦ (*w zwrocie*) **have had a good innings** *pot.* nażyć się, nacieszyć się życiem; mieć za sobą długie i szczęśliwe życie; mieć za sobą długą i udaną drogę/karierę zawodową

innocence *n* **1.** niewinność **2.** naiwność; prostoduszność ♦ **do sth in all innocence** zrobić coś w dobrej wierze; **establish sb's innocence** ustalić czyjąś niewinność; **lose innocence** (s)tracić niewinność; **maintain one's innocence** utrzymywać, że jest się niewinnym; **pretend innocence** udawać niewinnego/naiwnego/niewiniątko; **protest one's innocence** utrzymywać, że jest się niewinnym; uparcie twierdzić, że jest się niewinnym; zapewniać o swojej niewinności; **prove one's innocence** udowodnić czyjąś/swoją niewinność; **show one's innocence** wykazać swoją niewinność

inquire *v* zasięgać informacji, informować się; dowiadywać się ♦ **inquire after sb/sth** pytać się/dowiadywać się o kogoś/coś; pytać się/dowiadywać się o czyjeś zdrowie; **inquire whether/why/how...** pytać (się) czy/dlaczego/jak...; **inquire within** (*w napisie*) wiadomość na miejscu

inquiry *n* **1.** zapytanie; dowiadywanie się **2.** dochodzenie; dociekanie **3.** śledztwo, dochodzenie **4.** ankieta **5. inquiries** *pl* informacja (*świadcząca usługi informacyjne*) ♦ **ask at inquiries** zapytać w informacji; **conduct an inquiry** prowadzić dochodzenie; **directory inquiry** informacja telefoniczna, biuro numerów; **hold an inquiry** prowadzić dochodzenie; **inquiry agent** *GB* prywatny detektyw; **inquiry desk** informacja (*wyznaczone miejsce*); **inquiry form** kwestionariusz; **inquiry office** informacja, biuro informacji; **make (discreet) inquiries** dowiadywać się (dyskretnie), zasięgać (dyskretnie) informacji; **official inquiry** oficjalne śledztwo; **on inquiry** zapytawszy; **scientific inquiry** naukowe dochodzenie/poszukiwania/badania

inroad *n* najazd; inwazja ♦ **make inroads into/on 1.** rosnąć w siłę/znaczenie; zdobywać; podbijać (*konkurencję itd.*); przejmować **2.** nadwyrężać/nadwerężać; uszczuplać

insane *a* obłąkany; szalony ♦ **drive sb insane** doprowadzać kogoś do szału; **go insane** (z)wariować; **insane idea** głupi/zwariowany/szalony pomysł

inside¹ *n* **1.** wewnętrzna strona; wnętrze **2. insides** *pl pot.* wnętrzności; żołądek ♦ **from the inside** od/z wewnątrz; **have sb on the inside** mieć swojego człowieka/wtyczkę (*w organizacji, instytucji itd.*); **inside of the house** wnętrze domu; **inside out** (*o ubraniu*) na lewą stronę; **know sth/sb inside out** znać coś/kogoś na wylot/na wskroś; **one's insides are knotted with fear** *pot.* strach skręca/szarpie kogoś, strach skręca/szarpie komuś wnętrzności; **on the inside 1.** wewnątrz (*czegoś*) **2.** od/z wewnątrz **3.** po wewnętrznej stronie; **turn sth inside out 1.** przewracać/wywracać coś na lewą stronę, przewracać/wywracać coś na drugą stronę **2.** przewracać/wywracać coś do góry nogami

inside² *a* wewnętrzny ♦ **inside information** przeciek, informacja pochodząca z przecieku; poufna informacja; **inside track 1.** wewnętrzny tor (*na bieżni*) **2.** *US* uprzywilejowana/lepsza/korzystniejsza sytuacja, lepsza pozycja wyjściowa (*do czegoś*), przewaga (*nad konkurencją*)

inside³ *adv, prep* wewnątrz; do wnętrza; w domu ♦ **bottle sth up inside you** tłamsić coś w sobie (*gniew itd.*), ukrywać coś w sobie (*uczucia*); **go inside the house** wejść do domu; **inside (of) a year/inside (of) ten minutes** w niespełna rok/w niespełna dziesięć minut; **inside one's head** w pamięci; **you never know what's going on inside her head** nigdy nie wiadomo, co się dzieje w jej głowie/jakie myśli chodzą jej po głowie

insignificance *n* nieważność (*spraw, wydarzeń itd.*) ♦ **pale into insignificance beside...** blednąć na tle, stawać się nieistotnym/nieważnym na tle...

inspiration *n* **1.** natchnienie, inspiracja **2.** *pot.* myśl, dobry pomysł ♦ **become the inspiration for** stać się źródłem inspiracji do/dla; **derive/draw inspiration from** czerpać inspirację z; **give/offer/provide inspiration** dostarczać inspiracji; **she had an inspiration** *pot.* wpadła (nagle) na dobry pomysł

instalment/*US* installment *n* **1.** rata **2.** odcinek (*serialu, powieści itd.*) ♦ **buy sth on the installment plan** *US* kupować/brać coś na raty; **by instalments** w ratach, na raty; **keep up the instalments** regularnie płacić raty; **monthly instalment/monthly hire purchase instalment** miesięczna rata; **pay for sth by/in instalments** płacić za coś w ratach; **quarterly instalment** kwartalna rata

instance *n* **1.** przykład **2.** przypadek ♦ **at sb's instance** na czyjeś życzenie; na czyjąś prośbę; **for instance** na przykład; **in the first instance** najpierw; przede wszystkim; **in this instance** w tym przypadku

instant *n* chwila; moment ♦ **(at) the instant/at that instant...** w tej chwili...; **in an instant** natychmiast, w jednej chwili/minucie, momentalnie; za chwilę; **the instant (that)...** w chwili gdy...; **this instant!** *pot.* w tej chwili!

instrument *n* **1.** instrument; narzędzie **2.** przyrząd ♦ **instrument of fate** ślepe narzędzie losu; **instruments of torture** narzędzia tortur

insult *n* zniewaga; obelga; obraza ♦ **add insult to injury** ponownie/dodatkowo kogoś urazić/zranić; zaognić/pogorszyć sytuację; pogorszyć sprawę; dolać oliwy do ognia; dobić kogoś; **hurl/fling insults at sb** obrzucać kogoś obelgami; **nasty insult** podła/wstrętna obelga; **vicious insult** złośliwa obelga

insurance *n* **1.** ubezpieczenie **2.** zabezpieczenie ♦ **accident insurance** ubezpieczenie od wypadków; **fire insurance** ubezpieczenie od ognia/pożaru; **health insurance** ubezpieczenie zdrowotne/chorobowe; **insurance company** towarzystwo ubezpieczeniowe; **insurance policy** polisa ubezpieczeniowa (na życie); **life insurance** ubezpieczenie na życie; **old-age insurance** ubezpieczenie emerytalne; **social insurance** ubezpieczenie społeczne

intelligence *n* **1.** inteligencja **2.** wywiad, służba wywiadowcza ♦ **a person of average/high intelligence** osoba o przeciętnej/wybitnej inteligencji; **artificial intelligence** sztuczna inteligencja; **industrial intelligence** wywiad przemysłowy; **intelligence quotient** iloraz inteligencji; **intelligence test** test na inteligencję; **military intelligence** wywiad wojskowy

intent *n* zamiar; intencja ♦ **to all intents (and purposes)** faktycznie, rzeczywiście, istotnie

intention *n* zamierzenie; zamiar; intencja ♦ **I have no intention to...** nie zamierzam..., nie mam (najmniejszego) zamiaru...; **it wasn't my intention to...** nie miałem zamiaru...; **my/your intention is to...** noszę/nosisz się z zamiarem...; **with the best of intentions** mając najlepsze intencje (*zrobić coś*), w dobrej intencji (*działać*); **with every/the intention of...** z zamiarem..., zamierzając...

interest *n* **1.** zainteresowanie; ciekawość **2.** korzyść; zysk **3.** odsetki; procent **4.** udział, wkład (*w spółce*) ♦ **a lively interest** żywe zainteresowanie; **arouse (a lot of) interest** budzić/wywoływać (duże/żywe) zainteresowanie; **be in sb's interest** być/ /leżeć w czyimś interesie; **be the centre of interest** być w centrum zainteresowania; **demonstrate interest in sth** okazywać zainteresowanie czymś; **express an interest in sth** wyrazić zainteresowanie czymś; **for interest/for interest's sake** z ciekawości, przez ciekawość; **have a controlling interest in...** mieć pakiet kontrolny akcji w...; **have a vested interest in sth** mieć w czymś (osobisty/swój) interes; **hold sb's interest** wzbudzać/skupiać czyjeś zainteresowanie, budzić/wzbudzać czyjąś ciekawość; **in general interest** w interesie ogółu; **interest group** grupa interesu; **interest rate** stopa procentowa; **in the mutual interest** w interesie obu stron; **lose interest** stracić zainteresowanie; **manifest interest in sth** okazywać zainteresowanie czymś; **nothing of interest** nic ciekawego, nic interesującego; **of interest** interesujący, ciekawy; **out of interest** z ciekawości, przez ciekawość; **prejudice sb's interests** naruszać czyjeś interesy; **raise (a lot of) interest** budzić/wywoływać (duże/żywe) zainteresowanie; **rate of interest** stopa procentowa; **represent sb's interests** reprezentować czyjeś interesy; **show interest in sth** okazywać zainteresowanie czymś; **stimulate (a lot of) interest** budzić/wywoływać (duże/żywe) zainteresowanie; **take an interest in sth** (za)interesować się czymś; **with interest 1.** z zainteresowaniem, z zaciekawieniem **2.** z odsetkami

interim *n* ♦ (*w wyrażeniu*) **in the interim** w międzyczasie

interval *n* przerwa ♦ **at intervals** z przerwami; w odstępach (*czasowych, przestrzennych*); **at regular intervals** w regularnych odstępach; **at ten-minute intervals** z dziesięciominutowymi przerwami; **at weekly intervals** w tygodniowych odstępach; **interval of 10/20 minutes** dziesięciominutowa/dwudziestominutowa przerwa

into *prep* **1.** do (*wewnątrz*); w **2.** na (*coś*) **3.** *pot.* dzielone/podzielić przez ♦ **be into sth** *pot.* interesować się czymś; lubić coś; poświęcać się czemuś; **go into town** pójść/iść do miasta; **into the microphone** do mikrofonu; **into the night** do późnej nocy, do późna w noc; **into the small hours** do białego świtu/rana; **six into eighteen is three** osiemnaście podzielić przez sześć równa się trzy

invade *v* **1.** najechać; wtargnąć **2.** naruszać (*spokój itd.*) ♦ **his mind was invaded by nightmares** nawiedzały/nękały/dręczyły go koszmary; **invade a country** napadać na kraj, wkroczyć do kraju (*wróg*); **invade sb's privacy** naruszać czyjąś prywatność; **invade sb's rights** naruszać czyjeś prawa; **invade sb's territory** wkraczać na obce terytorium; *przen.* wkraczać w czyjeś kompetencje; **invade the pitch** wdzierać się/wtargnąć na boisko (*kibice*)

invention *n* **1.** wynalezienie **2.** wynalazek **3.** wymysł ♦ **necessity is the mother of invention/invention is born of necessity** *przysł.* potrzeba jest matką wynalazków

invitation *n* zaproszenie ♦ **accept an invitation** przyjąć zaproszenie; **admission (is) by invitation only** wstęp tylko za zaproszeniami; **at the invitation of...** na zaproszenie...; **decline an invitation** nie przyjąć zaproszenia, odrzucić zaproszenie

involved *a* **1.** wplątany; uwikłany **2.** zaangażowany; zaabsorbowany **3.** skomplikowany; zawiły ♦ **become heavily/deeply involved in sth** bardzo się w coś zaangażować; **be involved** wchodzić w grę; uczestniczyć; **be involved in an accident//a crash/a fight** uczestniczyć w wypadku/katastrofie/walce; **be involved with sb** być zaangażowanym/uwikłanym w związek z kimś (*zwł. pozamałżeński*); **directly involved** bezpośrednio wplątany/uwikłany; **get involved in an argument/a fight//a discussion** wdać się w spór/walkę/dyskusję; **personally involved** osobiście zaangażowany; **work involved in sth** praca włożona w zrobienie czegoś, praca włożona w coś

iron *n* **1.** żelazo **2.** żelazko **3. irons** *pl* kajdany ♦ **clap sb in irons** zakuć kogoś w kajdany; nałożyć/założyć komuś kajdany; **God comes with leaden feet but strikes with iron hands** *przysł.* Pan Bóg nierychliwy, ale sprawiedliwy; **have an iron constitution** mieć żelazne zdrowie; **have an iron hand** trzymać coś żelazną ręką; **have a will of iron/an iron will** mieć żelazną wolę; **have several irons in the fire** mieć szerokie pole działania, udzielać się/być aktywnym w wielu dziedzinach; **iron discipline** żelazna dyscyplina; **iron ore** ruda żelaza; **iron rations** żelazne porcje; **nerves of iron** żelazne nerwy; nerwy ze stali; **rule with a rod of iron** rządzić żelazną ręką; **strike while the iron is hot** *przysł.* kuć żelazo, póki gorące

island *n* wyspa ♦ **an island of peace/calm** oaza spokoju; **desert island** bezludna wyspa

isolation *n* izolacja, odosobnienie; izolowanie; wyodrębnienie; oddzielenie ♦ **in isolation (from sth)** osobno, oddzielnie, wyodrębniwszy (od czegoś)

issue *n* **1.** temat, zagadnienie, kwestia **2.** wynik, rezultat **3.** wyjście; ujście; wydobywanie się **4.** wydanie (*książki*); emisja (*banknotów*); puszczenie w obieg (*znaczków, monet*) ♦ **at issue 1.** omawiany, dyskutowany **2.** istotny, ważny; **avoid an issue** unikać tematu; **cloud/confuse the issue** gmatwać sprawę/temat, zaciemniać sprawę; **contentious issue** kwestia sporna; **die without issue** umrzeć bezpotomnie, umrzeć nie zostawiając potomka; **dodge/evade/duck an issue** unikać tematu; **highly emotive issue** temat wzbudzający duże/żywe emocje; **make an issue (out) of sth** robić z czegoś problem; **not be an issue** nie stanowić problemu; **raise the issue** poruszyć/podnieść zagadnienie, poruszyć temat/kwestię; **sensitive issue** drażliwy problem; **take issue with** nie zgadzać się z, dyskutować z; **what's the big issue?** *pot.* w czym problem?!; nie ma sprawy!; też mi coś!

it *pron* **1.** ono; (*o rzeczownikach nieosobowych*) ona; on **2.** to ♦ **he thinks (that) he's it** on myśli, że jest kimś (ważnym); **that's it 1.** dobrze!, tak jest!; o to chodzi!; to jest to!; otóż to!; trafiłeś w samo sedno! **2.** (to już) koniec, to koniec

itchy *a* swędzący ♦ **get/have itchy feet** *pot.* nie móc wytrzymać długo w jednym miejscu, lubić podróżować, lubić podróże; być ciągle w rozjazdach; **itchy fingers** *pot.* lepkie ręce (*do kradzieży*)

itself *pron* **1.** (ono) się; siebie; sobie **2.** samo, osobiście ♦ **an end in itself** cel sam w sobie; **be sth itself** być uosobieniem czegoś; **by itself 1.** automatycznie, sam **2.** samotny, sam; **he was patience/honesty itself** był uosobieniem cierpliwości/uczciwości; **in itself** jako taki, sam; **it speaks for itself** to mówi samo za siebie

ivory *n* kość słoniowa ♦ **ivory tower** wieża z kości słoniowej

J

jack *n* **1.** podnośnik, dźwignik, lewarek **2.** walet (*karta*) ♦ **a jack of all trades** majster do wszystkiego, złota rączka; **every man jack** *GB* każdy (bez wyjątku), wszyscy; **the Union Jack** flaga/bandera brytyjska

jackpot *n* największa wygrana (*w grze*), pula ♦ **hit the jackpot** *pot.* **1.** zgarnąć całą pulę; wygrać dużo pieniędzy **2.** odnieść (wielki) sukces, wygrać los na loterii

jam *n* dżem ♦ **be in a jam** *pot.* być w opałach; **jam tomorrow** *GB pot.* obiecanka; obiecanki; **money for jam** *pot.* łatwy pieniądz (*zdobyty z łatwością*), łatwe pieniądze; **traffic jam** korek (uliczny); zator drogowy

jar *v* **1.** trząść; wstrząsać **2.** drażnić; denerwować ♦ **jar on sb's nerves** działać komuś na nerwy

jaundiced *a* zawistny; rozgoryczony; pełen goryczy ♦ **look at//on sth with a jaundiced eye** patrzeć na coś złym/krzywym okiem; spoglądać/patrzeć na coś zawistnym wzrokiem

jaw *n* szczęka ♦ **sb's jaw drops** *pot.* szczęka komuś opada

jelly *n* galareta ♦ **one's legs turned to jelly** nogi komuś zadygotały; **shake like jelly/feel like jelly/turn to jelly** trząść się jak galareta, drżeć jak galareta

jeopardy *n* ♦ (*w wyrażeniu*) **in jeopardy** w niebezpieczeństwie; (*w zwrotach*) **put/place sth in jeopardy** wystawiać coś na niebezpieczeństwo, narażać coś na niebezpieczeństwo

jest *n* żart ♦ **in jest** żartem

jitters *pl pot.* zdenerwowanie; (głęboki) niepokój, niepewność; trema ♦ **get the jitters** denerwować się; odczuwać (głęboki) niepokój, niepokoić się; mieć tremę; **give sb the jitters** denerwować kogoś; wzbudzać czyjś niepokój, niepokoić kogoś

Job *n* Hiob ♦ **have the patience of Job** mieć anielską cierpliwość; **Job's comforter** pocieszyciel Hioba, marny/zły pocieszyciel (*osoba, która próbując nas pocieszyć pogrąża nas jeszcze bardziej*)

job *n* **1.** zadanie; interes; sprawa **2.** praca; robota ♦ **be on the job** mieć co robić; pracować nad czymś; **be out of job** być bez pracy, nie mieć pracy, być bezrobotnym; **botch job** *pot.* sprana/sfuszerowana/sknocona robota; partactwo, fuszerka; **do a good/great job** wykonać kawał dobrej/świetnej roboty, wywiązać się z czegoś dobrze/znakomicie; **do the job** *pot.* zadziałać; podziałać; okazać się skutecznym/przydatnym; odnieść skutek; **fall down on the job** zawalić robotę/sprawę; **full-time job** praca na całym/pełnym etacie; **get/find a job as...** dostać/znaleźć pracę jako...; **get on with a job** kontynuować pracę; nie przerywać pracy; **give sth up as a bad job** zrezygnować z czegoś, dać za wygraną; **good job!** *US pot.* dobrze/świetnie się spisałeś!; dobra robota!; brawo!; **have a hard job doing/to do sth** napracować się nad/przy czymś, natrudzić się nad/przy czymś, namęczyć się z/przy czymś; **it's a bad job** to beznadziejna sprawa; **it's a good job (that)...** *GB pot.* to szczęście, że..., to dobrze, że...; **job action** *US* związkowa akcja protestacyjna; **job centre** giełda pracy; **job creation** tworzenie nowych miejsc pracy; **job cuts** redukcja miejsc pracy; **job description** zakres obowiązków pracownika (*pisemny wykaz*); **job market** rynek pracy; **job offer** oferta pracy; **job opportunity** możliwość zatrudnienia/znalezienia (sobie) pracy; **job satisfaction** zadowolenie/satysfakcja z pracy; **just the job** *pot.* dokładnie taki, o jaki chodzi, właściwy, odpowiedni; **lose a job** stracić pracę; **make a bad/poor job of sth** *GB* źle coś zrobić, zrobić coś byle jak; spisać się źle, nie wywiązać się z czegoś; **make a good/excellent job of sth** *GB* dobrze/znakomicie coś zrobić, dobrze/znakomicie się z czegoś wywiązać; **make the best of a bad job** zrobić wszystko co (w danej sytuacji) możliwe, spisać się jak najlepiej; **odd jobs** doraźne/dorywcze prace; **pack one's job in** rzucić pracę; **part-time job** praca w niepełnym wymiarze godzin; **put sb out of job** pozbawić kogoś pracy; **quit a job** rzucić pracę; **quite a job** kawał (dobrej) roboty; **steady job** stała praca; **take a job** przyjąć pracę; podjąć pracę; **work by the job** pracować na akord

joke[1] *n* żart; dowcip; kawał ♦ **coarse/crude joke** ordynarny kawał; ordynarny dowcip; **crack a joke** powiedzieć dowcip; **dirty joke** nieprzyzwoity kawał; nieprzyzwoity dowcip; **get the joke** zrozumieć dowcip/kawał; **have a joke** żartować, nie mówić poważnie; **in joke** żartem; **it's no joke** to nie żarty; **make a joke about** żartować z, stroić sobie żarty z; **obscene joke** nieprzyzwoity kawał; nieprzyzwoity dowcip; **old/stale joke** odgrzewany kawał, stary kawał; odgrzewany dowcip; **play a joke on sb** zrobić komuś kawał; spłatać komuś figla; **practical joke** figiel; **see the joke** zrozumieć dowcip/kawał; **sth goes/gets beyond a joke** coś przestaje być śmieszne/zabawne (*sytuacja itd.*); **take a joke** umieć z siebie żartować; znać się na żartach; **teller of jokes** kawalarz; żartowniś

joke[2] *v* żartować ♦ **joking apart/aside** żarty na bok; **you're joking!** *pot.* chyba żartujesz!; **you must be joking!** *pot.* chyba sobie żartujesz!, chyba sobie kpisz!

Joneses *pl* ♦ (*w zwrocie*) **keep up with the Joneses** naśladować swoich sąsiadów, próbować dorównać swoim sąsiadom/przyjaciołom, nie być gorszym od swoich sąsiadów/przyjaciół

jowl *n* podgardle ♦ **cheek by jowl (with sb/sth)** tuż obok siebie, jeden obok drugiego, jeden na drugim, bardzo blisko (kogoś/czegoś), w ścisku, stłoczeni

joy *n* radość; uciecha ♦ **be sb's pride and joy** być czyjąś największą radością; **for joy** z radości; **full of the joys of spring**

radosny/szczęśliwy jak skowronek; **jump/shout for joy** skakać/krzyczeć z radości; **to sb's joy** ku czyjejś radości/uciesze

judge[1] *n* **1.** sędzia **2.** arbiter; znawca ♦ **as sober as a judge** zupełnie trzeźwy; **be no judge of sth** *pot.* nie być znawcą czegoś, nie znać się na czymś; **let me be the judge of that/I'll be the judge of that** *pot.* nie potrzebuję twoich rad!, obejdę się bez twoich rad!; pozwól, że sam o tym zdecyduję!

judge[2] *v* **1.** sądzić **2.** oceniać ♦ **as far as I can judge** *pot.* o ile mi wiadomo, o ile wiem; **don't judge a book by its cover** *pot.* nie sądź (rzeczy) po wyglądzie/z pozorów; **it's not for me to judge** *pot.* nie mnie o tym sądzić; **judge by/on appearances** sądzić po wyglądzie/z pozorów; **judge it unwise/inappropriate (to do sth)** uważać za niemądre/niewłaściwe (zrobienie czegoś); **judging from/to judge by...** sądząc po...

judg(e)ment *n* **1.** wyrok **2.** znawstwo (*przedmiotu*); zdanie, opinia; mniemanie; sąd ♦ **against one's/sb's better judgement** wbrew zdrowemu rozsądkowi; **in my/your judgement** moim/ /twoim zdaniem; **Judgement Day** Dzień Sądu (Ostatecznego); **pass judgement (on/about sb)** wydać wyrok (na kogoś); wyrokować (o kimś), osądzać (kogoś); **reserve judgement** odroczyć wydanie wyroku; powstrzymać się od wydania wyroku; zaczekać z ostatecznymi sądami; **sit in judgement over/on sb** osądzać kogoś (*zwł. niesprawiedliwie*), sądzić kogoś (*czyjeś zachowanie, postępowanie*), krytykować kogoś; **the Day of Judgement** Dzień Sądu (Ostatecznego); **the Last/General Judgement** Sąd Ostateczny

juice *n* **1.** sok **2.** *pot.* paliwo; benzyna; prąd elektryczny ♦ **stew in one's own juice** *przen.pot.* dusić się/kwasić się we własnym sosie; zamartwiać się

jump[1] *n dosł. i przen.* skok ♦ **be (in) for the high jump** *pot.* oberwać (za coś), dostać za swoje; **broad jump** *US* skok w dal; **go and take a running jump!** *pot.* zmiataj stąd!, zmiataj w podskokach!, zjeżdżaj stąd!, zjeżdżaj w podskokach!; **high**

jump skok wzwyż; **hop, step and jump** *pot.* trójskok; **jump in prices** skok cen; **jump rope** *US* skakanka; **keep one jump ahead of sb** *pot.* wyprzedzać kogoś (*rywali*); utrzymywać/mieć przewagę nad kimś; **long jump** skok w dal; **make a parachute jump** skakać ze spadochronem; **parachute jump** skok ze spadochronem, skok spadochronowy; **quantum jump** milowy krok; **ski jump** skok narciarski; **stay one jump ahead of sb** *pot.* wyprzedzać kogoś (*rywali*); utrzymywać/ /mieć przewagę nad kimś; **take a running jump!** *pot.* zmiataj stąd!, zmiataj w podskokach!, zjeżdżaj stąd!, zjeżdżaj w podskokach!; **water jump** przeszkoda wodna, rów z wodą (*na trasie biegu*)

jump² *v* skakać ♦ **jump a light** przejechać na czerwonym świetle; **jump at the chance** chwytać okazję; nie przepuścić okazji, wykorzystać okazję/szansę; skwapliwie/chętnie skorzystać z okazji; **jump bail** nie dotrzymać warunków zwolnienia za kaucją; **jump clear** uniknąć niebezpieczeństwa, wyjść bez szwanku, wyjść cało (*z niebezpieczeństwa*); **jump down sb's throat** *pot.* skoczyć komuś do gardła; **jump for joy** skakać z radości; **jump from one subject/topic to another** przeskakiwać z tematu na temat; **jump in at the deep end** puszczać się/wypływać na szerokie wody; **jump in line** *US* wepchnąć się/wpychać się do kolejki; **jump on sb (for sth)** *pot.* naskakiwać/naskoczyć na kogoś (za coś); **jump on the bandwagon** *pot.* hołdować nowej modzie; naśladować coś; małpować coś; **jump out of one's skin** *pot.* wyskakiwać/wychodzić ze skóry; **jump rope** *US* skakać na skakance; **jump the gun** *pot.* pospieszyć się z czymś, zrobić coś pochopnie/bez zastanowienia; **jump the queue** *GB* wepchnąć się/wpychać się do kolejki; **jump the rails/track** (*o pociągu*) wykoleić się, wyskoczyć z szyn, zjechać z toru; **jump through the hoops** przejść przez gęste sito (*egzaminacyjne itd.*); być/zostać gruntownie sprawdzonym; być/zostać poddanym ciężkiej próbie; **jump to con-**

clusions/to the conclusion (that...) wyciągać pochopne wnioski; **jump to it!** *pot.* szybko!; pospiesz się!; ruszaj (się)!; **jump to one's feet** skoczyć/zerwać się na równe nogi; **jump to the wrong conclusion** wyciągać mylne wnioski; **jump up and down** podskakiwać; **sth jumps out at sb** coś samo rzuca się/wpada komuś w oczy (*np. błąd*), coś jest ewidentne, coś jest łatwo zauważalne

juncture *n* sytuacja, stan rzeczy; splot okoliczności ♦ **at this juncture** w tej sytuacji; na tym etapie; w tym stadium

jungle *n* dżungla ♦ **concrete jungle** *przen.* betonowa dżungla; **king of the jungle** król zwierząt; **the law of the jungle** prawo dżungli/pięści

just *adv* **1.** właśnie, dopiero co; zaledwie **2.** po prostu **3.** dokładnie ♦ **be just about to do sth/be just going to do sth** mieć właśnie zamiar coś zrobić, właśnie mieć/zamierzać coś zrobić; **it is just as well (that...)** dobrze, że...; **it's just too bad** *pot.* szkoda, że...; (jaka/wielka) szkoda; **just about** (już) prawie; **just a minute/moment/second, please** *pot.* proszę chwilę poczekać; chwileczkę; **just any** zwykły, zwyczajny; jakikolwiek; prosty; niewyszukany; **just around/round the corner** tuż za rogiem; w pobliżu; bardzo blisko; niedaleko; **just as** tak jak; **just for once** tylko ten raz, tylko ten jeden raz; **just for the hell of it** dla żartu, dla zabawy; **just in case** na wszelki wypadek; **just in time** w samą porę; **just like that** tak po prostu, nagle, bez ostrzeżenia/uprzedzenia; **just my luck!** *pot.* ja to mam szczęście!; ja to mam pecha!, a to pech!; **just now** w tej chwili; przed chwilą; **just so** dokładnie tak, właśnie tak; **just the job** *pot.* dokładnie taki, o jaki chodzi, właściwy, odpowiedni; **just then** właśnie wtedy; **just the same** mimo wszystko, mimo to, jednak, w każdym razie; **just the same thing** dokładnie to samo; **just think...** pomyśl tylko...; **just this once** tylko ten raz, tylko ten jeden raz; **only just 1.** dopiero co **2.** ledwo ledwo; **that's just too bad** *pot.* szkoda, że...; (jaka/wielka) szkoda; **we might just as well go home** równie dobrze moglibyśmy pójść do domu

justice *n* **1.** sprawiedliwość **2.** wymiar sprawiedliwości **3.** sędzia ♦ **administer justice** wymierzać sprawiedliwość; **bring sb to justice** postawić kogoś przed sądem; **court of justice** sąd; **dispense justice** wymierzać sprawiedliwość; **do justice to sb//sth, do sb/sth justice** oddać komuś/czemuś sprawiedliwość; **equal justice under the law** równość wobec prawa; **Justice of the Peace** sędzia pokoju; **justice was done** sprawiedliwości stało się zadość; **mete out justice** wymierzać sprawiedliwość; **miscarriage of justice** pomyłka sądowa; **obstruct justice** utrudniać śledztwo; **render justice** wymierzać sprawiedliwość; **social justice** sprawiedliwość społeczna; **Supreme Court Justice** sędzia sądu najwyższego; **with some justice** nie bez racji; całkiem słusznie

justification *n* usprawiedliwienie; uzasadnienie ♦ **in justification (of/for sb/sth)** na usprawiedliwienie (kogoś/czegoś)

justify *v* usprawiedliwiać; uzasadniać ♦ **the end justifies the means** *przysł.* cel uświęca środki

K

kangaroo *n* kangur ♦ **kangaroo court** *pot.* sąd nielegalny; parodia sądu

keel *n* stępka, kil ♦ **get back on an even keel** wrócić do równowagi, przywrócić równowagę/spokój (*po okresie trudności, kłopotów*); **on an even keel 1.** bez kołysania (*płynąć*) **2.** *przen.* bez wstrząsów, równo, spokojnie; na równym poziomie; zachowując spokój

keen *a* **1.** chętny; pełen zapału; gorliwy **2.** zainteresowany, interesujący się (*czymś*) **3.** silny, intensywny, głęboki (*uczucie, zainteresowanie itd.*) **4.** ostry, wyostrzony (*węch, wzrok itd.*) **5.** ostry (*nóż itd.*) **6.** bystry, przenikliwy; błyskotliwy **7.** bardzo zimny, przenikliwy, przejmujący (*wiatr*) **8.** *GB* niski, konkurencyjny (*cena*) ♦ **be as keen as mustard** *pot.* być pełnym entuzjazmu, oddawać się czemuś/robić coś z zapałem; palić się do czegoś; **be mad keen on** *pot.* szaleć za; przepadać za; pasjonować się (czymś)

keep[1] *n* utrzymanie; środki do życia ♦ **earn one's keep** zarabiać na swoje utrzymanie, zarabiać na siebie; **for keeps** *pot.* na zawsze, na dobre; na stałe, na własność

keep[2] *v* (**kept, kept**) **1.** trzymać; mieć (*w posiadaniu*) **2.** utrzymywać (*kogoś*) **3.** prowadzić (*np. sklep*) **4.** dotrzymywać (*np. obietnicy*); zachować (*sekret*) **5.** obchodzić (*np. święto, urodziny*) ♦ **a clock keeps good/bad time** zegar dobrze/źle chodzi; **a clock keeps time** zegar mierzy/odmierza czas; **dogs must be kept on a lead** psy należy/trzeba trzymać na smyczy; **don't keep her waiting** nie każ jej czekać; **how are you keeping?**

pot. jak się miewasz?; **keep abreast of sth** być na bieżąco z czymś (*najnowszymi wydarzeniami itd.*); nadążać za czymś (*nowościami, postępem technicznym itd.*), dotrzymywać kroku czemuś; **keep abreast of the times** iść z duchem czasu/epoki; **keep a close eye/watch on sb/sth** nie spuszczać kogoś/czegoś z oczu, bacznie obserwować kogoś/coś; **keep a cool head/keep a level head/keep one's head** nie tracić głowy, zachować spokój; **keep a diary** prowadzić/pisać pamiętnik; prowadzić/pisać dziennik; **keep a grip on oneself** *pot.* wziąć się w garść; **keep a high profile** szukać rozgłosu, zwracać na siebie uwagę, rzucać się w oczy, (starać się) być w centrum uwagi; **keep a low profile** unikać rozgłosu, nie zwracać na siebie uwagi, nie rzucać się w oczy, siedzieć cicho; **keep an appointment** przyjść/stawić się na spotkanie; **keep an eye on sb/sth** rzucić okiem na kogoś/coś; nie spuszczać kogoś/czegoś z oka/z oczu; popilnować kogoś/czegoś, zaopiekować się kimś/czymś; **keep an eye out for sb/sth** wypatrywać (sobie) za kimś/czymś oczy; **keep a record (of sth)** prowadzić zapis (czegoś), dokumentować (coś); **keep a secret** dochować/dotrzymać tajemnicy, dochować/dotrzymać sekretu; **keep a shop** prowadzić sklep; **keep as quiet as a mouse** siedzieć jak trusia/jak mysz pod miotłą; **keep a stiff upper lip** zachować zimną krew, zachować spokój, nie stracić głowy; **keep a straight face** zachować powagę; **keep a tight rein on sb** *pot.* trzymać kogoś krótko; **keep bad company** obracać się/przebywać w złym towarzystwie, obracać się/przebywać w nieodpowiednim towarzystwie; **keep bad time** źle chodzić (*zegarek*); **keep body and soul together** utrzymać się przy życiu, przetrwać, przeżyć; **keep calm** nie stracić zimnej krwi, zachować zimną krew, zachować spokój; **keep clear (of sb/sth)** unikać (kogoś/czegoś), trzymać się z daleka (od kogoś/czegoś); nie zbliżać się (do kogoś/czegoś), odsunąć się (od kogoś/czegoś); **keep close together** trzymać się razem; **keep company with sb** dotrzymać komuś to-

keep

warzystwa; **keep control over** sprawować/mieć kontrolę nad; **keep dead silent** milczeć jak głaz/jak kamień/jak grób/jak zamurowany/jak zaklęty; **keep doing sth** wciąż/ustawicznie coś robić; nie przestawać czegoś robić; **keep early hours** chodzić spać z kurami, wcześnie chodzić spać; **keep from doing sth** powstrzymywać się od robienia czegoś; **keep goal** bronić bramki; **keep good time** dobrze chodzić (*zegarek*); **keep guard over** pełnić wartę przy, trzymać wartę przy, zaciągnąć wartę przy; **keep house** zajmować się domem; prowadzić dom; **keep house for sb** prowadzić komuś dom; **keep in repair** utrzymywać w dobrym stanie; **keep in touch with** być w kontakcie z, utrzymywać kontakt z; **keep late hours** późno chodzić spać; **keep left** trzymać się lewej strony; **keep mum** *pot.* nie pisnąć ani słowa, nie puścić pary z ust, nic nie powiedzieć; **keep one's balance** zachowywać równowagę; **keep one's cards close to one's chest** nie odkrywać kart, nie odsłaniać kart, nie wykładać kart; **keep one's cool** nie stracić zimnej krwi, zachować zimną krew, zachować spokój; **keep one's distance 1.** zachować dystans **2.** zachować odległość; **keep oneself to oneself** być zamkniętym w sobie; **keep one's end up** *GB pot.* nie dać/dawać się; dorównywać (*komuś*); **keep one's eyes glued to sb/sth** utkwić w kimś/czymś oczy, wbić/wlepić w kogoś/coś oczy; **keep one's eyes open** mieć oczy otwarte, uważać; **keep one's eyes skinned/peeled for sb/sth** wyglądać kogoś/czegoś, wypatrywać kogoś/czegoś; **keep one's feet on the ground** mocno stąpać po ziemi; **keep one's finger on the pulse (of sth)** trzymać rękę na pulsie (czegoś); **keep one's fingers crossed (for sb)** trzymać (za kogoś) kciuki; **keep one's ground** utrzymywać się na swoich pozycjach; nie ustępować, wybronić się; **keep one's hand in** mieć/zachować wprawę w czymś, nie wyjść z wprawy; trzymać rękę na pulsie; **keep one's head above water** *przen.pot.* utrzymywać się na powierzchni, radzić sobie, nie iść na dno; **keep one's mouth shut** trzymać język za zębami; **keep one's nose clean** *pot.* być uczciwym; nie kantować; nie wchodzić w konflikt z prawem; nie pakować się w kłopoty; **keep one's nose out of sb else's business** nie wtykać nosa w cudze sprawy; **keep one's options open** nie podjąć decyzji, nie dokonać wyboru, zostawić sobie prawo wyboru; **keep one's own counsel** nie zdradzać się ze swoimi zamiarami/planami, nie wyjawiać swoich zamiarów//planów; **keep one's powder dry** dmuchać na zimne; **keep one's promise** dotrzymać obietnicy; **keep one's side of the bargain** dotrzymać zobowiązania/umowy, wywiązać się ze swoich zobowiązań/z umowy; **keep one's temper** zachować spokój, trzymać nerwy na wodzy; **keep one's voice down** mówić ciszej; **keep one's weather eye open for sth** mieć oczy i uszy szeroko otwarte na coś; **keep one's wits about one** nie być w ciemię bitym; **keep one's word (to sb)** dotrzymać (danego komuś) słowa; **keep on the right side of sb** nie drażnić kogoś, nie denerwować kogoś, nie wchodzić komuś w drogę; **keep open house** prowadzić dom otwarty; **keep pace with...** dotrzymywać kroku...; **keep quiet** siedzieć cicho/spokojnie; zachowywać się cicho; **keep quiet about sth** utrzymywać/trzymać coś w tajemnicy, utrzymywać/trzymać coś w sekrecie; **keep ready** trzymać w pogotowiu; **keep right** trzymać się prawej strony; **keep sb advised** informować kogoś na bieżąco; **keep sb alive** trzymać kogoś przy życiu; podtrzymywać czyjeś życie (*lekami itd.*); **keep sb at arm's length/at a distance** trzymać kogoś na dystans; nie spoufalać się z kimś; **keep sb company** dotrzymać komuś towarzystwa; **keep sb in suspense** trzymać kogoś w niepewności/napięciu; **keep sb in the dark** utrzymywać kogoś w nieświadomości; **keep sb on the hop** *pot.* nie dać komuś odzipnąć, nie dać komuś odetchnąć, nie dać komuś chwili wytchnienia; **keep sb posted about sth** informować kogoś o czymś na bieżąco; **keep sb's memory green** nie pozwolić komuś zapomnieć o kimś (*o zmarłej osobie*), przypominać komuś o kimś; **keep sb's spirits up** podtrzymywać kogoś na duchu; **keep silence** zachować ciszę; zachować milczenie; **keep sth at bay** oddalać coś, odsuwać coś (*niebezpieczeństwo itd.*); zapobiegać czemuś; odstraszać coś, działać odstraszająco; **keep sth dark** utrzymywać coś w tajemnicy, trzymać coś w sekrecie; robić z czegoś tajemnicę; **keep sth for a rainy day** trzymać/odkładać coś na czarną godzinę; **keep sth in mind** zachować coś w pamięci; pamiętać o czymś; **keep sth secret/quiet** utrzymywać/trzymać coś w tajemnicy, utrzymywać/trzymać coś w sekrecie; **keep sth to hand** trzymać coś pod ręką; **keep sth under lock and key** trzymać coś pod kluczem; **keep sth under one's hat** trzymać/chować coś w tajemnicy; dochować/dotrzymać tajemnicy, dochować/dotrzymać sekretu; **keep the change** reszty nie trzeba, proszę zatrzymać resztę; **keep the lid on sth 1.** trzymać/chować coś w tajemnicy, ukrywać coś **2.** powstrzymać coś; **keep things in proportion** zachować umiar (*w ocenie sytuacji*), zachować trzeźwy osąd (*sytuacji*), patrzeć na coś trzeźwym okiem, nie przesadzać; **keep to a plan** trzymać się planu; **keep to oneself** być zamkniętym w sobie; **keep to the speed limit** nie przekraczać dopuszczalnej/dozwolonej prędkości, jechać z dopuszczalną/dozwoloną prędkością; **keep track of sth** śledzić coś; podążać śladem czegoś; **keep up appearances** zachowywać pozory; **keep up with sth/sb** nadążać za czymś/kimś; **keep up with the Joneses** naśladować swoich sąsiadów, próbować dorównać swoim sąsiadom/przyjaciołom, nie być gorszym od swoich sąsiadów/przyjaciół; **keep up with the times** iść z duchem czasu/epoki; **keep watch** stać na warcie; czuwać, pilnować; **keep within the law** działać zgodnie z prawem, postępować zgodnie z prawem; **keep within the speed limit** nie przekraczać dopuszczalnej/dozwolonej prędkości, jechać z dopuszczalną/dozwoloną prędkością; **keep your hair on!** *pot.* spokojnie!, zachowaj spokój!, nie trać głowy!

keeping *n* ♦ (*w wyrażeniach*) **for safe keeping** na przechowanie; **in keeping with** pasujący do, stosowny do/na, odpowiedni do/na; harmonizujący z; **in safe keeping** w bezpiecznym miejscu; zabezpieczony; pilnie strzeżony; **in sb's keeping** pod czyjąś opieką/ochroną; powierzony czyjejś pieczy; **out of keeping with** nie pasujący do, niestosowny do/na, nieodpowiedni do/na; nie harmonizujący z

keg *n* beczułka; baryłka; antałek ♦ **a powder keg** *dosł. i przen.* beczka prochu

kettle *n* czajnik ♦ **a fine kettle of fish!/a pretty kettle of fish!** ładna historia!; **put the kettle on** nastawić czajnik; **that's a different kettle of fish/that's another kettle of fish** ale to już (zupełnie) inna historia; to inna para kaloszy; to zupełnie inna sprawa; **the pot calling the kettle black** *przysł.* przyganiał kocioł garnkowi

key¹ *n* **1.** *dosł. i przen.* klucz **2.** klawisz **3.** legenda (*objaśnienie*) **4.** tonacja (*muzyczna*) ♦ **be under lock and key** być/znaleźć się pod kluczem (*w areszcie*); **duplicate a key** dorobić klucz; **keep sth under lock and key** trzymać coś pod kluczem; **key industry/problem/factor** kluczowy przemysł/problem/czynnik; **key role** kluczowa rola; **make a key** dorobić klucz; **put sth under lock and key** chować coś pod kluczem; **skeleton/master key** wytrych; **turn a key** przekręcić/obrócić klucz (w zamku)

key² *v* ♦ (*w zwrotach*) **be keyed to the needs of sth** być dostosowanym do potrzeb czegoś, dostosować do potrzeb czegoś; **key sth (in)** wpisywać/wprowadzać coś (*hasło*, *dane*) do komputera

kick¹ *n* **1.** kopnięcie, kopniak **2.** odrzut (*broni*) **3.** *pot.* wielka/niezwykła przyjemność, podnieta; frajda, gratka, zabawa **4.** *pot.* moc (*alkoholu*) ♦ **a kick in the teeth** *pot.* policzek, zniewaga, upokorzenie, obraza; **do sth for kicks** *pot.* robić coś dla rozrywki/zabawy/przyjemności; mieć z czegoś dużą frajdę; **free**

kick rzut wolny (*w piłce nożnej*); **get a kick out of sth/get a kick from sth/get one's kicks from sth** *pot.* mieć z czegoś dużą frajdę; mieć wielką przyjemność z czegoś; **give sb a kick** *pot.* sprawiać komuś dużą frajdę; sprawiać komuś wielką przyjemność; **give sb/sth a kick** dać komuś/czemuś kopniaka; **penalty kick** rzut karny (*w piłce nożnej*); **this drink has a kick (to it)** *pot.* ten drink jest mocny, ten drink uderza/idzie do głowy

kick² *v* kopać ♦ **alive and kicking** *pot.* (wciąż) w pełni sił; (ciągle) w dobrej formie; **be kicking oneself** *pot.* mieć pretensje do siebie, być złym na siebie; **kick a goal** strzelić gola/bramkę, zdobyć bramkę; **kick a man when he's down** kopać leżącego; **kick one's heels** *pot.* czekać bez końca/bezczynnie; **kick the bucket** *pot.* wyciągnąć kopyta, kopnąć w kalendarz (*umrzeć*); **kick the habit** zerwać z nałogiem, odzwyczaić się; **kick up a fuss/row (about sth)** awanturować się (o coś), urządzić/zrobić awanturę (o coś), wszcząć awanturę (o coś)

kid¹ *n* **1.** koźlę **2.** *pot.* dziecko; dzieciak ♦ **be the new kid on the block** *US pot.* być nowym (*świeżo przybyłym – w pracy, klasie itd.*); **handle sb/sth with kid gloves** obchodzić się z kimś//czymś jak z jajkiem, traktować kogoś/obchodzić się z kimś (jak) w rękawiczkach, postępować z kimś delikatnie/ostrożnie/uprzejmie; **kid brother** *pot.* młodszy brat, (młodszy) braciszek; **kid sister** *pot.* młodsza siostra, (młodsza) siostrzyczka; **kid's stuff/US kid stuff** dziecinada; sprawa dziecinnie łatwa/prosta; żadna filozofia; **treat sb/sth with kid gloves** obchodzić się z kimś/czymś jak z jajkiem, traktować kogoś/obchodzić się z kimś (jak) w rękawiczkach, postępować z kimś delikatnie/ostrożnie/uprzejmie

kid² *v pot.* oszukiwać, nabierać (*kogoś*) ♦ **I kid you not** *pot.* nie żartuję, mówię prawdę; **I was just/only kidding** (ja) tylko żartowałem; **no kidding!** bez żartów!; **you're kidding (me)!** nabierasz mnie!; robisz sobie ze mnie żarty!, żartujesz (ze mnie)!;

you're kidding yourself if... oszukujesz się, jeśli..., sam siebie oszukujesz, jeśli... (*uważasz, sądzisz itd.*)

kill v zabić, zabijać ♦ **curiosity killed the cat** *przysł.* ciekawość (to) pierwszy stopień do piekła; **have time to kill** mieć trochę czasu, nie mieć nic do roboty/zrobienia; **it will not kill him to...** nie zaszkodzi mu zbytnio, jeśli...; nic mu się nie stanie, jeśli...; korona mu z głowy nie spadnie, jeśli...; **kill a chance for...** zaprzepaścić szansę na...; **kill oneself (doing sth/to do sth)** *pot.* zabijać się o coś/aby (*zabiegać o coś*); **kill oneself laughing/kill oneself with laughter** umierać/konać ze śmiechu; **kill the conversation** przerwać (komuś) rozmowę; **kill the goose that lays the golden eggs** zabić kurę znoszącą złote jajka; **kill time** zabijać czas; **kill two birds with one stone** upiec dwie pieczenie przy jednym ogniu; **my head/leg is killing me** *pot.* potwornie boli mnie głowa/noga; **shoot to kill** strzelać, aby zabić

killing n zabicie; zabijanie; mord; masakra ♦ **make a killing** zbić fortunę, zrobić majątek; **mercy killing** eutanazja

kind n **1.** rodzaj; gatunek **2.** klasa; odmiana ♦ **a kind of** *pot.* coś w rodzaju, jakiś; **all kinds of...** różnego/wszelkiego rodzaju...; **anything of the kind** nic podobnego; **in kind 1.** w naturze (*zapłata*) **2.** podobnie; w ten sam sposób; tak samo (*zareagować*); **kind of** *pot.* nieco, raczej, do pewnego stopnia; **nothing of the kind** nic z tych rzeczy, nic podobnego; **of a kind 1.** tego samego rodzaju **2.** niby, coś w rodzaju; **of its kind** w swoim rodzaju; **of this kind** tego rodzaju; **one of a kind** jedyny w swoim rodzaju, niepowtarzalny; **something of the kind** coś w tym rodzaju; **that kind of thing** *pot.* i temu podobne, i tym podobne, itp.; tego rodzaju rzeczy/sprawy

kindness n dobroć; życzliwość; uprzejmość ♦ **smother sb with kindness** zagłaskać kogoś na śmierć; **the milk of human kindness** dobroć serca

king

king *n* król ♦ **a king's ransom** bajońska suma, bajońskie sumy; **king of beasts/king of the jungle** król zwierząt; **live like a king** żyć jak król; **long live the King!** niech żyje król!; **the King's English** poprawna angielszczyzna, piękna angielszczyzna; **turn King's evidence** *GB* obciążyć winą wspólnika, wydać wspólnika, składać zeznanie obciążające wspólnika (*dla złagodzenia własnego wyroku*)

kingdom *n* królestwo ♦ **the kingdom of heaven/God** królestwo niebieskie/boże; **till/until kingdom come** *pot.* do końca świata, (aż) do skończenia świata; **wait till kingdom come** czekać w nieskończoność

kiss[1] *n* pocałunek ♦ **blow sb a kiss** posłać komuś całusa/pocałunek (*ręką*); **give sb a kiss** dać komuś całusa; pocałować kogoś; **kiss of life 1.** sztuczne oddychanie usta-usta **2.** *przen.* zastrzyk, pomoc, wsparcie; **steal a kiss** skraść/ukraść całusa; **the kiss of death** *przen.* pocałunek śmierci; śmierć, klęska, kres, niepożądany koniec (*czegoś*)

kiss[2] *v* całować (się) ♦ **kiss sb goodbye/goodnight** pocałować kogoś na pożegnanie/na dobranoc; **kiss sb on the cheek/on the mouth** (po)całować kogoś w policzek/w usta; **sb can kiss goodbye to sth/sb can kiss sth goodbye** *przen.pot.* ktoś może się z czymś pożegnać (*z planami itd.*)

kitten *n* kotek ♦ **have kittens about sth** *pot.* bardzo się czymś denerwować, wariować z niepokoju o coś, odchodzić od zmysłów z powodu czegoś

knee *n* kolano ♦ **be on one's knees** klęczeć; **bring sb to his knees** rzucić kogoś na kolana; **go (down) on one's knees** uklęknąć; **go weak at the knees** mieć nogi/kolana jak z waty; **knee high** (wysoki/sięgający) do kolan; **learn/be taught sth at one's mother's knee** wyssać coś z mlekiem matki; **on bended knee** na klęczkach, na kolanach (*prosić o coś, modlić się*); **sink to one's knees** padać/rzucać się na kolana, klękać

knife n (pl **knives**) nóż ♦ **get one's knife into sb/have one's knife in sb** pot. zawziąć się na kogoś, uwziąć się na kogoś; **like a knife through butter** pot. jak po maśle; **pocket knife** scyzoryk; **turn/twist the knife (in the wound)** przen. dobijać/dobić kogoś

knit v (**knitted/knit, knitted/knit**) 1. robić na drutach 2. mocno wiązać ♦ **knit one's brow(s)** marszczyć brwi/czoło

knock v 1. stukać; pukać 2. uderzać 3. pot. obgadywać, oczerniać, obmawiać, obsmarować ♦ **be/get knocked down by a car** być/zostać potrąconym przez samochód; **knock hell out of sb** pot. porachować/policzyć komuś kości; **knock it off!** pot. przestań!; skończ z tym!; dosyć tego!; **knock off early** pot. wcześniej skończyć pracę; **knock off work** pot. kończyć pracę; **knock one's head against a brick wall** pot. walić/bić/tłuc głową o mur; **knock on wood** US odpukać, odpukać w nie malowane drewno/drzewo; **knock sb flat** powalić kogoś na obie łopatki; **knock sb for six** przeżyć/odczuć coś głęboko, odczuć coś dotkliwie, przeżyć/odczuć coś boleśnie; **knock sb off their pedestal/perch** strącić kogoś z piedestału; **knock sb's block off/head off** pot. rozwalić komuś głowę/łeb; **knock sb/sth into a cocked hat** być o całe niebo lepszym od kogoś/czegoś, bić kogoś/coś na głowę, przerastać/przewyższać kogoś/coś o głowę; **knock sb to the ground** powalić kogoś na ziemię; **knock sb unconscious** pobić kogoś do nieprzytomności/do utraty przytomności; **knock some sense into sb/into sb's head** pot. przemówić komuś do rozsądku; przemówić komuś do rozumu; **knock spots off sb/sth** pot. być bez porównania lepszym od kogoś/czegoś; **knock sth into shape** pot. udoskonalić coś; ulepszyć coś; usprawnić coś; ukształtować coś; przystosować coś do użytku; **knock sth on the head** zniweczyć coś, popsuć coś, pokrzyżować coś (*plany*, *zamiary*); **knock the bottom out of sth** pot. osłabić coś; doprowadzić coś do upadku/załamania się; **knock the (living) daylights out of sb** pot. zbić/stłuc

knot

kogoś na kwaśne jabłko; porachować/policzyć komuś kości; **knock the stuffing out of sb** *pot.* zbić kogoś z pantałyku, pozbawić kogoś pewności siebie, zbić kogoś z tropu

knot *n* **1.** węzeł; supeł **2.** sęk ♦ **at a rate of knots** *pot.* bardzo szybko; w zawrotnie szybkim tempie, w zawrotnym tempie, z zawrotną szybkością; **cut the Gordian knot** przeciąć/rozciąć węzeł gordyjski; **loose knot** luźny węzeł; **make a knot** zawiązać węzeł; **marriage knot** węzeł małżeński; **tie oneself (up) in knots** *pot.* zaplątać się (*wyjaśniając coś*); nie móc się wysłowić; poplątać wszystko (*opowiadając coś*); **tie the knot** *pot.* połączyć (się) węzłem małżeńskim; **tight knot** mocny węzeł; **twist oneself into knots** poplątać się, zaplątać się, pokręcić wszystko (*wyjaśniając coś itd.*); **undo/untie a knot** rozwiązać węzeł; **untie the Gordian knot** przeciąć/rozciąć węzeł gordyjski

know[1] *n* ♦ (*w wyrażeniu*) **(people/those) in the know** *pot.* (ludzie) wtajemniczeni, zorientowani (w temacie/sytuacji), mający rozeznanie (w czymś)

know[2] *v* **(knew, known) 1.** wiedzieć; umieć **2.** znać; poznawać **3.** zaznać ♦ **and you know it** i ty dobrze o tym wiesz; **as far as I know** o ile wiem, o ile mi wiadomo; **as you know** jak wiesz, jak ci wiadomo; **be known for** być znanym z; **for all I know** o ile mi wiadomo, o ile wiem; **God/heaven (only)/goodness knows** Bóg jeden wie; Bóg raczy wiedzieć; **how am I to know?!** skąd mam wiedzieć?!; **how do you know?** skąd wiesz?; **how should I know?!** skąd mam wiedzieć?!; **if I know her/him** o ile ją/go znam, znając ją/go; **if you know what I mean** jeśli rozumiesz/wiesz, co mam na myśli; jeśli rozumiesz/wiesz, o co mi chodzi; **if you must know** *pot.* jeśli koniecznie chcesz/musisz wiedzieć; **I know some German//French** znam trochę niemiecki/francuski; **know all about...** wiedzieć wszystko o...; **know all the answers** *pot.* mieć na wszystko (gotową) odpowiedź; pozjadać wszystkie rozumy;

know a thing or two *pot.* wiedzieć to i owo; **know best** wiedzieć najlepiej; **know better (than that/than to do sth)** mieć (trochę) więcej rozumu/oleju w głowie; postępować/zachowywać się rozumnie; **know different** wiedzieć swoje; **know for certain/sure** wiedzieć na pewno; **knowing her/him** o ile ją/go znam, znając ją/go; **know no bounds** nie znać granic; **know one's onions** *pot.* znać się na rzeczy; **know one's own mind** wiedzieć, czego się chce; **know one's stuff** *pot.* znać się na rzeczy; **know one's way around** znać się na czymś, być zorientowanym, orientować się (w czymś); **know otherwise** wiedzieć swoje; **know sb by name** znać kogoś z nazwiska; **know sb by sight** znać kogoś z widzenia; **know sth at gut level** *pot.* wiedzieć/przeczuwać coś intuicyjnie, wyczuwać coś intuicją; **know sth back to front/know sth backwards/***US* **know sth backwards and forwards** znać coś na wylot/gruntownie/ /dokładnie; **know sth from sth** odróżniać coś od czegoś; **know sth off hand** wiedzieć coś z głowy, wiedzieć coś bez sprawdzania; **know sth off pat** umieć coś na wyrywki, znać coś na wyrywki; **know sth/sb inside out** znać coś/kogoś na wylot/na wskroś; **know sth/sb like the back of one's hand** znać coś/kogoś jak swoje pięć palców/jak własną dłoń/jak własną kieszeń; **know sth to one's cost** wiedzieć/znać coś z doświadczenia; poznać coś/doświadczyć czegoś/przekonać się o czymś na własnej skórze; **know the ropes** znać się na rzeczy, znać się na czymś, orientować się w czymś, mieć dobrą orientację w czymś, mieć dobrą znajomość przedmiotu; **know what it means to be...** wiedzieć, co to znaczy być... (*biednym itd.*); **know where one stands** wiedzieć, na czym się stoi; **know which side one's bread is buttered on** wiedzieć, komu się przypodobać; wiedzieć, komu się przypochlebiać; **let sb know** dać komuś znać; **Lord (only) knows** Bóg jeden wie; Bóg raczy wiedzieć; **make it known (that)** obwieścić (, że), podać do wiadomości (, że), oznajmić (, że), ogłosić (, że), zakomuniko-

know 330

wać (, że); **not know beans (about sth)** *US pot.* nie mieć zielonego pojęcia (o czymś); nic nie wiedzieć (o czymś/na temat); **not know sb from Adam** *pot.* nie poznać kogoś, nie rozpoznać kogoś; nie znać kogoś; nie mieć pojęcia kim jest dana/ta osoba; **not know the first thing about sth/doing sth** znać się na czymś jak kura na pieprzu; **not know what has come over sb** nie wiedzieć, co kogoś napadło/co się komuś stało (*mówiąc o jego dziwnym zachowaniu*); **not know what hit one** *pot.* zdębieć (w pierwszej chwili), osłupieć, nie wiedzieć jak zareagować; **not know what sb sees in sb** *pot.* nie wiedzieć, co ktoś widzi w kimś; **not that I know of** *pot.* nic o tym nie wiem, nic mi o tym nie wiadomo; **so far as I know** o ile wiem, o ile mi wiadomo; **the more you learn the less you know** *przysł.* im dalej w las, tym więcej drzew; **there's no knowing how/what...** zupełnie nie wiadomo jak/co...; **think you know everything** *pot.* myśleć, że wie się wszystko, pozjadać wszystkie rozumy; **want to know** chcieć wiedzieć; **what do you know (about that)!** co ty (o tym) wiesz?!, co ty tam (o tym) wiesz?!; **you know** wiesz; **you know as well as I do that...** wiesz, równie dobrze jak ja, że...; **you know what I mean?** *pot.* rozumiesz, co mam na myśli?; wiesz, o co mi chodzi?; rozumiesz?; **you know what/something?** wiesz co?; **you never know** nigdy nie wiadomo

knowledge *n* **1.** rozeznanie; wiedza, znajomość (*przedmiotu*) **2.** wiedza; nauka ♦ **be common/public knowledge** być rzeczą powszechnie/ogólnie/publicznie znaną, być rzeczą powszechnie/ogólnie/publicznie wiadomą; **bring to sb's knowledge** podawać do czyjejś wiadomości; **deny all knowledge of sth** zaprzeczyć, że coś (komuś) wiadomo o czymś; **have a passable knowledge of English** znać angielski możliwie/nie najgorzej; **it has come to our knowledge that...** doszło do naszej wiadomości, że...; **knowledge of foreign languages** znajomość języków obcych; **local knowledge** znajomość terenu; **not to my**

knowledge nic o tym nie wiem, nic mi o tym nie wiadomo; **the tree of knowledge (of good and evil)** drzewo wiadomości dobrego i złego; **to my knowledge/to the best of my knowledge** o ile wiem, o ile mi wiadomo; **without sb's knowledge** bez czyjejś wiedzy; **working knowledge** wiedza praktyczna; praktyczna znajomość (*języka*)

knuckle *n* kostka; staw (*palca*) ♦ **get a rap on/over the knuckles** *pot.* oberwać (po łapach); dostać za swoje; **near the knuckle** *pot.* obraźliwy; grubiański; ordynarny

L

labour¹ *n* **1.** praca; robota **2.** siła robocza **3.** trud, wysiłek **4.** zadanie **5.** poród ♦ **begin labour** zacząć rodzić; **be in labour** rodzić; **cheap labour** tania siła robocza; **hard labour** ciężkie roboty (*kara*); **have labour pains** mieć bóle porodowe; **labour camp** obóz pracy; **labour force** siła robocza; **labour market** rynek pracy; **labour of love** praca wykonywana z oddaniem//zamiłowaniem/poświęceniem, bezinteresowna praca, prawdziwa pasja; **labour pains** bóle porodowe; **labour union** *US* związek zawodowy; **skilled/unskilled labour** wykwalifikowana/niewykwalifikowana siła robocza

labour² *v* **1.** ciężko pracować, trudzić się **2.** opracować (szczegółowo) ♦ **labour the point** rozwodzić się nad czymś, wdawać się/wnikać w drobne szczegóły; **labour under a misapprehension** tkwić/być w błędnym przekonaniu; **labour under the delusion that.../labour under an illusion that...** łudzić się, że...; ulegać złudzeniu, że...; nie móc się oprzeć złudzeniu, że...; odnosić mylne wrażenie, że...

lack¹ *n* brak, niedostatek ♦ **for lack of sth/through lack of sth** z braku czegoś; **there is no lack of...** nie brakuje...

lack² *v* odczuwać brak; nie mieć; mieć za mało; nie posiadać ♦ **be lacking in sth** odczuwać brak czegoś, brakować komuś czegoś; **he lacked for nothing** niczego mu nie brakowało; **lack the courage of one's convictions** nie mieć cywilnej odwagi; **money is lacking** brakuje pieniędzy; **you are lacking in patience** brakuje ci cierpliwości

lag *n* opóźnienie; zwłoka; upływ czasu, przeciąg/okres czasu ♦ **old lag** recydywista; **time lag** opóźnienie; zwłoka; upływ czasu, przeciąg/okres czasu

lamb *n* jagnię; baranek ♦ **(as) gentle as a lamb** łagodny/potulny/cichy jak baranek; **like a lamb to the slaughter** (prowadzony/idący) jak baranki na rzeź, jak owieczka na rzeź; **one may/might as well be hanged/hung for a sheep as (for) a lamb** *przysł.* jak wisieć, to za obie nogi

lame *a* **1.** kulawy; kulejący **2.** nieprzekonujący; kulawy, lichy, marny ♦ **go lame** okuleć; **lame duck** *pot.* **1.** niedołęga, fajtłapa, niezdara, ofiara losu, nieudacznik życiowy **2.** kulejące/nieudane przedsięwzięcie; niepowodzenie, przegrana; **lame duck president** *US pot.* ustępujący prezydent; **lame in the left/right leg** utykający na lewą/prawą nogę

land¹ *n* **1.** ziemia; ląd **2.** kraj **3.** nieruchomość ziemska **4.** rola; grunt, ziemia ♦ **a land flowing with milk and honey/a land of milk and honey** kraina mlekiem i miodem płynąca, kraj mlekiem i miodem płynący; **by land** drogą lądową; **find out how the land lies/see how the land lies/get the lay of the land** rozejrzeć się w sytuacji, zorientować się w sytuacji, rozeznać się w sytuacji; **live off the land** żyć z tego, co urodzi ziemia; **spy out the land** rozejrzeć się w sytuacji, zorientować się w sytuacji, rozeznać się w sytuacji; **the Holy Land** Ziemia Święta; **the lie of the land** *GB/US* **the lay of the land 1.** ukształtowanie terenu, rzeźba terenu **2.** zaistniała sytuacja, dana sytuacja; **the promised land** ziemia obiecana

land² *v* **1.** lądować **2.** zejść na ląd (*ze statku*); wysadzić na ląd; wyokrętować ♦ **land oneself/sb in** wpakować się/kogoś w (*np. kłopoty*); **land on one's feet** spadać na cztery łapy; **land sb with sth** zwalać coś na kogoś; **land up in** trafić do, wylądować w (*np. więzieniu*)

landmark *n* **1.** terenowy znak orientacyjny; punkt charakterystyczny w terenie **2.** punkt zwrotny (*w historii*); wydarzenie

language

przełomowe ♦ **landmark decision** przełomowa decyzja; historyczna decyzja; **landmark discovery** przełomowe odkrycie; historyczne odkrycie; **represent a landmark in sth** stanowić przełom w czymś, być punktem zwrotnym w czymś, stanowić punkt zwrotny w czymś

language *n* język; mowa ♦ **bad language** wulgarny/nieprzyzwoity/ordynarny język; **bald language** suchy język; **body language** język ciała/gestów/ruchów; **butcher a language** kaleczyć język; **dead language** martwy język; **finger language** język migowy; **foreign language** obcy język; **language barrier** bariera językowa; **language laboratory** laboratorium językowe; **mind one's language** liczyć się ze słowami; **murder a language** kaleczyć język; **one's native language** czyjś język ojczysty; **sign language** język migowy; **source language** język wyjściowy (*w słowniku*); język tekstu tłumaczonego; (*w informatyce*) język źródłowy (*którym posługuje się programista*); **speak the same language as sb** mieć/znajdować z kimś wspólny język, mówić wspólnym językiem; **strong language** mocny język; **talk the same language as sb** mieć/znajdować z kimś wspólny język, mówić wspólnym językiem; **target language** język odpowiedników (*w słowniku*); język, na który się tłumaczy; język wynikowy (*w informatyce*); **watch one's language** liczyć się ze słowami

lap *n* **1.** okrążenie (*bieżni*); runda **2.** etap (*podróży*) **3.** kolana ♦ **drop/dump sth in sb's lap** *pot.* zwalać coś na kogoś (*obowiązki, odpowiedzialność, robotę*), obarczać kogoś czymś, zrzucać coś na kogoś/na czyjeś barki; **drop/fall in(to) sb's lap** spaść komuś (jak) z nieba; **in/on sb's lap** na kolanach (*u kogoś – siedzieć, usiąść*); **in the lap of luxury** w luksusie, luksusowo, w luksusowych warunkach, w komforcie, komfortowo, opływając(y) we wszystko/w dostatki; **it's in the lap of the gods** teraz wszystko w rękach Boga; **lap of honour**/*US* **victory lap** runda honorowa

lapse *n* **1.** utrata; luka **2.** upływ czasu **3.** chwilowe zapomnienie (się) **4.** błąd, omyłka ♦ **a memory lapse/a lapse of memory** zaćmienie pamięci; luka w pamięci

large *a* **1.** duży; obszerny **2.** znaczny, poważny ♦ **(as) large as life** (*żartobliwie – wyrażając zdziwienie, zaskoczenie*) we własnej osobie, jak żywy; **at large 1.** ogólnie, generalnie **2.** na wolności (*zbiegły więzień itd.*); **by and large** ogólnie biorąc; **in large part/measure** w ogromnej mierze, w dużej mierze; w przeważającej części; **larger than life** atrakcyjny, zwracający na siebie uwagę, przyciągający uwagę; zasługujący na uwagę; skupiający na sobie uwagę; niepospolity; przesadny; **loom large (in one's mind)** budzić (poważny) niepokój; **on a large scale** na wielką skalę; **the public at large** szerokie rzesze, szeroki ogół, publiczność; **to a large extent** w wysokim stopniu

lark *n* **1.** skowronek **2.** *pot.* kawał, figiel, żart, dowcip; ubaw **3.** *pot.* głupota, nonsens, bezsens; strata czasu; zawracanie głowy ♦ **(as) happy as a lark** bardzo szczęśliwy, radosny jak skowronek; **do sth for a lark** zrobić coś dla kawału, zrobić coś dla żartu; zrobić coś dla ubawu; **get up/be up with the lark** wstawać razem z kurami, wstawać ze słońcem, wstawać skoro świt; **what a lark!** (to) dobry kawał!; ubaw po (same) pachy!

last[1] *n* ostatni; ostatnia (rzecz/osoba) ♦ **at last** nareszcie, wreszcie, w końcu; **at long last** nareszcie, po długim oczekiwaniu, wreszcie, w końcu; **breathe one's last** wydać ostatnie tchnienie, wyzionąć ducha; **to/till the last** do (samego) końca

last[2] *a* ostatni ♦ **as a last resort** jako ostatnia deska ratunku; **at one's last gasp** ledwie żywy, na pół/na wpół żywy; **at the last** na koniec; **at the last count** według ostatnich/najnowszych szacunków, według ostatnich/najnowszych danych; **at the (very) last moment/at the last minute** w ostatniej chwili, w ostatnim momencie; **be on one's last legs** być na ostatnich nogach, gonić resztkami/ostatkiem sił, ledwo się trzymać na nogach, padać ze zmęczenia/z nóg/z wyczerpania; **be sb's last**

hope być czyjąś ostatnią nadzieją; **be the last thing on sb's mind** być ostatnią rzeczą, jaka przyszłaby komuś do głowy/na myśl; **do sth at the last minute** robić coś w ostatniej chwili; **for the last time** po raz ostatni; **from first to last** od początku do końca; **have/get the last word** mieć ostatnie słowo; **he always has/gets the last word** ostatnie słowo zawsze należy do niego; **in the last analysis** w końcu, ostatecznie; **in the last resort** jako ostatnia deska ratunku; **last-ditch attempt** ostatnia próba (*osiągnięcia czegoś*), rozpaczliwa/desperacka próba; **last name** nazwisko; **last rites** ostatnie namaszczenie; **last will and testament** ostatnia wola, testament; **last wish** ostatnie życzenie; **last year** w zeszłym/minionym roku; **one's last resting place** miejsce (czyjegoś) wiecznego spoczynku; **pay one's last respects to sb** oddać komuś ostatnią posługę; **say one's last word (on sth)** powiedzieć ostatnie słowo (w sprawie), wypowiedzieć się ostatecznie (w sprawie), rozstrzygnąć (coś) w sposób ostateczny; **the day before last** przedwczoraj, dwa dni temu; **(the) last but one** przedostatni, drugi od końca; **the last ditch** ostatnia szansa (*uniknięcia czegoś*); **the Last Judgement** Sąd Ostateczny; **the last penny** ostatni grosz; **the last straw** ostatnia kropla (przepełniająca miarę); **the last word in fashion** ostatni krzyk mody; **the long last sleep** *przen.* sen wieczny; **the next to last** przedostatni, drugi od końca

last³ *adv* **1.** na końcu, w ostatniej kolejności **2.** ostatnio, ostatnim razem ♦ **he who laughs last laughs longest/he laughs best who laughs last** *przysł.* ten się śmieje, kto się śmieje ostatni; **last but not least** rzecz nie mniej istotna; **last of all** na koniec, na zakończenie, w końcu

late¹ *a* **1.** późny **2.** opóźniony; spóźniony **3.** niedawny; ostatni **4.** świętej pamięci, zmarły ♦ **a late riser** śpioch; **at a later date** w późniejszym terminie; **be late** spóźniać się; **be late with** spóźniać się z, zalegać z (*płatnościami*); **keep late hours** późno chodzić spać; **the latest fashion** najnowsza moda

late² *adv* późno ♦ **at the latest** najpóźniej; **better late than never** *przysł.* lepiej późno niż wcale/nigdy; **it's getting late** robi się późno; **later on** później; **of late** niedawno, ostatnio; **see you later!** na razie!, do widzenia!, cześć!; **sleep late** spać do późna; spać do południa; **sooner or later** prędzej czy później, wcześniej czy później

latter *a* drugi (*z dwóch wymienionych*) ♦ **the former... the latter...** pierwszy... drugi... (*z wymienionych*)

laugh¹ *n* śmiech ♦ **do sth for a laugh/do sth for laughs** zrobić coś dla śmiechu; **get a (big) laugh** wywołać (duży) śmiech; **give a laugh** roześmiać się, zaśmiać się; **have a (good) laugh** uśmiać się serdecznie, ubawić się szczerze; **raise a (big) laugh** wywołać (duży) śmiech

laugh² *v* śmiać się ♦ **burst one's sides with laughing** zrywać boki ze śmiechu; **burst out laughing** wybuchnąć/parsknąć śmiechem; **die laughing** umierać/konać ze śmiechu; **he who laughs last laughs longest/he laughs best who laughs last** *przysł.* ten się śmieje, kto się śmieje ostatni; **it would make a cat laugh** koń by się uśmiał; **kill oneself laughing** umierać/konać ze śmiechu; **laugh fit to burst** *pot.* śmiać się do rozpuku; **laugh hard** bardzo się śmiać; **laughing stock** pośmiewisko; **laugh in sb's face** roześmiać się komuś w twarz; śmiać się komuś w żywe oczy, śmiać się komuś w nos; **laugh oneself silly/laugh one's head off** *pot.* śmiać się do rozpuku; **laugh sb/sth out of court** *pot.* wyśmiać kogoś/coś; wyszydzić kogoś/coś; wydrwić kogoś/coś; **laugh till/until one cries** śmiać się do łez, uśmiać się do łez; **split one's sides laughing** zrywać boki ze śmiechu; **sth is no laughing matter** coś nie jest do śmiechu, coś jest bardzo poważną sprawą, nie należy się z czegoś śmiać; to nie żarty; **you'll be laughing on the other side of your face!** nie będzie ci do śmiechu!

laughter *n* śmiech ♦ **break into (hoots of) laughter/burst into laughter** wybuchnąć śmiechem, parsknąć śmiechem; **die of**

laughter umierać/konać ze śmiechu; **double up with laughter** pękać/pokładać się ze śmiechu; **howl with laughter** ryczeć ze śmiechu, wyć ze śmiechu, zanosić się śmiechem/od śmiechu; **kill oneself with laughter** umierać/konać ze śmiechu; **laughter is the best medicine** *przysł.* śmiech to zdrowie; **roar with laughter** ryczeć ze śmiechu, wyć ze śmiechu, zanosić się śmiechem/od śmiechu; **shake with laughter** trząść się ze śmiechu; **split one's sides with laughter** zrywać boki ze śmiechu

laurel *n* 1. laur, wawrzyn 2. laurels *pl* gałązka laurowa/lauru/wawrzynu ♦ **gain laurels** zdobywać laury; **laurel wreath** wieniec laurowy/z wawrzynu; **look to one's laurels** nie spocząć na laurach; **rest/sit on one's laurels** spocząć na laurach, usiąść na laurach; **win laurels** zdobywać laury

law *n* 1. prawo 2. prawo, zasada 3. prawo, ustawa ♦ **adopt a law** uchwalić/przyjąć ustawę; **against the law** wbrew prawu; niezgodny/niezgodnie z prawem; **be a law unto oneself** robić coś według własnego widzimisię, kierować się swoim widzimisię, postępować według własnego widzimisię, nie liczyć się z nikim; **bend the law** naginać prawo; **break the law** (z)łamać/naruszyć/pogwałcić/przekroczyć prawo; **fall foul of the law/get on the wrong side of the law** popaść/wejść w konflikt z prawem, popaść/wejść w kolizję z prawem; **go to law (against sb)** wytoczyć (komuś) proces; pójść do sądu; podać/pozwać (kogoś) do sądu; **in the name of the law** w imieniu prawa; **keep within the law** działać zgodnie z prawem, postępować zgodnie z prawem; **law and order** prawo i porządek; **law of nature** prawo natury/przyrody; **lay down the law** 1. ustanawiać prawo 2. rozkazywać, szarogęsić się; rozstawiać wszystkich po kątach; **loophole in the law** luka prawna/w prawie; **martial law** stan wojenny/wyjątkowy; **observe//obey the law** przestrzegać prawa; **operate/remain/stay within the law** działać zgodnie z prawem, postępować zgodnie z prawem; **pass a law** uchwalić/przyjąć ustawę; **take the law**

into one's own hands wziąć/brać prawo w swoje ręce; dokonać samosądu; **the law of the jungle** prawo dżungli/pięści; **the letter of the law** litera prawa; **the (long) arm of the law** ramię/ręka sprawiedliwości; **there's no law against (it)** *pot.* to nie jest zabronione/zakazane; (nigdzie) nie jest powiedziane, że tak nie można; **the rule of law** rządy prawa; **the spirit of the law** duch prawa; **unwritten law** niepisane prawo

lay[1] *n* ♦ (*w zwrocie*) **get the lay of the land** rozejrzeć się w sytuacji, zorientować się w sytuacji, rozeznać się w sytuacji; **the lay of the land 1.** ukształtowanie terenu, rzeźba terenu **2.** zaistniała sytuacja, dana sytuacja

lay[2] *v* (**laid, laid**) **1.** kłaść; układać **2.** przedstawić; przedłożyć; wysunąć (*zarzuty itd.*) ♦ **kill the goose that lays the golden eggs** zabić kurę znoszącą złote jajka; **lay a trap for sb** zastawiać na kogoś pułapkę; **lay a wreath (at a tomb)** złożyć wieniec (na grobie); **lay claim to sth** rościć sobie prawo do czegoś; **lay down one's arms/weapons** złożyć broń; **lay down one's life for sb/sth** oddać (własne) życie za kogoś/coś; **lay down the law 1.** ustanawiać prawo **2.** rozkazywać, szarogęsić się; rozstawiać wszystkich po kątach; **lay down the red carpet** przyjmować (niezwykle) uroczyście; **lay eggs** znosić jaja; **lay eyes on sb/sth** *pot.* spostrzec kogoś/coś, zobaczyć kogoś/coś, ujrzeć kogoś/coś, dostrzec kogoś/coś; **lay it on the line** *pot.* postawić sprawę jasno; wyłożyć kawę na ławę; postawić kropkę nad i; **lay one's cards on the table** grać w otwarte karty, wykładać karty na stół; **lay oneself open to (criticism/ /ridicule)** wystawiać się na (krytykę/pośmiewisko); **lay one's hands on sth/sb** dostać coś/kogoś w swoje ręce; dopaść coś/kogoś; dorwać się do czegoś/kogoś; **lay out the red carpet** przyjmować (niezwykle) uroczyście; **lay sb low** zwalić kogoś (z nóg), powalić kogoś; **lay sb to rest** pochować kogoś; składać kogoś na wieczny spoczynek; odprowadzić kogoś na wieczny spoczynek/na miejsce wiecznego spoczynku; oddać

lead 340

komuś ostatnią posługę; **lay sb under an obligation** nakładać na kogoś obowiązek, zobowiązać kogoś; **lay sth bare** odsłonić coś (*prawdę, tajemnicę itd.*); **lay sth to rest** zdementować coś, sprostować coś, zaprzeczyć czemuś; **lay the blame for sth on sb** obarczyć kogoś winą za coś, winić kogoś za coś; **lay the foundations of...** kłaść fundamenty pod...; kopać fundamenty pod...; **lay the stress on** kłaść/położyć akcent na; kłaść/położyć nacisk na; **lay the table** nakryć do stołu, nakryć stół; **not lay a finger on sb** nie tknąć kogoś palcem; **to call him a genius is laying it on a bit too thick!/to call him a genius is laying it on a bit!** nazywanie go geniuszem to gruba przesada!, nazywać go geniuszem to chyba lekka przesada!

lead¹ *n* **1.** prym; czołówka; prowadzenie; czołowa/pierwsza pozycja **2.** przewaga **3.** główna rola (*w filmie, sztuce*) **4.** trop, ślad; wskazówka **5.** smycz **6.** wyjście (*w kartach*) **7.** przykład **8.** przewód (elektryczny) ♦ **be in the lead** prowadzić, być na czele, być na prowadzeniu, być na pierwszej pozycji; **dogs must be kept on a lead** psy należy/trzeba trzymać na smyczy; **follow sb's lead** pójść/iść za czyimś przykładem; **give (sb) a lead** dać (komuś) przykład; **have a narrow lead over sb** mieć nieznaczną przewagę nad kimś, nieznacznie kogoś wyprzedzać; **lead story** czołówka, temat dnia, najważniejszy temat, najważniejsza wiadomość (*w dzienniku telewizyjnym, artykułach prasowych*); **take the lead 1.** objąć prowadzenie **2.** przodować, przewodzić; **whose lead is it?** czyje wyjście?, kto wychodzi? (*w kartach*)

lead² *v* (**led, led**) **1.** prowadzić **2.** przewodzić; kierować; dowodzić **3.** zagrywać (*w kartach*) ♦ **all roads lead to Rome** *przysł.* wszystkie drogi prowadzą do Rzymu; **lead a cat-and-dog life** drzeć z kimś koty; żyć jak pies z kotem; **lead a life** pędzić życie/żywot, prowadzić życie, wieść życie; **lead by the hand** prowadzić za rękę; **lead sb a merry chase** *US* wodzić kogoś za nos; **lead sb a (merry/pretty) dance** wodzić kogoś za nos;

lead sb astray 1. zwieść kogoś, wprowadzić kogoś w błąd; otumanić kogoś **2.** zwieść kogoś na manowce, sprowadzić kogoś na złą drogę; **lead sb by the nose** wodzić kogoś za nos; **lead sb nowhere** prowadzić donikąd; **lead sb to the altar** poprowadzić kogoś do ołtarza; **lead sb to victory** poprowadzić kogoś do zwycięstwa; **lead sb up the garden path** *pot.* wpuścić kogoś w maliny; **lead the field (in)** prodować (w dziedzinie), zajmować czołowe miejsce (w dziedzinie); **lead the way (to/in sth)** prowadzić, wskazywać drogę (do czegoś/w czymś); przecierać szlak/drogę, torować drogę (do czegoś); **lead to sb's ruin** prowadzić kogoś do ruiny/do zguby; **the blind leading the blind** *przysł.* wiódł ślepy kulawego; uczył Marcin Marcina

leaf *n* (*pl* **leaves**) **1.** liść **2.** karta (*książki*) **3.** folia ♦ **come into leaf** wypuszczać liście; **shake like a leaf/tremble like a leaf** trząść się jak liść; **take a leaf out of sb's book** naśladować kogoś, wzorować się na kimś, brać kogoś za wzór/przykład; **turn over a new leaf** ustatkować się, zacząć nowe/stateczne/odpowiedzialne życie

league *n* liga ♦ **be in league with sb** być z kimś w zmowie

lean[1] *v* (**leant/leaned, leant/leaned**) pochylać się; być pochylonym ♦ **lean over backwards (to do sth)** usilnie starać się pomóc (coś zrobić); pospieszyć komuś z pomocą

lean[2] *a* **1.** szczupły **2.** chudy (*mięso itd.*) ♦ **lean years** chude lata

leap[1] *n* skok ♦ **a leap in the dark** *pot.* działanie w ciemno/na ślepo; ryzykowny krok, ryzykowne posunięcie; **by/in leaps and bounds** skokowo, gwałtownie, nagle; wielkimi krokami; **it takes a great leap of imagination to...** trzeba nie lada wyobraźni, aby... (*coś zrozumieć itd.*); **leap year** rok przestępny; **quantum leap** milowy krok

leap[2] *v* (**leapt/leaped, leapt/leaped**) skakać; przeskakiwać ♦ **leap at the chance/opportunity** chwytać okazję; nie przepuścić okazji, wykorzystać szansę/okazję; skwapliwie/chętnie skorzystać z okazji; **leap out at you** rzucać się w oczy; **leap out of**

learn

one's skin *pot.* wyskakiwać/wychodzić ze skóry; **leap to conclusions/to the conclusion (that...)** wyciągać pochopne wnioski; **leap to one's feet** skoczyć/zerwać się na równe nogi; **leap to sb's assistance** rzucić się komuś na pomoc, pospieszyć komuś z pomocą; **look before you leap** *przysł.* nie mów hop, póki nie przeskoczysz

learn *v* **(learnt/learned, learnt/learned) 1.** uczyć się **2.** dowiadywać się ♦ **learn by/from one's mistakes** uczyć się na błędach; **learn by heart/learn by rote** uczyć się na pamięć; **learn one's lesson** dostać nauczkę; uczyć się rozumu; **learn sth at one's mother's knee** wyssać coś z mlekiem matki; **learn sth the hard way** doświadczyć czegoś/poznać coś/przekonać się o czymś na własnej skórze; **that'll learn you** niech to będzie dla ciebie nauczką; **the more you learn the less you know** *przysł.* im dalej w las, tym więcej drzew; **you/we live and learn** *przysł.* człowiek uczy się przez całe życie

least *a* najmniej ♦ **at least 1.** co najmniej **2.** przynajmniej; **at the very least** co najmniej; **last but not least** rzecz nie mniej istotna; **least of all** zwłaszcza nie (*ktoś*), szczególnie nie (*ktoś*); **not least** zwłaszcza, szczególnie; **not the least/not in the least/not the least bit** w najmniejszym stopniu, bynajmniej; **to say the least** oględnie mówiąc, nie przesadzając

leather *n* skóra ♦ **hell for leather** *pot.* szybko, jak wszyscy diabli (*jechać, biec itd.*)

leave[1] *n* **1.** pozwolenie, zgoda **2.** urlop **3.** odejście, rozstanie ♦ **ask leave** prosić o zgodę/pozwolenie; **beg leave to do sth** prosić o pozwolenie na zrobienie czegoś; **be on leave** być na urlopie/przepustce; **by your leave** za twoją zgodą, jeśli pozwolisz; **compassionate leave** urlop okolicznościowy; **leave of absence** urlop (*szkoleniowy, okolicznościowy itd.*); *pot.* przepustka (*na opuszczenie koszar*); **maternity leave** urlop macierzyński; **paid leave** płatny urlop; **sick leave** zwolnienie lekarskie; **take a leave** wziąć urlop; **take French leave** wyjść po angielsku;

take leave of one's senses (*żartobliwie*) stracić rozum; postradać zmysły; **take one's leave of sb** pożegnać się z kimś; **without so much as a by your leave** *pot.* nie pytając o pozwolenie, bez ceremonii, obcesowo; bez dania racji; **with your leave** za twoją zgodą, jeśli pozwolisz

leave² *v* (**left, left**) **1.** zostawiać **2.** opuszczać; odjeżdżać; wyruszać
♦ **it leaves a lot/much to be desired** to pozostawia wiele do życzenia; **leave a nasty/bad taste in the mouth** zostawiać przykre wrażenie, zostawiać (po sobie) niesmak; **leave go of sth/leave hold of sth** *pot.* uwolnić coś, puścić coś; **leave it alone!** zostaw to!; **leave its mark on sth** wycisnąć/zostawić/odcisnąć swoje piętno na czymś; zostawić swój ślad na czymś, zrobić swoje; **leave no stone unturned** poruszyć niebo i ziemię, poruszyć niebo i piekło, użyć wszelkich możliwych środków; **leave one's options open** nie podjąć decyzji, nie dokonać wyboru, zostawić sobie prawo wyboru; **leave room (for sb/sth)** zostawić miejsce (dla kogoś/na coś); **leave sb cold** nie robić na kimś wrażenia, nie działać na kogoś, nie interesować kogoś; **leave sb holding the baby/***US* **leave sb holding the bag** *pot.* zepchnąć/spychać/zrzucać na kogoś odpowiedzialność; przerzucać na kogoś odpowiedzialność/obowiązki; **leave sb in the lurch** *pot.* zostawić kogoś na lodzie; **leave sb out in the cold** *pot.* pominąć kogoś, wykluczyć kogoś, (z)ignorować kogoś, zlekceważyć kogoś; **leave sb/sth alone** zostawić kogoś/coś w spokoju; **leave sb/sth standing** (po)bić kogoś/coś na głowę, prześcigać kogoś/coś, nie mieć sobie równego (wśród kogoś/w czymś); **leave sb/sth to the mercy of sb/sth** pozostawić kogoś/coś na łasce kogoś/czegoś; **leave sb to their own devices** zostawić kogoś jego własnej pomysłowości; **leave sb with no choice/option** nie pozostawić komuś wyboru, nie dać komuś wyboru; **leave space for** zostawić miejsce na; **leave sth hanging in the air** zostawić coś bez odpowiedzi, nie rozstrzygnąć czegoś, nic nie postanowić, nie (móc) podjąć

decyzji w jakiejś sprawie; **leave sth/sb be** zostawić coś/kogoś w spokoju; **leave sth to chance** zdać się na los szczęścia; **leave sth to sb in sb's will** zostawić coś komuś w testamencie; **leave sth undone** nie dokończyć/nie zakończyć/nie ukończyć czegoś; *pot.* rozpaprać coś; **leave the nest** opuścić gniazdo rodzinne, opuścić dom rodzinny; **leave the phone off the hook** odwiesić słuchawkę (telefoniczną); **leave this world** rozstać się z życiem/ze światem/z tym światem; opuścić świat/ziemię; opuścić ten padół, opuścić ziemski padół; **leave well alone** zostawić coś (w spokoju), nie ruszać czegoś, nie ingerować w coś (*aby tego nie pogorszyć*); **leave word with sb** zostawić u kogoś wiadomość (*dla kogoś*)

leeway *n* swoboda (*postępowania*); luz ♦ **give leeway** dawać/zostawiać swobodę, dawać/zostawiać trochę luzu; **make up leeway** nadrabiać zaległości

left[1] *n* **1.** lewa strona **2. the Left** lewica (*polityczna*) ♦ **on the left** na/w lewo, po lewej stronie; **sharp left** ostry zakręt w lewo; **to the left** na/w lewo, w lewą stronę; **turn to the left** skręcić w lewo

left[2] *a* lewy; lewostronny; położony po lewej stronie ♦ **come from out in left field** *US pot.* pojawić się nieoczekiwanie/niespodziewanie, pojawić się ni stąd ni zowąd; **have two left feet** *pot.* (po)ruszać się niezgrabnie, (po)ruszać się jak słoń, (po)ruszać się niezdarnie/jak niezdara; **left hand side** lewa strona; **left, right and centre** *przen.* na prawo i lewo; **left turn** zakręt/zwrot w lewo; **make a left turn** skręcić w lewo; **play left wing** grać na lewym skrzydle (*w drużynie sportowej*); **right and left/right, left and centre** *przen.* na prawo i lewo; **the left hand doesn't know what the right hand is doing** *przysł.* nie wie lewica, co czyni prawica; **(way) out in left field** *US pot.* dziwny, niezwykły

leg *n* noga ♦ **as fast as one's legs can carry one** na jednej nodze, jak najprędzej; **be on one's last legs** być na ostatnich nogach, gonić resztkami/ostatkiem sił, ledwo się trzymać na nogach, padać ze zmęczenia/z nóg/z wyczerpania; **break a leg!** *przen.pot.* (*żartobliwie*) złam ręce i nogi!, połamania rąk i nóg! (*życzenie powodzenia*); **cost an arm and a leg** *pot.* kosztować fortunę/majątek/kupę pieniędzy, słono kosztować; **have one's tail between one's legs** *pot.* chować ogon pod siebie, kulić ogon pod siebie; **not have a leg to stand on** *pot.* nie mieć nic na swoje usprawiedliwienie; nie mieć argumentów na obronę/uzasadnienie czegoś, nie mieć nic na poparcie swojego twierdzenia/zdania, nie móc udowodnić swoich racji; **one's legs turned to jelly** nogi komuś zadygotały, nogi się pod kimś ugięły; **pay an arm and a leg** *pot.* słono zapłacić, zapłacić mnóstwo pieniędzy/forsy; **pull sb's leg** *pot.* nabierać kogoś, żartować sobie z kogoś; **put one's tail between one's legs** *pot.* chować ogon pod siebie, kulić ogon pod siebie; **shake a leg!** *pot.* rusz się!, weź się do roboty!, zrób coś!; **stretch one's legs** *pot.* rozprostować nogi, rozprostować kości, przejść się; **talk the hind legs off a donkey** *pot.* gadać/trajkotać bez przerwy, przegadać każdego, nie dać się przegadać; gadać, że aż głowa puchnie; gadać, że aż uszy puchną

leisure *n* wolny czas ♦ **at one's leisure** w wolnym czasie; w dogodnej/wolnej chwili; **gentleman/lady of leisure** (*żartobliwie*) człowiek nie pracujący, niebieski ptak

lend *v* (**lent, lent**) pożyczać (*komuś*); udzielać pożyczki ♦ **lend an ear (to sb/sth)** wysłuchać (kogoś/czegoś), (po)słuchać (kogoś/czegoś); **lend assistance** udzielać pomocy; **lend colour to sth 1.** uwiarygodnić coś, czynić coś prawdopodobnym/prawdziwym **2.** czynić coś (bardziej) kolorowym, uatrakcyjniać coś, ożywiać coś; **lend credence to sth** dawać czemuś wiarę; **lend itself to sth** nadawać się do czegoś/na coś, być odpowiednim/stosownym do czegoś/na coś; **lend one's voice to sth** publicznie opowiedzieć się za czymś, publicznie udzielić czemuś poparcia; **lend sb a (helping) hand** podać komuś pomocna dłoń; pomóc komuś; **lend support** udzielać/użyczać poparcia; **lend weight to sth** nadawać czemuś wartość/znaczenie; czynić coś bardziej prawdopodobnym; **lend wings to sb** dodawać komuś skrzydeł

length *n* **1.** długość; odległość **2.** okres, czas trwania **3.** długość, kawałek ♦ **at length 1.** szczegółowo, wnikając w szczegóły, drobiazgowo, dokładnie **2.** nareszcie, wreszcie, w końcu; **... feet/metres in length** o długości ...stóp/metrów; **full length** jak długi; **go to any lengths/go to great lengths (to do sth)** iść/pójść na całość (aby coś osiągnąć), iść na całego (aby coś osiągnąć), nie cofać się przed niczym (aby coś osiągnąć); **keep sb at arm's length** trzymać kogoś na dystans; nie spoufalać się z kimś; **the length and breadth of sth** wzdłuż i wszerz czegoś

leopard *n* lampart ♦ **a leopard can't change its spots** *przysł.* (natura) ciągnie wilka do lasu

less[1] *a* mniejszy ♦ **in less than no time** błyskawicznie, piorunem, migiem; jak z bicza strzelił; **less than perfect** daleki od doskonałości, niedoskonały

less[2] *adv* mniej ♦ **even less** a już na pewno nie, a już z pewnością nie; **less and less** coraz mniej; **more or less 1.** mniej więcej **2.** prawie; **much/still less** a już na pewno nie, a już z pewnością nie; **no less than** nie mniej niż

lesser *a* mniejszy ♦ **lesser known** mniej znany; **the lesser evil/the lesser of two evils** mniejsze zło; **to a lesser degree/extent** w mniejszym stopniu

lesson *n* lekcja ♦ **learn one's lesson** dostać nauczkę; uczyć się rozumu; **let that be a lesson to you** niech to będzie dla ciebie nauczką; **object lesson** lekcja poglądowa; **teach sb a lesson** dać komuś nauczkę/lekcję; pokazać komuś gdzie raki zimują; uczyć kogoś rozumu

let[1] *n* wynajem, najem, wynajęcie (*pokoi*, *domu*) ♦ **for let** *US* do wynajęcia; **without let or hindrance** bez przeszkód

let² *v* (let, let) 1. pozwalać **2.** wynajmować; wydzierżawić ♦ **let alone** nie mówiąc już o..., nie uwzględniając..., pomijając..., nie biorąc pod uwagę...; **let drop** upuścić; **let drop/fall (the news)** odsłonić/ukazać rąbek czegoś, uchylić rąbka tajemnicy; **let fly at sb/sth** zaatakować kogoś/coś; naskoczyć na kogoś/coś; rzucić się na kogoś/coś; **let go (of sth/sb)** puścić (coś/kogoś); **let it go (at that)** dać (temu) spokój, zostawić (to) w spokoju, poprzestać na tym; **let it pass** pominąć milczeniem; **let me see 1.** pokaż **2.** niech pomyślę, niech się zastanowię; chwileczkę, zaraz; **let me think** niech pomyślę, niech się zastanowię; chwileczkę, zaraz; **let off steam** *przen.* wyładować się; wyładować nadmiar energii; **let oneself go 1.** dać się ponieść (*nastrojowi chwili itd.*); wyluzować się **2.** zaniedbać się, stać się niedbałym, opuścić się; **let oneself in for** *pot.* pakować się w (*kłopoty itd.*); **let one's hair down** *pot.* rozluźnić się; (z)relaksować się, odprężyć się, odpocząć (po pracy); **let out a cry** podnieść krzyk; wydać okrzyk; **let out a sigh of relief** odetchnąć z ulgą; **let sb alone** zostawić kogoś w spokoju; **let sb go 1.** puścić kogoś, wypuścić kogoś **2.** zwolnić kogoś, pozwolić komuś odejść (*z pracy*); **let sb have it** *pot.* nakrzyczeć na kogoś, skrzyczeć kogoś, złajać kogoś, zbesztać kogoś, powiedzieć komuś do słuchu; **let sb in on/into sth** *pot.* wtajemniczać kogoś w coś; **let sb into a secret** dopuścić kogoś do tajemnicy; powierzyć komuś tajemnicę; **let sb know** dać komuś znać; **let sb off the hook** wyciągnąć/uratować/wydobyć kogoś z opresji, wyciągnąć kogoś z tarapatów/kłopotów; **let sb/sth alone** zostawić kogoś/coś w spokoju; **let sb/sth pass** przepuszczać kogoś/coś; **let slip** wygadać się, zdradzić się z czymś niechcący; **let's say** powiedzmy...; **let sth drop/rest** dać sobie z czymś spokój, zostawić coś w spokoju; **let sth go/pass** puszczać coś (komuś) płazem; uznawać coś za niebyłe; puszczać coś w niepamięć; **let sth loose** uwolnić coś, wypuścić coś (na wolność); **let sth ride** *pot.* nie podejmować żadnych kroków w danej sprawie, nic nie robić w danej sprawie, czekać na dalszy rozwój wydarzeń; zostawić sprawę własnemu biegowi; pozostać biernym wobec czegoś, nie zareagować na coś; **let sth/sb be** zostawić coś/kogoś w spokoju; **let sth slip (through one's fingers)** przepuścić coś, zmarnować coś, nie wykorzystać czegoś, stracić coś (*okazję itd.*); **let the cat out of the bag** *pot.* zdradzić się, wygadać się, puścić farbę; **live and let live** żyj i pozwól żyć innym; **not let the grass grow under one's feet** nie tracić czasu, nie marnować czasu, nie zasypiać gruszek w popiele; **the rain lets up** deszcz przechodzi, deszcz ustaje, deszcz przestaje padać; **to let** do wynajęcia

letter *n* **1.** litera **2.** list **3.** czcionka **4. letters** *pl* literatura ♦ **by letter** listownie; **dead letter 1.** martwa litera (*prawa*) **2.** list nie doręczony (*którego nie można również zwrócić nadawcy*); **letter of safe conduct** list żelazny/bezpieczeństwa; **love letter** list miłosny; **man of letters** literat, pisarz; **open letter** list otwarty; **post a letter** nadać list, wysłać list; **thank-you letter** list dziękczynny/z podziękowaniami; **the letter of the law** litera prawa; **to the letter** ściśle, dokładnie; co do joty; jota w jotę

level[1] *n* poziom ♦ **above sea level** nad poziomem morza; **at eye level** na wysokości oczu; **at one level..., but at another level** z jednej strony..., z drugiej strony...; **at sea level** na poziomie morza; **know sth at gut level** *pot.* wiedzieć/przeczuwać coś intuicyjnie, wyczuwać coś intuicją; **on a level** na tym samym poziomie, na jednakowym poziomie; **on one level..., but on another level** z jednej strony..., z drugiej strony...; **on the level** *pot.* legalny; uczciwy; **poverty level** granica/poziom ubóstwa

level[2] *v* **1.** wyrównywać; niwelować **2.** zrównać z ziemią ♦ **level criticism against/at** wystąpić z krytyką, poddać krytyce, skierować krytykę przeciw; **level the score** wyrównać wynik

level[3] *a* **1.** poziomy; płaski **2.** równy; jednolity ♦ **be level pegging** iść łeb w łeb; **be level with** być na równi z; być równym z; **do one's level best** zrobić, co tylko można; dołożyć wszelkich starań, postarać się; zrobić wszystko, aby...; **finish level** zakończyć (się) remisem; **keep a level head** nie tracić głowy, zachować spokój

liberty *n* wolność; swoboda ♦ **at liberty** wolny; na wolności; **liberty of conscience** wolność sumienia; **take liberties with sth** pozwolić sobie na coś/coś zrobić; nie krępować się czymś; swobodnie coś interpretować; **take the liberty of doing sth/to do sth** pozwolić sobie coś zrobić

licence *GB/US* license *n* licencja; pozwolenie; koncesja ♦ **artistic licence** licencja poetycka; **driving licence/***US* **driver's license** prawo jazdy; **gun licence** pozwolenie/zezwolenie na broń; **lose one's licence** stracić prawo jazdy; **poetic licence** licencja poetycka; **television licence** abonament telewizyjny; **under licence** na licencji

lick[1] *n* lizanie; polizanie ♦ **at a great lick/at a tremendous lick/at a hell of a lick** *pot.* bardzo prędko/szybko; piorunem, błyskawicznie; **give sth a lick and a promise 1.** *GB* umyć coś po łebkach/z grubsza/niedokładnie; wyczyścić coś po łebkach/z grubsza/niedokładnie **2.** *US* zrobić coś po łebkach; odwalić coś, aby prędzej; zrobić coś byle jak; **have a lick of sth** polizać coś

lick[2] *v* **1.** lizać **2.** pełzać, lizać (*o płomieniach*) **3.** *pot.* pobić; pokonać (*przeciwnika*) **4.** *pot.* zbić, stłuc (*kogoś*) ♦ **have sth licked** *pot.* uporać się z czymś, poradzić sobie z czymś, dać sobie z czymś radę, załatwić coś; **lick one's lips** *pot.* oblizywać się (*na widok czegoś*); zacierać ręce (*z zadowolenia*); **lick one's wounds** lizać rany, lizać się z ran; **lick sb's boots** *pot.* podlizywać się komuś; **lick sth into shape** *pot.* udoskonalić coś; ulepszyć coś; usprawnić coś; ukształtować coś; przystosować coś do użytku

lid *n* **1.** pokrywa; wieko **2.** powieka ♦ **blow the lid off sth** uchylić zasłony, odsłonić/ujawnić/ukazać coś, (z)demaskować coś; **keep the lid on sth 1.** trzymać/chować coś w tajemnicy, ukrywać coś **2.** powstrzymać coś; **lift the lid off sth** uchylić zasłony, odsłonić/ujawnić/ukazać coś, (z)demaskować coś; **put a lid on sth** skończyć coś, przestać coś robić, przerwać coś; **put the lid on sth 1.** spuścić/zapuścić zasłonę (milczenia) na coś; trzymać/chować coś w tajemnicy, ukrywać coś **2.** dobić coś, być (ostatnim) gwoździem do trumny czegoś; **take the lid off sth** uchylić zasłony, odsłonić/ujawnić/ukazać coś, (z)demaskować coś

lie[1] *n* **1.** kłamstwo, fałsz, łgarstwo, nieprawda **2.** położenie; pozycja ♦ **barefaced/blatant/brazen lie** bezczelne kłamstwo; **black lie** podłe kłamstwo; **complete lie** wierutne kłamstwo; **give the lie to sth** zadawać/zadać czemuś kłam, zadać czemuś fałsz; **lie detector** wykrywacz kłamstw, wariograf; **live a lie** żyć w kłamstwie; **nail a lie** *pot.* udowodnić (komuś) kłamstwo, przyłapać/złapać (kogoś) na kłamstwie; **pack of lies** stek kłamstw; **tell a lie** mówić nieprawdę; (s)kłamać; dopuścić się kłamstwa; **the lie of the land** *GB* **1.** ukształtowanie terenu, rzeźba terenu **2.** zaistniała sytuacja, dana sytuacja; **web of lies** stek kłamstw; **white lie** niewinne kłamstwo, kłamstewko

lie[2] *v* kłamać ♦ **lie one's way into sth** uciekać się do kłamstwa, aby coś osiągnąć/zdobyć; posłużyć się kłamstwem, aby coś osiągnąć/zdobyć; **lie through one's teeth/lie in one's teeth** kłamać w żywe oczy/jak z nut/bezczelnie/bez zająknienia/jak najęty; **lie under oath** kłamać pod przysięgą

lie[3] *v* (**lay, lain**) leżeć ♦ **as you make your bed so you must lie on it** *przysł.* jak sobie pościelesz, tak się wyśpisz; **find out how the land lies** rozejrzeć się w sytuacji, zorientować się w sytuacji, rozeznać się w sytuacji; **let sleeping dogs lie** *przysł.* nie budź licha, kiedy śpi; nie wywołuj wilka z lasu; **lie at anchor** stać na kotwicy; **lie at the heart/bottom of sth** leżeć/tkwić u podstaw(y) czegoś; **lie heavy on one's conscience** obciążać czyjeś sumienie; **lie heavy on sb/sth** ciążyć na kimś/czymś, obciążać kogoś/coś; **lie in ruins** leżeć w gruzach; **lie in state**

być wystawionym na widok publiczny (*o zwłokach*); **lie in wait (for sb)** czyhać (na kogoś), czaić się (na kogoś), czatować (na kogoś); **lie low** *pot.* przyczaić się (gdzieś), ukryć się, skryć się; **lie second/third/fourth** plasować się na drugim/trzecim/ /czwartym miejscu, zajmować drugie/trzecie/czwarte miejsce (*w zawodach*); **see how the land lies** rozejrzeć się w sytuacji, zorientować się w sytuacji, rozeznać się w sytuacji; **take sth lying down** nie odpowiedzieć/nie zareagować na obrazę, nie odpowiedzieć/nie zareagować na zniewagę; **the future lies in...** przyszłość należy do...; **there lies the rub** w tym sęk, w tym jest szkopuł; **the responsibility lies with sb** odpowiedzialność spoczywa na kimś; **time lies heavy on one's hands** czas się (komuś) wlecze, czas się (komuś) dłuży; **you've made your bed and you must lie on it** *przysł.* jak sobie pościelesz, tak się wyśpisz

lieu *n* ♦ (*w wyrażeniu*) **in lieu (of sth)** zamiast (czegoś); w zamian (za coś)

life *n* (*pl* **lives**) **1.** życie **2.** trwałość; okres trwania; okres/czas funkcjonowania ♦ **a dog's life** pieskie/psie życie; **a matter of life and death** sprawa życia i śmierci; **as large as life** (*żartobliwie – wyrażając zdziwienie, zaskoczenie*) we własnej osobie, jak żywy; **a walk of life** zawód, profesja; zajęcie; pozycja społeczna; **be full of life** *pot.* być pełnym życia, być pełnym życiowej energii, tryskać energią; **be in the prime of life** być w kwiecie wieku; **be sb's (whole) life** być dla kogoś całym światem; **be the breath of life to sb** być komuś potrzebnym jak powietrze/chleb, być dla kogoś najważniejszą rzeczą w życiu; **bet one's life on sth/that...** *pot.* założyć się o wszystko, że..., dać głowę, że...; **between life and death** jedną nogą na tamtym świecie; **breathe life into sth** tchnąć (nowe) życie/nowego ducha w coś; **bring sth to life** ożywiać coś; **come to life** budzić się do życia; ożywiać się; **depart this life** rozstać się z życiem/ze światem/z tym światem; **end one's life** zakończyć

life 352

życie, dokonać życia/żywota/swoich dni; **expectation of life** średnia długość życia; **fear for sb's life** bać się/obawiać się/lękać się/niepokoić się o czyjeś życie; **fight for one's life** walczyć ze śmiercią; **for dear life/for one's life** szybko; energicznie; z całych sił; ile sił w nogach; **for the life of one** *pot.* za skarby, za żadne skarby (świata), za nic na świecie; **frighten the life out of sb** przestraszyć kogoś śmiertelnie; **give one's life** oddać życie; **have a hard life** mieć ciężkie życie; **have the time of one's life** znakomicie się bawić, bawić się jak nigdy w życiu; **high life** życie wyższych sfer; wyższe sfery, śmietanka towarzyska, wielki świat; **home life** życie domowe/rodzinne; **in fear of one's life** w obawie o własne życie; **in real life** w rzeczywistości, w (prawdziwym) życiu; **large as life** (*żartobliwie – wyrażając zdziwienie, zaskoczenie*) we własnej osobie, jak żywy; **larger than life** atrakcyjny, zwracający na siebie uwagę, przyciągający uwagę; zasługujący na uwagę; skupiający na sobie uwagę; niepospolity; przesadny; **lay down one's life for sb/sth** oddać (własne) życie za kogoś/coś; **lead a cat-and-dog life** drzeć z kimś koty; żyć jak pies z kotem; **lead a life** pędzić życie/żywot, prowadzić życie, wieść życie; **life belt/buoy** koło ratunkowe; **life expectancy 1.** średnia długość życia **2.** trwałość; okres trwania; okres/czas funkcjonowania; **life guard** ratownik (*na plaży, basenie*); **life imprisonment** dożywotnie więzienie, dożywocie; **life insurance** ubezpieczenie na życie; **life jacket** kamizelka ratunkowa; **life preserver** *US* koło ratunkowe; **life sciences** nauki przyrodnicze; **life sentence** kara dożywocia/dożywotniego więzienia; **life size** naturalna wielkość (*posągu itd.*); **life vest** *US* kamizelka ratunkowa; **live an active life** prowadzić aktywne życie, żyć aktywnie; **live a quiet life** prowadzić spokojne życie; **live in terror of one's life** bać się o własne życie, drżeć o własne życie; **live the life of...** wieść/prowadzić życie...; pędzić życie/żywot...; **lose one's life** stracić życie; **low life 1.** życie niższych warstw społeczeństwa; życie warstw ubogich; życie dołów społecznych **2.** światek/półświatek przestępczy **3.** osoba powiązana ze światem przestępczym; gangster; **make sb's life (a living) hell** zamienić czyjeś życie w (istne) piekło; **put an end to one's life** odebrać sobie życie, skończyć ze sobą, popełnić samobójstwo, zabić się; **risk life and limb** ryzykować (zdrowie i) życie; **risk one's life** ryzykować życie; **run for dear life/run for one's life** uciekać co sił w nogach; pędzić co sił/ile sił w nogach/co tchu; **run sb's life** *pot.* wtrącać się do czyjegoś życia, wtrącać się do kogoś; **save sb's life** uratować komuś życie; **sb's life story** historia czyjegoś życia; **sb's way of life** czyjś sposób/styl życia; **scare the life out of sb** przestraszyć kogoś śmiertelnie; **sentenced to life (imprisonment) for...** skazany na dożywocie/karę dożywotniego więzienia za...; **set sb up for life** *pot.* ustawić kogoś na całe życie, zapewnić komuś wygodne życie; **sex life** życie seksualne; **show signs of life** dawać oznaki/znaki życia; **social life** życie towarzyskie; **start a new life** zacząć nowe życie; **still life** martwa natura; **take one's life in one's (own) hands** ryzykować życie; **take one's (own) life** odebrać sobie życie, skończyć ze sobą, popełnić samobójstwo, zabić się; **take sb's life** odebrać komuś życie, pozbawić kogoś życia, zabić kogoś; **that's life** takie jest życie; samo życie; **the life and soul of sth** dusza czegoś (*towarzystwa itd.*); **threaten sb's life** grozić komuś śmiercią; **to the life** (zupełnie) jak żywy, dokładnie taki sam; *pot.* wypisz, wymaluj; **true to life** realistyczny, odpowiadający rzeczywistości (*opis itd.*); **while there's life, there is hope** póki życia, póty nadziei; **working life** okres aktywności zawodowej; życie zawodowe

lifetime *n* życie; okres życia ♦ **the chance of a lifetime** życiowa szansa

lift[1] *n* **1.** winda; dźwig **2.** podwiezienie (*samochodem*), okazja ♦ **thumb a lift** (z)łapać okazję, zatrzymać samochód

lift

lift² *v* **1.** podnosić (się); dźwigać **2.** znosić (*np. zakaz*) **3.** kopać (*np. ziemniaki*) **4.** *pot.* (u)kraść; podprowadzić, ściągnąć, podwędzić, buchnąć ♦ **lift one's hand against sb** podnieść rękę na kogoś; **lift sb's spirits** podnosić kogoś na duchu; dodawać komuś odwagi/otuchy; **lift the lid off sth** uchylić zasłony, odsłonić/ujawnić/ukazać coś, (z)demaskować coś; **not lift a finger (to do sth)/not lift a hand (to do sth)** nie kiwnąć palcem (aby coś zrobić), nie ruszyć palcem (aby coś zrobić)

light¹ *n* światło ♦ **against the light** pod światło; **be in sb's light** zasłaniać komuś światło; **bring to light** wyciągnąć/wydobywać na światło dzienne; **cast light on sth** rzucać światło na coś; **come to light** wychodzić na światło dzienne, wychodzić na jaw; **go out like a light** *pot.* natychmiast zasnąć, przyłożyć głowę do poduszki i zasnąć; **hide one's light under a bushel** chować/kryć/trzymać światło pod korcem, starać się coś zataić; **in a favourable light** w korzystnym świetle; **in the cold light of day** *przen.* na zimno, trzeźwo; **jump a light** przejechać na czerwonym świetle; **light at the end of the tunnel** *przen.* światło na końcu tunelu; **light bulb** żarówka; **put out a light** zgasić światło; **see the light** przejrzeć na oczy; **see the light (of day)** ujrzeć światło dzienne; **shed light on sth** rzucać światło na coś; **shoot the lights** *pot.* przejechać na czerwonym świetle; **show sb in a bad light** pokazywać/stawiać kogoś w złym świetle; **stand in sb's light** zasłaniać komuś światło; **stand out of sb's/the light** odsłonić komuś światło; **the light is on** światło się świeci; **the light is out** światło zgasło, światło się nie świeci; **throw light on sth** rzucać światło na coś

light² *a* **1.** lekki **2.** jasny ♦ **(as) light as air/(as) light as a feather** lekki jak piórko/puch; leciutki; **it gets light** rozwidnia się, widnieje, świta; **light green/light brown** jasnozielony/jasnobrązowy; **light meal** lekki/lekkostrawny posiłek; **light rain** lekki/drobny deszcz(yk); **light relief** pewna/niewielka ulga; **light sentence** łagodny wyrok; **light sleep** lekki/czujny sen; **light**

touch delikatny dotyk; **light year** rok świetlny; **make light of sth** niewiele sobie robić z czegoś, nic sobie nie robić z czegoś, bagatelizować coś, lekceważyć coś, lekko traktować coś, nie brać czegoś poważnie; **make light work of sth** uprościć sobie pracę/zadanie, ułatwić sobie pracę/zadanie; szybko się uporać z pracą; uwinąć się z robotą

lightly *adv* **1.** lekko **2.** niefrasobliwie ♦ **get off/escape lightly** *pot.* wykręcić się sianem; **sleep lightly** spać lekko/czujnie/jak zając

lightning *n* błyskawica; piorun ♦ **as quick as lightning** szybki/szybko jak błyskawica/jak piorun/jak strzała; błyskawicznie; **at lightning speed** bardzo szybko; błyskawicznie; jak błyskawica; piorunem; **lightning conductor/***US* **lightning rod** piorunochron; **lightning never strikes (in the same place) twice** nic dwa razy się nie zdarza; **like (greased) lightning/with lightning speed** bardzo szybko; błyskawicznie; jak błyskawica; piorunem; **quick as lightning** szybki/szybko jak błyskawica/jak piorun/jak strzała; błyskawicznie

like[1] *n* ♦ (*w wyrażeniach*) **and the like** i tym podobne, i temu podobne; **sb's likes and dislikes** czyjeś upodobania i uprzedzenia; czyjeś sympatie i antypatie; czyjś gust; **she never speaks to the likes of me** *pot.* ona nigdy nie rozmawia z takimi jak ja; **the like of sb/sth, sb's/sth's like** osoba/rzecz podobna do kogoś/czegoś, ktoś/coś taki jak ktoś/coś, ktoś/coś podobny do kogoś/czegoś

like[2] *v* lubić; podobać się ♦ **grow to like sb/sth** przekonać się do kogoś/czegoś, (stopniowo) zaczynać kogoś/coś lubić; **I'd like to...** chciałbym...; **if you like** jeśli masz ochotę, jeśli chcesz; **I like that!** (*ironicznie – protestując przeciw czemuś*) a to dobre!; **(whether you) like it or not** *pot.* czy ci się to podoba, czy nie; czy tego chcesz, czy nie

like[3] *a* podobny; analogiczny; taki sam ♦ **as like as not** prawdopodobnie; **as like as two peas (in a pod)** podobni jak dwie krople wody; **be of like mind (about)** być tego samego zdania (w sprawie), mieć jednakowy pogląd (na); **in like manner**

likely

w ten sam sposób, takim samym sposobem; w podobny sposób, podobnym sposobem; **just like that** tak po prostu, nagle, bez ostrzeżenia/uprzedzenia; **like a madman** jak szalony; jak oszalały; **like anything** niezmiernie, strasznie, ogromnie; jak szalony; **like a shot** *pot.* natychmiast, bez wahania, migiem, raz dwa, jak strzała; **like as not** prawdopodobnie; **like fury** *pot.* jak furia; jak burza; gwałtownie; **like mad** jak szalony; jak oszalały; **like magic** w magiczny/cudowny sposób; jak za dotknięciem czarodziejskiej różdżki; **like water** *pot.* strumieniem, strumieniami; w wielkich ilościach; obficie; **make like** *pot.* sprawiać wrażenie, że...; **most like** prawdopodobnie; **not anything like 1.** zupełnie niepodobny do, zupełnie inny niż (ktoś)//od (kogoś) **2.** zdecydowanie/absolutnie nie; **something like 1.** coś w rodzaju, podobny do **2.** coś około, w przybliżeniu, jakieś; **there's no place like home** *pot.* nie ma jak w domu; **there's nothing like...** *pot.* nie ma jak...; **very like** prawdopodobnie; **what is... like?** jaki jest...?

likely *a* **1.** prawdopodobny **2.** odpowiedni, stosowny, właściwy ♦ **a likely story!** (*ironicznie*) nie do wiary!; **(as) likely as not** prawdopodobnie; **it's likely to rain** prawdopodobnie będzie padać, zanosi się na deszcz; **most likely** prawdopodobnie; **not likely!** *pot.* niemożliwe!, z pewnością nie!

liking *n* ♦ (*w zwrotach*) **be to sb's liking** być w czyimś guście; przypaść komuś do gustu; (*w wyrażeniu*) **for my/your liking** jak na mój/twój gust; **have a liking for sth** lubić coś; **take a liking to sth/sb** polubić coś/kogoś

limb *n* **1.** kończyna **2.** konar, gałąź (*drzewa*) **3.** ramię (krzyża) **4.** odgałęzienie; odnoga ♦ **go out on a limb** głosić/wyznawać niepopularny pogląd, być osamotnionym w przekonaniu; narażać się (*komuś*); **out on a limb** sam, osamotniony; odosobniony; (pozostawiony) bez pomocy; bez poparcia/wsparcia; **risk life and limb** ryzykować (zdrowie i) życie; **tear sb limb from limb** (*zwł. żartobliwie*) rozszarpać kogoś na kawałki/na strzępy

limbo *n* ♦ (*w zwrotach*) **be/remain in (a state of) limbo** trwać/
/pozostawać w niepewności; odłożyć/odesłać coś do lamusa

limelight *n* ♦ (*w wyrażeniu*) **in the limelight** w świetle reflektorów; w centrum uwagi, w centrum zainteresowania mediów; (*w zwrotach*) **seek the limelight** szukać rozgłosu; **shun the limelight** unikać rozgłosu

limit *n* granica; limit ♦ **be the (absolute) limit** *pot.* przekraczać/przechodzić wszelkie granice (*cierpliwości itd.*); **keep within the speed limit/keep to the speed limit** nie przekraczać dopuszczalnej/dozwolonej prędkości, jechać z dopuszczalną/dozwoloną prędkością; **off limits** *US* wstęp wzbroniony; zamknięty (dla kogoś); **set a limit on sth** ograniczać coś; **speed limit** dopuszczalna/dozwolona prędkość; **the sky's the limit** *pot.* nie ma ograniczeń, bez ograniczeń; **the upper limit** górna granica; **time limit** termin (końcowy); **to the limit** do maksimum, maksymalnie; **you are the limit!** *pot.* jesteś beznadziejny!, nie można z tobą wytrzymać!; **within limits** w granicach (zdrowego) rozsądku, w rozsądnych granicach; umiarkowanie

line[1] *n* **1.** linia **2.** sznur, linka **3.** linia graniczna, granica **4.** zmarszczka (*na skórze*) **5.** wiersz (*tekstu*) **6.** szereg; rząd **7.** *US* kolejka **8.** sposób/linia postępowania **9.** specjalność; dziedzina **10.** rurociąg **11. the Line** równik **12. lines** *pl* kontur, zarys **13. lines** *pl GB* świadectwo ślubu ♦ **be in line for sth** być na dobrej drodze do czegoś; **be in sb's line** leżeć/mieścić się w sferze czyichś zainteresowań; **be on the line** *pot.* być zagrożonym, być niepewnym, stać pod znakiem zapytania, wisieć na włosku (*o miejscu pracy*); **be on the right lines** być na właściwej/dobrej drodze (*postępowania*), iść/toczyć się właściwym trybem; **bring sb into line** *pot.* przywołać kogoś do porządku; **bring sth into line with** dostosować coś do, dopasować coś do (*wymaganych norm itd.*); **bus line** linia autobusowa; **color line** *US* dyskryminacja rasowa; **cross the finishing**

line

line przekroczyć linię mety, minąć metę/linię mety; **cross the Line** przekroczyć równik; **cut in line** *US* wepchnąć się/wpychać się do kolejki; **dividing line** linia rozgraniczająca, granica; **don't give me that line** *pot.* nie wciskaj mi kitu!; **draw the line at sth** nie pozwalać na coś; **drop sb a line** napisać/skreślić do kogoś parę słów, napisać/skreślić do kogoś (krótki) list; **finishing line/*US* finish line** linia mety, meta; **first in line for sth** pierwszy w kolejce/kolejności do czegoś; **follow the line of least resistance** pójść/iść po linii najmniejszego oporu; **front line** linia frontu; **get a line on sb/sth** *pot.* mieć/dostać informacje o kimś/czymś, wiedzieć coś o kimś/czymś; **hard line** twarde stanowisko; **hard lines!** a to pech!; **hold the line, please** (*w rozmowie telefonicznej*) proszę czekać, proszę się nie rozłączać; **hook, line and sinker** całkowicie, ślepo, bez zastrzeżeń (*uwierzyć w coś*); **hot line** gorąca linia; **in (a) line (with sth)** prosto (z czymś), w prostej linii, wzdłuż (linii) prostej; **in a straight line** wzdłuż (linii) prostej, prosto, w linii prostej; **in line with sth** zgodny/w zgodzie z czymś; podobny do czegoś; stosowny/odpowiedni do czegoś; **in one's line** w swoim fachu/zawodzie; **in the firing line** na linii ognia; **in the line of duty** na posterunku pracy; służbowo; **in the line of fire** na linii ognia; **jump in line** *US* wepchnąć się/wpychać się do kolejki; **lay it on the line** *pot.* postawić sprawę jasno; wyłożyć kawę na ławę; postawić kropkę nad i; **line of action** sposób/linia działania, sposób/linia postępowania; **line of authority** zależność służbowa; **line of fire** linia ognia; **on the line** *pot.* zagrożony, niepewny, pod znakiem zapytania (*praca, stanowisko itd.*); **out of line with sth 1.** niezgodny z czymś; w niezgodzie z czymś; inny niż coś; odmienny od czegoś **2.** krzywy/krzywo, nieprosty, odchylający się od linii prostej; **out of one's line** nie w swoim fachu/zawodzie; **poverty line** granica/poziom ubóstwa; **power line** linia elektroenergetyczna; **production line** linia produkcyjna; **railway line** linia kolejowa; **read between the**

lines czytać między wierszami; **second in line for sth** drugi w kolejce/kolejności do czegoś; **sign on the dotted line** podpisać się na formularzu/na dokumencie; **something along those lines** coś w tym rodzaju, coś w tym guście; **somewhere along the line** *pot.* gdzieś po drodze; **spin a line** opowiadać niestworzone historie, opowiadać bajki; **stand in line** stać/czekać w kolejce; czekać na swoją kolej; **starting line** linia startowa/startu; **state line** *US* granica stanu; **step out of line** wychylić się, nie podporządkować się; **take a firm line on** zająć zdecydowane stanowisko wobec/w sprawie; **take a hard line over/on** zająć twarde stanowisko wobec/w sprawie; **take the line of least resistance** pójść/iść po linii najmniejszego oporu; **the bottom line** *pot.* sedno sprawy; najważniejszy argument; rozstrzygający fakt; **there's a thin/fine line between... and...** jest cienka granica między... a...; **toe the line** przestrzegać dyscypliny; trzymać się ściśle przepisów/reguł; iść po linii (*partyjnej itd.*)

line² *v* wykładać; wyściełać; podszywać ♦ **line one's own pocket(s)** nabić/napchać/wypchać sobie kieszenie

linen *n* 1. płótno 2. bielizna ♦ **wash one's dirty linen in public** *pot.* prać (swoje/rodzinne/domowe) brudy publicznie, wywlekać (swoje/rodzinne/domowe) brudy na jaw, wywlekać (swoje/rodzinne/domowe) brudy/sprawy na światło dzienne

lining *n* wykładzina; okładzina ♦ **every cloud has a silver lining** *przysł.* nie ma tego złego, co by na dobre nie wyszło

link *n* 1. połączenie; wiązanie 2. ogniwo (*łańcucha*) 3. linia, łącze (*telekomunikacyjne*) ♦ **link in the chain** etap/faza (procesu); **missing link** brakujące ogniwo; **weak link** słaby punkt, słaba strona, słabe miejsce (*czyjeś, czegoś*)

lion *n* lew ♦ **be thrown/tossed to the lions** *przen.* być/zostać rzuconym lwom na pożarcie; **fight like a lion** walczyć jak lew/tygrys; **in the lion's den** w paszczy lwa; we wrogim środowisku, wśród nieprzyjaciół/wrogów; **lion's share** lwia część:

lip

największy udział; **put one's head into the lion's mouth/ /place oneself in the lion's mouth** iść/włazić w paszczę lwa

lip *n* **1.** warga **2.** brzeg, krawędź (*naczynia*) **3.** *pot.* pyskowanie ♦ **be on everyone's lips** być na ustach wszystkich; **bite one's lip** zagryzać wargi; **curl one's lip** wykrzywiać pogardliwie usta, skrzywić się pogardliwie; **don't give me any of your lip!/that's enough of your lip!** *pot.* nie pyskuj!; **give lip service to sth** popierać/wspierać coś ustnie, udzielać czemuś ustnego poparcia, wyrażać ustne poparcie dla czegoś, składać ustne deklaracje na rzecz czegoś/popierające coś, kończyć na ustnych deklaracjach na rzecz czegoś (*nie przechodząc do czynu*); **keep a stiff upper lip** zachować zimną krew, zachować spokój, nie stracić głowy; **lick one's lips** *pot.* oblizywać się (*na widok czegoś*); zacierać ręce (*z zadowolenia*); **my lips are sealed** nie pisnę ani słowa, nabieram wody w usta; nie mogę nic powiedzieć; **not a word fell from his lips** z jego ust nie padło ani jedno słowo; **pay lip service to sth** popierać/wspierać coś ustnie, udzielać czemuś ustnego poparcia, wyrażać ustne poparcie dla czegoś, składać ustne deklaracje na rzecz czegoś/popierające coś, kończyć na ustnych deklaracjach na rzecz czegoś (*nie przechodząc do czynu*); **read sb's lips** czytać z ruchów ust/warg; **smack one's lips** *pot.* oblizywać się (*na widok czegoś*); zacierać ręce (*z zadowolenia*)

little[1] *a* mały; niewielki; nieduży ♦ **a little while ago** chwilę temu, przed chwilą; **have sb wrapped around one's little finger** owinąć sobie kogoś wokół małego palca; **it's little wonder (that)...** nic dziwnego, że...; **little brother** *pot.* młodszy brat, (młodszy) braciszek; **little comfort** słaba/żadna pociecha; **little finger** mały palec; **little horror 1.** (*o dziecku*) diabełek, urwis, utrapienie, nicpoń **2.** okropieństwo, szkarada, brzydota; **little sister** *pot.* młodsza siostra, (młodsza) siostrzyczka; **little thing** maleństwo; **little tiny** malusieńki, malutki; **little wonder (that)...** nic dziwnego, że...; **of little significance** mało ważny, mało istotny; **twist/wind sb round one's little finger** owinąć sobie kogoś wokół małego palca

little² *adv* mało; niewiele ♦ **little by little** stopniowo; po trochu; **little did I realize.../I little realized...** zupełnie nie zdawałem sobie sprawy, że..., wcale nie zdawałem sobie sprawy, że...; **little did I think.../I little thought...** zupełnie nie myślałem, że..., wcale nie myślałem, że...; zupełnie nie sądziłem, że...; wcale nie sądziłem, że...; **little or nothing** prawie nic; **make little of sth 1.** niewiele sobie robić z czegoś, nic sobie nie robić z czegoś, bagatelizować coś, lekceważyć coś, lekko traktować coś, nie brać czegoś poważnie **2.** niewiele z czegoś rozumieć, nie bardzo coś rozumieć, nie móc się w czymś połapać; **more than a little/not a little** niezwykle, ogromnie, bardzo; **there is little to choose between...** nie ma prawie żadnej różnicy między...; niewiele różnią się między sobą...

live¹ [lɪv] *v* **1.** żyć **2.** mieszkać ♦ **be living in a fool's paradise** żyć w błogiej nieświadomości; **give sb six months/a year to live** dawać komuś sześć miesięcy/rok życia (*itd.*); **he who lives by the sword shall perish by the sword** *przysł.* kto mieczem wojuje, ten od miecza ginie; **live a lie** żyć w kłamstwie; **live an active life** prowadzić aktywne życie, żyć aktywnie; **live and breathe sth** żyć czymś, żyć dla czegoś; **live and let live** żyj i pozwól żyć innym; **live a quiet life** prowadzić spokojne życie; **live at home** mieszkać z rodzicami/przy rodzicach; **live below the breadline** żyć poniżej granicy ubóstwa, żyć poniżej granicy nędzy; **live beyond one's means** żyć (po)nad stan; **live by one's wits** żyć własnym przemysłem, zdobywać/zarabiać pieniądze własnym przemysłem; kombinować; **live by sth** żyć zgodnie z czymś (*zasadami itd.*); stosować się do czegoś, zachowywać się/postępować zgodnie z czymś; **live from day to day/live from hand to mouth** żyć z dnia na dzień; **live in a dream world** żyć w świecie marzeń, żyć marzeniami, bujać w obłokach; **live in a world of one's own** żyć we własnym

live

świecie; **live in clover** opływać we wszystko; żyć/czuć się jak pączek w maśle; **live in hope (of/that...)** żyć nadzieją (, że...); **live in sb's memory** żyć w czyjejś pamięci; **live in terror of one's life** bać się o własne życie, drżeć o własne życie; **live in the past** żyć przeszłością; **live in the shadow of sb** żyć w czyimś cieniu; **live in the wild** żyć na swobodzie, żyć w stanie dzikim (*o zwierzętach*); **live it up** używać życia, używać świata, używać sobie; **live like a king/lord** żyć jak król; **live like cat and dog** żyć jak pies z kotem; drzeć z kimś koty; **live off sb's back** żyć cudzym kosztem, pasożytować na kimś, wyzyskiwać kogoś; **live off the land** żyć z tego, co urodzi ziemia; **live on air** żyć powietrzem, żyć z niczego; **live on benefit** żyć z zasiłku; **live on bread and water** żyć o chlebie i wodzie; **live on nothing** żyć powietrzem, żyć z niczego; **live on the breadline** żyć na granicy ubóstwa, żyć na granicy nędzy; **live out of a suitcase** żyć na walizkach; **live rough** żyć pod gołym niebem; żyć po spartańsku; żyć bez wygód; **live the life of...** wieść/prowadzić życie...; pędzić życie/żywot...; **live to the ripe old age** dożyć/doczekać sędziwego wieku, dożyć/doczekać późnej starości; **live up to one's expectations** spełniać czyjeś oczekiwania, sprostać czyimś oczekiwaniom; **live up to sth** żyć zgodnie z czymś (*zasadami itd.*); stosować się do czegoś, zachowywać się/postępować zgodnie z czymś; **live well** żyć dostatnio; komuś żyje się dobrze; **long live the King/Queen!** niech żyje król/królowa!; **they lived happily ever after** i żyli długo i szczęśliwie (*w zakończeniach bajek*); **you/we live and learn** *przysł.* człowiek uczy się przez całe życie

live[2] [laɪv] *a* **1.** żywy **2.** pełen energii/werwy, pełen życia, żywy, żywotny **3.** na żywo (*koncert, transmisja*) **4.** ostry (*nabój*) **5.** pod napięciem (*przewód*) ♦ **live issue** temat budzący żywe zainteresowanie, sprawa budząca żywe zainteresowanie; **live match** nie zapalona/nie spalona/nie zużyta/dobra zapałka; **live**

wire 1. przewód pod napięciem **2.** *pot.* człowiek pełen energii; żywe srebro; człowiek żywy jak iskra

lively *a* żywy; ożywiony; pełen energii/werwy ♦ **a lively interest** żywe zainteresowanie; **look lively!/step lively!** *pot.* pospiesz się!; **make things lively for sb** zaleźć komuś za skórę, dać się komuś we znaki; zalać komuś sadła za skórę; uprzykrzyć komuś życie

living[1] *n* **1.** życie; egzystencja **2.** utrzymanie ♦ **cost of living** koszty utrzymania; **earn/make a living** zarabiać na życie; **standard of living** stopa życiowa, poziom życia

living[2] *a* żywy; żyjący; ożywiony ♦ **beat the living daylights out of sb** *pot.* zbić/stłuc kogoś na kwaśne jabłko; porachować/policzyć komuś kości; **be living proof of sth/that** stanowić żywy dowód czegoś/że; **be the living image of sb** być kubek w kubek podobnym do kogoś, być istnym/żywym/wykapanym kimś; **frighten the living daylights out of sb** przestraszyć kogoś śmiertelnie; **in living memory** jak sięgnąć pamięcią, jak/ /odkąd (czyjaś) pamięć sięga; **knock the living daylights out of sb** *pot.* zbić/stłuc kogoś na kwaśne jabłko; porachować/policzyć komuś kości; **living hell** piekło na ziemi; prawdziwe/istne piekło; **living room** salon; salonik; **living wage** płaca zapewniająca minimum egzystencji; **make sb's life a living hell** zamienić czyjeś życie w (istne) piekło; **not a living soul** ani żywego ducha; **scare the living daylights out of sb** przestraszyć kogoś śmiertelnie; **sth is in living memory/sth is within living memory** coś tkwi żywo w pamięci; **within living memory** jak sięgnąć pamięcią, jak/odkąd (czyjaś) pamięć sięga

load *n* **1.** obciążenie; ładunek **2. loads of sth/a load of sth** dużo czegoś, mnóstwo czegoś ♦ **a load off sb's mind** kamień z serca; kłopot z głowy; **a load of (old) rubbish/a load of (old) nonsense/a load of old cobblers** stek bzdur; **get a load of sb/sth!** *pot.* spójrz/popatrz na kogoś/coś!; posłuchaj kogoś/czegoś!; zwróć uwagę na kogoś/coś!; **load of guilt** brzemię/ciężar winy

loaf

loaf *n* (*pl* **loaves**) bochenek (*chleba*) ♦ **half a loaf is better than none** *przysł.* lepszy rydz niż nic; na bezrybiu i rak ryba; **use one's loaf** *pot.* ruszyć głową, ruszyć konceptem

loan *n* pożyczka; kredyt ♦ **have the loan of sth** pożyczyć coś; **on loan** pożyczony; wypożyczony; **raise a loan** zaciągnąć/wziąć pożyczkę; **repay a loan** spłacić/zwrócić/oddać pożyczkę; **student loan** kredyt dla studentów; **take out a loan** zaciągnąć/wziąć pożyczkę

lock[1] *n* 1. zamek (*u drzwi*); zamknięcie; rygiel 2. śluza; tama ♦ **be under lock and key** być/znaleźć się pod kluczem (*w areszcie*); **keep sth under lock and key** trzymać coś pod kluczem; **lock, stock and barrel** z dobrodziejstwem inwentarza; w całości, całkowicie

lock[2] *v* 1. zamykać na klucz 2. unieruchamiać, blokować; zabezpieczać (*broń, nakrętki*) ♦ **be locked in battle/dispute** zetrzeć się (ostro) w walce/sporze, ścierać się (ostro) w walce/sporze; **be locked in embrace** zewrzeć się w uścisku; **be locked together** zewrzeć się; **lock arms** zewrzeć się w szereg; zewrzeć szyk; **lock horns with sb (over sth)** chwycić się z kimś za głowę (o coś), brać się/chwycić się za łby z kimś

log *n* 1. kłoda 2. dziennik (*pokładowy*); rejestr 3. logarytm ♦ **as easy as falling off a log** śmiesznie łatwy, dziecinnie łatwy/prosty; **sleep like a log** spać kamiennym snem, spać jak kamień/jak suseł/jak zabity

loggerheads *n* ♦ (*w zwrocie*) **be at loggerheads with sb (over sth)** być z kimś skłóconym (o coś), spierać się z kimś ostro (o coś), kłócić się z kimś (o coś)

lone *a* samotny; jedyny ♦ **lone wolf** samotnik, odludek, człowiek stroniący od ludzi

lonesome *a* samotny; osamotniony; opuszczony ♦ **on/by one's lonesome (self)** sam jak palec, zupełnie sam

long[1] *n* dużo czasu, kawał/szmat czasu ♦ **before long** niebawem, wkrótce, niedługo; **it won't take long** to nie potrwa długo; **take**

long trwać długo; **the long and the short of it is that.../that's the long and (the) short of it** krótko mówiąc, w paru słowach
long² *a* długi ♦ **all day/year long** cały dzień/rok; **a long face** smutna/posępna/zakłopotana/zafrasowana mina; **a long time** długo; dużo czasu, kawał/szmat czasu; **a long time ago** dawno temu; **a long way from** daleko od; **as long as your arm** *pot.* bardzo długi, tasiemcowy; **at long last** nareszcie, po długim oczekiwaniu, wreszcie, w końcu; **at the longest** nie dłużej (niż); co najwyżej, najwyżej; **by a long way** zdecydowanie, stanowczo, wyraźnie, niewątpliwie; **get longer** wydłużać się, stawać się dłuższym; **go a long way 1.** starczyć/wystarczyć na długo **2.** w zupełności starczyć/wystarczyć, zupełnie starczyć//wystarczyć; **go a long way towards doing sth** przyczynić się walnie do czegoś, bardzo pomóc w osiągnięciu/zdobyciu czegoś, dobrze się przysłużyć jakiejś sprawie; **have come a long way** osiągnąć znaczny postęp; **in the long(er) run/in the long term** na dłuższą/dalszą metę; **it's a long story** *pot.* to długa historia, długo by mówić; **it's as broad as it's long** *pot.* bez różnicy, wszystko jedno; **long haul (to sth)** *przen.* daleka (i trudna) droga (do czegoś); żmudna praca (prowadząca do czegoś); praca ciągnąca się w nieskończoność; kawał roboty (do zrobienia); **long in the tooth** *pot.* za/zbyt stary; leciwy; **long jump** skok w dal; **long live the King/Queen!** niech żyje król/królowa!; **long time no see** *pot.* kopę lat!; **long vacation** letnie ferie/wakacje; **pull a long face/put on a long face** zrobić smutną minę; **take a long hard look at sth** spojrzeć na coś na trzeźwo/bez emocji, spojrzeć na coś trzeźwym/zimnym/chłodnym okiem; **take a long look at sth** dobrze/wnikliwie/uważnie się czemuś przyjrzeć, dobrze się nad czymś zastanowić; **take the long view of sth** spojrzeć na coś perspektywicznie; myśleć o czymś perspektywicznie; **the long last sleep** *przen.* sen wieczny; **to cut a long story short/***US* **to make a long story short** krótko mówiąc

long

long³ *adv* **1.** długo **2.** dawno, od dawna ♦ **any longer** więcej (już) nie; już nie; **as long as** pod warunkiem, że; tak długo jak; o ile; **before long** wkrótce, niebawem; **be not long for this world** zbliżać się do kresu życia, być u kresu życia, schodzić z tego świata, mieć niewiele życia przed sobą, niewiele (życia) komuś zostało, być bliskim śmierci; kończyć się, dogorywać; **long ago** dawno temu; **no longer** więcej (już) nie; już nie; **so long** na razie!, tymczasem!, do zobaczenia!, do widzenia!; **so long as** pod warunkiem, że; tak długo jak; o ile

look¹ *n* **1.** spojrzenie **2. looks** *pl* wygląd; uroda ♦ **by the look(s) of it** wygląda na to, że..., wydaje się, że...; sądząc z wyglądu...; **cast a look** spojrzeć, rzucić okiem; **give sb a dirty look** spojrzeć na kogoś gniewnie/pogardliwie/lekceważąco; przeszyć kogoś gniewnym/pogardliwym/lekceważącym spojrzeniem; zmierzyć/przeszyć kogoś nieprzyjaznym wzrokiem; **give sb a look** spojrzeć na kogoś; zmierzyć kogoś wzrokiem/spojrzeniem; **good looks** ładny/atrakcyjny wygląd; **have a look (a)round** rozejrzeć się, rozglądać się dookoła; **have a look at** spojrzeć na; **look on one's face** wyraz twarzy; **shoot a look at** spojrzeć na, rzucić okiem na; **take a good look at it!** dobrze się temu przyjrzyj!; **take a (long) hard look at sth** spojrzeć na coś na trzeźwo/bez emocji, spojrzeć na coś trzeźwym/zimnym/chłodnym okiem; **take a long look at sth** dobrze/wnikliwie/uważnie się czemuś przyjrzeć, dobrze się nad czymś zastanowić; **take a look (a)round** rozejrzeć się, rozglądać się dookoła; **take a look at** spojrzeć na

look² *v* **1.** patrzeć; obserwować **2.** wyglądać ♦ **be able to look after oneself** umieć o siebie zadbać; umieć dbać o swoje sprawy; być samodzielnym; (po)radzić sobie; **be looking to do sth** *pot.* próbować coś zrobić; podejmować próbę zrobienia czegoś; planować coś zrobić; **don't look a gift horse in the mouth** *przysł.* darowanemu koniowi nie zagląda się w zęby; **it looks as if...** wygląda na to, że..., wydaje się, że..., prawdopodobnie...; **it looks as if it's going to rain/it looks like rain** *pot.* zanosi się na deszcz, zbiera się na deszcz, ma się na deszcz; **look after number one** dbać wyłącznie o siebie; zajmować się wyłącznie sobą; troszczyć się wyłącznie o siebie; **look ahead** patrzeć przed siebie; **look alive!** *pot.* pospiesz się!; **look askance at sb/sth** patrzeć na kogoś/coś krzywo, patrzeć na kogoś/coś spode łba, patrzeć na kogoś/coś wilkiem; **look at/on sth with a jaundiced eye** patrzeć na coś złym/krzywym okiem; spoglądać/patrzeć na coś zawistnym wzrokiem; **look a treat** *pot.* wyglądać wspaniale/fantastycznie/znakomicie; **look at sth through sb's eyes** spojrzeć na/zobaczyć coś cudzymi oczami, spojrzeć na/zobaczyć coś z cudzego punktu widzenia; **look at sth through rose-coloured/rose-tinted spectacles** patrzeć na coś przez różowe okulary, widzieć coś w różowych barwach; **look bad** wyglądać źle; nie uchodzić, nie wypadać, to nieładnie...; **look bad (for sb)** wyglądać źle (*przyszłość itd.*); źle się (dla kogoś) zapowiadać; nie wróżyć (komuś) nic dobrego, źle (komuś) wróżyć; **look before you leap** *przysł.* nie mów hop, póki nie przeskoczysz; **look daggers at sb** *pot.* patrzeć/spoglądać na kogoś spode łba, patrzeć/spoglądać na kogoś wilkiem; **look down one's nose at sb/sth** patrzeć na kogoś/coś z góry; patrzeć na kogoś/coś z pogardą//lekceważąco; **look for a needle in a haystack** szukać igły w stogu siana; **look good** wyglądać dobrze; dobrze/obiecująco się zapowiadać; **look here!** słuchaj!; **look high and low** *pot.* szukać wszędzie; przeszukać wszystko; **look like a drowned rat** wyglądać jak zmokła kura; **look like a million dollars//bucks** wyglądać wystrzałowo/rewelacyjnie/nadzwyczaj atrakcyjnie/odjazdowo/bombowo/super/ekstra; **look like death warmed up/warmed over** wyglądać jak śmierć/jak trup/jak widmo/jak z krzyża zdjęty; **look like nothing on earth** wyglądać jak nieboskie stworzenie (*źle, dziwnie*); **look like sth the cat brought in/dragged in** wyglądać jak nieboskie stworzenie (*niechlujnie*, *brudno*); **look lively!** *pot.* pospiesz się!; **look one's age** wyglądać na swój wiek; **look one's best** wyglądać szczególnie dobrze, wyglądać nadzwyczaj pięknie, wyglądać przepięknie/prześlicznie; **look rough** źle wyglądać; wyglądać nieszczególnie; **look sb in the eye(s)** spojrzeć komuś (prosto) w oczy; **look sb in the face** spojrzeć komuś (prosto) w twarz, spojrzeć komuś prosto w oczy; **look sb up and down** (z)lustrować kogoś od stóp do głów, (z)lustrować kogoś dokładnie/uważnie, taksować kogoś od góry do dołu/wzrokiem/ /oczami, zmierzyć kogoś wzrokiem/spojrzeniem od stóp do głów; **look sharp! 1.** pospiesz się! **2.** uważaj!; **look snappy** *pot.* szybko!, prędko!, migiem!, raz dwa!; **look the other way** patrzeć w drugą stronę; odwracać głowę w drugą stronę; udawać, że się nie widzi; **look the part** wyglądać na kogoś (takiego), wyglądem przypominać kogoś; **look to one's laurels** nie spocząć na laurach; **look well** wyglądać dobrze; wyglądać zdrowo; **look who's talking!** *pot.* i kto to mówi?!; **look young for one's years** wyglądać młodo jak na swoje lata/jak na swój wiek; **never look a gift horse in the mouth** *przysł.* darowanemu koniowi nie zagląda się w zęby; **not look good** nie wyglądać dobrze; nie uchodzić, nie wypadać, to nieładnie...; **sb looks sharp** *pot.* ktoś wygląda wystrzałowo/bardzo atrakcyjnie/elegancko; **sth isn't much to look at** *pot.* coś nie wygląda zbyt atrakcyjnie/ciekawie, coś nie jest zbyt atrakcyjne; nie ma na co popatrzeć

lookout *n* miejsce obserwacyjne, punkt obserwacyjny ♦ **be on the lookout for/keep a lookout for** wypatrywać; rozglądać się za (*kimś*, *czymś*); **it'll be a poor/bad lookout for sb** ktoś będzie się miał z pyszna; **it's/that's your own lookout!** *pot.* to (wyłącznie) twoja sprawa!

loom *v* wyłaniać się; (*o niebezpieczeństwie*) zbliżać się; zagrażać ♦ **loom large (in one's mind)** budzić (poważny) niepokój

loon *n* **1.** nur (*ptak*) **2.** *pot.* bzik, dziwak, wariat ♦ **(as) crazy as a loon** *pot.* mocno stuknięty, kopnięty, zbzikowany

loophole *n* luka ♦ **loophole in the law** luka prawna/w prawie; **tax loopholes** luki w prawie podatkowym

loose¹ *n* ♦ (*w zwrocie*) **be on the loose** być na wolności; wydostać się na wolność (*zbiegły więzień, zwierzę*)

loose² *a* **1.** wolny; swobodny **2.** luźny **3.** nieopakowany; sypki **4.** niedokładny; nieścisły **5.** rozwiązły; rozpustny ♦ **all hell was let loose** zrobiło się piekło; **be at a loose end/US be at loose ends** *pot.* nie mieć nic do roboty; nie mieć co ze sobą zrobić; **break loose 1.** uciec; uwolnić się **2.** wybuchać (*uczucia itd.*); wymykać się spod kontroli (*rozwój wydarzeń itd.*); **come loose** obluzować się; **cut loose 1.** uwolnić się, oswobodzić się **2.** *US pot.* rozluźnić się, wyluzować się; **get loose** uciec; uwolnić się; **hang loose!** *US pot.* spokojnie!, spoko!; **have a screw loose** *pot.* (*zwł. żartobliwie*) być lekko stukniętym; **let sth loose** uwolnić coś, wypuścić coś (na wolność); **loose change** *pot.* drobne (pieniądze), drobniaki, drobnica, grosze; **loose translation** wolny przekład; **stay loose!** *US pot.* spokojnie!, spoko!; **tear loose** wyszarpać się, wydrzeć się, wyrwać się; zerwać się; **tie up the loose ends** dokończyć coś, uzupełnić coś, dopracować coś/szczegóły, wycyzelować coś; **turn sth loose** uwolnić coś, wypuścić coś (na wolność); **work loose** obluzować się

loosen *v* rozluźnić (się); zluzować ♦ **loosen sb's tongue** rozwiązać komuś język

lord *n* **1.** władca; monarcha **2.** lord; pan **3.** właściciel majątku; potentat przemysłowy **4. the Lords** Izba Lordów (*parlamentu angielskiego*) **5. the Lord** Pan Bóg **6. Our Lord** Pan Nasz (Jezus Chrystus) ♦ **(as) drunk as a lord** *pot.* pijany jak bela/w sztok/jak szewc/jak bąk; **(good) Lord!** wielki Boże!, dobry Boże!, Boże święty!; **in the year of our Lord...** roku pańskiego...; **live like a lord** żyć jak król; **Lord (only) knows** Bóg jeden wie; Bóg raczy wiedzieć; **Lord willing** z pomocą bożą/boską; **one's lord and master** (*żartobliwie*) czyjś pan i władca; **take the Lord's name in vain** wzywać imienia Pana Boga/bożego

lose

nadaremno; **the Lord's Day** dzień święty/pański (*niedziela*); **the Lord's Prayer** Ojcze Nasz (*modlitwa*)

lose *v* (**lost, lost**) **1.** (s)tracić; (z)gubić **2.** przegrywać, przegrać (*wojnę, mecz itd.*) **3.** spóźniać się (*o zegarku*); *zob.też* **lost**
♦ **a losing battle** (z góry) przegrana sprawa; walka/bitwa skazana na niepowodzenie/klęskę; **be on a losing streak** mieć złą passę; **don't lose sleep over it!** niech ci to nie spędza snu z oczu/z powiek!; **fight a losing battle against** stoczyć/prowadzić nierówną walkę z; **have a lot to lose** mieć dużo do stracenia; **lose a war** przegrać wojnę; **have nothing to lose** nie mieć nic do stracenia; **lose colour** blednąć; stracić kolory/rumieńce; **lose count of sth** stracić rachubę czegoś; **lose face** (s)tracić twarz; **lose ground 1.** ustępować; cofać się; tracić grunt pod nogami **2.** tracić dystans (*do czegoś, kogoś*); **lose heart** stracić serce (*do czegoś*); zniechęcić się; stracić nadzieję; **lose height** spadać; wytracać/tracić wysokość (*samolot*); **lose hold of** puścić, wypuścić (*z ręki*); **lose hope** stracić nadzieję; **lose interest** stracić zainteresowanie; **lose its shape** stracić (swój właściwy) kształt/fason; zdeformować się; zdefasonować się; **lose one's balance** stracić równowagę; **lose one's bearings** stracić orientację (*w terenie, sytuacji*); **lose one's cool** stracić zimną krew, nie zachować spokoju, stracić panowanie nad sobą; **lose one's grip (on sth)** *pot.* stracić kontrolę (nad czymś); stracić panowanie nad sobą; **lose one's head** stracić głowę; **lose one's heart to sb** oddać komuś serce, stracić dla kogoś głowę; **lose one's life** stracić życie; **lose one's mind** stracić rozum/zmysły; **lose one's reason** stracić/postradać rozum; **lose one's sight** stracić wzrok; **lose one's temper** rozzłościć się, wpaść w złość, rozgniewać się, stracić cierpliwość; **lose one's tongue** *pot.* zapomnieć języka w gębie; **lose one's voice** stracić głos; **lose one's way 1.** zgubić się, zgubić drogę, zabłądzić **2.** pogubić się; stracić orientację (*w sytuacji*); **lose patience with** tracić cierpliwość do; **lose sight of sth 1.** stracić coś z oczu **2.** *przen.* stracić

coś z oczu/z pola widzenia, zapomnieć o czymś, pominąć coś; **lose the thread (of sth)** stracić/zgubić wątek (czegoś); **lose time** tracić/marnować czas; **lose touch (with sb/sth)** stracić kontakt (z kimś/czymś); **lose weight** stracić na wadze; **stand to lose** móc stracić; **there's no time to lose** nie ma chwili/czasu do stracenia

loss *n* **1.** strata; utrata; ubytek **2.** zguba ♦ **at a loss** zakłopotany; niepewny; **be a dead loss** *pot.* być do niczego; **be at a loss for words** nie móc znaleźć słów; zapomnieć języka (w gębie); **blood loss** utrata krwi; **heavy losses** ciężkie/poważne straty; **it's your loss!** *pot.* twoja strata!; **loss of blood** utrata krwi; **loss of time** strata czasu; **make a loss** stracić; **profit and loss account** rachunek strat i zysków; **sell sth at a loss** sprzedać coś ze stratą; **suffer heavy losses** ponieść ciężkie/poważne/dotkliwe straty; **that's your loss!** *pot.* twoja strata!

lost *a* zgubiony; zagubiony; stracony; utracony; zaginiony; przepadły ♦ **all is (not) lost** (jeszcze nie) wszystko stracone; **a lost cause** przegrana/stracona sprawa; **be lost for words** nie móc znaleźć słów; zapomnieć języka (w gębie); **be lost in thought** być pogrążonym/zatopionym w myślach, zamyślić się głęboko; **lost property (office)** biuro rzeczy znalezionych; **make up (for) lost time** nadrabiać stracony czas; **there is no time to be lost** nie ma chwili/czasu do stracenia

lot *n* **1.** los; dola **2.** seria, partia (*produktu itd.*) **3.** działka; teren wydzielony (*pod budowę itd.*) **4. the lot** studio filmowe; wytwórnia filmowa ♦ **a lot to do/eat** dużo do zrobienia/zjedzenia; **a whole lot** *pot.* bardzo, znacznie, dużo (*lepiej itd.*); **a whole lot (of sth)** *pot.* dużo (czegoś), mnóstwo (czegoś), masa (czegoś), wiele (czegoś); **bad lot** *pot.* nicpoń, gagatek, ananas, ziółko; **by lot** w losowaniu (*rozstrzygnąć coś*), ciągnąc losy; **draw lots** ciągnąć losy; **have a lot on**/*US* **have a lot of going on** mieć urwanie głowy, mieć dużo spraw na głowie, mieć nawał spraw/zajęć; **have a lot on one's mind** mieć z czymś urwanie głowy, mieć dużo zmartwień/kłopotów/problemów na głowie; **lots/a lot better** dużo lepszy; **thanks a lot!** wielkie dzięki!, stokrotne dzięki!; **the whole lot** wszystko; wszyscy

loud *a* **1.** głośny **2.** krzykliwy (*kolor itd.*) ♦ **loud voice** donośny głos; **out loud** głośno, na (cały) głos; **think out loud** głośno myśleć

love *n* **1.** miłość **2.** zamiłowanie ♦ **be in love with sb** kochać się w kimś, być w kimś zakochanym; **cupboard love** (*żartobliwie – o dziecku*) interesowna miłość, przymilanie się; **fall in love with** zakochać się w; **for love/for the love of sth** z miłości; dla miłości; z zamiłowania do czegoś; **for the love of God/for the love of Heaven** na miłość/litość boską!; **give sb one's love** pozdrowić kogoś, przesłać komuś pozdrowienia; **head over heels in love** zakochany po uszy, nieprzytomnie zakochany; **labour of love** praca wykonywana z oddaniem/zamiłowaniem/ /poświęceniem, bezinteresowna praca, prawdziwa pasja; **love affair** romans, przygoda miłosna, flirt; **love at first sight** miłość od pierwszego wejrzenia; **love letter** list miłosny; **lucky at cards, unlucky in love** *przysł.* kto ma szczęście w kartach, nie ma szczęścia w miłości; **make love to sb** kochać się z kimś (*o seksie*); **send sb one's love** pozdrowić kogoś, przesłać komuś pozdrowienia; **out of love** z miłości; dla miłości; **there's no love lost between...** nienawidzić się głęboko/szczerze; szczerze się nie lubić; nie przepadać za sobą

low[1] *n* **1.** nizina **2.** niski poziom (*cen, kursów itd.*); niski stan **3.** niż (*baryczny*) **4.** dołek, kryzys; zła passa; niepomyślny okres (*w życiu*) ♦ **all-time low** sytuacja gorsza niż kiedykolwiek; dotychczas najgorsza sytuacja; **at a record low** gorszy niż kiedykolwiek; dotychczas najgorszy; **highs and lows** wzloty i upadki; zmienne koleje losu; **hit an all-time low** osiągnąć dno, sięgnąć dna; osiągnąć najniższy poziom

low[2] *a* **1.** niski **2.** pospolity; ordynarny **3.** cichy (*głos*) **4.** przygnębiony **5.** słaby; kiepski **6.** nizinny ♦ **at a low ebb** przygnębiony; w złym stanie; w stanie upadku; dogorywający; **at the lowest pitch** w najmniejszym stopniu; **have a low opinion of sb/sth** mieć o kimś/czymś złe zdanie; **in a low voice** po cichu; szeptem; półgłosem; półszeptem; **in low spirits** przygnębiony; przybity; **keep a low profile** unikać rozgłosu, nie zwracać na siebie uwagi, nie rzucać się w oczy, siedzieć cicho; **low life 1.** życie niższych warstw społeczeństwa; życie warstw ubogich; życie dołów społecznych **2.** światek/półświatek przestępczy **3.** osoba powiązana ze światem przestępczym; gangster; **low relief** płaskorzeźba, relief; **low season** sezon ogórkowy, martwy sezon; **low tide** odpływ (*morza*); **of low birth** niskiego urodzenia/pochodzenia

low³ *adv* **1.** nisko **2.** tanio ♦ **be low (on sth)** kończyć się, wyczerpywać się (zapasy czegoś); **buy low** kupować tanio; **get low (on sth)** kończyć się, wyczerpywać się (zapasy czegoś); **lay sb low** zwalić kogoś (z nóg), powalić kogoś; **lie low** *pot.* przyczaić się (gdzieś), ukryć się, skryć się; **look high and low** *pot.* szukać wszędzie; przeszukać wszystko; **run low (on sth)** kończyć się, wyczerpywać się (zapasy czegoś); **search high and low** *pot.* szukać wszędzie; przeszukać wszystko; **sink so low** *przen.pot.* upadać (bardzo/tak) nisko

luck *n* szczęście; powodzenie; traf; los ♦ **a run of bad luck** zła passa; ciąg/pasmo niepowodzeń; **a run of good luck** dobra passa; ciąg/pasmo sukcesów; **as luck would have it** przypadek/los/traf zrządził, że..., dziwnym trafem..., traf chciał, że...; **bad luck** pech, niepowodzenie, zły los; nieszczęście; **bad luck!** a to pech!; **be down on one's luck/be out of luck** mieć pecha, nie mieć szczęścia; **be in luck** mieć szczęście; **best of luck!/good luck!** powodzenia!, wszystkiego najlepszego/dobrego!, życzę szczęścia!; **chance one's luck** spróbować szczęścia; **hard luck!** a to pech!; **have the luck of the devil** *pot.* mieć diabelne szczęście, mieć farta; **just my luck!** *pot.* ja to mam szczęście!; ja to mam pecha!, a to pech!; **luck is on sb's side**

szczęście komuś dopisuje, los komuś sprzyja; **push one's luck** kusić los, igrać z losem, wyzywać los, kusić licho; **some people have all the luck!** *pot.* inni to mają szczęście!, szczęściarze!, to się nazywa szczęście!; **stroke of luck** łut szczęścia; szczęśliwy/wyjątkowy traf; **the luck of the draw** ślepy przypadek/los/traf; **tough luck!** a to pech!; **try one's luck** spróbować szczęścia; **wish sb luck** życzyć komuś szczęścia/powodzenia; **with a bit of luck/with (any) luck** przy odrobinie szczęścia; **worse luck!** *pot.* niestety!, a to pech!, nie ma rady!

lucky *a* szczęśliwy; mający/przynoszący szczęście ♦ **be born under a lucky star** urodzić się pod szczęśliwą gwiazdą; **consider yourself lucky** możesz uważać się za szczęściarza; miałeś/masz dużo szczęścia...; **lucky at cards, unlucky in love** *przysł.* kto ma szczęście w kartach, nie ma szczęścia w miłości; **lucky number** szczęśliwa liczba, szczęśliwy numer (*na loterii itd.*); **lucky you!** szczęściarz!/szczęściara!, ty to masz szczęście!; **one's/sb's lucky break (came when...)** *pot.* czyjaś wielka/życiowa szansa (nadarzyła się/nadeszła, kiedy...), czyjeś pięć minut (nadeszło, gdy...); **third time lucky** do trzech razy sztuka; **you'll be lucky!/you should be so lucky!** *pot.* niedoczekanie twoje!, marzenie ściętej głowy!, nie ma głupich!

lump *n* 1. bryła, gruda; kawał(ek) 2. guz 3. kostka cukru ♦ **have a lump in one's throat** mieć ściśnięte gardło (*ze wzruszenia*)

lunatic *a* szalony ♦ **the lunatic fringe** frakcja ekstremistyczna (*w partii*), ekstremistyczni działacze, oszołomy polityczne

lurch[1] *n* ♦ (*w zwrocie*) **leave sb in the lurch** *pot.* zostawić kogoś na lodzie

lurch[2] *v* 1. przechylać się 2. słaniać się na nogach ♦ **lurch from one extreme to the other** popadać z jednej skrajności w drugą; **sb's heart/stomach lurches** serce/żołądek podchodzi komuś do gardła

luxury *n* luksus, zbytek ♦ **in the lap of luxury** w luksusie, luksusowo, w luksusowych warunkach, w komforcie, komfortowo, opływając(y) we wszystko/w dostatki

M

machine *n* **1.** maszyna **2.** *przen.* machina (*polityczna itd.*) **3.** *przen.* maszyna, automat, robot (*o człowieku*) ♦ **a cog in the machine** *przen.pot.* pionek; trybik w maszynie; **answering machine** automatyczna sekretarka; **by machine** maszynowo; maszynowy; **like a well-oiled machine** płynnie, gładko; jak po maśle; jak w zegarku; **party machine** machina partyjna; **propaganda machine** machina propagandowa; **sewing machine** maszyna do szycia; **washing machine** pralka

mad *a* szalony; pomylony ♦ **as mad as a hatter/as mad as a March hare** *pot.* kompletny wariat, szalona głowa; **as mad as a hornet** zły jak osa; **as mad as a wet hen** *US* zły; rozwścieczony; wściekły, jak wszyscy diabli; **barking mad** *GB pot.* kompletnie szalony/zwariowany/stuknięty; **be mad keen on** *pot.* szaleć za; przepadać za; pasjonować się (czymś); **drive sb mad** doprowadzać kogoś do szału; **go mad 1.** oszaleć, zwariować **2.** *przen.* oszaleć; wpaść w furię/we wściekłość; wściec się; rozwścieklić się; rozzłościć się; **hopping mad** zły; rozwścieczony; wściekły, jak wszyscy diabli; **like mad** jak szalony; jak oszalały; **mad as a hatter/mad as a March hare** *pot.* kompletny wariat, szalona głowa; **mad as a wet hen** *US* zły; rozwścieczony; wściekły, jak wszyscy diabli; **mad as hell** wściekły, jak wszyscy diabli; **run like mad** pędzić jak szalony; **whom God would destroy He first makes mad** *przysł.* kogo Bóg chce ukarać, temu rozum odbiera

made *a* zrobiony; wyprodukowany ♦ **be made for each other** *pot.* być dla siebie stworzonym, być dla siebie (nawzajem) prze-

madman

znaczonym, być sobie przeznaczonym; **be made up of** składać się z; **I'm not made of money** *pot.* pieniądze mi same z nieba nie kapią/nie spadają; **made to measure** zrobiony/uszyty na miarę; **made to order** wykonany na zamówienie; **you've got it made!** nic ci/człowiekowi więcej do szczęścia nie trzeba!

madman *n* (*pl* **madmen**) szaleniec; obłąkany; wariat ♦ **like a madman** jak szalony; jak oszalały

magic¹ *n* magia; czary ♦ **as if by magic** w magiczny/cudowny sposób; jak za dotknięciem czarodziejskiej różdżki; **black magic** czarna magia; **do magic** czarować, czynić czary; **like magic** w magiczny/cudowny sposób; jak za dotknięciem czarodziejskiej różdżki; **white magic** biała magia; **work like magic** *pot.* działać natychmiast, zadziałać, podziałać (*np. lekarstwo*); powieść się, udać się (*plan itd.*); pójść/iść jak po maśle; **work magic** czarować, czynić czary

magic² *a* magiczny; tajemniczy; czarodziejski; zaczarowany ♦ **magic carpet** latający/czarodziejski dywan; **magic wand** czarodziejska różdżka; **wave a magic wand** dotknąć/machnąć/pomachać czarodziejską różdżką

maid *n* **1.** dziewczyna; panna **2.** służąca; pokojówka ♦ **old maid** stara panna

maiden *n* dziewczyna; panna ♦ **maiden flight** pierwszy lot (*samolotu*); **maiden name** nazwisko panieńskie; **maiden voyage** dziewiczy/pierwszy rejs, dziewicza/pierwsza podróż (*statku*)

main¹ *n* główny przewód; główna rura (wodociągowa/kanalizacyjna) ♦ **in the main** na ogół; przeważnie; w zasadzie

main² *a* główny; najważniejszy ♦ **have an eye to the main chance** mieć w czymś (osobisty/swój) interes, mieć własny interes na uwadze; **main course** główne danie; **the main drag** *US* główna ulica (miasta)

maintain *v* **1.** utrzymywać (*rodzinę, stosunki, temperaturę*); zachowywać **2.** utrzymywać, twierdzić, uważać **3.** konserwować (*sprzęt*) ♦ **maintain a high profile** szukać rozgłosu, zwracać na siebie uwagę, rzucać się w oczy, (starać się) być w centrum uwagi; **maintain a low profile** unikać rozgłosu, nie zwracać na siebie uwagi, nie rzucać się w oczy, siedzieć cicho; **maintain one's innocence** utrzymywać, że jest się niewinnym; **maintain one's silence** zachować milczenie; uparcie milczeć, wciąż milczeć

majority *n* **1.** większość **2.** pełnoletność ♦ **absolute majority** bezwzględna/absolutna większość; **be in the majority** stanowić większość; **by the majority of votes/by majority vote** większością głosów; **majority decision** decyzja większości, decyzja podjęta większością głosów; **majority government** rząd większościowy; **majority rule** rządy większości (*parlamentarnej*); **narrow majority** nieznaczna większość (głosów); **reach one's majority** osiągnąć pełnoletność, dojść do pełnoletności; **vast majority** ogromna/zdecydowana większość; **with a majority** większością głosów; **working majority** wymagana większość (*w parlamencie*)

make *v* (made, made) **1.** robić; czynić; wykonywać **2.** wytwarzać; wyrabiać; produkować; przetwarzać; przerabiać **3.** zarabiać (*pieniądze*); osiągać (*zysk, sławę itd.*); zdobywać; uzyskiwać **4.** oceniać; obliczać **5.** udzielać; dawać (*rabat itd.*) **6.** ustanawiać (*prawo itd.*); ustalać (*przepisy*); sporządzać (*projekt, testament*); wypisywać (*dokument*); podpisywać (*weksel, umowę itd.*) **7.** wynosić, stanowić (*sumę*) **8.** odbywać (*podróż*); przebywać (*odległość*) **9.** jechać/poruszać się z prędkością... **10.** wywoływać, powodować **11.** tasować (*karty*) **12.** okazywać się (*np. dobrym uczniem*) **13.** sprawiać wrażenie (*że ma się zamiar coś zrobić*) ♦ **as you make your bed so you must lie on it** *przysł.* jak sobie pościelesz, tak się wyśpisz; **haste makes waste** *przysł.* gdy się człowiek śpieszy, to się diabeł cieszy; co nagle, to po diable; **it makes my/her flesh creep** skóra mi/jej cierpnie, dostaję/dostaje gęsiej skórki; **it makes no odds** to nie stanowi różnicy, bez różnicy; **make a bad job of sth** *GB* źle

make 378

coś zrobić, zrobić coś byle jak; spisać się źle, nie wywiązać się z czegoś; **make a bargain with sb** dobić targu z kimś, ubić interes z kimś; **make a beeline for sb/sth** iść/udawać się prosto do kogoś/czegoś, kierować swoje (pierwsze) kroki prosto do kogoś/czegoś; **make a big deal (out) of sth** przesadzać z czymś, wyolbrzymiać coś, przejaskrawiać coś, z igły robić widły; **make a bomb** *GB pot.* zarabiać ciężkie/grube pieniądze; zarabiać fortunę; **make a bomb out of sth** *GB pot.* zbić forsę na czymś; zbić majątek na czymś, dorobić się fortuny na czymś; **make a bundle** *pot.* zarobić kupę pieniędzy/forsy; wygrać kupę pieniędzy/forsy; **make a call 1.** dzwonić, telefonować **2.** *US pot.* zdecydować; **make a call on sb** odwiedzić kogoś; **make a clean breast of it/sth** bić/uderzać się w piersi, przyznać się do czegoś; **make a condition** postawić warunek; **make a decision** podjąć decyzję, powziąć decyzję; **make a difference** stanowić/sprawiać/robić różnicę; **make a dog's breakfast of sth** *pot.* zrobić coś źle/byle jak, spaprać coś; **make a fast buck** szybko się dorobić (*zwłaszcza nieuczciwie*), zbić forsę, szybko zrobić forsę; **make a fool of oneself/sb** robić z siebie/kogoś głupca; **make a fortune** zrobić majątek; dorobić się fortuny; **make a fuss (about sth)** awanturować się (o coś), urządzić/zrobić awanturę (o coś), wszcząć awanturę (o coś); **make a goal** strzelić gola/bramkę, zdobyć bramkę; **make a good job of sth** *GB* dobrze coś zrobić, dobrze się z czegoś wywiązać; **make a go of sth** odnieść sukces w czymś; **make a hash of sth** *pot.* (s)partaczyć coś, sknocić coś, sfuszerować coś; popsuć coś; zawalić coś; pogmatwać coś; **make a killing** zbić fortunę, zrobić majątek; **make a living** zarabiać na życie; **make allowances for sb** wyróżniać kogoś, dawać komuś pierwszeństwo, faworyzować kogoś; **make allowance(s) for sth** uwzględniać coś, brać poprawkę na coś; **make a loss** stracić; **make a man (out) of sb** zrobić/uczynić z kogoś człowieka; **make amends (to sb for sth/doing sth)** rekompensować (komuś coś), wynagrodzić (*np. szkodę, stratę, krzywdę*); **make a mess** robić bałagan, bałaganić; **make a mess of sth** *pot.* spartaczyć coś, spaprać coś; **make a mistake** zrobić/popełnić błąd, pomylić się; **make a mockery of sth** wystawiać coś na pośmiewisko; kpić z czegoś; być parodią czegoś; **make a mountain out of a molehill** z igły robić widły; **make a move** 1. ruszyć się; ruszyć z miejsca; wyruszyć w podróż 2. zrobić (jakiś) krok, zacząć działać; **make a name for oneself as** zyskać sobie sławę jako, zdobyć sobie imię jako; **make an answer** udzielić odpowiedzi; dać odpowiedź; odpowiedzieć; **make an apology** przepraszać; **make an appearance** 1. przedstawić, okazać 2. pojawić się; stawić się; przybyć; pokazać się, wpaść na chwilę (*na przyjęcie itd.*); **make an appointment** umawiać się (na spotkanie), ustalać termin spotkania; **make an excellent job of sth** *GB* znakomicie coś zrobić, znakomicie się z czegoś wywiązać; **make an exhibition of oneself** zrobić z siebie widowisko; **make a night of it** bawić się całą noc (*na przyjęciu itd.*); przehulać całą noc; **make an impression on/upon** zrobić wrażenie na; **make an issue (out) of sth** robić z czegoś problem; **make an offer** złożyć ofertę/propozycję; **make a noise about sth** robić hałas/szum wokół czegoś; **make a nonsense of sth** czynić coś niedorzecznym; pozbawiać coś sensu, zmieniać sens czegoś; dewaluować coś; **make a nuisance of oneself** sprawiać (sobą) kłopot; dokuczać; **make a phone call** dzwonić, telefonować; **make a point of sth** przywiązywać do czegoś wagę; **make a poor job of sth** *GB* źle coś zrobić, zrobić coś byle jak; spisać się źle, nie wywiązać się z czegoś; **make a promise** złożyć obietnicę/przyrzeczenie, obiecać, przyrzec; **make a quick buck** szybko się dorobić (*zwłaszcza nieuczciwie*), zbić forsę, szybko zrobić forsę; **make a rod for one's own back** (u)kręcić bicz na swoje plecy/na siebie; **make a run for it** zerwać się do ucieczki, zacząć uciekać; **make a start (on sth)** zacząć (coś); rozpocząć (coś); **make a strong impression**

make

on wywierać silne wrażenie na; **make a wish** pomyśleć sobie życzenie; **make believe (that...)** udawać (, że...); **make both ends meet** *przen.* wiązać koniec z końcem; **make capital (out) of sth** zbić na czymś kapitał; **make certain of sth/of doing sth** przekonać się o czymś; być pewnym czegoś; mieć pewność, że...; **make certain (that)** upewnić się (, że); **make common cause (with sb)** zjednoczyć się (z kimś); połączyć się (z kimś) we wspólnej sprawie; **make conversation** podtrzymywać rozmowę; **make difficult** utrudniać; **make do with sth** zadowolić się czymś; poprzestać na czymś; **make ends meet** *przen.* wiązać koniec z końcem; **make eyes at sb** robić/puszczać do kogoś oko; **make faces** robić/stroić miny; **make fast** (za)mocować; **make free with sb** za dużo sobie pozwalać wobec kogoś; **make free with sth** rozporządzać się czymś (*bez wiedzy właściciela*), rządzić się czymś; **make friends with sb** przyjaźnić się z kimś; **make fun of** wyśmiewać się z, kpić z; **make good** *pot.* **1.** odnieść/osiągnąć sukces; poszczęścić się, powieść się, udać się (*komuś*) **2.** wyrównywać, pokrywać; **make happy** uszczęśliwiać; **make hard work of sth** utrudnić sobie pracę/zadanie; **make hay while the sun shines** *przysł.* kuć żelazo, póki gorące; **make head or tail of sth** połapać się w czymś; **make headway 1.** posuwać się do przodu **2.** robić/czynić postępy; zbliżać się do wyznaczonego celu; **make heavy weather of sth** komplikować coś, wyolbrzymiać coś, potęgować coś, utrudniać coś; pogmatwać coś; **make history** tworzyć historię; **make house** tworzyć/stanowić kworum; **make inroads into//on 1.** rosnąć w siłę/znaczenie; zdobywać; podbijać (*konkurencję itd.*); przejmować **2.** nadwyrężać/nadwerężać; uszczuplać; **make it good** *pot.* **1.** odnieść/osiągnąć sukces; poszczęścić się, powieść się, udać się (*komuś*) **2.** wyrównywać, pokrywać; **make it known (that)** obwieścić (, że), podać do wiadomości (, że), oznajmić (, że), ogłosić (, że), zakomunikować (, że); **make it quick/make it snappy** *pot.* szybko!, prędko!, migiem!, raz dwa!; **make it up to sb** wynagrodzić coś komuś; **make it up with sb** pogodzić się z kimś; przeprosić się z kimś; pojednać się z kimś; **make light of sth** niewiele sobie robić z czegoś, nic sobie nie robić z czegoś, bagatelizować coś, lekceważyć coś, lekko traktować coś, nie brać czegoś poważnie; **make light work of sth** uprościć sobie pracę/zadanie, ułatwić sobie pracę/zadanie; szybko się uporać z pracą; uwinąć się z robotą; **make like** *pot.* sprawiać wrażenie, że...; **make little of sth 1.** niewiele sobie robić z czegoś, nic sobie nie robić z czegoś, bagatelizować coś, lekceważyć coś, lekko traktować coś, nie brać czegoś poważnie **2.** niewiele z czegoś rozumieć, nie bardzo coś rozumieć, nie móc się w czymś połapać; **make love to sb** kochać się z kimś (*o seksie*); **make mincemeat of sb/sth** *pot.* zetrzeć kogoś/coś na miazgę, zmiażdżyć kogoś/coś doszczętnie, rozbić/roznieść kogoś/coś w puch, rozgromić kogoś/coś; **make money 1.** robić/zarabiać pieniądze **2.** przynosić zysk; **make money hand over fist** *pot.* szybko robić/zarabiać pieniądze; robić kasę; szybko zarobić duże/ciężkie/grube pieniądze; **make no bones about (doing) sth** *pot.* nie robić z czymś ceregieli; **make no difference** nie robić różnicy, nie mieć znaczenia; **make no mistake about it!** bez wątpienia; z całą pewnością; i niech to będzie jasne...; **make no move to do sth** nie ruszyć się, aby coś zrobić; palcem nie kiwnąć, aby coś zrobić; palcem nie ruszyć, aby coś zrobić; **make notes** robić notatki, notować; **make odds even** wyrównywać (*różnice, szanse itd.*); **make one's blood freeze/make one's blood run cold** mrozić komuś krew w żyłach; **make one's choice** dokonać wyboru, wybrać; **make oneself at home** czuć się jak u siebie w domu; rozgościć się; **make oneself clear** wyrażać się jasno, jasno przedstawiać sprawę; **make oneself scarce** *pot.* ulotnić się; zmyć się; wyjść niepostrzeżenie; **make oneself understood** porozumieć się, dogadać się (*w obcym języku*); **make one's hair stand on end** *przen.* jeżyć komuś włosy na głowie;

make one's head spin przyprawiać kogoś o zawrót głowy; **make one's home somewhere** zadomowić się gdzieś; **make one's mouth water** (*o potrawie*) wyglądać apetycznie; sprawiać, że komuś ślinka do ust cieknie; **make one's point** powiedzieć swoje, powiedzieć co się myśli (*na dany temat*), wypowiedzieć się (*w danej sprawie*); **make one's presence felt** zaznaczyć swoją obecność; **make one's way** *dosł. i przen.* torować sobie drogę; **make out a bill** wystawić rachunek; **make out a case for sth** dostarczyć argumentów na uzasadnienie/poparcie czegoś, poprzeć coś argumentami, dobrze coś uzasadnić/umotywować; **make out a cheque** wystawić czek; **make peace** zawrzeć pokój; **make ready** przygotować (się); **make reference to sth** odnieść się do czegoś, nawiązać do czegoś, zrobić/uczynić wzmiankę o czymś, wzmiankować o czymś; **make rich** wzbogacić (się); **make sb do sth** zmuszać/nakłaniać kogoś do zrobienia czegoś; **make sb's acquaintance** poznać kogoś (osobiście), zawrzeć z kimś znajomość; **make sb's day** *pot.* uszczęśliwić/uradować kogoś, ucieszyć kogoś, sprawić komuś prawdziwą przyjemność/radość; **make sb sit up (and take notice)** dać komuś do myślenia; **make sb think** dać komuś do myślenia; zmusić kogoś do myślenia; skłaniać kogoś do myślenia; **make sense** mieć sens; być sensownym; **make sense of sth** zrozumieć coś z czegoś, połapać się w czymś, uchwycić sens czegoś; **make short work of sth** szybko się z czymś załatwić, uwinąć się z czymś; **make sth do** zadowolić się czymś; poprzestać na czymś; **make sure** upewnić się; **make the acquaintance of sb** poznać kogoś (osobiście), zawrzeć z kimś znajomość; **make the bed** posłać łóżko; **make the best of a bad job** zrobić wszystko co (w danej sytuacji) możliwe, spisać się jak najlepiej; **make the best of sth** (z)robić z czegoś najlepszy użytek; **make the headlines** trafić na czołówki gazet; stać się tematem dnia (*w wiadomościach*), zdominować serwisy informacyjne; **make the most of**

sth wykorzystać coś w pełni/maksymalnie; **make the team** nadawać się do drużyny, wejść w skład drużyny, być/zostać przyjętym do drużyny (*sportowej*); **make things lively for sb** zaleźć komuś za skórę, dać się komuś we znaki; zalać komuś sadła za skórę; uprzykrzyć komuś życie; **make tight** uszczelniać; **make time to...** znaleźć/znajdować czas na/aby...; **make too much of sth** przywiązywać/przykładać nadmierną wagę do czegoś, przywiązywać nadmierne znaczenie do czegoś, wyolbrzymiać coś/znaczenie czegoś; **make trouble** narobić kłopotu; sprawiać kłopot; **make up (for) lost time** nadrabiać stracony czas; **make up ground on sb/sth** zbliżać się do kogoś//czegoś, doganiać kogoś/coś, doścignąć kogoś/coś, zmniejszyć dystans do kogoś/czegoś; **make up leeway** nadrabiać zaległości; **make up one's mind** zdecydować się; **make up the bed** posłać łóżko; **make use of sth** wykorzystać coś; **make war** toczyć wojnę, prowadzić wojnę; **make waves** *pot.* mącić (wodę), robić zamieszanie, robić/siać/szerzyć/wywoływać zamęt; sprawiać/robić kłopot(y); **make way (for)** ustępować (z drogi/przed); zrobić drogę; odsunąć się; **not make any difference** nie robić różnicy, nie mieć znaczenia; **what do you make of it?** jak to rozumiesz?; co przez to rozumiesz?; **you can't make a silk purse out of a sow's ear** *przysł.* i w Paryżu nie zrobią z owsa ryżu; z pustego i Salomon nie naleje; **you've made your bed and you must lie on it** *przysł.* jak sobie pościelesz, tak się wyśpisz

maker *n* 1. wytwórca; producent 2. **the Maker** Stwórca, Bóg ♦ **meet one's maker** (*żartobliwie*) przenieść się na łono Abrahama, rozstać się z życiem/ze światem, wykorkować

making *n* robienie; tworzenie; wytwarzanie; produkowanie; wykonywanie ♦ **decision making** podejmowanie decyzji, decydowanie; **have the makings of...** mieć zadatki na...; **in the making** opracowywany; tworzony; wytwarzany; produkowany; (będący) na warsztacie; w (pełnym) toku

malice

malice *n* złośliwość ♦ **with malice aforethought** z premedytacją, dokładnie zaplanowany

mama *n* mama, mamusia, matka ♦ **mama's boy** maminsynek, maminy synek

man *n* (*pl* **men**) **1.** człowiek; osoba **2.** mężczyzna **3.** mąż ♦ **a man of action** człowiek czynu; **a man of few words** człowiek małomówny/milkliwy/milczący/powściągliwy w mowie; **a man of his word** słowny człowiek, człowiek dotrzymujący słowa/ /obietnicy; **a man of honour** człowiek honoru; **a man of many words** gadatliwy człowiek, gaduła; **a man of the world** światowy człowiek, światowiec, człowiek bywały w świecie; **as one man** jak jeden mąż, zgodnie, jednomyślnie; **be man and wife** być mężem i żoną; **be one's own man** być człowiekiem niezależnym; być (człowiekiem) niezależnym w sądach; **every man jack** *GB* każdy (bez wyjątku), wszyscy; **he's your/our man** *pot.* właściwy człowiek (*do czegoś*); **hit a man when he's down** kopać leżącego; **hit man** *pot.* płatny/wynajęty morderca, płatny/wynajęty zabójca; **it's every man for himself** *pot.* każdy sobie rzepkę skrobie; **kick a man when he's down** kopać leżącego; **ladies' man** lew salonowy; kobieciarz; bawidamek; **make a man (out) of sb** zrobić/uczynić z kogoś człowieka; **man-about-town** lew salonowy; człowiek bywały/światowy/z towarzystwa, światowiec; (stały) bywalec kawiarni/koncertów/ /teatru; **man and boy** od najmłodszego, całe życie, od chłopięcych lat, od dzieciństwa, od wieku chłopięcego; **man of letters** literat, pisarz; **man of the people** człowiek z ludu; swój człowiek; reprezentant narodu; **man overboard!** człowiek za burtą!; **man proposes but God disposes** *przysł.* człowiek strzela, Pan Bóg kule nosi; **medicine man** szaman, znachor, uzdrowiciel; **old man** *pot.* stary (*o mężu, ojcu*); **per man** na osobę; **the common man** przeciętny obywatel, zwykły/szary człowiek; **the man in the street** przeciętny człowiek; **the odd man out 1.** nie pasujący, inny; obcy **2.** zbywający; nie do pary; **to a man** co do jednego; jeden w drugiego; wszyscy bez wyjątku

manger *n* żłób; koryto ♦ **a dog in the manger** pies ogrodnika

manna *n* ♦ (*w wyrażeniu*) **(like) manna from heaven** (jak) manna z nieba

manner *n* **1.** sposób **2.** postawa; postępowanie; nastawienie **3.** rodzaj; gatunek **4. manners** *pl* maniery; zachowanie się ♦ **all manner of...** wszelkiego rodzaju..., różnego rodzaju...; **as (if) to the manner born** (jak) stworzony do czegoś; **by no manner of means** w żadnym wypadku; **have no manners** nie umieć się zachować, być źle wychowanym, być nieokrzesanym; **in a different manner** w inny sposób, inaczej; **in all manner of ways** w różny sposób, na różne sposoby; **in a manner of speaking** poniekąd, w pewnym sensie; **in like manner** w ten sam sposób, takim samym sposobem; w podobny sposób, podobnym sposobem; **in the manner of...** w stylu... (*innego malarza, pisarza itd.*); **in this manner** w ten/taki sposób; **in what manner** w jaki sposób; **no manner of...** żaden...; **not by any manner of means** w żadnym wypadku; **to the manner born** (jak) stworzony do czegoś; **what manner of...?** jaki...?, jakiego rodzaju...?; **where are your manners?** (*zwł. do dziecka*) jak ty się zachowujesz?!, co to za zachowanie?!

many *a* dużo; wiele ♦ **a good many** sporo; **a good many years** ładnych parę lat; **a great many** sporo; **as many again** drugie tyle; **as many as** tyle samo co, tyle ile; **half as many again** półtora raza większy/więcej; **have had one too many** *pot.* wypić jednego za dużo, upić się; **in as many words** jasno i wyraźnie, kategorycznie, dobitnie (*powiedzieć coś*); **many a person** niejeden, niejedna osoba; **many a thing** niejedna rzecz, niejedno; **many a time** niejednokrotnie, wielokrotnie, niejeden raz, wiele razy; **many thanks!** wielkie dzięki!, stokrotne dzięki!; **many times** niejednokrotnie, wielokrotnie, niejeden raz, wiele razy; **not in so many words** nie wprost (*powiedzieć coś*); **so**

many tak dużo, tyle, wiele; **too many** za dużo; za wiele; **twice as many** dwa razy tyle

map *n* mapa ♦ **off the map** *pot.* ustronny, położony na uboczu, położony z dala od miejsc uczęszczanych, położony z dala od głównych dróg; zabity deskami; **wipe sth off the map** *przen.* zetrzeć/wymazać coś z mapy

March *n* marzec ♦ **(as) mad as a March hare** *pot.* kompletny wariat, szalona głowa

march *n* marsz ♦ **death march** marsz śmierci; **hunger march** marsz głodowy; **peace march** marsz pokojowy; **quick march!** biegiem marsz!; **steal a march on sb** ubiec kogoś, wyprzedzić kogoś, uprzedzić kogoś; **the march of history** bieg historii; **wedding march** marsz weselny

mark[1] *n* **1.** znak; cecha **2.** ślad **3.** stopień, ocena (*w szkole*) **4.** marka (*jednostka monetarna*) ♦ **a mark of respect** wyraz/ /oznaka/dowód szacunku; **be quick off the mark** chwytać wszystko w lot, chwytać szybko, być bystrym; szybko się w czymś orientować; **exclamation mark** wykrzyknik; **full marks** najwyższe oceny/noty (*na egzaminie itd.*); **halfway mark** półmetek; **hit the mark 1.** trafić do celu **2.** odnieść zamierzony skutek, wywrzeć pożądany skutek/efekt, powieść się, udać się, wypalić, trafić w dziesiątkę; **leave its mark on sth** wycisnąć/zostawić/odcisnąć swoje piętno na czymś; zostawić swój ślad na czymś, zrobić swoje; **make a mark/make one's mark** wyróżnić się; wsławić się; zapisać się złotymi zgłoskami; **miss the mark 1.** nie trafić do celu **2.** nie odnieść zamierzonego skutku, nie wywrzeć pożądanego skutku/efektu, nie powieść się, nie udać się, nie wypalić; **not be up to the mark** być nie w sosie; nie być w formie; **off the mark** niedokładny, nieprecyzyjny, nieścisły; niepoprawny, błędny; **overstep the mark** przebrać miarę/miarkę, stracić/przekroczyć miarę, przeholować; posunąć się za daleko; **punctuation mark** znak przestankowy; **question mark** znak zapytania; **quotation mark** cudzysłów; **toe the mark** *US* przestrzegać dyscypliny; trzymać się ściśle przepisów/reguł; iść po linii (*partyjnej itd.*); **up to the mark** na (odpowiednim) poziomie; **wide of the mark** niedokładny, nieprecyzyjny, nieścisły; niepoprawny, błędny

mark² *v* znakować; znaczyć; cechować ♦ **mark my words!** zapamiętaj moje słowa!; zapamiętaj, co powiedziałem!; **mark time 1.** (*o wojsku*) maszerować w miejscu **2.** *pot.* dreptać w miejscu; czekać na lepszą okazję; **mark you** zauważ!, zwróć uwagę!

market *n* **1.** rynek **2.** targ ♦ **a flea market** pchli targ; **art market** rynek dzieł sztuki; **be in the market for sth** być zainteresowanym kupnem czegoś, poszukiwać czegoś; **black market** czarny rynek; **come onto the market** wchodzić na rynek/do sprzedaży, pojawić się na rynku/w sprzedaży; **free market** wolny rynek; **home market** rynek krajowy; **job market/labour market** rynek pracy; **market day** dzień targowy; **market economy** gospodarka rynkowa; **market hall** hala targowa; **market price 1.** cena rynkowa **2.** kurs giełdowy; **market square** rynek, plac targowy; **market value** wartość rynkowa; **on the (open) market** dostępny na rynku, w sprzedaży; **open market** wolny rynek; **play the market** *pot.* grać na giełdzie; **put sth on the market** wystawić coś na sprzedaż; **single market** wspólny rynek; **stock market** giełda

marriage *n* **1.** małżeństwo **2.** ślub ♦ **ask for sb's hand in marriage** (po)prosić kogoś o rękę; **church marriage** ślub kościelny; **civil marriage** ślub cywilny; **marriage bureau** biuro matrymonialne; **marriage of convenience** małżeństwo z rozsądku; **marriage vows** przysięga małżeńska

married *a* żonaty; zamężna ♦ **get married** pobrać się; ożenić się; wyjść za mąż; **young marrieds** państwo młodzi, młoda para

marrow *n* **1.** szpik **2.** rdzeń **3.** istota; treść **4.** kabaczek ♦ **frozen/chilled to the marrow** przemarznięty do szpiku kości

marry *v* **1.** poślubić **2.** udzielić ślubu ♦ **marry money** *pot.* poślubić kogoś dla pieniędzy, wyjść za kogoś/ożenić się dla pieniędzy

martial *a* wojenny; wojskowy ♦ **martial law** stan wojenny/wyjątkowy

mass *n* **1.** masa; wielka ilość; mnogość **2.** masa; bryła **3. the masses** *pl* masy; świat pracy **4. Mass** msza ♦ **be a mass of sth** być pełnym czegoś; tonąć w czymś; **High Mass** suma (*msza*); **mass hysteria** zbiorowa histeria; **mass media** środki masowego przekazu, publikatory, mass media; **mass suicide** zbiorowe samobójstwo; **say (a/the) Mass** celebrować/odprawiać mszę; **serve Mass** służyć do mszy

mast *n* maszt ♦ **nail one's colours to the mast** zdeklarować się (publicznie) za czymś/kimś, opowiedzieć się zdecydowanie za czymś/kimś

master *n* **1.** pan; gospodarz **2.** pan, nauczyciel **3.** mistrz (*w sztuce*) **4.** mistrz, majster **5.** magister **6.** kapitan statku handlowego ♦ **be one's own master** być panem samego siebie/swej woli; **master of ceremonies** mistrz ceremonii; **one's lord and master** (*żartobliwie*) czyjś pan i władca; **serve two masters** służyć dwóm panom, (palić) Panu Bogu świeczkę i diabłu ogarek, siedzieć na dwóch stołkach

match *n* **1.** zapałka **2.** lont **3.** człowiek dorównujący drugiemu **4.** rzecz dopasowana do innej **5.** mecz; spotkanie (sportowe) **6.** dobra partia (*do małżeństwa*) ♦ **be a perfect match** być dla siebie stworzonym, być dla siebie (nawzajem) przeznaczonym, być sobie przeznaczonym; **be more than a match for sb** być o całe niebo lepszym od kogoś, przerastać/przewyższać kogoś o całe niebo; **be no match for sb (at sth)** nie dorastać komuś do pięt (w czymś), nie dorównywać komuś (w czymś), nie umywać się do kogoś (w czymś), nie móc się równać z kimś (w jakiejś dziedzinie); **be sb's match/be match for sb** dorównywać komuś; **championship match** mecz o mistrzostwo; **close match** wyrównany mecz; **dead match** spalona/zużyta//niedobra zapałka; **drawn match** mecz remisowy; **find one's match** trafić na równego sobie, trafić na swego; **friendly**

match mecz towarzyski; **he has met his match/he has found his match** trafił swój na swego; **home match** mecz rozegrany u siebie/na własnym boisku; **live match** nie zapalona/nie spalona/nie zużyta/dobra zapałka; **make a good match** zrobić dobrą partię, dobrze się ożenić/wyjść za mąż; **meet one's match** trafić na równego sobie, trafić na swego; **put a match to** podłożyć ogień, podpalić; **return match** mecz rewanżowy; **strike a match** potrzeć/zapalić zapałkę; **they are a good match** tworzą dobraną parę; **tight match** wyrównany mecz

matter[1] *n* 1. materia 2. treść 3. przedmiot; rzecz 4. sprawa ♦ **a matter of course** rzecz oczywista, zrozumiała sprawa; **as a matter of fact** jeśli chodzi o ścisłość, w gruncie rzeczy; właściwie; **a matter of hours/minutes/months** kwestia godzin/minut/miesięcy; **a matter of life and death** sprawa życia i śmierci; **a matter of taste** rzecz gustu; **as a matter of course** rzecz oczywista, zrozumiała sprawa; **for that matter** jeśli o to chodzi; **grey matter** *pot.* szare komórki; **is anything the matter?** o co chodzi?; co się stało?; *pot.* co jest grane?; **it is another matter/it is a different matter** to zupełnie inna sprawa; **it's only a matter of time** to tylko kwestia czasu; **let the matter rest** dać sprawie spokój, zostawić (tę) sprawę w spokoju; **make matters worse** pogorszyć (tylko) sprawę; **matters of state** sprawy państwowe; **no matter** nieważne, bez znaczenia; **no matter...** obojętnie..., wszystko jedno..., bez względu na to... (*gdzie, kiedy, co itd.*); **not mince matters** nie przebierać w słowach; wykładać kawę na ławę; **settle the matter** rozstrzygnąć sprawę; załatwić sprawę; **sth is no laughing matter** coś nie jest do śmiechu, coś jest bardzo poważną sprawą, nie należy się z czegoś śmiać; to nie żarty; **subject matter** temat; **take matters into one's own hands** wziąć sprawę w swoje ręce; **that's the end of the matter** to kończy sprawę; koniec kropka; i koniec, i na tym koniec, ...i już, ...i tyle; **the fact of the matter is.../the truth of the matter is...** faktem jest, że...;

matter

sprawa polega na tym, że...; **the heart of the matter** sedno sprawy; **what's the matter?** o co chodzi?; co się stało?; *pot.* co jest grane?; **what's the matter with...?** co się dzieje z...?

matter[2] *v* mieć znaczenie ♦ **it doesn't matter** to nie ma znaczenia, to jest bez znaczenia; **nothing else matters** nic poza tym nie ma znaczenia, wszystko inne jest bez znaczenia, nic innego się nie liczy; **what matters is...** ważne jest..., liczy się (tylko)...

may *v* **1.** (*czasownik modalny używany dla wyrażania prawdopodobieństwa lub zezwolenia* – mogę, wolno mi *itd.*) **2.** (*przy wyrażaniu życzeń*) oby ♦ **be that as it may** jak było, tak było; **come what may** niech się dzieje co chce; cokolwiek się stanie; cokolwiek by się działo; cokolwiek by się miało wydarzyć; **it may be true** to może być prawdą; **may God bless you!** niech cię Bóg błogosławi!; **may you be happy** obyś był szczęśliwy

mean[1] *n* **1.** przeciętna, średnia **2.** środek ♦ **the golden/happy mean** złoty środek; kompromis, kompromisowe rozwiązanie, rozwiązanie satysfakcjonujące obie/wszystkie strony

mean[2] *v* (**meant, meant**) **1.** znaczyć; oznaczać **2.** mieć na myśli **3.** zamierzać; mieć intencję **4.** przeznaczać, wyznaczać ♦ **be meant for each other** być dla siebie stworzonym, być dla siebie (nawzajem) przeznaczonym, być sobie przeznaczonym; **be meant for sb** być przeznaczonym dla kogoś; **be meant for sth** zostać stworzonym z myślą o czymś; **do you mean to say...?** chcesz (przez to) powiedzieć, że...?; **how do you mean?** co masz na myśli?, to znaczy?; **if you know what I mean** jeśli rozumiesz/wiesz, co mam na myśli; jeśli rozumiesz/wiesz, o co mi chodzi; **it was just meant to be** tak miało być, tak musiało się stać, to było nieuniknione; stało się; **know what it means to be...** wiedzieć co to znaczy być... (*biednym itd.*); **mean all the world to sb** znaczyć dla kogoś wszystko, być dla kogoś całym światem, być dla kogoś wszystkim; **mean business/mean it** *pot.* nie żartować, mówić serio/poważnie;

mean no harm/not mean any harm nie mieć nic złego na myśli, zrobić coś w najlepszej intencji; **mean nothing to sb 1.** nic dla kogoś nie znaczyć **2.** nic komuś nie mówić (*np. czyjeś nazwisko*); **mean something to sb 1.** coś/wiele dla kogoś znaczyć **2.** mówić coś komuś (*np. czyjeś nazwisko*); **mean well** mieć dobre intencje, działać w dobrej wierze/w dobrej intencji; chcieć dobrze; **see what sb means** *pot.* rozumieć, co ktoś ma na myśli; rozumieć, co ktoś chce powiedzieć; **something means a lot to sb** coś wiele dla kogoś znaczy, coś bardzo dużo dla kogoś znaczy; **something means everything/the world to sb** coś jest dla kogoś wszystkim/całym światem; **that doesn't mean...** to (wcale) nie znaczy, że..., to (wcale) nie oznacza, że...; **what is meant by...?** co należy rozumieć przez...?, jak należy rozumieć...?; **what's that supposed to mean?** *pot.* co to ma znaczyć?!; **you know what I mean?** *pot.* rozumiesz co mam na myśli?; wiesz o co mi chodzi?; rozumiesz?

mean[3] *a* **1.** średni; przeciętny **2.** ubogi **3.** marny; kiepski **4.** podły; nikczemny **5.** skąpy ♦ **no mean...** nie lada..., nie byle jaki...

means *n* (*pl* **means**) **1.** środek; środki **2.** środki do życia; zasoby pieniężne ♦ **a means to an end** środek do celu; **by fair means or foul** nie przebierając w środkach, chwytając się wszelkich dostępnych środków; **by no manner of means** w żadnym wypadku; **have the means to do sth** mieć środki na coś/do czegoś (*na utrzymanie rodziny itd.*); **live beyond one's means** żyć (po)nad stan; **man of means** człowiek zamożny; **means of transport/***US* **means of transportation** środki transportu; **not by any manner of means** w żadnym wypadku; **the end justifies the means** *przysł.* cel uświęca środki; **ways and means** środki (*do czegoś*); (swoje/własne) sposoby (*na coś*)

meantime *adv* ♦ (*w wyrażeniach*) **for the meantime** na razie, tymczasem; **in the meantime** tymczasem; w międzyczasie

measure *n* **1.** miara **2.** wymiar; rozmiar **3.** środek (*działania*); poczynanie ♦ **beyond measure** niezwykle; niezmiernie; nad-

meat

miernie, ponad miarę; **get the measure of sb** wyrobić sobie pogląd/zdanie/sąd o kimś; **half measures** półśrodki; **in large//great measure** w ogromnej mierze, w dużej mierze; w przeważającej części; **in some measure** w pewnej mierze; **made to measure** zrobiony/uszyty na miarę; **safety/security measures** środki bezpieczeństwa; **take measures** przedsięwziąć środki zaradcze; poczynić kroki; **take sb's measure** wyrobić sobie pogląd/zdanie/sąd o kimś

meat *n* mięso ♦ **God never sends mouths but he sends meat//God never sends mouths without sending meat** *przysł.* kogo Pan Bóg stworzy, tego nie umorzy; **one man's meat is another man's poison** co dla jednego zdrowe, drugiemu może zaszkodzić

medicine *n* **1.** medycyna **2.** środek leczniczy; lek ♦ **give sb a taste of his own medicine/give sb a dose of his own medicine** odpłacić komuś pięknym za nadobne; **laughter is the best medicine** *przysł.* śmiech to zdrowie; **medicine man** szaman, znachor, uzdrowiciel; **over-the-counter medicine** lek sprzedawany bez recepty; **take one's medicine (like a man)** (wy)pić piwo, którego się nawarzyło

medium *n* (*pl* **media, mediums**) **1.** środek; narzędzie **2.** środek; rzecz pośrednia **3.** środowisko; ośrodek **4.** (*pl* **mediums**) medium ♦ **a happy medium** złoty środek; kompromis, kompromisowe rozwiązanie, rozwiązanie satysfakcjonujące obie//wszystkie strony; **mass media** środki masowego przekazu, publikatory, mass media; **medium of instruction** język wykładowy; **strike a happy medium** osiągnąć kompromis

meet *v* (**met, met**) **1.** spotykać (się) **2.** poznawać (się) **3.** spełniać (*warunki, wymagania itd.*), zaspokajać **4.** doznawać (*serdeczności itd.*), zaznawać ♦ **glad to meet you** miło mi cię poznać; **make (both) ends meet** *przen.* wiązać koniec z końcem; **meet a demand 1.** zaspokajać/spełniać żądanie **2.** zaspokajać popyt; **meet an aim/a goal** osiągnąć cel; **meet a sticky end** źle skończyć; **meet a violent death** umrzeć/zginąć śmiercią tragiczną; **meet costs** pokrywać koszty; **meet debts** spłacać długi; **meet expenses** pokrywać koszty; **meet one's death** ponieść śmierć; znaleźć śmierć; **meet one's eyes** ukazać się czyimś oczom; **meet one's maker** (*żartobliwie*) przenieść się na łono Abrahama, rozstać się z życiem/ze światem, wykorkować; **meet one's match** trafić na równego sobie, trafić na swego; **meet requirements** zaspokajać/spełniać wymagania; sprostać wymaganiom; **meet sb halfway** wyjść komuś naprzeciw; pójść z kimś na kompromis, osiągnąć kompromis z kimś, wejść z kimś w kompromis; **meet sb's views** podzielać czyjeś poglądy; **meet sth head-on 1.** zderzyć się czołowo; zderzyć się głowami **2.** *przen.* stawić czemuś czoło; **meet the needs** zaspokajać potrzeby; **meet with an accident** mieć wypadek, ulec wypadkowi; **meet with approval/disapproval** spotkać się z aprobatą/dezaprobatą; **meet with a reception** spotkać się z przyjęciem (*chłodnym, entuzjastycznym itd.*); **nice/pleased to meet you** miło mi cię poznać

meeting *n* **1.** spotkanie; zebranie; zgromadzenie **2.** spełnienie, zaspokojenie, wypełnienie ♦ **attend a meeting** uczestniczyć w spotkaniu/zebraniu; **be in/at a meeting** być na spotkaniu/zebraniu; **board meeting** posiedzenie/zebranie zarządu; **general meeting** zgromadzenie ogólne; **hold a meeting** odbywać spotkanie, mieć spotkanie; **summit meeting** szczyt, spotkanie na szczycie; **working meeting** spotkanie/zebranie robocze

melt *v* **1.** topić **2.** topnieć, topić się ♦ **melt in one's mouth** rozpływać się w ustach (*potrawa*)

memory *n* **1.** pamięć **2.** wspomnienie **3.** pamięć (komputera) ♦ **a memory lapse/a lapse of memory** zaćmienie pamięci; luka w pamięci; **be imprinted on one's memory** wryć się komuś w pamięć; **childhood memories** wspomnienia z dzieciństwa; **commit sth to memory** zachować coś w pamięci; **from memory** z pamięci; **have a good/bad memory for sth** mieć dobrą/złą pamięć do czegoś; **have a memory like a sieve** mieć dziurawą/złą pamięć, mieć krótką/kurzą pamięć; **hazy memories** mgliste wspomnienia; **honour sb's memory** czcić czyjąś pamięć, składać hołd czyjejś pamięci; **if my memory serves me (well/correctly)** jeżeli mnie pamięć nie myli/nie zawodzi; **in living memory** jak sięgnąć pamięcią, jak/odkąd (czyjaś) pamięć sięga; **in memory of...** ku pamięci...; poświęcony pamięci...; **keep sb's memory green** nie pozwolić komuś zapomnieć o kimś (*o zmarłej osobie*), przypominać komuś o kimś; **live in sb's memory** żyć w czyjejś pamięci; **lose one's memory** stracić pamięć; **...of blessed memory/...of sacred memory** świętej pamięci...; **short memory** krótka/kurza pamięć; **slip one's memory** wylecieć komuś z głowy/z pamięci, zapomnieć; **sth is in living memory/sth is within living memory** coś tkwi żywo w pamięci; **stick in one's memory** wryć się komuś w pamięć, utkwić komuś w pamięci; **to the memory of...** ku pamięci...; poświęcony pamięci...; **venerate sb's memory** czcić czyjąś pamięć, składać hołd czyjejś pamięci; **wipe out the memory of sth** wymazać coś z pamięci; **within living memory** jak sięgnąć pamięcią, jak/odkąd (czyjaś) pamięć sięga

mention *v* wzmiankować; wymieniać; wspominać ♦ **above mentioned** wyżej wymieniony; **below mentioned** niżej wymieniony; **not to mention...** *pot.* że nie wspomnę o..., nie mówiąc już o..., nie wspominając już o...

mercy *n* litość; miłosierdzie; łaska ♦ **at the mercy of...** na łasce... (*losu itd.*); **beg mercy** błagać o łaskę; **be grateful/thankful for small mercies** nigdy nie jest tak źle, aby nie mogło być gorzej; **leave sb/sth to the mercy of sb/sth** pozostawić kogoś/coś na łasce kogoś/czegoś; **mercy killing** eutanazja; **show no mercy (to sb)** nie okazać litości (komuś), nie mieć litości (dla kogoś), być bezlitosnym (dla kogoś); **throw oneself at sb's mercy** zdać się na czyjąś łaskę

merry *a* wesoły ♦ **lead sb a merry chase** *US* wodzić kogoś za nos; **play merry hell with sb/sth** mieć fatalny wpływ na kogoś/coś, mieć zgubny wpływ na kogoś/coś, szkodzić komuś/ /czemuś

mess *n* bałagan ♦ **a hell of a mess** piekielny/potworny bałagan; **make a mess** robić bałagan, bałaganić; **make a mess of sth** *pot.* spartaczyć coś, spaprać coś

message *n* wiadomość; informacja ♦ **get the message** *pot.* zrozumieć aluzję; zrozumieć

mice *pl* (*sing* **mouse**) myszy ♦ **when the cat's away the mice will play** *przysł.* myszy tańcują, kiedy kota nie czują

middle[1] *n* środek; część środkowa ♦ **divide sth down the middle** podzielić coś/się na połowy, podzielić coś/się na połowę, przepołowić (się), dzielić (się) na dwie równe części; **in the middle of...** w połowie...; w/na środku...; **right in the middle** w samym środku

middle[2] *a* środkowy; średni ♦ **middle class** burżuazja; klasa średnia; **middle course** złoty środek; **middle finger** palec środkowy; **middle name** drugie imię

middling *a pot.* średni, przeciętny ♦ **fair to middling** *pot.* taki sobie; średni

midnight *n* północ, środek nocy ♦ **burn the midnight oil** pracować po nocach; uczyć się po nocach; siedzieć do późnej nocy

midstream *n* środek rzeki ♦ **change horses in midstream** zmieniać zaprzęg w połowie brodu; zmieniać reguły gry w trakcie gry; wycofać się z czegoś; przerzucić się z czegoś na coś innego

might *n* moc; potęga; siła ♦ **might is right** *US* silny ma zawsze rację; argument siły; **with all one's might** z całej siły, z całych sił

mighty *a* mocny; silny; potężny ♦ **high and mighty** pyszałkowaty, pyszny, zarozumiały, wywyższający się nad innych

mildly *adv* łagodnie ♦ **to put it mildly** delikatnie mówiąc

mile *n* mila ♦ **give sb an inch and they'll take a mile** *przysł.* daj mu palec, a on całą rękę chwyta; **sth stands out a mile/sth**

sticks out a mile *pot.* coś widać jak na dłoni, coś widać z daleka, coś widać na kilometr, coś jest jasne jak słońce; **talk a mile a minute** *pot.* mówić jak nakręcony/bez przerwy; gadać jak nakręcony/jak najęty; trajkotać jak młynek; **you could tell a mile off that...** już na pierwszy rzut oka widać/można poznać/można się zorientować, że...; widać jak na dłoni, że...; z daleka widać, że...; na kilometr widać, że...

military *a* wojskowy, militarny ♦ **be called up for military service** być/zostać powołanym do służby wojskowej, powołać/ /wcielić kogoś do armii; **military honours** honory wojskowe; **military police** żandarmeria wojskowa; **military service** służba wojskowa

milk *n* mleko ♦ **a land flowing with milk and honey/a land of milk and honey** kraina mlekiem i miodem płynąca, kraj mlekiem i miodem płynący; **cry over spilt/spilled milk** płakać nad rozlanym mlekiem; **milk tooth** ząb mleczny; **the milk of human kindness** dobroć serca

mill *n* 1. młyn 2. młynek 3. zakład przemysłowy 4. walcownia ♦ **(all) grist to the mill** woda na młyn; zysk, (dodatkowa) korzyść; **go through the mill** przejść twardą szkołę życia; **put sb through the mill** przepytać kogoś; przeegzaminować kogoś; wymaglować kogoś; dać komuś szkołę; **the mill of God grinds slow but sure** *przysł.* Pan Bóg nierychliwy, ale sprawiedliwy

million *num* milion ♦ **feel like a million dollars/bucks** czuć się jak młody bóg, czuć się bosko/znakomicie; **look like a million dollars/bucks** wyglądać wystrzałowo/rewelacyjnie/nadzwyczaj atrakcyjnie/super/ekstra

millstone *n* kamień młyński ♦ **be a millstone round sb's neck** być komuś kamieniem u szyi

mince *v* 1. mielić; siekać (*mięso itd.*) 2. dreptać ♦ **mince one's words** przebierać w słowach; owijać w bawełnę; **not mince matters/one's words** nie przebierać w słowach; wykładać kawę na ławę

mincemeat *n* (*rodzaj farszu bakaliowego*) ♦ **make mincemeat of sb/sth** *pot.* zetrzeć kogoś/coś na miazgę, zmiażdżyć kogoś/coś doszczętnie, rozbić/roznieść kogoś/coś w puch, rozgromić kogoś/coś

mind¹ *n* **1.** umysł; głowa; intelekt; myśli; pamięć **2.** zdanie; mniemanie **3.** zamierzenie; chęć ♦ **a load off sb's mind** kamień z serca; kłopot z głowy; **a sound mind in a sound body** w zdrowym ciele zdrowy duch; **at the back of one's mind** w myślach; podświadomie; **a weight off sb's mind** kamień z serca; kłopot z głowy; **bear in mind (that)** pamiętać (, że); uwzględniać; zachować w pamięci; **be bored out of one's mind** śmiertelnie się nudzić, być nieludzko znudzonym; **be imprinted on one's mind** wryć się komuś w pamięć; **be in one's right mind** być przy zdrowych zmysłach; **be in two minds about (doing) sth/be of two minds about (doing) sth** nie umieć wybrać czegoś, nie umieć dokonać właściwego wyboru, nie móc się na coś zdecydować, wahać się jak postąpić/między dwiema możliwościami; **be of sound mind** być przy zdrowych zmysłach; **be of the same mind (about)/be of one mind (about)/be of like mind (about)** być tego samego zdania (w sprawie), mieć jednakowy pogląd (na); **be out of one's mind** odchodzić od rozumu/od zmysłów; **be the last thing on sb's mind** być ostatnią rzeczą, jaka przyszłaby komuś do głowy/na myśl; **bring sth back to one's mind/call sth to mind** przywodzić komuś coś na myśl/na pamięć; **carry sth in one's mind** zapamiętać coś, nauczyć się czegoś na pamięć; **cast one's mind back to sth** wrócić myślami do czegoś; **change one's mind** zmienić zdanie; rozmyślić się; **come to mind** przychodzić do głowy/na myśl; **cross one's mind** przychodzić komuś do głowy/na myśl, przechodzić komuś przez myśl; **enter one's/sb's mind** przyjść komuś do głowy, wpaść komuś do głowy; **frame of mind** nastrój; **get sth out of one's mind** wymazać coś z pamięci; **give one's mind to sth** koncen-

mind

trować się/swoją uwagę na czymś; **give sb a piece of one's mind** *pot.* powiedzieć coś komuś do słuchu; **go out of one's mind 1.** odchodzić od rozumu/od zmysłów **2.** wylecieć komuś z głowy/z pamięci, zapomnieć; **go over sth in one's mind** (bez przerwy) wracać do czegoś myślami, być pochłoniętym/zaprzątniętym myślą/myślami o czymś, rozpamiętywać coś; **habit of mind** usposobienie; **have a good mind to do sth** mieć wielką ochotę coś zrobić; **have a lot on one's mind** mieć z czymś urwanie głowy, mieć dużo zmartwień/kłopotów/problemów na głowie; **have a mind like a sieve** mieć dziurawą/złą pamięć, mieć krótką/kurzą pamięć; **have a mind of one's own** mieć swój rozum; **have a mind to do sth** mieć ochotę coś zrobić; **have an open mind** mieć otwarty umysł; **have in mind** mieć na myśli; **have it in mind to do sth** mieć zamiar coś zrobić, nosić się z zamiarem zrobienia czegoś, zamierzać coś zrobić; **have sth in mind** rozważać coś; rozpatrywać coś; uwzględniać coś; **have the presence of mind** zachować przytomność umysłu; **in one's mind's eye** w czyjejś wyobraźni, oczami wyobraźni; **in the back of one's mind** w myślach; podświadomie; **it never crossed/entered my mind that/to...** nigdy nie przyszło mi do głowy, że/żeby...; **keep sth in mind** zachować coś w pamięci; pamiętać o czymś; **know one's own mind** wiedzieć czego się chce; **lose one's mind** stracić rozum/zmysły; **make up one's mind** zdecydować się; **of unsound mind** nie w pełni władz umysłowych, niespełna rozumu, niepoczytalny; **on one's mind** na głowie; na myśli; zaprzątający (sobie) uwagę/głowę/myśli/umysł (*czymś*); **out of sight, out of mind** *przysł.* czego oko nie widzi, tego sercu nie żal; co z oczu, to i z myśli/serca; **pay sth/sb no mind** *US* nie zwracać na coś/kogoś (najmniejszej) uwagi, zupełnie nie zwracać uwagi na coś/kogoś; zupełnie nie przywiązywać wagi do czegoś; **peace of mind** spokój ducha, wewnętrzny spokój; **presence of mind** przytomność umysłu; **prey on sb's mind** prześladować kogoś, nie dawać komuś spokoju, dręczyć kogoś (*myśli itd.*); **put sb's mind at ease** uspokoić kogoś; **put sb's mind at rest** uspokoić kogoś; rozproszyć czyjeś obawy; **put sth from one's mind/put sth out of one's mind** wymazać coś z pamięci; **read sb's mind** czytać w czyichś myślach; **set one's mind on (doing) sth** nastawić się na coś/na zrobienie czegoś, zdecydować się na coś/na zrobienie czegoś; **set sb's mind at ease** uspokoić kogoś; **set sb's mind at rest** uspokoić kogoś; rozproszyć czyjeś obawy; **since time out of mind** od niepamiętnych czasów; **slip one's mind** wylecieć komuś z głowy//z pamięci, zapomnieć; **speak one's mind** być (zupełnie) szczerym, mówić szczerze/otwarcie, mówić to co się myśli; **spring to mind** przychodzić do głowy/na myśl; **sth boggles sb's mind/sth is on sb's mind** coś chodzi komuś po głowie; **stick in one's mind** wryć się komuś w pamięć, utkwić komuś w pamięci; **take one's mind off sth** oderwać myśli od czegoś; **that's a weight off my mind** spadł mi ciężar z serca; **the mind boggles at sth** coś nie mieści się komuś w głowie; **to my mind** moim zdaniem; na mój rozum; według mnie; **turn sth over in one's mind** (bez przerwy) wracać do czegoś myślami, być pochłoniętym/zaprzątniętym myślą/myślami o czymś, rozpamiętywać coś

mind² *v* **1.** pamiętać, mieć na uwadze **2.** troszczyć się; zajmować się **3.** sprzeciwiać się, oponować ♦ **I don't mind** nie mam nic przeciwko temu; **if you don't mind** jeśli nie masz nic przeciwko temu, jeśli pozwolisz; **mind one's language/tongue** liczyć się ze słowami; **mind one's own business** pilnować swego nosa, pilnować swoich spraw, nie wtrącać się w sprawy innych; **mind one's step 1.** uważać jak się idzie **2.** uważać na to co się robi; być ostrożnym; **mind out!** *GB* uwaga!, uważaj!; **mind you** proszę zauważyć; zauważ, zwróć uwagę; **never mind!** *pot.* mniejsza o to!, mniejsza z tym!, to nie ma znaczenia!; **would you mind...** czy byłbyś łaskaw..., czy zechciałbyś...

mine *n* kopalnia ♦ **a mine of information** kopalnia informacji/wiadomości

minimum *n* (*pl* **minima, minimums**) minimum ♦ **absolute/bare minimum** absolutne minimum, konieczne minimum; **reduce sth to a minimum** zmniejszać/ograniczać/redukować coś do minimum

minority *n* **1.** mniejszość **2.** niepełnoletność ♦ **be in a/the minority** być w mniejszości; znaleźć się w mniejszości; stanowić mniejszość; **minority government** rząd mniejszościowy; **minority leader** przywódca/lider mniejszości (*parlamentarnej itd.*); **minority rule** rządy mniejszości (*parlamentarnej*)

mint *n* **1.** mennica **2.** mięta ♦ **in mint condition** w idealnym/doskonałym stanie

minute *n* **1.** minuta **2. minutes** *pl* protokół ♦ **any minute now** lada chwila; **at the last minute** w ostatniej chwili, w ostatnim momencie; **be along in a minute** być/przyjść/przyjechać/przybyć za chwilę; **do sth at the last minute** robić coś w ostatniej chwili; **have a minute** mieć (wolną) chwilę, mieć minutę; **hold on a minute** *pot.* proszę chwilę poczekać; chwileczkę; **in a minute** za chwilę; **just a minute, please** *pot.* proszę chwilę poczekać; chwileczkę; **minute hand** wskazówka minutowa (*zegara*); **talk a mile a minute** *pot.* mówić jak nakręcony/bez przerwy; gadać jak nakręcony/jak najęty; trajkotać jak młynek; **the last minute** w ostatniej chwili, w ostatnim momencie; **there's one born every minute** *przysł.* głupich nie trzeba siać, sami się rodzą; **this minute!** w tej chwili!; **to the minute** co do minuty; **up to the minute** *pot.* **1.** na czasie, modny **2.** z ostatniej chwili, najnowszy, najświeższy (*wiadomości*); **wait a minute** *pot.* proszę chwilę poczekać; chwileczkę; **within minutes** w ciągu paru minut, za parę minut

miracle *n* cud ♦ **by a miracle** cudem; **do/perform miracles** czynić cuda

mirror *n* lustro, zwierciadło ♦ **false mirror** krzywe zwierciadło; **mirror image** zwierciadlane/wierne odbicie

misadventure *n* **1.** nieszczęście, niepowodzenie; pech **2.** nieszczęśliwy wypadek ♦ **death by misadventure** przypadkowa śmierć, śmierć na skutek nieszczęśliwego wypadku, śmierć w wypadku

misapprehension *n* niezrozumienie; mylne/błędne zrozumienie; błędne przekonanie ♦ **(labour) under a misapprehension** (tkwić/być) w błędnym przekonaniu

miscarriage *n* **1.** niepowodzenie **2.** zaginięcie, niedoręczenie (*przesyłki pocztowej*) **3.** poronienie ♦ **a miscarriage of justice** pomyłka sądowa

miss[1] *n* **1.** dziewczynka; panienka **2.** pani (*przed nazwiskiem kobiety niezamężnej skrócone na Ms*) **3.** pani, nauczycielka **4.** miss (*w konkursie piękności*) **5.** chybienie; nietrafienie ♦ **give sth a miss** darować sobie coś, zrezygnować z czegoś; opuścić coś; **I think I'll give the party a miss** myślę, że daruję sobie to przyjęcie

miss[2] *v* **1.** chybić; nie trafić **2.** opuścić, przepuścić; spóźnić się (*na autobus itd.*) **3.** brakować; odczuwać brak; tęsknić do/za ♦ **miss a chance/miss an opportunity** stracić/zmarnować/ /zaprzepaścić okazję; stracić/zmarnować/zaprzepaścić szansę; przegapić/przepuścić okazję; **miss the boat/bus** *pot.* stracić/ /przepuścić/przegapić okazję; zawalić sprawę; **miss the mark 1.** nie trafić do celu **2.** nie odnieść zamierzonego skutku, nie wywrzeć pożądanego skutku/efektu, nie powieść się, nie udać się, nie wypalić; **miss the point** nie zrozumieć sensu/o co chodzi; **miss the target** nie trafić do celu; **miss the train** spóźnić się na pociąg; **my heart missed a beat when...** serce mi zamarło, kiedy...; **not miss a trick** *pot.* być czujnym; nie stracić/nie zmarnować okazji; nie przegapić/nie przepuścić okazji

missing *a* zaginiony; brakujący ♦ **go missing** z(a)ginąć; zniknąć; zgubić się; **missing link** brakujące ogniwo; **missing person** zaginiony, zaginiona osoba

mistake¹ *n* błąd; pomyłka ♦ **and no mistake!** *pot.* bez wątpienia, niewątpliwie; **big mistake** duży błąd; *pot.* gruby błąd; **by mistake** przez pomyłkę, omyłkowo; **learn by/from one's mistakes** uczyć się na błędach; **make a mistake** zrobić/popełnić błąd, pomylić się; **make no mistake about it!** bez wątpienia; z całą pewnością; i niech to będzie jasne...; **point out a mistake** zwrócić uwagę na błąd, wskazać błąd, wytknąć błąd; **spelling mistake** błąd ortograficzny/w pisowni; **there must be some mistake** to (musi być) jakaś pomyłka; **we all make mistakes** *pot.* nie ma ludzi nieomylnych, wszyscy popełniamy/robimy błędy

mistake² *v* (**mistook, mistaken**) mylić się; pomylić ♦ **there's no mistaking...** nie ma wątpliwości (co do/że...)

mistaken *a* błędny; źle zrozumiany ♦ **be mistaken** mylić się; być w błędzie; **be sadly mistaken** bardzo/okropnie się mylić; być w błędzie; kompletnie nie mieć racji

mistress *n* **1.** pani (*domu*) **2.** pani (*przed nazwiskiem kobiety zamężnej skrócone na Mrs lub Ms*) **3.** pani, nauczycielka ♦ **be one's own mistress** być panią samej siebie/swej woli

mixed *a* **1.** mieszany; zmieszany **2.** koedukacyjny ♦ **a mixed bag** zbieranina; różnorodna mieszanina/mieszanka; zróżnicowana grupa (*osób, przedmiotów*); **have mixed emotions/feelings** mieć mieszane uczucia

mixer *n* **1.** mieszadło; mieszalnik **2.** mikser ♦ **a good mixer** człowiek towarzyski, osoba towarzyska/łatwo nawiązująca znajomości

mockery *n* kpina; parodia ♦ **make a mockery of sth** wystawiać coś na pośmiewisko; kpić z czegoś; być parodią czegoś

moderation *n* umiarkowanie, umiar ♦ **in moderation** umiarkowanie, w sposób umiarkowany, z umiarem

mole *n* kret ♦ **(as) blind as a mole** ślepy jak kret

molehill *n* kretowisko ♦ **make a mountain out of a molehill** z igły robić widły

moment *n* moment; chwila ♦ **at a moment's notice** bez czasu na przygotowanie (się); bez uprzedzenia; **(at) any moment** w każdej chwili; **at odd moments** w wolnych chwilach; **at the moment** w tej chwili, w tym momencie, teraz; **at the (very) last moment** w ostatniej chwili, w ostatnim momencie; **do sth on the spur of the moment** zrobić coś pod wpływem chwilowego impulsu, działać pod wpływem impulsu, zrobić coś pod wpływem chwili; **for the moment** na razie, chwilowo; **in a moment** za chwilę; **in a weak moment** w chwili słabości; **in the heat of the moment** w ferworze chwili; **just a moment, please** *pot.* proszę chwilę poczekać; chwileczkę; **not a moment too soon** niemal/nieomal w ostatniej chwili; **the moment of truth** *przen.* chwila/godzina prawdy; **there's never a dull moment when...** nie ma czasu się nudzić, kiedy...; nie ma czasu na nudę, kiedy...; nie ma chwili spokoju, kiedy...; **to/till the last moment** na ostatnią chwilę; **wait a moment** *pot.* proszę chwilę poczekać; chwileczkę

money *n* pieniądz; pieniądze ♦ **a waste of money** strata pieniędzy; **be rolling in money** *pot.* mieć w bród pieniędzy, mieć forsy jak lodu, sypiać na pieniądzach; **be (very) tight with one's money** mieć węża w kieszeni; **big money** gruba/ciężka forsa, kupa forsy/pieniędzy, grube/ciężkie pieniądze; **earn money** zarabiać pieniądze; **good money 1.** duże/ładne pieniądze; przyzwoity zarobek/zysk, ładny zarobek/zysk **2.** ciężko zarobione pieniądze; **have money on you** mieć przy sobie pieniądze; **have money to burn** *pot.* mieć w bród pieniędzy, mieć forsy jak lodu, sypiać na pieniądzach; **I'm not made of money** *pot.* pieniądze mi same z nieba nie kapią/nie spadają; **make money 1.** robić/zarabiać pieniądze **2.** przynosić zysk; **make money hand over fist** *pot.* szybko robić/zarabiać pieniądze; robić kasę; szybko zarobić duże/ciężkie/grube pieniądze; **marry money** *pot.* poślubić kogoś dla pieniędzy, wyjść za kogoś/ożenić się dla pieniędzy; **money burns a hole in sb's**

monkey

pocket pieniądze nie trzymają się kogoś; ktoś szasta pieniędzmi; ktoś przepuszcza pieniądze; **money for jam/old rope** *pot.* łatwy pieniądz (*zdobyty z łatwością*), łatwe pieniądze; **money is no object** pieniądze nie grają roli, pieniądze nie stanowią problemu; **money talks** *pot.* pieniądze są silnym argumentem/trafiają do przekonania, pieniądze mogą wszystko; **paper money** banknoty, pieniądze papierowe; **pocket money** kieszonkowe; **pour money into sth** łożyć na coś (*duże pieniądze*); **protection money** haracz (*płacony organizacji przestępczej*); **put money into sth** wkładać/inwestować w coś pieniądze; **put one's money on sth/sb** stawiać (pieniądze) na coś//kogoś; **put up money** wykładać pieniądze (*na jakiś cel*); **raise money** zbierać pieniądze; zorganizować/przeprowadzić zbiórkę pieniędzy; **ready money 1.** gotówka **2.** płatność w gotówce, płatność gotówkowa; **save money** oszczędzać pieniądze; **serious money** *pot.* pokaźna suma pieniędzy, nie byle jakie pieniądze, pokaźna kwota; **spend money** wydawać pieniądze; **throw money down the drain** wyrzucać pieniądze w błoto, marnować pieniądze; **throw one's money about/away** szastać pieniędzmi, trwonić pieniądze; **time is money** *przysł.* czas to pieniądz; **waste money** marnować/tracić pieniądze

monkey *n* małpa ♦ **monkey business** *pot.* podejrzana/dziwna sprawa; czyjeś sprawki; machlojki

month *n* miesiąc ♦ **month by month** z miesiąca na miesiąc; **never in a month of Sundays** nigdy, przenigdy; całą wieczność

mood *n* **1.** nastrój **2.** tryb (*czasownika*) ♦ **be in a foul mood/be in a filthy mood** być w podłym nastroju; **in a bad mood** w złym nastroju; **in a blue mood** przygnębiony, smutny; przybity; w ponurym nastroju; **in the mood for sth** w nastroju do czegoś; **put sb in a bad/good mood** wprawiać kogoś w zły/dobry nastrój

moon *n* księżyc ♦ **ask for the moon** chcieć gwiazdki z nieba; **be over the moon** *pot.* nie posiadać się ze szczęścia; być ogromnie/bardzo szczęśliwym; być rozanielonym; **cry for the moon** chcieć gwiazdki z nieba; **half moon** półksiężyc; **new moon** nów księżyca, *pot.* młody księżyc; **once in a blue moon** *pot.* raz od wielkiego święta, od wielkiego dzwonu; **promise the moon** obiecywać złote góry; obiecywać gruszki na wierzbie

moral *n* morał (*opowiadania itd.*) ♦ **draw a moral from sth** wysnuć z czegoś morał

more *adv* więcej; bardziej; raczej ♦ **(and) what's more** (a) co więcej; **any more** już więcej nie; nigdy już; **far more** znacznie/dużo więcej; **more and more** coraz bardziej; coraz więcej; **more often than not** bardzo często, zwykle, zazwyczaj; **more or less 1.** mniej więcej **2.** prawie; **more's the pity** *pot.* niestety; **more than a little** niezwykle, ogromnie, bardzo; **no more** już więcej nie; nigdy już; **once more** jeszcze raz; **some more** jeszcze trochę, trochę więcej

morning *n* ranek, rano ♦ **first thing in the morning** z samego rana; **from morning to night** od świtu do nocy; **in the morning** rano, z rana; **morning, noon, and night** całą/okrągłą dobę; o każdej porze dnia i nocy; **this morning** dzisiaj rano

most *adv* **1.** najwięcej; najbardziej **2.** ogromnie; niezwykle; bardzo ♦ **at (the) most** co najwyżej; **for the most part** w przeważającej części, przeważnie; **make the most of sth** wykorzystać coś w pełni/maksymalnie; **most like/most likely** prawdopodobnie; **most of all** najbardziej; najwięcej; **most of the time** większość czasu, większą część czasu

mother *n* matka ♦ **be tied to one's mother's apron strings** trzymać się matczynej spódnicy; **learn/be taught sth at one's mother's knee** wyssać coś z mlekiem matki; **mother country** kraj ojczysty; **Mother Nature** matka natura; **mother's boy** maminsynek, maminy synek; **mother tongue** język ojczysty; **queen mother** królowa matka; **sb is old enough to be sb's mother** ktoś mógłby być czyjąś matką (*ze względu na wiek*)

motion *n* **1.** ruch **2.** wniosek ♦ **go through the motions (of doing sth)** *pot.* odwalać coś (*obowiązki itd.*); udawać, że coś się robi; robić coś z konieczności/obowiązku; **in slow motion** w zwolnionym tempie; zwolniony (*zdjęcia, film*); **motion picture** film, obraz filmowy; **put down a motion** złożyć/wysunąć/ /zgłosić wniosek; **put/set sth in motion** wprawić coś w ruch; uruchomić coś; **reject a motion** odrzucić wniosek

mould *n* **1.** pleśń **2.** forma (*np. odlewnicza*) **3.** wzornik, szablon (*do kopiowania*) ♦ **cast in the same mould (as sb)** ulepiony z jednej/tej samej gliny (co ktoś)

mount *v* **1.** zawieszać; osadzać **2.** podnosić się; wznosić się; iść do góry **3.** ustawiać, nastawiać **4.** wsiąść (*na rower itd.*) ♦ **mount a horse** dosiąść konia; (w)siadać na konia; **mount guard over** pełnić wartę przy, trzymać wartę przy, zaciągnąć wartę przy

mountain *n* góra ♦ **make a mountain out of a molehill** z igły robić widły; **mountain chain** łańcuch górski/gór; **mountain range** pasmo górskie

mouse *n* (*pl* **mice**) mysz ♦ **be/keep as quiet as a mouse** siedzieć jak trusia/jak mysz pod miotłą; **play cat and mouse with sb/play a cat-and-mouse game with sb** bawić się z kimś jak kot z myszką/w kotka i myszkę, igrać z kimś jak kot z myszką

mouth *n* **1.** usta **2.** pysk **3.** wylot; ujście; otwór wylotowy ♦ **born with a silver spoon in one's mouth** w czepku urodzony; **by word of mouth** ustnie; słownie; **don't look a gift horse in the mouth** *przysł.* darowanemu koniowi nie zagląda się w zęby; **down in the mouth** smutny, nieszczęśliwy, zdołowany, w depresji; **from the horse's mouth** z pierwszej ręki, z pewnego źródła (*informacja*); **God never sends mouths but he sends meat/God never sends mouths without sending meat** *przysł.* kogo Pan Bóg stworzy, tego nie umorzy; **hand-to-mouth existence** życie z dnia na dzień; **have a big mouth** *pot.* mieć długi język, mleć językiem; mieć niewyparzony język, mieć niewyparzoną gębę; **have one's heart in one's mouth** mieć duszę na ramieniu; drżeć ze strachu; czuć serce w gardle, serce komuś podchodzi do gardła; **keep one's mouth shut** trzymać język za zębami; **leave a nasty/bad taste in the mouth** zostawiać przykre wrażenie, zostawiać (po sobie) niesmak; **live from hand to mouth** żyć z dnia na dzień; **make one's mouth water** (*o potrawie*) wyglądać apetycznie; sprawiać, że komuś ślinka do ust ciekinie; **melt in one's mouth** rozpływać się w ustach (*potrawa*); **mouth to feed** *pot.* gęba do nakarmienia/wyżywienia; **put one's head into the lion's mouth/place oneself in the lion's mouth** iść/włazić w paszczę lwa; **put words into sb's mouth** włożyć komuś w usta jakieś/czyjeś słowa; **shoot one's mouth off about sth** *pot.* **1.** przechwalać się czymś, chwalić się czymś, chełpić się czymś **2.** wygadać się z czymś, zdradzić się z czymś, zdradzić coś, nie utrzymać języka za zębami, rozgadać coś, rozpaplać coś; **shut your mouth!** *pot.* zamknij się!; **straight from the horse's mouth** z pierwszej ręki, z pewnego źródła (*informacja*); **take the bread out of sb's mouth** odebrać/odbierać komuś chleb, pozbawić kogoś chleba; **take the words out of sb's mouth** z ust komuś coś/słowa wyjąć

move¹ *n* **1.** ruch **2.** ruch, posunięcie; postępek **3.** zmiana miejsca zamieszkania; przeprowadzka ♦ **be on the move 1.** poruszać się; przemieszczać się **2.** *pot.* być w ruchu, być zalatanym; **get a move on** *pot.* (po)śpieszyć się; **make a move 1.** ruszyć się; ruszyć z miejsca; wyruszyć w podróż **2.** zrobić (jakiś) krok, zacząć działać; **make no move to do sth** nie ruszyć się, aby coś zrobić; palcem nie kiwnąć, aby coś zrobić; palcem nie ruszyć, aby coś zrobić; **make the first move** *przen.* zrobić pierwszy krok; **watch sb's every move** śledzić/obserwować czyjś każdy krok

move² *v* **1.** poruszać (się); posuwać się **2.** wzruszać (się) **3.** skłaniać **4.** (*o wydarzeniach*) zachodzić **5.** proponować; stawiać (*wniosek*) **6.** przeprowadzać się, przenosić się ♦ **as the spirit**

movie

moves me kiedy/jeśli przyjdzie mi na to ochota, kiedy/jeśli poczuję ochotę, kiedy/jeśli nabiorę ochoty; **get moving** *pot.* ruszyć się; **get sth moving** *pot.* rozruszać coś; rozkręcić coś; puścić coś w ruch; pobudzić coś do działania; uaktywnić coś; **if the spirit moves me** kiedy/jeśli przyjdzie mi na to ochota, kiedy/jeśli poczuję ochotę, kiedy/jeśli nabiorę ochoty; **move heaven and earth** poruszyć niebo i ziemię; **move house** przeprowadzić się; wyprowadzić się; **move up in the world** piąć się (po szczeblach kariery zawodowej), robić karierę; odnosić sukcesy w życiu; zdobywać pozycję w świecie, wypłynąć; **when the spirit moves me** kiedy/jeśli przyjdzie mi na to ochota, kiedy/jeśli poczuję ochotę, kiedy/jeśli nabiorę ochoty
movie *n* **1.** film **2. the movies** *pl* kino ♦ **go to the movies** iść do kina; **in the movies** w przemyśle filmowym; **movie star** gwiazda filmowa; **movie theater** *US* kino
much *adv* dużo; wiele ♦ **as much again** drugie tyle; **as much as** tyle samo co, tyle ile; **come to much** osiągnąć coś, dojść do czegoś (*np. w życiu zawodowym*); spełnić się; **half as much again** półtora raza większy/więcej; **how much?** ile?; **how much is...?** ile kosztuje...?; **make too much of sth** przywiązywać/przykładać nadmierną wagę do czegoś, przywiązywać nadmierne znaczenie do czegoś, wyolbrzymiać coś/znaczenie czegoś; **much ado about nothing** wiele hałasu o nic; **much less** a już na pewno nie, a już z pewnością nie; **much of a muchness** identyczny, prawie taki sam, bardzo podobny, nie do odróżnienia; **much the same** prawie taki sam/tak samo; **not be much of a...** nie być dobrym/specjalnym... (*tancerzem, malarzem itd.*); **not be up to much** być niezbyt dobrym, być niewiele wartym; **not think much of sb/sth** nie mieć zbyt dobrego zdania o kimś/czymś; **pretty much** prawie; całkiem; zupełnie; **sb hasn't much of a head for....** ktoś nie ma głowy do...; **so much 1.** tak dużo, tyle, wiele **2.** tak bardzo; **so much the better/worse (for sb/sth)** tym lepiej/gorzej (dla kogoś/cze-

goś); **this much** tyle, aż tyle, tak dużo; **too much** za dużo; za wiele; **twice as much** dwa razy tyle; **very much** bardzo

mud *n* błoto; muł; szlam ♦ **one's name is mud** być w niełasce; nie być lubianym/mile widzianym; **sling/fling/hurl/throw mud at sb** obrzucić kogoś błotem, zmieszać kogoś z błotem

mule *n* muł ♦ **(as) stubborn as a mule** uparty jak osioł/kozioł

mum *a* ♦ *pot. (w zwrotach)* **keep mum** nie pisnąć ani słowa, nie puścić pary z ust, nic nie powiedzieć; **mum's the word!** nikomu ani słowa!, ani mru-mru (na ten temat)!

mummy *n* mama, mamusia, matka ♦ **mummy's boy** maminsynek, maminy synek

murder[1] *n* morderstwo ♦ **cry/scream/yell blue murder** *pot.* krzyczeć/wrzeszczeć wniebogłosy, stanowczo/ostro (za)protestować, podnieść krzyk protestu, podnieść protest, narobić krzyku; **get away with murder** *pot.* ujść komuś na sucho, ujść komuś płazem, ujść komuś bezkarnie, upiec się komuś; **murder rap** *pot.* zarzut morderstwa, oskarżenie o morderstwo; **murder victim** ofiara morderstwa

murder[2] *v* mordować ♦ **murder a language** kaleczyć język

music *n* muzyka ♦ **ancient music** muzyka dawna; **a piece of music** utwór muzyczny; **be music to one's ears** wlewać komuś balsam do duszy; być komuś balsamem/jak balsam; mieć miód w uszach, słuchać rzeczy przyjemnych/pochlebnych; **face the music** stawić czemuś czoło; wypić piwo, którego się nawarzyło; **put/set sth to music** ułożyć muzykę do czegoś, skomponować muzykę do czegoś *(wiersza itd.)*; **rock music** rock, muzyka rockowa; **to the music** w takt muzyki

mustard *n* musztarda ♦ **be as keen as mustard** *pot.* być pełnym entuzjazmu, oddawać się czemuś/robić coś z zapałem; palić się do czegoś

N

nail[1] *n* **1.** paznokieć **2.** gwóźdź ♦ **a nail in sb's coffin** gwóźdź do trumny; **as hard as nails/as tough as nails** twardy jak skała/jak ze skały; mocny; silny; niewzruszony; **be right on the nail** *US* nie mylić się, mieć rację, trafić w sedno; słusznie przypuszczać, bezbłędnie odgadnąć; **drive a nail** wbijać gwóźdź; **fight tooth and nail** walczyć o coś zębami i pazurami; **hard as nails** twardy jak skała/jak ze skały; mocny; silny; niewzruszony; **hit the nail on the head** trafić w (samo) sedno, trafnie coś ująć/określić; **nail file** pilnik do paznokci; **nail varnish/***US* **nail polish** lakier do paznokci; **on the nail** *GB pot.* natychmiast, bezzwłocznie, od ręki; **tooth and nail** zębami i pazurami; **tough as nails** twardy jak skała/jak ze skały; mocny; silny; niewzruszony

nail[2] *v* przybijać gwoździami/gwoździem ♦ **nail a lie** *pot.* udowodnić (komuś) kłamstwo, przyłapać/złapać (kogoś) na kłamstwie; **nail one's colours to the mast** zdeklarować się (publicznie) za czymś/kimś, opowiedzieć się zdecydowanie za czymś/kimś

naked *a* nagi; goły; nieosłonięty ♦ **buck naked** goły/nagi jak go Pan Bóg stworzył, zupełnie nagi; **by the naked eye** gołym okiem; **naked as a jaybird** *US***/stark naked** goły/nagi jak go Pan Bóg stworzył, zupełnie nagi; **naked contract** umowa nie posiadająca mocy prawnej, kontrakt nie mający mocy prawnej; **strip naked** rozebrać się do naga; **the naked truth** goła/naga prawda; **with the naked eye** gołym okiem

name

name¹ *n* **1.** nazwa **2.** nazwisko **3.** imię **4.** reputacja; sława ♦ **answer to the name of...** *pot.* (*żartobliwie*) nazywać się, zwać się; (*o zwierzętach*) wabić się; **bad name** zła reputacja; **bear the name** nosić imię/nazwisko; **be on first name terms (with sb)** być (z kimś) po imieniu, mówić sobie po imieniu; **besmirch sb's good name** szargać czyjeś dobre imię; **big name** *pot.* wielkie/sławne/powszechnie znane nazwisko; **brand name** nazwa firmowa; **by the name of...** o imieniu...; **call sb all the names under the sun** wyzywać kogoś od najgorszych; **call sb by his (first) name** mówić/zwracać się do kogoś po imieniu; **call sb names** obrzucać kogoś wyzwiskami; **Christian name** imię chrzestne; **customary name** nazwa zwyczajowa; nazwa potoczna; **enter one's name for** ubiegać się o przyjęcie do (*szkoły itd.*); zgłosić się/zapisać się/przystąpić do (*konkursu, zawodów itd.*); **false name** fałszywe nazwisko; **family name** nazwisko; **famous name** *pot.* wielkie/sławne/powszechnie znane nazwisko; **first name** imię; **full name** imię i nazwisko; **given name** *US* imię; **give sb a name** dawać komuś (na) imię; **go by the name of...** używać nazwiska..., występować pod nazwiskiem...; być znanym pod imieniem; **have a good/ill name** mieć dobrą/złą reputację; **have a name for** być znanym z; **have quite a name** cieszyć się dobrym imieniem; **household name** *pot.* sławne/powszechnie znane nazwisko; **I can't put a name to it** *pot.* nie mogę sobie przypomnieć, jak to się nazywa; nie mogę sobie przypomnieć jego/jej nazwy; nie mogę sobie przypomnieć tytułu; **in name only** tylko z nazwy; **in the name of sb** w imieniu kogoś, w czyimś imieniu; **in the name of sth 1.** w imię czegoś **2.** w imieniu czegoś; **in the name of the law** w imieniu prawa; **know sb by name** znać kogoś z nazwiska; **last name** nazwisko; **maiden name** nazwisko panieńskie; **make a name for oneself as** zyskać sobie sławę jako, zdobyć sobie imię jako; **middle name** drugie imię; **my name is...** nazywam się...; **name names** wymieniać/podawać nazwiska (*osób zamieszanych w coś*); **not have**

name   412

a penny to one's name być bez grosza, nie mieć grosza (przy duszy); **of the name of...** o imieniu...; **one's name is mud** być w niełasce; nie być lubianym/mile widzianym; **pet name** imię zdrobniałe; **proprietary name** nazwa (prawnie) zastrzeżona; **put one's name down for** ubiegać się o przyjęcie do (*szkoły itd.*); zgłosić się/zapisać się/przystąpić do (*konkursu, zawodów itd.*); **put one's name to...** podpisać się pod...; **second name 1.** nazwisko **2.** drugie imię; **smear sb's good name** szargać czyjeś dobre imię; **take sb's name in vain** wzywać czyjegoś imienia nadaremno; **trade name** nazwa handlowa/firmowa; **under an assumed name** pod przybranym nazwiskiem; **under the name of...** pod nazwiskiem...; **what's your name?** jak się nazywasz?; jak ci/masz na imię?; **what/how/where in God's name...?** co/jak/gdzie na litość boską...?; **win a name for oneself as** zyskać sobie sławę jako, zdobyć sobie imię jako

name² *v* **1.** nazywać; dawać imię **2.** wymieniać; wyszczególniać
♦ **name names** wymieniać/podawać nazwiska (*osób zamieszanych w coś*); **name one's price** podać (swoją) cenę; **name the day** wyznaczyć datę ślubu; **the school named after...** szkoła imienia...; **to name but a few** że wymienię tylko paru; że wymienię zaledwie kilka

narrow *a* wąski ♦ **be narrow-minded** mieć wąskie horyzonty (*myślowe*); **have a narrow escape from death** cudem/o włos uniknąć śmierci; **have a narrow escape (from sth)** cudem/o włos uniknąć (czegoś); **have a narrow lead over sb** mieć nieznaczną przewagę nad kimś, nieznacznie kogoś wyprzedzać; **narrow majority** nieznaczna większość (głosów); **narrow margin** wąski margines; **narrow mind** ciasny/ograniczony umysł; **narrow victory** z trudem zdobyte zwycięstwo, z trudem wywalczone zwycięstwo

nasty *a* przykry; nieprzyjemny; paskudny ♦ **a nasty piece of work** *pot.* nieprzyjemny człowiek; nieciekawy człowiek; **leave a nasty taste in the mouth** zostawiać przykre wrażenie, zostawiać (po sobie) niesmak

nature *n* **1.** przyroda, natura **2.** natura, usposobienie **3.** istota (*rzeczy*); charakter, natura (*sprawy*) **4.** rodzaj; gatunek; typ **5.** charakter fizyczny, własności fizyczne ♦ **against nature** wbrew naturze; **alien to sb's nature** obcy czyjejś naturze; **back to nature** na łono natury/przyrody; **by its very nature** ze swej natury; **by nature** z natury, z usposobienia; **found in nature** występujący w przyrodzie; **freak of nature** wybryk natury; **go/get back to nature** wracać na łono natury/przyrody; **habit is a second nature** *przysł.* przyzwyczajenie jest drugą naturą (człowieka); **human nature** natura ludzka/człowieka; **in the nature of sth** mający/noszący cechy czegoś; w rodzaju czegoś; **in the nature of things** normalnym biegiem/porządkiem rzeczy; **it is not in his nature to...** nie leży w jego naturze/charakterze...; **law of nature** prawo natury/przyrody; **Mother Nature** matka natura; **nature abhors a vacuum** przyroda nie znosi próżni; **nature film** film przyrodniczy; **nature of the phenomenon** charakter zjawiska; **nature reserve** rezerwat przyrody; **nature's prodigies** cuda przyrody; **of political nature** politycznej natury, o charakterze politycznym; **of that nature** tej natury, tego rodzaju (*sprawy itd.*); **sb's second nature** czyjaś druga natura; **the forces of nature** siły przyrody/natury; **the wonders of nature** cuda przyrody

naught *n* nic ♦ **come to naught** spełznąć na niczym; nie udać się

near[1] *v* zbliżać się (do) ♦ **near the end of sth** zbliżać się do końca czegoś

near[2] *a* bliski; niedaleki ♦ **a near disaster** prawie/bliska klęska; klęska, której udało się uniknąć; **be a near thing** niewiele brakowało (*do czegoś*), o mały włos coś się nie stało; **near relation 1.** bliski krewny **2.** bliskie pokrewieństwo; **near the knuckle** *pot.* obraźliwy; grubiański; ordynarny; **sb's nearest and dearest** (*żartobliwie*) najbliższa rodzina, najbliżsi (krewni); **to the nearest...** z dokładnością do...

near 414

near³ *adv, prep* blisko, w pobliżu; niedaleko; obok ♦ **be near completion** być na ukończeniu; **be near (to) death/tears** być bliskim śmierci/płaczu/łez; **come near(er)** zbliżać się; podchodzić; **draw near** zbliżać się; nadciągać; **get near(er)** zbliżać się; podchodzić; **near at hand** pod ręką; w pobliżu; **near is my shirt, but nearer is my skin** *przysł.* bliższa ciału koszula (niż sukmana); **near there** w pobliżu; **near to sb's heart** bliski sercu; **nowhere near 1.** daleko od **2.** wcale nie, zupełnie nie (*gotowy, skończony itd.*); **sail near to the wind** lawirować; kręcić; szarżować

necessary *a* konieczny ♦ **a necessary evil** zło konieczne; **consider/find it necessary** uważać za konieczne; **hardly necessary** niekonieczny; prawie zbędny; **if necessary** jeśli to konieczne; jeśli to okaże się konieczne, w razie konieczności

necessity *n* konieczność ♦ **defence of necessity** obrona konieczna; **make a virtue of necessity** skorzystać z nadarzającej się okazji; **necessity is the mother of invention/invention is born of necessity** *przysł.* potrzeba jest matką wynalazków; **of necessity** z konieczności; nieuchronnie

neck *n* **1.** szyja; kark **2.** szyjka (*np. butelki*) ♦ **a pain in the neck** utrapienie; **be a millstone round sb's neck** być komuś kamieniem u szyi; **break one's neck** *pot.* skręcić/złamać sobie kark; **breathe down sb's neck** *pot.* siedzieć komuś na karku; stać komuś nad głową/karkiem; stać nad kimś jak kat nad dobrą duszą; **catch/grab sb by the scruff of his neck** chwycić kogoś za kark; **get it in the neck** *pot.* oberwać; oberwać po grzbiecie/po głowie; oberwać guza; **in this neck of the woods** *pot.* w tej okolicy; w tym miejscu, tutaj; **neck and neck** łeb w łeb (*w wyścigu*); **risk one's neck** nadstawiać karku; **save sb's neck** *pot.* ocalić czyjąś skórę, ratować czyjąś skórę; **stick one's neck out** nadstawiać karku; **up to one's neck in** po uszy w (*długach, pracy, kłopotach*)

need *n* potrzeba ♦ **a friend in need (is a friend indeed)** *przysł.* prawdziwych przyjaciół poznaje się w biedzie, przyjaciela poznaje się w biedzie; **answer the needs** zaspokajać potrzeby; **as the need arises** jeśli zajdzie potrzeba; **be badly in need of sth** bardzo czegoś potrzebować; dotkliwie odczuwać brak czegoś; **if need be** w razie potrzeby; **in need** w potrzebie; **meet/satisfy//serve the needs** zaspokajać potrzeby; **sth is in need of repair** coś wymaga remontu/naprawy; **there is no need to...** nie ma potrzeby..., zbyteczne jest...

needle *n* **1.** igła **2.** wskazówka; igła (*magnetyczna*) **3.** iglica ♦ **(as) sharp as a needle** bystry; rozgarnięty; **look for a needle in a haystack** szukać igły w stogu siana; **sb got pins and needles in his foot** noga komuś ścierpła; ktoś czuje/ma mrowienie w nodze

needless *a* niepotrzebny ♦ **needless to say** nie mówiąc już o; nie trzeba dodawać, że

neighbourhood *n* sąsiedztwo ♦ **in the neighbourhood** w sąsiedztwie; w okolicy; **in the neighbourhood of** około, w przybliżeniu

nerve *n* **1.** nerw **2.** odwaga **3.** tupet ♦ **a bundle of nerves/a bag of nerves** kłębek nerwów; **frayed/frazzled nerves** poszarpane nerwy; **get on sb's nerves** działać komuś na nerwy, grać komuś na nerwach; **have the nerve to do sth** mieć odwagę coś zrobić; **hit a sensitive nerve** poruszyć drażliwą kwestię; dotknąć drażliwego tematu; uderzyć w niewłaściwą strunę; **jar on sb's nerves** działać komuś na nerwy; **lose one's nerve** stracić pewność siebie; **nerves of iron/steel** żelazne nerwy; nerwy ze stali; **regain one's nerve** odzyskać pewność siebie; **sb's nerves broke down** nerwy odmówiły komuś posłuszeństwa, nerwy komuś puściły, czyjeś nerwy nie wytrzymały, nerwy kogoś zawiodły; **settle one's nerves** uspokajać (czyjeś) nerwy; **touch a sensitive nerve** poruszyć drażliwą kwestię; dotknąć drażliwego tematu; uderzyć w niewłaściwą strunę; **war of nerves** wojna nerwów; **what a nerve!** co za tupet!

nest *n dosł. i przen.* gniazdo ♦ **a nest of criminals** gniazdo kryminalistów/bandytów; **a nest of vice** gniazdo/siedlisko występku;

nettle

gniazdo/siedlisko rozpusty; **feather one's nest** wzbogacić się nieuczciwie/cudzym kosztem; porosnąć/obrosnąć w piórka; **foul one's own nest** kalać własne gniazdo; **it is an ill bird that fouls its own nest** *przysł.* zły to ptak, co własne gniazdo kala; **leave the nest** opuścić gniazdo rodzinne, opuścić dom rodzinny; **nest egg** zaoszczędzone pieniądze; pieniądze odłożone na czarną godzinę; **stir up a hornet's nest** wsadzić/wetknąć kij w mrowisko

nettle *n* pokrzywa ♦ **grasp the nettle** chwycić/wziąć byka za rogi

never *adv* nigdy ♦ **better late than never** *przysł.* lepiej późno niż wcale/nigdy; **it's now or never** teraz albo/lub nigdy; **never again** nigdy więcej; **never ever** nigdy w życiu, nigdy przenigdy; **never in a month of Sundays** nigdy, przenigdy; całą wieczność; **never look a gift horse in the mouth** *przysł.* darowanemu koniowi nie zagląda się w zęby; **never mind!** *pot.* mniejsza o to!, mniejsza z tym!, to nie ma znaczenia!; **now or never** teraz albo/lub nigdy; **you never know** nigdy nie wiadomo

new *a* **1.** nowy; najnowszy **2.** nowoczesny **3.** świeży (*np. chleb*) ♦ **a new broom (sweeps clean)** nowa miotła (nowe porządki); **as clean as a new pin** nienagannie czysty; czyściutki; **as good as new** jak nowy; **a whole new ball game** *pot.* zupełnie/całkiem nowa sytuacja (*dla kogoś*), nowe doświadczenie; (zupełnie) coś nowego; **be new at/to sth** być nowicjuszem w czymś, być początkującym w czymś; **be the new kid on the block** *US pot.* być nowym (*świeżo przybyłym – w pracy, klasie itd.*); **brand new** fabrycznie nowy; nowiutki; jak nowy; **feel (like) a new man/woman** czuć się jak nowo narodzony/narodzona; **like new** jak nowy; **new blood** *przen.* świeża krew; **new life** nowe życie; **new moon** nów księżyca, *pot.* młody księżyc; **New Testament** Nowy Testament; **that's a new one on me** *pot.* pierwsze słyszę!; **the New World** Nowy Świat (*Ameryka Północna i Południowa*); **turn over a new leaf** ustatkować się, zacząć nowe/stateczne/odpowiedzialne życie; **what's new?** *pot.* co nowego (słychać)?

news *n* wiadomość; widomości; nowiny ♦ **black/bad news** zła wiadomość; złe wieści; **break the news 1.** podawać do (publicznej) wiadomości; przekazywać/rozgłaszać wiadomości **2.** przekazać komuś złą wiadomość/złe wieści; **call a news conference** zwołać konferencję prasową; **front-page news** wiadomości z pierwszych stron gazet; **home news** wiadomości z kraju; **hot news** najświeższe/najnowsze/ostatnie wiadomości; **it's news to me** pierwsze słyszę!; **national news** wiadomości z kraju; **news agency** agencja informacyjna/prasowa; **news conference** konferencja prasowa; **no news is good news** brak wiadomości to dobra wiadomość; **on the news** w dzienniku, w wiadomościach; **piece of news** wiadomość; **press news** wiadomości prasowe; **that's no news to me!** to dla mnie nic nowego!; **the latest news** najświeższe/najnowsze/ostatnie wiadomości

next *a, pron* następny; najbliższy ♦ **be next door to** graniczyć z; **next door** obok; w sąsiedztwie; **next time** następnym razem; **next to** prawie; **next to impossible** prawie niemożliwy; **next to nothing** *pot.* prawie nic; bardzo mało; niewiele; **one's next of kin** (*pl* **next of kin**) najbliższy krewny; **the next to last** przedostatni, drugi od końca; **the next world** przyszły świat, tamten świat

nice *a* miły; sympatyczny; ładny ♦ **a nice fellow/chap** *pot.* fajny/równy/swój chłop; **be a nice size** być całkiem dużym; **it's been nice meeting you** miło było cię poznać; **it was nice of you** (to było) miło z twojej strony; **nice and cool** przyjemnie chłodny; **nice and warm** cieplutki; **nice to have met you** miło było cię poznać; **nice to meet you** miło mi cię poznać; **nice to see you** miło cię widzieć; **nice work!** *pot.* świetna/dobra robota!

nick *n* nacięcie; wrąb; szczerba, wyszczerbienie ♦ **in good/bad nick** *pot.* w dobrym/złym stanie; w dobrym/złym zdrowiu; **in the nick of time** w samą porę; w ostatniej chwili

night 418

night *n* **1.** noc **2.** wieczór ♦ **all night (long)** całą noc; **at night** w nocy, nocą; **at dead of night** w środku nocy; **by night** w nocy, nocą; **day and night** dniem i nocą, całą dobę; **first night** premiera (*filmu, sztuki*); **from morning to night** od świtu do nocy; **have a bad/good night** mieć złą/dobrą noc, źle/ /dobrze spać; **have an early night** wcześnie położyć się spać, iść wcześnie spać; **in the dead of night** w (samym) środku nocy; **into the night** do późnej nocy, do późna w noc; **make a night of it** bawić się całą noc (*na przyjęciu itd.*); przehulać całą noc; **morning, noon, and night** całą/okrągłą dobę; o każdej porze dnia i nocy; **murky night** czarna/posępna/ponura noc; **night after night** noc w noc; **night and day** dniem i nocą, całą dobę; **night falls** zapada noc/zmierzch/zmrok; **night owl** nocny marek; **night school** szkoła wieczorowa; **night shift** nocna zmiana (*w pracy*); **night spot** nocny lokal; **night watchman** nocny stróż; **opening night** premiera (*filmu*); **ships that pass in the night** przelotne/przypadkowe/krótkotrwałe znajomości; **stag night** wieczór kawalerski; **stay the night** zostać na noc (*u kogoś*), przenocować (*u kogoś*); **the other night** którejś nocy; **throughout the night** całą noc; **tomorrow night** jutro w nocy; **wedding night** noc poślubna; **work nights** pracować po nocach; **work the night shift** pracować na nocnej zmianie

nine *num* dziewięć ♦ **be on cloud nine** *pot.* być w siódmym niebie, nie posiadać się ze szczęścia

nineteen *num* dziewiętnaście ♦ **talk nineteen to the dozen** *pot.* mówić jak nakręcony/bez przerwy; gadać jak nakręcony/jak najęty; trajkotać jak młynek

nip *v* zaciskać; ściskać ♦ **nip sth in the bud** stłumić/zdusić/zniszczyć/zgasić coś w zarodku

nobody *pron* nikt ♦ **it's an ill wind that blows nobody any good** *przysł.* nie ma tego złego, co by na dobre nie wyszło; **like nobody's business** *pot.* świetnie, wyśmienicie, nadzwyczaj dobrze; **nobody's perfect** *pot.* nikt nie jest doskonały, nie ma ludzi doskonałych, wszyscy mamy wady; **sb is nobody's fool** ktoś nie jest głupcem; ktoś jest kuty na cztery nogi; kogoś trudno oszukać; **what is everybody's business is nobody's business** *przysł.* gdzie kucharek sześć, tam nie ma co jeść

noise *n* hałas; szum; wrzawa ♦ **a big noise** *pot.* gruba ryba, szycha; **make a noise about sth** robić hałas/szum wokół czegoś; **the noise of battle** wrzawa/zgiełk bitwy

none *pron* żaden; nikt; nic ♦ **half a loaf is better than none** *przysł.* lepszy rydz niż nic; na bezrybiu i rak ryba; **have none of sth** nie zezwolić/pozwolić (komuś) na coś; nie tolerować czegoś; **none but** nikt prócz, tylko; **none other than** nie kto inny jak; **none the less** niemniej jednak; **none too** *pot.* nie za bardzo; wcale; niezbyt; **second to none** najlepszy; nie mający sobie równych

nonsense *n* nonsens, absurd, niedorzeczność ♦ **a load of (old) nonsense** stek bzdur; **complete nonsense** niestworzone/wierutne brednie; **make a nonsense of sth** czynić coś niedorzecznym; pozbawiać coś sensu, zmieniać sens czegoś; dewaluować coś; **perfect nonsense** niestworzone/wierutne brednie; **stuff and nonsense** kompletne bzdury!; **talk nonsense** pleść bzdury/androny, opowiadać/wygadywać/pleść brednie; gadać bez sensu; gadać trzy po trzy

nook *n* kącik; zakamarek ♦ **every nook and cranny** *pot.* każdy zakamarek (*przeszukać itd.*)

noon *n* południe (*środek dnia*) ♦ **at noon** w południe; **high noon** samo południe; **morning, noon, and night** całą/okrągłą dobę; o każdej porze dnia i nocy

nose *n* **1.** nos **2.** nos, dziób (*samolotu*) **3.** głowica (*pocisku*) ♦ **aquiline nose** orli nos; **as plain as the nose on one's face** *pot.* jasne jak słońce; **blow one's nose** wycierać nos; **bulbous nose** nos jak kartofel, perkaty nos; **bury one's nose in a book** wetknąć/wsadzić nos w książkę; **cut off one's nose to spite one's face** na złość mamie odmrozić sobie uszy; **follow one's**

not 420

(own) nose 1. *pot.* iść prosto przed siebie 2. kierować się intuicją, robić coś intuicyjnie, robić coś na wyczucie; **have a nose for sth** mieć (dobrego) nosa do czegoś; **have one's nose in (a book)** siedzieć z nosem w (książce); **I have a runny nose** ciekni mi z nosa; **keep one's nose clean** *pot.* być uczciwym; nie kantować; nie wchodzić w konflikt z prawem; nie pakować się w kłopoty; **keep one's nose out of sb else's business** nie wtykać nosa w cudze sprawy; **lead sb by the nose** wodzić kogoś za nos; **look down one's nose at sb/sth** patrzeć na kogoś/coś z góry; patrzeć na kogoś/coś z pogardą/lekceważąco; **my nose is tickling** kręci mnie w nosie; **not see further than one's nose/not see beyond the end of one's nose** nie widzieć dalej niż koniec/czubek własnego nosa; **pay through the nose for sth** *pot.* słono za coś zapłacić, przepłacić coś; **pick one's nose** dłubać w nosie; **plain as the nose on one's face** *pot.* jasne jak słońce; **poke one's nose into other people's business** wtykać/wsadzać/wścibiać nos w nie swoje sprawy; **Roman nose** rzymski nos; **rub sb's nose in the dirt** przytrzeć/utrzeć komuś nosa; **running/runny nose** zakatarzony nos; **see beyond (the end of) one's nose** widzieć dalej niż czubek/koniec własnego nosa, patrzeć dalej swego nosa; **slit sb's nose** rozwalić komuś nos; **snatch sth from under sb's nose** sprzątnąć/zabrać//zdmuchnąć coś komuś sprzed nosa; **stick one's nose into other people's business** wtykać/wsadzać/wścibiać nos w nie swoje sprawy; **through the nose** przez nos (*mówić, oddychać*); **turned-up nose** zadarty nos; **turn one's nose up at sth** kręcić na coś nosem; **under sb's (very) nose** pod (samym) nosem (*w obecności*); **up-turned nose** zadarty nos; **with one's nose in the air** zadzierając nosa

not *adv* nie ♦ **I fear not** obawiam się, że nie; **not all that** wcale nie taki (*dobry itd.*); **not a moment too soon** niemal/nieomal w ostatniej chwili; **not another word!** ani słowa więcej!; **not at all 1.** bynajmniej; ani trochę **2.** proszę bardzo, nie ma za co (*w odpowiedzi na "dziękuję"*); **not a word** ani słowa; ani jedno słowo; **not come/not go amiss** przydawać się, być potrzebnym, okazywać się przydatnym/potrzebnym; **not for (all) the world/ /not for worlds** *pot.* za skarby, za żadne skarby (świata), za nic na świecie; **not for nothing** nie darmo, nie bez przyczyny, nie bez powodu; **not half!** *pot.* jeszcze jak!, okropnie!, bardzo!, strasznie!; **not in so many words** nie wprost (*powiedzieć coś*); **not only... but (also)** nie tylko... ale również; **not yet** jeszcze nie

note *n* 1. notatka 2. uwaga, przypis 3. krótki list, liścik 4. ton, nuta 5. świadectwo; nota 6. weksel 7. rachunek 8. banknot 9. sława 10. uwaga; zapamiętanie ♦ **compare notes with sb** wymieniać z kimś poglądy/opinie; **deserving of note** zasługujący na uwagę, godny uwagi; **hit the right note** uderzyć we właściwą strunę; **hit the wrong note** uderzyć w niewłaściwą strunę; **make notes** robić notatki, notować; **note of sadness** nuta smutku; **of note** znakomity, sławny; ważny, znaczący; **on a more sober note...** mówiąc poważnie...; **sb sounds a note of sth** nuta czegoś pobrzmiewa (*w czymś*); **sick note** zwolnienie lekarskie, zaświadczenie lekarskie o niezdolności do pracy; pisemne usprawiedliwienie (*np. nieobecności dziecka w szkole*); **strike the right note** uderzyć we właściwą strunę; **strike the wrong note** uderzyć w niewłaściwą strunę; **take a false note** fałszować melodię/piosenkę (*grając*); **take note of sth** zwracać uwagę na coś, zauważać coś; **take notes** robić notatki, notować; **worthy of note** zasługujący na uwagę, godny uwagi

nothing *pron* nic ♦ **all or nothing** wszystko albo nic; **as if nothing had happened** jak gdyby nigdy nic; **be good for nothing** nie nadawać się; być do niczego; **be nothing to sb** być dla kogoś nikim, nic dla kogoś nie znaczyć; **be on a hiding to nothing** *pot.* tracić/marnować tylko czas, niepotrzebnie się trudzić, niepotrzebnie zadawać sobie trud; **be worth nothing** być nic niewartym; **come to nothing** spełznąć na niczym; **for nothing 1.** za darmo, gratis **2.** na nic, na próżno, bez skutku;

nothing

go for nothing pójść/iść na marne; **have nothing to do with** nie mieć nic wspólnego z; **have nothing to hide** nie mieć nic do ukrycia; **little or nothing** prawie nic; **live on nothing** żyć powietrzem, żyć z niczego; **look like nothing on earth** wyglądać jak nieboskie stworzenie (*źle, dziwnie*); **mean nothing to sb** 1. nic dla kogoś nie znaczyć 2. nic komuś nie mówić (*np. czyjeś nazwisko*); **much ado about nothing** wiele hałasu o nic; **next to nothing** *pot.* prawie nic; bardzo mało; niewiele; **not for nothing** nie darmo, nie bez przyczyny, nie bez powodu; **nothing at all** nic a nic; zupełnie nic; **nothing but** nic tylko, wyłącznie; **nothing but skin and bone(s)** *pot.* (sama) skóra i kości; **nothing doing** nic z tego; wykluczone; nie ma mowy!; szkoda gadać!; **nothing else matters** nic poza tym nie ma znaczenia, wszystko inne jest bez znaczenia, nic innego się nie liczy; **nothing less than** ni mniej ni więcej tylko; **nothing of interest** nic ciekawego, nic interesującego; **nothing of the kind/sort** nic z tych rzeczy, nic podobnego; **nothing short of** nic prócz; nic mniejszego od; chyba tylko; **nothing special** nic nadzwyczajnego, nic specjalnego; **nothing to worry about** nie ma się czym martwić, nie ma się czym przejmować; **nothing to write home about** *pot.* nic nadzwyczajnego, nic specjalnego; **nothing ventured, nothing gained** bez ryzyka nie ma zysku; kto nie ryzykuje, ten nic nie ma; kto nie ryzykuje ten nie je; bez ryzyka daleko nie zajdziesz; **stick/stop at nothing** nie cofać się przed niczym; **there is nothing (else) for it but to...** nie pozostaje nic innego, jak...; **there is nothing to be done** nie ma na to rady; nic nie można zrobić; **there is nothing to choose between...** nie ma prawie żadnej różnicy między...; niewiele różnią się między sobą...; **there is nothing to it** to (jest) bardzo proste; to (jest) bardzo łatwe; to nic trudnego; to nie sztuka; wielka (mi) sztuka!; **there's nothing worse than...** *pot.* nie ma nic gorszego niż/od...; **to say nothing of...** nie mówiąc już (nic) o...; abstrahując od...; cóż dopiero...

notice *n* 1. zawiadomienie; ostrzeżenie 2. wymówienie, wypowiedzenie (*pracy*) 3. uwaga ♦ **at short notice/at a moment's notice** bez czasu na przygotowanie (się); bez uprzedzenia; **come to sb's notice** zauważyć; usłyszeć; **escape sb's notice** umknąć/uchodzić czyjejś uwadze; **give notice** wypowiadać pracę; wymówić (*np. mieszkanie*); **make sb sit up and take notice** dać komuś do myślenia; **notice of receipt** potwierdzenie odbioru; **not take a blind bit of notice** *pot.* nie zwracać najmniejszej uwagi (*na coś*); **on short notice** *US* bez czasu na przygotowanie (się); bez uprzedzenia; **receive notice** otrzymać wymówienie; **take no notice/not take any notice (of sb/sth)** nie zwracać uwagi (na kogoś/coś); nie zauważać (kogoś/czegoś); **take notice of...** zwrócić uwagę na...; zauważyć...; spostrzec...; **term of notice** okres wypowiedzenia; **there's nothing to stop sb doing sth** nic kogoś nie powstrzyma przed zrobieniem czegoś; **until further notice** aż do odwołania; **without notice** bez uprzedzenia; nagle

nought *n* 1. zero 2. nic ♦ **bring to nought** udaremnić; **come to nought** spełznąć na niczym; nie udać się; **noughts and crosses** *GB* (gra w) kółko i krzyżyk

now *adv* teraz; obecnie ♦ **any day/hour/minute now** lada dzień/godzina/chwila; **any time now** wkrótce, niebawem, niedługo; **as of now** począwszy od tej chwili, od tej pory, odtąd, w przyszłości; **before now/by now** już, do tej pory; dotychczas; **even now** nawet teraz; mimo wszystko; **every now and again/every now and then** od czasu do czasu, co jakiś czas; **for now** na razie, tymczasem (*póki się coś nie zmieni*); **from now on** począwszy od tej chwili, od tej pory, odtąd, w przyszłości; **it's now or never** teraz albo/lub nigdy; **just now** w tej chwili; przed chwilą; **now and again/now and then** od czasu do czasu, co jakiś czas; **now for...** a teraz...; czas/pora na...; **now or never** teraz albo/lub nigdy; **now that...** teraz, gdy...; **now what?** *pot.* (a) teraz co?, co dalej?; **right now** w tej chwi-

nowhere 424

li, teraz, w tym momencie; natychmiast; **until now** do tej pory, do tej chwili, do obecnej chwili, dotychczas; **up to now** do tej pory, do tej chwili, do obecnej chwili, dotychczas; **what is it now?** *pot.* o co znowu chodzi?, o co chodzi tym razem?

nowhere *adv* nigdzie ♦ **appear out of nowhere** zjawić się/wyrosnąć jakby spod ziemi; pojawić się nagle/niespodziewanie; zjawić się/przyjść znikąd; **from nowhere** ni stąd, ni zowąd; niespodziewanie, nagle; znikąd; **get nowhere/go nowhere/lead sb nowhere** prowadzić donikąd; **nowhere else** nigdzie indziej; **nowhere near 1.** daleko od **2.** wcale nie, zupełnie nie (*gotowy, skończony itd.*); **out of nowhere** ni stąd, ni zowąd; niespodziewanie, nagle; **sb/sth is nowhere to be found/seen** ani śladu kogoś/czegoś, kogoś/czegoś nie można znaleźć; kogoś/czegoś nie ma (nigdzie) w pobliżu; kogoś/czegoś wcale nie widać

nude *n* nagie ciało; akt (*w malarstwie, rzeźbie*) ♦ **in the nude** nagi; nago; **paint nudes** malować akty; **pose in the nude** pozować do aktu

nuisance *n* rzecz przykra; niedogodność; utrapienie ♦ **make a nuisance of oneself** sprawiać (sobą) kłopot; dokuczać; **public nuisance** naruszenie porządku publicznego; **what a nuisance!** *pot.* a niechże to...!; fatalnie!; co za kłopot/utrapienie!

null *a* ♦ (*w wyrażeniu*) **null and void** nieważny, nie posiadający mocy prawnej

number[1] *n* **1.** liczba **2.** liczba, ilość **3.** numer ♦ **any number of sth** mnóstwo/masa/ogrom/moc/multum czegoś; **call number** numer telefonu; **cardinal number** liczebnik główny; **decimal number** liczba dziesiętna; **denominate number** liczba mianowana; **dial a number** wybierać/wykręcać numer (*telefonu*); **even number** liczba parzysta; **exceed in number** mieć liczebną przewagę; **extension number** numer wewnętrzny (*telefonu*); **factorize a number** rozłożyć liczbę na czynniki pierwsze; **have (got) sb's number** *pot.* dobrze kogoś znać; przejrzeć kogoś na wskroś/na wylot/do gruntu; rozpoznać czyjeś zamiary;

in round numbers w zaokrągleniu; **irrational number** liczba niewymierna; **look after number one** dbać wyłącznie o siebie; zajmować się wyłącznie sobą; troszczyć się wyłącznie o siebie; **lucky number** szczęśliwa liczba, szczęśliwy numer (*na loterii itd.*); **negative number** liczba ujemna; **number one** *pot.* numer jeden (*najważniejszy, najlepszy*); **odd number** liczba nieparzysta; **one's number is up** *pot.* nadchodzi czyjś koniec, przychodzi na kogoś kryska; **ordinal number 1.** liczba porządkowa **2.** liczebnik porządkowy; **plural number** liczba mnoga; **positive number** liczba dodatnia; **rational number** liczba wymierna; **real number** liczba rzeczywista; **round-off number** liczba zaokrąglona; **safety in numbers** *pot.* w jedności siła; w grupie bezpieczniej, razem bezpieczniej, lepiej/bezpieczniej trzymać się razem; **sb's opposite number** czyjś odpowiednik; **she thought her number was up** *pot.* myślała, że z nią koniec; myślała, że to już koniec; myślała, że już po niej; **singular number** liczba pojedyncza; **take care of number one** dbać wyłącznie o siebie; zajmować się wyłącznie sobą; troszczyć się wyłącznie o siebie; **telephone number** numer telefonu; **think about number one** myśleć wyłącznie o sobie; **times without number** niezliczoną ilość razy; **to the number of...** w liczbie...; **whole number** liczba całkowita; **winning number** szczęśliwa liczba, szczęśliwy numer (*na loterii itd.*); **wrong number** pomyłka! (*w rozmowach telefonicznych*)

number² *v* **1.** numerować **2.** liczyć, wynosić (*liczbę*) **3.** wyliczać; zaliczać ♦ **number sb/sth among sth** zaliczać kogoś/coś do czegoś; **sb's days are numbered** czyjeś dni są policzone; **the town numbers... inhabitants** miasto liczy... mieszkańców

nut *n* orzech ♦ **a hard/tough nut to crack** twardy orzech do zgryzienia, trudny orzech do zgryzienia; **be off one's nut** *pot.* być szalonym; zwariować, być niespełna rozumu; **do one's nut** *pot.* odchodzić od zmysłów, denerwować się; wściekać się

nuts

nuts *a pot.* szalony; zwariowany; pomylony ♦ **be nuts about sb/
/sth** mieć bzika na punkcie kogoś/czegoś, mieć fioła na punkcie kogoś/czegoś; **drive sb nuts** doprowadzać kogoś do szału; **go nuts** zwariować, oszaleć; **sb can't do sth for nuts** ktoś nie ma (ani) za grosz zdolności/talentu do czegoś; ktoś zupełnie nie potrafi czegoś (z)robić; ktoś ani w ząb nie umie/nie potrafi czegoś (z)robić

nutshell *n* ♦ *pot.* (*w zwrocie*) **to put it in a nutshell** krótko mówiąc

O

oar *n* wiosło ♦ **put/shove/stick one's oar in** *pot.* wtrącać/wsadzać/dorzucać swoje trzy grosze, wtrącać się

oath *n* **1.** przysięga **2.** przekleństwo, ordynarne słowo, wulgarny wyraz ♦ **a string of oaths** grad przekleństw; **lie under oath** kłamać pod przysięgą; **on/under oath** pod przysięgą; **swear//take an oath** składać przysięgę

object *n* przedmiot ♦ **be an object of ridicule** być pośmiewiskiem, być celem pośmiewiska; być obiektem kpin; **become an object of ridicule** stać się pośmiewiskiem, stać się celem pośmiewiska; stać się obiektem kpin; **be no object** nie grać roli (*pieniądze, wydatki itd.*), nie stanowić problemu; **object lesson** lekcja poglądowa

obvious *a* oczywisty ♦ **state the obvious** stwierdzać rzecz oczywistą; stwierdzać oczywisty fakt; mówić/wygłaszać truizmy

occasion *n* **1.** okazja **2.** powód, przyczyna ♦ **if the occasion arises** jeśli nadarzy się okazja; **on occasion** czasami, od czasu do czasu, sporadycznie; **on this occasion** przy tej sposobności; **rise to the occasion** stanąć na wysokości zadania

ocean *n* ocean ♦ **a drop in the ocean** *przen.* kropla w morzu

odd *a* **1.** osobliwy, dziwny **2.** nie do pary, pojedynczy **3.** dodatkowy, nadliczbowy **4.** nieparzysty **5.** doraźny, dorywczy **6.** *pot.* ponad, przeszło, z okładem **7.** wolny **8.** pozostały; przypadkowy ♦ **20-odd/40-odd (years)** *pot.* dwadzieścia/czterdzieści (lat) z okładem, dwadzieścia kilka/czterdzieści kilka (lat); **at odd times/moments** w wolnych chwilach; **it is odd (that)…/**

odds

/**the odd thing is...** dziwne, że...; **odd jobs** doraźne/dorywcze prace; **odd number** liczba nieparzysta; **the odd man out/the odd one out 1.** nie pasujący, inny; obcy **2.** zbywający; nie do pary

odds *pl* **1.** szanse; prawdopodobieństwo **2.** różnica **3.** nierówności; nierówne warunki ♦ **against all (the) odds** wbrew przeciwnościom, pomimo wszystkich przeciwności; **be at odds with sb (over/on sth)** kłócić się z kimś (o coś), nie zgadzać się z kimś (w sprawie); **be at odds with sth** nie pasować do czegoś; być/pozostawać w sprzeczności z czymś; nie zgadzać się z czymś; **it makes no odds** to nie stanowi różnicy, bez różnicy; **make odds even** wyrównywać (*różnice, szanse itd.*); **odds and ends** *pot.* drobiazgi; rupiecie; **the odds are against...** wszystko wskazuje na to, że nie ma szansy na...; jest mała szansa na/że...; **the odds are in favour of...** wszystko wskazuje na to, że jest szansa na...; jest duża szansa na/że...; **the odds are that...** wszystko wskazuje na to, że...; **what's the odds?** co za różnica?

off *a* **1.** odległy; dalszy **2.** prawy (*o częściach pojazdu*); zewnętrzny (*o stronie*) **3.** boczny (*o ulicy*) **4.** odwołany (*np. spektakl teatralny*); wykreślony (*z listy*); wolny od zajęć **5.** przerwany; wyłączony ♦ **badly off** biedny, ubogi; źle sytuowany; **be badly off for sth** bardzo czegoś potrzebować; dotkliwie odczuwać brak czegoś; **be off 1.** być wyłączonym (*światło, urządzenie*) **2.** być/zostać odwołanym (*np. koncert*) **3.** mieć wolne **4.** być nieobecnym **5.** być zepsutym (*żywność*); **be off for sth** *pot.* mieć zapas czegoś; **be off to** iść do; jechać do; **be well off** być bogatym/zamożnym; **be well off for sth** *pot.* mieć czegoś pod dostatkiem/w bród; **far off** daleko; **have an off day** mieć zły dzień; **off and on** od czasu do czasu; nieregularnie; z przerwami; **off base** *US pot.* błędny, mylny, niewłaściwy; **off colour** *pot.* **1.** mizerny; chory; źle wyglądający **2.** nieprzyzwoity, ordynarny (*dowcip*); **off hand** z głowy, z pamięci; bez sprawdzania; od ręki; **off limits** *US* wstęp wzbroniony; zamknięty (dla kogoś); **off one's head** *pot.* szalony, zwariowany, mocno stuknięty; **off one's own bat** *GB pot.* samodzielnie, bez niczyjej pomocy, z własnej inicjatywy, na własną rękę; **off season** sezon ogórkowy; martwy sezon; **off the bat** *US pot.* natychmiast, bezzwłocznie, momentalnie; **off the cuff/off the top of one's head** z głowy, z pamięci (*powiedzieć coś*); **off the map** *pot.* ustronny, położony na uboczu, położony z dala od miejsc uczęszczanych, położony z dala od głównych dróg; zabity deskami; **off the mark** niedokładny, nieprecyzyjny, nieścisły; niepoprawny, błędny; **off the peg/off the rack** (*o odzieży*) gotowy, szyty seryjnie; **off the record** nieoficjalny/nieoficjalnie; poza protokołem; wyłącznie do naszej wiadomości; **off with it!** precz z tym!; **on and off** od czasu do czasu; nieregularnie; z przerwami; **ready for (the) off** gotowy do drogi; gotowy do wyjścia; **right off/straight off** *pot.* natychmiast, od razu

offence *n* **1.** wykroczenie; przestępstwo **2.** obraza; zniewaga; kamień obrazy **3.** ofensywa; atak; natarcie ♦ **cause/give offence to sb** urazić kogoś, obrazić kogoś; **no offence** bez obrazy; **take offence** obrażać się; unosić się honorem; brać coś do siebie

offensive *n* ofensywa; atak; natarcie ♦ **be on the offensive** być w ofensywie/w natarciu; atakować; **go on (to)/take the offensive** przejść do ofensywy; zaatakować

offer[1] *n* **1.** oferta; propozycja **2.** (za)ofiarowanie; ofiara ♦ **decline an offer** nie przyjąć oferty/propozycji, odrzucić ofertę/propozycję; **job offer** oferta pracy; **make an offer** złożyć ofertę/propozycję; **on offer 1.** do nabycia; do zaoferowania; w ofercie **2.** *zwł. GB* (do nabycia) po promocyjnej cenie; **top an offer** przebić (czyjąś) ofertę; **turn down an offer/refuse an offer** nie przyjąć oferty/propozycji, odrzucić ofertę/propozycję

offer[2] *v* **1.** oferować, proponować **2.** ofiarować; składać w ofierze ♦ **offer an olive branch to sb** wyciągnąć do kogoś gałązkę

office

oliwną, podać komuś gałązkę oliwną; **offer a prayer** ofiarować modlitwę; **offer congratulations on** składać gratulacje z okazji; **offer difficulties** nastręczać trudności; **offer hope** dawać nadzieję; rokować nadzieje; **offer information** służyć informacjami; **offer itself** nadarzyć się (*okazja, sposobność*); **offer resistance** stawiać opór; **offer up a prayer** ofiarować modlitwę

office *n* **1.** biuro; urząd **2.** stanowisko urzędowe **3.** ministerstwo **4.** nabożeństwo; obrządek **5.** *US* gabinet lekarski ♦ **booking office** kasa (*biletowa*); **box office 1.** kasa biletowa (*w kinie, teatrze*) **2.** sukces kasowy (*filmu itd.*); **doctor's office** *US* gabinet lekarski; **do well at the box office** odnieść sukces kasowy; **hold office** zajmować/piastować stanowisko, piastować/sprawować urząd; **in office** na stanowisku; **lost property office** biuro rzeczy znalezionych; **office block**/*US* **office building** biurowiec, budynek biurowy; **office holder** urzędnik państwowy, osoba piastująca urząd/stanowisko; **office hours** godziny biurowe/urzędowania; **post office** poczta, urząd pocztowy; **press office** biuro prasowe; **run for/stand for an office** ubiegać się o stanowisko; **take office** objąć stanowisko; **term of office** kadencja; **through sb's good offices/through the good offices of sb** dzięki czyjejś uprzejmości, z pomocą kogoś

offing *n* ♦ (*w zwrocie*) **be in the offing** wisieć w powietrzu, zapowiadać się

often *adv* często ♦ **all too often** najczęściej; nader często; **as often as not/more often than not** bardzo często, zwykle, zazwyczaj; **every so often** od czasu do czasu, czasem, niekiedy, nieraz; **only too often** najczęściej; nader często

oil[1] *n* **1.** olej **2.** ropa (naftowa) ♦ **be no oil painting** (*żartobliwie*) być niezbyt urodziwym, nie grzeszyć urodą; **burn the midnight oil** pracować po nocach; uczyć się po nocach; siedzieć do późnej nocy; **pour oil on troubled water(s)** studzić czyjś gniew, uspokajać zwaśnione strony, godzić skłóconych/zwaśnionych; łagodzić/zażegnać spór; **truth and sweet oil always come to the top** *przysł.* prawda jak oliwa na wierzch wypływa

oil² *v* smarować (olejem), oliwić, oleić ♦ **like a well-oiled machine** płynnie, gładko; jak po maśle; jak w zegarku

ointment *n* maść ♦ **a/the fly in the ointment** łyżka dziegciu w beczce miodu

old *a* stary; dawny ♦ **a chip off the old block** *pot.* wykapany ojciec; wykapana matka; nieodrodny syn; nieodrodna córka; charakterem podobny do matki/do ojca; **a load of old rubbish//a load of old nonsense/a load of old cobblers** stek bzdur; **an old hand** *pot.* stary wyga; stary wyjadacz; znawca; **any old how** *pot.* jakkolwiek, byle jak (*robić coś*); **any old place//where** *pot.* gdziekolwiek, byle gdzie, gdzie bądź; **any old time** *pot.* kiedykolwiek, w dowolnym czasie, o dowolnej porze; **as old as the hills** stary jak świat; **be up to one's old tricks** *pot.* używać swoich sztuczek, próbować swoich chwytów/sztuczek; **get/grow old** starzeć się; **how old are you?** ile masz lat?; **live to the ripe old age** dożyć/doczekać sędziwego wieku, dożyć/doczekać późnej starości; **money for old rope** *pot.* łatwy pieniądz (*zdobyty z łatwością*), łatwe pieniądze; **of old 1.** dawniej; dawno temu **2.** od dawna; **old age** starość, podeszły wiek; **old age pension** emerytura; **old age pensioner** emeryt; **old as the hills** stary jak świat; **old boy/old girl** absolwent/absolwentka; **old flame** stara miłość; **old folk(s)** staruszkowie, ludzie starzy/w podeszłym wieku; **old folks' home** dom starców; **old guard** stara gwardia (*byli towarzysze broni, koledzy z dawnych lat*); **old hat** *pot.* staroświecki, niemodny, zacofany, przestarzały; **old joke** odgrzewany kawał, stary kawał; odgrzewany dowcip; **old lag** recydywista; **old maid** stara panna; **old man** *pot.* stary (*o mężu, ojcu*); **old people's home** dom starców; **old stager** *pot.* stary wyga, stary wyjadacz; **Old Testament** Stary Testament; **old wives' tale** przesąd, zabobon, babskie gadanie; **open old wounds** rozdrapywać/jątrzyć/rozdzierać stare rany; **ripe old age** starość, podeszły wiek; **sb is old enough to be sb's father/mother** ktoś mógłby być czyimś ojcem/czyjąś matką (*ze względu na wiek*); **the good old days** dawne dobre czasy; **the Old World** Stary Świat (*Europa, Azja, Afryka*); **the same old story** stara śpiewka, stara piosenka, ta sama stara piosenka/śpiewka

olive *n* oliwka ♦ **hold out/offer/extend an olive branch to sb** wyciągnąć do kogoś gałązkę oliwną, podać komuś gałązkę oliwną

on *adv, prep* **1.** na; w; nad; przez **2.** na temat, z tematu **3.** włączony; pracujący **4.** w programie; grany **5.** przy sobie ♦ **and so on** i tak dalej; **be on 1.** być włączonym (*światło, urządzenie*) **2.** odbywać się; być aktualnym **3.** być w programie/repertuarze, być granym (*np. film w kinie*) **4.** zarabiać; **be on about sth** *pot.* zawracać komuś czymś głowę, zamęczać kogoś czymś; **be on at sb** *pot.* zawracać komuś głowę, zamęczać kogoś (prośbami); **be on for sth** *pot.* być gotowym do czegoś, być przygotowanym na coś; **from then on/from that day on** odtąd, od tego czasu, od tej chwili; **have sb on the inside** mieć swojego człowieka/wtyczkę (*w organizacji, instytucji itd.*); **have sth on you** *pot.* mieć coś przy sobie (*pieniądze, dokumenty itd.*); **have you any money on you?** czy masz przy sobie trochę pieniędzy?; **it's not on** *GB pot.* to niedopuszczalne, tak nie można, to nie jest w porządku; nie ma mowy, wykluczone; **later on** później; **off and on** od czasu do czasu; nieregularnie; z przerwami; **on all fours** na czworakach; **on all sides** z każdej strony, ze wszystkich stron; **on and off** od czasu do czasu; nieregularnie; z przerwami; **on and on** bez przerwy; **on an even keel 1.** bez kołysania (*płynąć*) **2.** *przen.* bez wstrząsów, równo, spokojnie; na równym poziomie; zachowując spokój; **on arrival home** po przybyciu do domu; **on call** na żądanie; na (każde) wezwanie; **on duty** dyżurny; na służbie; **on either side** po obu stronach; **on foot** pieszo, piechotą, na piechotę; **on guard** na warcie;

on hand pod ręką; w pobliżu; na zawołanie; do dyspozycji; dostępny; **on my right/left** po mojej prawej/lewej stronie; **on oath** pod przysięgą; **on occasion** czasami, od czasu do czasu, sporadycznie; **on offer 1.** do nabycia; do zaoferowania; w ofercie **2.** *zwł. GB* (do nabycia) po promocyjnej cenie; **on one's mind** na głowie; na myśli; zaprzątający (sobie) uwagę/głowę/ /myśli/umysł (*czymś*); **on one's way** w drodze, po drodze (*do domu, szkoły itd.*); **on paper** na papierze; na papier; na piśmie; **on principle** z zasadniczych względów; **on production of sth** za okazaniem/przedstawieniem czegoś (*dokumentów, biletu itd.*); **on purpose 1.** celowo, rozmyślnie **2.** w celu; **on request** na żądanie; na życzenie; **on sb's part** z czyjejś strony; **on sb's return** po (czyimś) powrocie; **on show** wystawiony (*dla publiczności*); **on sight** na miejscu, bez uprzedzenia; **on tap 1.** pod ręką, do dyspozycji **2.** z beczki (*piwo*); **on television** w telewizji; w programie telewizyjnym; **on the hour** dokładnie/punktualnie o... (*pierwszej, drugiej, trzeciej godzinie itd.*), o pełnej godzinie (*odjazdy pociągów, wiadomości itd.*); **on the house** na koszt firmy; **on the inside 1.** wewnątrz (*czegoś*) **2.** od/z wewnątrz **3.** po wewnętrznej stronie; **on the left** na/w lewo, po lewej stronie; **on the market** dostępny na rynku, w sprzedaży; **on the one hand... on the other (hand)** z jednej strony..., z drugiej (zaś) strony...; **on the part of sb** z czyjejś strony; **on the quiet** po cichu, w tajemnicy; **on the rack** cierpiący; obolały; zbolały; **on the radio** w radiu; **on the right** na/w prawo, po prawej stronie; **on the river** nad rzeką; **on the road** w drodze; **on the rocks 1.** z lodem (*alkohol*) **2.** w rozsypce (*przyjaźń itd.*); **on the run** w ruchu; **on the scent** na tropie; **on the side 1.** na boku, dodatkowo (*dorabiać itd.*) **2.** na boku; potajemnie, w sekrecie; nieuczciwie; nielegalnie; **on the spot 1.** na miejscu **2.** z miejsca, natychmiast **3.** w miejscu (*podskakiwać itd.*); **on the way 1.** w drodze, po drodze (*do domu, szkoły itd.*) **2.** *pot.* (*o dziecku*) w drodze, mające przyjść na świat, mające

once   434

się urodzić; **on the whole** na ogół; ogólnie rzecz biorąc; **on the wing** w locie; **on this occasion** przy tej sposobności; **on time** punktualnie; **on top 1.** na wierzchu; na szczycie; na górze **2.** na pozycji lidera; na szczycie; (być) górą **3.** na dodatek, w dodatku; **on wheels** na kółkach (*stolik itd.*); **straight on** prosto przed siebie; **the light is on** światło się świeci

once *adv* **1.** raz **2.** kiedyś; dawniej; uprzednio **3.** jak tylko; jeżeli ♦ **all at once 1.** nagle, znienacka, naraz, nieoczekiwanie, niespodziewanie **2.** (wszyscy/wszystko) naraz, jednocześnie; wspólnie, razem; **at once 1.** od razu, niezwłocznie, natychmiast **2.** jednocześnie, zarazem; **for once/just this once/just for once** tylko ten raz, tylko ten jeden raz; **once again** jeszcze raz; **once and again** niejednokrotnie; czasem; **once and for all** raz na zawsze; po raz pierwszy i ostatni; **once a year** raz na rok, raz w roku; **once bitten, twice shy** *przysł.* kto się na gorącym sparzył, ten na zimne dmucha; **once in a blue moon** *pot.* raz od wielkiego święta, od wielkiego dzwonu; **once in a while** od czasu do czasu, raz na jakiś czas, okazjonalnie, niekiedy; **once more** jeszcze raz; **once upon a time** pewnego razu, swego czasu; dawno dawno temu; dawno temu

one *num* jeden ♦ **all in one** w jednym; jednocześnie (*wielofunkcyjny, wielozadaniowy itd.*); **as one (man)** jak jeden mąż, zgodnie, jednomyślnie; **at one time** kiedyś; wtedy, wówczas; **be at one with sb/sth** zgadzać się z kimś/czymś, być zgodnym z kimś/czymś; być z kimś/czymś w harmonii; **be of one mind (about)** być tego samego zdania (w sprawie), mieć jednakowy pogląd (na); **for one thing** po pierwsze; **get one over sb/sth** *pot.* zdobyć przewagę nad kimś/czymś; **have one for the road** (wy)pić strzemiennego; **in one** w jednym; jednocześnie (*wielofunkcyjny, wielozadaniowy itd.*); **one after another/one by one** pojedynczo, jeden za drugim; **one and a half** półtora; **one and all** wszyscy (bez wyjątku); każdy; **one day** któregoś dnia, kiedyś (*w przyszłości*); **one of a kind** jedyny w swoim rodzaju, niepowtarzalny; **one-off (opportunity)** jedyna/niepowtarzalna okazja; **one of these days** wkrótce, niebawem; **one of those days** pechowy dzień; **one thing at a time** nie wszystko na raz; **one time** raz; pewnego razu; **one way or another/one way or the other** tak czy inaczej, tak czy owak, tak czy siak; **put one over on sb** *pot.* przechytrzyć kogoś, oszukać kogoś; **(the) last but one** przedostatni, drugi od końca; **the odd one out 1.** nie pasujący, inny; obcy **2.** zbywający; nie do pary; **the one and only** *pot.* jeden jedyny; ten sam; nie kto inny jak..., nikt inny tylko...

oneself *pron* **1.** się; sobie; siebie; sobą **2.** sam (*osobiście*) ♦ **(all) by oneself** (zupełnie) sam; **say to oneself** powiedzieć sobie; **think to oneself** (po)myśleć sobie

onion *n* cebula ♦ **know one's onions** *pot.* znać się na rzeczy

only[1] *a* jedyny ♦ **an only child** jedynak; jedynaczka; **be sb's only hope** być czyjąś jedyną nadzieją; **(one's) only resort** (czyjaś) jedyna deska ratunku; **the one and only** *pot.* jeden jedyny; ten sam; nie kto inny jak..., nikt inny tylko...

only[2] *adv* **1.** jedynie; tylko **2.** dopiero, ledwie ♦ **if only...** gdyby tylko...; żeby tylko...; **not only... but (also)** nie tylko... ale również; **only just 1.** dopiero co **2.** ledwo ledwo; **only then** właśnie wtedy; **only time will tell** czas pokaże; **only too** bardzo, niezmiernie, zupełnie, aż nadto; **only too often** najczęściej; nader często; **only yesterday** nie dalej jak wczoraj

onto *prep* **1.** do **2.** na ♦ **be onto sb** *pot.* **1.** być na czyimś tropie; dobrać się do kogoś; dopaść kogoś **2.** (s)kontaktować się z kimś; **be onto sth** być na tropie czegoś, trafić/wpaść na trop czegoś

open[1] *n* **the open** otwarta przestrzeń ♦ **bring sth (out) into the open** ujawnić coś, wydobyć coś na jaw; **(out) in the open** na otwartym/wolnym/świeżym powietrzu, pod gołym niebem, w plenerze

open[2] *v* otwierać (się) ♦ **open fire on** otworzyć ogień do; **open old wounds** rozdrapywać/jątrzyć/rozdzierać stare rany; **open**

open

one's heart to sb otworzyć przed kimś serce; **open Pandora's box/open up a can of worms** *pot.* otworzyć puszkę Pandory; **open sb's eyes to sth** otworzyć komuś oczy na coś; **open sb's mind to sth** uzmysłowić coś komuś, uprzytomnić coś komuś

open³ *a* otwarty; wolny; dostępny; odkryty ♦ **an open book** *przen.* otwarta księga; **be an open secret** być tajemnicą poliszynela, być publiczną tajemnicą; **break/burst sth open** wyważyć coś; wyłamać coś; otworzyć coś siłą; **burst open** nagle się otworzyć (*drzwi*); **have an open mind** mieć otwarty umysł; **in the open air** na otwartym/wolnym/świeżym powietrzu, pod gołym niebem, w plenerze; **keep one's eyes and ears open** mieć oczy i uszy otwarte; **keep open house** prowadzić dom otwarty; **lay oneself open to (criticism/ridicule)** wystawiać się na (krytykę/pośmiewisko); **leave/keep one's options open** nie podjąć decyzji, nie dokonać wyboru, zostawić sobie prawo wyboru; **open and above board** legalny, uczciwy, czysty (*interes, sprawa itd.*); **open day** dzień otwarty; **open goal** pusta bramka; **open house** dom otwarty; **open letter** list otwarty; **open market** wolny rynek; **open question** otwarta kwestia; **open space** otwarta przestrzeń; **open to the public** otwarty/dostępny dla publiczności; **the open sea** otwarte morze, pełne morze; **wide open to sth** wystawiony na coś (*atak, krytykę*); **with open arms** z otwartymi ramionami/rękami (*przyjmować, witać kogoś*)

opener *n* ♦ *pot.* (*w wyrażeniu*) **for openers** na początek, w pierwszej kolejności

operation *n* **1.** operacja (*handlowa, chirurgiczna, technologiczna itd.*) **2.** działanie, praca (*urządzenia itd.*) **3.** działanie (*matematyczne*) ♦ **be in operation** działać, funkcjonować; **come into operation** wchodzić w życie; **have an operation** mieć/przejść operację; **out of operation** nieczynny, wyłączony; **rescue operation** akcja ratownicza

opinion *n* opinia; pogląd ♦ **be of an opinion that...** być zdania, że..., uważać, że...; **contrary to popular opinion** wbrew powszechnej opinii, wbrew powszechnemu mniemaniu, wbrew rozpowszechnionemu sądowi; **have a bad/low opinion of sb//sth** mieć o kimś/czymś złe zdanie; **have a good/high opinion of sb/sth** mieć o kimś/czymś dobre zdanie; **hold an opinion** być zdania, że...; uważać, że...; **in my humble opinion** *pot.* moim skromnym zdaniem; **in one's opinion** czyimś zdaniem; **one's considered opinion** czyjeś dobrze przemyślane zdanie, czyjaś dobrze przemyślana opinia

opportunity *n* okazja, sposobność; możność, możliwość ♦ **at every (available) opportunity** przy każdej (nadarzającej się) okazji; **at the first opportunity/at the earliest opportunity** przy najbliższej okazji/sposobności; **equal opportunities** równe/jednakowe szanse; **inequality of opportunity** nierówność szans; **job opportunity** możliwość zatrudnienia/znalezienia (sobie) pracy; **leap at the opportunity** chwytać okazję; nie przepuścić okazji, wykorzystać okazję; skwapliwie/chętnie skorzystać z okazji; **miss an opportunity** stracić/zmarnować//zaprzepaścić okazję; stracić/zmarnować/zaprzepaścić szansę; przegapić/przepuścić okazję; **one-off opportunity** jedyna/niepowtarzalna okazja; **opportunity of emloyment** możliwość zatrudnienia/znalezienia (sobie) pracy; **take the opportunity to...** skorzystać z (nadarzającej się) okazji, aby/żeby...

opposed *a* **1.** przeciwny **2.** inny, odmienny, różny ♦ **as opposed to** w przeciwieństwie do; w odróżnieniu od

opposite *a* przeciwny ♦ **sb's opposite number** czyjś odpowiednik; **the opposite sex** płeć przeciwna/odmienna; **the opposite way round** odwrotnie; (wręcz) przeciwnie; inaczej; na odwrót

opposition *n* przeciwstawienie (się); opozycja; przeciwieństwo ♦ **be in opposition (to sb/sth) 1.** sprzeciwiać się (komuś/czemuś) **2.** być w opozycji (*partia*); **opposition party** partia opozycyjna

option *n* opcja, wybór ♦ **leave/keep one's options open** nie podjąć decyzji, nie dokonać wyboru, zostawić sobie prawo wyboru; **leave sb with no option** nie pozostawić komuś wyboru, nie dać komuś wyboru; **soft option** *pot.* łatwiejsze wyjście/rozwiązanie; pójście na łatwiznę; **take the soft option** *pot.* wybrać łatwiejsze wyjście/rozwiązanie; pójść na łatwiznę

or *conj* lub, albo ♦ **or anything** *pot.* lub/czy coś w tym rodzaju, lub coś w tym guście, lub coś podobnego; **or else** w przeciwnym razie; **or so** około, w przybliżeniu, lub coś koło tego; **or something** *pot.* lub coś w tym rodzaju, lub coś w tym guście, lub coś podobnego

order *n* **1.** następstwo; kolejność (*alfabetyczna, chronologiczna*) **2.** porządek **3.** porządek, styl (*architektoniczny*) **4.** rozkaz **5.** zamówienie; zlecenie **6.** rząd (*wielkości*) ♦ **against order** na zamówienie; **be the order of the day 1.** być na porządku dziennym (zebrania/obrad) **2.** być wymogiem czasu; być aktualnym/powszechnym **3.** być (w tej/danej sytuacji) stosownym/właściwym; **call sb to order** przywołać kogoś do porządku; **disturb public order** naruszać/zakłócać porządek publiczny; **get out/go out of order** zepsuć się; **holy orders** święcenia (kapłańskie); **in apple-pie order** *pot.* w idealnym/we wzorowym porządku; porządnie; **in order 1.** sprawny, zdatny do użytku **2.** w porządku; uporządkowany; **in order of...** w kolejności..., według...; **in order to.../in order that...** w celu..., celem..., żeby/aby...; **in reverse order** w odwrotnej kolejności; **in running/working order** sprawny, zdatny do użytku; na chodzie; **in short order** szybko; natychmiast; w przyspieszonym trybie; **law and order** prawo i porządek; **made to order** wykonany na zamówienie; **of a high order** wysokiej klasy, wysokiego rzędu; **of the order of...** rzędu... (*wielkość*); **on a point of order** w kwestii formalnej; **out of order 1.** w nieładzie **2.** zepsuty, uszkodzony (*maszyna, urządzenie itd.*) **3.** nieprzepisowy, nieformalny **4.** *pot.* nie na miejscu; **place an order** składać zamówienie; **point of order** kwestia formalna; **put sth in order** doprowadzić coś do porządku/do ładu; uporządkować coś; naprawić coś; **put sth out of order** zepsuć coś; **restore order** przywrócić porządek; **take an order** przyjąć zamówienie; **take (holy) orders** przyjąć święcenia kapłańskie; **tall order** *pot.* wygórowane żądania/oczekiwania; zadanie nie do wykonania; niewykonalne zadanie/żądanie/zlecenie/polecenie; prośba niemożliwa do spełnienia; **the (natural) order of things** (naturalny) porządek rzeczy/świata; **to order** na zamówienie; **work to order** praca zlecona

ordinary *a* zwykły, zwyczajny, normalny ♦ **in the ordinary course of events** zwykłym biegiem wydarzeń; **in the ordinary way** zwykle, normalnie; **out of the ordinary** niezwykły, niezwyczajny

other *a, pron* drugi; inny ♦ **among other (things)** między innymi; **each other** się; siebie; sobie nawzajem; **every other 1.** co drugi **2.** każdy; **have other fish to fry** *pot.* mieć inne/ważniejsze sprawy na głowie, mieć inne/ważniejsze rzeczy na głowie; **in other words** innymi słowy, inaczej mówiąc; **none other than** nie kto inny jak; **one way or the other** tak czy inaczej, tak czy owak, tak czy siak; **on the one hand... on the other (hand)** z jednej strony..., z drugiej (zaś) strony...; **on the other side** po drugiej stronie; **other than** inaczej niż; inny niż; **other than that** poza tym; **somehow or other** w jakiś sposób; **some other time** innym razem; **the other day** parę dni temu, niedawno, ostatnio; **the other side** strona przeciwna; **the other side of the coin** druga/odwrotna strona medalu; **the other way round** odwrotnie; (wręcz) przeciwnie; inaczej; na odwrót; **the other week** kilka tygodni temu, niedawno, ostatnio; **this, that and the other** *pot.* o tym i o owym; i to i owo; różne różności; o różnych różnościach, o przeróżnych rzeczach/sprawach (*rozmawiać itd.*); **turn the other cheek** nadstawić drugi policzek

otherwise *adv* **1.** inaczej **2.** w przeciwnym razie **3.** poza tym ♦ **know otherwise** wiedzieć swoje; **say otherwise** mówić/ /twierdzić coś zupełnie innego

out¹ *n* **the ins and outs (of sth)** tajniki, arkana, zawiłości; szczegóły (czegoś)

out² *v* ♦ (*w zwrocie*) **the truth will out** prawda (zawsze) wychodzi/wyjdzie na jaw

out³ *adv* na zewnątrz, poza ♦ **all out 1.** całkowity, cały, zupełny **2.** z całych sił; używając wszelkich dostępnych środków; **be out** nie być w domu (*wyjść*); być poza domem; **be out for sth** *pot.* chcieć czegoś; próbować coś dostać/zrobić; **be out of breath** nie móc złapać tchu; **be out of it** być bezradnym; być wyobcowanym; **be out of job** być bez pracy, nie mieć pracy, być bezrobotnym; **be out of luck** mieć pecha, nie mieć szczęścia; **be out of shape** nie być w formie, być bez formy; **be out of sorts 1.** czuć się niedobrze/niezbyt dobrze, czuć się słabo, niedomagać **2.** czuć się nieswojo; być nie w sosie; być wytrąconym z równowagi; **be out of town** być nieobecnym w mieście, być poza miastem; **be out of work** być bez pracy, nie mieć pracy, być bezrobotnym; **come from out in left field** *US pot.* pojawić się nieoczekiwanie/niespodziewanie; pojawić się ni stąd, ni zowąd; **get out of my way!** z drogi!, zejdź mi z drogi!; **go out of date 1.** wychodzić z mody **2.** stracić aktualność/na aktualności; stracić ważność; **inside out** (*o ubraniu*) na lewą stronę; **it's out of the question!** nie ma mowy!, to nie wchodzi w rachubę!, wykluczone!, w żadnym razie!; **out and about 1.** powracający do zdrowia **2.** tu i tam, tu i ówdzie; **out back** *GB pot.* z tyłu (*budynku*), na tyłach (*domu*); **out in the open** na otwartym/wolnym/świeżym powietrzu, pod gołym niebem; **out loud** głośno, na (cały) głos; **out of all proportion (to sth)** niewspółmierny (do czegoś); **out of bounds (to sb)** wstęp wzbroniony (komuś); zamknięty (dla kogoś); **out of breath** bez tchu; z zadyszką; **out of curiosity** z ciekawości, przez ciekawość; **out of date 1.** niemodny, nie na czasie **2.** nieaktualny; przeterminowany; **out of doors** poza domem; na (wolnym) powietrzu, na dworze; **out**

of habit z przyzwyczajenia; z nawyku; **out of hand 1.** wymykający się spod kontroli; niekontrolowany **2.** od ręki; natychmiast; zdecydowanie; **out of harm's way** w bezpiecznym miejscu, bezpieczny; **out of hours** poza godzinami pracy, nie w godzinach pracy; **out of keeping with** nie pasujący do, niestosowny do/na, nieodpowiedni do/na; nie harmonizujący z; **out of love** z miłości; dla miłości; **out of metal** z metalu; **out of nowhere** ni stąd, ni zowąd; niespodziewanie, nagle; **out of one's line** nie w swoim fachu/zawodzie; **out of one's own pocket** z własnej kieszeni (*finansować coś itd.*), za własne pieniądze; **out of (one's/sb's) reach** poza (czyimś) zasięgiem; nieosiągalny; niedostępny; **out of order 1.** w nieładzie **2.** zepsuty, uszkodzony (*maszyna, urządzenie itd.*) **3.** nieprzepisowy, nieformalny **4.** *pot.* nie na miejscu; **out of pity** z litości; **out of place** nie na miejscu; niewłaściwy; **out of print** wyczerpany (*nakład książki*); **out of proportion (to sth)** niewspółmierny (do czegoś); **out of (sb's) range** poza (czyimś) zasięgiem; **out of service** wycofany z użytku; **out of shape** bezkształtny; zdeformowany; zdefasonowany; zniekształcony; **out of sight** poza zasięgiem wzroku; niewidoczny; **out of sight, out of mind** *przysł.* czego oko nie widzi, tego sercu nie żal; co z oczu, to i z myśli/serca; **out of the blue** ni stąd, ni zowąd; niespodziewanie, nagle; **out of the frying pan into the fire** z deszczu pod rynnę; **out of the ordinary** niezwykły, niezwyczajny; **out of the way 1.** na uboczu, na ustroniu **2.** (*w negatywnym znaczeniu*) dziwny, dziwaczny, osobliwy, wyjątkowy **3.** skończony, zrobiony; zaliczony, z głowy; **out of this world** nie z tego świata, nie z tej ziemi; **out of use** wycofany z użytku; **out of wood** z drewna; **out the back** *GB pot.* z tyłu (*budynku*), na tyłach (*domu*); **out with it!** mów!, wykrztuś to z siebie!; **out you go!** *pot.* wyjdź!; wynoś się!, już cię nie ma!; **since time out of mind** od niepamiętnych czasów; **sth's out** *pot.* coś jest wykluczone; **the light is out** światło

outset

zgasło, światło się nie świeci; **(way) out in left field** *US pot.* dziwny, niezwykły

outset *n* ♦ (*w wyrażeniach*) **at the (very) outset** na (samym) początku; **from the (very) outset** od (samego) początku

outside¹ *n* zewnętrzna strona ♦ **at the outside** co najwyżej; maksymalnie

outside² *a* **1.** zewnętrzny **2.** postronny **3.** największy, maksymalny **4.** znikomy, minimalny (*możliwości*) ♦ **be cut off from the outside world** być odciętym od świata (zewnętrznego); **have contact with the outside world** mieć kontakt ze światem zewnętrznym; **the outside world** świat zewnętrzny

outstay *v* zostać dłużej (*niż inni goście*) ♦ **outstay one's welcome** nadużywać czyjejś gościnności

oven *n* piec ♦ **have a bun in the oven** *GB* (*żartobliwie*) być przy nadziei/w ciąży, spodziewać się dziecka

over *adv, prep* **1.** na; nad; ponad; przez **2.** wszędzie, dookoła **3.** zbyt **4.** na drugą stronę; po drugiej stronie **5.** ponad, więcej **6.** przez, podczas ♦ **all over 1.** wszędzie **2.** zupełnie jak (*wyżej wspomniana osoba*); **all over again** na nowo, od nowa, od początku, ponownie, jeszcze raz; **all over the place 1.** wszędzie **2.** w nieładzie; bez ładu i składu; **all over the world** na całym świecie; **be all over...** obiec, rozejść się, dotrzeć do... (*o wiadomościach itd.*); **be all over sb** *pot.* przepadać za kimś; nadskakiwać komuś; **be over** skończyć się; **be over sth** mieć coś za/poza sobą; **be over the hump** najgorsze mieć (już) za sobą; **be over the moon** *pot.* nie posiadać się ze szczęścia; być ogromnie/bardzo szczęśliwym; być rozanielonym; **be sb all over** *pot.* być typowym/charakterystycznym dla kogoś, to cały ktoś; **it's all over now** skończyło się, jest (już) po wszystkim; **over against sth** w przeciwieństwie do czegoś; **over age** mający przekroczoną granicę wieku; za stary; **over and above** oprócz (czegoś), powyżej (czegoś); **over and over (again)** wiele razy, niejednokrotnie; wciąż, stale; ustawicznie; **over my**

dead body! po moim trupie!; **over sb's head** za trudny dla kogoś, zbyt trudny dla kogoś, zbyt skomplikowany dla kogoś; **over sb's objection** pomimo czyjegoś sprzeciwu, pomimo czyichś zastrzeżeń; **over the counter 1.** bez recepty (*kupować, sprzedawać lekarstwa*) **2.** bez (specjalnego) zezwolenia; bez licencji; **over the ether** na falach eteru; **over the page** na odwrotnej/drugiej/następnej stronie; **over the radio** przez radio; **over there** tam (dalej); **over the top** *pot.* przesadny; przesadzony; przejaskrawiony; sztuczny; **over time/over the course of time** z czasem, w miarę upływu czasu; **the (whole) world over** na całym świecie

overboard *adv* za burtą; za burtę ♦ **go overboard** *pot.* zbytnio się podniecać, zbytnio się entuzjazmować; wkładać w coś zbyt dużo zapału; **man overboard!** człowiek za burtą!; **throw sb/sth overboard** wyrzucić kogoś/coś za burtę, pozbyć się kogoś/czegoś

overdo *v* (**overdid, overdone**) przesadzać ♦ **overdo it/things** przesadzać z pracą, przepracowywać się, przeforsowywać się, przemęczać się

overplay *v* przeceniać (*znaczenie itd.*) ♦ **overplay one's hand** przeceniać swoje możliwości, przeliczyć się (z siłami); **overplay the role of sth** przeceniać rolę czegoś

overstay *v* zostać dłużej (*niż inni goście*), przedłużyć (*wizytę, urlop*) ♦ **overstay one's welcome** nadużywać czyjejś gościnności

overstep *v* przekroczyć ♦ **overstep the mark** przebrać miarę//miarkę, stracić/przekroczyć miarę, przeholować; posunąć się za daleko

owl *n* sowa ♦ **night owl** nocny marek

own *a, pron* własny ♦ **all on one's own** sam; **be one's own man** być człowiekiem niezależnym; być (człowiekiem) niezależnym w sądach; **be one's own master** być panem samego siebie//swej woli; **be one's own mistress** być panią samej siebie/swej woli; **come into one's own** sprawdzić się (*na stanowisku, w działaniu itd.*); **for your own good** dla twojego własnego dobra; **get one's own back (on sb)** *pot.* odpłacić (komuś) pięknym za nadobne, odegrać się (na kimś); **go one's own way** pójść własną drogą; zrobić coś/postąpić według własnego uznania; podjąć samodzielną decyzję, działać/postępować samodzielnie; **have a mind of one's own** mieć swój rozum; **hold one's own** nie dawać za wygraną; **in one's own words** własnymi słowami, swoimi słowami (*opowiedzieć coś itd.*); **on one's own** sam; **own goal** bramka samobójcza; **roll one's own** *pot.* zwinąć skręta; **stand on one's own (two) feet** stanąć na własnych nogach; **your very own** twój własny

oyster *n* ostryga ♦ **the world is one's oyster** świat stoi przed kimś otworem, świat się do kogoś uśmiecha, świat jest otwarty dla kogoś

P

pace *n* **1.** krok **2.** tempo ♦ **at a slow pace** w wolnym tempie; **at a snail's pace** w żółwim tempie, ślimacząc się; **go through one's paces** pokazać na co kogoś stać, pokazać swoje możliwości, pokazać co ktoś potrafi/umie; **keep pace with...** dotrzymywać kroku...; **put sb/sth through their paces** sprawdzić na co kogoś/coś stać, sprawdzić możliwości kogoś/czegoś, sprawdzić co ktoś/coś potrafi/umie; **set the pace** nadawać/narzucać tempo; **show one's paces** pokazać na co kogoś stać, pokazać swoje możliwości, pokazać co ktoś potrafi/umie; **stand the pace** wytrzymać tempo

pack[1] *n* **1.** paczka; pakiet **2.** stado (*zwierząt*); sfora (*psów*) **3.** banda (*złodziei, kłamców*) **4.** stek (*obelg itd.*) **5.** talia (*kart do gry*) ♦ **pack of lies** stek kłamstw

pack[2] *v* **1.** pakować **2.** ścieśniać; ubijać; zagęszczać **3.** uszczelniać ♦ **be packed like sardines** *pot.* tłoczyć się/gnieść się/być stłoczonym jak śledzie w beczce; **packed house** pełna widownia, widownia wypełniona po brzegi; **packed lunch** drugie śniadanie (*zabierane do szkoły, pracy*); **pack one's bags** *pot.* pakować/zbierać swoje manatki; **pack one's job in** rzucić pracę; **send sb packing** *pot.* posłać kogoś do diabła/w diabły

paddle *v* **1.** wiosłować **2.** brodzić po wodzie ♦ **paddle one's own canoe** *pot.* polegać wyłącznie na sobie; być samodzielnym/niezależnym; radzić sobie samemu

page *n* **1.** strona, stronica **2.** goniec (*w hotelu itd.*) ♦ **front page** pierwsza strona (*gazety*); **over the page** na odwrotnej/dru-

pain 446

giej/następnej stronie; **page in history** karta w historii; **thumb through the pages** (prze)kartkować, przerzucać strony/kartki, wertować kartki; **title page** strona tytułowa

pain *n* ból ♦ **aches and pains** dolegliwości (*zdrowotne*); **a pain in the neck** utrapienie; **cause/inflict pain on sb** zadać komuś ból; **labour pains** bóle porodowe; **on/under pain of sth** pod groźbą/karą/rygorem czegoś; **scream with pain** krzyczeć z bólu; wyć z bólu; **spare no pains** nie szczędzić trudu; **spare sb pain** (za)oszczędzić komuś bólu

paint *v* malować ♦ **not as black as it is painted/not as black as one is painted** nie najgorszy; nie taki straszny, jak się o nim mówi; nie taki diabeł straszny, jak go malują; **paint a rosy picture of sth** przedstawić sytuację w różowych barwach, malować/przedstawiać coś w jasnych kolorach

painting *n* **1.** malarstwo **2.** obraz, praca malarska; malowidło ♦ **be no oil painting** (*żartobliwie*) być niezbyt urodziwym, nie grzeszyć urodą; **wall painting** malowidło ścienne

pair *n* para (*osób, rzeczy*) ♦ **in pairs** parami; **show a clean pair of heels** wziąć nogi za pas, dać nogę

pale *v* blednąć ♦ **pale beside/in comparison with sth** *przen.* blednąć przy czymś, blednąć w porównaniu z czymś

palm *n* **1.** dłoń **2.** palma **3.** *przen.* palma pierwszeństwa, palma zwycięstwa ♦ **bear the palm** dzierżyć palmę pierwszeństwa; **carry off the palm** zdobyć palmę pierwszeństwa; **grease sb's palm** *pot.* dać komuś w łapę, posmarować komuś łapę, dać komuś łapówkę; **have sb in the palm of one's hand** mieć/ /trzymać kogoś w garści, mieć nad kimś władzę; **Palm Sunday** Niedziela Palmowa; **read sb's palm** wróżyć komuś z ręki/ /z dłoni; **yield the palm (to sb)** oddać (komuś) palmę pierwszeństwa

pan *n* **1.** miska, panew; szalka (*wagi*) **2.** rondel; patelnia ♦ **a flash in the pan** słomiany ogień; krótkotrwały/jednorazowy sukces; **fall out of the frying pan into the fire** trafić/wpaść/dostać się z deszczu pod rynnę

pants *pl* **1.** *US* spodnie **2.** slipy **3.** majtki ♦ **wear the pants** *US przen.pot.* nosić spodnie (*w rodzinie*), rządzić (*w domu*)

paper *n* **1.** papier **2.** gazeta **3.** test, pytania egzaminacyjne **4.** referat; esej **5.** tapeta **6. papers** *pl* dokumenty, papiery ♦ **as white as paper** blady jak ściana/jak płótno, biały jak papier; **get sth down on paper** zanotować coś; napisać coś/o czymś; przelać coś na papier; **not worth the paper it is written on/printed on** nie wart papieru, na którym został napisany/wydrukowany; papierowy; niewiele warty; **on paper** na papierze; na papier; na piśmie; **paper money** banknoty, pieniądze papierowe; **put pen to paper** zacząć pisać; zabrać się do pisania; (na)pisać; **put sth down on paper** zanotować coś; napisać coś/o czymś; przelać coś na papier; **read a paper** wygłaszać referat; **set pen to paper** zacząć pisać; zabrać się do pisania; (na)pisać; **waste paper** makulatura; **white as paper** blady jak ściana/jak płótno, biały jak papier

parade *n* **1.** parada; pochód; defilada **2.** promenada; aleja; deptak ♦ **be on parade** brać udział/uczestniczyć w paradzie; **fashion parade** rewia mody; **hit parade** lista przebojów (płytowych); **parade ground** plac apelowy

paradise *n* raj ♦ **be living in a fool's paradise** żyć w błogiej nieświadomości

parallel *n* **1.** paralela, zestawienie cech analogicznych; cechy podobne **2.** (prosta) równoległa ♦ **in parallel** równolegle; **parallel of latitude** równoleżnik; **without parallel** nie mający sobie równych; nie mający swojego odpowiednika

parcel *n* **1.** paczka; pakunek; przesyłka **2.** parcela, działka **3.** partia (*towaru*) ♦ **part and parcel of sth** nieodłączna/integralna część czegoś

pardon *n* wybaczenie ♦ **beg sb's pardon** przeprosić kogoś; prosić kogoś o wybaczenie; **I beg your pardon 1.** przepraszam **2.** (o) bardzo przepraszam! (*wyrażając oburzenie, zdumienie itd.*) **3.** słucham? (*prośba o powtórzenie*)

parrot *n* papuga ♦ **(repeat sth) parrot fashion** (powtarzać coś) jak papuga

part¹ *n* **1.** część **2.** udział; rola (*do spełnienia, zagrania*) **3.** strona **4.** ustęp (*książki*) **5. parts** *pl* rejon; obszar; strony **6. parts** *pl* zdolności, uzdolnienia, talenty ♦ **a man of (many) parts** człowiek utalentowany/wszechstronny; **bit part** rola epizodyczna (*w filmie, sztuce*); **for my part** ja ze swej strony, jeśli o mnie chodzi; **for the most part** w przeważającej części, przeważnie; **in large part** w ogromnej mierze, w dużej mierze; w przeważającej części; **in part** częściowo; w pewnym stopniu; **in these parts** w tych stronach; w tej okolicy; **look the part** wyglądać na kogoś (takiego), wyglądem przypominać kogoś; **on the part of sb/on sb's part** z czyjejś strony; **part and parcel of sth** nieodłączna/integralna część czegoś; **part of speech** część mowy; **play a part in sth** odegrać rolę w czymś; **private parts** intymne części ciała; **round these parts** w tych stronach; w tej okolicy; **spare part** część zapasowa/zamienna; **take part in** brać udział w, uczestniczyć w; **take sb's part** brać/trzymać czyjąś stronę, opowiadać się/stawać po czyjejś stronie, obstawać za kimś; **the better/best part of sth** przeważająca część czegoś; większość czegoś; większa część czegoś

part² *v* **1.** oddzielać (się); rozgraniczać **2.** rozchodzić się; rozstawać się ♦ **part company with** pójść swoją drogą, pójść w swoją stronę; rozstać się z; rozejść się

particular¹ *n* **1.** szczegół **2. sb's particulars** *pl* czyjeś dane (*imię, nazwisko, adres, zawód*) ♦ **give particulars of sth** podać szczegóły czegoś; **go into particulars** wchodzić w szczegóły; **in every particular** w każdym szczególe/detalu

particular² *a* **1.** szczególny **2.** indywidualny; poszczególny **3.** szczegółowy **4.** pedantyczny; wybredny ♦ **in particular** szczególnie, w szczególności, zwłaszcza

party *n* **1.** partia; stronnictwo **2.** strona (*w sporze, umowie itd.*); uczestnik; osoba zaangażowana **3.** ekipa; grupa; zespół **4.** przyjęcie, prywatka; zabawa ♦ **be (a) party to sth** uczestniczyć w czymś, być zamieszanym w coś; przykładać do czegoś rękę, mieć w czymś swój udział; **be no tea party** *US pot.* być rzeczą trudną, być niełatwą sprawą, (to) nie przelewki, (to) nie żarty; **give a party** wydawać przyjęcie/prywatkę; organizować przyjęcie/prywatkę; **hen party** wieczór panieński; **opposition party** partia opozycyjna; **party machine** machina partyjna; **rescue party** ekipa ratownicza; zespół/grupa ratowników; **search party** ekipa poszukiwawcza; **stag party** wieczór kawalerski; **the guilty party** strona winna; **throw a party** wydawać przyjęcie/prywatkę; organizować przyjęcie/prywatkę; **wedding party** przyjęcie weselne; **working party** grupa robocza

pass[1] *n* **1.** przepustka; zezwolenie; bezpłatny bilet **2.** podanie (*piłki*) **3.** podejście (*pierwsze itd.*) ♦ **a pass in biology/geography** zaliczenie (z) biologii/geografii (*itd.*); **make a pass at sb** *pot.* przystawiać się do kogoś, podrywać kogoś

pass[2] *v* **1.** przechodzić **2.** przepuszczać **3.** mijać (*na drodze; o czasie itd.*) **4.** spędzać (*czas*) **5.** podawać; wręczać **6.** wypowiadać; powiedzieć; wydawać (*sąd, opinię*) **7.** zatwierdzić; przyjąć; zdać (*test itd.*) **8.** mieć miejsce, zdarzyć się **9.** przekraczać (*granicę*) **10.** spasować (*w kartach*) ♦ **hardly a day passes without...** nie ma dnia bez...; **let it pass** pominąć milczeniem; **let sb pass** przepuszczać kogoś; **let sth pass 1.** przepuszczać coś **2.** puszczać coś (komuś) płazem; uznawać coś za niebyłe; puszczać coś w niepamięć; **not a day passes without...** nie ma dnia bez...; **pass a law** uchwalić/przyjąć ustawę; **pass an examination** zdać egzamin; **pass (a) sentence (on sb)** wydać/ /ogłosić wyrok (na kogoś); **pass a test** zdać test; przejść próbę z wynikiem dodatnim; **pass comprehension** być niemożliwym do zrozumienia, być niezrozumiałym; **pass judg(e)ment (on/ /about sb)** wydać wyrok (na kogoś); wyrokować (o kimś), osądzać (kogoś); **pass off without a hitch** mijać bez zakłóceń/bez przeszkód/bez problemów; **pass the buck to sb** *pot.* (próbo-

passion

wać) zwalać na innych/na kogoś innego (*odpowiedzialność itd.*), spychać/zepchnąć na innych (*pracę itd.*); **pass understanding** być niemożliwym do zrozumienia, być niezrozumiałym; **pass unnoticed** mijać niepostrzeżenie/niezauważalnie//bez echa/bez wrażenia/nie zauważony; **ships that pass in the night** przelotne/przypadkowe/krótkotrwałe znajomości; **time passes (by)** czas płynie/mija; **to pass the time** dla zabicia czasu

passion *n* 1. pasja; namiętność; zamiłowanie 2. pasja, gniew, furia 3. **the Passion** Męka Pańska ♦ **crime of passion** zabójstwo//zbrodnia w afekcie; **fly into a passion** wpadać w pasję/we wściekłość

past¹ *n* przeszłość ♦ **be a thing of the past** należeć do przeszłości, minąć bezpowrotnie; **live in the past** żyć przeszłością

past² *a* 1. przeszły; miniony 2. ubiegły (*tydzień, miesiąc itd.*) 3. były ♦ **be past it** *pot.* być za starym (*na coś itd.*); **half past one/two/three** wpół do drugiej/trzeciej/czwartej, pierwsza/druga/trzecia trzydzieści (*itd.*); **past all bearing** nie do zniesienia, nie do wytrzymania; **past (all) doubt** ponad wszelką wątpliwość; **past description** nie do opisania; **past dispute** niewątpliwy, nie budzący wątpliwości, bezsprzeczny, bezsporny; **past hope** beznadziejny; **past recall** nieodwołalny; nieodwracalny; **that's past history** *pot.* to już historia/przeszłość, to należy już do przeszłości

pat¹ *n* (po)głaskanie; (po)klepanie ♦ **a pat on the back (for sth)** pochwała (za coś); aprobata (czegoś); **deserve a pat on the back (for sth)** zasłużyć na pochwałę (za coś); **give sb a pat on the back** pochwalić kogoś, udzielić komuś pochwały

pat² *v* (po)głaskać; (po)klepać ♦ **pat sb on the back** pochwalić kogoś, udzielić komuś pochwały

pat³ *adv* ♦ (*w zwrotach*) **have sth off pat/have sth down pat//know sth off pat** umieć coś na wyrywki, znać coś na wyrywki; **stand pat** *US* upierać się/obstawać przy swoim (zdaniu)

path *n* **1.** ścieżka; dróżka **2.** trajektoria; droga; tor ♦ **follow the path of least resistance** pójść/iść po linii najmniejszego oporu; **lead sb up the garden path** *pot.* wpuścić kogoś w maliny; **take the path of least resistance** pójść/iść po linii najmniejszego oporu

patience *n* **1.** cierpliwość **2.** pasjans ♦ **be out of patience** nie mieć cierpliwości; **have no patience with** nie mieć cierpliwości do; **have the patience of Job** mieć anielską cierpliwość; **lose patience with** tracić cierpliwość do; **run out of patience** tracić cierpliwość; **tax sb's patience/try sb's patience/stretch sb's patience** wystawiać na próbę czyjąś cierpliwość, nadużywać czyjejś cierpliwości; **the patience of a saint** anielska cierpliwość

patient *a* cierpliwy ♦ **be patient with** mieć cierpliwość do

pause *n* przerwa, pauza ♦ **give (sb) pause for thought** pobudzać/zmuszać/nastrajać (kogoś) do refleksji

pave *v* układać nawierzchnię drogową; brukować ♦ **pave the way for** (u)torować drogę do

pay[1] *n* płaca; wynagrodzenie ♦ **in the pay of...** (*w znaczeniu ujemnym*) opłacany przez..., na usługach...; **pay claim** żądanie płacowe (*pracowników*); **pay rise** podwyżka płac(y); **sick pay** zasiłek chorobowy

pay[2] *v* (**paid, paid**) **1.** płacić **2.** przynosić zysk **3.** opłacać się ♦ **he who pays the piper calls the tune** kto płaci, ten wymaga; kto płaci – wymaga; **pay a call on sb** odwiedzić kogoś; **pay a (heavy) price for sth** płacić za coś (wysoką) cenę; **pay an arm and a leg** *pot.* słono zapłacić, zapłacić mnóstwo pieniędzy/forsy; **pay attention to sth** zwracać uwagę na coś, uważać na coś; **pay a visit to sb** odwiedzić kogoś, złożyć komuś wizytę; **pay back in the same coin** odpłacić komuś tą samą monetą; odpłacić komuś pięknym za nadobne; **pay cash** płacić gotówką; **pay court to sb** zabiegać o czyjeś względy; **pay heed to sth** zwracać uwagę na coś, uważać na coś; mieć wzgląd na coś; **pay in cash** płacić gotówką; **pay lip service to sth** popierać/wspierać coś ustnie, udzielać czemuś ustnego poparcia, wyrażać ustne poparcie dla czegoś, składać ustne deklaracje na rzecz czegoś/popierające coś, kończyć na ustnych deklaracjach na rzecz czegoś (*nie przechodząc do czynu*); **pay no regard to sb/sth** nie zważać na kogoś/coś; nie zwracać uwagi na kogoś/coś, nie przywiązywać uwagi do kogoś/czegoś; **pay one's last respects to sb** oddać komuś ostatnią posługę; **pay one's respects to sb** przybyć do kogoś z wizytą kurtuazyjną, złożyć komuś wizytę kurtuazyjną; **pay one's way** zarobić na siebie/na swoje utrzymanie; **pay protection money** płacić haracz; **pay sb a visit** odwiedzić kogoś, złożyć komuś wizytę; **pay sb in his own coin** odpłacić komuś tą samą monetą; odpłacić komuś pięknym za nadobne; **pay sth/sb no mind** *US* nie zwracać na coś/kogoś (najmniejszej) uwagi, zupełnie nie zwracać uwagi na coś/kogoś; zupełnie nie przywiązywać wagi do czegoś; **pay the earth** *pot.* zapłacić fortunę, zapłacić mnóstwo pieniędzy/forsy; **pay the penalty for sth** płacić za coś (karę), ponosić konsekwencje czegoś, ponosić karę za coś; płacić frycowe za coś; **pay through the nose for sth** *pot.* słono za coś zapłacić, przepłacić coś; **pay tribute to sb/sth** składać hołd komuś/czemuś

pea *n* **1.** groch **2.** ziarnko grochu ♦ **as like as two peas (in a pod)** podobni jak dwie krople wody

peace *n* **1.** pokój (*między narodami*) **2.** spokój/porządek publiczny, ład **3.** cisza; harmonia ♦ **at peace with** w zgodzie z, pogodzony z; **breach of the peace** naruszenie porządku publicznego; **hold one's peace** zachować milczenie; **make one's peace with sb** pogodzić się z, pojednać się z; **make peace** zawrzeć pokój; **peace and quiet** cisza i spokój; **peace march** marsz pokojowy; **peace of mind** spokój ducha, wewnętrzny spokój; **peace process** proces pokojowy; **rest in peace** spoczywać w spokoju (*słowa modlitwy za zmarłego*)

peacock *n* paw ♦ **(as) proud as a peacock** dumny jak paw

pearl *n* perła ♦ **(cast) pearls before swine** (rzucać) perły przed wieprze

pebble *n* kamyk ♦ **you're not the only pebble on the beach** świat się na tobie nie kończy

pedestal *n* piedestał; cokół ♦ **knock sb off their pedestal** strącić kogoś z piedestału; **place/put/set sb on a pedestal** wynieść kogoś na piedestał

peg *n* kołek; palik ♦ **a square peg (in a round hole)** *pot.* ktoś, kto nie jest na swoim miejscu; osoba nie nadająca się do wykonywania danej pracy; ktoś pasujący/nadający się jak wół do karety; **bring sb down a peg (or two)** przytrzeć komuś nosa; **come down a peg or two** spuścić z tonu; **off the peg** (*o odzieży*) gotowy, szyty seryjnie; **take sb down a peg (or two)** przytrzeć komuś nosa

pelt *n* **1.** skóra surowa **2.** grad (*pocisków itd.*) ♦ **at full pelt** *pot.* pędem; galopem; pełnym gazem, na pełny gaz, na pełnym gazie (*gnać, jechać*)

pen *n* **1.** pióro; pisak; końcówka pisząca (*przyrządu piszącego*); grafion **2.** zagroda (*dla zwierząt*); kojec **3.** *US pot.* więzienie, ciupa ♦ **put/set pen to paper** zacząć pisać; zabrać się do pisania; (na)pisać

penalty *n* **1.** kara **2.** rzut karny (*w piłce nożnej*) ♦ **death penalty** kara śmierci; **heavy penalty** ciężka/surowa/dotkliwa kara; **on penalty of sth** pod groźbą/karą/rygorem czegoś; **pay the penalty for sth** płacić za coś (karę), ponosić konsekwencje czegoś, ponosić karę za coś; płacić frycowe za coś; **penalty area/box** pole karne (*w piłce nożnej*); **penalty kick** rzut karny (*w piłce nożnej*); **penalty point** punkt karny (*za nieprawidłową jazdę samochodem*); **penalty shoot-out** rzuty karne, karne, seria rzutów karnych (*rozstrzygająca wynik meczu*); **stiff penalty** ciężka/surowa/dotkliwa kara; **under penalty of sth** pod groźbą/karą/rygorem czegoś

penny *n* (*pl* **pence, pennies**) **1.** pens **2.** *US pot.* moneta jednocentowa; cent ♦ **a pretty penny** ładny grosz; dużo/kupa pieniędzy; dużo/kupa forsy; **be ten a penny/be two a penny** nie być w cenie; nie mieć dużej wartości; być tanim jak barszcz; być łatwo dostępnym; **every penny** co do grosza; **in for a penny, in for a pound** jak się powiedziało A, trzeba powiedzieć i B; **not a penny** ani grosza; ani grosz; **not have a penny to one's name/not have two pennies to rub together/not have half-pennies to rub together** być bez grosza, nie mieć grosza (przy duszy); **penny pincher** *pot.* sknera, dusigrosz; **the last penny** ostatni grosz

people *n* **1.** ludzie **2.** ludność **3.** naród, nacja **4.** lud **5.** *pot.* rodzina; krewni ♦ **common people** zwykli/zwyczajni ludzie; **man of the people** człowiek z ludu; swój człowiek; reprezentant narodu; **old people's home** dom starców; **street people** ludzie bezdomni/mieszkający na ulicy/mieszkający na bruku/bez dachu nad głową

per *prep* **1.** przez, za pomocą **2.** za; na; od ♦ **as per sth** *pot.* zgodnie z czymś, stosownie do czegoś, według czegoś; **per cent** procent; **per head** na głowę (*ludności*); **per hour** na godzinę; **per man** na osobę; **per post** pocztą

perch *n* **1.** grzęda **2.** żerdź; tyczka **3.** *pot.* miejsce; wysokie stanowisko, stołek ♦ **knock sb off their perch** strącić kogoś z piedestału

perfect *a* **1.** doskonały, idealny **2.** zupełny, całkowity, kompletny **3.** dokonany (*czasownik*) ♦ **be word perfect** znać/umieć coś doskonale/perfekcyjnie; opanować coś doskonale/do perfekcji/perfekcyjnie; **less than perfect** daleki od doskonałości, niedoskonały; **nobody's perfect** *pot.* nikt nie jest doskonały, nie ma ludzi doskonałych, wszyscy mamy wady; **perfect crime** zbrodnia doskonała; **perfect fool** skończony głupiec/idiota, kompletny głupiec/idiota; **perfect stranger** zupełnie/całkowicie obca osoba, zupełnie obcy człowiek; **perfect trust** bezgraniczne/całkowite/pełne zaufanie; **practice makes perfect** ćwiczenia prowadzą do doskonałości

perfection *n* perfekcja, doskonałość ♦ **bring sth to perfection** doprowadzić coś do perfekcji

perform *v* 1. wykonywać; spełniać 2. grać (*na instrumencie, rolę w sztuce*) 3. działać ♦ **perform badly/well** spisywać się źle/dobrze; **perform miracles** czynić cuda

peril *n* niebezpieczeństwo ♦ **do sth at one's own peril** zrobić coś na własne ryzyko

permit *v* pozwalać ♦ **smoking not permitted** palenie zabronione; **weather permitting** jeśli pogoda dopisze, jeśli będzie dobra/ładna/sprzyjająca pogoda

person *n* osoba ♦ **artificial person** osoba prawna; **be the right person for...** być właściwą/odpowiednią osobą do/na...; **in person** osobiście; **in the person of...** w osobie...; w postaci...; **legal person** osoba prawna; **natural person** osoba fizyczna

petard *n* ♦ (*w zwrotach*) **be hoist(ed) with one's own petard/be hoist(ed) by one's own petard** *przen.* wpaść we własne sidła, zaplątać się we własne sidła

phone *n* 1. telefon; aparat telefoniczny 2. słuchawka ♦ **answer the phone** odebrać telefon; **be on the phone** 1. rozmawiać przez telefon 2. mieć telefon; być pod telefonem; **by phone** telefonicznie, przez telefon; **cell phone/cellular phone** telefon komórkowy; **leave the phone off the hook** odwiesić słuchawkę (telefoniczną); **make a phone call** dzwonić, telefonować; **mobile phone** telefon komórkowy; **phone book** książka telefoniczna; **phone box** *GB*/*US* **phone booth** budka telefoniczna; kabina telefoniczna; **phone call** rozmowa telefoniczna, telefon; **take the phone off the hook** odwiesić słuchawkę (telefoniczną); **you're wanted on the phone** telefon do ciebie

pick[1] *n* 1. wybór 2. kilof; oskard 3. **the pick of...** najlepszy z...
♦ **take one's pick** wybierać

pick² v 1. zbierać (*owoce itd.*) **2.** wybierać; przebierać; sortować **3.** wszczynać; prowokować (*kłótnię itd.*) ♦ **have a bone to pick with sb** *pot.* mieć z kimś na pieńku; **pick and choose** przebierać (*w czymś*); wybredzać; wybrzydzać; kaprysić; grymasić; **pick a quarrel with sb** wszcząć/sprowokować kłótnię z kimś; **pick holes in sth** *pot.* znaleźć dziurę w całym; szukać dziury w całym; **pick one's nose** dłubać w nosie; **pick one's way** stąpać na palcach/ostrożnie; **pick one's words** starannie dobierać słowa; **pick sb's brains** poradzić się kogoś, wypytać kogoś, zapytać kogoś o radę; **pick sb/sth to pieces** *pot.* nie zostawić na kimś/czymś suchej nitki, ostro kogoś/coś skrytykować, odsądzić kogoś/coś od czci i wiary; **pick up speed** rozpędzać się, nabierać szybkości; **pick up the bill for sth/pick up the tab for sth** *pot.* zapłacić za coś rachunek, słono za coś zapłacić, wybulić za/na coś; płacić rachunek za coś (*czyjeś błędy itd.*); **pick up the gauntlet** podnieść/podjąć (rzuconą) rękawicę

picnic *n* piknik, wycieczka za miasto, majówka ♦ **have/go for a picnic** urządzić/jechać na piknik; **it's no picnic** to nie żarty!

picture¹ *n* **1.** obraz; rysunek **2.** okaz (*zdrowia itd.*) **3.** film **4. the pictures** *pl* kino **5.** zdjęcie **6.** wizja (*obraz*) ♦ **as pretty as a picture** ładny jak z obrazka; **be a picture of health** być okazem/uosobieniem zdrowia; **motion picture** film, obraz filmowy; **paint a rosy picture of sth** przedstawić sytuację w różowych barwach, malować/przedstawiać coś w jasnych kolorach; **picture card** figura (*w kartach*); **picture postcard** widokówka; **pretty as a picture** ładny jak z obrazka; **put sb in the picture** zorientować kogoś (*w sytuacji*), wprowadzić kogoś (*w sytuację*), zaznajomić/zapoznać kogoś (*z czymś*); **take a picture** (z)robić zdjęcie, (s)fotografować

picture² *v* przedstawiać; odmalować ♦ **picture my surprise...** wyobraź sobie (jakie było) moje zdziwienie...

pie *n* **1.** pasztecik **2.** placek; babeczka ♦ **as easy as pie** śmiesznie łatwy, dziecinnie łatwy/prosty; **eat humble pie** pokajać się, przyznać się ze skruchą do błędu, kajać się w skrusze; mieć się z pyszna; **pie in the sky** mrzonka, urojenie, fantazja

piece *n* **1.** część; element; kawałek **2.** sztuka; egzemplarz (*wyrobu*) **3.** moneta ♦ **all of a piece with sth** zgodny z czymś, spójny z czymś, stanowiący/tworzący jednolitą całość z czymś, identyczny z czymś; **a piece of advice** rada; **a piece of cake** *pot.* bardzo/śmiesznie łatwy; bułka z masłem; prosta/łatwa sprawa; **a piece of furniture** mebel; **a piece of information** informacja; wiadomość; **a piece of music** utwór muzyczny; **a piece of work** wyrób; dzieło; **break into pieces** rozbić się; rozpaść się na kawałki; **conversation piece** pretekst do rozmów/rozmowy, temat rozmów/rozmowy; **fall to pieces** rozpaść się na kawałki; rozlecieć się; **give sb a piece of one's mind** *pot.* powiedzieć coś komuś do słuchu; **go to pieces 1.** rozlecieć się na kawałki **2.** załamać się (psychicznie/nerwowo); **in one piece** *pot.* cały; cały i zdrowy; **in pieces** w częściach; w kawałkach; rozbity; **of a piece with sth** zgodny z czymś, spójny z czymś, stanowiący/tworzący jednolitą całość z czymś, identyczny z czymś; **pick sb/sth to pieces** *pot.* nie zostawić na kimś/czymś suchej nitki, ostro kogoś/coś skrytykować, odsądzić kogoś/coś od czci i wiary; **piece by piece** pojedynczo; po kawałku; **piece work** praca akordowa; **pull sb/sth to pieces** *pot.* nie zostawić na kimś/czymś suchej nitki, ostro kogoś/coś skrytykować, odsądzić kogoś/coś od czci i wiary; **take sth to pieces** rozebrać coś na części; **tear sb to pieces** *pot.* nie zostawić na kimś suchej nitki, ostro kogoś skrytykować, odsądzić kogoś od czci i wiary; **tear sth to pieces 1.** porwać/podrzeć coś na strzępy, porwać//podrzeć coś na kawałki **2.** *pot.* nie zostawić na czymś suchej nitki, ostro coś skrytykować, odsądzić coś od czci i wiary; **work by the piece** pracować na akord

pig *n* **1.** świnia **2.** (*w hutnictwie*) surówka ♦ **buy a pig in a poke** kupować kota w worku; **make a pig's ear (out) of sth** *pot.* zrobić coś źle/byle jak, spaprać coś

pigeon *n* **1.** gołąb **2.** *pot.* naiwniak; prostak ♦ **put/set the cat among the pigeons** wsadzić/wetknąć kij w mrowisko; **that's not my pigeon** *pot.* to nie mój interes; to nie moja sprawa

piggyback *adv* ♦ (*w zwrocie*) **carry sb piggyback** nieść kogoś na barana

pikestaff *n* ♦ (*w wyrażeniu*) **(as) plain as a pikestaff** *pot.* jasne jak słońce

pile[1] *n* **1.** stos, sterta **2.** pal **3.** *pot.* grube pieniądze **4.** gmach; zespół budynków ♦ **make a pile** *pot.* dorobić się, zrobić majątek/kokosy

pile[2] *v* układać w stos ♦ **pile it on** *pot.* przesadzać; wyolbrzymiać

pill *n* pigułka ♦ **bitter pill** *przen.* gorzka pigułka; **sugar/sweeten the pill** *przen.* osłodzić coś, złagodzić coś; uczynić coś łatwiejszym do zniesienia

pillar *n* słup; kolumna; filar; stojak; *przen.* podpora, ostoja ♦ **from pillar to post** od Annasza do Kajfasza

pilot *n* pilot ♦ **pilot error** błąd pilota; **test pilot** oblatywacz (samolotu)

pin[1] *n* szpilka ♦ **as clean as a new pin** nienagannie czysty; **I don't care a pin** wcale mi nie zależy; **safety pin** agrafka; **sb got pins and needles in his foot** noga komuś ścierpła; ktoś czuje/ma mrowienie w nodze; **you could hear the pin drop** było cicho, jak makiem zasiał

pin[2] *v* **1.** przypinać szpilką **2.** unieruchomić ♦ **pin against the wall** przyprzeć do muru; **pin one's hopes on** pokładać nadzieje w

pinch *n* **1.** ściśnięcie; zaciśnięcie; ucisk **2.** uszczypnięcie **3.** odrobina, szczypta **4.** *pot.* napór (*trosk, biedy itd.*) ♦ **at a pinch** *pot.* jeśli to konieczne, w razie potrzeby/konieczności; w ostateczności; **give sb a pinch** uszczypnąć kogoś; **take sth with a pinch of salt** *pot.* traktować coś z przymrużeniem oka, nie dowierzać czemuś, nie do końca uwierzyć w coś, nie do końca dawać czemuś wiarę

pincher *n* ♦ (*w wyrażeniu*) **penny pincher** *pot.* sknera, dusigrosz

pink *n* różowy kolor; róż ♦ **be tickled pink** *pot.* ubawić się szczerze; być bardzo zadowolonym; **in the pink** *pot.* tryskający zdrowiem; **see pink elephants** *pot.* widzieć białe myszki, spić się do nieprzytomności, upić się jak bela

pipeline *n* rurociąg ♦ **in the pipeline** w przygotowaniu; opracowywany; mający nastąpić

piper *n* kobziarz ♦ **he who pays the piper calls the tune** kto płaci, ten wymaga; kto płaci – wymaga

pistol *n* pistolet ♦ **hold a pistol to sb's head** przyłożyć/przystawić komuś pistolet do głowy, używać gróźb wobec kogoś, zmuszać kogoś

pitch *n* **1.** smoła; pak **2.** nachylenie; spadek **3.** podziałka **4.** wysokość tonu **5.** boisko (*do krykieta, piłki nożnej*) **6.** kiwanie, kołysanie; zanurzenie się (*statku*) **7.** stopień ♦ **(as) black as pitch** czarny jak kruk/noc/sadza/węgiel/smoła; **at the highest/lowest pitch** w najwyższym/najmniejszym stopniu; **queer sb's pitch** *pot.* pokrzyżować czyjeś plany/zamiary, pokrzyżować/pomieszać/poplątać/popsuć komuś szyki

pity *n* litość; współczucie; żal ♦ **for pity's sake** na miłość boską!, na litość boską!; **have pity on** (z)litować się nad; **it's a pity (that...)** szkoda (, że...); **more's the pity** *pot.* niestety; **out of pity** z litości; **take pity on** (z)litować się nad; **what a pity!** jaka szkoda!

place[1] *n* **1.** miejsce **2.** miejscowość **3.** pozycja (*społeczna itd.*) **4.** dom; posiadłość; mieszkanie ♦ **all over the place 1.** wszędzie **2.** w nieładzie; bez ładu i składu; **any old place** *pot.* gdziekolwiek, byle gdzie, gdzie bądź; **at her/his place** u niej/u niego (w domu); **be (stuck) between a rock and a hard place** być między młotem a kowadłem; **change places with sb 1.** zamienić się miejscami z kimś **2.** zamienić się z kimś; **fall into place** układać się w (logiczną) całość, mieć sens (*fakty itd.*); **from place to place** z miejsca na miejsce; **give place to sb/sth** ustę-

place

pować miejsca komuś/czemuś; **have one's heart in the right place** mieć dobre serce; być uczciwym/prawym człowiekiem; **have pride of place** być/znajdować się na honorowym miejscu (*w pokoju itd.*), zająć honorowe miejsce; stanąć na honorowym miejscu; **he's going places** on daleko/wysoko zajdzie; **hiding place 1.** kryjówka **2.** schowek; **hold a place for sb** trzymać miejsce/siedzenie dla kogoś, zarezerwować miejsce/siedzenie dla kogoś, zająć miejsce/siedzenie dla kogoś; **if I were in your place...** na twoim miejscu...; **in place** na swoim miejscu; **in place of...** na miejscu...; **in places** miejscami; **in sb's place** na czyimś miejscu, na miejscu kogoś; **in sth's place** na miejscu czegoś; **in the first place** w pierwszym rzędzie, po pierwsze; **in the second place** po drugie; **in your place...** na twoim miejscu...; **one's final/last resting place** miejsce (czyjegoś) wiecznego spoczynku; **out of place** nie na miejscu; niewłaściwy; **place of honour** miejsce honorowe; **place of worship** dom boży, dom modlitwy; **put oneself in sb's place/in sb else's place** wejść w czyjeś położenie, postawić się w czyimś położeniu, wczuć się w czyjąś sytuację; **put sb in their place** *przen.* pokazać komuś, gdzie jest jego miejsce; **swap places** zamieniać się miejscami; **take place** mieć miejsce, wydarzyć się; **take pride of place** być/znajdować się na honorowym miejscu (*w pokoju itd.*), zająć honorowe miejsce; stanąć na honorowym miejscu; **take sb's/sth's place** zajmować czyjeś miejsce, zastępować kogoś/coś, wypierać kogoś/coś; **there's no place like home** *pot.* nie ma jak w domu

place² *v* **1.** umieścić; usytuować **2.** kłaść ♦ **be placed first/second** (u)plasować się na pierwszym/drugim miejscu; **highly placed** wysoko postawiony (*urzędnik itd.*), wysokiego szczebla, na wysokim stanowisku, piastujący wysokie/poważne stanowisko; **place an order** składać zamówienie; **place a wreath (at a tomb)** złożyć wieniec (na grobie); **place oneself in the lion's mouth** iść/włazić w paszczę lwa; **place one's hopes on** pokładać nadzieje w; **place sb on a pedestal** wynieść kogoś na piedestał; **place the blame for sth on sb** obarczyć kogoś winą za coś, winić kogoś za coś; **place the stress on** kłaść/położyć akcent na; kłaść/położyć nacisk na

plague *n* **1.** plaga **2.** klęska; nieszczęście; dopust **3.** dżuma ♦ **avoid sb/sth like the plague** unikać kogoś/czegoś jak zarazy/ognia

plain *a* **1.** zwykły; prosty; nieozdobny **2.** zrozumiały **3.** szczery; uczciwy **4.** nieładny (*o wyglądzie, urodzie*) **5.** nieszyfrowany (*tekst*) ♦ **(as) plain as a pikestaff/(as) plain as the nose on one's face** *pot.* jasne jak słońce; **be plain sailing** być łatwym/ /prostym; okazać się łatwym/prostym; iść jak po maśle; pójść śpiewająco/bez trudu; **in plain clothes** (ubrany) po cywilnemu; **in plain English** prosto, jasno, zrozumiale; przystępnym językiem; **make sth plain/make oneself plain** jasno się wyrazić, jasno coś stwierdzić/określić/wyjaśnić, jasno postawić sprawę

plan *n* plan; program ♦ **carry out a plan** wykonać plan; zrealizować plan; **(go) according to plan** (przebiegać/pójść/odbywać się) zgodnie z planem; **keep to a plan** trzymać się planu; **make plans** robić plany, planować; **run according to plan** przebiegać/pójść/odbywać się zgodnie z planem; **stick to a plan** trzymać się planu

plank *n* deska; klepka ♦ **(as) thick as two short planks** *pot.* głupi jak but/jak stołowe nogi/jak tabaka w rogu, bezdennie głupi

play[1] *n* **1.** gra **2.** zabawa; rozrywka **3.** przedstawienie teatralne; dramat; sztuka **4.** gra (sportowa); rozgrywka **5.** ruch, posunięcie (*w szachach itd.*) **6.** hazard ♦ **a play on words** gra słów, kalambur; **at play** bawiący się; podczas zabawy; **bring sth into play** wykorzystać coś; użyć czegoś; posłużyć się czymś; **child's play (to/for sb)** *pot.* dziecinna zabawa, rzecz/sprawa dziecinnie prosta (dla kogoś); **come into play** wchodzić w grę (*być branym pod uwagę*); **fair play** fair play, uczciwe/sprawiedliwe/lojalne postępowanie; uczciwa/honorowa gra; **in play**

play

dla zabawy; dla żartów; **put on a play** wystawić sztukę/przedstawienie; **radio play** słuchowisko radiowe

play² v **1.** grać **2.** bawić się **3.** wykonywać ruch (*w szachach itd.*) **4.** przegrywać, przesłuchiwać, puszczać (*płytę itd.*) **5.** udawać
♦ **play a ball** odbić/uderzyć piłkę; grać w piłkę; **play a cat-and-mouse game with sb** bawić się z kimś jak kot z myszką/w kotka i myszkę, igrać z kimś jak kot z myszką; **play a joke on sb** zrobić komuś kawał; spłatać komuś figla; **play a part/role in sth** odegrać rolę w czymś; **play at doing sth** bawić się w, udawać; **play at heads or tails** grać w orła i reszkę; **play at home** grać u siebie/na własnym boisku (*mecz*); **play a trick on sb** zrobić komuś kawał; **play ball with sb** *pot.* współdziałać z kimś; pracować wspólnie z kimś; współpracować z kimś; **play bridge** grać w brydża; **play cat and mouse with sb** bawić się z kimś jak kot z myszką/w kotka i myszkę, igrać z kimś jak kot z myszką; **play fair** (za)grać fair; grać uczciwie/honorowo; postępować uczciwie/sprawiedliwie/lojalnie; przestrzegać zasad/reguł fair play(u); **play for high stakes 1.** grać o wysokie stawki **2.** mieć dużo do stracenia/do wygrania; **play for time** grać na czas/zwłokę; **play games** używać sztuczek; próbować różnych sztuczek; **play hardball** *pot.* ostro grać, iść na całość, iść po trupach do celu (*w biznesie, polityce*); **play havoc with** szerzyć spustoszenie wśród; dewastować; niszczyć; (s)pustoszyć; **play hell with sb/sth** mieć fatalny wpływ na kogoś/coś, mieć zgubny wpływ na kogoś/coś, szkodzić komuś/czemuś; **play high stakes 1.** grać o wysokie stawki **2.** mieć dużo do stracenia/do wygrania; **play hook(e)y** *US pot.* iść/pójść/chodzić na wagary, wagarować; **play it cool** *pot.* podejść do czegoś spokojnie, potraktować coś ze spokojem, nie dać ponieść się nerwom; **play it safe** *pot.* nie ryzykować; zabezpieczyć się; zachować ostrożność; **play left wing** grać na lewym skrzydle (*w drużynie sportowej*); **play merry hell with sb/sth** mieć fatalny wpływ na kogoś/coś, mieć zgubny wpływ

na kogoś/coś, szkodzić komuś/czemuś; **play one's cards close to one's chest** nie odkrywać kart, nie odsłaniać kart, nie wykładać kart; **play one's cards right/well** dobrze/zręcznie/sprytnie coś rozegrać, dobrze/zręcznie/sprytnie rozegrać swoją partię; **play right wing** grać na prawym skrzydle (*w drużynie sportowej*); **play role in sth** odegrać/odgrywać/grać rolę w czymś; **play rough** zachowywać się brutalnie; zachowywać się/postępować bezpardonowo; **play safe** *pot.* nie ryzykować; zabezpieczyć się; zachować ostrożność; **play sb for a sucker** *US* (z)robić kogoś w konia, (z)robić z kogoś frajera, wystrychnąć kogoś na dudka; **play second fiddle (to)** grać drugie skrzypce (w); **play the fool** błaznować, wygłupiać się; **play the game** przestrzegać reguł gry; postępować uczciwie/honorowo; **play the goat** *GB pot.* wygłupiać się, zachowywać się niepoważnie; **play the idiot** udawać głupiego/idiotę; **play the market** *pot.* grać na giełdzie; **play truant** *pot.* iść/pójść/chodzić na wagary, wagarować; **play upon sb's heartstrings** grać na czyichś uczuciach; **play with fire** igrać z ogniem/losem, kusić los/licho; **that's not playing the game!** to nieuczciwe!; tak się nie postępuje!; postępujesz nie fair!; **when the cat's away, the mice will play** *przysł.* myszy tańcują, kiedy kota nie czują

please *v* **1.** zadowalać, sprawiać przyjemność; podobać się **2.** chcieć, życzyć sobie **3.** (*wyrażając prośbę nieosobowo*) proszę/prosimy (bardzo) ♦ **it's difficult to please everyone** trudno zadowolić każdego; *przysł.* jeszcze się taki nie urodził, co by każdemu/wszystkim dogodził; **not very pleased** *pot.* niezbyt zachwycony; **pleased to meet you** miło mi cię poznać; **please God!** daj Boże!

pleasure *n* **1.** przyjemność; radość **2.** wola; życzenie ♦ **at pleasure** według/wedle życzenia; dowolnie; do woli; **take pleasure in (doing) sth** robić coś z przyjemnością; czerpać z czegoś przyjemność; znajdować przyjemność w czymś; **with pleasure** z przyjemnością

pledge *n* **1.** zastaw; rzecz zastawiona **2.** zabezpieczenie; gwarancja **3.** obietnica; przyrzeczenie ♦ **put sth in pledge** zastawiać coś, dawać coś w zastaw; **under the pledge of secrecy** w tajemnicy, zobowiązany tajemnicą/przyrzeczeniem

plumb *v* ♦ (*w zwrocie*) **plumb the depths of sth** osiągać dno czegoś, sięgać dna czegoś (*nieszczęścia, rozpaczy itd.*)

ply *v* **1.** posługiwać się, pracować (*narzędziem*) **2.** uprawiać, parać się, trudnić się (*czymś*) **3.** kursować regularnie ♦ **ply sb with questions** zasypywać kogoś pytaniami

pocket *n* **1.** kieszeń **2.** torba; worek **3.** pusta przestrzeń; zagłębienie ♦ **be out of pocket** ponosić stratę; **from one's own pocket** z własnej kieszeni (*finansować coś itd.*), za własne pieniądze; **have sb/sth in one's pocket 1.** mieć kogoś w garści/w kieszeni, kontrolować kogoś/coś **2.** mieć już coś w kieszeni, mieć (już) coś zapewnione; **line one's own pocket(s)** nabić/napchać/wypchać sobie kieszenie; **money burns a hole in sb's pocket** pieniądze nie trzymają się kogoś; ktoś szasta pieniędzmi; ktoś przepuszcza pieniądze; **out of one's own pocket** z własnej kieszeni (*finansować coś itd.*), za własne pieniądze; **pocket knife** scyzoryk; **pocket money** kieszonkowe; **to suit every pocket** na każdą kieszeń (*ceny*)

pod *n* strąk ♦ **as like as two peas in a pod** podobni jak dwie krople wody

point¹ *n* **1.** punkt; przecinek **2.** ostrze; czubek; szpic **3.** kwestia; szczegół; sprawa; pozycja **4.** sens; sedno sprawy; istota rzeczy **5.** cecha; właściwość **6.** kupon, odcinek **7.** przylądek **8.** miejsce; miejscowość **9. points** *pl* zwrotnica (*kolejowa*) ♦ **a case in point** dobry/trafny przykład; **a point of honour** punkt/sprawa honoru; **a sore point** drażliwy temat; czułe miejsce; **at this point** w tym miejscu; w tej chwili; **be beside the point** nie mieć nic do rzeczy, nie mieć związku ze sprawą, być nie na temat; **be on the point of doing sth** być w trakcie robienia czegoś; **carry one's point** osiągnąć swój cel; **come to the**

point przejść do rzeczy, przejść do sedna sprawy; **flash point** punkt zapalny; **from the vantage point of...** z punktu widzenia...; **gain one's point** osiągnąć swój cel; **get away from the point** odbiegać od tematu; **get to the point** przejść do rzeczy, przejść do sedna sprawy; **have one's points** mieć swoje dobre strony, mieć swoje plusy/zalety, mieć pewne plusy/zalety; **high point** punkt kulminacyjny, najważniejszy punkt; **if it comes to the point** w razie czego, jak przyjdzie co do czego; **in point** stosowny, odpowiedni; **in point of...** pod względem...; **in point of fact** rzeczywiście, faktycznie, w rzeczywistości, naprawdę; **I take your point** *pot.* rozumiem cię, rozumiem twoje stanowisko; **labour the point** rozwodzić się nad czymś, wdawać się/wnikać w drobne szczegóły; **make a point of sth** przywiązywać do czegoś wagę; **make one's point** powiedzieć swoje, powiedzieć co się myśli (*na dany temat*), wypowiedzieć się (*w danej sprawie*); **miss the point** nie zrozumieć sensu/o co chodzi; **not to put too fine a point on it** mówiąc wprost, mówiąc szczerze, otwarcie mówiąc; **on a point of order** w kwestii formalnej; **penalty point** punkt karny (*za nieprawidłową jazdę samochodem*); **point of destination** punkt docelowy; miejsce przeznaczenia; **point of order** kwestia formalna; **point of view** punkt widzenia; **rallying point** punkt zborny; **reference point** punkt odniesienia; **refuse point blank** odmawiać zdecydowanie, odmawiać kategorycznie; **score a point** zdobywać punkt; **see the point** zrozumieć sens/o co chodzi; **sth is sb's strong point** coś jest czyimś mocnym punktem; **stretch a point** zrobić wyjątek, zrobić coś w drodze wyjątku, wyjątkowo coś zrobić, pójść na ustępstwo; **take sb's point** *pot.* zrozumieć kogoś; pojąć (o co chodzi); **the point of no return** sytuacja, z której nie ma odwrotu/nie można się wycofać; punkt, z którego nie ma odwrotu/nie można się wycofać; **there's no point in...** nie ma sensu...; **to the point** na temat, trafny; **turning point** punkt zwrotny; **vantage point 1.** punkt obserwacyjny **2.** punkt widzenia

point 466

point² *v* **1.** wskazywać **2.** celować, nakierowywać, naprowadzać na cel (*działo itd.*) ♦ **point a/the finger at sb** pokazywać kogoś palcem; wytykać kogoś palcem (*piętnować*); **point one's finger at** wskazać palcem na; **point out a mistake** zwrócić uwagę na błąd, wskazać błąd, wytknąć błąd; **point out that...** podkreślić, że...; **point the way to/towards sth** wytyczać/ /wskazywać drogę do czegoś

poison *n* trucizna ♦ **one man's meat is another man's poison** co dla jednego zdrowe, drugiemu może zaszkodzić

poke¹ *n* ♦ (*w zwrocie*) **buy a pig in a poke** kupować kota w worku

poke² *v* **1.** szturchnąć; pchnąć **2.** przegarniać (*palenisko pogrzebaczem*) ♦ **poke fun at sb/sth** wyśmiewać kogoś/coś, kpić z kogoś/czegoś, żartować z kogoś/czegoś; **poke one's nose into other people's business** wtykać/wsadzać/wścibiać nos w nie swoje sprawy

pole *n* **1.** biegun **2.** słup; żerdź; tyczka **3.** maszt ♦ **be poles apart** *pot.* stanowić dwa bieguny, zajmować krańcowo różne stanowiska; kogoś dzieli przepaść nie do przebycia; **cold pole** biegun zimna; **up the pole** *pot.* zbzikowany, szalony, zwariowany, stuknięty

police *n* policja ♦ **military police** żandarmeria wojskowa; **police constable** posterunkowy; **police dog** pies policyjny; **police officer** policjant; **police state** państwo policyjne; **police station** posterunek policji

politically *adv* politycznie ♦ **politically correct** politycznie poprawny

pomp *n* pompa, przepych ♦ **with (great) pomp and circumstance** z (wielką/należytą) pompą

poor *a* **1.** biedny **2.** *pot.* słaby; kiepski ♦ **be in poor health** mieć marne zdrowie; zapadać/zapaść na zdrowiu; **poor relation** ubogi krewny; **poor thing** biedactwo

popular *a* popularny; rozpowszechniony; powszechny ♦ **contrary to popular opinion** wbrew powszechnej opinii, wbrew powszechnemu mniemaniu, wbrew rozpowszechnionemu sądowi

porn *n pot.* pornografia ♦ **hard porn** twarda pornografia; **soft porn** miękka pornografia

port *n* **1.** port **2.** *przen.* przystań **3.** lewa burta (*statku*); lewa strona (*samolotu*) ♦ **any port in a storm** *przysł.* na bezrybiu i rak ryba

pose[1] *n* poza; postawa ♦ **strike a pose 1.** przyjąć/zająć postawę **2.** przyjąć/przybrać postawę (*ciała*)

pose[2] *v* **1.** pozować (*do zdjęcia*) **2.** udawać; szpanować; pozować (na) ♦ **pose a question** stawiać pytanie; **pose a threat** stwarzać zagrożenie; stanowić zagrożenie; **pose problems** stwarzać/nastręczać problemy

position *n* **1.** położenie; pozycja; miejsce **2.** stanowisko, posada **3.** sytuacja; warunki **4.** stosunek, opinia ♦ **be in a position to do sth** być w stanie/móc coś zrobić; **from a position of strength** z pozycji siły; **put sb in an awkward position** stawiać kogoś w kłopotliwej/niezręcznej sytuacji

possess *v* posiadać ♦ **be possessed of sth** mieć coś, posiadać coś; **like one/a man possessed** jak opętany; jak szalony; jak (człowiek) niespełna rozumu; **what possessed him?** co go opętało?, co go napadło?

possession *n* **1.** posiadanie **2. possessions** *pl* dobytek; mienie; własność ♦ **be in the possession of sth** być w posiadaniu czegoś, posiadać coś; **come into possession of sth** wejść w posiadanie czegoś

possible *a* możliwy; prawdopodobny ♦ **as far as possible** w miarę możliwości/możności; **as soon as possible** tak szybko, jak to (tylko) możliwe; jak najprędzej; **if (at all) possible** jeśli to możliwe

post[1] *n* **1.** poczta **2.** poczta, korespondencja; przesyłka pocztowa **3.** etat; stanowisko **4.** placówka (*handlowa itd.*) **5.** słup(ek); stojak ♦ **(as) deaf as a post** głuchy jak pień; **by post** pocztą;

post

from pillar to post od Annasza do Kajfasza; **per post** pocztą; **post office** poczta, urząd pocztowy; **post office box** skrytka pocztowa; **resign (from) one's post** zrezygnować z zajmowanego stanowiska, ustąpić ze stanowiska; **send sth by post** wysłać coś pocztą; **take up a post** objąć stanowisko

post² *v* **1.** wysyłać pocztą **2.** ogłaszać **3.** rozmieszczać (*posterunki*) ♦ **keep sb posted about sth** informować kogoś o czymś na bieżąco; **post a letter** nadać list, wysłać list

pot *n* **1.** garnek; dzban; kocioł; rondel; puszka **2.** doniczka **3.** puchar (*w zawodach sportowych*) ♦ **go to pot** *pot.* schodzić/zejść na psy; podupadać; zrujnować się; **have pots of sth** *pot.* mieć mnóstwo/kupę czegoś; **pot plant** roślina doniczkowa; **the pot calling the kettle black** *przysł.* przyganiał kocioł garnkowi

potato *n* ziemniak, kartofel ♦ **hot potato** *pot.* niezręczna/trudna sytuacja; trudna/ciężka sprawa; **small potatoes** *pot.* małe piwo; bułka z masłem

pound *n* funt ♦ **in for a penny, in for a pound** jak się powiedziało A, trzeba powiedzieć i B

pour *v* **1.** lać (się); zalewać; wylewać; nalewać; rozlewać **2.** sypać (*proszek itd.*) ♦ **it never rains but it pours** *przysł.* nieszczęścia chodzą parami/w parze; **it's pouring down/it's pouring (with) rain/the rain is pouring down** (deszcz) leje jak z cebra; **pour cold water on/over** *przen.pot.* wylać kubeł zimnej wody na; **pour money into sth** łożyć na coś (duże pieniądze); **pour oil on troubled water(s)** studzić czyjś gniew, uspokajać zwaśnione strony, godzić skłóconych/zwaśnionych; łagodzić/zażegnać spór; **pour out one's heart/soul to sb** otworzyć przed kimś serce; **pour scorn on sb/sth** odnosić się do kogoś/czegoś z pogardą, odnosić się do kogoś/czegoś pogardliwie; mówić/wyrażać się o kimś/czymś z pogardą

poverty *n* ubóstwo; nędza; bieda ♦ **poverty line/level** granica/poziom ubóstwa

powder *n* **1.** proszek; puder **2.** proch (strzelniczy) ♦ **a powder keg** *dosł. i przen.* beczka prochu; **keep one's powder dry** dmuchać na zimne; **take a powder** *US pot.* zmyć się (*skądś*), wynosić się, spadać, urywać się

power *n* **1.** możność; moc **2.** siła **3.** władza; potęga **4.** pełnomocnictwo; upoważnienie **5.** mocarstwo **6.** potęga (*liczby*) ♦ **balance of power** równowaga sił; **be in power** być u władzy; **come to/into power** dojść do władzy; **get into power** dojść do władzy, zdobyć władzę; **do everything in one's power** zrobić wszystko, co (jest) w czyjejś mocy; **do sb a power of good** dobrze komuś zrobić, bardzo dobrze na kogoś wpłynąć, wywierać/mieć na kogoś dobry wpływ; **it is beyond/outside my power** to przekracza moje możliwości; **parent power** władza rodzicielska; **power cut/power failure** przerwa w dopływie/dostawie energii elektrycznej; **power line** linia elektroenergetyczna; **power politics** polityka z pozycji siły; **power station** elektrownia; **power struggle** walka o władzę; **raise to a power** podnosić do potęgi (*liczbę*); **rise to power** dojście do władzy; objęcie władzy; **rise to power** dojść do władzy; objąć władzę; **sea power** potęga morska; **seize power** przejąć/zdobyć władzę; **the corridors of power** wysokie szczeble władzy; **the powers of evil/good** siły zła/dobra, złe/dobre moce; **the powers that be** (*zwł. ironicznie*) ci na górze, ci u steru, ci u władzy; **world power** światowe mocarstwo

practical *a* **1.** praktyczny **2.** rzeczywisty ♦ **for/to all practical purposes** praktycznie, w rzeczywistości; ze względów praktycznych; **practical joke** figiel

practice *n* **1.** praktyka **2.** zwyczaj **3.** wykonywanie (*zawodu itd.*); praktykowanie **4.** ćwiczenie; wprawa ♦ **be in practice** mieć wprawę; **be out of practice** wyjść z wprawy; **in practice** w praktyce; w rzeczywistości; **legal practice** praktyka adwokacka; **medical practice** praktyka lekarska; **practice makes perfect** ćwiczenia prowadzą do doskonałości; **pri-**

vate practice prywatna praktyka; **put sth into practice** zrealizować coś; wprowadzić coś w życie; zastosować coś w praktyce

praise[1] *n* pochwała; uznanie ♦ **be full of praise for** być pełnym uznania dla; **heap praises on sb** obsypywać kogoś pochwałami, nie szczędzić komuś pochwał; **sing sb's praise(s)** bardzo kogoś chwalić, nie znajdować słów pochwały dla kogoś, nie szczędzić komuś pochwał; **win praise from** zyskać sobie uznanie u/wśród, zdobyć uznanie u/wśród; otrzymać/zyskać pochwałę od

praise[2] *v* chwalić; pochwalać ♦ **praise sb/sth to the skies** wychwalać kogoś/coś pod niebiosa, wynosić kogoś/coś pod niebiosa

prayer *n* modlitwa ♦ **my one prayer is that...** *przen.pot.* modlę się tylko (o to), żeby...; **not have a prayer of doing sth** *pot.* nie mieć najmniejszej szansy na coś/na zrobienie czegoś; **offer (up) a prayer** ofiarować modlitwę; **say a prayer** odmawiać modlitwę; **sb's prayers were answered** czyjeś prośby/modlitwy zostały wysłuchane, Bóg kogoś wysłuchał; **the Lord's Prayer** Ojcze Nasz (*modlitwa*)

preach *v dosł. i przen.* wygłaszać/głosić kazanie ♦ **preach the gospel** głosić doktrynę; **preach the virtues of sth** zachwalać/wychwalać zalety czegoś, zachwalać/wychwalać coś; **preach the Word** głosić słowo boże

precedent *n* precedens ♦ **create/set a precedent** stworzyć/stanowić precedens; **without precedent** bez precedensu

prefer *v* **1.** woleć, preferować **2.** zgłaszać, wnosić (*zażalenie itd.*) ♦ **prefer charges (against sb)** postawić (komuś) zarzuty, wysuwać/kierować zarzuty (przeciwko komuś)

preference *n* preferencja; uprzywilejowanie ♦ **by preference** z wyboru; **have a preference for** woleć, preferować; **in preference to sb/sth** zamiast kogoś/czegoś, raczej kogoś/czegoś; **preference shares** akcje uprzywilejowane

preparation *n* **1.** przygotowanie **2.** preparat ♦ **in preparation** w przygotowaniu; **make preparations for** czynić/robić przygotowania do

prepare *v* przygotowywać; przyrządzać ♦ **badly prepared for sth** źle przygotowany do czegoś; **be prepared for the worst** być przygotowanym na najgorsze; **prepare the ground for** przygotowywać grunt do/dla; **well prepared for sth** dobrze przygotowany do czegoś

presence *n* **1.** obecność **2.** prezencja; powierzchowność ♦ **(have) the presence of mind** (zachować) przytomność umysłu; **in the presence of sb/in sb's presence** w obecności kogoś, w czyjejś obecności; **make one's presence felt** zaznaczyć swoją obecność

present[1] *n* **1.** prezent; podarunek **2. the present** teraźniejszość ♦ **at present** teraz, obecnie; w tej chwili, w tym momencie; **for the present** na razie, chwilowo; **make sb a present (of sth)** dać/zrobić komuś prezent, podarować komuś prezent

present[2] *v* **1.** przedstawiać; prezentować **2.** podarować ♦ **present a difficulty** stwarzać/stanowić/nastręczać trudność; **present arms** prezentować broń; **present one's compliments** składać wyrazy szacunku

present[3] *a* obecny; aktualny; bieżący; teraźniejszy (*czas*) ♦ **present company excepted** z wyjątkiem obecnych, wykluczając osoby obecne; **to the present day** do dzisiejszego dnia; do czasów obecnych/współczesnych

press[1] *n* **1.** nacisk; natłok **2. the press** prasa **3.** prasa (*maszyna*); tłocznia ♦ **be given a bad press** mieć złą prasę; **be given a good press** mieć dobrą prasę; **be in press** być w druku; **be in the press** być w gazetach/w prasie; **get a bad press** mieć złą prasę; **get a good press** mieć dobrą prasę; **go to press** pójść do druku; **press agency** agencja prasowa/informacyjna; **press clipping** wycinek prasowy; **press conference** konferencja prasowa; **press cutting** wycinek prasowy; **press office** biuro prasowe; **press release** oświadczenie/komunikat dla prasy; **stop press** wiadomości/dodatek z ostatniej chwili (*w gazecie*); **the gutter press/the yellow press** prasa brukowa

press² *v* **1.** cisnąć; naciskać **2.** nalegać **3.** tłoczyć; prasować ♦ **be hard pressed to do sth** *pot.* mieć trudności ze zrobieniem czegoś, ciężko (jest) komuś coś zrobić; **be pressed for time** mieć mało czasu; **press charges (against sb)** postawić (komuś) zarzuty, wysuwać/kierować zarzuty (przeciwko komuś); **press sth home 1.** wcisnąć/docisnąć coś do oporu **2.** wyraźnie zaznaczyć coś, podkreślić coś, zaakcentować coś, uwypuklić coś

pressure *n* ciśnienie; napór; nacisk ♦ **bring pressure to bear on sb/exert pressure on sb** wywierać na kogoś nacisk/presję; **pressure cooker** szybkowar; **pressure group** grupa nacisku; **put pressure on sb** wywierać na kogoś nacisk/presję; **under pressure 1.** pod presją **2.** pod ciśnieniem

pretence *n* **1.** pretekst; pozór **2.** roszczenie; pretensja ♦ **false pretences** fałszywe pozory; **make a pretence of doing sth** udawać, że się coś robi; **under (the) pretence of sth** pod pozorem/pretekstem czegoś

pretend *v* udawać ♦ **pretend innocence** udawać niewinnego/ /naiwnego/niewiniątko

pretty *a* **1.** ładny; miły; przyjemny **2.** *pot.* spory, duży ♦ **a pretty penny** ładny grosz; dużo/kupa pieniędzy; dużo/kupa forsy; **(as) pretty as a picture** ładny jak z obrazka; **not a pretty sight** niezbyt przyjemny/miły widok; **pretty much/pretty well** prawie; całkiem; zupełnie

prevention *n* zapobieganie, profilaktyka ♦ **prevention is better than cure** łatwiej/lepiej zapobiegać niż leczyć

prey¹ *n* zdobycz; łup; żer ♦ **bird of prey** ptak drapieżny; **fall (an easy) prey to sth** padać/paść (łatwą) ofiarą czegoś

prey² *v* polować, żerować ♦ **prey on sb's mind** prześladować kogoś, nie dawać komuś spokoju, dręczyć kogoś (*myśli itd.*); **sth preys on one's conscience** coś obciąża czyjeś sumienie, coś ciąży/leży komuś na sumieniu

price *n* cena ♦ **at any price** za wszelką cenę; **at a price** za wysoką cenę, po wysokiej cenie; **bargain price** cena okazyjna; **beyond price** bezcenny; **market price 1.** cena rynkowa **2.** kurs giełdowy; **name one's price** podać (swoją) cenę; **not at any price** za żadną cenę; **pay a (heavy) price for sth** płacić za coś (wysoką) cenę; **price increase** wzrost/podwyżka cen; **price list** cennik; **price tag** metka; **put a price on sth** wycenić coś; **raise a price** podwyższać/podnosić cenę; **retail price** cena detaliczna; **rise in prices** wzrost/podwyżka cen; **wholesale price** cena hurtowa; **without price** bezcenny

prick *v* **1.** nakłuwać **2.** kłuć ♦ **prick sb's conscience** poruszyć czyjeś sumienie, być wyrzutem sumienia; **prick up one's ears** nastawić/nadstawić uszu/ucha

pride *n* **1.** duma; pycha **2.** stado/grupa lwów ♦ **be sb's pride and joy** być czyjąś największą radością; **have pride of place** być/znajdować się na honorowym miejscu (*w pokoju itd.*), zająć honorowe miejsce; stanąć na honorowym miejscu; **hurt sb's pride** zranić czyjąś dumę; **swell with pride** poczuć się/być bardzo dumnym, być przepełnionym dumą; wzbierać dumą; **take (a) pride in sth** być dumnym z czegoś, szczycić się czymś; **take pride of place** być/znajdować się na honorowym miejscu (*w pokoju itd.*), zająć honorowe miejsce; stanąć na honorowym miejscu

prime[1] *n* rozkwit, pełnia, szczyt ♦ **be in one's prime/be in the prime of life** być w kwiecie wieku

prime[2] *a* **1.** pierwszy; początkowy **2.** główny; zasadniczy **3.** pierwszorzędny ♦ **prime example** klasyczny/typowy przykład; **prime minister** premier (rządu); **prime mover** *przen.* główna siła napędowa, motor (jakiegoś działania); **prime time** najlepszy czas antenowy (*w telewizji, radiu*)

principle *n* **1.** zasada; podstawa **2.** (*w fizyce itd.*) zasada; reguła; prawo ♦ **in principle** w zasadzie, zasadniczo; **on principle** z zasadniczych względów

print 474

print¹ *n* 1. druk 2. ślad 3. odbitka (*fotograficzna*) ♦ **in print** w sprzedaży (*książka*); **out of print** wyczerpany (*nakład książki*)

print² *v* drukować ♦ **not worth the paper it is printed on** nie wart papieru, na którym został napisany/wydrukowany; papierowy; niewiele warty; **the printed word** słowo drukowane/pisane

prison *n* więzienie ♦ **be sentenced to prison** zostać skazanym na karę więzienia; **cast sb into prison/fling sb in prison** wtrącić kogoś do więzienia, wsadzić kogoś do więzienia; **prison camp** obóz jeniecki; **prison cell** cela więzienna; **prison term** pobyt w więzieniu, więzienie, kara więzienia (*jednego roku itd.*); *pot.* odsiadka; **rot in prison** gnić w więzieniu; **throw sb into prison** wtrącić kogoś do więzienia, wsadzić kogoś do więzienia; **wind up in prison** trafić do więzienia, skończyć w więzieniu, wylądować w więzieniu

prisoner *n* więzień; jeniec ♦ **hold sb prisoner** więzić kogoś; trzymać więźnia; **prisoner of conscience** więzień sumienia; **prisoner of war** jeniec wojenny; **prisoner-of-war camp** obóz jeniecki

private *a* 1. prywatny; osobisty 2. tajny, poufny ♦ **in private** na osobności; **private detective/private investigator/***pot.* **private eye** prywatny detektyw; **private parts** intymne części ciała; **private practice** prywatna praktyka; **private school** szkoła prywatna; **private soldier** szeregowy

pro *n pot.* zawodowiec ♦ **the pros and cons** za i przeciw; **turn pro** przejść na zawodowstwo

probability *n* prawdopodobieństwo ♦ **in all probability** według wszelkiego prawdopodobieństwa; **there is a strong probability that** istnieje/jest duże prawdopodobieństwo, że...

problem *n* 1. problem; zagadnienie; kłopot 2. zadanie (*matematyczne*) ♦ **no problem** nie ma sprawy; to żaden kłopot; nie ma o czym mówić; proszę bardzo; **pose problems** stwarzać/nastręczać problemy; **problem child** trudne dziecko, dziecko stwarzające problemy wychowawcze; **settle a problem/work out a problem** rozwiązać problem

process *n* proces ♦ **be in the process of doing sth** być w trakcie robienia czegoś; **in the process** w trakcie (*czegoś*); **peace process** proces pokojowy

prodigy *n* geniusz, cud ♦ **child/infant prodigy** cudowne dziecko, młody/mały geniusz

production *n* **1.** produkcja; wytwarzanie **2.** okazanie, przedstawienie (*dokumentów*) ♦ **go into production** wchodzić do produkcji, rozpoczynać produkcję; **in production** w produkcji; **on production of sth** za okazaniem/przedstawieniem czegoś (*dokumentów, biletu itd.*); **production line** linia produkcyjna

profession *n* zawód; fach ♦ **by profession** z zawodu; **follow a profession** wykonywać zawód

profile *n* **1.** profil **2.** zarys ♦ **in profile** z profilu, w profilu, z boku; **keep/maintain a high profile** szukać rozgłosu, zwracać na siebie uwagę, rzucać się w oczy, (starać się) być w centrum uwagi; **keep/maintain a low profile** unikać rozgłosu, nie zwracać na siebie uwagi, nie rzucać się w oczy, siedzieć cicho

profit *n* **1.** zysk **2.** korzyść, pożytek ♦ **at a profit** z zyskiem; **clear profit** czysty zysk; **make (a) profit** osiągać zysk, zyskiwać; **profit and loss account** rachunek strat i zysków; **sell sth at a profit** sprzedać coś z zyskiem; **show a profit** wykazać zyski

progress *n* postęp (*techniczny itd.*) ♦ **in progress** w toku, w trakcie trwania; **make progress** postępować naprzód; posuwać się do przodu; osiągać postęp; robić postępy

project *v* **1.** projektować **2.** rzutować **3.** wystawać; sterczeć **4.** wyświetlać (*na ekranie*) ♦ **project an image of oneself as** stworzyć/ukształtować swój image/wizerunek jako...; **project into space** wystrzelić w przestrzeń kosmiczną (*rakietę itd.*)

promise[1] *n* obietnica ♦ **a promise is a promise** *przysł.* słowo się rzekło (, kobyłka u płotu); **break a promise** złamać obietnicę,

promise

nie dotrzymać obietnicy; **carry out a promise** spełnić obietnicę; dotrzymać obietnicy; **give sth a lick and a promise 1.** *GB* umyć coś po łebkach/z grubsza/niedokładnie; wyczyścić coś po łebkach/z grubsza/niedokładnie **2.** *US* zrobić coś po łebkach; odwalić coś, aby prędzej; zrobić coś byle jak; **keep one's promise** dotrzymać obietnicy; **make a promise** złożyć obietnicę/przyrzeczenie, obiecać, przyrzec; **promises, promises!** *przysł.* obiecanki cacanki (, a głupiemu radość); **show promise** dobrze/świetnie się zapowiadać; rokować nadzieję

promise² *v* obiecywać ♦ **promise the earth/moon** obiecywać złote góry; obiecywać gruszki na wierzbie; **the promised land** ziemia obiecana

proof *n* **1.** dowód **2.** stopień zawartości alkoholu **3.** korekta ♦ **be living proof of sth/that** stanowić żywy dowód czegoś/że; **put sth to the proof** poddać coś próbie; przetestować coś

propaganda *n* propaganda ♦ **propaganda campaign** kampania propagandowa; **propaganda machine** machina propagandowa

property *n* **1.** własność, właściwość **2.** własność; ruchomości ♦ **hot property** *pot.* osoba na topie, popularna/rozchwytywana osoba, osoba ciesząca się dużym wzięciem; **lost property (office)** biuro rzeczy znalezionych; **man of property** człowiek zamożny; posiadacz; **public property** własność publiczna/państwowa; **real property** nieruchomość, majątek nieruchomy

proportion *n* **1.** proporcja, stosunek **2.** udział; część; odsetek, procent **3. proportions** *pl* wielkość, rozmiary ♦ **blow sth (up) out of all proportion** rozdmuchać coś, wyolbrzymiać coś, nadać czemuś nadmierny rozgłos/zbyt dużą wagę; **catastrophic proportions** rozmiary katastrofy; **in proportion to...** proporcjonalnie do...; w stosunku do...; **keep things in proportion** zachować umiar (*w ocenie sytuacji*), zachować trzeźwy osąd (*sytuacji*), patrzeć na coś trzeźwym okiem, nie przesadzać; **out of (all) proportion (to sth)** niewspółmierny (do czegoś)

propose *v* **1.** proponować; oferować **2.** oświadczać się ♦ **man proposes but God disposes** *przysł.* człowiek strzela, Pan Bóg kule nosi; **propose sb's health** wznieść/zaproponować toast za czyjeś zdrowie

protection *n* **1.** ochrona; obrona; zabezpieczenie **2.** haracz (*płacony organizacji przestępczej*) ♦ **pay protection money** płacić haracz; **protection money** haracz (*płacony organizacji przestępczej*); **protection racket** wymuszanie/ściąganie haraczu

protest[1] *n* protest; sprzeciw ♦ **in protest** na znak protestu/sprzeciwu; **under protest** z zastrzeżeniem; protestując, sprzeciwiając się; **wave of protest** fala protestu; **without protest** bez (słowa) sprzeciwu/protestu

protest[2] *v* protestować; sprzeciwiać się ♦ **protest one's innocence** utrzymywać, że jest się niewinnym; uparcie twierdzić, że jest się niewinnym; zapewniać o swojej niewinności

proud *a* **1.** dumny **2.** imponujący, wspaniały ♦ **(as) proud as a peacock** dumny jak paw; **do sb proud 1.** sprawić komuś ucztę, ugościć kogoś wystawnie/po królewsku, uraczyć kogoś, ufetować kogoś **2.** być z kogoś dumnym; być powodem czyjejś dumy, stanowić powód do dumy; przynosić komuś zaszczyt

prove *v* **1.** udowodnić **2.** okazać się (*dobrym, prawdziwym itd.*) ♦ **prove a success** okazać się sukcesem; **prove sb wrong** udowodnić komuś, że nie ma racji; **prove useful** okazać się użytecznym/przydatnym/pomocnym, przydać się; **the exception proves the rule** *przysł.* wyjątek potwierdza regułę

proximity *n* bliskość, sąsiedztwo ♦ **in close proximity** w bezpośrednim sąsiedztwie

proxy *n* **1.** pełnomocnictwo, upoważnienie **2.** pełnomocnik, zastępca ♦ **by proxy** w zastępstwie, z upoważnienia, per procura

public[1] *n* **1.** publiczność **2. the public** ludzie; ludność; obywatele ♦ **in public** publicznie; **open to the public** otwarty/dostępny dla publiczności; **the general public** ogół; szerokie rzesze społeczeństwa; **the public at large** szerokie rzesze, szeroki ogół,

public

publiczność; **wash one's dirty linen in public** *pot.* prać (swoje/rodzinne/domowe) brudy publicznie, wywlekać (swoje/rodzinne/domowe) brudy na jaw, wywlekać (swoje/rodzinne/domowe) brudy/sprawy na światło dzienne

public² *a* publiczny; powszechny; ogólny ♦ **be public knowledge** być rzeczą powszechnie/publicznie znaną, być rzeczą powszechnie/publicznie wiadomą; **disturb public order** naruszać/zakłócać porządek publiczny; **public appearance** publiczne pojawienie się/pokazanie się/wystąpienie; **public company** spółka akcyjna; **public convenience** toaleta publiczna; **public figure** osoba publiczna; **public holiday** święto państwowe; **public house** bar, pub; **public nuisance** naruszenie porządku publicznego; **public property** własność publiczna/państwowa; **public relations** (*stosunki między daną firmą lub organizacją a ludnością oraz metody pozyskiwania przez nie opinii publicznej i kreowania własnego wizerunku*); **public school 1.** *GB* szkoła prywatna **2.** *US* szkoła państwowa; **public works** roboty publiczne

pull *v* ciągnąć; przyciągać ♦ **pull a fast one** *pot.* przechytrzyć kogoś, próbować swoich sztuczek, podejść kogoś, oszukać (kogoś); **pull a long face** zrobić smutną minę; **pull faces** robić/stroić miny; **pull oneself together** wziąć się w garść; **pull one's socks up** *pot.* wziąć się w garść; poprawić się; popracować nad sobą; wziąć się do roboty; zakasać rękawy; **pull one's weight** przykładać się do pracy; wkładać w coś dużo wysiłku; starać się; **pull out all the stops** *pot.* (z)robić co w ludzkiej mocy, dokładać wszelkich starań, przechodzić samego siebie; **pull ranks** wykorzystywać stanowisko, nadużywać władzy/stanowiska; **pull sb's leg** *pot.* nabierać kogoś, żartować sobie z kogoś; **pull sb/sth to pieces** *pot.* nie zostawić na kimś/czymś suchej nitki, ostro kogoś/coś skrytykować, odsądzić kogoś/coś od czci i wiary; **pull strings (for sb)**/*US* **pull wires (for sb)** *pot.* użyć swoich znajomości (w czyjejś sprawie), użyć swoich wpływów (w czyjejś sprawie), zaprotegować (kogoś), udzielić (komuś) protekcji; **pull teeth** rwać/wyrywać/usuwać zęby; **pull the punters** *pot.* przyciągać klientów; **pull the rug (out) from under sb's feet** *pot.* pozbawić kogoś punktu oparcia; uniemożliwić coś komuś; sprawić, że komuś grunt usuwa się spod nóg; **pull the trigger** pociągnąć za spust; **pull the wool over sb's eyes** *pot.* mydlić komuś oczy; **pull up stakes** *US pot.* rzucić wszystko; rzucić pracę/dom

pulse *n* 1. tętno, puls 2. impuls (*elektryczny*) 3. **pulses** *pl* (*jadalne nasiona niektórych roślin strączkowych*) ♦ **have/keep one's finger on the pulse (of sth)** trzymać rękę na pulsie (czegoś); **take sb's pulse** (z)mierzyć komuś tętno

punishment *n* kara ♦ **capital punishment** kara śmierci; wyrok śmierci; **under the threat of punishment** pod groźbą kary

punter *n pot.* 1. gracz na wyścigach konnych 2. klient ♦ **pull the punters** *pot.* przyciągać klientów

purchase *n* 1. zakup, kupno, nabycie 2. zakup, sprawunek, nabytek ♦ **cash purchase** zakup za gotówkę; **hire purchase** sprzedaż ratalna/na raty; **make a purchase** zrobić zakup, dokonać zakupu, zakupić

pure *a* czysty ♦ **pure and simple** *pot.* (*po rzeczowniku*) tylko i wyłącznie, po prostu; **pure chance** czysty przypadek

purely *adv* całkowicie, zupełnie ♦ **purely and simply** *pot.* (*po rzeczowniku*) tylko i wyłącznie, po prostu

purpose *n* 1. cel; zamiar 2. skutek 3. dążenie do celu ♦ **accidentally on purpose** (*żartobliwie*) nie całkiem/niezupełnie przez przypadek, niby przez przypadek, niby przypadkiem; **at cross purposes** nie rozumiejąc się nawzajem; mając coś innego na względzie/na myśli/na uwadze; **for all practical purposes** praktycznie, w rzeczywistości; ze względów praktycznych; **on purpose 1.** celowo, rozmyślnie **2.** w celu; **serve its purpose** spełniać swoją rolę/swoje zadanie; **to all intents and purposes** faktycznie, rzeczywiście, istotnie; **to all practical purposes**

purse

praktycznie, w rzeczywistości; ze względów praktycznych; **to good purpose** skutecznie, z dobrym skutkiem, nie na darmo, nie na próżno; **to no purpose** bez skutku, bezskutecznie, daremnie, na darmo, na próżno

purse *n* **1.** portmonetka; portfel **2.** *US* torebka (*damska*) ♦ **control/hold the purse strings** trzymać/prowadzić kasę (*rodzinną itd.*), kontrolować wydatki; **you can't make a silk purse out of a sow's ear** *przysł.* i w Paryżu nie zrobią z owsa ryżu; z pustego i Salomon nie naleje

push¹ *n* **1.** (po)pchnięcie; naciśnięcie; nacisk **2.** *pot.* przedsiębiorczość; energia ♦ **at a push** na siłę; **give sb the push** *pot.* **1.** wyrzucić kogoś z pracy, wylać kogoś z pracy; posłać kogoś na zieloną trawkę **2.** rzucić kogoś, zerwać z kimś; **if it comes to the push.../when push comes to shove...** w razie czego..., jak przyjdzie co do czego...

push² *v* pchać; popychać; naciskać; forsować ♦ **be hard pushed to do sth** *pot.* mieć trudności ze zrobieniem czegoś, ciężko (jest) komuś coś zrobić; **push and shove** rozpychać się; **push back the frontiers** wytyczać/wyznaczać/odkrywać nowe granice (*wiedzy*), poszerzać granice/horyzonty; **push one's luck** kusić los, igrać z losem, wyzywać los, kusić licho; **push sb to the wall** przyprzeć kogoś do muru; **push up (the) daisies** *pot.* wąchać kwiatki od spodu, leżeć w grobie

put *v* (**put, put**) **1.** kłaść; stawiać; umieszczać **2.** przymocowywać; przytwierdzać **3.** wyrażać; formułować **4.** stawiać (*w jakimś położeniu*) **5.** notować, zapisywać ♦ **be hard put to do sth** *pot.* mieć trudności ze zrobieniem czegoś, ciężko (jest) komuś coś zrobić; **how can I put it/how shall I put it** *pot.* jakby to powiedzieć...; **I can't put a name to it** *pot.* nie mogę sobie przypomnieć, jak to się nazywa; nie mogę sobie przypomnieć jego/jej nazwy; nie mogę sobie przypomnieć tytułu; **not to put too fine a point on it** mówiąc wprost, mówiąc szczerze, otwarcie mówiąc; **put a good face on a bad business** robić dobrą minę do złej gry; **put a lid on sth** skończyć coś, przestać coś robić, przerwać coś; **put all one's eggs in one basket** *pot.* położyć wszystko na jednej szali, rzucić wszystko na jedną szalę, postawić wszystko na jedną kartę; **put a match to** podłożyć ogień, podpalić; **put an end to one's life/to oneself/to it all** odebrać sobie życie, skończyć ze sobą, popełnić samobójstwo, zabić się; **put an end to sth** położyć czemuś kres, zakończyć coś; **put a price on sth** wycenić coś; **put a proposition/proposal** złożyć propozycję, zaproponować; **put a question to sb** zadawać komuś pytanie; **put a spell on** rzucać czar/urok na; **put a spoke in sb's wheel** przeszkodzić komuś (*w osiągnięciu czegoś*); podstawić komuś nogę; pokrzyżować/ /pomieszać/poplątać/popsuć komuś szyki, pokrzyżować czyjeś plany/zamiary; **put a stop to sth** położyć czemuś kres, zakończyć coś; **put a suggestion to sb** (za)sugerować coś komuś; **put down a motion** złożyć/wysunąć/zgłosić wniosek; **put down a revolution** stłumić/zdławić rewolucję; **put down roots** zapuścić korzenie (*w nowym miejscu itd.*); **put in a good word for sb** szepnąć komuś słówko za kimś, wstawić się za kimś, poprzeć kogoś; **put in an appearance** pojawić się; stawić się; przybyć; pokazać się, wpaść na chwilę (*na przyjęcie itd.*); **put in one's two cents' worth** *US* wtrącać/wsadzać/dorzucać swoje trzy grosze, wtrącać się; **put it to sb that...** sugerować komuś, że..., posądzać kogoś, że...; **put money into sth** wkładać/inwestować w coś pieniądze; **put much work into sth** wkładać w coś dużo pracy; **put on a brave/good face** nadrabiać miną; **put on airs** zadzierać nosa; wywyższać się, puszyć się, pysznić się; **put on a light** zapalić światło; **put on a long face** zrobić smutną minę; **put on an act** *pot.* udawać; **put on a play** wystawić sztukę/przedstawienie; **put on a show of sth 1.** organizować wystawę czegoś, urządzać wystawę czegoś, wystawiać coś (*obrazy w galerii itd.*) **2.** udawać coś, stwarzać pozory czegoś; **put one over on sb** *pot.* przechytrzyć kogoś, oszukać kogoś; **put one's back into sth** przykładać się do czegoś, starać się, włożyć w coś dużo wysiłku, nie szczędzić starań, wysilać się, żeby...; **put one's best foot forward/foremost** *pot.* ruszyć z kopyta; **put one's cards on the table** grać w otwarte karty, wykładać karty na stół; **put oneself in sb's place/in sb else's place** wejść w czyjeś położenie, postawić się w czyimś położeniu, wczuć się w czyjąś sytuację; **put oneself up for sth** zgłaszać swoją kandydaturę do/na, zgłaszać się do/na; **put one's foot down 1.** *pot.* protestować, sprzeciwiać się **2.** dać/dodać gazu; **put one's foot in it** *pot.* popełnić gafę/błąd; wprawić (kogoś) w zakłopotanie; **put one's head into the lion's mouth** iść/włazić w paszczę lwa; **put one's heart (and soul) into sth** wkładać w coś (całe) serce/dużo serca, wkładać w coś całą duszę; **put one's hopes on** pokładać nadzieje w; **put one's money on sth/sb** stawiać (pieniądze) na coś/kogoś; **put one's name down for** ubiegać się o przyjęcie do (*szkoły itd.*); zgłosić się/zapisać się/przystąpić do (*konkursu, zawodów itd.*); **put one's name to...** podpisać się pod...; **put one's oar in** *pot.* wtrącać/wsadzać/dorzucać swoje trzy grosze, wtrącać się; **put one's tail between one's legs** *pot.* chować ogon pod siebie, kulić ogon pod siebie; **put one's tongue out** pokazać (komuś) język; **put one's trust in sb** darzyć kogoś zaufaniem, mieć do kogoś zaufanie; **put on one's thinking cap** *pot.* zacząć myśleć, zacząć poważnie się zastanawiać; wysilić umysł/szare komórki; **put on weight** przybrać na wadze, przytyć; **put our/your heads together** naradzić się, wspólnie się zastanowić, wspólnie rozważyć sprawę, wspólnie znaleźć rozwiązanie, połączyć siły; **put out a cigarette** zgasić papierosa; **put out a fire** ugasić pożar; **put out a light** zgasić światło; **put pressure on sb** wywierać na kogoś nacisk/presję; **put sb at a disadvantage** stawiać kogoś w niekorzystnej sytuacji; **put sb down for sth** zapisać kogoś na coś/do czegoś; **put sb in a bad/good mood** wprawiać kogoś w zły/dobry nastrój; **put sb** in an awkward position stawiać kogoś w kłopotliwej/niezręcznej sytuacji; **put sb in their place** *przen.* pokazać komuś, gdzie jest jego miejsce; **put sb in the picture** zorientować kogoś (*w sytuacji*), wprowadzić kogoś (*w sytuację*), zaznajomić/zapoznać kogoś (*z czymś*); **put sb off the scent** zbić kogoś z tropu; **put sb on a pedestal** wynieść kogoś na piedestał; **put sb out of job/put sb out of work** pozbawić kogoś pracy; **put sb out to grass** *pot.* wysłać kogoś na zieloną trawkę; **put sb right 1.** wyprowadzić kogoś z błędu, wyjaśnić coś komuś, wyjaśnić coś sobie **2.** postawić kogoś na nogi, przywrócić komuś siły/zdrowie, poprawić komuś samopoczucie; **put sb's back up** *pot.* rozzłościć kogoś, wkurzyć kogoś; **put sb/sth at risk** narażać kogoś/coś na niebezpieczeństwo, wystawiać kogoś/coś na niebezpieczeństwo; **put sb/sth through their paces** sprawdzić na co kogoś/coś stać, sprawdzić możliwości kogoś/czegoś, sprawdzić co ktoś/coś potrafi/umie; **put sb straight** wyprowadzić kogoś z błędu, wyjaśnić coś komuś, wyjaśnić coś sobie; **put sb through the hoops** wymaglować kogoś (*pytaniami itd.*), wymęczyć kogoś (*na egzaminie itd.*), sprawdzić kogoś gruntownie; poddać kogoś ciężkiej próbie; **put sb through the mill** przepytać kogoś; przeegzaminować kogoś; wymaglować kogoś; dać komuś szkołę; **put sb to (a lot of/great) expense** narazić kogoś na (wielkie) koszty; **put sb to death** zabić kogoś; uśmiercić kogoś, stracić kogoś, wykonać na kimś wyrok śmierci; **put sb to flight** zmusić kogoś do ucieczki; **put sb to trouble** sprawiać komuś kłopot; **put sb wise (to sth)** *pot.* oświecić kogoś, pouczyć/poinformować kogoś (*o czymś*); **put sth down on paper** zanotować coś; napisać coś/o czymś; przelać coś na papier; **put sth from one's mind** wymazać coś z pamięci; **put sth in motion** wprawić coś w ruch; uruchomić coś; **put sth in order** doprowadzić coś do porządku/do ładu; uporządkować coś; naprawić coś; **put sth in pledge** zastawiać coś, dawać coś w zastaw; **put sth into action** wcielać/wprowa-

put

dzać coś w czyn, wcielać coś w życie; **put sth into practice** zrealizować coś; wprowadzić coś w życie; zastosować coś w praktyce; **put sth into sb's head** wbijać coś komuś do głowy; (za)sugerować coś komuś; **put sth into words** wyrazić coś słowami, ująć coś w słowa, sformułować coś; **put sth in train** zacząć coś, rozpocząć coś, zapoczątkować coś, uruchomić coś, dać początek czemuś; **put sth on to boil** nastawić coś (*obiad, kartofle itd.*); **put sth out of one's head** wybić sobie coś z głowy; **put sth out of one's mind** wymazać coś z pamięci; **put sth out of order** zepsuć coś; **put sth right** naprawić coś; skorygować coś; zreperować coś; **put sth/sb first** stawiać coś/kogoś na pierwszym miejscu; **put sth/sb to the test** poddać coś/kogoś próbie; wystawić coś/kogoś na próbę; przetestować coś/kogoś; **put sth to good account** zrobić z czegoś dobry użytek; obrócić coś na własną korzyść; odnieść z czegoś pożytek; **put sth to good use** zrobić z czegoś dobry użytek; **put sth to music** ułożyć muzykę do czegoś, skomponować muzykę do czegoś (*wiersza itd.*); **put sth to one side** odkładać coś na bok, odkładać coś na potem; **put sth to rest** zdementować coś, sprostować coś, zaprzeczyć czemuś; **put sth to rights** uporządkować coś, doprowadzić coś do porządku/do ładu, zaprowadzić w czymś porządek, naprawić coś; przywrócić coś do normalnego stanu; **put sth to the proof** poddać coś próbie; przetestować coś; **put sth to the vote** poddać coś pod głosowanie; **put sth under lock and key** chować coś pod kluczem; **put sth up for sale** wystawić coś na sprzedaż; **put the blame for sth on sb** obarczyć kogoś winą za coś, winić kogoś za coś; **put the boot in** kopać leżącego; **put the cart before the horse** stawiać sprawę na głowie; **put the cat among the pigeons** wsadzić/ /wetknąć kij w mrowisko; **put the clock back 1.** cofać zegar (o godzinę) **2.** cofać czas; **put the clock forward** przesuwać wskazówki zegara do przodu (o godzinę) (*przy zmianie czasu na letni*); **put the fear of God into sb** *pot.* napędzić komuś stracha; **put the lid on sth 1.** spuścić/zapuścić zasłonę (milczenia) na coś; trzymać/chować coś w tajemnicy, ukrywać coś **2.** dobić coś, być (ostatnim) gwoździem do trumny czegoś; **put the record straight** sprostować coś, skorygować coś; wyjaśnić coś; **put the screws on sb** *pot.* przykręcać/dokręcać komuś śrubę; **put the stress on** kłaść/położyć akcent na; kłaść/położyć nacisk na; **put the wind up sb** *pot.* napędzić komuś strachu/stracha, przerazić kogoś, przestraszyć kogoś; **put the world to rights** (próbować) naprawiać świat, zmieniać świat na lepsze; mówić/rozmawiać o lepszym świecie; **put to sea** wychodzić/wypływać/wyruszać w morze; **put to sleep** usypiać/uśpić (*chorego przed operacją, zwierzęta*); **put up a fight** stoczyć walkę, wydać walkę; **put up bail (for sb)** zapłacić/złożyć kaucję (za kogoś); **put up for sth** zgłaszać swoją kandydaturę do/na, zgłaszać się do/na; **put up money** wykładać pieniądze (*na jakiś cel*); **put up resistance** stawiać opór; **put words into sb's mouth** włożyć komuś w usta jakieś/czyjeś słowa; **to put it another way** innymi słowy, inaczej mówiąc; **to put it in a nutshell** *pot.* krótko mówiąc; **to put it mildly** delikatnie mówiąc; **to put it simply** mówiąc prosto; **you're putting me on!** *pot.* nabierasz mnie!; robisz sobie ze mnie żarty!, żartujesz (ze mnie)!

pyjamas *pl* piżama ♦ **be the cat's pyjamas** *pot.* być pępkiem świata

Pyrrhic *a* pirrusowy, pyrrusowy ♦ **Pyrrhic victory** pirrusowe/pyrrusowe zwycięstwo

Q

quantity *n* ilość ♦ **be an unknown quantity** być (wielką) niewiadomą; **in quantity** w dużych ilościach

quantum *n* (*pl* **quanta**) **1.** ilość, kwantum **2.** kwant ♦ **quantum jump/leap** milowy krok

quarrel *n* kłótnia; sprzeczka ♦ **have no quarrel with** nie mieć zastrzeżeń do, nie mieć nic do; **pick a quarrel with sb** wszcząć/sprowokować kłótnię z kimś; **settle a quarrel** załagodzić kłótnię

quarter *n* **1.** ćwierć; ćwiartka **2.** kwadra (*Księżyca*) **3.** kwadrans **4.** kwartał **5.** ćwierć dolara; ćwierć funta **6.** strona **7.** dzielnica **8. quarters** *pl* kwatery (*wojskowe*) ♦ **at/from close quarters** z bliska, z (bardzo) bliskiej odległości; **from all quarters** z każdej strony, ze wszystkich stron

queen *n* **1.** królowa **2.** dama (*w kartach*); królowa (*w szachach*) ♦ **beauty queen** królowa piękności; **long live the Queen!** niech żyje królowa!; **queen mother** królowa matka; **the Queen's English** poprawna angielszczyzna, piękna angielszczyzna; **turn Queen's evidence** *GB* obciążyć winą wspólnika, wydać wspólnika, składać zeznanie obciążające wspólnika (*dla złagodzenia własnego wyroku*)

queer *v* ♦ (*w zwrocie*) **queer sb's pitch** *pot.* pokrzyżować czyjeś plany/zamiary, pokrzyżować/pomieszać/poplątać/popsuć komuś szyki

question *n* **1.** pytanie **2.** zagadnienie, problem, sprawa **3.** wątpliwość ♦ **beg the question 1.** opierać się na nie sprawdzonych/fałszywych przesłankach **2.** ponownie stawiać pytanie//podnosić kwestię; **beyond question** na pewno; bez wątpienia; **bring up a question** poruszyć kwestię/sprawę; **call sth into question** podać coś w wątpliwość; stawiać coś pod znakiem zapytania; **come into question** wchodzić w rachubę; **in question** wspomniany; dyskutowany; omawiany; rozpatrywany; **it's just a question of time** to tylko kwestia czasu; **it's out of the question!** nie ma mowy!, to nie wchodzi w rachubę!, wykluczone!, w żadnym razie!; **open question** otwarta kwestia; **ply sb with questions** zasypywać kogoś pytaniami; **pop the question** *pot.* (*żartobliwie*) oświadczyć się; **pose a question** stawiać pytanie; **put a question to sb** zadawać komuś pytanie; **question mark** znak zapytania; **raise a question** poruszyć kwestię/sprawę; **rhetorical question** pytanie retoryczne; **set the questions** układać pytania (*egzaminacyjne*); **settle the question** rozstrzygnąć sprawę; załatwić sprawę; **shoot questions at sb** zasypywać kogoś pytaniami; **there is no question** nie ma wątpliwości; **trick question** podchwytliwe pytanie; **without question** na pewno; bez wątpienia; bez dwóch zdań

queue *n* kolejka ♦ **jump the queue** *GB* wepchnąć się/wpychać się do kolejki

quick¹ *n* żywe ciało ♦ **cut sb to the quick (with sth)** dotknąć kogoś/zranić kogoś/dokuczyć komuś/dogryźć komuś/dopiec komuś (czymś) do żywego; **the quick and the dead** żywi i martwi

quick² *a* **1.** prędki, szybki **2.** żywy, ruchliwy, bystry ♦ **(as) quick as a flash/(as) quick as lightning** szybki/szybko jak błyskawica/jak piorun/jak strzała; błyskawicznie; **be quick off the mark** chwytać wszystko w lot, chwytać szybko, być bystrym; szybko się w czymś orientować; **be quick on the draw 1.** szybko dobywać/wyciągać broń **2.** chwytać wszystko w lot, chwytać szybko, być bystrym; szybko się w czymś orientować; **be quick on the uptake** chwytać wszystko w lot, chwytać

quick

szybko, być bystrym; szybko się w czymś orientować; **make a quick buck** szybko się dorobić (*zwł. nieuczciwie*), zbić forsę, szybko zrobić forsę; **quick march!** biegiem marsz!

quick³ *adv* prędko, szybko ♦ **make it quick** *pot.* prędko!, szybko!

quiet¹ *n* spokój; cisza ♦ **on the quiet** po cichu, w tajemnicy; **peace and quiet** cisza i spokój

quiet² *a* spokojny; cichy ♦ **be as quiet as the grave** milczeć jak grób/jak kamień/jak głaz/jak zamurowany/jak zaklęty; **be quiet!** (bądź) cicho!, cisza!, spokój!; **keep as quiet as a mouse** siedzieć jak trusia/jak mysz pod miotłą; **keep quiet** siedzieć cicho/spokojnie; zachowywać się cicho; **keep quiet about sth/keep sth quiet** utrzymywać/trzymać coś w tajemnicy, utrzymywać/trzymać coś w sekrecie; **live a quiet life** prowadzić spokojne życie

quirk *n* dziwactwo ♦ **by a quirk of fate** dziwnym zrządzeniem losu

quite *adv* **1.** zupełnie, całkiem **2.** raczej, dosyć **3.** naprawdę, rzeczywiście ♦ **I'm not quite sure** nie jestem całkiem pewny; **not quite** nie bardzo, niezupełnie; **quite a bit** całkiem dużo; znacznie; **quite a few** sporo, niemało; **quite a job** kawał (dobrej) roboty; **quite so!** właśnie!; **quite the reverse** wręcz przeciwnie, (dokładnie) odwrotnie; **that's quite something!** to jest (dopiero) coś!

quits *a* ♦ (*w zwrotach*) **be quits with sb** być z kimś kwita; **call it quits** *pot.* **1.** dogadać się (*z kimś*); zaprzestać (*kłótni itd.*); wyrównać (*dług itd.*); być z kimś kwita **2.** przerwać coś; zakończyć coś; poprzestać na czymś; **that will make us quits/we'll be quits/we'll call it quits** jesteśmy kwita, z nami kwita

R

race *n* **1.** rasa **2.** plemię; szczep **3.** pochodzenie, ród **4.** wyścig; bieg; gonitwa **5. the races** *pl* wyścigi konne **6.** prąd; nurt **7.** (*w maszynach*) bieżnia ♦ **arms race** wyścig zbrojeń; **race against time** wyścig z czasem; **race horse** koń wyścigowy; **sailing races** regaty; **the human race** ród ludzki, ludzkość; **the rat race** zawzięta/zaciekła/zażarta konkurencja, zawzięta/zaciekła/zażarta rywalizacja; bezpardonowa pogoń za sukcesem

rack[1] *n* **1.** wieszak; stojak **2.** półka na bagaż **3.** zębatka ♦ **go to rack and ruin** popadać w ruinę; sypać się (w gruzy); obracać się w gruzy; rozpadać się, niszczeć; **off the rack** (*o odzieży*) gotowy, szyty seryjnie; **on the rack** cierpiący; obolały; zbolały; **roof rack** bagażnik dachowy (*samochodowy*)

rack[2] *v* powodować/wywoływać ból; męczyć; zamęczać ♦ **rack one's brain(s) (about/over sth)** łamać sobie głowę (nad czymś), głowić się (nad czymś)

racket *n pot.* **1.** szantaż, wymuszanie **2.** krętactwo, oszustwo, nieuczciwe/nielegalne praktyki **3.** organizacja przestępcza, gang ♦ **protection racket** wymuszanie/ściąganie haraczu

radio *n* radio ♦ **local radio** lokalna/regionalna stacja radiowa; **on the radio** w radiu; **over the radio** przez radio; **radio car** radiowóz; **radio frequency** częstotliwość radiowa; **radio play** słuchowisko radiowe; **radio station** radiostacja, stacja radiowa; **radio waves** fale radiowe

rag *n* **1.** szmata **2. rags** *pl* łachmany ♦ **be like a red rag to a bull** działać jak (czerwona) płachta na byka; **go rags to riches**

rage 490

wzbogacić się zaczynając od zera; dorobić się majątku/fortuny zaczynając od zera/od jednego dolara/od jednej złotówki; zrobić karierę od pucybuta do milionera

rage *n* wściekłość; pasja; szał ♦ **be (all) the rage** być ostatnim krzykiem mody; **fly into a rage** wpadać w pasję/we wściekłość; **in rage** wściekły; wzburzony; spieniony

rail *n* **1.** szyna **2.** sztacheta; poręcz **3.** kolej ♦ **by rail** koleją, pociągiem; **go off the rails** *pot.* **1.** wykoleić się; zejść na złą drogę **2.** przestać działać; wymknąć się spod kontroli; zacząć szwankować; zawodzić; **jump the rails** (*o pociągu*) wykoleić się, wyskoczyć z szyn, zjechać z toru; **rail fare** bilet kolejowy, opłata za przejazd koleją; **rail travel** podróż koleją

rain[1] *n* deszcz ♦ **acid rain** kwaśny deszcz; **as right as rain** *pot.* jak nowy; zdrów jak ryba; zdrowy jak byk, zdrowy jak koń; (znów) w pełni sił; **come rain or shine/come rain, come shine** niezależnie od pogody, w każdą pogodę, słońce czy deszcz/czy słota; **freezing rain** marznący deszcz; **heavy rain** ulewa, ulewny deszcz; **ice rain** marznący deszcz; **in the rain** na deszczu; w deszczu; **it looks like rain** *pot.* zanosi się na deszcz, zbiera się na deszcz, ma się na deszcz; **it's pouring (with) rain** (deszcz) leje jak z cebra; **light rain** lekki/drobny deszcz(yk); **rain drop** kropla deszczu; **rain or shine** niezależnie od pogody, w każdą pogodę, słońce czy deszcz/czy słota; **right as rain** *pot.* jak nowy; zdrów jak ryba; zdrowy jak byk, zdrowy jak koń; (znów) w pełni sił; **the rain is pouring down** (deszcz) leje jak z cebra; **the rain lets up** deszcz przechodzi, deszcz ustaje, deszcz przestaje padać; **there is a sprinkle of rain** deszcz kropi

rain[2] *v* **1.** padać (*o deszczu*) **2.** *przen.* lać się strumieniem (*łzy itd.*); sypać się; spadać (*ciosy, nieszczęścia itd.*) ♦ **it looks as if it's going to rain** *pot.* zanosi się na deszcz, zbiera się na deszcz, ma się na deszcz; **it never rains but it pours** *przysł.* nieszczęścia chodzą parami/w parze; **it's bound to rain** na pewno będzie padać; **it's raining cats and dogs** (deszcz) leje jak z cebra

rainy *a* deszczowy; słotny ♦ **for a rainy day** na czarną godzinę; **rainy season** pora deszczowa

raise *v* **1.** podnosić; unosić **2.** utrzymywać; hodować; uprawiać **3.** wychowywać (*dziecko*) **4.** wywoływać, wzbudzać **5.** znosić (*zakazy, embargo itd.*), usuwać; zdejmować; uchylać **6.** zbierać (*pieniądze, wojsko itd.*); zdobywać **7.** *US* podrabiać **8.** wydobywać (*w górnictwie*) ♦ **not raise a finger (to do sth)** nie kiwnąć/ruszyć palcem (aby coś zrobić); **raise a (big) laugh** wywołać (duży) śmiech; **raise a claim** zgłaszać pretensję/reklamację; **raise a loan** zaciągnąć/wziąć pożyczkę; **raise anchor** podnieść kotwicę; **raise a price** podwyższać/podnosić cenę; **raise a question** poruszyć kwestię/sprawę; **raise difficulties** robić//stwarzać/nastręczać trudności; **raise discontent** wzbudzać niezadowolenie; **raise hell** piekli się, robić piekło, pienić się; **raise money** zbierać pieniądze; zorganizować/przeprowadzić zbiórkę pieniędzy; **raise objections** wnosić zastrzeżenia; **raise one's eyebrows** marszczyć brwi, unosić brwi (*dziwiąc się czemuś, dezaprobując coś*); **raise one's glass to...** wznieść toast za...; **raise one's hand against sb** podnieść rękę na kogoś; **raise one's voice (to sb)** podnosić głos (na kogoś); **raise sb's hackles** rozjuszyć kogoś; rozzłościć kogoś; rozwścieczyć kogoś; **raise sb's hopes** robić komuś nadzieję; **raise sb's spirits** podnosić kogoś na duchu; dodawać komuś odwagi/otuchy; **raise the alarm** podnieść/wszcząć alarm, (za)alarmować; **raise the stakes** podnieść stawkę; **raise to a power** podnosić do potęgi (*liczbę*)

rake *v* **1.** grabić **2.** grzebać (*w dokumentach*) **3.** ostrzeliwać ♦ **rake sb over the coals** zbesztać kogoś, zganić kogoś, złajać kogoś, zwymyślać kogoś; zmyć komuś głowę; zmieszać kogoś z błotem

ram *v* **1.** walić **2.** ubijać; wtłaczać; upychać ♦ **ram sth home** jasno/wyraźnie/dobitnie coś unaocznić, jasno/wyraźnie/dobitnie coś uzmysłowić, jasno coś uświadomić

rampage *n* ♦ (*w zwrotach*) **be/go on the rampage** siać zniszczenie/spustoszenie/zamęt; zachowywać się po chuligańsku, chuliganić się; dopuszczać się chuligańskich ekscesów/wybryków; rozrabiać; wszczynać awantury (chuligańskie)

ramrod *n* wycior ♦ **(as) stiff/straight as a ramrod** sztywny jakby kij połknął; prosty/wyprostowany jak świeca

random *a* przypadkowy; losowy; wyrywkowy ♦ **at random** pierwszy z brzegu, pierwszy lepszy, na chybił trafił (*wybrany itd.*); gdzie popadnie

range *n* **1.** rząd; szereg **2.** zakres; obszar; pole; strefa; przedział **3.** zasięg; rozpiętość; skala **4.** strzelnica; poligon **5.** palenisko kuchenne **6.** pasmo (*górskie*) **7.** asortyment (*towarów*) ♦ **at close range** z bliska, z (bardzo) bliskiej odległości; **beyond (sb's) range** poza (czyimś) zasięgiem; **mountain range** pasmo górskie; **out of (sb's) range** poza (czyimś) zasięgiem; **within range** w zasięgu strzału; **within the range of...** w zakresie... (od... do...)

rank *n* **1.** rząd; szereg **2.** ranga; stopień; szczebel **3.** kategoria; klasa **4.** warstwa; pozycja (*społeczna*) **5.** kolejność **6.** postój (taksówek) **7. the ranks** *pl* szeregowcy, szeregowi żołnierze; szeregowi członkowie (*organizacji*) ♦ **break ranks 1.** opuścić szeregi (*organizacji*), wystąpić z szeregów (*na znak protestu itd.*) **2.** (z)łamać/przełamać szeregi (*nieprzyjaciela, demonstrantów itd.*); **close ranks** zwierać/zewrzeć szeregi; jednoczyć się wokół wspólnego celu/przeciwko wspólnemu wrogowi; **join the ranks of...** powiększyć szeregi..., wstąpić w szeregi..., przystąpić do..., dołączyć do...; **of high rank** wysokiej rangi; wysokiego szczebla; **of the first rank** pierwszorzędny; pierwszej klasy; wyborowy; znakomity; **pull ranks** wykorzystywać stanowisko, nadużywać władzy/stanowiska; **reduce sb to the ranks** zdegradować kogoś, zdegradować oficera (do szeregowca); **taxi rank** postój (taksówek); **the rank and file** szeregowcy, szeregowi żołnierze; szeregowi członkowie (*organizacji*)

ransom *n* **1.** okup **2.** zwolnienie/uwolnienie za okupem ♦ **a king's ransom** bajońska suma, bajońskie sumy; **hold sb to ransom 1.** trzymać/przetrzymywać kogoś dla okupu; żądać okupu za kogoś **2.** *przen.* robić z kogoś zakładnika (*własnych żądań itd.*), stawiać kogoś w przymusowej sytuacji, trzymać kogoś w szachu, przystawiać komuś pistolet do głowy, szantażować kogoś, wymuszać coś na kimś

rap *n* **1.** pukanie; puknięcie; stukanie; stuknięcie **2.** *US pot.* zarzut, oskarżenie; postawienie w stan oskarżenia **3.** *US pot.* odsiadka (*kary*) **4.** (muzyka) rap ♦ **beat the rap** *US pot.* wymigać się od kary; **drunk driving rap** *pot.* zarzut jazdy po pijanemu, zarzut prowadzenia pojazdu w stanie nietrzeźwym; **get a rap on/over the knuckles** *pot.* oberwać (po łapach); dostać za swoje; **murder rap** *pot.* zarzut morderstwa, oskarżenie o morderstwo; **take the rap for sth** *pot.* oberwać za coś (*zwł. niesłusznie*)

rape *n* **1.** gwałt **2.** rzepak ♦ **rape victim** ofiara gwałtu

rapture *n* zachwyt, urzeczenie ♦ **go into raptures (over/about sth/sb)** zachwycać się (czymś/kimś); wpadać w zachwyt (nad czymś/kimś), piać z zachwytu (nad czymś/kimś)

rare *a* **1.** rzadki, niezwykły **2.** rzadki, rozrzedzony ♦ **a rare honour** wyjątkowy zaszczyt; **it is rare to...** rzadko udaje się..., rzadko zdarza się...

rarity *n* rzadkość; osobliwość ♦ **be a rarity** należeć do rzadkości

rat *n* szczur ♦ **look like a drowned rat** wyglądać jak zmokła kura; **smell a rat** czuć pismo nosem; **the rat race** zawzięta/zaciekła/zażarta konkurencja, zawzięta/zaciekła/zażarta rywalizacja; bezpardonowa pogoń za sukcesem

rate *n* **1.** szybkość; tempo **2.** wielkość; stopień; klasa **3.** stopa; stawka; kurs; wskaźnik ♦ **at any rate** w każdym razie; przynajmniej; **at a rate of... 1.** z szybkością... **2.** po kursie (*o walucie*); **at a rate of knots** *pot.* bardzo szybko; w zawrotnie szybkim tempie, w zawrotnym tempie, z zawrotną szybkością; **at this rate** *pot.* w tym tempie; **birth rate** przyrost naturalny;

crime rate przestępczość; **death rate** śmiertelność, wskaźnik śmiertelności; **first rate** pierwszorzędny; pierwszej klasy; wyborowy; znakomity; **interest rate/rate of interest** stopa procentowa; **rate of exchange** kurs wymiany (*walut*); **the going rate** obowiązująca/aktualna stawka (*za pracę, korepetycje itd.*)

raw *n* ♦ (*w zwrotach i wyrażeniu*) **catch/touch sb on the raw** dotknąć kogoś/zranić kogoś/dokuczyć komuś/dogryźć komuś/dopiec komuś (czymś) do żywego; **in the raw 1.** prawdziwy, rzeczywisty; taki, jaki jest naprawdę; bez upiększeń **2.** *pot.* nagi/nago; bez ubrania; nagi jak go Pan Bóg stworzył; w stroju Adama

ray *n* **1.** promień (*światła*); promyk **2.** promień, półprosta ♦ **ray of hope** promyk/iskra/błysk nadziei

reach¹ *n* zasięg ♦ **beyond (one's/sb's) reach/out of (one's/sb's) reach** poza (czyimś) zasięgiem; nieosiągalny; niedostępny; **within arm's reach** w zasięgu ręki; na wyciągnięcie ręki; **within easy reach** łatwo dostępny; pod ręką; **within reach** w zasięgu ręki; na wyciągnięcie ręki; w (czyimś) zasięgu; osiągalny; dostępny

reach² *v* **1.** sięgać; dosięgać; osiągać **2.** osiągać (*miejsce*), dochodzić do; docierać do; dojeżdżać do **3.** osiągać (*kogoś*), kontaktować się z (*kimś*) ♦ **as far as the eye can reach** jak okiem sięgnąć; **hard to reach** trudno dostępny; **reach a conclusion** dojść do wniosku; **reach a dead end/reach a deadlock** utknąć w martwym punkcie; **reach an impasse** znaleźć się w impasie; **reach an understanding** dojść do porozumienia, osiągnąć porozumienie; **reach for the gun** sięgać po broń; **reach for the stars** sięgać (do) gwiazd (*marzeniami, ambicjami*); **reach one's majority** osiągnąć pełnoletność, dojść do pełnoletności; **reach rock bottom** *przen.pot.* osiągnąć dno, sięgnąć dna; osiągnąć najniższy poziom; **reach safety** dotrzeć do bezpiecznego miejsca; znaleźć się w bezpiecznym miejscu; **reach the end of the line/road** *pot.* zabrnąć w ślepy zaułek; znaleźć się w sytuacji bez wyjścia; **reach the headlines** trafić na czołówki gazet; stać się tematem dnia (*w wiadomościach*), zdominować serwisy informacyjne; **sth reaches sb's ears** coś dociera do czyichś uszu, coś obija się komuś o uszy

read *v* (**read, read**) **1.** czytać; odczytywać; wyczytywać **2.** studiować **3.** (*o termometrze itd.*) wskazywać, pokazywać **4.** interpretować, rozumieć ♦ **do you read me?** *pot.* rozumiesz (co mówię)?; **read a paper** wygłaszać referat; **read between the lines** czytać między wierszami; **read one's stars** *pot.* czytać (swój) horoskop; **read sb like a book** czytać w kimś jak w (otwartej) księdze; **read sb's lips** czytać z ruchów ust/warg; **read sb's mind** czytać w czyichś myślach; **read sb's palm** wróżyć komuś z ręki/z dłoni; **read sb's thoughts** czytać w czyichś myślach; **read sth from cover to cover** czytać coś od deski do deski; **take sth as read** brać/przyjmować coś jako/za pewnik; **the text reads as follows** tekst brzmi następująco

reading *n* **1.** czytanie **2.** lektura **3.** odczyt (*wskazań przyrządu*) **4.** interpretowanie; interpretacja **5.** oczytanie ♦ **a man of wide reading** człowiek oczytany; **make boring/interesting/fascinating reading** być nudną/ciekawą/fascynującą lekturą, stanowić nudną/ciekawą/fascynującą lekturę; **reading of a will** (oficjalne) odczytanie testamentu; **take a reading** odczytywać wskazania (*termometru itd.*)

ready[1] *n* ♦ (*w wyrażeniu*) **at the ready** gotowy; przygotowany; (będący) w pogotowiu

ready[2] *a* **1.** gotowy; przygotowany **2.** skłonny; chętny ♦ **get ready** przygotować się; **get sth ready** przygotować coś; **keep ready** trzymać w pogotowiu; **make ready** przygotować (się); **ready cash 1.** gotówka **2.** płatność w gotówce, płatność gotówkowa; **ready for everything** przygotowany/gotowy na wszystko; **ready for (the) off** gotowy do drogi; gotowy do wyjścia; **ready money 1.** gotówka **2.** płatność w gotówce, płatność gotówkowa; **ready, steady, go!/ready, get set, go!** *pot.* na miej-

real

sca, gotowi, start!; do biegu, gotowi, start!; **rough and ready** prowizoryczny; uproszczony

real *a* rzeczywisty; prawdziwy; faktyczny ♦ **are you for real?** *pot.* mówisz poważnie?, serio?; **for real** *pot.* naprawdę, rzeczywiście, na serio, poważnie, bez udawania; **get real!** *pot.* bądź poważny!, bądź rozsądny!, bądź realistą!; **in real life** w rzeczywistości, w (prawdziwym) życiu; **real estate/real property** nieruchomość, majątek nieruchomy; **real value** rzeczywista wartość

reality *n* **1.** realizm **2.** rzeczywistość **3.** realność, prawdziwość ♦ **become a reality** stać się rzeczywistością, urzeczywistnić się, ziścić się, spełnić się; **in reality** w rzeczywistości

realm *n* **1.** dziedzina; sfera; domena **2.** *dosł. i przen.* królestwo ♦ **within the realms of possibility** w granicach możliwości; możliwy

reap *v* żąć; zbierać (*plony*) ♦ **he that sows the wind must reap the whirlwind/he had sown the wind and was reaping the whirlwind** *przysł.* kto sieje wiatr, burzę zbiera; **reap a harvest of sth** zbierać owoce/plony czegoś; **reap the benefit (of sth)** osiągać/czerpać/odnosić korzyść (z czegoś), mieć (z czegoś) korzyść, korzystać (z czegoś)

rear *n* tył; tylna część ♦ **bring up the rear** zamykać pochód/ /wyścig/kolejkę; **in the rear** z tyłu, w tyle

reason *n* **1.** powód; przyczyna; motyw; racja; uzasadnienie **2.** rozum; rozsądek ♦ **be beyond all reason** urągać zdrowemu rozsądkowi, wykraczać poza/przekraczać granice zdrowego rozsądku, być nie do przyjęcia, być nie do zaakceptowania; **bring sb to reason** *pot.* przemówić komuś do rozsądku; przemówić komuś do rozumu; **by reason of...** z powodu...; **for health reasons** z przyczyn zdrowotnych, ze względów zdrowotnych; **for one reason or another** z jakiegoś powodu; z niewiadomych/nieznanych przyczyn; **for personal reasons** z przyczyn osobistych, ze względów osobistych; **for reasons best known**

to oneself z przyczyn sobie tylko wiadomych; **for reasons of...** ze względów... (*bezpieczeństwa itd.*); **for some reason or another** z jakiegoś powodu; z niewiadomych/nieznanych przyczyn; **for these reasons** z tych powodów, z tych przyczyn; **for the simple reason that...** z (tego) prostego powodu, że...; **give a reason** podać powód/przyczynę, wyjaśnić, uzasadnić; **go beyond all reason** urągać zdrowemu rozsądkowi, wykraczać poza/przekraczać granice zdrowego rozsądku, być nie do przyjęcia, być nie do zaakceptowania; **have reason to believe that...** mieć powody sądzić, że...; **in reason** w granicach (zdrowego) rozsądku, w rozsądnych granicach, rozsądnie; **it stands to reason that...** jest rzeczą oczywistą, że...; jest rzeczą zrozumiałą, że...; zrozumiałe, że...; trudno zaprzeczyć, że...; **lose one's reason** stracić/postradać rozum; **reason of state** racja stanu; **the voice of reason** głos rozsądku; **with good reason** nie bez racji, (całkiem) słusznie; **within reason** w granicach (zdrowego) rozsądku, w rozsądnych granicach, rozsądnie; **without reason** niesłusznie; **without rhyme or reason** bez ładu i składu; ni w pięć, ni w dziewięć/dziesięć; **with reason** nie bez racji, (całkiem) słusznie

recall *n* **1.** przypomnienie (sobie); przywołanie (na pamięć) **2.** odwołanie (*ambasadora itd.*) ♦ **beyond/past recall** nieodwołalny; nieodwracalny; **total recall** pamięć absolutna; doskonała pamięć

reception *n* **1.** przyjmowanie; powitanie **2.** przyjęcie **3.** recepcja **4.** odbiór ♦ **at the reception desk/in reception** w recepcji (*hotelu itd.*); **meet with a reception** spotkać się z przyjęciem (*chłodnym, entuzjastycznym itd.*); **wedding reception** przyjęcie weselne

reckoning *n* kalkulacja, obliczenie ♦ **day of reckoning** dzień/ /czas sądu; dzień/czas zapłaty; czas porachunków/rozrachunku

recognition *n* **1.** rozpoznawanie **2.** uznanie; docenienie ♦ **beyond recognition** nie do (roz)poznania, trudny do (roz)poznania;

change out of all recognition zmienić się nie do poznania; **in recognition of...** w uznaniu... (*zasług itd.*)

recollection *n* **1.** przypomnienie sobie **2.** wspomnienie ♦ **have no recollection** (zupełnie) nie przypominać sobie; **to the best of my recollection** o ile sobie przypominam, o ile pamiętam

record *n* **1.** zapis; rejestr; protokół **2.** rekord (*sportowy itd.*) **3.** płyta **4.** akta **5.** dowód; dokument **6.** zarejestrowanie; udokumentowanie ♦ **all-time record** rekord wszech czasów; **at a record low** gorszy niż kiedykolwiek; dotychczas najgorszy; **beat//break a record** (po)bić rekord; **be on record as saying...** publicznie/oficjalnie oświadczyć, że...; publicznie/oficjalnie stwierdzić, że...; **criminal record** przeszłość kryminalna (*danej osoby*); (będący wcześniej) karany, notowany (przez policję); **hold a record** być rekordzistą, posiadać rekord; **keep a record (of sth)** prowadzić zapis (czegoś), dokumentować (coś); **off the record** nieoficjalny/nieoficjalnie; poza protokołem; wyłącznie do naszej/waszej wiadomości; **place/put sth on record** włączyć coś do akt; włączyć coś do materiałów dowodowych (*w sądzie itd.*); **put the record straight** sprostować coś, skorygować coś; wyjaśnić coś; **record holder** rekordzista; **record library** płytoteka; **record player** adapter gramofonowy; **record time** rekordowy czas; **set a record** ustanowić (nowy) rekord; **set the record straight** sprostować coś, skorygować coś; wyjaśnić coś; **smash/surpass a record** (po)bić rekord

recourse *n* ♦ (*w wyrażeniu*) **without recourse to...** bez uciekania się do...

red[1] *n* **1.** czerwień, kolor czerwony **2.** czerwone wino **3.** *pot.* osoba lewicująca; komunista; (*lekceważąco*) komuch, czerwony ♦ **be in the red 1.** mieć debet na koncie bankowym, być zadłużonym **2.** pracować ze stratą; **see red** *pot.* wściec się, wściec się ze złości, krew kogoś zalewa

red[2] *a* **1.** czerwony **2.** czerwony, zaczerwieniony, rumiany **3.** rudy **4.** czerwony, komunistyczny; lewicujący ♦ **as red as a beet-**

root/as red as fire/*US* **as red as a beet** czerwony jak burak/jak piwonia/jak rak; **be like a red rag to a bull** działać jak (czerwona) płachta na byka; **lay out/lay down the red carpet** przyjmować (niezwykle) uroczyście; **not have a red cent** *US* być bez grosza, nie mieć grosza (przy duszy); **red as a beetroot/red as fire**/*US* **red as a beet** czerwony jak burak/jak piwonia/jak rak; **red card** czerwona kartka (*w piłce nożnej*); **Red Crescent** Czerwony Półksiężyc; **Red Cross** Czerwony Krzyż; **red hair** rude włosy; **red hot** rozżarzony do czerwoności; zacietrzewiony; zawzięty; **red tape** biurokracja; **roll out the red carpet** przyjmować (niezwykle) uroczyście; **sth is not worth a red cent** coś jest diabła/licha warte; coś nie jest warte złamanego grosza, coś nie jest warte funta kłaków

red-handed *adv* ♦ (*w zwrocie*) **catch sb red-handed** złapać/ /schwytać/przyłapać kogoś na gorącym uczynku

redress *v* naprawić, zadośćuczynić, wynagrodzić (*krzywdy itd.*) ♦ **redress the balance** przywrócić równowagę, doprowadzić do stanu równowagi, zrównoważyć

reduce *v* **1.** redukować; zmniejszać (się); ograniczać **2.** (z)degradować **3.** redukować, odtleniać (*w chemii*) **4.** redukować; skracać; sprowadzać (*do wspólnego mianownika*) ♦ **reduce sb to tears** doprowadzić kogoś do płaczu/do łez; **reduce sb to the ranks** zdegradować kogoś, zdegradować oficera (do szeregowca); **reduce sth to a minimum** zmniejszać/ograniczać/redukować coś do minimum; **reduce sth to ashes** obrócić coś w popiół, obrócić coś w perzynę; zamienić coś w perzynę; zburzyć/zniszczyć coś zupełnie; **reduce sth to rubble** zamienić coś w rumowisko, obrócić coś w gruzy, zburzyć/zniszczyć coś zupełnie

reference *n* **1.** powołanie się; odwołanie się; odniesienie **2.** odsyłacz, odnośnik **3.** skierowanie; przekazanie (*do rozpatrzenia*) **4.** powiązanie, związek, relacja, stosunek **5.** informacja **6.** osoba polecająca; osoba udzielająca referencji/informacji **7.** refer-

ences *pl* referencje ♦ **bear no reference to sth** nie mieć żadnego związku z czymś (*daną sprawą itd.*); **frame of reference** (wyznawany) system wartości; **have no reference to sth** nie mieć żadnego związku z czymś (*daną sprawą itd.*); **make reference to sth** odnieść się do czegoś, nawiązać do czegoś, zrobić/uczynić wzmiankę o czymś, wzmiankować o czymś; **reference book** informator; **reference list** bibliografia; **reference point** punkt odniesienia; **terms of reference** zakres pełnomocnictw, kompetencje; **with reference to...** w związku z... (*waszym listem itd.*), w nawiązaniu do...

refuse *v* odmawiać; odrzucać ♦ **flatly refuse/refuse point blank** odmawiać zdecydowanie, odmawiać kategorycznie; **refuse an offer** nie przyjąć oferty/propozycji, odrzucić ofertę/propozycję

regard[1] *n* **1.** wzgląd; uwaga **2.** odniesienie; odnoszenie się **3.** poważanie; szacunek **4. regards** *pl* wyrazy szacunku; pozdrowienia (*na końcu listu itd.*); ukłony; wyrazy poważania ♦ **have no regard for sth** nie zważać na coś; nie zwracać uwagi na coś, nie przywiązywać uwagi do czegoś; **have regard to sb/sth** mieć wzgląd na kogoś/coś; **hold sb in high regard** darzyć kogoś ogromnym/dużym szacunkiem; **hold sb in low regard** nie darzyć kogoś szacunkiem, nie szanować kogoś, mieć o kimś złe zdanie; **in regard to...** odnośnie..., co się tyczy..., co do...; **in this/that regard** pod tym względem, w tym względzie; w tej sprawie; **pay no regard to sb/sth** nie zważać na kogoś/coś; nie zwracać uwagi na kogoś/coś, nie przywiązywać uwagi do kogoś/czegoś; **with kind/warm regards** z wyrazami szacunku, z wyrazami poważania; **without regard for/to sth** nie zważając na coś; nie przywiązując uwagi do czegoś; bez względu na coś

regard[2] *v* **1.** dotyczyć, odnosić się **2.** brać pod uwagę ♦ **as regards...** odnośnie..., co się tyczy..., co do...; **regard as** uważać za, traktować jako

region *n* rejon; region; strefa; okolica ♦ **(somewhere) in the region of...** (gdzieś/coś) około..., w przybliżeniu..., jakieś...

regret *n* **1.** ubolewanie; żal; smutek **2. regrets** *pl* wyrazy ubolewania ♦ **have no/few regrets about sth** wcale/zupełnie czegoś nie żałować; **much to my regret/with regret** z żalem, z przykrością (*stwierdzam coś itd.*)

regular *a* **1.** regularny, stały; prawidłowy **2.** zwyczajny; normalny **3.** dyplomowany; zawodowy (*oficer*); stały (*klient itd.*) **4.** uregulowany (*tryb życia*) **5.** prawdziwy (*bohater itd.*) **6.** skończony (*łajdak itd.*) ♦ **at regular intervals** w regularnych odstępach; **regular as clockwork** jak w zegarku; **regular troops** wojska/oddziały regularne

rehearsal *n* próba (*w teatrze*) ♦ **dress rehearsal** próba generalna

reign *n* królowanie; panowanie; rządy ♦ **in/during the reign of...** za panowania...; **reign of terror** rządy terroru

rein *n* (*także* **reins** *pl*) cugle, lejce, wodze ♦ **give free rein to one's imagination** puszczać wodze fantazji/wyobraźni; **give sb a free rein** dać komuś wolną rękę; **keep a tight rein on sb** *pot.* trzymać kogoś krótko; **take over the reins** przejąć władzę; przejąć ster rządów; przejąć kontrolę

reinvent *v* ♦ (*w zwrocie*) **reinvent the wheel** *pot.* odkrywać Amerykę

relation *n* **1.** relacja **2.** związek, powiązanie **3.** krewny **4. relations** *pl* stosunki (*towarzyskie itd.*) ♦ **bear no relation to...** nie mieć związku z..., pozostawać bez związku z...; **close relation 1.** bliski krewny **2.** bliskie pokrewieństwo; **distant relation** daleki krewny; **in relation to... 1.** w odniesieniu do...; dotyczący... **2.** w stosunku do..., w porównaniu z...; **near relation 1.** bliski krewny **2.** bliskie pokrewieństwo; **poor relation** ubogi krewny; **public relations** (*stosunki między daną firmą lub organizacją a ludnością oraz metody pozyskiwania przez nie opinii publicznej i kreowania własnego wizerunku*)

release *n* **1.** zwolnienie; uwolnienie; wypuszczenie **2.** wydzielanie, wyzwalanie (*ciepła itd.*) **3.** (nowy) film; (nowa) publikacja **4.** zwolnienie (*hamulca*) ♦ **be on (general) release** być już dostępnym/wyświetlanym/pokazywanym w kinach, wejść już na ekrany kin (*film*); być już dostępnym na rynku (*płyta itd.*); **press release** oświadczenie/komunikat dla prasy

relief *n* **1.** ulga (*w kłopotach, cierpieniu itd.*) **2.** wsparcie; pomoc; zapomoga **3.** urozmaicenie, odmiana **4.** odsiecz **5.** zmiana (*na służbie*) **6.** płaskorzeźba, relief **7.** rzeźba terenu, relief **8.** uwydatnienie ♦ **breathe a sigh of relief** odetchnąć z ulgą; **bring relief** przynosić ulgę; **famine relief** pomoc dla ofiar/ofiarom klęski głodu; **give relief** przynosić ulgę; **heave a sigh of relief** odetchnąć z ulgą; **light relief** pewna/niewielka ulga; **low relief** płaskorzeźba, relief; **send relief to/for** wysłać pomoc do/dla (*ofiar klęski żywiołowej*); **stand out in sharp/stark relief against sth** (jaskrawo) kontrastować z czymś, wyraźnie odróżniać się od czegoś/na tle czegoś; **tax relief** ulga podatkowa; **what a relief!** co za ulga!

remain *v* pozostawać; zostawać ♦ **it remains to be seen** to się dopiero okaże, przyszłość pokaże; **remain in the background** *przen.* pozostawać w cieniu/na dalszym planie; **remain seated** pozostać na swoim miejscu, nie ruszać się z miejsca; **remain silent** milczeć; zachować milczenie; **remain within the law** działać zgodnie z prawem, postępować zgodnie z prawem

remembrance *n* **1.** pamiętanie **2.** pamięć **3.** pamiątka **4. remembrances** *pl* wyrazy pamięci; ukłony ♦ **in remembrance of...** ku pamięci, na pamiątkę

remote *a* **1.** odległy; oddalony; daleki **2.** niewielki; słaby (*wyobrażenie itd.*) **3.** zdalny, odległościowy ♦ **not have the remotest idea** nie mieć zielonego/najmniejszego pojęcia; **remote chance** nikła/znikoma szansa; **remote control 1.** pilot (*do telewizora, magnetowidu*) **2.** zdalne sterowanie

repair *n* naprawa; naprawianie; reperowanie; remont ♦ **closed for repairs** zamknięty z powodu remontu; **heavy repair** remont kapitalny, remont generalny; **in a bad state of repair/in bad**

repair w złym stanie; **in a good state of repair/in good repair** w dobrym stanie; **keep in repair** utrzymywać w dobrym stanie; **repair work** prace naprawcze/remontowe; naprawa; **running repairs** bieżące naprawy/remonty; **sth is beyond repair** coś nie nadaje się do remontu/do naprawy; **sth is in need of repair** coś wymaga remontu/naprawy; **sth is under repair** coś jest w remoncie/w naprawie

repeat *v* powtarzać; ponawiać ♦ **history repeats itself** historia lubi się powtarzać; **repeat sth parrot fashion** powtarzać coś jak papuga; **sth doesn't bear repeating** coś nie nadaje się do powtórzenia

reply *n* odpowiedź ♦ **in reply to sth** w odpowiedzi na coś (*list, pytanie itd.*); **make no reply** nie odpowiedzieć; **written reply** pisemna odpowiedź

represent *v* **1.** przedstawiać **2.** reprezentować ♦ **represent a landmark in sth** stanowić przełom w czymś, być punktem zwrotnym w czymś, stanowić punkt zwrotny w czymś; **represent danger** stanowić niebezpieczeństwo; **represent oneself as** podawać się za kogoś (*innego, kim się nie jest*); podszywać się pod kogoś/pod czyjeś nazwisko; **represent sb's interests** reprezentować czyjeś interesy; **why do you represent the matter in this way?** dlaczego przedstawiasz sprawę w ten sposób?

reproach *n* **1.** zarzut; wyrzut; wymówka **2.** hańba ♦ **above/beyond reproach** bez zarzutu

reputation *n* reputacja, opinia; sława ♦ **earn a reputation as...** zyskać sobie reputację...; zyskać/zdobyć sławę kogoś/jako ktoś; **harm sb's reputation** narazić na szwank czyjąś reputację, (za)szkodzić czyjej reputacji, psuć czyjąś reputację; **win a reputation as...** zyskać sobie reputację...; zyskać/zdobyć sławę kogoś/jako ktoś

repute *n* reputacja, opinia; sława ♦ **of repute** cieszący się dobrą reputacją, o dobrej reputacji; cieszący się dobrą sławą

request *n* prośba; życzenie; żądanie ♦ **at sb's request/at the request of sb** na czyjeś życzenie; na czyjąś prośbę; **on request** na żądanie; na życzenie

requirement *n* żądanie; wymóg; wymaganie; zapotrzebowanie ♦ **meet requirements** zaspokajać/spełniać wymagania; sprostać wymaganiom

rescue *n* ratunek; wybawienie ♦ **come to sb's rescue** przyjść/ /pospieszyć komuś na ratunek; **rescue attempt** próba (u)ratowania; **rescue boat** łódź ratownicza; **rescue operation** akcja ratownicza; **rescue party/team** ekipa ratownicza; zespół/grupa ratowników; **rescue worker** ratownik; **search and rescue** akcja poszukiwawczo-ratunkowa

resemblance *n* podobieństwo ♦ **bear a resemblance (to)** być podobnym (do); **there is a clear/close resemblance between... and...** zachodzi/istnieje wyraźne podobieństwo między... a...

reservation *n* **1.** rezerwacja **2.** rezerwat **3.** zastrzeżenie ♦ **have reservations to/about sth** mieć zastrzeżenia do czegoś; **make a reservation** dokonać rezerwacji; **ticket reservation** rezerwacja biletu; **without reservation** bez zastrzeżeń

resign *v* rezygnować; zrzekać się ♦ **resign (from) one's post** zrezygnować z zajmowanego stanowiska, ustąpić ze stanowiska; **resign oneself to sth** pogodzić się z czymś

resignation *n* **1.** rezygnacja, zrezygnowanie (*ze stanowiska itd.*) **2.** rezygnacja, zniechęcenie; pogodzenie się (*z sytuacją itd.*) ♦ **accept sth with resignation** przyjąć coś z rezygnacją; **hand in one's resignation/tender one's resignation** złożyć (swoją) rezygnację, przedłożyć (swoją) rezygnację

resist *v* **1.** stawiać opór, opierać się (*czemuś*); przeciwstawiać się **2.** być odpornym na **3.** powstrzymywać (się) ♦ **cannot resist sth/doing sth** nie móc się czemuś oprzeć; **resist arrest** stawiać opór przy aresztowaniu; **resist (the) temptation** oprzeć się pokusie

resistance *n* **1.** opór; sprzeciw; przeciwstawienie się **2.** odporność; wytrzymałość **3.** rezystancja, opór (elektryczny) czynny ♦ **fol-**

low the line/path of least resistance pójść/iść po linii najmniejszego oporu; **put up/offer resistance** stawiać opór; **resistance movement** ruch oporu; **take the line/path of least resistance** pójść/iść po linii najmniejszego oporu

resistant *a* **1.** oporny **2.** odporny, wytrzymały ♦ **water resistant** wodoodporny; wodoszczelny

resort¹ *n* **1.** stosowanie; uciekanie się do użycia (*kłamstwa, przemocy itd.*) **2.** miejscowość wypoczynkowa; kurort ♦ **as a last resort/in the last resort** jako ostatnia deska ratunku; **have resort to force** uciec się do użycia siły/do przemocy; **(one's) only resort** (czyjaś) jedyna deska ratunku; **seaside resort** nadmorska miejscowość wypoczynkowa

resort² *v* **1.** stosować; uciekać się do użycia (*kłamstwa itd.*) **2.** uczęszczać; często odwiedzać ♦ **resort to force** uciekać się do użycia siły/do przemocy; **resort to threats** uciekać się do gróźb/pogróżek

resource *n* **1.** sposób (*ratunku*), środek (*zaradczy*) **2.** pomysłowość; zaradność **3. resources** *pl* zasoby; środki ♦ **a man of great resource** bardzo/niezwykle zaradny człowiek, obrotny człowiek; **human resources 1.** możliwości człowieka/ludzkie **2.** dział kadr, kadry; **natural resources** bogactwa naturalne

respect *n* **1.** poważanie, szacunek; uznanie; respekt **2.** wzgląd **3. respects** *pl* wyrazy szacunku ♦ **a mark of respect** wyraz/ /oznaka/dowód szacunku; **earn sb's respect** zyskać/zdobyć czyjś szacunek; zdobyć/zyskać sobie autorytet; **give one's respects to sb** przekazać/przesłać komuś wyrazy szacunku; **hold sb in (high) respect/have (a deep) respect for sb** darzyć kogoś (ogromnym) szacunkiem; **in every respect** pod każdym względem; **in respect of... 1.** pod względem...; odnośnie..., w odniesieniu do... **2.** jako zapłata za...; **pay one's last respects to sb** oddać komuś ostatnią posługę; **pay one's respects to sb** przybyć do kogoś z wizytą kurtuazyjną, złożyć komuś wizytę kurtuazyjną; **show respect for sb** okazywać komuś szacunek; **win sb's respect** zyskać/zdobyć czyjś szacunek; zdobyć/zyskać sobie autorytet; **with (all) due respect** z całym szacunkiem; **with respect to...** w nawiązaniu do..., odnośnie...

response *n* **1.** odpowiedź **2.** reakcja; odzew ♦ **in response to...** w odpowiedzi na...

responsibility *n* odpowiedzialność ♦ **accept/assume the responsibility for** brać na siebie odpowiedzialność za; **bear responsibility for** ponosić odpowiedzialność za; **civil responsibility** odpowiedzialność cywilna; **claim responsibility for...** przyznać się do odpowiedzialności za..., przyznać się do... (*zamachu terrorystycznego itd.*); **collective responsibility** odpowiedzialność zbiorowa; **criminal responsibility** odpowiedzialność karna; **do sth on one's own responsibility** zrobić coś na własną odpowiedzialność; **escape the responsibility** uniknąć odpowiedzialności; **legal responsibility** odpowiedzialność prawna; **moral responsibility** odpowiedzialność moralna; **saddle sb with the responsibility** obarczać kogoś odpowiedzialnością; **sense of responsibility** poczucie odpowiedzialności; **shift the responsibility onto sb** zwalać/spychać/zrzucać/przerzucać na kogoś odpowiedzialność; **shoulder the responsibility** brać na swoje barki odpowiedzialność; **take (on) the responsibility for** brać na siebie odpowiedzialność za; **the responsibility lies with sb/the responsibility rests with sb** odpowiedzialność spoczywa na kimś; **the weight of responsibility fell upon me** spadł na mnie ciężar odpowiedzialności

responsible *a* odpowiedzialny ♦ **be responsible to sb** być odpowiedzialnym przed kimś, odpowiadać przed kimś; **hold sb responsible (for sth)** czynić kogoś odpowiedzialnym (za coś), obarczać kogoś odpowiedzialnością (za coś)

rest[1] *n* **1.** wypoczynek; odpoczynek **2.** pauza (*w utworze muzycznym*) **3. the rest** reszta; pozostałość **4. the rest** pozostali **5.** oparcie; podpórka ♦ **come to rest** zatrzymać się; **for the rest** co do reszty, poza tym, co się tyczy pozostałych spraw; **give it**

a rest! *pot.* daj (temu) spokój!, zostaw to w spokoju!, przestań!; **have a rest** odpocząć; **lay sb to rest** pochować kogoś; składać kogoś na wieczny spoczynek; odprowadzić kogoś na wieczny spoczynek/na miejsce wiecznego spoczynku; oddać komuś ostatnią posługę; **lay/put sth to rest** zdementować coś, sprostować coś, zaprzeczyć czemuś; **put/set sb's mind at rest** uspokoić kogoś; rozproszyć czyjeś obawy; **rest home** dom spokojnej starości; **take a rest** odpocząć

rest[2] *v* **1.** odpoczywać; wypoczywać **2.** spoczywać (*w grobie*) **3.** dać odpoczynek **4.** polegać; opierać się **5.** opierać się, wspierać się; podtrzymywać **6.** pozostawać; być ♦ **let sth rest** dać sobie z czymś spokój, zostawić coś w spokoju; **let the matter rest** dać sprawie spokój, zostawić (tę) sprawę w spokoju; **one's final/last resting place** miejsce (czyjegoś) wiecznego spoczynku; **rest assured (that...)** pozostawać/być pewnym (, że...); **rest in peace** spoczywać w spokoju (*słowa modlitwy za zmarłego*); **rest on one's laurels** spocząć na laurach, usiąść na laurach; **rest room** toaleta (*w lokalu publicznym*); **rest with sb** zależeć od kogoś, spoczywać w (czyichś) rękach, pozostawać w czyjejś gestii; **the responsibility rests with sb** odpowiedzialność spoczywa na kimś; **we will not rest until...** nie spoczniemy dopóki...

restore *v* **1.** przywracać (*do zdrowia, na stanowisko*) **2.** restaurować ♦ **restore hope** przywracać nadzieję; **restore order** przywrócić porządek; **restore sb's hearing** przywracać komuś słuch; **restore sb's sight** przywracać komuś wzrok

restraint *n* **1.** powściągliwość; umiarkowanie; wstrzemięźliwość **2.** ograniczenie; przeszkoda **3.** areszt, zatrzymanie ♦ **impose restraints** narzucić ograniczenia; **without restraint** bez ograniczeń, swobodnie

restriction *n* ograniczenie; restrykcja ♦ **impose/place restrictions on sth** wprowadzać na coś ograniczenia; **lift/raise restrictions** znosić ograniczenia

result 508

result *n* wynik; rezultat; efekt ♦ **as a result of sth** w wyniku czegoś, skutkiem czegoś, na skutek czegoś; **be a direct result of sth** być bezpośrednim rezultatem/efektem czegoś; **bring good results** dawać dobre wyniki; **election results** wyniki wyborów; **end/final result** rezultat końcowy; efekt końcowy; **exam results** wyniki egzaminów; **give results** dawać/przynosić wyniki, dawać/przynosić rezultaty, dawać/przynosić efekty; **without result** bez skutku; bez efektu; bez rezultatu

retire *v* **1.** odchodzić; opuszczać (*towarzystwo*); iść spać **2.** odejść (*ze stanowiska*); wycofać się (*z interesu*); przejść na emeryturę **3.** cofać się **4.** przenieść na emeryturę ♦ **retire early** przejść/ /odejść na wcześniejszą emeryturę

retirement *n* **1.** odejście; usunięcie się; wycofanie się **2.** przejście/przeniesienie na emeryturę ♦ **on retirement** na emeryturze; **retirement age** wiek emerytalny; **retirement pension** emerytura, świadczenia emerytalne; **take early retirement** przejść/odejść na wcześniejszą emeryturę

retreat *n* **1.** odwrót **2.** cofnięcie (się); usunięcie się **3.** ustronie; zacisze **4.** cofanie się, ruch wsteczny ♦ **beat a (hasty) retreat** szybko uciec; zwiewać co sił w nogach

retrospect *n* ♦ (*w wyrażeniu*) **in retrospect** z perspektywy czasu

return[1] *n* **1.** powrót **2.** odwzajemnienie się **3.** raport; sprawozdanie; deklaracja (*podatkowa itd.*); zeznanie (*finansowe*) **4.** zwrot, oddanie **5. returns** *pl* dochody; wpływy ♦ **bring return** przynosić dochód; **day return** *GB* bilet powrotny (*ważny jeden dzień*); **in return for...** w zamian za...; **many happy returns (of the day)** wszystkiego najlepszego z okazji/w dniu urodzin!, sto lat!; **on sb's return** po (czyimś) powrocie; **return address** adres zwrotny; **return match** mecz rewanżowy; **return ticket** bilet powrotny; **tax return** zeznanie podatkowe; **the point of no return** sytuacja, z której nie ma odwrotu/nie można się wycofać; punkt, z którego nie ma odwrotu/nie można się wycofać; **upon sb's return** po (czyimś) powrocie; **yield return** przynosić dochód

return² *v* **1.** wracać; powracać **2.** zwracać, oddawać **3.** odwzajemniać (się) **4.** uznawać za ♦ **return a call** oddzwonić (*na czyjś telefon*), odtelefonować; **return a verdict** wydać wyrok/werdykt; **return home** wracać do domu; **return (sb's) fire** odpowiedzieć ogniem

revenge *n* **1.** zemsta **2.** rewanż (*w sporcie*) ♦ **be out for revenge** szukać zemsty, pałać żądzą/chęcią zemsty, chcieć się zemścić; **get one's revenge 1.** mścić się, zemścić się, dokonać zemsty (*na kimś*) **2.** zrewanżować się (*w zawodach sportowych*); **in revenge for sth** z zemsty za coś; w akcie zemsty za coś; **nurse feelings of revenge** szukać zemsty, pałać żądzą/chęcią zemsty, chcieć się zemścić; **take one's revenge on/against sb** mścić się na kimś, zemścić się na kimś, dokonać zemsty na kimś; **wreak revenge** wymierzać/wywrzeć zemstę

reverse¹ *n* **1.** odwrotność; przeciwieństwo **2.** odwrotna strona; rewers (*monety itd.*) **3.** nawrót, zmiana kierunku ruchu **4.** (bieg) wsteczny ♦ **in reverse** zaczynając od końca; wstecz; **quite the reverse** wręcz przeciwnie, (dokładnie) odwrotnie

reverse² *v* **1.** odwracać (*sytuację, porządek itd.*) **2.** cofać (się) ♦ **reverse the charges** *GB* rozmawiać (telefonicznie) na koszt odbiorcy

reverse³ *a* odwrotny; przeciwny; wsteczny (*bieg itd.*) ♦ **in reverse order** w odwrotnej kolejności; **reverse gear** (bieg) wsteczny

revolution *n* **1.** rewolucja **2.** obrót ♦ **put down a revolution** stłumić/zdławić rewolucję; **the workers' revolution** rewolucja robotnicza; **velvet revolution** aksamitna rewolucja

rhetorical *a* retoryczny ♦ **rhetorical question** pytanie retoryczne

rhyme *n* rym ♦ **without rhyme or reason** bez ładu i składu; ni w pięć, ni w dziewięć/dziesięć

rich *a* **1.** bogaty, zamożny **2.** kosztowny; wspaniały **3.** żyzny **4.** bogaty, obfitujący (*w coś*) **5.** mocny, pełny, intensywny **6.** silny, głęboki (*dźwięk*) ♦ **get rich** wzbogacić się; **make rich** wzbogacić (się)

riches *pl* bogactwo, bogactwa ♦ **go rags to riches** wzbogacić się zaczynając od zera; dorobić się majątku/fortuny zaczynając od zera/od jednego dolara/od jednej złotówki; zrobić karierę od pucybuta do milionera

rid *v* (**rid/ridded, rid**) ♦ (*w zwrotach*) **be rid of sb/sth** być wolnym od kogoś/czegoś; mieć kogoś/coś z głowy; **get rid of sb/sth** uwolnić się od kogoś/czegoś

riddance *n* ♦ (*w wyrażeniach*) **good riddance (to bad rubbish)!** *przysł.* baba z wozu, koniom lżej!; **good riddance (to sb)!** krzyżyk na drogę!

ride[1] *n* przejażdżka; jazda; podróż ♦ **take sb for a ride 1.** zabrać kogoś na przejażdżkę **2.** *pot.* nabrać kogoś, oszukać kogoś; zakpić sobie z kogoś; **thumb a ride** *US* (z)łapać okazję, zatrzymać samochód

ride[2] *v* (**rode, ridden**) **1.** jeździć; jechać (*pociągiem, autobusem, rowerem, konno*) **2.** szybować (*o ptaku*) **3.** wędrować (*słońce, księżyc*) **4.** unosić się na wodzie ♦ **be riding for a fall** *pot.* szukać guza; skazywać się na porażkę/na zgubę/na niepowodzenie; zmierzać do klęski/do zguby; **be riding high** odnosić sukcesy; mieć powody do zadowolenia; **let sth ride** *pot.* nie podejmować żadnych kroków w danej sprawie, nic nie robić w danej sprawie, czekać na dalszy rozwój wydarzeń; zostawić sprawę własnemu biegowi; pozostać biernym wobec czegoś, nie zareagować na coś; **ride at anchor** stać na kotwicy

ridicule *n* kpiny; pośmiewisko ♦ **be an object of ridicule** być pośmiewiskiem, być celem pośmiewiska; być obiektem kpin; **become an object of ridicule** stać się pośmiewiskiem, stać się celem pośmiewiska; stać się obiektem kpin; **be exposed to ridicule** być wystawionym na pośmiewisko; wystawić się na pośmiewisko; **be held up to ridicule** narazić się na pośmiewisko; zostać (publicznie) wyśmianym/wykpionym

right[1] *n* **1.** dobro; słuszność; sprawiedliwość; racja **2.** prawo; uprawnienie **3.** prawa strona **4. the Right** prawica (*polityczna*)

♦ **as of right** z mocy prawa, na mocy prawa; zgodnie z prawem; słusznie; **be in the right** mieć rację; mieć słuszność; **be within one's rights to do sth** mieć pełne prawo coś robić; **by right** z mocy prawa, na mocy prawa; zgodnie z prawem; słusznie; **by right of sth** prawem czegoś; na mocy czegoś; z powodu czegoś; skutkiem czegoś; **by rights 1.** na dobrą sprawę **2.** zgodnie z prawem; **equal rights** równe/jednakowe prawa; **have no right to do sth** nie mieć (najmniejszego/żadnego) prawa robić czegoś; **human rights** prawa człowieka; **in one's own right 1.** we własnym imieniu **2.** niezależny (od nikogo/od niczego); **of right** z mocy prawa, na mocy prawa; zgodnie z prawem; słusznie; **on the right** na/w prawo, po prawej stronie; **put sth to rights** uporządkować coś, doprowadzić coś do porządku/do ładu, zaprowadzić w czymś porządek, naprawić coś; przywrócić coś do normalnego stanu; **right of priority** prawo pierwszeństwa; **right of way 1.** prawo pierwszeństwa przejazdu **2.** prawo przejazdu (*przez teren prywatny*); **right to work** prawo do pracy; **set sth to rights** uporządkować coś, doprowadzić coś do porządku/do ładu, zaprowadzić w czymś porządek, naprawić coś; przywrócić coś do normalnego stanu; **sharp right** ostry zakręt w prawo; **sole right** wyłączne prawo; **to the right** na/w prawo, w prawą stronę; **turn to the right** skręcić w prawo

right² *v* **1.** prostować, wyprostować **2.** sprostować; naprawić (*błąd itd.*) ♦ **right the wrongs done to sb** naprawić krzywdy wyrządzone komuś

right³ *a* **1.** dobry; prawy; uczciwy **2.** prawy; prawostronny; położony po prawej stronie **3.** właściwy; słuszny; prawidłowy; dokładny **4.** prosty (*kąt*) ♦ **as right as rain** *pot.* jak nowy; zdrów jak ryba; zdrowy jak byk, zdrowy jak koń; (znów) w pełni sił; **be half right** mieć częściowo rację, mieć trochę racji; **be in one's right mind/head/senses** być przy zdrowych zmysłach; **be on the right lines** być na właściwej/dobrej drodze (*postępo-*

wania), iść/toczyć się właściwym trybem; **be right** mieć rację; mieć słuszność; **be the right person for...** być właściwą/odpowiednią osobą do/na...; **give one's right arm for sth/to do sth** *pot.* dać sobie rękę uciąć za coś/żeby coś zrobić; **have one's heart in the right place** mieć dobre serce; być uczciwym/prawym człowiekiem; **in one's right senses** przy zdrowych zmysłach; **is that clock right?** czy ten zegar dobrze chodzi?; **it serves you right** *pot.* dobrze ci tak, masz za swoje, zasłużyłeś na to, zasłużyłeś sobie, doigrałeś się; **keep on the right side of sb** nie drażnić kogoś, nie denerwować kogoś, nie wchodzić komuś w drogę; **make a right turn** skręcić w prawo; **might is right** *US* silny ma zawsze rację; argument siły; **not right in the head** *pot.* niespełna rozumu, głupi, kopnięty, lekko stuknięty; **on the right track** na właściwym/dobrym tropie; **play right wing** grać na prawym skrzydle (*w drużynie sportowej*); **put sb right 1.** wyprowadzić kogoś z błędu, wyjaśnić coś komuś, wyjaśnić coś sobie **2.** postawić kogoś na nogi, przywrócić komuś siły/zdrowie, poprawić komuś samopoczucie; **put sth right** naprawić coś; skorygować coś; zreperować coś; **right as rain** *pot.* jak nowy; zdrów jak ryba; zdrowy jak byk, zdrowy jak koń; (znów) w pełni sił; **right hand side** prawa strona; **right turn** zakręt/zwrot w prawo; **the right time 1.** dokładny czas **2.** odpowiedni/właściwy czas; **you are perfectly right** masz zupełną rację; **you did the right thing** dobrze zrobiłeś, postąpiłeś jak należy, postąpiłeś właściwie/słusznie

right[4] *adv* **1.** prosto; wprost; dokładnie; ściśle **2.** dobrze; prawidłowo; słusznie **3.** na prawo, w prawo ♦ **all right 1.** dobrze; zadowalająco **2.** dobry; zadowalający **3.** (*wyrażając zgodę, pozwolenie*) dobrze, zgoda **4.** zdrowy; bezpieczny; w porządku; mający się dobrze **5.** *pot.* (*podkreślając przekonanie*) z pewnością, na pewno; **all right by/with sb** *pot.* pasujący komuś, odpowiadający komuś; **all right for sb** *pot.* odpowiedni dla kogoś, stosowny dla kogoś; **be right behind sb** *pot.* popierać kogoś zdecydowanie, stać za/przy kimś murem; **come right** *pot.* dobrze/szczęśliwie się skończyć; **is that right?** (czy to) prawda?; **it's all right with/by me** *pot.* mnie to odpowiada/ /pasuje, nie mam nic przeciwko temu; **left, right and centre** *przen.* na prawo i lewo; **play one's cards right** dobrze/zręcznie/sprytnie coś rozegrać, dobrze/zręcznie/sprytnie rozegrać swoją partię; **right ahead** prosto przed siebie; **right and left** *przen.* na prawo i lewo; **right away** w tej chwili, teraz, w tym momencie; natychmiast; **right before** tuż przed; **right down to the wire** w ostatniej chwili/sekundzie, w ostatnim momencie, na ostatni dzwonek; tuż przed upływem ostatecznego terminu; **right from the start/right from the word go** *pot.* od (samego) początku; **right in the middle** w samym środku; **right, left and centre** *przen.* na prawo i lewo; **right now** w tej chwili, teraz, w tym momencie; natychmiast; **right off** *pot.* natychmiast, od razu; **right off the bat** *US pot.* natychmiast, bezzwłocznie, momentalnie; **right on time** co do minuty, punktualnie; **that's all right with/by me** *pot.* mnie to odpowiada/pasuje, nie mam nic przeciwko temu; **that's right** zgadza się; zgoda; tak (jest); to prawda; **turn right** skręcić w prawo

ring[1] *n* **1.** pierścień; pierścionek **2.** kółko; obrączka; pierścień; krążek; krąg **3.** słój (*drzewa*) **4.** szajka; banda **5.** arena **6.** ring **7.** dzwonienie; dzwonek; dźwięk; brzmienie; brzęk (*monety itd.*) ♦ **a vice ring** grupa przestępcza, szajka; **engagement ring** pierścionek zaręczynowy; **give sb a ring** *pot.* (za)dzwonić do kogoś, (za)telefonować do kogoś; **have a ring of truth (about it)** brzmieć prawdopodobnie/prawdziwie, wydawać się prawdopodobnym/prawdziwym; **ring finger** palec serdeczny; **ring road** obwodnica; **wedding ring** obrączka ślubna

ring[2] *v* (**rang, rung**) **1.** dzwonić **2.** dźwięczeć; brzmieć; rozbrzmiewać **3.** bić, wybijać (*godziny*) ♦ **not ring true** brzmieć nieprawdopodobnie/nieprawdziwie, wydawać się nieprawdopodobnym/nieprawdziwym; **ring in one's ears** brzmieć komuś w uszach (*słowa itd.*); dzwonić komuś w uszach; **ring the bell** dzwonić; **ring the changes** wprowadzać urozmaicenia, urozmaicać; uatrakcyjniać; **that rings a bell** *pot.* to mi coś przypomina, gdzieś już to słyszałem

ripe *a* dojrzały ♦ **be ripe for sth** dojrzeć do czegoś (*sytuacja itd.*); **live to the ripe old age** dożyć/doczekać sędziwego wieku, dożyć/doczekać późnej starości; **ripe old age** starość, podeszły wiek

rise[1] *n* **1.** wzniesienie **2.** podwyżka; zwyżka; wzrost ♦ **be on the rise** mieć tendencję zwyżkową/wzrostową, zwyżkować, rosnąć, wzrastać; **give rise to sth** prowadzić do czegoś, dać asumpt do czegoś; dać początek czemuś; zainicjować coś; **pay rise** podwyżka płac(y); **rise and fall 1.** wzrost i spadek (*temperatury w ciągu doby itd.*) **2.** okres świetności i upadku; wzloty i upadki; **rise in prices** wzrost/podwyżka cen; **rise to power** dojście do władzy; objęcie władzy

rise[2] *v* (**rose, risen**) **1.** wschodzić (*słońce itd.*) **2.** podnosić się; wstawać (*z łóżka itd.*); wznosić się (*góry itd.*); unosić się (*dym itd.*); rosnąć (*ceny, ciasto itd.*); wzmagać się; wzrastać **3.** zmartwychwstać **4.** dojść (*do stanowiska, zaszczytu itd.*) **5.** zaczynać się, powstawać, mieć początek ♦ **make sb's hackles rise** rozjuszyć kogoś; rozzłościć kogoś; rozwścieczyć kogoś; **rise from the ashes** odradzać się z popiołów; **rise from the grave/dead** powstać z grobu/z martwych; **rise from the table** wstawać od stołu; **rise like phoenix from the ashes** powstać/odrodzić się jak feniks z popiołów; **rise out of sth** powstać z czegoś, wziąć się z czegoś, zacząć się od czegoś; **rise to new heights** osiągać nowe wyżyny, wzbić się na nowe wyżyny (*czegoś*); **rise to one's feet** wstawać; podnosić się; **rise to power** dojść do władzy; objąć władzę; **rise to the bait** chwycić przynętę; **rise to the occasion/task** stanąć na wysokości zadania; **rise to the surface** *przen.* dochodzić do głosu; brać górę; wychodzić na jaw; **rise to the top** wspiąć się na szczyt (*władzy itd.*), osiągnąć szczyt (*powodzenia itd.*), dotrzeć na sam szczyt (*sukcesu itd.*); **sb's hackles rise** rozjuszyć się; rozzłościć się; **sb's spirits rise** komuś robi się/jest raźniej na duchu; ktoś nabiera odwagi/otuchy

riser *n* ♦ (*w wyrażeniach*) **a late riser** śpioch; **an early riser** ranny ptaszek

risk[1] *n* ryzyko; niebezpieczeństwo ♦ **at one's own risk** na własne ryzyko; **at risk** w niebezpieczeństwie; zagrożony; **fire risk** ryzyko (wybuchu) pożaru, niebezpieczeństwo pożaru, zagrożenie pożarowe; **health risk** zagrożenie dla zdrowia, ryzyko utraty zdrowia; **put sb/sth at risk** narażać kogoś/coś na niebezpieczeństwo, wystawiać kogoś/coś na niebezpieczeństwo; **run a risk** narażać się (*na coś*), ryzykować; **take a risk** (za)ryzykować; brać na siebie ryzyko, podejmować/ponosić ryzyko

risk[2] *v* ryzykować ♦ **risk life and limb** ryzykować (zdrowie i) życie; **risk one's life** ryzykować życie; **risk one's neck** nadstawiać karku

river *n* rzeka ♦ **course of the river** bieg rzeki; **down river** w dół rzeki; **on the river** nad rzeką; **river bank** brzeg rzeki; **river bed** koryto rzeki; **sell sb down the river** zaprzedać kogoś, sprzedać kogoś, zdradzić kogoś; **up river** w górę rzeki

rivet *v* nitować ♦ **be riveted to the spot** siedzieć/stać jak przykuty, nie móc ruszyć się z miejsca (*ze strachu, z zaskoczenia itd.*); stanąć jak wryty; **rivet attention** przykuwać uwagę

road *n* **1.** droga **2. roads** *pl* reda ♦ **all roads lead to Rome** *przysł.* wszystkie drogi prowadzą do Rzymu; **back road** boczna droga; **by road 1.** drogą lądową **2.** transportem drogowym; **fast road** droga szybkiego ruchu; **get out of the road!** *pot.* z drogi!, precz!; **have one for the road** (wy)pić strzemiennego; **hit the road** *pot.* wyruszyć (w podróż), ruszyć w drogę, rozpocząć podróż; **on the road** w drodze; **reach the end of the road** *pot.* zabrnąć w ślepy zaułek; znaleźć się w sytuacji bez wyjścia; **ring road** obwodnica; **road accident** wypadek drogowy; **road**

safety bezpieczeństwo na drogach, bezpieczeństwo ruchu drogowego; **road sign** znak drogowy; **stick to the road** trzymać się drogi, nie zbaczać z drogi; **the end of the road** *pot.* ślepy zaułek; sytuacja bez wyjścia

roar *v* **1.** ryczeć **2.** wrzeszczeć ♦ **roar with laughter** ryczeć ze śmiechu, wyć ze śmiechu, zanosić się śmiechem/od śmiechu

roaring *a* **1.** ryczący; ogłuszający **2.** *pot.* świetny; znakomity ♦ **be a roaring success** odnieść oszałamiający/zawrotny sukces; zrobić zawrotną karierę; **do a roaring trade (in)** *pot.* (z)robić znakomity interes, świetnie coś sprzedawać; **roaring drunk** *pot.* pijany i hałaśliwy/rozwrzeszczany; awanturujący się po pijanemu, pijany i awanturujący się; pijany jak bela/w sztok/ /jak szewc/jak bąk; **roaring fire** szalejący pożar

roasting[1] *n* ♦ (*w zwrocie*) **give sb a roasting** *pot.* objechać kogoś, zwymyślać kogoś, powiedzieć coś komuś do słuchu

roasting[2] *a* bardzo gorący; upalny ♦ **roasting hot** (*o pogodzie*) upalny, skwarny, żar/skwar lejący się z nieba

robbery *n* rabunek; rozbój ♦ **armed robbery** napad/rozbój z bronią w ręku; **bank robbery** napad na bank, obrabowanie banku; **daylight robbery** rozbój na równej drodze/w biały dzień

rock[1] *n* skała; głaz ♦ **as solid/as steady as a rock** jak skała; **be (stuck) between a rock and a hard place** być między młotem a kowadłem; **fall to rock bottom** *przen.pot.* spaść na dno, stoczyć się na (samo) dno; **hit rock bottom** *przen.pot.* osiągnąć dno, sięgnąć dna; osiągnąć najniższy poziom; **on the rocks 1.** z lodem (*alkohol*) **2.** w rozsypce (*przyjaźń itd.*); **reach rock bottom** *przen.pot.* osiągnąć dno, sięgnąć dna; osiągnąć najniższy poziom; **rock bottom** *przen.pot.* dno; **rock music** rock, muzyka rockowa; **solid/steady as a rock** jak skała

rock[2] *v* **1.** kołysać (się), bujać (się) **2.** wstrząsać ♦ **rock sb to sleep** kołysać kogoś do snu; **rock the boat** *pot.* pogorszyć sprawę; popsuć komuś szyki; stwarzać trudności; wprowadzać zamieszanie

rocker *n* **1.** fotel bujany **2.** biegun (*fotela, kołyski*) ♦ **be off one's rocker** *pot.* być (kompletnie) stukniętym, być kopniętym, być zbzikowanym

rocket *n* **1.** rakieta; pocisk rakietowy **2.** silnik rakietowy ♦ **get a rocket** *pot.* dostać za swoje, oberwać; **give sb a rocket** *pot.* objechać kogoś; skrytykować kogoś; skarcić kogoś; **rocket attack** atak rakietowy; **rocket launcher** wyrzutnia rakietowa; **rocket missile** pocisk rakietowy

rod *n* **1.** pręt; drążek **2.** rózga ♦ **make a rod for one's own back** (u)kręcić bicz na swoje plecy/na siebie; **rule with a rod of iron** rządzić żelazną ręką

role *n* rola (*do spełnienia, w sztuce itd.*) ♦ **key role** kluczowa rola; **overplay the role of sth** przeceniać rolę czegoś; **play role in sth** odegrać/odgrywać/grać rolę w czymś; **title role** rola tytułowa

roll[1] *n* **1.** krążek; rolka; zwój (*papieru*) **2.** bułka **3.** walec **4.** spis; rejestr; lista, wykaz (*nazwisk*) **5.** kołysanie **6.** toczenie (się) ♦ **be on a roll** *pot.* być na fali; odnosić sukcesy; mieć dobry okres w życiu; mieć dobrą passę; **call the roll** odczytywać listę obecności; **death roll 1.** lista ofiar (*katastrofy*); lista poległych **2.** liczba ofiar; **electoral roll** lista osób uprawnionych do głosowania, lista wyborcza/wyborców; **roll of members/membership roll** lista członków

roll[2] *v* **1.** toczyć (się); obracać (się) **2.** przechylać (się); kołysać (się) (*statek, pojazd itd.*) **3.** zwijać (*zwój, parasol*) **4.** walcować ♦ **be rolling in money** *pot.* mieć w bród pieniędzy, mieć forsy jak lodu, sypiać na pieniądzach; **heads will roll (for sth)** polecą głowy (za coś); **roll a cigarette** *pot.* zwinąć skręta; **roll in clover** pławić się w luksusie; **rolling in the aisles** zrywając boki ze śmiechu, pękając ze śmiechu, pokładając się ze śmiechu; **roll one's eyes** przewracać oczami; **roll one's own** *pot.* zwinąć skręta; **roll out of bed** *pot.* zwlec się z łóżka, wstać z łóżka; **roll out the red carpet** przyjmować (niezwykle) uroczyście; **roll up one's sleeves** podwinąć/zawinąć rękawy; *przen.* zakasać rękawy

roof *n* **1.** dach **2.** strop ♦ **go through the roof** *pot.* **1.** wściec się (ze złości); stracić kontrolę/panowanie nad sobą; wpaść w gniew, rozgniewać się **2.** skoczyć (do góry), wzrosnąć gwałtownie (*ceny, koszty itd.*); **have a roof over one's head** mieć dach nad głową; mieć swój/własny kąt; **hit the roof** *pot.* wściec się (ze złości); stracić kontrolę/panowanie nad sobą; wpaść w gniew, rozgniewać się; **roof rack** bagażnik dachowy (*samochodowy*); **under one roof** pod tym samym dachem, pod jednym dachem; **under one's roof** pod swoim dachem; **under the same roof** pod tym samym dachem, pod jednym dachem

room *n* **1.** pokój; izba; pomieszczenie **2.** sala **3.** miejsce; wolna przestrzeń ♦ **be cramped for room** tłoczyć się, gnieść się, być stłoczonym jak śledzie w beczce; nie mieć gdzie szpilki wetknąć; **common room** świetlica (*szkolna*); **dining room** jadalnia; **dressing room** garderoba (*teatralna*); **leave room (for sb/sth)** zostawić miejsce (dla kogoś/na coś); **living room** salon; salonik; **make room (for sth)** zrobić miejsce (na coś); **no room to swing a cat** nie ma gdzie się ruszyć, jest bardzo ciasno; nie ma gdzie szpilki wetknąć; **rest room** toaleta (*w lokalu publicznym*); **room and board** pokój z wyżywieniem; **room temperature** temperatura pokojowa; **spare room** pokój gościnny; **strong room** skarbiec; **take up room** zajmować dużo miejsca; **there's not enough room to swing a cat** nie ma gdzie się ruszyć, jest bardzo ciasno; nie ma gdzie szpilki wetknąć

root *n* **1.** korzeń **2.** źródło; podstawa (*sprawy*) **3.** pierwiastek (*liczby*) **4.** rdzeń (*wyrazu*) **5. roots** *pl* rośliny okopowe ♦ **at the root of sth** u podstaw czegoś; **grass roots** zwykli członkowie partii/organizacji, szeregowi członkowie partii/organizacji, doły partyjne; **put down roots** zapuścić korzenie (*w nowym miejscu itd.*); **root and branch** z korzeniami (*zniszczyć coś itd.*); całkowicie; **take root 1.** zakorzenić się, zapuścić korzenie (*o roślinach*) **2.** *przen.* zakorzenić się; trafić na podatny grunt

rope n **1.** sznur; lina; powróz **2.** pęk; pęczek (*rzodkiewek itd.*) **3. the rope** stryczek ♦ **at the end of one's rope** *US* u kresu wytrzymałości; u kresu cierpliwości; **give sb plenty of rope** dać komuś swobodę działania; **jump rope** *US* skakanka; **jump rope** *US* skakać na skakance; **know the ropes** znać się na rzeczy, znać się na czymś, orientować się w czymś, mieć dobrą orientację w czymś, mieć dobrą znajomość przedmiotu; **money for old rope** *pot.* łatwy pieniądz (*zdobyty z łatwością*), łatwe pieniądze; **show sb the ropes** zaznajomić kogoś z czymś, zapoznać kogoś z czymś, wprowadzić/wtajemniczyć kogoś w arkana czegoś/jakiejś wiedzy

rose n **1.** róża **2.** róż, kolor różowy ♦ **a bed of roses** życie usłane różami; **be coming up roses** *pot.* iść jak z płatka; **not be all roses** nie być usłanym różami; **there is no rose without a thorn** *przysł.* nie ma róży bez kolców

rose-coloured a różowy; różany ♦ **look at sth through rose-coloured spectacles/see sth through rose-coloured spectacles** patrzeć na coś przez różowe okulary, widzieć coś w różowych barwach

rose-tinted a różowy; różany ♦ **look at sth through rose-tinted spectacles/see sth through rose-tinted spectacles** patrzeć na coś przez różowe okulary, widzieć coś w różowych barwach

rosy a **1.** różowy; rumiany **2.** *przen.* różowy, pomyślny ♦ **paint a rosy picture of sth** przedstawić sytuację w różowych barwach, malować/przedstawiać coś w jasnych kolorach

rot v **1.** gnić; butwieć **2.** powodować rozkład, niszczyć, psuć ♦ **rot in prison** gnić w więzieniu

rotation n **1.** ruch obrotowy; obrót **2.** kolejność zmian ♦ **in rotation** na zmianę

rote n ♦ (*w zwrocie*) **learn by rote** uczyć się na pamięć

rotten a **1.** zgniły; zbutwiały; spróchniały; zepsuty **2.** zdemoralizowany, zepsuty **3.** *pot.* kiepski, marny; paskudny; wstrętny; przeklęty; podły ♦ **feel rotten** *pot.* czuć się podle/kiepsko/mar-

rough

nie/paskudnie; **rotten apple** osoba mająca zły wpływ na grupę; czarna owca; prowodyr

rough¹ *n* **1.** nierówność; szorstkość **2. the rough** stan surowy (*niewykończony*) **3.** stan naturalny (*surowca itd.*) **4.** chuligan, łobuz ♦ **in rough** w brudnopisie, na brudno; **take the rough with the smooth** bywać raz na wozie, raz pod wozem

rough² *a* **1.** chropowaty; szorstki; nierówny **2.** surowy; nieobrobiony **3.** nieokrzesany; prostacki; grubiański; brutalny; prymitywny **4.** ostry (*klimat*); wzburzony (*morze*); słotny; burzliwy **5.** zgrubny, wstępny; przybliżony ♦ **at a rough guess** *pot.* na oko; przypuszczalnie, w przybliżeniu, mniej więcej; **be rough on sb** *pot.* **1.** być dla kogoś nieprzyjemnym/pechowym (*wydarzeniem itd.*); okazać się dla kogoś pechowym **2.** być dla kogoś zbyt surowym; **feel rough** źle się czuć; czuć się nieszczególnie; **look rough** źle wyglądać; wyglądać nieszczególnie; **rough and ready** prowizoryczny; uproszczony; **rough diamond** *dosł. i przen.* surowy/nieoszlifowany diament; **rough stuff** brutalność, brutalne/bezwzględne/bezpardonowe zachowanie

rough³ *adv* brutalnie, bezwzględnie, bezpardonowo ♦ **live rough** żyć po spartańsku; żyć bez wygód; żyć pod gołym niebem; **play rough** zachowywać się brutalnie; zachowywać się/postępować bezpardonowo; **sleep rough** spać pod gołym niebem; spać pod chmurką; spać na dworze

round¹ *n* **1.** krąg; kula; zaokrąglenie **2.** obrót; tura; runda; obchód **3.** seria; cykl **4.** kromka (*chleba*); plaster (*mięsa*) **5.** szczebel (*drabiny*) **6.** nabój **7.** kolejka (*trunku*) ♦ **be (out) on one's rounds** robić obchód; być na obchodzie/na wizytach (*o lekarzu*); **buy a round** stawiać/fundować kolejkę (*trunku*); **do the rounds/go the rounds** *pot.* krążyć (*wiadomości itd.*); przenosić się, być przenoszonym (z miejsca na miejsce), przemieszczać się (*choroba*); **order a round** zamówić kolejkę (*trunku*)

round² *a* okrągły ♦ **in round numbers/in round figures** w zaokrągleniu

round³ *adv* **1.** wkoło; naokoło; dookoła **2.** około, circa ♦ **all round 1.** pod każdym względem **2.** dla każdego, każdemu **3.** ogólny; wszechstronny (*np. wykształcenie, sportowiec*); **all the year round** przez okrągły/cały rok; **drive sb round the bend** *pot.* wkurzać kogoś; złościć kogoś; doprowadzać kogoś do furii; **go round (and round) in circles** kręcić się w kółko, dreptać w miejscu, nie posuwać pracy/sprawy naprzód; **go round the bend** *pot.* wkurzyć się; zezłościć się; wpaść w złość/furię; **just round the corner** tuż za rogiem; w pobliżu; bardzo blisko; niedaleko; **round about** około (*określając czas, objętość itd.*); **round and round** w kółko (*powtarzać coś itd.*); **round the back** *GB pot.* z tyłu (*budynku*), na tyłach (*domu*); **round the bend** *pot.* szalony; zwariowany; **round the clock** całą/ /okrągłą dobę; **round the corner** tuż za rogiem; w pobliżu; bardzo blisko; niedaleko; **round these parts** w tych stronach; w tej okolicy; **round the twist** *pot.* **1.** wkurzony; zdenerwowany; wnerwiony **2.** stuknięty; zwariowany; **round the world** dookoła świata; **round trip** podróż tam i z powrotem; **the first/ /second time round** za pierwszym/drugim razem; **the other way round/the opposite way round** odwrotnie; (wręcz) przeciwnie; inaczej; na odwrót

row¹ [rəu] *n* rząd; szereg ♦ **in a row 1.** rzędem; w rzędzie **2.** pod rząd, z rzędu (*kolejny raz*); **on death row** *US* w celi śmierci (*skazaniec*)

row² [rau] *n* **1.** hałas **2.** kłótnia; awantura; sprzeczka ♦ **kick up a row (about sth)** awanturować się (o coś), urządzić/zrobić awanturę (o coś), wszcząć awanturę (o coś)

rub¹ *n* polerowanie; nacieranie; przecieranie ♦ **give sth a rub** polerować coś; wyczyścić coś; przetrzeć coś; **here's the rub/ /there's the rub/there lies the rub** w tym sęk, w tym jest szkopuł

rub² *v* trzeć; wycierać; zacierać; pocierać; ocierać (się) ♦ **be rubbing one's hands** *przen.* zacierać ręce; **not have two pennies**

rubber

to rub together/not have half-pennies to rub together być bez grosza, nie mieć grosza (przy duszy); **rub salt into sb's wounds** jątrzyć czyjeś rany, sypać sól na czyjeś rany, posypywać rany solą; dolewać oliwy do ognia; **rub sb's nose in the dirt** przytrzeć/utrzeć komuś nosa; **rub sb up the wrong way** głaskać kogoś pod włos; **rub shoulders with sb** otrzeć/ocierać się o kogoś, stykać się z kimś, mieć możliwości zetknięcia się z kimś

rubber *n* **1.** kauczuk **2.** guma; gumka do ścierania **3.** rober (*w kartach*) **4. rubbers** *pl* kalosze ♦ **rubber check** *US pot.* czek bez pokrycia; **rubber stamp** pieczęć; pieczątka

rubbish *n* **1.** śmieci; odpadki **2.** bzdury; głupstwa; nonsens **3.** tandeta ♦ **a load of (old) rubbish** stek bzdur; **good riddance to bad rubbish!** *przysł.* baba z wozu, koniom lżej!

rubble *n* gruz ♦ **reduce sth to rubble** zamienić coś w rumowisko, obrócić coś w gruzy, zburzyć/zniszczyć coś zupełnie

Rubicon *n* ♦ (*w zwrocie*) **cross the Rubicon** przekroczyć Rubikon

rue *v* żałować ♦ **rue the day (that)...** przeklinać dzień (kiedy)..., żałować dnia (kiedy)...

rug *n* **1.** dywanik **2.** pled ♦ **(as) snug as a bug in a rug** *przysł.* jak u Pana Boga za piecem; **pull the rug (out) from under sb's feet** *pot.* pozbawić kogoś punktu oparcia; uniemożliwić coś komuś; sprawić, że komuś grunt usuwa się spod nóg; **sweep sth under the rug** *US* zatuszować coś; ukrywać coś

ruin *n* **1.** ruina **2.** upadek, ruina, zniszczenie, zguba ♦ **bring to ruin** doprowadzić do ruiny/do zguby; **fall into ruin/go to ruin/ /go to rack and ruin** popadać w ruinę; sypać się (w gruzy); obracać się w gruzy; rozpadać się, niszczeć; **lead to sb's ruin** prowadzić kogoś do ruiny/do zguby; **lie in ruins** leżeć w gruzach

rule[1] *n* **1.** reguła; zasada; zwyczaj **2.** panowanie; rządy **3.** przymiar kreskowy, miarka **4. rules** *pl* przepisy; regulamin ♦ **against**

the rules niezgodnie z przepisami/z regulaminem; **as a (general) rule** z reguły, z zasady, zasadniczo; **bend the rules** naginać przepisy; **break the rules** złamać/naruszyć przepisy; złamać/naruszyć regulamin; **ground rules** podstawowe zasady, podstawy; **majority rule** rządy większości (*parlamentarnej*); **make the rules** ustalać reguły; **minority rule** rządy mniejszości (*parlamentarnej*); **safety rules** przepisy bezpieczeństwa; **stick to the rules** przestrzegać przepisów; trzymać się przepisów; **stretch the rules** naginać przepisy; **the exception proves the rule** *przysł.* wyjątek potwierdza regułę; **the rule of law** rządy prawa; **under British rule** pod panowaniem brytyjskim; **unwritten rule** niepisana zasada/reguła; **work to rule** pracować dokładnie zgodnie z przepisami (*forma protestu*)

rule² *v* **1.** rządzić; panować **2.** postanawiać, orzekać (*sąd*) **3.** (*o cenach*) kształtować się, utrzymywać się na poziomie (*wysokim, niskim*) **4.** liniować ♦ **rule a state** kierować/rządzić państwem; **rule with a rod of iron** rządzić żelazną ręką

rumour *n* pogłoska; plotka ♦ **all sorts of rumours are going round** krążą różnego rodzaju plotki; **rumour has it that.../ /there's a rumour (circulating) that...** krąży/kursuje plotka, że...; ludzie plotkują, że...

run¹ *n* **1.** bieg, bieganie **2.** wycieczka; przejazd **3.** przebieg, bieg, tok **4.** okres, przeciąg czasu **5.** seria, ciąg **6.** kategoria, typ **7.** run, popyt; tendencja, kierunek **8.** wybieg dla zwierząt **9.** ławica ryb; stado **10.** nakład (*książki*) **11. the runs** *pot.* biegunka ♦ **a run of bad luck** zła passa; ciąg/pasmo niepowodzeń; **a run of events** bieg wydarzeń; **a run of good luck** dobra passa; ciąg/pasmo sukcesów; **at a run** biegiem; biegnąc; **be on the run** *pot.* **1.** uciekać (*przed policją*) **2.** być w odwrocie; **break into a run** zacząć biec; poderwać się do biegu; rzucić się biegiem; **cross-country run** bieg przełajowy; **in the long(er) run** na dłuższą/dalszą metę; **in the short run** na bliższą/krótszą metę; **long-distance run** bieg długodystansowy;

make a run for it zerwać się do ucieczki, zacząć uciekać; **on the run** w ruchu; **short-distance run** bieg krótkodystansowy; **test run** seria próbna; **trial run 1.** jazda próbna (*pojazdu*); przebieg próbny; próba (*czegoś*) **2.** seria próbna

run² v (**ran, run**) **1.** biegać; biec; brać udział w biegu **2.** płynąć; jechać; kursować **3.** uciekać **4.** przebiegać, dziać się **5.** biec, pracować (*o maszynie*); być w ruchu **6.** płynąć, ciec; lać się **7.** nalewać, lać **8.** ubiegać się **9.** prowadzić (*doświadczenie, sklep itd.*); kierować; zarządzać **10.** dostarczać; przemycać **11.** rozciągać się, ciągnąć się (*droga, płot itd.*) **12.** przebiegać (*oczami, myślami itd.*) ♦ **be running high** brać górę (*emocje, uczucia itd.*); **be running short of sth** zaczynać (komuś) brakować czegoś, wyczerpywać (*zapasy czegoś itd.*), kończyć się (komuś); **be run off one's feet** być zaganianym, być zalatanym; **cut and run** wziąć nogi za pas, dać nogę; uciekać/wiać/ /drapnąć gdzie pieprz rośnie; **it runs in her blood** ona ma to we krwi; **make one's blood run cold** mrozić komuś krew w żyłach; **run a bath** przygotowywać kąpiel; **run a business** prowadzić interes; **run according to plan** przebiegać/pójść/ /odbywać się zgodnie z planem; **run a check on** sprawdzać (*kogoś, coś*); przeprowadzać dochodzenie (*w czyjejś, jakiejś sprawie*); **run a fever** mieć (podwyższoną/wysoką) temperaturę/gorączkę; **run against the clock** prowadzić wyścig z czasem; **run a risk** narażać się (*na coś*), ryzykować; **run a story** relacjonować wydarzenie (*w gazetach, telewizji*); **run a temperature** mieć (podwyższoną/wysoką) temperaturę/gorączkę; **run a test on** sprawdzać (*kogoś, coś*); (prze)testować; **run deep** być głębokim, być intensywnym; pogłębiać się (*o uczuciach, przekonaniach itd.*); **run drugs** przemycać narkotyki; **run dry** wyschnąć (*studnia itd.*); **run for an office** ubiegać się o stanowisko; **run for cover** chronić się, kryć się, chować się, uciekać, szukać schronienia; **run for dear life** uciekać co sił w nogach; pędzić co sił/ile sił w nogach/co tchu; **run for it** *pot.*

zwiewać co sił w nogach; **run for one's life** uciekać co sił w nogach; pędzić co sił/ile sił w nogach/co tchu; **run for president** kandydować na prezydenta; **run guns** przemycać broń; **run headlong** biec/pędzić na łeb, na szyję; **run in the family** być cechą rodzinną; być dziedzicznym; **run into debt** wpadać w długi; brnąć w długi; **run into trouble** popaść w kłopoty/w tarapaty; **run its course** przebiegać normalnym trybem; **run like mad** pędzić jak szalony; **run like the wind** pędzić jak na skrzydłach/jak huragan/jak strzała; **run low (on sth)** kończyć się, wyczerpywać się (zapasy czegoś); **run one's eye over sth** rzucić na coś okiem, przebiec coś wzrokiem; **run out of patience** tracić cierpliwość; **run out of steam** tracić siły/energię, brakować sił (*komuś*); **run over time** przedłużać się, trwać dłużej niż przewidywano; **run round in (small) circles** kręcić się w kółko, dreptać w miejscu, nie posuwać pracy/sprawy naprzód; **run sb close** doganiać kogoś, dorównywać komuś; **run sb home** *pot.* odwieźć kogoś do domu (samochodem); podrzucić kogoś do domu; **run sb's life** *pot.* wtrącać się do czyjegoś życia, wtrącać się do kogoś; **run sb to the station** *pot.* odwieźć kogoś na dworzec (samochodem); podrzucić kogoś na dworzec; **run the gauntlet** być wystawionym na ataki/na krytykę; **run the house** prowadzić dom; **run to earth** zapaść się pod ziemię, zniknąć, przepaść jak kamień w wodę/bez wieści; **run up a flag** wciągnąć/podnieść flagę; **run up against a brick wall** napotkać mur (*obojętności, niechęci itd.*); **run wild 1.** rosnąć dziko **2.** (*o dzieciach*) rozrabiać; psocić; harcować; **run with the hare and hunt with the hounds** *przysł.* (palić) Panu Bogu świeczkę i diabłu ogarek; **still waters run deep** *przysł.* cicha woda brzegi rwie; **the sweat is running off sb** *pot* leje się z kogoś/oblewa kogoś/zlewa kogoś; **the text runs as follows** tekst brzmi następująco; **two dogs fight for a bone, and the third runs away with it** *przysł.* gdzie dwóch się bije, tam trzeci korzysta

running

running[1] *a* **1.** biegnący; biegający **2.** ciągły, nieustanny **3.** bieżący ♦ **be up and running** działać, być sprawnym; **go and take a running jump!** *pot.* zmiataj stąd!, zmiataj w podskokach!, zjeżdżaj stąd!, zjeżdżaj w podskokach!; **in running order** sprawny, zdatny do użytku; na chodzie; **running commentary/coverage** komentarz na żywo (*w telewizji, radiu*); **running repairs** bieżące naprawy/remonty; **running sore** brocząca rana, rana brocząca krwią; **running water** woda bieżąca; **take a running jump!** *pot.* zmiataj stąd!, zmiataj w podskokach!, zjeżdżaj stąd!, zjeżdżaj w podskokach!

running[2] *adv* ♦ (*w wyrażeniu*) **three/four/five times running** trzy/cztery/pięć razy z rzędu

rush *n* **1.** pośpiech; gonitwa; pęd **2.** szczyt; szczytowe natężenie **3.** duży/wielki popyt **4.** sitowie **5.** plecionka ♦ **be in a rush** śpieszyć się; **gold rush** gorączka złota; **rush hour** godzina szczytu; **there's no rush** *pot.* nie ma pośpiechu!; **what's all the rush?** po co ten pośpiech?

rushed *a* pośpieszny, szybki ♦ **be rushed off one's feet** być zaganianym, być zalatanym

rut *n* koleina, bruzda ♦ **be (stuck) in a rut/get into a rut** popaść w rutynę

S

sack *n* **1.** worek **2.** *pot.* wyrzucenie z pracy **3.** *pot. zwł. US* łóżko ♦ **get the sack** *pot.* zostać wyrzuconym/wylanym z pracy; **give sb the sack** *pot.* wyrzucić/wylać kogoś z pracy; **hit the sack** *pot.* uderzyć w kimono, iść spać; **in the sack** *pot.* w łóżku

sacred *a* **1.** święty **2.** uświęcony **3.** sakralny ♦ **sacred cow** święta krowa

sacrifice *n* **1.** ofiara (*składana Bogu*) **2.** poświęcenie (się), ofiara, wyrzeczenie ♦ **make a sacrifice** składać w ofierze; **make sacrifices** ponosić ofiary, ponosić wyrzeczenia, poświęcać się; **the final sacrifice/the supreme sacrifice** najwyższa ofiara, ofiara złożona z własnego życia

sacrificial *a* ofiarny ♦ **sacrificial victim** ofiara błagalna/dziękczynna/obrzędowa (*składana bogu*)

saddle[1] *n* siodło; siodełko ♦ **be in the saddle 1.** siedzieć w siodle **2.** *pot.* być na wysokim stanowisku, piastować/zajmować wysokie stanowisko; mieć władzę; **saddle horse** koń wierzchowy, wierzchowiec

saddle[2] *v* siodłać konia ♦ **saddle sb with the responsibility** obarczać kogoś odpowiedzialnością

sadly *adv* **1.** smutno; ze smutkiem **2.** nędznie; opłakanie **3.** niestety **4.** bardzo, ogromnie, okropnie, zupełnie ♦ **be sadly mistaken** bardzo/okropnie się mylić; być w błędzie; kompletnie nie mieć racji

safe *a* **1.** bezpieczny; zabezpieczony **2.** nienaruszony **3.** ostrożny, przezorny ♦ **a safe bet** *pot.* rzecz pewna (*dająca spodziewane* *rezultaty*), pewniak; dobry/trafny wybór; **as safe as houses** całkowicie bezpieczny, pewny; murowany; **be safe** być w bezpiecznym miejscu; być bezpiecznym; **for safe keeping** na przechowanie; **have a safe journey!** szczęśliwej podróży!; **in safe hands** w bezpiecznych rękach; **in safe keeping** w bezpiecznym miejscu; zabezpieczony; pilnie strzeżony; **it's safe to say that.../it's a safe bet that...** śmiało można powiedzieć, że...; **letter of safe conduct** list żelazny/bezpieczeństwa; **on safe ground** na pewnym gruncie; **play (it) safe** *pot.* nie ryzykować; zabezpieczyć się; zachować ostrożność; **safe and sound** cały i zdrowy; **safe as houses** całkowicie bezpieczny, pewny; murowany; **safe haven** bezpieczna przystań; **to be on the safe side** *pot.* na wszelki wypadek

safety *n* 1. bezpieczeństwo 2. bezpieczne miejsce ♦ **for safety's sake** ze względów bezpieczeństwa; **industrial safety** bezpieczeństwo i higiena pracy; **jeopardize sb's safety** zagrażać czyjemuś bezpieczeństwu; **reach safety** dotrzeć do bezpiecznego miejsca; znaleźć się w bezpiecznym miejscu; **road safety** bezpieczeństwo na drogach, bezpieczeństwo ruchu drogowego; **safety belts** pasy bezpieczeństwa; **safety code** przepisy bezpieczeństwa; **safety considerations** względy bezpieczeństwa; **safety in numbers** *pot.* w jedności siła; w grupie bezpieczniej, razem bezpieczniej, lepiej/bezpieczniej trzymać się razem; **safety measures** środki bezpieczeństwa; **safety pin** agrafka; **safety rules** przepisy bezpieczeństwa; **take sb to safety** zabrać kogoś w bezpieczne miejsce, umieścić kogoś w bezpiecznym miejscu

sail¹ *n* żagiel ♦ **set sail** podnosić żagle; wypływać (*w rejs, podróż*); **take the wind out of sb's sails** *przen.* wytrącić komuś broń z ręki, zgasić kogoś, zbić kogoś z tropu; **under sail** pod żaglami

sail² *v* 1. żeglować 2. płynąć (*statek, pasażerowie itd.*) 3. odpływać, wyruszać (*w rejs, podróż*) ♦ **sail close/near to the wind** lawirować; kręcić; szarżować; **sail under false colours** stroić się w cudze piórka

sailing *n* żeglowanie ♦ **be plain sailing** być łatwym/prostym; okazać się łatwym/prostym; iść jak po maśle; pójść śpiewająco/bez trudu; **sailing boat** łódź żaglowa, żaglówka; **sailing races** regaty

saint *n* święty ♦ **the patience of a saint** anielska cierpliwość

sake *n* ♦ (*w wyrażeniach*) **art for art's sake** sztuka dla sztuki; **for Christ's sake/for God's sake/for goodness' sake/for Heaven's sake/for pity's sake** na miłość boską!, na litość boską!; **for safety's sake** ze względów bezpieczeństwa; **for the sake of...** przez wzgląd na...; ze względu na...; w imię (*czegoś, kogoś*)

salad *n* 1. sałatka 2. sałata ♦ **one's salad days** czyjeś szczenięce/młodzieńcze lata; czyjś szczenięcy/młodzieńczy wiek

sale *n* 1. sprzedaż; zbyt 2. wyprzedaż 3. licytacja ♦ **at the sales** na wyprzedaży; **cash sale** sprzedaż za gotówkę; **for sale** na sprzedaż, do sprzedania; **make a sale** dokonać sprzedaży, sprzedać; **on sale** w sprzedaży; **put sth up for sale** wystawić coś na sprzedaż; **sales drive** intensywna kampania handlowa; **sales slip** paragon, dowód zapłaty

salt *n* sól ♦ **rub salt into sb's wounds** jątrzyć czyjeś rany, sypać sól na czyjeś rany, posypywać rany solą; dolewać oliwy do ognia; **salt water** woda morska/słona; **table salt** sól kuchenna/jadalna; **take sth with a grain/pinch of salt** *pot.* traktować coś z przymrużeniem oka, nie dowierzać czemuś, nie do końca uwierzyć w coś, nie do końca dawać czemuś wiarę; **the salt of the earth** *przen.* sól ziemi; **worth one's salt** dobry, wytrawny, doświadczony, mający bogate doświadczenie zawodowe; szanujący się; szanowany (*w danym zawodzie*)

same 1. *a* **the same** taki sam, ten sam 2. *pron* to samo 3. *adv* tak samo ♦ **all the same** mimo wszystko, mimo to, jednak, w każdym razie; **all the same (to sb)** bez różnicy (komuś), wszystko

sand

jedno (komuś); **amount to the same thing** sprowadzać się do tego samego; być równoznacznym z czymś; oznaczać/znaczyć to samo; odnosić ten sam skutek; dawać ten sam rezultat; **at one and the same time** jednocześnie, w tym samym czasie, równolegle; **at the same time 1.** jednocześnie, w tym samym czasie **2.** jednocześnie, zarazem; **be in the same boat** *przen.pot.* jechać na tym samym/na jednym wózku; **be of the same mind (about)** być tego samego zdania (w sprawie), mieć jednakowy pogląd (na); **be tarred with the same brush (as sb)** być ulepionym z jednej/z tej samej gliny (co ktoś), mieć te same wady (co ktoś); **be the same height as** być równego/jednakowego/tego samego wzrostu co; **be the same thing/come to the same thing** sprowadzać się do tego samego; być równoznacznym z czymś; oznaczać/znaczyć to samo; odnosić ten sam skutek; dawać ten sam rezultat; **cast in the same mould (as sb)** ulepiony z jednej/tej samej gliny (co ktoś); **in the same vein** w tym samym stylu; w tym samym duchu; **just the same** mimo wszystko, mimo to, jednak, w każdym razie; **just the same thing** dokładnie to samo; **much the same** prawie taki sam/tak samo; **pay back in the same coin** odpłacić komuś tą samą monetą; odpłacić komuś pięknym za nadobne; **same here** *pot.* i ja też; **same to you!** *pot.* nawzajem!; **speak/talk the same language as sb** mieć/ /znajdować z kimś wspólny język, mówić wspólnym językiem; **the same again** drugie tyle; **the same old story** stara śpiewka, stara piosenka, ta sama stara piosenka/śpiewka; **the same to you!** *pot.* nawzajem!; **two sides of the same coin** dwie strony medalu; **under the same roof** pod tym samym dachem, pod jednym dachem

sand *n* piasek; piach ♦ **bury/hide one's head in the sand** chować/kryć głowę w piasek

sardine *n* sardynka ♦ **be packed like sardines** *pot.* tłoczyć się/gnieść się/być stłoczonym jak śledzie w beczce

satellite *n* satelita ♦ **by satellite** satelitarny, przez satelitę, drogą satelitarną; **satellite country/state** państwo satelickie; **satellite dish** antena satelitarna; **satellite television** telewizja satelitarna

satisfaction *n* **1.** zadowolenie, satysfakcja **2.** zaspokojenie; spełnienie **3.** zadośćuczynienie; rekompensata; odpowiedź na skargę/zażalenie ♦ **get satisfaction from** mieć zadowolenie/satysfakcję z, czerpać zadowolenie/satysfakcję z; **job satisfaction** zadowolenie/satysfakcja z pracy; **to sb's satisfaction/to the satisfaction of sb** ku czyjemuś zadowoleniu, ku czyjejś satysfakcji

save *v* **1.** ratować **2.** oszczędzać **3.** zbawić (*duszę*) **4.** zastrzegać sobie **5.** zapisywać (*dane na dysku*) ♦ **save face** zachować twarz; **save money** oszczędzać pieniądze; **save one's (own) skin** *pot.* ocalić własną skórę, ratować własną skórę; **save one's/sb's bacon** *pot.* ocalić własną/cudzą skórę, ratować własną/cudzą skórę; **save sb's life** uratować komuś życie; **save sb's neck/skin** *pot.* ocalić czyjąś skórę, ratować czyjąś skórę; **save sb the trouble (of doing sth)** (za)oszczędzić komuś kłopotu (zrobienia czegoś); **save your breath!** szkoda słów!; **saving grace** zaleta, dodatnia cecha/strona, plus

say[1] *n* coś do powiedzenia/do dodania; głos/opinia (*w danej sprawie*) ♦ **have no say/have not any say** nie mieć nic do powiedzenia (*w danej sprawie*); **have one's say/say one's say** wypowiedzieć się, wypowiedzieć swoje zdanie (*w danej sprawie*)

say[2] *v* (**said, said**) mówić; powiedzieć ♦ **be on record as saying...** publicznie/oficjalnie oświadczyć, że...; publicznie/oficjalnie stwierdzić, że...; **do you mean to say...?** chcesz (przez to) powiedzieć, że...?; **easier said than done** łatwiej powiedzieć, niż wykonać/zrobić; łatwo się mówi, łatwo powiedzieć; **hard to say** trudno powiedzieć; **I am bound to say (that)...** muszę powiedzieć, że...; **I dare say** przypuszczam; nie wątpię; uważam; powiedziałbym; zapewne; **I say** słuchaj(cie); **it goes without saying** to się samo przez się rozumie; **it is said (that)...** mówi się, że...; (ludzie) mówią, że...; podobno...; **it says here that...** tu jest napisane, że...; **it's safe to say that...** śmiało można powiedzieć, że...; **let's say** powiedzmy...; **like I say** jak mówię; **needless to say** nie mówiąc już o; nie trzeba dodawać, że; **not say a word (of/about sth to sb)** nie pisnąć (ani) słowa (o czymś komuś); **not say much for** źle świadczyć o, niezbyt dobrze świadczyć o; **not to say...** żeby nie powiedzieć...; **say a blessing** odmówić modlitwę przed jedzeniem/po jedzeniu; **say a lot about** mówić dużo o; świadczyć wymownie o; **say a lot for** dobrze świadczyć o; **say a prayer** odmawiać modlitwę; **say (a/the) mass** celebrować/odprawiać mszę; **say goodbye** pożegnać się; **say grace** odmówić modlitwę przed jedzeniem; **say one's final/last word (on sth)** powiedzieć ostatnie słowo (w sprawie), wypowiedzieć się ostatecznie (w sprawie), rozstrzygnąć (coś) w sposób ostateczny; **say one's say** wypowiedzieć się, wypowiedzieć swoje zdanie (*w danej sprawie*); **say otherwise** mówić/twierdzić coś zupełnie innego; **say sorry (to sb)** przeproś (kogoś); **say sth behind sb's back** powiedzieć coś za czyimiś plecami; **say sth in sport** powiedzieć coś żartem/w żartach; **say sth to sb's face** *pot.* powiedzieć coś komuś prosto w oczy; **say the word** powiedz tylko słowo (*a spełnię życzenie*); **say to oneself** powiedzieć sobie; **say what you like** mów, co chcesz; **say you are sorry (to sb)** przeproś (kogoś); **so to say** że tak powiem; **strange to say...** to dziwne, ale...; **suffice (it) to say (that)...** wystarczy powiedzieć, że...; **that is to say** to znaczy, to jest; innymi słowy; **there's no saying** *pot.* trudno powiedzieć/przewidzieć, zupełnie nie wiadomo; **to say nothing of...** nie mówiąc już (nic) o...; abstrahując od...; cóż dopiero...; **to say the least** oględnie mówiąc, nie przesadzając; **what do you say?** *pot.* co ty na to?, co na to powiesz?; **whatever you say** skoro tak twierdzisz, skoro tak mówisz; **what have you got to say for yourself?** co masz na swoje usprawiedliwienie?; **you can say that again** *pot.* masz całkowitą rację, święta racja, zgadzam się z tobą w stu procentach; **you don't say!** co ty powiesz!; coś podobnego!, coś takiego!, też coś!, także coś!

saying *n* powiedzenie; przysłowie ♦ **as the saying goes** jak mówi powiedzenie/przysłowie

scale *n* **1.** skala **2.** podziałka, skala **3.** gama (*muzyczna*) **4.** szala wagi **5.** łuska **6.** kamień nazębny **7. scales** *pl*/*US* scale waga ♦ **a map in the scale of...** mapa w skali...; **draw to scale** rysować w skali; **on a large scale** na wielką skalę; **on a scale of 1 to 10** w skali od jednego do dziesięciu; **on a small scale** na małą skalę; **the scales fell from my eyes** bielmo spadło mi z oczu, łuska spadła mi z oczu; **tip the scales in sb's favour** przechylić szalę na czyjąś korzyść/stronę; **tooth scale** kamień nazębny

scarce *a* niewystarczający; rzadko występujący, rzadki ♦ **make oneself scarce** *pot.* ulotnić się; zmyć się; wyjść niepostrzeżenie; **sth is scarce** brakuje czegoś, czegoś jest mało

scare[1] *n* strach; popłoch; panika ♦ **give sb a scare** napędzić komuś strachu/stracha; przestraszyć kogoś; przerazić kogoś; **scare tactics** taktyka/metoda zastraszania

scare[2] *v* straszyć; przestraszyć ♦ **scare sb to death/scare sb out of their wits/scare the life out of sb/scare the (living) daylights out of sb** przestraszyć kogoś śmiertelnie

scared *a* przestraszony ♦ **be scared out of one's wits/be scared to death/be scared stiff** bać się śmiertelnie; przestraszyć się śmiertelnie

scatter *v* rozpraszać (się); rozrzucać; rozsypywać ♦ **scatter to the four winds** wypędzić/rozpędzić/wygnać na cztery wiatry

scene *n* **1.** scena; miejsce akcji **2.** obrazek, scenka (*z życia, rodzajowa*) **3.** scena, awantura **4.** widok; otoczenie **5.** scena (*część sztuki*) ♦ **behind the scenes** *dosł. i przen.* za kulisami; zakulisowy; **make a scene** (z)robić scenę, awanturować się; **political scene** scena polityczna; **scene of accident** miejsce wypadku; **scene of crime** miejsce przestępstwa/zbrodni

scent *n* **1.** aromat, zapach **2.** *dosł. i przen.* trop **3.** *GB* perfumy ♦ **be off the scent** zgubić trop; **false scent** fałszywy trop; **follow the scent** iść/podążać tropem; **hot scent** świeży trop; świeży ślad; **on the scent** na tropie; **put sb off the scent/throw sb off the scent** zbić kogoś z tropu; **warm scent** świeży trop; świeży ślad

schedule *n* wykaz; plan; rozkład; harmonogram ♦ **ahead of schedule** przed (ustalonym) terminem, przedterminowo; **behind schedule** spóźniony, opóźniony; **heavy schedule** napięty harmonogram; **on schedule** w terminie; planowo; zgodnie z harmonogramem; **tight schedule** napięty harmonogram

school *n* **1.** szkoła **2.** wydział na uniwersytecie; uniwersytet **3.** szkoła, kierunek twórczości (*malarskiej itd.*) **4.** ławica (*ryb*) ♦ **at school** w szkole; **boarding school** szkoła z internatem; **driving school** nauka/szkoła jazdy; **elementary school** szkoła podstawowa; **evening school** szkoła wieczorowa; **grade school** *US* szkoła podstawowa; **grammar school** szkoła ogólnokształcąca; **high school** *US* szkoła średnia; **in school** w szkole; **night school** szkoła wieczorowa; **private school** szkoła prywatna; **public school 1.** *GB* szkoła prywatna **2.** *US* szkoła państwowa; **school of thought** *przen.* szkoła myślenia/naukowa; teoria; **school yard** boisko szkolne; **school year** rok szkolny; **secondary school** szkoła średnia; **special school** szkoła specjalna; **state school** szkoła państwowa; **teach school** *US* uczyć w szkole; **trade school** szkoła zawodowa; **when does school break up?** kiedy kończy się szkoła?

science *n* nauka; wiedza; dziedzina nauki ♦ **exact sciences** nauki ścisłe; **life sciences** nauki przyrodnicze

scorching *a* bardzo gorący ♦ **scorching hot** (*o pogodzie*) upalny, skwarny, żar/skwar lejący się z nieba

score[1] *n* **1.** nacięcie; kreska; rysa **2.** wynik, rezultat (*w sporcie*) **3.** partytura **4.** racja, wzgląd ♦ **final score** wynik końcowy, ostateczny rezultat; **keep (the) score** zapisywać punkty/wyniki, notować punkty/wyniki (*w sporcie itd.*); **level the score** wyrównać wynik; **on that score** *pot.* pod tym względem; w tej mierze; o to; **score for the movie** muzyka do filmu; **settle a score** wyrównać rachunki/krzywdy; **what's the score?** jaki jest wynik/rezultat?

score² *v* 1. nacinać; robić rysy 2. osiągać wynik; zdobywać (*punkt*); strzelać (*bramkę*) 3. zdobywać, osiągać (*sukces itd.*) ♦ **score a bull's-eye** trafić w dziesiątkę, trafić w środek tarczy; **score a goal** strzelić gola/bramkę, zdobyć bramkę; **score a point** zdobywać punkt

scorn *n* pogarda; lekceważenie ♦ **pour scorn on sb/sth** odnosić się do kogoś/czegoś z pogardą, odnosić się do kogoś/czegoś pogardliwie; mówić/wyrażać się o kimś/czymś z pogardą

scot-free *adv* ♦ (*w zwrotach*) **escape scot-free/get away scot-free/get off scot-free** *pot.* ujść komuś na sucho, ujść komuś płazem, ujść komuś bezkarnie, upiec się komuś

scratch¹ *n* 1. zadrapanie; draśnięcie; rysa 2. skrzypnięcie ♦ **be/come up to scratch** spełniać wymogi; być zadowalającym; być na poziomie; **from scratch** *pot.* od zera; od podstaw; od początku

scratch² *v* 1. drapać; podrapać; porysować; zadrasnąć 2. drapać się 3. skrzypieć ♦ **scratch one's head** 1. podrapać się w głowę/po głowie 2. *pot.* głowić się, zachodzić w głowę; **you scratch my back and I'll scratch yours** *przysł.* ręka rękę myje

scream *v* wrzeszczeć; krzyczeć; drzeć się ♦ **scream blue murder** *pot.* krzyczeć/wrzeszczeć wniebogłosy, stanowczo/ostro (za)protestować, podnieść krzyk protestu, podnieść protest, narobić krzyku; **scream with pain** krzyczeć z bólu; wyć z bólu

screw¹ *n* śruba; wkręt ♦ **have a screw loose** *pot.* (*zwł. żartobliwie*) być lekko stukniętym; **tighten/put the screws on sb** *pot.* przykręcać/dokręcać komuś śrubę

screw² *v* 1. wkręcać śrubę/wkręt; łączyć śrubami 2. zakręcać (*butelkę itd.*) ♦ **have one's head screwed on (straight)** mieć głowę na karku/nie od parady

scruff *n* ♦ (*w zwrotach*) **catch/grab sb by the scruff of his neck** chwycić kogoś za kark

sea *n* **1.** morze **2.** stan morza; falowanie morza ♦ **above sea level** nad poziomem morza; **at sea** na morzu; **at sea level** na poziomie morza; **be (all/completely) at sea** *pot.* być (kompletnie) zdezorientowanym; (zupełnie) nie wiedzieć co zrobić; mieć mętlik w głowie; **be between the devil and the deep (blue) sea** być między młotem a kowadłem; **by sea** drogą morską; **by the sea** nad morzem; **heavy seas** wzburzone morze; **put to sea** wychodzić/wypływać/wyruszać w morze; **sea bed** dno morskie; **sea change** ogromna/kolosalna/olbrzymia/doniosła zmiana; **sea disaster** katastrofa morska/na morzu; **sea dog** *przen.* wilk morski; **sea power** potęga morska; **the high seas/the open sea** otwarte morze, pełne morze; **there are (plenty of) other fish in the sea/there are more (good) fish in the sea** świat się na tym nie kończy, to jeszcze nie koniec świata, nie wszystko stracone

seal[1] *n* **1.** foka **2.** pieczęć, pieczątka **3.** uszczelnienie; uszczelka ♦ **set the seal on sth** przypieczętować coś ostatecznie

seal[2] *v* **1.** pieczętować; opieczętować **2.** uszczelniać **3.** zaklejać ♦ **my lips are sealed** nie pisnę ani słowa, nabieram wody w usta; nie mogę nic powiedzieć; **seal sb's fate** przypieczętować czyjś los; przesądzić o czyimś losie

seam *n* **1.** szew **2.** pokład (*węgla itd.*) ♦ **be coming/falling apart at the seams 1.** pękać/pruć się/puszczać w szwach (*odzież*) **2.** *przen.* walić się (*plany itd.*), chwiać się w posadach; **sth is bursting/bulging at the seams** coś pęka/trzeszczy w szwach (*pomieszczenie itd.*)

search[1] *n* poszukiwanie; przeszukiwanie; szukanie ♦ **body search** rewizja osobista; **call off the search** odwołać poszukiwania; **carry out a search of sth** przeszukać coś; **do a body search on sb** poddać kogoś rewizji osobistej; **in search of sb/sth** w poszukiwaniu kogoś/czegoś; **search and rescue** akcja poszukiwawczo-ratunkowa; **search continues for missing...** trwają poszukiwania zaginionego...; **search party** ekipa poszukiwawcza; **search warrant** nakaz rewizji; **strip search** rewizja osobista

search[2] *v* **1.** szukać **2.** przeszukiwać; rewidować ♦ **search high and low** *pot.* szukać wszędzie; przeszukać wszystko; **search me!** *pot.* nie mam zielonego pojęcia!, żebyś mnie zabił – nie wiem!, zupełnie nie wiem!; **search one's heart** zaglądać w głąb serca

seaside *n* wybrzeże ♦ **at/by the seaside** nad morzem, na wybrzeżu; **go to the seaside** jechać nad morze

season *n* **1.** pora roku **2.** sezon ♦ **close season/US closed season** okres ochronny (*dla zwierząt*); **football season** sezon piłkarski; **high season** szczyt/środek/pełnia sezonu; **hunting season** sezon łowiecki; **low season/off season** sezon ogórkowy, martwy sezon; **out of season** poza sezonem; **rainy season** pora deszczowa; **season's greetings** życzenia świąteczne; **season ticket** abonament

seat[1] *n* **1.** siedzenie; miejsce **2.** siedziba **3.** miejsce, mandat (*w parlamencie*) **4.** pozycja, stanowisko (*w rządzie*) **5.** gniazdo (*w maszynach*) ♦ **be in the driving seat/be in the driver's seat** mieć/sprawować pełną kontrolę nad czymś, kontrolować coś, rządzić czymś (*organizacją itd.*); prowadzić coś, kierować czymś, przewodzić czemuś; panować nad czymś (*sytuacją itd.*); **be in the hot seat** *pot.* mieć niewdzięczną pracę; mieć niewdzięczne zajęcie/zadanie; **be on the edge of one's seat** nie móc usiedzieć na miejscu, niecierpliwić się; **have a seat** usiąść; **hold a seat for sb** trzymać miejsce/siedzenie dla kogoś, zarezerwować miejsce/siedzenie dla kogoś, zająć miejsce/siedzenie dla kogoś; **keep the seat!** proszę siedzieć!; **seat belts** pasy bezpieczeństwa; **take a back seat** schodzić na drugi/dalszy plan; usunąć (się) na drugi/dalszy plan; **take a seat** usiąść; **take one's seat** zajmować (swoje) miejsce, siadać; **window seat** miejsce/siedzenie przy oknie (*w autobusie, samolocie itd.*)

seat

seat² *v* **1.** posadzić; sadzać **2.** móc pomieścić, mieścić; posiadać/mieć miejsc siedzących (*sala, pomieszczenie*) ♦ **be seated** siadać, usiąść; siedzieć; **remain/stay seated** pozostać na swoim miejscu, nie ruszać się z miejsca

second¹ *n* **1.** sekunda (*czasu*) **2.** sekunda (*kątowa*) **3.** drugi bieg, dwójka **4.** sekundant **5. seconds** *pl* wyroby drugiego gatunku **6. seconds** *pl pot.* dokładka (*zupy, deseru itd.*) ♦ **just a second, please** *pot.* proszę chwilę poczekać; chwileczkę; **second hand** wskazówka sekundowa, sekundnik (*zegara*); **wait a second** *pot.* proszę chwilę poczekać; chwileczkę; **within seconds** w ciągu paru sekund/chwil, za parę sekund

second² *a* **1.** drugi **2.** powtórny **3.** drugorzędny ♦ **at second hand** z drugiej ręki; **be second only to sth** ustępować tylko czemuś; dawać pierwszeństwo czemuś; być drugim co do ważności po czymś; **(do sth) without a second thought** (robić coś) bez zastanowienia; **every second day/year** co drugi dzień/rok; **in the second place** po drugie; **on second thought(s)** po namyśle; **sb's second nature** czyjaś druga natura; **second floor** *GB* drugie piętro; *US* pierwsze piętro; **second in line for sth** drugi w kolejce/kolejności do czegoś; **second name 1.** nazwisko **2.** drugie imię; **second to none** najlepszy; nie mający sobie równych; **second youth** druga młodość; **the second biggest/largest...** drugi co do wielkości...; **the second time round** za drugim razem; **travel second class** podróżować drugą klasą

secret¹ *n* sekret, tajemnica ♦ **be an open secret** być tajemnicą poliszynela, być publiczną tajemnicą; **can you keep a secret?** czy potrafisz dochować tajemnicy?; **guard a secret** strzec tajemnicy; **in secret** w tajemnicy; potajemnie; **keep a secret** dochować/dotrzymać tajemnicy, dochować/dotrzymać sekretu; **let sb into a secret** dopuścić kogoś do tajemnicy; powierzyć komuś tajemnicę; **make a secret of sth** robić z czegoś tajemnicę; **make no secret of sth** nie robić z czegoś tajemnicy; **tell a secret** powiedzieć w sekrecie, powiedzieć sekret; wydać sekret/tajemnicę; **top secret** ściśle tajny/tajne; **trade secret 1.** tajemnica handlowa **2.** *pot.* tajemnica; **unlock the secret of sth** odkrywać/ujawniać/zgłębiać tajemnicę czegoś

secret[2] *a* tajny; sekretny; (po)tajemny ♦ **keep sth secret** utrzymywać/trzymać coś w tajemnicy, utrzymywać/trzymać coś w sekrecie; **secret admirer** cichy wielbiciel; **secret agent** tajny agent; **secret service** tajne służby

security *n* **1.** bezpieczeństwo; poczucie bezpieczeństwa **2.** pewność **3.** zabezpieczenie, poręczenie; zastaw; kaucja **4. securities** *pl* papiery wartościowe ♦ **national security** bezpieczeństwo narodowe; **security firm** firma ochroniarska; **security forces** siły bezpieczeństwa; **security guard** strażnik; ochroniarz; **security measures** środki bezpieczeństwa; **social security** *GB* ubezpieczenia społeczne; **tighten security** zaostrzać środki bezpieczeństwa

see *v* (**saw, seen**) **1.** widzieć; zobaczyć; ujrzeć **2.** dostrzec; zrozumieć **3.** dopilnować **4.** spotykać się; widywać ♦ **as far as I can see** o ile się orientuję; **be seen as sth** być uważanym za coś; być postrzeganym jako coś; **(I'll) be seeing you** *pot.* na razie!, do widzenia!, cześć!, do zobaczenia wkrótce!; **I see** *pot.* rozumiem; **it remains to be seen** to się dopiero okaże, przyszłość pokaże; **let me see 1.** pokaż **2.** niech pomyślę, niech się zastanowię; chwileczkę, zaraz; **long time no see** *pot.* kopę lat!; **not know what sb sees in sb** *pot.* nie wiedzieć, co ktoś widzi w kimś; **not see further than one's nose/not see beyond the end of one's nose** nie widzieć dalej niż koniec/czubek własnego nosa; **not see the forest for the trees/not see the wood for the trees** gubić się w szczegółach/w drobiazgach; rozmieniać się na drobne; rozpraszać się na drobiazgi; nie dostrzegać istoty rzeczy/sprawy przywiązując zbyt dużą wagę do drobiazgów; rozdrabniać się (w szczegółach); **see a black cloud on the horizon** czarno coś widzieć; **see a lot of sb** często kogoś widywać/spotykać; **see beyond (the end of) one's nose** widzieć dalej niż czubek/koniec własnego nosa, patrzeć dalej swego nosa; **see daylight 1.** doznać olśnienia, pojąć nagle, zacząć coś rozumieć **2.** ujrzeć światło dzienne; **see eye to eye with sb** zgadzać się z kimś (w pełni), podzielać czyjeś poglądy; **see fit (to do sth)** uważać za stosowne/właściwe (zrobić coś); **see for oneself** zobaczyć samemu, przekonać się samemu; **see how the land lies** zorientować się w sytuacji, rozeznać się w sytuacji; **seeing that...** zważywszy, że...; **see more of sb** częściej się z kimś widywać; częściej kogoś spotykać; **see pink elephants** *pot.* widzieć białe myszki, spić się do nieprzytomności, upić się jak bela; **see red** *pot.* wściec się, wściec się ze złości, krew kogoś zalewa; **see sb for what they are** przejrzeć kogoś (na wskroś/na wylot/do gruntu); **see sb home** odprowadzać kogoś do domu; **see sb off at the station** odprowadzać kogoś na dworzec; **see sb to the door** odprowadzać kogoś do drzwi; **see stars** *pot.* zobaczyć wszystkie gwiazdy (*od uderzenia w głowę*); **see sth through rose-coloured spectacles/see sth through rose-tinted spectacles** patrzeć na coś przez różowe okulary, widzieć coś w różowych barwach; **see sth through sb's eyes** spojrzeć na/widzieć coś cudzymi oczami, spojrzeć na/widzieć coś z cudzego punktu widzenia; **see the joke** zrozumieć dowcip/kawał; **see the light** przejrzeć na oczy; **see the light (of day)** ujrzeć światło dzienne; **see the point** zrozumieć sens/o co chodzi; **see the world** zobaczyć świat, zjeździć kawał świata, zwiedzić świat, podróżować po świecie; **see to it that...** dopilnować, żeby...; **see to sth** dopilnować czegoś; **see what sb means** *pot.* rozumieć, co ktoś ma na myśli; rozumieć, co ktoś chce powiedzieć; **see what sb/sth can do** *pot.* zobaczyć na co kogoś/coś stać, zobaczyć co ktoś/coś potrafi; **see you!/see you later!** na razie!, do widzenia!, cześć!; **we'll see** *pot.* zobaczymy; **you'll see** *pot.* zobaczysz, przekonasz się; **you see** *pot.* widzisz; rozumiesz

seed *n* nasienie, ziarno ♦ **sow the seeds of sth** *przen.* siać ziarno (*przyszłych konfliktów itd.*)

seek *v* (**sought, sought**) **1.** szukać; poszukiwać **2.** zwracać się, starać się (*o coś*) **3.** usiłować ♦ **seek one's fortune** szukać szczęścia

seem *v* zdawać się, wydawać się; okazywać się; robić wrażenie; odnosić wrażenie ♦ **it seems as if.../it seems as though...** wydaje się, że...; odnosi się/ma się/można odnieść wrażenie, że...; wygląda na to, że...

seize *v* **1.** przejąć; wejść w posiadanie **2.** schwytać; przechwycić; złapać **3.** zawładnąć; opanować **4.** zacierać się; zakleszczać się (*części maszyny itd.*) ♦ **sb is seized with...** kogoś opanowuje/ogarnia... (*strach, przerażenie itd.*); **seize a chance** chwytać szansę, skwapliwie wykorzystać szansę, skwapliwie skorzystać z okazji; **seize power** przejąć/zdobyć władzę

self *n* **1.** (czyjeś) ja; jaźń **2.** własna osoba ♦ **he is a shadow of his former self** cień z niego pozostał; **my second self** moje drugie ja; **sb's true self** czyjś prawdziwy charakter, czyjeś prawdziwe ja

sell[1] *n* **1.** sprzedaż **2.** *pot.* naciągnięcie kogoś, oszukanie kogoś, oszustwo ♦ **hard sell** nachalna sprzedaż/reklama

sell[2] *v* (**sold, sold**) sprzedawać ♦ **be sold out** być/zostać wyprzedanym, być/zostać rozprzedanym (*bilety itd.*); **sell badly** źle się sprzedawać, nie iść (*towar*); **sell like hot cakes** iść/sprzedawać (się) jak świeże/gorące bułeczki, iść jak woda (*towar*); **sell one's soul (to the devil)** zaprzedać się; zaprzedać duszę diabłu; **sell sb down the river** zaprzedać kogoś, sprzedać kogoś, zdradzić kogoś; **sell sth at a loss** sprzedać coś ze stratą; **sell sth at a profit** sprzedać coś z zyskiem; **sell well** dobrze się sprzedawać, iść (*towar*)

send *v* (**sent, sent**) **1.** wysyłać; posyłać **2.** powodować; wywoływać ♦ **God never sends mouths but he sends meat/God never sends mouths without sending meat** *przysł.* kogo Pan Bóg stworzy, tego nie umorzy; **send a chill down sb's spine** zmrozić komuś krew w żyłach, zmrozić kogoś; **send relief**

to/for wysłać pomoc do/dla (*ofiar klęski żywiołowej*); **send sth by post** wysłać coś pocztą; **send sb off/away with a flea in his/her ear** ostro kogoś zganić, zbesztać kogoś, zwymyślać kogoś, powiedzieć komuś do słuchu; **send sb one's love** pozdrowić kogoś, przesłać komuś pozdrowienia; **send sb packing** *pot.* posłać kogoś do diabła/w diabły; **send sb to sleep** usypiać/uśpić kogoś; **send sb up the wall** *pot.* wkurzać kogoś; złościć kogoś; wnerwiać kogoś; doprowadzać kogoś do szału; **send shivers (up and) down sb's spine** *pot.* przyprawiać kogoś o dreszcze, wstrząsnąć kimś; sprawić, że ciarki (prze)chodzą komuś po plecach; **send word through sb** przesłać przez kogoś wiadomość; **send word to sb that...** zawiadomić kogoś, że/o czymś...; **work all the hours that God sends** pracować dwadzieścia cztery godziny na dobę; pracować dzień i noc; pracować (w) piątek czy świątek

sense *n* **1.** zmysł **2.** przytomność **3.** rozsądek, rozum **4.** poczucie (*obowiązku itd.*) **5.** znaczenie, sens ♦ **be a victory for common sense** być zwycięstwem zdrowego rozsądku; **be in one's right senses** być przy zdrowych zmysłach; **bring sb to their senses** *pot.* przemówić komuś do rozsądku; przemówić komuś do rozumu; **come to one's senses 1.** odzyskać świadomość/przytomność, oprzytomnieć, ocknąć się **2.** *przen.* przejrzeć, ocknąć się (z czegoś), zrozumieć coś, opamiętać się, oprzytomnieć; **common sense** zdrowy rozsądek; **drive sense into sb** *pot.* przemówić komuś do rozsądku; przemówić komuś do rozumu; **fly in the face of common sense** urągać zdrowemu rozsądkowi; **good sense** zdrowy rozsądek; **horse sense** *pot.* chłopski rozum; zdrowy rozsądek; **in a sense/in one sense** w pewnym sensie; **in one's right senses** przy zdrowych zmysłach; **in the full sense of the word** w całym/pełnym tego słowa znaczeniu; **knock some sense into sb** *pot.* przemówić komuś do rozsądku; przemówić komuś do rozumu; **make sense** mieć sens; być sensownym; **make sense of sth** zrozumieć coś z czegoś, połapać się w czymś, uchwycić sens czegoś; **sense of humour** poczucie humoru; **sense of responsibility** poczucie odpowiedzialności; **sense of sight** zmysł wzroku; **sense of smell** zmysł węchu; **sense of taste** zmysł smaku; **take leave of one's senses** (*żartobliwie*) stracić rozum; postradać zmysły; **talk sense** mówić sensownie/z sensem/rozsądnie/do rzeczy; **talk sense into sb** *pot.* przemówić komuś do rozsądku; przemówić komuś do rozumu; **there is no sense in (doing) sth** *pot.* coś (robienie czegoś) nie ma sensu/pozbawione jest sensu; **the sixth sense** szósty zmysł

sentence *n* **1.** zdanie **2.** wyrok ♦ **be given the death sentence** dostać/otrzymać wyrok śmierci; **capital sentence/death sentence** kara śmierci; wyrok śmierci; **carry out/execute a sentence** wykonać wyrok; **hand down a sentence** (oficjalnie) ogłosić decyzję/wyrok; **life sentence** kara dożywocia/dożywotniego więzienia; **light sentence** łagodny wyrok; **pass (a) sentence (on sb)/pronounce (a) sentence (on sb)** wydać wyrok (na kogoś), ogłosić wyrok (na kogoś); **receive the death sentence** dostać/otrzymać wyrok śmierci; **serve a sentence** odbywać karę więzienia, odsiadywać wyrok; **string two sentences together** sklecić parę słów, sklecić parę zdań; **suspended sentence** wyrok w zawieszeniu

sentenced *a* skazany ♦ **be sentenced to prison/imprisonment** zostać skazanym na karę więzienia; **sentenced for corruption** skazany za korupcję; **sentenced in absence** skazany zaocznie; **sentenced to life (imprisonment) for...** skazany na dożywocie/karę dożywotniego więzienia za...

separate¹ *v* oddzielać (się); rozdzielać; separować; rozchodzić się; wyodrębniać ♦ **separate the sheep from the goats/separate the wheat from the chaff** oddzielać ziarno od plew

separate² *a* oddzielny; osobny; odrębny ♦ **go one's separate ways 1.** rozstać się, pójść swoją drogą, zerwać ze sobą, zakończyć związek **2.** rozstać się, rozejść się, pójść (każdy) w swoją stronę, pójść swoją drogą

serious *a* poważny ♦ **deadly serious** śmiertelnie poważny; **I'm serious!** *pot.* mówię poważnie!, mówię serio!, nie żartuję!; **serious money** *pot.* pokaźna suma pieniędzy, nie byle jakie pieniądze, pokaźna kwota; **you can't be serious!** *pot.* chyba (sobie) żartujesz!; nie mówisz poważnie!

seriously *adv* **1.** poważnie, na serio **2.** poważnie, ciężko (*ranny, chory itd.*) ♦ **seriously though...** (*na początku zdania*) poważnie mówiąc..., mówiąc całkiem poważnie...; **take sth/sb seriously** traktować coś/kogoś poważnie, traktować coś/kogoś z powagą, brać coś/kogoś (na) poważnie

serve *v* **1.** służyć (*u kogoś*) **2.** oddawać usługi; pełnić obowiązki **3.** obsługiwać; podawać do stołu; podawać (*obiad, śniadanie itd.*); zaopatrywać; dostarczać **4.** odbywać (*naukę, karę*); służyć (*w wojsku*) **5.** służyć (*do czegoś*) **6.** obchodzić się **7.** serwować (*piłkę*) ♦ **if my memory serves me (well/correctly)** jeżeli mnie pamięć nie myli/nie zawodzi; **it serves you right** *pot.* dobrze ci tak, masz za swoje, zasłużyłeś na to, zasłużyłeś sobie, doigrałeś się; **serve an/one's apprenticeship (with a firm)** odbywać staż (w firmie), być na stażu (w firmie); **serve as a brake on sth** *przen.* hamować coś; spowalniać coś; utrudniać coś; przeszkadzać czemuś; **serve a sentence** odbywać karę więzienia, odsiadywać wyrok; **serve a writ on sb/serve sb with a writ** doręczyć komuś nakaz; **serve its purpose/serve its turn** spełniać swoją rolę/swoje zadanie; **serve Mass** służyć do mszy; **serve sb well** przydać się komuś, być komuś przydatnym; **serve the needs** zaspokajać potrzeby; **serve time** siedzieć w więzieniu, odsiadywać karę/wyrok, mieć odsiadkę; **serve two masters** służyć dwóm panom, (palić) Panu Bogu świeczkę i diabłu ogarek, siedzieć na dwóch stołkach

service *n* **1.** służba (*u kogoś, państwowa itd.*) **2.** służba publiczna; usługi **3.** obsługa (*sklepowa, hotelowa*) **4.** usługa, przysługa **5.** nabożeństwo; posługi (*religijne*) **6.** serwis (*do herbaty itd.*) **7.** serw (*piłki*) ♦ **be at sb's service** być do czyichś usług;

be called up for military service być/zostać powołanym do służby wojskowej, powołać/wcielić kogoś do armii; **be of service** być przydatnym, być użytecznym, pomagać; **do sb a service** wyświadczyć komuś przysługę; **give lip service to sth** popierać/wspierać coś ustnie, udzielać czemuś ustnego poparcia, wyrażać ustne poparcie dla czegoś, składać ustne deklaracje na rzecz czegoś/popierające coś, kończyć na ustnych deklaracjach na rzecz czegoś (*nie przechodząc do czynu*); **health service** służba zdrowia; **military service** służba wojskowa; **on active service** w czynnej służbie (wojskowej); **out of service** wycofany z użytku; **pay lip service to sth** popierać/wspierać coś ustnie, udzielać czemuś ustnego poparcia, wyrażać ustne poparcie dla czegoś, składać ustne deklaracje na rzecz czegoś/popierające coś, kończyć na ustnych deklaracjach na rzecz czegoś (*nie przechodząc do czynu*); **secret service** tajne służby; **service station** stacja obsługi

set[1] *n* **1.** zespół; zestaw; komplet; zbiór **2.** krąg ludzi (*społeczny, zawodowy*) **3.** odbiornik (*radiowy, telewizyjny*) **4.** postawa (*sylwetki*) **5.** zbiór (*matematyczny*) **6.** set (*w tenisie*) **7.** scenografia teatralna **8.** plan filmowy, miejsce realizacji filmu **9.** sadzonka **10.** płyn do układania włosów **11.** kierunek (*wiatru, prądu morskiego*) **12.** nastawienie; tendencja; nurt ♦ **be on the set** być na planie (filmowym); **set of wheels** *pot.* cztery kółka, samochód; **television set** telewizor; **the smart set** śmietanka towarzyska; elegancki świat

set[2] *v* (**set, set**) **1.** umieszczać; układać **2.** przykładać; przybliżać **3.** nastawiać (*zegarek itd.*); ustawiać; ustalać (*datę, cenę, warunki itd.*) **4.** doprowadzać (*do porządku, do dobrych stosunków itd.*) **5.** oprawiać; wstawiać; umocowywać; osadzać **6.** zestalać się, tężeć; zastygać; utrwalać **7.** zawiązywać (*owoce*) **8.** pasować, leżeć (*ubranie*) **9.** zachodzić (*słońce, księżyc*) **10.** ustalać (się) **11.** układać (*włosy*) **12.** nadawać (*tempo*) ♦ **he won't set the Thames on fire** on prochu nie wymyśli; **set**

a bad/good/excellent example to sb dawać komuś zły/dobry/wspaniały przykład; **set a clock** nastawiać zegar; **set a clock ahead (by one hour)** przesuwać wskazówki zegara do przodu (o godzinę) (*przy zmianie czasu na letni*); **set a clock back (by one hour)** cofać zegar (o godzinę); **set a clock for sth** nastawić zegar na coś (*godzinę, budzenie itd.*); **set a limit on sth** ograniczać coś; **set a precedent** stworzyć/stanowić precedens; **set a record** ustanowić (nowy) rekord; **set a trap** zastawiać/zakładać pułapkę (*na myszy itd.*); **set back the clock 1.** cofać zegar **2.** cofać czas; **set eyes on sb/sth** *pot.* spostrzec kogoś/coś, zobaczyć kogoś/coś, ujrzeć kogoś/coś, dostrzec kogoś/coś; **set fire to sth** podpalić coś; spowodować/wywołać/wzniecić pożar czegoś; **set foot on foreign soil** postawić nogę na obcej ziemi; **set free** uwolnić; **set great store by sth** przywiązywać do czegoś dużą wagę; **set oneself a target/task** wyznaczyć sobie cel/zadanie; **set one's face against sth/sb** zawziąć się na coś/kogoś; **set one's heart on sth** nastawić się na coś; pragnąć czegoś z całego serca/z całej duszy, bardzo czegoś pragnąć, zapragnąć czegoś; **set one's mind on (doing) sth** nastawić się na coś/na zrobienie czegoś, zdecydować się na coś/na zrobienie czegoś; **set one's sights on sth** stawiać sobie coś za cel; **set pen to paper** zacząć pisać; zabrać się do pisania; (na)pisać; **set sail** podnosić żagle; wypływać (*w rejs, podróż*); **set sb on a pedestal** wynieść kogoś na piedestał; **set sb's mind at rest** uspokoić kogoś; rozproszyć czyjeś obawy; **set sb/sth on their/its feet** postawić/stawiać kogoś/coś na nogi; **set sb up for life** *pot.* ustawić kogoś na całe życie, zapewnić komuś wygodne życie; **set sth in motion** wprawić coś w ruch; uruchomić coś; **set sth in train** zacząć coś, rozpocząć coś, zapoczątkować coś, uruchomić coś, dać początek czemuś; **set sth on fire** podpalić coś; spowodować/wywołać/wzniecić pożar czegoś; **set sth to music** ułożyć muzykę do czegoś, skomponować muzykę do czegoś (*wiersza itd.*); **set sth to one side**

odkładać coś na bok, odkładać coś na potem; **set sth to rights** uporządkować coś, doprowadzić coś do porządku/do ładu, zaprowadzić w czymś porządek, naprawić coś; przywrócić coś do normalnego stanu; **set the ball rolling** zacząć, rozpocząć; uruchomić; puścić w ruch; **set the cat among the pigeons** wsadzić/wetknąć kij w mrowisko; **set the pace** nadawać/narzucać tempo; **set the questions** układać pytania (*egzaminacyjne*); **set the record straight** sprostować coś, skorygować coś; wyjaśnić coś; **set the seal on sth** przypieczętować coś ostatecznie; **set the stage for sth** przygotowywać grunt/teren pod coś, stworzyć odpowiednie warunki do czegoś; **set the table** *zwł. US* nakryć do stołu, nakryć stół; **set the tone for sth** nadawać czemuś ton; **set the trend** wyznaczać trend/kierunek; **set the world on fire** *przen.* podbić/zawojować świat; **set the world to rights** (próbować) naprawiać świat, zmieniać świat na lepsze; mówić/rozmawiać o lepszym świecie; **set to work** zabierać się do pracy; zająć się pracą; **set up camp** rozbić obóz; **set up home/house** założyć (własny) dom

set[3] *a* **1.** ustalony; postanowiony; przygotowany **2.** stały, zestalony **3.** zdecydowany; zdeterminowany; zawzięty ♦ **be (dead) set on/upon sth** być zdecydowanym na coś; być zdeterminowanym coś zrobić; nastawić się na coś; **be set in one's ways** mieć swoje przyzwyczajenia/nawyki; **set book** lektura obowiązkowa (*do egzaminu*)

settle *v* **1.** osiedlić się; zamieszkać **2.** osiadać; osadzać się **3.** rozstrzygnąć, rozwiązać **4.** załatwiać (*sprawy*); regulować (*rachunki*) **5.** uspokajać (się) ♦ **it is settled** to już postanowione, decyzja zapadła, załatwione; **settle a conflict** zażegnać/zakończyć konflikt; **settle a dispute** rozstrzygnąć/zażegnać spór; **settle an account/one's account(s) with sb** wyrównać z kimś rachunki; **settle a problem** rozwiązać problem; **settle a quarrel** załagodzić kłótnię; **settle a score** wyrównać rachunki//krzywdy; **settle one's nerves** uspokajać (czyjeś) nerwy; **settle**

the details ustalać szczegóły; **settle the matter/settle the question** rozstrzygnąć sprawę; załatwić sprawę

seven *num* siedem ♦ **at sixes and sevens** *pot.* w (kompletnym) nieładzie; zdezorganizowany; do góry nogami; w bezładzie; w rozgardiaszu; **be in seventh heaven** być w siódmym niebie

sex *n* **1.** płeć **2.** seks ♦ **fair sex** płeć piękna; **female sex** płeć żeńska; **gentle sex** słaba płeć; **have sex (with sb)** uprawiać seks (z kimś), mieć stosunek (z kimś); **male sex** płeć męska; **sex act** stosunek płciowy; **sex appeal** seksapil; **sex change** zmiana płci (*operacyjna*); **sex drive** popęd płciowy; **sex life** życie seksualne; **sex symbol** symbol seksu; **the opposite sex** płeć przeciwna/odmienna; **weaker sex** słaba płeć

shade *n* **1.** cień **2.** odcień **3.** zasłona (*od światła*) **4.** duch, zjawa, widmo ♦ **put sb/sth in the shade** usuwać kogoś/coś w cień, usuwać kogoś/coś na dalszy plan, spychać kogoś/coś na dalszy plan; wyznaczać komuś/czemuś drugorzędną rolę

shadow *n* cień ♦ **be afraid of one's own shadow/be frightened of one's own shadow** bać się/lękać się swego (własnego) cienia; **beyond a shadow of a doubt** bez cienia wątpliwości; **cast a shadow on/over sth** *dosł. i przen.* rzucać na coś cień; **he is a shadow of his former self** cień z niego pozostał; **in the shadow of sth** w cieniu czegoś; **live in the shadow of sb** żyć w czyimś cieniu; **shadow cabinet** gabinet cieni; **without a shadow of a doubt** bez cienia wątpliwości

shake¹ *n* wstrząs; wstrząsanie; potrząsanie ♦ **be no great shakes** *pot.* nie być niczym specjalnym/nadzwyczajnym/niezwykłym; **give sth a shake** wstrząsać czymś; potrząsać czymś; **in a couple of shakes/in two shakes** *pot.* zaraz, za chwilę, za parę chwil, wkrótce

shake² *v* **(shook, shaken)** trząść (się); wstrząsać; potrząsać ♦ **shake a leg!** *pot.* rusz się!, weź się do roboty!, zrób coś!; **shake hands (with sb)** uścisnąć/podać sobie ręce (z kimś); **shake in one's boots/shoes** *pot.* trząść się/drżeć ze strachu, umierać ze strachu, bardzo się denerwować, być przerażonym, mieć pietra; **shake like a leaf** trząść się jak liść; **shake one's belief in...** zachwiać czyjąś wiarę w..; **shake one's finger at sb** (po)grozić komuś palcem; **shake one's fist (at sb)** wygrażać/(po)grozić (komuś) pięścią, potrząsać pięścią; **shake one's head** kręcić przecząco głową; **shake sb's hand/shake sb by the hand** uścisnąć czyjąś rękę, uścisnąć czyjąś dłoń; **shake with cold** trząść się z zimna; **shake with fear** trząść się/drżeć ze strachu; **shake with laughter** trząść się ze śmiechu

shaky *a* **1.** niepewny, chwiejny **2.** roztrzęsiony, rozdygotany ♦ **be shaky on one's feet** mieć nogi jak z waty, nie móc utrzymać się na nogach (*z powodu choroby itd.*), słaniać się na nogach

shambles *n pot.* (kompletny/nieopisany/nieprawdopodobny) bałagan; nieład; chaos; zamęt ♦ **be (in) a shambles/be a complete shambles** być w (kompletnym/nieopisanym/nieprawdopodobnym) bałaganie/nieładzie; być w stanie kompletnego chaosu

shame *n* **1.** wstyd; hańba **2.** szkoda... ♦ **blush for shame** czerwienić się ze wstydu; **bring shame on sb** przynosić komuś wstyd; **die of shame** umierać ze wstydu; **it's a shame (that...)** *pot.* szkoda (że...); **put sb/sth to shame** *pot.* przewyższać kogoś/coś, przyćmiewać kogoś/coś, być o niebo lepszym od kogoś/czegoś, bić kogoś/coś na głowę; zawstydzać kogoś; **shame on you!** *pot.* wstydź się!, wstyd!, nie wstyd ci?!, powinieneś się wstydzić!; **what a shame (that...)** *pot.* szkoda (że...); **without shame** bez wstydu

shape *n* **1.** kształt **2.** postać **3.** rodzaj, forma (*propozycji itd.*) **4.** forma, kondycja **5.** forma (*do czegoś*); kształtownik ♦ **be out of shape** nie być w formie, być bez formy; **get sth into shape** *pot.* udoskonalić coś; ulepszyć coś; usprawnić coś; ukształtować coś; przystosować coś do użytku; **in any shape/in any shape or form** pod żadną postacią; pod jakąkolwiek postacią, w jakiejkolwiek formie; **in good shape 1.** w dobrym stanie **2.** w formie, w dobrej kondycji; **in shape** w formie, w dobrej

share 550

kondycji; **in the shape of...** **1.** w kształcie... **2.** w postaci..., pod postacią...; **knock/lick sth into shape** *pot.* udoskonalić coś; ulepszyć coś; usprawnić coś; ukształtować coś; przystosować coś do użytku; **lose its shape** stracić (swój właściwy) kształt/ /fason; zdeformować się; zdefasonować się; **out of shape** bezkształtny; zdeformowany; zdefasonowany; zniekształcony; **square in shape** w kształcie kwadratu; **take shape** przybierać realne kształty, przyoblekać się w realne kształty, krystalizować się

share *n* **1.** udział; część **2.** akcja (*w spółce*) ♦ **hold shares** posiadać akcje, być akcjonariuszem; **lion's share** lwia część; największy udział; **preference shares** akcje uprzywilejowane

sharp[1] *a* **1.** ostry **2.** przenikliwy; dotkliwy; przejmujący **3.** bystry; żwawy **4.** przebiegły, chytry ♦ **as sharp as a needle** bystry; rozgarnięty; **be sharp with sb** postępować z kimś ostro, być dla kogoś surowym; wściekać się na kogoś; **keep a sharp eye on sb/sth** nie spuszczać kogoś/czegoś z oczu, bacznie obserwować kogoś/coś; **sb looks sharp** *pot.* ktoś wygląda wystrzałowo/bardzo atrakcyjnie/elegancko; **sharp as a needle** bystry; rozgarnięty; **sharp bend** ostry zakręt; **sharp frost** ostry/siarczysty mróz; **sharp left** ostry zakręt w lewo; **sharp right** ostry zakręt w prawo; **sharp tongue** cięty/ostry język; **sharp turn** ostry zakręt; **stand out in sharp relief against sth** (jaskrawo) kontrastować z czymś, wyraźnie odróżniać się od czegoś/na tle czegoś

sharp[2] *adv* **1.** ostro **2.** punktualnie ♦ **at 9 o'clock sharp** punktualnie o (godzinie) dziewiątej, punkt dziewiąta; **look sharp!** **1.** pospiesz się! **2.** uważaj!

shatter *v* **1.** rozbijać **2.** rozpadać się ♦ **shatter one's hopes** rozwiać czyjeś nadzieje

shave *n* golenie (się) ♦ **be a close shave** *pot.* o (mały) włos uniknąć nieszczęścia/wypadku/katastrofy; **have a shave** ogolić się

shed *v* (**shed, shed**) **1.** zrzucać; gubić; tracić (*liście itd.*) **2.** roztaczać; rozsiewać ♦ **shed blood** przelewać krew; **shed light on sth** rzucać światło na coś; **shed tears** ronić/wylewać łzy

sheep *n* (*pl* **sheep**) owca ♦ **a wolf in sheep's clothing** wilk w owczej skórze; **black sheep** czarna owca (*w rodzinie*); **count sheep** *pot.* liczyć barany/owce (*aby zasnąć*); **one may/might as well be hanged/hung for a sheep as (for) a lamb** *przysł.* jak wisieć, to za obie nogi; **separate the sheep from the goats** oddzielać ziarno od plew

sheet *n* **1.** prześcieradło **2.** arkusz **3.** pokrywa (*śnieżna*); struga (*deszczu*); tafla (*lodu*) **4.** warstwa (*geologiczna*); pokład ♦ **a clean sheet** *przen.* czyste konto; **(as) white as a sheet** blady jak ściana/jak płótno, biały jak papier; **sheet of paper** kartka papieru

shift[1] *n* **1.** przesunięcie; przemieszczenie; zmiana **2.** zmiana (*robocza*); brygada zmianowa **3.** wybieg; rada (*na coś*); wyjście z trudnej sytuacji ♦ **do shift work** pracować na zmiany; **gear shift** *US* dźwignia zmiany biegów; **marked shift** zauważalna/znacząca zmiana; **night shift** nocna zmiana (*w pracy*); **stick shift** *US* dźwignia zmiany biegów; **work the night shift** pracować na nocnej zmianie

shift[2] *v* przesuwać (się); przemieszczać (się); zmieniać (*poglądy, kierunek, mieszkanie itd.*) ♦ **shift for oneself** radzić sobie samemu, dawać sobie radę; **shift gear** *US* zmieniać bieg; **shift one's ground** zmienić stanowisko/nastawienie/zdanie; **shift the responsibility onto sb** zwalać/spychać/zrzucać/przerzucać na kogoś odpowiedzialność

shine[1] *n* **1.** połysk **2.** glansowanie, czyszczenie do połysku ♦ **(come) rain or shine/come rain, come shine** niezależnie od pogody, w każdą pogodę, słońce czy deszcz/czy słota; **give sth a shine** glansować coś, czyścić coś do połysku; **take a shine to sb/sth** *pot.* polubić kogoś/coś od razu

shine

shine² *v* **1.** (shone, shone) świecić; błyszczeć; jaśnieć **2.** glansować, czyścić do połysku ♦ **make hay while the sun shines** *przysł.* kuć żelazo, póki gorące

ship *n* statek; okręt ♦ **ships that pass in the night** przelotne//przypadkowe/krótkotrwałe znajomości; **when my ship comes in** jeśli nagle stanę się bogaty; kiedy będę bogaty; jeśli kiedyś się wzbogacę

shirt *n* koszula ♦ **keep your shirt on!** *pot.* spokojnie!; uspokój się!; **near is my shirt, but nearer is my skin** *przysł.* bliższa ciału koszula (niż sukmana)

shirtsleeves *pl* ♦ (*w wyrażeniu*) **in (one's) shirtsleeves** w samej koszuli, bez marynarki

shiver *n* **1.** drżenie; dreszcz **2. shivers** *pl* kawałki; okruchy ♦ **break/burst into shivers** rozpadać się na (drobne) kawałki; **give sb the shivers** *pot.* przerażać kogoś; **send shivers (up and) down sb's spine** *pot.* przyprawiać kogoś o dreszcze, wstrząsnąć kimś; sprawić, że ciarki (prze)chodzą komuś po plecach

shock *n* **1.** wstrząs; uderzenie; udar **2.** wstrząs, szok **3.** porażenie prądem elektrycznym ♦ **get a shock 1.** doznać szoku/wstrząsu **2.** zostać porażonym prądem elektrycznym; **in (a state of) shock** w (stanie) szoku; **shock wave** fala uderzeniowa; **sth comes as a (terrible) shock to sb** coś wywołuje u kogoś (ogromny) szok; coś kogoś (ogromnie) szokuje; **suffer from shock** być w szoku; doznać szoku

shoe *n* **1.** but; bucik; trzewik **2.** podkowa ♦ **court shoe** but na obcasie; **if I were in your shoes...** na twoim miejscu...; **if the shoe fits (, wear it)** *US przysł.* uderz w stół, a nożyce się odezwą; **in sb's shoes** na czyimś miejscu; w czyjejś skórze; w czyimś położeniu; **put oneself in sb's shoes** postawić się w czyjejś sytuacji, wejść w czyjeś położenie; **shake in one's shoes** *pot.* trząść się/drżeć ze strachu, umierać ze strachu, bardzo się denerwować, być przerażonym, mieć pietra

shoot *v* **(shot, shot) 1.** strzelać; wystrzelić; zastrzelić **2.** zrzucić; zwalić; wyrzucić **3.** przeszyć (*bólem, spojrzeniem*) **4.** wykonywać zdjęcia filmowe; filmować **5.** wypuszczać pędy ♦ **shoot a basket** strzelić kosza (*w koszykówce*); **shoot a glance at/shoot a look at** spojrzeć na, rzucić okiem na; **shoot a gun** strzelać z broni/z karabinu; **shoot at the basket** wbijać kosza, rzucać kosza (*w koszykówce*); **shoot at the target** strzelać do celu; **shoot one's bolt** *pot.* dać z siebie wszystko (*aby osiągnąć cel*); **shoot one's mouth off about sth** *pot.* **1.** przechwalać się czymś, chwalić się czymś, chełpić się czymś **2.** wygadać się z czymś, zdradzić się z czymś, zdradzić coś, nie utrzymać języka za zębami, rozgadać coś, rozpaplać coś; **shoot questions at sb** zasypywać kogoś pytaniami; **shoot sb dead** zabić/zastrzelić kogoś; **shoot sb in the leg** postrzelić kogoś w nogę; **shoot sb on sight** zabić/zastrzelić kogoś na miejscu; **shoot the bull/the breeze** *US pot.* rozmawiać o niczym, (po)gawędzić; **shoot the lights** *pot.* przejechać na czerwonym świetle; **shoot to kill** strzelać, aby zabić

shoot-out *n* strzelanina ♦ **penalty shoot-out** rzuty karne, karne, seria rzutów karnych (*rozstrzygająca wynik meczu*)

shop[1] *n* **1.** sklep **2.** warsztat; wydział fabryki ♦ **a bull in a china shop** słoń w składzie porcelany; **keep a shop** prowadzić sklep; **shop steward** mąż zaufania (*w zakładzie pracy*); **shop window** okno wystawowe, wystawa sklepowa, witryna; **shut up shop** *pot.* zwijać interes; **talk shop** rozmawiać o pracy, rozmawiać na tematy zawodowe; **the shop floor 1.** teren fabryki; wydział fabryki/zakładu pracy **2.** załoga (*fabryki, zakładu pracy*)

shop[2] *v* robić zakupy ♦ **go shopping** robić zakupy; pójść na zakupy

shore *n* brzeg (*morza, jeziora*); wybrzeże ♦ **on shore** na lądzie; **wash up on the shore** wyrzucać na brzeg (*woda, fale*)

short[1] *n pot.* **1.** film krótkometrażowy **2.** zwarcie (*elektryczne*) ♦ **in short/the long and the short of it is that.../that's the long and (the) short of it** krótko mówiąc, w paru słowach

short 1. krótki 2. niski (*człowiek*) 3. lakoniczny; zwięzły 4. brakujący; ograniczony (*ilością*) 5. kruchy (*ciasto itd.*) ♦ **as thick as two short planks** *pot.* głupi jak but/jak stołowe nogi/jak tabaka w rogu, bezdennie głupi; **at short notice** bez czasu na przygotowanie (się); bez uprzedzenia; **be (a bit/rather) short** nie mieć pieniędzy, być bez forsy; **be in short supply** brakować (*na rynku*), być deficytowym; **be short of breath** nie móc złapać tchu; **for short** w skrócie (*nazwa, imię*); **have a short temper** być wybuchowym/impulsywnym, mieć wybuchowy temperament, mieć wybuchowe usposobienie; **in short order** szybko; natychmiast; w przyspieszonym trybie; **in the short run/in the short term** na bliższą/krótszą metę; **make short work of sth** szybko się z czymś załatwić, uwinąć się z czymś; **nothing short of** nic prócz; nic mniejszego od; chyba tylko; **on short notice** *US* bez czasu na przygotowanie (się); bez uprzedzenia; **short and sweet** *pot.* krótki i węzłowaty; krótko i węzłowato; **short circuit** zwarcie (*elektryczne*); **short cut** 1. skrót, krótsza droga 2. *przen.* skrót, ułatwienie; **short memory** krótka/kurza pamięć; **short of breath** bez tchu; z zadyszką; **short story** nowela; **take a short cut** iść na skróty; **thick as two short planks** *pot.* głupi jak but/jak stołowe nogi/jak tabaka w rogu, bezdennie głupi

short³ *adv* krótko ♦ **be running short of sth** zaczynać (komuś) brakować czegoś, wyczerpywać (*zapasy czegoś itd.*), kończyć się (komuś); **bring sb up short/cut sb short** przerwać komuś (nagle); **cut sth short** przerwać coś; **fall short** (*o człowieku*) zawieść; (*o sprawie*) skończyć się niepomyślnie; (*o pogodzie*) nie dopisać; **fall short of expectations** zawieść oczekiwania/nadzieje; **go short (of sth)** mieć na wyczerpaniu (coś), odczuwać brak (czegoś), mieć mniej niż potrzeba (czegoś); **short of (doing sth)** bez (posuwania się do czegoś/robienia czegoś); **stop short** przerwać nagle, zatrzymać się nagle; **stop short of sth/stop short of doing sth** powstrzymać się od czegoś/od zrobienia czegoś; zrezygnować z czegoś/ze zrobienia czegoś; cofnąć się przed czymś/przed zrobieniem czegoś; nie posunąć się do czegoś/do zrobienia czegoś; **to cut a long story short**/*US* **to make a long story short** krótko mówiąc

shortly *adv* **1.** krótko **2.** wkrótce, niedługo ♦ **shortly after/before** wkrótce po tym/przed tym jak...

shot *n* **1.** strzał; wystrzał **2.** śrut **3.** zdjęcie; ujęcie **4.** zastrzyk **5.** strzał (*na bramkę*) **6.** (*w sporcie*) kula **7.** *pot.* próba (*zrobienia, osiągnięcia czegoś*), podejście (*do czegoś*) **8.** drink, kieliszek alkoholu, jeden głębszy **9.** złośliwa/kąśliwa uwaga, przytyk, docinek, krytyka, atak (*na kogoś*) **10.** wystrzelenie (*rakiety*) ♦ **a big shot** *pot.* gruba ryba, szycha; **a shot in the arm** *przen.* zastrzyk (*np. gotówki, energii, nowych sił*); **a shot in the dark** *pot.* strzał w ciemno; **be a good shot** być dobrym strzelcem, dobrze strzelać; **call the shots** *pot.* wodzić rej; nadawać ton, dominować; **fire a shot** wystrzelić; oddać strzał; **have a shot at sth** *pot.* próbować czegoś/coś zrobić, podchodzić do czegoś/do zrobienia czegoś; **like a shot** *pot.* natychmiast, bez wahania, migiem, raz-dwa, jak strzała; **shot put** pchnięcie kulą; **take a shot at sb** oddać strzał do kogoś/w czyimś kierunku, strzelić do kogoś; **take a shot in the dark** *pot.* strzelać w ciemno

shotgun *n* śrutówka ♦ **shotgun wedding** ślub przyspieszony/szybki/zawierany z konieczności (*z powodu nie planowanej ciąży*)

shoulder[1] *n* **1.** ramię; bark **2.** pobocze drogi **3.** zgrubienie; występ ♦ **be head and shoulders above sb/sth** być o całe niebo lepszym od kogoś/czegoś, bić kogoś/coś na głowę, przerastać//przewyższać kogoś/coś o głowę; **get the cold shoulder** zostać zimno/chłodno potraktowanym; **give it to sb straight from the shoulder** powiedzieć/mówić komuś coś prosto z mostu; **give sb the cold shoulder** traktować kogoś zimno/chłodno; **hard shoulder** pobocze drogi; **have a chip on one's shoulder (about sth)** mieć pretensje/żal do całego świata (o coś); **have**

shoulder

a good head on one's shoulders mieć głowę na karku/nie od parady; **rub shoulders with sb** otrzeć/ocierać się o kogoś, stykać się z kimś, mieć możliwości zetknięcia się z kimś; **shoulder to shoulder** ramię w ramię, ramię przy ramieniu; **shrug one's shoulders** wzruszyć ramionami; **stand head and shoulders above sb/sth** być o całe niebo lepszym od kogoś/czegoś, bić kogoś/coś na głowę, przerastać/przewyższać kogoś/coś o głowę

shoulder² v brać na swoje barki ♦ **shoulder arms!** na ramię broń!; **shoulder the responsibility** brać na swoje barki odpowiedzialność

shout n krzyk; wrzask ♦ **give a shout** krzyknąć; wrzasnąć

shove¹ n (po)pchnięcie ♦ **give sth a shove** (po)pchnąć coś

shove² v 1. pchać (się) 2. wpychać (się) ♦ **push and shove** rozpychać się; **shove one's oar in** *pot.* wtrącać/wsadzać/dorzucać swoje trzy grosze, wtrącać się; **when push comes to shove...** w razie czego..., jak przyjdzie co do czego...

show¹ n 1. pokazanie 2. pokaz; wystawa 3. widowisko; przedstawienie; program (*telewizyjny – teleturniej itd.*); show, program rozrywkowy 4. seans (filmowy) 5. pozory 6. przejaw, oznaka, wyraz (*uczuć itd.*) ♦ **a show of force/strength** pokaz siły, manifestacja siły (*militarnej*); **a show of hands** podniesienie rąk (*przy głosowaniu*); **by a show of hands** przez podniesienie rąk (*głosowanie*); **dog show** wystawa psów; **fashion show** pokaz mody; **for show** na pokaz; **hold a show** organizować wystawę, urządzać wystawę, wystawiać (*obrazy w galerii itd.*); **horse show** zawody hipiczne/jeździeckie, konkurs hipiczny; **make a show of sth** udawać coś, stwarzać pozory czegoś; **on show** wystawiony (*dla publiczności*); **put on a show of sth 1.** organizować wystawę czegoś, urządzać wystawę czegoś, wystawiać coś (*obrazy w galerii itd.*) **2.** udawać coś, stwarzać pozory czegoś; **run the show** *pot.* rządzić czymś, być szefem czegoś, odpowiadać za coś, kierować czymś; **show business** przemysł

rozrywkowy; **stage a show** organizować wystawę, urządzać wystawę, wystawiać (*obrazy w galerii itd.*); **strip show** striptiz
show² *v* (**showed, shown**) **1.** pokazywać **2.** wystawiać **3.** ukazywać; przedstawiać; odsłaniać; być widocznym; wyglądać **4.** okazywać (*uczucia itd.*) **5.** wykazywać (się) (*odwagą itd.*) ♦ **I'll show them!** *pot.* ja im (jeszcze) pokażę!, pokażę im jeszcze na co mnie stać!; **it shows** to widać; **sb shows good taste in (doing) sth** coś świadczy o czyimś dobrym guście; **show a clean pair of heels** wziąć nogi za pas, dać nogę; **show a profit** wykazać zyski; **show no mercy (to sb)** nie okazać litości (komuś), nie mieć litości (dla kogoś), być bezlitosnym (dla kogoś); **show one's cards/show one's hand** odkrywać karty, odsłaniać karty; **show (oneself in) one's true colours** pokazać prawdziwe oblicze/swoje prawdziwe ja/swój prawdziwy charakter/rogi; **show one's paces** pokazać na co kogoś stać, pokazać swoje możliwości, pokazać co ktoś potrafi/umie; **show one's stuff** pokazać na co kogoś stać, pokazać co się potrafi; **show one's teeth** *przen.pot.* pokazać zęby; **show promise** dobrze/świetnie się zapowiadać; rokować nadzieję; **show respect for sb** okazywać komuś szacunek; **show sb in a bad light** pokazywać/stawiać kogoś w złym świetle; **show sb the door** pokazać komuś drzwi, wyprosić kogoś za drzwi, wyrzucić kogoś za drzwi; **show sb the ropes** zaznajomić kogoś z czymś, zapoznać kogoś z czymś, wprowadzić/wtajemniczyć kogoś w arkana czegoś/jakiejś wiedzy; **show sb to the door** odprowadzić kogoś do drzwi; **show signs of sth** zdradzać oznaki czegoś; **show the way** *dosł. i przen.* wskazać drogę
shred *n* **1.** strzęp **2.** krztyna, odrobina, ślad ♦ **tear sth to shreds** porwać/podrzeć coś na strzępy, porwać/podrzeć coś na kawałki
shut *v* (**shut, shut**) zamykać (się) ♦ **keep one's mouth shut** trzymać język za zębami; **shut one's eyes to sth** przymykać na coś oczy, patrzeć na coś przez palce; **shut the door on sth** zamykać furtkę przed czymś, uniemożliwiać coś; **shut up shop** *pot.*

zwijać interes; **shut your face/mouth/trap!** *pot.* zamknij się!; **with one's eyes shut** z zamkniętymi oczami, z zawiązanymi oczami

shy *a* nieśmiały ♦ **fight shy of doing sth** wzdragać się przed czymś, wzbraniać się przed czymś; **once bitten, twice shy** *przysł.* kto się na gorącym sparzył, ten na zimne dmucha

sick *a* **1.** chory **2.** mający mdłości/nudności, cierpiący na mdłości ♦ **be off sick** być na zwolnieniu lekarskim; **be sick** wymiotować, zwracać; **be taken sick** zachorować; **call in sick** zawiadomić telefonicznie (pracodawcę) o chorobie; **fall sick/***US* **get sick** zachorować; **I am sick of...** *przen.* niedobrze mi się robi od...; **I feel sick** jest mi niedobrze, mam nudności, mdli mnie; **make sb sick** *przen.* sprawiać, że komuś robi się niedobrze; przyprawiać kogoś o mdłości, wzbudzać w kimś odrazę/obrzydzenie; **sick and tired (of sth)** *pot.* śmiertelnie znudzony (czymś); mający czegoś po dziurki w nosie; śmiertelnie zmęczony (czymś); **sick at heart** rozżalony, rozgoryczony, zasmucony; **sick leave** zwolnienie lekarskie; **sick note** zwolnienie lekarskie, zaświadczenie lekarskie o niezdolności do pracy; pisemne usprawiedliwienie (*np. nieobecności dziecka w szkole*); **sick pay** zasiłek chorobowy; **sick to death (of sth)** *pot.* śmiertelnie znudzony (czymś); mający czegoś po dziurki w nosie; śmiertelnie zmęczony (czymś)

side *n* **1.** bok **2.** strona **3.** burta **4.** aspekt, strona (*zagadnienia itd.*) **5.** zbocze; brzeg **6.** *pot.* kanał (telewizyjny) ♦ **at sb's side** u czyjegoś boku, przy kimś; **be a thorn in sb's side** być komuś solą w oku; **be on sb's side** być po czyjejś stronie, opowiadać się za kimś; **born on the wrong side of the blanket** nieślubny, z nieprawego łoża (*dziecko*); **burst one's sides with laughing** zrywać boki ze śmiechu; **by sb's side** u czyjegoś boku, przy kimś; **by the side of...** przy...; **come over to our side** przejść na czyjąś stronę/do czyjegoś obozu; **err on the side of sth** wykazywać nadmiar czegoś (*dobrej woli itd.*); **from all sides**

z każdej strony, ze wszystkich stron; **from side to side** z boku na bok; **get on the wrong side of the law** popaść/wejść w konflikt z prawem, popaść/wejść w kolizję z prawem; **get out of bed (on) the wrong side**/*US* **get up on the wrong side of the bed** *przen.* wstać z łóżka lewą nogą; **keep one's side of the bargain** dotrzymać zobowiązania/umowy, wywiązać się ze swoich zobowiązań/z umowy; **keep on the right side of sb** nie drażnić kogoś, nie denerwować kogoś, nie wchodzić komuś w drogę; **know which side one's bread is buttered on** wiedzieć komu się przypodobać; wiedzieć komu się przypochlebiać; **left hand side** lewa strona; **luck is on sb's side** szczęście komuś dopisuje, los komuś sprzyja; **on all sides** z każdej strony, ze wszystkich stron; **on either side** po obu stronach; **on sb's mother's side** ze strony matki; **on the distaff side** po kądzieli; **on the other side** po drugiej stronie; **on the side 1.** na boku, dodatkowo (*dorabiać itd.*) **2.** na boku; potajemnie, w sekrecie; nieuczciwie; nielegalnie; **on the spear side** po mieczu; **put sth to one side** odkładać coś na bok, odkładać coś na potem; **right hand side** prawa strona; **sb's side of the story** czyjaś wersja wydarzeń; **set sth to one side** odkładać coś na bok, odkładać coś na potem; **side by side 1.** obok siebie **2.** wspólnie; **side effect 1.** działanie uboczne (*leku itd.*) **2.** *przen.* skutek uboczny; **side street** boczna ulica; **split one's sides with laughing** zrywać boki ze śmiechu; **take sb to one side** poprosić/odwołać kogoś na stronę (*aby porozmawiać*); **take sides with sb** brać/trzymać czyjąś stronę, opowiadać się/stawać po czyjejś stronie, obstawać za kimś; **the grass is (always) greener on the other side (of the fence)** *przysł.* cudze zawsze lepsze; cudze chwalicie, swego nie znacie; wszędzie dobrze, gdzie nas nie ma; **the other side** strona przeciwna; **the other side of the coin** druga/odwrotna strona medalu; **to be on the safe side** *pot.* na wszelki wypadek; **two sides of the same coin** dwie strony medalu; **what/which side are you on?** po czyjej/

sieve

/której jesteś stronie?; **you'll be laughing on the other side of your face!** nie będzie ci do śmiechu!

sieve *n* sito; sitko ♦ **have a mind like a sieve/have a memory like a sieve** mieć dziurawą/złą pamięć, mieć krótką/kurzą pamięć

sift *v* **1.** przesiewać; odsiewać **2.** *przen.* (z)badać dokładnie ♦ **sift sth with a fine-tooth comb** *przen.* przesiewać coś przez gęste sito

sigh *n* westchnienie ♦ **breathe/let out/heave a sigh of relief** odetchnąć z ulgą; **heave a sigh** westchnąć ciężko, wydać ciężkie westchnienie

sight *n* **1.** widzenie; zobaczenie **2.** wzrok **3.** zasięg wzroku **4.** widok **5.** rzecz godna obejrzenia/zobaczenia **6.** spojrzenie; opinia **7. the sights** *pl* atrakcyjne/ciekawe miejscowości turystyczne **8. sights** *pl* celownik (*optyczny*) ♦ **a sorry sight** (*zwł. żartobliwie*) przykry widok; obraz nędzy i rozpaczy; widok godny politowania/pożałowania, widok „pożal się Boże"; **at first sight** od pierwszego wejrzenia; na pierwszy rzut oka; **at sight** za okazaniem; **at the sight of sth** na widok czegoś; **can't stand the sight of...** nie móc patrzeć na...; **catch sight of sth/sb** dostrzec coś/kogoś; **come into sight** pojawić się, ukazać się (czyimś oczom); **disappear from sight** zniknąć z oczu; **hate the sight of...** nie móc patrzeć na...; **heave (hove, hove) into sight** pojawić się, ukazać się (czyimś oczom); **in sight 1.** widoczny, widzialny, (będący) w zasięgu wzroku **2.** zbliżający się, bliski końca; **know sb by sight** znać kogoś z widzenia; **lose one's sight** stracić wzrok; **lose sight of sth 1.** stracić coś z oczu **2.** *przen.* stracić coś z oczu/z pola widzenia, zapomnieć o czymś, pominąć coś; **love at first sight** miłość od pierwszego wejrzenia; **not a pretty sight** niezbyt przyjemny/miły widok; **on sight** na miejscu, bez uprzedzenia; **out of sight** poza zasięgiem wzroku; niewidoczny; **out of sight, out of mind** *przysł.* czego oko nie widzi, tego sercu nie żal; co z oczu, to i z myśli/

/serca; **restore sb's sight** przywracać komuś wzrok; **sense of sight** zmysł wzroku; **set one's sights on sth** stawiać sobie coś za cel; **shoot sb on sight** zabić/zastrzelić kogoś na miejscu; **within sight** widoczny, widzialny, (będący) w zasięgu wzroku

sign[1] *n* **1.** znak; symbol (*matematyczny itd.*) **2.** oznaka; objaw **3.** znak, gest **4.** szyld ♦ **all the signs are that...** wszystkie znaki na ziemi i niebie wskazują na to, że...; według wszelkich znaków na niebie i ziemi...; **give/make a sign** dać znak (*gestem itd.*); **make the sign of the Cross** (z)robić znak krzyża; **road sign** znak drogowy; **show signs of life** dawać oznaki/znaki życia; **show signs of sth** zdradzać oznaki czegoś; **sign language** język migowy; **sign of the times** znak czasu/czasów; **star sign** znak zodiaku; **there's no sign of sb/sth** nie ma śladu kogoś//czegoś, nie widać kogoś/czegoś, ani śladu po kimś/czymś, nie ma ani znaku kogoś/czegoś; **traffic sign** znak drogowy; **what sign are you?/what (star) sign were you born under?** spod jakiego jesteś znaku (zodiaku)?, jaki jest twój znak zodiaku?

sign[2] *v* **1.** znaczyć, znakować **2.** podpisywać **3.** dawać znaki ♦ **sign one's own death warrant** podpisać/wydać na siebie wyrok; **sign on the dotted line** podpisać się na formularzu/na dokumencie; **sign sb's death warrant** podpisać/wydać na kogoś wyrok

signal *n* **1.** sygnał **2.** urządzenie sygnalizujące, sygnalizator ♦ **at a given signal** na dany sygnał; na umówiony sygnał; **busy signal** sygnał zajętości (*telefoniczny*); **give the signal for something to begin** dać sygnał do rozpoczęcia czegoś; **on a given signal** na dany sygnał; na umówiony sygnał; **send (out) a signal** nadawać/wysyłać/przesyłać sygnał

signature *n* podpis ♦ **bear a signature** być zaopatrzonym w podpis; **put one's signature to/on sth** składać/kłaść/złożyć podpis pod czymś/na czymś, podpisać się pod czymś/na czymś

significance *n* znaczenie; ważność ♦ **attach significance to** przywiązywać wagę/znaczenie do, przykładać wagę/znaczenie do;

silence

of great significance mający wielkie znaczenie, doniosły, istotny, bardzo ważny; **of little significance** mało ważny, mało istotny

silence *n* **1.** cisza **2.** milczenie ♦ **a one-minute silence (to honour the dead)** minuta ciszy (dla uczczenia pamięci zmarłych); **awkward silence** kłopotliwa cisza; **break the silence** przerwać/(z)mącić ciszę; **complete silence** kompletna/absolutna cisza, cisza jak makiem zasiał/aż w uszach dzwoni/niczym nie zmącona; **dead/heavy silence** głucha/grobowa/martwa//śmiertelna cisza; **in silence 1.** w ciszy **2.** w milczeniu; **keep silence** zachować ciszę; zachować milczenie; **maintain one's silence** zachować milczenie; uparcie milczeć, wciąż milczeć; **silence falls** cisza zapada; **silence gives consent** milczenie oznacza zgodę, milczenie jest oznaką zgody; **silence is golden** *przysł.* milczenie jest złotem; **sink into silence** (za)milknąć; ucichnąć; **stony silence** kamienna cisza; **take the vow of silence** składać śluby milczenia (*w zakonie*); **wall of silence** mur milczenia

silent *a* **1.** cichy **2.** milczący **3.** niemy (*film*) ♦ **be as silent as the grave** milczeć jak grób/jak kamień/jak głaz/jak zamurowany/jak zaklęty; **fall silent** zamilknąć; ucichnąć; uciszyć się; pogrążyć się w ciszy/w milczeniu; **keep dead silent** milczeć jak grób/jak głaz/jak kamień/jak zamurowany/jak zaklęty; **remain silent** milczeć; zachować milczenie

silk *n* jedwab ♦ **you can't make a silk purse out of a sow's ear** *przysł.* i w Paryżu nie zrobią z owsa ryżu; z pustego i Salomon nie naleje

silly *a* niemądry, głupi ♦ **drink oneself silly** spić się, upić się; **laugh oneself silly** *pot.* śmiać się do rozpuku

silver *a* srebrny ♦ **born with a silver spoon in one's mouth** w czepku urodzony; **every cloud has a silver lining** *przysł.* nie ma tego złego, co by na dobre nie wyszło; **the silver screen** srebrny ekran (*kino*)

simple *a* **1.** prosty; nieskomplikowany; zwykły; zwyczajny; naturalny **2.** naiwny ♦ **for the simple reason that...** z (tego) prostego powodu, że...; **it's not as simple as that** *pot.* to nie takie proste; **pure and simple** *pot.* (*po rzeczowniku*) tylko i wyłącznie, po prostu

simply *adv* **1.** prosto; zwyczajnie **2.** po prostu **3.** tylko ♦ **purely and simply** *pot.* (*po rzeczowniku*) tylko i wyłącznie, po prostu; **to put it simply** mówiąc prosto

sin *n* grzech ♦ **as ugly as sin** brzydki jak grzech śmiertelny/jak nieboskie stworzenie/jak noc/jak półtora nieszczęścia/jak nieszczęście; **cardinal sin** grzech główny; **commit a sin** popełnić grzech, (z)grzeszyć; **deadly/mortal sin** grzech śmiertelny; **original sin** grzech pierworodny; **ugly as sin** brzydki jak grzech śmiertelny/jak nieboskie stworzenie/jak noc/jak półtora nieszczęścia/jak nieszczęście; **venial sin** grzech powszedni

since 1. *adv* od tego czasu **2.** *prep* od (*określonego czasu*); odkąd **3.** *conj* ponieważ; jako że ♦ **ever since** odkąd; od momentu kiedy; od; **since time out of mind** od niepamiętnych czasów

sincerely *adv* szczerze ♦ **yours sincerely** szczerze oddany; z poważaniem (*używane w listach*)

sincerity *n* szczerość ♦ **in all sincerity** z całą szczerością, zupełnie/bardzo szczerze

sing *v* (**sang, sung**) śpiewać ♦ **sing sb's praise(s)** bardzo kogoś chwalić, nie znajdować słów pochwały dla kogoś, nie szczędzić komuś pochwał

single *a* **1.** jeden; pojedynczy **2.** pojedynczy, jednoosobowy **3.** każdy (bez wyjątku) **4.** wolny (*stan cywilny*) ♦ **at a single glance** na pierwszy rzut oka, od razu; **hang by a single thread** wisieć na włosku, być w niebezpieczeństwie, być poważnie zagrożonym; **in single file** gęsiego, rzędem, jeden za drugim; **not a single** ani jeden; **single currency** jedna/wspólna waluta; **single figures** liczby jednocyfrowe; **single market** wspólny

sink

rynek; **single parent** samotny rodzic, rodzic samotnie wychowujący dziecko; **single ticket** bilet w jedną stronę

sink *v* (**sank, sunk**) **1.** tonąć **2.** zanurzać się; zagłębiać się; pogrążać się; osuwać się **3.** słabnąć; tracić siłę/wartość **4.** zachodzić (*słońce, księżyc*) **5.** inwestować (*pieniądze*) ♦ **be sinking fast** szybko podupadać/upadać na zdrowiu, ginąć w oczach; **be sunk in sth** być pogrążonym w czymś, pogrążyć się w czymś; popaść w coś (*rozpacz itd.*); **my heart sank when...** serce mi zamarło, kiedy...; **sink a well** kopać studnię; **sink into a deep sleep** zapadać w głęboki sen; **sink into chaos** pogrążyć się w chaosie; **sink into despair** wpadać/popadać w rozpacz; **sink into silence** (za)milknąć; ucichnąć; **sink so low** *przen.pot.* upadać (bardzo/tak) nisko; **sink to one's knees** padać/rzucać się na kolana, klękać; **sink to the bottom** iść/pójść na dno, zatonąć (*statek*); **sink without trace** zniknąć/przepaść bez wieści

sinker *n* ♦ (*w wyrażeniu*) **hook, line and sinker** całkowicie, ślepo, bez zastrzeżeń (*uwierzyć w coś*)

sister *n* **1.** siostra **2.** *GB* siostra przełożona **3.** siostra, zakonnica ♦ **big sister** *pot.* starsza siostra; **kid/little sister** *pot.* młodsza siostra, (młodsza) siostrzyczka

sit *v* (**sat, sat**) **1.** siedzieć; usiąść **2.** posadzić **3.** zasiadać (*np. w komitecie*) **4.** zdawać, przystępować (*do egzaminu*) **5.** wysiadywać (*jaja*) ♦ **make sb sit up (and take notice)** dać komuś do myślenia; **sit a test** przystąpić do testu/do sprawdzianu, zdawać test/sprawdzian; **sit at the table** siedzieć za stołem/przy stole; **sit in judgement over/on sb** osądzać kogoś (*zwł. niesprawiedliwie*), sądzić kogoś (*czyjeś zachowanie, postępowanie*), krytykować kogoś; **sit on one's laurels** spocząć na laurach, usiąść na laurach; **sit on the fence** być/pozostawać neutralnym, nie opowiadać się po żadnej ze stron, nie opowiadać się za nikim; **sit still** siedzieć spokojnie/bez ruchu/na miejscu/ /nie wiercąc się; **sit tight 1.** nie ruszać się; (po)zostać na miejscu **2.** przeczekać, odczekać, nie podejmować żadnych działań/kroków; **sit up to the table** siadać do stołu

sitting *n* posiedzenie ♦ **at/in one sitting** za jednym posiedzeniem; **sitting duck** łatwy cel; **sitting member** *GB* poseł bieżącej//obecnej kadencji

six *num* sześć ♦ **at sixes and sevens** *pot.* w (kompletnym) nieładzie; zdezorganizowany; do góry nogami; w bezładzie; w rozgardiaszu; **hit/knock sb for six** przeżyć/odczuć coś głęboko, odczuć coś dotkliwie, przeżyć/odczuć coś boleśnie; **the sixth sense** szósty zmysł

size *n* **1.** wymiar; wielkość; rozmiar **2.** klej ♦ **be a fair/good/nice size** być całkiem dużym; **life size** naturalna wielkość (*posągu itd.*); **that's about the size of it** *pot.* tak to widzę, tak na to patrzę, tak to oceniam; tak to wygląda; **try sth for size** przymierzać coś (*ubranie*)

skate *v* jeździć na łyżwach ♦ **be skating on thin ice** poruszać się/stąpać po cienkim/kruchym lodzie, stać na niepewnym//śliskim gruncie, wkraczać na śliski grunt, wkraczać na śliskie tory, ryzykować

skeleton *n* **1.** szkielet, kościec **2.** szkielet (*konstrukcji*) ♦ **skeleton in the cupboard/closet** *przen.pot.* trup w szafie

skid *n* **1.** poślizg; zarzucenie **2.** płoza ♦ **go into a skid** wpaść w poślizg

skin[1] *n* **1.** skóra **2.** cera **3.** skórka, łupina (*owocu*) **4.** kożuch na mleku ♦ **by the skin of one's teeth** ledwie, ledwo; o mały włos, o mało co; **get under sb's skin** *pot.* **1.** zaleźć komuś za skórę, dawać się komuś we znaki; działać komuś na nerwy **2.** pociągać/przyciągać kogoś; wchodzić komuś w krew; **have a thick skin** *przen.* mieć grubą/twardą skórę; **jump out of one's skin/leap out of one's skin** *pot.* wyskakiwać/wychodzić ze skóry; **near is my shirt, but nearer is my skin** *przysł.* bliższa ciału koszula (niż sukmana); **nothing but skin and bone(s)** *pot.* (sama) skóra i kości; **save one's (own) skin** *pot.*

skin

ocalić własną skórę, ratować własną skórę; **save sb's skin** *pot.* ocalić czyjąś skórę, ratować czyjąś skórę; **skin and bone(s)** *pot.* (sama) skóra i kości; **soaked to the skin** przemoczony do (suchej) nitki/doszczętnie/na wskroś

skin² *v* **1.** zdejmować skórę (*ze zwierzęcia*) **2.** obierać (ze skórki) **3.** zetrzeć/obetrzeć/skaleczyć skórę ♦ **keep one's eyes skinned for sb/sth** wyglądać kogoś/czegoś, wypatrywać kogoś/czegoś; **skin sb alive** obdzierać kogoś żywcem ze skóry

skittle *n* **1.** kręgiel **2. skittles** *pl* kręgle ♦ **life is not all beer and skittles** życie to nie bajka

skunk *n* skunks ♦ **(as) drunk as a skunk** *US pot.* pijany jak bela/w sztok/jak szewc/jak bąk

sky *n* niebo ♦ **heavy sky** ciemne/zachmurzone/pochmurne niebo, niebo zasnute chmurami; **pie in the sky** mrzonka, urojenie, fantazja; **praise sb/sth to the skies** wychwalać kogoś/coś pod niebiosa, wynosić kogoś/coś pod niebiosa; **the sky's the limit** *pot.* nie ma ograniczeń, bez ograniczeń

slap *n* policzek; klaps ♦ **a slap in the face** policzek, zniewaga, upokorzenie

slate *n* łupek ♦ **a clean slate** *przen.* czyste konto

slaughter *n dosł. i przen.* rzeź ♦ **like a lamb to the slaughter** (prowadzony/idący) jak baranki na rzeź, jak owieczka na rzeź

slavery *n* niewolnictwo; niewola ♦ **white slavery** handel żywym towarem

sleep¹ *n* sen ♦ **don't lose sleep over it!** niech ci to nie spędza snu z oczu/z powiek!; **fall into a deep sleep** zapadać w głęboki sen; **get sleep** zaznać snu; **get to sleep** zasypiać; **go to sleep 1.** iść/pójść/kłaść się spać **2.** (z)drętwieć; **heavy sleep** mocny/twardy sen; **light sleep** lekki/czujny sen; **not get a wink of sleep/not have a wink of sleep** nie zmrużyć oka; **put to sleep** usypiać/uśpić (*chorego przed operacją, zwierzęta*); **rock sb to sleep** kołysać kogoś do snu; **send sb to sleep** usypiać/uśpić kogoś; **sink into a deep sleep** zapadać w głęboki sen; **slip into**

sleep zapadać w sen, powoli zasypiać; **talk in one's sleep** mówić przez sen; **the long last sleep** *przen.* sen wieczny; **winter sleep** sen zimowy

sleep² *v* **(slept, slept)** 1. spać 2. zapewnić nocleg, przenocować (*kogoś*) ♦ **let sleeping dogs lie** *przysł.* nie budź licha, kiedy śpi; nie wywołuj wilka z lasu; **not sleep a wink** nie zmrużyć oka; **sleep late** spać do późna; spać do południa; **sleep lightly** spać lekko/czujnie/jak zając; **sleep like a log/top** spać kamiennym snem, spać jak kamień/jak suseł/jak zabity; **sleep rough** spać pod gołym niebem; spać pod chmurką; spać na dworze; **sleep tight** spać dobrze; smacznie spać

sleeper *n* 1. osoba śpiąca 2. pociąg sypialny 3. wagon sypialny 4. miejsce w wagonie sypialnym 5. mały okrągły kolczyk (*w uchu*) ♦ **heavy sleeper** śpioch

sleeve *n* rękaw ♦ **have a card up one's sleeve/have an ace up one's sleeve** mieć asa w rękawie; **roll up one's sleeves** podwinąć/zawinąć rękawy; *przen.* zakasać rękawy; **wear one's heart on one's sleeve** mieć serce na dłoni

slight *a* lekki; drobny; nieznaczny; mały ♦ **not in the slightest** ani trochę; zupełnie nie; **without the slightest difficulty** bez najmniejszych trudności

sling *v* **(slung, slung)** 1. zawiesić; przewiesić 2. rzucać ♦ **sling mud at sb** obrzucić/zmieszać kogoś z błotem

slip¹ *n* 1. poślizg 2. pomyłka 3. przesunięcie 4. listewka; pasek, kartka, świstek (*papieru*) ♦ **give sb the slip** *pot.* wymknąć się komuś (*policji itd.*), zwiać komuś; **slip of the tongue** przejęzyczenie (się)

slip² *v* poślizgnąć się; prześlizgnąć się; wyślizgnąć się ♦ **let slip** wygadać się, zdradzić się z czymś niechcący; **let sth slip (through one's fingers)** przepuścić coś, zmarnować coś, nie wykorzystać czegoś, stracić coś (*okazję itd.*); **slip into sleep** zapadać w sen, powoli zasypiać; **slip one's memory/slip one's mind** wylecieć komuś z głowy/z pamięci, zapomnieć

slit 568

slit *v* (slit, slit) rozcinać ♦ **slit sb's nose** rozwalić komuś nos; **slit sb's throat** poderżnąć/podciąć komuś gardło

slog *v pot.* mozolić się ♦ **slog one's guts out** *pot.* pracować/harować w pocie czoła, pracować/harować do siódmego potu, wypruwać z siebie żyły

slow[1] *a* **1.** powolny, wolny **2.** tępy; niemrawy ♦ **a clock is slow** zegar spóźnia się/późni się; **at a slow pace** w wolnym tempie; **be slow on the uptake** nie chwytać w lot, nie być bystrym; powoli się w czymś orientować; **be slow to react** wolno reagować, ociągać się, wahać się; **in slow motion** w zwolnionym tempie; zwolniony (*zdjęcia, film*); **slow haul (to sth)** *przen.* daleka (i trudna) droga (do czegoś); żmudna praca (prowadząca do czegoś); praca ciągnąca się w nieskończoność; kawał roboty (do zrobienia)

slow[2] *adv* powoli, wolno ♦ **go slow on sth** nie wykazywać/nie przejawiać entuzjazmu do czegoś, nie palić się do czegoś, mieć niechętny stosunek do czegoś, odnosić się do czegoś z rezerwą

sly *a* przebiegły; chytry; cwany ♦ **on the sly** po kryjomu, w tajemnicy, po cichu, skrycie

smack *v* **1.** trzaskać **2.** dawać klapsa ♦ **smack one's lips** *pot.* oblizywać się (*na widok czegoś*); zacierać ręce (*z zadowolenia*)

small *a* **1.** mały; drobny **2.** słaby; bez znaczenia; marny ♦ **be grateful/thankful for small mercies** nigdy nie jest tak źle, aby nie mogło być gorzej; **cost a small fortune** *pot.* kosztować fortunę/majątek/kupę pieniędzy, słono kosztować; **feel small** czuć się głupio; czuć się upokorzonym; **for a small consideration** za niewielką odpłatnością; **get/grow smaller** maleć; **in a small way** *pot.* na małą skalę; w niewielkim stopniu; **into the small hours** do białego świtu/rana; **it's a small world!** jaki ten świat mały!, mały ten świat!; **it's small wonder (that)...** nic dziwnego, że...; **make smaller** zmniejszać; **of small account** małej wagi, mało ważny; **on a small scale** na małą skalę; **run round in small circles** kręcić się w kółko, dreptać w miejscu, nie posuwać pracy/sprawy naprzód; **small ad** ogłoszenie drobne; **small beer** *pot.* małe piwo; bułka z masłem; **small change** *pot.* drobne (pieniądze), drobniaki, drobnica, grosze; **small comfort** słaba/żadna/niewielka pociecha; **small fry** *pot.* **1.** płotki, osoby mało znaczące **2.** *US* dzieci, dzieciaki, drobiazg; **small gift** drobny/skromny upominek; **small potatoes** *pot.* małe piwo; bułka z masłem; **small talk** pogawędka; **small wonder (that)...** nic dziwnego, że...; **small world!** jaki ten świat mały!, mały ten świat!; **the small hours** wczesny ranek, wczesne godziny poranne, blady świt; **the small screen** mały ekran (*telewizja*); **the still small voice (of conscience)** głos sumienia; **until the small hours** do białego świtu/rana

smart *a* **1.** wytworny; elegancki **2.** sprytny; bystry **3.** energiczny **4.** inteligentny (*sprzęt elektroniczny, urządzenie*) ♦ **smart alec** *pot.* mądrala; mędrek; przemądrzalec; **the smart set** śmietanka towarzyska; elegancki świat

smash *n* **1.** rozbicie, roztrzaskanie **2.** trzask **3.** upadek, krach, bankructwo **4.** kraksa **5.** ścięcie (*w tenisie*) ♦ **smash hit** wielki przebój/szlagier/hit

smell[1] *n* **1.** powonienie, węch **2.** woń, zapach **3.** odór; smród ♦ **sense of smell** zmysł węchu

smell[2] *v* (**smelled** *US*/**smelt, smelled** *US*/**smelt**) **1.** pachnieć **2.** cuchnąć, śmierdzieć **3.** wąchać **4.** *pot.* wydawać się (*prawdziwym itd.*) ♦ **smell a rat** czuć pismo nosem; **smell danger** wyczuwać niebezpieczeństwo; **smell to high heaven** *pot.* cuchnąć; śmierdzieć, jak wszyscy diabli

smile *n* uśmiech ♦ **be all smiles** rozpływać się w uśmiechu, promienieć uśmiechem; **give sb a smile** uśmiechnąć się do kogoś

smoke *n* dym ♦ **go up in smoke 1.** pójść z dymem, spalić się, spłonąć **2.** spalić na panewce, nie udać się, spełznąć na niczym; **(there is) no smoke without fire/where there's smoke there's fire** *przysł.* nie ma dymu bez ognia

smoker *n* **1.** palacz, palący, osoba paląca **2.** wagon dla palących ♦ **heavy smoker** nałogowy palacz

smoking *n* palenie (*tytoniu*) ♦ **give up smoking** rzucić palenie; **no smoking/smoking not permitted** palenie zabronione

smooth *a* **1.** gładki **2.** spokojny; łagodny ♦ **(as) smooth as velvet** gładki/miękki jak aksamit; **take the rough with the smooth** bywać raz na wozie, raz pod wozem

smother *v* **1.** (za)dusić **2.** (s)tłumić **3.** obsypywać (*kwiatami itd.*) **4.** pokrywać (*warstwą kremu itd.*) **5.** pozbywać się (*przeciwnika*) ♦ **smother sb with kindness** zagłaskać kogoś na śmierć

snail *n* ślimak ♦ **at a snail's pace** w żółwim tempie, ślimacząc się

snake *n* wąż ♦ **a snake in the grass** *przen.* zdradziecki/podstępny wąż, podstępna/nikczemna/jadowita żmija; **snake charmer** zaklinacz węży

snap^1 *v* **1.** trzaskać; łamać; pękać **2.** warczeć (*na kogoś*); mówić coś w złości, złościć się (*na kogoś*) **3.** kłapać zębami; próbować ugryźć/złapać zębami **4.** pstrykać/robić zdjęcia **5.** tracić panowanie nad sobą ♦ **snap one's fingers** strzelać palcami/na palcach, pstrykać palcami; **snap sb's head off** *pot.* zmyć komuś głowę, nakrzyczeć na kogoś, zwymyślać kogoś, skrzyczeć kogoś, objechać kogoś

snap^2 *a* ♦ (*w wyrażeniu*) **snap decision** pochopna decyzja

snappy *a* **1.** szybki, prędki **2.** chwytliwy, łatwy do zapamiętania **3.** *pot.* modny; elegancki; szykowny ♦ **a snappy dresser** elegantka, modnisia; **look snappy/make it snappy** *pot.* szybko!, prędko!, migiem!, raz-dwa!

snatch^1 *n* **1.** kawałek, urywek, fragment, strzęp **2.** łapanie, chwytanie ♦ **in snatches** z przerwami; zrywami

snatch^2 *v* chwytać, łapać ♦ **snatch sth from under sb's nose** sprzątnąć/zabrać/zdmuchnąć coś komuś sprzed nosa

sneeze *v* kichać ♦ **not to be sneezed at** *pot.* nie do pogardzenia

sniff *v* **1.** pociągać nosem **2.** wąchać ♦ **not to be sniffed at** *pot.* nie do pogardzenia

snook *n* ♦ (*w zwrocie*) **cock a snook at sb/sth** lekceważyć kogoś/coś, traktować kogoś/coś pogardliwie; mieć kogoś/coś w nosie

snow[1] *n* śnieg ♦ **(as) white as snow** biały jak śnieg, śnieżnobiały

snow[2] *v* (*o śniegu*) padać, sypać ♦ **be snowed under (with sth)** być zawalonym (czymś/pracą); **it is snowing** pada śnieg; **it snows lightly** śnieg prószy

snowball *n* śnieżka ♦ **not have a snowball's chance in hell** nie mieć najmniejszej szansy

snug *a* **1.** przytulny **2.** dopasowany; obcisły (*ubranie*) ♦ **(as) snug as a bug in a rug** *przysł.* jak u Pana Boga za piecem; **I'm very snug here** jest mi tu bardzo wygodnie

so *adv* **1.** tak; taki **2.** więc, tak więc ♦ **and so on/and so forth** i tak dalej; **even so 1.** nawet gdyby tak było **2.** pomimo tego; **every so often** od czasu do czasu, czasem, niekiedy, nieraz; **I don't think so** sądzę/myślę, że nie; **I fear so** obawiam się, że tak; **if so** jeśli tak; **in so far as** o tyle że; **I think so** sądzę/myślę, że tak; **just so** dokładnie tak, właśnie tak; **or so** około, w przybliżeniu, lub coś koło tego; **quite so!** właśnie!; **so as to** żeby, aby; **so be it!** niech tak będzie!; **so big (that)** tak(i) duży (, że); **so far** jak dotąd, dotychczas; **so far as** o ile; aż do; **so far as I know** o ile wiem, o ile mi wiadomo; **so long** na razie!, tymczasem!, do zobaczenia!, do widzenia!; **so long as** pod warunkiem, że; tak długo jak; o ile; **so many** tak dużo, tyle, wiele; **so much 1.** tak dużo, tyle, wiele **2.** tak bardzo; **so that** tak aby, żeby; **so to say** że tak powiem; **so what?** *pot.* (no i) co z tego?, no to co?; **that is so** tak jest!

soaked *a* przemoczony; przemoknięty; zmoknięty; przesiąknięty ♦ **soaked through/soaked to the skin** przemoczony do (suchej) nitki/doszczętnie/na wskroś

soaking *a* przemoczony, ociekający wodą ♦ **soaking wet** przemoczony do (suchej) nitki/doszczętnie/na wskroś

so-and-so *n pot.* taki a taki ♦ **you so-and-so!** ty taki owaki!

soap *n* mydło ♦ **soap opera** opera mydlana

sober *a* **1.** trzeźwy **2.** zrównoważony; rzeczowy **3.** stonowany (*kolor*) ♦ **as sober as a judge** zupełnie trzeźwy; **on a more sober note...** mówiąc poważnie...

social *a* **1.** towarzyski **2.** społeczny; socjalny **3.** stadny ♦ **social life** życie towarzyskie; **social security** *GB* ubezpieczenia społeczne; **social worker** pracownik opieki społecznej

society *n* **1.** społeczeństwo **2.** społeczność **3.** towarzystwo **4.** wyższa warstwa społeczna **5.** towarzystwo, spółka ♦ **a danger to society** zagrożenie dla społeczeństwa; **high society** wyższe sfery, śmietanka towarzyska, wielki świat

sock *n* skarpetka ♦ **give sb a sock** *pot.* zadać komuś cios, uderzyć kogoś mocno, walnąć kogoś, przywalić komuś; **pull one's socks up** *pot.* wziąć się w garść; poprawić się; popracować nad sobą; wziąć się do roboty; zakasać rękawy

soft *a* **1.** miękki **2.** delikatny; łagodny **3.** cichy **4.** słaby **5.** łagodny, pobłażliwy **6.** *pot.* głupi ♦ **be soft on sb/sth** być pobłażliwym dla/wobec kogoś/czegoś, traktować kogoś/coś pobłażliwie, być wyrozumiałym dla kogoś/czegoś; **have a soft spot for sb** mieć do kogoś słabość; **soft copy** kopia nietrwała, zapis nietrwały (*np. na ekranie monitora*); **soft drink** napój bezalkoholowy; **soft drugs** narkotyki miękkie; **soft heart** miękkie serce; **soft in the head** *pot.* głupkowaty, przygłupi; **soft landing** miękkie lądowanie; **soft option** *pot.* łatwiejsze wyjście/rozwiązanie; pójście na łatwiznę; **soft porn** miękka pornografia; **soft target** łatwy cel; łatwy łup; **soft water** miękka woda; **take the soft option** *pot.* wybrać łatwiejsze wyjście/rozwiązanie; pójść na łatwiznę

soil[1] *n* **1.** gleba; grunt; ziemia **2.** brud; zabrudzenie ♦ **sb's native soil** czyjaś ziemia ojczysta, czyjś kraj rodzinny; **set foot on foreign soil** postawić nogę na obcej ziemi

soil[2] *v* brudzić ♦ **not soil one's hands with sth** nie zabrudzić sobie rąk czymś; nie splamić się czymś

soldier *n* żołnierz ♦ **private soldier** szeregowy; **soldier of fortune** najemnik

sole *a* **1.** jeden, jedyny **2.** wyłączny ♦ **sole right** wyłączne prawo

solid *a* **1.** stały **2.** solidny; mocny; trwały **3.** lity, pełny; masywny **4.** rzetelny, solidny; lojalny **5.** nieprzerwany; cały **6.** jednomyślny **7.** trójwymiarowy ♦ **(as) solid as a rock** jak skała; **be solid** być zgodnym/jednomyślnym; **solid figure** bryła (geometryczna); **solid foundation** solidna podstawa/baza; **solid gold** z czystego złota; **wait for a solid hour** czekać bitą godzinę

some *a* **1.** jakiś **2.** trochę **3.** niektóry **4.** około, jakieś ♦ **for some time** przez dłuższy czas; **some day** któregoś dnia (*w przyszłości*); **some friend!** (*w znaczeniu negatywnym*) a to dopiero przyjaciel!; **some help (that is)!** (*w znaczeniu negatywnym*) a to dopiero pomoc!; **some more** jeszcze trochę, trochę więcej; **some other time** innym razem; **some time ago** jakiś czas temu

somehow *adv* jakoś; w jakiś sposób; z jakiegoś powodu ♦ **somehow or other** w jakiś sposób

something *pron* coś ♦ **be something of a...** być bardzo dobrym (*kimś, w czymś*), być (świetnym) znawcą (*czegoś*), znać się na czymś; **do something about sth** zrobić coś z czymś; **have something to do with** mieć coś wspólnego z; **I'll tell you something** *pot.* powiem ci coś..., mówię ci..., wiesz co...; **or something** *pot.* lub coś w tym rodzaju, lub coś w tym guście, lub coś podobnego; **something along those lines** coś w tym rodzaju, coś w tym guście; **something like 1.** coś w rodzaju, podobny do **2.** coś około, w przybliżeniu, jakieś; **something of the kind** coś w tym rodzaju; **that's quite something!** to jest (dopiero) coś!; **there's something wrong** coś tu nie gra, coś tu jest nie w porządku, coś tu jest nie tak; **you know something?** wiesz co?

somewhere *adv* gdzieś; około ♦ **somewhere along the line** *pot.* gdzieś po drodze

son *n* **1.** syn **2. the Son** Syn Boży ♦ **like father, like son** *przysł.* niedaleko pada jabłko od jabłoni; **Son of God** Syn Boży

song *n* pieśń; piosenka ♦ **buy sth for a song** kupić coś za pół darmo/za bezcen

soon *adv* wkrótce, niedługo ♦ **as soon as** jak tylko; **as soon as possible** tak szybko jak to (tylko) możliwe, jak najprędzej; **not a moment too soon** niemal/nieomal w ostatniej chwili; **soon after** wkrótce po tym jak...; **sooner or later** prędzej czy później, wcześniej czy później; **the sooner the better** im prędzej/wcześniej tym lepiej

soot *n* sadza ♦ **(as) black as soot** czarny jak święta ziemia (*brudny*)

sore[1] *n* rana; skaleczenie ♦ **running sore** brocząca rana, rana brocząca krwią

sore[2] *a* **1.** bolący; bolesny **2.** smutny **3.** rozdrażniony ♦ **a sore head** ból głowy, boląca głowa; **a sore point/spot** drażliwy temat; czułe miejsce; **I have a sore throat** boli mnie gardło

sorrow *n* smutek; żal ♦ **time heals all sorrows** *przysł.* czas goi/leczy rany

sorry *a* **1.** zmartwiony **2.** smutny **3.** godny pożałowania; opłakany; żałosny ♦ **a sorry sight** (*zwł. żartobliwie*) przykry widok; obraz nędzy i rozpaczy; widok godny politowania/pożałowania, widok „pożal się Boże"; **be sorry about sth** przepraszać za coś; **be sorry for sb** współczuć komuś; ubolewać nad kimś; odczuwać żal; **be sorry (that)** żałować (, że); **feel sorry for sb** współczuć komuś; ubolewać nad kimś; odczuwać żal; **feel sorry for yourself** litować się nad sobą, rozczulać się nad sobą, ubolewać nad sobą; **(I'm) sorry!** przepraszam!; **I'm sorry to hear that** przykro mi to słyszeć; **say (you are) sorry (to sb)** przeproś (kogoś); **sorry?** słucham?; **you'll be sorry** pożałujesz tego

sort *n* rodzaj; typ; gatunek; marka; klasa ♦ **a sort of...** jakiś tam...; coś w rodzaju...; **bad sort** *pot.* nicpoń, gagatek, ananas, ziółko; **be out of sorts 1.** czuć się niedobrze/niezbyt dobrze, czuć się słabo, niedomagać **2.** czuć się nieswojo; być nie w sosie; być wytrąconym z równowagi; **it takes all sorts (to make a world)** *przysł.* są ludzie i ludziska; **nothing of the sort** nic z tych rzeczy, nic podobnego; **of a sort/of sorts** *pot.* mający być (*czymś*), uchodzący za (*coś*), tylko z nazwy (*jakiś*); **of this sort** tego rodzaju, tego typu; **sort of** *pot.* tak jakby, tak jakoś; jak gdyby; do pewnego stopnia; **that sort of thing** *pot.* i temu podobne, i tym podobne, itp.; tego rodzaju rzeczy/sprawy

soul *n* dusza ♦ **bare one's soul to sb** otworzyć duszę przed kimś; **body and soul** ciałem i duszą; **heart and soul** duszą i ciałem, z całego serca, całym sercem, z całej duszy; **keep body and soul together** utrzymać się przy życiu, przetrwać, przeżyć; **not a (living) soul** ani żywego ducha; **pour out one's soul to sb** otworzyć przed kimś serce; **put one's heart and soul into sth** wkładać w coś (całe) serce/dużo serca, wkładać w coś całą duszę; **sell one's soul (to the devil)** zaprzedać się; zaprzedać duszę diabłu; **the life and soul of sth** dusza czegoś (*towarzystwa itd.*)

sound¹ *n* **1.** dźwięk; odgłos **2.** brzmienie **3.** szmer **4.** ton ♦ **break the sound barrier** przekroczyć barierę dźwięku; **not make a sound** nie wydać najmniejszego/żadnego dźwięku; nie wydać najmniejszego/żadnego szmeru; **sound effects** efekty dźwiękowe

sound² *v* **1.** dźwięczeć; brzmieć; rozlegać się (*dźwięk*) **2.** brzmieć (*rozsądnie, podejrzanie itd.*) **3.** dać sygnał (*dźwiękowy*) **4.** sondować (*w żeglarstwie*) **5.** przeprowadzać sondaż, sondować (*reakcje społeczne*) ♦ **it sounds as if...** wygląda na to, że...; **sb sounds a note of sth** nuta czegoś pobrzmiewa (*w czymś*); **sound like sb** brzmieć jak ktoś; mówić jak ktoś; **sound the alarm** bić na alarm; **sound the all clear** odwołać alarm (*sygnałem*); **sound the death knell (of/for...) 1.** dzwonić podzwonne (*zmarłemu*) **2.** *przen.* zapowiadać koniec (*czegoś*), zwiastować schyłek (*czegoś*), być początkiem końca (*czegoś*), odchodzić w przeszłość

sound

sound[3] *a* **1.** zdrowy **2.** mądry; rozsądny **3.** pewny, solidny **4.** zdrowy, porządny, tęgi (*lanie itd.*) **5.** dźwiękowy (*film*); akustyczny (*fala*) ♦ **a sound mind in a sound body** w zdrowym ciele zdrowy duch; **as sound as a bell** zdrowy jak rydz/jak ryba/*pot.* jak byk/*pot.* jak koń; **be of sound mind** być przy zdrowych zmysłach; **be sound asleep** spać mocno/głęboko; smacznie (sobie) spać; **fall sound asleep** usnąć mocno/głęboko/twardo/smacznie, zasnąć mocno/głęboko/twardo/smacznie; **safe and sound** cały i zdrowy; **sound as a bell** zdrowy jak rydz/jak ryba/*pot.* jak byk/*pot.* jak koń

sour *a* kwaśny; skwaśniały ♦ **go/turn sour 1.** (s)kwaśnieć **2.** *przen.* (s)tracić smak/urok; popsuć się; pogorszyć się

source *n* źródło; początek ♦ **at source** u źródła; **from reliable sources** z pewnego/wiarygodnego źródła; **source language** język wyjściowy (*w słowniku*); język tekstu tłumaczonego; (*w informatyce*) język źródłowy (*którym posługuje się programista*)

sow[1] *n* maciora, locha ♦ **you can't make a silk purse out of a sow's ear** *przysł.* i w Paryżu nie zrobią z owsa ryżu; z pustego i Salomon nie naleje

sow[2] *v* (**sowed, sown/sowed**) siać ♦ **he that sows the wind must reap the whirlwind/he had sown the wind and was reaping the whirlwind** *przysł.* kto sieje wiatr, burzę zbiera; **sow the seeds of sth** *przen.* siać ziarno (*przyszłych konfliktów itd.*)

space *n* **1.** przestrzeń **2.** przestrzeń kosmiczna, kosmos **3.** miejsce; teren; obszar **4.** odstęp; odległość **5.** przeciąg czasu; okres **6.** spacja; światło ♦ **be cramped for space** tłoczyć się, gnieść się, być stłoczonym jak śledzie w beczce; nie mieć gdzie szpilki wetknąć; **clear a space for** przygotować miejsce na/pod; **during/in the space of...** w przeciągu... (*tygodnia itd.*), w ciągu..., na przestrzeni...; **leave space for** zostawić miejsce na; **make space for** (z)robić miejsce na/dla; **open space** otwarta przestrzeń; **outer space** przestrzeń kosmiczna; **project into space** wystrzelić w przestrzeń kosmiczną (*rakietę itd.*); **space flight**

lot kosmiczny/w kosmos; **space probe** sonda kosmiczna; **space shuttle** prom kosmiczny, wahadłowiec; **space station** stacja kosmiczna; **take up much space** zajmować dużo miejsca; **wide open spaces** rozległe przestrzenie, przestrzenie bez granic; **within the space of...** w przeciągu... (*tygodnia itd.*), w ciągu..., na przestrzeni...

spade *n* **1.** łopata **2. spades** *pl* piki (*w kartach*) ♦ **call a spade a spade** nazywać rzeczy po imieniu; nie owijać w bawełnę

spare[1] *v* **1.** oszczędzać, robić oszczędności **2.** oszczędzać, darować (*życie*); uszanować (*uczucia*) **3.** przeznaczać, poświęcać ♦ **I have a few minutes to spare** mam parę/kilka wolnych minut; **spare a thought for sb** pomyśleć (tylko) o kimś (*kto jest w gorszej sytuacji od naszej*); **spare no expense** nie szczędzić wydatków, nie szczędzić grosza/pieniędzy; **spare no pains** nie szczędzić trudu; **spare sb pain/trouble** (za)oszczędzić komuś bólu/kłopotu; **spare sb's blushes** oszczędzić komuś wstydu; **spare sb the details** oszczędzić komuś szczegółów; **there is no time to spare** nie ma chwili/czasu do stracenia; **to spare** w zapasie

spare[2] *a* **1.** zapasowy, zamienny (*część*); wolny (*czas itd.*); zbywający **2.** oszczędny; skromny ♦ **spare part** część zapasowa/zamienna; **spare room** pokój gościnny; **spare time** wolny czas

speak *v* (**spoke, spoken**) mówić; powiedzieć; przemawiać ♦ **be on speaking terms** rozmawiać z sobą, nie gniewać się z kimś; **generally speaking** ogólnie mówiąc, generalnie rzecz biorąc; **in a manner of speaking** poniekąd, w pewnym sensie; **it speaks for itself** to mówi samo za siebie; **not speak a word of...** nie mówić ani słowa po/w (*języku obcym*); **personally speaking** osobiście uważam/sądzę; **so to speak** że tak powiem, że się tak wyrażę; **speak badly of sb** mówić źle o kimś, źle się o kimś wyrażać; **speak English** mówić po angielsku; **speak fluently** mówić płynnie (*w obcym języku*); **speak for oneself** mówić za siebie; **speak highly of sb** dobrze się o kimś wyra-

special 578

żać; wyrażać się o kimś z uznaniem; mówić/wyrażać się o kimś w (samych) superlatywach; **speak ill of sb** mówić źle o kimś, źle się o kimś wyrażać; **speak of the devil!** o wilku mowa!; **speak one's mind** być (zupełnie) szczerym, mówić szczerze/otwarcie, mówić to co się myśli; **speak the same language as sb** mieć/znajdować z kimś wspólny język, mówić wspólnym językiem; **speak up!** mów głośniej!; **speak volumes about/for sth** świadczyć dobitnie/wymownie o czymś; **speak well of sb/sth** mówić o kimś/czymś dobrze, wyrażać się o kimś/czymś dobrze; **speak with one voice** mówić jednym głosem (*grupa ludzi*); **strictly speaking** dokładniej/ściśle(j) mówiąc; **the facts speak for themselves** fakty mówią same za siebie

special *a* **1.** specjalny **2.** szczególny; wyjątkowy **3.** dodatkowy ♦ **nothing special** nic nadzwyczajnego, nic specjalnego; **special effects** efekty specjalne; **special school** szkoła specjalna; **special treatment** specjalne traktowanie

spectacle *n* **1.** spektakl; widowisko **2. spectacles** *pl* okulary ♦ **look at sth through rose-coloured spectacles/look at sth through rose-tinted spectacles** patrzeć na coś przez różowe okulary, widzieć coś w różowych barwach; **make a spectacle of oneself** robić z siebie widowisko; **see sth through rose-coloured spectacles/see sth through rose-tinted spectacles** patrzeć na coś przez różowe okulary, widzieć coś w różowych barwach

spectre *n* widmo, duch, zjawa ♦ **spectre of war** widmo wojny

speech *n* **1.** mówienie, mowa **2.** przemówienie, mowa ♦ **be down for a speech** być na liście mówców; **deliver a speech** wygłosić przemówienie, wygłosić mowę; wystąpić z przemówieniem; **freedom of speech** wolność słowa; **give/make a speech** wygłosić przemówienie, wygłosić mowę; wystąpić z przemówieniem; **part of speech** część mowy; **speech is silver but silence is golden** *przysł.* mowa jest srebrem, a milczenie złotem

speed¹ *n* szybkość; prędkość ♦ **at full speed** z maksymalną prędkością; **at lightning speed** bardzo szybko; błyskawicznie; jak błyskawica; piorunem; **at speed** szybko, prędko, z dużą prędkością; **at top speed** z maksymalną prędkością; **gather speed** rozpędzać się, nabierać szybkości; **keep within the speed limit/keep to the speed limit** nie przekraczać dopuszczalnej/dozwolonej prędkości, jechać z dopuszczalną/dozwoloną prędkością; **more haste, less speed** śpiesz się powoli; **pick up speed** rozpędzać się, nabierać szybkości; **speed limit** dopuszczalna//dozwolona prędkość; **speed trap** kontrola radarowa (*na drodze*); **with lightning speed** bardzo szybko; błyskawicznie; jak błyskawica; piorunem; **with speed** szybko, prędko

speed² *v* (**sped, sped**) 1. śpieszyć się 2. pędzić ♦ **be speeding** jechać z nadmierną prędkością, przekraczać dopuszczalną/dozwoloną prędkość; **God speed you well** z Bogiem!

spell¹ *n* 1. urok; czar 2. zaklęcie 3. (krótki) okres (*określonego rodzaju pogody itd.*) ♦ **be under sb's spell** być/pozostawać pod czyimś urokiem; **cast a spell over** rzucać czar/urok na; **cold spell** fala chłodów/zimna; **hot spell** fala upałów/gorąca/ciepła; **put a spell on** rzucać czar/urok na; **under a spell** zaklęty, zaczarowany

spell² *v* (**spelt**/*US* **spelled, spelt**/*US* **spelled**) 1. (prze)literować 2. sylabizować 3. pisać ortograficznie 4. znaczyć, oznaczać ♦ **can you spell it for me?** czy możesz/może mi Pani to przeliterować?, proszę to przeliterować; **how do you spell your name?** jak się pisze twoje/Pani nazwisko?; **spelling mistake** błąd ortograficzny/w pisowni; **spell trouble** oznaczać kłopoty

spend *v* (**spent, spent**) 1. wydawać (*pieniądze*) 2. spędzać (*czas*) 3. zużywać (*energię*) ♦ **spend hand over fist** *pot.* mieć lekką rękę do wydawania pieniędzy, wydawać pieniądze lekką ręką; (prze)puszczać ciężkie/grube/duże pieniądze; **spend money** wydawać pieniądze; **spend time** spędzać czas

spike *v* przebijać (ostrzem), nabijać (na ostrze) ♦ **spike sb's guns** *pot.* pokrzyżować czyjeś plany/zamiary

spill *v* **(spilt/***US* **spilled, spilt/***US* **spilled) 1.** rozlewać (się) **2.** rozsypywać (się) ♦ **cry over spilt milk/spilled milk** płakać nad rozlanym mlekiem; **spill blood** przelewać krew; **spill the beans** *pot.* zdradzić sekret, wydać tajemnicę, wygadać się

spin *v* **(spun, spun) 1.** prząść **2.** (od)wirować **3.** obracać się **4.** pędzić, gnać, szybko jechać ♦ **make one's head spin** przyprawiać kogoś o zawrót głowy; **spin a story/spin a tale/spin a yarn/spin yarns/spin a line** opowiadać niestworzone historie, opowiadać bajki; **spin on one's heel** odwrócić się/zakręcić się na pięcie; **spin web** snuć pajęczynę

spine *n* **1.** kręgosłup **2.** kolec, cierń **3.** grzbiet (*książki itd.*) ♦ **send a chill down sb's spine** zmrozić komuś krew w żyłach, zmrozić kogoś; **send shivers (up and) down sb's spine** *pot.* przyprawiać kogoś o dreszcze, wstrząsnąć kimś; sprawić, że ciarki (prze)chodzą komuś po plecach

spirit *n* **1.** dusza **2.** duch **3.** *przen.* duch (*prawa, czasu*) **4. spirits** *pl* nastrój, humor **5. spirits** *pl* napój alkoholowy ♦ **as the spirit moves me** kiedy/jeśli przyjdzie mi na to ochota, kiedy/jeśli poczuję ochotę, kiedy/jeśli nabiorę ochoty; **be with sb in spirit** być z kimś myślami; **break sb's spirit** złamać czyjegoś ducha; **call up the spirits of the dead** wywoływać duchy (zmarłych); **fighting spirit** duch walki; **high spirits** doskonały/świetny/ /znakomity humor; **if the spirit moves me** jeśli/kiedy przyjdzie mi na to ochota, jeśli/kiedy poczuję ochotę, jeśli/kiedy nabiorę ochoty; **I'll be there in spirit** będę tam obecny duchem; **in a spirit of (cooperation)** w duchu (współpracy); **in good spirits** w dobrym nastroju/humorze; **in low spirits** przygnębiony; przybity; **keep sb's spirits up** podtrzymywać kogoś na duchu; **lift sb's spirits/raise sb's spirits** podnosić kogoś na duchu; dodawać komuś odwagi/otuchy; **sb's spirits rise** komuś robi się/jest raźniej na duchu; ktoś nabiera odwagi/otuchy; **the**

Holy Spirit Duch Święty; **the spirit of the law** duch prawa; **when the spirit moves me** kiedy/jeśli przyjdzie mi na to ochota, kiedy/jeśli poczuję ochotę, kiedy/jeśli nabiorę ochoty

spite[1] *n* złośliwość; przekora ♦ **in spite of** wbrew, pomimo; **in spite of oneself** wbrew (samemu) sobie; **out of spite** z czystej złośliwości; z przekory

spite[2] *v* robić komuś na złość ♦ **cut off one's nose to spite one's face** na złość mamie odmrozić sobie uszy

spitting *a* ♦ (*w zwrocie*) **be the spitting image of sb** być kubek w kubek podobnym do kogoś, być istnym/żywym/wykapanym kimś

split *v* (**split, split**) **1.** dzielić (się); rozdzielać (*na części*); powodować podział/rozłam **2.** rozłupywać; łupać; rozszczepiać **3.** pękać; rozdzierać się ♦ **sb's head is splitting** głowa komuś pęka; **split hairs** dzielić włos na czworo; **split one's sides (laughing/with laughter)** zrywać boki ze śmiechu; **split sth four/five ways** podzielić coś na cztery (równe)/pięć (równych) części

spoil *v* (**spoilt/spoiled, spoilt/spoiled**) **1.** (ze)psuć; popsuć; zniszczyć **2.** psuć się **3.** psuć (*kogoś*), rozpuszczać (*kogoś*) ♦ **be spoiling for a fight** palić się/rwać się do walki; **spoil a vote** oddać nieważny głos; **spoil everything** wszystko popsuć; **too many cooks spoil the broth** *przysł.* gdzie kucharek sześć, tam nie ma co jeść

spoke *n* szprycha (*koła*) ♦ **put a spoke in sb's wheel** przeszkodzić komuś (*w osiągnięciu czegoś*); podstawić komuś nogę; pokrzyżować/pomieszać/poplątać/popsuć komuś szyki, pokrzyżować czyjeś plany/zamiary

spoon *n* łyżka ♦ **born with a silver spoon in one's mouth** w czepku urodzony

sport *n* **1.** sport **2. sports** *pl* zawody sportowe/lekkoatletyczne **3.** rozrywka, zabawa **4.** *pot.* świetny kumpel; równy gość/facet ♦ **be a sport!** bądź człowiekiem!, bądź kumplem/przyjacie-

sporting 582

lem!; **good sport** świetny kumpel; równy gość/facet; **make sport of sb/sth** żartować z kogoś/czegoś, robić sobie żarty z kogoś/czegoś, stroić sobie żarty z kogoś/czegoś; **say sth in sport** powiedzieć coś żartem/w żartach; **sports car** samochód sportowy; **water sports** sporty wodne

sporting *a* sportowy ♦ **a sporting chance** spora/realna szansa

spot *n* **1.** plamka; kropka; cętka; kropla **2.** plama, skaza (*na honorze*) **3.** odrobina; kropelka **4.** miejsce ♦ **a leopard can't change its spots** *przysł.* (natura) ciągnie wilka do lasu; **a sore spot** drażliwy temat; czułe miejsce; **a spot of trouble** *pot.* mały kłopot; **be riveted to the spot** siedzieć/stać jak przykuty, nie móc ruszyć się z miejsca (*ze strachu, z zaskoczenia itd.*); stanąć jak wryty; **black spot** czarny punkt, miejsce na drodze szczególnie niebezpieczne, miejsce w którym dochodzi do częstych wypadków; **bright spot** jasna strona, jasny punkt, jedyna dobra strona (*niepomyślnej sytuacji*); **have a soft spot for sb** mieć do kogoś słabość; **knock spots off sb/sth** *pot.* być bez porównania lepszym od kogoś/czegoś; **night spot** nocny lokal; **on the spot 1.** na miejscu **2.** z miejsca, natychmiast **3.** w miejscu (*podskakiwać itd.*); **put sb in a spot** stawiać kogoś w trudnej sytuacji; **put sb on the spot** wprawić kogoś w zakłopotanie (*zadając kłopotliwe pytanie*), stawiać kogoś w kłopotliwej sytuacji; **spot check** wyrywkowa kontrola; **tight spot** trudna/podbramkowa sytuacja

spread *v* (**spread, spread**) **1.** rozpościerać (się); rozkładać **2.** rozchodzić się, rozprzestrzeniać się; rozciągać się **3.** rozsmarowywać **4.** rozpowszechniać ♦ **spread gossip** roznosić plotki; **spread one's wings** dostać skrzydeł, rozwinąć skrzydła; **spread panic** szerzyć panikę; **spread the gospel** głosić doktrynę

spring[1] *n* **1.** wiosna **2.** sprężyna; resor **3.** skok **4.** źródło ♦ **full of the joys of spring** radosny/szczęśliwy jak skowronek; **no spring chicken** (*żartobliwie, lekceważąco*) nie pierwszej młodości; **with a spring in one's step** sprężystym krokiem

spring² *v* **(sprang, sprung)** **1.** skakać; skoczyć **2.** *pot.* pomóc komuś w ucieczce z więzienia; wyciągnąć kogoś z więzienia **3.** zawieszać na sprężynach; resorować ♦ **she sprang the news on me** zaskoczyła mnie tą wiadomością; **spring into action** wchodzić natychmiast do akcji; przystąpić natychmiast do działania; zacząć działać; **spring into existence** wchodzić w życie, zacząć istnieć/działać, powstać; **spring to attention** stawać na baczność; **spring to mind** przychodzić do głowy/na myśl; **spring to one's feet** skoczyć/zerwać się na równe nogi, poderwać się, wstać raptownie; **spring water** woda źródlana; **where did you spring from?** skąd się tu wziąłeś?

spur *n* **1.** ostroga **2.** zachęta, bodziec **3.** grzbiet górski ♦ **do sth on the spur of the moment** zrobić coś pod wpływem chwilowego impulsu, działać pod wpływem impulsu, zrobić coś pod wpływem chwili

spurt *n* **1.** wytrysk (*wody*, *gazu*); struga **2.** przypływ energii, zryw ♦ **in spurts** zrywami; **put on a spurt** przyspieszać

spy *v* szpiegować ♦ **spy out the land** rozejrzeć się w sytuacji, zorientować się w sytuacji, rozeznać się w sytuacji

square¹ *n* **1.** kwadrat **2.** kwadrat, druga potęga **3.** plac; skwer **4.** kątownik; przykładnica ♦ **be back to square one** wrócić do punktu wyjścia, być znowu w punkcie wyjścia, znaleźć się w punkcie wyjścia; **market square** rynek, plac targowy

square² *v* **1.** nadawać kwadratowy kształt **2.** ustawiać pod kątem prostym **3.** podnosić do kwadratu/drugiej potęgi **4.** wyrównywać rachunki; załatwiać porachunki **5.** przekupywać **6.** remisować ♦ **can you square it with your conscience?** czy pozwala ci na to sumienie?, co na to twoje sumienie?; **square an account/one's account(s) with sb** wyrównać z kimś rachunki; **squaring the circle** kwadratura koła

square³ *a* **1.** kwadratowy **2.** prostokątny **3.** kwadratowy, do kwadratu **4.** kanciasty **5.** w cztery osoby (*gra w karty*) **6.** rozliczony; skwitowany **7.** uczciwy, rzetelny **8.** staroświecki, staromodny

square   584

9. remisowy ♦ **a square peg (in a round hole)** *pot.* ktoś, kto nie jest na swoim miejscu; osoba nie nadająca się do wykonywania danej pracy; ktoś pasujący/nadający się jak wół do karety; **be all square** mieć/uzyskać jednakową ilość punktów, remisować; **be square with one's conscience** być w zgodzie ze swoim sumieniem/ze sobą; **square meal** solidny posiłek

square[4] *adv* **1.** prosto, pod kątem prostym **2.** wprost, prosto (w oczy), odważnie, śmiało ♦ **fair and square** szczerze; uczciwie

squeeze *v* **1.** zgniatać; ściskać; wyciskać **2.** przepychać się **3.** wyciskać, wyduszać (*pieniądze*) ♦ **squeeze sth out of sb** wycisnąć coś z kogoś (*prawdę, zeznanie itd.*); **squeeze the trigger** pociągnąć za spust

stab *v* **1.** dźgać (*nożem*) **2.** kłuć ♦ **stab sb in the back** *przen.* wbić/wsadzić komuś nóż w plecy; **stab sb to death** zadźgać kogoś

stack *n* **1.** stos; *pot.* kupa (*śmieci, roboty*) **2.** stóg; sterta; kopa **3.** komin ♦ **blow one's stack** *pot.* wybuchnąć gniewem; stracić cierpliwość; rozzłościć się, rozgniewać się

stag *n* **1.** jeleń **2.** *US* samiec **3.** gracz spekulujący nowo emitowanymi akcjami; spekulant giełdowy ♦ **stag night/party** wieczór kawalerski

stage *n* **1.** scena; estrada; podium; pomost **2.** stadium; etap; okres **3.** poziom wód (*rzeki*) **4.** stopień, człon (*rakiety*) **5.** piętro (*geologiczne*) ♦ **at this stage** na tym etapie; **go through a stage** przechodzić trudny okres; **in the final stages** w końcowych stadiach; **on stage** na scenie, w teatrze, na deskach scenicznych/teatralnych; **set the stage for sth** przygotowywać grunt/ /teren pod coś, stworzyć odpowiednie warunki do czegoś; **stage by stage** stopniowo; **stage fright** trema

stake[1] *n* **1.** kołek; palik; pal; słup **2.** stawka; ryzyko ♦ **at stake** zagrożony; **burn (alive) at the stake** (s)palić (żywcem) na stosie; **go to the stake (for/over)** *przen.* skoczyć w ogień (za); **have a stake in sth** być zainteresowanym czymś; mieć udział w czymś; **our whole future is at stake** stawką jest cała nasza przyszłość; **play (for) high stakes 1.** grać o wysokie stawki **2.** mieć dużo do stracenia/do wygrania; **pull up stakes** *US pot.* rzucić wszystko; rzucić pracę/dom; **raise the stakes** podnieść stawkę

stake² *v* **1.** stawiać pieniądze **2.** stawiać na coś, ryzykować ♦ **stake a/one's claim to sth** zgłaszać roszczenie/prawo do czegoś; rościć sobie prawo do czegoś

stale *a* **1.** nieświeży; stęchły; zwietrzały; czerstwy **2.** stary, przestarzały (*dowcip*) **3.** przetrenowany ♦ **go stale 1.** czerstwieć, zsychać się (*pieczywo*) **2.** gnuśnieć; popadać w rutynę; popadać w marazm; **stale joke** odgrzewany kawał, stary kawał; odgrzewany dowcip

stalemate *n* **1.** pat (*w szachach*) **2.** *przen.* sytuacja patowa ♦ **break the stalemate** przełamać impas; wyjść z impasu; ruszyć z martwego punktu

stand¹ *n* **1.** bezruch; przestój; zastój **2.** stanowisko (*wobec czegoś*) **3.** wieszak; stojak; statyw; podstawa; piedestał **4.** stoisko **5.** postój; miejsce postoju **6.** trybuna (*sportowa*) **7.** miejsce dla świadka składającego zeznania **8.** drzewostan ♦ **make a stand against sb/sth** stawiać opór komuś/czemuś; oprzeć się komuś/ /czemuś; przeciwstawiać się komuś/czemuś; **take a stand over/on** zająć stanowisko wobec/w sprawie; **taxi stand** *US* postój (taksówek)

stand² *v* (**stood, stood**) **1.** stać **2.** postawić **3.** obowiązywać, pozostawać w mocy **4.** przedstawiać się, wyglądać (*sprawy*) **5.** znieść, wytrzymać **6.** postawić, zafundować (*obiad, drinka*) ♦ **as sure as I'm standing here** (pewny) jak amen w pacierzu, murowany; (pewny) jak w banku; **as things stand** w obecnym stanie rzeczy, tak jak się rzeczy mają; **be standing by** stać w pogotowiu; być gotowym/przygotowanym; **can't stand the**

stand

sight of... nie móc patrzeć na...; **I can't stand her** nie znoszę jej, nie mogę jej znieść; **I stand corrected** *pot.* (przyznaję) myliłem się, nie mam/miałem racji; **it stands to reason that...** jest rzeczą oczywistą, że...; jest rzeczą zrozumiałą, że...; zrozumiałe, że...; trudno zaprzeczyć, że...; **know where one stands** wiedzieć na czym się stoi; **leave sb/sth standing** (po)bić kogoś/coś na głowę, prześcigać kogoś/coś, nie mieć sobie równego (wśród kogoś/w czymś); **make one's hair stand on end** *przen.* jeżyć komuś włosy na głowie; **my heart stood still when...** serce mi zamarło, kiedy...; **not have a leg to stand on** *pot.* nie mieć nic na swoje usprawiedliwienie; nie mieć argumentów na obronę/uzasadnienie czegoś, nie mieć nic na poparcie swojego twierdzenia/zdania, nie móc udowodnić swoich racji; **not stand an earthly 1.** nie mieć cienia nadziei **2.** nie mieć zielonego pojęcia **3.** nie mieć najmniejszej szansy; **not stand on ceremony** nie robić z czymś ceregieli; **stand a chance (of)** mieć szansę (na); **stand at attention** stać (w pozycji) na baczność; **stand at ease** stać na spocznij; **stand bail (for sb)** zapłacić/złożyć kaucję (za kogoś); **stand clear (of sb/sth)** unikać (kogoś/czegoś), trzymać się z daleka (od kogoś/czegoś); nie zbliżać się (do kogoś/czegoś), odsunąć się (od kogoś/czegoś); **stand comparison with** wytrzymywać porównanie z; **stand corrected** przyznać się do (popełnienia) błędu/pomyłki; **stand divided** być podzielonym, mieć rozbieżne zdania/opinie, nie zgadzać się, różnić się (*w jakiejś sprawie*); **stand easy!** spocznij!; **stand fast/firm** stać twardo na swoim stanowisku, (twardo/stanowczo) upierać się przy swoim; **stand for an office** ubiegać się o stanowisko; **stand for parliament** kandydować do parlamentu; **stand guard over** pełnić wartę przy, trzymać wartę przy, zaciągnąć wartę przy; **stand head and shoulders above sb/sth** być o całe niebo lepszym od kogoś/czegoś, bić kogoś/coś na głowę, przerastać/przewyższać kogoś/coś o głowę; **standing on one's head** *pot.* z wielką łatwością, śpiewająco, bez problemu, bez trudu; **stand in line** stać/czekać w kolejce; czekać na swoją kolej; **stand in sb's light** zasłaniać komuś światło; **stand in sb's way** stać na drodze/na przeszkodzie/na zawadzie komuś, przeszkadzać komuś (*w czymś*), wchodzić komuś w paradę, robić komuś trudności, utrudniać coś komuś; **stand one's ground** utrzymywać się na swoich pozycjach; nie ustępować, wybronić się; **stand on one's head** stać na głowie; **stand on one's head to do sth** stawać na głowie, żeby coś zrobić; **stand on one's own (two) feet** stanąć na własnych nogach; **stand out in sharp/stark relief against sth** (jaskrawo) kontrastować z czymś, wyraźnie odróżniać się od czegoś/na tle czegoś; **stand out of sb's/the light** odsłonić komuś światło; **stand pat** *US* upierać się/obstawać przy swoim (zdaniu); **stand sth on its head** stawiać/postawić coś na głowie; **stand still** trwać w bezruchu; zatrzymać się w miejscu; **stand tall** *US* być pewnym siebie; **stand the pace** wytrzymać tempo; **stand the test of time** wytrzymać próbę czasu; **stand to attention** stać (w pozycji) na baczność; **stand to gain** móc zyskać, mieć szansę zyskać, stać przed szansą zyskania/zdobycia; **stand to lose** móc stracić; **stand trial** stawać przed sądem; **stand united** być jednomyślnym, być tego samego zdania, zgadzać się, nie różnić się (*w jakiejś sprawie*); **sth stands out a mile** *pot.* coś widać jak na dłoni, coś widać z daleka, coś widać na kilometr, coś jest jasne jak słońce; **sure as I'm standing here** (pewny) jak amen w pacierzu, murowany; (pewny) jak w banku; **the way things stand** w obecnym stanie rzeczy, tak jak się rzeczy mają; **time stood still** czas stanął w miejscu, czas się zatrzymał

standard *n* **1.** norma; standard **2.** wzorzec; miernik **3.** poziom **4.** parytet **5.** sztandar; flaga **6.** standard (*muzyczny*) ♦ **standard of living** stopa życiowa, poziom życia; **standard time** czas urzędowy; **up to standard** zgodnie z normą; na odpowiednim poziomie

standstill *n* stan spoczynku; bezruch; postój; przestój; zastój ♦ **at a standstill** zablokowany, zakorkowany (*ruch uliczny*); **be at a standstill/come to a standstill/grind to a standstill** utknąć w martwym punkcie

star *n* **1.** gwiazda; gwiazdka **2. the stars** *pl pot.* horoskop ♦ **be born under a lucky star** urodzić się pod szczęśliwą gwiazdą; **film/movie star** gwiazda filmowa; **reach for the stars** sięgać (do) gwiazd (*marzeniami, ambicjami*); **read one's stars** *pot.* czytać (swój) horoskop; **rising star** wschodząca gwiazda (*filmu itd.*); **see stars** *pot.* zobaczyć wszystkie gwiazdy (*od uderzenia w głowę*); **star attraction** główna atrakcja; **star sign** znak zodiaku; **written in the stars** zapisany w gwiazdach

stark[1] *a* **1.** surowy **2.** jaskrawy (*kontrast itd.*) **3.** zupełny, kompletny, całkowity ♦ **stand out in stark relief against sth** (jaskrawo) kontrastować z czymś, wyraźnie odróżniać się od czegoś/ /na tle czegoś

stark[2] *adv* ♦ (*w wyrażeniu*) **stark naked** goły/nagi jak go Pan Bóg stworzył, zupełnie nagi

start[1] *n* **1.** początek; rozpoczęcie; start **2.** uruchomienie; rozruch ♦ **do sth in fits and starts/do sth by fits and starts** *pot.* robić coś na raty/z przerwami; pracować/robić coś zrywami; **for a start** po pierwsze; **from start to finish** od początku do końca; **from the start** od początku; **get off to a good start** dobrze się rozpoczynać/zaczynać; **give sb a start** zaskoczyć kogoś; przestraszyć kogoś; **head start (over sb)** przewaga na starcie (nad kimś), przewaga (nad kimś) już na samym początku czegoś; **make a start (on sth)** zacząć (coś); rozpocząć (coś); **right from the start** od samego początku

start[2] *v* **1.** ruszać **2.** uruchamiać, wprawiać w ruch **3.** zaczynać (się) ♦ **be back where one started** wrócić do punktu wyjścia, być znowu w punkcie wyjścia, znaleźć się w punkcie wyjścia; **get started** zacząć; rozpocząć; **start a business** założyć biznes/interes; **start a family** założyć rodzinę; **start a fire** podłożyć ogień, podpalić; **start a new life** zacząć nowe życie; **start from scratch** zaczynać od zera; zaczynać od podstaw; zaczynać od początku; **starting line** linia startowa/startu; **start sth afresh/start sth anew** zaczynać coś na nowo/od nowa; **start the ball rolling** zacząć, rozpocząć; uruchomić; puścić w ruch; **start up a business** założyć biznes/interes; **to start with** na początek, z początku, na początku, początkowo; **you started it!** *pot.* to ty zacząłeś!, sam zacząłeś!

starter *n* **1.** startujący (zawodnik) **2.** osoba dająca sygnał startu, starter **3.** rozrusznik **4.** przystawka ♦ **for starters** *pot.* przede wszystkim, na początek

starve *v* **1.** głodować **2.** (za)głodzić, morzyć głodem **3.** pragnąć bardzo (*czegoś*), być spragnionym (*czegoś*) ♦ **I'm starving** umieram z głodu; **starve to death** umrzeć z głodu

state[1] *n* **1.** stan **2.** ranga; pozycja **3.** stan skupienia (*w fizyce*) **4.** stan (*w państwach federalnych*) **5.** państwo ♦ **a state of affairs** sytuacja; stan rzeczy; sprawy; **be in a state** *pot.* być zdenerwowanym, denerwować się; **be in a state of limbo** trwać/pozostawać w niepewności; odłożyć/odesłać coś do lamusa; **get into a state** *pot.* (z)denerwować się, wpaść w nerwy; zaniepokoić się; **head of state** głowa państwa; **in a bad state (of repair)** w złym stanie; **in a good state (of repair)** w dobrym stanie; **in a state of shock** w (stanie) szoku; **in state** uroczyście; okazale; wystawnie; podniośle; **lie in state** być wystawionym na widok publiczny (*o zwłokach*); **matters of state** sprawy państwowe; **member state** państwo członkowskie; **police state** państwo policyjne; **reason of state** racja stanu; **remain in a state of limbo** trwać/pozostawać w niepewności; odłożyć/odesłać coś do lamusa; **rule a state** kierować/rządzić państwem; **satellite state** państwo satelickie; **state line** *US* granica stanu; **state of emergency** stan wyjątkowy; **state school** szkoła państwowa; **state visit** wizyta państwowa; **turn State's evidence** *US* obciążyć winą wspólnika, wydać wspólnika, składać zeznanie obciążające wspólnika (*dla złagodzenia własnego wyroku*)

state[2] *v* **1.** wyrażać; oznajmiać; stwierdzać **2.** określać; ustalać ♦ **state the obvious** stwierdzać rzecz oczywistą; stwierdzać oczywisty fakt; mówić/wygłaszać truizmy

statement *n* **1.** oświadczenie; stwierdzenie; wypowiedź **2.** zeznanie **3.** zestawienie; wykaz; wyciąg **4.** twierdzenie (matematyczne) ♦ **bank statement** wyciąg z konta bankowego, zestawienie zbiorcze operacji; **issue a press statement** wydać oświadczenie dla prasy; **sweeping statement** ogólnikowe stwierdzenie

station *n* **1.** stacja **2.** stanowisko; pozycja; miejsce **3.** baza (*wojskowa*) **4.** stan, ranga, stanowisko ♦ **above one's station** ponad stan; **bus station** dworzec autobusowy; **fire station** remiza strażacka; **gas station** *US*/**petrol station** stacja benzynowa; **police station** posterunek policji; **power station** elektrownia; **radio station** radiostacja, stacja radiowa; **railway station** dworzec kolejowy, stacja kolejowa; **research station** stacja badawcza; **run sb to the station** *pot.* odwieźć kogoś na dworzec (samochodem); podrzucić kogoś na dworzec; **service station** stacja obsługi; **space station** stacja kosmiczna; **the Stations of the Cross** Stacje Drogi Krzyżowej; **train station** *US* dworzec kolejowy, stacja kolejowa; **weather station** stacja meteorologiczna

stay[1] *n* **1.** pobyt **2.** odroczenie; zawieszenie (*wyroku*) **3.** podpora; podpórka **4.** *przen.* podpora ♦ **a stay of execution** zawieszenie wykonania (wyroku) kary śmierci

stay[2] *v* **1.** zostawać; pozostawać **2.** odroczyć; zawiesić (*wyrok*) **3.** podpierać **4.** wytrzymywać; przetrzymywać ♦ **God stays long but strikes at last** *przysł.* Pan Bóg nierychliwy, ale sprawiedliwy; **stay alive** przeżyć, utrzymać się przy życiu, przetrwać; **stay calm** nie stracić zimnej krwi, zachować zimną krew, zachować spokój; **stay clear (of sb/sth)** unikać (kogoś/ /czegoś), trzymać się z daleka (od kogoś/czegoś); nie zbliżać się (do kogoś/czegoś), odsunąć się (od kogoś/czegoś); **stay close together** trzymać się razem; **stay in the background** *przen.* pozostawać w cieniu/na dalszym planie; **stay in touch with** być w kontakcie z, utrzymywać kontakt z; **stay loose!** *US pot.* spokojnie!, spoko!; **stay one jump ahead of sb** *pot.* wyprzedzać kogoś (*rywali*); utrzymywać/mieć przewagę nad kimś; **stay put** *pot.* nie ruszać się (z miejsca); pozostać (w jakimś miejscu); **stay seated** pozostać na swoim miejscu, nie ruszać się z miejsca; **stay the course** dotrwać do końca; wytrzymać do końca; nie odpaść (*z zawodów itd.*); **stay the night** zostać na noc (*u kogoś*), przenocować (*u kogoś*); **stay within the law** działać zgodnie z prawem, postępować zgodnie z prawem

steady *a* 1. solidny, mocny; trwały 2. stały; ustalony; niezmienny; pewny 3. solidny, sumienny 4. opanowany (*głos*) 5. równomierny; miarowy ♦ **(as) steady as a rock** jak skała; **hold steady!** nie ruszaj się!; **ready, steady, go!** *pot.* na miejsca, gotowi, start!; do biegu, gotowi, start!

steal *v* (**stole, stolen**) 1. (u)kraść 2. zakradać się; przekradać się; wkradać się ♦ **steal a kiss** skraść/ukraść całusa; **steal a march on sb** ubiec kogoś, wyprzedzić kogoś, uprzedzić kogoś; **steal sb's thunder** ubiec kogoś, prześcignąć kogoś, być od kogoś szybszym, uprzedzić kogoś, wyprzedzić kogoś; pozbawić kogoś rozgłosu; zdobyć poklask cudzym kosztem

steam *n* para (wodna) ♦ **go full steam ahead with sth** *przen.* iść pełną parą/całą parą, pędzić pełną parą/całą parą; **let off steam** *przen.* wyładować się; wyładować nadmiar energii; **run out of steam** tracić siły/energię, brakować sił (*komuś*); **under one's own steam** *przen.* o własnych siłach, bez pomocy

steel *n* stal ♦ **nerves of steel** żelazne nerwy; nerwy ze stali

steer *v* sterować; kierować; prowadzić ♦ **steer a middle course** znaleźć złoty środek; **steer clear (of sb/sth)** unikać (kogoś/czegoś), trzymać się z daleka (od kogoś/czegoś); nie zbliżać się (do kogoś/czegoś), odsunąć się (od kogoś/czegoś); **steering wheel** kierownica (*samochodu*)

step[1] *n* **1.** krok **2.** *przen.* krok; działanie; posunięcie, ruch **3.** stopień (*schodów*); schodek **4. steps** *pl* drabina składana ♦ **a step in the right direction** *przen.* krok we właściwym kierunku; **bend one's steps towards** skierować swe kroki w kierunku; **be out of step** gubić krok; **change step** zmienić nogę (*w marszu*); **every step of the way** na każdym kroku, wciąż, za każdym razem; **fall into step** równać krok; **false step** fałszywy krok, fałszywy ruch; **hop, step and jump** *pot.* trójskok; **mind one's step 1.** uważać jak się idzie **2.** uważać na to co się robi; być ostrożnym; **step by step** krok po kroku, stopniowo; **take a step** zrobić krok; **take steps** przedsięwziąć/podejmować kroki; **watch one's step 1.** uważać jak się idzie **2.** uważać na to co się robi; być ostrożnym; **with a spring in one's step** sprężystym krokiem

step[2] *v* kroczyć; stąpać ♦ **step lively!** *pot.* pospiesz się!; **step on sb's toes** *US* nastąpić/nadepnąć komuś na odcisk, urazić/dotknąć kogoś; wchodzić komuś w paradę; **step on the gas** *pot.* dać/dodać gazu; **step out of line** wychylić się, nie podporządkować się

stew *v* dusić (*na wolnym ogniu*) ♦ **stew in one's own juice** *przen.pot.* dusić się/kwasić się we własnym sosie; zamartwiać się

stick[1] *n* **1.** pręt; patyk; laska; kij; tyczka **2.** pałeczka, laseczka ♦ **get (hold of) the wrong end of the stick** zrozumieć coś opacznie, zrozumieć coś odwrotnie; **stick shift** *US* dźwignia zmiany biegów; **the big stick** *pot.* straszak (*użycie siły*); **the carrot and the stick (policy/approach/method)** polityka/taktyka/metoda marchewki i kija

stick[2] *v* (**stuck, stuck**) **1.** wbijać; przebijać **2.** zatknąć; wetknąć **3.** utknąć, utkwić **4.** przylepiać; nalepiać; zlepiać **5.** przyczepić się ♦ **be stuck 1.** utknąć **2.** *przen.* utknąć; napotkać trudności;

be stuck between a rock and a hard place być między młotem a kowadłem; **be stuck fast** utknąć, uwięznąć, ugrzęznąć; **get stuck 1.** utknąć **2.** *przen.* utknąć; napotkać trudności; **sth sticks out a mile** *pot.* coś widać jak na dłoni, coś widać z daleka, coś widać na kilometr, coś jest jasne jak słońce; **stick at nothing** nie cofać się przed niczym; **stick by a decision** postępować zgodnie z podjętą decyzją, przestrzegać decyzji; **stick fast** utknąć, uwięznąć, ugrzęznąć; **stick in one's memory/stick in one's mind** wryć się komuś w pamięć, utkwić komuś w pamięci; **stick one's neck out** nadstawiać karku; **stick one's nose into other people's business** wtykać/wsadzać//wścibiać nos w nie swoje sprawy; **stick one's oar in** *pot.* wtrącać/wsadzać/dorzucać swoje trzy grosze, wtrącać się; **stick one's tongue out** pokazać (komuś) język; **stick to a plan** trzymać się planu; **stick to one's guns** *pot.* obstawać przy swoim zdaniu; **stick to the road** trzymać się drogi, nie zbaczać z drogi; **stick to the rules** przestrzegać przepisów; trzymać się przepisów; **stick to the subject** trzymać się tematu, mówić na temat, nie odbiegać od tematu; **the words stuck in his throat** słowa uwięzły mu w gardle

sticky *a* **1.** lepki **2.** klejący (*taśma*) **3.** *pot.* kłopotliwy; trudny (*sytuacja, rozmowa itd.*) **4.** parny (*dzień, pogoda*) ♦ **come to a sticky end/meet a sticky end** źle skończyć; **have sticky fingers** *pot.* mieć długie ręce, mieć lepkie ręce, kraść

stiff[1] *a* **1.** sztywny **2.** trudny, ciężki **3.** sztywny, wymuszony **4.** intensywny; silny (*wiatr*) **5.** wysoki (*cena*) **6.** mocny (*alkohol*) ♦ **(as) stiff as a ramrod** sztywny jakby kij połknął; prosty/wyprostowany jak świeca; **keep a stiff upper lip** zachować zimną krew, zachować spokój, nie stracić głowy; **stiff penalty** ciężka/surowa/dotkliwa kara

stiff[2] *adv* ♦ (*w zwrotach*) **be bored stiff** śmiertelnie się nudzić, być nieludzko znudzonym; **be scared stiff** bać się śmiertelnie; przestraszyć się śmiertelnie

still 594

still[1] *a* 1. cichy 2. spokojny 3. nieruchomy 4. martwy ♦ **hold still!** nie ruszaj się!; **my heart stood still when...** serce mi zamarło, kiedy...; **sit still** siedzieć spokojnie/bez ruchu/na miejscu/nie wiercąc się; **stand still** trwać w bezruchu; zatrzymać się w miejscu; **still life** martwa natura; **still waters run deep** *przysł.* cicha woda brzegi rwie; **still wet behind the ears** *pot.* (*w ujemnym znaczeniu*) zielony, niedoświadczony; mający mleko pod nosem; **the still small voice (of conscience)** głos sumienia; **time stood still** czas stanął w miejscu, czas się zatrzymał

still[2] 1. *adv* jeszcze; wciąż; nadal; dalej 2. *conj* jednak, niemniej jednak, mimo to ♦ **still less** a już na pewno nie, a już z pewnością nie

stir *v* 1. poruszać; ruszać (się) 2. mieszać; pomieszać 3. pobudzać (*wyobraźnię itd.*) ♦ **stir up a hornet's nest** wsadzić/wetknąć kij w mrowisko

stock *n* 1. zapas (*materiałów na składzie itd.*) 2. kapitał zakładowy 3. inwentarz żywy 4. repertuar (*sztuk*) 5. ród 6. podstawa (*urządzenia*); oprawa (*narzędzia*) 7. surowiec 8. bulion 9. akcja, udział ♦ **government stock** obligacje rządowe; **in stock** na składzie; **laughing stock** pośmiewisko; **lock, stock and barrel** z dobrodziejstwem inwentarza; w całości, całkowicie; **out of stock** wyprzedany; wyczerpany; brakujący; **stock exchange/market** giełda; **take stock** robić/sporządzić remanent; **take stock of sth** *przen.* oceniać coś; przemyśleć coś; zrobić rachunek strat i zysków

stomach *n* żołądek ♦ **on a full stomach** na pełny żołądek; z pełnym żołądkiem; **on an empty stomach** o pustym żołądku, z pustym żołądkiem, na pusty żołądek; **sb's eyes are bigger than their stomach** *przysł.* popie oczy (wilcze gardło, co zobaczy, to by żarło); **sb's stomach lurches** żołądek podchodzi komuś do gardła; **stomach trouble** dolegliwości żołądkowe; **upset sb's stomach** rozstrajać (czyjś) żołądek

stone *n* **1.** kamień **2.** pestka ♦ **a heart of stone** serce z kamienia, kamienne serce; **cast the first stone** pierwszy rzucić kamieniem; **foundation stone** kamień węgielny; **leave no stone unturned** poruszyć niebo i ziemię, poruszyć niebo i piekło, użyć wszelkich możliwych środków; **stone cold** zimny jak lód; **stone deaf** głuchy jak pień

stop[1] *n* **1.** zatrzymanie (się); postój **2.** przystanek **3.** otwór obiektywu ♦ **bring sth to a stop** zatrzymać coś; powstrzymać coś; **come to a full stop** znaleźć się w impasie, utknąć w martwym punkcie; **come to a stop/draw to a stop** zatrzymać się (*pojazd*); **full stop 1.** kropka **2.** *pot.* koniec kropka; **make a stop** zrobić przerwę (w podróży), zatrzymać się na (krótki) postój; **pull out all the stops** *pot.* (z)robić co w ludzkiej mocy, dokładać wszelkich starań, przechodzić samego siebie; **put a stop to sth** położyć czemuś kres, zakończyć coś; **stop press** wiadomości/dodatek z ostatniej chwili (*w gazecie*)

stop[2] *v* **1.** zatrzymywać (się); przystawać **2.** powstrzymywać (*przed czymś*) **3.** wstrzymywać (*coś*) **4.** zostawać **5.** przestawać **6.** kończyć (się) ♦ **stop at nothing** nie cofać się przed niczym; **stop it!** przestań!; **stop short** przerwać nagle, zatrzymać się nagle; **stop short of sth/stop short of doing sth** powstrzymać się od czegoś/od zrobienia czegoś; zrezygnować z czegoś/ze zrobienia czegoś; cofnąć się przed czymś/przed zrobieniem czegoś; nie posunąć się do czegoś/do zrobienia czegoś; **there's nothing to stop sb doing sth** nic kogoś nie powstrzyma od zrobienia czegoś

store *n* **1.** zapas **2.** magazyn, skład **3.** *GB* dom towarowy; *US* sklep **4.** schowek **5.** pamięć (komputera) **6. stores** *pl* zapasy żywności (*dla wojska itd.*) ♦ **be in store for sb/sth** być przygotowanym dla kogoś/czegoś, czekać na kogoś/coś (*niespodzianka itd.*), być przed kimś/czymś; mieć nastąpić w przyszłości, mieć się wydarzyć; **set great store by sth** przywiązywać do czegoś dużą wagę; **shoe store** sklep obuwniczy; **store clothes** *US* odzież gotowa; **who knows what's in store for us?** kto wie, co nas czeka?

storm *n* **1.** burza; sztorm **2.** szturm **3.** *przen.* burza (*oklasków*); huragan (*śmiechu*) ♦ **any port in a storm** *przysł.* na bezrybiu i rak ryba; **a storm blows itself out** burza ucicha; **a storm breaks** burza zrywa się; **a storm hits the city** burza przetacza się nad miastem, burza przechodzi nad miastem; **a storm in a teacup** burza w szklance wody; **a storm is blowing up** burza zrywa się; **a storm is gathering** burza wisi w powietrzu, zbiera się na burzę; **a storm strikes the city** burza przetacza się nad miastem, burza przechodzi nad miastem; **storm damage** szkody wyrządzone/spowodowane przez burzę; **take by storm 1.** brać szturmem (*miasto itd.*) **2.** *przen.* podbić, zdobyć, zdobyć szturmem, zdobyć (coś) przebojem; **the calm before the storm** cisza przed burzą; **the eye of the storm** oko cyklonu; **there's a storm coming** idzie burza, nadciąga burza, nadchodzi burza, zbliża się burza

story *n* **1.** historia; opowiadanie; opowieść; fabuła **2.** historyjka, bajka **3.** *US* piętro; kondygnacja ♦ **a likely story!** (*ironicznie*) nie do wiary!; **but that's another story** *pot.* ale to już zupełnie inna historia; **horror story** koszmarna/okropna historia; **it's a long story** *pot.* to długa historia, długo by mówić; **lead story** czołówka, temat dnia, najważniejszy temat, najważniejsza wiadomość (*w dzienniku telewizyjnym, artykułach prasowych*); **run a story** relacjonować wydarzenie (*w gazetach, telewizji*); **sb's life story** historia czyjegoś życia; **sb's side of the story** czyjaś wersja wydarzeń; **short story** nowela; **spin a story** opowiadać niestworzone historie, opowiadać bajki; **tall story** nieprawdopodobna/niesłychana historia; **the same old story** stara śpiewka, stara piosenka, ta sama stara piosenka/śpiewka; **to cut a long story short**/*US* **to make a long story short** krótko mówiąc

straight[1] *n* prosta (*na bieżni*) ♦ **home straight 1.** ostatnia prosta (*przed metą*) **2.** *przen.* ostatnia prosta, końcowa/ostatnia faza, końcówka (*działalności*)

straight² *a* **1.** prosty **2.** uporządkowany **3.** szczery; uczciwy; prosty; jasny **4.** czysty, bez domieszek, bez dodatków ♦ **as straight as a ramrod** sztywny jakby kij połknął; prosty/wyprostowany jak świeca; **be straight with sb** być z kimś szczerym/ /uczciwym; **get this/it straight** *pot.* wyjaśnić to sobie, ustalić fakty; **have one's head screwed on straight** mieć głowę na karku/nie od parady; **in a straight line** wzdłuż (linii) prostej, prosto, w linii prostej; **keep a straight face** zachować powagę; **put sb straight** wyprowadzić kogoś z błędu, wyjaśnić coś komuś, wyjaśnić coś sobie; **put/set the record straight** sprostować coś, skorygować coś; wyjaśnić coś; **straight as a ramrod** sztywny jakby kij połknął; prosty/wyprostowany jak świeca

straight³ *adv* **1.** prosto **2.** kolejno, z rzędu ♦ **give it to sb straight from the shoulder** powiedzieć/mówić komuś coś prosto z mostu; **straight after** zaraz/prosto/tuż po; **straight ahead** prosto przed siebie; **straight away/straight off** *pot.* natychmiast, od razu; **straight from the horse's mouth** z pierwszej ręki, z pewnego źródła (*informacja*); **straight on** prosto przed siebie; **tell sb straight** powiedzieć komuś wprost, powiedzieć komuś szczerze; **think straight** myśleć logicznie; myśleć przytomnie/trzeźwo/rozsądnie

strange *a* **1.** dziwny, osobliwy **2.** obcy, nieznany **3.** nie znający się na czymś; nieprzyzwyczajony ♦ **by a strange turn of fate/by a strange twist of fate** dziwnym zrządzeniem losu; **strange to say...** to dziwne, ale...

stranger *n* **1.** nieznajomy, obcy człowiek; cudzoziemiec **2.** człowiek nieobeznany (*z czymś*) ♦ **be no stranger to sth** dobrze coś znać/poznać, być z czymś dobrze obeznanym; zasmakować czegoś (*biedy, nieszczęścia itd.*); coś dla kogoś nie jest nowością, coś dla kogoś nie pierwszyzna; **I'm a stranger here** nikogo tu nie znam; nie jestem stąd; **perfect stranger** zupełnie/całkowicie obca osoba, zupełnie obcy człowiek

straw *n* **1.** słoma **2.** słomka ♦ **a straw in the wind** zapowiedź, oznaka, wróżba, znak, omen; **be not worth a straw** coś jest diabła/licha warte; coś nie jest warte złamanego grosza, coś nie jest warte funta kłaków; **clutch/grasp at straws** chwytać się wszelkich dostępnych sposobów/środków, chwytać się brzytwy; **make bricks without straw** próbować zrobić coś z niczego; **not care a straw/two straws (about sth/sb)** zupełnie się nie przejmować (czymś/kimś); **the final/last straw** ostatnia kropla (przepełniająca miarę)

streak *n* **1.** pręga; smuga; pasmo; pasemko **2.** *przen.* pierwiastek, element **3.** żyła (*geologiczna*) ♦ **be on a losing/winning streak** mieć złą/dobrą passę; **talk a blue streak** *US pot.* mówić jak nakręcony/bez przerwy; gadać jak nakręcony/jak najęty; trajkotać jak młynek

stream *n* **1.** prąd, nurt **2.** strumień; struga; potok (*wody, ludzi, łez*) ♦ **go against the stream** *przen.* iść pod prąd

street *n* ulica ♦ **back street** boczna ulica; **be streets ahead of sb/sth** *pot.* być o całe niebo lepszym od kogoś/czegoś, bić kogoś/coś na głowę, przerastać/przewyższać kogoś/coś o głowę; **dead-end street** ślepa ulica; **high street** główna ulica; **side street** boczna ulica; **street people** ludzie bezdomni/mieszkający na ulicy/mieszkający na bruku/bez dachu nad głową; **the man in the street** przeciętny człowiek; **throw sb out on the street** wyrzucić kogoś na bruk, wyrzucić kogoś na ulicę; wyrzucić kogoś z domu

strength *n* **1.** siła, moc; potęga **2.** wytrzymałość **3.** siła, stan liczebny (*wojska, policji*) **4.** moc, stężenie (*roztworu*) ♦ **a show of strength** pokaz siły, manifestacja siły (*militarnej*); **at full strength** w pełnym składzie; **below strength** w niepełnym składzie; **from a position of strength** z pozycji siły; **go from strength to strength** rosnąć w siłę, odnosić same sukcesy, kroczyć od sukcesu do sukcesu; **on the strength of sth** na mocy czegoś, z mocy czegoś, na podstawie czegoś; pod wpływem czegoś; w wyniku czegoś; skutkiem czegoś; **tower of strength** *przen.* ostoja, podpora, oparcie, fundament

stress *n* **1.** siła; oddziaływanie **2.** nacisk; presja; stres **3.** naprężenie **4.** akcent ♦ **be under stress** przeżywać stres; **lay/place/put the stress on** kłaść/położyć akcent na; kłaść/położyć nacisk na

stretch[1] *n* **1.** rozciąganie; rozpościeranie **2.** obszar; przeciąg czasu; okres **3.** nadużycie (*władzy*); naciąganie (*faktów*, *prawa*) **4.** *pot.* odsiadka (*w więzieniu*) **5.** *pot.* strecz (*tkanina elastyczna*) ♦ **at a stretch** bez przerwy; **home stretch 1.** ostatnia prosta (*przed metą*) **2.** *przen.* ostatnia prosta, końcowa/ostatnia faza, końcówka (*działalności*)

stretch[2] *v* **1.** rozciągać (się); rozpościerać **2.** nadużywać; naciągać (*fakty*, *prawo*) **3.** przeciągać się **4.** zmuszać do wysiłku ♦ **stretch a point** zrobić wyjątek, zrobić coś w drodze wyjątku, wyjątkowo coś zrobić, pójść na ustępstwo; **stretch one's legs** *pot.* rozprostować nogi, rozprostować kości, przejść się; **stretch sb's patience** wystawiać na próbę czyjąś cierpliwość, nadużywać czyjejś cierpliwości; **stretch the law/rules** naginać prawo/przepisy

strictly *adv* **1.** dokładnie, ściśle **2.** surowo ♦ **strictly speaking** dokładniej/ściśle(j) mówiąc

strike[1] *n* **1.** strajk **2.** uderzenie **3.** natrafienie (*na ropę itd.*) ♦ **be on strike** brać udział w strajku, strajkować; **call a strike** nawoływać do strajku; **call off a strike** odwołać strajk; **general strike** strajk generalny; **hunger strike** strajk głodowy; **sit-down strike** strajk okupacyjny; **strike action** akcja strajkowa; **sympathy strike** strajk solidarnościowy; **token strike** strajk ostrzegawczy; **wildcat strike** dziki strajk

strike[2] *v* (**struck, struck**) **1.** uderzać; bić **2.** bić godziny (*zegar*) **3.** zawierać; dochodzić (*do porozumienia*) **4.** natrafić, natknąć się (*na ropę*, *złoto*) **5.** zdać sobie sprawę, zorientować się; odnosić wrażenie; uderzać (*kogoś*), zaskakiwać (*kogoś*) **6.** strajkować **7.** (za)atakować ♦ **a storm strikes the city** burza prze-

strike   600

tacza się nad miastem, burza przechodzi nad miastem; **God comes with leaden feet but strikes with iron hands/God stays long but strikes at last** *przysł.* Pan Bóg nierychliwy, ale sprawiedliwy; **lightning never strikes (in the same place) twice** nic dwa razy się nie zdarza; **strike a balance between...** utrzymywać równowagę między...; **strike a bargain with sb** dobić targu z kimś, ubić interes z kimś; **strike a blow** zadać/wymierzyć cios; **strike a chord (with sb)** przypominać o czymś (komuś), przywoływać (komuś) na pamięć; **strike a happy medium** osiągnąć kompromis; **strike a match** potrzeć/zapalić zapałkę; **strike an attitude/a pose 1.** przyjąć/zająć postawę **2.** przyjąć/przybrać postawę (*ciała*); **strike camp** zwinąć obóz; **strike gold** znaleźć żyłę złota, natrafić na żyłę złota; **strike home** odnieść zamierzony efekt/rezultat (*uwaga itd.*), zrobić swoje; **strike the hour** wybijać godzinę; **strike the right note** uderzyć we właściwą strunę; **strike the wrong note** uderzyć w niewłaściwą strunę; **strike up a friendship with sb** nawiązać/zawrzeć przyjaźń z kimś; **strike while the iron is hot** *przysł.* kuć żelazo, póki gorące; **the thought struck me that...** przyszło/wpadło mi na myśl, że...

string[1] *n* **1.** sznurek **2.** struna **3.** sznur (*samochodów, pereł itd.*) **4.** napis, ciąg znaków **5.** seria **6. the strings** *pl* smyczki ♦ **a string of oaths** grad przekleństw; **be tied to one's mother's apron strings** trzymać się matczynej spódnicy; **be tied to one's wife's apron strings** być/siedzieć pod pantoflem żony; **control the purse strings** trzymać/prowadzić kasę (*rodzinną itd.*), kontrolować wydatki; **do sth with one hand tied behind one's back** zrobić coś z zawiązanymi/zamkniętymi oczami, zrobić coś bez (większego) trudu; **have a second string to one's bow/have more than one string to one's bow** mieć coś w rezerwie/w zapasie/w zanadrzu; **have sb on a string** *pot.* wodzić kogoś na pasku/za nos, rządzić kimś, manipulować kimś, podporządkować sobie kogoś; **hold the purse strings**

trzymać/prowadzić kasę (*rodzinną itd.*), kontrolować wydatki; **pull strings (for sb)** *pot.* użyć swoich znajomości (w czyjejś sprawie), użyć swoich wpływów (w czyjejś sprawie), zaprotegować (kogoś), udzielić (komuś) protekcji; **(with) no strings attached/without strings** *pot.* bez żadnych warunków; bez (specjalnych/żadnych) ograniczeń

string² *v* **(strung, strung)** 1. związywać 2. nawlekać ♦ **string two words together/string two sentences together** sklecić parę słów, sklecić parę zdań

strip *n* 1. pas; pasek; pasmo; taśma 2. striptiz 3. styl (*pływania*) ♦ **comic strip** komiks; **do a strip** robić striptiz; **strip cartoon** komiks; **strip search** rewizja osobista; **strip show** striptiz

stroke *n* 1. uderzenie, cios, raz 2. uderzenie (*zegara*) 3. posunięcie (*w interesach itd.*); pociągnięcie (*wiosłem, pędzlem itd.*) 4. wylew krwi do mózgu, udar 5. suw; skok (*w maszynach*) ♦ **a stroke of fate** zrządzenie losu; **at a stroke/at one stroke** za jednym zamachem; za jednym pociągnięciem; **have a stroke** mieć wylew, dostać wylewu (*krwi do mózgu*); **not do a stroke (of work)** *pot.* nie kiwnąć palcem; nic nie zrobić; nie splamić się żadną pracą; **on the stroke of nine** punktualnie o dziewiątej, punkt dziewiąta; **stroke of luck** łut szczęścia; szczęśliwy/ /wyjątkowy traf; **suffer a stroke** mieć wylew, dostać wylewu (*krwi do mózgu*)

strong *a* 1. silny; mocny; trwały; solidny 2. intensywny (*zapach*); ostry (*potrawa*); mocny (*kawa itd.*) 3. dosadny, mocny (*język*) ♦ **be still going strong** dobrze/świetnie się trzymać, mieć się dobrze/świetnie; **be strong on sth** być mocnym w czymś, być dobrym z czegoś, celować w czymś; **in strong terms** w mocnych/ostrych słowach, używając mocnych słów, dosadnym językiem, używając dosadnych wyrażeń; **sth is sb's strong point** coś jest czyimś mocnym punktem; **strongest card** *przen.* (czyjaś) karta atutowa; **strong language** mocny język; **strong room** skarbiec; **there is a strong probability that...** istnieje/jest duże prawdopodobieństwo, że...

struggle *n* **1.** walka **2.** zmaganie się ♦ **power struggle** walka o władzę

stubborn *a* uparty; zacięty; nieustępliwy; uporczywy ♦ **(as) stubborn as a mule** uparty jak osioł/kozioł

stuck *v zob.* **stick**

student *n* **1.** student **2.** uczeń ♦ **an A student** prymus; piątkowy/bardzo dobry uczeń; bardzo dobry/wzorowy student; **student loan** kredyt dla studentów

stuff[1] *n* **1.** tworzywo, materiał (*na coś*) **2.** rzecz, coś; (czyjeś) rzeczy ♦ **and all that stuff** *pot.* i tak dalej; i temu podobne; **do one's stuff** *pot.* robić swoje; **do you call this stuff wine?** nazywasz to winem?!; **hot stuff** *pot.* **1.** (*o kobiecie*) laska **2.** szał, moda (*na coś*) **3.** numer jeden, nie do pobicia, nie do pokonania, nie mający sobie równych; **kid's stuff/US kid stuff** dziecinada; sprawa dziecinnie łatwa/prosta; żadna filozofia; **know one's stuff** *pot.* znać się na rzeczy; **not touch the stuff** nie tknąć alkoholu (*o byłym alkoholiku*); **rough stuff** brutalność, brutalne/bezwzględne/bezpardonowe zachowanie; **show one's stuff** pokazać na co kogoś stać, pokazać co się potrafi; **stuff and nonsense** kompletne bzdury!; **that's the stuff!** to jest to!; o to chodzi!; **the green stuff** *US pot.* zielone, dolce, dolary, forsa

stuff[2] *v* **1.** napełniać, napychać **2.** opychać się (*jedzeniem*) **3.** faszerować **4.** wypychać (*zwierzęta*) **5.** uszczelniać ♦ **get stuffed!** *pot.* wypchaj się!; **stuff sb's head with sth** nabić komuś (sobie) czymś głowę

stuffing *n* **1.** uszczelnienie; szczeliwo **2.** farsz; nadzienie ♦ **knock the stuffing out of sb** *pot.* zbić kogoś z pantałyku, pozbawić kogoś pewności siebie, zbić kogoś z tropu

style *n* **1.** styl; fason; rodzaj **2.** model (*odzieży itd.*) **3.** rylec; grafion ♦ **cramp sb's style** *pot.* krępować kogoś; żenować kogoś; wprawiać kogoś w zakłopotanie; onieśmielać kogoś; przeszkadzać komuś; **in great style** w wielkim stylu, we wspaniałym stylu; **it's not her style** to nie (jest) w jej stylu

subject[1] *n* **1.** temat **2.** przedmiot (*w szkole*) **3.** osobnik **4.** poddany (*w państwie*) **5.** podmiot (*zdania*) ♦ **get off the subject of sth** odbiegać od tematu czegoś; zejść na inny temat; **get onto the subject of sth** poruszyć temat czegoś; wejść na temat czegoś; **stick to the subject** trzymać się tematu, mówić na temat, nie odbiegać od tematu; **subject matter** temat

subject[2] *a* **1.** podległy (*kraj*) **2.** podlegający **3.** podatny; narażony ♦ **be subject to 1.** podlegać (*prawu, zmianom itd.*) **2.** być narażonym na

substance *n* **1.** substancja **2.** istota; sens; treść **3.** ważność **4.** solidność **5.** majątek; zamożność ♦ **a man of substance** zamożny/bogaty/wpływowy człowiek; **without substance** bezpodstawny, bezzasadny, pozbawiony podstaw, nieuzasadniony

success *n* **1.** sukces, powodzenie **2.** pomyślność, szczęście ♦ **be a howling success/be a roaring success** odnieść oszałamiający/zawrotny sukces; zrobić zawrotną karierę; **be a success** odnieść sukces; zrobić karierę; **prove a success** okazać się sukcesem; **without success** bez powodzenia

succumb *v* ulegać; poddawać się (*przemocy itd.*) ♦ **succumb to (the) temptation** ulec pokusie

such 1. *a* taki, tak (*dobry itd.*) **2.** *pron* ten, taki ♦ **and such** *pot.* i temu podobne, i tym podobne, itp.; tego rodzaju rzeczy/sprawy; **as such** jako taki; **such a long time ago** tak dawno (temu); **such and such** taki to a taki; **such as** taki jak

suck *v* **1.** ssać **2.** wchłaniać; pochłaniać (*wiedzę itd.*); wciągać (*powietrze itd.*) ♦ **sucked out of one's fingers ends** wyssany z palca; **teach one's grandmother to suck eggs** *przysł.* jajko (chce być) mądrzejsze od kury, jajko kurę uczy

sucker *n* **1.** *pot.* frajer, naiwniak **2.** odrost korzeniowy (*rośliny*) **3.** przyssawka (*zwierząt*) ♦ **play sb for a sucker** *US* (z)robić kogoś w konia, (z)robić z kogoś frajera, wystrychnąć kogoś na dudka

sudden *a* nagły ♦ **all of a sudden** nagle, naraz, wtem, raptem, znienacka

suffer *v* **1.** cierpieć **2.** ponieść (*stratę, śmierć*) **3.** znosić, tolerować ♦ **I'll suffer for it** odchoruję to; **suffer a stroke** mieć wylew, dostać wylewu (*krwi do mózgu*); **suffer from shock** być w szoku; doznać szoku; **suffer heavy losses** ponieść ciężkie/poważne/dotkliwe straty; **suffer the consequences** ponosić konsekwencje

suffice *v* **1.** wystarczać **2.** zadowalać ♦ **suffice (it) to say (that)...** wystarczy powiedzieć, że...

sugar[1] *n* cukier ♦ **do you take sugar in your...?** czy słodzisz...? (*kawę itd.*); **icing sugar** cukier puder

sugar[2] *v* słodzić; cukrzyć ♦ **sugar the pill** *przen.* osłodzić coś, złagodzić coś; uczynić coś łatwiejszym do zniesienia

suggestion *n* sugestia; propozycja; podsunięcie myśli ♦ **at sb's suggestion** pod wpływem czyjejś sugestii; **make a suggestion** (za)sugerować; **put a suggestion to sb** (za)sugerować coś komuś

suicide *n* **1.** samobójstwo **2.** samobójca ♦ **attempt suicide** próbować popełnić samobójstwo; **commit suicide** popełnić samobójstwo; **mass suicide** zbiorowe samobójstwo; **suicide bomber** zamachowiec samobójca

suit[1] *n* **1.** ubranie; garnitur; kostium **2.** prośba; petycja **3.** rozprawa; proces **4.** kolor (*w kartach*) ♦ **bring a suit against sb** wytoczyć komuś proces; **divorce suit** sprawa rozwodowa; **follow suit** (z)robić to samo, naśladować; **in one's birthday suit** *pot.* (*żartobliwie*) w stroju Adama/adamowym; taki, jak(im) go Pan Bóg stworzył; **wet suit** strój nurka, kombinezon nurka

suit[2] *v* **1.** odpowiadać (*coś komuś*); nadawać się **2.** pasować; leżeć (*ubranie*) **3.** dostosować ♦ **suit sb's book** *GB pot.* odpowiadać komuś, pasować komuś; nie kolidować z czyimś planem; **suit yourself!** *pot.* rób, jak chcesz!; rób, jak ci wygodnie!; rób, co chcesz!; **to suit every pocket** na każdą kieszeń (*ceny*)

suitcase *n* walizka ♦ **live out of a suitcase** żyć na walizkach

summer *n* lato ♦ **Indian summer 1.** babie lato (*dni wczesnej jesieni*) **2.** pogodna/szczęśliwa jesień życia; pomyślne/pełne sukcesów zakończenie kariery zawodowej; **one swallow does not make a summer** *przysł.* jedna jaskółka nie czyni wiosny; **summer time** czas letni

summit *n* szczyt (*góry, ambicji itd.*) ♦ **summit meeting** szczyt, spotkanie na szczycie

sun *n* słońce ♦ **in the sun** w/na słońcu; **make hay while the sun shines** *przysł.* kuć żelazo, póki gorące; **under the sun** pod słońcem

Sunday *n* niedziela ♦ **never in a month of Sundays** nigdy, przenigdy; całą wieczność; **one's Sunday best** czyjeś odświętne/świąteczne ubranie; **Palm Sunday** Niedziela Palmowa; **Sunday driver** niedzielny kierowca; **Whit Sunday** Zesłanie Ducha Świętego, Zielone Świątki

sundry *a* rozmaity, różny, różnorodny, różnoraki ♦ **all and sundry** *pot.* wszyscy bez wyjątku, każdy

supply *n* 1. zaopatrywanie; dostawa 2. zaopatrzenie 3. zapas, zasób 4. podaż 5. zasilanie ♦ **be in short supply** brakować (*na rynku*), być deficytowym; **supply and demand** podaż i popyt

support *n* 1. poparcie; wsparcie 2. utrzymanie 3. podpora; podpórka; oparcie 4. *przen.* podpora (*rodziny itd.*) ♦ **in support of...** na znak poparcia dla...; **lend support** udzielać/użyczać poparcia

suppose *v* przypuszczać; sądzić ♦ **I suppose so/not** sądzę, że tak/nie; **what's that supposed to mean?** *pot.* co to ma znaczyć?!; **who is supposed to do that?** kto to ma zrobić?; **you are supposed to know** 1. powinieneś wiedzieć 2. ty masz wiedzieć

supreme *a* 1. najwyższy (*stopień, ranga*) 2. najwyższy, największy; ostateczny; olbrzymi ♦ **of supreme importance** najwyższej wagi; **Supreme Being** Istota Najwyższa/Nieskończona, Bóg; **Supreme Court** Sąd Najwyższy; **the supreme sacrifice** najwyższa ofiara, ofiara złożona z własnego życia

sure[1] *a* pewny ♦ **(as) sure as fate/(as) sure as I'm standing here/(as) sure as eggs is eggs** (pewny) jak amen w pacierzu, murowany; (pewny) jak w banku; **be sure to do sth** *pot.* zrobić

sure

coś koniecznie; pamiętać, żeby coś zrobić; nie zapomnieć o czymś; **I'm not quite sure** nie jestem całkiem pewny; **make sure** upewnić się; **one thing is (for) sure** jedno jest pewne

sure² *adv* pewnie, na pewno, z pewnością ♦ **know for sure** wiedzieć na pewno; **sure enough** faktycznie, jak się było można spodziewać, rzeczywiście

surface *n* 1. powierzchnia 2. powierzchowność ♦ **come/rise to the surface** *przen.* dochodzić do głosu; brać górę; wychodzić na jaw; **on the surface** na pozór, z pozoru, pozornie; na oko

surprise *n* niespodzianka; zaskoczenie ♦ **it comes as no surprise that...** nie jest dla nikogo niespodzianką, że...; **much to my surprise** ku memu wielkiemu zaskoczeniu; **picture my surprise...** wyobraź sobie (jakie było) moje zdziwienie...; **surprise visit** niespodziewana wizyta; **take sb by surprise** zaskoczyć kogoś; **to my surprise** ku memu zdumieniu

suspense *n* niepewność ♦ **keep sb in suspense** trzymać kogoś w niepewności/napięciu

suspicion *n* podejrzenie ♦ **above suspicion** poza podejrzeniem; **arouse (a) suspicion** wzbudzać/budzić/rodzić podejrzenie; **be under suspicion** być podejrzanym; **beyond suspicion** poza podejrzeniem; **cast suspicion on** rzucać podejrzenie na; **harbour a suspicion** mieć/żywić podejrzenie; **on suspicion of...** pod zarzutem...; podejrzany o...; **throw suspicion on** rzucać podejrzenie na; **with suspicion** podejrzliwie

swallow¹ *n* jaskółka ♦ **one swallow does not make a summer** *przysł.* jedna jaskółka nie czyni wiosny

swallow² *v* łykać; przełykać ♦ **swallow the bait** połknąć przynętę

swap *v* zamieniać (się); wymieniać się ♦ **swap horses in midstream** zmieniać zaprzęg w połowie brodu; zmieniać reguły gry w trakcie gry; wycofać się z czegoś; przerzucić się z czegoś na coś innego; **swap places** zamieniać się miejscami

swear *v* **(swore, sworn)** 1. przysięgać; składać przysięgę 2. zaprzysięgać (*kogoś*) 3. kląć; przeklinać ♦ **swear an oath** składać przysięgę; **swear blind** *pot.* kląć się na wszystkie świętości, kląć się na wszystko (, że)...; **swear like a trooper** kląć jak szewc

sweat¹ *n* pot ♦ **break out in a (cold) sweat** oblać/oblewać się (zimnym) potem; **by the sweat of one's brow** w pocie czoła; **cold sweat** zimny pot; **the sweat is running off sb** pot leje się z kogoś/oblewa kogoś/zlewa kogoś

sweat² *v* **1.** pocić się **2.** wywoływać poty **3.** harować ♦ **sweat blood/sweat one's guts out** *pot.* pracować/harować w pocie czoła, pracować/harować do siódmego potu, wypruwać z siebie żyły; **sweat buckets** *pot.* (s)pocić się jak mysz; **sweat sth out of sb** *pot.* wycisnąć coś z kogoś (*zeznanie itd.*)

sweep¹ *n* **1.** zamiatanie **2.** (długi) łuk **3.** zamaszysty/szeroki ruch **4.** zakres, zasięg (*tematyczny*) **5.** przeczesanie terenu ♦ **a clean sweep 1.** czystka (*w instytucji itd.*) **2.** zwycięstwo na całej linii, całkowite zwycięstwo; **make a clean sweep (of sth) 1.** przeprowadzić/zrobić czystkę (*w instytucji itd.*) **2.** pokonać wszystkich rywali; odnieść zwycięstwo na całej linii

sweep² *v* (**swept, swept**) **1.** zamiatać **2.** zmieść, zerwać, porwać **3.** rozciągać się, sięgać ♦ **sweeping statement** ogólnikowe stwierdzenie; **sweep sth under the carpet/***US* **sweep sth under the rug** zatuszować coś; ukrywać coś; **sweep the board** zgarnąć wszystkie nagrody/pieniądze; zdobyć wszystkie nagrody; wygrać wszystko

sweet *a* **1.** słodki **2.** przyjemny (*zapach*); świeży (*powietrze*); łagodny, miły (*głos, charakter*) ♦ **have a sweet tooth** lubić słodycze; **home sweet home** wszędzie dobrze, ale w domu najlepiej; **short and sweet** *pot.* krótki i węzłowaty; krótko i węzłowato

sweeten *v* (po)słodzić ♦ **sweeten the pill** *przen.* osłodzić coś, złagodzić coś; uczynić coś łatwiejszym do zniesienia

swell *v* (**swelled, swollen/swelled**) **1.** puchnąć **2.** nadymać się ♦ **sb got a swollen head** woda sodowa uderzyła komuś do głowy; **swell with pride** poczuć się/być bardzo dumnym, być przepełnionym dumą; wzbierać dumą

swim *v* (**swam, swum**) **1.** pływać **2.** przepływać ♦ **swim with the tide** *przen.* iść z prądem, płynąć z prądem, poddać się prądowi, dać się porwać prądowi

swing[1] *n* **1.** huśtawka **2.** zamachnięcie się **3.** zwrot, zmiana (*zapatrywań*) **4.** swing (*muzyka*) ♦ **get into the swing of sth** wciągnąć się w coś; przyzwyczaić się do czegoś; przywyknąć do czegoś; **in full swing** na całego

swing[2] *v* (**swung, swung**) **1.** huśtać się; kołysać się; wahać się **2.** zamachnąć się (*ręką na kogoś*) ♦ **no room to swing a cat** nie ma gdzie się ruszyć, jest bardzo ciasno; nie ma gdzie szpilki wetknąć; **swing into action** wchodzić natychmiast do akcji; przystąpić natychmiast do działania; zacząć działać; **swing the balance in sb's favour** przechylić szalę na czyjąś korzyść/stronę; **there's not enough room to swing a cat** nie ma gdzie się ruszyć, jest bardzo ciasno; nie ma gdzie szpilki wetknąć

swollen *zob.* **swell**

sword *n* miecz; szpada; szabla ♦ **cross swords with sb 1.** skrzyżować z kimś miecze/szpady **2.** *przen.* zmierzyć się z kimś; wejść w spór z kimś; spierać się z kimś; kłócić się z kimś; **he who lives by the sword shall perish by the sword** *przysł.* kto mieczem wojuje, ten od miecza ginie; **sth hangs over sb like a sword of Damocles** coś wisi nad kimś jak miecz Damoklesa

symbol *n* symbol; znak (*umowny*) ♦ **sex symbol** symbol seksu

sympathy *n* **1.** sympatia **2.** współczucie **3.** zrozumienie (*okazywane komuś*); popieranie (*stanowiska*) ♦ **be in sympathy with** solidaryzować się z; sympatyzować z; **come out in sympathy (with sb)** przeprowadzić strajk solidarnościowy (z kimś); **have no sympathy for sb** nie mieć dla kogoś współczucia; **have sympathy for** solidaryzować się z; sympatyzować z; **sympathy strike** strajk solidarnościowy; **you have my deepest sym-**

pathy (*w liście kondolencyjnym*) z wyrazami najgłębszego współczucia

symptom *n* symptom ♦ **withdrawal symptoms** oznaki/symptomy głodu narkotycznego

system *n* **1.** system; układ **2.** organizm **3.** metoda **4.** instalacja **5.** ustrój, system ♦ **get sth out of one's system** *pot.* wyrzucić coś z siebie; pozbyć się czegoś (*negatywnych emocji itd.*); wyładować się

T

t ♦ (*w zwrocie*) **dot the i's and cross the t's** *pot.* dopracować szczegóły czegoś, dopracować coś starannie do końca, wykończyć coś drobiazgowo/precyzyjnie, wycyzelować coś

tab *n* **1.** wieszak (*przyszyty*) **2.** naszywka; etykietka **3.** *pot.* rachunek ♦ **keep tabs on sb/keep a tab on sb** *pot.* pilnować kogoś, mieć kogoś na oku; **pick up the tab for sth** *pot.* zapłacić za coś rachunek, słono za coś zapłacić, wybulić za/na coś; płacić rachunek za coś (*czyjeś błędy itd.*); **put sth on a tab** dopisać coś do rachunku

table *n* **1.** stół; stolik **2.** tablica; tabela; wykaz; spis **3.** płaskowyż ♦ **at table** przy stole; **book a table** zarezerwować stolik (*w restauracji*); **card table** stół do gry, karciany stół, zielony stół; **clear the table** sprzątnąć/sprzątać ze stołu; **come to the negotiating table** usiąść przy stole negocjacyjnym; **lay one's cards on the table** grać w otwarte karty, wykładać karty na stół; **lay the table** nakryć do stołu, nakryć stół; **logarithmic tables** tablice logarytmiczne; **multiplication table** tabliczka mnożenia; **operating table** stół operacyjny; **put one's cards on the table** grać w otwarte karty, wykładać karty na stół; **rise from the table** wstawać od stołu; **set the table** *zwł. US* nakryć do stołu, nakryć stół; **sit at the table** siedzieć za stołem/przy stole; **sit up to the table** siadać do stołu; **table of contents** spis treści; spis rzeczy; **table salt** sól kuchenna/jadalna; **turn the tables (on sb)** odwrócić się (*sytuacja, czyjeś położenie, role itd.*), (czyjaś) karta się odwróciła; **wait at table/***US* **wait on**

table/wait tables obsługiwać gości (*w restauracji*); usługiwać przy stole

tack *n* **1.** pinezka **2.** gwóźdź (*tapicerski*) **3.** fastryga **4.** przylepność; kleistość **5.** taktyka ♦ **change tack** zmienić taktykę; obrać/przyjąć inną taktykę

tail *n* **1.** ogon **2.** część końcowa, koniec ♦ **have one's tail between one's legs** *pot.* chować ogon pod siebie, kulić ogon pod siebie; **heads or tails?** orzeł czy reszka?; **make head or tail of sth** połapać się w czymś; **play at heads or tails** grać w orła i reszkę; **put one's tail between one's legs** *pot.* chować ogon pod siebie, kulić ogon pod siebie; **turn tail** zwiać, stchórzyć, dać nogę, uciec; **wag its tail** merdać/machać ogonem (*o psie*)

take[1] *n* **1.** branie **2.** pobrana suma **3.** ujęcie (*filmowe*) ♦ **be on the take** *pot.* (regularnie) przyjmować/brać łapówki, brać/dostawać w łapę, być opłacanym, być przekupionym (*przez organizację przestępczą itd.*); być przekupnym; **sb's take on sth** *US pot.* czyjeś zdanie w danej sprawie/na temat, czyjaś opinia w danej sprawie/na temat

take[2] *v* (**took, taken**) **1.** brać; wziąć; przyjmować **2.** otrzymać, zdobyć (*nagrodę itd.*) **3.** jeść; pić **4.** zabierać, zajmować (*czas, miejsce*) **5.** wynajmować **6.** prenumerować **7.** traktować (*coś poważnie, lekko itd.*) **8.** pojechać (*autobusem itd.*) ♦ **be taken aback** być bardzo zaskoczonym/zdziwionym; **be taken ill/sick** zachorować; **be taken in** dać się nabrać, dać się oszukać; **be taken up with sth** być pochłoniętym czymś, być czymś bardzo zajętym; **do you take sugar in your...?** czy słodzisz...? (*kawę itd.*); **give and take** być gotowym do pójścia na kompromis, być skłonnym do kompromisu; **give or take** plus minus, około, w przybliżeniu; **hard to take** trudny do przyjęcia//zaakceptowania; **have what it takes (to be...)** *pot.* mieć wszelkie niezbędne cechy/zdolności/zadatki (*na bycie – dobrym piłkarzem, muzykiem itd.*); **I take it (that)...** *pot.* rozumiem, że...; zakładam, że...; **I take your point** *pot.* rozumiem cię, rozumiem twoje stanowisko; **it takes ages to...** *przen.* całe wieki trwa..., całą wieczność trwa..., coś trwa (całe) wieki; **it won't take long** to nie potrwa długo; **never/not be able to take one's eyes off sb/sth** nie móc oderwać oczu od kogoś/czegoś; **not take any notice (of sb/sth)** nie zwracać uwagi (na kogoś/coś); nie zauważać (kogoś/czegoś); **sb takes it into his/her head to do sth/that...** coś wpada/strzela/przychodzi komuś do głowy, żeby...; **sth takes sb's fancy** coś przypada/trafia komuś do gustu, coś przypada/trafia komuś do smaku; **take a back seat** schodzić na drugi/dalszy plan; usunąć (się) na drugi/dalszy plan; **take a beating** dostać lanie; dostać/oberwać/zbierać cięgi; dostać w skórę; **take a bus** pojechać autobusem; **take a call** odebrać telefon (*gdzieś – w biurze itd.*); **take account of sth** brać coś pod uwagę; **take a chance** (za)ryzykować; **take action** podjąć działanie; **take advantage of sb** wykorzystać kogoś (*nieuczciwie*); **take advantage of sth 1.** wykorzystać coś (w pełni), skorzystać (w pełni) z czegoś **2.** wykorzystać coś (*nieuczciwie*); **take a fancy to sb** przypaść sobie do gustu; **take a firm line on** zająć zdecydowane stanowisko wobec/w sprawie; **take ages** *zob.* **it takes ages to...**; **take a glance at** spojrzeć na, rzucić okiem na; **take a good look at it!** dobrze się temu przyjrzyj!; **take a grip on oneself** *pot.* wziąć się w garść; **take a guess at sth** *US* (s)próbować coś zgadnąć; **take a hammering** doznać dotkliwej porażki/klęski, odnieść/ponieść sromotną porażkę/klęskę; zostać dotkliwie pobitym; **take a hard line over/on** zająć twarde stanowisko wobec/w sprawie; **take a hard look at sth** spojrzeć na coś na trzeźwo/bez emocji, spojrzeć na coś trzeźwym/zimnym/chłodnym okiem; **take a header** skoczyć na głowę (*do wody*); **take a heavy toll** *przen.* zbierać obfite żniwo; zbierać krwawe/śmiertelne żniwo; dawać się we znaki; **take a hint** zrozumieć aluzję; **take aim at** celować do (*tarczy*); **take a joke** umieć z siebie żartować; znać się na żartach; **take a leaf out of sb's book** naśladować kogoś, wzorować się na kimś, brać kogoś za wzór/przykład; **take a leave** wziąć urlop; **take a liking to sth/sb** polubić coś/kogoś; **take a long hard look at sth** spojrzeć na coś na trzeźwo/bez emocji, spojrzeć na coś trzeźwym/zimnym/chłodnym okiem; **take a long look at sth** dobrze/wnikliwie/uważnie się czemuś przyjrzeć, dobrze się nad czymś zastanowić; **take a look (a)round** rozejrzeć się, rozglądać się dookoła; **take a look at** spojrzeć na; **take a lot of beating** być nie do pobicia, być nie do pokonania; być lepszym od innych, nie mieć sobie równego; **take a lot of trouble** zadać sobie wiele trudu; **take a middle course** znaleźć złoty środek; **take an exam** zdawać egzamin; **take an interest in sth** (za)interesować się czymś; **take an oath** składać przysięgę; **take an order** przyjąć zamówienie; **take an upturn** wziąć/przybrać pomyślny obrót; **take apart** rozebrać na części; **take a picture/photograph** (z)robić zdjęcie, (s)fotografować; **take a plane** polecieć samolotem; **take a powder** *US pot.* zmyć się (*skądś*), wynosić się, spadać, urywać się; **take a reading** odczytywać wskazania (*termometru itd.*); **take a rest** odpocząć; **take a risk** (za)ryzykować; brać na siebie ryzyko, podejmować/ponosić ryzyko; **take a running jump!** *pot.* zmiataj stąd!, zmiataj w podskokach!, zjeżdżaj stąd!, zjeżdżaj w podskokach!; **take a seat** usiąść; **take a shot in the dark** *pot.* strzelać w ciemno; **take a test** przystąpić do testu/do sprawdzianu, zdawać test/sprawdzian; **take a train** pojechać pociągiem; **take a turn for the better** przyjąć pomyślny obrót, polepszyć się, poprawić się; **take a turn for the worse** przyjąć niepomyślny obrót, pogorszyć się; **take a vote on sth** przeprowadzić głosowanie nad czymś; **take a wander** iść/pójść na spacer; iść/pójść na przechadzkę; przejść się; **take care!** trzymaj się! (*na pożegnanie*); **take care of...** troszczyć się..., dbać...; uważać..., starać się...; **take care of number one** dbać wyłącznie o siebie; zajmować się wyłącznie sobą; troszczyć się wyłącznie o siebie; **take care of yourself** uważaj na siebie; **take chances** (za)ryzykować; **take charge of sth** zajmować się czymś; przejąć odpowiedzialność za coś; **take coals to Newcastle** *GB pot.* wozić drzewo do lasu, niepotrzebnie coś robić, niepotrzebnie zadawać sobie trud; **take control of sth** przejąć/objąć kontrolę nad czymś; **take drugs** brać narkotyki; **take evasive action** zrobić unik; uciec; **take French leave** wyjść po angielsku; **take fright at sth** przestraszyć się czegoś; **take full advantage of sth 1.** wykorzystać coś (w pełni), skorzystać (w pełni) z czegoś **2.** wykorzystać coś (*nieuczciwie*); **take heart** nabrać otuchy; nie tracić nadziei; **take heed of sth** zwracać uwagę na coś, uważać na coś; mieć wzgląd na coś; **take hold of... 1.** złapać za coś, chwycić coś **2.** opanować, zawładnąć; przejąć kontrolę nad; **take holy orders** przyjąć święcenia kapłańskie; **take home** *pot.* zarabiać na czysto, brać/otrzymywać do ręki; **take issue with** nie zgadzać się z, dyskutować z; **take it into one's head to do sth** wpaść na pomysł, aby coś zrobić; **take it in turns** robić coś na zmianę (z kimś), wymieniać się, zamieniać się; **take it out of sb** wyczerpywać kogoś, wykańczać kogoś; odbierać komuś siły; **take it out on sb** zwalać coś na kogoś; wyładowywać się na kimś; wyżywać się na kimś; **take its toll** *przen.* zbierać obfite żniwo; zbierać krwawe/śmiertelne żniwo; dawać się we znaki; **take leave of one's senses** (*żartobliwie*) stracić rozum; postradać zmysły; **take liberties with sth** pozwolić sobie na coś/coś zrobić; nie krępować się czymś; swobodnie coś interpretować; **take long** trwać długo; **take measures** przedsięwziąć środki zaradcze; poczynić kroki; **take no notice (of sb/sth)** nie zwracać uwagi (na kogoś/coś); nie zauważać (kogoś/czegoś); **take note of sth** zwracać uwagę na coś, zauważać coś; **take notes** robić notatki, notować; **take notice of...** zwrócić uwagę na...; zauważyć...; spostrzec...; **taken out** *GB* na wynos; **take offence** obrażać się; unosić się honorem; brać coś do siebie; **take office** objąć stanowisko; **take off weight** stracić na wadze; zbijać wagę; **take on a duty** brać na siebie obowiązek; **take one's bearings 1.** ustalić swoje położenie **2.** zorientować się (*w sytuacji*); **take one's breath away** zapierać komuś dech w piersiach; **take one's chances** (umiejętnie) wykorzystać swoją szansę; **take one's choice** dokonać wyboru; **take one's hat off to sb** chylić przed kimś czoło/czoła; **take one's leave of sb** pożegnać się z kimś; **take one's life** odebrać sobie życie, skończyć ze sobą, popełnić samobójstwo, zabić się; **take one's life in one's (own) hands** ryzykować życie; **take one's mind off sth** oderwać myśli od czegoś; **take one's own life** odebrać sobie życie, skończyć ze sobą, popełnić samobójstwo, zabić się; **take one's pick** wybierać; **take one's revenge on/against sb** mścić się na kimś, zemścić się na kimś, dokonać zemsty na kimś; **take one's seat** zajmować (swoje) miejsce, siadać; **take one's time (over sth)** nie śpieszyć się (z czymś); **take on the responsibility for** brać na siebie odpowiedzialność za; **take orders** przyjąć święcenia kapłańskie; **take out teeth** rwać/wyrywać/usuwać zęby; **take over the reins** przejąć władzę; przejąć ster rządów; przejąć kontrolę; **take part in** brać udział w, uczestniczyć w; **take pity on** (z)litować się nad; **take place** mieć miejsce, wydarzyć się; **take pleasure in (doing) sth** robić coś z przyjemnością; czerpać z czegoś przyjemność; znajdować przyjemność w czymś; **take root 1.** zakorzenić się, zapuścić korzenie (*o roślinach*) **2.** *przen.* zakorzenić się; trafić na podatny grunt; **take sb at their word** trzymać kogoś za słowo; **take sb by surprise** zaskoczyć kogoś; **take sb by the hand** wziąć kogoś za rękę; **take sb down a peg (or two)** przytrzeć komuś nosa; **take sb for a ride 1.** zabrać kogoś na przejażdżkę **2.** *pot.* nabrać kogoś, oszukać kogoś; zakpić sobie z kogoś; **take sb hostage** wziąć kogoś jako zakładnika; **take sb into care** zaopiekować się kimś, roztoczyć opiekę nad kimś; sprawować nad kimś opiekę; **take sb off guard** zaskoczyć kogoś; zmylić/uśpić czyjąś czujność; **take sb's advice** iść/pójść za czyjąś radą; (po)słuchać czyjejś rady; skorzystać z czyjejś rady; **take sb's fancy** przypadać/trafiać komuś do gustu; **take sb's life** odebrać komuś życie, pozbawić kogoś życia, zabić kogoś; **take sb's measure** wyrobić sobie pogląd/zdanie/sąd o kimś; **take sb's name in vain** wzywać czyjegoś imienia nadaremno; **take sb's part** brać/trzymać czyjąś stronę, opowiadać się/stawać po czyjejś stronie, obstawać za kimś; **take sb's point** *pot.* zrozumieć kogoś; pojąć (o co chodzi); **take sb's/ /sth's place** zajmować czyjeś miejsce, zastępować kogoś/coś, wypierać kogoś/coś; **take sb/sth for granted 1.** przyjmować coś za rzecz oczywistą/naturalną **2.** nie doceniać kogoś/czegoś; **take sb's word for it** uwierzyć komuś na słowo; **take sb to task** upominać kogoś; przywoływać kogoś do porządku; **take sb to the cleaners/cleaner's** *pot.* **1.** puścić kogoś z torbami; oskubać kogoś (z czegoś) **2.** bić kogoś na głowę, zwyciężyć kogoś druzgocąco, odnieść nad kimś druzgocące zwycięstwo, pokonać kogoś na całej linii; **take sb unawares** zaskoczyć kogoś; **take sb under one's wings** *przen.* wziąć/brać kogoś pod swoje skrzydła; **take shape** przybierać realne kształty, przyoblekać się w realne kształty, krystalizować się; **take sides with sb** brać/trzymać czyjąś stronę, opowiadać się/stawać po czyjejś stronie, obstawać za kimś; **take some beating** być nie do pobicia, być nie do pokonania; być lepszym od innych, nie mieć sobie równego; **take sth amiss** wziąć/brać/mieć coś za złe; poczuć się dotkniętym; brać/wziąć coś do siebie; **take sth as read** brać/przyjmować coś jako/za pewnik; **take sth at (its) face value** brać coś za dobrą monetę; **take sth from sth** odjąć/odejmować coś od czegoś (*liczby*); **take sth hard** *pot.* ciężko coś przyjąć/zaakceptować/znosić; **take sth in hand** wziąć coś w swoje ręce; zacząć coś kontrolować, przejąć kontrolę nad czymś; **take sth into account** brać coś pod uwagę; **take sth into consideration** brać coś pod uwagę, uwzględniać coś; **take sth lying down** nie odpowiedzieć/nie zareagować na obrazę, nie odpowiedzieć/nie zareagować na zniewagę; **take sth on trust** uwierzyć w coś na słowo, dawać wiarę czemuś; **take sth to pieces** rozebrać coś na części; **take the air** odetchnąć świeżym powietrzem; zaczerpnąć świeżego powietrza; **take the bad with the good** akceptować zarówno dobre, jak i złe strony czegoś; akceptować coś w pełni/bez zastrzeżeń; godzić się na wszystko; **take the bait** połknąć przynętę; **take the blame for sth** brać na siebie winę za coś; **take the bread out of sb's mouth** odebrać/odbierać komuś chleb, pozbawić kogoś chleba; **take the brunt of sth** ponosić/wziąć na siebie główny ciężar czegoś; ściągnąć na siebie odium czegoś; **take the bull by the horns** chwycić/wziąć byka za rogi; **take the chair** 1. objąć przewodnictwo (*zebrania*) 2. otworzyć zebranie; **take the chance** skorzystać z okazji; **take the chill off sth** podgrzać coś; **take the floor** 1. zabrać głos, przemówić 2. zatańczyć; **take the law into one's own hands** wziąć/brać prawo w swoje ręce; dokonać samosądu; **take the lead** 1. objąć prowadzenie 2. przodować, przewodzić; **take the liberty of doing sth/to do sth** pozwolić sobie coś zrobić; **take the lid off sth** uchylić zasłony, odsłonić/ujawnić/ukazać coś, (z)demaskować coś; **take the line of least resistance** pójść/iść po linii najmniejszego oporu; **take the long view of sth** spojrzeć na coś perspektywicznie; myśleć o czymś perspektywicznie; **take the Lord's name in vain** wzywać imienia Pana Boga/bożego nadaremno; **take the offensive** przejść do ofensywy; zaatakować; **take the opportunity to...** skorzystać z (nadarzającej się) okazji, aby/żeby...; **take the path of least resistance** pójść/iść po linii najmniejszego oporu; **take the phone off the hook** odwiesić słuchawkę (telefoniczną); **take the rap for sth** *pot.* oberwać za coś (*zwł. niesłusznie*); **take the responsibility for** brać na siebie odpowiedzialność za; **take the rough with the smooth** bywać raz na wozie, raz pod wozem; **take the trouble to do sth** zadać sobie trud czegoś (*zrobienia czegoś*); **take the**

tale

veil przywdziać habit (zakonny), zostać zakonnicą; **take the wheel** (u)siąść za kierownicą, poprowadzić (*za kogoś*); **take the wind out of sb's sails** *przen.* wytrącić komuś broń z ręki, zgasić kogoś, zbić kogoś z tropu; **take the words out of sb's mouth** z ust komuś coś/słowa wyjąć; **take time** zabierać czas, trwać, wymagać czasu (*czynność*); **take to flight** wziąć nogi za pas, dać nogę, zacząć uciekać; **take to one's bed** położyć się do łóżka, zostać w łóżku (*z powodu choroby*); **take to one's heels** wziąć nogi za pas, dać nogę; **take turns** robić coś na zmianę (z kimś), wymieniać się, zamieniać się; **take umbrage (at sth)** poczuć się dotkniętym/urażonym/obrażonym (czymś); **take up a post** objąć stanowisko; **take up arms (against sb)** chwycić za broń (przeciw komuś); wystąpić zbrojnie (przeciw komuś); **take up much space/take up room** zajmować dużo miejsca; **take up the gauntlet** podnieść/podjąć (rzuconą) rękawicę; **take wing** zerwać się do lotu; odlecieć; odfrunąć; **take years off sb** odmładzać kogoś, odejmować komuś lat; **taking one thing with another** wziąwszy wszystko pod uwagę; w sumie; **what do you take me for?** *pot.* za kogo ty mnie masz/bierzesz/uważasz?

tale *n* **1.** opowiadanie; opowieść; bajka **2.** plotka ♦ **(and) thereby hangs a tale...** (a) z tym się łączy następująca/inna historia...; **old wives' tale** przesąd, zabobon, babskie gadanie; **spin a tale** opowiadać niestworzone historie, opowiadać bajki; **tall tale** nieprawdopodobna/niesłychana historia; **tell its own tale** mówić samo za siebie; **tell tales about sb** opowiadać o kimś niestworzone historie, robić plotki na kogoś/o kimś, narobić plotek na kogoś/o kimś, roznosić o kimś plotki; **tell tales (to sb)** skarżyć (do kogoś); donosić (komuś)

talent *n* talent, uzdolnienie ♦ **of many talents** (wszechstronnie) utalentowany; uzdolniony; obdarzony wieloma talentami

talk[1] *n* **1.** rozmowa **2.** *pot.* gadanie, gadanina, (puste) słowa **3.** pogadanka; odczyt; wykład, prelekcja ♦ **baby talk** gaworzenie (*dziecka*); **be all talk** *pot.* gadać tylko, wyłącznie gadać (i nic nie robić); **give a talk** wygłosić pogadankę/odczyt/wykład; **have a talk with sb** (po)rozmawiać z kimś, odbyć z kimś rozmowę; **heart-to-heart talk** szczera/serdeczna rozmowa; **small talk** pogawędka; **talk of the devil!** o wilku mowa!; **there's talk of...** mówi się, że/o..., ludzie mówią/gadają, że...; **the talk of sth** główny temat czyichś rozmów, temat dnia

talk² *v* **1.** mówić **2.** rozmawiać ♦ **look who's talking!** *pot.* i kto to mówi?!; **money talks** pieniądze są silnym argumentem/trafiają do przekonania, pieniądze mogą wszystko; **not be talking** *pot.* nie rozmawiać z sobą, gniewać się na siebie; **talk a blue streak** *US*/**talk a mile a minute** *pot.* mówić jak nakręcony/bez przerwy; gadać jak nakręcony/jak najęty; trajkotać jak młynek; **talk a person's head off** ciągle/wciąż/bez przerwy zawracać komuś głowę; ciągle/wciąż/bez przerwy suszyć komuś głowę; **talk big** przechwalać się; **talk cold turkey to/with sb** *pot.* **1.** walić komuś prawdę prosto z mostu; rozmawiać z kimś otwarcie **2.** *US* omawiać z kimś szczegóły; dogadywać się z kimś (*w interesach itd.*); **talk hot air** *pot.* nawijać; ględzić bez treści; przechwalać się; **talking of/about...** skoro mowa o...; **talk in one's sleep** mówić przez sen; **talk nineteen to the dozen** *pot.* mówić jak nakręcony/bez przerwy; gadać jak nakręcony/jak najęty; trajkotać jak młynek; **talk nonsense** pleść bzdury/androny, opowiadać/wygadywać/pleść brednie; gadać bez sensu; gadać trzy po trzy; **talk one's way out of sth** *pot.* wymówić się od czegoś, wykręcić się od czegoś, wywinąć się (*z sytuacji itd.*); wykręcić się sianem; **talk politics** rozmawiać o polityce; **talk sense** mówić sensownie/z sensem/rozsądnie/do rzeczy; **talk sense into sb** *pot.* przemówić komuś do rozsądku; przemówić komuś do rozumu; **talk shop** rozmawiać o pracy, rozmawiać na tematy zawodowe; **talk ten to the dozen** *pot.* mówić jak nakręcony/bez przerwy; gadać jak nakręcony/jak najęty; trajkotać jak młynek; **talk the hind legs off a donkey**

talking-to

pot. gadać/trajkotać bez przerwy, przegadać każdego, nie dać się przegadać; gadać, że aż głowa puchnie; gadać, że aż uszy puchną; **talk the same language as sb** mieć/znajdować z kimś wspólny język, mówić wspólnym językiem; **talk through one's hat** *pot.* pleść/gadać/opowiadać głupstwa; **talk to a brick wall** *pot.* mówić/gadać jak do ściany; **talk tough** *pot.* mówić/oświadczać coś kategorycznie; żądać czegoś kategorycznie; mówić tonem nie znoszącym sprzeciwu; **talk turkey to/with sb** *pot.* **1.** walić komuś prawdę prosto z mostu; rozmawiać z kimś otwarcie **2.** *US* omawiać z kimś szczegóły; dogadywać się z kimś (*w interesach itd.*)

talking-to *n* ♦ (*w zwrocie*) **give sb a talking-to** *pot.* objechać kogoś, skrzyczeć kogoś, nakrzyczeć na kogoś; zwymyślać kogoś

tall *a* wysoki ♦ **how tall are you?** ile masz wzrostu?; **stand tall** *US* być pewnym siebie; **tall order** *pot.* wygórowane żądania//oczekiwania; zadanie nie do wykonania; niewykonalne zadanie/żądanie/zlecenie/polecenie; prośba niemożliwa do spełnienia; **tall story**/*US* **tall tale** nieprawdopodobna/niesłychana historia; **walk tall** iść/kroczyć z podniesionym czołem

tan *v* **1.** opalać się **2.** garbować (*skóry*) ♦ **tan sb's hide/tan the hide off sb** złoić/(wy)garbować/przetrzepać komuś skórę

tangent *n* **1.** styczna **2.** tangens ♦ **fly off at a tangent/go off at a tangent** *pot.* zmieniać nagle temat, przeskakiwać z tematu na temat

tantamount *a* ♦ (*w zwrocie*) **be tantamount to sth** być równoznacznym z czymś, równać się czemuś

tantrum *n* napad złości; napad złego humoru ♦ **have/throw a tantrum** mieć napad złości, dostać napadu złości, wpaść w złość; **temper tantrum** napad złości; napad złego humoru

tap *n* **1.** kran; zawór; kurek **2.** zatyczka **3.** podsłuch (telefoniczny) **4.** lekkie stukanie, pukanie ♦ **on tap 1.** pod ręką, do dyspozycji **2.** z beczki (*piwo*); **tap dancing** stepowanie; **tap water** woda z kranu

tape *n* **1.** taśma; tasiemka **2.** taśma magnetofonowa/magnetyczna/magnetowidowa ♦ **blank tape** czysta taśma; **breast the tape** przerwać taśmę (*na mecie*); rzucić się na taśmę (*na mecie*); **on tape** (zarejestrowany/nagrany/zapisany) na taśmie; **red tape** biurokracja; **tape recorder** magnetofon

tar *v* smołować, smarować/pokrywać smołą ♦ **be tarred with the same brush (as sb)** być ulepionym z jednej/z tej samej gliny (co ktoś), mieć te same wady (co ktoś)

target *n* **1.** cel (*krytyki, dążeń, bombardowania itd.*) **2.** tarcza strzelnicza ♦ **aim at the target** mierzyć do celu; **be the target of criticism** być celem krytyki; **civilian target** cel cywilny; **easy target** łatwy cel; łatwy łup; **hit the target** trafić do celu; **military target** cel wojskowy; **miss the target** nie trafić do celu; **moving target** cel ruchomy; **set oneself a target** wyznaczyć sobie cel; **shoot at the target** strzelać do celu; **soft target** łatwy cel; łatwy łup; **target language** język odpowiedników (*w słowniku*); język na który się tłumaczy; język wynikowy (*w informatyce*)

task *n* zadanie; praca do wykonania; zajęcie ♦ **rise to the task** stanąć na wysokości zadania; **set oneself a task** wyznaczyć sobie zadanie; **take sb to task** upominać kogoś; przywoływać kogoś do porządku; **task force 1.** grupa interwencyjna **2.** oddział specjalny; **thankless task** niewdzięczne zadanie

taste *n* **1.** smak; wrażenie smakowe **2. the taste** zmysł smaku **3.** zamiłowanie, upodobanie (*do czegoś*) **4.** gust ♦ **a matter of taste** rzecz gustu; **be to sb's taste** być w czyimś guście; **give sb a taste of his own medicine** odpłacić komuś pięknym za nadobne; **in bad/poor taste** w złym guście; **in good taste** w dobrym guście; **leave a nasty/bad taste in the mouth** zostawiać przykre wrażenie, zostawiać (po sobie) niesmak; **sb shows good taste in (doing) sth** coś świadczy o czyimś dobrym guście; **sense of taste** zmysł smaku; **sth is to sb's taste** coś przypada/trafia komuś do gustu; coś przypada/trafia komuś

tax

do smaku; **there's no accounting for taste** *przysł.* są gusta i guściki; o gustach się nie dyskutuje; **to taste** do smaku (*dodać soli itd.*)

tax[1] *n* **1.** podatek **2.** obciążenie; wysiłek ♦ **after tax** po opodatkowaniu, po doliczeniu podatku; **back tax** zaległy podatek; **before tax** przed opodatkowaniem, bez podatku; **income tax** podatek dochodowy; **tax burden** obciążenie podatkowe; **tax loopholes** luki w prawie podatkowym; **tax relief** ulga podatkowa; **tax return** zeznanie podatkowe; **tax year** rok podatkowy; **turnover tax** podatek obrotowy; **value added tax** podatek od wartości dodanej, VAT

tax[2] *v* **1.** opodatkować **2.** wystawiać na próbę ♦ **tax a car** *GB* (za)płacić podatek drogowy; **tax sb's patience** wystawiać na próbę czyjąś cierpliwość, nadużywać czyjejś cierpliwości

taxi *n* taksówka ♦ **hail a taxi** zawołać taksówkę; **take/get a taxi** wziąć taksówkę, pojechać taksówką; **taxi rank** *GB*/*US* **taxi stand** postój (taksówek)

tea *n* herbata ♦ **be no tea party** *US pot.* być rzeczą trudną, być niełatwą sprawą, (to) nie przelewki, (to) nie żarty; **high tea** *GB* podwieczorek, kolacja; **not for all the tea in China** *pot.* za skarby, za żadne skarby (świata), za nic na świecie; **sth isn't sb's cup of tea** coś nie jest w czyimś guście; ktoś się czymś nie interesuje; ktoś czegoś nie lubi, ktoś nie przepada za czymś

teach *v* (**taught, taught**) uczyć, nauczać ♦ **be taught sth at one's mother's knee** wyssać coś z mlekiem matki; **teach one's grandmother to suck eggs** *przysł.* jajko (chce być) mądrzejsze od kury, jajko kurę uczy; **teach sb a lesson** dać komuś nauczkę/lekcję; pokazać komuś gdzie raki zimują; uczyć kogoś rozumu; **teach school** *US* uczyć w szkole; **that'll teach you!** *pot.* niech to będzie dla ciebie nauczką na przyszłość!

teacher *n* nauczyciel(ka) ♦ **head teacher** dyrektor(ka) szkoły; **teacher's pet** *pot.* pupilek/ulubieniec nauczyciela

team *n* zespół; drużyna; brygada; ekipa ♦ **home team** drużyna gospodarzy (*w sporcie*); **in a team** *GB* w drużynie; **make the team** nadawać się do drużyny, wejść w skład drużyny, być/zostać przyjętym do drużyny (*sportowej*); **on a team** *US* w drużynie; **rescue team** ekipa ratownicza; zespół/grupa ratowników; **team championship** mistrzostwo drużynowe; **visiting team** drużyna gości (*w sporcie*)

tear[1] [tɪə] *n* łza ♦ **be bored to tears** śmiertelnie się nudzić, być nieludzko znudzonym; **be close to tears/be near to tears/be on the verge of tears** być bliskim łez, być bliskim płaczu; **be in floods of tears** tonąć we łzach; **break into tears/burst into tears** wybuchnąć płaczem; **hold back one's tears** dławić/hamować łzy, powstrzymywać się od płaczu/od łez; **reduce sb to tears** doprowadzić kogoś do płaczu/do łez; **shed tears** ronić//wylewać łzy; **tear gas** gaz łzawiący; **weep bitter tears** płakać gorzkimi łzami, płakać gorzko

tear[2] [teə] *v* (**tore, torn**) rozdzierać (się); rozrywać (się); drzeć (się) ♦ **be torn between...** być rozdartym pomiędzy..., nie móc się zdecydować... (*na coś*), nie umieć wybrać pomiędzy/spośród...; **it's tearing my heart out** serce mi się kraje, serce mnie boli, serce mi pęka; **tear a hole in sth** zrobić dziurę w czymś, przetrzeć coś, przedziurawić coś, wyszarpać dziurę w czymś; **tear at sb's heartstrings** chwytać (kogoś) za serce; **tear loose** wyszarpać się, wydrzeć się, wyrwać się; zerwać się; **tear oneself from sth** oderwać się od czegoś; **tear one's hair (out)** rwać/wyrywać/drzeć sobie włosy z głowy; **tear sb limb from limb** (*zwł. żartobliwie*) rozszarpać kogoś na kawałki/na strzępy; **tear sb to pieces** *pot.* nie zostawić na kimś suchej nitki, ostro kogoś skrytykować, odsądzić kogoś od czci i wiary; **tear sth to pieces 1.** porwać/podrzeć coś na strzępy, porwać/podrzeć coś na kawałki **2.** *pot.* nie zostawić na czymś suchej nitki, ostro coś skrytykować, odsądzić coś od czci i wiary; **tear sth to shreds** porwać/podrzeć coś na strzępy, porwać/podrzeć coś na kawałki

teeth zob. **tooth**

telephone n **1.** telefon; aparat telefoniczny **2.** słuchawka ♦ **answer the telephone** odebrać telefon; **be on the telephone 1.** rozmawiać przez telefon **2.** być pod telefonem (*w domu, pracy*); **by telephone** telefonicznie, przez telefon; **cellular/ /cell/mobile telephone** telefon komórkowy; **telephone book** książka telefoniczna; **telephone box** *GB/US* **telephone booth** budka telefoniczna; kabina telefoniczna; **telephone call** rozmowa telefoniczna, telefon; **telephone directory** książka telefoniczna; **telephone exchange** centrala telefoniczna; **telephone number** numer telefonu; **you're wanted on the telephone** telefon do ciebie

television n **1.** telewizja **2.** telewizor ♦ **be on television** występować w telewizji; **cable television** telewizja kablowa; **on television** w telewizji; w programie telewizyjnym; **satellite television** telewizja satelitarna; **television commercial** reklama telewizyjna; **television licence** abonament telewizyjny; **television programme** program telewizyjny; **television set** telewizor

tell v (**told, told**) **1.** powiedzieć, mówić **2.** opowiadać **3.** polecić, kazać ♦ **all told** w sumie; ogółem; ogólnie; **hard to tell** trudno powiedzieć; **I tell you what/I'll tell you what/I'll tell you something** *pot.* powiem ci coś..., mówię ci..., wiesz co...; **I told you (so)!** *pot.* a nie mówiłem?!; **only time will tell** czas pokaże; **tell a lie** mówić nieprawdę; (s)kłamać; dopuścić się kłamstwa; **tell apart** odróżniać (od siebie); **tell a secret** powiedzieć w sekrecie, powiedzieć sekret; wydać sekret/tajemnicę; **tell its own tale** mówić samo za siebie; **tell on sb** (po)skarżyć na kogoś; **tell sb and sb apart** odróżnić kogoś od kogoś; **tell sb off for doing sth** *pot.* objechać kogoś, skrzyczeć kogoś, nakrzyczeć na kogoś; zwymyślać kogoś; **tell sb's fortune** przepowiedzieć komuś przyszłość; wróżyć komuś; **tell sb straight** powiedzieć komuś wprost, powiedzieć komuś po prostu, powiedzieć komuś szczerze; **tell sth from sth** odróżnić coś od czegoś; **tell tales about sb** opowiadać o kimś niestworzone historie, robić plotki na kogoś/o kimś, narobić plotek na kogoś/o kimś, roznosić o kimś plotki; **tell tales (to sb)** skarżyć (do kogoś); donosić (komuś); **tell the difference between sth and sth** odróżnić coś od czegoś; **tell (the) time** podać czas; powiedzieć, która jest godzina; **tell the truth** powiedzieć/mówić prawdę; **tell the way** wskazać drogę; **there's no telling** *pot.* trudno powiedzieć/przewidzieć, zupełnie nie wiadomo; **time will tell** czas pokaże; **to tell the truth** prawdę mówiąc/powiedziawszy; **you can never tell/you never can tell** *pot.* nigdy nie wiadomo; **you could tell a mile off that...** już na pierwszy rzut oka widać/można poznać/można się zorientować, że...; widać jak na dłoni, że...; z daleka widać, że...; na kilometr widać, że...

teller *n* **1.** kasjer bankowy **2.** osoba przeliczająca/licząca głosy (*w głosowaniu*) ♦ **fortune teller** wróżka; wróżbita; **teller of jokes** kawalarz; żartowniś

telling-off *n* ♦ (*w zwrocie*) **give sb a telling-off** *pot.* objechać kogoś, skrzyczeć kogoś, nakrzyczeć na kogoś; zwymyślać kogoś

temper *n* **1.** humor, nastrój **2.** usposobienie **3.** wściekłość; złość ♦ **fly into a temper** wpadać w pasję/we wściekłość/w złość; **hair trigger temper** wybuchowe/impulsywne usposobienie, wybuchowy/impulsywny temperament; **have a short temper** być wybuchowym/impulsywnym, mieć wybuchowy temperament, mieć wybuchowe usposobienie; **hold one's temper** zachować spokój, trzymać nerwy na wodzy; **hot temper** gorąca krew, zapalczywość, porywczość, krewkość; **in a bad temper** w złym humorze; **keep one's temper** zachować spokój, trzymać nerwy na wodzy; **lose one's temper** rozzłościć się, wpaść w złość, rozgniewać się, stracić cierpliwość; **temper tantrum** napad złości; napad złego humoru

temperature *n* temperatura ♦ **body temperature** temperatura ciała ludzkiego; **have a temperature** mieć (podwyższoną/wysoką) temperaturę; **room temperature** temperatura pokojowa; **run a temperature** mieć (podwyższoną/wysoką) temperaturę; **take sb's temperature** zmierzyć komuś temperaturę/gorączkę

tempt *v* 1. namawiać, nakłaniać 2. kusić ♦ **tempt fate** kusić licho/los, igrać z losem, wyzywać los

temptation *n* 1. kuszenie 2. pokusa ♦ **give in to (the) temptation** ulec pokusie; **overcome (the) temptation** przezwyciężyć pokusę, nie ulec pokusie; **resist (the) temptation** oprzeć się pokusie; **succumb to (the) temptation** ulec pokusie

ten *num* dziesięć ♦ **be ten a penny/be two a penny** nie być w cenie; nie mieć dużej wartości; być tanim jak barszcz; być łatwo dostępnym; **talk ten to the dozen** *pot.* mówić jak nakręcony/bez przerwy; gadać jak nakręcony/jak najęty; trajkotać jak młynek

tender[1] *n* 1. pracownik dozorujący (*pracę urządzenia*) 2. statek pomocniczy, tender 3. przetarg; oferta (przetargowa) ♦ **invite tenders for sth** ogłosić przetarg na coś; **legal tender** prawny środek płatniczy; **put in a tender** złożyć ofertę przetargową; stanąć do przetargu; **put sth out to tender** ogłosić przetarg na coś; **win the tender for sth** wygrać przetarg na coś

tender[2] *v* składać/przedkładać ofertę; brać udział w przetargu; oferować ♦ **tender one's resignation** złożyć (swoją) rezygnację, przedłożyć (swoją) rezygnację

tender[3] *a* 1. delikatny; wrażliwy 2. kruchy; miękki (*owoc, mięso*) 3. drażliwy (*temat*) ♦ **tender age** młody wiek; **tender heart** miękkie serce

term *n* 1. termin; okres; czas; semestr 2. termin, nazwa, określenie, wyrażenie 3. kadencja 4. **terms** *pl* warunki 5. **terms** *pl* stosunki (wzajemne) 6. **terms** *pl* słowa ♦ **a contradiction in terms** sprzeczność sama w sobie; **be on bad/good terms (with sb)** być w złych/dobrych stosunkach (z kimś); **be on first**

name terms (with sb) być (z kimś) po imieniu, mówić sobie po imieniu; **be on speaking terms** rozmawiać z sobą, nie gniewać się z kimś; **come to terms** dojść do porozumienia (*o walczących stronach, skłóconych osobach*); **in no uncertain terms** nie pozostawiając cienia/żadnych wątpliwości (*powiedzieć coś*), kategorycznie, zdecydowanie; **in strong terms** w mocnych/ostrych słowach, używając mocnych słów, dosadnym językiem, używając dosadnych wyrażeń; **in terms of...** w kategoriach..., kategoriami..., według...; **in the long term** na dłuższą/dalszą metę; **in the short term** na bliższą/krótszą metę; **on equal terms (with sb)** na jednakowych warunkach (z kimś), na takich/tych samych warunkach (co ktoś), na równych prawach (co ktoś); **on one's (own) terms** na czyichś warunkach; **prison term** pobyt w więzieniu, więzienie, kara więzienia (*jednego roku itd.*); *pot.* odsiadka; **term of notice** okres wypowiedzenia; **term of office** kadencja; **terms of reference** zakres pełnomocnictw, kompetencje; **think in terms of...** myśleć kategoriami...

territory *n* terytorium; obszar; rejon ♦ **come/go with the territory** być (integralną) częścią czegoś, być w coś wkalkulowane (*ryzyko itd.*); stanowić nieodzowną część czegoś; być elementem czegoś; stanowić ryzyko zawodowe, być ryzykiem zawodowym

terror *n* 1. przerażenie, paniczny strach 2. postrach 3. terror ♦ **a holy terror** *pot.* 1. diabeł wcielony 2. (*o dziecku*) diabełek, urwis; **hold no terrors for sb** nie przerażać kogoś; **in terror** przerażony; w przerażeniu; **live in terror of one's life** bać się o własne życie, drżeć o własne życie; **reign of terror** rządy terroru

test *n* próba; badanie; test; sprawdzian ♦ **blood test** badanie krwi; **do a test** przystąpić do testu/do sprawdzianu, zdawać test/ /sprawdzian; **driving test** egzamin na prawo jazdy; **fail a test** nie zdać testu; oblać test; **intelligence test** test na inteligencję;

testament

pass a test zdać test; przejść próbę z wynikiem dodatnim; **put sth/sb to the test** poddać coś/kogoś próbie; wystawić coś/kogoś na próbę; przetestować coś/kogoś; **run a test on** sprawdzać (*kogoś, coś*); (prze)testować; **sit/take a test** przystąpić do testu/do sprawdzianu, zdawać test/sprawdzian; **stand the test of time** wytrzymać próbę czasu; **test ban** zakaz prób z bronią jądrową; **test card** obraz kontrolny (*na ekranie telewizora*); **test case** precedens sądowy; **test drive** jazda próbna (*samochodem*); **test flying** oblatywanie (samolotu); **test of character** próba charakteru; **test of time** próba czasu; **test pilot** oblatywacz (samolotu); **test run** seria próbna; **test tube** probówka; **the acid test** probierz, kryterium, sprawdzian, miernik, prawdziwa próba (*wykazująca wartość czegoś*); **withstand the test of time** wytrzymać próbę czasu

testament *n* testament ♦ **last will and testament** ostatnia wola, testament; **New Testament** Nowy Testament; **Old Testament** Stary Testament

tether *n* pęta ♦ **at the end of one's tether** u kresu wytrzymałości; u kresu cierpliwości

text *n* tekst ♦ **the text reads as follows/the text runs as follows** tekst brzmi następująco

than *conj* niż, od ♦ **no less than** nie mniej niż

thank *v* (po)dziękować ♦ **thank God/goodness/heaven(s)** dzięki Bogu; **thank you** dziękuję

thankful *a* wdzięczny ♦ **be thankful for small mercies** nigdy nie jest tak źle, aby nie mogło być gorzej

thankless *a* niewdzięczny ♦ **thankless task** niewdzięczne zadanie

thanks *pl* podziękowania; dzięki ♦ **one's heartfelt/warm/sincere thanks** serdeczne podziękowania; serdeczne dzięki; **thanks a lot!/many thanks!** wielkie dzięki!, stokrotne dzięki!; **thanks to sb/sth** dzięki komuś/czemuś; **vote of thanks** oficjalne podziękowanie (*przemówienie na spotkaniu itd.*)

that[1] *pron* (*pl* **those**) **1.** ten; ta; to **2.** tamten; tamta; tamto **3.** który; jaki ♦ **and with that** po czym, i natychmiast; **how's that? 1.** jak to?, dlaczego? **2.** dobrze?, może być?; **now that...** teraz, gdy...; **that is (to say)** to znaczy, to jest; innymi słowy; **that's about it/that's about the size of it** *pot.* tak to widzę, tak na to patrzę, tak to oceniam; tak to wygląda; **that's all right with/by me** *pot.* mnie to odpowiada/pasuje, nie mam nic przeciwko temu; **that's it 1.** dobrze!, tak jest!; o to chodzi!; to jest to!; otóż to!; trafiłeś w samo sedno! **2.** (to już) koniec, to koniec; **that's (just) about all/that's (just) about it** to (na razie) tyle, to (na razie) wszystko; na tym skończymy; **that's life** takie jest życie; samo życie; **that's right** zgadza się; zgoda; tak (jest); to prawda; **that's that!** *pot.* to tyle (na razie); i na tym koniec; koniec kropka; **that time** wtedy; **that way** tamtędy; **this and that/this, that and the other** *pot.* o tym i o owym; i to i owo; różne różności; o różnych różnościach, o przeróżnych rzeczach/sprawach (*rozmawiać itd.*)

that[2] **1.** *adv* tak; aż tak; do tego stopnia **2.** *conj* że **3.** *conj* żeby, aby ♦ **not all that** wcale nie taki (*dobry itd.*); **so that** tak aby, żeby; **that angry** taki zły

then 1. *adv* wtedy; następnie; potem **2.** *conj* więc, a więc; w takim razie; a zatem ♦ **but then 1.** jednakże, z drugiej (jednak) strony **2.** zresztą; **even then** nawet wtedy; mimo wszystko; **every now and then** od czasu do czasu, co jakiś czas; **from then on** odtąd, od tego czasu, od tej chwili; **just then/only then** właśnie wtedy; **then and there/there and then** natychmiast, od razu, na miejscu, od ręki; **well then?** a więc?, a zatem?

theory *n* **1.** teoria **2.** koncepcja ♦ **in theory** teoretycznie

there *adv* tam; w tamtym miejscu ♦ **all there** *pot.* przy zdrowych zmysłach; **from there** stamtąd; **hang in there!** *pot.* trzymaj się!, nie dawaj się!, odwagi!, wytrwaj!, przetrzymaj!; **here and there** tu i tam; **here, there, and everywhere** wszędzie; **near there** w pobliżu; **neither here nor there** nie mający nic do

thick

rzeczy, nieważny, nieistotny, bez (większego) znaczenia; **over there** tam (dalej); **then and there/there and then** natychmiast, od razu, na miejscu, od ręki; **there and back** tam i z powrotem; **there is...** jest..., znajduje się...; **there is nothing (else) for it but to...** nie pozostaje nic innego, jak...; **there is nothing to be done** nie ma na to rady; nic nie można zrobić; **there is nothing to it** to (jest) bardzo proste; to (jest) bardzo łatwe; to nic trudnego; to nie sztuka; wielka (mi) sztuka!; **there's no knowing how/what...** zupełnie nie wiadomo jak/co...; **there's talk of...** mówi się, że/o..., ludzie mówią/gadają, że...; **there you are 1.** (*wręczając coś komuś*) proszę; masz; trzymaj **2.** (*wyjaśniając coś komuś*) i proszę **3.** (*mówiąc, że nie jest się zdziwionym, zaskoczonym*) no proszę!, no i proszę!; a widzisz?!; masz ci los!; **up there** tam w górze

thick[1] *n* ♦ (*w wyrażeniach*) **in the thick of a forest** w gąszczu leśnym; **in the thick of sth** w wirze czegoś (*walki, wydarzeń itd.*); **through thick and thin** na dobre i złe

thick[2] *a* **1.** gruby **2.** gęsty **3.** ochrypły **4.** mglisty; pochmurny **5.** *pot.* tępy; głupi ♦ **as thick as two short planks** *pot.* głupi jak but/jak stołowe nogi/jak tabaka w rogu, bezdennie głupi; **be (as) thick as thieves/be thick with sb** znać się jak łyse konie, być sobie bardzo bliskimi, żyć z kimś w bliskich/przyjacielskich stosunkach, być z kimś w zażyłej przyjaźni; **blood is thicker than water** bliższa ciału koszula (niż sukmana); **get a thick ear** dostać/oberwać po uszach; **give sb a thick ear** zmyć komuś głowę; dać komuś po uszach, natrzeć komuś uszu; **have a thick skin** *przen.* mieć grubą/twardą skórę; **thick as two short planks** *pot.* głupi jak but/jak stołowe nogi/jak tabaka w rogu, bezdennie głupi; **thick on the ground** częsty, często spotykany, codzienny

thick[3] *adv* **1.** grubo **2.** gęsto ♦ **thick and fast** często gęsto, nierzadko, częstokroć, nieraz; **to call him a genius is laying it on a bit too thick!/to call him a genius is laying it on a bit!**

nazywanie go geniuszem to gruba przesada!, nazywać go geniuszem to chyba lekka przesada!

thief *n* (*pl* **thieves**) złodziej ♦ **be (as) thick as thieves** znać się jak łyse konie, być sobie bardzo bliskimi, żyć z kimś w bliskich//przyjacielskich stosunkach, być z kimś w zażyłej przyjaźni

thin *a* **1.** cienki **2.** rzadki; rozrzedzony **3.** rzadko rozmieszczony; niewypełniony (*widownia itd.*) **4.** szczupły; chudy **5.** *pot.* nieprzekonujący; marny; kiepski ♦ **appear out of thin air** zjawić się/wyrosnąć jakby spod ziemi; pojawić się nagle/niespodziewanie; zjawić się/przyjść znikąd; **a thin audience** nielicznie zebrana/przybyła publiczność, nieliczni widzowie; **be having a thin time (of it)** *pot.* cienko prząść, być w trudnej/ciężkiej sytuacji; **be (skating) on thin ice** poruszać się/stąpać po cienkim/kruchym lodzie, stać na niepewnym/śliskim gruncie, wkraczać na śliski grunt, wkraczać na śliskie tory, ryzykować; **disappear into thin air** przepaść/zniknąć/wpaść jak kamień w wodę, ulotnić się/zniknąć jak kamfora; **produce sth out of thin air** wytrzasnąć/wziąć coś spod ziemi/znikąd/z kapelusza; zrobić coś z niczego; **there's a thin line between... and...** jest cienka granica między... a...; **thin on the ground** rzadki, rzadko spotykany, niecodzienny; **through thick and thin** na dobre i złe; **vanish into thin air** przepaść/zniknąć/wpaść jak kamień w wodę, ulotnić się/zniknąć jak kamfora; **wear thin** kończyć się; wyczerpywać się, być na wyczerpaniu; zużywać się

thing *n* **1.** rzecz; przedmiot **2.** rzecz, fakt **3. things** *pl* rzeczy (*osobiste*); odzież, ubranie **4. things** *pl* sprawy; okoliczności; sytuacja ♦ **all things being equal** w takich samych warunkach; jeśli nic się nie zmieni; zakładając, że sytuacja pozostanie bez zmian; **all things considered** po dokładnym zastanowieniu się, rozważywszy wszystkie za i przeciw, dobrze się zastanowiwszy; wziąwszy wszystko pod uwagę; w sumie; **among other things** między innymi; **amount to the same thing** sprowadzać się do tego samego; być równoznacznym z czymś; ozna-

thing

czać/znaczyć to samo; odnosić ten sam skutek; dawać ten sam rezultat; **another thing** jeszcze coś; inna sprawa; **as things stand** w obecnym stanie rzeczy, tak jak się rzeczy mają; **be a near/close thing** niewiele brakowało (*do czegoś*), o mały włos coś się nie stało; **be a thing of the past** należeć do przeszłości, minąć bezpowrotnie; **be the last thing on sb's mind** być ostatnią rzeczą, jaka przyszłaby komuś do głowy/na myśl; **be the same thing/come to the same thing** sprowadzać się do tego samego; być równoznacznym z czymś; oznaczać/znaczyć to samo; odnosić ten sam skutek; dawać ten sam rezultat; **first thing (in the morning)** z samego rana; **first things first** wszystko po kolei; **for one thing** po pierwsze; **have a thing about sb/sth** *pot.* czepiać się kogoś/czegoś; być przeciwnikiem kogoś/czegoś, być przeciwnym komuś/czemuś; **how are things?** co słychać?; **in all things** we wszystkim; w każdej sytuacji; **it is a good thing (that)...** *pot.* dobrze, że...; dobrze się stało, że...; **just the same thing** dokładnie to samo; **know a thing or two** *pot.* wiedzieć to i owo; **little thing** maleństwo; **make a (big) thing out of sth** przesadzać w czymś, wyolbrzymiać coś, przeceniać coś; **make things easy** ułatwiać sprawę; **make things lively for sb** zaleźć komuś za skórę, dać się komuś we znaki; zalać komuś sadła za skórę; uprzykrzyć komuś życie; **make things worse** pogorszyć (tylko) sprawę; **many a thing** niejedna rzecz, niejedno; **not feel a thing** nic nie czuć; **not know the first thing about sth/doing sth** znać się na czymś jak kura na pieprzu; **one thing at a time** nie wszystko naraz; **other things being equal** w takich samych warunkach; jeśli nic się nie zmieni; zakładając, że sytuacja pozostanie bez zmian; **overdo things** przesadzać z pracą, przepracowywać się, przeforsowywać się, przemęczać się; **poor thing** biedactwo; **take things easy** nie przejmować się; **taking one thing with another** wziąwszy wszystko pod uwagę; w sumie; **that kind of thing/that sort of thing** *pot.* i temu podobne, i tym podobne, itp.; tego rodzaju rzeczy/sprawy; **the (natural) order of things** (naturalny) porządek rzeczy/świata; **there is no such thing as...** nie ma czegoś takiego jak...; nie istnieje coś takiego jak...; **these things happen** zdarza się; **the thing is...** rzecz w tym, że...; **the way things stand** w obecnym stanie rzeczy, tak jak się rzeczy mają; **the whole thing** cała (ta) sprawa; **you did the right thing** dobrze zrobiłeś, postąpiłeś jak należy, postąpiłeś właściwie/słusznie

think[1] *n pot.* przemyślenie; zastanowienie się; rozważenie ♦ **have a think** przemyśleć; pomyśleć; zastanowić się; rozważyć

think[2] *v* (**thought, thought**) **1.** myśleć **2.** sądzić, mniemać; przypuszczać ♦ **he thinks (that) he's it** on myśli, że jest kimś (ważnym); **I can't hear myself think** *pot.* nie słyszę własnych myśli; **I don't think so** sądzę/myślę, że nie; **I think so** sądzę//myślę, że tak; **I tremble to think...** strach pomyśleć...; **just think...** pomyśl tylko...; **let me think** niech pomyślę, niech się zastanowię; chwileczkę, zaraz; **little did I think.../I little thought...** zupełnie nie myślałem, że..., wcale nie myślałem, że...; zupełnie nie sądziłem, że...; wcale nie sądziłem, że...; **make sb think** dać komuś do myślenia; zmusić kogoś do myślenia; skłaniać kogoś do myślenia; **not think much of sb/sth** nie mieć zbyt dobrego zdania o kimś/czymś; **think about number one** myśleć wyłącznie o sobie; **think aloud** głośno myśleć; **think badly of sb/sth** źle o kimś/czymś myśleć, mieć o kimś/czymś złe zdanie; **think better of doing sth** rozmyślić się, odstąpić od zamiaru, zmienić zdanie/decyzję; **think better of sb** mieć o kimś lepsze zdanie/mniemanie; **think deeply** zastanowić się głęboko, przemyśleć (coś); **think fit (to do sth)** uważać za stosowne/właściwe (zrobić coś); **think for oneself** myśleć samodzielnie, polegać na własnym zdaniu; **think highly of sb** mieć o kimś dobre zdanie; stawiać/cenić kogoś wysoko; patrzeć na kogoś z uznaniem; podziwiać kogoś; **think in terms of...** myśleć kategoriami...; **think out loud** głośno

thinking 634

myśleć; **think straight** myśleć logicznie; myśleć przytomnie/ /trzeźwo/rozsądnie; **think the better of sb** mieć o kimś lepsze zdanie/mniemanie; **think the world of sb/sth** podziwiać kogoś/coś; przepadać za kimś/czymś; **think to oneself** (po)myśleć sobie; **think twice before doing sth** pomyśleć dwa razy zanim się coś zrobi; zastanowić się dwa razy zanim się coś zrobi; **what do you think of...?** co myślisz o...?; co sądzisz o...?; **who would have thought...?** kto by pomyślał, że...?

thinking *n* **1.** myślenie; rozmyślanie **2.** pogląd, sąd, mniemanie; stosunek, podejście (*do czegoś*) ♦ **put on one's thinking cap** *pot.* zacząć myśleć, zacząć poważnie się zastanawiać; wysilić umysł/szare komórki; **to my way of thinking** moim zdaniem; na mój rozum; **wishful thinking** pobożne życzenia/życzenie

third *num* trzeci ♦ **give sb the third degree** *pot.* (wy)maglować/(wy)męczyć/zadręczać kogoś pytaniami; natarczywie kogoś indagować; wyciskać z kogoś informacje; dawać komuś niezły wycisk; **the third degree** natarczywe/męczące indagowanie; brutalne przesłuchanie; wymuszanie zeznań; wyciskanie z kogoś informacji; **third time lucky** do trzech razy sztuka

this[1] *pron* (*pl* **these**) ten; ta; to ♦ **in this manner** w ten/taki sposób; **this and that** *pot.* o tym i o owym; i to i owo; różne różności; o różnych różnościach, o przeróżnych rzeczach/sprawach (*rozmawiać itd.*); **this is to inform** niniejszym informuje się; **this minute!** w tej chwili!; **this morning** dzisiaj rano; **this, that and the other** *pot.* o tym i o owym; i to i owo; różne różności; o różnych różnościach, o przeróżnych rzeczach/sprawach (*rozmawiać itd.*); **this time** tym razem; **this way** tędy; **this week** w tym tygodniu; **this world** ten/doczesny świat; **what's (all) this?** *pot.* (a to) co znowu?; o co chodzi?; co się dzieje?

this[2] *adv* tak; taki ♦ **this much** tyle, aż tyle, tak dużo

thorn *n* cierń; kolec ♦ **be a thorn in sb's flesh/side** być komuś solą w oku; **there is no rose without a thorn** *przysł.* nie ma róży bez kolców

though 1. *adv* jednak, jednakże 2. *conj* chociaż; jakkolwiek ♦ **as though** jak gdyby; **even though** chociażby nawet, nawet jeśli; **seriously though...** (*na początku zdania*) poważnie mówiąc..., mówiąc całkiem poważnie...

thought *n* 1. myśl 2. pomysł 3. zastanowienie (się), namysł; refleksja 4. pogląd, opinia, zdanie ♦ **at the very thought of it** na samą myśl o tym; **be deep in thought/be lost in thought** być pogrążonym/zatopionym w myślach, zamyślić się głęboko; **can't bear the thought of...** nie móc znieść myśli o..., nie móc pogodzić się z myślą o...; **collect one's thoughts** pozbierać myśli; **dark thoughts** czarne/ponure/złe myśli; **do sth without a second thought** robić coś bez zastanowienia; **express a thought** wyrazić myśl/mniemanie; **food for thought** pożywka dla wyobraźni; **freedom of thought** swoboda/wolność przekonań; **gather one's thoughts** pozbierać myśli; **give (sb) pause for thought** pobudzać/zmuszać/nastrajać (kogoś) do refleksji; **give sth thought** zastanowić się nad czymś; przemyśleć coś; **give up all thoughts of (doing sth)** porzucić myśl o (zrobieniu czegoś); **have a thought** wpaść na pomysł; przyjść na myśl; **on second thought(s)** po namyśle; **read sb's thoughts** czytać w czyichś myślach; **school of thought** *przen.* szkoła myślenia/naukowa; teoria; **spare a thought for sb** pomyśleć (tylko) o kimś (*kto jest w gorszej sytuacji od naszej*); **that's a thought!** *pot.* świetny/dobry pomysł!, dobra myśl!; **the thought never crossed my mind that...** nigdy nie przyszło mi na myśl/do głowy, że...; nawet nie przeszło mi przez myśl, że...; **the thought struck me that...** przyszło/wpadło mi na myśl, że...; **train of thought** tok myśli/myślenia; **without a second thought** bez zastanowienia

thread *n* 1. nić; nitka 2. wątek (*opowiadania itd.*) 3. gwint ♦ **hang by a (single) thread** wisieć na włosku, być w niebezpieczeństwie, być poważnie zagrożonym; **lose the thread (of sth)** stracić/zgubić wątek (czegoś)

threat *n* **1.** groźba **2.** pogróżka **3.** zagrożenie ♦ **a threat hangs over.../a threat hovers over...** groźba wisi nad...; **death threat** grożenie (komuś) śmiercią; **make a threat against** grozić komuś, zagrozić komuś; wysyłać pogróżki pod czyimś adresem; **pose a threat** stwarzać zagrożenie; stanowić zagrożenie; **resort to threats** uciekać się do gróźb/pogróżek; **terrorist threat** groźba terrorystów; zagrożenie terroryzmem, groźba terroryzmu; **threats of violence** groźby użycia przemocy; **under threat of...** pod groźbą czegoś

threaten *v* **1.** grozić **2.** zagrażać **3.** odgrażać się ♦ **sth threatens ecological disaster** coś grozi klęską ekologiczną; **threaten sb's life** grozić komuś śmiercią; **threaten sb with a gun** grozić komuś bronią; **threaten (with) reprisals** zagrozić użyciem środków odwetowych

threshold *n dosł. i przen.* próg ♦ **at/on the threshold of sth** u progu czegoś (*nowej ery itd.*); **be on the threshold of sth** być u progu czegoś (*obiecującej kariery itd.*)

throat *n* gardło ♦ **cut one's own throat** podcinać gałąź, na której się siedzi; **have a frog in one's throat** mieć chrypę; **have a lump in one's throat** mieć ściśnięte gardło (*ze wzruszenia*); **I have a sore throat** boli mnie gardło; **jump down sb's throat** *pot.* skoczyć komuś do gardła; **slit sb's throat** poderżnąć/podciąć komuś gardło; **the words stuck in his throat** słowa uwięzły mu w gardle

through 1. *adv* przez; na wylot; od początku do końca **2.** *prep* przez (*kogoś, coś*); z powodu; za pośrednictwem ♦ **be through** połączyć się (*telefonicznie*); uzyskać połączenie (*telefoniczne*); dodzwonić się (*do kogoś*); **be through with** skończyć z; **get through** połączyć się (*telefonicznie*); uzyskać połączenie (*telefoniczne*); dodzwonić się (*do kogoś*); **through and through** na wylot, na wskroś, zupełnie, całkowicie; pod każdym względem; **through sb's good offices/through the good offices of sb** dzięki czyjejś uprzejmości, z pomocą kogoś;

through thick and thin na dobre i złe; **through train** pociąg bezpośredni

throw v (**threw, thrown**) 1. rzucać; miotać; ciskać 2. zarzucić (*wędkę*) 3. powalić (*zapaśnika*) 4. zrzucać (*skórę, jeźdźca itd.*) 5. toczyć, formować (*ceramikę*) ♦ **be thrown back on** być zdanym na siebie/na własne siły; **be thrown to the lions** *przen.* być/zostać rzuconym lwom na pożarcie; **throw a coin** grać w orła i reszkę, rzucić monetę; **throw a glance at** spojrzeć na, rzucić okiem na; **throw a new light on** rzucać nowe światło na; **throw a party** wydawać przyjęcie/prywatkę; organizować przyjęcie/prywatkę; **throw a tantrum** mieć napad złości, dostać napadu złości, wpaść w złość; **throw caution to the winds** przestać zachowywać ostrożność; nie zachowywać ostrożności; lekceważyć niebezpieczeństwo; **throw cold water on** *przen. pot.* wylać kubeł zimnej wody na; **throw doubt on sth** podać coś w wątpliwość; stawiać coś pod znakiem zapytania; **throw down the gauntlet** rzucić rękawicę; **throw light on sth** rzucać światło na coś; **throw money down the drain** wyrzucać pieniądze w błoto, marnować pieniądze; **throw mud at sb** obrzucić kogoś błotem, zmieszać kogoś z błotem; **throw new light on** rzucać nowe światło na; **throw off the yoke (of slavery)** zrzucić jarzmo (niewoli); **throw oneself at sb's mercy** zdać się na czyjąś łaskę; **throw oneself into sth** rzucać się na coś/w wir czegoś; **throw one's hand in** *pot.* machnąć na coś ręką, zarzucić coś, porzucić coś, zaniechać czegoś, zrezygnować z czegoś, zaprzestać czegoś; **throw one's money about/ /away** szastać pieniędzmi, trwonić pieniądze; **throw one's weight about/around** *pot.* panoszyć się; rządzić się; nadużywać władzy; odnosić się do kogoś despotycznie; **throw sb completely** zaszokować kogoś, zaskoczyć kogoś zupełnie, wprawić kogoś w zakłopotanie; **throw sb in at the deep end** puszczać kogoś na szerokie/głębokie wody, rzucać kogoś na szerokie/głębokie wody; **throw sb into jail/prison** wtrącić kogoś do więzienia, wsadzić kogoś do więzienia; **throw sb off guard** zaskoczyć kogoś; zmylić/uśpić czyjąś czujność; **throw sb off his balance** wytrącać kogoś z równowagi; **throw sb off the scent** zbić kogoś z tropu; **throw sb out of work** wyrzucić kogoś z pracy, pozbawić kogoś pracy; **throw sb out on the street** wyrzucić kogoś na bruk, wyrzucić kogoś na ulicę; wyrzucić kogoś z domu; **throw sb/sth overboard** wyrzucić kogoś/coś za burtę, pozbyć się kogoś/czegoś; **throw suspicion on** rzucać podejrzenie na; **throw the baby out with the bath water** wylać dziecko z kąpielą; **throw the book at sb** *pot.* zlajać/zbesztać/zwymyślać kogoś surowo; ukarać kogoś surowo

thumb[1] *n* kciuk ♦ **be all (fingers and) thumbs** mieć dwie lewe ręce; **be under sb's thumb** pozostawać/być pod silnym wpływem kogoś, być całkowicie zdominowanym przez kogoś

thumb[2] *v* ♦ (*w zwrotach*) **thumb a lift**/*US* **thumb a ride** (z)łapać okazję, zatrzymać samochód; **thumb through the pages** (prze)kartkować, przerzucać strony/kartki, wertować kartki

thunder *n* grzmot (*pioruna*), grom ♦ **steal sb's thunder** ubiec kogoś, prześcignąć kogoś, być od kogoś szybszym, uprzedzić kogoś, wyprzedzić kogoś; pozbawić kogoś rozgłosu; zdobyć poklask cudzym kosztem

ticket *n* **1.** bilet **2.** etykietka **3.** kwit bagażowy **4.** licencja (*pilota itd.*) **5.** mandat, grzywna ♦ **be a hot ticket** *US* być na topie, być rozchwytywanym, cieszyć się dużym wzięciem; **bus ticket** bilet autobusowy; **cinema ticket** bilet do kina; **entrance to the theatre by ticket** wejście do teatru za biletami; **free ticket** bilet bezpłatny; **just the ticket** *pot.* idealny; dokładnie taki, jaki trzeba; **one-way ticket** *US* bilet w jedną stronę; **parking ticket** mandat za niewłaściwe parkowanie; **plane ticket** bilet lotniczy; **return ticket**/*US* **round-trip ticket** bilet powrotny; **season ticket** abonament; **single ticket** bilet w jedną stronę; **ticket reservation** rezerwacja biletu; **train ticket** bilet kolejowy

tickle *v* **1.** łaskotać **2.** łechtać **3.** ubawić, rozbawić ♦ **be tickled pink** *pot.* ubawić się szczerze; być bardzo zadowolonym; **sth tickles sb's fancy** coś przypada/trafia komuś do gustu, coś przypada/trafia komuś do smaku

tide *n* pływ ♦ **against the tide** *przen.* pod prąd; **go with the tide** *przen.* iść z prądem, płynąć z prądem, poddać się prądowi, dać się porwać prądowi; **high tide** przypływ (*morza*); **low tide** odpływ (*morza*); **rising tide of discontent/violence** rosnąca fala niezadowolenia/przemocy; **swim with the tide** *przen.* iść z prądem, płynąć z prądem, poddać się prądowi, dać się porwać prądowi

tie[1] *n* **1.** wiązadło **2.** krawat **3.** więź **4.** remis ♦ **blood ties** więzy krwi; **end in a tie** zakończyć się remisem

tie[2] *v* **1.** wiązać; zawiązywać; związywać; przywiązywać **2.** remisować ♦ **be tied up 1.** być bardzo zajętym, nie mieć chwili czasu, nie mieć wolnej chwili **2.** być zakorkowanym/zablokowanym (*ruch uliczny*) **3.** być ulokowanym w coś (*pieniądze*); **be tied up with sth** wiązać się ściśle z czymś, mieć związek z czymś, być ściśle związanym z czymś; **sb's hands are tied** *przen.* ktoś ma związane ręce, ktoś nie może nic zrobić; **tie oneself down to sth** zobowiązać się do czegoś; ograniczyć się do czegoś; związać sobie czymś ręce; **tie oneself (up) in knots** *pot.* zaplątać się (*wyjaśniając coś*); nie móc się wysłowić; poplątać wszystko (*opowiadając coś*); **tie sb hand and foot** wiązać komuś ręce; krępować czyjeś poczynania/działania; **tie the knot** *pot.* połączyć (się) węzłem małżeńskim; **tie up the loose ends** dokończyć coś, uzupełnić coś, dopracować coś/szczegóły, wycyzelować coś

tiger *n* tygrys ♦ **fight like a tiger** walczyć jak lew/tygrys

tight[1] *a* **1.** szczelny **2.** ciasny; obcisły **3.** napięty; naciągnięty **4.** rygorystyczny ♦ **be in a tight corner** być przypartym do muru, być w trudnej/podbramkowej sytuacji; mieć nóż na gardle; **be on a tight budget** dysponować skromnym budżetem; **be (very) tight with one's money** mieć węża w kieszeni; **keep a tight rein on sb** *pot.* trzymać kogoś krótko; **tight corne**

tight

trudna/podbramkowa sytuacja; **tight match** wyrównany mecz; **tight schedule** napięty harmonogram; **tight spot** trudna/podbramkowa sytuacja

tight² *adv* ciasno; mocno ♦ **hold tight** trzymać mocno; **make tight** uszczelniać; **sit tight 1.** nie ruszać się; (po)zostać na miejscu **2.** przeczekać, odczekać, nie podejmować żadnych działań/kroków; **sleep tight** spać dobrze; smacznie spać

tighten *v* **1.** uszczelniać **2.** zaciskać (się) **3.** napinać; naciągać ♦ **tighten one's belt** zaciskać pasa; **tighten security** zaostrzać środki bezpieczeństwa; **tighten the screws on sb** *pot.* przykręcać/dokręcać komuś śrubę

till 1. *prep* do (*czasu*), aż do **2.** *conj* aż, dopóki nie ♦ **till all hours** do późnych godzin nocnych, do późna (w nocy); **till the last** do (samego) końca

tilt¹ *n* **1.** nachylenie; przechylenie **2.** atak, napaść (*ustna, pisemna*) ♦ **at full tilt** *pot.* pędem; galopem; pełnym gazem, na pełny gaz, na pełnym gazie (*gnać, jechać*)

tilt² *v* nachylać (się); przechylać (się) ♦ **tilt at windmills** *przen.* walczyć z wiatrakami

time *n* **1.** czas **2.** czas, pora (*dnia*) **3.** raz **4.** takt (*muzyczny*) **5. times** *pl* czasy, okres **6. times** *pl* razy (*przy wyliczaniu, mnożeniu*) ♦ **about time** najwyższy czas; **ahead of time 1.** przed czasem, za wcześnie **2.** *US* z góry, zawczasu; **air time** czas antenowy (*w telewizji, radiu*); **all in good time** wszystko w swoim czasie; **all the time** cały czas; **a long time** długo; dużo czasu, kawał/szmat czasu; **a long time ago** dawno temu; **any old time** *pot.* kiedykolwiek, w dowolnym czasie, o dowolnej porze; **any time now** wkrótce, niebawem, niedługo; **at a time** kolejno, po kolei; pojedynczo; za jednym razem; ~sobno, oddzielnie; **at a time like this/that** w takiej chwili, '·im momencie (*ważnym, nieodpowiednim itd.*); **at odd** ·olnych chwilach; **at one and the same time** jedno- / tym samym czasie, równolegle; **at one time** kiedyś;

wtedy, wówczas; **at one time or another** kiedyś, dawniej, swego czasu; **at the same time 1.** jednocześnie, w tym samym czasie **2.** jednocześnie, zarazem; **at the time** wtedy, w tym czasie, wtenczas, wówczas; **at times** czasem, czasami, co jakiś/ /pewien czas, niekiedy, nieraz; **be ahead of one's time/be in advance of one's time** wyprzedzać swoje czasy/swoją epokę; **beat time** wybijać takt; **be having a thin time (of it)** *pot.* cienko prząść, być w trudnej/ciężkiej sytuacji; **behind time** spóźniony, opóźniony; **be pressed for time** mieć mało czasu; **break time** *GB* przerwa (*między lekcjami*); **buy time** zyskać na czasie; grać na zwłokę; **closing time** czas zamknięcia (*sklepu itd.*); **daylight-saving time** *US* czas letni; **dead on time** co do minuty, punktualnie; **each time/every time** za każdym razem; zawsze; **for a time** przez jakiś czas; **for some time** przez dłuższy czas; **for the first time** po raz pierwszy; **for the last time** po raz ostatni; **for the time being** na razie; tymczasowo; tymczasem; **four times running** cztery razy z rzędu; **free time** wolny czas; **from time immemorial** od niepamiętnych czasów; **from time to time** od czasu do czasu, co pewien czas, co jakiś czas; **gain time** zyskać na czasie; **give sb a hard time** dać się komuś we znaki, dać komuś do wiwatu, zaleźć komuś za skórę, dopiec komuś; **have a good time** dobrze się bawić; **have a hard time doing sth** napracować się nad/przy czymś, natrudzić się nad/przy czymś, namęczyć się z/przy czymś; **have all the time in the world** mieć dużo czasu, nie śpieszyć się; **have the time of one's life** znakomicie się bawić, bawić się jak nigdy w życiu; **have time on one's hands** mieć czas, mieć dużo czasu; nie mieć nic do roboty; **have time to kill** mieć trochę czasu, nie mieć nic do roboty/zrobienia; **high time** najwyższy czas; **hit the big time** *pot.* wygrać wielki los na loterii, odnieść nagle sukces/powodzenie, nagle osiągnąć sukces/powodzenie; zdobyć sławę/rozgłos; **in good/due time** na czas, w (samą) porę; **in less than no time** błyskawicznie, pio-

time 642

runem, migiem; jak z bicza strzelił; **in sb's time** za czyichś czasów; **in the nick of time** w samą porę; w ostatniej chwili; **in time** na czas, w (samą) porę; **it's just a question of time/it's only a matter of time** to tylko kwestia czasu; **just in time** w samą porę; **keep good/bad time** dobrze/źle chodzić (*zegarek*); **kill time** zabijać czas; **leasure time** wolny czas; **local time** czas miejscowy; **long time no see** *pot.* kopę lat!; **lose count of time** stracić rachubę czasu; **lose time** tracić/marnować czas; **loss of time** strata czasu; **make it to the big time** *pot.* osiągać wyżyny/szczyty, wspiąć się na wyżyny/szczyty (*popularności, profesjonalizmu itd.*); **make time to...** znaleźć/znajdować czas na/aby...; **make up (for) lost time** nadrabiać stracony czas; **many a time/many times** niejednokrotnie, wielokrotnie, niejeden raz, wiele razy; **mark time 1.** (*o wojsku*) maszerować w miejscu **2.** *pot.* dreptać w miejscu; czekać na lepszą okazję; **most of the time** większość czasu, większą część czasu; **next time** następnym razem; **once upon a time** pewnego razu, swego czasu; dawno dawno temu; dawno temu; **one thing at a time** nie wszystko naraz; **one time** raz; pewnego razu; **only time will tell** czas pokaże; **on time** punktualnie; **opening time** czas otwarcia (*sklepu itd.*); **over time/over the course of time** z czasem, w miarę upływu czasu; **play for time** grać na czas/zwłokę; **prime time** najlepszy czas antenowy (*w telewizji, radiu*); **race against time** wyścig z czasem; **record time** rekordowy czas; **right on time** co do minuty, punktualnie; **run over time** przedłużać się, trwać dłużej niż przewidywano; **serve time** siedzieć w więzieniu, odsiadywać karę/wyrok, mieć odsiadkę; **sign of the times** znak czasu/czasów; **since time immemorial/since time out of mind** od niepamiętnych czasów; **some other time** innym razem; **some time ago** jakiś czas temu; **spare time** wolny czas; **spend time** spędzać czas; **standard time** czas urzędowy; **summer time** czas letni; **take one's time (over sth)** nie śpieszyć się (z czymś); **take time** zabierać czas, trwać, wymagać czasu (*czynność*); **tell (the) time** podać czas; powiedzieć, która jest godzina; **test of time** próba czasu; **that time** wtedy; **the first/second time round** za pierwszym/drugim razem; **there's no time to lose/there is no time to be lost/there is no time to spare** nie ma chwili/czasu do stracenia; **the right time 1.** dokładny czas **2.** odpowiedni/właściwy czas; **the tooth of time** *przen.* ząb czasu; **the whole time** cały czas; **third time lucky** do trzech razy sztuka; **this time** tym razem; **this time tomorrow** jutro o tej porze; **time after time** wielokrotnie, wiele razy; **time and (time) again** wciąż, stale; ustawicznie; **time bomb 1.** bomba zegarowa/czasowa **2.** *przen.* bomba z opóźnionym zapłonem; **time goes by** czas płynie/mija; **time heals all wounds/time cures all things/time heals all sorrows** *przysł.* czas goi/leczy rany; **time is a great healer** *przysł.* czas jest najlepszym lekarzem; **time is money** *przysł.* czas to pieniądz; **time lag** opóźnienie; zwłoka; upływ czasu, przeciąg/ /okres czasu; **time limit** termin (końcowy); **time off** wolne (*od pracy, nauki*); **time passes (by)** czas płynie/mija; **time stood still** czas stanął w miejscu, czas się zatrzymał; **time's up!** czas się skończył!; **times without number** niezliczoną ilość razy; **time will tell** czas pokaże; **time works for sb/sth** czas działa/pracuje na korzyść kogoś/czegoś; **time zone** strefa czasowa; **to pass the time** dla zabicia czasu; **waste of time** strata czasu; **waste time** marnować/tracić czas; **what time is it?/what's the time?** która godzina?; **win time** zyskać na czasie; **withstand the test of time** wytrzymać próbę czasu; **with time** po pewnym czasie, z czasem

tinkle *n* dzwonienie; brzęczenie ♦ **give sb a tinkle** zadzwonić do kogoś, zatelefonować do kogoś

tip[1] *n* **1.** koniec; koniuszek **2.** zakończenie; końcówka; skuwka **3.** napiwek ♦ **have sth on the tip of one's tongue** mieć coś na końcu języka; **the tip of the iceberg** wierzchołek/czubek góry lodowej

tip 644

tip² *v* **1.** przechylać (się); wywracać **2.** dawać napiwek ♦ **it's tipping down** *pot.* leje, pada (deszcz); **tip sb the wink** mrugnąć do kogoś porozumiewawczo/znacząco; **tip the balance//scales in sb's favour** przechylić szalę na czyjąś korzyść/stronę

tired *a* **1.** zmęczony **2.** znużony, znudzony ♦ **sick and tired (of sth)** *pot.* śmiertelnie znudzony (czymś); mający czegoś po dziurki w nosie; śmiertelnie zmęczony (czymś)

title *n* tytuł (*książki, naukowy, prawny itd.*) ♦ **hold a title** posiadać/mieć tytuł; **title deed** dowód własności; **title fight** walka o tytuł mistrzowski; **title holder** rekordzista; medalista; **title page** strona tytułowa; **title role** rola tytułowa

to¹ *adv* ♦ (*w wyrażeniu*) **to and fro** tam i z powrotem

to² *prep* **1.** do; na **2.** przy **3.** ku (*czemuś*); w imię (*czegoś*) **4.** za (*przy określaniu godziny*) **5.** (*z czasownikiem*) aby, żeby ♦ **face to face with** twarzą w twarz z; **shoulder to shoulder** ramię w ramię, ramię przy ramieniu; **to all intents and purposes** faktycznie, rzeczywiście, istotnie; **to all practical purposes** praktycznie, w rzeczywistości; ze względów praktycznych; **to a man** co do jednego; jeden w drugiego; wszyscy bez wyjątku; **to good purpose** skutecznie, z dobrym skutkiem, nie na darmo, nie na próżno; **to my eye** na moje oko; **to my knowledge** o ile wiem, o ile mi wiadomo; **to my mind** moim zdaniem; na mój rozum; według mnie; **to my surprise** ku memu zdumieniu; **to no purpose** bez skutku, bezskutecznie, daremnie, na darmo, na próżno; **to order** na zamówienie; **to spare** w zapasie; **to taste** do smaku (*dodać soli itd.*); **to the best of my knowledge** o ile wiem, o ile mi wiadomo; **to the detriment of sb/sth** ze szkodą dla kogoś/czegoś, z uszczerbkiem dla kogoś/czegoś; **to the full** do pełna; na całego; **to the ground** całkowicie; gruntownie; **to the last** do (samego) końca; **to the left** na/w lewo, w lewą stronę; **to the letter** ściśle, dokładnie; co do joty; jota w jotę; **to the memory of...** ku pamięci...; poświęcony pamięci...; **to the minute** co do minuty; **to the point** na temat, trafny; **to the right** na/w prawo, w prawą stronę; **to the touch** w dotyku; **to top it all** *pot.* na domiar złego, na dodatek, w dodatku, a do tego jeszcze; **to you!** za twoje zdrowie!; **where to?** dokąd?

toast *n* 1. grzanka 2. toast ♦ **(as) warm as toast** cieplutki/cieplutko; ciepluchny/ciepluchno; **propose a toast** wznieść/zaproponować/wygłosić toast

today *adv* dziś, dzisiaj; obecnie ♦ **today week/a week today** od dziś za tydzień

toe[1] *n* palec (u nogi) ♦ **dig one's toes in** upierać się przy swoim, obstawać przy swoim (zdaniu), upierać się przy swoich poglądach/racjach; **from head to toe/from top to toe** od stóp do głów; **step on sb's toes** *US/GB* **tread on sb's toes** nastąpić/ /nadepnąć komuś na odcisk, urazić/dotknąć kogoś; wchodzić komuś w paradę

toe[2] *v* ♦ (*w zwrotach*) **toe the line/***US* **toe the mark** przestrzegać dyscypliny; trzymać się ściśle przepisów/reguł; iść po linii (*partyjnej itd.*)

together *adv* 1. razem; łącznie 2. równocześnie, na raz ♦ **all together (now)** wszyscy razem (teraz); **birds of a feather flock together** *przysł.* swój zawsze ciągnie do swego; swój swego zawsze znajdzie; **get one's act together** *pot.* (z)mobilizować się, przygotować się; **keep body and soul together** utrzymać się przy życiu, przetrwać, przeżyć; **keep close together** trzymać się razem; **not have two pennies to rub together/not have half-pennies to rub together** być bez grosza, nie mieć grosza (przy duszy); **pull oneself together** wziąć się w garść; **put our/your heads together** naradzić się, wspólnie się zastanowić, wspólnie rozważyć sprawę, wspólnie znaleźć rozwiązanie, połączyć siły; **stay close together** trzymać się razem; **taken together** w sumie, generalnie, ogólnie rzecz biorąc

toll *n* 1. opłata (*drogowa, portowa itd.*) 2. straty (*w ludziach itd.*) ♦ **death toll** liczba ofiar śmiertelnych (*wypadku, katastrofy*

tomorrow

itd.); krwawe/śmiertelne żniwo; **take a heavy toll/take its toll** *przen.* zbierać obfite żniwo; zbierać krwawe/śmiertelne żniwo; dawać się we znaki

tomorrow *n*, *adv* jutro ♦ **a week tomorrow** od jutra za tydzień; **do sth like there's no tomorrow** robić coś nie martwiąc się o jutro/o przyszłość; **the day after tomorrow** pojutrze; **this time tomorrow** jutro o tej porze; **tomorrow night** jutro w nocy; **tomorrow week** od jutra za tydzień

ton *n* **1.** tona **2. tons** *pl pot.* mnóstwo, dużo, kupa, wiele ♦ **do a ton/do the ton** *GB pot.* jechać/pędzić/lecieć setką; **like a ton of bricks** *pot.* miażdżąco, druzgocąco

tone *n* **1.** brzmienie (*głosu*), ton **2.** nastrój, atmosfera, ton **3.** intonacja **4.** dźwięk prosty, ton **5.** koloryt **6.** sygnał (*telefoniczny*) ♦ **busy tone/US dial tone/GB engaged tone** sygnał zajętości (*telefoniczny*); **don't take that tone with me!** *pot.* nie (mów) do mnie tym tonem!; **please leave a message after the tone** proszę zostawić wiadomość po usłyszeniu sygnału; **set the tone for sth** nadawać czemuś ton

tongue *n* **1.** język **2.** ozór, ozorek **3.** język, mowa ♦ **bite one's tongue** *przen.* ugryźć się w język; **cat got your tongue?** *pot.* zapomniałeś języka w gębie?; **find one's tongue** odzyskać mowę; **have sth on the tip of one's tongue** mieć coś na końcu języka; **hold one's tongue** trzymać język za zębami; **loosen sb's tongue** rozwiązać komuś język; **lose one's tongue** *pot.* zapomnieć języka w gębie; **lost your tongue?** *pot.* zapomniałeś języka w gębie?; **mind one's tongue** liczyć się ze słowami; **mother/native tongue** język ojczysty; **put one's tongue out** pokazać (komuś) język; **sharp tongue** cięty/ostry język; **slip of the tongue** przejęzyczenie (się); **stick one's tongue out** pokazać (komuś) język; **the tongue is ever turning to the aching tooth** *przysł.* głodnemu chleb na myśli; **tongue twister** wyraz trudny do wymówienia, łamaniec językowy; **watch one's tongue** liczyć się ze słowami

too *adv* **1.** za, zbyt **2.** także, również; w dodatku ♦ **none too** *pot.* nie za bardzo; wcale; niezbyt; **not too bad** *pot.* całkiem niezły/nieźle; lepszy/lepiej niż się spodziewano; **only too** bardzo, niezmiernie, zupełnie, aż nadto; **too bad** *pot.* szkoda, że...; (jaka/wielka) szkoda; **too many/much** za dużo; za wiele

tooth *n* (*pl* **teeth**) **1.** ząb **2.** ząb (*grzebienia, piły itd.*); ostrze ♦ **a kick in the teeth** *pot.* policzek, zniewaga, upokorzenie, obraza; **an eye for an eye and a tooth for a tooth** *przysł.* oko za oko, ząb za ząb; **armed to the teeth** uzbrojony po zęby; **a tooth decays** ząb psuje się; **be fed up to the back teeth with sth** mieć czegoś po dziurki w nosie, mieć czegoś po (same) uszy, mieć czegoś powyżej uszu; **by the skin of one's teeth** ledwie, ledwo; o mały włos, o mało co; **cut one's teeth on sth** *pot.* zjeść zęby na czymś; **fight tooth and nail** walczyć o coś zębami i pazurami; **fill teeth** plombować zęby; **get one's teeth into sth** poświęcić się czemuś, zająć się wyłącznie czymś, oddać się czemuś bez reszty; **go over/through sth with a fine-tooth comb** *przen.* przesiewać coś przez gęste sito; **grit one's teeth** *dosł. i przen.* zacisnąć zęby; **have a sweet tooth** lubić słodycze; **her/his teeth chattered** *przen.* dzwoniła/dzwonił zębami; **in the teeth of sth 1.** wbrew czemuś, pomimo czegoś, na przekór czemuś (*protestom itd.*) **2.** pod wiatr; **lie through one's teeth/lie in one's teeth** kłamać w żywe oczy/jak z nut//bezczelnie/bez zająknienia/jak najęty; **long in the tooth** *pot.* za/zbyt stary; leciwy; **milk tooth** ząb mleczny; **show one's teeth** *przen.pot.* pokazać zęby; **sift sth with a fine-tooth comb** *przen.* przesiewać coś przez gęste sito; **take out teeth** rwać//wyrywać/usuwać zęby; **the baby is cutting teeth/the baby is getting teeth** dziecku wyrzynają się zęby, dziecko dostaje zębów; **the tongue is ever turning to the aching tooth** *przysł.* głodnemu chleb na myśli; **the tooth of time** *przen.* ząb czasu; **tooth and nail** zębami i pazurami; **tooth scale** kamień nazębny; **wisdom tooth** ząb mądrości

top

top¹ *n* **1.** wierzchołek; szczyt **2.** górna powierzchnia/część; wierzch; blat (*stołu*) **3.** wieczko; zakrętka **4.** bąk (*zabawka*) ♦ **at the top of one's voice** na cały głos, na całe gardło; **at the top (of sth)** na górze (czegoś); **blow one's top** *pot.* wybuchnąć gniewem; stracić cierpliwość; rozzłościć się, rozgniewać się; **come out on top** wziąć/brać górę; osiągnąć przewagę; zwyciężyć; wygrać; **from the top** *pot.* od początku; **from top to bottom** od stóp do głów; całkowicie; **from top to toe** od stóp do głów; **get on top of sb** dawać się komuś we znaki; być dla kogoś nie do zniesienia; być dla kogoś zbyt uciążliwym; **go over the top first** iść na pierwszy ogień; **not have much up top** *GB pot.* nie grzeszyć rozumem/inteligencją; **off the top of one's head** z głowy, z pamięci (*powiedzieć coś*); **on top 1.** na wierzchu; na szczycie; na górze **2.** na pozycji lidera; na szczycie; (być) górą **3.** na dodatek, w dodatku; **on top of the world** *pot.* w siódmym niebie, niezwykle szczęśliwy; **over the top** *pot.* przesadny; przesadzony; przejaskrawiony; sztuczny; **rise to the top** wspiąć się na szczyt (*władzy itd.*), osiągnąć szczyt (*powodzenia itd.*), dotrzeć na sam szczyt (*sukcesu itd.*); **sleep like a top** spać kamiennym snem, spać jak kamień/jak suseł/jak zabity; **truth and sweet oil always come to the top** *przysł.* prawda jak oliwa na wierzch wypływa

top² *v* **1.** nakrywać; przykrywać **2.** przewyższać; przerastać; przekraczać; znajdować się na czele **3.** wchodzić na szczyt; osiągać szczyt **4.** ogławiać (*rośliny*); obcinać końce ♦ **top an offer** przebić (czyjąś) ofertę; **top the bill** być gwoździem programu; być gwiazdą programu (*rozrywkowego*); **to top it all** *pot.* na domiar złego, na dodatek, w dodatku, a do tego jeszcze

top³ *a* górny; najwyższy; najlepszy ♦ **at top speed** z maksymalną prędkością; **be in top gear** *przen.pot.* iść/pracować pełną parą, być/pracować na pełnych obrotach; nabierać rozmachu, osiągnąć punkt kulminacyjny; **be on top form** być u szczytu formy, być w szczytowej/znakomitej formie; **top dog** *pot.* gruba ryba, szycha; **top floor** najwyższe piętro; **top gear** najwyższy bieg (*w samochodzie*); **top secret** ściśle tajny/tajne

topic *n* temat ♦ **hot topic** temat budzący silne emocje, kontrowersyjny temat; gorący temat

torch *n* **1.** pochodnia **2.** latarka elektryczna ♦ **carry a torch for sb** kochać się w kimś bez wzajemności; być czyimś cichym wielbicielem/adoratorem; **Olympic torch** znicz olimpijski

toss[1] *n* **1.** rzucenie; podrzucenie **2.** potrząśnięcie (*głową*) ♦ **argue the toss** *GB pot.* spierać się (*o coś, co zostało postanowione*); kwestionować decyzję; podważać (jakieś) ustalenia

toss[2] *v* **1.** podrzucać, rzucać w górę **2.** miotać się; kołysać się; rzucać się ♦ **be tossed to the lions** *przen.* być/zostać rzuconym lwom na pożarcie; **toss a coin** grać w orła i reszkę, rzucić monetę; **toss and turn** przewracać się z boku na bok (*nie mogąc zasnąć*)

total[1] *n* suma; całość ♦ **in total** w sumie; ogółem

total[2] *a* całkowity; kompletny; ogólny ♦ **total recall** pamięć absolutna; doskonała pamięć; **total sum** ogólna suma; **total war** wojna totalna

touch[1] *n* **1.** dotknięcie **2.** dotyk (*zmysł*) **3.** ślad (*pędzla, ironii itd.*); odrobina **4.** kontakt, styczność ♦ **be in touch** być w kontakcie; **come into touch with sb** nawiązać z kimś kontakt; **get in touch with** skontaktować się z; **keep in touch with** być w kontakcie z, utrzymywać kontakt z; **light touch** delikatny dotyk; **lose touch (with sb/sth)** stracić kontakt (z kimś/czymś); **stay in touch with** być w kontakcie z, utrzymywać kontakt z; **to the touch** w dotyku

touch[2] *v* **1.** dotykać **2.** sięgać **3.** poruszyć, wzruszyć **4.** dotknąć, urazić ♦ **not touch a hair of sb's head** nie tknąć kogoś nawet palcem, włos komuś z głowy nie spadnie; **not touch the stuff** nie tknąć alkoholu (*o byłym alkoholiku*); **touch a chord (with sb)** przypominać o czymś (komuś), przywoływać (komuś) na pamięć; **touch a sensitive nerve** poruszyć drażliwą kwestię; dotknąć drażliwego tematu; uderzyć w niewłaściwą strunę;

touch bottom *przen.pot.* osiągnąć dno, sięgnąć dna; **touch sb on the raw** dotknąć kogoś/zranić kogoś/dokuczyć komuś/dogryźć komuś/dopiec komuś (czymś) do żywego; **touch wood** *US* odpukać, odpukać w nie malowane drewno/drzewo

tough *a* 1. twardy 2. mocny, wytrzymały 3. trudny, ciężki 4. niepomyślny (*los*) 5. surowy 6. brutalny; bez skrupułów ♦ **as tough as nails** twardy jak skała/jak ze skały; mocny; silny; niewzruszony; **as tough as old boots** nie do zdarcia; **a tough nut to crack** twardy orzech do zgryzienia, trudny orzech do zgryzienia; **be tough on sb/sth** traktować kogoś/coś surowo; traktować kogoś/coś z całą surowością; **hang tough!** *pot.* trzymaj się!, nie dawaj się!, odwagi!, wytrwaj!, przetrzymaj!; **talk tough** *pot.* mówić/oświadczać coś kategorycznie; żądać czegoś kategorycznie; mówić tonem nie znoszącym sprzeciwu; **tough as nails** twardy jak skała/jak ze skały; mocny; silny; niewzruszony; **tough as old boots** nie do zdarcia; **tough luck!** a to pech!

tower *n* wieża ♦ **ivory tower** wieża z kości słoniowej; **tower of strength** *przen.* ostoja, podpora, oparcie, fundament

town *n* miasto ♦ **go to town** *pot.* iść na całość; **hit town** dotrzeć/przybyć do miasta; **home town** miasto rodzinne; **man-about-town** lew salonowy; człowiek bywały/światowy/z towarzystwa, światowiec; (stały) bywalec kawiarni/koncertów/ /teatru; **town hall** ratusz

toy *v* bawić się (*czymś*) ♦ **toy with the idea of doing sth** nosić się z pomysłem/planem/zamiarem zrobienia czegoś

trace *n* ślad; znak ♦ **disappear without trace** zniknąć/przepaść bez śladu; **find the trace of sth/sb** wpaść/trafić na trop czegoś/kogoś, wpaść/trafić na ślad czegoś/kogoś; **no trace** ani śladu; **sink without trace** zniknąć/przepaść bez wieści; **vanish without trace** zniknąć/przepaść bez śladu

track *n* 1. ślad; trop 2. droga; ścieżka; szlak 3. tor (*kolejowy*) 4. tor; bieżnia (*sportowa*) 5. trasa; kurs 6. gąsienica pojazdu ♦ **be hot on sb's track/be on the track of sb** być na czyimś tropie, deptać komuś po piętach; **be on track for sth** *pot.* być na dobrej drodze do czegoś; **cover/hide one's tracks** zacierać za sobą ślady; **inside track 1.** wewnętrzny tor (*na bieżni*) **2.** *US* uprzywilejowana/lepsza/korzystniejsza sytuacja, lepsza pozycja wyjściowa (*do czegoś*), przewaga (*nad konkurencją*); **jump the track** (*o pociągu*) wykoleić się, wyskoczyć z szyn, zjechać z toru; **keep track of sth** śledzić coś; podążać śladem czegoś; **off the beaten track** z dala od głównych dróg, na uboczu, na ustroniu; **on the right track** na właściwym/dobrym tropie; **on the wrong track** na złym tropie

trade *n* **1.** handel **2.** zajęcie; rzemiosło ♦ **be sth by trade** być kimś z zawodu (*szewcem itd.*); **do a roaring trade (in)** *pot.* (z)robić znakomity interes, świetnie coś sprzedawać; **foreign trade** handel zagraniczny; **the arms trade** handel bronią; **trade name** nazwa handlowa/firmowa; **trade school** szkoła zawodowa; **trade secret 1.** tajemnica handlowa **2.** *pot.* tajemnica; **trade union** związek zawodowy; **trade unionist** związkowiec; działacz związkowy; **trade wind** pasat

traffic *n* **1.** ruch (*komunikacyjny*) **2.** ruch telefoniczny **3.** obrót (*handlowy*, *towarowy*) **4.** nielegalny handel ♦ **heavy traffic** duży/wzmożony ruch (drogowy/uliczny); **hold up traffic** wstrzymać ruch (*uliczny*); **traffic circle** *US* rondo; **traffic jam** korek (uliczny); zator drogowy; **traffic sign** znak drogowy

trail *n* **1.** smuga; ślad **2.** trop **3.** ścieżka; szlak ♦ **be hot on sb's trail/be on sb's trail** być na czyimś tropie, deptać komuś po piętach; **blaze a trail (in the field of...)** być pionierem (w dziedzinie...), torować nowe drogi (w dziedzinie...), przecierać nowe szlaki/drogi (w dziedzinie...); **warm trail** świeży ślad; świeży trop; **while the trail is still hot** kiedy/dopóki ślad jest jeszcze świeży

train *n* **1.** pociąg **2.** sznur; szereg; orszak **3.** rząd; seria; ciąg (*wydarzeń*) **4.** tren (*sukni*) **5.** ogon (*komety*) **6.** zespół, układ (*w maszynie*) ♦ **bring sth in its train** przynieść coś w rezul-

trample

tacie, dać coś w rezultacie, poskutkować czymś; **by train** pociągiem; koleją; **miss the train** spóźnić się na pociąg; **put/set sth in train** zacząć coś, rozpocząć coś, zapoczątkować coś, uruchomić coś, dać początek czemuś; **take a train** pojechać pociągiem; **through train** pociąg bezpośredni; **train disaster** katastrofa kolejowa; **train of thought** tok myśli/myślenia; **train station** *US* dworzec kolejowy, stacja kolejowa; **train ticket** bilet kolejowy

trample *v* deptać; podeptać; przydeptywać ♦ **trample on sth/ /trample sth underfoot** podeptać coś (*czyjeś prawa, uczucia itd.*); **trample sb to death** zadeptać kogoś na śmierć, stratować kogoś

translation *n* **1.** tłumaczenie, przekład **2.** przemiana, przeistoczenie; wcielenie (*ideałów w czyny itd.*) ♦ **exact translation** wierny/dokładny przekład; **free translation** wolny przekład; **in translation** w przekładzie; **loose translation** wolny przekład; **word-for-word translation** dosłowny przekład

trap *n* pułapka ♦ **booby trap 1.** bomba-pułapka; ukryta bomba **2.** głupi kawał, żart; pułapka; **catch in a trap** chwytać w pułapkę; **death trap** śmiertelna pułapka; **fall into a trap** wpaść w pułapkę/zasadzkę; **lay a trap for sb** zastawiać na kogoś pułapkę; **set a trap** zastawiać/zakładać pułapkę (*na myszy itd.*); **shut your trap!** *pot.* zamknij się!; **speed trap** kontrola radarowa (*na drodze*)

travel[1] *n* podróż ♦ **rail travel** podróż koleją; **travel agency** biuro podróży

travel[2] *v* podróżować ♦ **travel by car/by train** podróżować samochodem/pociągiem; **travel second class** podróżować drugą klasą; **travel the country** podróżować po kraju; zjechać kraj, zjechać szmat kraju; **travel the world** podróżować po świecie; zjechać kawał świata

tread *v* **(trod, trodden) 1.** stąpać **2.** deptać ♦ **tread on sb's corns** nastąpić/nadepnąć komuś na odcisk, urazić/dotknąć kogoś;

wchodzić komuś w paradę; **tread on sb's heels** deptać komuś po piętach; **tread on sb's toes** *GB* nastąpić/nadepnąć komuś na odcisk, urazić/dotknąć kogoś; wchodzić komuś w paradę

treason *n* zdrada ♦ **commit treason** dopuścić się zdrady; **high treason** zdrada stanu

treat[1] *n* **1.** uczta (*duchowa itd.*); prawdziwa przyjemność **2.** poczęstunek ♦ **look a treat** *pot.* wyglądać wspaniale/fantastycznie/znakomicie; **my treat** *pot.* ja funduję, ja stawiam (*obiad itd.*), ja płacę; **work a treat** *pot.* pracować/działać/sprawować się/funkcjonować wspaniale, pracować/działać/sprawować się//funkcjonować fantastycznie, pracować/działać/sprawować się//funkcjonować znakomicie

treat[2] *v* **1.** traktować; obchodzić się **2.** omawiać; traktować (*temat*) **3.** leczyć **4.** poddawać działaniu, traktować (*kwasem itd.*); obrabiać (*chemicznie, cieplnie*) ♦ **treat oneself to sth** (za)fundować sobie coś; **treat sb like a dog/treat sb like dirt** *pot.* mieć kogoś za nic, traktować kogoś jak śmieć; **treat sb/sth with kid gloves** obchodzić się z kimś/czymś jak z jajkiem, traktować kogoś/obchodzić się z kimś (jak) w rękawiczkach, postępować z kimś delikatnie/ostrożnie/uprzejmie; **treat sb with contempt** traktować kogoś pogardliwie/z pogardą; odnosić się do kogoś z pogardą; **treat sb with respect** odnosić się do kogoś z szacunkiem; okazywać komuś szacunek; **treat sth with caution** podchodzić do czegoś ostrożnie, odnosić się do czegoś z rezerwą, traktować coś ostrożnie, zachowywać ostrożność w stosunku do czegoś

treatment *n* **1.** traktowanie; obchodzenie się **2.** leczenie; terapia **3.** traktowanie (*kwasem itd.*); obróbka (*chemiczna, cieplna*) ♦ **give sb the full treatment** *pot.* traktować kogoś w sposób wyjątkowy, wyróżniać kogoś, obdarzać kogoś szczególnymi względami, poświęcać komuś dużo uwagi; **special treatment** specjalne traktowanie

tree *n* drzewo ♦ **bark up the wrong tree** *przen.pot.* pomylić adres, zwracać się do niewłaściwej osoby; pomylić się, coś się komuś pomyliło; **Christmas tree** choinka; **family tree** drzewo genealogiczne; **not see the forest for the trees/not see the wood for the trees** gubić się w szczegółach/w drobiazgach; rozmieniać się na drobne; rozpraszać się na drobiazgi; nie dostrzegać istoty rzeczy/sprawy przywiązując zbyt dużą wagę do drobiazgów; rozdrabniać się (w szczegółach); **the tree of knowledge (of good and evil)** drzewo wiadomości dobrego i złego; **tree house** domek na drzewie

tremble *v* drżeć, dygotać; trząść się ♦ **in fear and trembling** drżąc ze strachu; **I tremble to think...** strach pomyśleć...; **tremble like a leaf** trząść się jak liść; **tremble with fear** trząść się/drżeć ze strachu

trial *n* **1.** próba **2.** rozprawa sądowa **3.** utrapienie; zmartwienie; udręka ♦ **after many trials and tribulations** po wielu perypetiach, po długich perypetiach; **be a trial to sb** być czyimś/dla kogoś utrapieniem; **by trial and error** metodą prób i błędów; **on trial 1.** w trakcie prób; na etapie prób **2.** przed sądem; **stand trial** stawać przed sądem; **trial and error** metoda prób i błędów; **trial period** okres próbny; **trial run 1.** jazda próbna (*pojazdu*); przebieg próbny; próba (*czegoś*) **2.** seria próbna

triangle *n* **1.** trójkąt **2.** ekierka ♦ **the eternal triangle** trójkąt małżeński

tribulation *n* troska; udręka; poważny problem; poważne zmartwienie/utrapienie ♦ **after many trials and tribulations** po wielu perypetiach, po długich perypetiach

tribute *n* hołd; wyraz uznania ♦ **in tribute to sb** w hołdzie komuś; **pay tribute to sb/sth** składać hołd komuś/czemuś

trice *n* ♦ (*w wyrażeniu*) **in a trice** bardzo szybko, w mgnieniu oka, momentalnie

trick *n* **1.** podstęp **2.** sztuka, sztuczka (*magiczna*); trik **3.** figiel; kawał **4.** lewa (*w kartach*) ♦ **be up to one's (old) tricks** *pot.* używać swoich sztuczek, próbować swoich chwytów/sztuczek; **confidence trick** nadużycie (czyjegoś) zaufania; **do the trick** *pot.* zadziałać; podziałać; okazać się skutecznym/przydatnym; odnieść skutek; **how's tricks?** *pot.* co słychać?, co u ciebie?, jak się masz?; **not/never miss a trick** *pot.* być czujnym; nie stracić/nie zmarnować okazji; nie przegapić/nie przepuścić okazji; **play a trick on sb** zrobić komuś kawał; **trick question** podchwytliwe pytanie

trigger *n* spust, cyngiel ♦ **be the trigger for sth** być zarzewiem czegoś; stanowić zaczątek czegoś; wywołać coś; uruchomić coś; **hair trigger temper** wybuchowe/impulsywne usposobienie, wybuchowy/impulsywny temperament; **pull/squeeze the trigger** pociągnąć za spust

trim *n* obcinanie; przycinanie; podstrzyganie ♦ **be in (good) trim** *pot.* być w (dobrej) formie

trip *n* **1.** wycieczka; wypad; podróż; rejs **2.** potknięcie się; *przen.* pomyłka **3.** wyłącznik samoczynny, wyzwalacz ♦ **business trip** delegacja/podróż służbowa; **go on a trip** pojechać na wycieczkę; **round trip** podróż tam i z powrotem; **take a trip** pojechać na wycieczkę

Trojan *n, a* ♦ (*w wyrażeniu i zwrocie*) **Trojan horse** koń trojański; **work like a Trojan** pracować jak koń/jak mrówka/jak wół/jak dziki osioł, pracować za dwóch

trooper *n* **1.** żołnierz (*w kawalerii i wojskach pancernych*) **2.** *US* policjant (*stanowy*) ♦ **swear like a trooper** kląć jak szewc

trouble *n* **1.** kłopot; zmartwienie **2.** fatyga **3.** dolegliwość; choroba **4.** zakłócenia w pracy (*maszyny, systemu itd.*) ♦ **ask for trouble** *pot.* szukać kłopotów/nieszczęścia, szukać guza; **be in dead trouble** *pot.* być w opałach, mieć kłopoty; **be no trouble** *pot.* nie sprawiać (sobą) kłopotu; **borrow trouble** *US pot.* martwić się na zapas/z góry/naprzód; **get into trouble** popaść w kłopoty/w tarapaty; **go to a lot of trouble** zadać sobie wiele trudu; **in serious trouble** w poważnych kłopotach/tarapatach; **it's no trouble** *pot.* to żaden kłopot, to żaden problem, nie ma sprawy; **make trouble** narobić kłopotu; sprawiać kłopot; **put sb to trouble** sprawiać komuś kłopot; **run into trouble** popaść w kłopoty/w tarapaty; **save sb the trouble (of doing sth)/spare sb trouble** (za)oszczędzić komuś kłopotu (zrobienia czegoś); **spell trouble** oznaczać kłopoty; **stomach trouble** dolegliwości żołądkowe; **take a lot of trouble** zadać sobie wiele trudu; **take the trouble to do sth** zadać sobie trud czegoś (*zrobienia czegoś*); **what's the trouble?** *pot.* w czym problem?

trousers *pl* spodnie ♦ **wear the trousers** *przen.pot.* nosić spodnie (*w rodzinie*), rządzić (*w domu*)

truant *n* wagarowicz ♦ **play truant** *pot.* iść/pójść/chodzić na wagary, wagarować

true[1] *n* ♦ (*w wyrażeniu*) **out of true** wykrzywiony; krzywy; niezbyt prosty; odchylony od pionu

true[2] *a* 1. prawdziwy 2. wierny, lojalny ♦ **be (like) a dream come true** być spełnieniem marzeń; **be too good to be true** *pot.* być zbyt pięknym, żeby być prawdziwym; **come true** spełniać się, urzeczywistniać się; **far from (being) true** daleki od prawdy; **hold true** być prawdziwym; być ważnym, mieć/zachować ważność, obowiązywać; pozostawać w mocy; mieć zastosowanie; **not ring true** brzmieć nieprawdopodobnie/nieprawdziwie, wydawać się nieprawdopodobnym/nieprawdziwym; **one's true colours/sb's true self** czyjś prawdziwy charakter, czyjeś prawdziwe ja; **show (oneself in) one's true colours** pokazać prawdziwe oblicze/swoje prawdziwe ja/swój prawdziwy charakter/ /rogi; **true copy** kopia uwierzytelniona; **true to form/true to type** w sposób sobie właściwy, w sposób dla siebie charakterystyczny/typowy; **true to life** realistyczny, odpowiadający rzeczywistości (*opis itd.*)

truly *adv* 1. rzeczywiście, faktycznie 2. zgodnie z prawdą 3. szczerze, lojalnie ♦ **well and truly** *pot.* kompletnie, zupełnie, całkowicie; **yours truly** z poważaniem (*używane w listach*)

trump *n* atut (*w kartach*) ♦ **come up trumps/turn up trumps** *pot.* poratować kogoś w potrzebie/w biedzie; **trump card** *przen.* (czyjaś) karta atutowa

trumpet n trąbka ♦ **blow one's own trumpet** *pot.* zachwalać się, chwalić się, podkreślać swoje zalety; przechwalać się; pysznić się; chełpić się

trust[1] n **1.** zaufanie; ufność; wiara **2.** trust (*przedsiębiorstw*) ♦ **absolute trust** bezgraniczne/całkowite/pełne zaufanie; **abuse of trust** nadużycie zaufania; **betray sb's trust** zawieść czyjeś zaufanie; **blind trust** ślepe zaufanie; **perfect trust** bezgraniczne/całkowite/pełne zaufanie; **put one's trust in sb** darzyć kogoś zaufaniem, mieć do kogoś zaufanie; **take sth on trust** uwierzyć w coś na słowo, dawać wiarę czemuś; **trust fund** fundusz powierniczy; **win sb's trust** zdobyć/zyskać czyjeś zaufanie

trust[2] v ufać; mieć zaufanie; zaufać ♦ **not trust sb an inch** *pot.* nie mieć za grosz zaufania do kogoś, zupełnie/ani trochę komuś nie ufać

truth n **1.** prawda **2.** prawdziwość ♦ **bald truth/bare truth** naga prawda, goła prawda; **far from the truth** daleki od prawdy; **get to the truth** dotrzeć do prawdy, odkryć prawdę; **gospel truth** święta prawda; **have a ring of truth (about it)** brzmieć prawdopodobnie/prawdziwie, wydawać się prawdopodobnym//prawdziwym; **home truth** gorzka/nieprzyjemna prawda; **tell the truth** powiedzieć/mówić prawdę; **the moment of truth** *przen.* chwila/godzina prawdy; **the truth of the matter is...** faktem jest, że...; sprawa polega na tym, że...; **to tell the truth** prawdę mówiąc/powiedziawszy; **truth and sweet oil always come to the top** *przysł.* prawda jak oliwa na wierzch wypływa

try[1] n próba ♦ **have a try** (s)próbować; **it's worth a try** warto spróbować, nie zaszkodzi spróbować

try[2] v **1.** próbować **2.** starać się, usiłować **3.** wysilać się **4.** sądzić (*kogoś za coś*) ♦ **try one's best** zrobić, co tylko można; dołożyć wszelkich starań, postarać się; zrobić wszystko, aby...; **try one's fortune** spróbować szczęścia; **try one's hand at sth** spróbować czegoś (*zupełnie nowego*), zrobić coś na próbę, spróbować swoich sił w czymś; **try one's luck** spróbować szczęścia; **try one's utmost** zrobić, co tylko można; dołożyć wszelkich starań, postarać się; zrobić wszystko, aby...; **try sb's patience** wystawiać na próbę czyjąś cierpliwość, nadużywać czyjejś cierpliwości; **try sth for size** przymierzać coś (*ubranie*)

tube *n* **1.** rura; rurka **2.** tubka **3. the tube** *GB* metro **4. the tube** *US pot.* telewizja **5.** *US* lampa elektronowa **6.** dętka **7.** lufa ♦ **by tube** *GB* metrem; **go down the tubes** *przen.pot.* walić się (*plan itd.*); psuć się, pogarszać się (*sytuacja*); **test tube** probówka

tug *v* pociągać; szarpać ♦ **tug at sb's heartstrings** chwytać (kogoś) za serce

tune *n* **1.** melodia **2.** ton (*instrumentu*) **3.** zgoda; harmonia ♦ **be in tune 1.** być nastrojonym (*instrument*) **2.** śpiewać/grać czysto, nie fałszować; **be in tune with sth 1.** harmonizować z czymś, pasować do czegoś; zgadzać się z czymś **2.** starać się coś zrozumieć, wychodzić czemuś naprzeciw; wchodzić w czyjeś położenie/w czyjąś sytuację; **be out of tune 1.** być rozstrojonym (*instrument*) **2.** fałszować (*śpiewając, grając*); **be out of tune with sth 1.** nie harmonizować z czymś, nie pasować do czegoś; nie zgadzać się z czymś **2.** nie starać się czegoś zrozumieć, nie wychodzić czemuś naprzeciw; nie wchodzić w czyjeś położenie/w czyjąś sytuację; **call the tune** *pot.* wodzić rej; nadawać ton, dominować; **change one's tune** *pot.* zmienić śpiewkę; zmienić zdanie; **dance to sb's tune** *pot.* tańczyć (tak), jak ktoś komuś zagra; **he who pays the piper calls the tune** kto płaci, ten wymaga; kto płaci – wymaga; **to the tune of...** *pot.* na niebagatelną sumę/kwotę...

tunnel *n* tunel ♦ **light at the end of the tunnel** *przen.* światło na końcu tunelu

turkey *n* **1.** indyk **2.** *US pot.* głupek; tuman; matoł; osioł **3.** *US pot.* klapa, niewypał (*film itd.*) ♦ **cold turkey** głód narkotyczny; **go cold turkey** *pot.* być na głodzie (*narkotycznym*); **talk (cold) turkey to/with sb** *pot.* **1.** walić komuś prawdę prosto z mostu; rozmawiać z kimś otwarcie **2.** *US* omawiać z kimś szczegóły; dogadywać się z kimś (*w interesach itd.*)

turn¹ *n* **1.** obrót **2.** zwrot; punkt zwrotny; przełom (*wieków*) **3.** zakręt **4.** kolano (*rurowe*) **5.** zwój **6.** kolej, kolejność **7.** skłonność; zdolność **8.** przysługa; uczynek **9.** przechadzka ♦ **at every turn** na każdym kroku; raz po raz; wciąż; **by a strange turn of fate** dziwnym zrządzeniem losu; **by turns** na przemian, na zmianę; **do sb a good turn** zrobić/spełnić komuś dobry uczynek; wyświadczyć komuś przysługę; **in turn 1.** z kolei, w rezultacie **2.** po kolei, kolejno, jeden po drugim; **it's your turn** twoja kolej; **left turn** zakręt/zwrot w lewo; **make a left/right turn** skręcić w lewo/w prawo; **not do a hand's turn** nie kiwnąć palcem (aby coś zrobić), nie ruszyć palcem (aby coś zrobić); **right turn** zakręt/zwrot w prawo; **serve its turn** spełniać swoją rolę/swoje zadanie; **sharp turn** ostry zakręt; **take a turn for the better** przyjąć pomyślny obrót, polepszyć się, poprawić się; **take a turn for the worse** przyjąć niepomyślny obrót, pogorszyć się; **take turns/take it in turns** robić coś na zmianę (z kimś), wymieniać się, zamieniać się; **turn of phrase** sposób wyrażania się

turn² *v* **1.** obracać; pokręcać; przekręcać **2.** odwracać (się); obracać się **3.** zwracać się (*z czymś, w kierunku itd.*) **4.** zmieniać (się), przemieniać **5.** przekraczać (*wiek*) **6.** toczyć (*na tokarce*) ♦ **it turned out that...** okazało się, że...; **not turn a hair** niczego po sobie nie pokazać, nie dać po sobie nic poznać, nie pokazać po sobie zdziwienia/zaskoczenia, nawet nie mrugnąć okiem, nie zareagować; **one's legs turned to jelly** nogi komuś zadygotały, nogi się pod kimś ugięły; **the tongue is ever turning to the aching tooth** *przysł.* głodnemu chleb na myśli; **toss and turn** przewracać się z boku na bok (*nie mogąc zasnąć*); **turn a blind eye to sth** przymykać na coś oczy, patrzeć na coś przez palce; **turn a clock ahead (by one hour)** przesuwać wskazówki zegara do przodu (o godzinę) (*przy zmianie*

turn

czasu na letni); **turn a clock back (by one hour)** cofać zegar (o godzinę); **turn a conversation to sth** skierować rozmowę na inny temat; **turn a corner** wyjść z dołka, przezwyciężyć kryzys, wyjść na prostą; **turn a deaf ear to sth** pozostawać głuchym na coś (*krytykę, prośby itd.*); puszczać coś mimo uszu; **turn a key** przekręcić/obrócić klucz (w zamku); **turn back the clock 1.** cofać zegar **2.** cofać czas; **turn down an offer** odrzucić ofertę/propozycję; **turn full circle** wrócić do punktu wyjścia, być znowu w punkcie wyjścia, znaleźć się w punkcie wyjścia; **turn grey** osiwieć; posiwieć; **turn in one's grave** przewracać się w grobie; **turn King's evidence** obciążyć winą wspólnika, wydać wspólnika, składać zeznanie obciążające wspólnika (*dla złagodzenia własnego wyroku*); **turn left** skręcić w lewo; **turn one's back** odwrócić się; **turn one's back on sb/sth** odwrócić się plecami do kogoś/czegoś, odwrócić się od kogoś/czegoś, zacząć kogoś/coś lekceważyć; *pot.* wypiąć się na kogoś; **turn one's hand to** zabrać się do (*czegoś nowego*), zająć się (*czymś nowym*); **turn one's nose up at sth** kręcić na coś nosem; **turn on one's heel** odwrócić się/zakręcić się na pięcie; **turn over a new leaf** ustatkować się, zacząć nowe/stateczne/odpowiedzialne życie; **turn over in one's grave** przewracać się w grobie; **turn pale** zblednąć; **turn pro** przejść na zawodowstwo; **turn Queen's evidence** *GB* obciążyć winą wspólnika, wydać wspólnika, składać zeznanie obciążające wspólnika (*dla złagodzenia własnego wyroku*); **turn right** skręcić w prawo; **turn sb's head** przewrócić komuś w głowie; zawrócić komuś w głowie; **turn State's evidence** *US* obciążyć winą wspólnika, wydać wspólnika, składać zeznanie obciążające wspólnika (*dla złagodzenia własnego wyroku*); **turn sth inside out 1.** przewracać/wywracać coś na lewą stronę, przewracać/wywracać coś na drugą stronę **2.** przewracać/wywracać coś do góry nogami; **turn sth loose** uwolnić coś, wypuścić coś (na wolność); **turn sth on its head** stawiać/postawić coś na głowie; **turn sth over in one's mind** (bez przerwy) wracać do czegoś myślami, być pochłoniętym/zaprzątniętym myślą/myślami o czymś, rozpamiętywać coś; **turn sth to good account** zrobić z czegoś dobry użytek; obrócić coś na własną korzyść; odnieść z czegoś pożytek; **turn sth upside down** przewracać/wywracać coś do góry nogami; **turn tail** zwiać, stchórzyć, dać nogę, uciec; **turn the corner** wyjść z dołka, przezwyciężyć kryzys, wyjść na prostą; **turn the knife (in the wound)** *przen.* dobijać/dobić kogoś; **turn the other cheek** nadstawić drugi policzek; **turn the tables (on sb)** odwrócić się (*sytuacja, czyjeś położenie, role itd.*), (czyjaś) karta się odwróciła; **turn to crime** wkroczyć na drogę przestępstwa; **turn to jelly** trząść się jak galareta, drżeć jak galareta; **turn to the left** skręcić w lewo; **turn to the right** skręcić w prawo; **turn up trumps** *pot.* poratować kogoś w potrzebie/w biedzie; **twist and turn** wić się; kręcić się; wić się jak piskorz; zakręcać (*droga itd.*)

turning *n* przecznica ♦ **turning point** punkt zwrotny

twice *adv* dwa razy ♦ **lightning never strikes (in the same place) twice** nic dwa razy się nie zdarza; **once bitten, twice shy** *przysł.* kto się na gorącym sparzył, ten na zimne dmucha; **think twice before doing sth** pomyśleć dwa razy zanim się coś zrobi; zastanowić się dwa razy zanim się coś zrobi; **twice as much/as many** dwa razy tyle

twinkling *n* ♦ (*w wyrażeniu*) **in the twinkling of an eye** w mgnieniu oka

twist[1] *n* **1.** skręt; obrót **2.** zakręt **3.** sznurek (*skręcany*); nitka (*skręcona z kilku nitek*) **4.** zwitek **5.** wykręcenie, skręcenie (*ręki itd.*) **6.** skrzywienie się, wykrzywienie (*twarzy*) **7.** szczególna skłonność **8. the twist** twist (*taniec*) **9.** (nieoczekiwany/niespodziewany) obrót wydarzeń; (nieoczekiwana) zmiana sytuacji ♦ **by a strange twist of fate** dziwnym zrządzeniem losu; **drive sb round the twist** *pot.* wkurzać kogoś; złościć kogoś; wnerwiać kogoś; doprowadzać kogoś do szału; **round the twist** *pot.*

twist

1. wkurzony; zdenerwowany; wnerwiony 2. stuknięty; zwariowany

twist² *v* 1. skręcać 2. wykręcać, wyżymać 3. wykręcać (*rękę itd.*); skręcać się (*z bólu*); krzywić się 4. przekręcać (*znaczenie, fakty*) ♦ **twist and turn** wić się; kręcić się; wić się jak piskorz; zakręcać (*droga itd.*); **twist oneself into knots** poplątać się, zaplątać się, pokręcić wszystko (*wyjaśniając coś itd.*); **twist sb round one's little finger** owinąć sobie kogoś wokół małego palca; **twist sb's arm** 1. wykręcać komuś rękę 2. *pot.* nakłonić kogoś (*do czegoś*); zmusić kogoś; wymuszać coś na kimś; **twist the knife (in the wound)** *przen.* dobijać/dobić kogoś

twister *n* 1. krętacz 2. trąba powietrzna; tornado ♦ **tongue twister** wyraz trudny do wymówienia, łamaniec językowy

two *num* dwa ♦ **a bird in the hand is worth two in the bush** *przysł.* lepszy wróbel w garści niż gołąb na dachu; **as like as two peas (in a pod)** podobni jak dwie krople wody; **as thick as two short planks** *pot.* głupi jak but/jak stołowe nogi/jak tabaka w rogu, bezdennie głupi; **be in two minds about (doing) sth/be of two minds about (doing) sth** nie umieć wybrać czegoś, nie umieć dokonać właściwego wyboru, nie móc się na coś zdecydować, wahać się jak postąpić/między dwiema możliwościami; **be two a penny** nie być w cenie; nie mieć dużej wartości; być tanim jak barszcz; być łatwo dostępnym; **come down a peg or two** spuścić z tonu; **have two left feet** *pot.* (po)ruszać się niezgrabnie, (po)ruszać się jak słoń, (po)ruszać się niezdarnie/jak niezdara; **in two shakes** *pot.* zaraz, za chwilę, za parę chwil, wkrótce; **kill two birds with one stone** upiec dwie pieczenie przy jednym ogniu; **know a thing or two** *pot.* wiedzieć to i owo; **not care two hoots (about)** *pot.* gwizdać na (coś), mieć coś w nosie; **not have two pennies to rub together** być bez grosza, nie mieć grosza (przy duszy); **no two ways about it** nie ma co do tego (żadnych) wątpliwości; bez dwu zdań, nie ma dwu zdań; **put in one's two cents' worth** *US* wtrącać/wsadzać/dorzucać swoje trzy grosze, wtrącać się; **serve two masters** służyć dwóm panom, (palić) Panu Bogu świeczkę i diabłu ogarek, siedzieć na dwóch stołkach; **the lesser of two evils** mniejsze zło; **there are no two ways about it** nie ma co do tego (żadnych) wątpliwości; bez dwu zdań, nie ma dwu zdań; **thick as two short planks** *pot.* głupi jak but/jak stołowe nogi/jak tabaka w rogu, bezdennie głupi; **two dogs fight for a bone, and the third runs away with it** *przysł.* gdzie dwóch się bije, tam trzeci korzysta; **two heads are better than one** co dwie głowy, to nie jedna; **two sides of the same coin** dwie strony medalu

type *n* **1.** przykład; wzór **2.** gatunek, rodzaj; typ **3.** czcionka ♦ **bad type** *pot.* nicpoń, gagatek, ananas, ziółko; **be sb's type** *pot.* być w czyimś typie; **of a certain type** pewnego typu/rodzaju; **true to type** w sposób sobie właściwy, w sposób dla siebie charakterystyczny/typowy

U

ugly *a* **1.** brzydki **2.** nieprzyjemny; groźny ♦ **(as) ugly as sin** brzydki jak grzech śmiertelny/jak nieboskie stworzenie/jak noc/jak półtora nieszczęścia/jak nieszczęście; **ugly duckling** brzydkie/kulawe kaczątko

umbrage *n* ♦ (*w zwrocie*) **take umbrage (at sth)** poczuć się dotkniętym/urażonym/obrażonym (czymś)

unawares *adv* **1.** niespodzianie, znienacka **2.** nieświadomie **3.** niezauważony ♦ **catch/take sb unawares** zaskoczyć kogoś

uncertain *a* **1.** niepewny **2.** niezdecydowany **3.** nieokreślony ♦ **in no uncertain terms** nie pozostawiając cienia/żadnych wątpliwości (*powiedzieć coś*), kategorycznie, zdecydowanie

uncle *n* wuj; stryj ♦ **and Bob's your uncle!** *GB pot.* to żadna filozofia!, i to cała filozofia!; bułka z masłem!; proste jak drut!; **Uncle Sam** *pot.* Stany Zjednoczone (Ameryki Północnej); rząd amerykański

under *prep* **1.** pod **2.** poniżej; pod spodem; na dole **3.** zgodnie, według **4.** w (*okolicznościach, warunkach*) ♦ **from under** spod; **under age** niepełnoletni, nieletni; **under arms** pod bronią; **under arrest** aresztowany; **under blows** pod ciosami; **under control** pod kontrolą; **under existing/favourable conditions** w istniejących/sprzyjających okolicznościach; w istniejących/sprzyjających warunkach; **under foot** pod nogami; **under guard** pod strażą; **under house arrest** w areszcie domowym; **under licence** na licencji; **under no circumstances** pod żadnym pozorem; pod żadnym warunkiem; w żadnym wypadku; **under oath** pod przysięgą; **under one roof** pod tym samym dachem, pod jednym dachem; **under one's breath** pod nosem (*np. mówić coś*); półgłosem; **under one's roof** pod swoim dachem; **under one's very eyes** na czyichś oczach (*w obecności*); **under pressure 1.** pod presją **2.** pod ciśnieniem; **under pretence of sth** pod pozorem/pretekstem czegoś; **under protest** z zastrzeżeniem; protestując, sprzeciwiając się; **under sb's command** pod (czyimś) dowództwem; **under sb's (very) nose** pod (samym) nosem (*w obecności*); **under the aegis of...** pod egidą...; **under the auspices of...** pod auspicjami...; **under the circumstances** w tych okolicznościach; w tych warunkach; **under the command of** pod (czyimś) dowództwem; **under the counter** spod lady; **under the heel of...** pod butem (*tyrana itd.*); kontrolowany przez; zdominowany przez; **under the influence** pod wpływem alkoholu; **under the influence of sth** pod wpływem czegoś; **under the name of...** pod nazwiskiem...; **under the pledge of secrecy** w tajemnicy, zobowiązany tajemnicą/przyrzeczeniem; **under the pretence of sth** pod pozorem/pretekstem czegoś; **under the same roof** pod tym samym dachem, pod jednym dachem; **under the weather** *pot.* chory; niezbyt zdrowy; przygnębiony; pod psem (*czuć się*); niezbyt dobrze (*wyglądać itd.*); **under the weight of sth** pod ciężarem czegoś; **under the wire** w ostatniej chwili/sekundzie, w ostatnim momencie, na ostatni dzwonek; tuż przed upływem ostatecznego terminu; **under way** w toku; w drodze; **under wraps** *pot.* w tajemnicy (*utrzymywać coś*)

underfoot *adv* pod nogami; pod stopami ♦ **trample sth underfoot** podeptać coś (*czyjeś prawa, uczucia itd.*)

understand *v* (**understood, understood**) rozumieć; zrozumieć ♦ **give sb to understand/be given to understand** dać komuś do zrozumienia; **make oneself understood** porozumieć się, dogadać się (*w obcym języku*)

understanding

understanding n 1. zrozumienie 2. wyrozumiałość 3. porozumienie ♦ **on the understanding that...** pod warunkiem, że...; **pass understanding** być niemożliwym do zrozumienia, być niezrozumiałym; **reach an understanding** dojść do porozumienia, osiągnąć porozumienie

undone a 1. nie zrobiony; nie skończony; nie załatwiony 2. rozwiązany; odpięty ♦ **come undone** odpiąć się; rozwiązać się; **leave sth undone** nie dokończyć/nie zakończyć/nie ukończyć czegoś; *pot.* rozpaprać coś

unemployment n bezrobocie ♦ **unemployment benefit/compensation** zasiłek dla bezrobotnych

unequal a nierówny ♦ **be unequal to sth** nie móc sprostać czemuś, nie móc podołać czemuś, nie dać sobie rady z czymś

union n 1. zjednoczenie; połączenie 2. związek; unia ♦ **labour union** US związek zawodowy; **the Union Jack** flaga/bandera brytyjska; **trade union** związek zawodowy

unison n ♦ (*w wyrażeniu*) **in unison** zgodnie; jednogłośnie; unisono

universe n wszechświat ♦ **be the centre of sb's universe** być dla kogoś wszystkim, być dla kogoś całym światem, być dla kogoś najważniejszą rzeczą na świecie

unknown[1] n 1. osoba nieznana; nieznajomy 2. **the unknown** nieznane 3. **the unknown** niewiadoma ♦ **journey into the unknown** podróż w nieznane

unknown[2] a nieznany; niewiadomy ♦ **be an unknown quantity** być (wielką) niewiadomą; **unknown to sb** bez czyjejś wiedzy

unlikely a nieprawdopodobny ♦ **in the unlikely event of...** w razie/w przypadku... (*czegoś – pożaru, burzy itd.*), co jest raczej mało prawdopodobne; **unlikely couple** niedobrana para

unlock v 1. otwierać kluczem 2. odblokowywać, odbezpieczać ♦ **unlock the secret of sth** odkrywać/ujawniać/zgłębiać tajemnicę czegoś

unnoticed *a* nie zauważony ♦ **go/pass unnoticed** mijać niepostrzeżenie/niezauważalnie/bez echa/bez wrażenia/nie zauważony

unsound *a* **1.** w złym/marnym stanie; słaby; niepewny, niesolidny **2.** zawierający błędy, obciążony błędami; wadliwy ♦ **of unsound mind** nie w pełni władz umysłowych, niespełna rozumu, niepoczytalny

unstuck *a* odklejony; oderwany; obluzowany ♦ **come unstuck 1.** odkleić się; oderwać się; odpaść **2.** *pot.* spalić na panewce, nie udać się, zawieść, nie powieść się

untie *v* odwiązać; rozwiązać; rozkuć; uwolnić ♦ **untie the Gordian knot** przeciąć/rozciąć węzeł gordyjski

until 1. *prep* do (*czasu*), aż do **2.** *conj* aż, dopóki nie ♦ **until now** do tej pory, do tej chwili, do obecnej chwili, dotychczas; **until the small hours** do białego świtu/rana; **up until** (aż) do

unturned *a* ♦ (*w zwrocie*) **leave no stone unturned** poruszyć niebo i ziemię, poruszyć niebo i piekło, użyć wszelkich możliwych środków

up¹ *n* ♦ (*w wyrażeniu*) **ups and downs** wzloty i upadki; powodzenia i klęski/porażki

up² *adv* **1.** w górę; do góry **2.** w górze ♦ **be on the up-and-up** *pot.* robić postępy, poprawiać się; piąć się w górę; **be up** być na nogach; **be up and running** działać, być sprawnym; **be up to 1.** być w stanie/móc coś zrobić **2.** należeć do kogoś, być czyimś obowiązkiem; **be up to no good** nie zamyślać nic dobrego; **it's up to you** to zależy od ciebie; **not be up to much** być niezbyt dobrym, być niewiele wartym; **time's up!** czas się skończył!; **up and down** tam i z powrotem; do góry i na dół; **up front** z góry (*płacić*); **up river** w górę rzeki; **up the pole** *pot.* zbzikowany, szalony, zwariowany, stuknięty; **up there** tam w górze; **up to date 1.** modny; nowoczesny **2.** aktualny; **up to now** do tej pory, do tej chwili, do obecnej chwili, dotychczas; **up to the mark** na (odpowiednim) poziomie; **up to the**

upper 668

minute *pot.* **1.** na czasie, modny **2.** z ostatniej chwili, najnowszy, najświeższy (*wiadomości*); **up until** (aż) do; **what's up?** co się dzieje?, co jest grane?

upper *a* wyższy; górny ♦ **gain the upper hand over sb** brać nad kimś górę, zdobywać nad kimś przewagę; **have the upper hand over sb** mieć nad kimś przewagę; **keep a stiff upper lip** zachować zimną krew, zachować spokój, nie stracić głowy; **the upper limit** górna granica; **upper case** duże litery; **upper class** wyższe sfery

upright *a* **1.** wyprostowany **2.** pionowy; prostopadły **3.** uczciwy, prawy ♦ **bolt upright** jakby kij połknął, sztywny, wyprostowany

upset *v* (**upset, upset**) **1.** przewracać; wywracać **2.** udaremnić; popsuć **3.** zaniepokoić, zdenerwować; wytrącić z równowagi ♦ **upset sb's stomach** rozstrajać (czyjś) żołądek; **upset the//sb's apple cart** pokrzyżować/pomieszać/poplątać/popsuć komuś szyki, pokrzyżować czyjeś plany/zamiary

upside down *adv* do góry nogami ♦ **turn sth upside down** przewracać/wywracać coś do góry nogami

uptake *n* pobieranie, pobór (*wody itd.*) ♦ **be quick on the uptake** chwytać wszystko w lot, chwytać szybko, być bystrym; szybko się w czymś orientować; **be slow on the uptake** nie chwytać w lot, nie być bystrym; powoli się w czymś orientować

upturn *n* **1.** zwyżka **2.** poprawa; zmiana na lepsze; pomyślny zwrot/obrót (*spraw*) ♦ **be on the upturn/take an upturn** wziąć/przybrać pomyślny obrót

use[1] *n* **1.** użytek **2.** użyteczność, przydatność **3.** używalność **4.** zwyczaj, praktyka ♦ **be of use** być przydatnym, przydać się; **come into use** wchodzić do użytku; **fit for use** nadający się//zdatny do użytku; **go out of use** wychodzić z użycia/z użytku; **have no use for sb/sth** nie mieć szacunku dla kogoś/czegoś; nie znosić kogoś/czegoś; nie lubić kogoś/czegoś; **in common use** powszechnie używany/stosowany; **in use** w użyciu; **it is no**

use (doing sth) nie ma sensu (coś robić); **make use of sth** wykorzystać coś; **of common use** powszechnego użytku; **of no use** bezużyteczny; **out of use** wycofany z użytku; **put sth to (good) use** zrobić z czegoś (dobry) użytek

use² v 1. używać, stosować, robić użytek 2. obchodzić się ♦ **use one's head/use one's loaf** ruszyć głową, ruszyć konceptem

used a ♦ (*w zwrotach*) **be used to sth/to doing sth** być przyzwyczajonym do czegoś/do robienia czegoś; **get used to sth** przyzwyczaić się do czegoś

useful a użyteczny, przydatny, pomocny ♦ **come in useful** przydać się; **prove useful** okazać się użytecznym/przydatnym/pomocnym, przydać się

user n użytkownik ♦ **user friendly** łatwy w użyciu; łatwy w obsłudze; łatwy dla użytkownika

usual a zwykły, zwyczajny ♦ **as usual** jak zwykle

utmost¹ n ♦ (*w zwrotach*) **do/try one's utmost** zrobić, co tylko można; dołożyć wszelkich starań, postarać się; zrobić wszystko, aby...

utmost² a najwyższy; największy; ostatni; skrajny ♦ **a matter of the utmost importance** sprawa najwyższej wagi

utterance n 1. wypowiedź 2. wyrażenie, wyraz ♦ **give utterance to sth** dać wyraz czemuś (*swoim uczuciom itd.*)

V

vacation *n* **1.** opuszczenie; zwolnienie (*pokoju, etatu itd.*) **2.** wakacje **3.** urlop; wczasy ♦ **long vacation** letnie ferie/wakacje; **on vacation** na urlopie

vacuum *n* próżnia ♦ **in a vacuum** w próżni; **nature abhors a vacuum** przyroda nie znosi próżni

vague *a* niewyraźny; mglisty; mętny ♦ **vague idea** mgliste pojęcie

vain *a* **1.** próżny; bezskuteczny; daremny **2.** próżny; chełpliwy; pyszałkowaty ♦ **in vain** na próżno; bezskutecznie; daremnie; **take sb's name in vain** wzywać czyjegoś imienia nadaremno; **take the Lord's name in vain** wzywać imienia Pana Boga/bożego nadaremno; **vain effort** daremny trud/wysiłek

valour *n* męstwo; odwaga ♦ **discretion is the better part of valour** lepsza rozwaga niż odwaga

value *n* wartość ♦ **face value** wartość nominalna; **market value** wartość rynkowa; **of great value** wielkiej wartości; **of no value** bezwartościowy, nie mający wartości; **real value** rzeczywista wartość; **take sth at (its) face value** brać coś za dobrą monetę; **value added tax** podatek od wartości dodanej, VAT

vanish *v* zanikać; znikać ♦ **vanish into thin air** przepaść/zniknąć/wpaść jak kamień w wodę, ulotnić się/zniknąć jak kamfora; **vanish off the face of the earth** zniknąć z powierzchni ziemi; **vanish without trace** zniknąć/przepaść bez śladu

vantage point *n* **1.** punkt obserwacyjny **2.** punkt widzenia ♦ **from the vantage point of...** z punktu widzenia...

variance *n* rozbieżność ♦ **be at variance with** nie zgadzać się z, być/pozostawać w sprzeczności z

vast *a* rozległy, obszerny; ogromny ♦ **vast majority** ogromna/zdecydowana większość

veil *n* **1.** zasłona **2.** maska; pozór ♦ **draw a veil over sth** spuścić/zapuścić zasłonę (milczenia) na coś; **take the veil** przywdziać habit (zakonny), zostać zakonnicą

vein *n* **1.** żyła; żyłka **2.** styl; duch; nastrój ♦ **in the same vein** w tym samym stylu; w tym samym duchu; **sb's blood ran cold in his veins** krew zastygła komuś w żyłach

velvet *n* aksamit ♦ **as smooth/soft as velvet** gładki/miękki jak aksamit; **velvet revolution** aksamitna rewolucja

vengeance *n* zemsta ♦ **with a vengeance** z podwójną siłą/mocą; zapamiętale; z nawiązką

vent *n* otwór wentylacyjny; wejście, wlot; ujście ♦ **give vent to sth** dawać upust czemuś (*uczuciom itd.*)

venture *v* **1.** ryzykować **2.** ośmielić się; odważyć się ♦ **nothing ventured, nothing gained** bez ryzyka nie ma zysku; kto nie ryzykuje, ten nic nie ma; kto nie ryzykuje, ten nie je; bez ryzyka daleko nie zajdziesz

verge *n* krawędź; brzeg ♦ **be on the verge of sth** być na skraju czegoś, stać na progu czegoś (*nędzy itd.*); **be on the verge of tears** być bliskim łez, być bliskim płaczu; **bring sb to the verge of sth** doprowadzać kogoś do kresu czegoś (*wytrzymałości itd.*)

verse *n* wiersz; poezja ♦ **blank verse** biały wiersz; **(quote) chapter and verse** (cytować) dosłownie/słowo w słowo; **written in verse** napisany wierszem

very[1] *a* **1.** prawdziwy, rzeczywisty **2.** ten właśnie, tenże, ten sam, sam ♦ **at that very moment** w tym właśnie momencie, w tej chwili; **at the very beginning/end** na samym początku/końcu; **at the very thought of it** na samą myśl o tym; **before one's very eyes** na czyichś oczach (*w obecności*); **be the very image**

of sb być kubek w kubek podobnym do kogoś, być istnym/ /żywym/wykapanym kimś; **under one's very eyes** na czyichś oczach (*w obecności*)

very² *adv* **1.** bardzo **2.** (*wzmacnia przymiotnik w stopniu najwyższym, uwydatnia intensywność*) ♦ **at the very most** najwyżej; **the very lowest price** najniższa cena; **very like/likely** prawdopodobnie; **very much** bardzo; **very well** bardzo dobrze; w porządku; **your very own** twój własny

vice *n* **1.** wada; przywara **2.** występek; rozpusta **3.** imadło **4.** (*w złożeniach*) wice ♦ **a nest of vice** gniazdo/siedlisko występku; gniazdo/siedlisko rozpusty; **a vice ring** grupa przestępcza, szajka; **vice president 1.** wiceprezydent **2.** wiceprzewodniczący; wiceprezes; **vice squad** obyczajówka; **vice versa** na odwrót, vice versa

vicious *a* **1.** wadliwy **2.** występny; rozpustny **3.** złośliwy ♦ **vicious circle** błędne koło

victim *n* ofiara ♦ **disaster victim** ofiara kataklizmu; **fall (an easy) victim to sth** padać/paść (łatwą) ofiarą czegoś; **flood victim** ofiara powodzi; **murder victim** ofiara morderstwa; **rape victim** ofiara gwałtu; **sacrificial victim** ofiara błagalna/dziękczynna/obrzędowa (*składana bogu*)

victory *n* zwycięstwo ♦ **be a victory for common sense** być zwycięstwem zdrowego rozsądku; **gain a victory (over)** odnieść/wywalczyć zwycięstwo (nad); **lead sb to victory** poprowadzić kogoś do zwycięstwa; **narrow victory** z trudem zdobyte zwycięstwo, z trudem wywalczone zwycięstwo; **Pyrrhic victory** pirrusowe/pyrrusowe zwycięstwo; **victory ceremony** ceremonia dekoracji (*zwycięzców zawodów sportowych*); **victory lap** *US* runda honorowa; **win a victory (over)** odnieść/ /wywalczyć zwycięstwo (nad)

view *n* **1.** widok **2.** przegląd; obejrzenie; pokaz **3.** widok; obraz; fotografia (*krajobrazu*) **4.** opinia; pogląd; stosunek **5.** zamiar; cel ♦ **a bird's-eye view (of sth)** widok (czegoś) z lotu ptaka;

block sb's view zasłaniać komuś widok; **come into view** ukazać się; **disappear from view** zniknąć z oczu; **fall in with sb's views** podzielać czyjeś poglądy; **heave (hove, hove) into view** pojawić się, ukazać się (czyimś oczom); **in full view of...** na oczach...; na widoku...; **in view of...** ze względu na..., z uwagi na...; **meet sb's views** podzielać czyjeś poglądy; **on view** wystawiony na pokaz; **point of view** punkt widzenia; **take the long view of sth** spojrzeć na coś perspektywicznie; myśleć o czymś perspektywicznie; **with a/the view to/of...** w celu...; z myślą o...

violence *n* **1.** przemoc **2.** pasja, gwałtowność ♦ **domestic violence** przemoc w rodzinie; **do violence to sth** zadać czemuś gwałt, pogwałcić coś, naruszyć coś; **threats of violence** groźby użycia przemocy

virtue *n* **1.** cnota **2.** zaleta ♦ **by virtue of...** dzięki..., za pomocą...; na mocy...; z racji...; z powodu...; **make a virtue of necessity** skorzystać z nadarzającej się okazji; **of easy virtue** lekkich obyczajów (*kobieta*); **preach the virtues of sth** zachwalać/wychwalać zalety czegoś, zachwalać/wychwalać coś

visit *n* **1.** wizyta; odwiedziny **2.** pobyt ♦ **come for a visit** przybywać z wizytą; **flying visit** krótka wizyta; **home visit** wizyta domowa (*lekarza*); **on a short visit** z krótką wizytą; **pay a visit to sb/pay sb a visit** odwiedzić kogoś, złożyć komuś wizytę; **state visit** wizyta państwowa; **surprise visit** niespodziewana wizyta

visitor *n* **1.** gość; odwiedzający; zwiedzający **2.** inspektor ♦ **health visitor** pielęgniarka środowiskowa; **visitors' book** księga pamiątkowa

vogue *n* moda ♦ **be in vogue** być w modzie, być modnym; **come back into vogue** wracać do mody, wraca moda na coś; **come into vogue** wejść w modę; **go out of vogue** wychodzić z mody

voice *n* **1.** głos **2.** głos, prawo głosu **3.** strona (*czasownika – bierna, czynna*) ♦ **add one's voice to sth** publicznie opowiedzieć się za czymś, publicznie udzielić czemuś poparcia; **at the top of one's voice** na cały głos, na całe gardło; **a voice crying in the wilderness** głos wołającego na puszczy; **drop one's voice** zniżyć głos; **find one's voice** odzyskać mowę; **give voice to sth** dawać czemuś wyraz (*uczuciom, przekonaniom itd.*); **have a voice (in sth)** mieć głos (w czymś); **inner voice** wewnętrzny głos; **keep one's voice down** mówić ciszej; **lend one's voice to sth** publicznie opowiedzieć się za czymś, publicznie udzielić czemuś poparcia; **lose one's voice** stracić głos; **loud voice** donośny głos; **lower one's voice** zniżyć głos; **raise one's voice (to sb)** podnosić głos (na kogoś); **speak with one voice** mówić jednym głosem (*grupa ludzi*), wyrażać wspólne stanowisko; **the still small voice (of conscience)** głos sumienia; **the voice of reason** głos rozsądku

void *a* pusty; próżny; wakujący ♦ **null and void** nieważny, nie posiadający mocy prawnej

volume *n* **1.** tom (*książki*) **2.** objętość; pojemność **3.** natężenie dźwięku, głośność **4.** ilość; masa ♦ **speak volumes about/for sth** świadczyć dobitnie/wymownie o czymś

voluntary *a* dobrowolny; ochotniczy ♦ **do voluntary work** pracować jako wolontariusz, odbywać wolontariat; *pot.* być/pracować na wolontariacie; **voluntary work** wolontariat; **voluntary worker** wolontariusz

vote *n* **1.** głosowanie **2.** głos (*w głosowaniu*) **3.** uchwała (*w głosowaniu*) ♦ **by a vote** w głosowaniu, drogą głosowania; **by the majority of votes/by majority vote** większością głosów; **cast one's vote (for sb)** oddać głos (na kogoś); **give a vote of confidence** udzielić wotum zaufania; **hold a vote on sth** przeprowadzić głosowanie nad czymś; **put sth to the vote** poddać coś pod głosowanie; **spoil a vote** oddać nieważny głos; **take a vote on sth** przeprowadzić głosowanie nad czymś; **vote of confidence (in sb)** wotum zaufania (dla kogoś); **vote of no confidence** wotum nieufności; **vote of thanks** oficjalne podziękowanie (*przemówienie na spotkaniu itd.*); **win a vote of confidence** otrzymać wotum zaufania

vow *n* ślub, przysięga, przyrzeczenie ♦ **break a vow** złamać przyrzeczenie, nie dotrzymać przyrzeczenia; **keep a vow** dotrzymać przyrzeczenia; **make a vow** przyrzekać, składać przyrzeczenie, przysięgać; **marriage vows** przysięga małżeńska; **take a vow** przyrzekać, składać przyrzeczenie, przysięgać; **take the vow of silence** składać śluby milczenia (*w zakonie*)

voyage *n* podróż morska; rejs ♦ **maiden voyage** dziewiczy/pierwszy rejs, dziewicza/pierwsza podróż (*statku*)

W

wage *v* prowadzić (*kampanię itd.*) ♦ **wage war (on/against)** toczyć wojnę (z/przeciw), prowadzić wojnę (z/przeciw)

wa(g)gon *n* **1.** wóz **2.** wagon towarowy ♦ **be/go on the wagon** *pot.* rzucić picie (alkoholu), przestać pić, zerwać z nałogiem; **fall off the wagon** *pot.* znowu zacząć pić, wrócić do nałogu (*picia*)

waif *n* **1.** porzucona rzecz; rzecz bezpańska **2.** porzucone/bezdomne dziecko ♦ **take in waifs and strays** przygarniać porzucone/bezdomne/bezpańskie zwierzęta; **waifs and strays 1.** porzucone/bezdomne dzieci **2.** porzucone/bezdomne/bezpańskie zwierzęta

wait[1] *n* czekanie; oczekiwanie ♦ **lie in wait (for sb)** czyhać (na kogoś), czaić się (na kogoś), czatować (na kogoś)

wait[2] **(for)** *v* czekać (na), oczekiwać ♦ **I can't wait!/I can hardly wait!** nie mogę się doczekać!; **just you wait!** poczekaj no tylko!, zobaczysz jeszcze!; **wait a minute/wait a moment/wait a second** *pot.* proszę chwilę poczekać; chwileczkę; **wait at table** obsługiwać gości (*w restauracji*); usługiwać przy stole; **wait dinner for sb** czekać na kogoś z obiadem; **wait for a good hour** czekać dobrą godzinę; **wait on sb hand and foot** skakać koło kogoś, być na każde zawołanie, spełniać czyjeś zachcianki, dogadzać czyimś zachciankom, nadskakiwać komuś; **wait tables/**US **wait on table** obsługiwać gości (*w restauracji*); usługiwać przy stole; **wait till kingdom come** czekać w nieskończoność; **what are you waiting for?** na co czekasz?!; **you wait!** poczekaj no tylko!, zobaczysz jeszcze!

wake *n* ślad torowy za statkiem, kilwater ♦ **in the wake of sth** w następstwie czegoś (*wypadku, katastrofy itd.*), w ślad za czymś

walk[1] *n* **1.** spacer; przechadzka **2.** chód **3.** trasa; ścieżka; chodnik ♦ **a walk of life** zawód, profesja; zajęcie; pozycja społeczna; **go for a walk** iść na spacer; **have/take a walk** przejść się, iść na spacer

walk[2] *v* iść; spacerować; przechadzać się ♦ **walk free** pozostawać na wolności; wyjść (z więzienia) na wolność; **walk on air** być wniebowziętym, być w siódmym niebie, nie posiadać się ze szczęścia/z radości; **walk out on sb** odejść od kogoś (*żony itd.*), zostawić kogoś; **walk out on sth** zostawić coś, rzucić coś, nie wywiązać się z czegoś; **walk sb home** odprowadzać kogoś do domu; **walk sb off their feet** schodzić/uchodzić nogi, uchodzić się, nachodzić się, uchodzić nogi do kolan; **walk tall** iść/kroczyć z podniesionym czołem; **walk the dog** wyprowadzać psa na spacer

wall *n* ściana; ścianka; mur ♦ **bang/bash/beat one's head against a brick wall** *pot.* walić/bić/tłuc głową o mur; **come up against a brick wall** napotkać mur (*obojętności, niechęci itd.*); **drive sb up the wall** *pot.* wkurzać kogoś; złościć kogoś; wnerwiać kogoś; doprowadzać kogoś do szału; **go up the wall** *pot.* wkurzyć się; zezłościć się; wnerwić się; zwariować, oszaleć; **have one's back to the wall** być przypartym/przyciśniętym do muru; **hit one's head against a brick wall** *pot.* walić/bić/tłuc głową o mur; **pin sb against the wall/push sb to the wall** przyprzeć kogoś do muru; **run up against a brick wall** napotkać mur (*obojętności, niechęci itd.*); **send sb up the wall** *pot.* wkurzać kogoś; złościć kogoś; wnerwiać kogoś; doprowadzać kogoś do szału; **talk to a brick wall** *pot.* mówić/gadać jak do ściany; **these four walls** *przen.pot.* cztery ściany (*mieszkania*); **wall of fire** ściana ognia; **wall of silence** mur milczenia; **wall painting** malowidło ścienne; **walls have ears** *przysł.* ściany mają uszy; **with one's back to the wall** przyparty/przyciśnięty do muru

wand *n* różdżka ♦ **magic wand** czarodziejska różdżka; **wave a magic wand** dotknąć/machnąć/pomachać czarodziejską różdżką

wander *n* przechadzka; (krótki) spacer ♦ **go for/take a wander** iść/pójść na spacer; iść/pójść na przechadzkę; przejść się

wane *n* ♦ (*w zwrocie*) **be on the wane** maleć, słabnąć; zanikać

want[1] *n* **1.** niedostatek; brak **2.** potrzeba **3.** bieda **4. wants** *pl* wymagania ♦ **be in want of sth** potrzebować czegoś, wymagać czegoś (*naprawy itd.*); **for want of anything better (to do)** z braku lepszego zajęcia, nie mając nic lepszego do roboty; **for want of sth** z braku czegoś; **want ad** ogłoszenie drobne

want[2] *v* **1.** chcieć; pragnąć **2.** potrzebować, wymagać **3.** brakować; odczuwać brak ♦ **all I want is...** chcę tylko...; **be wanted** być poszukiwanym (*przestępca itd.*); **he wanted for nothing** niczego mu nie brakowało; **want to know** chcieć wiedzieć; **what do you want with...?** po co ci...?; do czego potrzebujesz...?; **you're wanted on the (tele)phone** telefon do ciebie

war *n* **1.** wojna **2.** walka ♦ **be at war** być w stanie wojny; prowadzić wojnę; **civil war** wojna domowa; **cold war** zimna wojna; **conduct a war** toczyć wojnę, prowadzić wojnę; **declare war on sb** wypowiedzieć komuś wojnę; **enter into a war** przystąpić do wojny; **entry into a war** przystąpienie do wojny; **fight a war** toczyć wojnę, prowadzić wojnę; **gang war** wojna gangów; **go to war with/against** zacząć wojnę z/przeciwko, rozpocząć wojnę z/przeciwko; **guerilla war** wojna partyzancka; **holy war** święta wojna; **lose a war** przegrać wojnę; **make war** toczyć wojnę, prowadzić wojnę; **outbreak of war** wybuch wojny; **plunge a country into war** pogrążać kraj w wojnie; **prisoner of war** jeniec wojenny; **spectre of war** widmo wojny; **total war** wojna totalna; **wage war (on/against)** toczyć wojnę (z/przeciw), prowadzić wojnę (z/przeciw); **war against crime** wojna z przestępczością; **war crime** zbrodnia wojenna; **war criminal** zbrodniarz wojenny; **war cry** okrzyk wojenny; **war dance** taniec wojenny; **war hero** bohater wojenny; **war of**

nerves wojna nerwów; **war on crime** wojna z przestępczością; **war widow** wojenna wdowa; **win a war** wygrać wojnę; **world war** wojna światowa

warm[1] *a* **1.** ciepły **2.** ciepły, serdeczny, sympatyczny ♦ **(as) warm as toast** cieplutki/cieplutko; ciepluchny/ciepluchno; **I'm warm** jest mi ciepło; **warm scent/trail** świeży ślad; świeży trop; **warm welcome** ciepłe powitanie; ciepłe przyjęcie

warm[2] *adv* ciepło ♦ **it's warm** jest ciepło; **wrap up warm** ciepło się opatulić; ubrać się ciepło

warmed *a* ♦ (*w zwrotach*) **look like death warmed up/look like death warmed over** wyglądać jak śmierć/jak trup/jak widmo/jak z krzyża zdjęty

warning *n* ostrzeżenie; przestroga ♦ **give a warning** ostrzegać; przestrzegać; upominać; **let that be a warning to you** niech to będzie dla ciebie przestrogą; **without warning** bez ostrzeżenia; bez uprzedzenia

warpath *n* ♦ *pot.* (*w zwrotach*) **be on the warpath** być na ścieżce wojennej; **go on a warpath** wejść na ścieżkę wojenną

warrant *n* **1.** usprawiedliwienie **2.** gwarancja **3.** upoważnienie **4.** nakaz ♦ **arrest warrant** nakaz aresztowania; **death warrant** wyrok śmierci; **search warrant** nakaz rewizji; **sign one's own death warrant** podpisać/wydać na siebie wyrok; **sign sb's death warrant** podpisać/wydać na kogoś wyrok; **warrant for sb's arrest** nakaz aresztowania

warranty *n* **1.** poręczenie; gwarancja **2.** usprawiedliwienie ♦ **be under warranty** być na gwarancji; **warranty period** okres gwarancji

wash[1] *n* **1.** mycie (się) **2.** pranie ♦ **car wash** myjnia (samochodowa); **do the wash** (z)robić pranie; przeprać coś; **hang the wash out** powiesić/rozwiesić pranie; **have a wash** umyć się; obmyć się; **in the wash** w praniu; **it'll all come out in the wash** *pot.* wszystko wyjdzie w praniu; wszystko się jakoś ułoży; wszystko się dobrze skończy, wszystko zostanie naprawione

wash

wash² *v* **1.** myć (się) **2.** prać ♦ **wash ashore** wyrzucać na brzeg (*przez wodę, fale*); **washing machine** pralka; **wash one's dirty linen in public** *pot.* prać (swoje/rodzinne/domowe) brudy publicznie, wywlekać (swoje/rodzinne/domowe) brudy na jaw, wywlekać (swoje/rodzinne/domowe) brudy/sprawy na światło dzienne; **wash one's hands of sth** umywać ręce od czegoś; odcinać się od czegoś; **wash the dishes** zmywać naczynia; **wash up on the shore** wyrzucać na brzeg (*przez wodę, fale*)

waste¹ *n* **1.** strata; marnotrawstwo **2.** odpadki; odpady **3. wastes** *pl* nieużytki; pustkowie ♦ **a waste of money/time** strata pieniędzy/czasu; **go to waste** marnować się; pójść/iść na marne; **haste makes waste** *przysł.* gdy się człowiek śpieszy, to się diabeł cieszy; co nagle, to po diable; **waste paper** makulatura

waste² *v* **1.** marnować; marnotrawić; tracić **2.** (z)marnować się **3.** spustoszyć; wyjałowić (*teren*) **4.** wyniszczać, niszczyć **5.** *pot.* sprzątnąć, zlikwidować, zabić (*kogoś*) ♦ **waste money** marnować/tracić pieniądze; **waste one's breath** strzępić sobie język; **waste time** marnować/tracić czas

watch¹ *n* **1.** zegarek **2.** pilnowanie; czuwanie **3.** wachta ♦ **be on the watch for** uważać na; pilnować; strzec (się); **keep a close watch on sb/sth** nie spuszczać kogoś/czegoś z oczu, bacznie obserwować kogoś/coś; **keep watch** stać na warcie; czuwać; pilnować; strzec; uważać; **on watch** na warcie; na wachcie

watch² *v* **1.** oglądać; obserwować; przyglądać się **2.** czuwać; pilnować; strzec; uważać ♦ **watch it!** *pot.* uważaj!; **watch one's language/tongue** liczyć się ze słowami; **watch one's step 1.** uważać jak się idzie **2.** uważać na to co się robi; być ostrożnym; **watch one's weight** uważać, żeby nie utyć; **watch out!** uwaga!, uważaj!; **watch sb's every move** śledzić/obserwować czyjś każdy krok; **watch the clock** patrzeć/spoglądać (niecierpliwie) na zegarek

water¹ *n* woda ♦ **a lot of water has flowed under the bridge** dużo/wiele wody upłynęło od czasu gdy...; **be in hot water**

pot. być w tarapatach/opałach; **blood is thicker than water** bliższa ciału koszula (niż sukmana); **by water** drogą wodną; **deep waters** *przen.pot.* głębokie wody, trudna sytuacja; **feel like a fish out of water** nie być w swoim żywiole; czuć się jak ryba bez wody, czuć się nieswojo; **find oneself in deep water** znaleźć się w kropce; **fresh water** słodka woda; **get into hot water** *pot.* wpakować się w kłopoty, wpaść w opały, popaść/ /wpaść w tarapaty, nawarzyć sobie piwa, narozrabiać, nabroić; **hard water** twarda woda; **holy water** woda święcona; **it's like water off a duck's back** spływać jak po gęsi/kaczce woda; **it's water under the bridge** co się stało, to się nie odstanie; co było – minęło; **keep one's head above water** *przen.pot.* utrzymywać się na powierzchni, radzić sobie, nie iść na dno; **like water** *pot.* strumieniem, strumieniami; w wielkich ilościach, obficie; **like water off a duck's back** jak po gęsi/kaczce woda; **live on bread and water** żyć o chlebie i wodzie; **much water has flowed under the bridge** dużo/wiele wody upłynęło od czasu gdy...; **not hold water** nie trzymać się kupy, być bez sensu, nie mieć sensu; być ni w pięć, ni w dziewięć/dziesięć; **potable water** woda pitna/do picia; **pour oil on troubled water(s)** studzić czyjś gniew, uspokajać zwaśnione strony, godzić skłóconych/zwaśnionych; łagodzić/zażegnać spór; **running water** woda bieżąca; **salt water** woda morska/słona; **spring water** woda źródlana; **sth is written on water** coś jest palcem na wodzie pisane; **still waters run deep** *przysł.* cicha woda brzegi rwie; **tap water** woda z kranu; **throw cold water on** *przen.pot.* wylać kubeł zimnej wody na; **throw the baby out with the bath water** wylać dziecko z kąpielą; **water bird** ptak wodny; **water jump** przeszkoda wodna, rów z wodą (*na trasie biegu*); **water resistant** wodoodporny; wodoszczelny; **waters break** wody odchodzą (*przy porodzie*); **water sports** sporty wodne
water[2] *v* **1.** polewać; skrapiać (*wodą*); zraszać; podlewać **2.** poić **3.** nabierać wody (*na zapas*); pić (*np. u wodopoju*) **4.** łzawić

5. ślinić się ♦ **make one's mouth water** (*o potrawie*) wyglądać apetycznie; sprawiać, że komuś ślinka do ust cieknie

wave[1] *n* fala ♦ **burst wave** fala podmuchu (*po wybuchu*); **cold wave** fala zimna; **crime wave** fala przestępczości; **heat wave** fala upałów/gorąca; **in waves** falami; **make waves** *pot.* mącić (wodę), robić zamieszanie, robić/siać/szerzyć/wywoływać zamęt; sprawiać/robić kłopot(y); **radio waves** fale radiowe; **shock wave** fala uderzeniowa; **wave of protest** fala protestu

wave[2] *v* 1. falować; kołysać się 2. skinąć; pomachać (*ręką, chusteczką itd.*) 3. układać się w fale (*włosy*) ♦ **wave a magic wand** dotknąć/machnąć/pomachać czarodziejską różdżką; **wave goodbye (to sb)** (po)machać (komuś) ręką na pożegnanie

way *n* 1. droga 2. trasa 3. odległość 4. kierunek 5. przejście; przejazd 6. sposób (*działania, bycia*); zwyczaj 7. stan, położenie 8. wzgląd 9. bieg; tok 10. **ways** *pl* ruszt pochylniowy ♦ **a good way** kawał drogi; **a long way from** daleko od; **all the way** 1. całą drogę; całą podróż 2. w całej rozciągłości, w całej pełni, w zupełności, całkowicie; **ask the way** pytać o drogę; **be behind sb/sth all the way** stać/stanąć murem za kimś/czymś; **be in the family way** być przy nadziei, być w ciąży; **be in the way** stać na drodze; zawadzać; **be set in one's ways** mieć swoje przyzwyczajenia/nawyki; **by a long way** zdecydowanie, stanowczo, wyraźnie, niewątpliwie; **by the way** nawiasem mówiąc, przy okazji; z innej beczki...; **by way of sth 1.** przez coś, drogą/trasą przez coś (*miasto itd.*) 2. jako coś, w ramach czegoś, tytułem czegoś (*wstępu itd.*); **clear the way** torować (sobie) drogę; **come a long way** przebyć daleką drogę; **come one's way** trafiać się komuś (*okazja itd.*), nadarzać się komuś, przytrafiać się komuś, zdarzać się komuś; **either way** tak czy inaczej, tak czy owak, tak czy siak; **every step of the way** na każdym kroku, wciąż, za każdym razem; **feel one's way** iść po omacku; postępować ostrożnie; **fight one's way** iść przebojem; **find a way out** znaleźć wyjście z sytuacji; **find a way to...**

znaleźć sposób, aby...; **find one's way to...** znaleźć/odnaleźć drogę do...; **find out sth the hard way** doświadczyć czegoś/poznać coś/przekonać się o czymś na własnej skórze; **get into the way of doing sth** popadać w nałóg/nawyk robienia czegoś; przyzwyczajać się do robienia czegoś; **get one's own way** postawić na swoim, dokazać swego, dopiąć swego; **get out of my way!** z drogi!, zejdź mi z drogi!; **get out of the way of doing sth** odzwyczajać się od czegoś; nie przyzwyczajać się do czegoś; nie mieć zwyczaju robienia czegoś; **give way** (z)łamać się, spadać; zapadać się; **give way to sb/sth 1.** ustępować komuś/czemuś; ugiąć się przed kimś/czymś; ulec komuś//czemuś; poddać się komuś/czemuś **2.** ustępować komuś/czemuś drogi; dawać komuś/czemuś pierwszeństwo przejazdu; **go a long way 1.** starczyć/wystarczyć na długo **2.** w zupełności starczyć/wystarczyć, zupełnie starczyć/wystarczyć; **go a long way towards doing sth** przyczynić się walnie do czegoś, bardzo pomóc w osiągnięciu/zdobyciu czegoś, dobrze się przysłużyć jakiejś sprawie; **go one's own way** pójść własną drogą; zrobić coś/postąpić według własnego uznania; podjąć samodzielną decyzję, działać/postępować samodzielnie; **go one's separate ways 1.** rozstać się, pójść swoją drogą, zerwać ze sobą, zakończyć związek **2.** rozstać się, rozejść się, pójść (każdy) w swoją stronę, pójść swoją drogą; **go out of one's way (to do sth)** stawać na głowie (żeby coś zrobić); wychodzić/wyłazić ze skóry (żeby coś zrobić); **go sb's way 1.** iść/jechać/podróżować w tym samym kierunku (*co ktoś inny*) **2.** iść/odbywać się/dziać się po czyjejś myśli, iść/odbywać się/dziać się zgodnie z czyimś oczekiwaniem; **go the way of all flesh** przenieść się/odejść do wieczności; **have come a long way** osiągnąć znaczny postęp; **have one's own way** postawić na swoim, dokazać swego, dopiąć swego; **in a big way** *pot.* na dużą skalę, z rozmachem; **in all manner of ways** w różny sposób, na różne sposoby; **in any way** bynajmniej nie, wcale, zupełnie, ani tro-

way

chę; w żaden sposób; **in any way, shape or form** pod żadną postacią; pod jakąkolwiek postacią, w jakiejkolwiek formie; **in a small way** *pot.* na małą skalę; w niewielkim stopniu; **in a way/in one way/in some ways** pod pewnym względem; poniekąd; **in one's way** na drodze (*stać itd.*); na przeszkodzie (*komuś*); **in the family way** przy nadziei, w ciąży; **in the ordinary way** zwykle, normalnie; **in the way** na drodze (*stać itd.*); na przeszkodzie (*komuś*); **in the way of sth** jako coś, w ramach czegoś, tytułem czegoś (*wstępu itd.*); **it cuts both ways** *pot.* to jest broń obosieczna; to działa w dwie strony; **know one's way around** znać się na czymś, być zorientowanym, orientować się (w czymś); **lead the way (to/in sth)** prowadzić, wskazywać drogę (do czegoś/w czymś); przecierać szlak/drogę, torować drogę (do czegoś); **learn sth the hard way** doświadczyć czegoś/poznać coś/przekonać się o czymś na własnej skórze; **lie one's way into sth** uciekać się do kłamstwa, aby coś osiągnąć/zdobyć; posłużyć się kłamstwem, aby coś osiągnąć/zdobyć; **look the other way** patrzeć w drugą stronę; odwracać głowę w drugą stronę; udawać, że się nie widzi; **lose one's way 1.** zgubić się, zgubić drogę, zabłądzić **2.** pogubić się; stracić orientację (*w sytuacji*); **make one's way** *dosł. i przen.* torować sobie drogę; **make way (for)** ustępować (z drogi/przed); zrobić drogę; odsunąć się; **no two ways about it** nie ma co do tego (żadnych) wątpliwości; bez dwu zdań, nie ma dwu zdań; **no way!** *pot.* nie ma mowy!, wykluczone!, w żadnym wypadku!; **one way or another/one way or the other** tak czy inaczej, tak czy owak, tak czy siak; **on one's way** w drodze, po drodze (*do domu, szkoły itd.*); **on the way 1.** w drodze, po drodze (*do domu, szkoły itd.*) **2.** *pot.* (*o dziecku*) w drodze, mające przyjść na świat, mające się urodzić; **out of harm's way** w bezpiecznym miejscu, bezpieczny; **out of the way 1.** na uboczu, na ustroniu **2.** (*w negatywnym znaczeniu*) dziwny, dziwaczny, osobliwy, wyjątkowy **3.** skończony, zrobiony; zaliczony, z głowy; **pave the way for** (u)torować drogę do; **pay one's way** zarobić na siebie/na swoje utrzymanie; **pick one's way** stąpać na palcach/ostrożnie; **point the way to/towards sth** wytyczać/wskazywać drogę do czegoś; **right of way 1.** prawo pierwszeństwa przejazdu **2.** prawo przejazdu (*przez teren prywatny*); **rub sb up the wrong way** głaskać kogoś pod włos; **sb's way of life** czyjś sposób/styl życia; **show the way** *dosł. i przen.* wskazać drogę; **split sth four/five ways** podzielić coś na cztery (równe)/pięć (równych) części; **stand in sb's way** stać na drodze/na przeszkodzie/na zawadzie komuś, przeszkadzać komuś (*w czymś*), wchodzić komuś w paradę, robić komuś trudności, utrudniać coś komuś; **talk one's way out of sth** *pot.* wymówić się od czegoś, wykręcić się od czegoś, wywinąć się (*z sytuacji itd.*); wykręcić się sianem; **tell the way** wskazać drogę; **that's the way of the world** taki jest świat; takie prawa rządzą światem; takie jest życie; samo życie; **that way** tamtędy; **the hard way** na własnej skórze (*doświadczyć czegoś*); **the other way round/the opposite way round** odwrotnie; (wręcz) przeciwnie; inaczej; na odwrót; **there are no two ways about it** nie ma co do tego (żadnych) wątpliwości; bez dwu zdań, nie ma dwu zdań; **there's no way around it** nie ma wyjścia, trudna rada, nic nie można poradzić, sytuacja bez wyjścia; **the Way of the Cross** Droga Krzyżowa; **the way things stand** w obecnym stanie rzeczy, tak jak się rzeczy mają; **the whole way** całą drogę; całą podróż; **the wrong way round/the wrong way around** odwrotnie; w odwrotnej kolejności; w odwrotnym/przeciwnym kierunku; spodem na wierzch; dołem do góry; **this way** tędy; **to my way of thinking** moim zdaniem; na mój rozum; **to put it another way** innymi słowy, inaczej mówiąc; **under way** w toku; w drodze; **way back 1.** droga powrotna **2.** dawno temu; **way below** dużo poniżej, znacznie poniżej; **way in** wejście; **way out** wyjście; **way out in left field** *US pot.* dziwny, niezwykły; **ways and**

means środki (*do czegoś*); (swoje/własne) sposoby (*na coś*); **where there's a will, there's a way** *przysł.* chcieć to móc; dla chcącego nie ma nic trudnego; **which way?** którędy?; **work one's way** torować sobie drogę

weak *a* słaby ♦ **go weak at the knees** mieć nogi/kolana jak z waty; **in a weak moment** w chwili słabości; **weak at maths** słaby z matematyki; **weaker sex** słaba płeć; **weak eyes** słabe oczy, słaby wzrok; **weak in the head** *pot.* głupi, niespełna rozumu; **weak link** słaby punkt, słaba strona, słabe miejsce (*czyjeś, czegoś*)

weapon *n dosł. i przen.* broń ♦ **carry weapons** mieć przy sobie broń, nosić broń; **lay down one's weapons** złożyć broń; **lethal weapon** śmiercionośna/śmiertelna/zabójcza broń

wear *v* (**wore, worn**) 1. nosić ubranie; ubierać się (*sportowo itd.*) 2. nosić się, zużywać się 3. znosić; zedrzeć; zniszczyć ♦ **if the cap fits, wear it**/*US* **if the shoe fits, wear it** *przysł.* uderz w stół, a nożyce się odezwą; **wear one's heart on one's sleeve** mieć serce na dłoni; **wear out one's welcome** nadużywać czyjejś gościnności; **wear the trousers**/*US* **wear the pants** *przen.pot.* nosić spodnie (*w rodzinie*), rządzić (*w domu*); **wear thin** kończyć się; wyczerpywać się, być na wyczerpaniu; zużywać się

weather *n* pogoda ♦ **a break in the weather** zmiana/poprawa pogody; **keep one's weather eye open for sth** mieć oczy i uszy szeroko otwarte na coś; **make heavy weather of sth** komplikować coś, wyolbrzymiać coś, potęgować coś, utrudniać coś; pogmatwać coś; **under the weather** *pot.* chory; niezbyt zdrowy; przygnębiony; pod psem (*czuć się*); niezbyt dobrze (*wyglądać itd.*); **weather forecast** prognoza pogody; **weather permitting** jeśli pogoda dopisze, jeśli będzie dobra/ładna/sprzyjająca pogoda; **weather station** stacja meteorologiczna

web *n* pajęczyna ♦ **spin web** snuć pajęczynę; **web of intrigue** sieć intryg; **web of lies** stek kłamstw

wedding *n* ślub; wesele ♦ **shotgun wedding** ślub przyspieszony/szybki/zawierany z konieczności (*z powodu nie planowanej ciąży*); **wedding dress** suknia ślubna; **wedding march** marsz weselny; **wedding party/reception** przyjęcie weselne; **wedding ring** obrączka ślubna

wedge *n* klin ♦ **drive a wedge between** wbijać klin między

week *n* tydzień ♦ **a week today** od dziś za tydzień; **a week tomorrow** od jutra za tydzień; **Holy Week** Wielki Tydzień; **the other week** kilka tygodni temu, niedawno, ostatnio; **this day week** od dziś za tydzień; **this week** w tym tygodniu; **today week** od dziś za tydzień; **tomorrow week** od jutra za tydzień; **week after week** (całymi) tygodniami; **week by week** co tydzień, tydzień w tydzień, tydzień po tygodniu; **week in, week out** tydzień za tygodniem; **working week** tydzień pracy/roboczy; **yesterday week** wczoraj minął tydzień od

weep *v* (**wept, wept**) płakać ♦ **weep bitterly/weep bitter tears** płakać gorzko, płakać gorzkimi łzami; **weep buckets** *pot.* płakać jak bóbr, zalewać się łzami

weigh *v* **1.** ważyć; odważać **2.** ważyć; rozważać **3.** ciążyć (*na kimś*); zaważyć ♦ **sth weighs on one's conscience** coś obciąża czyjeś sumienie, coś ciąży/leży komuś na sumieniu; **weigh anchor** podnieść kotwicę; **weigh one's words** dobierać słowa; ważyć słowa

weight *n* **1.** ciężar; waga **2.** odważnik; obciążnik **3.** ciężar (*odpowiedzialności*); waga; doniosłość; znaczenie ♦ **attach weight to** przywiązywać wagę/znaczenie do, przykładać wagę/znaczenie do; **a weight off sb's mind** kamień z serca; kłopot z głowy; **carry weight** mieć znaczenie; **have a weight problem** mieć problemy z nadwagą/wagą, mieć nadwagę, mieć skłonności do tycia; **lend weight to sth** nadawać czemuś wartość/znaczenie; czynić coś bardziej prawdopodobnym; **lose weight** stracić na wadze; **pull one's weight** przykładać się do pracy; wkładać w coś dużo wysiłku; starać się; **put on weight** przybrać na

welcome

wadze, przytyć; **take off weight** stracić na wadze; zbijać wagę; **that's a weight off my mind** spadł mi ciężar z serca; **the weight of responsibility fell upon me** spadł na mnie ciężar odpowiedzialności; **throw one's weight about/around** *pot.* panoszyć się; rządzić się; nadużywać władzy; odnosić się do kogoś despotycznie; **under the weight of sth** pod ciężarem czegoś; **watch one's weight** uważać, żeby nie utyć; **worth one's weight in gold** na wagę złota

welcome[1] *n* przywitanie, powitanie; przyjęcie ♦ **extend a welcome to sb** przywitać kogoś, powitać kogoś; **outstay/wear out/overstay one's welcome** nadużywać czyjejś gościnności; **warm welcome** ciepłe powitanie; ciepłe przyjęcie

welcome[2] *v* **1.** przywitać **2.** przyjąć/przywitać z radością ♦ **welcome to...!** witajcie w...!

welcome[3] *a* **1.** mile widziany, pożądany **2.** mający pozwolenie (*na coś*) ♦ **make sb welcome** serdecznie kogoś przywitać/ /powitać/przyjąć; **welcome guest** gość mile widziany; **you're welcome** *pot.* (*w odpowiedzi na „dziękuję"*) proszę bardzo

well 1. *a* dobry; doskonały; pomyślny **2.** *adv* dobrze; porządnie; słusznie; szczęśliwie **3.** *adv* całkiem; zdecydowanie **4.** *interj* więc; a zatem ♦ **all's well that ends well** wszystko dobre, co się dobrze kończy; **all very well but...** *pot.* (*ironicznie*) wszystko pięknie, ale..., wszystko ładnie, ale...; **all well and good** w porządku; **as well** również, też, także, i; **as well as...** zarówno... jak i...; **be well off** być bogatym/zamożnym; **be well off for sth** *pot.* mieć czegoś pod dostatkiem/w bród; **be well up in sth** dobrze się w czymś orientować, dużo wiedzieć o czymś/na jakiś temat, mieć dobrą znajomość czegoś (*tematu itd.*), mieć dobre rozeznanie w czymś; **bode well for sb/sth** dobrze wróżyć komuś/czemuś, być dla kogoś/czegoś dobrym znakiem, być dla kogoś/czegoś dobrą zapowiedzią/wróżbą; **come off well 1.** wyjść z czegoś cało/obronną ręką/bez szwanku **2.** dobrze wypaść; zrobić dobre wrażenie; **do oneself well** dogadzać sobie; niczego sobie nie żałować; dbać o swoją wygodę, zapewniać sobie wygodę; **do well 1.** powodzić się dobrze **2.** (*używane w czasach ciągłych*) mieć się lepiej; (po)wracać do zdrowia; **do well at the box office** odnieść sukces kasowy; **do well out of sth** skorzystać na czymś; odnieść z czegoś korzyść/ /pożytek; zyskać na czymś; **feel well** czuć się dobrze; **it is just as well (that...)** dobrze, że...; **leave well alone** zostawić coś (w spokoju), nie ruszać czegoś, nie ingerować w coś (*aby tego nie pogorszyć*); **live well** żyć dostatnio; komuś żyje się dobrze; **look well** wyglądać dobrze; wyglądać zdrowo; **mean well** mieć dobre intencje, działać w dobrej wierze/w dobrej intencji; chcieć dobrze; **perform well** spisywać się dobrze; **play one's cards well** dobrze/zręcznie/sprytnie coś rozegrać, dobrze/zręcznie/sprytnie rozegrać swoją partię; **pretty well** prawie; całkiem; zupełnie; **sell well** dobrze się sprzedawać, iść (*towar*); **serve sb well** przydać się komuś, być komuś przydatnym; **speak well of sb/sth** mówić o kimś/czymś dobrze, wyrażać się o kimś/czymś dobrze; **very well** bardzo dobrze; w porządku; **well and truly** *pot.* kompletnie, zupełnie, całkowicie; **well below** dużo poniżej, znacznie poniżej; **well done!** brawo!, doskonale!, świetnie!; dobra robota!; **well prepared for sth** dobrze przygotowany do czegoś; **well then?** a więc?, a zatem?; **you know as well as I do that...** wiesz, równie dobrze jak ja, że...

wet *a* **1.** wilgotny **2.** mokry ♦ **as mad as a wet hen** *US* zły; rozwścieczony; wściekły, jak wszyscy diabli; **be all wet** *US pot.* zupełnie nie mieć racji, być w błędzie, mylić się; **get wet** przemoknąć; przemoczyć się; **get wet through** przemoknąć do (suchej) nitki/doszczętnie/na wskroś; **mad as a wet hen** *US* zły; rozwścieczony; wściekły, jak wszyscy diabli; **soaking wet** przemoczony do (suchej) nitki/doszczętnie/na wskroś; **(still) wet behind the ears** *pot.* (*w ujemnym znaczeniu*) zielony, niedoświadczony; mający mleko pod nosem; **wet suit** strój nurka, kombinezon nurka; **wet throughout/wringing wet** przemoczony do (suchej) nitki/doszczętnie/na wskroś

what **1.** *a* jaki, który **2.** *pron* co ♦ **and what's more** (a) co więcej; **come what may** niech się dzieje co chce; cokolwiek się stanie; cokolwiek by się działo; cokolwiek by się miało wydarzyć; **I/I'll tell you what** *pot.* powiem ci coś..., mówię ci..., wiesz co...; **now what?** *pot.* (a) teraz co?, co dalej?; **so what?** *pot.* (no i) co z tego?, no to co?; **what about...?** a co z...?; a może by tak...?; **what a pity!** jaka szkoda!; **what do you know (about that)!** co ty (o tym) wiesz?!, co ty tam (o tym) wiesz?!; **what for?** po co?; **what if...?** co będzie jeśli...?, a co jeśli...?; **what matters is...** ważne jest..., liczy się (tylko)...; **what of it?** *pot.* (no i) co z tego?, no to co?; **what's more** co więcej; **what's the matter?** o co chodzi?; co się stało?; *pot.* co jest grane?; **what's the matter with...?** co się dzieje z...?; **you know what?** wiesz co?

wheat *n* pszenica ♦ **separate the wheat from the chaff** oddzielać ziarno od plew

wheel *n* **1.** koło; kółko **2.** kierownica (*samochodu*) **3. wheels** *pl pot.* cztery kółka, samochód ♦ **a cog in the wheel** *przen.pot.* pionek; trybik w maszynie; **at/behind the wheel** za kierownicą (*samochodu*); **on wheels** na kółkach (*stolik itd.*); **put a spoke in sb's wheel** przeszkodzić komuś (*w osiągnięciu czegoś*); podstawić komuś nogę; pokrzyżować/pomieszać/poplątać/popsuć komuś szyki, pokrzyżować czyjeś plany/zamiary; **reinvent the wheel** *pot.* odkrywać Amerykę; **set of wheels** *pot.* cztery kółka, samochód; **steering wheel** kierownica (*samochodu*); **take the wheel** (u)siąść za kierownicą, poprowadzić (*za kogoś*); **wheel clamp** blokada kół (*przy nieprawidłowym parkowaniu*)

where *adv* gdzie; dokąd ♦ **any old where** *pot.* gdziekolwiek, byle gdzie, gdzie bądź; **where from?** skąd?; **where to?** dokąd?

whet *v* ostrzyć ♦ **whet one's/sb's appetite** (za)ostrzyć sobie/komuś apetyt

which 1. *a* który; jaki **2.** *pron* co; to ♦ **which way?** którędy?

whiff *n* **1.** powiew, lekki podmuch **2.** zaciągnięcie się (*papierosem*) ♦ **a whiff of freedom/adventure** powiew wolności/przygody; **catch/get a whiff of sth** poczuć powiew czegoś (*wolności itd.*); poczuć zapach czegoś

while *n* chwila ♦ **after a while** po chwili; wkrótce; **a little while ago** chwilę temu, przed chwilą; **(every) once in a while** od czasu do czasu, raz na jakiś czas, okazjonalnie, niekiedy; **for a while** chwilowo; na razie; **worth sb's while** *pot.* wart (*czyjegoś czasu, wysiłku itd.*), wart zachodu

whim *n* zachcianka, kaprys ♦ **indulge sb's every whim** spełniać czyjeś zachcianki/czyjąś każdą zachciankę, dogadzać czyimś zachciankom/kaprysom

whirl *n* wir; zawirowanie ♦ **be in a whirl** *pot.* mieć mętlik w głowie; mieć zamęt w głowie/w myślach; mieć urwanie głowy; **give sth a whirl** *pot.* przymierzyć się do czegoś; spróbować czegoś/swoich sił; zmierzyć się z czymś

whisker *n* (*zwł.* **whiskers** *pl*) **1.** baki, bokobrody **2.** wąsy (*kota itd.*) ♦ **be the cat's whiskers** *pot.* być pępkiem świata; **by a whisker** o włos, o mały włos, mało/niewiele brakowało, omal

whisper *n* **1.** szept **2.** pogłoska **3.** szelest; szmer ♦ **in a whisper** szeptem

whistle *n* **1.** gwizd **2.** gwizdek ♦ **blow the whistle (on)** *pot.* nagłośnić (*sprawę*); poinformować opinię publiczną (*o działaniach niezgodnych z prawem*); zaalarmować (czymś) opinię publiczną; donieść (*o czymś władzom, policji*)

white *a* **1.** biały **2.** siwy ♦ **a white elephant** kłopotliwy nabytek; rzecz bezużyteczna, sprawiająca dużo kłopotu; **(as) white as a ghost** śmiertelnie blady, blady jak trup, trupio blady; **(as) white as a sheet/(as) white as paper** blady jak ściana/jak płótno, biały jak papier; **(as) white as snow** biały jak śnieg, śnieżnobiały; **bleed sb white** oskubać kogoś z pieniędzy, ogałacać kogoś z pieniędzy, zdzierać z kogoś skórę, obdzierać/łupić kogoś ze skóry, wyciskać z kogoś (ostatnie) soki; **in black and white 1.** czarno na białym **2.** w czarno-białych kolorach (*widzieć coś*); **show the white feather** okazać się tchórzem; okazywać strach/tchórzostwo, zdradzać strach/tchórzostwo; **the White House** Biały Dom; **white flag** biała flaga; **white goods** artykuły/sprzęt gospodarstwa domowego; **white lie** niewinne kłamstwo, kłamstewko; **white magic** biała magia; **white slavery** handel żywym towarem

whole[1] *n* całość ♦ **as a whole 1.** w całości **2.** generalnie; ogólnie; **on the whole** na ogół; ogólnie rzecz biorąc

whole[2] *a* **1.** cały **2.** pełny, całkowity ♦ **a whole lot** *pot.* bardzo, znacznie, dużo (*lepiej itd.*); **a whole lot (of sth)** *pot.* dużo (czegoś), mnóstwo (czegoś), masa (czegoś), wiele (czegoś); **a whole new ball game** *pot.* zupełnie/całkiem nowa sytuacja (*dla kogoś*), nowe doświadczenie; (zupełnie) coś nowego; **go the whole hog** *pot.* iść na całość, iść na całego; **the whole lot** wszystko; wszyscy; **the whole thing** cała (ta) sprawa; **the whole time** cały czas; **the whole way** całą drogę; całą podróż; **the whole wide world** szeroki świat; **the whole works** *pot.* wszystko; **with one's whole heart** całym sercem, z całego serca

wide[1] *a* **1.** szeroki **2.** rozległy; obszerny ♦ **a man of wide reading** człowiek oczytany; **give sb/sth a wide berth** omijać kogoś/coś z daleka; trzymać się od kogoś/czegoś z daleka; nie zbliżać się do kogoś/czegoś; **the big wide world/the whole wide world** szeroki świat; **wide of the mark** niedokładny, nieprecyzyjny, nieścisły; niepoprawny, błędny

wide[2] *adv* szeroko ♦ **far and wide** wszędzie; **wide open to sth** wystawiony na coś (*atak, krytykę*)

widow *n* wdowa ♦ **grass widow** słomiana wdowa; **war widow** wojenna wdowa

widower *n* wdowiec ♦ **grass widower** słomiany wdowiec

wife *n* (*pl* **wives**) żona ♦ **be man and wife** być mężem i żoną; **be tied to one's wife's apron strings** być/siedzieć pod pantoflem żony; **old wives' tale** przesąd, zabobon, babskie gadanie

wild[1] *n* **1. the wild** naturalne środowisko, naturalne otoczenie **2. the wilds** *pl* odludzie, pustkowie ♦ **live in the wild** żyć na swobodzie, żyć w stanie dzikim (*o zwierzętach*)

wild[2] *a* **1.** dziki **2.** płochliwy **3.** dziko rosnący **4.** bezludny, opustoszały **5.** szalony; obłąkany; nie kontrolowany **6.** na ślepo, na chybił trafił ♦ **be beyond one's wildest dreams** przechodzić czyjeś najśmielsze marzenia; **be on a wild-goose chase** porywać się z motyką na słońce; **be wild about sth** szaleć/przepadać za czymś, uwielbiać coś; **drive sb wild** doprowadzać kogoś do pasji; **go wild 1.** (o)szaleć, wpaść w entuzjazm/zachwyt **2.** wściec się, wpaść w złość/furię, rozzłościć się; **in one's wildest dreams** w najśmielszych marzeniach; **run wild 1.** rosnąć dziko **2.** (*o dzieciach*) rozrabiać; psocić; harcować; **wild imagination** bujna/wybujała wyobraźnia, bujna/wybujała fantazja

wilderness *n* **1.** odludzie, pustkowie **2.** chaszcze ♦ **a voice crying in the wilderness** głos wołającego na puszczy

will *n* **1.** wola **2.** chęć; życzenie **3.** ostatnia wola, testament ♦ **against sb's will** wbrew czyjejś woli; **at will** dowolnie, według własnej woli; do woli; **draw up a will** sporządzić testament; **free will** wolna wola; **good will** życzliwość; dobra wola; **have a will of iron/have an iron will** mieć żelazną wolę; **ill will** nieżyczliwość; wrogość; nienawiść; **in sb's will** w testamencie (*zapisać coś itd.*); **last will and testament** ostatnia wola, testament; **leave sth to sb in sb's will** zostawić coś komuś w testamencie; **make one's/a will** sporządzić testament; **of one's own free will** z własnej woli; z dobrej (i nieprzymuszonej) woli; **reading of a will** (oficjalne) odczytanie testamentu; **where there's a will, there's a way** *przysł.* chcieć to móc; dla chcącego nie ma nic trudnego; **with a will** z chęcią; **with the best will in the world** pomimo najszczerszych chęci

willing

willing *a* chętny; gotów; skłonny ♦ **Lord willing** z pomocą bożą/boską; **perfectly willing** bardzo chętny, ochoczy, pełen ochoty

win *v* (**won, won**) **1.** wygrać; zwyciężyć **2.** zdobyć; zyskać; pozyskać ♦ **one/you/she/he/I (just) can't win** *pot.* i tak źle, i tak niedobrze; tak źle, a tak jeszcze gorzej; (być) bez szans; **win a name for oneself as** zyskać sobie sławę jako, zdobyć sobie imię jako; **win a reputation as...** zyskać sobie reputację...; zyskać/zdobyć sławę kogoś/jako ktoś; **win a victory (over)** odnieść/wywalczyć zwycięstwo (nad); **win a war** wygrać wojnę; **win hands down** łatwo wygrać/zwyciężyć; odnieść łatwe zwycięstwo; wygrać bez większego wysiłku; **win laurels** zdobywać laury; **win praise from** zyskać sobie uznanie u/wśród, zdobyć uznanie u/wśród; otrzymać/zyskać pochwałę od; **win sb's heart** zdobyć/podbić czyjeś serce; **win sb's respect** zyskać/zdobyć czyjś szacunek; zdobyć/zyskać sobie autorytet; **win sb's trust** zdobyć/zyskać czyjeś zaufanie; **win the day** *pot.* zwyciężyć, odnieść zwycięstwo; odnieść sukces; (za)triumfować; być górą; **win time** zyskać na czasie

wind[1] [wɪnd] *n* **1.** wiatr **2.** oddech, dech ♦ **a breath of wind** powiew/tchnienie wiatru; **a straw in the wind** zapowiedź, oznaka, wróżba, znak, omen; **be in the wind** wisieć w powietrzu; **cast/fling caution to the winds** przestać zachowywać ostrożność; nie zachowywać ostrożności; lekceważyć niebezpieczeństwo; **get wind of sth** zwietrzyć/zwęszyć coś; **go like the wind** pędzić jak na skrzydłach/jak huragan/jak strzała; **he that sows the wind must reap the whirlwind/he had sown the wind and was reaping the whirlwind** *przysł.* kto sieje wiatr, burzę zbiera; **it's an ill wind (that blows nobody any good)** *przysł.* nie ma tego złego, co by na dobre nie wyszło; **like the wind** jak wiatr, bardzo szybko; **put the wind up sb** *pot.* napędzić komuś strachu/stracha, przerazić kogoś, przestraszyć kogoś; **run like the wind** pędzić jak na skrzydłach/jak huragan/jak strzała; **sail close/near to the wind** lawirować; kręcić; szarżować; **scatter to the four winds** wypędzić/rozpędzić/wygnać na cztery wiatry; **take the wind out of sb's sails** *przen.* wytrącić komuś broń z ręki, zgasić kogoś, zbić kogoś z tropu; **the wind blows away the clouds** wiatr rozpędza chmury; **throw caution to the winds** przestać zachowywać ostrożność; nie zachowywać ostrożności; lekceważyć niebezpieczeństwo; **trade wind** pasat

wind[2] [waɪnd] *v* (**wound, wound**) 1. zwijać się; wić się 2. zwijać; nawijać; owijać 3. nakręcać (*np. zegarek*) ♦ **she's only winding you up** ona cię nabiera; ona się z tobą tylko drażni; ona się z tobą tylko droczy; **wind sb round one's (little) finger** owinąć sobie kogoś wokół małego palca; **wind up a business** zwinąć interes/biznes, zamknąć interes/biznes; zakończyć/zwinąć działalność; **wind up in prison/jail** trafić do więzienia, skończyć w więzieniu, wylądować w więzieniu; **wind up the discussion** zakończyć dyskusję/debatę, zamknąć dyskusję/debatę

windmill *n* wiatrak ♦ **tilt at windmills/fight the windmills** *przen.* walczyć z wiatrakami

window *n* okno; okienko ♦ **a window on the world** okno na świat; **go out (of) the window** *pot.* przepaść, zniknąć/ulotnić się bez śladu, zniknąć/ulotnić się jak kamfora; **shop window** okno wystawowe, wystawa sklepowa, witryna; **window dressing 1.** dekorowanie/dekoracja wystawy sklepowej **2.** *pot.* mydlenie oczu, pozory, stwarzanie pozorów; **window seat** miejsce/siedzenie przy oknie (*w autobusie, samolocie itd.*)

wing *n* 1. skrzydło 2. skrzydło, odłam (*polityczny*) 3. błotnik ♦ **add wings to sb** dodawać komuś skrzydeł; **beat its wings** bić skrzydłami; **clip sb's wings** podcinać komuś skrzydła; **flap (its) wings/flutter (its) wings** trzepotać skrzydłami, łopotać skrzydłami; **lend wings to sb** dodawać komuś skrzydeł; **on the wing** w locie; **play left/right wing** grać na lewym/prawym skrzydle (*w drużynie sportowej*); **spread one's wings** dostać

wink

skrzydeł, rozwinąć skrzydła; **take sb under one's wings** *przen.* wziąć/brać kogoś pod swoje skrzydła; **take wing** zerwać się do lotu; odlecieć; odfrunąć

wink *n* mrugnięcie ♦ **not get a wink of sleep/not have a wink of sleep/not sleep a wink** nie zmrużyć oka; **tip sb the wink** mrugnąć do kogoś porozumiewawczo/znacząco

winning *a* **1.** ujmujący; czarujący **2.** zwycięski ♦ **be on a winning streak** mieć dobrą passę; **winning card** *przen.* (czyjaś) karta atutowa; **winning number** szczęśliwa liczba (*na loterii itd.*)

winter *n* zima ♦ **hard winter** ciężka/surowa zima; **in the dead of winter/in the height of winter** w samym środku zimy, w pełni zimy; **winter sleep** sen zimowy

wipe *v* **1.** wycierać; ścierać; ocierać **2.** kasować; wymazywać ♦ **wipe out the memory of sth** wymazać coś z pamięci; **wipe sb/sth off the face of the earth** zetrzeć/zgładzić/znieść kogoś//coś z powierzchni ziemi; **wipe sth off the map** *przen.* zetrzeć/wymazać coś z mapy; **wipe the floor with sb** *pot.* pobić kogoś na głowę, rozgromić kogoś, zwyciężyć/pobić/pokonać kogoś (*w walce sportowej, na argumenty itd.*)

wire *n* **1.** drut **2.** kabel; przewód **3.** depesza ♦ **barbed wire** drut kolczasty; **get one's wires crossed** *pot.* nie zrozumieć się; nie zrozumieć kogoś; **live wire 1.** przewód pod napięciem **2.** *pot.* człowiek pełen energii; żywe srebro; człowiek żywy jak iskra; **pull wires (for sb)** *US pot.* użyć swoich znajomości (w czyjejś sprawie), użyć swoich wpływów (w czyjejś sprawie), zaprotegować (kogoś), udzielić (komuś) protekcji; **right down to the wire/under the wire** w ostatniej chwili/sekundzie, w ostatnim momencie, na ostatni dzwonek; tuż przed upływem ostatecznego terminu

wisdom *n* mądrość ♦ **grow in wisdom** nabierać rozumu, mądrzeć, stawać się mądrzejszym; **question the wisdom of sth** podważać sens czegoś, mieć wątpliwości co do słuszności czegoś, podawać coś w wątpliwość; **wisdom tooth** ząb mądrości

wise *a* mądry ♦ **a word is enough to the wise/a word to the wise is enough** *przysł.* mądrej głowie dość dwie słowie; **put sb wise (to sth)** *pot.* oświecić kogoś, pouczyć/poinformować kogoś (o czymś); **wise after the event** *przysł.* mądry Polak po szkodzie; **wise guy** *pot.* przemądrzalec, mądrala

wish[1] *n* **1.** życzenie; pragnienie; chęć **2.** powinszowanie ♦ **against sb's wishes** wbrew czyjejś woli; **best wishes to you and yours** najlepsze życzenia dla ciebie i twoich bliskich/najbliższych; **dying/last wish** ostatnie życzenie; **make a wish** pomyśleć sobie życzenie; **sb's wish is granted/sb's wish is fulfilled/sb's wish comes true** czyjeś życzenie/pragnienie spełnia się; **your wish is my command** twoje życzenie jest dla mnie rozkazem; twoja prośba jest dla mnie rozkazem

wish[2] *v* **1.** życzyć sobie; pragnąć; chcieć **2.** życzyć; winszować ♦ **as you wish** jak chcesz; jak/gdzie ci się (żywnie) podoba; **I wish...** szkoda, że...; **wish sb luck** życzyć komuś szczęścia/powodzenia

wishful *a* wyrażający życzenie, życzeniowy ♦ **wishful thinking** pobożne życzenia/życzenie

wit *n* **1.** błyskotliwość **2.** (*także* **wits** *pl*) rozum, bystrość umysłu, inteligencja **3.** dowcipniś ♦ **at one's wits' end** w kropce; zdesperowany; nie wiedzący, co począć; **be frightened out of one's wits/be scared out of one's wits** bać się śmiertelnie; przestraszyć się śmiertelnie; **frighten sb out of their wits** przestraszyć kogoś śmiertelnie; **have/keep one's wits about one** nie być w ciemię bitym; **live by one's wits** żyć własnym przemysłem, zdobywać/zarabiać pieniądze własnym przemysłem; kombinować; **scare sb out of their wits** przestraszyć kogoś śmiertelnie

with *prep* **1.** z, wraz z (*kimś, czymś*) **2.** za pomocą **3.** u (*kogoś*); przy (*kimś*) **4.** z (*czegoś*) **5.** ze względu na (*coś*), wobec (*czegoś*) ♦ **and with that** po czym, i natychmiast; **be with sb** *pot.* **1.** nadążać za kimś (*za biegiem czyjejś myśli*), rozumieć kogoś

withdrawal

2. być z kimś, popierać kogoś, zgadzać się z kimś, brać czyjąś stronę; **have sb with you** być z kimś, być w czyimś towarzystwie; **have sth with you** *pot.* mieć coś przy sobie (*pieniądze, dokumenty itd.*); **with a bit of luck/with any luck** przy odrobinie szczęścia; **with a heavy heart** z ciężkim sercem; **with all one's heart** całym sercem, z całego serca; **with all one's might** z całej siły, z całych sił; **with a/the view to/of...** w celu...; z myślą o...; **with a will** z chęcią; **with cold** z zimna; **with fear** ze strachu; **with good reason** nie bez racji, (całkiem) słusznie; **with luck** przy odrobinie szczęścia; **with no strings attached** *pot.* bez żadnych warunków; bez (specjalnych/żadnych) ograniczeń; **with open arms** z otwartymi ramionami/ /rękami (*przyjmować, witać kogoś*); **with pleasure** z przyjemnością; **with reason** nie bez racji, (całkiem) słusznie; **with reference to...** w związku z... (*waszym listem itd.*), w nawiązaniu do...; **with respect to...** w nawiązaniu do..., odnośnie...; **with the help of...** przy pomocy..., z pomocą...; za pomocą...; **with time** po pewnym czasie, z czasem

withdrawal *n* cofnięcie (się); wycofanie (się) ♦ **withdrawal symptoms** oznaki głodu narkotycznego/nikotynowego, symptomy głodu narkotycznego/nikotynowego

within *prep* **1.** wewnątrz **2.** w zasięgu; w granicach **3.** w ciągu ♦ **be within one's rights to do sth** mieć pełne prawo coś robić; **enquire within** (*w napisie*) wiadomość na miejscu; **from within** od wewnątrz, z wewnątrz, od środka; **inquire within** (*w napisie*) wiadomość na miejscu; **sth is within living memory** coś tkwi żywo w pamięci; **within a hair's breadth** o włos, o mały włos, mało brakowało, omal; **within an ace of sth/doing sth** o (mały) włos od czegoś/od zrobienia czegoś, o krok od czegoś/od zrobienia czegoś; **within an inch of sth/doing sth** o cal od czegoś/od zrobienia czegoś, o (mały) włos od czegoś/od zrobienia czegoś; **within arm's reach** w zasięgu ręki; na wyciągnięcie ręki; **within call** w zasięgu głosu, w pobliżu; **within doors** w domu; **within easy reach** łatwo dostępny; pod ręką; **within limits** w granicach (zdrowego) rozsądku, w rozsądnych granicach; umiarkowanie; **within living memory** jak sięgnąć pamięcią, jak/odkąd (czyjaś) pamięć sięga; **within minutes** w ciągu paru minut, za parę minut; **within range** w zasięgu strzału; **within reach** w zasięgu ręki; na wyciągnięcie ręki; w (czyimś) zasięgu; osiągalny; dostępny; **within reason** w granicach (zdrowego) rozsądku, w rozsądnych granicach, rozsądnie; **within sb's hearing** w zasięgu słuchu; w czyjejś obecności; **within sight** widoczny, widzialny, (będący) w zasięgu wzroku; **within the range of...** w zakresie... (od... do...); **within the space of...** w przeciągu... (*tygodnia itd.*), w ciągu..., na przestrzeni...

without *prep* bez ♦ **go without** obywać się bez; **without a break** bez przerwy; **without a shadow of a doubt** bez cienia wątpliwości; **without avail** daremnie, bezskutecznie; **without cause** bez powodu; **without cease** bez przerwy; **without ceremony** bez ceremonii; bez ceregieli; **without compare** nieporównany, niezrównany, nie mający sobie równego, jedyny w swoim rodzaju; **without demur** bez sprzeciwu; bez wahania; bez żadnych obiekcji; **without detriment to sb/sth** bez szkody dla kogoś/czegoś, bez uszczerbku dla kogoś/czegoś; **without doubt** bez wątpienia, niewątpliwie, z pewnością; **without fail** niezawodnie, niewątpliwie, z pewnością, zdecydowanie; **without good cause** bez ważnego powodu; **without let or hindrance** bez przeszkód; **without much ceremony** bez wielkich ceremonii; bez wielkich ceregieli; **without much/further ado** bez większych/dalszych ceregieli; **without notice** bez uprzedzenia; nagle; **without parallel** nie mający sobie równych; nie mający swojego odpowiednika; **without precedent** bez precedensu; **without price** bezcenny; **without protest** bez (słowa) sprzeciwu/protestu; **without question** na pewno; bez wątpienia; bez dwóch zdań; **without reason** niesłusznie; **without re-**

course to... bez uciekania się do...; **without regard for/to sth** nie zważając na coś; nie przywiązując uwagi do czegoś; bez względu na coś; **without reservation** bez zastrzeżeń; **without restraint** bez ograniczeń, swobodnie; **without result** bez skutku; bez efektu; bez rezultatu; **without rhyme or reason** bez ładu i składu; ni w pięć, ni w dziewięć/dziesięć; **without sb's consent** bez czyjejś zgody; **without sb's knowledge** bez czyjejś wiedzy; **without strings** *pot.* bez żadnych warunków; bez (specjalnych/żadnych) ograniczeń; **without warning** bez ostrzeżenia; bez uprzedzenia

withstand *v* (withstood, withstood) **1.** opierać się; stawiać opór; przeciwstawiać się **2.** wytrzymywać ♦ **withstand the test of time** wytrzymać próbę czasu

witness *n* **1.** świadek **2.** świadectwo; dowód ♦ **as God is my witness** Bóg mi świadkiem; **bear witness to sth** świadczyć o czymś, być świadectwem czegoś; **be witness to sth** być świadkiem czegoś; **crown witness** koronny świadek

wolf *n* (*pl* wolves) wilk ♦ **a wolf in sheep's clothing** wilk w owczej skórze; **cry wolf** podnosić fałszywy alarm; **keep the wolf from the door** wiązać koniec z końcem, żyć skromnie, cienko prząść, z trudem się utrzymywać, żyć od wypłaty do wypłaty; **lone wolf** samotnik, odludek, człowiek stroniący od ludzi

woman *n* (*pl* women) kobieta ♦ **be one's own woman** być panią samej siebie/swej woli; **woman of easy virtue** kobieta lekkich obyczajów

wonder *n* **1.** zdumienie **2.** cud ♦ **do wonders** czynić cuda; **it's a wonder (that)...** to cud, że...; to zadziwiające, że...; **(it's) no wonder (that).../(it's) little wonder (that).../(it's) small wonder (that)...** nic dziwnego, że...; **the wonders of nature** cuda przyrody; **work wonders** czynić cuda

wood *n* **1.** drewno **2.** (*także* the woods *pl*) las (*nieduży*) ♦ **be/get out of the wood(s)** *pot.* zażegnać niebezpieczeństwo; najgorsze mieć już poza sobą; wydostać się z tarapatów/z opresji;

in/from the wood w beczce/z beczki (*piwo*, *wino*); **in this neck of the woods** *pot.* w tej okolicy; w tym miejscu, tutaj; **knock on wood** *US*/**touch wood** odpukać, odpukać w nie malowane drewno/drzewo; **not see the wood for the trees** gubić się w szczegółach/w drobiazgach; rozmieniać się na drobne; rozpraszać się na drobiazgi; nie dostrzegać istoty rzeczy/sprawy przywiązując zbyt dużą wagę do drobiazgów; rozdrabniać się (w szczegółach)

wool *n* wełna ♦ **great/much cry and little wool** *przysł.* z wielkiej chmury mały deszcz; **pull the wool over sb's eyes** *pot.* mydlić komuś oczy

word *n* **1.** słowo; wyraz **2.** wiadomość **3. the Word** słowo boże ♦ **a man of few words** człowiek małomówny/milkliwy/milczący/powściągliwy w mowie; **a man of his word** słowny człowiek, człowiek dotrzymujący słowa/obietnicy; **a man of many words** gadatliwy człowiek, gaduła; **a play on words** gra słów, kalambur; **a word is enough to the wise/a word to the wise is enough** *przysł.* mądrej głowie dość dwie słowie; **be as good as one's word** dotrzymywać (danego) słowa/obietnicy; **be at a loss for words/be lost for words** nie móc znaleźć słów; zapomnieć języka (w gębie); **be word perfect** znać//umieć coś doskonale/perfekcyjnie; opanować coś doskonale//do perfekcji/perfekcyjnie; **break one's word** złamać słowo, nie dotrzymać słowa; **by word of mouth** ustnie; słownie; **cannot find words** nie móc znaleźć słów; **dirty word** brzydkie słowo; **drop a word in sb's ear** szepnąć komuś słówko do ucha/na ucho (*w czyjejś sprawie*); **eat one's words** odwołać to, co się powiedziało; *pot.* odszczekać coś; **from the word go** *pot.* od (samego) początku; **get a word in edgeways/***US* **get a word in edgewise** dojść do słowa; **get the last word** mieć ostatnie słowo; **give sb one's word (of honour)** dawać komuś słowo (honoru); **go back on one's word** złamać słowo, nie dotrzymać słowa; **hang on sb's every word/hang on sb's**

word

words słuchać uważnie/z uwagą każdego słowa, przysłuchiwać się, wsłuchiwać się w każde słowo; **have a word in sb's ear** szepnąć komuś słówko do ucha/na ucho (*w czyjejś sprawie*); **have a word with sb** porozmawiać z kimś, zamienić z kimś parę słów; **have the last word** mieć ostatnie słowo; **have words with sb** posprzeczać się z kimś, pokłócić się z kimś; poróżnić się z kimś; **he always gets the final word/he always has the last word** ostatnie słowo zawsze należy do niego; **I'm lost for words** brakuje mi słów; **in as many words** jasno i wyraźnie, kategorycznie, dobitnie (*powiedzieć coś*); **in a word** (jednym) słowem; **in one's own words** własnymi słowami, swoimi słowami (*opowiedzieć coś itd.*); **in one word** (jednym) słowem; **in other words** innymi słowy, inaczej mówiąc; **in the full sense of the word** w całym/pełnym tego słowa znaczeniu; **in words** słownie; słowami; **it isn't the word for it!** *pot.* to (za) mało powiedziane!; **keep one's word (to sb)** dotrzymać (danego komuś) słowa; **leave word with sb** zostawić u kogoś wiadomość (*dla kogoś*); **mark my words!** zapamiętaj moje słowa!; zapamiętaj, co powiedziałem!; **mince one's words** przebierać w słowach; owijać w bawełnę; **mum's the word!** nikomu ani słowa!, ani mru-mru (na ten temat)!; **not another word!** ani słowa więcej!; **not a word** ani słowa; ani jedno słowo; **not a word fell from his lips** z jego ust nie padło ani jedno słowo; **not breathe a word (of/about sth to sb)** nie pisnąć (ani) słowa (o czymś komuś); **not in so many words** nie wprost (*powiedzieć coś*); **not mince one's words** nie przebierać w słowach; wykładać kawę na ławę; **not say a word (of/about sth to sb)** nie pisnąć (ani) słowa (o czymś komuś); **not speak a word of...** nie mówić ani słowa po/w (*języku obcym*); **one's word of honour** czyjeś słowo honoru; **pick one's words** starannie dobierać słowa; **preach the Word** głosić słowo boże; **put in a good word for sb** szepnąć komuś słówko za kimś, wstawić się za kimś, poprzeć kogoś; **put sth**

into words wyrazić coś słowami, ująć coś w słowa, sformułować coś; **put words into sb's mouth** włożyć komuś w usta jakieś/czyjeś słowa; **right from the word go** *pot.* od (samego) początku; **say one's final/last word (on sth)** powiedzieć ostatnie słowo (w sprawie), wypowiedzieć się ostatecznie (w sprawie), rozstrzygnąć (coś) w sposób ostateczny; **say the word** powiedz tylko słowo (*a spełnię życzenie*); **send word through sb** przesłać przez kogoś wiadomość; **send word to sb that...** zawiadomić kogoś, że/o czymś...; **string two words together** sklecić parę słów, sklecić parę zdań; **swear words** brzydkie/wulgarne słowa, obelżywe/wulgarne wyrazy, przekleństwa; **take sb at their word** trzymać kogoś za słowo; **take sb's word for it** uwierzyć komuś na słowo; **take the words out of sb's mouth** z ust komuś coś/słowa wyjąć; **that's not the word for it!** to (za) mało powiedziane!; **the last word in fashion** ostatni krzyk mody; **the printed word** słowo drukowane; **the word is (that).../word has it (that)...** mówi się, że...; chodzą słuchy, że...; ludzie mówią, że...; **the Word of God** słowo boże; **the words stuck in his throat** słowa uwięzły mu w gardle; **the written word** słowo pisane; **weigh one's words** dobierać słowa; ważyć słowa; **word blindness** dysleksja; **word for word** słowo w słowo, dosłownie; **words fail me!** brakuje mi słów!; **words of encouragement** słowa zachęty

work¹ *n* **1.** praca **2.** praca wykonana; dzieło **3. works** *pl* roboty publiczne **4. works** *pl* mechanizm **5. works** *pl* wytwórnia; fabryka; zakład produkcyjny **6. the works** *pl pot.* wszystko ♦ **a nasty piece of work** *pot.* nieprzyjemny człowiek; nieciekawy człowiek; **a piece of work** wyrób; dzieło; **at work on sth** zajęty/pochłonięty czymś, pracujący nad czymś; **be at work** być w pracy; **be out of work** być bez pracy, nie mieć pracy, być bezrobotnym; **dirty work** brudna/czarna robota; **do shift work** pracować na zmiany; **do voluntary work** pracować jako wolontariusz, odbywać wolontariat; *pot.* być/pracować na wo-

work

lontariacie; **get (down) to work** zabierać się do pracy; zająć się pracą; **good works** dobre uczynki; pomoc niesiona/udzielana innym ludziom; **hard work** ciężka praca; **in work** zatrudniony, mający pracę; **make hard work of sth** utrudnić sobie pracę/ /zadanie; **make light work of sth** uprościć sobie pracę/zadanie, ułatwić sobie pracę/zadanie; szybko się uporać z pracą; uwinąć się z robotą; **make short work of sth** szybko się z czymś załatwić, uwinąć się z czymś; **nice work!** *pot.* świetna/dobra robota!; **not do a stroke of work** *pot.* nie kiwnąć palcem; nic nie zrobić; nie splamić się żadną pracą; **piece work** praca akordowa; **public works** roboty publiczne; **put much work into sth** wkładać w coś dużo pracy; **put sb out of work** pozbawić kogoś pracy; **repair work** prace naprawcze/remontowe; naprawa; **set to work** zabierać się do pracy; zająć się pracą; **the whole works** *pot.* wszystko; **throw sb out of work** wyrzucić kogoś z pracy, pozbawić kogoś pracy; **voluntary work** wolontariat; **work involved in sth** praca włożona w zrobienie czegoś, praca włożona w coś; **work of art** dzieło sztuki; **work permit** pozwolenie na pracę; **work to order** praca zlecona

work² *v* **1.** pracować **2.** funkcjonować; działać **3.** obsługiwać (*maszynę*); obrabiać (*drewno itd.*) **4.** (z)realizować, przeprowadzić (*plan itd.*) **5.** działać, skutkować **6.** poruszać, wprawiać w ruch **7.** eksploatować (*kopalnię itd.*) **8.** obciążać pracą ♦ **have it all worked out** mieć wszystko dokładnie/ściśle zaplanowane, mieć coś opracowane/zaplanowane w najdrobniejszych szczegółach; **time works for sb/sth** czas działa/pracuje na korzyść kogoś/czegoś; **work a farm** prowadzić gospodarstwo rolne; **work against sb** działać na czyjąś niekorzyść; obracać się przeciwko komuś; **work against the clock** prowadzić wyścig z czasem; **work all the hours that God sends** pracować dwadzieścia cztery godziny na dobę; pracować dzień i noc; pracować (w) piątek czy świątek; **work a treat** *pot.* pracować/działać/sprawować się/funkcjonować wspaniale, pracować/działać/

/sprawować się/funkcjonować fantastycznie, pracować/działać/ /sprawować się/funkcjonować znakomicie; **work by the job/ /work by the piece** pracować na akord; **work in sb's favour** działać na czyjąś korzyść; **work like a horse/work like a dog/work like a Trojan** pracować jak koń/jak mrówka/jak wół/jak dziki osioł, pracować za dwóch; **work like magic/ /work like a charm** *pot.* działać natychmiast, zadziałać, podziałać (*np. lekarstwo*); powieść się, udać się (*plan itd.*); pójść/ /iść jak po maśle; **work loose** obluzować się; **work magic** czarować, czynić czary; **work nights** pracować po nocach; **work oneself into the ground** zapracowywać się, zaharowywać się, zamęczać się pracą; **work one's fingers to the bone** urabiać sobie ręce po łokcie; **work one's guts out** *pot.* pracować/harować w pocie czoła, pracować/harować do siódmego potu, wypruwać z siebie żyły; **work one's way** torować sobie drogę; **work out a problem/puzzle** rozwiązać problem/zagadkę; **work sb hard** zmuszać kogoś do ciężkiej/wyczerpującej pracy; zamęczać kogoś pracą; dawać komuś wycisk; wyciskać z kogoś siódme poty; **work the night shift** pracować na nocnej zmianie; **work to rule** pracować dokładnie zgodnie z przepisami (*forma protestu*); **work to sb's disadvantage** działać na czyjąś niekorzyść; **work up enthusiasm** wykrzesać z siebie entuzjazm; **work wonders** czynić cuda

worker *n* pracownik; robotnik ♦ **blue-collar worker/manual worker** pracownik fizyczny; **rescue worker** ratownik; **research worker** pracownik naukowy; **social worker** pracownik opieki społecznej; **the workers' revolution** rewolucja robotnicza; **voluntary worker** wolontariusz; **white-collar worker** pracownik biurowy/umysłowy

working *a* 1. roboczy 2. pracujący 3. zawodowy, pracowniczy 4. praktyczny ♦ **in working order** sprawny, zdatny do użytku; na chodzie; **working capital** kapitał obrotowy; **working class** klasa pracująca/robotnicza; **working conditions** warunki pracy; **working day** dzień pracy/roboczy/powszedni; **working group** grupa robocza; **working knowledge** wiedza praktyczna; praktyczna znajomość (*języka*); **working life** okres aktywności zawodowej; życie zawodowe; **working majority** wymagana większość (*w parlamencie*); **working meeting** spotkanie/zebranie robocze; **working party** grupa robocza; **working week** tydzień pracy/roboczy

world *n* świat ♦ **all over the world** na całym świecie; **a man of the world** światowy człowiek, światowiec, człowiek bywały w świecie; **animal world** świat zwierząt; **around the world** dookoła świata; **a window on the world** okno na świat; **a world of...** dużo...; mnóstwo...; **a world of difference** ogromna różnica; **a world of meaning** ogromne znaczenie; **be all the world to sb** być dla kogoś całym światem, być dla kogoś wszystkim, znaczyć dla kogoś wszystko; **be cut off from the outside world** być odciętym od świata (zewnętrznego); **be not long for this world** zbliżać się do kresu życia, być u kresu życia, schodzić z tego świata, mieć niewiele życia przed sobą, niewiele (życia) komuś zostało, być bliskim śmierci; kończyć się, dogorywać; **be worlds apart** być zupełnie innym, różnić się diametralnie (*od kogoś*); prezentować/wyznawać zupełnie inne poglądy; kogoś dzieli przepaść nie do przebycia; **come into the world** przyjść na świat, urodzić się, narodzić się; **come up in the world** piąć się (po szczeblach kariery zawodowej), robić karierę; odnosić sukcesy w życiu; zdobywać pozycję w świecie, wypłynąć; **dead to the world** pogrążony w głębokim śnie, śpiący kamiennym snem; **depart this world** rozstać się z życiem/ze światem/z tym światem; opuścić świat/ziemię; opuścić ten padół, opuścić ziemski padół; **for all the world as if...** zupełnie jakby..., jak gdyby...; **go up in the world** piąć się (po szczeblach kariery zawodowej), robić karierę; odnosić sukcesy w życiu; zdobywać pozycję w świecie, wypłynąć; **have all the time in the world** mieć dużo czasu, nie śpieszyć się; **have contact with the outside world** mieć kontakt ze światem zewnętrznym; **in the world** na/w świecie; **it's a small world!** jaki ten świat mały!, mały ten świat!; **it's not the end of the world!** to jeszcze nie koniec świata!, świat się na tym nie kończy!; **it takes all sorts to make a world** *przysł.* są ludzie i ludziska; **leave this world** rozstać się z życiem/ze światem/z tym światem; opuścić świat/ziemię; opuścić ten padół, opuścić ziemski padół; **live in a world of one's own** żyć we własnym świecie; **material world** świat materialny; **mean all the world to sb** znaczyć dla kogoś wszystko, być dla kogoś całym światem, być dla kogoś wszystkim; **move up in the world** piąć się (po szczeblach kariery zawodowej), robić karierę; odnosić sukcesy w życiu; zdobywać pozycję w świecie, wypłynąć; **not for (all) the world/not for worlds** *pot.* za skarby, za żadne skarby (świata), za nic na świecie; **not have a care in the world** niczym się w życiu nie przejmować, niczym się w życiu nie martwić; **on top of the world** *pot.* w siódmym niebie, niezwykle szczęśliwy; **out of this world** nie z tego świata, nie z tej ziemi; **put the world to rights** (próbować) naprawiać świat, zmieniać świat na lepsze; mówić/rozmawiać o lepszym świecie; **round the world** dookoła świata; **see the world** zobaczyć świat, zjeździć kawał świata, zwiedzić świat, podróżować po świecie; **set the world on fire** *przen.* podbić/zawojować świat; **set the world to rights** (próbować) naprawiać świat, zmieniać świat na lepsze; mówić/rozmawiać o lepszym świecie; **small world!** jaki ten świat mały!, mały ten świat!; **that's the way of the world** taki jest świat; takie prawa rządzą światem; takie jest życie; samo życie; **the big wide world** szeroki świat; **the bottom fell out/dropped out of sb's world when...** czyjś świat zawalił się/runął, gdy...; **the end of the world** *przen.* koniec/kraniec świata; **the New World** Nowy Świat (*Ameryka Północna i Południowa*); **the next world** przyszły świat, tamten świat; **the Old World** Stary Świat (*Europa, Azja, Afryka*); **the outside world** świat zewnętrzny; **the whole wide world** szeroki świat; **the (whole) world over** na całym świecie; **the world is one's oyster** świat stoi przed kimś otworem, świat się do kogoś uśmiecha, świat jest otwarty dla kogoś; **the world to come** przyszły świat, tamten świat; **think the world of sb/sth** podziwiać kogoś/coś; przepadać za kimś/czymś; **this world** ten/doczesny świat; **to the world's end** na koniec świata; **travel the world** podróżować po świecie; zjechać kawał świata; **with the best will in the world** pomimo najszczerszych chęci; **world power** światowe mocarstwo; **world war** wojna światowa

worm *n* robak ♦ **open up a can of worms** *pot.* otworzyć puszkę Pandory; **the early bird catches the worm** *przysł.* kto rano wstaje, temu Pan Bóg daje

worry *v* **1.** nękać; dręczyć; dokuczać **2.** martwić się; niepokoić się ♦ **nothing to worry about** nie ma się czym martwić, nie ma się czym przejmować

worse[1] *n* **the worse** gorsze ♦ **a change for the worse** zmiana na gorsze; **so much the worse (for sb/sth)** tym gorzej (dla kogoś/czegoś); **take a turn for the worse** przyjąć niepomyślny obrót, pogorszyć się

worse[2] *a* gorszy; słabszy ♦ **get worse** pogorszyć się; **make matters/things worse** pogorszyć (tylko) sprawę; **there's nothing worse than...** *pot.* nie ma nic gorszego niż/od...; **worse and worse** coraz gorszy; **worse luck!** *pot.* niestety!, a to pech!, nie ma rady!

worship *n* uwielbienie; kult; cześć ♦ **house of worship/place of worship** dom boży, dom modlitwy; miejsce modlitwy

worst[1] *n* **the worst** najgorsze ♦ **at the worst** w najgorszym wypadku, w najgorszym razie; **be prepared for the worst** być przygotowanym na najgorsze; **bring out the worst in sb** wyzwalać w kimś najgorsze cechy charakteru/najgorsze instynkty;

fear the worst bać się/obawiać się najgorszego; **if the worst comes to the worst** jeśli zdarzy się najgorsze, jeśli dojdzie do najgorszego; jeśli sprawdzi się czarny scenariusz; w najgorszym wypadku, w najgorszym razie

worst[2] *a* najgorszy; najsłabszy ♦ **at worst** w najgorszym wypadku, w najgorszym razie

worth *a* **1.** wart **2.** zasługujący (*na coś*), wart (*czegoś*), godny **3.** wart...; posiadający majątek wartości... ♦ **a bird in the hand is worth two in the bush** *przysł.* lepszy wróbel w garści niż gołąb na dachu; **be not worth a damn/a red cent/a straw/a fig** coś jest diabła/licha warte; coś nie jest warte złamanego grosza, coś nie jest warte funta kłaków; **be worth doing sth** być wartym zrobienia czegoś; **be worth nothing** być nic niewartym; **for all one is worth** z całych sił, co sił(y), ile sił; **it isn't worth a bean** niewiele wart(e); nic nie wart(e); nie wart(e) złamanego grosza; **not worth the paper it is written on/printed on** nie wart papieru, na którym został napisany/wydrukowany; papierowy; niewiele warty; **put in one's two cents' worth** *US* wtrącać/wsadzać/dorzucać swoje trzy grosze, wtrącać się; **the game is not worth the candle** gra nie warta świeczki; **worth one's salt** dobry, wytrawny, doświadczony, mający bogate doświadczenie zawodowe; szanujący się; szanowany (*w danym zawodzie*); **worth one's weight in gold** na wagę złota; **worth sb's while** *pot.* wart (*czyjegoś czasu, wysiłku itd.*), wart zachodu

worthy *a* **1.** godny, szanowany **2.** godny, wart (*czegoś*), zasługujący (*na coś*) ♦ **worthy of note** zasługujący na uwagę, godny uwagi

wound *n* **1.** rana; skaleczenie **2.** urażenie (*ambicji itd.*) ♦ **bullet wound** rana postrzałowa; **cut wound** rana cięta; **lick one's wounds** lizać rany, lizać się z ran; **open old wounds** rozdrapywać/jątrzyć/rozdzierać stare rany; **rub salt into sb's wounds** jątrzyć czyjeś rany, sypać sól na czyjeś rany, posypywać rany

wrap solą; dolewać oliwy do ognia; **time heals all wounds** *przysł.* czas goi/leczy rany

wrap¹ *n* szal; narzutka; pelerynka ♦ **under wraps** *pot.* w tajemnicy (*utrzymywać coś*)

wrap² *v* zawijać; owijać; (za)pakować ♦ **be wrapped up in sth/sb** być całkowicie/bez reszty pochłoniętym czymś/kimś; **have sb wrapped around one's little finger** owinąć sobie kogoś wokół małego palca; **wrap up warm** ciepło się opatulić; ubrać się ciepło

wreak *v* powodować (*szkodę, cierpienie itd.*) ♦ **wreak havoc on** szerzyć spustoszenie wśród; dewastować; niszczyć; (s)pustoszyć; **wreak revenge** wymierzać/wywrzeć zemstę

wreath *n* **1.** wieniec; wianek **2.** kłąb; wstęga (*dymu itd.*) ♦ **laurel wreath** wieniec laurowy/z wawrzynu; **lay/place a wreath (at a tomb)** złożyć wieniec (na grobie); **wreath-laying ceremony** ceremonia składania wieńca; uroczyste złożenie wieńca

wring *v* (**wrung, wrung**) **1.** wyciskać (*coś z kogoś*) **2.** wyciskać, wyżymać; wykręcać **3.** ukręcać ♦ **wringing wet** przemoczony do (suchej) nitki/doszczętnie/na wskroś; **wring one's hands** załamywać ręce; **wring one's heart** ściskać kogoś za serce, serce się komuś ściska; **wring sb's hand** uścisnąć czyjąś rękę, uścisnąć czyjąś dłoń

wrinkle *v* marszczyć się ♦ **wrinkle one's brow** marszczyć brwi/czoło

writ *n* rozporządzenie; nakaz sądowy/urzędowy ♦ **Holy Writ** Pismo Święte; **serve a writ on sb/serve sb with a writ** doręczyć komuś nakaz

write *v* (**wrote, written**) pisać; napisać; zapisać ♦ **be written all over sb's face** mieć coś wypisane na twarzy; **nothing to write home about** *pot.* nic nadzwyczajnego, nic specjalnego; **not worth the paper it is written on** nie wart papieru, na którym został napisany/wydrukowany; papierowy; niewiele warty; **sth is written on water** coś jest palcem na wodzie pisane; **the**

written word słowo pisane; **written exam(ination)** egzamin pisemny; **written in the stars** zapisany w gwiazdach; **written in verse** napisany wierszem; **written reply** pisemna odpowiedź

writing *n* 1. pisanie 2. pismo 3. **writings** *pl* prace, twórczość (*pisarska*) ♦ **in writing** na piśmie

written *zob.* write

wrong[1] *n* 1. zło 2. niesprawiedliwość; krzywda ♦ **be in the wrong** być winnym; być odpowiedzialnym; nie mieć racji; (po)mylić się; **right the wrongs done to sb** naprawić krzywdy wyrządzone komuś

wrong[2] *a* 1. zły 2. błędny; nieprawidłowy; nieodpowiedni 3. nie w porządku; niesprawny; w złym stanie ♦ **bark up the wrong tree** *przen.pot.* pomylić adres, zwracać się do niewłaściwej osoby; pomylić się, coś się komuś pomyliło; **be wrong** nie mieć racji; (po)mylić się; **get (hold of) the wrong end of the stick** zrozumieć coś opacznie, zrozumieć coś odwrotnie; **get off on the wrong foot** źle/fatalnie zacząć, zrobić zły początek; **get on the wrong side of the law** popaść/wejść w konflikt z prawem, popaść/wejść w kolizję z prawem; **get out of bed (on) the wrong side**/*US* **get up on the wrong side of the bed** *przen.* wstać z łóżka lewą nogą; **on the wrong track** na złym tropie; **prove sb wrong** udowodnić komuś, że nie ma racji; **rub sb up the wrong way** głaskać kogoś pod włos; **the absent are always wrong** *przysł.* nieobecni nie mają racji; **the wrong way round/the wrong way around** odwrotnie; w odwrotnej kolejności; w odwrotnym/przeciwnym kierunku; spodem na wierzch; dołem do góry; **wrong number** pomyłka! (*w rozmowach telefonicznych*)

wrong[3] *adv* źle ♦ **don't get me wrong** *pot.* nie zrozum mnie źle; **get sb wrong** źle kogoś zrozumieć; zrozumieć kogoś opacznie, zrozumieć kogoś odwrotnie; **get sth wrong** źle coś zrozumieć; pokręcić coś; pomieszać coś; **go wrong** 1. nie mieć racji; (po)mylić się 2. iść źle, psuć się; **there's something wrong** coś tu nie gra, coś tu jest nie w porządku, coś tu jest nie tak

Y

yard *n* **1.** podwórze; dziedziniec; plac **2.** jard **3.** reja ♦ **give sb an inch and they'll take a yard** *przysł.* daj mu palec, a on całą rękę chwyta; **school yard** boisko szkolne

yarn *n* przędza ♦ **spin yarns/spin a yarn** opowiadać niestworzone historie, opowiadać bajki

year *n* rok ♦ **all the year round** przez okrągły/cały rok; **calendar year** rok kalendarzowy; **childhood years** lata dziecięce/dzieciństwa; **donkey's years** *pot.* wieki całe; **for years** od lat; **in after years** w następnych latach; **in the year of our Lord...** roku pańskiego...; **last year** w zeszłym/minionym roku; **lean years** chude lata; **leap year** rok przestępny; **light year** rok świetlny; **look young for one's years** wyglądać młodo jak na swoje lata/jak na swój wiek; **once a year** raz na rok, raz w roku; **school year** rok szkolny; **take years off sb** odmładzać kogoś, odejmować komuś lat; **tax year** rok podatkowy; **year after year** przez lata (całe), latami; **year by year** rok po roku; **year in, year out** rok w rok

yellow *a* żółty ♦ **be yellow** *pot.* bać się; mieć stracha/pietra; być (podszyty) tchórzem; stchórzyć; **the yellow press** prasa brukowa; **yellow card** żółta kartka (*w piłce nożnej*)

yesterday *adv* wczoraj ♦ **I wasn't born yesterday** *pot.* nie urodziłem się wczoraj, swoje wiem, mnie nie oszukasz; **the day before yesterday** przedwczoraj, dwa dni temu; **yesterday week** wczoraj minął tydzień od

yet *adv* **1.** jeszcze **2.** na razie, dotąd **3.** już ♦ **as yet** jak dotąd; **not yet** jeszcze nie; **yet again** i znowu, i ponownie, raz jeszcze

yield *v* **1.** dostarczać; dawać; przynosić korzyść; dawać plon **2.** ulegać **3.** ustępować; rezygnować **4.** załamywać się, uginać się (*pod ciężarem*) **5.** dawać pierwszeństwo przejazdu ♦ **yield return** przynosić dochód; **yield the palm (to sb)** oddać (komuś) palmę pierwszeństwa

yoke *n* jarzmo ♦ **cast off the yoke (of slavery)/throw off the yoke (of slavery)** zrzucić jarzmo (niewoli); **under a foreign yoke** pod obcym jarzmem, pod obcym butem

you *pron* ty; wy; pan; pani; państwo ♦ **best wishes to you and yours** najlepsze życzenia dla ciebie i twoich bliskich/najbliższych

young[1] *n* młode (*zwierząt*) ♦ **with young** ciężarna (*o zwierzęciu*)

young[2] *a* **1.** młody; młodzieńczy **2.** początkujący, niedoświadczony ♦ **look young for one's years** wyglądać młodo jak na swoje lata/jak na swój wiek; **young marrieds** państwo młodzi, młoda para

yours *pron* (*zamiast uprzednio wymienionego rzeczownika*) twój; wasz; pana; pani; państwa ♦ **best wishes to you and yours** najlepsze życzenia dla ciebie i twoich bliskich/najbliższych; **yours truly/faithfully/sincerely** z poważaniem (*używane w listach*)

youth *n* **1.** młodość **2.** młody człowiek, młodzieniec **3.** młodzież ♦ **in sb's youth** w młodości; **second youth** druga młodość; **youth club** klub młodzieżowy; **youth hostel** schronisko młodzieżowe

Z

Z ♦ (*w wyrażeniu*) **from A to Z** od a do z
zenith *n* zenit ♦ **be at its zenith** być u szczytu (*kariery itd.*)
zero *num* zero ♦ **zero hour** czas rozpoczęcia operacji (*wojskowej*); godzina zero; decydująca chwila/godzina
zip *n* **1.** zamek błyskawiczny **2.** świst kuli **3.** *pot.* wigor, energia **4.** *US pot.* nic; zero ♦ **to zip** do zera (*pobić, pokonać kogoś*); **zip code** *US* kod pocztowy

SŁOWNIK
frazeologiczny

polsko-angielski

Teresa Jaworska

OBJAŚNIENIE SKRÓTÓW
ABBREVIATIONS

a	–	przymiotnik/adjective
adv	–	przysłówek/adverb
conj	–	spójnik/conjunction
dosł.	–	dosłownie/literally
f	–	rzeczownik rodzaju żeńskiego/feminine noun
GB	–	brytyjski/British usage
interj	–	wykrzyknik/interjection
itd.	–	i tak dalej/and so forth
m	–	rzeczownik rodzaju męskiego/masculine noun
n	–	rzeczownik rodzaju nijakiego/neuter noun
np.	–	na przykład/for example
num	–	liczebnik/numeral
one's	–	wymagane użycie wyrazu dzierżawczego, np. my, your, her, his
part	–	partykuła/particle
pl	–	liczba mnoga/plural
pot.	–	potocznie/colloquial
prep	–	przyimek/preposition
pron	–	zaimek/pronoun
przen.	–	przenośnie/figurative
przysł.	–	przysłowie/proverb
sb	–	ktoś, kogoś, komuś/somebody
sb's	–	czyjś, kogoś/somebody's
sing	–	liczba pojedyncza/singular
sth	–	coś, czegoś/something
US	–	amerykański/American usage
v	–	czasownik/verb
zob.	–	zobacz/see
zwł.	–	zwłaszcza/especially

A

a 1. od a do z from A to Z; **znać temat od a do z** know a subject from A to Z **2. Abc...** the ABC of..., *US* ABCs of...; **Abc gotowania** the ABC of cooking

abonament *m* subscription; **~ na gazetę** subscription to a newspaper; **~ radiowy** radio licence; **~ telewizyjny** TV/television licence; **opłacić ~** pay (one's) subscription; **wykupić ~ na** take out a subscription to

abonent *m* subscriber; **~ gazety** subscriber to a newspaper; **~ telefoniczny** telephone subscriber

absencja *f* absence; absenteeism; **~ chorobowa** sick absenteeism; **~ nie usprawiedliwiona** unexcused absence; **~ usprawiedliwiona** excused absence; **~ w pracy/szkole** absence from work/school; **wysoka ~** high rate of absenteeism

abstrah|ować *v* **~ować od czegoś** pass over sth; omit sth; disregard sth; **~ując od...** to say nothing of..., apart from..., aside from...

absurd *m* absurdity; **szczyt ~u** the height of absurdity; **doprowadzić coś do ~u** bring sth to an absurdity; **graniczyć z ~em** verge on the absurd; **to ~!** it's absurd!

adaptacj|a *f* **~a (do nowego celu, sytuacji)** adaptation (for/to a new purpose, situation); **~a sceniczna (powieści)** adaptation (of a novel) for the stage; **~a telewizyjna** television adaptation; **dokonać ~i** make an adaptation

administracja *f* administration; **~ lokalna** local administration; **~ państwowa** state administration, *GB* civil service

adnotacja

adnotacj|a *f* annotation; note; comment; **robić ~e na** make annotations on
adopcj|a *f* adoption; **dokonać ~i** adopt
adres *m* address; **~ domowy** home address; **~ firmy/służbowy** business address; **~ niewłaściwy** wrong address; **~ pocztowy** postal/mailing address; **~ poczty elektronicznej** e-mail (address); **~ prywatny/miejsca zamieszkania** home address; **~ stały/stałego miejsca zamieszkania** permanent address; **~ tymczasowy** temporary address; **~ zwrotny** return address; *przen.* **kierować coś pod czyimś ~em** address sth to sb; **pod jakim ~em ona mieszka?** at what address does she live?; **podać (swój) ~** give one's address; **wysłać list pod czyimś ~em** send a letter to sb's address; **zmienić ~** change one's address
adresat *m* addressee; **~ nieznany** addressee/address unknown; **~ przekazu** remittee
adresowa|ć *v* **1. ~ć list/paczkę** address a letter/parcel; **list jest ~ny do ciebie** the letter is addressed to you; **mylnie ~ć** misaddress, address wrongly **2. ~ć coś do kogoś** address sth to sb; **~ć uwagi do słuchaczy** address remarks to the audience; **książka ~na jest przede wszystkim do młodych czytelników** the book is primarily addressed to young readers, the book is primarily aimed at young readers
adwokat *m* **1.** (*prawnik*) advocate; lawyer; barrister; solicitor; **praktykować jako ~** practise as a barrister/solicitor, practise law; **zaangażować ~a** retain/hire a lawyer **2.** *przen.* advocate; **~ diabła** devil's advocate; **być ~em czegoś** advocate sth
aerobik *m* aerobics; **chodzić na ~** go to aerobics; **ćwiczyć/ /uprawiać ~** do aerobics
afer|a *f* scandal; fraud; swindle; *pot.* fiddle; **~a korupcyjna** corruption scandal; **~a na wielką skalę** large-scale fraud; **głośna ~a** famous scandal; **być wplątanym/zamieszanym w ~ę** be mixed up in a scandal; be on the fiddle; **ujawnić ~ę** expose (a)

fraud, uncover a scandal, uncover a fraud; **wykryć ~ę** find out (a) fraud, detect (a) fraud; **zatuszować ~ę** cover up a scandal; hush up a scandal

afisz *m* bill; poster; **~ teatralny** playbill; **rozlepiać ~e** post bills, stick bills

afront *m* affront; slight; snub; **spotkał mnie ~** I was affronted; **znieść/ścierpieć ~** suffer an affront; **zrobić komuś ~** affront sb; slight sb; snub sb

agencja *f* agency; **~ nieruchomości** real estate agency; **~ prasowa** news agency; **~ reklamowa** advertising agency; **~ ubezpieczeniowa** insurance agency

agent *m* **1.** (*przedstawiciel*) agent; representative; **~ handlowy** commercial agent **2.** (*policyjny*) agent; **~ obcego wywiadu** foreign/enemy agent; spy; **podwójny ~** double agent; **tajny ~** secret agent

agitacj|a *f* agitation; **~a polityczna** political agitation; **prowadzić ~ę na rzecz/przeciw** agitate for/against

agresj|a *f* **1.** (*zachowanie, postawa*) aggression; **~a rośnie//narasta** aggression mounts, aggression builds up; **~a słabnie/mija** aggression abates **2.** (*zbrojna napaść*) aggression; **~a zbrojna** armed aggression; **dokonać ~i/aktu ~i** commit aggression/an act of aggression; **odeprzeć ~ę** repel aggression, repulse aggression

akademia *f* **1.** (*uczelnia*) academy; **~ muzyczna** academy of music; **~ sztuk pięknych** academy of arts; **~ wojskowa** military academy **2.** (*uroczystość*) celebration; **uroczysta ~** solemn meeting

akcent *m* **1.** accent, stress; **~ cudzoziemski/obcy** foreign accent; **~ dynamiczny** dynamic stress; **~ główny** primary stress; **~ mocny** strong stress; **~ poboczny** secondary stress; **~ słaby** weak stress; **~ stały** fixed stress; **~ swobodny/ruchomy** free stress; **~ toniczny** tonic/pitch accent, pitch stress; **~ wyrazowy** word stress; **~ zdaniowy** sentence stress; **~ pada na** the accent/stress falls on; **mówić (po angielsku) z obcym ~em** speak (English) with an accent, speak (English) with a foreign accent **2.** (*wyróżniający się szczegół*) feature; **główny ~ architektoniczny** key/essential architectural feature **3.** *przen.* accent; stress; emphasis; **~ spoczywa na czymś** the accent is on sth; **kłaść/położyć ~ na** lay/place/put the stress on; put/ /place emphasis on

akceptacj|a *f* acceptance; **uzyskać ~ę** meet with acceptance, find acceptance

akceptować *v* **~ coś** accept sth; approve of sth; **~ chętnie** accept readily; **~ w pełni** accept fully

akcj|a *f* **1.** (*zorganizowane działanie*) action; activity; campaign; operation; **~a natychmiastowa** immediate action; **~a niesienia pomocy** (*ofiarom klęski żywiołowej itd.*) relief operation; **~a odwetowa** retaliatory action, retaliation; **~a policji** police action; **~a poszukiwawczo-ratunkowa** search-and-rescue operation; **~a przeciwpożarowa** fire-fighting; **~a ratunkowa** rescue operation; **~a terrorystyczna** terrorist activity/action; **~a wywrotowa** subversive activity; **związkowa ~a protestacyjna** industrial action, *US* job action; **jutro wchodzimy do ~i** we're going into action tomorrow; **podjąć zdecydowaną ~ę** take decisive action; **prowadzić ~ę na rzecz** campaign for, carry on campaign for; conduct campaign for; **robotnicy nawołują do ~i strajkowej** workers are calling for strike action; **wchodzić do ~i** go in, go/spring into action; **właśnie otrzymaliśmy rozkazy, aby wejść do ~i** we've just received orders to go in; **zainicjować ~ę** initiate action **2.** (*filmu itd.*) action; **~a toczy się w/rozgrywa się w...** the action takes place in...; **~a wlecze się/dłuży się** the action drags; **książka/film o wartkiej ~i** action-packed book/film; **miejsce ~i** scene of action, place of action, setting; **w jego filmach jest dużo ~i i mało dialogów** his films have a lot of action and not much dialogue **3.** (*papier wartościowy*) share, stock; **pakiet ~i** parcel of shares; block of shares; **zniżka kursów ~i** decline in share prices; **zwyżka kursów ~i** rise in share prices; **posiadać ~e** hold shares

aklamacj|a *f* acclamation; **uchwalić coś przez ~ę** carry sth by acclamation; **wybrać kogoś przez ~ę** elect sb by acclamation

akompaniamen|t *m* accompaniment; **~t fortepianowy (do pieśni)** piano accompaniment (to a song); **bez ~tu** unaccompanied; **śpiewać przy ~cie fortepianu** sing to the accompaniment of a piano

akord *m* **1.** (*muzyczny*) chord; **brać ~y** play chords **2.** piece-work, unit work; **pracować na ~** work by the piece, work by the job, do piece-work

akredytowa|ć *v* accredit; **~ny przy...** accredited to...

akrobacj|a *f* acrobatics; **~a lotnicza/powietrzna** aerobatics; **wykonywać ~e** do acrobatics, perform acrobatics

akrobata *m* acrobat; **~ cyrkowy** circus acrobat

aksamit *m* velvet; **gładki/miękki jak ~** as smooth as velvet, as soft as velvet; **suknia z ~u** velvet dress

akt *m* **1.** (*czyn, działanie*) act; action; deed; **~ agresji** act of aggression; **~ barbarzyństwa** barbaric/barbarous act; **~ miłości** act of love; **~ odwagi** act of bravery; heroic act, act of heroism; **~ płciowy** sexual act; **~ przemocy** act of violence; **~ rozpaczy** desperate act; **~ sabotażu** act of sabotage; **~ skruchy** act of contrition; **~ terrorystyczny/terroryzmu** terrorist act, act of terrorism; **~ wiary** act of faith; **~ zemsty** act of revenge; **dokonać ~u** commit/perform an act **2.** (*oficjalna ceremonia*) ceremony; **~ koronacyjny** coronation ceremony; **~ otwarcia** opening ceremony **3.** (*część utworu scenicznego*) act; **~ pierwszy** act one, the first act; **sztuka w trzech ~ach** three-act play **4.** (*w malarstwie, rzeźbie*) nude; **malować ~y** paint nudes; **pozować do ~u** pose in the nude **5.** (*dokument*) document; act; deed; **~ administracyjny** administrative act; **~ chrztu** certificate of baptism; **~ kupna-sprzedaży** bill of sale, sale contract; ~ **notarialny** notarial deed; ~ **oskarżenia** indictment; ~ **prawny** legal act/document; ~ **ślubu** marriage certificate; ~ **urodzenia** birth certificate; ~ **ustawodawczy** act of legislation; ~ **własności** deed of ownership; ~ **zgonu** death certificate; **sporządzić** ~ draw up a document, draw up a deed **6.** ~**a** *pl* files; records; papers; documents; dossier; ~**a sądowe** court records/files

aktor *m* actor; ~ **charakterystyczny** character actor; ~ **filmowy** film actor; ~ **komediowy** comedian; **obsadzić** ~**a** (*w sztuce itd.*) cast an actor

aktualnoś|ć *f* (*tematu*) topicality; **tracić na** ~**ci** go out of date

aktualn|y *a* current; present; up-to-date; topical; ~**y problem** present-day problem, problem of the day; **oferta, którą ci złożyłam w zeszłym tygodniu jest wciąż** ~**a** the offer I made to you last week still holds

aktywność *f* activity; ~ **fizyczna** physical activity; ~ **polityczna** political activity; ~ **promieniotwórcza** radioactivity; ~ **wulkanu** volcanic activity; **wykazywać** ~ **w** be active in

akumulator *m* accumulator; battery; **ładować** ~ charge a battery; **rozładować** ~ discharge a battery, run down a battery

akwarel|a *f* water-colour; **malować** ~**ą** paint in water-colours, paint with water-colours

alarm *m* **1.** alarm; alert; ~ **(przeciw)lotniczy** air-raid warning; ~ **przeciwpowodziowy** flood alert; ~ **przeciwpożarowy** fire alarm; ~ **przeciwwłamaniowy** burglar alarm; ~ **samochodowy** car alarm; **fałszywy** ~ false alarm/alert; ~ **włącza się** the alarm goes off; **bić na** ~ give/sound the alarm; **dzwonić na** ~ sound the alarm; **włamywacz uruchomił** ~ the burglar set the alarm off; **włączyć/uruchomić** ~ activate an alarm; **wszcząć** ~ raise the alarm; **wyłączyć** ~ turn off an alarm **2.** (*popłoch, poruszenie*) alarm; commotion; **wywoływać** ~ cause alarm

albo *conj* or; ~...~ either...or; ~ **dzisiaj** ~ **jutro** either today or tomorrow

album *m* album; **~ debiutancki** (*płytowy*) debut album; **~ do znaczków pocztowych/ze znaczkami** stamp album; **~ fotograficzny/ze zdjęciami** photograph album; **piosenka z jej ostatniego ~u** the song from/on her latest album

ale 1. *conj* but; **droga, ~ ogromnie przydatna książka** an expensive but immensely useful book; **idź tam, ~ szybko!** go there but fast! **2.** (*partykuła wzmacniająca*) what; (*negatywnie*) some; **~ bzdura!** what nonsense/rubbish!; **~ ładny dzień!** what a lovely day!; **~ mamy okropną pogodę!** what awful weather we're having!; **~ przyjaciel!** some friend! **3.** (*w użyciu rzeczownikowym*) but; **nie ma czasu na żadne ~ – musisz decydować teraz** there's no time for buts – you must decide now

ależ (*wzmocniona partykuła* **ale**) what; but; **~ oczywiście!** but of course!; **~ on się dziwnie ubiera** what strange clothes he is wearing; **~ skąd!** not at all!

alfa *f* **~ i omega** alpha and omega

alfabe|t *m* alphabet; **~t Braille'a/niewidomych** Braille; **~t głuchoniemych/migowy** finger-alphabet; **~t grecki** Greek alphabet; **~t łaciński** Latin alphabet; **~t Morse'a** Morse alphabet/code; **książka napisana ~tem Braille'a** a Braille book; **w ~cie Braille'a** in Braille

alians *m* **~ (pomiędzy)** alliance (between); **wejść w ~ z** enter into an alliance with; **zawrzeć ~ z** form an alliance with

alibi *n* alibi; **niezbite ~** unassailable/airtight alibi; **żelazne ~** cast-iron alibi; **dostarczyć ~** provide an alibi; **mieć ~** have an alibi; **obalić ~** disprove an alibi; **podważyć ~** shake an alibi; **potwierdzić czyjeś ~** confirm sb's alibi; **udowodnić czyjeś ~** prove one's alibi; **ustalić ~** establish an alibi

aliment|y *pl* alimony; **przyznanie ~ów** award of alimony; **płacić ~y** pay alimony

alkohol *m* alcohol; liquor; **~ skażony** denatured alcohol; **~ wysokoprocentowy** high-proof alcohol; **czysty ~** pure alcohol; **być pod wpływem ~u** be under the influence of alcohol;

aluzja 8

nadużywać ~u drink too much; *pot.* booze; **odurzony** ~em intoxicated; **szukać zapomnienia w** ~u drown one's troubles in drink; **zamroczony** ~em blind drunk

aluzj|a *f* allusion; **niejasna** ~a vague allusion; **robić/czynić** ~e do allude to, make an allusion to

amator *m* 1. fan; devotee; ~ **muzyki** devotee of music; ~ **piłki nożnej** football fan/supporter; ~ **sportu** devotee of sport; **zapalony** ~ ardent fan 2. (*niezawodowiec*) amateur; **malarz** ~ amateur painter

ambicj|a *f* 1. (*pragnienie sukcesów*) ambition; ~e **polityczne** political ambitions; ~e **sportowe** sporting ambitions; **niepohamowana** ~a boundless/unbridled ambition; **wygórowana** ~a overweening ambition; **nie mieć żadnych** ~i/**być bez** ~i lack ambition; **podsycać czyjąś** ~ę spur one's ambition, stir one's ambition; **realizować swoje** ~e fulfil one's ambition, realize one's ambition; **zaspokoić swoje** ~e achieve one's ambition 2. (*godność osobista*) self-respect; pride; ~a **nie pozwala mu prosić o pomoc** his pride does not allow him to ask for help; **mieć** ~ę keep one's self-respect; **stracić** ~ę lose (all) self-respect; **zranić/urazić czyjąś** ~ę hurt sb's pride

ambon|a *f* pulpit; **wchodzić na** ~ę ascend/mount the pulpit; **na** ~ie on the pulpit; **potępiać coś z** ~y denounce sth from the pulpit; **z** ~y from the pulpit

amen (*wyraz nieodmienny*) amen; *przen.pot.* **jak** ~ **w pacierzu** (as) sure as eggs is eggs, (as) sure as fate, (as) sure as I'm standing here; **na** ~ for good, for good and all

amnesti|a *f* amnesty; **powszechna** ~a general amnesty; **ogłosić** ~ę declare amnesty

amunicja *f* ammunition; ~ **ostra** live ammunition; ~ **ślepa** blank ammunition

analiz|a *f* analysis; **szczegółowa** ~a detailed analysis; **wnikliwa** ~a thorough analysis; **poddać** ~ie analyse; **przeprowadzić** ~ę make an analysis

analogi|a *f* analogy; **przez ~ę** by analogy; **wykazać ~ę między** draw an analogy between

anarchia *f* anarchy; **kompletna ~** complete/utter anarchy; **panuje ~** anarchy reigns

androny *pl pot.* nonsense, rubbish, *US* drivel; **pleść ~** talk nonsense, talk rubbish, drivel

angielszczyzn|a *f* (*pot.* – **język angielski**) English; **łamana ~a** broken/fractured English; **poprawna ~a** correct English; **potoczna ~a** colloquial English; **mówić łamaną ~ą** speak in broken English; **mówić piękną ~ą** speak excellent English

ani 1. *conj* (*z wyrazem przeczącym w zdaniu angielskim*) or; **nie mów mamie, ~ tacie** don't tell Ma or Pa; **~...~** either...or; **nie mam czasu, ~ pieniędzy** I haven't either time or money **2.** *conj* (*bez innego wyrazu przeczącego w zdaniu angielskim*) nor; **nie mogłem ich zrozumieć, ~ oni nie mogli mnie zrozumieć** I couldn't understand them, nor could they understand me; **~...~** neither...nor; **nie mam ~ czasu, ~ pieniędzy** I have neither time nor money **3.** *part* not a...; **~ jeden uczeń** not a single pupil; **~ słowa** not a word; **~ śladu** not a trace

anioł *m* angel; **~ stróż** guardian angel

ankiet|a *f* **1.** (*kwestionariusz*) questionnaire; inquiry form; **wypełnić ~ę** fill in a questionnaire, *US* fill out a questionnaire **2.** (*badanie opinii*) poll, public opinion poll; inquiry; **przeprowadzić ~ę wśród** take a poll among, conduct a poll among

anten|a *f* aerial, *US* antenna; **~a kierunkowa** directional aerial; **~a satelitarna** satellite dish; **~a telewizyjna** TV aerial; **~a zbiorowa** community aerial; **~a zewnętrzna** outside/outdoor aerial; **być na ~ie** (*program telewizyjny, radiowy*) be on the air; **wejść na ~ę** go on the air; **zejść z ~y** get off the air

aparat *m* **1.** apparatus; **~ do wykrywania kłamstw** lie detector; **~ filmowy** cine/film camera; **~ fotograficzny** (photographic) camera; **~ projekcyjny** projector; **~ radiowy** radio set; **~ rentgenowski** X-ray/röntgen apparatus; **~ słuchowy** hearing aid;

aparatura

~ **telefoniczny** telephone (set); ~ **telewizyjny** TV set, television set; ~ **tlenowy** oxygen respirator 2. *przen.* (*zespół urzędów, ludzi itd.*) apparatus; ~ **partyjny** party apparatus; ~ **represji** apparatus of repression

aparatura *f* apparatus; equipment; ~ **doświadczalna** testing equipment; ~ **pomiarowa** measuring apparatus

apati|a *f* apathy; **otrząsnąć się z ~i** cast off one's apathy, throw off one's apathy; **popaść w ~ę** become apathetic

apel *m* 1. (*odwołanie się, wezwanie*) appeal; ~ **do społeczeństwa** appeal to the public; **odpowiadać na** ~ respond to the appeal; **zwracać się z ~em** make an appeal 2. (*zbiórka, czytanie listy obecności*) roll-call; ~ **odbędzie się o siódmej rano** roll-call will be at 7 am

apelacj|a *f* appeal; **~a od wyroku** appeal against the sentence, appeal against the verdict; **odrzucić ~ę** turn down an appeal; **wnosić/składać ~ę** make an appeal, lodge an appeal

apelować *v* 1. ~ **(do kogoś)** appeal (to sb); ~ **do czyichś uczuć** appeal to sb's feelings/emotions 2. ~ **od wyroku** appeal against the sentence, appeal against the verdict

apetyt *m* ~ **(na)** appetite (for); **nienasycony** ~ insatiable appetite; **wilczy** ~ ravenous/voracious/wolfish appetite; **jeść z ~em** eat heartily; **odebrać komuś** ~ take away one's appetite; **popsuć komuś** ~ spoil one's appetite; **(za)ostrzyć sobie** ~ whet/sharpen one's appetite; **zaspokoić swój** ~ satisfy one's appetite

aplauz *m* applause; **przyjąć coś z ~em** applaud sth; **wywołać** ~ get applause; **zdobyć** ~ win applause

apogeum *n* apogee; climax; height; ~ **czyjejś kariery politycznej** the apogee/climax of sb's political career; **osiągnąć** ~ reach its climax

Apokalips|a *f* the Apocalypse; **czterech jeźdźców ~y** the Four Horsemen of the Apocalypse

aprobat|a *f* approval; **potakiwać z ~ą** nod one's approval; **spotkać się z ~ą** meet with approval; **uzyskać ~ę** win approval

arcydzieło *n* masterpiece; ~ **sztuki** masterpiece of art; **stworzyć** ~ create a masterpiece

aren|a *f* arena; ~**a sportowa** sports arena; **wkraczać na ~ę polityczną** enter the political arena; **wprowadzać zwierzęta cyrkowe na ~ę** lead the circus animals into the arena

aresz|t *m* arrest; custody; detention; ~**t domowy** house arrest; **osadzić kogoś w ~cie** place sb under arrest, put sb under arrest; **przebywać w ~cie** be under arrest; **trzymać w ~cie** hold in custody; **w ~cie domowym** under house arrest; **w ~cie śledczym/tymczasowym** in remand

aresztować *v* arrest; make an arrest; ~ **kogoś pod zarzutem kradzieży** arrest sb on suspicion of theft; ~ **pod zarzutem** arrest on charges of, arrest on a charge of, arrest for

aresztowa|nie *n* arrest; **policja dokonała licznych ~ń** the police made several arrests

argument *m* argument; ~ **przeciw** argument against; ~ **za** argument for; **niezbity** ~ irrefutable/unassailable/airtight argument; **przekonywujący** ~ convincing/telling argument; **rozstrzygający** ~ conclusive argument; **rzeczowy** ~ sound/solid argument; **obalić** ~ refute an argument; **odeprzeć** ~ rebut an argument; **wysunąć** ~ put forward an argument, present an argument

armi|a *f* **1.** army; ~**a ochotnicza** volunteer army; ~**a okupacyjna** occupation/occupying army; ~**a rebeliantów** rebel army; ~**a regularna** regular army; ~**a stała** standing army; **pokonana ~a** defeated army; **zwycięska ~a** victorious army; **Armia Stanów Zjednoczonych** the US Army; **pobór do ~i** conscription, *US* draft; ~**a cofa się** an army pulls back/withdraws/retreats; ~**a posuwa się** an army advances; ~**a prowadzi wojnę** an army conducts war; ~**a walczy** an army fights; ~**a wkracza do walki** an army engages in combat; **dowodzić ~ą** command/lead an army; **koncentrować ~ę** concentrate/mass an army; **powołać/wcielić kogoś do ~i** call sb up, *US* draft sb; be called up for

artykuł 12

military service; **służyć w ~i** be in the army, do one's military service; **uformować/stworzyć/zebrać ~ę** raise an army; **wstąpić do ~i** join the army; **zmobilizować ~ę** mobilize an army 2. *przen.* army; **~a mrówek** army of ants; **rosnąca ~a bezrobotnych** growing army of the unemployed

artykuł *m* 1. (*w gazecie*) article; **~ wstępny** editorial, leader 2. (*ustawy lub umowy*) article; **zgodnie z ~em (drugim naszej konstytucji)** according to an article (two of our constitution) 3. **~y** *pl* goods; articles; **~y codziennego użytku** articles of daily use; **~y gospodarstwa domowego** household goods; **~y konsumpcyjne** consumer goods; *pot.* **~y niechodliwe** a drug on the market; **~y pierwszej potrzeby** primary/basic commodities, necessaries; **~y powszechnego użytku** articles of common use; **~y przemysłowe** manufactured goods; **~y rolne** agricultural products; farm produce; **~y spożywcze** foodstuffs, food products; **~y trwałego użytku** durable goods, durables

artyleria *f* artillery; **~ ciężka** heavy artillery; **~ przeciwlotnicza** anti-aircraft artillery; **~ przeciwpancerna** antitank artillery

artysta *m* artist; **~ cyrkowy** circus performer; **~ estradowy/ /kabaretowy** artiste; entertainer; **~ malarz** painter; **~ muzyk** musician; **~ plastyk** (graphic) artist; **~ rzeźbiarz** sculptor

as *m* 1. (*karta do gry*) ace; **~ pikowy** ace of spades; *przen.* **mieć ~a w rękawie** have an ace up one's sleeve, *US* have an ace in the hole 2. (*mistrz*) ace; **~ lotnictwa** flying ace 3. **~ serwisowy** (*w tenisie*) ace

aspiracj|a *f* aspiration; **wysokie ~e** lofty aspirations; **mieć ~e do czegoś** have aspiration to sth, aspire to sth

atak *m* 1. (*wojska itd.*) attack; assault; **~ bombowy** bomb attack; **~ frontalny** frontal attack; **~ gwałtowny** violent/sharp attack, onslaught; **~ lotniczy** air attack; **~ na** attack on; **~ nieprzerwany** sustained attack; **~ nieprzyjaciela** enemy attack; **~ niespodziewany** surprise attack; **~ powietrzny** air attack; **~ terrorystyczny** terrorist attack; **~ wszystkimi siłami** all-out attack, full-scale attack; **dokonać** ~**u** make an attack, attack; **odeprzeć** ~ repel an attack, repulse an attack; **przeprowadzić** ~ carry out an attack; **przerwać/wstrzymać** ~ call off an attack; **przypuścić** ~ launch an attack **2.** (*choroby*) attack; fit; ~ **serca** heart attack; ~ **śmiertelny** fatal attack; **mieć** ~**/dostać** ~**u** have an attack **3.** *przen.* attack; ~ **śmiechu** attack of giggles; **dostać** ~**u śmiechu** have an attack of giggles; **dostać** ~**u/mieć** ~ **czkawki** have an attack of hiccups **4.** (*w sporcie*) attack; **w** ~**u** in/on attack

atmosfera *f* **1.** atmosphere; ~ **fizyczna** (standard) atmosphere; ~ **techniczna** technical atmosphere; ~ **ziemska** earth's atmosphere, the atmosphere **2.** *przen.* atmosphere; air; **ciężka** ~ heavy atmosphere; **duszna** ~ stifling atmosphere; **napięta** ~ tense atmosphere; **przyjazna/serdeczna** ~ friendly atmosphere

attaché *m* attaché; ~ **handlowy** commercial attaché; ~ **kulturalny** cultural attaché; ~ **prasowy** press attaché; ~ **wojskowy** military attaché

atut *m* **1.** (*kolor w kartach*) trumps; **bez atu** no trumps **2.** *przen.* trump card; **mieć wszystkie** ~**y w ręku** hold all the aces

audiencj|a *f* audience; ~**a u (Papieża)** an audience with (the Pope); **prywatna** ~**a** private audience; **przyjąć kogoś na** ~**i** receive sb in audience; **starać się o** ~**ę u** seek an audience with; **udzielić** ~**i** give/grant an audience

aukcj|a *f* auction (sale), sale by auction; **na** ~**i** (*kupić, sprzedać*) by/at auction; **wystawić coś na** ~**ę** put sth up for auction

auspicj|e *pl* auspices; **pod** ~**ami...** under the auspices of...

autobus *m* bus; ~ **miejski** city bus; ~ **piętrowy** double-deck bus, double-decker; ~ **przegubowy** articulated bus; ~ **szkolny** school bus; ~ **turystyczny/wycieczkowy** coach; touring bus; sightseeing bus; **o której (godzinie) przyjeżdża** ~**?** what time does the bus get in?; **pojechać** ~**em** go by bus, take a bus; **wsiadać do** ~**u** get on a bus, board a bus; **wysiadać z** ~**u** get off a bus; alight from a bus; **wyskoczyć z** ~**u** jump off the bus

autograf *m* autograph; **egzemplarz książki z ~em** autographed copy of a book; **rozdawać ~y** autograph

automat *m* **1.** automaton (*pl* automatons, automata); automatic (machine); **~ bankowy** (*bankomat*) cash dispenser, cash machine, cashpoint, *US* ATM, automatic teller (machine); **~ biletowy** ticket-issuing machine; **~ do gry** *GB* fruit machine, *US* slot machine; **~ sprzedający** vending machine; **~ telefoniczny** pay phone **2.** *przen.* (*o osobie*) automaton (*pl* automatons, automata), robot; **jak ~** (*robić coś*) like a robot

autorytet *m* authority; **~ moralny** moral authority; **niekwestionowany ~** indisputable/unquestioned/unchallenged authority; **uznany ~** respected authority; **być ~em w sprawie** be an authority on the matter; **cieszyć się ~em** enjoy respect; **on nie ma ~u wśród/u studentów** he's got no authority over his students; **podważać czyjś ~** undermine sb's authority; question sb's authority; **powołać się na ~** invoke/cite an authority; **tracić ~** lose respect; **zdobyć/zyskać ~** earn respect, win respect

autostop *m* hitch-hiking; **jechać/podróżować ~em** hitch-hike

awangard|a *f* avant-garde; vanguard; **być w ~zie...** be in the vanguard of..., be in the forefront of...

awans *m* promotion; **~ społeczny** social advancement; **~ zawodowy** professional advancement; **~ z... na...** promotion from... to...; **możliwości ~u** promotion prospects, prospect/chance of promotion; **otrzymać ~ na (stanowisko)** get promotion to (a post), be promoted to (a post); **podać/przedstawić kogoś do ~u** put sb in for promotion; recommend sb for promotion; **uzyskać ~** win one's promotion

awansowa|ć *v* (*kogoś*) promote; (*otrzymać awans*) be promoted; **~ć do pierwszej ligi** (*sportowej*) be promoted to the First Division; **~ć do stopnia kapitana** be promoted to the rank of captain; **~ł na kapitana** he was promoted to captain; they promoted him to captain; **~ł z kapitana na majora** he was promoted from captain to major

awantur|a *f pot.* row; quarrel; squabble; **~a rodzinna** family row; **~a uliczna** street row; **wszcząć ~ę** raise a row; **(z)robić ~ę** make a row; squabble

awari|a *f* breakdown; failure; **~a radiologiczna** radiation accident; **~a silnika** engine failure; **spowodować ~ę** cause a failure; **ulec ~i** fail; break down

awersj|a *f* aversion; **mieć ~ę do** have an aversion to

azyl *m* asylum; **~ polityczny** political asylum; **osoba ubiegająca się o ~** an asylum seeker; **odmówić/nie udzielić komuś ~u** deny sb asylum; **otrzymać ~** receive asylum; **prosić o ~ (polityczny)** ask for (political) asylum; **ubiegać się o ~ polityczny** seek political asylum; **udzielić komuś ~u (politycznego)** give sb (political) asylum, grant sb (political) asylum

B

baczność|ć *f* **1.** attention; **stać (w pozycji) na ~ć** stand to attention, stand at (the position of) attention; **wydać komuś komendę ~ć** call sb to attention **2. mieć się na ~ci (przed kimś)** be on one's guard (against sb)

bać | się *v* **~ się kogoś/czegoś** be afraid of sb/sth, fear sb/sth, be scared of sb/sth; **~ się kogoś/czegoś jak ognia** fear sb/sth like fire; **~ się o kogoś/coś** worry about sb/sth; fear for sb/sth; **~ się o własne życie** be in terror of one's life, live in terror of one's life, go in terror of one's life; **~ się panicznie** be terrified; be terribly afraid; **~ się śmierci/choroby** fear death/illness; **~ się śmiertelnie** be scared to death, be scared out of one's wits, be deathly afraid; **~ się własnego cienia** be afraid of one's own shadow, be frightened of one's own shadow; **ona nie boi się nikogo** she fears no one

badać *v* examine; test; inspect; investigate; (*nieznany kraj itd.*) explore; **~ możliwości** explore the possibilities; **~ pacjenta** examine a patient; **~ pod mikroskopem** examine under the microscope; **~ ponownie** re-examine; **~ przyczyny czegoś** investigate the causes of sth; research into the causes of sth; **~ sprawę** examine a case; inquire into a case; investigate a case; **~ trzeźwość (kierowcy)** breathalyse (a driver)

badani|e *n* examination; test(ing); inspection; investigation; **~a historyczne** historical research; **~a naukowe** scientific research, research works; **~a podwodne** underwater exploration; **~a przestrzeni kosmicznej** space research, space exploration;

~e krwi blood test; **~e laboratoryjne** laboratory test; **~e lekarskie** medical examination; **~e materiałów** materials testing; **~e mikroskopowe** microscopic examination, microscopy; **~e możliwości** exploration of possibilities; **~e okresowe** routine test; **~e opinii publicznej** poll, public opinion poll, public opinion survey; **~e pobieżne** perfunctory examination; **~e ponowne** re-examination; **~e rentgenowskie** X-ray examination; **~e rynku** market research/analysis; **~e wzroku** sight-testing; **~a pokazują, że 75% ludności aprobuje nowe prawo** surveys show that 75% of people approve of the new law; **najnowsze ~a opinii publicznej pokazują, że...** the latest opinion poll shows that...; **najnowsze ~a opinii wykazały, że...** a recent survey found/revealed that...; **prowadzić ~a naukowe** carry out scientific research; **przeprowadzić ~e opinii publicznej wśród** take/conduct a poll among

bagaż *m* luggage, *US* baggage; **~ ręczny** hand/personal luggage; **nadwaga ~u** excess luggage; **przechowalnia ~u** left-luggage office; cloakroom; **nadać ~** have one's luggage registered; **oddać ~ do przechowalni** deposit the luggage at the cloakroom, leave the luggage at the cloakroom; **odebrać ~ z przechowalni** collect the luggage from the cloakroom

bajk|a *f* **1.** (*baśń*) fairy tale, fairy story; **~a na dobranoc** bedtime story; **kraina z ~i** fairyland; **opowiedzieć ~ę** tell a fairy story/fairy tale **2.** *przen.* (*kłamstwo*) fairy tale, tall story, fib; **opowiadać ~i** tell a fairy tale; tell fibs, fib **3.** *przen.* **życie to nie ~a** life is not all beer and skittles

bal *m* ball; **~ kostiumowy** costume ball, fancy-dress ball; **~ maskowy** masked ball; **na ~u** at a ball; **wydać ~** give a ball; have a ball

balansować *v* balance; *przen.* **~ między...a...** oscillate between...and...; hover between...and...; **~ na skraju przepaści** be at the edge of the precipice

balon *m* **1.** (hot-air) balloon; **lecieć** ~**em** fly a balloon **2.** (*zabawka*) balloon; ~ **pękł/rozerwał się** a balloon burst; **nadmuchać** ~ blow up a balloon, inflate a balloon

balsam *m* balm; *przen.* **działać na coś jak** ~ act as a balm to sth, be (a) balm to sth

bałagan *m* disorder; mess; **kto posprząta cały ten** ~? who's going to clear all this mess up?; **robić** ~ make a mess; **sprzątać** ~ clean away a mess, clean up a mess; **w pokoju był okropny** ~ the room was in dreadful disorder

banał *m* cliché, hackneyed phrase, banality, platitude; **puste** ~**y** empty platitudes; **artykuł prasowy pełen** ~**ów** a cliché-ridden newspaper article; **pleść** ~**y** mouth/utter platitudes

bander|a *f* flag; ensign; colours; ~**a handlowa** mercantile/merchant flag; ~**a marynarki wojennej** navy ensign; **płynąć pod polską** ~**ą** sail under the Polish flag; **opuścić** ~**ę** lower a flag; **podnieść** ~**ę** hoist a flag

bandyta *m* bandit; **zamaskowany** ~ masked bandit

banicj|a *f* banishment, exile; **skazać na** ~**ę** banish, exile

bank *m* **1.** bank; ~ **centralny** central bank; ~ **emisyjny** bank of issue; ~ **handlowy** bank of commerce, commercial bank; ~ **inwestycyjny** investment bank; ~ **kredytowy** loan/credit bank; **mieć rachunek w** ~**u** have an account at the bank; **ulokować pieniądze w** ~**u** place money in the bank; **w** ~**u** in/at the bank **2.** ~ **danych** data bank **3.** ~ **krwi** blood bank **4.** (*w grach hazardowych*) bank; pool; **rozbić** ~ break the bank **5.** *pot.* **mieć coś jak w** ~**u** sth is in the bag; **masz to jak w** ~**u!** it's in the bag!, you've got it!; **nie martw się o bilety – masz je jak w** ~**u** don't worry about the tickets – they're in the bag

bankiet *m* banquet; **wydać** ~ give a banquet, hold a banquet

banknot *m* banknote, note, *US* bill; ~ **dziesięciodolarowy//dziesięciofuntowy** *pot.* tenner; ~ **fałszywy** forged/counterfeit note; ~ **jednodolarowy** dollar bill; ~ **pięciodolarowy/pięciofuntowy** *pot.* fiver

bankructw|o *n* bankruptcy; *przen.* **polityczne ~o** political bankruptcy; **być/stać na krawędzi ~a** be on the verge of bankruptcy; **ogłosić ~o** declare bankruptcy; **przedsiębiorstwu grozi ~o** the firm is threatened with bankruptcy

baran *m* **1.** ram; *pot.* **liczyć ~y** count sheep **2. Baran** (*znak zodiaku*) Aries, Ram; **(ona jest) spod znaku Barana** (she was born) under Aries; **ona jest typowym Baranem** she is a typical Aries **3. nieść kogoś na ~a** carry sb piggyback; **wziąć/brać kogoś na ~a** give sb a piggyback

baranek *m* lamb; **Baranek Boży** the Lamb of God; *przen.* **łagodny/potulny/cichy jak ~** as gentle as a lamb

bardzo *adv* very; (*przy czasowniku*) very much; greatly; a lot; a great deal; **~ cierpiała** she suffered greatly; **~ dziękuję za twoją pomoc** thank you very much for your help, thanks a lot for your help; **~ mały** very small; **~ mi na tobie zależy** I care about you a lot; **~ szybko** very quickly; **czy jesteś zajęty? nie ~** are you busy? not very; **jak ~** how much; **nie ~** not quite; not very; hardly, scarcely; **nie ~ możesz mnie za to winić** you can hardly blame me for it; **za ~** too much

barier|a *f* barrier; **~a bezpieczeństwa/ochronna** safety fence; crash barrier; **~a dźwięku** sound barrier; **~a językowa** language barrier; **~a psychiczna/psychologiczna** psychological barrier; inhibition; **naturalna ~a** natural barrier; **pokonać ~ę** break (down) a barrier; **postawiono ~y wzdłuż trasy, którą będzie jechał Papież** barriers have been placed/erected all along the route that the Pope will take; **przekroczyć ~ę dźwięku** break the sound barrier; **przełamać ~y psychiczne** lose one's inhibitions; **ustawić ~ę** place a barrier, set up a barrier; **znieść ~y** remove the barriers

bark|i *pl* shoulders; back; **~i pochylone** bent back; *przen.* **brać na swoje ~i odpowiedzialność/ciężar** shoulder the responsibility/burden; **na czyichś ~ach** on one's shoulders; **spaść na czyjeś ~i** fall on sb's shoulders

barometr *m* barometer; ~ **idzie do góry** a barometer rises; ~ **spada** a barometer falls

barw|a *f* colour; **~a dźwięku** tone quality, timbre; **~y jaskrawe** vivid/garish/gaudy colours; **~y matowe** dull colours; **~y narodowe/państwowe** national colours; **~y ochronne** protective coloration; **~y spokojne** soft colours; **~y żywe** bright/lively colours; *zob.też* **kolor 1.**

barwnik *m* dye, dyestuff, colour; stain; ~ **naturalny** natural dye; ~ **roślinny** vegetable dye; ~ **spożywczy** food colour; ~ **syntetyczny** synthetic dye; ~ **trwały** fast colour

barykad|a *f* barricade; **demonstranci, którzy poszli na ~y, aby powstrzymać czołgi** demonstrators who were manning barricades to stop the tanks; **iść na ~y** man barricades; **wznosić/budować ~ę** set up a barricade, erect a barricade

basen *m* **1.** basin; ~ **oceaniczny** ocean basin **2.** ~ **(pływacki)** swimming pool, pool; swimming bath; ~ **kryty** indoor swimming pool; ~ **otwarty** outdoor swimming pool; **dom z ~em** a house with a swimming pool; **iść na ~** go swimming **3.** ~ **portowy** harbour basin; wet dock **4.** ~ **jachtowy** marina

batut|a *f* baton; **orkiestra pod ~ą...** orchestra conducted by...

bawełn|a *f* cotton; *przen.* **nie owijać w ~ę** not to mince one's words, call a spade a spade; **nie owijając w ~ę** in plain words; to be blunt, to speak bluntly; **owijać w ~ę** beat about the bush

bawi|ć *v* **1.** amuse; entertain; **~ć się czymś** play with sth; **~ć się dobrze** enjoy oneself; have fun; have a good time; **~ć się w berka** play tag; **~ć się w chowanego** play hide-and-seek; **~ć się znakomicie** have the time of one's life; **~ć się z kimś jak kot z myszką/w kotka i myszkę** play a cat-and-mouse game with sb, play cat and mouse with sb **2.** (*przebywać*) stay; **~liśmy w Montrealu (przez) dwa tygodnie** we stayed in Montreal for two weeks

baz|a *f* **1.** (*podstawa*) base; basis (*pl* bases); foundation; **~a surowcowa** source of raw materials, material resources; **być**

~ą/stanowić ~ę/tworzyć ~ę be a base 2. (*wojskowa, wyprawy itd.*) base; **~a lotnicza** airbase; **~a morska** naval base; **~a wojskowa** military base; **wrócić do ~y** return to base; **założyć ~ę** set up/establish a base 3. (*w informatyce*) **~a danych** database

bądź 1. *conj* **~ (to)..., ~ (to, też)** either...or; **możesz ~ napisać, ~ zatelefonować** you can either write or phone 2. *part* **~ co ~** after all; **co ~** anything; **gdzie/dokąd ~** anywhere, *US* anyplace; **jak ~** anyhow, any old how; **książki ułożone były na półkach jak ~** the books were arranged any old how on the shelves; **kto ~** anybody, anyone

bąk *m* 1. (*zabawka*) spinning top, top; **nakręcać ~a/bawić się ~iem** spin a top 2. *pot.* **pijany jak ~** blind drunk, (as) drunk as a lord, *US* (as) drunk as a skunk; **zbijać ~i** mess about/around

becz|ka *f* barrel; **~ka prochu** powder keg; *przen.* **siedzieć na ~ce prochu** sit on the powder keg; **tłoczyć się/gnieść się/być stłoczonym jak śledzie w ~ce** be cramped for room, be cramped for space; **zjeść z kimś ~kę soli** get to know sb out and out; **z innej ~ki...** by the way

benzyna *f* petrol, *US* gasoline, gas; **~ bezołowiowa** lead-free/unleaded petrol; **~ ołowiowa** leaded petrol; **~ wysokooktanowa** high-octane petrol

beton *m* concrete; *przen.* **~ partyjny** hardliners; **z ~u** concrete

bezcen (*w wyrażeniu*) **za ~** for a song, dirt cheap

beznadziejn|y *a* hopeless; desperate; (*o pogodzie, samopoczuciu itd.*) wretched; (*o stanie chorego*) beyond/past hope; (*o głupocie, zachowaniu itd.*) crass; **~a nauczycielka** hopeless teacher; **~a sytuacja** hopeless/desperate situation; **~e pytanie** crass question; **~y przypadek** hopeless case; **być w ~ym stanie** (*o sytuacji*) be in a desperate state; (*o chorym*) be beyond hope; **jaka ~a pogoda!** what wretched weather!; **jej stan zdrowia jest teraz ~y/ona jest teraz w ~ym stanie** her condition is now beyond hope of recovery; **ona jest ~a z matematyki** she's hopeless at maths; **sytuacja jest ~a** the situation is hopeless, the situation is now past/beyond hope, the situation is desperate

bezowocny *a* fruitless; **okazać się ~m** prove fruitless, prove unsuccessful

bezpieczeństw|o *n* safety, security; **~o i higiena pracy** industrial safety; **~o narodowe** national security; **~o osobiste** personal security; **~o pożarowe** fire-safety; **~o pracy** work/occupational safety; **~o publiczne** public security; **~o ruchu drogowego** safety of traffic, road safety; **~o użytkowania** operational safety; **poczucie ~a** feeling of security, sense of security; sense of safeness; **środki ~a** safety measures, safeguards; **dawać poczucie ~a** give a feeling of security; **dbać o ~o pasażerów** (*samolotu itd.*) be concerned for the security of the passengers; **zagrażać czyjemuś ~u** jeopardize sb's safety; **zaostrzyć środki ~a** tighten/strengthen security; **zapewniać komuś ~o** assure sb's safety; ensure/provide security

bezpieczny *a* safe, secure; **być w ~m miejscu** be safe; **nie czuć się ~m** be insecure, feel insecure

bezroboci|e *n* unemployment; **masowe ~e** massive unemployment; **niskie ~e** low unemployment; **rosnące ~e** mounting unemployment; **rosnący poziom ~a** rising level of unemployment; **sezonowe ~e** seasonal unemployment; **wysokie ~e** high unemployment; **spadek ~a** decrease in unemployment; **wzrost ~a wśród absolwentów szkół** the growth of unemployment among school-leavers; **~e wzrosło** unemployment has risen; **zmniejszać ~e** reduce unemployment

bezruch *m* immobility; stillness; **stać w ~u** stand still, stand motionless; **zastygnąć w ~u** freeze into immobility

bezsenność *f* insomnia, sleeplessness; **cierpieć na ~** suffer from insomnia/sleeplessness

bęb|en *m* drum; **dudnienie ~nów** drumbeats; **bić w ~en** beat a drum; **grać na ~nie** play a drum

biał|y *a* white; **~e ciałko krwi** white (blood) cell; *przen.* **~y jak papier** (as) white as paper; **~y jak śnieg** (as) white as snow; **do ~ego rana** until the small hours of the morning; **w ~y dzień** in broad daylight

bibliote|ka *f* library; **~ka publiczna** public library; **~ka szkolna** school library; **książka została wypożyczona z ~ki na twoje nazwisko** the book was checked out of the library in your name; **w ~ce** in/at the library; **wypożyczyć/pożyczyć książkę z ~ki** check a book out of a library, charge a book out of the library; **zgromadzić ~kę** build up a library

bicie *n* beating; **~ dzwonów** chiming of bells, tolling of bells; **~ serca** heartbeat; **~ w bębny** drumbeats; **~ zegara** striking of the clock, chiming of the clock

bicz *m* whip; *przen.* **~ boży** the scourage (of God); **jak z ~a strzelił** in no time, in less than no time; **kręcić ~ na siebie/na swoje plecy** make a rod for one's own back

bi|ć *v* beat; **~ć brawo** clap (one's hands); applaud; **~ć brutalnie/bezlitośnie** beat brutally/mercilessly; **~ć głową o mur** beat/bang/bash/hit/knock one's head against a brick wall; **~ć kogoś do utraty przytomności** beat sb unconscious; **~ć na alarm** give/sound the alarm; **~ć pianę z jajek** beat the eggs (up) to a frothy consistency; **~ć rekord** beat/break/surpass//smash a record; **~ć się w piersi** beat one's breast/chest; **~ć się z kimś o coś** fight sb for sth; **~ć się z myślami** be in a dither, be all of a dither; **~ć skrzydłami** beat its wings; **~ć w bęben** beat a drum; **~ć w dzwon(y)** ring/sound a bell; **~ję się z myślami, czy przyjąć tę nową ofertę pracy** I'm in a dither over whether to accept this new job offer, I'm all of a dither over whether to accept this new job offer; *przysł.* **gdzie dwóch się ~je, tam trzeci korzysta** two dogs fight for a bone, and the third runs away with it; **przestańcie się ~ć, dzieci!** stop fighting, kids!; **serce ~je** one's heart is beating; **serce ~ło mi jak dzwon** my heart was throbbing; **z ~jącym sercem** with

bieda 24

a throbbing heart; **zegar ~je godzinę** a clock strikes the hour; **znowu ~łeś się z bratem?** have you been fighting with your brother again?

bied|a *f* **1.** poverty; **~a z nędzą/~a aż piszczy/skrajna ~a** abject poverty, dire poverty; **cierpiący ~ę** poverty-stricken; **cierpieć ~ę** suffer poverty; *pot.* **klepać ~ę** be hard up; **żyć w ~zie** live in poverty; **żyć w skrajnej ~zie** live in grinding poverty **2.** *przen.* (*kłopot, zmartwienie*) trouble; mischief; bother; *pot.* mess; **(cała) ~a w tym, że...** the trouble is that...; the mischief is that...; **napytać sobie ~y** get into a mess

biedny *a* **1.** poor; impoverished; *przen.* **~ jak mysz kościelna** as poor as a church-mouse **2.** *przen.* (*wzbudzający współczucie*) poor; wretched; **~ Dawid znowu oblał egzamin na prawo jazdy** poor David has failed his driving test again

bieg *m* **1.** run; running; **~iem** at a run, running; **~iem marsz!** double!; **rzucić się ~iem** break into a run; **w ~u** on the run; *pot.* **zrobić coś ~iem/w ~u** do sth at the double, *US* do sth on the double **2.** (*przebieg, tok*) course; progress; **~ historii** the course of history; **naturalnym ~iem rzeczy** in the ordinary course of things, in the normal course of things; **z ~iem czasu** in the course of time **3.** (*kierunek prądu*) course; current; **~ rzeki** course of the river; **dolny ~ rzeki** lower course of the river; **górny ~ rzeki** upper course of the river; **z ~iem rzeki** downstream, down the river **4.** (*w sporcie*) run; running; race; **~ długodystansowy** long-distance run; **~ krótkodystansowy** short-distance run; **~ maratoński** marathon; **~ na pięć mil** five-mile run; **~ na 100/400 metrów przez płotki** the 100/400 metres hurdles; **~ na 3000 m z przeszkodami** 3000 m steeplechase; **~ przełajowy** cross-country run; **~ przez płotki** hurdle race, hurdles; **~ sztafetowy** relay race; **~ z przeszkodami** obstacle race; steeplechase; **brać udział w ~u** run; race **5.** gear; **drugi ~** second gear; **jałowy ~** neutral; **najniższy ~** bottom/low gear; **najwyższy ~** top/high gear; **pierwszy ~** first gear; **wsteczny** ~ reverse gear; **być na ~u jałowym** be in neutral; **włączyć** ~ throw into gear; **wyłączyć** ~ throw out of gear; **zmienić ~i** change gear

biegle *adv* fluently; **mówić ~ po angielsku** speak fluent English, speak English fluently; **znać ~ angielski** be fluent in English

biegun *m* **1.** pole; **~ dodatni (magnesu)** positive end, red pole (of a magnet); **~ geograficzny** terrestrial pole; **~ magnetyczny** magnetic pole; **~ magnetyczny Ziemi** geomagnetic pole; **~ południowy** South Pole; **~ północny** North Pole; **~ ujemny (magnesu)** negative end, blue pole (of a magnet); **~ zimna** cold pole; *przen.* **dwa ~y** two opposite poles **2.** (*fotela itd.*) rocker; **koń na ~ach** rocking horse

bijaty|ka *f pot.* brawl, punch-up; fight; tussle; **~ka w barze** bar-room brawl; **pijacka ~ka** drunken brawl/punch-up; **brać udział w ~ce** brawl; **kończyć się ~ką** end in a punch-up; **wdać się w ~kę** get into a punch-up

bilans *m* balance; **~ cieplny** heat/thermal balance; **~ energetyczny** energy balance; **~ handlowy (z)** trade balance (with), balance of trade (with); **~ płatniczy** balance of payments; **mieć dodatni ~ handlowy** have a positive balance of trade

bilet *m* ticket; **~ autobusowy** bus ticket; **~ bez zniżki** full-fare ticket; **~ bezpłatny** free ticket; **~ do kina** cinema ticket; **~ kolejowy** railway/train ticket; **~ lotniczy** airplane ticket; **~ miesięczny (na)** monthly season ticket (for); **~ na koncert** ticket for a concert; **~ na mecz** ticket to a game; **~ okresowy** season/subscription ticket, (*dla dojeżdżających do pracy*) commutation ticket; **~ peronowy** platform ticket; **~ powrotny** return ticket, *US* round-trip ticket; **~ tramwajowy** tram ticket; **~ w jedną stronę** single ticket, *US* one-way ticket; **~ wizytowy** (visiting) card; **~ wstępu** admission ticket, ticket of admission; **~ z rezerwacją miejsca** reserved-seat ticket; **~ ze zniżką/ /ulgowy** reduced-fare ticket; **ważny ~** valid ticket; **cena ~u** fare; **jazda bez ~u** ride without a ticket; **kontroler ~ów** ticket-

-inspector; **przedstawić ~ do kontroli** produce a ticket for inspection; **wejście do teatru za ~ami** entrance to the theatre by ticket

bilon *m* coins; specie; **płacić ~em** pay in specie

bis 1. *m* encore; **wykonać na ~** do an encore, perform an encore; **zaśpiewać na ~** sing (as) an encore **2.** *interj* **~!** encore!, more!

bitw|a *f dosł. i przen.* battle; **~a morska** naval battle; **~a o...** a battle for/over; **~a pod...** the battle of...; **~a powietrzna** aerial battle; **~a z/przeciw...** a battle against...; **decydująca ~a** decisive battle; **historyczna ~a** historic battle; **krwawa ~a** bloody battle; **ostateczna ~a** final battle; **przegrana ~a** losing battle; **szalejąca ~a** raging battle; **zacięta ~a** fierce/hard-fought battle; **zwycięska/wygrana ~a** victorious battle; **pole ~y** battlefield, battleground; **wrzawa/zgiełk ~y** the noise of battle; **~a rozgorzała/wrze** a battle rages; **polec w ~ie** fall in a battle, be killed in a battle; **przegrać ~ę** lose a battle; **przerwać ~ę** break off a battle; **(s)toczyć ~ę** fight a battle, wage a battle; **w ~ie pod...** at the battle of...; **w wirze ~y** in the thick of a battle; **wygrać ~ę** win a battle; **zakończyć ~ę** terminate a battle

biur|o *n* office; bureau; **~o informacji** inquiry office; **~o konstrukcyjne** design office; **~o konsularne** consular office; **~o matrymonialne** marriage bureau; *GB* dating agency, *US* dating service; **~o ogłoszeń** advertising agency; **~o paszportowe** passport office; **~o podróży** travel/tourist agency; **~o pośrednictwa pracy** employment agency, job/labour office; **~o prasowe** news agency; **~o rzeczy znalezionych** lost (and found) property office; **w ~ze** in/at an office

blady *a* pale, white; *przen.* **~ jak ściana/jak płótno** as white as a sheet; **~ strach** mortal/grave fear; **~ strach padł na niego** he was overpowered by mortal/grave fear; **~ ze strachu** white with fear; **~ ze złości** pale with rage; **śmiertelnie ~/~ jak trup** deathly/deadly pale, as white as a ghost

blankiet *m* form, blank; ~ **podania** application form; ~ **telegraficzny** telegram form; **wypełnić** ~ fill in a form, *US* fill out a form

blask *m* **1.** (*światło*) glare; blaze; ~ **księżyca** moonlight; ~ **słońca** blaze of sunshine/sunlight; glare of the sun **2.** (*świetność*) glamour; glitter; ~ **chwały** blaze of glory; ~**i i cienie** the ups and downs; **tracić** ~ lose glamour

blisk|i *a* close, near; **być** ~**im czegoś** be near (to) sth, be on the verge of sth; **była** ~**a łez/płaczu** she was near to tears

blisko *adv* **1.** (*w przestrzeni*) nearby; close by; near (to...); close (to...); **mieszkamy** ~ **rzeki** we live close to the river; **nie podchodź zbyt** ~**!** don't come too close!; **nie siedź zbyt** ~ **ekranu!** don't sit too near to the screen!; **siedzieliśmy** ~ **siebie** we sat close together **2.** (*w bliskich stosunkach*) closely, close; ~ **spokrewniony** closely related **3.** (*w przybliżeniu, mniej więcej*) nearly, approximately, near; **dotarcie tutaj zabrało** ~ **dwie godziny** it took nearly two hours to get here

blizn|a *f* scar; ~**a po ospie** pockmark; **widoczna** ~**a** noticeable scar; **pokryty** ~**ami** scarred; (*po ospie*) pockmarked, pocked; **zostawić** ~**ę** leave a scar

bliźni|ak *m* **1.** twin (brother); ~**ęta** twins; ~**ęta syjamskie** Siamese twins **2. Bliźnięta** (*znak zodiaku*) Gemini, Twins; **(ona jest) spod znaku Bliźniąt** (she was born) under Gemini

blok *m* **1.** (*bryła*) block; ~ **kamienny** stone block, block of stone **2.** ~ **mieszkalny** block of flats, *US* apartment house/building **3.** (*zeszyt*) note-pad; writing-pad; ~ **listowy** writing-block; ~ **rysunkowy** drawing pad **4.** (*polityczny*) bloc; alliance; ~ **państw NATO** the NATO bloc; **były** ~ **wschodni** the former Eastern bloc **5.** (*w sporcie*) ~ **startowy** starting block

blokad|a *f* blockade; ~**a gospodarcza** economic blockade; ~**a morska** naval blockade; ~**a policyjna drogi** a police blockade across the road, roadblock; **ogłosić** ~**ę** declare the blockade; **policja rozstawiła** ~**y na trasach wylotowych z miasta** the

błazen

police set up roadblocks on routes leading out of the city; **przedrzeć się przez ~ę** run a blockade, break (through) a blockade; **utrzymywać ~ę** maintain a blockade; **znieść ~ę** raise/lift a blockade

błaz|en *m* clown; *przen.* **robić z siebie ~na** make a clown of oneself

błąd *m* mistake, error; **~ drukarski** printer's/typographical error, misprint; **~ gramatyczny** grammatical error, error in grammar; **~ ortograficzny** spelling mistake, orthographical error; **~ pilota** pilot error; **~ w obliczeniach** error in calculation, miscalculation; **elementarny/podstawowy ~** elementary mistake; **głupi ~** stupid/silly mistake; *pot.* goof; **gruby ~** gross/big mistake, blunder; **być w błędzie** be wrong; be mistaken; **popełnić ~** make a mistake, make an error; **poprawić ~** correct a mistake, rectify a mistake; **przyznać się do (popełnienia) błędu** admit to (making) an error, admit one's mistake; **przyznaję się do błędu** I admit my mistake; **uczyć się na błędach** learn by one's mistakes; **wciąż popełniam te same błędy** I keep making the same mistakes; **wprowadzić kogoś w ~** misguide sb, mislead sb; misinform sb; **wyprowadzić kogoś z błędu** put sb right

błądzi|ć *v* **1.** wander (about); **~ć po świecie** wander (through//over) the world; **~ć po ulicach** wander the streets; **~ła gdzieś myślami** her mind was wandering **2.** (*mylić się*) err; **~ć jest rzeczą ludzką** to err is human

błogosławieństw|o *n* blessing; **~o boże** God's blessing; *przen.* **mieć/otrzymać czyjeś ~o** have sb's blessing; **udzielić ~a** give/make a blessing, bless

bło|to *n* mud; *przen.* **obrzucić/zmieszać kogoś z ~tem** sling/fling mud at sb, throw mud at sb, hurl mud at sb; **ugrzęznąć w ~cie** be bogged down in mud, get bogged down in mud

błyskawica *f* lightning; flash of lightning; **~ rozjaśnia niebo** lightning flashes; *przen.* **jak ~** like lightning, with lightning speed, as quick as lightning

bodziec *m* stimulus (*pl* stimuli); stimulant; incentive; ~ **ekonomiczny** economic stimulus/incentive; ~ **intelektualny** intellectual stimulation; ~ **słuchowy** auditory stimulus; ~ **wzrokowy** visual stimulus; **być bodźcem dla kogoś** stimulate sb; encourage sb; spur sb

bogactw|o *n* **1.** (*majątek*) richness, wealth, riches; **osiągnąć ~o/dojść do ~a** attain wealth, acquire wealth; **zgromadzić wielkie ~o** amass great riches **2.** (*obfitość*) richness, abundance, wealth; **~a mineralne** mineral wealth; **~a naturalne** natural resources, natural riches, natural wealth; **~o barw** richness of colour(ing); **~o i różnorodność** richness and diversity; **~o informacji** wealth of information

bogat|y *a* **1.** rich; wealthy; affluent; well-off; **~y jak Krezus** as rich as Croesus **2.** (*kosztowny, wspaniały*) rich; **~y wystrój** rich furnishings **3.** (*obfitujący w coś*) **~y w** rich in/with, abounding in/with; **~e doświadczenie** broad/wide experience; **~e słownictwo** rich/large/extensive vocabulary; **~y w witaminę C** rich in vitamin C; **dieta ~a w białko** high-protein diet; **kraj ~y w ropę naftową** oil-rich country

bohater *m* hero; ~ **narodowy** national hero; ~ **powieści** the hero of a novel; ~ **wojenny** war hero; **robić z kogoś ~a** make a hero of sb

boisko *n* playing field; pitch; ~ **do hokeja** hockey pitch; ~ **do piłki nożnej** football pitch/field; ~ **sportowe** sports ground; ~ **szkolne** school playground, playing field; **~, na którym gra się dobrze/źle** a pitch that plays well/poorly; **usunąć/wyrzucić kogoś z boiska** (*piłkarza*) send sb off the field; **wdzierać się na ~** (*kibice*) invade the pitch

bojownik *m* fighter; ~ **o wolność** freedom fighter; **niestrudzony ~** tireless fighter

bok *m* **1.** side; **na ~/na ~u** aside; **po ~ach** on both sides; on either side **2.** ~ **trójkąta** side of a triangle; ~ **przeciwległy** opposite side; ~ **przyległy** adjacent side

boleć

bol|eć *v* **1.** (*odczuwać ból ciągły*) ache; be sore; (*odczuwać, wywoływać ból*) pain, hurt; **~i mnie gardło** I have a sore throat; **~i mnie głowa** I have a headache, my head aches; **~i mnie noga** my leg hurts; **~i mnie ucho** I have (an) earache; **co/gdzie pana ~i, panie Smith?** where does it hurt, Mr Smith?; **to ~i** it hurts; **wszystko mnie ~i** I ache all over **2.** (*martwić się*) suffer; **~eję, że muszę...** I'm aching to..., it pains me to have to...

bomb|a *f* **1.** bomb; **~a atomowa** atomic bomb; **~a głębinowa** depth charge; **~a jądrowa** nuclear bomb; **~a neutronowa** neutron bomb; **~a pułapka** booby-trap bomb; **~a wodorowa** hydrogen bomb; **~a zapalająca** incendiary bomb; **~a zegarowa/czasowa** time bomb; **~a eksploduje/wybucha** a bomb explodes, a bomb goes off; **podłożyć ~ę** plant a bomb, place a bomb; **zrzucać ~y** drop bombs **2.** *przen.* (*sensacyjna wiadomość itd.*) bombshell; **jak ~a** (*gwałtownie*) like a bomb; **wpaść jak ~a** storm into, dash into; **wpadła do pokoju jak ~a** she dashed/stormed into the room

bonifikat|a *f* allowance, rebate, deduction in price; **sprzedawać z ~ą** sell at reduced prices; **udzielić ~y** grant an allowance, make an allowance, abate (from) the price

boso *adv* barefoot(ed); **biegać ~ (po piasku)** run barefoot (in the sand); **chodzić ~** go barefoot

bóg *m* god; *przen.* **~ wojny** god of war; **(Pan) Bóg** God, the Lord; **Bóg Ojciec** God the Father; **Bóg Wszechmocny/Wszechmogący** God Almighty, Almighty God; **Bóg jeden wie** God/Lord only knows, heaven only knows; **Bóg mi świadkiem** as God is my witness, before God; **Bóg stworzył człowieka** God made man; **Bóg zapłać** God bless you; *przysł.* **człowiek strzela, Pan Bóg kule nosi** man proposes but God disposes; **dzięki Bogu!** thank God!; **jak Boga kocham** I swear; upon my word; *przysł.* **jak Kuba Bogu, tak Bóg Kubie** like for like; *przysł.* **kogo Bóg chce ukarać, temu rozum odbiera** whom

God would destroy He first makes mad; *przysł.* **kogo Pan Bóg stworzy, tego nie umorzy** God never sends mouths but he sends meat, God never sends mouths without sending meat; *przysł.* **kto rano wstaje, temu Pan Bóg daje** the early bird catches the worm; **niech Bóg broni!** God forbid!, heaven forbid!; **o (mój) Boże!** (my) God!; *przysł.* **Pan Bóg nierychliwy, ale sprawiedliwy** God stays long but strikes at last; God comes with leaden feet but strikes with iron hands; the mills of God grind slowly (but they grind exceedingly small), the mill of God grinds slow but sure; *przysł.* **Panu Bogu świeczkę i diabłu ogarek** serve two masters; *przen.* **pieniądz jest dla niego bogiem** money is his god; **strzeżonego Pan Bóg strzeże** God helps those who help themselves, God helps them that help themselves; **szczęść Boże** God bless you; **tak mi dopomóż Bóg** so help me God; **z Bogiem!** God speed you well

ból *m* **1.** (*ciągły*) ache; (*zwł. nagły*) pain; ~ **gardła** sore throat; ~ **głowy** headache; ~ **mięśni** myalgia, pain in the muscles; ~ **ostry** acute/sharp pain; ~ **przejmujący** piercing pain; ~ **rwący** throbbing pain; ~ **silny** great/intense pain; ~ **ucha** earache; ~ **zęba** toothache; ~ **żołądka** stomachache; ~**e brzucha** abdominal pains; ~**e porodowe** labour pains; **lekki ~ głowy** slight headache; **lekki ~ żołądka** slight stomach pain; **nieznośny ~** unbearable pain; **silny ~ głowy** bad/severe headache; ~ **chwyta** pain appears; ~ **ustaje** pain disappears; **cierpieć ~** suffer pain; be in pain; **łagodzić ~** ease pain, soothe pain; **mieć ~e porodowe** have labour pains; **odczuwać ~** feel pain; **płakać z ~u** cry with pain; **skarżyć się na ~e...** complain of pains in...; **uśmierzać ~** kill pain; **zadawać komuś ~** inflict pain on sb; **znosić/wytrzymywać ~** bear pain, endure pain, stand pain **2.** *przen.* (*zmartwienie, smutek*) pain; **sprawiać komuś ~** cause sb pain; hurt sb; **z ~em serca** with a heavy heart

brać *v* **1.** take; ~ **coś w ręce** take sth into one's hands; ~ **kogoś ze sobą** take sb along with one **2.** *pot.* (*traktować, rozumieć*) treat;

understand; take; **~ coś/kogoś poważnie** take sth/sb seriously; **~ lekko** take lightly **3.** *pot.* **~ się do (robienia) czegoś** start (doing) sth **4. ~ kogoś** (*o chorobie*) come on; **czuję, że bierze mnie przeziębienie** I've got a cold coming on

brak 1. *m* (*nieobecność, niedostatek*) lack; absence; shortage, scarcity; **~ cierpliwości** lack of patience, impatience; **~ doświadczenia** lack of experience, inexperience; **~ dowodów** lack of evidence; **~ odpowiedzi** no reply; **~ ostrożności** lack of caution; **~ pieniędzy** lack of money, shortage of money; **~ snu** lack of sleep; **~ witamin** vitamin deficiency; **~ żywności** food shortage; **(wyraźny) ~ zainteresowania** (marked) lack of interest; **odczuwać ~ czegoś** be lacking in sth; feel the shortage of sth; lack for sth; **z ~u czegoś** for lack of sth, through lack of sth; **z ~u dowodów** in the absence of proof **2.** (*nieosobowo – nie ma, brakuje*) **~ kilku osób** several persons are missing; several persons are absent; **~ mi ciebie** I miss you; **~ mi słów** I have no words, words fail me, I'm lost for words

brak|ować *v* **1.** (*nie wystarczać*) be lacking; be short; be missing; be in short supply; **~owało pieniędzy** money was lacking; **~uje ci cierpliwości** you are lacking in patience; what you need is more patience; **~uje mi słów** I have no words, words fail me, I'm lost for words; **~uje trzech stron** three pages are missing; **kogo ~uje?** who is absent?; **nie ~owało chętnych do pomocy** there was no lack of willing helpers **2.** (*odczuwać brak*) be lacking in sth; feel the shortage of sth; lack for sth; **niczego mu nie ~owało** he lacked for nothing, he wanted for nothing **3.** *pot.* **mało ~owało, żebym...** I almost...; **mało ~owało, żeby upuściła talerz** she almost dropped the plate; **niewiele ~owało!** that was close!; **niewiele ~owało, a...** for two pins...; **niewiele ~owało, a powiedziałbym mu, co myślę o jego głupich pomysłach** for two pins I'd tell him what I think of his silly ideas **4.** *pot.* **tego tylko ~owało!/jeszcze tego ~uje!** that's the limit!, that beats all!

bram|ka *f* **1.** goal; **bronić ~ki** defend goal, keep goal; **kto gra na ~ce?** who is playing in goal?; **piłka nie trafiła do ~ki** the ball missed the goal; **wbić głową piłkę do ~ki** head the ball into the goal **2.** (*zdobyty punkt*) goal; **~ka samobójcza** own goal; **~ka wyrównująca** equalizer; **nie uznać ~ki** nullify a goal; **padła ~ka/strzelono ~kę** a goal has been shot; **prowadzić do przerwy trzema ~kami** lead by three goals at half time; **strzelić/zdobyć ~kę** kick a goal, score/make a goal; **strzelić wyrównującą ~kę** score an equalizer; **w całym meczu strzelono tylko jedną ~kę** only one goal was scored in the entire match

brat *m* brother; **~ bliźniaczy** twin brother; **~ cioteczny/stryjeczny** cousin; **~ mleczny** foster brother; **~ przyrodni** stepbrother; **młodszy ~** younger brother, *pot.* little/kid brother; **starszy ~** elder brother, *pot.* big brother; **wykapany ~** the very image of one's brother, the living image of one's brother, the spitting image of one's brother; **był dla mnie jak ~** he was like a brother to me

brawo 1. *n* applause; cheers; **bić ~** clap (one's hands); applaud **2.** *interj* **~!** bravo!; well done!

brawur|a *f* bravado; daring; **popisywać się ~ą** do sth out of bravado

brąz *m* **1.** (*stop miedzi*) bronze; **posąg odlany z ~u** a statue (cast) in bronze, bronze (statue) **2.** *pot.* (*brązowy medal*) bronze; **zdobyć ~** win/take the bronze medal; **zdobyć ~ olimpijski** win an Olympic bronze; **zdobył ~ dla Kanady** he won (the) bronze for Canada

brednie *pl pot.* nonsense, rubbish, *US* drivel; **niestworzone/ /wierutne ~** complete nonsense, perfect nonsense, absolute rubbish; **opowiadać/wygadywać/pleść ~** talk nonsense, talk rubbish, drivel

br|ew *f* eyebrow; **krzaczaste/gęste ~wi** bushy eyebrows; **marszczyć ~wi** knit one's brows, wrinkle one's brows; frown; **regulować ~wi** pluck one's eyebrows, tweeze one's eyebrows

broda

brod|a *f* **1.** (*podbródek*) chin; **druga ~a** double chin **2.** (*zarost*) beard; **nosić ~ę** have a beard; **zapuścić ~ę** grow a beard; **zgolić ~ę** shave off one's beard

bronić *v* **1.** **~ (się)** defend (oneself); **~ każdego skrawka ziemi** dispute every inch of ground; **~ kogoś przed atakiem/ /napaścią** defend sb from attack; **~ kraju (przed nieprzyjacielem)** defend one's country (against an enemy); **~ ojczyzny** defend one's homeland; **~ przed** defend against/from; **~ słusznej sprawy** defend the right cause; **~ swego zdania** defend one's point of view; argue for one's opinion; stand for one's opinion; **~ swoich interesów/praw** defend one's interests/rights; **~ swoich przekonań** defend one's beliefs; **~ w sądzie** defend in court; **~ zdecydowanie/z determinacją** defend staunchly, defend stoutly; **musiał się ~ przed ich zarzutami** he had to defend himself against their charges **2.** (*usprawiedliwiać*) **~ (się)** defend (oneself), justify (oneself); **nie musiała się ~** she had no need to justify herself **3.** (*zakazywać*) **~ komuś coś robić/zrobienia czegoś** forbid sb from doing sth; **nie mogę ~ ci spotkać się z nim znowu** I can't forbid you from seeing him again **4.** (*w sporcie*) defend; **~ tytułu** defend one's title

bro|ń *f* **1.** weapon(s); arms; armament; **~ń automatyczna** automatic weapons; **~ń biologiczna** biological weapons; **~ń chemiczna** chemical weapons; **~ń konwencjonalna** conventional weapons; **~ń masowej zagłady** weapons of mass destruction; **~ń myśliwska** hunting weapon; **~ń nuklearna/ /jądrowa** nuclear weapons; **~ń palna** firearms; gun; **~ń sportowa** sporting gun; **~ń strzelecka** small arms; **~ń śmiercionośna** deadly/lethal weapon; **~ń zaczepna** offensive weapons; **chwycić za ~ń** take up arms; **mieli przy sobie ~ń** they were carrying weapons; **naładować ~ń** load a weapon; **pod ~nią** under arms; **prezentować ~ń** present arms; **rzuć ~ń!** drop the gun!; **władać ~nią** handle a weapon; **złożyć ~ń** lay down one's arms, lay down one's weapons **2.** *przen.* weapon; **groźba strajku generalnego jest ich ostateczną ~nią** their ultimate weapon is the threat of an all-out strike

bród **1.** *m* ford; **przebyć rzekę w ~** ford a river **2.** *adv* **w ~** (*pod dostatkiem*) in profusion, in abundance, in plenty; **mieć w ~ pieniędzy** have money to burn

bruk *m* pavement; *przen.* **szlifować ~i** pound the pavement; **wyrzucić kogoś na ~** (*pozbawić pracy*) fire sb, sack sb, give sb the sack; **znaleźć się na ~u** (*bez pracy*) get the sack; get the push; (*bez dachu nad głową*) be homeless

brutto (*wyraz nieodmienny*) gross; **waga ~** gross weight; **zysk ~** gross profit

brygada *f* **1.** (*robotników*) gang; squad; team; **~ remontowa** repair gang/team **2.** (*w policji*) squad; **~ antyterrorystyczna** anti-terrorist squad; **lotna ~** flying squad

bryła *f* (*geometryczna*) solid, body; **~ obrotowa** solid of revolution, body of revolution

bryza *f* breeze; **~ lądowa** land breeze; **~ morska** sea breeze

brzeg *m* **1.** (*granica między wodą a lądem*) shore; **~ morski** seashore; coast; **~ rzeki** river bank; **iść ~iem rzeki** walk along the river bank; **na ~** ashore; **na ~u** on the shore; **na ~u rzeki** on the river bank; on the riverside; **na drugim ~u** on the other shore; **rzeka wystąpiła z ~ów** the river overflowed (its banks), the river burst its banks **2.** (*krawędź przedmiotu*) edge; **~ postrzępiony** jagged/ragged edge **3.** (*krawędź naczynia*) brim, rim; **~ szklanki** brim of a glass, rim of a glass; **napełniony po ~i** brimful, filled to the brim, full to the brim **4.** (*granica miejsca*) edge; border; *przen.* **pierwszy z ~u** picked at random; **pierwszy z ~u przykład – wczoraj znowu się spóźniła** to pick an instance at random, she was late again yesterday; **sala wypełniona była po ~i** the hall was filled to capacity **5.** *przen.* (*skraj*) brink; verge; **nad ~iem przepaści** on the edge of the precipice

brzęcz|eć v (*owady*) buzz, hum; **dzwonki ~ą** the bells jingle; **monety ~ą** the coins chink/jingle/ring; **mucha ~y** a fly buzzes; **szklanki ~ą** the glasses chink/clink

brzmi|eć v **1.** sound; **~eć prawdziwie/nieprawdziwie** sound true/false **2.** (*o treści zdania, listu itd.*) read, run, go; **tekst ~ następująco** the text reads as follows, the text runs as follows

brzuch m abdomen, *pot.* belly; **duży/gruby/wystający ~** pot-belly; **wydęty ~ (z głodu)** swollen belly (from hunger); **burczy mi w ~u** my stomach is rumbling, my stomach is growling; **leżeć do góry ~em** laze; loaf; **wiercić komuś dziurę w ~u (o coś)** pester sb (for sth/to do sth); **z dużym/grubym ~em** pot-bellied, big-bellied

brzydk|i a **1.** (*nieładny*) ugly; hideous; **~a pogoda** ugly weather; **~a twarz** ugly face; **~i dom** ugly house; *przen.* **~i jak grzech śmiertelny/jak nieboskie stworzenie/jak noc/jak półtora nieszczęścia/jak nieszczęście** (as) ugly as sin; *przen.* **~ie kaczątko** an ugly duckling **2.** (*nieprzyzwoity*) vulgar; rude; **~ie słowa** swear words; bad/dirty language

budow|a f **1.** (*budowanie*) building; construction; **~a domu** house building; **~a dróg** road building, construction of roads; **~a okrętów** shipbuilding; **plac ~y** building ground/site, construction site; **w ~ie** under construction **2.** (*struktura*) structure; **~a atomu** atomic structure; **~a chemiczna** chemical constitution; **~a materii** constitution of matter **3.** **~a zdania** construction of a sentence **4.** (*ciała*) constitution; build; **atletyczna ~a ciała** athletic build/frame; **mężczyzna średniej ~y** a man of medium build

budować v **1.** build, construct; **~ dom** build a house; **~ drogę** build a road; **~ pomnik** build a memorial/monument **2.** *przen.* (*tworzyć*) build; construct; develop; **~ teorię** construct a theory; **~ zamki na lodzie/na piasku** build castles in the air, build castles in Spain; **~ zaufanie** build confidence/trust; **chcemy ~ lepszą przyszłość dla naszych dzieci** we want to build a better future for our children **3.** ~ **zdanie** construct a sentence **4.** (*konstruować maszyny itd.*) construct; ~ **model** construct a model

budynek *m* building; house; ~ **biurowy** office building; ~ **fabryczny** factory building; ~ **szkolny** schoolhouse; ~ **walący się** dilapidated/tumbledown building; ~ **wiejski** farmhouse, farm building; ~ **wielopiętrowy** multistoreyed building; **budować** ~ build a building; put up a building; **burzyć** ~ knock down a building, pull down a building, demolish a building; **na zewnątrz budynku** outdoors, out of doors; **wewnątrz budynku** indoors

budzić *v* **1.** ~ **kogoś** wake sb up; ~ **się** (*ze snu*) wake (up); *przen.* ~ **się do życia** come to life; *przysł.* **nie budź licha, kiedy śpi** let sleeping dogs lie **2.** (*reakcje, uczucia*) awaken, rouse, stir up, evoke; ~ **kontrowersje** arouse/stir up/cause controversy

budzik *m* alarm clock, alarm; ~ **dzwoni** an alarm clock goes off/rings/sounds; **nastawiać** ~ set an alarm clock; **na którą godzinę mam nastawić ~?** what time shall I set the alarm (clock) for?

budżet *m* budget; ~ **państwa** state budget; ~ **rodzinny** family/ /household budget; **obcinać** ~ cut a budget, reduce a budget; **przekroczyć** ~ exceed a budget; **uchwalić** ~ pass a budget

bujać *v* **1.** ~ **(się)** rock; sway; ~ **dziecko** rock a baby; ~ **się na wietrze** sway in the wind; *przen.* ~ **w obłokach** have one's head in the clouds; daydream; **przestać** ~ **w obłokach** come down to earth **2.** *pot.* (*zmyślać, oszukiwać*) fib, tell fibs; **przestań ~!** stop telling fibs!

bułka *f* roll; ~ **tarta** breadcrumb(s); ~ **z masłem** bread and butter; **słodka** ~ bun; **obtoczony w bułce tartej** covered with breadcrumbs

bunt *m* rebellion; revolt; (*zwł. na statku*) mutiny; ~ **szerzy się** a rebellion spreads; ~ **wybucha** a rebellion breaks out; **podżegać do ~u przeciw** stir up a rebellion against, incite a mutiny against; **stłumić** ~ crush a rebellion, quash a rebel-

bura

lion, quell a rebellion; **wszcząć** ~ work up a rebellion; **załoga statku podnosi ~/załoga wszczyna** ~ a crew mutinies

bur|a *f pot.* tongue-lashing; **dać komuś ~ę** give sb a tongue-lashing; **dostać/oberwać ~ę** get a scolding, receive a scolding, be scolded

burak *m* beet, beetroot; ~ **cukrowy** sugar beet; ~ **ćwikłowy** garden beet; *przen.* **czerwony jak** ~ as red as a beetroot, as red as a turkey-cock, as red as a fire; **poczerwienieć jak** ~ go beetroot, turn as red as a beetroot, turn as red as a turkey-cock

burt|a *f* (ship's) side; **lewa ~a** port side; **prawa ~a** starboard; **człowiek za ~ą!** man overboard!

burz|a *f* **1.** storm; **~a gradowa** hailstorm; **~a gwałtowna** heavy/severe/violent storm; **~a magnetyczna** magnetic storm; **~a piaskowa** sandstorm; duststorm; **~a śnieżna** snowstorm; **~a z piorunami** thunderstorm; **~a przetacza się/przechodzi nad miastem** a storm strikes the city, a storm hits the city; **~a szaleje** a storm rages; **~a ucicha** a storm blows itself out, a storm subsides; **~a ucichła/umilkła** the storm subsided; **~a ustała/minęła** the storm is gone; **~a wisi w powietrzu** a storm is gathering, there's a storm brewing, there is thunder hanging about; **~a zerwała się** a storm broke; **~a zrywa się** a storm is blowing up; **czekała, aż przejdzie ~a** she waited for the storm to pass; **idzie ~a/nadciąga ~a/nadchodzi ~a/zbliża się ~a** there's a storm coming; *przysł.* **kto sieje wiatr, ~ę zbiera** he that sows the wind must reap the whirlwind; he/she had sown the wind and was reaping the whirlwind; **usuwają ciągle szkody wyrządzone/spowodowane przez ~ę** they're still clearing up the storm damage; **zanosi się na ~ę** a storm is gathering, there's a storm brewing, there is thunder hanging about; *przysł.* **z wielkiej ~y mały deszcz** great/much cry and little wool **2.** *przen.* storm; **~a oklasków** a storm of applause; **~a protestów** a storm of protest; **~a w szklance wody** a storm in a teacup, *US* a tempest in a teapot; **wpaść jak ~a** storm into, dash into; **wpadła do sklepu jak ~a** she stormed/dashed into the shop; **wypaść jak ~a** storm out, dash out; **wywołać ~ę** cause a storm, stir up a storm, raise a storm **3. ~a mózgów** brainstorming

burzyć v **1.** (*niszczyć*) destroy; (*dom itd.*) demolish, knock down, pull down; **samoloty nieprzyjacielskie zburzyły miasto** the enemy planes pulled down the town **2.** (*mącić*) ruffle; *przen.* **~ komuś krew** make sb's blood boil; **~ morze** ruffle the sea; **woda burzyła się** the water eddied

but m shoe; (*zwł. długi*) boot; **~ na obcasie** court shoe; **~ na wysokim obcasie** high-heeled shoe; **~y narciarskie** ski-boots; **~y sportowe** sports shoes; **~y wiązane na sznurowadła** lace-ups, lace-up boots; **ciasne ~y** tight shoes; **wygodne ~y** well-fitting shoes; **~y pasują** shoes fit; **~y uwierają/cisną/piją** shoes pinch; **bez ~ów** barefoot(ed); **nie mam odpowiednich ~ów na tę pogodę** I'm not very well-shod for this sort of weather; **nosić ~y** wear shoes; **rozchodzić (nowe) ~y** break in (new) shoes; **te ~y są na mnie za ciasne** these shoes are too tight for me; **w ~ach** booted; **w eleganckich ~ach** elegantly shod; **włożyć ~y** put on one's shoes; **wolisz ~y płaskie czy na wysokich obcasach?** do you prefer flat or high-heeled shoes?; **zasznurować ~y** do up/tie one's shoe-laces, lace one's shoes up; **zdjąć ~y** take off one's shoes

butla f large bottle; **~ gazowa** gas cylinder; **~ tlenowa** oxygen cylinder

być v **1.** (*istnieć*) be; exist; (*znajdować się*) be; **~ w domu** be at home; **jest...** there is...; **są...** there are; **w pokoju jest stół** there is a table in the room; **~ z** (*o pochodzeniu*) be from; **skąd jesteś?** where are you from? **2.** (*uczestniczyć, uczęszczać*) be; attend; take part; **czy będziesz na zebraniu?** will you be attending the meeting? **3.** (*mieć miejsce, zdarzyć się*) be; happen; **to było siedem lat temu** it was seven years ago **4.** (*czuć się, miewać się*) be; feel; **~ zdrowym** be well; feel well **5.** (*nosić na* *sobie*) wear; have on; **była w czerwonej sukience** she wore a red dress, she had a red dress on **6.** (*o okresie czasu, zjawiskach atmosferycznych itd.*) be; **był czerwiec** it was June; **było gorąco** it was hot

byk *m* **1.** bull; **walka ~ów** bullfight; *przen.* **chwycić/wziąć ~a za rogi** take the bull by the horns; **działać jak (czerwona) płachta na ~a** be like a red rag to a bull **2. Byk** (*znak zodiaku*) Taurus, Bull; **(ona jest) spod znaku ~a** (she was born) under Taurus; **ona jest typowym ~iem** she is a typical Taurus

był|y *a* former; previous; **~y minister** ex-minister; **moja ~a żona** my ex-wife

bystr|y *a* **1.** (*prędki*) fast, rapid; **~y strumień** fast-flowing stream **2.** (*sprytny*) clever; smart; astute, shrewd; **~a dziewczyna** clever girl; **~y obserwator** shrewd/keen/perceptive observer; **~y polityk** astute/shrewd politician

bywa|ć *v* **1.** (*uczęszczać*) frequent; attend; **~ć u kogoś** visit sb **2.** (*zdarzyć się*) happen; **~ło, że widywałem ją, gdy szedłem do domu** I happened to see her on my way home; **jak to zwykle ~** as it happens

bzdur|y *pl pot.* nonsense, rubbish, *US* drivel; **kompletne ~y!** stuff and nonsense!; **stek ~** a load of (old) rubbish, a load of old cobblers; **opowiadać ~y** talk nonsense, talk rubbish, drivel

C

cal *m* inch; *przen.* **w każdym ~u** every inch; **on jest mistrzem w każdym ~u** he is every inch a champion

całkiem *adv* quite, rather; **~ dobra książka** quite a good book; **~ dużo...** quite a lot of...; **~ miły/młody** quite nice/young; **~ niezły** quite good; *pot.* not half bad; **była ~ sama** she was quite alone, she was all alone

całoś|ć *f* whole; totality; **Europa jako ~ć** the whole of Europe; **fragment większej ~ci** a fragment of a greater whole; *pot.* **iść na ~ć** go to town; go the whole hog; **kiedy wydają przyjęcia, naprawdę idą na ~ć** when they give parties they really go to town; **łączyć (się) w ~ć** unite; integrate; **rozważyć problem jako ~ć** consider a problem as a whole; look at a problem in its totality; **tworzyć ~ć** make a whole, constitute a whole, form a whole; **układać się w (logiczną/sensowną) ~ć** (*fakty itd.*) add up; **w ~ci/jako ~ć** as a whole, whole, in all

całować *v* kiss; **~ kogoś na dobranoc** kiss sb goodnight; **~ kogoś na pożegnanie** kiss sb goodbye; **~ kogoś w czoło** kiss sb on the forehead; **~ kogoś w usta** kiss sb on the lips; **~ się** kiss (each other); kiss one another

całus *m* kiss; **dać komuś ~a** give sb a kiss; **posłać komuś ~a** (*ręką*) blow sb a kiss, throw sb a kiss; **skraść ~a** steal a kiss

cał|y *a* whole, all, entire, complete; **~ą noc** all night; **~e trzy miesiące** three whole months; **~y czas** all the time; **~y i zdrowy** safe and sound; **~y miesiąc** the whole month; **po ~ej Europie** all over Europe; **przez ~y rok** all (the) year

cecha

cech|a *f* characteristic; feature; quality; **~a charakterystyczna** characteristic feature; **~a dominująca** dominant characteristic/ /feature; **~a wyróżniająca** distinctive characteristic/feature; **być ~ą rodzinną** run in the family; **zdolności do muzyki są u nich ~ą rodzinną** an aptitude for music runs in their family

cedzi|ć *v* **1.** strain, filter; *przen.* **~ć każde słowo/słowo po słowie** drawl **2. ~ć coś** (*pić*) sip (at) sth; **~ła wino małymi łykami** she sipped (at) her wine

cel *m* **1.** (*do którego się dąży*) objective, aim, goal, purpose; **~ podróży** destination; **~ sam w sobie** an end in itself; **~ życia** aim in life; **główny ~** main/chief/prime/major objective; **nieosiągalny ~** unattainable goal; **szczytne/wzniosłe ~e** lofty aims; *przysł.* **~ uświęca środki** the end justifies the means; **bez ~u** aimlessly; **dążyć do ~u** pursue a goal, follow an aim; **dla ~ów...** for the purpose of...; **mający na ~u** aimed at; **mamy wspólny ~** we share a common purpose; **mijać się z ~em** be pointless, be purposeless; **na ~e...** for...; **na ~e charytatywne** for charity; **osiągnąć ~** attain/gain an objective, achieve one's aim; **służyć ~owi** serve an end; **spełniać ~** serve/answer a purpose; **stawiać sobie ~** establish an aim for oneself, set an aim for oneself; **w ~u/~em...** in order to...; in order that...; in view of...; with the purpose/object of...; **w tym ~u** for that purpose, to this end **2.** (*przedmiot krytyki itd.*) target; butt; **~ pośmiewiska** object of ridicule; **stać się ~em kpin/pogardy** become the target of derision/scorn **3.** (*obiekt, do którego się mierzy, strzela*) target; **~ cywilny** civilian target; **~ ruchomy** moving target; **~ wojskowy** military target; *dosł. i przen.* **łatwy ~** perfect target; sitting duck; **brać coś na ~** take aim at sth; **mierzyć do ~u** aim at the target; **nie trafić do ~u** miss the target; **strzelać do ~u** shoot at the target; **trafić do ~u** hit the target

cela *f* cell; **~ śmierci** condemned cell; **~ więzienna** prison/jail cell; **~ zakonna** monk's cell

celować *v* **1.** ~ **do celu** aim at the target; ~ **do kogoś z rewolweru** aim the gun at sb **2.** ~ **w czymś** excel at/in sth

cen|a *f dosł. i przen.* price; **~a atrakcyjna** attractive price; **~a biletu** fare; **~a detaliczna** retail price; **~a dogodna** suitable//acceptable price; **~a dumpingowa** dumping price, underprice; **~a hurtowa** wholesale price; **~a katalogowa** catalogue/list price; **~a niska** low price; **~a przystępna** reasonable price; **~a rynkowa** market price; **~a sugerowana** (*przez producenta*) suggested price; **~a światowa** world price; **~a umiarkowana** moderate price; **~a wygórowana** exorbitant/excessive/exaggerated price; **~a wysoka** high/big/stiff price; **~a wywoławcza** starting/initial price; **bez względu na ~ę** regardless of price; **obniżka ~** price reduction; **podwyżka ~** rise/advance of prices; **rosnące ~y energii** rising energy prices; **zamrożenie ~** price freeze; **~a wynosi...** the price is...; **~y ciągle rosną** prices continue to rise, prices keep on rising; **~y domów szybko rosną** house prices are rising fast; **~y gwałtownie podskoczyły** prices shot up, prices skyrocketed; **~y gwałtownie spadły** prices slumped; **~y idą w dół** prices go down, prices drop, prices fall; **~y idą w górę** prices go up, prices rise; **~y na każdą kieszeń** prices to suit every pocket/purse; *przen.* **być w ~ie** be of value; **obniżać ~y** reduce/mark down/lower prices; **po niskich ~ach** at a low price; **podnosić/podwyższać ~y** increase prices, mark up prices, raise prices; **spowodować spadek ~** bring down prices; **śrubować ~ę** enhance/force up/run up a price; **ustalać/wyznaczać ~ę** fix a price, set a price; **za pół ~y** at half price; **za wszelką ~ę** at any price; at all costs; whatever the cost; at any cost; **zamrozić ~y** freeze prices; **zapłacić ~ę** pay a price; **zapłacić za coś wysoką ~ę** pay a heavy price for sth

ceni|ć *v* **1.** (*szanować*) respect, esteem; **~ć kogoś/coś wysoko** hold sb/sth in high esteem, hold sb/sth in great esteem; **~ć sobie coś** (*doceniać wartość*) value sth, prize sth; **~ć sobie prawdę nade wszystko** value truth above all else; **bardzo ~ony artysta**

cenny 44

a highly esteemed artist; **bardzo sobie ~ę jej przyjaźń** I treasure her friendship; **nie ~ć czegoś** think little of sth; **wysoko/bardzo sobie coś ~ć** treasure sth **2. ~ć się** have a high opinion of oneself **3.** (*szacować*) value, price; **~ć coś na...** value/price sth at...; **~ony na przeszło 200 000 dolarów** valued at/priced at over $ 200,000; **te towary ~one są zbyt drogo** these goods are priced too high

cenn|y *a* (*o dużej wartości materialnej, o dużym znaczeniu*) precious, valuable; prized; **~a pomoc** valuable help; **~a rada** valuable advice; **~y czas** precious time

cent *m* cent; **nie mieć ani ~a** not to have a red cent; have no money at all

centrala *f* (*główny urząd*) head/central office; headquarters; **~ (telefoniczna)** (telephone) exchange; **~ międzymiastowa** trunk/toll exchange, trunk centre; **~ międzynarodowa** international exchange

centrum *n* **1.** (*środek*) centre, *US* center; **~ miasta** city/town centre, centre of a town; **do ~ miasta** downtown; **położony w ~ miasta** downtown; **w ~** at/in the centre **2.** (*ośrodek*) centre; **~ handlowe** shopping centre, *US* (shopping) mall; commercial/business centre; **~ kulturalne** cultural centre; **~ sportowe** sports centre; **~ szkoleniowe** training centre; **~ wypoczynkowe** recreation centre; leisure centre **3.** *przen.* centre, focus; **być w ~ uwagi** be the centre of attention; **w (samym) ~ uwagi publicznej** in the (very) centre of public concern **4.** (*stronnictwo polityczne*) the centre; **partia politycznego ~** a centre party; **czy jego poglądy są bardziej na lewo, czy bardziej na prawo od ~?** are his views to the left or right of centre?

cenzur|a *f* censorship; **surowa ~a** rigid/strict censorship; **zakazany przez ~ę** banned by the censor; **znieść ~ę** abolish censorship, lift censorship

cer|a *f* complexion; **jasna ~a** fair complexion; **rumiana ~a** florid/ruddy complexion; **śniada ~a** dark complexion; **zdrowa**

~a healthy/fresh complexion; **ziemista** ~a pasty/sallow complexion; **mieć ładną** ~ę have a good complexion

ceregiel|e *pl pot.* **bez** ~i without ceremony; **nie robić z czymś** ~i not stand on ceremony; make no bones about (doing) sth; **robić (sobie) z kimś** ~e stand on ceremony with sb

ceremoni|a *f* **1.** ceremony; ~a **chrztu** christening ceremony; ~a **dekoracji** (*zwycięzców zawodów sportowych*) victory ceremony; ~a **otwarcia** opening ceremony; ~a **pogrzebowa** funeral ceremony; ~a **składania wieńca** wreath-laying ceremony; ~a **zakończenia/zamknięcia** closing ceremony; ~a **zaprzysiężenia** attestation ceremony; swearing-in ceremony; **uroczysta/podniosła** ~a solemn ceremony; **mistrz** ~i master of ceremonies, MC **2.** ~e *pl* ceremony; **bez (wielkich)** ~i without (much) ceremony; **robić** ~e **z czymś** make a fuss about/over sth; **robić (sobie) z kimś** ~e stand on ceremony with sb

chaos *m* chaos; confusion; ~ **gospodarczy** economic chaos; ~ **polityczny** political chaos; **zupełny** ~ complete/total/utter chaos; ~ **panuje** chaos reigns; **mam** ~ **w głowie** I'm bewildered; I'm confused; **obfite opady śniegu spowodowały** ~ **na drogach** the heavy snow caused chaos on the roads; **pogrążyć się w** ~ie sink into chaos; be plunged into chaos; **powstaje/następuje** ~ chaos ensues, chaos results

charakter *m* **1.** (*w odniesieniu do człowieka*) character; **bez** ~u characterless; **cecha** ~u character trait; **czarny** ~ (black-hearted) villain; bad character; *pot.* baddy, heavy; **czyjś prawdziwy** ~ one's true character, one's true colours; **dobry** ~ fine/good character; **nieposzlakowany** ~ impeccable/stainless character; **silny** ~ firm/strong character; **słaby** ~ weak character; **człowiek z** ~em/o **silnym** ~ze a man of strong character; **kształcić/kształtować czyjś** ~ form one's character, mould one's character, shape one's character; **niektórzy ludzie uważają, że służba wojskowa kształtuje** ~ some people think military service is character-building; **pokazać swój praw-**

dziwy ~ show (oneself in) one's true colours; **pokazał swój prawdziwy ~ jak tylko doszedł do władzy** once he achieved power he showed (himself in) his true colours; **te dwie siostry miały zupełnie różne ~y** the two sisters were entirely different in character **2.** (*w odniesieniu do rzeczy, zjawisk*) character; nature; **~ miejsca** character of the place; **~ nieoficjalny** unofficial character; **~ oficjalny** official character; **~ pisma** handwriting; **~ sprawy** complexion of the problem; **~ zjawiska** nature of the phenomenon; **czytelny ~ pisma** legible handwriting; **nieczytelny ~ pisma** illegible handwriting; **nadawać czemuś ~** give sth character; **nadawać czemuś (zupełnie) nowy ~** put a (whole) new complexion on sth; **te wypowiedzi miały ~ polityczny** the statements were of a political character **3.** (*rola, funkcja*) capacity; function; **działać/występować w ~ze** act in the capacity as, act as

chci|eć *v* want; *przen.* **~eć gwiazdki z nieba** cry for the moon; *przysł.* **~eć to móc** where there's a will there's a way; **~eć, żeby ktoś coś zrobił** want sb to do sth; **chcąc nie chcąc/czy tego chcemy, czy nie** willy-nilly; **chce mi się jeść** I'm hungry; **chce mi się pić** I'm thirsty; *przysł.* **dla chcącego nie ma nic trudnego** where there's a will there's a way; **jak chcesz** as you wish; **jeśli chcesz** if you like; **komuś chce się coś robić** sb feels like doing sth; **nie ~ało mi się iść do pracy** I didn't feel like going to work; **nie chce mi się w to wierzyć** I refuse to believe it; **rób, jak chcesz** do as you please/like; please yourself; **tego właśnie ~ałem** that's just what I wanted

chciwy *a* greedy; **~ sławy** greedy for fame; **~ zysku** greedy for profit; **patrzeć na coś ~m okiem** look at sth with greedy eyes; cast covetous eyes at sth

chę|ć *f* wish; desire; willingness; **~ć do nauki/uczenia się** (a) willingness to learn; **~ć zemsty** desire for revenge; **~ć zysku** drive for profit; **dobre ~ci** good intentions; **gwałtowna ~ć** sudden desire; **przemożna/nieprzeparta/nieprzezwyciężona**

~ć overwhelming desire; **wielka ~ć** strong/intense desire; *przysł.* **dobrymi ~ciami piekło wybrukowane** the road to hell is paved with good intentions; **mieć ~ć coś zrobić** feel like doing sth; **mieć ~ć na coś** want sth; **odebrać komuś ~ć do czegoś/robienia czegoś** put sb off sth/doing sth; **pałać/płonąć ~cią** have a burning desire (to do sth), have a strong desire (to do sth); **pałać ~cią zemsty** nurse feelings of revenge; **pomimo najszczerszych ~ci** with the best will in the world; **wyrazić ~ć** express/voice a desire; express a willingness; express a wish; **z ~cią** willingly; **z ~cią pomogę** I shall be glad to help

chichot *m* giggle(s); titter; (*lekceważący*) snigger, *zwł. US* snicker; **nerwowy ~** nervous giggle/titter; **rozległ się ~ gdy...** there were sniggers when...

chińszczyzna *f pot.* double-dutch; **to dla mnie ~** it's all double--dutch to me, it's all Greek to me

chleb *m* **1.** bread; **~ biały** white bread; **~ czarny** black bread; **~ czerstwy** stale bread; *przen.* **~ powszedni** one's daily bread; **~ pszenny** wheat bread; **~ razowy** wholemeal bread, *US* whole wheat bread; **~ świeży** fresh bread; **~ z masłem** bread and butter; **~ z serem** bread and cheese; **~ żytni** rye bread; **bochenek ~a** a loaf of bread; **kromka ~a** a slice of bread; **piec ~** bake bread; *przysł.* **z tej mąki ~a nie będzie** nothing will come of this; **żyć o ~ie i wodzie** live on bread and water **2.** *przen.* (*utrzymanie*) livelihood; bread; bread and butter; **być u kogoś na łaskawym ~ie** live on sb's charity; **odebrać/ /odbierać komuś ~** take the bread out of sb's mouth; **pracować/zarabiać na ~** earn one's (daily) bread

chlub|a *f* pride; **być czyjąś ~ą/przynosić komuś ~ę** be sb's pride; **przynoszący ~ę** creditable

chłodno *adv* coolly; chilly; **jest ~** it's cool, it's chilly; **jest mi ~** I feel chilly; *przen.* **przyjąć kogoś ~** give sb a cool reception

chłop *m* **1.** (*rolnik*) peasant; **~ małorolny** small farmer/holder **2.** *pot.* (*mężczyzna*) man; **~ie!** man!; **fajny/równy/swój ~**

chłopiec 48

a regular fellow, a nice fellow/chap; **kawał ~a/~ jak dąb/~ jak świeca/~ na schwał** a robust man, a sturdy man

chłopiec *m* boy; (*sympatia*) boyfriend; *przen.* **~ do bicia** whipping boy

chmur|a *f* **1.** cloud; **~a burzowa** storm cloud; thundercloud; **~a deszczowa** rain cloud, nimbus; **~a kłębiasta** cumulus (cloud); **~a pierzasta** cirrus (cloud); **oberwanie (się) ~y** cloudburst; **pułap ~** cloud ceiling; **~y gromadzą się** clouds gather; **~y kłębią się** clouds pile up, clouds billow; **~y suną po niebie** clouds sail across the sky, clouds scud across the sky; **niebo pokryło się/zasnuło się ~ami** the sky clouded over; **rozpraszać ~y** disperse clouds; **schowany w ~ach** (*szczyt górski itd.*) hidden under cloud, covered with cloud; cloud-capped; **wiatr rozpędza ~y** the wind blows away the clouds, the wind disperses the clouds; *przysł.* **z dużej ~y mały deszcz** great/much cry and little wool **2.** (*kłąb*, *obłok*) cloud; **~a dymu** cloud of smoke; **~a piasku** cloud of sand; **~a radioaktywna** radioactive cloud **3.** *przen.* (*groźba*) cloud; **~y wojenne** clouds of war

chodzi|ć *v* **1.** go; walk; **chodź/chodźcie!** come along!; come on! **2.** (*o zegarku*) keep time, go; **dobrze/źle ~ć** keep good/bad time; **mój zegarek dobrze ~** my watch keeps good time; **mój zegarek nie ~** my watch isn't going **3.** **~ o to, że...** the case is...; **ale to nie o to ~** but that's not the point; **jeśli ~ o...** as to..., as for..., as regards...; **jeśli o mnie ~** as far as I'm concerned, as for me; for my part; **jeśli ~ o ścisłość** as a matter of fact, in fact; **jeżeli o to ~** for that matter; **nie o to ~** it is not the case; **o co ~?** what's the matter?; is anything the matter?; what's up?; **o co ci ~?** what's your point?; **o to ~!** that's the point!; that's it!; *zob.też* **iść**

choink|a *f* Christmas tree; **ubierać ~ę** decorate/trim a Christmas tree

chorob|a *f* (*schorzenie*) disease; (*zły stan zdrowia*) ill-health; sickness; illness; **~a Alzheimera** Alzheimer's disease; **~a chro-**

niczna chronic disease; **~a długotrwała** lingering disease; **~a dziecięca** childhood disease; **~a morska** seasickness; **~a nieuleczalna** incurable/untreatable disease; **~a nowotworowa** cancer; **~a płuc** lung disease, disease of the lungs; **~a popromienna** radiation sickness; **~a przenoszona drogą płciową** sexually transmitted disease; **~a przewlekła** protracted disease; **~a serca** heart disease; **~a skóry** skin disease; **~a szalonych krów** mad cow disease; **~a tropikalna** tropical disease; **~a śmiertelna** deadly/fatal/terminal disease; **~a umysłowa** mental disease; **~a weneryczna** venereal disease; **~a wieńcowa** coronary disease; **~a wirusowa** virus disease; **~a zakaźna** communicable/contagious/infectious disease; **~a zawodowa** occupational disease; **ciężka ~a** serious/grave illness; **rzadka ~a** rare disease; **atak ~y** attack/fit of a disease; **nawrót ~y** relapse; **oznaka/symptom ~y** symptom of the disease; **podatny na ~y** susceptible to diseases; **~a atakuje centralny układ nerwowy** the disease attacks the central nervous system; **~a nie atakuje ludzi** the disease does not affect humans; **cierpieć na ~ę** suffer from a disease; **cierpieć na ~ę morską** suffer from seasickness, be seasick; **leczyć ~ę** cure/treat a disease; **przebyć ~ę** get over a disease; **udawać ~ę** feign illness; **umrzeć na ~ę** die of a disease; **zachorować na ~ę/wpaść w ~ę** fall ill with a disease; **zapobiegać ~ie** prevent a disease; **zarazić się ~ą/nabawić się ~y** come down with a disease; catch a disease

chory *m* sick person; (*pacjent*) patient; **~ cierpiący na** patient suffering from, patient afflicted/affected with; **~ na cukrzycę** diabetic; **~ na padaczkę** epileptic; **~ na raka** cancer patient; **~ na serce** cardiac patient; **~ umierający na** patient dying from; **obłożnie ~** bedridden patient

chory *a* **~ (na)** ill (with); **~ umysłowo** mentally ill; **ciężko//poważnie ~** seriously ill; **nieuleczalnie/śmiertelnie ~** incurably ill, terminally ill; **być beznadziejnie ~m** be desperately ill

chór *m* choir, chorus; (*miejsce w kościele*) choir; ~ **kościelny** church choir; ~ **męski** male chorus; ~ **mieszany** mixed chorus; ~ **szkolny** school choir; ~ **żeński** female chorus; ~**y anielskie/niebieskie** a heavenly choir of angels; *przen.* ~**em** in chorus; **mówić** ~**em** chorus; **prowadzić** ~ lead a choir; **próba** ~**u** choir practice; **śpiewać w** ~**ze** sing in a choir

chryp|a *f* hoarseness; *pot.* **mieć** ~**ę** have a frog in one's throat

chrzest *m* baptism, christening; *przen.* ~ **bojowy/ogniowy** baptism of fire; ~ **statku** naming a ship; **przyjąć** ~ accept/receive baptism; **udzielić** ~**u** administer baptism; **zostaliśmy zaproszeni na** ~ **jej dziecka** we were invited to her baby's christening

chud|y *a* thin; *przen.* ~**y jak patyk/szczapa/szkielet/tyka** (as) thin as a rake, skinny as a rake; ~**e lata** lean years

chwal|ić *v* **1.** praise; *przysł.* **nie** ~ **dnia przed zachodem słońca** don't count your chickens before they hatch/are hatched **2.** ~**ić się (czymś)** boast (about/of sth); brag (about/of sth); **nie ma się czym** ~**ić** that's nothing to boast about

chwał|a *f* glory; ~**a Bogu** praise God, praise be (to God); **nieśmiertelna** ~**a** eternal/everlasting glory; **polec/zginąć na polu** ~**y** be killed in action

chwast *m* weed; **porastać** ~**ami** run to weeds; **wyrywać** ~**y** pull out the weeds; **zarośnięty** ~**ami** weedy, overgrown with weeds, full of weeds

chwil|a *f* moment, instant, while, minute; ~**a prawdy** the moment of truth; **ani przez** ~**ę** not for an instant; **aż do tej** ~**i** up to this moment, until now; **co** ~**a** every now and then, now and again; **mała/krótka** ~**a** a short while, a little while; **nieodpowiednia/niewłaściwa** ~**a** unpropitious moment; **odpowiednia/dogodna/sposobna** ~**a** opportune moment, propitious moment; **będziemy tam lada** ~**a** we'll be there in no time; **(działać) pod wpływem** ~**i** (act) on the spur of the moment; **lada** ~**a** any minute (now), any moment (now); in no time; **na** ~**ę** for a while, for a moment; **od tej** ~**i** (*od teraz*) from now on;

(*od tamtego czasu*) since then; **po ~i** in a while; a moment later; **przed ~ą** a while ago; **robić coś w ostatniej ~i** do sth at the last minute; **ty zawsze zostawiasz pakowanie na ostatnią ~ę** you always leave your packing to/till the last moment; **w ~i gdy...** (at) the instant..., the moment (that)..., the minute (that)...; **w każdej ~i** (at) any moment; **w odpowiedniej ~i** at an opportune moment; **w ostatniej ~i** at the (very) last moment, at the last minute; **w tej ~i** at the moment; **za ~ę** in a moment/minute, in an instant; *US* momentarily; *pot.* in a jiffy

chyba *part* surely; **~ nie** surely not; **~ że/żeby** unless; **nie masz ~ nic przeciwko temu?** you don't mind that surely?; **nie sugerujesz ~, że zrobiła to celowo?** surely you are not suggesting she did it on purpose?

chybi|ć *v* miss; *przen.* **na ~ł trafił** at random, randomly, hit-or--miss

ciał|o *n* **1.** body; **zdrowe ~o** healthy body; **Boże Ciało** Corpus Christi; *przen.* **~em i duszą** heart and soul; *przysł.* **bliższa ~u koszula (niż sukmana)** near is my shirt, but nearer is my skin; close sits my shirt, but closer my skin; *przysł.* **w zdrowym ciele, zdrowy duch** a sound mind in a sound body **2.** (*tkanka tłuszczowa*) flesh; **nabierać ~a** put on flesh; **spadać z ~a** lose flesh **3.** *przen.* (*zespół*) body; **~o doradcze** advisory body; **~o ustawodawcze/prawodawcze** legislative body; **~o wybieralne** elected body **4.** (*zwłoki*) body, corpse; **balsamować ~o** embalm a body; **ekshumować ~o** exhume a body; **policja znalazła ~o na dnie jeziora** the police found the body at the bottom of the lake **5.** (*w fizyce*) body; substance; **~o ciekłe** liquid body; **~o gazowe** gaseous body; **~o stałe** solid body **6.** **~o obce** foreign body **7.** **~o niebieskie** celestial/heavenly body

ciast|o *n* **1.** (*masa*) dough; paste; **~o na naleśniki** pancake batter; **~o rośnie** dough rises; **wałkować ~o** roll dough; **zagniatać ~o** knead dough **2.** (*wyrób*) cake; **kawałek ~a** a piece/slice of cake; **upiec ~o** bake a cake

ciąg *m* **1.** (*pasmo*) train, series, run; ~ **niepowodzeń** a run of bad luck; ~ **pojazdów** train of vehicles; ~ **wydarzeń** train of events **2.** (*tok*) course; duration; ~ **dalszy** continuation; ~ **dalszy nastąpi** (*filmu itd.*) to be continued; **w ~u** during; in the course of; (*w granicach czasu*) in, within; **w ~u całego mojego długiego życia...** in the course of my long life...; **w ~u całej podróży** during the entire course of the journey; **w ~u dnia** by day; **w ~u godziny** within an hour; **w ~u nocy** by night; **w dalszym ~u** (*nadal*) still

ciąż|a *f* pregnancy; **~a pozamaciczna** extrauterine pregnancy; **~a urojona** phantom pregnancy; **być w ~y** be pregnant; **być w siódmym/trzecim miesiącu ~y** be seven/three months pregnant; **być w zaawansowanej ~y** be heavily pregnant; **przerwać/usunąć ~ę** abort the pregnancy; **w czasie ~y** during pregnancy; **zajść w ~ę** become/get pregnant

cich|o *adv* silently, quietly; **bądź ~o!/~o!** be quiet!; *przen.* **być/ /siedzieć ~o jak mysz pod miotłą** be (as) quiet as a mouse; be still as a mouse; *przen.* **było ~o, jak makiem zasiał** you could hear the pin drop; **ich ślub odbył się po ~u** their wedding was quiet; **mówić ~o** speak in a low voice, speak quietly; **po ~u** (*bez hałasu*) quietly; (*bez rozgłosu*) on the quiet; **siedzieć ~o** be quiet; **zachowywać się ~o** keep quiet, keep silent

cich|y *a* silent, quiet; **~a modlitwa** silent prayer; **~a praca silnika** silent running of an engine; *przysł.* **~a woda brzegi rwie** still waters run deep; *przen.* **~y jak trusia/baranek/jak mysz pod miotłą** (as) quiet as a mouse; **~y partner** (*w spółce*) silent/ /sleeping partner; **on ma ~ą satysfakcję ze swojej pracy** he takes a quiet satisfaction in his work; **wzięli ~y ślub** their wedding was quiet

ciekawoś|ć *f* curiosity; **~ć świata** curiosity about the world; **pusta ~ć** idle curiosity; *pot.* **~ć pożera/pali kogoś** curiosity is eating sb up; sb is burning/bursting with curiosity; *przysł.* **~ć (to) pierwszy stopień do piekła** curiosity killed the cat; **budzić/**

/rozbudzać/wzbudzać czyjąś ~ć arouse one's curiosity, excite one's curiosity; **umierać z ~ci** die of curiosity; **umieramy z ~ci, gdzie byłaś** we're dying to know where you've been; **zaspokoić czyjąś ~ć** satisfy one's curiosity; **z ~ci/przez ~ć** out of curiosity; for interest, out of interest; **zrobić coś z czystej ~ci** do sth just for interest/out of interest, do sth just for interest's sake

ciekaw|y *a* **1.** **~y (czegoś)** curious (about sth); **~a jestem, co powiedział** I'm curious to know what he said **2.** (*interesujący*) interesting; of interest; intriguing; **~e, co się naprawdę zdarzyło** I wonder what really happened; **~e, co zamierzają teraz zrobić** what are they going to do now, I wonder?; **niezwykle ~y** highly interesting; of great interest; of unusual interest; **nie było nic szczególnie ~ego w...** there was nothing of any great interest in...; **rzecz ~a, że/~e że...** interestingly//curiously enough...

ciemno *adv* darkly, dark; *przen.* **~ jak w grobie/choć oko wykol** it is pitch-black, it is pitch-dark; **jest ~** it's dark; **robi się ~** it's getting dark

ciemnoś|ć *f* (*także pl* **~ci**) darkness; the dark; **~ci nocy** darkness of the night; blackness of the night; *przen.* **egipskie ~ci** pitch//complete/total darkness, pitch-blackness; **~ć zapada** darkness falls; **panowały egipskie ~ci** it was pitch-black, it was pitch--dark; **pogrążyć się w ~ciach** be plunged into darkness; **tonąć w ~ciach** be in darkness; **w ~ci** in the dark

ciemn|y *a* **1.** dark; **~a zieleń** dark green; **~e oczy** dark eyes; **~e włosy** dark hair; **~y pokój** dark room; *pot.* **łotr/typ spod ~ej gwiazdy** black-hearted villain; **w ~ym kolorze** dark-coloured; **widzieć coś w ~ych kolorach/barwach** see the dark side of sth **2.** *pot.* (*ignorancki*) ignorant; **być ~ym jak tabaka w rogu** be a complete ignoramus **3.** (*podejrzany*) shady, suspicious; **wplątany został w jakieś ~e interesy** he's been involved in some shady deals

cienki *a* thin; **~ drut** thin wire; *przen.* **~ jak patyk/tyczka** (as) thin as a rake; **~e nogi** thin legs

cie|ń *m* **1.** (*odbicie przedmiotu*) shadow; **~ń drzewa** shadow of a tree; **~ń pada** a shadow falls; *przen.* **~ń z niego pozostał** he is a shadow of his former self; **bać/lękać się swego (własnego) ~nia** be afraid of one's own shadow, be frightened of one's own shadow; **być/pozostawać w czyimś ~niu** be in sb's shadow; **chodzić za kimś/nie odstępować kogoś jak ~ń** tag along sb; tag behind sb; **rzucać ~ń** cast/throw a shadow; **w ~niu** in shadow; **żyć w czyimś ~niu** live in the shadow of sb **2.** (*miejsce zacienione*) shade; shaded place; **było 30 stopni ciepła w ~niu** the temperature was 30 degrees in the shade; **dawać ~ń** give shade; produce shade; **w ~niu drzewa** in the shade of a tree **3.** *przen.* (*ślad, odrobina*) shadow; **bez ~nia wątpliwości** beyond a shadow of a doubt **4. ~nie pod oczami** rings/shadows under the eyes **5. ~ń do powiek** eye shadow

ciepło 1. *n dosł. i przen.* warmth; **~ ognia** warmth of fire; **~ uczuć** warmth of feelings; **wydzielać ~** generate/produce heat **2.** *adv* warmly; **jest ~** it's warm; **jest mi ~** I'm warm; **przywitać ~** greet warmly; **ubrać się ~** dress warmly

cierpi|eć *v* **1.** suffer; **~eć głód** starve; go hungry; **~eć na** suffer from; *przen.* **~eć na brak czegoś** lack sth **2.** (*znosić – niedostatek itd.*) endure; **nie ~eć czegoś** hate sth; abhor sth; (*z przeczeniem*) abide sth; bear sth; stand sth; **nie ~ę lenistwa** I can't abide laziness, I can't bear laziness, I can't stand laziness

cierpieni|e *n* suffering; **sprawiać/zadawać komuś ~e** inflict suffering on sb; **ulżyć w ~u** alleviate suffering, ease suffering, relieve suffering; **zadał żonie i dzieciom wiele ~a** he inflicted a great deal of suffering on his wife and children; **znosić ~e** bear suffering, endure suffering

cierpliwoś|ć *f* patience; **anielska ~ć** endless/infinite/inexhaustible patience; the patience of Job; **brak ~ci** lack of patience, impatience; **kres czyjejś ~ci** the end/limit of one's patience;

brakuje ci ~ci you are lacking in patience; what you need is more patience; **być u kresu ~ci** be at the end of one's patience; **czyjaś ~ć wyczerpuje się** one's patience wears thin, one's patience runs out; **mieć ~ć do** have patience with/for; **moja ~ć wyczerpała się** my patience is exhausted; **musisz uzbroić się w ~ć** you must be patient; **nadużywać czyjejś ~ci** tax sb's patience, try sb's patience; **nie mieć ~ci do** be impatient with; **ten rodzaj pracy wymaga dużo ~ci** this sort of work calls for a lot of patience; **tracić ~ć** run out of patience, lose patience; **wykazywać ~ć** display/show patience

ciesz|yć *v* (*sprawiać przyjemność*) please; gladden; **~yć się** be pleased; be glad; **~yć się z (robienia) czegoś** enjoy (doing) sth; **~ę się, że czujesz się lepiej** I'm glad (that) you're feeling better; **~ę się, że zdałeś test** I'm glad about your passing the test; **zawsze ~ył się bardzo dobrym zdrowiem** he has always enjoyed very good health

cięcie *n* cut; **cesarskie ~** Caesarean/Caesarian (section); **mieć cesarkie ~** have a Caesarean

cięgi *pl pot.* beating; **porządne/tęgie ~** a good beating; a severe beating; **dostać/oberwać/zbierać ~** get a beating; take a beating; **nasza drużyna dostała prawdziwe ~** our team took a real beating; **sprawić/dać/spuścić komuś ~** give sb a beating

ciężar *m* **1.** (*waga, obciążenie*) weight; **pod ~em czegoś** under the weight of sth; **podnosić ~** lift a weight **2.** *przen.* weight; burden; **być dla kogoś ~em** be a burden to sb; **dźwigać/ponosić ~** bear/carry/shoulder a burden; **spadł mi ~ z serca** that's a weight off my mind; **spadł na mnie ~ odpowiedzialności** the weight of responsibility fell upon me; **stał się ~em dla swojej rodziny** he became a burden to his family **3.** (*w sporcie*) weight; **podnosić ~y** lift weights; **podnoszenie ~ów** weight lifting

cios *m dosł. i przen.* blow; **~ poniżej pasa** a hit below the belt; **~ w głowę** a blow on the head, a blow to the head; **ciężki ~** heavy/hard/severe blow; **druzgocący ~** crushing/shattering blow; **silny** ~ powerful blow; **straszny** ~ terrible blow; **śmiertelny** ~ deathblow, mortal/fatal blow; **grad ~ów** a flurry of blows; **jednym ~em** at a blow, at one blow; **wymiana ~ów** an exchange of blows; **odparować** ~ ward off a blow, parry a blow; **otrzymać** ~ **(w głowę)** receive a blow (on/to the head), take a blow (to the head); **pod ~ami** under blows; **to był dla niej wielki** ~ it was a great blow to her, it came as a great blow to her; **uniknąć ~u** dodge a blow; **wymienić ~y** exchange blows; **zadać** ~ deliver//strike/deal a blow; **zadać komuś śmiertelny** ~ deal sb a deathblow

cisz|a *f* silence; hush; *przen.* **~a jak makiem zasiał/aż w uszach dzwoni/niczym nie zmącona** complete silence, perfect silence, total silence; **~a morska/na morzu** calm; **~a przed burzą** the calm before the storm; **głucha/grobowa///śmiertelna ~a** dead silence, lethal silence, deathly silence; **kamienna ~a** stony silence; **martwa ~a** dead silence; **złowroga ~a** ominous silence; **minuta ~y (dla uczczenia pamięci zmarłych)** a one-minute silence (to honour the dead); **~a panuje** silence reigns; **~a zapada** silence falls; **panowała kłopotliwa ~a** there was an embarrassed silence; **proszę o ~ę!** silence, please!; **przerwać/(z)mącić ~ę** break (the) silence, interrupt (the) silence; **w ~y** in silence; **w pokoju zapadła/zapanowała ~a** the room fell silent, a hush fell over the room, the room went quiet; **zachować ~ę** keep/maintain/observe silence, remain silent

ciśnienie *n* **1.** pressure; ~ **atmosferyczne** atmospheric pressure; ~ **barometryczne** barometric pressure; **niskie** ~ low pressure; **normalne** ~ **atmosferyczne** standard atmospheric pressure; **pod ~m** under pressure; **stałe** ~ constant pressure; **wysokie** ~ high pressure; ~ **rośnie** pressure increases/rises; ~ **spada** pressure falls; **zmniejszać** ~ relieve/ease (the) pressure; **zwiększać** ~ build up/increase (the) pressure **2.** ~ **krwi** blood pressure;

mieć niskie ~ have low blood pressure; **mieć wysokie ~** have high blood pressure; **mierzyć ~ krwi** take sb's blood pressure

cł|o *n* customs duty; **~o przywozowe** import duty; **~o wywozowe** export duty; **korzystać z ceł preferencyjnych** be accorded preferential tariffs; **nakładać ~o** impose/lay/levy a duty; **płacić ~o** pay (customs) duty; **pobierać ~o** collect a duty; **wolny od ~a** duty-free, free from duty; **zwolnić od ~a** exempt from duty

cmentarz *m* cemetery, graveyard; **być pochowanym na ~u** be buried in a cemetery

co **1.** *pron* what; **czym?** with what?; **o czym?** what about?; about what?; **~ do** regarding, as regards; **~ do mnie** as for me, as far as I am concerned; **~ najmniej** at (the) least, at the very least; **~ najwyżej** at (the) most, at the very most; **~ to takiego/~ to?** what's that?; **~ ty na to?** what do you say?; **~ u licha?** what the deuce?; **no i ~ z tego?!/no to ~?!** so what?!; **po ~?** what for? **2.** *pron* (*na początku zdania – negatywnie*) some; **~ to za pomoc!** some help that is!; **~ z ciebie za przyjaciel!** some friend you are! **3.** *pron* (*przyłączając zdanie po przecinku*) which; **po czym** after which; **powiedziała, że czekała godzinę, ~ było prawdą** she said she'd been waiting for an hour, which was true **4.** *part* (*wyrażając powtarzanie się*) every; **~ cztery minuty** every four minutes; **~ drugi dzień** every other day, every second day; **~ dzień** every day; **~ pół godziny** every half-hour, half-hourly; **autobusy kursują ~ dziesięć minut** the buses go every ten minutes; **odwiedzają nas ~ drugi tydzień** they visit us every other week

cofa|ć *v* **1.** move back; draw back; (*pojazd*) back, reverse; **~ć zegar/czas** turn back the clock, set back the clock **2.** (*odwoływać*) withdraw; call off; take back; **~m wszystko, co powiedziałem** I take back everything I said **3.** **~ć się** withdraw; retreat; (*o pojazdach*) back, reverse; *przen.* **nie ~ć się przed niczym** stick at nothing, stop at nothing

coś *pron* something; (*w pytaniach*) anything; ~ **ci powiem** I'll tell you what; ~ **do (zjedzenia/zrobienia)** something to (eat/do); ~ **innego** something else; ~ **niecoś** a little; ~ **nowego** something new; ~ **około (100)** something like (100); ~ **podobnego!/~ takiego!/też ~!/także ~!** you don't say!; ~ **w tym jest/~ w tym musi być** there is something in it; ~ **w tym rodzaju** something like that; something of the kind; **jest ~ niezwykłego/dziwnego w...** there is something unusual/ /strange about...; **ktoś ma w sobie ~/w kimś jest ~** there is something about sb; **jest w nim ~, czego nie lubię** there's something about him I don't like; **to jest naprawdę/dopiero ~!** it's really something!, it's quite something!; **zrobić ~** do something; **zrób ~ z tym!** do something about it!

córka *f* daughter; ~ **chrzestna** goddaughter; godchild (*pl* godchildren); ~ **przybrana** foster daughter; **rodzona ~** one's natural daughter

cud *m* **1.** wonder, marvel, miracle; ~ **gospodarczy** economic wonder/miracle; **~a przyrody** the wonders of nature, nature's prodigies, natural wonders; **~a techniki** technological wonders; **ósmy ~ świata** the eighth wonder of the world; **siedem ~ów świata** the seven wonders of the world; **czynić ~a/dokonywać ~ów** do wonders/miracles, work miracles/ /wonders/marvels; **to ~, że...** it's a wonder (that)..., it's a miracle (that)... **2.** (*w religii*) miracle; **~a czynione przez Jezusa** the miracles of Jesus; **czynić ~a** accomplish/work/perform miracles **3.** **~em** by a miracle; miraculously; **~em uniknąć nieszczęścia** have a narrow escape; **jakimś ~em...** by some miracle

cyfr|a *f* digit, figure, numeral; **~a dwójkowa** binary digit, bit; **~y arabskie** Arabic numerals; **~y rzymskie** Roman numerals

cykl *m* **1.** cycle; ~ **produkcyjny** production/manufacturing cycle **2.** (*seria*) series; ~ **koncertów** a series of concerts; ~ **wykładów** a series of lectures

czar *m* **1.** (*urok*) charm; **ulegać czyjemuś ~owi** succumb/surrender to one's charm **2. ~y** *pl* magic; charm; spell; **rzucać ~ na** cast a spell on/over, put under a spell

czarno *adv* (in) black; *przen.* **~ coś widzieć** see a black cloud on the horizon; **~ na białym** in black and white; **ubierać się na ~** dress in black

czarn|y *a* black; **~a lista** black list; **~a owca** black sheep; **~a rozpacz** black despair; **~a skrzynka** black box, crash recorder; **~e włosy** black hair; *przen.* **~y jak kruk/noc/sadza/węgiel** as black as pitch; **~y jak święta ziemia** (*brudny*) as black as coal/soot; **~y kontynent/ląd** the Dark Continent; **~y rynek** black market; **na ~ą godzinę** for a rainy day

czas *m* **1.** time; **~ antenowy** (*w telewizji, radiu*) airtime; **~ na** (*obiad itd.*) it's time for...; **~ na nas** it's time for us to leave; **~ stracony** lost time; **~ trwania** duration; **~ wolny** free/spare/leisure time; **~ zwycięzcy** (*na mecie*) the winner's time; **cały ~** all the time; **najlepszy ~ antenowy** prime time, peak viewing time; **najwyższy ~** high time, about time; **rekordowy ~** record time; **~em/~ami** at times; **~ działa/pracuje na czyjąś korzyść** time works for sb/sth; *przysł.* **~ goi/leczy rany** time cures all things; time heals all wounds; time heals all sorrows; **~ płynie** time passes (by), time goes by, time elapses; **~ pokaże, czy masz rację** time will tell if you are right; **~ się skończył!** time's up!; *przysł.* **~ to pieniądz** time is money; **~ ucieka** time flies; **~ wlecze się/dłuży się** time drags; **~ zatrzymał się/stanął w miejscu** time stood still; **chociaż przybiegła jako druga, ich ~y różniły się zaledwie o jedną dziesiątą sekundy** although she came second their times were only a tenth of a second apart; *przysł.* **do ~u dzban wodę nosi** the pitcher goes often to the well, but is broken at last; the pitcher went once too often to the well; **marnować ~** fritter away one's time, waste one's time; **mieć mało ~u** be pressed for time; **na ~** (*w porę*) in (good/due) time; timely; (*punktual-*

nie) on time; **nadrabiać stracony ~** make up (for) lost time; **nie ~ myśleć teraz o kupnie nowego samochodu** this is not the time to be thinking about buying a new car; **nie ~ zmieniać teraz zdanie** this is no time to change your mind; **nie będę zabierał ci więcej ~u** I won't take up any more of your time; **nie ma ~u do stracenia** there is no time to lose, there is no time to be lost; **nie mieć ~u** have no time; **o ~ie** (*punktualnie*) on time; **od ~u do ~u/co pewien ~/co jakiś ~** from time to time; **od tego ~u** ever since; from then on; **odmierzać ~** time; **po pewnym ~ie** after a while; **przebiegł milę w rekordowym ~ie** he ran the mile in record time; **przed ~em** ahead of time; **przez krótki okres ~u** for a short period of time; **skracać sobie ~** while away (the hours/the time); **skracał sobie ~ czekania czytając książkę** he whiled away the hours of waiting by reading a book; **spędzać ~** spend time; **stracić rachubę ~u** lose count of time; **to tylko kwestia ~u** it's only a matter of time; it's only a question of time; **to zabiera/pochłania dosyć dużo ~u** it takes quite a time, it takes quite some time; **tracić ~** lose time; **ustalić/wyznaczyć ~ czegoś** fix a time for sth, set the time for sth; **w ~ie** during; **w miarę upływu ~u** as time went by, as time went on; over the course of time; **w tym samym ~ie** (*o tej samej porze*) at the same time; (*osiągając ten sam czas*) in the same time; **wszyscy dotarliśmy do Londynu w tym samym ~ie** we all reached London at the same time; we all reached London in the same time; **w wolnym ~ie** at one's leisure; **z ~em** with/over time, in time, over the course of time; **z ~em zapomnisz o niej** you'll forget her in time; **zabijać ~** kill time; **zajmować ~** take up time; **znaleźć ~** find (the) time; **zyskać na ~ie** gain time, win time; *pot.* buy time **2. ~y** *pl* times; days; **ciężkie ~y** hard times; **dawne ~y** faraway times; **od niepamiętnych ~ów** from/since time immemorial; since time out of mind; **studenckie ~y** student days; **w ~ach prehistorycznych** in prehistoric times; **~y się zmieniają** times are changing; **to były (dobre) ~y!** those were the days!; **w ~ach minionych** in times gone by; **w dzisiejszych ~ach** in this day and age; **za czyichś ~ów** in sb's time; in one's day; **za moich/jej ~ów** in my/her day **3.** ~ **letni** summer time, *US* daylight-saving time; ~ **miejscowy** local time; ~ **strefowy** zone time; ~ **środkowoeuropejski** central European time, CET; ~ **uniwersalny** universal time **4.** (*w gramatyce*) tense; ~ **przeszły** past tense; ~ **przyszły** future tense; ~ **teraźniejszy** present tense

czasownik *m* verb; ~ **główny** main verb; ~ **modalny** modal verb; ~ **nieprzechodni** intransitive verb; ~ **nieregularny** irregular verb; ~ **posiłkowy** auxiliary verb; ~ **przechodni** transitive verb; ~ **regularny** regular verb; ~ **zwrotny** reflexive verb; **odmieniać ~** inflect a verb, conjugate a verb

czaszka *f* skull; **trupia ~** death's head

czek *m* cheque, *US* check; ~ **bez pokrycia** uncovered/bad cheque; ~ **na okaziciela** bearer cheque, cheque to bearer; ~ **podróżny** traveller's cheque; **płacić ~iem** pay by cheque; **wystawić ~** make out a cheque, write out a cheque; **zrealizować ~** cash a cheque

czekać *v* ~ **(na kogoś/coś)** wait (for sb/sth); await (sb/sth); **~, aż ktoś coś zrobi** wait for sb to do sth; ~ **na coś jak na zbawienie** long for sth; **nie każ jej ~** don't keep her waiting; **to nie może ~ do jutra** it can't wait until tomorrow

czep|ek *m* cap; **~ek kąpielowy** bathing cap; *przen.* **w ~ku urodzony** born with a silver spoon in one's mouth

czerwieni|ć się *v* redden; blush; *przen.* **~ć się jak burak** go beetroot, turn as red as a beetroot, turn as red as a turkey-cock; **~ć się ze wstydu** blush for shame; **~ć się z zakłopotania** go red (in the face) with embarrassment; **czuła, że się ~** she felt herself blushing

czerwon|y *a* red; **~a kapusta** red cabbage; **~e ciałko krwi** red (blood) cell; *przen.* **~y jak burak/rak/piwonia** as red as a beetroot, as red as a turkey-cock, as red as a fire; **Czerwony Krzyż** the Red Cross

cześć *f* worship; veneration; honour; **głęboka ~** deep/profound veneration; **~ ich pamięci!** peace to their memory!; **na ~/ku czci** in honour of; (*dla uczczenia pamięci*) in commemoration of; **oddawać ~ boską** worship; **oddawać komuś ~** venerate sb, honour sb; **otaczać kogoś/coś czcią** venerate sb/sth; hold sb/sth in veneration; worship sb/sth

częstotliwoś|ć *f* frequency; **duża ~ć** high frequency; **mała ~ć** low frequency; **~ć radiowa** radio frequency; **na ~ci** on a frequency

częś|ć *f* part; portion; piece; element; **~ci ciała** the parts of the body; **~ci zamienne/zapasowe** spare parts, spares; **~ć mowy** part of speech; **~ć składowa** component/constituent part; component; constituent; **~ć świata** part of the world; **intymne ~ci ciała** private parts; **lwia ~ć (czegoś)** the lion's share (of sth); **mniejsza ~ć** minor part; **nieodłączna/integralna ~ć czegoś** part and parcel of sth, integral part of sth; **nieznaczna ~ć** insignificant part; **przeważająca ~ć** large part; **większa ~ć** major part; **znaczna ~ć** significant/important part; **była to po ~ci jej wina** it was partly her fault; **po ~ci... po ~ci/w ~ci... w ~ci** part..., part...; **odczuwała po ~ci gniew, po ~ci ulgę** her feelings were part anger, part relief; **spędzili większą ~ć życia we Francji** they spent the major part of their life in France; **stanowić ~ć czegoś** constitute/form/make a part of sth; **w przeważającej ~ci** for the most part

człon *m* unit; element; **~ dowodzenia** (*statku kosmicznego*) command module; **~ lądujący** (*statku kosmicznego*) landing module; **~ rakiety** stage of a rocket

członek *m* member; **~ akademii** academician; **~ drużyny** team member; **~ honorowy** honorary member; **~ komisji** committee member; **~ parlamentu** Member of Parliament, MP; **~ partii** party member; **~ rodziny** member of the family; **~ stowarzyszenia** associate; **~ towarzystwa naukowego** fellow of a scientific society; **~ załogi** crewman (*pl* crewmen), crew member; **~ założyciel** founding member; **~ zarządu** member of the board (of directors), board member; **~ związku zawodowego** trade unionist; **stały ~ Rady Bezpieczeństwa ONZ** the permanent member of UN Security Council; **organizacja liczy/ma... członków** an organization has a membership of...; **przyjąć na członka** accept/admit as a member

członkostw|o *n* membership; **honorowe ~o** honorary membership; **pozbawić kogoś ~a** exclude sb from membership; **starać się/ubiegać się o ~o** apply for membership

człowiek *m* man; a human being; **~ czynu** a man of action; doer; **~ interesu** businessman (*pl* businessmen); **~ jaskiniowy** caveman; **~ neandertalski** Neanderthal man; **~ pierwotny** primitive man; **~ pióra** man of letters; **~ prehistoryczny** prehistoric man; **~ roku** the man of the year; **~ rzutki/osiągający sukces** *pot.* go-getter; whizz kid; **~ słowny** a man of his word; **~ światowy** a man of the world; **~ w średnim wieku** middle-aged man; **biały ~** white, white man; **przeciętny ~** the common man, the man in the street; average man; *przysł.* **~ ~owi wilkiem** man is a wolf to man; **~u...!** man!; **zrobić z kogoś ~a** make a man (out) of sb

czoło *n* **1.** forehead; *przen.* brow; **chylić przed kimś ~** nod down before sb; **marszczyć ~** knit one's brows, wrinkle one's brows, frown; **stawiać ~ czemuś** face sth; **stawiać dzielnie ~ komuś//czemuś** brave sb/sth; **stawiać ~ komuś** stand up to sb **2.** *przen.* (*prowadzenie*) lead; **wysunąć się na ~** move/go into the lead **3. na czele** at the lead; at the head; in/at the forefront; **iść/kroczyć na czele pochodu** head a procession; **iść/stać na czele czegoś** head sth; **stać/stanąć na czele rządu** head a government

czołów|ka *f* **1.** the forefront; lead; top; **być w ~ce czegoś** be in/at the forefront of sth; (*w sporcie*) be in the lead **2.** (*w gazecie*) front page; (*główna wiadomość lub artykuł*) lead story; **trafić na ~ki gazet** *pot.* hit the headlines **3. ~ka filmu** (film) credits, credit titles

czubek

czub|ek *m* tip; *przen.* **~ek góry lodowej** the tip of the iceberg; **~ek nosa** the tip of one's nose; **chodzić na ~kach palców** walk on tiptoe, tiptoe; **(stać) na ~kach palców** (stand) on tiptoe

czuć *v* **1.** feel; *pot.* **~ pismo nosem** smell a rat **2.** **~ się** feel; **~ się beznadziejnie** feel wretched; **~ się dobrze** feel well; feel fine; **~ się jak nowo narodzony** feel like a new man; **~ się jak ryba bez wody** feel like a fish out of water; **~ się jak ryba w wodzie** take sth like a fish in water; **~ się młodo** feel young; **~ się na siłach coś zrobić** feel up to doing sth; **~ się nieswojo** be ill at ease; (*nie w swoim żywiole*) feel like a fish out of water; **~ się oszukanym** feel cheated; **~ się słabo** feel weak, be faint; **~ się źle** feel bad

czwartek *m* Thursday; **Wielki Czwartek** Maundy Thursday; **w ~** on Thursday; **w przyszły ~** next Thursday; **w zeszły/ /ubiegły ~** last Thursday

czyn *m* act; action; deed; **~ przestępczy** criminal act; **bohaterski ~** heroic deed; **niegodziwy/podły ~** wicked deed; **odważny ~** brave/daring deed; **dokonać ~u** do/perform a deed; **wcielać coś w ~** put sth into action; put sth into practice

czynić *v* act; render; do; make; **~ coś możliwym** make sth possible, render sth possible; **~ czemuś zadość** satisfy sth, fulfil sth, meet sth; *przysł.* **nie czyń drugiemu, co tobie niemiło** do as you would be done by

czynnik *m* factor; **~ decydujący** deciding/decisive/determining factor; **~ ekonomiczny** economic factor; **~ ludzki** human factor; **~ odstraszający** deterrent; **~ społeczny** social factor; **istotny ~** essential/major factor; **kluczowy ~** key factor; **rozłożyć liczbę na ~i pierwsze** factorize a number

czynnoś|ć *f* activity; action; operation; **~ć wątroby** action of the liver; **~ci przygotowawcze** preparatory action; **~ci sądowe** acts of court; **zostać zawieszonym w ~ciach** be suspended (from one's duties)

czynn|y *a* active; **służba ~a** (*wojskowa*) active service, *US* active duty; **być ~ym** (*o człowieku*) be active; (*o sklepach, urzędach*) be open

czynsz *m* rent; **niski ~** low rent; **wysoki ~** high rent; **~ za mieszkanie wynosi... miesięcznie** the flat rents at...a month; **ona zalega ze spłatą ~u** she is in arrears with her rent; **płacić/opłacać ~ za** pay the rent for; **płacić ~ miesięcznie** pay the rent monthly; **podnosić ~** raise the rent; **zalegać z ~em za dwa miesiące** owe two months' rent, be two months behind with the rent

czystk|a *f pot.* purge; **~a etniczna** ethnic cleansing; **~a polityczna** political purge; **przeprowadzić/zrobić ~ę** carry out a purge, conduct a purge

czysto *adv* **1.** clean; **tutaj jest ~** it's clean here; *przen.* **przepisać coś na ~** make a clean copy of sth, make a fair copy of sth **2.** (*o zyskach, stratach*) net; **przynieść/zyskać na ~** net; **sprzedaż przyniosła nam na ~ duży zysk** the sale netted us a large profit **3.** (*zupełnie, ściśle*) purely; entirely; strictly; **~ formalne względy** purely formal considerations; **to ~ osobista sprawa** it's purely private

czyst|y *a* clean, clear, pure; **nienagannie ~y** immaculately/spotlessly clean; as clean as a new pin; **~a wełna** pure wool; **~ej rasy** purebred; *przen.* **~y jak kryształ/łza** as clear as crystal, crystal clear; **~y nonsens** sheer/pure/perfect nonsense; **~y zysk** clear profit

czytać *v* read; *przen.* **~ coś od deski do deski** read sth from cover to cover; **~ między wierszami** read between the lines; **~ w czyichś myślach** read sb's thoughts, read sb's mind

D

dach *m* roof; **~ dwuspadowy** lean-to/shed roof; **~ jednospadowy** gable/ridge roof; **~ kryty blachą** sheet roof; **~ kryty dachówką** tile roof; **~ kryty słomą** thatched roof; **~ opuszczany** (*samochodu*) convertible top, drophead; **~ płaski** flat/deck roof; **~ samochodu** car roof, roof of a car; *przen.* **(być) bez ~u nad głową** (be) with no roof over one's head; **mieć ~ nad głową** have a roof over one's head; **mieszkać/żyć pod jednym ~em** live under one roof, live under the same roof; **nad ~ami miasta** above the roofs of the city, over the rooftops of the city; **pod własnym ~em** under one's roof

dal *f* distance; **trzymać się z ~a od czegoś** stay at a distance from sth; keep away from sth; **w ~i** in the distance; **z ~a** from a distance; **z ~a słyszał muzykę** from a distance he heard the music; **z ~a od** some distance from; at a distance from; far from; **miasto leży z ~a od morza** the town is some distance from the sea; **z ~a od domu** far away from home

dalej *adv* **1.** (*w przestrzeni*) farther, further, farther off; **~ (już) nie/ale nie ~** no farther, not any farther **2.** (*w czasie*) further; **nie ~ niż w ostatnią środę** no further back than last Wednesday; **nie ~ niż za trzy lata** three years further on **3.** (*z czasownikiem*) on; **czytać ~** read on; **śpiewać ~** sing on **4.** *przen.* further; **posuwać sprawę ~** take the matter further; **pójść ~** go further **5. i tak ~** and so on, and so forth; *pot.* and all that, and that

dalek|i *a* **1.** (*odległy w przestrzeni, czasie*) distant; faraway; far; far-off; remote; **w ~iej przeszłości** in the remote past, in the distant past; **w ~iej przyszłości** in the remote future, in the distant future; **w niezbyt ~iej przyszłości** in the not-too--distant future **2.** (*długi*) long; distant; **~a podróż** long journey **3.** *przen.* **~i od** far from; **~i jestem od (zrobienia czegoś)** far be it from me to (do sth); **~i od prawdy** far from the truth, far from (being) true; **być ~im od zrobienia czegoś** be far from doing sth

dalek|o *adv* **1.** far; far away, far off; **~o od** far from, far away from; a long distance from; **~o stąd** far from here; **dość ~o** a good distance off; **z ~a** (*ze znacznej odległości*) from a distance; **z ~a od** some distance from; at a distance from; far from; **omijać kogoś/coś z ~a** give sb/sth a wide berth; **trzymać się z ~a od** keep away from **2.** *przen.* (*znacznie*) far; far and away; a lot; a great deal; **~o idący** (*zmiana itd.*) far-reaching; wide-ranging; sweeping; extensive; **~o lepszy** far and away better; **~o zajść** go far; **posuwać coś za ~o** carry sth too far, take sth too far; **posuwać się za ~o** carry things too far

dane *pl* data; (*zebrane, ustalone*) findings; **~ analogowe** analog data; **~ cyfrowe** digital data; **~ liczbowe** figures; **~ osobiste/personalne** personal details; **~ statystyczne** statistical data, statistics; **~ szacunkowe** estimates; **~ szczegółowe** particulars; detailed data; **przekazywać ~** transmit data; **przetwarzać ~** process data; **zbierać ~** gather data

danie *n* course; dish; **~ mięsne** dish of meat; **~ rybne** dish of fish; **główne ~** main course; **pierwsze ~** the first course; **obiad z trzech dań** a three-course dinner, a dinner of three courses

dan|y *a* given; **~a sprawa** the matter in hand; **w ~ym czasie** at a given time; **w ~ym punkcie** at a given point

dar *m* **1.** (*upominek*) gift; present; (*ofiara, datek*) grant; gift; donation; **hojny/szczodry ~** generous gift; **skromny ~** small gift; **w ~ze** by/as a gift **2.** (*talent*) gift; talent; **~ opowiadania** a gift of the gab; **mieć ~ do czegoś** have a gift for sth

darmo *adv* **1.** free (of charge), gratis; **za pół ~** for a song, dirt-cheap **2. na ~** for nothing; in vain; **nie ~** (*nie bez powodu*) not for nothing

darowa|ć *v* **1.** (*ofiarować*) **~ć coś komuś** make a gift of sth to sb; present sb with sth; **~ć komuś wolność** be given one's freedom **2.** (*zwolnić od czegoś*) **~ć komuś coś** free sb from sth; **~ć dług** remit a debt; **~ć grzech** remit a sin; **~ć karę** remit a punishment **3.** *pot.* (*zaoszczędzić*) spare; **~ć komuś życie** spare sb's life; **~ć sobie coś** spare oneself sth; **mogłem sobie ~ć ten kłopot** I could have spared myself the trouble; **można by to sobie ~ć** it could be spared **4.** (*przebaczyć*) **~ć coś komuś** forgive sb for sth; **~ć sobie** forgive oneself; **nie mogę ~ć mu tego, co zrobił mojej siostrze** I can't forgive him for what he did to my sister; **nie może sobie ~ć, że nie odwiedziła matki przed śmiercią** she cannot forgive herself for not going to see her mother before she died; **nigdy bym sobie tego nie ~ła** I'd never forgive myself

dat|a *f* date; **~a stempla pocztowego** date as postmark; **~a urodzenia** date of birth; **~a ważności** expiration/expiry date; **historyczna ~a** historical date; **ważna/wielka ~a historyczna** a significant date in history; **począwszy od tej ~y** from this date onwards; **ustalić ~ę** fix/set a date

datowa|ć *v* date; **~ć mylnie** misdate; **~ć się od** date back to, date back from; **~ny dnia...** dated...; under the date...

dawać *v* **1.** give; (*wręczać*) hand; **~ komuś buzi/całusa** give sb a kiss **2.** (*pozwalać*) **~ komuś coś zrobić** let sb do sth, allow sb to do sth; **~ komuś znać** let sb know

dawka *f* dose; dosage; **~ dopuszczalna** permissible/tolerance dose; **~ promieniowania** radiation dose; **~ śmiertelna** lethal//fatal dose; **~ uderzeniowa** shock initial dose, large initial dose; **~ za duża** overdose; **~ za mała** underdose

dawn|o *adv* **1.** (*w przeszłości, w odległych czasach*) long ago; in the past; **~o, ~o temu** once upon a time; **~o temu** long ago, a long time ago, way back **2.** (*od pewnego czasu*) **~o/od ~a** since a long time; for a long time; **~o zapomniany** long-forgotten; **jak ~o temu?** how long ago?; **już ~o temu** long before now

dawn|y *a* **1.** (*odległy w czasie*) old; past; faraway; **~e czasy** faraway times **2.** (*poprzedni, dotychczasowy*) former, previous; **~y mistrz świata** the former world champion; **obrazowi przywrócono jego ~ą świetność** the painting was restored its former glory; **od ~a istniejący** (*firma itd.*) long-established, of long standing

dążenie *n* pursuit; **~ do (osiągnięcia) zysku** pursuit of profit, drive for profit; **~ do szczęścia** pursuit of happiness

debat|a *f* **~a (nad czymś)** debate (on/over/about sth); **~a parlamentarna** parliamentary debate; **burzliwa ~a** heated/intense debate; **być przedmiotem ~y** be under debate; **odbyć ~ę** hold/have a debate; **prowadzić ~ę** conduct a debate

debiut *m* debut; **~ filmowy/kinowy** screen debut; **ten film jest jego reżyserskim ~em** the film marks his directorial debut

debiutować *v* make one's debut; **~ w filmie** make one's screen debut

decyzj|a *f* decision; **~a dotycząca/w sprawie** decision on/about; **~a sądu** court decision, court's decision; **nieodwołalna ~a** irreversible/irrevocable decision; **odważna ~a** courageous decision; **ostateczna ~a** final decision; **pochopna ~a** hasty/snap/rash decision; **stanowcza ~a** firm decision; **trudna ~a** difficult/hard/tough decision; **ważna ~a** big/important decision; **podejmowanie ~i** decision-making; **~a należy do ciebie** it's up to you (to decide), the decision is up to you; **chcę sprzedać dom, ale mój mąż ociąga się z podjęciem ~i/odwleka ~ę** I want to sell the house, but my husband is dragging his feet; **podjąć/powziąć ~ę** make a decision, take a decision; **podtrzymać ~ę** uphold a decision; **uchylić ~ę** reverse/overrule a decision; **upierać się przy swojej ~i** dig one's heels in, dig

defensywa

one's toes in; **zapadła ~a zamknięcia trzech fabryk** it was decided that three factories should be closed

defensyw|a *f* **1.** (*obrona*) defensive; **być/znajdować się w ~ie** be on the defensive **2.** (*w sporcie*) defence; **grać w ~ie** play in defence, *US* play on defense

deficyt *m* deficit; **~ budżetowy** budget deficit; **~ spadł** deficit fell; **mieć ~** run a deficit; operate at a loss; *pot.* be in the red; **zlikwidować ~** eliminate a deficit; **zmniejszyć ~** reduce/cut a deficit

definicj|a *f* definition; **~a słownikowa** dictionary definition; **szeroka ~a** all-embracing definition; **dać/podać ~ę** give a definition, provide a definition; **sformułować ~ę** formulate a definition; **z ~i** by definition

deklaracj|a *f* **1.** (*manifest*) declaration; **ogłosić ~ę** issue a declaration **2.** (*oświadczenie*) declaration; statement; **~a celna** customs declaration; **złożyć (pisemną) ~ę** make a (written) declaration

dekoracj|a *f* **1.** decoration; **~a teatralna** scenery; **~a wnętrz** interior decoration; **~a wystawy sklepowej** window dressing **2.** (*medalem itd.*) decoration; **dokonać ~i kogoś** decorate sb; **dokonano ~i (medalami) kilku żołnierzy** several soldiers were decorated

dekret *m* decree; **wydać/ogłosić ~** issue a decree; **zawiesić ~** rescind a decree

delegacj|a *f* **1.** (*grupa delegatów*) delegation; **~a związkowców** union delegation; **oficjalna ~a** official delegation; **przewodniczyć ~i** head/lead a delegation **2.** *pot.* (*podróż służbowa*) business trip; **być w ~i** be on a business trip

demonstracj|a *f* **1.** (*pochód*) demonstration, manifestation; *pot.* demo; **~a antynuklearna** a ban-the-bomb demonstration; **~a pokojowa** peaceful demonstration; **~a przeciwko wojnie** demonstration against the war; **~a studentów** student demonstration; **masowa ~a** mass demonstration; **rozbić/rozpędzić ~ę**

break up the demonstration; **urządzić ~ę** stage a demonstration/manifestation **2.** (*manifestowanie uczuć, postaw*) manifestation, demonstration; **~a siły** a show of strength **3.** (*pokaz*) demonstration; display; **dokonać ~i** give a demonstration; **dokonała ~i, jak działa program** she gave a demonstration of how the program works

depesz|a *f* **1.** (*telegram*) telegram, telemessage; **~a gratulacyjna** telegram of congratulations; **~a kondolencyjna** telegram of condolence; **nadać/wysłać ~ę** send a telegram; **odebrać/otrzymać ~ę** get a telegram, receive a telegram **2. ~a (prasowa)** dispatch, despatch

depresj|a *f* depression; **głęboka ~a** deep/severe depression; **być w ~i** be depressed; be in a state of depression; **cierpieć na ~ę** suffer from depression

desk|a *f* **1.** board; plank; **~a do prasowania** ironing board; **~a kreślarska** drawing board; **~a podłogowa** floor board; **~a surfingowa** surfboard; **będę cię kochać do grobowej ~i** I'll love you till the day I die; **czytać coś od ~i do ~i** read sth from cover to cover; **do grobowej ~i** to/until your dying day; **jako ostatnia ~a ratunku** as a last resort, in the last resort; **jedyna ~a ratunku** (one's) only resort; **jesteś moją jedyną/ostatnią ~ą ratunku** you're my only/last resort; **ostatnia ~a ratunku** (one's) last resort **2. ~i sceniczne/teatralne** the stage

deszcz *m* rain; **~ marznący** freezing/ice rain; **~ przelotny** shower, intermittent rain; **~ ulewny** heavy/pouring/torrential rain; **~ ze śniegiem** sleet; **drobny/lekki ~** light rain; **kwaśny ~** acid rain; **~ kropi** there is a sprinkle of rain; **~ leje jak z cebra** it's coming down in buckets, the rain is pouring down, it's pouring down, it's pouring with rain, it's raining cats and dogs; **~ mży** it's drizzling; **~ pada** it's raining; **~ przechodzi/ustaje** rain lets up; **~ przestaje padać** rain stops; **~ zaczyna padać** rain starts; **~ zelżał** the rain eased off; *przen*. **czekać/wyglądać/pragnąć czegoś jak kania ~u** pine for sth;

detal 72

na ~u in the rain; **schronić się przed ~em** shelter from rain; *przen.* **(trafić/wpaść) z ~u pod rynnę** (fall) out of the frying pan into the fire; *przysł.* **z dużej chmury mały ~** great/much cry and little wool; **zanosi się/zbiera się na ~** it looks like rain, it looks as if it's going to rain

detal *m* **1.** (*szczegół*) detail; **opisać coś z ~ami** describe sth in detail; **wchodzić w ~e** go into detail **2.** (*handel*) retail (trade); **kupować w ~u** buy (by) retail; **sprzedawać w ~u** retail, sell by retail

dezaprobat|a *f* disapproval; **jego metody spotykają się z powszechną ~ą** there is widespread dissaproval of his methods; **pokręciła głową z ~ą** she shook her head in dissaproval; **spojrzeli na nią z ~ą** they looked at her disapprovingly; **wyrazić swoją ~ę** express one's disapproval; **z ~ą** with disapproval

diab|eł *m* devil; *przysł.* **co nagle, to po ~le** haste makes waste; hasty climbers have sudden falls; **idź/wynoś się do ~ła!** go to the devil!; get lost!; **jak (wszyscy) ~li** like hell; *przysł.* **nie taki ~eł straszny, jak go malują** barking dogs seldom bite, sb's bark is worse than his bite; **posłać kogoś do ~ła/w ~ły** send sb packing; **znowu próbował pożyczyć ode mnie pieniądze, ale posłałam go do ~ła** he tried to borrow money from me again, but I sent him packing

diagnoz|a *f* diagnosis (*pl* dignoses); **~a lekarska** doctor's diagnosis; **trafna ~a** accurate diagnosis; **postawić ~ę** make a diagnosis; **potwierdzić ~ę** confirm a diagnosis

dialog *m* dialogue; **prowadzić/toczyć ~ z** conduct a dialogue with, have a dialogue with

diametralnie *adv* diametrically; **~ różnić się od czegoś** be diametrically opposed to sth; **mieliśmy ~ różne punkty widzenia** we held diametrically opposed points of view

die|ta *f* **1.** diet; **~ta bezglutenowa** gluten-free diet; **~ta bogata w białko** high-protein diet; **~ta niskokaloryczna** low-calorie diet; **~ta odchudzająca** reduction/reducing diet; **~ta wege-**

tariańska vegetarian diet; **~ta wysokokaloryczna** high-calorie diet; **być na ~cie** be on a diet, diet; **być na ~cie bezglutenowej** have a gluten-free diet; **jestem na ~cie** I am dieting; **przejść na ~tę** go on a diet; **przestrzegać ~ty** stick to a diet, follow a diet **2. ~ta (służbowa)** expense allowance; travel allowance

dlaczego *pron* why; what for; *pot.* how come; **~ nie?** why not?; **spytali go, ~ to zrobił** they asked him why he had done it

dlatego *pron* **1. ~ (też)** that is why; this is why; therefore; so; **czy ~ to zrobiłeś?** is that why you did it? **2. ~, że** because; as; for; since

dło|ń *f* palm; *przen.* **(jasno) jak na ~ni** distinctly; **podać komuś pomocną ~ń** lend/give sb a helping hand; **trzymać coś w ~ni** hold sth in the palm of one's hand; **uścisnąć czyjąś ~ń** shake sb's hand, shake sb by the hand; **uścisnąć sobie ~nie** shake hands with sb; **wróżyć komuś/czytać z ~ni** read sb's palm; **wyciągnąć do kogoś pomocną ~ń** hold out a helping hand to sb; **wyciągnąć do kogoś przyjazną ~ń** hold out the hand of friendship

dług *m* debt; **~ honorowy** debt of honour; **~ karciany/hazardowy** gambling debt; **~ państwowy** national debt; **brnąć w ~i** get into debt, go into debt, run into debt; **być po uszy w ~ach/siedzieć po uszy w ~ach** be up to one's ears in debt, be up to one's neck in debt, be deeply/heavily in debt, *US* be over your head in debt; **ich ~i wynoszą sześć tysięcy funtów** their debts amount to six thousand pounds; **mieć ~ wdzięczności wobec kogoś** owe a debt of gratitude to sb, owe gratitude to sb; **mieć ~i** be in debt; **nasze ~i rosną/brniemy w ~i** our debts are mounting up; **oddać ~** repay a debt; **spłacać ~** pay (off) a debt; **tonąć w ~ach** be up to one's ears in debt, be up to one's neck in debt, be deeply/heavily in debt, *US* be over your head in debt; **wpadać w ~i** get into debt, go into debt, run into debt; **wyjść/wybrnąć z ~ów** be out of debt, get out of debt; **za ~i** (*pójść do więzienia*) for debt; **zaciągać ~** contract a debt, incur a debt; **zwracać ~** pay (off) a debt

długi 74

długi *a* long; ~ **na dwa metry** two metres long; **jak kraj** ~ **i szeroki** nationwide; **upaść jak** ~ fall full length

długo *adv* long; ~ **oczekiwany** long-awaited; **czy** ~ **cię nie będzie?** will you be away for long?; **jak ~?** how long?; **nie będę** ~ I won't be long; **to nie potrwa** ~ this won't take long; **zostań, jak** ~ **zechcesz** stay as long as you like

długoś|ć *f* length; **~ć fali** wavelength; **~ć geograficzna** longitude; **o ~ci** in length; **przeciętna ~ć życia** life expectancy, expectation of life; **rzeka o ~ci 300 mil** a river 300 miles in length; **to ma dziesięć metrów ~ci** it is ten metres in length, it is ten metres long; **wygrać/zwyciężyć o dwie ~ci** (*bieg*) win by two lengths

dno *n* **1.** bottom; ~ **morza** sea bottom/bed/floor; **podwójne** ~ double/false bottom; **bez dna** bottomless; **na dnie czegoś** at the bottom of sth; **osiąść na dnie** bottom, ground; **pójść na** ~ sink to the bottom; **wypić coś do dna** drink sth up **2.** *przen.* rock bottom; ~ **rozpaczy** depths of despair; **(być) na dnie** (be) at rock bottom; **osiągnąć ~/sięgnąć dna** reach rock bottom; **spaść na ~/stoczyć się na (samo)** ~ fall to rock bottom

do *prep* **1.** (*określając granicę*) to; up to; (*do środka*) in; into; (*określając kierunek*) to; towards; ~ **pokoju** into the room; ~ **szklanki** into the glass; **od...~** ... from...to... **2.** (*określając czas*) till, until; to; ~ **lata** till/until summer; ~ **niedawna** until (quite) recently, until very recently; ~ **tej pory** so far; up to now, till now, by now **3.** (*określając przeznaczenie*) for; to; ~ **czego to jest?** what is it for?; **coś** ~ **poczytania** something to read **4.** (*określając wynik*) to; **wygraliśmy 6** ~ **3** we won by 6 points to 3

dob|a *f* **1.** day, twenty-four hours; **całą ~ę** day and night, night and day; around the clock, round-the-clock; **dwadzieścia cztery godziny na ~ę** twenty-four hours a day **2.** (*epoka*) era; epoch; day(s); **w dzisiejszej ~ie** in this day and age, these days

dobór *m* selection; choice; ~ **naturalny** natural selection

dobra pl (*w ekonomii, handlu itd.*) goods; ~ **doczesne** worldly goods; ~ **inwestycyjne** investment/capital goods; ~ **konsumpcyjne** consumer/consumption goods

dobr|o n 1. (*moralne*) right; good; ~**o i zło** right and wrong; good and evil; **różnica między** ~**em a złem** the difference between good and evil 2. (*pożytek*) good; ~**o ogółu/powszechne/publiczne** the common good; **najwyższe** ~**o** the highest good; **dla** ~**a...** for the good of...; **dla twojego własnego** ~**a** for your own good; **pracować dla** ~**a kraju** work for the good of one's country; **wyrządzić/przynieść więcej zła niż** ~**a** do more harm than good

dobr|y a good; ~**y Samarytanin** a good Samaritan; **bądź tak** ~**y i...** would you be good enough to..., would you be kind enough to..., would you be so kind and...; **bądź tak** ~**y i pomóż mi** would you be kind enough to help me?; **być** ~**ym w czymś** be good at sth, be good in sth; **na** ~**e** (*na zawsze*) for good (and all); **na** ~**e i złe** through thick and thin; **poczekałem** ~**ą godzinę** I waited a good hour; *przysł.* **wszystko** ~**e, co się dobrze kończy** all's well that ends well; **zawsze była dla mnie bardzo** ~**a** she's always been very good to me

dobrze *adv* well; good; (*w złożeniach*) well-; ~ **płatny** well-paid; ~ **poinformowany** well-informed; ~ **ubrany** well-dressed; ~ **udokumentowany** well-documented; ~ **utrzymany** (*budynek, ogród*) well-kept; ~ **wychowany** well-brought-up; ~ **zbudowany** well-built; ~ **ci zrobi...** it'll do you good to...; ~ **mu tak!** it serves him right!; *pot.* ~ **pójść** (*udać się*) go well; ~ **się temu przyjrzyj!** take a good look at it!; ~**, że...** it's a good thing...; **równie** ~ **moglibyśmy pójść do domu** we might just as well go home; **wrócę jutro** – ~**!** I'll be back tomorrow – good!

dochodzenie *n* investigation; ~ **policyjne** police inquiry; **prowadzić** ~ investigate, carry out an investigation, conduct an investigation; **wszcząć** ~ launch an investigation

dochód *m* income; profit; ~ **brutto** gross income/profit; ~ **na głowę** per capita income; ~ **narodowy** national income; ~ **narodowy brutto** gross national product, GNP; ~ **podlegający opodatkowaniu** taxable income; ~ **z pracy** earned income; **czysty** ~/~ **netto** net income, net profit; **ładny** ~ handsome profit; **niski** ~ low income; **roczny** ~ annual income; **skromny** ~ small/marginal profit; **stały** ~ fixed income; **szybki** ~ quick profit; **wysoki** ~ high income; **znaczny** ~ large/fat profit; **grupa o niskim dochodzie** low income group; **źródło dochodu** source of income; **dawać** ~ yield a profit; **osiągać** ~ earn/make/realize a profit; **przynosić** ~ bring (in) a profit

dodat|ek *m* addition; **~ek drożyźniany** cost-of-living bonus; **~ek rodzinny** child benefit, family allowance; **na ~ek/w ~ku** in addition; additionally; moreover; *pot.* into the bargain, *US* in the bargain

dodawać *v* **1.** (*sumować*) add (together); add up; ~ **A do B** add A to B, add A and B (together) **2.** (*dołączać*) add; add in; ~ **czemuś uroku** add charm to sth; ~ **mąki/wody** add flour/water; **czy chcesz jeszcze coś dodać do swojego wcześniejszego stwierdzenia?** have you anything to add to your earlier statement?; **nie trzeba ~, że...** needless to say that...

dodawanie *n* addition; **wykonać** ~ (*liczb*) do addition

dokładnoś|ć *f* accuracy, exactness, precision; **z ~cią do** accurate to, with an accuracy of, to an accuracy of

doktorat *m* doctorate; doctor's degree; ~ **honoris causa/ /honorowy** honorary doctorate; ~ **z** a doctorate in; **przyznać/ /nadać** ~ grant a doctorate, award a doctorate; **uzyskać/zrobić** ~ **z** obtain a doctorate in

dokument *m* document; paper; **tajny** ~ secret/classified document; **okazanie ~ów** presentation of documents; **okazać/ /przedstawić ~y** present/produce documents; **wydać ~y** release documents

dolegliwoś|ć *f* ailment; affliction; **~ci żołądkowe** stomach trouble; **~ci sercowe/serca** heart trouble

dom *m* **1.** house; **~ jednorodzinny** one-family/single house; **~ kwaterunkowy** council house; **~ mieszkalny** dwelling house; apartment house; (*czynszowy*) tenement; **~ murowany** brick house; **~ pełen gości** a houseful of guests; **~ towarowy** department store; **budować/stawiać ~** build a house, put up a house; **wejść do ~u** go into the house; **wyjść z ~u** come out of the house, leave the house; **wynajmować komuś ~** let a house to sb, *US* rent out a house to sb; **wynajmować u kogoś ~** rent a house from sb **2.** (*miejsce zamieszkania*) home; residence; **być daleko od ~u** be a long way from home, be far away from home; **być w ~u** be in; **czuć się jak u siebie w ~u** make oneself at home, make oneself comfortable, be at home; **iść/jechać do ~u** go home; be homeward bound; **nie było jej w ~u** she was out; **nie lubię wychodzić z ~u po zmierzchu** I don't like to go outdoors after dark; **udawać się do ~u** head homewards; **w ~u** at home, *US* home; *przysł.* **wszędzie dobrze, ale w ~u najlepiej** there is no place like home; **zostawać w ~u** stay indoors **3.** (*gospodarstwo*) housekeeping; **prowadzić ~** run the house; **prowadzić komuś ~** keep house for sb; **zajmować się ~em** keep house **4.** (*rodzina, ognisko domowe*) home; **~ rodzinny** family home; **bądź cicho, bo obudzisz cały ~!** be quiet or you'll wake the whole house!; **pochodzić z biednego ~u** come from a poor home **5.** (*instytucja*) house; **~ akademicki** *GB* hall of residence, *pot.* hall, *US* dormitory, *pot.* dorm; **~ dziecka** orphanage; children's home; **~ gry** gambling house; **~ mody** fashion house; **~ starców** old people's home; *przen.pot.* **~ wariatów** the laughing academy; madhouse **6. ~ boży/modlitwy** house of God, place of worship, *US* house of worship

domysł *m* conjecture; speculation; **gubić się w ~ach** be lost in conjecture; **snuć ~y** conjecture; **to są tylko ~y** it is pure conjecture, that's largely conjecture, it is pure speculation

donikąd *adv* nowhere; *przen.* **prowadzić** ~ get nowhere, go nowhere

dopiero *adv* **1.** (*tylko*) only; ~ **co** only just; ~ **co przyjechałem** I have only just arrived; **on ma** ~ **10 lat** he is only ten **2.** *pot.* **musieć coś** ~ **zrobić** have yet to do sth; **muszę mu** ~ **powiedzieć** I've yet to tell him **3.** (*w funkcji wykrzyknika*) **a to** ~**!** well, well!; **cóż** ~ **...** to say nothing of..., not to mention...; (*przed rzeczownikiem – negatywnie*) some; **a to** ~ **pomoc!** some help that is!; **a to** ~ **przyjaciel!** some friend!

doprowadz|ać *v* **1.** bring; lead; (*powodować*) bring about; **~ać do wojny/reform** bring about a war/reforms **2.** **~ać kogoś do** (*stanów emocjonalnych*) drive sb to; **~ać kogoś do rozpaczy** drive sb to despair; **~ać kogoś do szału** drive sb mad/crazy **3.** **~ać do czegoś** lead (up) to sth; **co ~iło cię do takiego wniosku?** what led you to this conclusion? **4.** **~ać do wrzenia** bring to the boil

doradca *m* adviser, counsellor; ~ **ekonomiczny** economic adviser/counsellor; ~ **finansowy** financial adviser; ~ **prawny** legal adviser; ~ **prezydenta** an adviser to the president; ~ **w sprawach** an adviser on

dorastać *v* grow up; *przen.* ~ **do (zadania/sytuacji)** be equal to (the task/situation); **nie** ~ **komuś do pięt** not be a patch on sb

doskonałoś|ć *f* perfection; **szczyt ~ci** the acme of perfection; **dążyć do ~ci** aim/strive/search for perfection; **osiągnąć ~ć** achieve/attain perfection

dosłownie *adv* literally; **brać/rozumieć coś** ~ take sth literally; **ich dom jest** ~ **10 metrów od morza** their house is literally 10 metres from the sea; **przetłumaczyć** ~ translate literally

dosta|ć *v* **1.** (*otrzymać*) get; receive; **~ć burę** get/receive a scolding, be scolded; **~ć buzi/całusa** get a kiss; **~ć karę śmierci** be given the death sentence, receive the death sentence; **~ć lanie** get a beating; **~ć za swoje** get one's just deserts, meet with one's just deserts, be punished according to one's deserts;

~ł dziesięć lat za napad z bronią w ręku he got ten years for armed robbery; **ile ~łeś za swój stary samochód?** how much did you get for your old car? **2. ~ć się do czegoś/kogoś** get at sth/sb; **~ć się gdzieś** get somewhere; **jak się tu ~łeś?** how did you get here? **3. ~ć się** (*do szkoły, na uniwersytet*) get in; **zdawała egzamin wstępny, ale się nie ~ła** she took the entrance exam but she didn't get in **4.** (*nabawić się, zachorować*) get; catch; *pot.* **~ć bzika** go mad; **~ć wysokiej gorączki** get a high fever; **~ć wypieków** redden; flush (crimson); **~ła wypieków na policzkach/twarzy** her cheeks flushed crimson **5.** (*zostać trafionym*) get; **~ć kulę** get a bullet **6.** (*kupić*) get; **~ć coś bardzo tanio** get sth on the cheap

dostat|ek *m* **1.** (*zamożność*) affluence; wealth; **żyć w ~ku//opływać w ~ki** live in affluence; *pot.* be in clover **2.** (*obfitość*) abundance; plenty; **pod ~kiem** in abundance; in plenty; **w lesie jest pod ~kiem grzybów** the forest abounds in mushrooms

dostaw|a *f* delivery; supply; **~a do domu** home delivery; **~y broni** arms deliveries/supplies

dostęp *m* access; **~ bezpośredni** direct access; (*do pamięci komputera*) random/direct access; **~ ograniczony** limited access; **~ swobodny** free/easy access; **zdobyć ~ do** gain access to, get access to

dostępn|y *a* **1.** accessible, available; **~y dla publiczności** open to the public; **~y na rynku** commercially available; **problem polega na tym, że niektóre z tych narkotyków są tak łatwo ~e** the problem with some of these drugs is that they are so very accessible **2. on jest bardzo ~ym człowiekiem** he is a very approachable man

dosyć 1. *adv* (*wystarczająco*) enough; sufficient; **~ pieniędzy** enough money, money enough **2.** *adv* (*stosunkowo*) enough, rather, quite; **to jest ~ trudne** it's difficult enough, it's rather difficult **3.** *interj* **~ tego!** that's enough!; enough is enough!;

doświadczenie

mam tego ~! I have enough of it!; I'm fed up with it!; **miałem ich ~** I had my fill of them

doświadczeni|e *n* **1.** (*życiowe itd.*) experience; **bogate ~e** broad/wide experience; **bolesne ~e** painful experience; **mieć duże ~e w** have a great deal of experience in; **wiedzieć/znać coś z ~a** know sth from experience, know sth by experience; know sth to one's cost; **zdobywać ~e** acquire experience, gain experience, get experience **2.** (*eksperyment*) experiment; **~a na ludziach** human testing; **~e chemiczne** chemistry experiment; **~e fizyczne** physics experiment; **przeprowadzać ~e** carry out/conduct/perform/run/do an experiment

dotyczy|ć *v* concern; **to mnie nie ~** (*nie obchodzi*) it's none of my concern, it's no concern of mine; **to samo ~...** the same goes for...

dotyk *m* touch; **delikatny ~** delicate/gentle/light touch; *przen.* **midasowy ~/~ Midasa** the Midas touch; **miękki ~** soft touch; **materiał gładki w ~u** material with a smooth touch; **zmysł ~u** sense of touch; **być miękkim w ~u** be soft to the touch, be soft to the feel; **poczułem ~ jej ręki** I felt the touch of her hand; **przy najmniejszym ~u** at the slightest touch

dowcip *m* (*żart*) joke; jest; (*figiel*) joke, practical joke, trick, hoax; **nieprzyzwoity ~** dirty/obscene joke; *pot.* **odgrzewany ~** old/stale joke, old chestnut; **ordynarny ~** coarse/crude joke; **czy słyszałeś/znasz ~ o...?** have you heard the one about...?; **powiedzieć ~** crack a joke, tell a joke

dow|ód *m* **1.** proof; evidence; **~ód rzeczowy** exhibit; **~ód uznania** testimonial; **~ód winy** evidence/proof of guilt; **konkretny ~ód** concrete evidence; **liczne ~ody** ample evidence; **niezbity ~ód** hard evidence; irrefutable/undeniable proof; **przekonywający ~ód** convincing proof; **~ody świadczą przeciwko niemu** the evidence is against him; **być ~odem czegoś** be proof of sth, prove sth; **dawać ~ody czegoś** display sth, exhibit sth, evince sth; **dostarczać ~odów** furnish/give/

/provide proof, furnish/give/provide evidence; **mieć niezbity ~ód (czegoś/na coś)** have a hard evidence (of sth); **na ~ód...** as proof of...; **potrzebujemy jakiegoś ~odu** all we need is some proof; **przedstawić ~ód** produce evidence; **stanowić żywy ~ód czegoś/że** be living proof of sth/that; **w ~ód (wdzięczności)** in token of (gratitude); **z braku ~odów** in the absence of proof **2.** (*dokument*) document; **~ód osobisty/tożsamości** identity card, ID card; **~ód rejestracyjny** (*pojazdu*) registration book **3.** (*matematyczny*) proof; **przeprowadzić ~ód** prove (a theorem)

dowódca *m* commander; **~ naczelny** commander in chief

dowództw|o *n* command; **naczelne ~o** command-in-chief; **objąć ~o** take command; **pod ~em** under the command of, under sb's command; **przejąć ~o** take over command; **sprawować ~o** exercise command; **złożyć/zdać ~o** give up command, relinquish command

dół *m* (*niższa część*) bottom; **na/w ~** down, downwards; **na dole** (*na spodzie*) down; at the bottom; (*na parterze*) downstairs; **u dołu** at the bottom; **w ~ rzeki** downstream, down the river

drabin|a *f* ladder; *przen*. **~a społeczna** the social ladder; **~a strażacka** fire ladder; **~a sznurowa** rope ladder; **będziesz potrzebował ~y, żeby pomalować sufit** you'll need a ladder to paint the ceiling; **była/stała na ~ie** she was up a ladder; **oprzeć ~ę o ścianę** lean a ladder against a wall; **schodzić po ~ie** come down/descend a ladder; **uważaj, żebyś nie spadł z ~y** be careful (that) you don't fall off the ladder, take care not to fall off the ladder; **wejść na ~ę** mount a ladder; **wspinać się po ~ie** go up/climb a ladder

dramat *m* **1.** drama; **~ epicki** epic drama; **~ klasyczny** classical drama **2.** *przen.* (*nieszczęście*) tragedy, drama; **~ rozgrywał się na naszych oczach** a drama was unfolding before our eyes; **robić z czegoś ~** make a drama out of sth

dreszcz *m* (*strachu, wzruszenia itd.*) thrill; shudder; (*z zimna, przerażenia*) shiver; **~ grozy** a thrill of horror; **~ strachu**

droga

a thrill of fear; **~ przenika/przechodzi kogoś** sb is thrilled; **dostawać ~y** get a thrill; **mieć ~e** shiver; **przebiegł mnie ~** a shiver ran down my spine; **przejąć kogoś ~em** thrill sb

drog|a *f* **1.** road; way; track; **~a dojazdowa** access road; **~a lądowa** land/overland road; **~a lotnicza** airway, air route; **~a morska** seaway; **~a nieprzejezdna** impassable road; **~a okrężna** ring road; roundabout way; **~a powrotna** the way back; **~a przejezdna** passable road; **~a wiejska** country road/lane; **~a wielopasmowa** multilane road; **~a wodna** water-way; **~ą lądową** by land/road, overland; **~ą lotniczą** by air; **~ą morską** by sea; **boczna ~a** byway; **~a prowadzi...** a road goes..., a road leads..., a road runs...; **~a przebiega wzdłuż linii kolejowej** the road runs parallel to the railway; **blokować ~ę** block the road; **być w drodze do** be on the way to; *przen.* **chodzić własnymi ~ami** follow one's (own) bent; *przen.* **pójść własną ~ą** go/take one's own way; **przebyć daleką ~ę** come a long way; **pytać o ~ę** ask the way; **wchodzić komuś w ~ę** get in sb's way; **wskazać ~ę do** show the way to, point the way to; **wyruszyli w ~ę o świcie** they set out at dawn; **zejść (komuś) z ~i** move out of sb's way, get out of sb's way; **zgubić ~ę** lose one's way; **z ~i!** get out of my way! **2.** *przen.* (*bieg sprawy*) way; **~a do czegoś** path to sth; **~a do upadku/ruiny** the path to ruin; **~a do uzdrowienia gospodarki** the path to economic recovery; **~a do zwycięstwa** the path to victory; **~ą** via; by means of; through; **~ą pokojową** by peaceful means; **~ą służbową** through official channels; **torować (sobie) ~ę** pave the way, clear the way, smoothe the way **3. Droga Krzyżowa** the Way of the Cross **4. Droga Mleczna** the Milky Way **5. ~i** (*anatomiczne*) *pl* tract; **~i oddechowe** respiratory tract; **~i pokarmowe** digestive tract

drogi *a* (*kosztowny*) expensive, costly, dear; *przen.* dear; **~ sercu** dear to sb's heart

drogo *adv* **1.** dear; **kosztować ~** be expensive; **te towary cenione są zbyt ~** these goods are priced too high **2.** *przen.* dear; dearly; **~ zapłacił za swój błąd** he paid dearly for his mistake; **ta decyzja ~ ją kosztowała** this decision cost her dear

drugi *num* **1.** (*w kolejności*) second; **po ~e** second(ly) **2.** (*z dwóch wymienionych, istniejących*) the other; **co ~** every other; every second; **na ~m końcu** at the other end; **pierwszy... ~...** (*z wymienionych*) the former...the latter; **po ~ej stronie** on the other side; **w ~m przypadku...** in the latter case...; **wielu popiera pierwsze rozwiązanie, ale ja osobiście opowiadam się za ~m** many support the former solution, but personally I favour the latter (one) **3.** (*następny*) next; **na ~ miesiąc** next month; **na ~ raz** next time

druk *m* print; printing; **~ gruby** bold-face print; **~ jasny** light-face print; **~ wklęsły** intaglio printing; **~ wypukły** letterpress/relief printing; **drobnym ~iem** in small/fine print; **w ~u** in the press; **wynalazek ~u** the invention of printing; **książka jest w ~u** the book is in the press; **ukazać się w ~u** be published; **wydać coś ~iem** get sth into print

drut *m* **1.** wire; **~ kolczasty** barbed wire **2.** (*do robót ręcznych*) knitting needle; **robić na ~ach** knit

drużyn|a *f* team; **~a gospodarzy** (*w sporcie*) home team; **~a gości** (*w sporcie*) visiting team; **~a piłkarska** football team; **~a przeciwnika** opposing/rival team; **szkolna ~a** school team; **zwycięska ~a** victorious team; **być w ~ie/należeć do ~y** be in/on the team; **kompletować/powołać/organizować ~ę** pick the team, select the team; **usunąć/wyrzucić kogoś z ~y** drop sb (from the team); **w jakiej/której grasz ~ie?** which team do you play for?

drzew|o *n* tree; **~o genealogiczne** family/genealogical tree; **~o iglaste** coniferous tree; **~o liściaste** deciduous/broadleaf tree; **~o owocowe** fruit tree; **~o wiadomości dobrego i złego** the tree of knowledge (of good and evil); **~o żywota** the tree of

drzwi

life; *przysł.* **czasem dłużej ~a skrzypiącego, niżeli zdrowego** a creaking gate hangs long; *przen.* **odpukać w nie malowane ~o** touch wood; **rosnąć na ~ach** grow on trees; **ściąć ~o** chop down a tree, cut down a tree, fell a tree; **wyrwać ~o z korzeniami** uproot a tree; **zasadzić ~o** plant a tree; **żyć na ~ach** (*o zwierzętach*) live in trees

drzwi *pl* door; **~ obrotowe** revolving door; **~ podwójne** double door; **~ są otwarte** the door is open; (*kluczem*) the door is unlocked; **~ są uchylone** the door is ajar; **~ są zamknięte** the door is closed; (*na klucz, zamek*) the door is locked; **chodzić od ~ do ~** go from door to door; **otwierać ~** open the door; (*kluczem*) unlock the door; (*na czyjeś pukanie, dzwonek*) answer the door; **przy ~ach otwartych** (*rozprawa*) in open court; **pukać do ~** knock at/on the door; **trzaskać ~ami** slam the door; **u ~** at the door; **wskazać komuś ~/pokazać komuś ~/wyprosić kogoś za ~/wyrzucić kogoś za ~** show sb the door; **wyłamać/wyważyć ~** break down the door, force the door; *przen.* **wyważać otwarte ~** state the obvious; **za zamkniętymi ~ami** behind closed doors; **zamykać ~** shut/close the door; (*na klucz*) lock the door

drżeć *v* tremble, shiver, shake; shudder; *przen.* **~ jak liść** tremble like a leaf, shake like a leaf; **~ na (samą) myśl** shudder to think; **~ z zimna** shiver with cold; **~ ze strachu** shiver with fear; **drżąc ze strachu/przerażenia** in fear and trembling

duch *m* **1.** spirit; **~ opiekuńczy** genius; **czyjś dobry/zły ~** one's good/evil genius; **dobry ~** good spirit; **zły ~** evil spirit; **siła/hart ~a** fortitude; **spokój ~a** peace of mind; **będę tam obecny ~em** I'll be there in spirit; **nie ma żywego ~a** there is not a living soul; **nieobecny ~em** absent in soul; **wyzionąć ~a** give up the ghost, breathe one's last **2.** *przen.* (*charakter czegoś*) spirit; **~ czasu** the spirit of the times; **~ prawa** the spirit of the law; **~ sportowy** sportsmanship; **~ walki** fight, fighting spirit; **iść z ~em czasu/epoki** keep abreast of the times, be abreast of the times, keep up with the times; **w ~u (współpracy)** in a spirit of (cooperation) **3.** (*w religii*) spirit; **Duch Święty** the Holy Spirit, the Holy Ghost **4.** (*widmo*) ghost; **~ straszy** a ghost haunts; **~ ukazuje się** a ghost appears; **wywoływać ~y (zmarłych)** call up the spirits of the dead; **zobaczyć ~a** see a ghost **5.** (*odwaga*) spirit; heart; **podnosić kogoś na ~u** lift sb's spirits, raise sb's spirits; sth does sb's heart good; **tracić ~a/upadać na ~u** lose heart; **złamać czyjegoś ~a** break sb's spirit

dum|a *f* pride; **zraniona ~a** injured/wounded pride; **~a rozpiera komuś pierś** sb throws out his chest with pride; **czyjeś serce wzbiera ~ą** one's heart is swelling with pride; **rozpierała go ~a** he was bursting with pride, he was swelling with pride; **zranić czyjąś ~ę** hurt sb's pride

dumn|y *a* proud; *przen.* **~y jak paw** (as) proud as a peacock; **być ~ym z czegoś/kogoś** be proud of sth/sb, take pride in sth/sb; **oni są ogromnie ~i ze swojej córki** they take great pride in their daughter

dur|eń *m pot.* blockhead; fool; **robić z kogoś ~nia** make a fool of sb

dusz|a *f* soul; **~a nieśmiertelna** immortal soul; **~a towarzystwa** the life and soul of the party; **~ą i ciałem/z całej ~y** heart and soul; **~e potępione** the damned; **artystyczna ~a** artistic soul; **bratnia ~a** soul mate; **pokrewna ~a** kindred soul; **być ~ą czegoś** be the very soul of sth, be the life and soul of sth; **ile ~a zapragnie** to one's heart's content; **kłaść/włożyć w coś całą ~ę** put one's heart (and soul) into sth, one's heart is in sth; **komuś jest ciężko na ~y** sb is heavy-hearted; sb is down-hearted; **mam wszystko, czego ~a zapragnie** I have everything my heart desires; **mieć ~ę na ramieniu** have one's heart in one's mouth, have one's heart in one's boots; **w głębi ~y** in one's heart (of hearts), at the bottom of one's heart; **zaglądać w głąb ~y** search one's soul; **zaprzedać/sprzedać ~ę (diabłu)** sell

dużo

one's soul (to the devil); **z głębi ~y** from the bottom of one's heart

dużo *adv* many, a lot of, lots of; plenty of; much; **~ gorszy** much worse; **~ książek** many books, lots of books, a lot of books, plenty of books; **~ pieniędzy** a lot of money, much money; **~ szybciej** a good deal faster; **~ wody** much water, a lot of water, lots of water, plenty of water; **co za ~ to niezdrowo!** enough is enough!; that's enough!; **ona czuje się dzisiaj ~ lepiej** she feels a good deal better today

dworzec *m* station; **~ autobusowy** bus/coach station; **~ kolejowy** railway station, rail station, *US* train station; **~ lotniczy** (*miejski*) air terminal; **obok dworca** near the station; **postój taksówek jest tuż obok dworca** there's a taxi rank just outside the station; **spotkamy się na dworcu** I'll meet you at the station

dwór *m* **1.** (*majątek ziemski*) manor; (*rezydencja*) manor house; mansion; **~ (królewski)** court; **dama dworu** lady-in-waiting **2.** (*podwórze*) courtyard; **na ~/na dworze** out of doors, outdoors; outside; in the open air; **spędzać czas na dworze** spend one's time outdoors; **wychodzić na ~** go outdoors

dykcj|a *f* diction; **staranna ~a** clear diction; **mieć dobrą ~ę** have good diction

dyktando *n* dictation; **pisać ~** write down a dictation; **pisać pod ~** take (down) dictation

dyktatur|a *f* dictatorship; **~a wojskowa** military dictatorship; **ustanowić ~ę** set up/establish a dictatorship

dylemat *m* dilemma; **przed trudnym ~em** on the horns of a dilemma

dym *m* smoke; **~ z komina** smoke from a chimney; **~ z papierosa** cigarette smoke; **gęsty ~** heavy/thick smoke; **gryzący ~** acrid smoke; **chmura ~u** cloud of smoke; **kłęby ~u** billows of smoke; **słup ~u** column of smoke; **~ bucha z** smoke pours from; *przysł.* **nie ma ~u bez ognia** (there is) no smoke without fire, where there's smoke there's fire; **pójść z ~em** go up in smoke, be burnt up; **puścić coś z ~em** burn sth down

dymisj|a *f* (*zwolnienie ze stanowiska*) dismissal; (*ustąpienie ze stanowiska*) resignation; **odrzucić czyjąś ~ę** reject sb's resignation; **otrzymać ~ę z** be dismissed from; **podać się do ~i** (*z zajmowanego stanowiska*) resign (one's post); tender/submit one's resignation; **przyjąć czyjąś ~ę** accept sb's resignation

dyplom *m* diploma; certificate of proficiency; degree; **otrzymać ~** (*wyższej uczelni*) take one's degree; **przyznać ~** award a diploma, confer a diploma; **uzyskać ~** take a diploma

dyrektor *m* director; manager; **~ fabryki** factory director/manager; **~ naczelny** director general; general manager; **~ szkoły** headmaster

dyscyplin|a *f* **1.** discipline; **~a pracy** discipline of labour; **~a szkolna** school discipline; **~a wojskowa** military discipline; **surowa ~a** severe/stern/strict discipline; **żelazna ~a** iron discipline; **łamać ~ę** violate discipline; **przestrzegać ~y** show discipline; toe the line, *US* toe the mark; **utrzymywać ~ę** keep/maintain discipline; **wprowadzać ~ę** establish discipline **2.** (*dziedzina*) discipline; branch; line; **~a naukowa** scientific discipline; **~a sportu** sport; **~a wiedzy** branch of knowledge; **widowiskowa ~a sportu** spectator sport

dysk *m* **1.** disc, *US* disk; **~ elastyczny** (*komputerowy*) floppy (disk), diskette; **twardy ~** (*komputerowy*) hard disk **2.** (*w sporcie – krążek*) discus; (*dyscyplina*) the discus; **rzucać ~iem** throw the discus; **w ~u** in the discus

dyskrecj|a *f* discretion; **liczyć na czyjąś ~ę** rely on sb's discretion; **zachować ~ę (w jakiejś sprawie)** show discretion (in sth)

dyskryminacja *f* discrimination; **~ rasowa** racial discrimination, colour bar, *US* color line

dyskusj|a *f* discussion; debate; dispute; **~a na temat** discussion on/about; **burzliwa ~a** violent/stormy/fierce discussion; **długa ~a** long/lengthy discussion; **ożywiona ~a** animated/heated/

dyspozycja 88

/lively discussion; **publiczna ~a** public debate; **sprawa do ~i** a matter for debate; **być przedmiotem ~i** be under discussion/debate; **coś nie podlega ~i** sth is indisputable/unquestionable; **poddać coś pod ~ę** bring sth up for discussion; **prowadzić/wieść/toczyć ~ę** have a discussion; **wywołać ~ę** stir up/arouse a discussion

dyspozycj|a *f* **1.** (*polecenie*) order; **~e** *pl* instructions; directions; **wydawać ~e** give instructions; **wykonywać ~e** carry out instructions **2.** (*zadysponowanie czymś*) disposal; **będący do ~i** disposable, available; **być do czyjejś ~i** be at one's/sb's disposal; **mieć coś do ~i** have sth at one's disposal; **oddać do czyjejś ~i** put at sb's disposal

dystans *m* distance; **trzymać kogoś na ~** keep sb at arm's length, keep sb at a distance; **zachowywać ~** keep one's distance

dyżur *m* duty; **mieć ~/odbywać ~/być na ~ze** be on duty; **nie mieć ~u** be off duty

dzban *m* pitcher; **~ wina** a pitcher of wine; **~ wody** a pitcher of water; *przysł.* **póty ~ wodę nosi, póki mu się ucho nie urwie** the pitcher goes often to the well, but is broken at last; the pitcher went once too often to the well

dziać się *v* happen; take place; occur; go on; **co się tutaj dzieje?** what's going on here?; **co się z tobą dzieje?** what's the matter with you?; **dziwne rzeczy dzieją się ostatnio w tym domu** there've been a lot of odd/strange goings-on in that house recently; **niech się dzieje co chce!** come what may!; **w tym mieście nic się nie dzieje** nothing ever happens in this town

dzia|ł *m* department; division; branch; **~ł ekspedycji** forwarding/shipping department; **~ł gospodarki** branch of economy; **~ł kadr** personnel (department), human resources; **~ł wiedzy** branch of knowledge; **pracować w ~le kadr** work in personnel, work in the personnel department

działa|ć *v* (*postępować*) act; (*funkcjonować, skutkować*) work; function; **~ć bez zakłóceń** work smoothly; work satisfactorily;

~ć jak (czerwona) płachta na byka be like a red rag to a bull; **~ć na coś jak balsam** act as a balm to sth, be (a) balm to sth; **~ć na czyjąś korzyść** work in sb's favour; **~ć na czyjąś niekorzyść** work against sb; **~ć wadliwie** function badly, malfunction; **czas ~ na czyjąś korzyść** time works for sb/sth; **czy to ~?** does it work?; **mój telefon nie ~** my telephone isn't working; **musiał ~ć szybko, żeby uratować swoją siostrę** he had to act quickly to save his sister; **nikt nie rozumie jak ~ ludzki umysł** nobody understands how the human mind works; **tabletki wkrótce zaczną ~ć** the tablets will start to work soon

działalnoś|ć *f* activity; action; **~ć gospodarcza** business/economic activity; **~ć kulturalna** cultural activity; **~ć naukowa** scientific activity; **~ć polityczna** political activity; **~ć społeczna** social activity; **~ć terrorystyczna** terrorist activity; **~ć wulkaniczna** volcanic activity; **~ć wywrotowa** subversive activity; **~ć zawodowa** professional activity; **być zaangażowanym w ~ć** be involved in an activity; **prowadzić ~ć gospodarczą** do/conduct business; **rozwijać ~ć** build up/extend an activity; **zaprzestać ~ci** break off/terminate an activity

działani|e *n* **1.** action; activity; **~a wojenne** warfare, hostilities; **~e mające na celu zapobieganie czemuś** action to prevent sth; **~e odstraszające** deterrence; **~e uboczne** side effect; **wadliwe ~e** (*urządzenia*) malfunction, faulty operation; **pole ~a** field of activity; **zakres/zasięg ~a** scope of activity, range of activity; **dać komuś (pełną) swobodę ~a** give sb plenty of rope; **jaki jest plan ~a?** what's the plan of action?; **mieć swobodę ~a** have freedom of action, enjoy the freedom of action; **pobudzać kogoś do ~a** spur/prod sb into action; **podjąć ~a** take action; **przystąpić (natychmiast) do ~a** go/spring into action; **ten problem wymaga natychmiastowego ~a ze strony rządu** this problem calls for prompt/immediate action from the government **2. ~e (matematyczne)** operation; sum(s); **wykonywać ~a** do sums; **wykonywać ~e w pamięci** do a sum in one's head

dziecko *n* child (*pl* children); *pot.* kid; ~ **adoptowane** adopted child; ~ **bezdomne** waif; ~ **nie narodzone** unborn child; ~ **nieślubne** illegitimate child; ~ **opóźnione w rozwoju** retarded child; ~ **przybrane** foster child; *przen.* ~ **szczęścia** whizz kid; ~ **ulicy** guttersnipe; ~ **upośledzone** handicapped child; ~ **z probówki** test-tube baby; **cudowne** ~ child prodigy; **czyjeś rodzone** ~ one's natural child; **dzieci z rozbitych rodzin** children from broken families/homes; **grzeczne** ~ obedient/well-behaved child; **małe** ~ baby, infant; **niegrzeczne** ~ disobedient child; **psotne** ~ mischievous child; **rozpieszczone** ~ spoiled/indulged/pampered child; **trudne** ~ problem child; **uparte** ~ stubborn child; **zaniedbane** ~ neglected child; **być dzieckiem** be a child; *przysł.* **dzieci i ryby głosu nie mają** children should be seen and not heard; **mieć** ~ have a child; **od dziecka** (*od dzieciństwa*) since childhood; **rozpieszczać** ~ spoil/indulge/pamper a child; **stracić** ~ lose the baby; **wydać** ~ **na świat** bring a child into the world; *przen.* **wylać** ~ **z kąpielą** throw the baby out with the bath water

dziedzictw|o *n* heritage; **~o kulturalne** cultural heritage; **być częścią ~a narodowego** be part of the national heritage

dziedzin|a *f* domain; field; scope; sphere; **~a działalności** field of activity; line of activity; **~a medycyny** field of medicine; **~a nauki** field of science; **~a wiedzy** field/branch of knowledge; **to nie moja ~a/nie zajmuję się tą ~ą** that's not my field, that's outside my field; **w ~ie...** in the field of...; **w tej ~ie** in this field/sphere

dzielenie *n* division; *przen.* ~ **włosa na czworo** hair-splitting; **wykonać** ~ (*liczb*) do division

dzielić *v* **1.** divide; part; separate; ~ **na części** partition; ~ **na dwie części** divide in two; ~ **na odcinki** section, segment; ~ **na połowy** bisect; halve; ~ **na równe części** divide into equal parts; ~ **się** divide; split; *przen.* ~ **włos na czworo** split hairs; **dochody dzielone są równo między partnerów** the profits are shared equally among the partners **2.** **~ (się) z kimś** share with sb; **~ się z kimś zyskiem** share the profit with sb; **~ z kimś pokój** share a room with sb; **~ z kimś życie** share one's life with sb **3.** (*w matematyce*) divide; **~ 15 przez 3** divide 15 by 3; **~ się** be divisable; **15 dzieli się przez 3** 15 is divisable by 3

dzielnica *f* (*miasta*) quarter; district; **~ mieszkaniowa** residential district/quarter; **ekskluzywna ~ mieszkaniowa** exclusive/select residential district

dzieł|o *n* work; **~a wszystkie...** the complete works of...; **~a zebrane** collected works; **~o sztuki** work of art; **~o zniszczenia** work of destruction; *pot.* **do ~a!** let's do it!; **przystąpić/zabrać się do ~a** get down to work

dziennik *m* **1.** (*czasopismo*) daily (paper); newspaper; journal; **~ ustaw** law gazette; **prenumerować ~** subscribe to a journal **2.** (*serwis informacyjny*) news; newscast; **~ poranny** morning news; **~ telewizyjny** news on TV; **~ wieczorny** nightly news; **w ~u** on the news **3.** (*pamiętnik*) diary; journal; logbook; **~ okrętowy** (ship's) log; **~ podróży** travel journal; **pisać//prowadzić ~** keep a journal **4.** **~ szkolny/klasowy** register

dzień *m* day; (*pora dzienna*) daytime; **~ dzisiejszy** today; **~ powszedni** weekday; **~ pracy/roboczy** working day; **~ świąteczny** holiday; **~ wolny od pracy** day off; **dni postne** fast days; **Dzień Matki** Mother's Day; **Dzień Ojca** Father's Day; **Dzień Wszystkich Świętych** All Saints Day; **Dzień Zaduszny** All Souls Day; **Sądny Dzień** Doomsday; **~ w ~** day by day; day after day; day in day out; **cały (boży) ~** all day long; **co ~** every day; **co drugi ~** every second day, every other day; **dnia przybywa** the days are drawing out; **dnia ubywa** the days are drawing in; **dniem i nocą** day and night, night and day; **do dzisiejszego dnia** to this day; **do sądnego dnia** till/until Doomsday; **jego dni są policzone** his days are numbered; **któregoś dnia** one day; (*w przyszłości*) some day, one day; **lada ~** any day now; **mam dzisiaj zły ~** I'm having an off day today; **mieć dobry** ~ have a good day; **mieć zły** ~ have a bad day, have an off day; **następnego dnia** the day after; on the following day; **poprzedniego dnia** the preceding day, on the previous day; **przez cały** ~ daylong, all day long; **rzeczy zmieniają się z dnia na** ~ things change from day to day; **stał się sławny z dnia na** ~ he became famous overnight; **w biały** ~ in broad daylight; **w ciągu dnia** by day; **w ciągu kilku dni** within several days; **z dnia na** ~ from day to day; overnight

dzierżaw|a *f* lease; **oddać/wypuścić w ~ę** let out on lease, give on lease, lease; **wziąć w ~ę** take on lease, lease

dzięki **1.** *prep* ~ **czemuś/komuś** thanks to sth/sb **2.** *pl* thanks; **serdeczne** ~ one's heartfelt/warm/sincere thanks; **wielkie/stokrotne ~!** thanks a lot!; many thanks!

dzięk|ować *v* ~ować (za coś) thank (for sth); ~uję (bardzo) thank you (very much), thanks (a lot)

dziur|a *f* **1.** hole; **~a ozonowa** ozone hole, the hole in the ozone layer; **mysia ~a** mouse hole; *pot.* **dzieci wiercą mi ~ę w brzuchu, żebym kupiła im nowe zabawki** the kids are pestering me to buy them new toys; **przestań wiercić mi ~ę w brzuchu!** stop pestering me!; **szukać ~y w całym** pick holes in sth; **wiercić komuś ~ę w brzuchu (o coś)** pester sb (for sth/to do sth) **2.** *pot.* (*miejscowość*) hole; dump; pits; **to miasto to zapadła ~a** this town is the pits

dziuraw|y *a* (*materiał, ubranie*) in holes; (*przepuszczający płyn itd.*) leaky; **~y dach** leaky roof; **coś jest ~e jak sito** sth leaks like a sieve; **moje skarpetki są ~e** my socks are in holes

dziwn|y *a* strange, odd, queer; **nic ~ego, że...** (it's) no wonder (that)...; (it's) little wonder (that)...

dzwon *m* bell; ~ **kościelny** church bell; ~ **na Anioł Pański** Angelus bell; ave bell; ~ **pogrzebowy/żałobny** knell; ~ **bije** a bell chimes/peals/tolls/rings; ~ **rozlega się** a bell sounds; **bić w ~(y)** ring/sound a bell; *pot.* **od wielkiego ~u** once in a blue moon; **serce biło mi jak** ~ my heart was throbbing

dzwoni|ć *v* **1.** ring; (*o przedmiotach metalowych*) jingle; clang; *przen.* **~ła zębami** her teeth chattered; **dzwonek ~** the bell is ringing; the bell goes; **dzwonek ~ na koniec lekcji** there's the bell for the end of the lesson; the bell for the end of the lesson goes; *przen.* **komuś ~ w uszach** one's ears ring; **ktoś ~ do drzwi** someone is ringing at the door; **telefon ~** the telephone is ringing **2.** (*telefonować*) ring, telephone; **~ć do kogoś** ring sb up, call sb up

dźwięk *m* sound; **~ szkolnego dzwonka** the clang of the school bell; **~ rozbrzmiewa/rozlega się** a sound rings out; **przy ~ach muzyki** to the sound of music; **wydawać ~** make a sound, produce a sound

dżungla *f dosł. i przen.* jungle; **betonowa ~** a/the concrete jungle

E

ech|o *n* echo; **~o radiolokacyjne** radar echo/return; **ich krzyki odbijały się ~em w dolinie** their shouts re-echoed/echoed through the valley; **odbijać się ~em** echo; re-echo; **odbijać się szerokim ~em** have far-reaching repercussions; **przebrzmieć/ /pozostać bez ~a** leave no trace; pass unnoticed; **wtórować/powtarzać jak ~o** echo

efek|t *m* **1.** (*wrażenie*) effect; impression; **niebywały ~t** profound/ /strong/deep impression; **nie wywołać zamierzonego ~tu** fall flat; **wywołać ~t** produce an effect; create an impression; make an impression **2.** (*skutek*) effect; result; **~t cieplarniany** greenhouse effect; **~t domina** domino effect; **~t uboczny** side effect; **~ty dźwiękowe** sound effects; **~ty specjalne** special effects; **korzystny ~t** beneficial effect; **pożądany ~t** desired effect; **szkodliwy ~t** harmful effect; **bez ~tu** with no effect; **dawać ~ty** produce effects; **przynieść pożądane ~ty** produce results; **w ~cie** in effect

egid|a *f* (*w wyrażeniu*) **pod ~ą...** under the aegis of..., under the auspices of...

egoizm *m* egoism, selfishness; **pozbawiony ~u** selfless, unselfish; **kierować się zwykłym ~em** act out of pure egoism/selfishness

egzamin *m* examination; *pot.* exam; **~ doktorski** doctoral examination; **~ konkursowy** competitive examination; **~ końcowy** final examination; **~ magisterski** master's examination; **~ na prawo jazdy** driving test; **~ państwowy** state-board examination; **~ pisemny** written examination; **~ poprawkowy**

make-up examination; ~ **ustny** oral examination; ~ **wstępny** entrance examination; ~ **z** examination in; ~ **z geografii** geography examination, examination in geography; **~y końcowe** finals; **trudny** ~ difficult/stiff examination; **wyniki ~u** examination results; **nie zdać ~u/oblać** ~ fail an examination; **przystąpić do ~u** enter for an examination; go in for an examination; **wkuwać/kuć do ~u** cram for one's exam, swot for one's exam; **zdawać** ~ take an examination; sit an examination; **zdać** ~ pass an examination; *przen.* **zdać** ~ (*wytrzymać próbę czasu itd.*) stand the test; **zwolnić kogoś z ~u** excuse sb from an exam

egzaminować *v* examine; ~ **kogoś z języka angielskiego** examine sb in English

egzekucj|a *f* **1.** (*wykonanie kary śmierci*) execution; **~a przed plutonem egzekucyjnym** execution by firing squad; **masowa ~a** mass execution; **publiczna ~a** public execution; **skazać kogoś na ~ę przez powieszenie** condemn sb to execution by hanging; **wykonać ~ę/dokonać ~i** carry out an execution **2.** (*ściąganie należności*) (compulsory) execution; **przeprowadzać ~ę przeciwko dłużnikowi** distrain upon the debtor **3. ~a testamentu** execution of the will

egzekwować *v* exact; ~ **należność** exact payment; ~ **posłuszeństwo** exact obedience

egzemplarz *m* **1.** copy; piece; specimen; ~ **bezpłatny** free copy; ~ **okazowy** advance/specimen copy; **sporządzony w dwóch ~ach** made in duplicate; **sporządzony w trzech ~ach** made in triplicate **2.** (*okaz zwł. roślina, zwierzę*) specimen; **wspaniały** ~ **dębu** a very fine specimen of the oak

egzystencj|a *f* existence; **monotonna/szara ~a** drab existence; **mieć zapewnioną ~ę** have secured one's living; be provided for

ekipa *f* team; crew; (*zespół robotników*) gang; ~ **filmowa** film crew; ~ **poszukiwawcza** search party; ~ **ratownicza** rescue party; ~ **telewizyjna** TV crew

ekran *m* (*kinowy*) screen; ~ **monitora obrazowego** display screen; ~ **panoramiczny** panoramic screen; ~ **projekcyjny** projection screen; ~ **radaru** radar screen; ~ **telewizyjny** television/TV screen; **duży** ~ (*kino*) the big screen; **mały** ~ (*telewizja*) the small screen; **film schodzi z ~ów kin w przyszłym tygodniu** the film is coming off next week; **film wchodzi na ~y w przyszłym tygodniu** the film gets its first screening next week; **na ~ie telewizora** on the TV screen; **samolot zniknął z ~u radaru** the plane disappeared off the radar screen

ekshumacj|a *f* exhumation; **dokonać ~i** exhume

eksmisj|a *f* eviction; **nakaz ~i** eviction order; **dokonać ~i kogoś z** evict sb from

ekspansja *f* expansion; ~ **gospodarcza** economic expansion; ~ **terytorialna** territorial expansion

ekspedycj|a *f* **1.** expedition; **~a archeologiczna** archeological expedition; **~a karna** punitive expedition; **~a naukowa** scientific expedition; **~a wysokogórska** mountain-climbing expedition; **prowadzić ~ę** lead an expedition; **zorganizować ~ę** organize an expedition **2.** (*wysyłanie towaru*) shipment, dispatch, forwarding; **~a bagażu** dispatch of luggage, baggage dispatch

ekspert *m* ~ **(w dziedzinie)** expert (at/in); ~ **bankowy** banking expert; ~ **sądowy** court/legal expert; **komisja ~ów** committee of experts; **zasięgnąć opinii ~a** consult an expert, get an advice of an expert

ekspertyz|a *f* expert opinion; **dać do ~y** submit to an expert

eksperyment *m* ~ **(na)** experiment (on); ~ **chemiczny** chemistry experiment; ~ **fizyczny** physics experiment; **~y na ludziach** human testing; **dokonywać ~ów/przeprowadzać ~y na zwierzętach** experiment on animals; **przeprowadzić** ~ carry out/conduct/perform/run/do an experiment

eksploatacj|a *f* **1.** (*bogactw naturalnych*) exploitation; **~a górnicza** mining, exploitation of mines; **~a lasów** exploitation of forests; **rabunkowa ~a bogactw naturalnych** wasteful exploitation of natural resources **2.** (*sprzętu*) operation; using; working; running; **oddać do ~i** put into operation; put into service; **wejść do ~i** come into operation; **wycofać z ~i** withdraw from use **3.** (*wyzysk*) exploitation; **~a taniej siły roboczej** the exploitation of cheap labour

eksplozj|a *f* explosion; *przen.* **~a demograficzna** population explosion; **~a gazu** gas explosion; **~a nuklearna** nuclear explosion; **ogłuszająca ~a** deafening explosion; **spowodować ~ę** cause an explosion

eksponat *m* exhibit; **~ muzealny** museum piece

eksport *m* export; (*to, co się eksportuje*) exports; **~ z... do** export from... to; **sprzedaż na ~** export sales; **towary na ~** export/exportable goods, exports; **wolumen ~u** volume of export; **wpływy z ~u** export earnings; **produkować coś na ~** manufacture sth for export; **rozwijać ~** expand export; **zwiększać ~** increase export

ekspres *m* **1.** (*o usługach*) express; (*o liście*) express letter; (*o pralni*) express (laundry) service; **wysłać list ~em** send a letter express, send a letter by express (delivery) **2.** (*o pociągu*) express (train); **~ do...** the express for...; **pojechać ~em** take the express **3.** **~ do kawy** espresso; **kawa z ~u** espresso

ekstaz|a *f* ecstasy; **~a religijna** religious ecstasy; **być w stanie ~y** be in ecstasy; **wpadać/popadać w ~ę** go into ecstasy, be thrown into ecstasy

ekstradycj|a *f* extradition; **traktat o ~i** extradition treaty; **domagać się ~i** ask for extradition, request extradition; **sprzeciwiać się ~i** oppose extradition; **zgodzić się na czyjąś ~ę** grant sb's extradition

ekwipunek *m* equipment; outfit; **~ myśliwski** hunting equipment; **~ sportowy** sports equipment; **~ żołnierski** soldier's equipment

elektrownia *f* power station, power plant, generating station; **~ cieplna** thermal power station; **~ jądrowa** nuclear power plant, atomic power plant; **~ rzeczna** run-of-river power plant;

elektryczność 98

~ **słoneczna** solar power station; ~ **wiatrowa** wind power plant; ~ **wodna** hydro-electric power station, water-power plant
elektryczność *f* electricity; ~ **dodatnia** positive electricity; ~ **ujemna** negative electricity; **przewodzić** ~ conduct electricity
element *m* **1.** (*część składowa*) element; component; constituent; ~ **budowlany** structural element, building unit; ~ **półprzewodnikowy** semiconductor element; ~ **prefabrykowany** prefabricated unit; ~ **zbioru** member of a set **2.** (*czynnik*) element, factor; ~ **ryzyka** an element of risk **3.** *przen.* (*o ludziach*) element; **~y przestępcze** criminal elements; **~y radykalne** radical elements; **~y wywrotowe** subversive elements
eliksir *m* elixir; ~ **(wiecznej) młodości** elixir of youth; ~ **życia** the elixir of life
eliminacj|a *f* **1.** elimination; **metodą ~i** by a process of elimination **2.** (*w sporcie*) heat; knockout (competition); **~e wstępne** trial/preliminary/qualifying heats; **odpaść w ~ach** be eliminated in the qualifying heats; **wygrali ~e** they won the knockout competition; **zostać pokonanym w ~ach** be knocked out in the qualifying heats
elita *f* elite; ~ **intelektualna** intellectual elite; ~ **rządząca** ruling elite
embarg|o *n* embargo; **~o na dostawę broni** arms embargo; **towary objęte ~iem** embargoed goods; **nałożyć ~o na** put an embargo on, place an embargo on; **znieść ~o na** remove an embargo on, lift an embargo on
emerytur|a *f* (old-age) pension; **~a wojskowa** army pension; **być na ~ze** be a pensioner; **odejść/przejść na ~ę** retire (on a pension); **odejść/przejść na wcześniejszą ~ę** retire early, take early retirement; **otrzymywać ~ę** receive a pension; **pobierać ~ę** draw a pension; **przenieść kogoś na ~ę** retire sb; **przyznać ~ę** grant a pension; **żyć z ~y** live on a pension
emigracj|a *f* (*opuszczenie kraju*) emigration; exile; (*ogół emigrantów*) emigrants; **masowa ~a** mass emigration; **po dzie-**

sięciu latach ~i jej rodzice wrócili do Polski after an exile of ten years her parents returned to Poland

eminencja *m* Eminence; **szara ~** éminence grise (*pl* éminences grises), grey eminence

emisj|a *f* **1.** (*papierów wartościowych*) issue, issuing; **~a akcji** share issue; **~a banknotów** issue of banknotes; **~a obligacji** issue of bonds; **~a pieniędzy** issue of currency; **specjalna ~a znaczków pocztowych** special issue of stamps; **wypuścić nową ~ę** bring out a new issue **2.** emission; **~a dwutlenku węgla** emission of carbon dioxide; **~a zanieczyszczeń do atmosfery** emission of pollutants into the atmosphere, discharge of pollutants into the atmosphere **3.** (*programu radiowego lub telewizyjnego*) broadcast; **~a na żywo** live broadcast; **~a satelitarna** broadcast by satellite, broadcast via satellite

emitowa|ć *v* **1.** (*papiery wartościowe*) issue; **~ć akcje** issue shares; **~ć banknoty** issue banknotes **2.** emit; **~ć zanieczyszczenia do atmosfery** emit pollutants into the atmosphere, discharge pollutants into the atmosphere **3.** (*program radiowy lub telewizyjny*) broadcast; air; **~ć film w telewizji** show a film on television; **koncert ~ny jest na żywo** the concert is being broadcast live

emocj|a *f* emotion; **intensywne ~e** intense emotions; **silna ~a** strong emotion; **bez ~i** without emotion, unemotionally; **dać się ponieść ~om** get carried away, be carried away by one's emotions, be driven by one's emotions; **dostarczać ~i** provide emotions; **doznawać/doświadczać ~i** be overcome with emotion; **nie okazywać ~i** show no emotion; **przeżywać ~e** experience emotions; **temat wzbudzający duże/żywe ~e** highly emotive issue; **wzbudzający ~e** emotive

encyklopedia *f* encyclop(a)edia; *przen.* **chodząca ~** walking encyclopedia

energi|a *f* energy; **~a atomowa** atomic energy; **~a cieplna** thermal/heat energy; **~a elektryczna** electric(al) energy; **~a na-**

entuzjazm

gromadzona stored energy; **~a potencjalna** potential energy; **~a słoneczna** solar energy; **~a wytwarzana/produkowana przez** energy generated by; **niespożyta ~a** boundless/limitless energy; **bez ~i** without energy; listless; **przypływ ~i** burst/spurt of energy; **rosnące ceny ~i** rising energy prices; **źródła ~i** sources of energy; **~a rozpiera kogoś** sb is full of energy; **być pełnym życiowej ~i** be full of beans, be full of life; **dziecko pochłaniało całą jej ~ę i uwagę** the baby took up all her energy and attention; **ona jest pełna ~i** she's brimful of energy; **pobierać ~ę** consume energy; absorb power; draw power; **poświęcić czemuś/włożyć w coś całą swoją ~ę** apply all one's energies to sth, devote all one's energies to sth; **powiedział, że musimy całą naszą ~ę skierować na ochronę środowiska** he said that we must turn/direct all our energies into protecting the environment; **trwonić ~ę** dissipate/waste one's energy; **tryskać ~ą** be bursting with energy; **z ~ą** energetically; **zabrać się do czegoś ze zdwojoną ~ą** go at sth

entuzjazm *m* **~ (do czegoś)** enthusiasm (for sth); **niezmierny ~** boundless enthusiasm; **ogromny/wielki ~** great enthusiasm; **żywiołowy ~** unbridled/wild enthusiasm; **bez ~u** half-heartedly; with lack of enthusiasm; **~ wygasa** enthusiasm subsides/wears out/wanes; **być pełnym ~u** be full of enthusiasm, be enthusiastic; be as keen as mustard; **mówić o czymś z ~em** talk enthusiastically about sth; **nie mogę wykrzesać z siebie odrobiny ~u dla tego pomysłu** I can't work up any enthusiasm for this idea; **ostudzić czyjś ~** dampen sb's enthusiasm; **przejawiać/okazywać ~** demonstrate enthusiasm, display enthusiasm, show enthusiasm; **przystąpić/wziąć się do czegoś bez ~u** make a half-hearted attempt at sth; **stracić ~** lose enthusiasm; **uniesiony ~em** enthusiastic; **wpaść w ~** enthuse; **wywoływać ~ widzów/widowni** bring the house down; **wzbudzać ~** arouse/stir up/kindle enthusiasm; **wzbudzać w kimś ~** inspire sb with enthusiasm, fill sb with enthusiasm

epidemi|a *f* epidemic; ~**a AIDS** AIDS epidemic; ~**a cholery** cholera epidemic; ~**a grypy** influenza/flu epidemic; ~**a tyfusu** typhus epidemic; ~**a szerzy się** an epidemic spreads; ~**a wybucha** an epidemic breaks out; **kontrolować** ~**ę** control an epidemic; **opanować** ~**ę** contain an epidemic; **wywołać** ~**ę** touch off an epidemic, trigger an epidemic; **osiągnąć rozmiary** ~**i** reach epidemic proportions

epilog *m* epilogue; *przen.* end, ending; **znaleźć swój** ~ end up

epitet *m* epithet; **niewybredny** ~ harsh/offensive epithet; **ordynarny** ~ vulgar/vile epithet; **obrzucić/obsypać kogoś** ~**ami** hurl abusive epithets at sb

epok|a *f* **1.** epoch; ~**a historyczna** historical epoch; **stanowić** ~**ę** mark an epoch; **zapoczątkować** ~**ę** usher in an epoch **2.** (*w dziejach Ziemi*) age; ~**a brązu** the Bronze Age; ~**a kamienna** the Stone Age; ~**a lodowcowa** the Ice Age; ~**a żelaza** the Iron Age

er|a *f* era; epoch; age; ~**a chrześcijańska** the Christian Era; ~**a podróży kosmicznych** the era of space travel; **nasza** ~**a** Anno Domini, AD; **przed naszą** ~**ą** before Christ, BC; **to stanowiło początek nowej** ~**y** it marked the beginning of a new era; **w pierwszym wieku naszej** ~**y** in the first century AD; **w 55 roku naszej** ~**y** in (the year) 55 AD, in (the year) AD 55; **w roku 2000 przed naszą** ~**ą** in (the year) 2000 BC; **zapoczątkować nową** ~**ę** usher in a new era, introduce a new era

erudycj|a *f* erudition; learning; **rozległa/wielka** ~**a** great erudition; **popisywać się** ~**ą** flaunt one's erudition; **zabłysnąć** ~**ą** display erudition

eskort|a *f* escort; ~**a policji** police escort; **bez** ~**y** unescorted; **pod** ~**ą** under escort

etap *m* **1.** (*część wyścigu, odcinek drogi*) stage; ~ **podróży** stage of a journey **2.** *przen.* (*stadium procesu, faza*) stage; phase; ~ **końcowy** final/closing stage; ~ **początkowy** beginning stage; ~ **pośredni** intermediate stage; ~ **rozwoju** stage of development; ~ **wczesny** early stage; ~ **zaawansowany** advanced stage; ~**ami**

etat 102

stage by stage, by stages; **na tym ~ie** at this stage; **osiągnąć ~** reach a stage; **rozpocząć ~** begin a phase, enter a phase

eta|t *m* regular post; regular employment; **wolny ~t** vacancy; **być na ~cie** hold a regular post; **pracować na pełnym ~cie** work full time; **pracować na pół ~tu** work half-time, work part-time

eter *m* (*w wyrażeniu*) **na falach ~u** over the ether, through the ether, on the air, on the airwaves

etyka *f* ethics; **~ zawodowa** professional ethics

etykiet|a *f* **1.** etiquette; **~a towarzyska** social etiquette; **~a wojskowa** military etiquette; **~a nie pozwala na coś** etiquette forbids doing sth; **~a wymaga/nakazuje, żeby** etiquette dictates that **2.** (*nalepka*) label; **~a doczepna** tag; **~a firmowa** brand label; **~a samoprzylepna** pressure sensitive label; **przylepiać ~ę na coś** label sth **3.** *przen.* label; **przylepić/przypiąć komuś ~ę** label sb

etymologi|a *f* etymology; **ustalać ~ę wyrazu** determine an etymology of a word, ascertain an etymology of a word

ewakuacj|a *f* evacuation; **przeprowadzić ~ę** carry out an evacuation

ewangeli|a *f* Gospel; **~a Św. Marka** St Mark's Gospel; **~a według Św. Łukasza** the Gospel according to St Luke; **głosić ~ę** preach the Gospel, spread the Gospel

ewentualność *f* possibility; eventuality; **być przygotowanym na każdą ~** be prepared for every eventuality, be prepared for all eventualities; **rozważyć ~** take into account a possibility, take into consideration a possibility; **wykluczyć ~** rule out/exclude a possibility

ewidencj|a *f* record; list; file; **mieć w ~i** have in file; keep on file; **prowadzić ~ę czegoś** keep a record of sth; **usunąć/wykreślić z ~i** file away

ewolucj|a *f* **1.** evolution; **~a gatunków** evolution of species **2. ~e** *pl* acrobatics; **~e lotnicze/powietrzne** aerobatics, aircraft acrobatics; **wykonywać ~e** perform/do acrobatics

F

fabry|ka *f* factory; plant; works; **~ka obuwia** shoe factory; **~ka samochodów** (moto)car factory, *US* automobile factory; **~ka włókiennicza** textile factory; **teren/zabudowania ~ki** factory premises; **wyposażenie ~ki** factory equipment; **kierować ~ką** manage a factory, run a factory; **otworzyć ~kę** open a factory; **pracować w ~ce** work in a factory, work at a factory; **zamknąć ~kę** shut down a factory, close down a factory

fabuł|a *f* plot; story (line); **~a filmu** the plot of a film; **budować ~ę powieści** build/construct the plot of a novel

fach *m* occupation; job; profession; trade; line (of work); **popłatny ~** profitable occupation; **kolega po ~u** colleague; **nie w swoim ~u** out of one's line; **w swoim ~u** in one's line; **znać swój ~** know one's job

fajk|a *f* pipe; **~a pokoju** a peace pipe; **nabić ~ę** fill a pipe; **palić ~ę** smoke a pipe; **pykać z ~i** puff on a pipe, puff at a pipe

fakt *m* fact; **~ bezsporny** indisputable/unquestionable fact; **~ dokonany** accomplished fact, thing done, a fait accompli (*pl* faits accomplis); **~ historyczny** historic fact; **~ niezaprzeczalny/niezbity** irrefutable fact; hard fact; **suchy ~** plain/bare fact; **~em jest, że...** it's a fact that...., the fact is..., the fact of the matter is...; **liczyć się z ~ami** face the facts; **oparty na ~ach** based/founded on fact, based on reality; **po fakcie** afterwards; **postawić kogoś wobec ~u dokonanego** confront sb with a fait accompli, present sb with a fait accompli; **przeinaczać ~y** distort/twist (the) facts; **przytoczyć ~** cite

faktura 104

a fact; **stwierdzić** ~ state the fact; **to** ~ that's a fact; **trzymać się ~ów** stick to the facts; **ustalić** ~ establish a fact; **zniekształcać ~y** distort/twist (the) facts

faktur|a *f* invoice; **wystawić ~ę** make out an invoice, issue an invoice

fal|a *f* **1.** wave; **~a powodziowa** flood; **~a przypływu** tidal wave; **drobna/mała ~a** ripple, small wave; **wysoka ~a** high/tall wave; **~a bije/uderza o brzeg** a wave is beating on the shore, a wave is crashing against the shore, a wave is pounding against the shore; **pruć ~e** plough through the waves, plough the seas; **unosić/kołysać się na ~i** bob (up and down) on the waves, bob in the waves **2.** (*w meteorologii*) wave; **~a ciepła** heat wave; **~a zimna** cold wave **3.** **~a podmuchu** (*po wybuchu*) burst wave; **~a uderzeniowa** shock wave **4.** (*o włosach*) wave; **układać się w ~e** wave **5.** *przen.* (*tłum*) wave; **~a emigrantów** wave of emigrants **6.** *przen.* (*tendencja*) wave; tide; **~a protestów** a wave of protests; **~a przestępczości** crime wave; **~a zamachów bombowych/terrorystycznych** a wave of bombings/of terrorist bombings; **~ami** in waves; **rosnąca ~a niezadowolenia** a rising tide of discontent **7.** *przen.* (*doznanie, uczucie*) wave; tide; **~a gniewu** wave of anger **8.** (*dźwiękowa itd.*) wave; **~e długie** long waves; **~e dźwiękowe** sound/sonic waves; **~e krótkie** short waves; **~e radiowe** radio waves; **~e średnie** medium waves; **~e świetlne** light waves; **~e ultrakrótkie** ultra-short waves

falstart *m* false start; **po kilku ~ach** after several false starts; **popełnić** ~ make a false start

fałsz *m* (*niezgodność z prawdą*) falsehood; **wierutny** ~ downright/utter falsehood; **zadać czemuś** ~ give the lie to sth

fałszerstw|o *n* falsification, forgery, counterfeit; **~o dokumentów** documents falsification/forgery; **dokonać ~a** commit a forgery

fałszowa|ć *v* **1.** falsify, forge, counterfeit, fake; **~ć banknoty** forge/counterfeit banknotes; **~ć czyjś podpis** forge/counterfeit/fake sb's signature; **~ć dokumenty** falsify/forge documents; **~ć żywność** adulterate food **2. ~ć melodię/piosenkę** sing out of tune; (*grając*) take a false note; **w pewnych fragmentach chór wyraźnie ~ł** the choir was (singing) distinctly out of tune in places

fanatyk *m* fanatic; **~ religijny** religious fanatic; **~ sportu** sports fanatic

fanatyzm *m* fanaticism; **~ religijny/wyznaniowy** religious fanaticism

fantazj|a *f* (*wyobraźnia*) imagination; (*wyobrażanie sobie*) fantasy; **bujna/wybujała ~a** wild imagination; **twórcza ~a** creative/fertile imagination; **obdarzony ~ą** imaginative; **świat ~i** a world of fantasy, a fantasy world; **mieć bogatą ~ę** have much imagination; **pobudzić czyjąś ~ę** stir sb's imagination; **puszczać wodze ~i** indulge in fantasy; give free rein to one's imagination

farm|a *f* farm; **~a drobiarska** poultry farm; **~a hodowlana** animal farm; **~a kurza** chicken farm; **~a lisia** fox farm; **prowadzić ~ę** manage a farm, run a farm, work a farm

fars|a *f dosł. i przen.* farce; *przen.* mockery; **robić z czegoś ~ę** make a mockery of sth; **spotkanie szybko zamieniło się w ~ę** the meeting rapidly degenerated into a farce

fartuch *m* apron; **~ lekarski** smock; *przen.* **trzymać się matczynego ~a** be tied to one's mother's apron strings

fasad|a *f* façade; **za ~ą wesołości** behind the façade of gaiety

fascynacj|a *f* fascination; **~a sztuką** fascination with art; **ulegać ~i czymś** be fascinated with sth

fason *m* **1.** (*model*) cut; fashion; pattern; style; form; **~ sukienki** the cut of a dress; **modny ~** fashionable cut **2.** *pot.* (*zachowanie*) dash; panache; **(robić coś) z ~em** (do sth) with great panache; (do sth) with a dash; **trzymać/mieć ~** cut a dash; carry it off with a dash

fatum *n* fate; fatality; misfortune; ill fortune; **nieubłagane/ /nieugięte ~** inexorable fate; **złowrogie/groźne/okrutne ~**

fatyga

cruel fate; **nad czymś ciąży/wisi/zawisło ~** sth is ill-fated; sth is dogged by misfortune; **nad jej karierą ciążyło jakieś ~** her career was dogged by misfortune; **prześladuje/ściga mnie złe ~** I am dogged by misfortune, I am dogged by ill fortune

fatyg|a *f* bother; trouble; **przepraszam za ~ę** I'm sorry to have put you to all this bother; I'm sorry to trouble you; **zadali sobie wiele ~i** they went to a lot of bother; **zadawać sobie ~ę** take the trouble (to do sth), go to a lot of bother

faul *m* foul; **~ na** foul against/on; **popełnić ~** commit a foul; **piłkarz został usunięty z boiska za ~ na przeciwniku** the footballer was sent off the field for a foul against an opponent

faworyt *m* favourite; **mocny/silny ~** strong favourite, heavy favourite; **~ przybiegł trzeci** the favourite came third; **Brazylia jest ~em w tegorocznym Pucharze Świata** Brazil are favourites to win this year's World Cup; **być ~em** be (the) favourite

faz|a *f* phase; **~a końcowa** final/closing phase; **~a początkowa** initial/opening phase; **~y księżyca** phases of the moon; **przechodzić przez ~ę** go through a phase; **wkraczać/wchodzić w ~ę** begin a phase, enter a phase; **wojna wkraczała w końcową ~ę** the war was entering its final phase

ferie *pl* vacation; holidays; **~ letnie** the long vacation/vac, the summer vacation; **~ szkolne/uniwersyteckie** vacation; **~ świąteczne** (*w okresie Bożego Narodzenia*) the Christmas vacation; **~ wielkanocne** the Easter vacation; **~ zimowe** winter vacation; **wyjechać na ~** *GB* go on holiday, *US* go on vacation

ferment *m* ferment; **~ polityczny** political ferment; **~ umysłowy** intellectual ferment; **powodować/rodzić/wywoływać ~** cause ferment

festiwal *m* festival; **~ filmowy** film festival; **~ muzyczny** music festival; **~ sztuki teatralnej** drama festival; **~ odbywa się...** the festival is held...

fiask|o *n* fiasco; *pot.* washout; **zupełne ~o** complete/total fiasco; **skończyć się ~iem** end in a fiasco; **twój plan okazał się kompletnym ~iem** your plan was a complete washout

fig|a *f* fig; **suszone ~i** dried figs; *przen.pot.* **~a z makiem!/~ę z makiem!** a fig for you!; **~ę mnie to obchodzi** I don't care a fig about it, I don't give a fig for it

fig|iel *m* **1.** joke; frolic; **dziecięcy ~iel** mischief; **~le się kogoś trzymają** sb is getting into mischief; **spłatać komuś ~la** play a practical joke on sb; play a trick on sb **2.** *pot.* **o mały ~iel** within an inch of sth/doing sth; **o mały ~iel nie został zabity** he came within an inch of being killed

figur|a *f* **1.** figure; *przen.* **znana ~a** well-known figure **2.** (*postawa*) figure; **ładna ~a** fine figure; **mieć zgrabną ~ę** have a good figure; **(s)tracić ~ę** lose one's figure; **zachować ~ę** keep one's figure **3.** (*w szachach*) chessman (*pl* chessmen), man (*pl* men), piece; (*w kartach*) court card, picture card, *US* face card; **ustawiać ~y na szachownicy** set the chessmen **4.** (*w tańcu, jeździe na łyżwach*) figure; **łyżwiarka wykonała doskonały zestaw ~** the skater executed a perfect set of figures **5. ~a (geometryczna)** (geometric) figure; **~a płaska** plane/linear figure; **~y podobne** similar figures

fikcj|a *f* (*wymysł*) fiction; (*złudzenie*) illusion; **~a prawna** legal fiction, fiction of law; **coś jest ~ą** sth is an illusion; **stwarzać ~ę** create/produce an illusion

filar *m* pillar; **być ~em czegoś** be a pillar of sth

film *m* **1.** film, *zwł. US* movie; (motion) picture; **~ akcji** action film; **~ animowany** cartoon, animated cartoon, cartoon film; **~ czarno-biały** black-and-white film; **~ dla dorosłych** adult/ /X-rated film; **~ dla dzieci** children's film; **~ dokumentalny** documentary (film); **~ dźwiękowy** sound film; *pot.* talkie; **~ fabularny** feature film; **~ fantastyczno-naukowy** science- -fiction film; **~ grozy** horror film; **~ kasowy** box-office hit; **~ kolorowy** colour film; **~ krótkometrażowy** short film;

filozofia

~ **kryminalny** detective/crime story; gangster film; ~ **niemy** silent film; ~ **oświatowy** educational film; ~ **panoramiczny** panoramic film; ~ **pełnometrażowy** full-length film; ~ **pornograficzny** pornographic/blue film; ~ **propagandowy** propaganda film; ~ **przygodowy** adventure film; ~ **przyrodniczy** nature film; ~ **rysunkowy** cartoon, animated cartoon, cartoon film; ~ **telewizyjny** telefilm, television/TV film; ~ **wojenny** war film; **czyjś najnowszy** ~ sb's latest film; **dokumentalny** ~ **przyrodniczy** wild-life documentary; ~ **schodzi z ekranów kin w przyszłym tygodniu** the film is coming off next week; ~ **wchodzi na ekrany w przyszłym tygodniu** the film gets its first screening next week; **iść/pójść na** ~ go to (see) a film; **nakręcić** ~ shoot a film; **nakręcić** ~ **na podstawie powieści** make a novel into a film; **oglądać** ~ see/watch a film; **powstaje ~/robią ~/kręcą** ~ a film is in the making; **premiera jego nowego ~u była ogromnym sukcesem** the first/opening night of his new film was a great success; **wyprodukować** ~ produce a film; **wyświetlić/pokazać** ~ show a film; **zabraliśmy dzieci na** ~ we took the children to (see) a film; **zrobić** ~ make a film **2.** (*do zdjęć fotograficznych*) film; ~ **negatywowy** negative film; ~ **pozytywowy** positive film; **prześwietlić** ~ overexpose a film; **włożyć/założyć** ~ insert a film, load a film; **wyjąć** ~ remove a film; **wywołać** ~ develop a film

filozofia *f* philosophy; ~ **życiowa** philosophy of life; *przen.pot.* **to żadna** ~ it's as easy as anything, it's as easy as pie, it's as easy as falling off a log

finał *m* **1.** (*zakończenie*) end, close, finish; (*przedstawienia, utworu muzycznego*) finale; **wielki** ~ grand finale **2.** (*w sporcie*) final; finish; **emocjonujący** ~ **wyścigu** an exciting finish to the race; **dojść do ~u** (**w turnieju**) reach the final (in a tournament); **wejść do ~u** get to the final; **zakwalifikować się do ~u** qualify for the finals

firm|a *f* firm; house; business firm; **~a eksportowa** export(ing) house; **~a handlowa** commercial firm, merchant house; **~a importowa** import(ing) house; **~a konkurencyjna** competing firm, competitors' business; **~a renomowana** firm of renown, firm of repute; **na koszt ~y** on the house; **prowadzić ~ę** manage/run a firm

fizyczn|y *a* **1.** physical; **zjawisko ~e** physical phenomenon **2.** (*cielesny*) physical, bodily; **kara ~a** corporal/physical punishment; **obrażenia ~e** bodily injuries **3.** (*materialny, dostępny zmysłom*) physical; **~a obecność** physical presence; **to ~a niemożliwość** it is a physical impossibility **4.** (*dotyczący siły, pracy mięśni*) physical; **praca ~a** physical/manual work; **siła ~a** physical strength/force; **wysiłek ~y** physical effort **5.** (*gimnastyczny*) physical; **ćwiczenia ~e** physical exercises; **wychowanie ~e** physical education **6.** (*dotyczący przyrody*) physical; **geografia ~a** physical geography; **mapa ~a** physical map

flag|a *f* flag; **~a amerykańska** the Stars and Stripes; **~a armatora** house flag; **~a brytyjska** the Union Jack; **~a królewska** royal standard; **~a narodowa/państwowa** national flag; **~a opuszczona do połowy masztu** flag at half-mast; **biała ~a** the white flag; **~a łopocze** a flag flutters, a flag flies; **opuścić ~ę** lower/dip a flag; **opuścić ~ę do połowy masztu** half-mast a flag; **wciągnąć/podnieść ~ę** run up a flag, hoist a flag, raise a flag; **wywiesić ~ę** display a flag

flota *f* fleet; **~ handlowa** merchant navy, mercantile marine, *US* merchant marine; **~ morska** sea-going fleet; **~ powietrzna** aircraft fleet; **~ wojenna** navy

form|a *f* **1.** (*zewnętrzny kształt*) form, shape; **nadać ~ę** form, shape; **w ~ie czegoś** in the form of sth, in the shape of sth; **w ~ie listu** in the shape/form of a letter **2.** (*sportowa itd.*) form; **być w ~ie** be in shape; **być w dobrej ~ie** be in/on good form; be in good shape; be in good trim; **być w najlepszej ~ie** be

formalność 110

in/on great form; be at one's best; **być w szczytowej ~ie** be on top form; **nie być w ~ie/być bez ~y** be out of shape; **nie jestem dzisiaj w ~ie** I'm not in form today; **ona jest w świetnej ~ie** she's in great form, she's on great form; **osiągnąć ~ę** get (oneself) into shape; **utrzymać dobrą ~ę/utrzymywać się w ~ie** keep in form

formalnoś|ć *f* formality; **~ci celne** customs formalities; **wymagane ~ci** prescribed/required formalities; **dopełnić ~ci** go through the formalities, complete the formalities; **przestrzegać ~ci** observe formalities; **to zwykła/czysta ~ć** it's just a formality

format *m* **1.** format, size; **~ książki** book size; **kartka ~u A4** a sheet of A4 **2.** *przen.* calibre; **człowiek wielkiego ~u** high calibre man

formularz *m* form, blank; **~ ankietowy** questionnaire; inquiry form; **~ celny** customs form; **~ podania** application form; **wypełnić ~** fill in a form, *US* fill out a form

fors|a *f pot.* dough; cash; **gruba ~a** pots of money; a pretty penny; **być przy ~ie/mieć ~ę** be in the money; **on musi mieć ~y jak lodu** he must have money to burn; **u mnie raczej krucho/źle z ~ą** I'm a bit short of cash, I'm a bit strapped (for cash)

fortec|a *f* fortress; **~a nie do zdobycia** impregnable fortress; **potężna/warowna ~a** strong fortress; **~a pada** a fortress falls; **~a poddaje się** a fortress surrenders; **oblegać ~ę** besiege a fortress; **poddać ~ę/oddać ~ę wrogowi** deliver (up) a fortress to the enemy; **zdobywać ~ę** take a fortress; *przen.* **zamienić coś w ~ę** transform sth into a fortress

fortel *m* artifice; trick; ruse; stratagem; ploy; **~ się nie udał** a ruse failed; **użyć ~u** use a stratagem; use a ploy

fortun|a *f* **1.** (*szczęście, powodzenie*) (good) fortune; *przysł.* **~a kołem się toczy** every dog has its/his day; **~a uśmiechnęła się do nas** fortune smiled on us **2.** (*bogactwo*) fortune; **ogromna**

~a enormous/large/vast fortune; **dorobić się ~y** make a fortune; *pot.* **kosztować ~ę** cost a small fortune, cost the earth, cost an arm and a leg, cost a bomb; **roztrwonić ~ę** dissipate a fortune, squander a fortune; **samochód kosztował mnie ~ę** the car cost me a small fortune; *pot.* **wydać ~ę** spend a bomb; **zbić ~ę** make a killing

forum *n* forum; **~ publiczne** open/public forum; **na ~ publicznym** in public

fotel *m* armchair; easy chair; **~ dentystyczny** dental (operation) chair; *przen.* **~ ministerialny** ministerial office; **~ na biegunach** rocking chair, *US* rocker; **~ obrotowy** swivel chair; **~ wyrzucany** (*pilota*) ejection seat

fotogeniczny *a* photogenic; **być ~m** photograph well; **nie być ~m** photograph badly

fotograf *m* photographer; **~ amator** amateur photographer; **~ prasowy** press photographer

fotografi|a *f* **1.** (*zdjęcie*) photograph; *pot.* photo; **~a grupowa** group photograph; **~a rodzinna** family photograph; **wyblakła/pożółkła ~a** faded photograph; **ona dobrze wychodzi na ~ach** she comes out well in the photographs; **pozować do ~i** pose for a photograph; **wychodzić** (*dobrze/źle*) **na ~i** come out; **zrobić ~ę** take a photograph **2.** photography; **~a barwna** colour photography; **~a lotnicza** aerial photography, aerophotography

frazes *m* cliché, hackneyed phrase, banality, platitude; **puste ~y** empty platitudes; **artykuł prasowy pełen ~ów** a cliché-ridden newspaper article

frekwencj|a *f* attendance; (*na zebraniu*, *wyborach*) turnout; **niska ~a** low/poor attendance; **wysoka ~a** high attendance; **~a spadła** attendance fell; **~a wzrosła** attendance went up; **~a zmalała** attendance went down; **cieszyć się wysoką ~ą** be well attended; **duże zainteresowanie wyborami zapewniło wysoką ~ę** intense interest in the election ensured a high turnout

front 112

fron|t *m* **1.** (*przednia strona*) front; face; **stać ~tem do czegoś** face sth **2.** (*meteorologiczny*) front; **~t chłodny** cold front; **~t ciepły** warm front **3.** (*walki*) front; **linia ~tu** front line; **na ~cie** at/on the front **4.** *przen.* (*zjednoczenie się ludzi*) front; **~t wyzwolenia** liberation front **5.** *przen.* (*linia postępowania*) front; **zmiana ~tu** about-turn, about-face; **zmienić nagle ~t** do a sudden about-face

fundament *m* **1.** foundations; **~y domu** foundations of a house; **kłaść/***pot.* **kopać ~y pod (szkołę)** lay the foundations of (a school) **2.** *przen.* foundation; basis (*pl* bases); **być solidnym ~em czegoś/stanowić mocny ~ czegoś** provide a solid foundation for sth; **kłaść ~** lay a foundation; **podkopywać ~** undermine a foundation

fund|ować *v pot.* **~ować coś komuś** stand sb sth; treat sb to sth; buy sb sth, buy sth for sb; **ja ~uję!** this is my treat!; **ona ~uje nam obiad** she's standing us a lunch

fundusz *m* fund; **~ emerytalny** pension fund; **~ inwestycyjny** investment fund; **~ rezerwowy** reserve fund; emergency fund; **~ rozwojowy** development fund; **brak ~ów** lack of funds; lack of funding; **~e wyczerpują się** funds dry up, funds run out; **przeznaczać ~e na...** appropriate funds to..., earmark funds to...

funkcj|a *f* **1.** (*funkcjonowanie, rola, zadanie*) function; **spełniać ~ę** (*o przedmiocie*) perform a function, fulfil a function; serve as... **2.** (*prace, obowiązki*) function; duties; activities; **objąć ~ę dyrektora** assume the manager's office; **pełnić/sprawować/wykonywać ~e** perform functions; perform duties **3.** **~a algebraiczna** algebraic function; **~a cosinus/sinus** cosine/sine function; **~a trygonometryczna** trigonometric function

furi|a *f* fury; **dzika ~a** savage/unbridled fury; **atak/napad ~i** fit of fury; **jak ~a** like fury; **w ~i** in a fury; **wpaść w ~ę** fly into a fury; go up in the air

G

gabinet *m* **1.** (*w mieszkaniu*) study; (*w urzędzie*) office; **~ dentystyczny** dental surgery; **~ kosmetyczny** beauty parlour/salon, *US* beauty shop; **~ lekarski** surgery, *US* (doctor's) office; consulting room; **w soboty rano ~ czynny jest od godz. 9 do 12** on Saturday mornings, surgery is from 9.00 to 12.00, *US* on Saturday mornings office hours are from 9.00 to 12.00 **2.** (*rada ministrów*) cabinet; **~ cieni** shadow cabinet; **~ koalicyjny** coalition cabinet; **członkowie ~u** members of the cabinet

gada|ć *v pot.* talk; chatter; **~ć jak nakręcony** talk nineteen to the dozen, talk ten to the dozen; **~ć od rzeczy** talk through one's hat; **~ć trzy po trzy** talk nonsense/rubbish; **co tu (dużo) ~ć** no use talking; **politycy tylko dużo ~ją** politicians are all talk; **szkoda ~ć!** nothing doing!; **za dużo się ~, a za mało robi** there's too much talk and not enough work being done

gadani|e *n pot.* talk, talking; chatter; **ciągłe/nieustanne ~e** constant chatter, endless chatter; **dość tego ~a!** that's enough chatter!; **to tylko czcze/próżne ~e** it's just talk, it's all talk (and no action)

gaf|a *f* gaffe; **popełnić ~ę** commit/make a gaffe; *pot.* drop a clanger/brick

galare|ta *f* jelly; *przen.* **trząść się/drżeć jak ~ta** shake like jelly; **...w ~cie** (*potrawa*) jellied...

galop *m* gallop; **pędzić ~em** gallop; *przen.* **(zrobić coś) ~em** (do sth) at a gallop

gałązk|a *f* twig; ~a laurowa/lauru/wawrzynu laurels; ~a oliwna olive branch; **wyciągnąć do kogoś/podać komuś ~ę oliwną** hold out an olive branch to sb

gałąź *f* 1. (*drzewa*) branch; *przen.* **podcinać ~, na której się siedzi** cut one's own throat 2. **~ gospodarki** branch/line of the economy; **~ przemysłu** industry, branch/line of industry

gam|a *f* 1. (*muzyczna*) scale; **ćwiczyć ~y** practise scales; **śpiewać ~ę** sing a scale 2. *przen.* gamut; **cała ~a...** the whole gamut of..., the entire gamut of...

gang *m* gang; criminal gang; **~ uliczny** street gang; **~ wyrostków** a gang of youths; **~ złodziei** a pack of thieves; **zwalczające się/rywalizujące ze sobą ~i** rival gangs; **rozbić/zlikwidować ~** break up a gang, bust (up) a gang

gard|ło *n* throat; **bolące/chore ~ło** sore throat; **czerwone ~ło** red throat; **wąskie ~ło** (*w produkcji*) bottleneck; **chwycić kogoś za ~ło** grip sb by the throat; *pot.* **jak psu z ~ła wyciągnięty/wyjęty** all crumpled; **(krzyczeć) na całe ~ło** (shout) at the top of one's voice; *pot.* **mieć nóż na ~le** be in a tight corner/spot; have a noose around one's neck; **mieć ściśnięte ~ło** have a lump in one's throat; **podciąć/poderżnąć komuś ~ło** cut/slash/slit sb's throat; **skoczyć komuś do ~ła** jump down sb's throat; **słowa uwięzły mu w ~le** the words stuck in his throat

garstka *f przen.* handful; **~ ludzi** a handful of people; **~ piasku** a handful of sand

garś|ć *f* hand; **~ć czegoś** a handful of sth; **~ć orzechów** a handful of nuts; **mieć/trzymać w ~ci** have in hand; *przen.* **mieć/trzymać kogoś w ~ci** have sb in one's pocket; **wziąć coś w ~ć** take sth in hand; pull sth together; **wziąć się w ~ć** pull oneself together; get/keep a grip on oneself

gasnąć *v* 1. (*światło, ogień*) go out; **światło gaśnie** the light goes out; **świeczka zgasła** the candle went out 2. (*zanikać, blednąć*) fade, die away; **~ w oczach** (*tracić siły, umierać*) fade away;

w ostatnich kilku tygodniach życia po prostu gasła w oczach in the last weeks of her life she simply faded away

gatun|ek *m* **1.** (*rodzaj, typ*) kind, sort, type; *pot.* species; **owoce różnych ~ków** fruit of various kinds; **różne ~ki owoców** various kinds of fruit **2.** (*jakość*) quality; grade; **najwyższego ~ku** top-grade; high-grade; prime; **niskiego ~ku** low-grade **3. ~ek** (*biologiczny*) species (*pl* species); **~ek zagrożony (wyginięciem)** endangered species, a species threatened with extinction; **~ek wymiera** a species dies out, a species becomes extinct

gaz *m* gas; **~ bojowy** military gas; **~ łzawiący** tear gas; **~ trujący** poison/toxic gas; **~ ziemny** natural gas; **~y spalinowe** exhaust/waste/combustion gas; *pot.* **dodać ~u** step on the gas; **gotować na małym/średnim/dużym ~ie** cook on a low//medium/high gas; *pot.* **na ~ie** (*podpity*) tipsy; *GB* tiddly; **odkręcić ~** turn on the gas; **zapalić ~** light the gas; **zgasić//wyłączyć ~** turn off the gas

gazet|a *f* newspaper; paper; **~a codzienna** daily paper; **~a popołudniowa** evening paper; **~a poranna** morning paper; **~a wychodzi...** a newspaper comes out...; a newspaper is published...; *pot.* **dostać się na pierwsze strony ~/trafić na czołówki ~** hit the headlines; **prenumerować/abonować ~ę** subscribe to a newspaper

gdy *conj* when; as; while; **~ tylko** when, as soon as, the minute (that); **podczas ~** while, when

gdyby *conj* if; **~ nawet** even if; **~ nie (to, że...)** if it weren't for...; **~ tylko** if only; **~ tylko przestało padać** if only it would stop raining; **~ tylko umiał pływać** if only he could swim; **~m był tobą** (*na twoim miejscu*) if I were you; **jak ~** as if, as though; **zachowywała się, jak ~ nic się nie stało** she behaved as if nothing had happened

gdzie *adv* where; (*pytając o miejsce bliżej nie określone*) whereabouts; *przysł.* **~ dwóch się bije, tam trzeci korzysta** two dogs fight for a bone, and the third runs away with it; **~ indziej** elsewhere; somewhere else, *US* someplace else; **~ mieszkasz?** where do you live?; **~ to znalazłeś?** whereabouts did you find it?; **byle ~/~ bądź** anywhere, *US* anyplace; **nie mam ~ się zatrzymać** I haven't anywhere to stay; **pójść/iść ~ indziej** go somewhere else

gdzieś *adv* **1.** somewhere, *US* someplace; **~ go już widziałam** I've seen him somewhere before; **~ indziej** somewhere else; **albo ~ tam** or somewhere **2.** *pot.* (*w odniesieniu do liczby*) somewhere; roughly; (*w odniesieniu do czasu*) sometime; **~ około** somewhere around/about; sometime around; **~ około 7 milionów** somewhere around 7 million; **~ w sierpniu** sometime in August; **nasz dom wybudowano ~ około 1905 roku** our house was built sometime around 1905

generacj|a *f* generation; **~a komputerów** computer generation; **komputer czwartej ~i** fourth-generation computer; **młodsza ~a** younger generation; **najnowsza ~a** the latest generation

geniusz *m* genius; **~ matematyczny** mathematical genius; **~ wojskowy** military genius; **prawdziwy ~** real genius

gest *m dosł. i przen.* gesture; **~ dobrej woli** goodwill gesture, gesture of goodwill; **~ pojednawczy** conciliatory gesture; **~ przyjaźni** gesture of friendship, friendly gesture; **~ teatralny** theatrical gesture; **ładny ~** handsome gesture; **szlachetny//wspaniały ~** grand gesture, grandiose gesture, magnificent gesture; **~em dał im do zrozumienia, żeby byli cicho** he gestured to them to keep quiet; **~em wyraziła swoją dezaprobatę** she gestured her disapproval; **mieć (szeroki) ~** be open-handed; **porozumiewać się za pomocą ~ów** communicate by gesture; **w geście rozpaczy** in a gesture of despair; **wyrażać coś ~em** gesture sth; **zrobić/uczynić/wykonać ~** make a gesture

gęb|a *f pot.* gob; mouth; **~a do nakarmienia/wyżywienia** a mouth to feed; **~a na kłódkę!** you'd better keep your mouth shut!; **(ani) pary z ~y nie puścić** keep one's gob shut; **być**

mocnym w ~ie have a glib tongue; **dać komuś w ~ę** break sb's jaw; **drzeć ~ę** roar; **mieć niewyparzoną ~ę** be foul-mouthed; **na ~ę** (*ustnie*) by word of mouth; **zamknij ~ę!** shut your gob!; **zapomnieć języka w ~ie** lose one's tongue; be taken aback; **z rozdziawioną ~ą** open-mouthed

gęś *f* **1.** goose (*pl* geese); **dzika ~** wild goose; **krzyk dzikiej gęsi** honk/yank of a wild goose; **stado gęsi** flock/gaggle of geese; **syczenie gęsi** whistle of geese; **~ syczy** a goose whistles; *pot.* **niech to ~ kopnie!** hang it (all)!; *przen.* **rządzić się jak szara ~** behave as if you own the place, act like you own the place; **jest tu zaledwie pięć minut, a już rządzi się jak szara ~** she's only been here five minutes and she's already acting like she owns the place; **(spływa) jak po gęsi woda** (it's) like water off a duck's back **2.** *pot.* (*lekceważąco o kobiecie*) **(głupia) ~** goose (*pl* gooses)

giełd|a *f* stock exchange/market; **~a pracy** job centre, employment/labour exchange; **~a zbożowa** corn exchange, *US* grain exchange; **grać/spekulować na ~zie** gamble on the stock exchange

gina|ć *v* **1.** (*tracić życie*) perish; die; **~ć na drodze/w wypadku drogowym** be killed in a road accident, be killed in a traffic accident; **~ć tragicznie w wypadku** tragically die in an accident; **~ć w walce** die in battle; **~ć z głodu** die of/from hunger; **~ć za ojczyznę** die for one's country; **kwiaty ~ bez wody** flowers die without water **2.** (*zanikać*) disappear; fade (away); die (away); **~ć w mroku** fade into darkness **3.** (*zapodziewać się*) be lost, get lost, disappear; **rzeczy dziwnie ~, kiedy on jest w pobliżu** things tend to disappear when he's around

gips *m* **1.** gypsum; **~ modelarski/sztukatorski** plaster of Paris **2.** (*opatrunek z gipsu*) plaster cast, plaster, cast; **mieć nogę w ~ie** have one's leg in a plaster cast, have a leg in plaster; **w ~ie** in plaster, *zwł. US* in cast; **założyć ~ na** put a cast on

gitar|a *f* guitar; **~a akustyczna** acoustic guitar; **~a elektryczna** electric guitar; **~a hawajska** Hawaiian guitar; **brzdąkać na ~ze** strum (on) a guitar; **grać na ~ze** play a/the guitar

gleb|a *f* soil; **~a gliniasta** clayey soil; **~a jałowa** barren soil; **~a licha** poor soil; **~a piaszczysta** sandy soil; **~a urodzajna/żyzna** fertile soil; *przen.* **trafić na podatną/dobrą ~ę** take root, strike root

glin|a *f* **1.** clay; **~a garncarska** pottery/potter's clay; *przen.* **być ulepionym z innej ~y** be of another clay; **lepić z ~y** mould out of clay, mould in clay; *przen.* **ulepiony z jednej/tej samej ~y (co)** tarred with the same brush (as sb); cast in the same mould (as sb) **2.** *pot.* (*policjant*) cop, copper; **on jest dobrym ~ą** he's a good cop

glob *m* globe; **~ ziemski**/*pot.* **nasz ~** terrestrial globe, the globe

głaz *m* stone; **~ narzutowy** boulder; *przen.* **zimny/niewzruszony/twardy jak ~** (as) hard as nails, as tough as nails; **milczeć jak ~** be as silent/quiet as the grave, be as silent/quiet as the tomb, be/keep dead silent

głębi|a *f* depth; **~a oceanu** ocean depths, depths of the ocean; *przen.* **do ~** deeply; **w ~** deep inside; at the bottom; **w ~ duszy/serca** in one's heart (of hearts), at the bottom of one's heart; **z ~ serca** from the bottom of one's heart

głębok|i *a* deep; **~a rana** deep wound; **~a rzeka** deep river; **~i na dwa metry** two metres deep; **~i wdech/oddech** deep breath; **~ie podziały w partii** deep divisions in the party

głęboko *adv* **1.** (*w dół*) deep; deeply; (*do wewnątrz*) **~ w** deep in, deep inside, deep into; **~ w lesie** deep in the forest; **kopać ~** dig deeply **2.** *przen.* (*intensywnie*) deeply, profoundly; **~ religijny** deeply/profoundly religious; **~ przeżyła śmierć matki** she felt her mother's death deeply

głębokoś|ć *f* depth; **na ~ć dziesięciu metrów** to a depth of ten metres; **o ~ci dziesięciu metrów** ten metres in depth, ten metres deep

głodn|y *a* hungry; *przysł.* **~emu chleb na myśli** the tongue is ever turning to the aching tooth; *przen.* **~y jak wilk/pies** as hungry as a wolf

głos *m* **1.** voice; *przen.* **~ sumienia** the still small voice (of conscience); *przen.* **~ wołającego na puszczy** a voice crying in the wilderness; **cienki ~** thin voice; **donośny ~** loud voice; **melodyjny ~** melodious voice; **niski ~** low/low-pitched voice; **wysoki ~** high-pitched voice; **~ drży** a voice quivers, a voice shakes, a voice trembles; **~ łamie się** a voice breaks, a voice cracks; **iść za ~em serca** follow one's heart; **na ~** aloud; **na cały ~** at the top of one's voice; **ochrypłym ~em** in a raucous voice; **podnosić ~ (na kogoś)** raise one's voice (to sb); **stracić ~** lose one's voice; **ściszać ~** lower one's voice **2.** (*możność wypowiedzi*) voice; **decydujący ~** deciding voice; *przysł.* **dzieci i ryby ~u nie mają** children should be seen and not heard; **mieć ~/być przy ~ie** have the floor; **mieć ~ w danej sprawie** have a voice in the matter; **prosić o ~** ask for the floor; **udzielić komuś ~u** give sb the floor; **zabrać ~** take the floor **3.** (*w głosowaniu*) vote; **~y przeciw** the noes, the nays, the cons; **~y za** the ayes, the pros; **oddać ~** cast one's vote; **oddać ~ na kogoś** cast one's vote for sb, vote for sb; **większością ~ów** by the majority of votes, by majority vote; **większością 2/3 ~ów** by two-thirds majority; **został wybrany większością... ~ów** he was elected by the majority of...votes

głosowa|ć *v* (*oddać głos*) vote; (*brać udział w głosowaniu*) go to the polls; **~ć na kogoś** vote for sb, cast one's vote for sb; **~ć nad czymś** vote on sth; **~ć przeciw** vote against; **~ć przez podniesienie rąk** vote by the show of hands; **~ć za** vote for; **większość ~ła przeciw** the noes have it

głosowani|e *n* voting; vote; poll(s); **~e powszechne** universal suffrage; **~e przez podniesienie rąk** show of hands; **~e tajne** ballot, secret voting; **kartka do ~a** ballot, voting paper; **odrzucić coś w ~u** vote sth down; **poddać wniosek pod ~e** take

głowa

a vote on the motion, put a motion to a vote; **przyjąć coś w ~u** vote sth through; **w ~u przez podniesienie rąk** by show of hands; **w ~u tajnym** by ballot; **wstrzymać się od ~a** abstain from voting

głow|a *f dosł. i przen.* head; **~a państwa** the head of the state; **~a rodziny** the head of the family; *przen.pot.* **kapuściana ~a** blockhead; **koronowana ~a** the crowned head; **~a do góry!** cheer up!; chin up!; **~a mi pęka** my head is splitting; **~a mnie boli** I have a headache, my head aches; **bić ~ą o mur** bang/bash/beat/hit/knock one's head against a brick wall; **być czyimś oczkiem w ~ie** be the apple of one's eye; **chodzić z ~ą w chmurach** have one's head in the clouds; **chować/kryć ~ę w piasek** bury one's head in the sand, hide one's head in the sand; **co dwie ~y to nie jedna** two heads are better than one; **coś chodzi komuś po ~ie** sth is on sb's mind; **coś nie mieści się komuś w ~ie** sth boggles sb's mind; the mind boggles at sth; **coś wpada/strzela komuś do ~y, żeby...** sb takes it into his/her head to do sth/that...; **dać ~ę** bet one's life; **kręcić przecząco ~ą** shake one's head; **kręci mi się w ~ie** I am dizzy; **łamać sobie ~ę (nad czymś)** rack/beat one's brain(s) (about/over sth); cudgel one's brains (over sth); *przysł.* **mądrej ~ie dość dwie słowie** a word is enough to the wise, a word to the wise is enough; **mieć ~ę do (interesów)** have a good head for (business); **mieć ~ę na karku/nie od parady** have one's head screwed on; **mieć coś na ~ie** have sth on one's head; have sth on one's hands; **mieć mocną ~ę** have a strong head; *pot.* **mieć pusto w ~ie** be empty-headed; be feather-brained; **na ~ę** a/per head, per capita; **nabić komuś (sobie) czymś ~ę** cram/fill/stuff sb's head with sth; **nie mam ~y do...** I haven't much of a head for..., I have no head for...; **nie mieści mi się w ~ie, jak można się tak zachowywać** how anyone can behave like that is beyond my comprehension; **nie tracić ~y** keep a cool head, keep a level head; **niech cię o to ~a nie boli!**

that's not your headache!; **nigdy nie przyszło mi do ~y, że/żeby...** it never crossed my mind that/to..., it never entered my head that/to..., it never entered my mind that/to...; **nosić ~ę wysoko** hold one's head high; **o ~ę** (*wyższy itd.*) by a head; *przysł.* **od przybytku ~a nie boli** there's never too much of a good thing; **od stóp do głów** from head to feet, from top to toe; **podnieść ~ę** lift/raise one's head; **podrapać się w ~ę** scratch one's head; **przewrócić komuś w ~ie** turn sb's head; **przyjść komuś do ~y** come into one's head, enter one's head/mind; occur to sb; **przyprawiać kogoś o zawrót ~y** make one's head spin; **przyszło mi nagle do ~y, że...** it suddenly occurred to me that...; **ruszyć ~ą** (*pomyśleć*) use one's head; **schylić ~ę** lower one's head; **skinąć ~ą** nod (one's) head; **stawać na ~ie (żeby coś zrobić)** go out of one's way (to do sth); **stawiać sprawę na ~ie** put the cart before the horse; **stawiać/postawić coś na ~ie** stand sth on its head, turn sth on its head; **stracić/tracić ~ę** (*panowanie nad sobą*) lose one's head; (*emocjonować się*) get flustered; **stracić ~ę dla kogoś** lose one's head over sb; **suszyć komuś ~ę** bother sb; **ściągnąć/sprowadzić coś na swoją ~ę** bring sth down on one's head; **to się nie mieści w ~ie** it's beyond my comprehension; it beats me; **uderzać komuś do ~y** go to sb's head; **w ~ie mu tylko muzyka rockowa** he has nothing but rock music on the brain; **walić ~ą o mur** bang/bash/beat/hit/knock one's head against a brick wall; **wbić sobie coś do ~y** get sth into one's head; **wbijać coś komuś do ~y** drum sth into sb's head, drum sth into sb; hammer sth into sb's head; **woda sodowa uderzyła mu do ~y** he has got a swollen head; **wpaść komuś do ~y** come into one's head, enter one's head/mind; occur to sb; **wybić sobie coś z ~y** put sth out of one's head; *pot.* **z ~y** (*powiedzieć coś itd.*) off the cuff, off the top of one's head; **zachodzić w ~ę** cudgel one's brains; **zawracać komuś ~ę** bother sb; **zawracać sobie czymś ~ę** bother one's head about sth, bother oneself about sth; **zawrócić komuś w ~ie** turn sb's head; **zmyć komuś ~ę** give sb a thick ear; **zmyła mi ~ę za ciągłe spóźnianie się** I got a real earful from her for being late repeatedly; **zwiesić ~ę** hang one's head

głód *m* **1.** (*uczucie głodu*) hunger; (*głodowanie*) hunger, starvation; **cierpieć ~** starve; go hungry; **umierać z głodu** die of/from hunger, die of starvation; starve to death; *przen.pot.* **umieram z głodu** I'm famished, I'm starving, I'm starved; **zaspokoić (swój) ~** satisfy one's hunger **2.** *pot.* **~ narkotyczny** cold turkey; **oznaki/symptomy głodu narkotycznego** withdrawal symptoms; **być na głodzie** go cold turkey **3.** *przen.* (*pragnienie*) hunger; **~ wiedzy** hunger for knowledge **4.** *przen.* (*brak czegoś*) shortage, scarcity; **~ mieszkaniowy** housing shortage

głuch|y *a dosł. i przen.* deaf; **~a cisza** dead/lethal/deathly silence; **~y jak pień** (as) deaf as a post, stone-deaf; **~y na jedno ucho** deaf in one ear; **~y od urodzenia** deaf since birth; **pozostawać ~ym na czyjeś prośby** turn a deaf ear to sb's requests

głupi *a* stupid, silly, foolish; **~ błąd** stupid/silly mistake; *pot.* goof; **~ pomysł** stupid/silly idea; *przysł.* **~ ma (zawsze) szczęście** fortune favours fools; *przysł.* **~ch nie trzeba siać, sami się rodzą** there's one born every minute

głup|iec *m* fool; *pot.* silly; fat-head; **nie rób tego, ty ~cze!** don't do that, (you) fat-head!; **robić ~ca z...** make a fool of...

głupot|a *f* stupidity; **bezdenna ~a** crass stupidity; **przez ~ę** through stupidity

głupstw|o *n* stupid/silly thing; stupidity; **~a** *pl* nonsense, rubbish, *US* drivel; **opowiadać ~a** talk nonsense, talk rubbish, drivel

gniazdo *n* **1.** nest; **~ os** a wasps' nest; **bocianie ~** stork's nest; (*w żeglarstwie*) crow's nest; **budować/wić ~** build a nest, make a nest; *przen.* **kalać własne ~** foul one's own nest; **zakładać ~** nest **2.** **~ wtyczkowe** plug-in socket

godzina

gniew *m* anger; **ślepy ~** blind anger; **wybuch ~u** outburst of anger, flare-up; **~ narasta** anger mounts; **~ ogarnia kogoś** sb is seized with anger; **~ słabnie/mija/przechodzi** anger abates; **w ~ie** in anger; **hamować swój ~** contain one's anger, restrain one's anger; **ogarnął go ~, kiedy...** anger flooded (into/over) him when...; **opanować ~** subdue anger; **pałać/kipieć ~em** blaze with anger; boil with anger; **rozpalać ~** kindle anger; **tłumić w sobie ~** repress one's anger; **wpaść w ~** get angry; **wybuchnąć ~em** explode with anger, break out in anger; **wyładować swój ~** give vent to one's anger, vent one's anger; **wywoływać ~** arouse anger, stir up anger

godło *n* emblem; **~ państwowe** national emblem

godnoś|ć *f* **1.** (*honor*) dignity; **~ć człowieka/ludzka** human dignity; **~ć pracy** the dignity of labour; **mieć poczucie ~ci** have a sense of dignity; **odarty z ~ci** stripped of one's dignity; **poniżej czyjejś ~ci** beneath one's dignity; **(umrzeć) z ~cią** (die) with dignity **2.** (*urząd, tytuł*) dignity; **nadać komuś ~ć...** confer the dignity of... on sb

godny *a* **1. ~ czegoś** worthy of sth; deserving of sth; worth doing sth; **~ obejrzenia** worth seeing; **~ pochwały** praiseworthy; **~ podziwu** worthy of admiration, admirable; **~ ubolewania** deplorable; **~ uwagi** noteworthy; **~ zapamiętania** worthy to be remembered; **~ zaufania** trustworthy **2.** (*wzbudzający szacunek*) worthy; **~ przeciwnik** worthy opponent/adversary

godzin|a *f* **1.** hour; **~a pierwsza/druga** (*na zegarze*) one/two o'clock; **~a policyjna** curfew; **~y biurowe/urzędowania** office hours, business hours; **~y największego nasilenia ruchu//szczytu** (*w mieście*) rush hours; **~y odwiedzin** (*w szpitalu, więzieniu*) visiting hours; **~y przyjęć** (*lekarza*) surgery, *US* office hours; **bita ~a** solid hour; **zła ~a** evil/fatal hour; **~a policyjna obowiązuje od jedenastej w nocy do siódmej rano** there's a curfew from eleven at night until seven in the morning; **ciągnąć się ~ami** drag on for hours; **co ~a** every hour;

gol 124

czekać bitą **~ę** wait for a solid hour; **która ~a?** what time is it?, what's the time?; **o drugiej ~ie** at two o'clock; **odkładać coś na czarną ~ę** put away sth for a rainy day; keep sth for a rainy day; **(przez) dziesięć bitych ~** ten solid hours, ten hours solid; **punktualnie o ~ie 10** at 10 o'clock sharp; **w złą ~ę** in an evil hour; **wprowadzić ~ę policyjną** impose/enforce a curfew; **za ~ę** in an hour, in an hour's time; **znieść ~ę policyjną** lift/end a curfew **2.** (*lekcja w szkole*) period; **dwie ~y historii** a double period of history; **wolna ~a** a free period; **co masz na pierwszej ~ie?** what class do you have first period?; **mamy cztery ~y geografii tygodniowo** we have four periods of geography a week

gol *m* goal; **strzelić ~a** kick/make/score a goal; *zob. też* **bramka 2.**

gołąb *m* pigeon; **~ pocztowy** carrier/homing pigeon; *przysł.* **lepszy wróbel w garści niż ~ na dachu** a bird in the hand is worth two in the bush

goł|y *a* naked; bare; *przen.* **~y jak go Pan Bóg stworzył** stark naked; **~ym okiem** with/by the naked eye; **pod ~ym niebem** under the open sky; **z ~ą głową** bareheaded; **z ~ymi nogami** barelegged

gorąco *adv* **1.** hot; **jest ~** it's hot; **jest mi ~** I'm hot; **na ~** (*potrawa*) piping hot; **podać coś na ~** serve sth piping hot; **tu jest ~ jak w piecu** it's like a furnace in here, it's like an oven in here **2.** (*serdecznie*) warmly; **~ to polecam** I warmly recommend it; **podziękowała nam ~** she thanked us warmly; **przywitać ~** greet warmly

gorączk|a *f dosł. i przen.* fever; **~a podskoczyła do...** a fever shot up to...; **~a spada** a fever goes down; **~a ustępuje** a fever abates, a fever subsides; **dostać ~i** get a fever; **mieć bardzo wysoką ~ę** have a very high fever; **mierzyć ~ę** take one's temperature; **ta ~a prawie go wykończyła** that fever nearly finished him off

gorsz|y *a* worse; inferior; **co ~a** worse still; **o wiele ~y** far worse; **zmiana na ~e** a change/turn for the worse

gorzej *adv* worse; **coraz** ~ worse and worse; **tym** ~ so much the worse, all the worse

gospodarka *f* **1.** economy; ~ **hodowlana** livestock farming; ~ **wolnorynkowa** free-market economy **2.** (*gospodarowanie*) management; administration; **racjonalna** ~ proper/efficient management; **zła** ~ mismanagement

gospodarstwo *n* (*wiejskie*) farm; ~ **chłopskie** peasant farm; ~ **domowe** household; housekeeping; ~ **hodowlane** animal//stock farm; ~ **indywidualne** individual/private farm; ~ **rolne** farm; farmstead; **małe/drobne** ~ small farm; **wielkie** ~ **rolne** large/large-scale farm; **prowadzić** ~ manage/run/work a farm

gospodarz *m* **1.** (*pan domu*) householder; master of the house; (*przyjmujący gości*) host; **nasz** ~ **przyniósł jeszcze trochę wina** our host brought in some more wine; **pełnić rolę ~a (domu)** act as host **2.** (*organizator imprez sportowych, wizyt itd.*) host; ~ **Igrzysk Olimpijskich** the host country for the Olympic Games; **Francja będzie pełnić rolę ~a następnej konferencji międzynarodowej** France is playing host to the next international conference; **Francja jest ~em** France is the host nation; **pełnić rolę ~a czegoś** play host to sth, host sth **3.** ~ **programu** (*telewizyjnego, radiowego*) host of a programme; **być ~em programu** host a programme

gospodyni *f* (*pani domu*) mistress of the house; (*przyjmująca gości*) hostess; ~ **domowa** (*prowadząca własny dom*) housewife

gościnnoś|ć *f* hospitality; **nadużywać czyjejś ~ci** abuse sb's hospitality; outstay one's welcome, wear out one's welcome; **okazywać ~ć** show hospitality, extend hospitality

goś|ć *m* **1.** guest; **~ć honorowy** guest of honour; **~ć hotelowy** guest (at a hotel); **~ć mile widziany** welcome guest; **~ć niepożądany** unwelcome guest; **~ć nieproszony** uninvited guest; **~ć niespodziewany** unexpected guest; **~ć specjalny** (*w programie telewizyjnym itd.*) special guest; **~ć weselny**

gotować

wedding guest; **~ć zaproszony** invited guest; **stały ~ć (hotelowy)** regular guest (at a hotel); **lista ~ci** guest list; **być ~ciem programu** (*telewizyjnego*) guest on a programme; **przyjmować/mieć ~ci** have guests **2.** *pot.* (*osobnik*) guy; (*zwł. negatywnie*) customer; **to dziwny ~ć** he's a strange customer, he's an odd customer; **to porządny ~ć** he's a good guy

gotować *v* **1.** (*doprowadzać do wrzenia, trzymać we wrzątku*) boil; (*przygotowywać posiłki*) cook; **~ jajko** boil an egg; **~ kartofle w mundurkach** cook potatoes in their jackets; **~ na małym/średnim/dużym gazie** cook on a low/medium/high gas; **~ w kuchence mikrofalowej** microwave; **czy kartofle już się ugotowały?** have the potatoes boiled yet? **2.** *dosł. i przen.* **~ się** boil; **~ się ze złości** boil with rage

gotowoś|ć *f* **1.** (*stan pogotowia*) readiness; **~ć bojowa** fighting trim; **w ~ci bojowej** in fighting trim; **w stanie ~ci** in readiness **2.** (*zamiar, skłonność*) readiness, willingness; **~ć udzielenia pomocy** readiness to help; **wyrazić ~ć zrobienia czegoś** express willingness to do sth

gotówk|a *f* cash; ready money; **płacić ~ą** pay (in) cash; **za ~ę** for/against cash

gór|a *f* **1.** mountain; **~a lodowa** iceberg; **Góra Oliwna** Mount of Olives; *przen.* **wierzchołek/czubek ~y lodowej** the tip of the iceberg; **~a (nie) została zdobyta** the mountain was (not) conquered; *przysł.* **~a porodziła mysz** the mountain has brought forth a mouse, the mountain was in labour and produced a mouse, the mountain labours and brings forth a (ridiculous) mouse; *przysł.* **nie chce ~a przyjść do Mahometa, musi Mahomet przyjść do ~y** (if) the mountain will not come to Mohammed/Mahomet, Mohammed/Mahomet must go to the mountain; *przen.* **obiecywać komuś złote ~y** promise sb the moon, promise sb the earth; **pod ~ę** uphill; **wspinać się na ~ę** climb a mountain; scale a mountain; **z ~y** downhill; *przen.* **z ~y** (*zawczasu*) in advance, beforehand **2.** (*wyższa część czegoś*) top; upper part; *przen.* **brać nad kimś ~ę** gain the upper hand over sb; **do ~y** up; upward(s); **do ~y nogami** upside down; **na ~ze** (*na szczycie*) at the top; (*na piętrze*) upstairs; *przen.* **patrzeć na kogoś z ~y** look down on sb; **przewracać coś do ~y nogami** turn sth upside down; **ręce do ~y!** hands up!

gr|a *f* **1.** game; play; **~a hazardowa** gamble; **~a komputerowa** computer game; *przen.* **~a nie warta świeczki** the game is not worth the candle; **~a słów** pun, wordplay, play on words; **~a sportowa** game; **~a w berka** tag; **~a w chowanego** hide-and-seek; **~a w karty** card-game; **~a w klasy** hopscotch; **prowadzić podwójną ~ę** play a double game; **wchodzić w ~ę** (*być branym pod uwagę*) come into play **2.** (*na instrumencie muzycznym*) playing; **~a aktorska** playing, acting, performing, performance

grabież *f* looting; plunder; **dopuścić się/dokonać ~y** loot; plunder

gra|ć *v* **1.** (*w grach towarzyskich, sportowych*) play; **~ć na bramce** play in goal; **~ć w karty** play cards; (*hazardowo*) gamble at cards; **~ć w orła i reszkę** play at heads or tails; flip a coin, throw a coin, toss a coin; *przen.* **~ć w otwarte karty** lay one's cards on the table, put one's cards on the table; **~ć w piłkę nożną/w hokeja** play football/hockey; **boisko, na którym ~ się dobrze/źle** a pitch that plays well/poorly; **w jakiej ~sz drużynie?** which team do you play for?; **w poniedziałek Francja ~ z Anglią/przeciw Anglii** on Monday France play(s) against England **2.** (*na instrumencie muzycznym*) play; **~ć na fortepianie** play the piano; **~ć ze słuchu** play by ear **3.** (*w filmie, sztuce*) play, act, perform; **~ć rolę bohatera** play the hero; **co ~ją w...?** (*kinie, teatrze*) what is on at...?; **"Makbeta" ~ją w...** "Macbeth" is playing at... **4.** *przen.* **pieniądze/koszty nie ~ją roli** money/expense is no object **5.** *przen.* **~ć komuś na nerwach** get on one's nerves; **~ć na czyichś uczuciach** play on/upon sb's feelings

grad *m* **1.** hail; **pada ~** it is hailing **2.** *przen.* hail, volley; **~ ciosów** a flurry of blows; **~ kul** a hail/volley of bullets; **~ pytań** a hail of questions

granic|a *f* **1.** frontier, border; **~a lądowa** land frontier; **~a morska** sea frontier; **naruszyć ~ę** violate the frontier/border; **przekroczyć ~ę** cross the frontier/border; **za ~ą/za ~ę** abroad **2.** (*ograniczenie*) limit(s); boundary; bounds; **~a wieku** age limit; **bez ~** unlimited; boundless; **dolna ~a** lower limit; **górna ~a** upper limit; **dążyć do ~y** (*w matematyce*) approach a limit; *przen.* **nie znać ~** know no limits; **przekroczyć ~ę** exceed the limit; **w rozsądnych ~ach** within reasonable limits; within reason **3.** *dosł. i przen.* (*linia graniczna*) borderline; boundary; **~e miasta** city limits; **jest cienka ~a między... a...** there's a thin/fine line between... and... **4.** *przen.* (*skraj, kraniec*) verge; brink; limit; line; **~a czyjejś cierpliwości** the limit of one's patience; **~a ubóstwa** poverty line/level; **~a wytrzymałości** *pot.* the end of one's tether; **~e ludzkiej wytrzymałości** the limits of human endurance; **doprowadzać kogoś do ~y** (*wytrzymałości itd.*) bring sb to the verge of...; **na ~y (zrobienia) czegoś** on the verge of (doing) sth; **żyć poniżej ~y ubóstwa** live below the poverty line

graniczy|ć *v* **1.** **~ć z** border (on); **Polska ~ z Niemcami** Poland borders (on) Germany **2.** *przen.* **~ć z** (*głupotą itd.*) border on/upon, verge on; be next door to; **jej stanowczość ~ z uporem** her firmness is next door to obstinacy; **to ~ z szaleństwem** this borders on madness

gratulacje *pl* congratulations; **serdeczne ~** hearty/warm(est) congratulations; **składać ~ z okazji** extend congratulations on, offer congratulations on

groch *m* pea; *przen.pot.* **~ z kapustą** mishmash; hotchpotch, *US* hodgepodge

grom *m* thunder; thunderclap; **huk ~u** clap of thunder; peal of thunder; *przen.* **jak ~ z jasnego nieba** like a bolt from the blue

gron|o *n* **1.** (*kiść*) cluster; bunch; **winne ~o** bunch of grapes **2.** (*grupa ludzi*) circle; group; **w ~ie rodzinnym** in a family circle; **wąskie ~o przyjaciół** close circle of friends, narrow circle of friends

grosz *m* **ładny ~** a pretty penny; **być bez ~a** not have a red cent; be flat broke, be stony broke; **liczyć się z (każdym) ~em** watch every penny; **nie mieć ~a przy duszy** not have a penny to one's soul, not have a penny to one's name

groz|a *f* horror; **przejmować kogoś ~ą** fill sb with horror

grozi|ć *v* threaten, menace; **~ć komuś bronią** threaten sb with a gun; **~ć komuś palcem** shake one's finger at sb; **~ć komuś pięścią** shake one's fist at sb; **~ć komuś śmiercią** threaten sb's life; **porywacze samolotu ~li, że zabiją wszystkich pasażerów** the hijackers threatened to kill all the passengers, the hijackers threatened that they would kill all the passengers

groźb|a *f* threat, menace; **~y użycia przemocy** threats of violence; **~a wisi nad** a threat hangs over, a threat hovers over; **pod ~ą kary** under the threat of punishment; **stanowić ~ę dla** be a threat to, constitute a threat to, pose a threat to

grób *m* grave; tomb; **masowy ~** mass grave; **Grób Nieznanego Żołnierza** the Tomb of the Unknown Soldier; **Grób Święty/Pański** the Holy Sepulchre; **być jedną nogą w grobie** have one foot in the grave; **kopać ~** dig a grave; *przen.* **kopać sobie samemu ~** sb is digging his own grave; **milczeć jak ~** be as silent/quiet as the grave, be as silent/quiet as the tomb, be/keep dead silent; **odwiedzić czyjś ~** visit sb's grave; **powstać z grobu** rise from the dead, come back from the dead; **przewracać się w grobie** turn (over) in one's grave; **stać nad grobem** be at death's door; **zabrał swoją tajemnicę do grobu** his secret died with him

grubość|ć *f* thickness; **mieć... ~ci** have a thickness of..., be... thick

grun|t *m* **1.** (*gleba*) soil; ground; **~ty orne** arable land, cropland, ploughland **2.** *dosł. i przen.* (*teren*) ground; **~t pod nogami**

grupa

footing; **~t pali się komuś pod nogami** the ground is burning under sb's feet; **do ~tu** entirely, completely; **na niepewnym ~cie** on shaky ground; on dangerous ground; **na pewnym ~cie** on safe ground; **przygotowywać ~t do** prepare the ground for, set the stage for; **spotkać się na neutralnym ~cie** meet on a neutral ground; **tracić ~t pod nogami** lose ground; lose one's footing; **trafić na podatny ~t** take/strike root; **w ~cie rzeczy** in fact, as a matter of fact; at bottom; essentially

grup|a *f* **1.** group; **~a etniczna** ethnic group; **~a krwi** blood group; **~a nacisku** pressure group, lobby; **~a pościgowa** (*w kolarstwie*) chase group; **~a prowadząca** (*w kolarstwie*) lead group; **~a przestępcza** criminal gang; **~a robotników** gang of labourers; **~a wiekowa** age group; **~a wyrostków** a pack of kids/youths; **~a złodziei** a pack of thieves; **tworzyć ~ę** form a group, constitute a group **2.** (*muzyków rockowych*) group; **grać w ~ie** play in a group; **utworzyć/założyć ~ę** form a group

gruz|y *pl dosł. i przen.* ruins; **leżeć w ~ach** lie in ruins; be in ruins; **obracać się w ~y** go to rack and ruin

gry|źć *v* **1.** bite; **czy twój pies ~zie?** does your dog bite?; **~źć wargi** (*ze zdenerwowania*) bite one's lip(s) **2.** *przen.* (*o smakach, zapachach itd.*) prick; sting; **dym ~zie mnie w oczy** the smoke is stinging my eyes **3.** *pot.* (*dokuczać, dręczyć*) bite; prick; **~zło go sumienie** his conscience pricked him; **co cię ~zie?** what's biting you?, what's eating you? **4.** *pot.* **~źć się czymś** worry oneself sick about sth; *zob.też* **ugryźć**

grzbiet *m* **1.** (*plecy*) back; **mieć co na ~ włożyć** have sth to cover one's back with **2.** (*górna, tylna część czegoś*) back; ridge; edge; **~ fali** crest of a wave; **~ góry** mountain ridge; **~ książki** back of a book; shelfback

grzech *m* sin; **~ główny** deadly sin; **~ pierworodny** original sin; **~ powszedni** venial sin; **~ śmiertelny** mortal sin; **bez ~u** sinless; **siedem ~ów głównych** the seven deadly sins; **życie w ~u** a life of sin; **odpuścić komuś ~** forgive sb's sin; **pokutować za**

~ expiate a sin; **popełnić ~** commit a sin, sin; *przen*. **to ~ marnować żywność** it's a sin to waste food; **wyznać ~y/spowiadać się z ~ów (księdzu)** confess one's sins (to a priest); **żałować/okazać skruchę za ~y** repent of one's sins; **żyć w ~u** live in sin

grzeczność *f* (*uprzejmość*) politeness; courtesy; (*zachowanie się dziecka*) obedience; (*przysługa*) favour; **wyświadczyć komuś ~** do sb a favour, perform a favour for sb

grzmot *m* thunder; **~ rozlega się** a thunder reverberates, a thunder rolls

grzyb *m* **1.** fungus (*pl* fungi, funguses); mushroom; **~ jadalny** edible mushroom; **~ trujący** poisonous mushroom; **~y smażone** fried mushrooms; **~y suszone** dried mushrooms; **iść na ~y** go mushrooming, mushroom; *przen*. **rosnąć/wyrastać//mnożyć się jak ~y po deszczu** mushroom; **zbierać ~y** pick mushrooms **2. ~ atomowy** mushroom cloud

grzywn|a *f* fine; **wysoka ~a** heavy fine; **nakładać ~ę na** impose a fine on, levy a fine on; **ukarać kogoś ~ą za coś** fine sb for sth

gu|st *m* taste; liking; **~st artystyczny** artistic taste; **dobry ~st** good taste; **rzecz ~stu** a matter of taste; **być w czyimś ~ście** be to sb's taste; be to sb's liking; **coś przypada/trafia komuś do ~stu** sth catches/takes/tickles sb's fancy; **coś świadczy o czyimś dobrym ~ście** sb shows good taste in (doing) sth; **kupił obraz, który przypadł mu do ~stu** he bought a painting that had taken his fancy; **mieć dobry ~st** have good taste; **ona ubiera się bez ~stu** she has bad taste in clothes; **przypadliśmy sobie do ~stu** we took a fancy to each other; *pot*. we hit it off; **przypaść sobie do ~stu** take a fancy to sb; *pot*. hit it off with sb; **są ~sta i guściki** there's no accounting for taste; **w dobrym ~ście** in good taste, tasteful; **w złym ~ście** in bad taste, in poor taste, distasteful; **wszystko zrobione/urządzone było w dobrym ~ście** everything was done in good taste; **z ~stem** tastefully

guz *m* **1.** bruise; **nabić sobie ~a** get a bruise, make a bruise; *pot.* **szukać ~a** look for trouble **2.** **~** (*nowotworowy*) tumour; **~ niezłośliwy** benign tumour; **~ złośliwy** malignant tumour; **usunąć ~** excise/remove a tumour

guzik *m* **1.** button; **~ odpadł/urwał się** a button came off; **jeden z ~ów jest odpięty/odpiął się** one of the buttons is undone, one of the buttons has come undone; **oderwać ~** tear off a button; **odpinać ~i** open the buttons; **przyszywać ~i** sew on the buttons; *przen.* **zapięty na ostatni ~** buttoned up; **zapinać ~i** do up the buttons; button (up) **2.** (*w urządzeniach*) button; knob; **~ przyciskowy** push-button; **przycisnąć ~** push a button, press a button

gwałt *m* **1.** rape; **~ zbiorowy** gang rape; **ofiara ~u** rape victim, victim of rape; **usiłowanie/próba ~u** attempted rape; **dokonać ~u** commit rape **2.** *pot.* **na ~** (*natychmiast*) at once; helter-skelter

gwar|a *f* **1.** (*regionalna*) dialect; **mówić ~ą** speak (in) a dialect **2.** (*zawodowa*) jargon; (*środowiskowa*) slang; **~a studencka** student slang; **~a więzienna** prison slang

gwarancj|a *f* guarantee; guaranty; warranty; **roczna ~a** a year's guarantee, a 12-month guarantee; **okres ~i** guarantee/warranty period; **być na ~i** be under guarantee/warranty; **nie ma ~i, że przyjdą** there is no guarantee (that) they'll come; **radio ma ~ę na dwa lata** the radio has a two-year guarantee; **udzielić ~i** give/provide a guarantee; guarantee; **żądać ~i** (*bezpieczeństwa itd.*) demand guarantees

gwiazd|a *f* **1.** star; **~a poranna** morning star; **~a spadająca** falling/shooting star; **~a wieczorna** evening star; **odległa ~a** distant star; **Gwiazda Polarna** Polaris, North Star, Polestar; *pot.* **łotr/typ spod ciemnej ~y** black-hearted villain; **niebo bez ~** starless sky; **niebo usiane ~ami** starry sky; **urodzony pod szczęśliwą ~ą** born under a lucky star; **~y błyszczą** stars shine; **~y migoczą** stars twinkle; *przen.* **co mówią ~y?** (*horoskop*) what do my stars say?; **to zapisane było w ~ach** it was written in the stars; *pot.* **zobaczyć wszystkie ~y** (*od uderzenia w głowę*) see stars **2.** *przen.* star; **~a filmowa** film/movie star; **~a pierwszej wielkości** a star of the first magnitude; **~a sportu** sports star; **~y sceny i ekranu** the stars of stage and screen; **być ~ą programu** (*telewizyjnego itd.*) top the bill, head the bill; **traktować kogoś jak ~ę** give sb star treatment **3. Gwiazda Dawida** Star of David, Shield of David

gwizdać *v* whistle; *pot.* **~ na** not care/give a damn (about); not care/give a hoot (about), not care/give two hoots (about); **on gwiżdże na to, co myślą ludzie** he doesn't give a damn (about) what people think, he doesn't care two hoots what people think

gwóźdź *m* **1.** nail; *przen.* **~ do trumny** a nail in sb's coffin; **przybijać coś gwoździami** nail sth; **wbijać ~** drive a nail, hammer a nail **2.** *przen.* **~ programu** high point, high spot; highlight; **być gwoździem programu** (*telewizyjnego itd.*) top the bill, head the bill

H

haczyk *m* hook; *przen.* (*kruczek*) catch; snag; **połknąć ~** swallow the bait; **w tym musi być jakiś ~** there must be a snag in it somewhere, there must be a catch somewhere

hala *f* (*pomieszczenie*) hall; **~ dworca kolejowego/dworcowa** hall of a railway station; **~ fabryczna** room; house; shop; **~ koncertowa** concert hall; **~ maszyn** (*w fabryce*) engine room/house; (*w biurze*) typewriting office; **~ montażowa** assembly room; **~ sportowa** sports hall; **~ targowa** market hall, covered market

halucynacj|a *f* hallucination; **mieć ~e** have hallucinations, hallucinate

hałas *m* noise; **ogłuszający ~** deafening noise; **~ przycicha** a noise dies down, a noise abates; *przen.* **robić ~ wokół czegoś** make a noise about sth; make a fuss about/over sth; **sprawa wywołała wiele ~u** the case gave rise to much fuss; **wiele ~u o nic** much ado about nothing

hamul|ec *m* **1.** brake; **~ec bezpieczeństwa** emergency brake; (*w pociągu*) communication cord, *US* emergency cord; **~ec nożny** foot brake; **~ec ręczny** hand brake; **zgrzyt ~ców** screech of brakes; **~ce zadziałały** the brakes worked; **~ce zawiodły** the brakes failed; **~ce zazgrzytały** the brakes screeched; **nacisnąć ~ec** step on a brake, apply a brake; **włączyć ~ce** put on the brakes; **zwolnić ~ec** release a brake **2.** *przen.* restraint; inhibition; **brak ~ców** lack of restraint

hand|el *m* trade, commerce; **~el detaliczny** retail (trade); **~el hurtowy** wholesale (trade); **~el krajowy** home/domestic trade; **~el**

międzynarodowy international trade; **~el morski** maritime commerce; sea-borne trade; **~el narkotykami** drug traffic, traffic in drugs; **~el niewolnikami** slave trade; **~el pokątny** clandestine/illicit/illegal trade; illicit/illegal traffic; **~el uliczny** street selling; **~el wymienny** barter; **~el wysyłkowy** mail order; **~el zagraniczny** foreign trade; **drobny ~el** small trade; **nielegalny ~el bronią** arms traffic/trafficking; **prowadzić ~el czymś** trade in sth; deal in sth; **trudnić się ~lem** be in trade; be in business

handlarz *m* shopkeeper; tradesman (*pl* tradesmen); dealer; **~ dziełami sztuki** art dealer; **~ narkotyków** drug trafficker, drug/dope pusher; **~ starzyzną** junk dealer

hańb|a *f* disgrace; shame; infamy; **okryć się ~ą** bring disgrace on oneself; **przynosić komuś ~ę** bring disgrace on sb; be a disgrace to sb

harcerstw|o *n* (*dziewcząt*) the Girl Guides, *US* the Girl Scouts; (*chłopców*) the Scouts, the Boy Scouts; **należeć do ~a** belong to the Girl Guides; belong to the Boy Scouts; **wstąpić/zapisać się do ~a** join the Girl Guides; join the Boy Scouts

harmoniz|ować *v* harmonize; **~ować z czymś** be in tune with sth; **~ować ze sobą** harmonize with each other; go together; **które z tych kolorów będą ze sobą dobrze ~owały?** which of these colours will go well together?; **nie ~ować z czymś** be out of tune with sth; **te nowe budynki nie ~ują z otoczeniem** these new buildings are out of tune with their environment

harować *v pot*. drudge; **~ jak wół** work like a Trojan, *US* work like a dog; **~ w pocie czoła** sweat blood; slog/swat one's guts out

hart *m* endurance; **~ ducha** fortitude; **~ fizyczny** physical endurance; **wykazać się ~em ducha** demonstrate/display/show fortitude; **znosić coś z wielkim ~em ducha** bear sth with great fortitude

hasł|o *n* **1.** (*dewiza*) motto; catchword; key word; slogan; **~o polityczne** political slogan/catchword; **~o reklamowe** advertising slogan; **~o wyborcze** campaign slogan; **chwytliwe ~o** catchy slogan; **coś jest czyimś ~em** sth is sb's motto **2.** (*znak, sygnał*) signal; order; **~o do ataku** a signal to attack; **~o do czegoś** a signal for sth; a signal to do sth; **dać ~o** give/send a signal; **zrobić coś na dane ~o** do sth at/on a given signal **3.** (*umówiony wyraz lub wyrażenie*) password; **podać ~o** give the password **4. ~o (słownikowe)** (dictionary) entry; headword; **pod ~em/w haśle** in/at/under an entry; **podać/zamieścić ~o w słowniku** give/include an entry in a dictionary

haust *m* draught, *US* draft; **pić coś drobnymi/małymi ~ami** sip sth; **wychylić szklankę jednym ~em** empty the glass in one draught

hazard *m* gamble; gambling; **uprawiać ~** gamble

hełm *m* helmet; **~ lotniczy** flying helmet; **~ motocyklisty** crash helmet; **~ nurka** diving helmet; **~ ochronny** safety helmet, hard hat; crash helmet; **~ żołnierski** soldier's helmet; **strażacy w ~ach** helmeted fire-fighters

herbat|a *f* tea; **~a miętowa** mint tea; **~a ziołowa** herbal tea; **mocna ~a** strong tea; **słaba/lekka ~a** weak tea; **napić się ~y** drink/have tea; **parzyć ~ę** brew tea; **zrobić ~y** make tea

herezj|a *f dosł. i przen.* heresy; **głosić ~e** preach heresy

hierarchi|a *f* **1.** hierarchy; **~a kościelna** church hierarchy; **~a społeczna** social hierarchy; **~a wojskowa** military hierarchy **2.** (*uporządkowanie*) order; set; **ustalać ~ę (celów, zadań)** set priorities, establish an order of priorities

higien|a *f* hygiene; **~a osobista** personal hygiene; **~a pracy** occupational hygiene; **~a psychiczna** mental hygiene; **dbać o/zachowywać ~ę** practise hygiene, care about hygiene

hipotek|a *f* mortgage; **nie obciążony ~ą** unmortgaged; **obciążony ~ą** mortgaged; **obciążyć nieruchomość ~ą** mortgage a property

hipotez|a *f* hypothesis (*pl* hypotheses); **potwierdzić ~ę** confirm a hypothesis; **stawiać/wysunąć ~ę** advance a hypothesis; propose a hypothesis

histeri|a *f* hysteria; hysterics; **zbiorowa ~a** mass hysteria; **atak ~i** attack/fit of hysteria; fit of hysterics; **bliski ~i** close to hysteria; **kogoś ogarnia ~a** sb is gripped with hysteria; **wpaść w ~ę** go into hysterics; be in hysterics, have hysterics

histori|a *f* **1.** history; **~a nowożytna/najnowsza** modern history; **~a starożytna** ancient history; **~a średniowieczna** medieval history; *przen.* **~a lubi się powtarzać** history repeats itself; **odwracać bieg ~i** reverse the course of history; **on przejdzie do ~i jako bohater** he'll go down in history as a hero; **przejść do ~i (jako)** go down in history (as); **śledzić ~ę czegoś** trace the history of sth; **tworzyć ~ę** make history **2.** (*opowiadanie itd.*) story; tale; (*sprawa, zdarzenie*) affair; fuss; **nieprawdopodobna ~a** tall story; **ale to już (zupełnie) inna ~a** but that's (quite) another story; that's a different kettle of fish, that's another kettle of fish; **cała ta ~a jest zmyślona** the whole story is made-up; **ładna ~!** (this is) a fine kettle of fish!, (this is) a pretty kettle of fish!; **opowiadać niestworzone ~e** spin yarns; **słyszałam o nim jakieś dziwne ~e** I've heard some odd tales about him; **wymyślił jakąś nieprawdopodobną ~ę o swojej rodzinie** he concocted some unlikely tale about his family

historyczn|y *a* **1.** (*tworzący historię, ważny w historii*) historic; **~a bitwa** historic battle; **~a decyzja** historic decision; **~a wizyta** historic visit; **~e spotkanie** historic meeting; **~e zwycięstwo** historic victory; **~y dzień** historic day; **potrzeba więcej pieniędzy na ochronę ~ych budynków i pomników** more money is needed for the preservation of historic buildings and monuments **2.** (*związany z historią jako nauką*) historical; **badania ~e** historical research; **dokumenty ~e** historical documents; **kontekst ~y** historical context; **przekazy ~e** historical records; **towarzystwo ~e** historical society **3.** (*należący do historii, miniony*) historical; **~a data** historical date **4.** (*prezentujący fakty z historii lub oparty na nich*) historic(al); **powieść ~a** historical novel

hodowla 138

hodowla *f* breeding; culture; ~ **bydła** stock-farming, stock-breeding; ~ **drobiu** poultry keeping/farming; ~ **jedwabników** sericulture; ~ **pszczół** bee keeping; ~ **roślin** plant raising; ~ **ryb** fish breeding/farming

hokej *m* hockey; ~ **na lodzie** ice hockey; ~ **na trawie** field hockey; **kij do** ~a hockey stick; **krążek do** ~a puck; **grać w** ~a play hockey

hol *m* **1.** (*lina*) towline, towrope; (*ciągnienie*) haul; **czy możesz wziąć mnie na** ~? can you give me a tow?; **wziąć kogoś na** ~ take sb in tow, give sb a tow **2.** (*w domu*) hall; (*w instytucjach*) lounge; lobby; ~ **hotelowy** hotel lounge; lobby of a hotel

hołd *m* tribute, homage; **składać** ~ pay tribute, pay homage; **w** ~**zie komuś** in homage to sb, in tribute to sb

homili|a *f* homily, sermon; **wygłosić** ~**ę** deliver a homily

honor *m* **1.** (*godność osobista*) honour; **człowiek** ~**u** a man of honour; **czyjeś słowo** ~**u** one's word of honour; **punkt** ~**u** a point of honour; a thing of honour; ~ **nakazuje mi, żebym coś zrobił** I feel (in) honour bound to do sth; honour demands that I should do sth; **(daję) słowo** ~**u** on my honour; **dawać komuś słowo** ~**u** give sb one's word of honour; **dzieci dały słowo** ~**u, że pójdą spać o dziesiątej** the children were on their honour to go to bed at ten o'clock; **ja tego nie zrobiłem, słowo** ~**u!** I didn't do it, cross my heart!; **nie ma się co unosić** ~**em!** there is no need to take offence!; **postawić sobie za punkt** ~**u coś zrobić** make it a point of honour to do sth; **to jest dla mnie sprawa** ~**u** it's a point of honour with me; **unieść się** ~**em** take offence; **wycofać się z czegoś z** ~**em** withdraw from sth with honour **2.** (*zaszczyt*) honour; **mieć** ~ **(coś zrobić)** have the honour (of sth/doing sth); **zrobić komuś** ~ do sb an honour; do sb the honour (of doing sth) **3.** ~**y** *pl* honours; ~**y wojskowe** military honours; **czynić** ~**y domu** do the honours of the house; **odbierać ~y** take the salute; **oddawać ~y** salute; **z ~ami wojskowymi** with full military honours

honorarium *n* fee; **~ autorskie** (author's) royalty, royalties; **wypłacić ~ autorskie za/z tytułu...** pay a royalty on..., pay royalties on...

horyzon|t *m* **1.** horizon; skyline; **pojawić się na ~cie** appear on the horizon; **za ~tem** below the horizon **2.** *przen.* **~ty** *pl* horizons; **mieć szerokie ~ty** be broad-minded; **mieć wąskie ~ty** be narrow-minded; **poszerzać swoje ~ty** broaden one's horizons

hotel *m* hotel; **luksusowy ~** deluxe/luxury hotel; **obskurny ~** run-down/seedy hotel; **pierwszorzędny ~** first-class hotel; **pięciogwiazdkowy ~** five-star hotel; **meldować się w ~u** check in at a hotel; register at a hotel; **w ~u** at/in a hotel; **wszystkie pokoje w ~u są zarezerwowane** the hotel is booked up; **wymeldować się z ~u** check out of a hotel

humor *m* **1.** (*pogodne usposobienie*) humour; **bez poczucia ~u** humourless; **poczucie ~u** sense of humour; **mieć poczucie ~u** have a good sense of humour; **nie mieć poczucia ~u** have no sense of humour **2.** (*chwilowy nastrój*) humour; mood; **być w dobrym ~ze** be in (a) good humour; be in a good temper; **być w złym ~ze** be in (a) bad humour, be out of humour; be in a bad temper **3. ~y** *pl* (*kaprysy*) whims; caprices; **miewać ~y** be capricious **4.** (*literacka, filmowa forma komizmu*) humour; **czarny ~** black humour; gallows humour

huragan *m* **1.** hurricane; **gwałtowny ~** severe/violent hurricane; **~ przechodzi nad miastem** the hurricane hits the city, the hurricane strikes the city; **~ ucicha** the hurricane blows itself out **2.** *przen.* (*niszcząca siła*) hurricane; storm; **~ rewolucji** hurricane of revolution **3.** *przen.* (*wybuch czegoś*) storm; **~ oklasków** storm of applause

hurt *m* wholesale (trade); **~em** (in) wholesale, in bulk

huśtaw|ka *f* **1.** (*deska*) seesaw, *US* teeter-totter; (*zawieszona ławeczka*) swing; **huśtać się na ~ce** seesaw; swing; **iść na ~kę** have a go on the seesaw **2.** *przen.* seesaw; **~ka cen** a seesaw in prices; **~ka nastrojów** seesawing emotions

hymn *m* hymn; ~ **na cześć...** hymn to...; ~ **państwowy/narodowy** national anthem; ~ **pochwalny** a hymn of praise

I

i *conj* and; **~ tak dalej** and so on, and so forth; *pot.* and all that, and that; **~ tym podobne/~ temu podobne** and the like, and such; *pot.* **postawić kropkę nad ~** lay it on the line

ide|a *f* idea; conception; **~a sprawiedliwości społecznej** a conception of social justice; **propagować ~e** disseminate ideas; **wprowadzać w życie ~e** implement ideas

ideał *m* **1.** (*wzór doskonałości*) ideal; **~ piękna** ideal of beauty; **daleki od ~u** imperfect; **niedościgniony ~** unattainable ideal; **jego wykonanie było bliskie ~u** his performance was little short of perfection; **osiągnąć ~** attain ideal; **uchodzić za ~...** be an ideal..., be a perfect... **2. ~y** *pl* (*cele, pragnienia*) ideals; **wzniosłe ~y** high/lofty/noble ideals; **urzeczywistniać ~y** realize ideals

identyfikacj|a *f* identification; identifying; **dokonać ~i** make an identification

idiot|a *m pot.* idiot; **czułem się jak kompletny ~a** I felt a complete idiot; **nie bądź ~ą!** don't be idiotic!; **ona traktuje go jak kompletnego ~ę** she treats him as (if he were) a complete idiot; **ty skończony ~o!** you stupid idiot!; **zachowywać się jak skończony ~a** behave like a perfect idiot

igł|a *f* **1.** (sewing) needle; **nawlekać ~ę** thread a needle; *przen.* **szukać ~y w stogu siana** look for a needle in a haystack; **z ~y robić widły** make a mountain out of a molehill **2.** (*przyrządu*) needle; **~a busoli** compass needle; **~a gramofonowa** playing needle; **~a magnetyczna** magnetic needle **3.** (*drzew iglastych*) needle; **~y sosny** pine needles

igrzyska *pl* games; contests; **~ lekkoatletyczne** athletic contests; **~ letnie** summer games; **letnie ~ olimpijskie** the Summer Olympics; **~ olimpijskie** the Olympic Games, the Olympics; **~ olimpijskie w Barcelonie w 1992 roku** the 1992 Barcelona Olympics; **~ zimowe** winter games; **~ olimpijskie odbywają się raz na cztery lata** the Olympic Games are held once every four years

ikr|a *f* **1.** (*rybia*) spawn, ova, hard roe; **składać ~ę** spawn **2.** *pot.* (*wigor*) pep; vigour; **mieć ~ę** be full of pep; **nie mieć ~y** lack pep

ile *pron* how much; how many; **~ masz lat?** how old are you?; **~ to kosztuje?** how much is this?; **po ~ są te jabłka?** how much are these apples?; **o ~...** as far as...; **o ~ sobie przypominam** as far as I remember, to the best of my recollection

iloraz *m* quotient; **~ inteligencji** intelligence quotient, IQ

iloś|ć *f* quantity; amount; number; volume; **niewielka ~ć** small quantity; **wielka ~ć** considerable/large quantity; **w wielkich ~ciach** in large quantities

ilustracj|a *f* **1.** illustration; **barwna/kolorowa ~a** colour illustration; **czasopismo z ~ami** illustrated magazine; **książka z pięknymi ~ami** beautifully illustrated book; **zrobić//wykonać ~ę** draw an illustration **2.** (*przykład*) illustration; **coś jest ~ą czegoś** sth is an illustration of sth, sth illustrates sth

iluzj|a *f* illusion; **rozwiać ~ę** dispel an illusion

imiennik *m* namesake; **być czyimś ~iem** be one's namesake

imi|ę *n* **1.** (first) name, forename, *US* given name; **~ę chrzestne** Christian name; **~ę i nazwisko** full name; **~ę zdrobniałe** pet name, nickname; **drugie ~ę** middle name; **być z kimś po ~eniu** be on first-name terms with sb; **być znanym pod ~eniem...** go by the name of...; **dawać komuś (na) ~ę** give sb a name, name sb; **jak ci na ~ę?** what's your name?; **mam na ~ę...** my name is...; **mówić/zwracać się do kogoś po ~eniu** call sb by his (first) name; *przen.* **nazywać rzeczy po ~eniu** call a spade a spade; be plainspoken; speak bluntly; **nosić ~ę** bear a name; **szkoła ~enia...** the school named after...; **w ~eniu kogoś** in the name of sb; on behalf of sb; **w ~ę czegoś** in the name of sth **2.** *przen.* (*reputacja*) name; reputation; repute; **cieszyć się dobrym ~eniem** have quite a name; **szargać czyjeś dobre ~ę** besmirch sb's good name, smear sb's good name

immunitet *m* immunity; **~ dyplomatyczny** diplomatic immunity

impas *m* impasse; **być w ~ie** be at an impasse; **wyjść z ~u** break an impasse; **znaleźć się w ~ie** reach an impasse; come to a full stop

impet *m* impetus; **dodawać ~u** give/provide impetus; **nabierać ~u** gain impetus; **z ~em** vehemently

import *m* import; (*to, co się importuje*) imports; **~ bezcłowy** free/duty-free import; **~ samochodów** car imports; **samochody z ~u** imported cars; **towary z ~u** imported goods, imports; **wolumen ~u** volume of imports; **ograniczać ~** cut down imports, restrict foreign imports

impuls *m* **1.** (*podnieta*) impulse; urge; **(decyzja podjęta) pod wpływem ~u** spur-of-the-moment (decision); **dać ~ do czegoś** give an impetus to sth, provide an impetus to sth; **działać pod wpływem ~u** act on (an) impulse, act under (an) impulse; act on the spur of the moment **2. ~ sygnału czasu** time tick

inaczej *adv* differently, in a different manner; **~ niż ktoś/coś** different from sb/sth; **tak czy ~** one way or another, one way or the other; **te dwa słowa pisze się ~** the two words are spelt differently; **wyglądała ~, niż się spodziewałem** she looked different from what I'd expected; **wyglądasz ~ niż poprzednio** you look different than before; **zwany ~...** otherwise known as..., also called...

inauguracja 144

inauguracj|a *f* inauguration; opening; **dokonać ~i** hold an inauguration

incydent *m* incident; **~ na granicy** border incident, incident along the border; **odosobniony ~** isolated incident; **przykry ~** unpleasant incident; **zbrojny ~** shooting incident; **~ ma miejsce** an incident occurs, an incident takes place; **odbyć się bez ~ów** pass off without incident, proceed without incident; **wywołać/sprowokować ~** provoke an incident

indeks *m* **1.** (*spis*) index; **~ nazwisk** name index; **~ rzeczowy** subject index; **sporządzić ~** compile an index, make/do an index; **umieścić coś w ~ie** index sth **2.** (*wskaźnik*) index; **~ dolny** subscript; **~ górny** superscript; **~ kursów akcji** share index, index of stocks; **~ wynosi...** the index stands at... **3. ~ (studenta)** student's record book, student's book of registration of courses

indywidualność *f* individuality; personality; **~ artystyczna** artistic personality; **wielka/wybitna ~** celebrated personality

inflacj|a *f* inflation; **~a dwucyfrowa** double-digit inflation; **~a galopująca** galloping/rampant/runaway inflation; **~a pełzająca** creeping inflation; **~a spowodowana wzrostem płac** wage-induced inflation; **~a ukryta** hidden inflation; **groźba ~i** danger/threat of inflation; **kontrolować ~ę** control inflation; **powodować ~ę** cause inflation; **stłumić/zahamować ~ę** curb inflation; stem inflation

informacj|a *f* **1.** (*także* **~e** *pl*) information; **~a błędna** incorrect information, misinformation; **~a ciekawa** an interesting piece of information; **~a mylna** misleading information; **~a naukowo-techniczna** scientific and technical information; **~a o** information on/about; **~a ruchu lotniczego** flight information; **~e poufne** confidential information; **~e tajne** secret/classified information; **~e wiarygodne** reliable information; **~e z drugiej ręki** secondhand information; **~e z pierwszej ręki** firsthand information; **dla/do twojej ~i**

for your information; **przekazywanie ~i** information transfer; **przetwarzanie ~i** information processing; **wyszukiwanie ~i** information retrieval; **służyć ~ami** offer information; **udzielać ~i** give/provide/furnish information; **zasięgać ~i o** inquire about/upon **2.** (*biuro informacji*) inquiry office; (*wyznaczone miejsce*) inquiry desk; inquiries; **zapytaj w ~i** ask at inquiries

informator *m* **1.** (*osoba udzielająca informacji*) informant; (*donosiciel*) informer, informant, *pot.* grass; **~zy policji** police informers/informants; **dziennikarz odmówił ujawnienia, kim jest jego ~** the journalist refused to reveal the identity of his informant **2.** (*książka, broszura*) guide(book); directory; **~ turystyczny** guide(book); **~ (turystyczny) o Londynie** a guide(book) to London

informować *v* inform; **~ kogoś o czymś na bieżąco** keep sb posted about sth; **błędnie ~** misinform

ingerencja *f* interference; intervention; **~ w wewnętrzne sprawy innego kraju** interference in another country's internal affairs

inicjatyw|a *f* **1.** (*pomysł do realizacji itd.*) initiative; **~a pokojowa** peace initiative; **~a ustawodawcza** legislative initiative **2.** (*przedsiębiorczość*) initiative; enterprise; **człowiek z ~ą** man of initiative; enterprising person; **brakuje mu ~y** he lacks initiative; **przejąć ~ę** take the initiative; **wykazywać ~ę** display/demonstrate/show initiative; **wystąpić z ~ą/podjąć ~ę** initiate; **z własnej ~y** on one's (own) initiative; of one's own accord **3.** (*działalność*) initiative; enterprise; activity; **~a prywatna** private enterprise/venture

innowacj|a *f* innovation; **~e techniczne** technological innovations; **wprowadzać ~e** innovate, make innovations

inn|y *a* **~y od/niż** different to/from, *US* different than; **~ym razem** some other time; **~ymi słowy** in other words; that is to say; **ktoś ~y** someone else; **między ~ymi** among other

inspekcja 146

things; among other; **mówić/twierdzić coś zupełnie ~ego** say otherwise; *pot.* **to ~a para kaloszy** that's a different kettle of fish, that's another kettle of fish; **to co ~ego** that's a different thing

inspekcj|a *f* inspection; survey; **przeprowadzić ~ę** inspect; survey; make an inspection

inspiracj|a *f* inspiration; **czerpać ~ę z** derive inspiration from, draw inspiration from; **dostarczać ~i** give/offer/provide inspiration; **stać się zródłem ~i do/dla** become the inspiration for

instalacj|a *f* installation; system; **~a alarmowa** alarm system; **~a centralnego ogrzewania** central heating system; **~a elektryczna** electrical/wiring system; **~a gazowa** gas installation; **~a kanalizacyjna** sewerage system; **~a klimatyzacyjna** air conditioning system; **~a przeciwpożarowa** fire protection system; **~a sanitarna** sanitary system; **~a wodociągowa** water supply system; **montować/zakładać ~ę (w)** install sth (in sth), *US* instal sth (in sth)

instrukcj|a *f* **1.** (*polecenie*) instruction; directive; order; **czekać na (dalsze) ~e** await (further) instructions; **wydać komuś ~e** give sb instructions; instruct sb **2.** (*zbiór przepisów*) instructions; manual; directions; **~a obsługi** servicing instructions; service manual; **~a użytkowania** instructions for use; **niezgodnie z ~ą** contrary to instructions; **przestrzegać ~i** follow instructions; **zgodnie z ~ą** as instructed, in accordance with instructions

instruktor *m* instructor; **~ narciarski** ski instructor; **~ nauki jazdy** driving instructor; **~ pływacki** swimming instructor

instrumen|t *m dosł. i przen.* instrument; **~t dęty** wind instrument; **~t muzyczny** musical instrument; **~t perkusyjny** percussion instrument; **~t strunowy** stringed instrument; **grać na ~cie** play an instrument; **nauka gry na ~cie** learning to play an instrument

instynkt *m* instinct; ~ **macierzyński** maternal instinct; ~ **samozachowawczy** instinct for survival; ~ **stadny** herd instinct; ~ **zwierzęcy** animal instinct; **nieomylny** ~ unerring instinct; **budzić** ~ arouse an instinct

integracja *f* integration; ~ **ekonomiczna/gospodarcza** economic integration; ~ **europejska** European integration; ~ **polityczna** political integration

inteligencj|a *f* intelligence; **błyskotliwa** ~**a** keen intelligence; **wybitna** ~**a** high/outstanding/remarkable intelligence; **osoba o przeciętnej** ~**i** a person of average intelligence; **wykazywać** ~**ę** demonstrate/show intelligence

intencj|a *f* intention; **mieć dobre** ~**e** mean well; be full of good intentions; **powodowany dobrymi** ~**ami** well-intentioned; motivated by good intentions; **zrobić coś w najlepszej** ~**i** do sth with the best of intentions; do sth for the best

interes *m* **1.** (*sprawa*) business; matter; affair; ~**y państwowe** affairs of State; ~**y rodzinne** family matters; **pilny** ~ pressing/urgent matter; *pot.* **to nie twój** ~ ! it's none of your business!; mind your own business!; **załatwiać** ~**y** arrange matters; settle matters **2.** (*pożytek, korzyść*) interest; concern; ~ **państwa** state interest; ~ **prywatny** private interest; ~ **publiczny** public/general interest; **sprzeczne** ~**y** conflicting/colliding interests; **sprzeczność** ~**ów** conflict of interests; collision of interests; **mieć własny** ~ **na uwadze** have an eye to the main chance; **naruszać czyjeś** ~**y** prejudice sb's interests; **reprezentować czyjeś** ~**y** represent sb's interests; **służyć czyimś** ~**om** serve sb's interests; **w** ~**ie narodowym** in the national interest; **w** ~**ie obu stron** in the mutual interest; **w** ~**ie ogółu** in the general interest; **wbrew** ~**om...** against the interests of...; **we własnym** ~**ie** for self-interest **3.** (*przedsięwzięcie, transakcja*) business; bargain; dealing(s); **dobry** ~ good bargain; *pot.* **lewe** ~**y** underhand dealings; **złoty/kokosowy** ~ goldmine; **zły** ~ losing bargain; **człowiek** ~**u** businessman (*pl* busi-

interesujący 148

nessmen); **kobieta ~u** businesswoman (*pl* businesswomen); **~ idzie źle** business is slack; **~ kwitnie** business is brisk, business is booming, business is flourishing; **(podróżować) w ~ach** (travel) on business; **robić ~y** do business; **ubić ~** strike/make a bargain; **wplątany został w jakieś ciemne//podejrzane ~y** he's been involved in some shady deals **4.** *pot.* (*zakład handlowy*, *firma*) business; **otworzyć ~** start up a business, open up a business; **zlikwidować/zamknąć ~** close down a business

interesując|y *a* interesting; of interest; **niezwykle ~y** highly interesting; of unusual interest; **nie było nic szczególnie ~ego w...** there was nothing of any great interest in...; **rzecz ~a, że.../~e, że...** interestingly enough...; curiously enough...

interpretacja *f* **1.** (*objaśnianie*, *tłumaczenie*) interpretation; **błędna ~** misinterpretation **2.** (*sposób wykonania utworu*) interpretation; rendering; **~ aktorska roli...** an interpretation of the role of...; **~ piosenki** a rendering of the song

interwencj|a *f* intervention; **~a chirurgiczna** surgical intervention; **~a państwa/rządu** government intervention; **~a wojskowa** military intervention; **~a zbrojna** armed intervention; **dokonać ~i** intervene

intryg|a *f* intrigue; plotting; **sieć ~** web of intrigue; **knuć ~i przeciw komuś** intrigue against sb, carry on intrigue against sb

intuicja *f* intuition; **kobieca ~** woman's intuition; **~ mówi/podpowiada mi, że...** my intuition tells me...

inwalida *m* invalid; disabled/handicapped person; **~ wojenny** war cripple

inwazj|a *f* **~a (na)** invasion (of); *przen.* **~a turystów** invasion of tourists; **dokonać ~i** invade, carry out an invasion; **odeprzeć ~ę** repel/repulse an invasion; **powstrzymać ~ę** stop an invasion

inwektywa *f* invective; abuse; **obrzucać kogoś ~mi** hurl abuse at sb, hurl invectives at sb

inwentarz *m* stock, inventory; ~ **martwy** dead stock; ~ **żywy** livestock; *przen.* **z dobrodziejstwem** ~**a** lock stock and barrel; **sporządzić** ~ draw up/make/take an inventory

inwestycj|a *f* investment; (*obiekt inwestycyjny*) project, investment project; ~**e przemysłowe** industrial investments; ~**e rolne** investments in agriculture; **wielka** ~**a** heavy investment; **dokonać** ~**i/robić** ~**e** invest, make an investment

inżynier *m* engineer; ~ **architekt** architect; ~ **budowlany** construction engineer; ~ **chemik** chemical engineer; ~ **elektryk** electrical engineer; **naczelny/główny** ~ chief engineer

ironi|a *f* irony; ~**a losu** irony of fate, life's irony; **gorzka** ~**a** bitter irony; **dziwną** ~**ą losu** by a curious irony; **jak na** ~**ę...** the irony is that...

irytacj|a *f* irritation; annoyance; exasperation; vexation; **doprowadzać kogoś do** ~**i** irritate sb; annoy sb; exasperate sb; **wpaść w** ~**ę** be irritated; be annoyed; be exasperated; **z** ~**ą** irritably, with some irritation

iskr|a *f dosł. i przen.* spark; ~**a humoru/dowcipu** spark of humour; ~**a nadziei** spark of hope; ~**a zapału/entuzjazmu** spark of enthusiasm; ~**a zapłonowa** ignition spark; ~**y z paleniska** sparks from the fire; **snop iskier** shower of sparks; ~**a zapala...** a spark ignites...; ~**y sypią się** sparks fly; **krzesać** ~**y** spark; produce/emit sparks

istnieni|e *n* **1.** existence; being; **powołać do** ~**a** bring into existance, bring into being, call into being; **wierzyć w** ~**e czegoś** believe in the existence of sth; **zostać powołanym do** ~**a** be brought into being, come into being **2.** (*jednostka*) living being/thing/creature; ~**e ludzkie** a human being; **wojna nuklearna zabija miliony istnień** a nuclear war kills millions of living beings

istot|a *f* **1.** (*osoba, stworzenie*) being; creature; ~**a ludzka** a human being, human; ~**a nadprzyrodzona** supernatural being; ~**a pozaziemska** extraterrestrial being; ~**a rozumna** rational

iść

being; **~a żywa** living being/thing; **całą moją ~ą** with my whole being; **nie było tam żywej ~y** there wasn't a living thing there 2. (*meritum*) essence; substance; **~a rzeczy** essence of the matter; **coś jest ~ą czegoś** the essence of sth is (that); **w istocie** in essence/reality; in fact, as a matter of fact

iść *v* 1. (*stąpać, kroczyć*) go; walk; **~ dalej** (*przed siebie*) move on; **~ gęsiego** walk in single file; **~ na palcach** tiptoe; **~ na przełaj** go across, cross; take a short cut; **~ naprzód** go on, go ahead, advance; **~ pieszo** go on foot; walk; **~ po omacku** feel one's way; **~ ulicą** go along the street; *przen.* **~ w parze** go hand in hand 2. (*udawać się gdzieś, zaczynać coś*) go; **~ do domu** go home; **~ do lekarza/dentysty** visit the doctor/dentist; **~ do szkoły** go to school; **~ na ryby** go fishing; **~ na spacer** go for a walk, go on a walk; **~ na uniwersytet** go to university; **~ na zakupy** go shopping; **~ popływać** go swimming; *pot.* **~ sobie** be off; **idź sobie!** be off with you!; **~ spać** go to bed 3. (*nadchodzić*) come, approach; **idzie burza** there's a storm coming 4. (*funkcjonować, działać*) run; work; operate; **~ pełną parą** go (at) full blast 5. (*toczyć się, odbywać się*) get on, get along, go on; **~ dobrze** go well; **~ jakimś trybem** follow a course; **~ źle** go badly; **jak idzie praca?** how's the work getting along?; **lata szły** years went by, years passed by 6. (*ciągnąć się, prowadzić*) go; lead; run; **droga idzie wzdłuż linii kolejowej** the road runs parallel to the railway 7. *pot.* (*o pieniądzach*) **~ na/za** go for; **obraz poszedł za sto dolarów** the painting went for a hundred dollars; **połowa naszych pieniędzy idzie na żywność** half our money goes for food 8. (*radzić sobie*) get along; **~ dobrze** do well; **~ źle** do badly; **jak ci idzie?** how are you getting along?; **jak ci idzie w nowej pracy?** how are you doing in the new job?; **mam nadzieję, że w przyszłości pójdzie ci lepiej** I hope you'll do better in future 9. (*o filmie, sztuce*) be on; (*o programach telewizyjnych i radiowych*) go out; **co idzie w...?** (*kinie itd.*) what is on at...?;

program idzie na żywo w poniedziałki the program goes out live on Mondays **10.** *pot.* **a co za tym idzie...** and by extension

izba *f* **1.** room; ~ **chorych** sick-room, infirmary; ~ **mieszkalna** habitable room; ~ **porodowa** labour room, delivery room **2.** (*w nazwach instytucji gospodarczych i politycznych*) chamber; house; association; ~ **adwokacka** law society; *US* bar association; ~ **handlowa** chamber of commerce, chamber of trade; ~ **lekarska** medical association; ~ **niższa parlamentu** lower house; ~ **wyższa parlamentu** upper house; **Izba Gmin** (*parlamentu angielskiego*) the House of Commons, the Commons; **Izba Lordów** (*parlamentu angielskiego*) the House of Lords, the Lords; **Izba Reprezentantów** (*Kongresu USA*) the House of Representatives, the House

J

ja *pron* I; **czyjeś prawdziwe ~** one's true self; (*negatywnie*) one's true colours; **moje drugie ~** my second self; **pokazać swoje prawdziwe ~** show one's real/true self; show (oneself in) one's true colours; **pokazał swoje prawdziwe ~, jak tylko doszedł do władzy** once he achieved power he showed (himself in) his true colours; **to ~** it's me

jabłko *n* apple; **~ Adama** Adam's apple; **~ niezgody** apple of discord; *przysł.* **niedaleko pada ~ od jabłoni** like father like son; **obierać ~** peel an apple; **stłuc/zbić kogoś na kwaśne ~** beat/knock the (living) daylights out of sb

jad *m dosł. i przen.* venom; **neutralizować ~** neutralize venom; *przen.* **sączyć ~** spout venom

jajecznic|a *f* scrambled eggs; **zrobić/usmażyć ~ę** scramble the eggs

jajk|o *n* **1.** egg; **~o gotowane** boiled egg; **~o na miękko** soft-boiled egg; **~o na twardo** hard-boiled egg; **~o sadzone** fried egg; **~o surowe** raw egg; **~o wielkanocne/święcone** Easter egg; **~o zepsute** bad/addled/rotten egg; *przysł.* **~o (chce być) mądrzejsze od kury/~o kurę uczy** teach one's grandmother to suck eggs; *przen.* **obchodzić się z kimś/czymś jak z ~iem** handle sb/sth with kid gloves, treat sb/sth with kid gloves; **wysiadywać ~a** hatch eggs; **znosić ~a** lay eggs **2.** **~o Kolumba** Columbus's egg

jak 1. *pron* how; **~ dalece** how far; **jeszcze ~!** and how!; **tak ~** like **2.** *pron* (*przy literowaniu*) for; **B ~ Barbara** B for Barbara

3. *conj* as; **~ widzisz/wiesz** as you see/know; **~ zwykle** as usual; **zarówno...~ i...** both...and... **4.** *conj* (*określając czas*) **~ tylko** when, as soon as, the minute (that) **5.** *conj* (*określając warunek*) if; **~ gdyby** as if, as though; **zachowywała się, ~ gdyby nic się nie stało** she behaved as if nothing had happened; **~ gdybyś nie wiedziała!** as if you didn't know! **6.** *part* (*przy stopniu najwyższym przymiotnika i przysłówka*) the...possible; **~ najlepszy/najlepiej** the best possible; as good as possible

jakby 1. (*w zwrotach porównawczych*) as if, as though; like; **zachowywał się, ~ się nic nie stało/~ nigdy nic** he behaved as if nothing had happened; **~ś nie wiedział!** as if you didn't know! **2.** *pot.* **tak ~** (*prawie*) as good as; nearly; **sprawa jest tak ~ załatwiona** the matter is as good as settled **3.** *pot.* (*do pewnego stopnia*) kind of, sort of; **miała ~ nadzieję, że zostanie zaproszona** she kind of hoped to be invited **4.** *pot.* (*równoważne ze spójnikami* **gdyby, jeżeliby**) if; **~ś chciała, mógłbym poprosić brata, żeby obejrzał twój samochód** if you liked I could ask my brother to look at your car

jaki *pron* what; **~ jest...?** what is...like?

jaki|ś *pron* **1.** some; (*pewien*) a certain; a; **~ś pan Smith** a Mr Smith; **~eś dzieci bawiły się w parku** some children were playing in the park; **w ~ś sposób** somehow; somehow or other **2.** (*z wyrazami oznaczającymi ilość*) some; **~eś dwanaście lat życia spędził w Afryce** he spent some twelve years of his life in Africa

jako *pron* as; **~ taki** as such; **~ tako** (*znośnie*) so-so; (*niezbyt dobrze*) after a fashion; **ona umie ~ tako mówić i pisać po angielsku** she can speak and write English, after a fashion

jakoś *pron* somehow; **~ odzyskamy pieniądze** we'll get the money back somehow; **~ to będzie** it'll turn out all right

jakość *f* quality; **~ wykonania** workmanship; **doskonała ~** excellent quality; **najwyższa ~** top/superior quality; **niska ~** low//poor quality; **wysoka ~** high quality

jałmużna

jałmużn|a *f* alms; **dawać ~ę** give alms
jam|a *f* **1.** (*dół*) hole; **przepaścista ~a** gaping/yawning hole **2.** (*kryjówka zwierzęcia*) burrow; hole; **królicza ~a** rabbit burrow/hole; **lisia ~a** fox hole; **mysia ~a** mouse hole; **kopać ~ę** burrow, burrow a hole **3.** (*w anatomii*) cavity; **~a brzuszna** abdominal cavity; **~a ustna** oral cavity
jarzm|o *n* **1.** yoke; **zaprzęgać w ~o (woły)** put a yoke on (oxen) **2.** *przen*. yoke; **pod obcym ~em** under a foreign yoke; **zrzucić ~o (niewoli)** cast off the yoke (of slavery), throw off the yoke (of slavery)
jaskółka *f* swallow; *przysł*. **jedna ~ nie czyni wiosny** one swallow does not make a summer
jasno *adv* **1.** brightly; (*w złożeniach – o kolorach*) light; **jasnoniebieskie oczy** light blue eyes; **jasnozielony** light green **2.** *przen*. (*wyraźnie, zrozumiale*) clearly; in a clear manner; **~ jak na dłoni** distinctly; **czy ~ się wyraziłem?!** have I made myself clear?; **wyjaśnić coś ~** explain sth clearly; **wyrażać się ~/~ przedstawiać sprawę** make oneself clear
jasn|y *a* **1.** bright; (*o włosach, cerze*) fair; **~a zieleń** light green; **~e włosy** fair hair; **~y pokój** light room **2.** *przen*. (*zrozumiały, oczywisty*) clear; *pot*. **~e jak słońce** as clear as day/crystal, as plain as day; as plain as the nose on your face; **czy to jest ~e/~e?** is that clear?
jazda *f* (*samochodem*) drive; (*autobusem, tramwajem, na motorze, konno*) ride; **~ figurowa na lodzie** figure skating; **~ konno** horse riding; *pot*. **~ na gapę** ride without a ticket; **~ na łyżwach** skating; **~ na nartach** skiing; **~ na rowerze** riding a bicycle; **~ (samochodem) po pijanemu** drinking and driving, drink-driving, *US* drunk driving; **~ szybka na lodzie** speed skating
jechać *v* drive; ride; go; **~ autobusem** go by bus; ride on a bus; **~ konno** ride on horseback, ride a horse; **~ metrem** go on the tube, go by tube, go on the underground, go by underground;

~ na motocyklu motorcycle; **~ na rowerze** ride a bicycle, bicycle, *pot.* ride a bike; **~ pociągiem** go by train; ride on a train; **~ samochodem** (*kierowca*) drive (a car); (*pasażer*) go by car; **~ tramwajem** go by tram, ride (in) a tram; take a tram

jed|en 1. *num* one; **~en jedyny...** the one and only...; **~en za drugim** one by one; one after the other; one after another; *przysł.* **~en za wszystkich, wszyscy za ~nego** one for all and all for one; **~en z najmniejszych krajów (na świecie)** one of the (world's) smallest countries; **~en z największych (światowych)...** one of the (world's) largest...; **~en z was** one of you; **~na czwarta wszystkich studentów** a quarter of all students; **~na trzecia** one third; **~na trzecia ludności opowiada się za zmianami** a third of the population is/are in favour of the change; **jest mi wszystko ~no** it's all the same to me; **możesz dostać ~no lub drugie, ale nie obydwa** you may have one or the other, but not both; **to był ~en wielki szok, gdy dowiedziałem się, że straciłem pracę** it was one hell of a shock to find out I'd lost my job; **trudno odróżnić ~no od drugiego** it's difficult to tell (the) one from the other; **w ~nym kierunku** in one direction; **w ~nym pokoju** in one room; **właśnie odkryłem, że moi dwaj ulubieni autorzy to ~na i ta sama osoba** I've only just discovered that my two favourite authors are one and the same (person); **wydano już ~ną czwartą pieniędzy** a quarter of the money has already been spent **2.** *a* (*sam, jedyny, samotny*) alone; only; **Bóg ~en wie** God/Lord only knows, heaven only knows **3.** *a* (*pewien*) a; a certain; one; **~en pisarz powiedział...** a certain writer said...

jednak *part* however; nevertheless; but; yet; still; **dziwne, (a) ~ prawdziwe** strange (and) yet true

jednomyśln|y *a* unanimous; **w tej kwestii/sprawie jesteśmy ~i** on this question we are at one with each other

jednostk|a *f* **1.** (*człowiek*) individual; **prawa ~i** the rights of an individual **2.** (*jednolita całość*) unit; entity; **~a centralna**

jedność   156

(**komputera**) central processing unit (in a computer); **~a gospodarcza** economic unit; **~a pływająca** vessel; **~a taktyczna** (*wojskowa*) tactical unit **3.** (*określona wielkość*) unit; **~a czasu** time unit; **~a długości** unit of length; **~a metryczna** metric unit; **~a miary** unit of measure; **~a monetarna** monetary unit; **~a pochodna** derived unit; **~a podstawowa** fundamental unit; **na ~ę długości** per unit length

jednoś|ć *f* unity; **brak ~ci** disunity; **stanowić ~ć** be one; **w ~ci siła** in unity there is strength

jedyn|y *a* only; single; sole; **~a osoba w pokoju** the only person in the room; **to może być twoja jedna ~a okazja, żeby go spotkać** this may be your one and only opportunity to meet him

jedzeni|e *n* food; **~e wegetariańskie** vegetarian food; **smaczne ~e** tasty food; **wyśmienite ~e** delicious food; **dokończ teraz ~e!** eat up now!; **dzieci rzuciły się na ~e** the children fell on the food; **mieć coś do ~a** have something to eat; **mieliśmy ~a w bród** we had food in plenty; **nie mam ochoty na ~e** I don't feel like eating; **nie mieć nic do ~a** have nothing to eat; **przetrwać bez ~a i picia** survive without food and drink

jeniec *m* captive; prisoner; **~ wojenny** prisoner of war, POW; **brać/wziąć jeńca** take a prisoner, take sb prisoner; **być jeńcem** be a captive; be kept/held prisoner; **wzięli wielu jeńców** they took many prisoners

jesie|ń *f* **1.** autumn, *US* fall; **~nią/na ~ni** in (the) autumn; **kolory ~ni** autumn colours; **późną ~nią** in (the) late autumn; **wczesna ~ń** early autumn; **z nadejściem ~ni** with the approach of autumn **2.** *przen.* **~ń życia** the autumn of one's life; one's autumn years

jeszcze *adv* **1.** (*wyrażając, że coś spodziewanego nie nastąpiło*) still; **~ tu jesteś?** are you still here? **2.** (*wciąż, nadal*) yet; still; **ale to ~ nie wyjaśnia jak...** but it still doesn't explain how...; **idź natychmiast, póki ~ jest czas** go at once while there is yet time; **on jest ~ dzieckiem** he is yet a child; **on jest ~ zajęty** he is still busy **3.** (*w przeczeniach*) yet; **~ nie** not yet; **~ nie odpowiedziała** she hasn't answered yet **4.** (*ze stopniem wyższym przymiotnika*) still; **~ lepszy** still better; **to byłoby ~ lepsze** that would be better still, that would be still better; **Tomek jest wysoki, ale Marysia jest ~ wyższa** Tom is tall but Mary is still taller/is taller still **5.** (*nawet*) yet; **~ gorszy błąd** a yet worse mistake; **~ jeden powód** yet another reason; **ten problem jest ~ trudniejszy** this problem is yet more difficult **6.** (*wyrażając nadzieję, obawę itd.*) yet; **~ możemy wygrać** we may win yet; **on może ~ nas wszystkich zadziwić** he may surprise us all yet **7.** (*dodatkowo*) more; another; **~ jeden** one more; another one **8.** (*z zaimkiem*) else; **~ coś/ktoś** something/somebody else; **co ~?** what else? **9.** *pot.* **~ czego!/~ tego brakowało!/~ tego potrzeba!** that's the limit!, that beats all!

jeść *v* eat; (*z nazwami posiłków i potraw*) have; *przen.* **~ jak ptaszek/jak kurczę/jak wróbel** eat like a bird; **~ łapczywie//chciwie** eat voraciously; **~ śniadanie** have breakfast; **~ za trzech/za dwóch/za dziesięciu/jak wilk** eat like a horse; **~ z apetytem/ze smakiem** eat heartily; **~ ze zdenerwowania/dla uspokojenia nerwów** eat for comfort; **my nie jemy dużo ryb** we're not great fish eaters; **on dużo je** he's a big eater, he eats a lot

jeśli/jeżeli *conj* if; **~ chodzi o...** as to..., as for..., as regards...; **~ o to chodzi** for that matter; **~ się nie mylę** if I'm not mistaken

jezior|o *n* lake; **~o słone** salt lake; **~o sztuczne** man-made lake; **nad ~em** at/on the lake

jęk *m* (*bólu, niezadowolenia itd.*) groan; moan; **ledwo słyszalny ~** barely audible moan; **słaby ~** feeble/weak moan; **wydać ~** heave a groan, emit a moan

język *m* **1.** tongue; **pokazać komuś ~** stick out one's tongue at sb **2.** (*mowa i przen.*) language; **~ angielski** English, the English language; **~ martwy** dead language; **~ migowy** finger/sign language; **~ obcy** foreign language; **~ ojczysty** one's mother

jubileusz 158

tongue, one's native tongue, one's native language; **cięty//ostry ~** sharp tongue; **mocny ~** strong language; **kaleczyć ~** butcher/murder a language; **mieć coś na końcu ~a** have sth on the tip of one's tongue; **mieć/znajdować z kimś wspólny ~** speak the same language, talk the same language; **moja siostra i ja nie mamy wspólnego ~a** I and my sister don't speak the same language; **mówić/władać (obcym) ~iem** speak a (foreign) language; **rozwiązać komuś ~** loosen sb's tongue; **strzępić sobie ~** waste one's breath; **trzymać ~ za zębami** hold one's tongue; keep one's mouth shut; **ugryźć się w ~** bite one's tongue; **wziąć coś na ~i/dostać się na ~i...** sth is the talk of...; *pot.* **zapomnieć ~a w gębie** lose one's tongue; be taken aback; **zaśmiecać ~** (*obcymi wyrazami*) bastardize the language; **znaleźć wspólny ~ (z)** hit it off (with) **3.** (*w odniesieniu do danego regionu, środowiska, zawodu*) language; speech; parlance; **~ komputera** computer language; **~ literacki** literary language; **~ programowania** (*komputerowy*) programming language; **~ techniczny** technical language **4.** (*sposób wysławiania się*) language; **~ prosty** plain/simple language; **~ wulgarny** vulgar/dirty language **5.** (*przedmiot w kształcie języka*) tongue; **~ spustowy** trigger; **~i ognia** tongues of flame

jubileusz *m* jubilee; **~ dwudziestopięciolecia** twenty-fifth anniversary; **obchodzić/święcić ~** celebrate one's jubilee

jury *n* jury; **członek ~** member of the jury; **w składzie ~** on the jury

jutr|o *n* tomorrow; *przen.* the future, tomorrow; **lepsze/szczęśliwsze ~o** brighter tomorrow; **od ~a za tydzień** a week tomorrow, tomorrow week

już *adv* **1.** already; (*w pytaniach*) yet; **~ nie** no more; no longer; **~ nigdy** never again; **~ to widziałem** I've seen it already; **~ wychodzisz?** are you leaving already?; **czy ~ przyjechał?** has he arrived yet? **2. ~ w...** (*przeszłości*) as early as, as far back as; **~ w średniowieczu** as early as the Middle Ages, as far back as the Middle Ages

K

kaczka *f* duck; *przen.* **~ dziennikarska** canard; **~ kwacze** a duck quacks

kadencja *f* term (of office); **~ czteroletnia** four-year term (of office); **~ prezydenta/prezesa/przewodniczącego** presidential term, (term of) presidency, tenure of president's office; **~ upływa** a term expires, a term runs out

kadłub *m* framework; body; **~ maszyny** machine body/frame; **~ samolotu** fuselage (of an aeroplane); **~ statku** hull of a ship

kaftan *m* **~ bezpieczeństwa** straitjacket, straightjacket; **założyć komuś ~ bezpieczeństwa** put sb in a straitjacket

kaganiec *m* muzzle; **nałożyć psu ~** muzzle a dog

kajdanki *pl* handcuffs; *pot.* cuffs; **założyć komuś ~** handcuff sb, put (the) handcuffs on sb, cuff sb; **zdjąć ~** remove handcuffs

kaktus *m* cactus; *pot.* **prędzej mi ~ na dłoni wyrośnie!** I'll eat my hat!

kalek|a *m, f* cripple; disabled person; **po wypadku została ~ą do końca życia/wypadek uczynił z niej ~ę do końca życia** the accident crippled her for life

kalendarz *m* **1.** calendar; **~ biurkowy** desk calendar; **~ gregoriański** Gregorian calendar; **~ juliański** Julian calendar; **~ na następny rok** next year's calendar; **~ ścienny** wall calendar **2.** (*rozkład terminów*) schedule; timetable; calendar; **tegoroczny ~ sportowy/wydarzeń sportowych** this year's sporting calendar

kalosz *m* galosh, overshoe, *US* rubber; *pot.* **to inna para ~y** that's a different kettle of fish, that's another kettle of fish

kalumnia 160

kalumni|a *f* calumny; **rzucać na kogoś ~e** calumniate sb

kamera *f* camera; **~ filmowa** film camera, cine-camera, *US* motion-picture/movie camera; **~ telewizyjna** television/TV camera; **ukryta ~** candid/hidden camera

kamfora *f* camphor; *przen.* **ulotnić się/zniknąć jak ~** vanish into thin air, vanish without trace, disappear without trace

kamie|ń *m* **1.** *dosł. i przen.* stone; **~ń filozoficzny** philosopher's stone; **~ń grobowy/nagrobny** tombstone; **~ń milowy** milestone; **~ń obrazy** offence; **~ń półszlachetny** semiprecious stone; **~ń szlachetny** precious stone; **~ń węgielny** foundation stone; **~ń na ~niu nie został** not a stone was left standing; **~ń spadł mi z serca, że...** I was relieved that..., it's a load off my mind...; **być ~niem milowym/stanowić ~ń milowy w historii...** be a milestone in the history of...; **być komuś ~niem u szyi** be a millstone round sb's neck; **być z ~nia** be made of stone; *przen.* **być z ~nia/być (twardym) jak ~ń** (*nieczułym, niewzruszonym*) be as hard as nails, be as tough as nails; be hard-hearted; **kłaść ~ń węgielny** lay a foundation stone; **mieć serce z ~nia** have a heart of stone; **milczeć jak ~ń** be as silent/quiet as the grave, be as silent/quiet as the tomb, be/keep dead silent; **obrzucać coś ~niami** stone sth; **pierwszy rzucić ~niem** cast the first stone; **przepaść/zniknąć/wpaść jak ~ń w wodę** disappear into thin air, vanish into thin air; **rzucać w coś ~niami** stone at sth, throw stones at sth, hurl stones at sth; **spać jak ~ń** sleep like a log, sleep like a top; **stwardnieć na ~ń** be rock-hard; **zmarznąć na ~ń** be stone-cold **2.** **~ń nazębny** tooth scale; **~ń nerkowy** kidney stone; **~ń żółciowy** gallstone; **usuwać ~nie nerkowe** remove kidney stones

kamizelka *f* waistcoat, *US* vest; **~ kuloodporna** bulletproof jacket, *US* bulletproof vest; **~ ratunkowa** life jacket, *US* life vest

kampani|a *f* campaign; drive; **~a antynikotynowa** anti-smoking campaign, campaign against smoking; **~a na rzecz** campaign for; **~a polityczna** political campaign; **~a prasowa** press/newspaper campaign; **~a prezydencka** presidential campaign; President's campaign; **~a promocyjna** promotional campaign; **~a przeciw** campaign against; **~a reklamowa** advertising/publicity campaign; **~a wojskowa** military campaign; **~a wyborcza** election campaign; **ostra ~a** hard-fought campaign; **szef ~i prezydenckiej** presidential campaign manager, the President's campaign manager; **prowadzić/toczyć ~ę** campaign, run a campaign, carry on a campaign; **rozpocząć ~ę** launch a campaign

kanał *m* **1.** (*wodny*) channel; (*sztuczny*) canal; **Kanał La Manche** the English Channel, the Channel; **Kanał Panamski zbudowano po Kanale Sueskim** the Panama Canal was built after the Suez Canal **2.** (*przewód*) duct; conduit; passage; **~ ściekowy** drain; sewer **3.** (*telekomunikacyjny*) channel; **~ muzyczny** music channel; **~ radiowy** radio channel; **~ sportowy** sports channel; **~ telewizyjny** television channel; **film na kanale czwartym** a movie on Channel 4; **przerzucanie/szybka zmiana ~ów** channel-hopping; *pot.* **przerzucić na inny ~** switch/turn to another channel; **zmieniać ~y** change/switch channels **4.** *przen.* channel; **~ dyplomatyczny/oficjalny** diplomatic/official channel; **odpowiednimi/właściwymi ~ami** through the proper channels

kanapk|a *f* sandwich; **~a z serem** cheese sandwich; **~a z szynką** ham sandwich; **zrobić ~ę** make a sandwich

kandydat *m* candidate; **~ na...** (*stanowisko, urząd*) candidate for...; (*składający podanie, egzamin itd.*) applicant for; **~ na posła** parliamentary candidate; **~ na prezydenta** a candidate for the presidency, a presidential candidate; **~ partii na prezydenta** the party's presidential candidate; **~ zdający egzamin** (*do szkoły*) entrant

kandydatur|a *f* candidacy, candidature; **wysunąć czyjąś ~ę** put up one's candidacy; **zgłosić czyjąś ~ę na** announce one's candidacy for

kandydować *v* be a candidate; stand; *US* run; ~ **do parlamentu** stand for Parliament; ~ **na prezydenta** run for president; ~ **w wyborach** stand for election

kapitał *m* **1.** capital; *pot.* (*fundusz*, *gotówka*) fund(s); ~ **obrotowy** circulating/working capital; ~ **zagraniczny** foreign capital; ~ **zakładowy** basic capital, (business) stock; **napływ ~u** capital inflow; **ucieczka ~u** flight of capital, capital flight; **wnieść ~** bring in the capital **2.** *przen.* capital; ~ **polityczny** political capital; **zbić na czymś ~** make capital (out) of sth

kapitan *m* captain; ~ **drużyny** (*sportowej*) captain of a team, head of a team; *pot.* skipper; ~ **statku** (*w żegludze*) captain, shipmaster, master of a vessel; (*w lotnictwie*) captain; ~ **żeglugi wielkiej** foreign trade master

kar|a *f* punishment; penalty; ~**a cielesna** corporal/physical punishment; ~**a dyscyplinarna** disciplinary penalty; ~**a grzywny** fine; ~**a pieniężna** financial/pecuniary penalty; ~**a pozbawienia wolności** penalty of detention; ~**a śmierci** capital punishment, the death penalty; ~**a więzienia** imprisonment; ~**a za zwłokę** penalty for delay; **łagodna ~a** light/mild punishment; **najniższa ~a** minimum penalty; **surowa ~a** severe punishment; **zasłużona ~a** well-deserved punishment; **zaostrzenie ~y** increase of penalty; **darować ~ę** remit a punishment; **dostać/otrzymać ~ę śmierci** be given the death sentence, receive the death sentence; **najwyższy/maksymalny wymiar ~y za to przestępstwo wynosi 10 lat więzienia** the maximum penalty for this crime is ten years' imprisonment; **pod ~ą grzywny** punishable by fine; **pod ~ą (śmierci)** under/on penalty (of death); **podlegający ~ze** subject to penalty; **ponieść ~ę** suffer punishment; take punishment; **skazać kogoś na ~ę** inflict a punishment on sb; **ujść/uniknąć ~y** escape punishment; **ukarać kogoś ~ą grzywny za coś** fine sb for sth/doing sth; **wymierzyć ~ę** mete out/administer a punishment; administer a penalty; **zamienić ~ę śmierci na dożywotnie więzienie** commute a death sentence to one of life imprisonment; **zaostrzyć ~ę** aggravate a penalty; **zapłacić ~ę** pay a penalty; **znieść ~ę śmierci** abolish the death penalty; **zostać skazanym na ~ę więzienia** be sentenced to prison, be sent to prison

karać *v* punish; **~ łagodnie** punish lightly/mildly; **~ surowo** punish severely

karambol *m* (*na drodze*) pile-up; multiple collisions; **uczestniczyć w ~u** (*o pojazdach*) pile up

karier|a *f* career; **~a dyplomaty** a career as a diplomat; **~a literacka** literary career; **~a piosenkarza** a career as a singer; **~a polityczna** political career; **~a sceniczna/teatralna** stage/theatrical career; **~a wojskowa** military career; **~a zawodowa** professional career; **wielka/wspaniała/znakomita ~a** brilliant career, distinguished career; **porzucić ~ę** abandon a career; **robić ~ę** make a career (for oneself); carve out a career; **rozpocząć ~ę** enter on a career; launch a career; **wspinać się po szczeblach ~y** move rungs up the career ladder; **wypadek przerwał jego ~ę** the accident cut short his career; **zrezygnować z ~y** give up one's career; **zrobił ~ę w polityce** he made a career for himself in politics

kark *m* nape; **chwycić kogoś za ~** catch/grab sb by the scruff of his neck; *przen.* **mieć kogoś na ~u** have sb on one's neck; **na złamanie ~u** headlong, headfirst; **nadstawiać ~u** stick one's neck out, risk one's neck; **siedzieć komuś na ~u** breathe down sb's neck; **skręcić/złamać sobie ~** break one's neck

karmi|ć *v* **~ć** (**czymś**) feed (on/with sth); **~ć butelką** bottle-feed; **~ć piersią** (*dziecko*) breast-feed, nurse (a baby); **czy twoje dzieci ~one były piersią, czy z butelki?** were your children breast-fed or bottle-fed?

karo *n* (*kolor w kartach*) diamonds; **król ~** king of diamonds

kart|a *f* **1.** card; **~a bankowa** cash card, *US* ATM card; **~a biblioteczna** library card; **~a członkowska** membership card; **~a do głosowania** ballot, voting paper; **~a gwarancyjna**

kartka 164

guarantee card; **~a kredytowa** credit card; **~a łowiecka** hunting card; **~a magnetyczna** magnetic card; **~a perforowana/ /dziurkowana** punch(ed) card; **~a pocztowa** postcard, postal card; **~a powołania (do służby wojskowej)** *US* draft card; **~a świąteczna** (*na Boże Narodzenie*) Christmas card; **~a telefoniczna** phonecard; **~a wędkarska** angling card; **~a wizytowa** calling/visiting card; **~a wstępu/wejścia** admission card; **~a wyborcza** ballot, voting paper; **otrzymać ~ę (pocztową)** receive a postcard; **wysłać komuś ~ę (pocztową)** send sb a postcard **2.** (*książki*) leaf (*pl* leaves), page; *przen.* (*rozdział życia itd.*) page; **przerzucać ~y książki** flick through the pages of a book, page through a book; **ważna ~a w historii naszego kraju** an important page in our country's history **3.** (*spis potraw*) menu; **kelner przyniósł ~ę** the waiter brought the menu; **poprosić o ~ę** ask for the menu; **w karcie** on the menu **4.** (*do gry*) card, playing card; *przen.* **czyjaś ~a atutowa** one's trump card, one's best card, one's strongest card; **domek z ~** house of cards; **talia ~** pack of cards, *US* deck of cards; **ciągnąć ~y** cut the cards; **grać w ~y** play cards; (*hazardowo*) gamble at cards; *przen.* **grać w otwarte ~y** lay one's cards on the table, put one's cards on the table; **mieć szczęście w ~ach** be lucky at cards; **odkrywać/odsłaniać ~y** show one's cards, show one's hand; **postawić wszystko na jedną ~ę** put all one's eggs in(to) one basket; **przegrać/zgrać się w ~y** lose at cards; **przekładać ~y/talię ~** cut the cards/pack; **rozdawać ~y** deal the cards; **tasować ~y** shuffle the cards; **wygrać w ~y** win at cards; **wykładać ~y na stół** lay one's cards on the table, put one's cards on the table **5.** (*deklaracja praw, przywilejów*) charter; **Karta Narodów Zjednoczonych** Charter of the United Nations

kartk|a *f* card; **~a papieru** a piece/sheet of paper; **~a pocztowa** postcard, postal card; **czysta ~a papieru** a clean piece/sheet of paper; **pojedyncza ~a papieru** a single sheet of paper; **otrzy-**

mać ~ę (pocztową) receive a postcard; **wysłać komuś ~ę pocztową** send sb a postcard

kasa *f* **1.** (*skrzynka do przechowywania pieniędzy*) cash box; **~ pancerna** safe, strongbox; **~ sklepowa** (*rejestrująca*) cash register **2.** (*miejsce operacji pieniężnych w banku itd.*) counter; **~ biletowa** (*kolejowa, teatru itd.*) booking office, box office; **~ sklepowa** cash desk; checkout; (*w napisie*) **Kasa** pay here

kasować *v* (*unieważniać*) cancel; annul; (*skreślać*) cross out; (*wymazywać zapis*) delete; erase; **~ bilet** (*w autobusie*) punch a ticket; **~ znaczek pocztowy** cancel a postage stamp

kasz|el *m* cough; **ciężki ~el** bad/heavy cough; **suchy ~el** dry cough; **urywany ~el** hacking cough; **atak ~lu** fit of coughing, coughing fit; **mieć ~el** cough; **tłumić/powstrzymywać ~el** repress a cough

kaszleć *v* cough; **~ krwią** cough (up) blood

katastrof|a *f* catastrophe; disaster; **~a ekologiczna** ecological catastrophe/disaster, ecocatastrophe; **~a górnicza** mining disaster; **~a kolejowa** train crash/accident, railway accident, *US* railroad accident; train disaster; **~a lotnicza** plane crash; air disaster; **~a morska/na morzu** sea disaster; **~a samochodowa** car crash; **~a wydarzyła się/miała miejsce...** there was a crash...; **coś grozi ~ą ekologiczną** sth threatens ecological disaster; **ulec ~ie** crash

kategori|a *f* category; class; **drugiej ~i** second-class; second-rate; **pierwszej ~i** first-class; first-rate; **myśleć ~ami...** think in terms of...; **należeć do ~i** belong to the category; **w ~ach...** in terms of...; **zaliczać się do ~i** fall into the category

kaucj|a *f* security; **~a sądowa** bail; surety; **być zwolnionym za ~ą** be set free on bail; **uwolnić kogoś za ~ą** bail sb out, release sb on bail; **wyznaczyć wysokość ~i** levy bail; **złożyć/zapłacić ~ę za kogoś** put up bail for sb, stand bail for sb

kaw|a *f* coffee; **~a biała** white coffee; **~a czarna** black coffee; **~a mielona** ground coffee; **~a mocna** strong coffee; **~a palona**

roasted coffee; **~a słaba** weak coffee; **dwie (filiżanki) ~y** two cups of coffee, two coffees

kawał *m* **1.** (*część*) lump; (large) piece; **~ drogi** quite a distance **2.** *pot.* (*dowcip*) joke; **odgrzewany/stary ~** old joke, stale joke; old chestnut; **pieprzny/nieprzyzwoity ~** dirty joke, obscene joke, off-colour joke, smutty joke; **czy słyszałeś/znasz ~ o...?** have you heard the one about...?; **opowiedzieć ~** crack a joke, tell a joke **3.** *pot.* (*figiel*) joke; practical joke; prank; trick; hoax; **jej głupie ~y wpakują ją któregoś dnia w kłopoty** her stupid pranks are going to land her in trouble one day; **zrobić komuś ~** play a joke on sb

kawał|ek *m* (little) piece; bit; **rozbić (się) na ~ki** break up to pieces; **rozlecieć się na ~ki** go to pieces, fall to pieces

kaza|ć *v* **~ć komuś coś zrobić** tell sb to do sth, order sb to do sth, have sb do sth; **~ć (sobie) coś zrobić** have sth done; **~łem im to zrobić** I told them to do it; **~łem naprawić dach** I had the roof fixed

kazani|e *n* **1.** sermon; *przen.pot.* **siedziałem jak na tureckim ~u** it was all Greek to me, it was all double-dutch to me; **wygłosić ~e** deliver/preach a sermon, preach **2.** *przen.* (*morały*) sermon; preaching; **prawić komuś ~e** preach at sb

każdy 1. *a* every; each; **~ bez wyjątku** each and every; **~ z was** every one of you; each of you; **pierścionek na ~m palcu** a ring on each finger **2.** *pron* (*poszczególny*) everybody, everyone; (*ktokolwiek*) anybody, anyone; **~ był zadowolony** everyone was pleased; **~ kto** whoever; **~ może gotować** anyone can cook; *przysł.* **~ sobie rzepkę skrobie** every man for himself

kąpiel *f* **1.** (*w wannie*) bath; **brać/wziąć ~** have a bath, take a bath; **przygotowywać ~** run a bath; *przen.* **wylać dziecko z ~ą** throw the baby out with the bath water **2.** (*w morzu, jeziorze itd.*) bathe; bathing; **zażywać ~i słonecznej** sunbathe, sun oneself

kąt *m* **1.** angle; ~ **ostry** acute angle; ~ **pełny** round angle; ~ **półpełny** straight angle; ~ **prosty** right angle; ~ **przeciwległy** opposite angle; ~ **przyległy** adjacent angle; ~ **rozwarty** obtuse angle; **pod ~em...** at an angle of...; **tworzyć** ~ make an angle **2.** (*pokoju itd.*) corner; **w kącie** in the corner **3.** *przen.* (*sposób patrzenia*) point of view, viewpoint; **~em oka widziałam, jak coś się ruszało** out of/from the corner of my eye I saw something move; **pod ~em czegoś** from the point of view of sth

kciuk *m* thumb; *pot.* **trzymać ~i (za kogoś)** keep one's fingers crossed (for sb)

kibic *m* fan; supporter; devotee; ~ **piłki nożnej** football fan//supporter

kiedy *pron* (*pytając*) when; ~ **oni przyjdą?** when will they come?; (*podczas gdy*) as, while, when; ~ **czytałem** when I was reading; **przyszli, ~ jedliśmy obiad** they arrived while we were having dinner; ~ **bądź** (*kiedykolwiek*) at any time; ~ **indziej** some other time; **rzadko ~/mało** ~ hardly ever

kielich *m* **1.** glass; cup; ~ **goryczy** the cup of bitterness/woe; ~ **mszalny** chalice **2.** ~ **kwiatu** calyx

kielisz|ek *m* glass; **~ek do wina** wineglass; **~ek wina** a glass of wine; *pot.* **(często/chętnie) zaglądać do ~ka** be on the bottle, hit the bottle; **szukać zapomnienia/pociechy w ~ku** drown one's troubles in drink

kier *m* (*kolor w kartach*) hearts; **król** ~ king of hearts

kiera|t *m dosł. i przen.* treadmill; **~t domowy** treadmill of the housework, gear of the housework; **w ~cie** on a treadmill

kierowanie *n* control; ~ **zdalne** remote control; **zdalne ~ pociskami** missile guidance

kierowca *m* driver; ~ **ciągnika** tractor driver; ~ **ciężarówki** lorry driver, *US* truck driver, trucker, truckman (*pl* truckmen); ~ **taksówki** taxi driver; *pot.* cabby, cabdriver; ~ **wyścigowy** racing driver; *pot.* **niedzielny** ~ Sunday driver; **ostrożny** ~ safe driver; **pijany/nietrzeźwy** ~ drink-driver, *US* drunk driver

kierownica

kierownic|a *f* (*samochodu*) (steering) wheel; (*roweru, motocykla*) handlebars; **być za ~ą** be at the wheel; **siąść za ~ą** take the wheel

kierownik *m* manager; head; *pot.* boss; **~ szkoły** headmaster

kierun|ek *m* **1.** direction; course; **~ek obrotu** sense of rotation, hand of rotation; **przeciwnie do ~ku obrotu wskazówek zegara** anticlockwise, *US* counterclockwise; **w ~ku...** in the direction of...; **w ~ku południowym** southwards, in the southerly direction, in the southward direction; **w ~ku północnym** northwards, in the northerly direction, in the northward direction; **w ~ku wschodnim** eastwards, in the easterly direction, in the eastward direction; **w ~ku zachodnim** westwards, in the westerly direction, in the westward direction; **we wszystkich ~kach** in all directions; **w przeciwnym ~ku** in the opposite direction; **zgodnie z ~kiem obrotu wskazówek zegara** clockwise; **zmieniać ~ek** change direction, veer **2. pracować pod czyimś ~kiem** work under sb's direction **3.** *przen.* direction; current; trend; **najnowsze ~ki w...** the latest trends in...; **nadać ~ek** set the trend

kierunkowskaz *m* (*drogowskaz*) signpost; (*samochodu*) indicator, *US* turn signal; **włączyć ~** signal a turn

kiesze|ń *f* pocket; **~ń marynarki** jacket pocket; **~ń spodni** trouser pocket; *przen.* **pusta ~ń** empty/light purse; **ceny na każdą ~ń** prices to suit every pocket/purse; **mieć już coś w ~ni** (*mieć zapewnione*) have sth in one's pocket; *pot.* **mieć kogoś w ~ni** have sb in one's pocket; *przen.* **mieć węża w ~ni** be (very) tight with one's money, be tight-fisted; **płacić za coś/opłacić coś z własnej ~ni** pay for sth out of one's own pocket; **włożyć coś do ~ni** put sth into one's pocket, pocket sth; **wyjąć coś z ~ni** take sth from one's pocket, take sth out of one's pocket; **znać coś jak własną ~ń** know sth like the back/palm of one's hand; **znam to miejsce jak własną ~ń** I know that place like the back of my hand

kij *m* stick; **~ baseballowy** bat; **~ bilardowy** cue; **~ golfowy** club; **~ hokejowy** hockey stick; **~ narciarski** ski stick; *przen.* **wsadzić/wetknąć ~ w mrowisko** stir up a hornet's nest; put/set the cat among the pigeons

kin|o *n* cinema, the pictures, *US* the movies; (*budynek*) *US* movie house, movie theater; **iść/pójść do ~a** go to the cinema, go to the movies; **on interesuje się ~em** he's interested in (the) cinema; **w ~ie** at/in the cinema

kipi|eć *v dosł. i przen.* boil over; **~ał z wściekłości** he was boiling (over) with rage; **mleko ~** the milk is boiling over

klamka *f* (*u drzwi*) door handle; *przen.pot.* **~ zapadła** the die is cast

klap|a *f pot.* (*niepowodzenie*) failure; flop; **zrobić ~ę** flop, be a failure, be a flop, fall flat

klas|a *f* **1.** (*społeczna*) class; **~a pracująca** working class; **~a rządząca** ruling class; **~a średnia** middle class; **~y uprzywilejowane** the privileged classes **2.** (*kategoria, gatunek*) class; grade; **~a turystyczna** (*w samolocie, na statku*) tourist/economy class; **drugiej ~y** second-class; **najwyższej ~y** top-class; **pierwszej ~y** first-class; **podróżować drugą ~ą** travel second--class; **światowej ~y** world-class **3.** (*oddział w szkole, rok nauczania*) class, form, *US* grade; (*sala szkolna*) classroom; **chodziliśmy do tej samej ~y** we were in the same class; **zwolnić ~ę (z lekcji)** dismiss the class **4.** *pot.* (*styl*) class; **dziewczyna z ~ą** a girl with real class; **mieć ~ę** have class, be classy **5. gra w ~y** hopscotch; **grać w ~y** play hopscotch

klasyczn|y *a* **1.** (*antyczny, tradycyjny*) classical; **muzyka ~a** classical music **2.** (*typowy, wzorcowy*) classic; **~y błąd** classic mistake; **~y przykład czegoś** classic example of sth; **ten film to ~y western** this film is a classic western movie

klasyfikacja *f* classification; **~ dziesiętna** (universal) decimal classification

klasztor *m* cloister; **~ męski** monastery; **~ żeński** convent, nunnery; **wstąpić do ~u** join a monastery/convent

klat|ka *f* **1.** (*dla zwierząt*) cage; *przen.* **czuć się jak w ~ce** feel caged in; **wypuścić z ~ki** uncage; **zamknąć w ~ce** cage, put in a cage **2.** **~ka piersiowa** chest, thorax **3.** **~ka schodowa** staircase, stairway **4.** **~ka filmowa** frame

klauzul|a *f* clause; **~a największego uprzywilejowania** most-favoured-nation clause; **umieścić/wprowadzić ~ę w** (*umowie itd.*) insert a clause into, put a clause into

klawisz *m* (*fortepianu, klawiatury komputera*) key; **nacisnąć ~** press a key; **uderzyć w ~** strike a key

kląć *v* **~ (na coś/kogoś)** curse (sth/sb); swear (at sth/sb); *pot.* **~ jak szewc/na czym świat stoi/w żywy kamień** swear like a trooper; **~ się na wszystkie świętości/na wszystko (że)...** swear blind (that)...; **klęła się na wszystko, że widziała go w zeszłym tygodniu** she swore blind that she had seen him the week before

klepk|a *f* (*pot. – w zwrocie*) **nie mieć piątej ~i** have bats in the belfry, be bats in the belfry; have a screw loose

klęsk|a *f* **1.** (*porażka*) defeat; **ponieść ~ę** meet/suffer a defeat; **zadać komuś ~ę** inflict a defeat on sb, defeat sb **2.** (*nieszczęście, zniszczenie*) calamity; disaster; **~a głodu** famine (disaster); **~a powodzi** flood disaster; **~a żywiołowa** natural calamity/disaster; **teren/obszar dotknięty ~ą żywiołową/obszar ~i żywiołowej** disaster area; **jest to jedna z największych ~ żywiołowych, jaka kiedykolwiek nawiedziła ten teren/obszar** this is one of the worst natural disasters ever to befall the area; **ogłosić rejon terenem ~i żywiołowej** declare a region a disaster area; **ogłosić stan ~i żywiołowej** declare a state of emergency; **ponieść ~ę** experience/meet a disaster

klient *m* client; customer; **stały ~** (regular) patron; steady customer; **obsługiwać ~a** serve a client; **przyciągać ~ów** attract customers

klimat *m dosł. i przen.* climate; **~ ciepły** warm climate; **~ gorący** hot climate; **~ kontynentalny** continental climate; **~ łagodny**

mild climate; **~ morski** maritime climate; **~ tropikalny** tropical climate; **~ umiarkowany** moderate/temperate climate; **ostry/surowy ~** severe climate; **zdrowy ~** healthy climate; **zmiany ~u ziemi** changes in the earth's climate

klin *m* wedge; **wbijać ~** wedge; *przen.* **wbijać ~ między** drive a wedge between

klub *m* club; **~ poselski** parliamentary club; **~ sportowy** athletic club; **~ użytkowników** (*sprzętu komputerowego*) user group; **nocny ~** nightclub; *pot.* nightspot; **zapisać się do ~u** join a club

klucz *m* **1.** key; *przen.* **~ do tajemnicy** the key to the mystery; **~ uniwersalny** skeleton/master key; **~e do drzwi** door keys, keys to the door; **dziurka od ~a** keyhole; *pot.* **być/znaleźć się pod ~em** (*w areszcie*) be under lock and key; *pot.* **chować coś pod ~em** put sth under lock and key; **dorobić ~** duplicate/make a key; **otworzyć ~em** unlock; *pot.* **pod ~em** under lock and key; **przekręcić/obrócić ~** (*w zamku*) turn a key; **przestępcy są już pod ~em** the criminals are now under lock and key; **trzymać coś pod ~em** keep sth under lock and key; **zamknąć ~em/na ~** lock **2.** (*w muzyce*) clef; **~ altowy** alto clef; **~ basowy** bass clef; **~ sopranowy** soprano clef; **~ tenorowy** tenor clef; **~ wiolinowy** treble clef **3. ~ (ptaków)** V-shaped formation; **lecieć/ciągnąć ~em** fly in a V-shaped formation; **stada gęsi często latają ~em** flocks of geese often fly in a V-shaped formation **4. ~ (maszynowy)** spanner, wrench

kłam *m* (*w zwrocie*) **zadawać/zadać czemuś ~** give the lie to sth

kłamać *v* lie; *pot.* **~ w żywe oczy/jak z nut/bezczelnie/bez zająknienia/jak najęty** lie through one's teeth, lie in one's teeth

kłamstw|o *n* lie; **bezczelne/wierutne ~o** barefaced lie, blatant lie, brazen lie; **niewinne ~o** white lie; **stek ~** pack of lies; web of lies; **wykrywacz ~** lie detector; **dopuścić się ~a** tell a lie; **to wszystko było ~em** it was all a lie

kłęb|ek *m* ball; *przen.* ~**ek nerwów** a bundle of nerves, a bag of nerves; ~**ek wełny** a ball of wool; **była jednym ~kiem nerwów** she was a bundle of nerves; **zwijać się w ~ek** curl oneself into a ball; coil up

kłod|a *f* log; *przen.* **rzucać komuś ~y pod nogi** put a spoke in sb's wheel

kłopot *m* trouble; (*trudność*) difficulty; **mały ~/trochę ~u/drobne ~y** a bit of trouble; **~y finansowe** financial difficulties; **~ polega na tym, że/~ w tym, że...** the trouble is...; *pot.* **być w kłopocie** be in a fix; be up the creek; **mam nadzieję, że nie sprawiłem ci ~u** I hope I haven't put you to any trouble; **mieć ~y (z)** have trouble (with); be in trouble (with); **popaść w ~y** get into trouble, run into trouble; **przysporzyć komuś ~u** put sb to trouble; **robić/sprawiać ~** cause trouble, make trouble; **to żaden ~** it's no trouble, it's no bother; **unikać ~ów** steer clear of trouble, avoid trouble; *pot.* **w niezłe ~y nas wpakowałeś!** this is a fine mess you've landed us in!; **wpaść w ~y** get into trouble, run into trouble; **w ~ach** in trouble; **wybrnąć z ~u** get out of trouble

kłódk|a *f* padlock; **zamknąć na ~ę** padlock; *pot.* **zamknąć gębę na ~ę** keep one's gob shut

kłótni|a *f* ~**a (o)** quarrel (about/over); argument (about/over); ~**a rodzinna** family/domestic quarrel; **wieczne ~e** eternal quarrelling; ~**a wywiązuje się** a quarrel ensues; **wszcząć ~ę** start a quarrel, pick a quarrel; **wybuchła ~a** a quarrel broke out; **załagodzić ~ę** patch up/settle a quarrel

koalicj|a *f* coalition; ~**a rządowa/rządząca** government coalition; ~**a rozpada się** a coalition breaks up, a coalition falls apart; **utworzyć/zawiązać ~ę** form a coalition

kochać *v* ~ **(kogoś/coś)** love (sb/sth); ~ **gorąco/mocno** love deeply; ~ **kogoś do szaleństwa/bez pamięci** love sb to distraction; ~ **namiętnie** love pationately; ~ **rodziców/ojczyznę** love one's parents/country; ~ **się w kimś** be in love with sb; ~ **się z kimś**

(*o seksie*) make love to sb, have sex with sb; **bardzo kogoś ~** love sb very much, love sb dearly; **będę cię ~ do grobowej deski** I'll love you till the day I die; **jak Boga kocham** I swear; upon my word

kocioł *m* boiler; pot; kettle; *przysł.* **przyganiał ~ garnkowi** the pot calling the kettle black

kod *m* code; **~ genetyczny** genetic code; **~ komputera** computer code; **~ kreskowy** (*oznaczania wyrobów*) bar code; **~ pocztowy** postal code, *US* zip code; **nadać wiadomość ~em** send a message in code; **złamać ~** break a code; decipher a code

kodeks *m* code; **~ cywilny** civil code; **~ drogowy** highway code; **~ karny** penal code; **~ moralny** moral code

kojarz|yć *v* 1. **~yć (się)** (*o pojęciach, faktach itd.*) associate; **lato ~y mi się z wakacjami** I associate summer with holidays; **nie chciał, żeby ~ono go z tym przestępstwem** he didn't want to be associated with that crime 2. **~yć (się)** (*łączyć*) unite; connect; **~yć kogoś w pary z kimś** pair sb off with sb; **ona zawsze próbuje ~yć swoich przyjaciół w pary** she's always trying to pair her friends off with each other

kolan|o *n* knee; **do ~/po ~a** (*głęboki*) knee-deep; (*wysoki*) knee-high; **buty do ~** knee-high boots; **spódnica do ~** knee-length skirt; **~a się pod kimś uginają** sb goes weak at the knees, sb is weak at the knees; **był do ~ w wodzie** he was knee-deep in water; **na ~ach** (*prosić, błagać*) on one's knees; (*siedzieć, posadzić*) on one's lap; **paść/rzucić się na ~a** drop on one's knees, fall on one's knees; **pchnąć/uderzyć coś/kogoś ~em** knee sth/sb; **rzucić kogoś na ~a** bring sb to his knees; **trawa sięgała do ~** the grass was knee-high; **wzięła dziecko i posadziła je sobie na ~ie** she took the child and sat it on her knee; **zgiąć nogi w ~ach** bend one's knees

kolebk|a *f* cradle; *przen.* cradle, home; **Grecja jest ~ą demokracji** Greece is the home of democracy; **od ~i do grobu** from the cradle to the grave

kol|ec *m* (*metalowy itd.*) spike; barb; (*roślin*) thorn; (*zwierząt, roślin*) spine; prickle; **~ce butów** (*sportowych*) spikes; studs, cleats; **~ce jeża** hedgehog's spines; **~ce kaktusa** cactus's spines; **para ~ców** (*butów*) a pair of spikes; *przysł.* **nie ma róży bez ~ców** there is no rose without a thorn

kolega *m* (*przyjaciel*) friend; **~ szkolny/ze szkolnej ławy** schoolfriend, schoolfellow, schoolmate; **~ z pracy** colleague

kole|j *f* **1.** railway, *US* railroad; **~j dwutorowa** double-track railway; **~j linowa** cable railway; **~j wąskotorowa** narrow-gauge railway; **~j zębata** (*górska*) rack/cog railway; **~ją** by rail(way); **podróż ~ją** rail travel **2.** (*następstwo*) turn; **~j na ciebie** it's your turn; **czekać na swoją ~j** wait one's turn; **na kogo ~j?** whose turn is it?; **po ~i** in turn; **przyszła ~j na mnie** my turn came; **z ~i** in turn **3. ~je (losu)** fortunes; ups and downs; **zmienne ~je czegoś** the changing fortunes of sth

kolej|ka *f* **1. ~ka (wąskotorowa)** narrow-gauge railway; **~ka metra** tube train **2.** (*ludzi, samochodów*) queue, (waiting) line; **stać w ~ce** stand in a queue; **stanąć w ~ce** join a queue; **ustawiać się w ~ce** queue (up) **3.** (*trunku*) round (of drinks); **stawiać/fundować ~kę** buy a round; **zamówić ~kę** order a round

kolejnoś|ć *f* sequence; order; succession; turn; **poza ~cią** out of turn; **w odwrotnej ~ci** in reverse order; **w pierwszej ~ci** (*najpierw*) first of all, first

kolekcja *f* collection; **~ dzieł sztuki** art collection; **~ monet** coin collection; **~ znaczków pocztowych** stamp collection

kolęd|a *f* carol; **śpiewać ~y** carol, sing carols

kolizj|a *f* collision; **~a autobusu z pociągiem** a collision between a bus and a train; **~a dwóch samochodów** a collision between two cars; **~a samochodowa** a collision between the cars; **być/pozostawać w ~i z czymś** collide with sth; **doszło do ~i dwóch statków** the two ships came into collision, the two ships were in collision; **jego polityczna działalność doprowadziła go do ~i z prawem** his political activities brought him into collision with the law

kolor *m* **1.** colour; **~ jaskrawy** vivid/garish/gaudy colour; **~ matowy** dull colour; **~ spokojny** soft colour; **~ żywy** bright/lively colour; **~y tęczy** colours of the rainbow; **intensywny ~** intense colour; **dobór ~ów** colour scheme; *przen.* **dostać ~ów** (*oblać się rumieńcem*) blush; go/turn pink; **jakiego ~u jest...?** what colour is...?; *przen.* **malować/przedstawiać coś w ciemnych ~ach** paint a gloomy picture of sth, paint a dismal/grim picture of sth; **malować/przedstawiać coś w jasnych ~ach** paint a rosy picture of sth; **przedstawił sytuację w czarnych ~ach** he painted a black picture of the situation; **w ciemnym ~ze** dark-coloured; **w jasnym ~ze** light-coloured **2. ~ (kart do gry)** suit

koł|o *n* **1.** circle; *przen.* **~o fortuny** wheel of fortune, fortune's wheel; **~o podbiegunowe/polarne** Polar Circle; **błędne ~o** vicious circle; **kwadratura ~a** squaring the circle; **zataczać ~a** make circles; circle (around) **2.** (*samochodu*) wheel; **~o podwozia** (*samolotu*) landing wheel; **~o przednie** front wheel; **~o tylne** rear wheel; **~o zapasowe** spare wheel **3.** (*w maszynach*) wheel; **~o napędowe** driving wheel; **~o pasowe** (belt) pulley; **~o zamachowe** flywheel; **~o zębate** gear (wheel), toothed wheel **4. ~o ratunkowe** life belt/buoy, *US* life preserver **5.** *przen.* (*grono, grupa ludzi*) circle; group; **~a finansowe** financial/business circles; **obracać się w ~ach artystycznych** move in artistic circles **6.** *pot.* **w ~o** (*ciągle*) again and again; **powtarzałem ci w ~o, żebyś tego nie robił** I've told you again and again not to do that

koło *prep* **1.** (*blisko*) near, close to..., close by...; **mieszkała ~ morza** she lived close by the sea; **usiedli ~ siebie** they sat close to each other **2.** (*mniej więcej*) approximately; about; around; close on; **~ czwartej (godziny)** about four o'clock;

kołyska 176

było ~ **północy** it was close on midnight; **on ma ~ pięćdziesiątki/pięćdziesięciu lat** he is close on fifty

kołysk|a *f* cradle; **od ~i do grobu** from the cradle to the grave

kombinezon *m* overalls; **~ kosmonauty** spacesuit; **~ lotnika** flying suit; **~ roboczy** boiler suit, overalls, *US* coveralls

komedi|a *f* **1.** comedy; **~a muzyczna** musical comedy; **~a obyczajowa** comedy of manners; **~a sytuacji/sytuacyjna** situation comedy, sitcom; **czarna ~a** black comedy; **lekka ~a** light comedy **2.** *przen.* (*udawanie*) sham; **grać ~ę** sham, pretend

komentarz *m* **1.** (*przypisy do tekstu*) commentary; **~ do czegoś** commentary on sth; **~ do Biblii** a Bible commentary **2.** (*uwaga, opinia*) **~ (dotyczący)** comment (on/about); **bez ~y!** (*odmowa*) no comment!; **odmawiać ~y** refuse to comment; **powstrzymywać się od ~y** restrain from comment; **wywołać (liczne) ~e** arouse/cause/evoke (much) comment **3.** (*w dziennikarstwie*) **~ (czegoś)** commentary (on sth); **~ meczu piłkarskiego** a commentary on a football game; **~ radiowy** radio commentary; **~ telewizyjny** television commentary

komentator *m* commentator; **~ piłkarski** football commentator; **~ radiowy** radio commentator; **~ sportowy** sports commentator; **~ telewizyjny** TV commentator; **telewizyjny ~ sportowy** a sports commentator on TV

komisj|a *f* commission; board; committee; **~a dochodzeniowa/śledcza** court of inquiry; **~a dyscyplinarna** disciplinary board/committee; **~a egzaminacyjna** examining board, board of examiners; **~a wyborcza** election commission/committee; **powołać ~ę** appoint a commission; establish a commission; **rząd powołał ~ę dochodzeniową do zbadania przyczyn katastrofy lotniczej** the government set up a court of inquiry to investigate the causes of the air disaster

komite|t *m* committee; **~t doradczy** advisory committee; **~t organizacyjny** organizing committee; **~t rodzicielski** (*w szkole*) parent-teacher association, PTA; **~t wykonawczy** executive committee; **członek ~tu** member of a committee, committeeman (*pl* committeemen); **być w ~cie** be on the committee

komora *f* **1.** chamber; **~ dekompresyjna** (*dla nurków*) decompression chamber; **~ gazowa** gas chamber; **~ spalania** combustion chamber **2.** **~ serca** ventricle

komorne *n* rent; rental; **~ za mieszkanie wynosi... miesięcznie** the flat rents at... a month

kompani|a *f* company; **~a honorowa** guard of honour; **dokonać przeglądu ~i honorowej** review a military guard of honour

kompetencj|a *f* competence; **mieć ~e w (jakiejś dziedzinie)** be competent at/in (sth); **nie mieć ~i do robienia czegoś** be not competent to do sth; **poza ~ami...** beyond the competence of...; **przekraczać swoje ~e** exceed one's competence, overstep one's competence; **w ~ach...** within the competence of...

kompleks *m* **1.** (*zespół*) complex; **~ przemysłowy** industrial complex; **~ sportowy** sports complex **2.** complex; **~ Edypa** Oedipus complex; **~ niższości** inferiority complex

komplement *m* compliment; **nieszczery/wątpliwy ~** left-handed compliment, back-handed compliment; **powiedzieć komuś ~** pay sb a compliment, compliment sb; **prawić komuś ~y** lavish compliments on sb, shower compliments on sb

komple|t *m* **1.** (*osób*) complement; complete group; **~t pasażerów** a full complement of passengers; **jesteśmy w ~cie** nobody is missing **2.** (*przedmiotów*) set; **~t czcionek** font, fount; **~t książek** set of books; **~t mebli** suite of furniture; **~t narzędzi** tool set/kit

kompromis *m* compromise; give-and-take; **osiągnąć ~** agree on a compromise; come to a compromise, reach a compromise; **pójść na ~ (w sprawie)** compromise (on/over sth)

komputer *m* computer; **~ osobisty** personal computer, PC; **~ przenośny** laptop (computer); **do tej pracy potrzebujemy kogoś ze znajomością obsługi ~a** we need someone who is computer literate to do this job; **na ~ze** on a computer;

obsługiwać ~ operate a computer; **włamać się do (pamięci) ~a** hack into a computer

komunikacj|a *f* communication(s); **~a autobusowa** bus service; **~a kolejowa** railway service; **~a lotnicza** air service; **~a miejska** municipal transport services; **~a radiowa** radio communication/traffic; **~a samochodowa** motor traffic; **środki ~i** means of communication; means of transport; transport facilities

komunikat *m* announcement; communiqué (on/about sth); **~ końcowy** final communiqué; **wspólny ~** joint communiqué

koncer|t *m* **1.** concert; **~t muzyki rockowej** rock concert; **~t na cele charytatywne** a concert for charity; **~t (transmitowany) na żywo** live concert; **dać ~t** give a concert; **na ~cie** at a concert; **odwołać ~t** cancel a concert; **wystąpić z ~tem** stage a concert **2.** (*utwór*) concerto; **~t fortepianowy/na fortepian** piano concerto; **~t skrzypcowy/na skrzypce** violin concerto; **wykonać ~t** perform a concerto; **zagrać ~t** play a concerto

kondolencje *pl* condolences; **składać komuś ~ z powodu...** express condolences to sb on..., offer condolences to sb on...

kondukt *m* **~ pogrzebowy/żałobny** funeral procession, cortege

kondycj|a *f* condition; form; **~a finansowa** financial standing; **być w dobrej ~i** be in good condition; **być w doskonałej ~i** be in perfect condition; **być w złej ~i** be in poor condition; be out of condition; **być w znakomitej ~i** be in excellent condition; **ona jest w świetnej ~i** she's in great form, she's on great form

konferencj|a *f* conference; **~a na szczycie** summit conference; **~a prasowa** news/press conference; **~a odbywa się...** a conference is held...; **być na ~i** be in conference; **dyrektor jest na ~i** the director is in conference; **odbyć ~ę** hold a conference; **widziałam go na ~i prasowej** I saw him at the press conference; **zwołać ~ę prasową** call a news conference

konflik|t *m* conflict; **~t interesów** a conflict of interests; **~t między... a...** a conflict between... and...; **~t między kościołem a państwem** the conflict between (the) Church and (the) State;

~t zbrojny armed conflict; **być w ~cie z** be in conflict with, conflict with; **być/zostać wciągniętym w ~t z** be brought into conflict with; **wejść w ~t z** come into conflict with; **zażegnać/zakończyć ~t** settle a conflict

koniczyna *f* clover; **czterolistna ~** four-leaf clover

ko|niec *m* end; finish; close; **~niec cytatu** unquote; *pot.* **~niec końców** at the end of the day; **~niec świata** the end of the world; **bez ~ńca** without end, endlessly; **do ~ńca świata** till the end of time; **do ~ńca życia** for life; **do samego ~ńca** to the finish; to/until the bitter end; **drugi od ~ńca** the last but one, the next to last; **dobiegać ~ńca** come/draw to an end; **doprowadzać do ~ńca** bring to an end; **jeden oblany egzamin to jeszcze nie ~niec świata** failing one exam is not the end of the world; **na ~niec świata** to the ends of the earth; **na (samym) ~ńcu** at the (very) end; **nie widać ~ńca obecnego kryzysu** there's no end in sight to the present crisis; **pod ~niec (roku)** by the end (of the year); **położyć czemuś ~niec** put an end to sth; **przed ~ńcem roku** before the end of the year; **trzeci/czwarty od ~ńca** (the) last but two/three; **w ~ńcu** finally, at (long) last, in the end; *przen.* **wiązać ~niec z ~ńcem** make (both) ends meet; **zbliżać się do ~ńca** near the end

konieczność|ć *f* necessity; (*nagła potrzeba*) emergency; **być postawionym wobec ~ci zrobienia czegoś** be faced with the necessity of doing sth; **powodować ~ć (zrobienia) czegoś** necessitate (doing) sth; **w razie ~ci** if necessary; **z ~ci** of necessity; perforce

koniunktura *f* (*okoliczności*) circumstances; conditions; (*korzystne warunki*) opportunities; **dobra ~ (gospodarcza)** boom; prosperity; **zła ~ (gospodarcza)** recession; slump

konkurencj|a *f* (*współzawodnictwo*) competition; rivalry; (*konkurenci*) competitors; (*rywal*) rival; (*sportowa*) competition; contest; sporting events; **~a skoków do wody** high-diving competition; **nieuczciwa ~a** unfair competition; **uczciwa ~a**

konkurs 180

fair competition; **zdrowa ~a** healthy competition; **wytrzymywać ~ę** withstand competition
konkurs *m* competition; contest; **~ otwarty** open competition; **~ piękności** beauty contest/pageant; **~ skoków do wody** high-diving competition; **wyrównany ~** (*poziomem*) tight contest; **ogłaszać ~** invite entries for a competition; **stawać do ~u** enter a competition; enter a contest; **uczestniczyć/brać udział w ~ie piękności** compete in a beauty pageant; **uczestniczyć w ~ie...** compete in...
konsekwencj|a *f* **1.** (*rezultat*) consequence; result; **poważne ~e** serious consequences; **ponosić ~e** bear/take the consequences; **w ~i czegoś** as a consequence of sth, in consequence of sth; **wyciągać ~e w stosunku do kogoś** bring sb to account, call sb to account **2.** (*w działaniu*) consistency, consistence; **postępować z żelazną ~ą** play with great consistency
konstrukcja *f* construction; structure; **~ budowlana** building structure; **~ drewniana** wooden construction; woodwork; **~ stalowa** steel construction; steelwork
konstytucj|a *f* constitution; **sprzeczny z ~ą** unconstitutional; **uchwalić ~ę** adopt/establish a constitution; **zgodny z ~ą** constitutional
kontak|t *m* **1.** contact; touch; **~t osobisty** personal contact; **~t radiowy** radio contact; **~t wzrokowy** eye-contact; **~ty handlowe** business contacts; **~ty ze światem przestępczym** underworld connections; **być w ~cie z** be in contact with, be in touch with; **będziemy w ~cie** we'll be in touch; **nawiązać ~t z kimś** contact sb, come into touch with sb, get into contact with sb; **utrzymywać ~t z** stay in contact with, maintain contact with; **stracić ~t z** lose contact with **2. ~t elektryczny** contact
kon|to *n* account; **~to bankowe** bank account; **moja pensja wpłacana jest bezpośrednio na ~to** my salary is paid directly into my bank account; **na ~cie** in an account; **na ~to** on/into an account; **otworzyć ~to** open an account; **podjąć pieniądze**

z ~ta take money from one's account; **przekroczyć stan ~ta** overdraw an account; **wpłacać na ~to** pay into an account

kontrakt *m* contract; **podpisać ~** sign a contract; **zawierać ~ na budowę...** contract to build...; **zerwać ~** break a contract

kontrol|a *f* control; inspection; check; **~a celna** customs inspection; **~a jakości** quality control; **~a paszportowa** passport control; **~a radarowa** (*na drodze*) radar trap, speed trap; **~a ruchu drogowego** road traffic control; **~a ruchu lotniczego** air traffic control; **odzyskać ~ę nad** regain control of; **pod ~ą** under control; **poddawać ~i** make subject to control; **podlegać ~i** be subject to control; **przedstawić bilet do ~i** produce a ticket for inspection: **przejąć ~ę nad** take control of; **przejść przez ~ę...** go through a... control; **przeprowadzić ~ę czegoś** control sth; **rozmieścić ~e radarowe** (*na drodze*) set up a speed trap; **sprawować ~ę nad** have control over, keep control over, exercise control over; **stracić ~ę nad** lose control of; **stracić ~ę nad sobą** lose control of oneself, lose one's self-control; *pot.* hit the roof/ceiling; **wymknąć się spod ~i** go out of control, get out of control; **zdobyć ~ę nad** gain/get control of

kontrowersj|a *f* controversy; **wzbudzać/budzić ~e** arouse controversy, stir up controversy, cause controversy

kontuzj|a *f* contusion; **poważna ~a lewego ramienia** a large contusion to the left shoulder; **doznać ~i** be/get contused

kontyngent *m* **1.** quota; **~ bezcłowy** duty-free quota **2. ~ (wojskowy)** contingent

konwencj|a *f* (*umowa, umowność*) convention; **podpisać ~ę** sign a convention; **ratyfikować ~ę** ratify a convention

konw|ój *m* convoy; **~ój więźniów/jeńców** prison convoy; **pod ~ojem** under convoy; **~ój ciężarówek z żywnością został wysłany na tereny najbardziej dotknięte głodem** a convoy of trucks containing food supplies has been sent to the areas worst hit by famine

koń

ko|ń *m* **1.** horse; **~ń czystej krwi** full-blood horse, whole-blood horse; **~ń dziki** wild horse; **~ń pociągowy** cart horse, *US* draft horse; **~ń trojański** a Trojan horse; **~ń wierzchowy** saddle horse; **~ń wyścigowy** race horse; *przen.* **~ń by się uśmiał** it would make a cat laugh; **~ń rży** a horse neighs; **~ń wierzga** a horse bucks; *przysł.* **baba z wozu, ~niom lżej!** good riddance (to bad rubbish)!; *przysł.* **darowanemu ~niowi nie zagląda się w zęby** don't look a gift horse in the mouth; **na ~niu** on horseback; **na ~ń!** mount up!; *przysł.* **pańskie oko ~nia tuczy** the master's eye fattens the horse, the master's eye fats the horse, the master's eye makes the horse fat; **postawić na złego ~nia** back the wrong horse; **siodłać ~nia** saddle a horse; **spaść z ~nia** fall off a horse; **ujeżdżać ~nia** break (in) a horse; **(w)siadać na ~nia** mount a horse **2. ~ń na biegunach** rocking horse **3. ~ń mechaniczny** metric horsepower

kończy|ć (się) *v* end; finish; terminate; *pot.* (*szkoła, nauka*) break up; **~my szkołę 30 czerwca** we break up on June 30th; **kiedy ~ się szkoła?** when does school break up?; **świat się na nim nie ~** he is not the only pebble on the beach

kopać *v* **1.** (*ziemię*) dig; excavate; **~ głęboko** dig deeply; **~ grób** dig a grave; **~ kartofle** dig up potatoes; **~ rów** excavate a trench; *przen.* **~ sobie samemu grób** sb is digging his own grave; **~ tunel** dig a tunnel **2.** (*nogą*) kick; *przen.* **~ leżącego** kick/hit a man when he's down; **~ piłkę** kick the ball; **kopnął mnie w nogę** he kicked me on the leg

kopalnia *f* mine; *przen.* **~ informacji** mine of information; **~ odkrywkowa** strip mine/pit, open pit; **~ soli** salt mine; **~ węgla** coalmine, colliery; *dosł. i przen.* **~ złota** goldmine

kopert|a *f* envelope; **adresować/zaadresować ~ę** address an envelope; **zaadresowana ~a ze znaczkiem pocztowym** stamped addressed envelope, *US* self-addressed stamped envelope; **zakleić/zalakować ~ę** seal an envelope

kopi|a *f* copy; replica; **~a obrazu** reproduction of a painting; **~a piracka** pirated edition; **~a przez kalkę** carbon (copy); **robić//sporządzić ~ę** make a copy; **rozprowadzać pirackie ~e gier komputerowych** circulate a pirated edition of computer games

kordon *m* cordon; **~ policji** police cordon; **otaczać coś ~em** cordon off sth, put a cordon around sth; **przedrzeć się przez ~ policji** break through the police cordon

kor|ek *m* **1.** (*plastykowy, szklany itd.*) plug; stopper; **~ek od butelki** cork; **strzelały ~ki od szampana** the champagne corks were popping; **wyjąć/wyciągnąć ~ek** draw/pull out a cork; pull (out) a plug; **zatkać butelkę ~kiem** cork a bottle (up) **2. ~ek uliczny/drogowy** traffic jam; **utknąć w ~ku (ulicznym)** get/be stuck in a (traffic) jam; **uwięziony w ~ku ulicznym** caught up in a traffic jam

korepetycj|e *pl* (private) coaching; **brać ~e** take private lessons; **on udziela nam ~i z angielskiego** he coaches us in English; **udzielać ~i** coach; do private coaching

korespondencj|a *f* correspondence; **~a handlowa** business/commercial correspondence; **nawiązać ~ę** enter into correspondence; **prowadzić ~ę** carry on (a) correspondence, conduct (a) correspondence, correspond; **przeglądać ~ę** look through correspondence

korespondent *m* correspondent; **~ wojenny** war correspondent; **~ zagraniczny** foreign correspondent

korkociąg *m* (*w lotnictwie*) spin; **wpaść/wejść w ~** get into spin, go into spin; **wyjść z ~u** go out of spin

korona *f* **1.** crown; **~ cierniowa** crown of thorns **2. ~ drzewa** crown of a tree, head of a tree

kor|t *m* **~t (tenisowy)** tennis court; **~t trawiasty** grass court; **~t ziemny** clay court; **gracze są na ~cie** the players are on court

korze|ń *m* root; *dosł. i przen.* **wyrwać coś z ~niami** uproot sth; **zapuścić ~nie** (*w nowym miejscu itd.*) put down roots, strike//take roots

korzyś|ć *f* advantage; benefit; profit; good; **podwójna ~ć** twofold advantage; **wzajemna/obustronna ~ć** mutual benefit; **czerpać z czegoś ~ć** benefit from sth, profit from sth, derive profit from sth; **działać na czyjąś ~ć** work in sb's favour; **na czyjąś ~ć** to sb's benefit; to sb's advantage; **nie odniósł wielkich ~ci z kursu** he didn't get much benefit from his course; **nowe przepisy przyniosą nam wszystkim ~ci** the new regulations will be of benefit to us all; **odnosić ~ć z czegoś** benefit by/from sth; **przynosić komuś ~ć** benefit sb, profit sb; **z ~cią dla kogoś** to sb's benefit; to sb's advantage

kosa *f* scythe; *przysł.* **trafiła ~ na kamień** diamond cut diamond

kostium *m* (*damski*) suit; (*strój, przebranie teatralne itd.*) costume; **~ gimnastyczny** gym suit; **~ historyczny** historical costume; **~ kąpielowy** swimming costume, swimsuit, bathing suit/costume; **w ~ie/ubrany w ~** costumed, wearing a costume

kostk|a *f* **1.** block; (*sześcienna*) cube; (*do gry*) dice (*pl* dice); **~a cukru** sugar lump; **kroić w ~ę** dice; **rzucać ~ą** throw the dice **2.** ankle; **buty do kostek** ankle boots; **suknia do kostek** ankle-long dress; **być po ~i w...** (*wodzie, błocie*) be ankle-deep in...

kosz *m* **1.** basket; **~ na bieliznę** laundry basket, linen basket; **~ na śmieci** wastepaper basket, wastebasket, wastebin; **~ owoców** basket of fruit; basketful of fruit **2.** *pot.* (*gra w koszykówkę*) basketball; (*obręcz*) basket; (*zdobyty punkt*) basket; **grać w ~a** play basketball; **nie trafić do ~a** miss the basket; **rzucać do ~a** shoot at the basket; **strzelić ~a** make a basket, score a basket, shoot a basket

koszt *m* cost; price; expense; **~y podróży** travelling expenses; **~y produkcji** production costs; **~y utrzymania** cost of living, living costs; **~em czegoś** at the cost of sth; **na ~ firmy** on the house; **na czyjś ~** at the charge of sb; **na własny ~** at own's own expense; **narażać kogoś na ~y** put sb to expense; **ogromnym ~em** at a terrible cost; **pokrywać ~y** cover expenses; cover the cost; **ponosić ~y** bear costs

koszt|ować *v dosł. i przen.* cost; **~ować drogo/dużo** be expensive; *pot.* **~ować fortunę** cost a small fortune, cost the earth, cost an arm and a leg, cost a bomb; **~ować tanio/mało** be cheap; **ile to ~uje?** how much is this?, how much does it cost?; **samochód ~ował mnie fortunę** the car cost me a small fortune; **ten błąd ~ował go utratę pracy** the mistake cost him his job; **to ~owało go wiele nieprzespanych nocy** it cost him many sleepless nights; **to ~owało majątek** it cost a fortune; it cost a mint of money; **to będzie cię ~ować!** it will cost you!; **to mogło ~ować cię życie** it could cost you your life; **wszystko to ~uje go dużo czasu** all this is costing him a great deal of time

koszul|a *f* shirt; **~a nocna** nightdress, nightgown; *pot.* nightie; *przysł.* **bliższa ciału ~a (niż sukmana)** near is my shirt, but nearer is my skin; close sits my shirt, but closer my skin; *przen.* **sprzedać ostatnią ~ę** sell one's last shirt

kości|ół *m* church; **~ół anglikański** the Church of England, the Anglican Church; **~ół ewangelicki** evangelical church; **~ół parafialny** parochial church; **~ół prawosławny** the (Eastern) Orthodox Church; **~ół rzymskokatolicki** the (Roman) Catholic Church; **chodzić do ~oła** go to church, attend church; **oni są w ~ele** (*na mszy*) they're in/at church; **w ~ele** in/at church

koś|ć *f* **1.** bone; *przen.* **~ć niezgody** bone of contention; **~ć słoniowa** ivory; **do szpiku ~ci** (*do głębi, całkowicie*) to the bone, to the marrow; *pot.* **porachować/policzyć komuś ~ci** beat the (living) daylights out of sb, knock the (living) daylights out of sb; beat hell out of sb; **przemarznięty do szpiku ~ci** frozen to the bone/marrow; chilled to the bone/marrow; *pot.* **przy ~ci** plump; **złamać ~ć** break a bone, fracture a bone **2.** **~ci** *pl* (*do gry*) dice (*sing* dice); **~ci zostały rzucone** the die is cast; **grać w ~ci** play dice; **rzucać ~ci** throw the dice

kot *m* cat; **~ miauczy** a cat miaows/mews, *US* a cat meows; **~y polują na myszy** cats hunt mice; cats prey on mice; *przen.* **drzeć z kimś ~y** lead a cat-and-dog life; fight like cat and dog;

kotek 186

kupować ~a w worku buy a pig in a poke; *przysł.* **myszy tańcują, kiedy ~a nie czują** when the cat's away (the mice will play); *pot.* **odwracać ~a ogonem** move the goalposts; *przysł.* **pierwsze ~y za płoty** if at first you don't succeed, try, try, try again

kot|ek *m* kitten; (*używane przez dzieci*) kitty; *przen.* **bawić się z kimś w ~ka i myszkę** play a cat-and-mouse game with sb, play cat and mouse with sb

kotwic|a *f* anchor; **podnieść ~ę** raise/weigh anchor; **rzucać ~ę** drop/cast anchor; **stać na ~y** lie at anchor, ride at anchor

kozioł *m* goat; *przen.* **~ ofiarny** scapegoat

Kozioroż|ec *m* (*znak zodiaku*) Capricorn, Goat; **(ona jest) spod znaku ~ca** (she was born) under Capricorn; **ona jest typowym ~cem** she is a typical Capricorn

kółko *n* **1.** wheel; roller; *przen.pot.* **w ~** (*powtarzać coś*) over and over, over and over again; (*biegać itd.*) round and round **2. ~ dramatyczne** drama group

kpin|a *f* mockery, sneer, ridicule; **robić sobie z czegoś ~y** mock sth, sneer at sth; **stać się/być przedmiotem ~** become/be a figure of fun, become/be an object of derision; **wystawiać kogoś na ~y** make a mockery of sb

kradzież *f* theft; stealing; **~ samochodu** car theft; **~ w sklepie** shop-lifting; **drobna ~** petty theft; **zuchwała ~** daring theft; **chciałbym zgłosić ~** I'd like to report a theft; **dokonać ~y** commit (a) theft; **za ~** (*skazać itd.*) for stealing; **zgłoszono ostatnio wiele ~y** a number of thefts have been reported recently

kraina *f* land; **~ baśni** fairyland; *przen.* **~ mlekiem i miodem płynąca** a land flowing with milk and honey, a land of milk and honey; **~ wschodzącego słońca** (*Japonia*) the Land of the Rising Sun

kraj *m* country; **~ członkowski** member state/country; *przen.* **~ mlekiem i miodem płynący** a land flowing with milk and honey, a land of milk and honey; **~ ościenny/sąsiedni** neighbouring country; **czyjś ~ ojczysty/rodzinny** one's mother country, one's native country, one's motherland; **~ zamieszkania** country of residence; **~e muzułmańskie** Muslim countries; **ciepłe ~e** warm/southern climes; **dalekie ~e** distant lands; **obce ~e** foreign shores; **jak ~ długi i szeroki** nationwide; **po całym ~u** all over the country

krat|a *f* **1.** (*wzór*) check; **obrus w biało-czerwoną ~ę** a white and red check tablecloth; **spódnica w ~ę** a check skirt; **spódnica w szkocką ~ę** a tartan skirt; **szkocka ~a** tartan; **w ~ę** checked **2.** *pot.* **za ~ami/za ~kami** (*więzienia*) behind (the prison) bars; **morderca jest/siedzi już za ~ami/za ~kami** the murderer is now behind bars; **znalazł się za ~ami** (*więzienia*) he was put behind bars

krawat *m* tie, necktie; **nosić ~** wear a tie; **wiązać ~** tie a tie/necktie

krawiec *m* tailor; *przysł.* **tak ~ kraje, jak mu materii staje** cut one's coat according to one's cloth; **chcieliśmy kupić większy dom niż ten, ale tak ~ kraje, jak mu materii staje** we wanted to buy a bigger house than this but it was the case of cutting our coat according to our cloth

kr|ąg *m* **1.** circle; **zataczać/zakreślać ~ęgi** make circles, circle **2.** *przen.* (*zasięg spraw, zainteresowań itd.*) range; sphere; **szeroki ~ąg czegoś** a wide/broad range of sth; **przeznaczony dla szerokiego ~ęgu użytkowników/odbiorców** aimed at a wide variety of users **3.** *przen.* (*grono, grupa ludzi*) circle; group; **~ąg przyjaciół** circle of friends; **~ęgi finansowe** financial circles; **~ęgi handlowe** business circles **4.** *przen.* **zaczarowany/zaklęty ~ąg** charmed circle

krążenie *n* circulation; **~ krwi** blood circulation; **dobre ~** (*krwi*) good/healthy circulation; **mieć złe ~** (*krwi*) have a poor/bad circulation

kreacj|a *f* creation; **najnowsze ~e londyńskich domów mody** the latest creations from London's fashion houses

kredyt *m* credit; *przen.* ~ **zaufania** confidence; **na** ~ (*kupować, sprzedawać*) on credit; **oferować** ~ offer a credit; **przyznać** ~ allow a credit; **udzielić** ~**u** give a credit; **zaciągać** ~ take up a credit

krem *m* **1.** cream; ~ **czekoladowy** chocolate cream; **ciastko z** ~**em** cream cake **2.** (*kosmetyczny*) cream; ~ **do golenia** shaving cream; ~ **do opalania** sun cream; ~ **do rąk** hand cream; ~ **do twarzy** face cream; ~ **na dzień** day cream; ~ **nawilżający** moisturizing cream

kres *m* end; limit; brink; verge; ~ **czyjejś cierpliwości** the end/limit of one's patience; **być u** ~**u (cierpliwości)** be at the end of (one's patience); **być u** ~**u wytrzymałości** be at the end of one's tether, *US* be at the end of one's rope; **doprowadzać kogoś do** ~**u** (*wytrzymałości itd.*) bring sb to the verge of...; **kłaść/położyć czemuś** ~ put an end to sth, put a stop to sth

kreska *f* (*linia*) line; (*w alfabecie Morse'a itd.*) dash; (*łącznik między wyrazami*) hyphen; ~ **pochyła** (*w prawo*) slash (mark), oblique, stroke; ~ **podziałki** graduation, (scale) mark; ~ **ułamkowa** line of a fraction

krew *f* blood; *przen.* **błękitna** ~ blue blood; **świeża** ~ fresh/new blood; **zimna** ~ cool; **dawca krwi** blood donor; **rozlew krwi** bloodshed; bloodbath; bloodletting; **więzy krwi** blood ties; **bez rozlewu/przelewu krwi** without shedding any blood; ~ **zastygła komuś w żyłach** sb's blood ran cold in his veins, sb's blood froze; **burzyć komuś** ~ make sb's blood boil; **ciało leżało w kałuży krwi** the body was lying in a pool of blood; **do ostatniej kropli krwi** to/until the bitter end; **mieć ręce splamione krwią/mieć czyjąś** ~ **na rękach** have sb's blood on one's hands; **mrozić** ~ **w żyłach** make one's blood run cold, make one's blood freeze; **mrożący** ~ **w żyłach** blood-curdling; (*film, opowiadanie itd.*) blood-and-thunder; **nie stracić zimnej krwi** keep cool, stay calm, keep calm; *pot.* play it cool; **oddawać** ~ (*np. honorowo*) give blood; **ona ma to we krwi** it is in her blood, it runs in her blood; **pobierać ~** draw blood; **przelewać ~** shed/spill blood; **stracić zimną ~** lose one's cool; **z zimną krwią** in cold blood; **zachować zimną ~** keep cool, stay calm, keep calm; *pot.* play it cool

krewn|y *m* relative; **najbliższy ~y/najbliżsi ~i** next of kin; **najbliższych ~ych zawiadomiono o jego śmierci** his next of kin were told of his death

krok *m* step; pace; (*chód*) gait; (*działanie, posunięcie*) move; **~ we właściwym kierunku** a step in the right direction; **fałszywy ~** false step/move; **miarowy ~** even/steady step; **milowy ~** quantum leap/jump; **odważny ~** bold step; **olbrzymi ~ naprzód** major/giant step forward; **sprężysty ~** springy step; **~ za ~iem** step by step; **chwiejnym ~iem** at an unsteady gait; **dotrzymywać ~u...** keep pace with...; **iść sprężystym ~iem** walk with a spring in one's step; **iść wolnym ~iem** walk with a slow gait; **iść/wlec się żółwim ~iem** go at a snail's pace; **na każdym ~u** at every turn; **pewnym ~iem** at a steady gait; **pierwsze niepewne ~i dziecka** the baby's first uncertain steps; **podjąć/poczynić ~i w kierunku** take steps to; **posuwać się żółwim ~iem** move at a snail's pace; **przyspieszyć ~u** speed up; **skierować swe ~i w kierunku** direct one's steps towards, bend one's steps towards; **szybkim ~iem** at a quick pace; **śledzić/obserwować czyjś każdy ~** follow/watch sb's every move; **wolnym ~iem** at a slow pace; **zrobić ~ naprzód** make a step forward, take a step forward; *przen.* **zrobić pierwszy ~** make the first move; **zwolnić ~u** slow down

kromk|a *f* **~a (chleba)** slice (of bread); **krajać w ~i** slice, cut into slices; **odkroić (grubą) ~ę** slice off a (thick) piece

kronika *f* chronicle; **~ filmowa** newsreel; **~ tygodniowa** weekly chronicle; **~ wydarzeń** a chronicle of events; **zapisywać//notować coś w ~ch** chronicle sth

krop|ka *f* **1.** dot; point; spot; **w ~ki** dotted; *przen.* **~ka w ~kę (jak)** for all the world (like); *pot.* **być w ~ce** be at one's wits'

kropla

end; be at a loss; be in a fix; *pot.* **postawić ~kę nad i** lay it on the line; **znaleźć się w ~ce** find oneself in deep water; get oneself into a fix **2.** (*znak interpunkcyjny*) full stop, *US* period; **postawić ~kę** put a full stop

kropl|a *f* drop; (*rosy*) bead; **~a deszczu** raindrop; *przen.* **~a w morzu** only a drop in the bucket/ocean; **~e do oczu** eye drops; **~e potu** beads of sweat/perspiration; *przen.* **do ostatniej ~i krwi** to/until the bitter end; **podobni jak dwie ~e wody** as like as two peas (in a pod)

kroplówk|a *f* drip, dripfeed; **podłączyć kogoś do ~i** put sb on a drip

krow|a *f* cow; **~a cielna** cow in calf; **~a mleczna** milk cow, milking cow; *przen.* **święta ~a** sacred cow; **doić ~ę** milk a cow; *pot.* **to głupia ~a!** she's a silly/stupid cow!

król *m* **1.** king; **despotyczny ~** despotic king; **niekoronowany ~** the uncrowned king; **słaby ~** weak king; **koronować na ~a** be crowned king, crown sb king; **zdetronizować ~a** dethrone a king; **zostać ~em** be made king **2.** *przen.* king; **~ karo** king of diamonds; **~ strzelców** (*w sporcie*) top scorer; **~ zwierząt** the king of beasts **3. Trzej Królowie** the Magi, the Three Kings, the Three Wise Men; **(Święto) Trzech Króli** the Epiphany

królestwo *n* kingdom; **~ niebieskie/boże** the kingdom of heaven/ /God; **~ roślin** plant kingdom; **~ zwierząt** animal kingdom

królik *m* rabbit; **~ doświadczalny** guinea pig; **być ~iem doświadczalnym** act as a guinea pig; **mnożyć się/rozmnażać się jak ~i** breed like rabbits

królow|a *f dosł. i przen.* queen; **~a matka** queen mother; **~a piękności** beauty queen; **niekoronowana ~a** the uncrowned queen; **koronować na ~ą** be crowned queen; crown sb queen; **zdetronizować ~ą** dethrone a queen; **zostać ~ą** be made queen

kruk *m* raven; *przen.* **biały ~** extreme rarity; (*książka*) a rare book; *przysł.* **~ ~owi oka nie wykole** dog does not eat dog

krwotok *m* h(a)emorrhage; bleeding; ~ **wewnętrzny** internal haemorrhage; ~ **z nosa** nosebleed; **mieć ~/dostać ~u** have a haemorrhage, haemorrhage; **mieć ~ z nosa** have a nosebleed; **(za)tamować ~** stem the bleeding, stem the flow of blood

krytyk *m* critic; reviewer; ~ **filmowy** film critic; ~ **literacki** literary critic; ~ **muzyczny** music critic; ~ **teatralny** theatre critic

kryty|ka *f* **1.** criticism; (*recenzja*) critique; **konstruktywna ~ka** constructive criticism; **ostra/surowa ~ka** sharp criticism, severe criticism; **coś jest poddane ostrej ~ce** sth is heavily criticized; **coś jest/stoi poniżej wszelkiej ~ki** sth is beneath contempt; **poddać ~ce** subject to criticism, criticize **2.** (*ogół krytyków*) critics; **~ka dobrze przyjęła sztukę** the play has been well received by the critics

kryzys *m* crisis (*pl* crises); ~ **energetyczny** energy crisis; ~ **finansowy** financial crisis; ~ **gospodarczy/ekonomiczny** economic crisis; ~ **mieszkaniowy/w budownictwie mieszkaniowym** housing crisis; ~ **polityczny** political crisis; ~ **rządowy** cabinet crisis; ~ **szkolnictwa** crisis in education; ~ **zaufania (do)** crisis of confidence (in); **głęboki ~** intense crisis; **narastający ~** mounting crisis; **nieuchronny ~** impending crisis; **ostry ~** acute crisis; **poważny ~** serious/severe/grave crisis; **zbliżający się ~** approaching/coming crisis; ~ **minął – gorączka zaczęła mu opadać** he's passed the crisis – the fever's started to go down; **ich małżeństwo przechodzi ~** their marriage is on the rocks; **przechodzić/przeżywać ~** go through a crisis, be in crisis; *pot.* be on the rocks; **przetrzymać ~** withstand a crisis; ride out a crisis; **przezwyciężyć/pokonać ~** overcome a crisis; **spowodować/wywołać ~** cause a crisis; **w czasie ~u** in times of crisis

krzesło *n* **1.** chair; ~ **składane** folding chair **2.** ~ **elektryczne** electric chair; *pot.* the hot seat; **stracenie na krześle elektrycznym** electrocution; **stracić kogoś na krześle elektrycznym** electrocute sb

krzyk *m* shout, cry, scream; **~ grozy/przerażenia** a cry of terror; **~ mew** cries of seagulls; **~ protestu** a cry of protest; **donośny ~** loud shout/cry; *przen.* **ostatni ~ mody** the last word in fashion; **przejmujący/przeraźliwy ~** piercing shout/cry; **podnieść ~** give a cry, let out a cry; **z tłumu podniósł się/rozległ się ~ protestu** a cry of protest rose from the crowd

krzywd|a *f* **1.** (*moralna*) harm; wrong; **wielka ~a** considerable/great harm; **czy dzieciom stała się jakaś ~a?** was any harm done to the children?; **naprawić ~ę** undo harm; redress//right/undo a wrong; **wyrównać z kimś ~y** get even with sb, settle one's account with sb; **wyrządzić ~ę** do harm; do (sb) wrong **2.** (*fizyczna*) injury; harm; **zrobisz sobie ~ę!** you'll do yourself an injury!

krzyż *m* cross; **~ grecki** Greek cross; **~ łaciński** Latin cross; **~ maltański** Maltese cross; **~ prawosławny** Russian cross; **drewniany ~** wooden cross; **Krzyż Południa** the Southern Cross; *przen.* **dźwigać/nieść swój ~** bear one's cross, carry one's cross; **ksiądz zrobił znak ~a nad jej głową** the priest made a cross over her head, the priest made the sign of the cross over her head; **umrzeć na ~u** die on the cross; *przen.* **wyglądać jak z ~a zdjęty** look like a death warmed up, look like a death warmed over; **(z)robić znak ~a/żegnać się znakiem ~a** make the sign of the cross

krzyżówk|a *f* crossword (puzzle); **rozwiązywać ~ę** work (out) a crossword, do a crossword

krzyżyk *m* cross; **ona nosi złoty ~ na szyi** she wears a golden cross round her neck; **postaw ~ przy nazwisku kandydata, na którego chcesz głosować** put a cross next to the name of the candidate for whom you wish to vote; *przen.pot.* **postawić na czymś ~** give sth up; **zaznacz błędne odpowiedzi ~iem** mark the wrong answers with a cross

książeczk|a *f* book; **~a czekowa** chequebook, *US* checkbook; **~a do nabożeństwa** prayer book; **~a oszczędnościowa** savings-

-bank book; **odkładać/składać/wpłacać pieniądze na ~ę oszczędnościową** put money in the savings bank; **podejmować pieniądze z ~i** take money out of the savings bank

książk|a *f* book; **~a dla dzieci** children's book; **~a ilustrowana** illustrated book; **~a kucharska** cookery book, cookbook; **~a napisana przez...** a book by...; **~a o...** a book about/on...; **~a szkolna** school textbook, schoolbook; **~a telefoniczna** telephone book/directory, phone book; **~a w oprawie broszurowej** paperback; **~a w oprawie twardej** hardcover (book); **~a z obrazkami** picture book; **~a zażaleń** complaint book; **~a jest rozchwytywana/świetnie się sprzedaje** the book is a bestseller; *pot.* the book is a blockbuster; **~a jest w druku** the book is in the press; **~a jest w sprzedaży** the book is in print; **~a ukazuje się** a book appears; **~a jest wyczerpana/nakład ~i jest wyczerpany** the book is out of print, the book is sold out; **~a wychodzi** the book comes out, the book is published; **~a została wypożyczona z biblioteki na twoje nazwisko** the book was checked out of the library in your name; **wypożyczyć/pożyczyć ~ę z biblioteki** check a book out of a library, charge a book out of the library; **wznowić ~ę** reprint/reissue a book

księg|a *f* book; **~a kondolencyjna** book of condolence; **~a pamiątkowa** visitors' book; *przen.* **otwarta ~a** an open book; **zamknięta ~a** a closed book; **wpisać się do ~i (kondolencyjnej)** sign the book (of condolence)

księżyc *m* moon; **~ w pełni/pełnia ~a** full moon; **blask/pozłota ~a** moonlight; **kwadra ~a** quarter of the moon; **(lądowanie) na ~u** (landing) on the moon; **nów ~a/***pot.* **młody ~/***pot.* **nowy ~** new moon; **sierp ~a** crescent (moon); **(spacer) przy ~u** (a walk) by moonlight, (a walk) in the moonlight; *pot.* **twarz jak ~ w pełni** round face; **~ świecił** there was a moon shining; **~ wschodzi** the moon comes out; **~a przybywa** the moon waxes; **~a ubywa** the moon wanes

kształ|t *m* shape; form; **niewyraźne ~ty** (*zarysy postaci*) dim shapes; **nadawać ~t** give shape, give form, shape, form; **nasze plany przybierają realne ~ty** our plans are taking shape; **przybierać realne/konkretne ~ty** take shape; materialize; **w ~cie czegoś** in the shape of sth, (*w złożeniach*) -shaped; **w ~cie kuli** spherical in shape; **w ~cie kwadratu** square in shape, square-shaped; **~cie serca** heart-shaped

kto *pron* who; **~ bądź** anybody, anyone; **~ inny** somebody/ /someone else; **~ to?** who is it?; **rzadko/mało ~ przyszedł** hardly anybody came

ktoś *pron* (*w zdaniu twierdzącym*) somebody, someone; (*w pytaniu*) anybody, anyone; *przen.* **być kimś** be somebody/ /someone

któr|y *pron* (*w odniesieniu do ludzi*) who; (*w odniesieniu do rzeczy*) which; (*w odniesieniu do ludzi, rzeczy*) that; (*w pytaniu*) which; **~ą z książek lubisz najbardziej?** which of the books do you like best?; **człowiek, ~y tam stoi jest moim bratem** the man who is standing there is my brother; **obojętne ~y** whichever; **rzadko ~y człowiek** hardly any man; **to jest książka, o ~ej ci mówiłem** this is the book (that) I told you about

kubek *m* mug; (*czegoś*) mugful; *przen.* **być ~ w ~ podobnym do kogoś** be the very image of sb, be the living image of sb, be the the spitting image of sb

kuchar|ka *f* cook; *przysł.* **gdzie ~ek sześć, tam nie ma co jeść** too many cooks spoil the broth; what is everybody's business is nobody's business

kuchenka *f* cooker; **~ gazowa** gas cooker; **~ mikrofalowa** microwave (oven)

ku|ć *v* **1.** (*obrabiać plastycznie*) forge; hammer; *przen.* **~ć żelazo póki gorące** strike while the iron is hot; make hay while the sun shines **2. ~ć konia** shoe a horse **3.** *pot.* (*uczyć się*) cram, swot (up), *US* grind; **~ć do egzaminu** cram/swot for one's exam; **~ła do egzaminu z historii** she was cramming for her history exam, she was swotting for her history exam; **~ła historię** she was swotting up (on) her history

kukł|a *f* (*podobizna*) effigy; **spalić/powiesić ~ę** (*polityka itd.*) burn/hang sb in effigy

kul|a *f* **1.** (*bryła*) sphere; **punkt na powierzchni ~i** a point on the surface of a sphere **2.** (*przedmiot kulisty*) ball; **~a bilardowa** billiard ball; **~a gradowa** hailstone; **~a śnieżna** snowball; **~a ziemska** the globe; *przen.* **być komuś ~ą u nogi** be a drag on sb **3.** (*pocisk*) bullet; **zabłąkana ~a** stray bullet; **~a utkwiła w...** the bullet lodged in...; **trafiła go zabłąkana ~a** he was hit by a stray bullet; **wystrzelić ~ę** shoot/fire a bullet; **został zabity ~ą w serce** he was killed by a bullet in the heart **4.** (*podpórka*) crutch; **~e** *pl* (a pair of) crutches; **chodzić o ~ach/o ~i** walk on crutches, walk with crutches, be on crutches **5.** (*w sporcie*) shot; **pchnięcie ~ą** shot put, putting the shot; **pchać ~ą** put the shot

kulis|y *pl* wings; **za ~ami** in the wings; *przen.* behind the scenes

kult *m* cult; **~ ciała** the cult of physical fitness; **~ jednostki** personality cult

kupno *n* purchase; buying; **~ na raty** instalment buying; **~ za gotówkę** purchase for cash, cash purchase

kupować *v* buy; purchase; **~ coś tanio** buy sth cheap; **~ coś z drugiej ręki** buy sth second-hand; **~ coś za/po cenie...** buy sth for/at...; **~ coś za pół darmo** buy sth for a song; *przen.* **~ kota w worku** buy a pig in a poke; **~ sobie** buy oneself; *zob.też* **rata**

kur|a *f* hen; *przen.pot.* **~a domowa** homebody; **~a gdacze** a hen cackles; *przysł.* **daj ~ze grzędę (a ona: wyżej siędę)** give somebody an inch (and he'll take a mile/yard); *przen.* **wyglądać jak zmokła ~a** look like a drowned rat; **zabić ~ę znoszącą złote jajka** kill the goose that lays the golden eggs

kurs *m* **1.** course; **~ dla początkujących** beginning/elementary/introductory course; **~ dla średnio zaawansowanych** intermediate course; **~ dla zaawansowanych** advanced course; **~ dokształcający** refresher course; **~ intensywny** intensive course; **~ korespondencyjny** correspondence course; **~ samochodowy/nauki jazdy** driving lessons; **intensywny ~ języka angielskiego** an intensive course in English; **uczęszczać na ~** take a course; attend a course; **ukończyć ~** complete a course; **zapisać się na ~** enrol for/in a course, register for a course, sign up for a course; **zapisała się na ~ historii w szkole wieczorowej** she enrolled in the history course at the evening school **2.** (*trasa*) course; **~ kompasowy** compass course; **~ statku** ship's course/head; **wziąć ~ na** set a course for; head for; **zejść/zboczyć z ~u** go off course, be off course; **zmienić ~** (*statek*) change the ship's course, put the ship about **3. ~ dolara** dollar rate; **~ walutowy/wymiany** exchange rate, rate (of exchange); **~y akcji** share/stock prices; **ustalić płynny ~ waluty** float the currency **4. ~ taksówki** taxi ride/drive **5.** *przen.* (*linia postępowania itd.*) policy; course; **zmiana ~u** about-turn, about-face; **zmienić nagle ~** do a sudden about-face, change course suddenly

kurz *m* dust; **obłoki/tumany ~u** clouds of dust; **warstwa ~u** layer of dust; **~ osiada** dust settles, dust collects; **meble pokryły się grubą warstwą ~u** the furniture was covered in a thick layer of dust; **ścierać/wycierać ~ z czegoś** dust sth; **zbierać ~** gather dust

kusić *v* tempt; lure; *pot.* **~ licho/los** tempt fate; push one's luck; play with fire

kwadrat *m* (*figura*) square; (*druga potęga*) square, second power; **2 do ~u równa się 4** 2 squared is 4, 2 squared equals 4; **podnosić do ~u** square

kwadratow|y *a* square; **płyta ~a o boku 2 metrów** a plate 2 metres square; **15 metrów ~ych** 15 sq metres, 15 square metres

kwarantann|a *f* quarantine; **odbyć/przebywać/przechodzić ~ę** be kept in quarantine; **poddać (się) ~ie** put in quarantine, place under quarantine, quarantine

kwesti|a *f* question; issue; point; matter; **~a czasu** a question of time; a matter of time; **~a sporna** contentious issue/matter; controversial question; moot question/point; **drażliwa ~a** sore point; **otwarta ~a** open question; **dlaczego podniosłaś ~ę pieniędzy?** why did you bring up the question of money?; **poruszyć ~ę** bring up a question, raise a question; **poruszyć drażliwą ~ę** touch a sensitive nerve; **to nie ulega ~i** it is beyond all doubt; it is beyond all question

kwestionariusz *m* questionnaire; inquiry form; **wypełnić ~** fill in a questionnaire, *US* fill out a questionnaire

kwi|at *m* **1.** flower; bloom; (*drzew, krzewów*) blossom; **~aty cięte** cut flowers; **~aty doniczkowe** pot flowers; **~aty sztuczne** artificial flowers **2.** *przen.* flower; **~at młodzieży narodu** the flower of the nation's youth; **być w ~ecie wieku** be in the prime of youth; **umrzeć w ~ecie wieku** go to an early grave

kwota *f* amount; quota; **~ łączna** total amount; **należna ~** amount due

L

laboratorium *n* laboratory; *pot.* lab; ~ **analityczne** analytical laboratory; ~ **badawcze** testing laboratory; ~ **chemiczne** chemistry laboratory; ~ **fizyczne** physics laboratory; ~ **językowe** language laboratory; ~ **naukowo-badawcze** research laboratory

lad|a 1. *f* (*sklepowa*) counter; **~a chłodnicza** refrigerated counter; *przen.* **spod ~y** (*sprzedaż*) under the counter (sale) **2.** *part* **~a chwila/minuta** any minute (now), any moment (now); in no time; **~a dzień** any day now; **będziemy tam ~a chwila** we'll be there in no time; **nie ~a** no mean; **nie ~a osiągnięcie** no mean achievement; **to był nie ~a wyczyn** that was no mean feat

lakier *m* lacquer; varnish; ~ **bezbarwny** transparent lacquer; ~ **do paznokci** nail varnish, *US* nail polish; ~ **do włosów** hair lacquer

lamp|a *f* lamp; **~a biurkowa** desk lamp; **~a błyskowa** photoflash lamp; **~a ciemniowa** dark-room lamp; safe-light; **~a elektronowa** electron tube/valve; **~a jarzeniowa** glow-discharge tube; **~a kwarcowa** quartz lamp; **~a neonowa** neon lamp; **~a obrazowa** picture/image tube, kinescope; **~a stojąca** standard lamp, *US* floor lamp; **zapalić ~ę** turn on a lamp; **zgasić ~ę** turn off a lamp

lanie *n* beating; **porządne/tęgie ~** a good beating; a severe beating; **dostać/oberwać ~** get a beating, take a beating; **nasza drużyna dostała prawdziwe ~** our team took a real beating; **sprawić/spuścić komuś (porządne) ~** give sb a (good) beating

las *m* **1.** forest; wood(s); **~ iglasty** coniferous forest; **~ liściasty** deciduous/broadleaf/leafy forest; **~ mieszany** mixed forest; **dziewiczy ~** virgin forest; **gęsty ~** thick/dense forest; **nieprzebyty ~** impenetrable forest; **pierwotny ~** primeval forest; *przysł.* **im dalej w ~, tym więcej drzew** the more you learn the less you know; **przez ~** through the wood; **karczować ~** clear a forest; **wycinać ~** deforest, disafforest **2.** *przen.* forest; **~ rąk uniósł się w górę** a forest of hands shot up, a forest of hands went up

lat|a *pl* **1.** years; **chude ~a** lean years; **tłuste ~a** years of plenty; **złote ~a** golden years; **od ~** for years; in years; **w ~ach czterdziestych** in the forties **2.** (*wiek*) years; **ile masz ~?** how old are you?; **mieć... ~** be... (years old), be... years of age, be aged...; **nie wyglądać na swoje ~a** not to look one's age; **ona wygląda młodo jak na swoje ~a** she looks young for her years

latark|a *f* torch, *US* flashlight; **oświetlać (sobie) coś ~ą** shine the torch/flashlight on sth; **poświeć tutaj ~ą!** shine the flashlight over here!

latarnia *f* lantern; **~ morska** lighthouse; **~ uliczna** street lantern; **chińska ~** (*rodzaj kolorowego lampionu*) Chinese lantern

lat|o *n* summer; **~em/w lecie** in summer; **babie ~o** (*dni wczesnej jesieni*) Indian summer; (*nitki pajęczyny*) gossamer; **z nadejściem ~a** with the approach of summer

laur *m* (*symbol zwycięstwa, nagroda*) laurels; **nie spocząć na ~ach** look to one's laurels; **spocząć/usiąść na ~ach** rest/sit on one's laurels; **zdobywać ~y** gain/win laurels

laureat *m* laureate, (prize) winner; **~ Nagrody Nobla** Nobel laureate, Nobel Prize winner, winner of the Nobel Prize; **~ pokojowej nagrody Nobla** a Nobel Peace Prize winner

lawin|a *f dosł. i przen.* avalanche; **~a śnieżna** snow avalanche; **dwaj narciarze zginęli pod ~ą** two skiers were killed in the avalanche; **grupa turystów została zasypana przez ~ę** a group of tourists were buried by an avalanche

ląd *m* land; **~ stały** mainland; **na ~zie** on land/shore; **od ~u** (*w kierunku morza*) offshore; **podróżować ~em** travel overland; **w kierunku ~u** landwards; **zejść na ~** disembark; go on shore; **zobaczyć/dostrzec/ujrzeć ~** sight land

lądowani|e *n* landing; **~e na księżycu** moon landing; **~e przymusowe/awaryjne** emergency/forced landing; **ślepe ~e** blind landing; **podchodzić do ~a** come in for landing, approach to land

leci|eć *v* **1.** fly; **~eć na wysokości... metrów** fly at a height of... metres; **czy ~ałeś kiedyś śmigłowcem?** have you ever flown in a helicopter? **2.** *przen.pot.* (*mijać, uciekać*) fly; **czas szybko ~** time is flying; **muszę ~eć** I must fly

ledwie/ledwo 1. *part* (*wskazując minimalne nasilenie znaczenia wyrazu*) barely, scarcely, hardly; **~ pamiętam** I can scarcely remember; **~ zacząłem** I have barely begun, I have hardly begun; **~ zauważalny** barely noticeable **2.** *conj* (*wskazując bezpośrednie następstwo*) **~... a już...** barely/scarcely/hardly... when...; no sooner... than...; **~ otworzył drzwi, a już zaczął dzwonić telefon** he had no sooner opened the door than the telephone began to ring, no sooner had he opened the door than the telephone began to ring; **hałas ~ ucichł, a już ktoś znowu zaczął się śmiać** the noise had scarcely died away when someone started to laugh again

legend|a *f* **1.** (*opowieść*) legend; **~a mówi, że/jak mówi ~a** legend has it that...; according to legend; **~a o...** the legend of... **2.** *przen.* (*o człowieku, czynie*) legend; **być/stać się żywą ~ą** be a living legend; **stać się ~ą za życia** become a legend in one's own (life)time

legitymacja *f* (*dowód tożsamości*) identity card, ID (card); **~ członkowska** membership card

lekarstw|o *n* **1.** medicine; medicament; remedy; drug; cure (for); **~o na kaszel/od kaszlu** cough medicine; **~o na przeziębienie** the medicine for cold; **dawać/podać ~o** give medicine, administer medicine; **nie wynaleziono jeszcze ~a na tę chorobę** there is no known cure for this disease; **przepisać ~o** prescribe (a) medicine; **przyjąć/zażyć ~o (na przeziębienie)** take (a) medicine (for cold) **2.** *przen.* medicine; remedy; cure; **~o na nudę** cure for boredom; **znaleźć ~o na** find a cure for

lekarz *m* doctor; *pot.* doc; **~ dentysta** dentist; **~ rodzinny** family doctor; **~ zakładowy** factory doctor; **~ został wezwany do nagłego przypadku** the doctor has been called to an urgent case; *przysł.* **czas najlepszy ~** time is a great healer; **iść/pójść do ~a** see the doctor; **praktykować jako ~** practise medicine; **wezwać ~a** call a doctor

lekcj|a *f* **1.** lesson; class; (*godzina lekcyjna*) period; **~a wychowania fizycznego** gym lesson; **~e muzyki** music lessons; **dwie ~e historii** a double period of history; **wolna ~a** a free period; **co masz na pierwszej ~i?** what class do you have first period?; *przen.* **dać komuś ~ę** teach sb a lesson; **dzisiejsza ~a będzie o.../na dzisiejszej ~i zajmiemy się (tematem)...** today's lesson is going to be concerned with...; **mamy cztery ~e geografii tygodniowo** we have four periods of geography a week; **na ~i** in class; **o dziewiątej mam ~ę historii** I have a history class at 9 o'clock; **udzielać ~i (angielskiego)** give lessons (in English); **zwolnić klasę z ~i** dismiss the class; **zwolnić kogoś z ~i** excuse sb from classes **2.** (*zadanie domowe*) homework; homework assignment(s); **odrabiać ~e** do one's lessons, do one's homework; **zadawać ~e** give an assignment

lekki *a* light; *przen.* **~ jak piórko** (as) light as a feather, (as) light as air; **~ obiad** light dinner

lekkomyślnie *adv* thoughtlessly; rashly; **~ podjęta decyzja** rash decision; **postąpiłeś bardzo ~ pożyczając mu samochód** it was rather rash of you to lend him your car

lepiej *adv* **1.** better; **tym ~** so much the better, all the better; *przysł.* **~ późno niż wcale** better late than never **2.** (*raczej*)

lepszy

rather; better; had better; **~ pójdę** I'd better go; **~ żeby tak się stało/tak byłoby ~** it better be

lepsz|y *a* better; **o (całe) niebo ~y** a whole world better; *pot.* streets ahead (of sth); **o wiele ~y** far better; **zdecydowanie ~y** decidedly better; **zmiana na ~e** a change/turn for the better

letarg *m* lethargy; **wyrwać/obudzić kogoś z ~u** shake sb out of lethargy

lew *m* **1.** lion; **~ morski** sea lion; *przen.* **~ salonowy** ladies' man; carpet-knight; **stado/grupa lwów** a pride of lions; **~ ryczy** a lion roars; *przen.* **odważny jak ~** lion-hearted; **iść/włazić w paszczę lwa** put one's head into the lion's mouth; **walczyć jak ~** fight like a tiger **2. Lew** (*znak zodiaku*) Leo, Lion; **(ona jest) spod znaku Lwa** (she was born) under Leo; **ona jest typowym Lwem** she is a typical Leo

lewo *adv* left; **na/w ~** (*po lewej stronie*) left, on the left; (*w lewą stronę*) left, to the left; *przen.* **na prawo i ~** right and left; right, left and centre; **skręcić w ~** turn (to the) left; *pot.* take a left

lew|y *a* **1.** left; *przen.* **mieć dwie ~e ręce** be all thumbs, be all fingers and thumbs; **po ~ej stronie** on the left **2.** (*wewnętrzna strona tkaniny*) back; (*o ubraniu*) **na ~ą stronę** inside out; **włożył skarpety na ~ą stronę** he put his socks on inside out **3.** *pot.* (*nieuczciwy*) underhand; (*fałszywy*, *lipny*) false; **~e dokumenty** false documents; **~e interesy** underhand dealings

leż|eć *v* **1.** lie; *przen.* **~eć do góry brzuchem** laze; loaf; **~eć na boku** lie on one's side; **~eć na wznak/na plecach** lie on one's back; *przen.* **~eć w gruzach** lie in ruins; be in ruins; **~eć w łóżku** lie in bed; **książka ~ała otwarta** the book lay open; **miasto ~ało teraz w gruzach** the town lay now in ruins; **na stole ~ała książka** there was a book lying on the table; **nie ~ zbyt długo na słońcu!** don't lie in the sun for too long! **2.** (*o ubraniu*) fit, suit; **~eć (na kimś) jak ulał/doskonale** fit (sb) like a glove **3.** (*o miejscowości*) lie, be situated; **miasto ~y w małej dolinie** the town lies in a small valley

lęk *m* fear; dread; phobia; (*obawa dotycząca tego, co ma się wydarzyć*) apprehension; ~ **przestrzeni** agoraphobia; ~ **wysokości** acrophobia; **bezpodstawny** ~ groundless fear; **silny** ~ strong fear; **śmiertelny** ~ mortal/grave fear; **ustawiczny** ~ constant/lingering fear; **oczy pełne** ~**u** fearful eyes; ~ **przejmuje/ogarnia kogoś** sb is overcome by fear; **budzić** ~ arouse/inspire/kindle fear; **mieć** ~ **wysokości** be afraid of heights, be scared of heights; **mieć/odczuwać** ~ **przed czymś** have fear of sth, feel fear of sth; **nie mieć** ~**u wysokości** have a head for heights; **nie odczuwać** ~**u** feel no fear; **nie okazywać** ~**u** show no fear; **ogarnął mnie** ~ I was seized with the fear; **pokonać** ~ overcome fear; **przepełniony** ~**iem** filled with apprehension

licencj|a *f* licence, *US* license; **na** ~**i** under licence

licytacj|a *f* auction; **na** ~**i** (*kupić, sprzedać*) at/by auction; **wystawić coś na** ~**ę** put sth up for auction

liczb|a *f* **1.** number; numeral; ~**a całkowita** whole number, integer; ~**a dodatnia** positive number; ~**a dziesiętna** decimal (number); ~**a mianowana** denominate number; ~**a nieparzysta** odd number; ~**a niewymierna** irrational number; ~**a parzysta** even number; ~**a porządkowa** ordinal number; ~**a rzeczywista** real number; ~**a ujemna** negative number; ~**a wymierna** rational number; ~**a zaokrąglona** round-off number; *przen.* **szczęśliwa** ~**a** (*na loterii itd.*) lucky/winning number; **jaka jest twoja szczęśliwa** ~**a?** what's your favourite number? **2.** ~**a mnoga** the plural, plural number; ~**a pojedyncza** the singular, singular number **3.** (*stan liczebny*) number; **w** ~**ie...** to the number of...; **zmniejszać** ~**ę** reduce/decrease a number; **zwiększać** ~**ę** increase a number

liczebnik *m* numeral; number; ~ **główny** cardinal (number); ~ **porządkowy** ordinal (number)

liczenie *n* counting; computing; calculation; ~ **co dwa** (2, 4, 6 *itd.*) counting by twos

licznik *m* **1.** ~ **(ułamka)** numerator **2.** (*przyrząd pomiarowy*) counter, meter; ~ **parkingowy** parking meter; ~ **taksówkowy** taximeter

licz|yć *v* **1.** count; compute; calculate; **~yć do dwudziestu** count (up) to twenty; **~yć od 1 do 30** count from 1 to 30; *pot.* **~yć owce/barany** count sheep; *pot.* **lekko ~ąc** at least; **miasto ~y... mieszkańców** the town numbers... inhabitants; **nie ~ąc...** not counting...; **spróbuj policzyć do dziesięciu, zanim stracisz cierpliwość** try to count to ten before you lose your temper **2.** **~yć na coś/kogoś** count on sth/sb, depend on sth/sb; **nie ~ na podwyżkę w tym roku** don't count on a salary increase this year; **nie ~yłabym na to** I wouldn't count on it **3.** (*brać pod uwagę*) **~yć się z czymś/kimś** reckon with sth/sb; **~yliśmy się z możliwością, że...** we reckoned with the possibility that...; **bardzo ~ę się z tym, co ludzie o mnie myślą** I mind greatly what people think about me **4.** **~yć się** (*mieć znaczenie*) count; (*być uwzględnianym*) be reckoned with; **~y się każda minuta** every minute counts; **ona jest jedyną osobą, która się ~y** she is the only person that counts, she is the only person to be reckoned with; **to się nie ~y!** it doesn't count! **5.** *pot.* **~yć się z (każdym) groszem** watch every penny **6.** *przen.* **~yć się ze słowami** mind/watch one's tongue

limit *m* limit; ~ **czasu** time limit; ~ **prędkości** speed limit; ~ **wieku** age limit; **przekroczyć** ~ exceed a limit; **ustalić** ~ fix/set a limit

lini|a *f* **1.** line; **~a ciągła** full/solid line; **~a cienka** fine/light line; **~a falista** wavy line; **~a gruba** heavy line; **~a kreskowa** dashed line; **~a krzywa** curve; **~a prosta** straight line; **~a przerywana** broken line **2.** (*trasa*) line; **~a autobusowa** bus line; **~a kolejowa** railway line; **~a komunikacyjna** communication line; **~a lotnicza** airline; **~a tramwajowa** tram line, *US* streetcar line **3.** **~e papilarne** fingerprint lines **4.** (*połączenie telefoniczne itd.*) line; **gorąca ~a** a hot line; **~a jest zajęta** the line is busy, the line is engaged **5.** (*granica*) line; **~a bramkowa** goal line; **~a demarkacyjna** line of demarcation; **~a frontu** front line; **~a mety** finishing line, *US* finish line; **~a startowa/startu** starting line; **biegacze ustawili się na ~i startu** runners lined up at the start; **przekroczyć ~ę mety** cross the finishing line **6. ~a produkcyjna** production line; **schodzić z ~i produkcyjnej** come off the production line **7.** *przen.* (*kierunek działania*) line; **pójść/iść po ~i najmniejszego oporu** follow the line/path of least resistance, take the line/path of least resistance

lis *m* fox; *przen.* **przebiegły/chytry jak ~** as sly as a fox, as cunning as a fox, as wily as a fox; **szczwany z niego ~** he's a sly/cunning/wily old fox

list *m* letter; **~ anonimowy** anonymous letter; **~ apostolski** Epistle; **~ lotniczy** air/airmail letter; **~ miłosny** love letter; **~ otwarty** open letter; **~ pasterski** pastoral letter; **~ polecający** letter of recommendation; letter of introduction; **~ polecony** registered letter; **~ żelazny/bezpieczeństwa** safe-conduct, letter of safe conduct; **dostawać/otrzymywać ~y z pogróżkami** receive hate mail; **nadać ~** post a letter, *US* mail a letter; **odpowiedzieć na ~** answer a letter, reply to a letter; **wasz ~ z dnia...** your letter of...; **wrzucać ~ do skrzynki** drop a letter into a letterbox, *US* drop a letter into a mailbox; **wysyłać ~** send a letter; **złożyć ~y uwierzytelniające** present one's credentials

list|a *f* (*spis ludzi, rzeczy*) list; (*wykaz nazwisk*) roll; **~a członków** roll of members, membership roll; **~a gości** guest list; **~a obecności** attendance list/record; **~a oczekujących** waiting list; **~a płacy** payroll; **~a przebojów** (*płytowych*) the charts, hit parade; **~a wyborcza/wyborców** electoral register, electoral roll; *przen.* **czarna ~a** black list; **być na liście** be on a list; **być na liście przebojów** (*płytowych*) be in the charts; **być na liście uczestników czegoś** be down for sth; **być na pierwszym miejscu ~y przebojów** top the charts; **był na liście mówców**

listek

he was down for a speech; **odczytywać ~ę obecności** call the roll, take the roll; **sporządzić ~ę** draw up a list; **sprawdzać/odczytywać ~ę obecności** (*wg dziennika klasowego*) call the (names on the) register; **umieścić kogoś/coś na liście** put sb/sth on a list; **wykreślić/skreślić z ~y** remove from a list; strike off a list

listek *m* leaf; **~ figowy** fig leaf

liś|ć *m* leaf (*pl* leaves); **~cie opadają** leaves fall; **~cie szumią** leaves rustle; **~cie żółkną** leaves turn yellow; **gubić/tracić ~cie** lose leaves; shed leaves; *przen.* **trząść się/drżeć jak ~ć** tremble like a leaf, shake like a leaf; **wypuszczać ~cie** come into leaf

litania *f* litany; *przen.* **~ skarg/zażaleń** a litany of complaints

litera *f* letter; *przen.* **~ prawa** the letter of the law; **mała ~** small letter; **wielka ~** capital letter; **(napisać) wielkimi drukowanymi ~mi** (write) in block letters

literatura *f* literature; **~ fachowa** professional literature; **~ fantastyczno-naukowa** science fiction literature; **~ lekka** light literature; **~ naukowa** scientific literature; **~ piękna** belles-lettres; **~ popularno-naukowa** popular science publications; **bogata/obszerna ~** extensive literature, voluminous literature

litość *f* **1.** (*łaska*) mercy; **błagać o ~** beg for mercy; **mieć dla kogoś ~** have mercy on sb; *pot.* **miej ~!** have a heart!; **na ~ boską!** for heaven's sake!; my goodness!; goodness me!; (*w pytaniach*) in the world; **co, na ~ boską, mam zrobić?!** what in the world am I to do?; **okazywać komuś ~** show mercy to sb **2.** (*współczucie*) compassion; pity; **wzbudzać ~** arouse pity

lokal *m* premises; place; **~ biurowy** business premises; **~ mieszkalny** dwelling; **~ rozrywkowy** place of entertainment; **~ wyborczy** polling place/station; **nocny ~** nightclub; *pot.* nightspot

lokata *f* (*kapitału*) investment; **~ bankowa** bank deposit; **~ długoterminowa** long-term deposit; **~ krótkoterminowa** short-term deposit; **~ terminowa** fixed deposit

lokator *m* tenant; lodger; occupant; **dziki ~** squatter

los *m* **1.** lot; fate; destiny; **ślepy ~** blind fate/destiny; **dziwnym zrządzeniem ~u** by a strange turn of fate, by a strange twist of fate; **przeciwności ~u** adversities, adversity; **zmienne koleje ~u** ups and downs; changing fortunes; **zrządzenie ~u** a stroke of fate; **~ zrządził inaczej** fate decided otherwise, fate decreed otherwise; **być zadowolonym ze swego ~u** be content with one's lot (in life); **doświadczyć podobnego ~u** suffer a similar fate; **dzielnie znosić przeciwności ~u** face adversity with courage; **igrać z ~em/kusić ~/wyzywać ~** tempt fate; push one's luck; play with fire; **jego ~ jest przesądzony** his fate is sealed; **nic nie wiadomo o ~ie trzech mężczyzn** nothing is known of the fate of the three men; **ona uważa, że życiem kieruje ślepy ~/że o wszystkim w życiu decyduje ślepy ~** she believes that everything in life is fated; **pogodziła się ze swoim ~em** she accepted her destiny; **pokonał wiele przeciwności ~u** he overcame many adversities; **pozostawić kogoś na łasce ~u** abandon sb to his/her fate; **próbują uniknąć ~u, który spotkał ich przyjaciół** they are trying to avoid the fate that has already befallen their friends; **przesądzić o czyimś ~ie** seal one's fate/doom; **sąd zadecyduje o jego ~ie** the court will decide his fate; **zdać się na ~ szczęścia** leave sth to chance; *pot.* **zostawić kogoś na pastwę ~u** leave sb in the lurch **2.** (*na loterii*) lottery ticket; **ciągnąć ~y** draw lots

lot *m* flight; **~ bezzałogowy** unmanned flight; **~ czarterowy** charter flight; **~ kosmiczny** space flight; **~ narciarski** ski-flying; **~ załogowy** manned flight; *pot.* **chwytać wszystko w ~** be quick on the uptake; *pot.* **pojąć/zrozumieć w ~** see with half an eye; **w locie** (*ptak*) on the wing; **zerwać się do ~u** take wing

loteri|a *f* lottery; **~a fantowa** raffle; **wygrać na ~i** win in a lottery

lotnictwo *n* aviation; aeronautics; **~ cywilne** civil aviation; **~ wojskowe** air force

lód *m* **1.** ice; **cienki ~** thin ice; **gruby ~** thick ice; **suchy ~** dry ice; **kryształy/kryształiki lodu** ice crystals; **sopel lodu** icicle; **~ skuł jezioro/jezioro ścięło się lodem/jezioro pokryło się lodem** the lake (was) iced over; **gorące słońce stopiło ~** the hot sun melted the ice; **lody stajały/stopiły się/stopniały//puściły** the ice has melted; *przen.* **przełamać pierwsze lody** break the ice; **zimny jak ~** as cold as ice; *pot.* **zostawić kogoś na lodzie** leave sb in the lurch **2. lody** *pl* ice cream; **lody czekoladowe** choc-ice; **dwie porcje lodów** two ices

lub *conj* or; **~ też** or else

ludnoś|ć *f* population; **~ć cywilna** civilian population, civilians; **~ć miejska** urban population; **~ć wiejska** rural population; **przyrost ~ci** population growth

luk|a *f dosł. i przen.* gap; **~a w pamięci** memory lapse, lapse of memory; **~a w prawie** loophole (in the law); **moje ~i w znajomości historii** gaps in my knowledge of history; **wypełnić ~ę** bridge/close/fill a gap

luksus *m* luxury; **nie stać nas na ~...** (*posiadania czegoś itd.*) we can't afford the luxury of...; **pławić się w ~ie** wallow in luxury, roll in clover; **żyć w ~ie** live in luxury

lusterk|o *n* mirror; **~o boczne** (*pojazdu*) wing mirror, *US* side mirror; **~o kieszonkowe** pocket mirror; **~o wsteczne** (*pojazdu*) rear-view mirror; **przeglądać się w ~u** glance at oneself in the mirror

luz *m pot.* (*swoboda postępowania*) leeway; **być na ~ie** feel relaxed; **dawać/zostawiać trochę ~u** give leeway

Ł

ład *m* order; **bez ~u i składu** without rhyme or reason; **doprowadzić coś do ~u** put sth in order, order sth; **utrzymywać ~** keep order

ładn|y *a* **1.** pretty; nice; beautiful; **~a kobieta** pretty woman; **~a pogoda** fine/good/nice/pleasant weather; **~a twarz** pretty//handsome face; *przen.* **~y jak z obrazka** as pretty as a picture; **jaka ~a sukienka!** what a pretty dress!; **niezbyt ~y widok** not a pretty sight **2.** (*szczodry*) handsome; **~y gest** handsome gesture; **~y podarunek/prezent** handsome gift **3.** (*okazały, pokaźny*) handsome; **~y dochód** handsome profit; **~y samochód/budynek/koń** a handsome car/building/horse; **~ych parę lat** a good many years **4.** (*ironicznie – okropny, niedobry*) pretty; nice, fine; **~a historia!** (this is) a fine kettle of fish!, (this is) a pretty kettle of fish!; **~e rzeczy!** a pretty state of affairs!

ładować *v* load; **~ akumulator** charge a battery; **~ broń** load a gun; **~ na statek** embark; **~ w worki** bag

ładun|ek *m* **1.** load; (*w transporcie*) cargo, freight; shipment; **~ek samochodowy** truckload; **przewozić ~ek** carry a load/freight **2.** (*w fizyce*) charge; **~ek dodatni** positive charge; **~ek elektryczny** electric charge; **~ek ujemny** negative charge; **~ki jednoimienne odpychają się** like charges repel; **~ki różnoimienne przyciągają się** unlike charges attract **3.** **~ek wybuchowy** blowing/explosive charge **4.** *przen.* **~ek emocjonalny** emotional charge

łagodny

łagodn|y *a* gentle, soft, mild; **~a kara** light/mild punishment; **~a zima** mild winter; **~e światło** soft light; **~e zbocze** gentle slope; **~y klimat** mild climate; **~y wiatr** gentle/soft/light wind; *przen.* **~y jak baranek** as gentle as a lamb; **mydło, które jest ~e dla skóry** a soap that is mild on the skin; **on jest ~ym człowiekiem, który rzadko podnosi głos** he's a mild man who rarely raises his voice

łakomy *a dosł. i przen.* greedy; **~ sławy** greedy for fame; **~ zysku** greedy for profit

łańcuch *m* **1.** chain; **~ roweru** bicycle chain; **trzymać psa na ~u** keep a dog on a chain; **uwiązać psa na ~u/wziąć psa na ~** chain (up) a dog; **zakuty w ~y** (*kajdany*) in chains **2.** (*szereg, pasmo*) chain; series; **~ górski/gór** mountain chain, chain of mountains; **~ ludzki** (*protestacyjny*) human chain; **~ wydarzeń/zdarzeń** chain of events; **~ wysp** island chain **3.** **~ pokarmowy** food chain

łap|a *f* (*zwierzęcia*) paw; *przen.pot.* **dawać komuś w ~ę/posmarować komuś ~ę** grease sb's palm; **spadać na cztery ~y** fall on one's feet, land on one's feet

łapówk|a *f* bribe; **brać ~ę** take/accept a bribe; **dawać ~ę** give/offer a bribe

łas|ka *f* **1.** (*życzliwość, względy*) favour; **stracić czyjąś ~kę** fall out of favour with sb; **zyskać sobie czyjąś ~kę** win sb's favour **2.** (*łaskawość, wspaniałomyślność*) mercy; **~ka boża** divine mercy; **na ~ce** (*losu itd.*) at the mercy of...; **pozostawić kogoś/coś na ~ce kogoś/czegoś** leave sb/sth to the mercy of sb/sth; **pozostawić kogoś na ~ce losu** abandon sb to his/her fate; **pozostawiony na ~ce...** left to the mercy of...; **zdać się na czyjąś ~kę** throw oneself at sb's mercy **3.** (*darowanie, złagodzenie kary*) pardon; **prawo ~ki** power of pardon

łatwo *adv* easily, readily; **~ dostępny** easily accessible, readily available; **~ dostrzegalny** readily noticeable/apparent; **~ palny** inflammable, flammable; combustible

łatwoś|ć *f* ease; facility; **z ~cią** with ease, easily

łatw|y *a* easy; **śmiesznie ~y** ridiculously easy; *pot.* (as) easy as pie; **to jest ~e do zrobienia** it is easy to do

ław|a *f* bench; **~a przysięgłych** (*zespół sędziów*) the jury; (*miejsce dla sędziów*) jury box; **na ~ie oskarżonych** in the dock

łaźnia *f* baths; **~ turecka** Turkish bath; *przen.* **krwawa ~** bloodbath

łącznie *adv* together, jointly, all in; **~ z** together with, along with, including

łącznoś|ć *f* communication(s), contact; **~ć radiowa** radio communication/contact; **~ć satelitarna** satellite communication, satcom; **~ć telefoniczna** telephone communication(s)/contact; **nawiązać ~ć z** establish communication with, make contact with; **przywrócono ~ć telefoniczną między tymi miastami** telephone communications between the cities have been restored; **utrzymujemy ze sobą stałą ~ć telefoniczną** we are in regular communication with each other by telephone; **w stałej ~ci radiowej/telefonicznej z kimś** in constant radio/telephone contact with sb

łączyć *v* join; connect; couple; link; unite; **~ części składowe** (*w zespoły*) compound parts; combine parts; **~ parami** pair; **~ się** unite; merge; be joined; be united; **~ wzajemnie** interconnect; **~ z abonentem telefonicznym** give a connection, connect, put through; **proszę czekać, łączę panią (z...)** hold on, I'll connect you (with...)

łeb *m* head; *pot.* **~ w ~** neck to neck; **biec/pędzić na ~, na szyję** run headlong; **coś wzięło w ~** (*nie udało się*) sth fizzled out; **patrzeć spode łba na** look daggers at

łok|ieć *m* elbow; **rozpychać się ~ciami** elbow one's way; **szturchać/popychać/potrącać kogoś ~ciem** elbow sb, nudge sb; **urabiać sobie ręce po ~cie** work one's fingers to the bone

łon|o *n przen.* bosom; **na ~ie czegoś** in the bosom of sth; **na ~ie przyrody/natury** in the open; **na ~ie rodziny** in the bosom

łódź

of one's family; **na ~o kościoła** (*wrócić itd.*) into the bosom of the Church; **przenieść się na ~o Abrahama** sleep in Abraham's bosom; take one's leave of this world; **w ~ie czegoś** (*organizacji itd.*) within; **wracać na ~o przyrody** go back to nature, get back to nature

łódź *f* boat; **~ ratownicza** lifeboat, rescue boat; **~ ratunkowa** lifeboat; **~ rybacka** fishing boat; **~ wiosłowa** rowboat, rowing-boat; **~ płynie** a boat goes; a boat sails; **płynąć łodzią** go by boat; (*odbywać przejażdżkę*) boat; go boating; **spuszczać ~** lower a boat; **wywrócić ~** overturn/upset a boat

łóżk|o *n* bed; **~o dziecinne** cot, *US* crib; **~o piętrowe** bunk bed; **~o podwójne** double bed; **~o pojedyncze** single bed; **~o polowe** camp bed; **~o składane** folding bed; **~o szpitalne** hospital bed; **iść/kłaść się do ~a** go to bed; *pot*. **iść z kimś do ~a** go to bed with sb; **kłaść dziecko do ~a** put the baby to sleep; **leżeć w ~u** lie in bed; **położyć się do ~a** (*pójść spać*) get into bed; (*z powodu choroby*) take to one's bed; **posłać ~o** make (up) the bed; **przykuty do ~a** (*chory*) bedridden; **rozebrać ~o** undo the bed; **wstać z ~a** get out of bed; get up; *przen*. **wstać z ~a lewą nogą** get out of bed on the wrong side; **zostać w ~u** stay in bed

łuk *m* **1.** arc; bow; bend; (*architektoniczny*) arch; **~ tęczy** the arc of a rainbow; **~ triumfalny** triumphal arch; **łagodny ~** gentle bend; **ostry ~** sharp bend; **zakreślić/nakreślić/zatoczyć ~** arc, move in an arc **2.** bow; **naciągać ~** draw a bow; **strzelać z ~u** shoot with a bow

łup *m* booty; loot; plunder; **~ wojenny** war booty; **brać ~y** capture the booty, seize the booty, take the booty; **dzielić ~y** share out the booty, divide up the booty; **paść ~em kogoś/czegoś** fall prey to sb/sth; **stać się ~em kogoś/czegoś** be prey to sb/sth; **zdobyć ~y** capture the booty, seize the booty, take the booty

łykać *v* swallow; **~ lekarstwo** swallow medicine; *przen*. **~ powietrze** breathe in air; **~ w pośpiechu** swallow hastily, gulp (down)

łysy *a* bald; *przen.* ~ **jak kolano** (as) bald as a coot

łyżk|a *f* **1.** spoon; ~**a deserowa** dessert spoon; ~**a stołowa** tablespoon; ~**a wazowa** ladle; *przen.* ~**a dziegciu w beczce miodu** a fly in the ointment; **nabierać/nakładać** ~**ą** spoon (up) **2.** (*zawartość łyżki*) spoonful; **czubata** ~**a** heaping spoonful; **płaska** ~**a** level spoonful; **dwie** ~**i stołowe cukru** two tablespoonfuls of sugar

łyżwa *f* skate; **jeździć/ślizgać się na** ~**ch** skate, ice-skate

łyżwiarstwo *n* skating, ice-skating; ~ **figurowe** figure skating; ~ **szybkie** speed skating

łz|a *f* tear; ~**y radości** tears of joy; **krokodyle** ~**y** crocodile tears; *przen.* **czysty jak** ~**a** as clear as crystal, crystal clear; **poruszony/wzruszony do łez** moved to tears; ~**y cisną się//napływają do oczu** eyes fill with tears; **była bliska łez** she was near to tears; **dławić/hamować** ~**y** hold back one's tears; **doprowadzać kogoś do łez** make sb cry; reduce sb to tears; **miała** ~**y w oczach** tears were in her eyes; **płakać gorzkimi** ~**ami** weep bitter tears; **ronić/wylewać** ~**y** shed tears; **tonąć we** ~**ach** be in floods of tears; **wylewać krokodyle** ~**y** shed/weep crocodile tears; **zalać się** ~**ami** dissolve into tears; burst into tears

M

mach|ać *v* **~ać (do kogoś)** wave (to/at sb); **~ać ogonem** (*o psie*) wag its tail; **~ać ręką** wave one's hand; **~ać (komuś) ręką na pożegnanie** wave goodbye (to sb); **~ać skrzydłami** beat its wings, flap its wings; *przen.* **~nąć na coś ręką** throw one's hand in, wave sth aside, brush sth aside

machina *f* machine, machinery; **~ wojenna** war machine

magazyn *m* **1.** (*skład, budynek*) store, storehouse, warehouse; (*pomieszczenie*) storeroom; **~ celny** customs/bond store; **~ wojskowy** magazine; **~ zbożowy** grain store **2.** (*czasopismo*) magazine; **~ kobiecy** women's magazine; **~ mody** fashion magazine **3.** (*audycja radiowa lub telewizyjna*) magazine; **~ informacyjny** news magazine

magia *f* magic; **czarna ~** black magic

magnat *m* magnate; **~ prasowy** press magnate

magnes *m dosł. i przen.* magnet; **przyciągać kogoś jak ~** draw sb like a magnet

mająt|ek *m* **1.** (*posiadłość*) property; **~ek ziemski** estate; **posiadać duży ~ek ziemski** own a large estate **2.** (*stan posiadania*) possessions; **~ek narodowy** national property; **~ek nieruchomy** real assets, immovables; **~ek ruchomy** movable assets, movables; **~ek trwały** fixed assets **3.** (*bogactwo*) fortune, wealth, riches; **dorobić się ~ku** make a fortune; **roztrwonić ~ek** dissipate/squander a fortune; *przen.* **to kosztowało ~ek** it cost a fortune; it cost a mint of money

mak *m* poppy; *przen.* **rozbić (się)/roztrzaskać (się) w drobny ~** smash (in)to smithereens

makijaż *m* make-up; **zetrzeć/zmyć ~** remove make-up; **zrobić komuś ~** make sb up; **zrobić sobie ~** put on make-up, apply make-up, make oneself up

maksimum 1. *n* maximum (*pl* maxima, maximums); **do ~** to the maximum, to the full; **wykorzystać coś do ~** make the most of sth; exploit sth to the maximum **2.** *adv* (*najwyżej, najwięcej*) maximum, at the maximum, at (the) most; max.; **test powinien zająć ci ~ dwie godziny** the test should take you two hours at the maximum

malarz *m* **1.** (*artysta*) painter; **~ pejzażysta** landscape painter; **~ portrecista** portrait painter; **~ rodzajowy** genre painter **2. ~ pokojowy** house painter

malin|a *f* raspberry; *przen.pot.* **wpuścić kogoś w ~y** lead sb up the garden path

malować *v* **1.** paint; colour; **~ coś na niebiesko** paint sth blue; **~ farbami olejnymi** paint in oils; **~ farbami wodnymi** paint in watercolours; **~ obraz** paint a picture; **~ paznokcie** paint one's nails; **świeżo malowane** (*napis*) wet paint, fresh paint **2. ~ się** (*robić makijaż*) make oneself up **3.** *przen.* (*opisywać, przedstawiać*) paint; portray; depict; **~ coś w ciemnych barwach//kolorach** paint a gloomy picture of sth, paint a dismal/grim picture of sth; **~ coś w jasnych barwach/kolorach** paint a rosy picture of sth; *przysł.* **nie taki diabeł straszny, jak go malują** barking dogs seldom bite, sb's bark is worse than his bite

malwersacj|a *f* embezzlement; **dopuścić się ~i** commit embezzlement

mało *adv* little; not much; **~ kiedy** hardly ever; **~ kto** hardly anybody; **~ kto przyszedł** hardly anybody came; **o ~ nie/o ~ co** very nearly

małżeństw|o *n* marriage; matrimony; (*małżonkowie*) married couple; **~o mieszane** mixed marriage; **~o morganatyczne**

mandat 216

morganatic marriage; **~o z rozsądku** a marriage of convenience; **bezdzietne ~o** childless marriage; **dobrane/udane ~o** good marriage; **niedobrane/nieudane ~o** bad marriage; **rozpad/rozkład ~a** breakup of a marriage; **~o rozpadło się** a marriage broke up; **kojarzyć ~o** arrange a marriage; **miała dwoje dzieci z pierwszego ~a** she had two children by her first marriage; **oni są ~em** they are married; **unieważnić ~o** annul a marriage; **zawarli ~o w kościele** their marriage took place in a church; **zawarli ~o w urzędzie stanu cywilnego** their marriage took place in a registry office; **zawierać ~o** enter into a marriage; contract a marriage

mandat *m* **1.** (*pełnomocnictwo*) mandate; **~ poselski** seat in parliament; **ubiegać się o ~ poselski** run/stand for Parliament; **zdobyć ~** win a seat **2.** (*kara grzywny*) fine; (*drogowy*) ticket; **~ za niewłaściwe parkowanie** parking ticket; **wysoki ~** heavy fine; **dostać ~ za przekroczenie dopuszczalnej prędkości/ /zostać ukaranym ~em za przekroczenie dopuszczalnej prędkości** get a speeding ticket, be fined for speeding; **dostał ~ za niebezpieczną jazdę** he was fined for dangerous driving; **ukarać kogoś ~em za** fine sb for; **ukarać kogoś ~em za przekroczenie prędkości** give sb a speeding ticket; **zapłacić ~** pay a fine

manewr *m* manoeuvre, *US* maneuver; **~ polityczny** political manoeuvre; **~y wojskowe** military manoeuvres; **zręczny ~** clever manoeuvre; **przeprowadzić ~y (wojskowe)** conduct/ /hold manoeuvres; **wykonać ~** carry out/execute a manoeuvre

mani|a *f* mania; **~a prześladowcza** persecution mania; **~a wielkości** delusions of grandeur; **cierpieć na ~ę wielkości** suffer from delusions of grandeur; **mieć ~ę zbierania/gromadzenia rzeczy** have a mania for collecting things

manier|y *pl* manners; **o nienagannych ~ach** well-mannered; **o złych ~ach** ill-mannered; rough-mannered

manifest *m* manifesto; **opublikować ~** publish a manifesto; **wydać/ogłosić ~** issue a manifesto

manifestacj|a *f* manifestation, demonstration; *pot.* demo; **~a niezadowolenia** manifestation of discontent; **~a poparcia dla** demonstration of support for; **~a studentów** student demonstration; **masowa ~a** mass demonstration; **pokojowa ~a** peaceful demonstration; **rozbić/rozpędzić ~ę** break up a demonstration; **urządzić/zorganizować ~ę** stage a manifestation, stage a demonstration

manna *f* (*kasza*) semolina; *przen.* **(jak) ~ z nieba** (like) manna from heaven

map|a *f* map; chart; **~a drogowa** road map; **~a Londynu** map of London; street-plan of London; **~a pogody/synoptyczna** weather map, weather chart; **~a samochodowa** motoring map; **czy umiesz posługiwać się ~ą?** can you read a map?; **sporządzić ~ę** draw a map; *przen.* **zetrzeć coś z ~y** wipe sth off the map; **znaleźć coś na ~ie** find sth on a map

marchewk|a *f* (a dish of) carrots; *przen.* **polityka/taktyka/metoda ~i i kija** the carrot and the stick (policy/approach/method)

margines *m* **1.** (*brzeg kartki*) margin; **wąski ~** narrow margin; **na ~ie** in/on a margin; **zostawić szeroki ~** leave a wide margin **2.** *przen.* margin; **~ bezpieczeństwa** margin of safety; **~ błędu** margin of error; **~ społeczny** margin of society; the dregs of society; **ludzie żyjący na ~ie społeczeństwa** people living on the margins of society

marka *f* (*towaru*) mark; brand; make; **~ fabryczna** manufacturer's/maker's brand, trade-mark; **~ samochodu** make of a car; **pierwszorzędna ~** first-class/choice brand

marnować *v* waste; squander; **~ czas** waste time; **~ okazję** lose the opportunity; miss the opportunity; **~ pieniądze** waste money; **~ się** (*żywność itd.*) go to waste, be wasted

marn|y *a pot.* poor, bad; mean; wretched; **pójść/iść na ~e** go down the drain, go for nothing, go for naught

marsz *m* **1.** march; ~ **forsowny** forced march; ~ **głodowy** hunger march; ~ **na...** a march on...; ~ **pokojowy** peace march; ~ **śmierci** death march; **biegiem** ~! double!; *pot.* **kiszki komuś ~a grają** sb's stomach is rumbling, sb's stomach is growling; **naprzód** ~! quick march! **2.** (*utwór muzyczny*) march; ~ **weselny** wedding march; ~ **żałobny/pogrzebowy** funeral march

martw|ić *v* **1.** bother, worry; **~i mnie, że nie odpowiedziała na mój list** it worries me that she hasn't answered my letter **2. ~ić się** bother, worry; be worried; *pot.* **~ić się na zapas** borrow trouble; **~ił się o pracę** he was worried about his job; **czym się ~isz?** what's worrying you?, is something bothering you?; **nie ~ się na zapas/z góry/naprzód!** don't cross a bridge until you come to it; **nie ~ się tym!** don't worry about it, don't bother yourself about it, don't bother your head about it; **ona zawsze ~i się bez powodu** she's always worrying over nothing at all; **przestań ~ić się o pieniądze** stop worrying about money; **rodzice ~ią się o ciebie** your parents are worrying about you

marynarka *f* **1.** (*część ubioru*) jacket; coat; ~ **dwurzędowa** double-breasted jacket; ~ **jednorzędowa** single-breasted jacket **2.** ~ **handlowa** merchant navy, mercantile marine, *US* merchant marine; ~ **wojenna** navy

marze|nie *n* dream; **dom/samochód moich ~ń** the house/car of my dreams; **~nie spełnia się** a dream comes true; **być spełnieniem ~ń** be (like) a dream come true; **co się stało z naszymi ~niami z młodości?** what became of the dreams of our youth?; **w najśmielszych ~niach** in one's wildest dreams; **oddawać się ~niom/pogrążyć się w ~niach/zatopić się w ~niach** indulge in daydreams; *przen.* **(piękny) jak ~nie** like a dream; **pogrążony w ~niach** lost in a daydream; **snuć ~nia** dream; daydream; **żyć/bujać w świecie ~ń** live in a dream-world

masakr|a *f* massacre; slaughter; **dokonać ~y ludności cywilnej** massacre civilians; **ofiarami ~y byli głównie starcy i dzieci** the victims of the massacre were mainly the very old and the very young; **urządzić ~ę** carry out/perpetrate a massacre

maska *f dosł. i przen.* mask; **~ ochronna (twarzy)** face mask/ /guard; **~ przeciwgazowa** gas mask; **~ silnika** bonnet, *US* hood; **~ tlenowa** oxygen mask

masł|o *n* butter; *pot.* **~ło maślane** tautology; *pot.* **idzie nam jak po maśle** we're getting along swimmingly; *pot.* **jak po maśle** like a knife through butter, swimmingly; **smarować chleb ~em** spread butter on bread, butter bread; **posmarowała sobie ~em kawałek chleba** she buttered a piece of bread for herself; **poszło jak po maśle** everything went swimmingly

maszyn|a *f* machine; **~a biurowa** office machine; **~a do pisania** typewriter; **~a do szycia/krawiecka** sewing machine; **~a drukarska** printing machine; **~a pracuje** a machine functions, a machine runs; **~y zastępują pracę człowieka** machines replace human labour; **obsługiwać ~ę** operate a machine, run a machine; **pisać (coś) na ~ie** type (sth)

materiał *m* **1.** material; stuff; **~ wybuchowy** explosive; blasting material; **~y budowlane** building materials; **~y piśmienne** writing materials, stationery **2.** (*tkanina*) material; cloth; fabric; **~ na zasłony** curtain material; **ile metrów ~u będziesz potrzebowała na sukienkę?** how many metres of material will you need to make a dress? **3.** (*zbiór wiadomości, faktów itd.*) material; **~ dowodowy** evidence; **zbierać ~y do** collect material for, gather material for **4.** *przen.* (*o człowieku*) materiał; **on jest doskonałym ~em na polityka** he is excellent politician material

matka *f* **1.** mother; **~ chrzestna** godmother; **~ dwojga dzieci** a mother-of-two; **~ karmiąca** nursing mother; **~ natura** Mother Nature; **przybrana ~** foster mother; **przyszła ~** mother-to-be; **rodzona/własna ~** one's natural mother;

mądrość 220

wykapana ~ the very image of one's mother, the living image of one's mother, the spitting image of one's mother **2.** (*siostra zakonna*) Mother...; ~ **przełożona** Mother Superior **3. Matka Boska** Our Lady, the Virgin Mary, the Blessed Virgin

mądrość *f* wisdom; ~ **salomonowa** the wisdom of Solomon; ~ **życiowa** worldly wisdom

mądr|y *a* wise; **~a decyzja** wise decision; **~y wybór** wise choice; *przysł*. **~ej głowie dość dwie słowie** a word is enough to the wise, a word to the wise is enough; *przysł*. **~y Polak po szkodzie** (it's easy to be) wise after the event

mąż *m* **1.** husband; **były** ~ ex-husband, former husband; *przen*. **jak jeden** ~ as one man; **miała dwoje dzieci z pierwszym mężem** she had two children by her first husband; **wydać kogoś za** ~ **(za kogoś)** give sb in marriage (to sb); **wyjść za kogoś za** ~ marry sb, get married to sb **2.** ~ **stanu** statesman (*pl* statesmen)

mdłości *pl* nausea; **mieć** ~ feel nauseous; feel sick; **przyprawiać kogoś o** ~ turn one's stomach; nauseate sb; make sb nauseous//sick; **wywoływać** ~ cause nausea

mechanizm *m* mechanism; ~ **obronny** defence mechanism

mecz *m* match; *US* game; ~ **bokserski** boxing match; ~ **eliminacyjny** knockout match; ~ **hokejowy** hockey match; ~ **koszykówki** basketball game; ~ **o mistrzostwo** championship match; ~ **o złoty medal** gold medal match; ~ **piłki nożnej//piłkarski** football match, *US* football game; ~ **remisowy** drawn match; ~ **rewanżowy** return match; ~ **tenisowy** tennis match; ~ **towarzyski** friendly match, friendly; **wyrównany** ~ tight match; ~ **zakończył się remisem** the match ended in a draw, the match ended in a tie; **grać** ~ **towarzyski** have a friendly; **przegrać** ~ **(z)** lose a match (against); **rozegrać** ~ play a match; **sędziować w ~u** referee/umpire a match; **wygrać** ~ win a match

medal *m* medal; ~ **brązowy** bronze medal; ~ **srebrny** silver medal; ~ **za odwagę** a medal for bravery; ~ **złoty** gold medal;

przen. **dwie strony** ~u two sides of the same coin; **odwrotna/druga strona** ~u the other side of the coin; **przyznać** ~ award a medal, give a medal; **zdobyć** ~ earn a medal

medalista *m* medallist, *US* medalist; ~ **olimpijski** Olympic medallist; **brązowy** ~ bronze medallist; **srebrny** ~ silver medallist; **złoty** ~ gold medallist; **złoty** ~ **olimpijski** Olympic gold medallist

mediacj|a *f* mediation; **prowadzić** ~e mediate

medycyna *f* medicine; ~ **niekonwencjonalna** alternative medicine; ~ **sądowa** forensic/legal medicine; ~ **tradycyjna** traditional medicine

medytacj|a *f* meditation; **pogrążyć się w** ~i plunge into meditation

meritum *n* essence; merits; **wnikać w** ~ **czegoś** judge sth on its merits; assess sth on its merits

met|a *f* **1.** finish; (*linia mety*) finishing line, *US* finish line; **dobiec/dotrzeć do** ~y reach the finishing line; **przekroczyć//minąć** ~ę **przed innymi** cross the finishing line ahead of the others **2.** *przen.* **na bliższą/krótszą** ~ę in the short term; **na dalszą/dłuższą** ~ę in the long term

metal *m* metal; ~e **kolorowe/nieżelazne** non-ferrous metals; ~e **nieszlachetne** common/base metals; ~e **szlachetne** noble//precious metals

metamorfoz|a *f* metamorphosis; **przechodzić** ~ę go through a metamorphosis, undergo a metamorphosis, metamorphose

metod|a *f* method; ~a **marchewki i kija** the carrot and the stick method; ~a **prób i błędów** trial-and-error method; **nowoczesna** ~a modern/up-to-date method; **przestarzała** ~a antiquated method, obsolete method; ~ą **prób i błędów** by trial and error, by a process of trial and error; **podstępnymi** ~ami by underhand methods; **stosować** ~ę apply/employ/use a method

metr *m* metre; ~ **bieżący** running metre; ~ **kwadratowy** square metre; ~ **sześcienny** cubic metre

metryka *f* certificate; ~ **chrztu** baptismal certificate; ~ **książki** (printer's) imprint; ~ **ślubu** marriage certificate; ~ **urodzenia** birth certificate

mężczyzn|a *m* man (*pl* men); *przen.* **prawdziwy** ~**a** he-man (*pl* he-men); **porozmawiać z kimś jak** ~**a z** ~**ą** talk to sb (as) man to man, have a man-to-man talk with sb

mgła *f* fog, mist; ~ **przemysłowa** smog, smoke fog; **gęsta** ~ dense/heavy/thick fog; **lekka** ~ light/thin fog; haze; ~ **idzie do góry** a fog lets up, a fog lifts; **jest** ~ it is foggy; **tonąć we mgle** be enveloped/covered in mist, be mist-covered

mianownik *m* (*ułamka*) denominator; **sprowadzić do wspólnego** ~**a** bring/reduce to a common denominator

miar|a *f* **1.** measure; ~**a długości** linear measure; ~**a objętości** cubic measure; ~**a powierzchni** square measure **2.** (*rozmiar, wymiar*) size; measure; measurement; **odzież szyta na** ~**ę** made-to-measure clothes; **wziąć czyjąś** ~**ę (na ubranie)** take one's measurements, measure sb **3.** *przen.* (*granica*) measure; limit; bounds; **dopełnić** ~**y** fill the measure; **nad/ponad** ~**ę** beyond measure; **nie znać** ~**y** know no bounds; **przebrać/ /przekroczyć/stracić** ~**ę** overstep the mark; exceed the bounds; **w** ~**ę jak...** as...; **w ogromnej mierze** in large measure; **w pewnej mierze** in some measure, to a certain degree; **żadną** ~**ą** (*w żaden sposób, wcale*) by no means, not by any means, not by any manner of means

miasteczko *n* **1.** little town, small town; ~ **górnicze** mining town; ~ **uniwersyteckie** campus; **senne** ~ sleepy town **2. wesołe** ~ funfair, *US* amusement park

miast|o *n* town; city; ~**o graniczne** border/frontier town; ~**o handlowe** trading town; ~**o nadmorskie** seaside town; ~**o- -ogród** garden city; ~**o portowe** port town/city; ~**o prowincjonalne** provincial town; ~**o przemysłowe** industrial town; ~**o stołeczne** capital city; **czyjeś** ~**o rodzinne** sb's home town; **święte** ~**o...** the holy city of...; **wolne** ~**o** free city; *przen.* **całe**

~o o tym mówi the whole town is talking about it; **do ~a** into town; **poza ~em/za ~o/za ~em** out of town, outside the town; **w mieście** in town; **założyć ~** set up a town; **(z)budować ~o** build a town

miecz *m* sword; **~ obosieczny** double-edged sword, two-edged sword; **coś wisi nad kimś jak ~ Damoklesa** sth hangs over sb like a sword of Damocles; **dobyć ~a** draw/unsheathe a sword; *przysł.* **kto ~em wojuje, ten od ~a ginie** he who lives by the sword shall perish by the sword; **skrzyżować z kimś ~e** cross swords with sb; **władać ~em** wield a sword

mieć *v* **1.** (*posiadać, być właścicielem*) have (got); possess; own; **czy dom ma ogród?** has the house a garden?; **nie ~ nic** possess nothing; **oni mają dom na wsi** they've (got) a house in the country; **stracić wszystko, co się ma** lose all that one possesses **2.** (*z przymiotnikiem lub imiesłowem biernym*) keep; **~ oczy otwarte** keep one's eyes open **3.** (*z rzeczownikami*) have; hold; **~ spotkanie** have a meeting, hold a meeting; **nie mam wątpliwości** I have no doubt **4.** (*wyrażając zamiar*) have; **~ coś do zrobienia** have sth to do; **~ właśnie coś zrobić** be about to do sth; **miał właśnie wyjść** he was about to leave **5.** (*wyrażając propozycję zrobienia czegoś*) **czy mam...?** shall I...?; **czy mam ci zrobić filiżankę herbaty?** shall I make you a cup of tea? **6. ~ coś przeciwko czemuś** have sth against sth; mind sth; **czy masz coś przeciwko temu, żebym otworzył okno?** do you mind if I open the window?; **czy miałbyś coś przeciwko temu, żebym otworzył okno?** would you mind if I opened the window?; **jeśli nie masz nic przeciwko temu** if you don't mind **7.** (*wyrażając oczekiwanie*) **~ coś zrobić/coś ma się wydarzyć** be due to...; **jej dziecko ma się urodzić w przyszłym miesiącu** her baby is due next month; **następny pociąg do Londynu ma odjechać o (godzinie) piątej** the next train to London is due at 5 o'clock; **wkrótce mam wyjechać** I am due to leave soon **8.** (*wyrażając powinność*) be expected

miejsce

to, be supposed to, have (got) to; be to; **masz pamiętać, że...** you are supposed to remember (that)...; **masz zrobić zakupy** you are to do shopping **9.** (*określając wiek*) **~... lat** be...(years old), be... years of age, be aged...; **ile masz lat?** how old are you? **10.** *pot.* **~ się** (*o samopoczuciu*) be; feel; **jak się masz?** how are you?, how are you feeling? **11.** *pot.* **~ kogoś za nic** treat sb like dirt, treat sb like a dog **12. ~ coś za/poza sobą** have sth behind one; be over sth; **myślę, że najgorsze mam już za sobą** I think that I'm over the worst of it now; **ona ma za sobą osiem lat doświadczenia jako pracownik socjalny** she's got ten years of experience as a social worker behind her

miejsc|e *n* place; spot; site; (*wolna przestrzeń*) room; space; *przen.* **~ami** (*w niektórych fragmentach*) in parts, parts...; (*w niektórych miejscach*) in several places; **~ami film był bardzo nudny** the film was very boring in parts, parts of the film were very boring; **~ami farba odpadała od ściany** the paint was peeling off the wall in several places; **~a rozrywki** places of entertainment; **~a siedzące** (*dla publiczności, pasażerów*) seating accommodation; **~a stojące** standing room; **~e cumowania** mooring place; **~e (czyjegoś) wiecznego spoczynku** one's final resting-place; **~e do parkowania** (*samochodów*) parking space; **~e dziesiętne/po przecinku** decimal place; **~e honorowe** the place of honour; **~e katastrofy lotniczej** site of the plane crash; **~e komputerów w nowoczesnym społeczeństwie** the place of computers in modern society; **~e na bagaż** (*w bagażniku samochodu*) trunk space; **~e pożaru** seat of fire; **~e pracy/zatrudnienia** place of work/emloyment, workplace; **~e przeznaczenia** place of destination; point of destination; destination; **~e siedzące** (*w pojeździe itd.*) seat; **~e siedzące z przodu** front-seat; **~e siedzące z tyłu** back-seat; **~e spotkania** meeting place; **~e stałego pobytu** (place of) residence, domicile; **~e sypialne** (*w wagonie*) berth; **~e szpitalne** ward bed; **~e urodzenia** birthplace; **~e wypadku** scene of accident; **było kilka ciekawych ~ do zwiedzenia** there were several places of interest to visit; **jest tylko jedno wolne ~e na parkingu** there is only one place left in the car park; **mieć ~e** (*o wydarzeniach*) take place; **mieć zapewnione ~e w historii** have an assured place in history; **na ~u** on the spot; **na ~u** (*stosowny*) in place; **na jego ~u poprosiłabym o awans** if I were in his shoes/place, I'd ask for a promotion; **nie mogę być w dwu ~ach jednocześnie** I can't be in two places at once; **nie na ~u** (*niestosowny*) out of place; **nie na swoim ~u** out of place; **bibliotekarka zauważyła, że niektóre książki były//stały nie na swoim ~u** the librarian noticed that some of the books were out of place; **jej uwaga była zupełnie nie na ~u** her remark was quite out of place; **narody, uciskane przez wieki, walczyły teraz o swoje ~e na ziemi** nations that had been oppressed for centuries were now fighting for a place in the sun; **na liście przebojów piosenka przesunęła się z dziesiątego ~a na drugie** the song went from tenth to second place in the charts; **oferować wolne ~a** offer free places; *przen.* **postawić się na czyimś ~u** put oneself in sb's place, put oneself in sb else's place; *pot.* put oneself in sb's shoes; **robić ~e dla/na** make room for; **straciłam ~e w kolejce** I lost my place in the queue; **tworzenie nowych ~ pracy** job creation; **ustąpić ~a** give place; **utknąć w ~u** come to a full stop; **w ~e...** (*zamiast*) in place of...; **w ~u pracy** at one's place of work; **w tym samym ~u** at the same place, in the same place; **wracajcie na swoje ~a!** return to your places!; **z ~a** (*natychmiast*) at once, immediately; **zajął trzecie ~e w biegu maratońskim w zeszłym roku** he took/got a third place in the marathon last year; **zajęłam ci ~e** I've kept you a place; **zajmij dla mnie ~e z przodu** save me a place near the front; **zajmować ~e** (*w zawodach sportowych*) take a place; **zajmować ~e kogoś/czegoś** take the place of sb/sth, take sb's/sth's place; **zajmować dużo ~a** take up much room/space; **zajmować**

miejscowość

swoje ~a (*siedzące*) take one's seats; **zajmować wybitne ~e w** occupy a prominent place in; **zastrzelić/zabić na ~u** shoot on sight; **zginąć na ~u** be killed outright/on the spot, die on the spot; **znać swoje ~e** know one's place; **zostaw wszystko na swoim ~u** leave everything in (its right) place; **zrobić ~e dla/na** make room for

miejscowość *f* place; spot; resort; ~ **górska** mountain resort; ~ **kuracyjna** health resort; ~ **nadmorska** seaside resort; ~ **wiejska** village; ~ **wypoczynkowa** summer/holiday resort

mieli|zna *f* shoal; **statek na ~źnie** ship aground; **osiąść na ~źnie** go/run aground, ground, take ground; **ściągnąć statek z ~zny** refloat a ship

mierzy|ć *v* **1.** (*określać wielkość*) measure; **~ć... metrów** measure... metres **2.** (*celować*) **~ć (do/w)** aim (at); *przen.* **wysoko ~ć** aim high; fly high; **on zawsze wysoko ~ł** he has always aimed high

miesiąc *m* month; ~ **kalendarzowy** calendar month; ~ **miodowy** honeymoon; **ubiegły/zeszły** ~ last month; **w przyszłym ~u** next month; **w zeszłym ~u** last month; **za** ~ in a month

mieszkać *v* live; dwell; reside; ~ **na wsi** live in the country; ~ **przy ulicy...** live at... Street; ~ **w mieście** live in the town/city

mieszkanie *n* flat; *US* apartment; dwelling; ~ **kwaterunkowe** council flat; ~ **własnościowe** *US* condominium, condo

mieszkaniec *m* (*kraju, miasta*) inhabitant; resident; ~ **domu** occupant of the house; ~ **lasu** forest dweller; ~ **miasta** city/town dweller

między *prep* (*w odniesieniu do dwu osób, rzeczy*) between; (*w odniesieniu do zbioru osób, rzeczy*) among, amongst; *przen.* ~ **innymi** among other things; among other; ~ **nami (mówiąc)** between you and me; between ourselves; *pot.* between you me and the gatepost

mięs|o *n* meat; *przen.* **~o armatnie** cannon fodder; **~o baranie** mutton; **~o cielęce** veal; **~o gotowane** cooked meat; **~o**

końskie horsemeat; **~o mielone** minced meat; **~o smażone** fried meat; **~o wieprzowe** pork; **~o wołowe** beef; **chude ~o** lean meat; **miękkie ~o** tender meat; **surowe ~o** raw meat; **tłuste ~o** fatty meat; **twarde ~o** rough meat; **sztuka ~a** a piece of meat; **~o psuje się** meat goes bad, meat spoils

mijać *v* **1.** (*przechodzić, przejeżdżać obok*) pass (by); go past; *przen.* **coś kogoś minęło** sth passed sb **2.** (*o czasie*) pass (by), elapse, go by; **tydzień szybko minął** the week has passed quickly **3.** (*kończyć się, ustawać*) pass (away); come to an end; **~ niepostrzeżenie** pass unnoticed; pass unseen **4. ~ się** (*wymijać się*) pass each other; *przen.* **~ się z prawdą** be untruthful; distort the truth

mikroskop *m* microscope; **(badać) pod ~em** (examine) under the microscope

mila *f* mile; **~ lądowa** mile, statute/land mile; **~ morska** nautical mile

milczeć *v* be silent, keep silent; *przen.* **~ jak głaz / jak kamień / jak grób / jak zamurowany / jak zaklęty** be as silent/quiet as the grave, be as silent/quiet as the tomb, be/keep dead silent

milczeni|e *n* silence; **dyskretne ~e** discreet silence; **głuche//głębokie ~e** profound silence; **grobowe ~e** dead silence, lethal silence; **kłopotliwe/niezręczne ~e** embarrassed silence, awkward silence; **lodowate ~e** icy silence; **uporczywe ~e** prolonged silence; **minuta ~a (dla uczczenia pamięci zmarłych)** a one-minute silence (to honour the dead); *przysł.* **~e jest złotem** silence is golden; **kupić czyjeś ~e** buy sb's silence; **nakazać komuś ~e** reduce sb to silence; **nie możemy zrozumieć waszego ~a w tej sprawie** we can't understand your silence on this matter; **pominąć/skwitować/zbyć coś ~em** pass over sth in silence; **przerwać ~e** break (the) silence, interrupt silence; **rozumiem, że twoje ~e oznacza zgodę** I assume that your silence implies consent; **słuchali jej w ~u** they listened to her in silence; **w ~u** in silence; **zachować ~e** keep/maintain silence, keep/remain silent; **zmusić/skłonić kogoś do ~a** reduce sb to silence

milion 1. *num* million; *przen.* **~ razy** a million times; **jedna szansa na ~** one chance in a million; **mam ~ rzeczy do zrobienia** I've got millions of things to do; **zarobić ~** (*dolarów, funtów*) make a million **2.** *przen.* **~y** *pl* (*masy ludzkie*) millions; **ocalono ~y istnień ludzkich** millions of lives have been saved

miło *adv* pleasantly; agreeably; nicely; **~ było cię poznać** nice to have met you, it's been nice meeting you; **~ cię widzieć** nice to see you; **(to było) ~ z twojej strony** it was nice of you

miłoś|ć *f* **~ć (do)** love (for/of); **~ć bliźniego** brotherly love; **~ć matki do dzieci** a mother's love for her children; **~ć od pierwszego wejrzenia** love at first sight; **~ć ojczyzny** love of one's country; **~ć platoniczna** platonic love; **~ć własna** self-love; **dozgonna ~ć** undying love; **głęboka ~ć** deep/profound love; **prawdziwa ~ć** true love; **szczera ~ć** sincere love; *przen.* **~ć jest ślepa** love is blind; **dzieciom należy okazywać dużo ~ci** children need to be shown lots of love; **na ~ć boską!** for the love of God, for the love of heaven; **ona jest ~cią jego życia** she's the love of his life; **z ~ci/dla ~ci** out of love; for love

mimo 1. *adv* **~ że** although, though; as; **~ że byłem zmęczony, próbowałem jej pomóc** tired as I was, I tried to help her **2.** *prep* (*z rzeczownikiem*) in spite of, despite; **~ to** nevertheless; yet; still; after all; **~ wszystko** for all that; even then; in spite of everything

min|a *f* **1.** face; **nadrabiać ~ą** put on a brave face, put on a good face; **robić dobrą ~ę do złej gry** grin and bear it; put a good face on a bad business; **robić ~y** make/pull faces; **zrobić smutną ~ę** put on a long face, pull a long face; **zrzedła jej ~a** her jaw dropped **2.** (*ładunek wybuchowy*) mine; **~a kontaktowa** contact mine; **~a lądowa** land mine; **~a magnetyczna**

magnetic mine; **~a morska** naval mine; **~a pływająca** drifting/floating mine; **~a przeciwczołgowa** antitank mine; **~a przeciwpiechotna** antipersonnel mine; **~a-pułapka** booby trap, trap mine; **wykrywacz ~** mine detector; minesweeper; **~a wybucha** a mine explodes, a mine blows up; **rozbrajać ~ę** disarm a mine; **oczyścić coś z ~** clear sth of mines; **usuwać ~y** remove mines; **wykrywać ~y** detect mines; **zakładać ~ę** lay a mine

minimum 1. *n* minimum (*pl* minima, minimums); **~ egzystencji** subsistence level; **~ pracy** minimum of work; **~ wysiłku** minimum of effort; **zmniejszać/ograniczać do ~** reduce to the minimum; minimize; keep to a minimum 2. *adv* (*przynajmniej*) minimum, min.; at the very least; **to będzie kosztowało ~ 600 dolarów** it will cost a minimum of $600

minister *m* minister; *US* secretary; **~ bez teki** minister without portfolio; **~ finansów** the Minister of Finance, *GB* the Chancellor of the Exchequer, *US* the Secretary of the Treasury; **~ obrony narodowej** the Minister of Defence, *US* the Secretary of Defense; **~ oświaty/edukacji** the Minister of Education; **~ pełnomocny** minister plenipotentiary; **~ spraw wewnętrznych** the Minister of Internal Affairs, *GB* the Home Secretary, *US* the Secretary of the Interior; **~ spraw zagranicznych** foreign minister, *US* the Secretary of State; **~ sprawiedliwości** the Minister of Justice, *GB* the Lord Chancellor, *US* the Attorney General; **~ urzędujący** acting minister; **~ zdrowia** health minister; **pełnić/piastować/sprawować urząd ministra** hold ministerial office

ministerstwo *n* ministry; **~ finansów** the Ministry of Finance; **~ obrony** The Ministry of Defence; **~ rolnictwa** the Ministry of Agriculture; **~ spraw wewnętrznych** Ministry of Home/Internal Affairs, *GB* the Home Office, *US* the Department of the Interior; **~ spraw zagranicznych** Ministry of Foreign Affairs, *GB* the Foreign Office, *US* the State Department

minus *m* **1.** minus (sign); **dostałem czwórkę z ~em za...** I got B minus for..., I got B- for...; **pięć ~ trzy** five minus three, five less three; **siedem ~ cztery równa się trzy** seven minus four equals three; **temperatura ~ 10°C** a temperature of minus ten degrees centigrade **2.** *przen.* (*ujemna strona*) minus, disadvantage; **plusy i ~y czegoś** the pluses and minuses of sth

minut|a *f* (*czasu, kątowa*) minute; **~a ciszy/milczenia (dla uczczenia pamięci zmarłych)** a one-minute silence (to honour the dead); **co ~a** every minute; **co do ~y** to the minute; *pot.* on the dot; dead on time; **liczy się każda ~a** every minute counts; **za ~ę** in a minute

miotł|a *f* broom; *przen.* **nowa ~a (nowe porządki)** a new broom (sweeps clean); **zamiatać (podłogę) ~ą** sweep (the floor) with a broom

misj|a *f* **1.** (*zadanie do spełnienia, posłannictwo*) mission; **~a dobrej woli** goodwill mission; **~a pokojowa** peace mission, peace-keeping mission; **poufna/tajna ~a** secret mission; **pełnić/sprawować ~ę** carry out a mission, perform a mission; **podjąć się ~i** undertake a mission; **udać się/wyruszyć z ~ą** set off on a mission; **wyprawić kogoś z ~ą** send sb on a mission; **wywiązać się z (powierzonej) ~i/zakończyć ~ę** accomplish a mission; **zlecono/powierzono/poruczono mu ~ę...** his mission was to...; **z ~ą dobrej woli** on a goodwill mission **2.** (*delegacja, przedstawicielstwo*) mission; **~a dyplomatyczna** diplomatic mission; **~a handlowa** trade mission **3.** (*religijna*) mission; **~a katolicka** Catholic mission

mistrz *m* **1.** master; **~ cechowy** master craftsman; **~ ceremonii** master of ceremonies, MC; **~ murarski** master builder; **~ nad ~ami (w sztuce...)** a past master (at the art of...); **on jest ~em nad ~ami w zdobywaniu tego, czego chce** he's a past master at getting what he wants **2.** (*w sporcie*) champion; *pot.* champ; **~ kraju** national champion; **~ olimpijski (w rzucie oszczepem)** Olympic (javelin) champion; **~ świata** world champion

mistrzostw|o *n* **1.** (*kunszt, artyzm*) mastery; **prawdziwe ~o** complete mastery; **dojść do ~a w czymś/osiągnąć w czymś ~o** have a mastery of sth; **ona doszła do prawdziwego ~a w grze na skrzypcach** she has a complete mastery of the violin **2.** (*tytuł sportowy*) championship; **~o drużynowe** team championship; **~o indywidualne** individual championship; **~o kraju** national championship; **~o świata** world championship; **stracić ~o** lose championship; **zdodyć ~o** win championship **3. ~a** *pl* (*zawody sportowe*) championship(s); **~a świata w pływaniu** world swimming championships

mit *m dosł. i przen.* myth; **obalić/rozwiać ~** explode a myth, dispel a myth; **tworzyć ~** create a myth

mlek|o *n* milk; **~o chude** skim(med) milk; **~o pełnotłuste** whole//full-fat milk; **~o w proszku** powdered milk, milk powder; **~o zsiadłe** sour/curdled/set milk; *przen.* **wyssać coś z ~iem matki** suck in sth with one's mother's milk

młodoś|ć *f* youth; **w ~ci** in (one's) youth; when young

młot *m* **1.** hammer; *przen.* **być między ~em a kowadłem** between the devil and the deep (blue) sea **2.** (*w sporcie*) hammer; **rzucać ~em** throw the hammer; **rzut ~em** throwing the hammer, hammer throw

młot|ek *m* hammer; **iść/pójść pod ~ek** (*na licytacji*) come under the hammer, go under the hammer; **przybijać/wbijać gwóźdź ~kiem** hammer a nail; **uderzać/walić ~kiem** hammer

młyn *m* mill; flourmill; *pot.* (*rwetes*) hustle and bustle; **~ wodny** watermill; *przen.* **coś jest wodą na czyjś ~** sth is (all) grist to one's mill

młyn|ek *m* **1.** mill; grinder; **~ek do kawy** coffee grinder; **~ek do pieprzu** pepper mill; **mleć w ~ku** mill **2.** *pot.* **trajkotać jak ~ek** talk nineteen to the dozen, talk ten to the dozen

mniej *adv* (*przy rzeczowniku w l.poj.*) less; (*przy rzeczowniku w l.mn.*) fewer; (*przy przymiotniku*) lesser; **~ więcej** more or less; **~ znany** lesser known; **ani trochę ~** any the less; **coraz ~**

mniejszość

less and less; **ni ~ ni więcej tylko** nothing the less than; **nie ~ niż** not less than; not fewer than

mniejszoś|ć *f* minority; **~ć etniczna** ethnic minority; **~ć narodowa** national minority; **~ć rasowa** racial minority; **~ć religijna** religious minority; **nieznaczna ~ć** small minority; **znaczna ~ć** sizeable/significant minority; **być w ~ci/stanowić ~ć/znaleźć się w ~ci** be in the minority; **w ~ci przypadków** in a minority of cases

mnożeni|e *n* multiplication; **dzieci uczą się ~a** children are learning to do multiplication, children are learning to multiply; **wykonać ~e** do multiplication

mnożyć *v* **1.** multiply; **~ 3 przez 4** multiply 3 by 4; **3 pomnożone przez 5 równa się 15** 3 multiplied by 5 is 15; 3 multiplied by 5 equals 15; 3 multiplied by 5 makes 15 **2. ~ (się)** multiply; *przen.* **~ się jak króliki** breed like rabbits

moc *f* **1.** power; strength; force; might; **nie jest w ludzkiej ~y...** it's not humanly possible...; **zrobić wszystko, co jest w czyjejś ~y** do everything in one's power **2.** (*prawomocność*) validity; **~ prawna** legal force; **na ~y/z ~y czegoś** by virtue of sth; on the basis of sth; on the grounds of sth **3. ~ alkoholu** proof **4.** (*wielkość fizyczna*) power; capacity; **~ reaktora** reactor power; **~ w koniach mechanicznych** horse-power

mocarstwo *n* power; **obce ~** foreign power; **światowe ~** world power

mod|a *f* fashion, vogue; **najnowsza ~a** the latest fashion, the latest vogue; *przen.* **ostatni krzyk ~y** the last word in fashion; **pokaz ~y** fashion show; **być w ~zie** be in fashion, be in vogue; **wychodzić z ~y** go out of fashion, go out of vogue

model *m* **1.** (*kopia*) model; **~ naturalnej wielkości** full-scale model; **~ samolotu** model aeroplane; **~ w zmniejszonej skali** scale model **2.** (*wzór, typ*) model; version; **~ gospodarki** model of economy; **najnowszy ~** the latest model; **według ~u** on the model

modli|ć się *v* pray; **~ć się do Boga o zdrowie** pray to God for good health; **~ć się na klęczkach** kneel in prayer; **~ć się po cichu/w duszy** pray silently; **~ć się żarliwie/gorąco/gorliwie** pray devoutedly, pray fervently; **~li się, żeby wróciła do zdrowia** they prayed that she would recover; *pot.* **~my się o dobrą pogodę** we're praying for good weather; **ksiądz ~ł się za umierającego** the priest prayed for the dying man

modlitw|a *f* prayer; **~a błagalna** supplicatory prayer; **~a o pokój** prayer for peace; **~a poranna** morning prayer; **~a po jedzeniu** blessing; **~a przed jedzeniem** grace, blessing; **~a w intencji/za** prayer for; **~a wieczorna** evening prayer; **cicha ~a** silent prayer; **codzienna ~a** daily prayer; **gorąca/żarliwa ~a** fervent prayer; **Modlitwa Pańska** the Lord's Prayer; **wspólna ~a** communal prayer; **jej ~a została wysłuchana** her prayer was answered/heard; **odmawiać ~ę** say a prayer; **odmówić ~ę po jedzeniu** say a blessing; **odmówić ~ę przed jedzeniem** say grace, say a blessing; **ofiarować ~ę** offer a prayer; **wysłuchać ~y** answer a prayer; hear a prayer

molestowanie *n* harassment; **~ seksualne** sexual harassment; sexual molestation; **~ seksualne dziecka** child molestation

momen|t *m* moment; **~t bezwładności** moment of inertia; **w ostatnim ~cie** at the last minute/moment; **(właśnie) w tym ~cie** (just) at that moment; (just) this moment; **za ~t** in a moment; **zawsze zostawiasz pakowanie na ostatni ~t** you always leave your packing to/till the last moment

monarchi|a *f* monarchy; **~a absolutna** absolute monarchy; **~a dziedziczna** hereditary monarchy; **~a konstytucyjna** constitutional monarchy; **obalić ~ę** overthrow a monarchy

monet|a *f* coin; *przen.* **brać coś za dobrą ~ę** take sth at (its) face value; *przen.* **odpłacić komuś tą samą ~ą** pay back in the same coin, pay sb in his own coin; **rzucić ~ę** (*grać w orła i reszkę*) flip a coin, throw a coin, toss a coin; **wrzucić ~ę (do automatu)** drop a coin (into a slot)

morał *m* moral; **~ opowiadania** moral of/to the story; *pot.* **prawić (komuś) ~y** talk (to sb) like a Dutch uncle; preach at/to sb; **wysnuć ~** draw a moral; **z filmu płynie/wynika ~, że...** the moral of the film is that...

moratorium *n* moratorium (*pl* moratoriums, moratoria); **ogłosić ~ na/w sprawie** declare a moratorium on

morderc|a *m* murderer; **płatny/wynajęty ~a** hit man; **seryjny//wielokrotny ~a** serial killer, multiple killer; **wynajęli zawodowego ~ę** they hired a professional hit man

morderstw|o *n* murder; **~o karane śmiercią** capital murder; **~o na tle rabunkowym** murder with robbery; **~o z premedytacją** premeditated murder; **~o z zimną krwią** cold-blooded murder; **masowe ~o** mass murder; **próba ~a** attempted murder; **popełnić ~o (z zimną krwią)** commit murder (in cold blood); **zostać oskarżonym o ~o/o popełnienie ~a** be charged with murder, be accused of murder; **zostać skazanym za ~o** be convicted of murder

morz|e *n* sea; **pełne/otwarte ~e** open sea; **spokojne ~e** calm//smooth sea; **wzburzone ~e** high/rough/turbulent sea; **Morze Bałtyckie** the Baltic (Sea); **Morze Śródziemne** the Mediterranean (Sea); **kraj bez dostępu do ~a** land-locked country; **jechać nad ~e** go to the seaside; **na ~u** at sea; **nad ~em** (*o miejscowości itd.*) by the sea; **nad poziomem ~a** above sea level; **pływać/żeglować po ~ach** sail the seas; **spędzać wakacje nad ~em** spend holidays at the seaside; **za ~em** overseas

most *m* **1.** bridge; **~ dla pieszych** footbridge; **~ drogowy** highway/road bridge; **~ kolejowy** railway bridge; **~ pontonowy** pontoon bridge; **~ wiszący** suspension bridge; **~ zwodzony** drawbridge; *przen.* **palić za sobą ~y** burn one's boats, burn one's bridges; *pot.* **prosto z ~u** straight from the shoulder **2. ~ powietrzny** airlift

motyk|a *f* hoe; *przen.* **porywać się z ~ą na słońce** be on a wild--goose chase

motyw *m* **1.** (*pobudka*) motive; ~ **zysku** profit motive; (**ustalić**) ~ **morderstwa** (establish) a motive for the murder, (establish) a murder motive **2.** (*element kompozycyjny*) motif, motive; ~ **muzyczny** musical motif; ~ **przewodni** leading/guiding motif; leitmotiv

mow|a *f* **1.** (*język narodu*) language; tongue; **czyjaś ~a ojczysta** one's mother tongue, one's native tongue **2.** (*język danego środowiska*) parlance; **w ~ie potocznej** in common parlance, in ordinary parlance **3.** (*w gramatyce*) speech; **~a niezależna** indirect speech; **~a zależna** direct speech **4.** (*mówienie, zdolność mówienia*) speech; faculty of speech; **narządy ~y** organs of speech; *pot.* **odjąć/odebrać komuś ~ę** be left speechless; **odzyskać ~ę** find one's tongue, find one's voice **5.** (*to, co się mówi*) talk; **~a była o...** there was talk of...; **nie ma ~y!** it's out of the question!; *pot.* no way!; nothing doing!; **skoro ~a o...** speaking of..., talking of...; **sprawa, o której ~a** the matter in question **6.** (*sposób mówienia*) speech; manner of speaking; way of speaking; **niewyraźna ~a** indistinct/slurred speech **7.** (*przemówienie*) speech; address; **~a pogrzebowa** funeral oration; **~a powitalna** welcoming speech; **~a pożegnalna** farewell speech; **płomienna ~a** passionate speech; *przysł.* **~a jest srebrem, a milczenie złotem** speech is silver but silence is golden; **wygłosić ~ę** give/deliver a speech; make an address

możliwie *adv* **1.** (*w miarę możliwości*) if possible; ~ **najlepszy** the best possible; ~ **najszybciej** as soon as possible; ~ **najwięcej** as much as possible; ~ **największy** the biggest possible **2.** *pot.* (*nie najgorzej*) passably; ~ **znać angielski** have a passable knowledge of English; **robić coś ~** do sth passably

możliwoś|ć *f* possibility; opportunity; **~ć zatrudnienia** opportunity of emloyment, job opportunity; **małe ~ci pracy/zatrudnienia** few job opportunities; **istnieje ~ć, że...** there is a possibility that...; **nie miałam ~ci przedyskutowania tego z nimi** I had no opportunity to discuss it with them; **rozważyć ~ć** take

możliwy

into account a possibility, take into consideration a possibility; **w granicach ~ci** within the realms of possibility; **w miarę ~ci** as far as possible; if possible; **wykluczyć ~ć** rule out/exclude a possibility

możliw|y *a* **1.** (*przypuszczalny, prawdopodobny*) possible; probable; likely; **~e, że...** it's possible that...; it is probable that...; it's likely that...; **~e, że się spóźnimy** it is just possible that we may be late; **(bardzo) ~e, że zostawiłem klucze w domu** I may have left my keys at home, I could have left my keys at home; **czynić coś ~ym** make sth possible; render sth possible; **jak to ~e?** *pot.* how come?; **jak tylko będzie to ~e** as soon as possible; **jeśli to w ogóle ~e** if at all possible; **jeżeli to ~e** if possible; **to bardzo ~e** it's very possible; **to nie jest ~e** it's just not possible; **wszystko jest ~e** anything's possible; **zrobić wszystko, co ~e** do one's best, do one's utmost, do everything possible **2.** *pot.* (*dość dobry*) passable; **całkiem ~a restauracja** a very passable small restaurant

możność|ć *f* **1.** (*możliwość*) possibility; **w miarę ~ci** as far as possible; if possible; to the best of one's ability **2.** (*sposobność*) opportunity; chance; **mieć ~ć** have an opportunity; **uzyskać ~ć** find an opportunity

mówi|ć *v* **~ć (o)** speak (about/of); talk (about); **~ się trudno!** worse luck!, (*w odniesieniu do własnej osoby*) (that's) just my luck!; **~ąc (całkiem) poważnie, powinieneś bardziej dbać o zdrowie** seriously though, you ought to take more care of your health; **~ć cicho** speak quietly, speak in a low voice; **~ć coś** say sth; **~ć do rzeczy** talk sense; **~ć głośno** speak loud; *pot.* **~ć jak nakręcony** talk nineteen to the dozen, talk ten to the dozen; *pot.* **~ć jak do ściany** talk to a brick wall; *pot.* **~ć komuś coś prosto z mostu** tell sb sth straight out; give it to sb straight from the shoulder; **~ć o kimś dobrze/źle** speak well/ill of sb; **~ć od rzeczy** talk nonsense/rubbish, talk through (the top of) one's hat; **~ć otwarcie** speak one's mind (plainly); **~ć**

płynnie po angielsku speak fluent English, speak English fluently, be fluent in English; **~ć po angielsku** speak English; **~ć za siebie** speak for oneself; **coś mi ~, że...** something tells me (that)...; **delikatnie/oględnie ~ąc** to put it mildly; **dokładnie ~ąc** to be exact; **inaczej ~ąc** in other words; **krótko ~ąc** to cut a long story short, briefly, in short; *pot.* to put it in a nutshell; **mów głośniej!** speak up!; **mów o niej co chcesz...** say what you like about her...; **nie ~ąc już o...** to say nothing of..., let alone...; **nie ~ się źle o zmarłych** don't speak ill of the dead; *przysł.* **nie mów hop, póki nie przeskoczysz** look before you leap; **otwarcie ~ąc** frankly (speaking); **poważnie ~ąc...** (*na początku zdania*) seriously though..., on a more sober note...; **szczerze ~ąc** to be quite truthful; to be quite honest; **ściśle ~ąc** strictly speaking; **to ~ samo za siebie** it speaks for itself; **wiedziałem, że ~ła poważnie** I knew she spoke in earnest; **z tego co (ludzie) ~ą** by/from all accounts

mózg *m* (*umysł, rozum*) brain(s); *przen.* **być ~iem czegoś** be the brains of sth

mrowisko *n* anthill; *przen.* **wsadzić/wetknąć kij w ~** stir up a hornet's nest; put/set the cat among the pigeons

mrówk|a *f* ant; *przen.* **~i chodzą mi po ciele** it gives me the creeps; **pracowity jak ~a** (as) busy as a bee

mr|óz *m* frost; **biały/siwy ~óz** white frost; **lekki ~óz** light/slight frost; **siarczysty ~óz** hard/severe/heavy frost; **okres ~ozów** freeze; **było pięć stopni ~ozu** there was five degrees of frost; **drętwieć/skostnieć od ~ozu** get frozen stiff; **zabezpieczać coś przed ~ozem** protect sth against frost

msz|a *f* mass, Mass; **~a w intencji** a mass for; **~a żałobna** requiem mass; **uroczysta ~a** solemn mass; **być na ~y** be to Mass; **celebrować/odprawiać ~ę** celebrate (a/the) mass; say (a/the) mass; **odprawić ~ę za (czyjeś) dusze** say a mass for their souls; **pójść na ~ę** go to Mass; **służyć do ~y** serve mass; **uczestniczyć we ~y** attend/hear mass

much|a *f* fly; **~a tse-tse** tsetse fly; *przen.* **nie skrzywdzić nawet ~y** not harm a fly, not hurt a fly; **umierać/ginąć/padać jak ~y** die like flies, fall like flies, drop (off) like flies

mundur *m* uniform; **~ policyjny** police uniform; **~ wojskowy** military uniform

mur *m dosł. i przen.* wall; **~ z cegły** brick wall; brickwork; **bić//tłuc/walić głową o ~** beat/bang/bash/hit/knock one's head against a brick wall; **być przypartym do ~u** have one's back to the wall; **napotkać ~** (*obojętności, niechęci itd.*) come up against a brick wall; **przyparty do ~u** pushed to the wall, with one's back to the wall; **przyprzeć kogoś do ~u** drive sb to the wall, push sb to the wall

muzeum *n* museum; **~ etnograficzne** ethnographic museum; **~ morskie** maritime museum; **~ sztuki** art museum; **w ~** at/in a museum; **zwiedzać ~** see/visit a museum

muzyk|a *f* music; **~a filmowa** film music; **~a instrumentalna** instrumental music; **~a kameralna** chamber music; **~a klasyczna** classical music; **~a kościelna** sacred music; **~a lekka** light music; **~a ludowa** folk music; **~a organowa** organ music; **~a popularna/rozrywkowa** popular music, pop music; **~a poważna** serious music; **~a rockowa** rock, rock music; **~a taneczna** dance music; **~a współczesna** modern music; **grać ~ę** play music; **do tego wiersza skomponowano ~ę** the poem was set to music; **jaki rodzaj ~i lubisz?** what sort of music do you like?; **komponować ~ę** compose music; **pisać ~ę (do filmów)** write music (for films); **w takt ~i** to the music

myl|ić się *v* be mistaken; be wrong; err; **~ić kogoś/coś z kimś//czymś** mistake sb/sth for sb/sth; **~ić się jest rzeczą ludzką** to err is human; **~isz się zupełnie co do niego** you're completely mistaken about him; **jeśli się nie ~ę** if I'm not mistaken; **on jest często ~ony z jego bratem bliźniakiem** he is often mistaken for his twin brother; **pozory (często) ~ą** appearances are deceptive, appearances are deceitful

mysz *f* **1.** mouse (*pl* mice); **~ domowa** house mouse; **~ polna** field mouse; **~ czmychnęła do dziury** the mouse scuttled back into its hole; *przysł.* **~y tańcują, kiedy kota nie czują** when the cat's away (the mice will play); **bawić się z kimś w kotka i ~kę/igrać z kimś jak kot z ~ą** play a cat-and-mouse game with sb, play cat and mouse with sb; **biedny/ubogi jak ~ kościelna** as poor as a church-mouse; **być/siedzieć cicho jak ~ pod miotłą** be (as) quiet as a mouse; be still as a mouse; **łapać/łowić ~y** catch mice **2.** (*komputerowa*) mouse; **używać ~y** use the mouse

myśl *f* thought; **czarne/złe ~i** dark thoughts; **~ o czymś nurtuje kogoś/gnębi kogoś/nie daje komuś spokoju** sb is worried by the thought of sth, sb is worried at the thought of sth; **~ami wciąż wracałem do tamtej nocy** my thoughts kept wandering back to that night; **bić się z ~ami** be in a dither, be all of a dither; **biję się z myślami, czy przyjąć tę nową ofertę pracy** I'm in a dither over whether to accept this new job offer, I'm all of a dither over whether to accept this new job offer; **błądziła gdzieś ~ami** her mind was wandering; **być dobrej ~i** be hopeful (of/about sth), be hopeful (that...); **być pogrążonym/zatopionym w ~ach** be deep in thought, be lost in thought; **być z kimś ~ami** be with sb in spirit; **być z kimś jednej ~i** be of the same mind, be of one mind; **coś całkowicie zaprząta czyjeś ~i** one's mind is completely occupied by sth; *przysł.* **co z oczu, to i z ~i** out of sight, out of mind; **czytać w czyichś ~ach** read sb's thoughts, read sb's mind; **drżeć na (samą) ~** shudder to think; **gubić się w ~ach** be lost in conjecture; **mieć coś na ~i** mean sth; have sth in mind; **musisz odpędzić od siebie te czarne ~i** you must put such dark thoughts out of your mind; **na samą ~ o tym** at the very thought of it; **nasuwać się na ~** suggest itself; **nasuwa (mi) się na ~ inne możliwe wyjaśnienie** another possible explanation suggests itself (to me); **nie móc pogodzić się z ~ą (o czymś/że)...** cannot bear the thought of...; **nigdy nie przyszło mi na ~, że/nawet nie przeszło mi przez ~, że...** the thought never crossed my mind

myśleć

that...; **nosić się z ~ami, żeby coś zrobić** have it in mind to do sth; **podsunąć/poddać ~ o czymś** suggest sth; **porzucić ~ o (zrobieniu czegoś)** give up all thoughts of (doing sth), abandon all thoughts of (doing sth); **pozbierać ~i** collect/gather one's thoughts; **przyszło/wpadło mi na ~, że...** the thought struck me that...; it occurred to me that..., the thought occurred to me that...; **przywodzić komuś kogoś/coś na ~** put sb in mind of sb/sth; **sposób, w jaki mówiła, przywodził mi na ~ jej matkę** her way of speaking put me in mind of her mother; **skupić ~i na czymś** give one's mind to sth; **w klasie był taki hałas, że ledwo słyszałam własne ~i/że nie mogłam usłyszeć własnych ~i** there was so much noise in the classroom that I could hardly hear myself think, there was so much noise in the classroom that I could barely hear myself think; **wyrazić ~** (*mniemanie*) express a thought; **zaprzątać czyjeś ~i** occupy sb's mind; haunt sb; **z ~ą o czymś** with a view of sth; **zebrać ~i** collect/gather one's thoughts

myśl|eć *v* **~eć (o)** think (about/of); **~eć głośno** think aloud; **~eć o kimś/czymś (bardzo) dobrze** think highly of sb/sth; **~eć o niebieskich migdałach** daydream; **~eć o zrobieniu czegoś** (*mieć zamiar*) think of doing sth; intend to do sth; **~eć perspektywicznie (o)** take the long view (of); **~eć sobie** think to oneself; **~ę, że tak** I think so; I suppose so; **co o tym ~isz?** what do you think about it?; *pot.* **czy dobrze ~ę, że...** am I right in thinking that...; **on poważnie ~i o swojej przyszłości** he's thinking seriously about his future; **źle o kimś/czymś ~eć** think poorly of sb/sth

myśleni|e *n* thinking; **~e abstrakcyjne** abstract thought/reasoning; **pobudzający/zmuszający do ~a** thought-provoking; **sposób ~a** way of thinking; **dać komuś do ~a** make one think; make sb sit up (and take notice); **zdolny do abstrakcyjnego ~a** capable of abstract thought

mżawka *f* drizzle; **marznąca ~** freezing drizzle

N

nabiera|ć *v* **1.** (*czerpać*) scoop (up); **~ć łyżką** spoon (up) **2.** (*uzyskiwać – doświadczenie, prędkość itd.*) gather; **~ć odwagi** gather/take courage; **~ć sił** gather strength; get stronger **3.** *pot.* **~ć kogoś** put sb on; kid sb; pull sb's leg; **~sz mnie!** you're putting me on!; you must be kidding (me)!; **dać się nabrać** rise to the bait; be had; **dałem się nabrać!** I've been had!

nabożeństw|o *n* **1.** (*religijne*) service; **~o poranne** morning service; **~o w intencji/za** service for; **~o wieczorne** evening service; **~o żałobne** funeral/burial service; **iść na ~o** go to a service; **odprawiać ~o** hold/conduct a service; **uczestniczyć w ~ie** attend a service; **w niedzielę zostanie odprawione ~o w intencji ofiar kataklizmu** a memorial service is being held on Sunday for the disaster victims **2.** (*poważanie, uwielbienie*) reverence; **mieć wielkie ~o dla** have a deep reverence for; **odnosić się do kogoś z wielkim ~em** show great reverence for sb, hold sb in reverence

nabój *m* cartridge; round (of ammunition); **~ ostry** live cartridge; **~ ślepy** blank cartridge

nacisk *m* **1.** pressure; **pod ~iem** under pressure; **wywierać na kogoś ~** exert/put/place pressure on sb; bring pressure to bear on sb **2.** (*akcent*) accent; stress; emphasis; **kłaść (szczególny) ~ na** put/place (special) emphasis on

naczelnik *m* chief, head; **~ poczty** postmaster; **~ stacji** station-master, *US* station agent; **~ więzienia** prison governor

naczyni|e *n* **1.** dish; utensil; vessel; **~a żaroodporne** ovenware; **~e do gotowania** cooking utensil; **~e kuchenne** kitchen utensil; **zmywać ~a** wash (up) the dishes, do the dishes **2. ~e krwionośne** blood vessel **3. ~a laboratoryjne** laboratory ware; **~a połączone** communicating/connected vessels; **~e miarowe** measuring vessel, calibrated measure

nadajnik *m* transmitter; sender; **~ radiowy** radio transmitter; **~ telewizyjny** television transmitter

nadawa|ć *v* **1.** (*przyznawać – prawa itd.*) grant; give; bestow; (*tytuł itd.*) confer; **~ć komuś odznaczenie** decorate sb; **~ć prawo** grant a right, vest sb with a right; **odznaczenie jest ~ne komuś za coś** a decoration is bestowed on sb for sth **2.** (*przesyłkę pocztową*) post, *US* mail; send (off); **~ć list** post a letter, *US* mail a letter; **~ć list polecony** register a letter, have a letter registered, send a letter by registered post; **~ć telegram** send a telegram **3.** (*wysyłać – sygnał itd.*) send; transmit; broadcast; **~ć program telewizyjny** broadcast a television programme **4. ~ć się (do/na)** be suitable (to/for), be fit (to/for); **~ć się do jedzenia/picia** be fit to eat/drink; **ona nie nadaje się do pilnowania dzieci** she's not fit to look after children; **żywność nie ~ła się do spożycia** the food was not fit to eat, the food was not fit for human consumption

nadążać *v* follow; **~ za czymś/kimś** keep up with sth/sb; **~ za postępem technicznym** keep pace with technological advance, keep abreast of progress in technology; **nie ~ za czymś/kimś** lag behind sth/sb; fall behind sth/sb

nadużycie *n* abuse; **~ alkoholu** alcohol abuse; **~ narkotyków** drug abuse, abuse of drugs; **~ władzy** abuse of power; **~ zaufania** abuse of trust

nadzie|ja *f* hope; **mała/słaba/nikła ~ja** faint hope, slight hope, slender hope; **~ja wyzdrowienia/na wyzdrowienie** a hope for recovery; **nieuzasadniona ~ja** unreasonable hope; **uzasadniona ~ja** reasonable hope; **złudna ~ja** illusory hope; **iskra ~i**

spark of hope; **promyk ~i** ray of hope; *przysł.* **~ja (jest) matką głupich** hope often blinks at a fool; **~je na osiągnięcie porozumienia szybko maleją/nikną/topnieją** hopes of reaching an agreement are fading fast; **budzić ~je** arouse/inspire hope; **być czyjąś ostatnią ~ją** be sb's last hope; **dawać ~je** give/offer hope; hold out hope; **mam ~ję, że nie/tak** I hope not/so; **mam ~ję, że nie sprawiłem ci kłopotu** I hope I haven't put you to any trouble; **mieć ~ję** hope; be hopeful; **nie rób jej zbyt wielkich ~i bo może się bardzo rozczarować** don't raise her hopes too high or she may be very disappointed; **nie tracić ~i!** don't give up hope!; **pełen ~i** hopeful; **pokładać ~je w** place/pin/put one's hopes on; **porzucić (wszelką) ~ję** give up/abandon (all) hope; **póki życia, póty ~i** while there's life, there is hope; **robić komuś ~je** raise sb's hopes; **rokować ~ję** show promise; **rozwiać czyjeś ~je** dash/dispel/deflate one's hopes; **stracić ~ję** lose hope; **to nasza jedyna ~ja** that's our only hope; **w ~i, że...** in the hope that...; in the hope to...; **wiążemy z nią wielkie ~e** we have high hopes for her; **wszystkie swoje ~je wiązała z otrzymaniem tej pracy** she pinned all her hopes on getting that job; **wyrazić ~ję** express/voice hope; **żywić ~ję** cherish/nurse a hope; **żywimy ~ję, że...** it is our hope that...

nadz|ór *m* supervision; control; **~ór techniczny** engineering supervision; **bez ~oru** without supervision; **pod ~orem...** under the supervision of...; **sprawować ~ór nad kimś/czymś** supervise sb/sth

nagan|a *f* reprimand; rebuke; **otrzymać/dostać ~ę** receive a rebuke; **udzielić ~y** reprimand; rebuke; give a rebuke

nag|i *a* naked, nude; *przen.* **~a prawda** the naked truth; **~i człowiek** naked man; **~i jak go Pan Bóg stworzył** stark naked, *US* buck/butt naked; **na wpół ~i** half-naked

naginać *v* **~ (się)** incline; bend; **~ prawo/przepisy** bend the law/ /rules, stretch the law/rules

nag|o *adv* nakedly, naked, in the nude; *pot.* in the raw; **dzieci biegały ~o po ogrodzie** the children were running around the garden in the nude; **na wpół ~o** half-naked; **opalać się ~o** sunbathe naked; **pozować ~o do** pose nude for, pose in the nude for; **rozebrać się do ~a** strip naked

nagrod|a *f* prize; award; reward; **~a Nobla** Nobel prize; **~a pieniężna** prize money; **~a pocieszenia** consolation prize; **literacka ~a Nobla** the Nobel Prize for Literature; **pokojowa ~a Nobla** the Nobel Peace Prize; **pisarz nagrodzony ~ą Nobla** a Nobel-prizewinning novelist; **rozdanie nagród** (*uczniom*) prize-giving; **zdobywca ~y** (prize) winner; **zdobywca ~y Nobla** a Nobel prize winner; **dać ~ę** give a prize; **dostać ~ę** get a prize; **jego książka zdobyła kilka nagród literackich** his book gained several literary prizes; **otrzymać ~ę** receive a prize; **otrzymać ~ę Nobla w dziedzinie fizyki** be awarded the Nobel prize for physics; **przyznać komuś ~ę** award sb a prize, grant sb an award; **rozdawać/wręczać ~y** distribute prizes; **ubiegać się o ~ę** compete for a prize; **w ~ę za coś** in reward for sth; **zdobyć ~ę** win/take a prize; **zdobył pierwszą ~ę** he won the first prize, he took the first prize

najem *m* hire; **brać w ~** hire, rent; **oddać w ~** hire out, rent

najgorsz|y *a* the worst; **mieć ~e za sobą** be over the hump; **myślę, że ~e mam już za sobą** I think that I'm over the worst of it now; **obawiać się/spodziewać się ~ego** fear the worst; **w ~ym wypadku** at worst

najlepiej *adv* best (of all); **jak ~/~ jak potrafisz** (*zrobić coś*) to the best of your ability

najlepsz|y *a* the best; second-to-none; **w ~ym wypadku** at best; **wszystkiego ~ego!** all the best!

najpóźniej *adv* at the latest; **~ o (godzinie) dziewiątej** by nine o'clock at the latest

najwcześniej *adv* at the earliest; **~ w poniedziałek** on Monday at the earliest

nakaz *m* (*polecenie*) order; command; (*prawny*) warrant; ~ **aresztowania** arrest warrant, warrant for one's arrest; ~ **rewizji** search warrant; **policja ma ~ przeszukania domu** the police have a warrant to search the house; **wydać ~** issue a warrant

nakład *m* **1.** (*koszt*) outlay; input; expenditure; **~y inwestycyjne** capital expenditure; **wzrost ~ów na obronę** an increase in defence expenditure **2.** (*pracy itd.*) expenditure; **minimalnym ~em...** with a minimum expenditure of...; **ogromny ~ czasu i energii** a huge expenditure of time and energy **3.** (*książki*) edition; impression; **nowy ~** reprint; new edition

naładowany *a* loaded; (*o ładunku elektrycznym*) charged; ~ **dodatnio** positively charged; ~ **ujemnie** negatively charged

nał|óg *m* addiction; (*nawyk, przyzwyczajenie*) habit; **~óg palenia papierosów** smoking habit; **popaść w ~óg robienia czegoś** fall into the habit of doing sth, get into the habit of doing sth; **wyjść z ~ogu** get out of the habit; **zerwać z ~ogiem** break the habit; *pot*. kick the habit

namiot *m* **1.** tent; ~ **cyrkowy** big top, circus tent; **pod ~em** in a tent, under canvas; **rozbić ~** erect a tent, put up a tent, pitch a tent; **zwinąć ~** take down a tent; dismantle a tent **2.** ~ **tlenowy** oxygen tent

namy|sł *m* reflection; **po ~śle** on reflection; on second thought(s)

napad|ać *v* **1.** **~ać (na kogoś)** attack (sb); assault (sb); waylay (sb); **~ać na bank** raid/rob a bank; **~ać na kraj** invade a country; **kobieta została ~nięta przez dwóch mężczyzn** a woman was waylaid by two men; **zostałam ~nięta w drodze do pracy przez...** I got waylaid on my way to work by... **2.** *pot*. **co cię (u licha) ~ło, że...?** what (on earth) possessed you to...?, whatever possessed you to...?; **~ła ją zazdrość** she was possessed by jealousy

napęd *m* drive; propulsion; ~ **dyskowy** (*w komputerze*) disk drive; ~ **elektryczny** electric drive; ~ **na cztery koła** four wheel drive; ~ **nuklearny** nuclear propulsion; ~ **odrzutowy** jet propulsion; **~ pasowy** belt drive; **~ rakietowy** rocket propulsion; **~ ręczny** hand drive; **o ~zie odrzutowym** jet-propelled; **o ~zie ręcznym** hand-driven; **o ~zie silnikowym** power-driven; power-operated

napięci|e *n* **1.** tension; **~a społeczne** social tensions; **~e międzynarodowe** international tension; **~e mięśni** tension in one's muscles; **~e nerwowe** nervous tension; **~e polityczne** political tension; **~e struny** tension of a string; **ostre ~e** acute tension; **rosnące ~e** mounting tension; **~e rośnie** tension builds up/mounts; **~e obniża się/słabnie** tension subsides, tension eases; **dało się wyczuć ~e w...** you could feel the tension in...; **odczuwał duże ~e przed egzaminem** he felt considerable tension before the exam; **podnosić ~e** heighten tension; **powodować ~e** create/cause tension; **rozładować ~e** relieve tension; **trzymać kogoś w ~u** keep sb in suspense; **wywoływać ~e** create/cause tension; **złagodzić/osłabiać ~e** ease tension, lessen tension, alleviate tension; **zwiększać ~e** increase tension **2. ~e (elektryczne)** voltage; tension; **wysokie ~e** high voltage/tension; **pod ~em** live; **przewody wysokiego ~a** high wires

napisa|ć *v* write; **coś jest ~ne czarno na białym** sth is down in black and white; **tu jest ~ne, że...** it says here that...

napiw|ek *m* tip; **duży ~ek** big/handsome tip; **dawać ~ek** give a tip, tip; **dała kelnerowi pięć dolarów ~ku** she tipped the waiter five dollars; **zostawić ~ek** leave a tip

napój *m* beverage; drink; **~ alkoholowy** alcoholic beverage, strong drink; **~ bezalkoholowy** non-alcoholic beverage, soft drink; **~ chłodzący** refreshing drink; **~ wyskokowy** alcoholic beverage, strong drink

napraw|a *f* repair(s); **doraźna ~a** emergency repair; **drobna ~a** minor/small repair; **gruntowna ~a** extensive/major repair; **~a dachu będzie kosztowna** repairs to the roof will be expensive; **być w ~ie** be under repair; **dać/oddać coś do ~y** have sth repaired; **dokonać niezbędnej ~y** do/make a necessary repair; **mój samochód jest oddany do warsztatu do ~y** my car is in the garage for repairs; **mój stary zegarek nie nadaje się do ~y** my old watch is not repairable

narad|a *f* council; **~a produkcyjna** production meeting; **~a wojenna** council of war (*pl* councils of war); **odbyć/mieć/ /toczyć ~ę** have a council, hold a council; **zwołać ~ę** convene a council

narażać *v* endanger, jeopardize, put/place in jeopardy; **~ kogoś na koszty** put sb to expense; **~ na niebezpieczeństwo** endanger, jeopardize, expose to danger; **~ się na...** run a risk of...; **~ zdrowie** endanger one's health

narkotyk *m* drug, narcotic; *pot.* dope; **brać ~i** take drugs/dope, use drugs; *pot.* do drugs; *pot.* **być na ~ach** be on drugs; **odurzony ~ami** high on drugs, drugged out; **przedawkować ~** overdose on a drug; **zmarł wskutek przedawkowania ~ów** he died of a drug(s) overdose; **została aresztowana za posiadanie ~ów** she was arrested for carrying drugs

narodzenie *n* birth; **Boże Narodzenie** (*święto*) Christmas; (*narodziny Chrystusa*) Nativity

nart|a *f* ski; **~y biegowe** cross-country skis; **~y wodne** water skis; **~y zjazdowe** downhill skis; **jeździć na ~ach** ski

naruszenie *n* breach, violation, infringement; **~ granicy terytorialnej** violation of the border; **~ obowiązków** breach/ /violation of duty; **~ porządku publicznego** disturbance, breach of the peace; **~ praw autorskich** infringement of copyright; **~ praw człowieka** infringement/violation of human rights; **~ prawa** violation/infraction/infringement of the law; **~ tajemnicy korespondencji** violation of the secrecy of correspondence; **~ umowy** violation/breach of a contract

narzeka|ć *v* 1. **~ć (na coś/kogoś)** complain (about sth/sb); grumble (about sth/sb); **~li na hałas** they complained about the noise; **nie mogę ~ć** I can't complain; *pot.* mustn't grumble;

narzędzie 248

ty zawsze ~sz! you're always complaining! **2. ~ć na...** (*zły stan zdrowia*) complain of...; **pacjent ~ł na silny ból ucha** the patient complained of acute earache

narzędzi|e *n* **1.** tool; instrument; implement; **~a chirurgiczne** surgical instruments; **~a tortur** instruments of torture; **~e pracy** a tool of the/one's trade; **~e zbrodni** murder weapon **2.** *przen.* (*środek*) vehicle; tool; instrument; **być ~em w czyichś rękach** be a tool in sb's hands, be a mere tool in the hands of sb

nastawienie *n* **1.** (*regulacja*) adjustment; setting; regulation; **~ na ostrość** focusing; **dokładne ~** fine adjustment; **niewłaściwe ~** maladjustment **2.** *przen.* (*stosunek*) **~ do/wobec/w stosunku do** attitude to/towards; **przyjazne/życzliwe ~** friendly attitude; **wrogie ~** belligerent attitude; **on wykazuje/ma bardzo pozytywne ~ do swojej pracy** he shows a very positive attitude to his work

nastąpi|ć *v* **1.** (*mieć miejsce*) take place, occur; **~ły zmiany** the changes took place **2.** (*wydarzyć się po czymś innym*) follow, ensue, succeed; **po jego słowach ~ła cisza** a silence succeeded his words

następca *m* successor; **~ tronu** heir to the throne, successor to the throne

następstw|o *n* **1.** sequence; succession; **~o czasowe** time sequence **2.** (*rezultat*) result; outcome; consequence; **w ~ie czegoś** in consequence of sth **3.** **~o czasów** (*w gramatyce*) the sequence of tenses

nastr|ój *m* **1.** (*usposobienie*) mood; temper; **czyjś ~ój zmienia się** sb's mood changes; **być w ~oju do czegoś** be in the mood for (doing) sth/to do sth; **być w dobrym ~oju** be in a good mood; **być w podłym ~oju** be in a foul mood, be in a filthy mood; **być w złym ~oju** be in a bad mood/temper; **cały dzień była w posępnym/złym ~oju** she's been in a bad mood all day; **nie jestem w ~oju** I'm not in the mood; **nie mieć ~oju do czegoś** be in no mood for (doing) sth/to do sth; **wpadać w ~ój** get into the mood; **wprawiać kogoś w dobry ~ój** put sb in a good mood; **wprawiać kogoś w zły ~ój** put sb in a bad mood **2.** (*atmosfera*) atmosphere; mood; **~oje społeczne** the mood of the public; **~ój spotkania był pesymistyczny** the mood of the meeting was pessimistic

natężenie *n* intensity; **~ dźwięku** sound intensity, volume; **~ hałasu** noise level; **~ prądu** current intensity/strength; **~ ruchu (ulicznego)** traffic volume

natur|a *f* (*przyroda, usposobienie, istota rzeczy*) nature; **~a człowieka** human nature; **czyjaś druga ~a** sb's second nature; **martwa ~a** still life; **powrót do ~y** getting back to nature; **wybryk ~y** freak of nature; **nie leży w jego ~ze...** it is not in his nature to...; *przysł.* **przyzwyczajenie jest drugą ~ą (człowieka)** habit is a second nature; **w ~ze** (*płacić itd.*) in kind; **wbrew ~ze** against nature; **z ~y** (*o usposobieniu*) by nature

nauczk|a *f* lesson; **być dla kogoś ~ą** be a lesson to sb; **dać komuś ~ę** teach sb a lesson; **dostać ~ę** learn a lesson; **niech to będzie dla ciebie ~ą** let that be a lesson to you; that'll learn you

nauczyciel *m* teacher; **~ akademicki** academic teacher; **~ historii** history teacher; **~ (języka) angielskiego** a teacher of English; **~ muzyki** music teacher; **~ szkoły podstawowej** primary teacher; **~ szkoły średniej** secondary teacher; **~ śpiewu** singing teacher

nauk|a *f* **1.** (*wiedza*) science; learning; **~i humanistyczne** the Arts; the humanities; **~i przyrodnicze** natural/life sciences; **~i ścisłe** exact sciences; **~i techniczne** technology, technical sciences; *przen.* **wyciągnąć z czegoś ~ę** learn/draw lessons from sth **2.** (*zdobywanie wiedzy*) education, learning; (*w rzemiośle*) apprenticeship; **~a gry na instrumencie** learning to play an instrument; *przysł.* **~a nie poszła w las** the lesson has not been forgotten; **~a nie przychodzi mu łatwo** he's a slow learner; **~a przychodzi mu łatwo** he's a quick learner; **mieć trudności w nauce** have learning difficulties

nawias *m* **1.** bracket; ~ **klamrowy** brace, curly bracket; ~ **kwadratowy** square bracket; ~ **łukowy/okrągły/zwykły** parenthesis (*pl* parentheses), round bracket; ~ **ostry** angle bracket; **w ~ach** in/between parentheses; **wziąć coś w ~** bracket sth, put sth in brackets; put sth in parentheses **2.** *przen.* **~em mówiąc** by the way, incidentally **3.** *przen.* **być/znajdować się/pozostawać poza ~em** be out of it; **człowiek wyrzucony poza ~ społeczeństwa** an outcast from society; **czuć się poza ~em** feel out of it; **ludzie żyjący poza ~em społeczeństwa** people living on the margins of society

nazw|a *f* name; **~a firmowa** brand name; **~a potoczna** customary/common name; **~a (prawnie) zastrzeżona** registered trade name, proprietary name; **nadać ~ę** name; **nosić ~ę** bear a name

nazwisk|o *n* surname, family name; **~o panieńskie** maiden name; **fałszywe ~o** false name; **pod przybranym ~iem** under an assumed name; **powiedziała, że ktoś kłamał, ale nie podała//nie wymieniła żadnych ~** she said someone had lied but wouldn't name names

nazywa|ć *v* **1.** (*dawać nazwę*) name; call; *przen.* **~ć rzeczy po imieniu** call a spade a spade; be plainspoken; speak bluntly; **~my go Dick** we call him Dick; **~sz to sprawiedliwością?!** do you call that justice!; **nie ~m cię kłamcą, ale...** I'm not calling you a lier but... **2. ~ć się** be called; **~m się...** my name is...; **jak się ~sz?** what is your name?; **jak się to ~?** what is this called?

negocjacje *pl* negotiations; **~ na najwyższym szczeblu** top-level negotiations; **~ pokojowe** peace negotiations; **prowadzić ~** conduct negotiations; **zerwać ~** break off negotiations

nerw *m* nerve; **poszarpane ~y** frayed/frazzled nerves; **żelazne ~y** nerves of iron; **~y odmówiły komuś posłuszeństwa/czyjeś ~y nie wytrzymały/~y kogoś zawiodły/~y komuś puściły** sb's nerves broke down; **~y w kimś grają/dygoczą/drżą** sb's nerves are on edge; **działać komuś na ~y/grać komuś na ~ach** get on one's nerves; **mieć ~y ze stali** have nerves of steel;

nigdy nie ponoszą mnie ~y, kiedy... I never suffer from nerves when...; **panować nad ~ami** keep cool; **szarpiący ~y** nerve-racking, nerve-wracking; **targać komuś ~y/szarpać komuś ~y/rozstrajać komuś ~y** fray sb's nerves, frazzle sb's nerves; **targać/szarpać/psuć sobie ~y** get nervous; *pot.* **trzymaj ~y na wodzy!** hold your horses!; **uspokajać (czyjeś) ~y** calm one's nerves, settle one's nerves, steady one's nerves

netto (*wyraz nieodmienny*) net; **waga ~** net weight; **zysk ~** net profit

nędz|a *f* poverty; **~a aż piszczy** grinding poverty; **cierpiący ~ę/dotknięty ~ą** poverty-stricken; **skrajna/ostatnia ~a** abject poverty, dire poverty; **ludzie żyjący w skrajnej ~y** down-and-outs; **żyć w ~y** live in poverty; **żyć w skrajnej ~y** live in grinding poverty

nic *pron* nothing; **~ a ~** not a thing; nothing at all; **~ ciekawego** nothing of interest; **~ dziwnego, że...** (it's) no wonder (that)...; little wonder (that)...; **~ innego** nothing else; **~ nadzwyczajnego/specjalnego** nothing special; *pot.* nothing to write home about; **~ nie można zrobić** there's nothing to be done; there's nothing you can do; **~ nie wiadomo o losie trzech mężczyzn** nothing is known of the fate of the three men; **~ nowego** nothing new; **~ tylko...** nothing but...; **~ z tego!** nothing doing!; **~ z tych rzeczy/~ podobnego** nothing of the kind, nothing of the sort; *pot.* **być do niczego** be a dead loss; **jako kierownik on jest do niczego** as a manager he's a dead loss; **jeśli nie masz ~ przeciwko temu** if you don't mind; *pot.* **mieć kogoś za ~** treat sb like dirt, treat sb like a dog; **nie było ~ do jedzenia** there wasn't a thing to eat, there was nothing to eat; **nie mieć ~** possess nothing; **nie mogą go aresztować, bo ~ na niego nie mają** they can't arrest him because they've got nothing on him; **nie mieć ~ wspólnego z** have nothing to do with; **prawie ~** next to nothing; **spełznąć na niczym** come to nothing; **w pudełku nie ma ~ – jest puste** there is nothing in the

niebezpieczeństwo

box – it's empty; there isn't anything in the box – it's empty; **w tym mieście ~ się nie dzieje** nothing ever happens in this town

niebezpieczeństw|o *n* danger; hazard; risk; **~o lawin** risk of avalanches; **~o pożaru** danger of fire, fire hazard/risk; **~o wojny** war risk; **~o wybuchu** explosion hazard; **grożące ~o** impending/imminent danger; **poważne ~o** peril, serious danger; **śmiertelne ~o** deadly/mortal danger; grave peril; **~o czyha w...** danger lurks in...; **~o powodzi utrzymuje się** the danger of flooding stands; **być/znajdować się w ~ie** be in danger; face danger; **być w wielkim ~ie** be in great peril; **istniało ~o, że wybuchnie pożar** there was a danger that fire would break out; **narażać na ~o** endanger, jeopardize, expose to danger; **pełen ~** fraught with danger; **stanowić ~o** constitute/represent danger; **stwarzać ~o** create danger; **wciąż istnieje ~o powodzi** the danger of flooding stands; **wyczuwać ~o** sense danger; **wystawiać na ~o** expose to danger, endanger, jeopardize

niebiosa *pl* heaven(s); **wychwalać/wynosić kogoś/coś pod ~** praise sb/sth to the skies

nieb|o *n* **1.** sky; **na ~ie** in the sky; **pod gołym ~em** under the open sky **2.** (*niebiosa*) heaven(s); **o (całe) ~o lepszy** a whole world better; *pot.* streets ahead (of sth); **poruszyć ~o i ziemię** move heaven and earth; leave no stone unturned; **pójść do ~a** (*po śmierci*) go to heaven; **taka była wola ~a** it was the will of Heaven; **w ~ie** in heaven; **wielkie ~a!** good heavens!; **w siódmym ~ie** in the seventh heaven; **wołać o pomstę do ~a** cry to heaven **3.** *pot.* **~o w gębie** delicious!

niechęć *f* reluctance; dislike; **silna ~ć** strong dislike; **czuć ~ć//żywić ~ć/pałać ~cią do kogoś/czegoś** have a dislike of/for sb/sth, dislike sb/sth; **okazywać ~ć** display/show reluctance; **poczuć ~ć do** take a dislike to; **z ~cią** reluctantly; **z ogromną/wyraźną ~cią** with great reluctance; with marked reluctance

niecierpliwoś|ć *f* impatience; **rosnąca ~ć** growing impatience; **okazywać ~ć** show/display impatience; **z ~cią** impatiently

nieco *adv* somewhat; **~ większy** somewhat larger; **co ~** a little; **sytuacja się ~ zmieniła od naszego ostatniego spotkania** the situation has changed somewhat since we last met

niedawn|o *adv* recently; **~o temu** (only) recently, lately, not long ago; **do ~a** until (quite) recently, until very recently; **nasz samochód został ~o zreperowany** our car has only recently been repaired; **od ~a** since a short time

niedyskrecj|a *f* indiscretion; **popełnić ~ę** commit an indiscretion

niedziel|a *f* Sunday; **Niedziela Palmowa** Palm Sunday; **Wielka Niedziela** Easter Sunday; **co ~a/w każdą ~ę** every Sunday; **w ~ę** on Sunday; **w przyszłą ~ę** next Sunday; **w zeszłą/ubiegłą ~ę** last Sunday

niedźwied|ź *m* bear; **~ź brunatny** brown bear; **~ź polarny** polar bear; **~ź szary** grizzly bear; *przysł.* **dzielić skórę na ~ziu//jeszcze ~ź w lesie, a już skórę targują** sell the bear's skin before the bear has been caught

niekorzyść *f* disadvantage; **(działać) na czyjąś ~** (work) to sb's disadvantage

niełas|ka *f* disfavour; disgrace; **popaść w ~kę u kogoś** fall into disfavour with sb, fall out of favour with sb; **w ~ce** in disfavour/disgrace

niemożliw|y *a* **1.** impossible; improbable; unlikely; **~e, żeby/aby...** it is impossible that...; **~y do przewidzenia** unpredictable, unforeseeable; **prośba ~a do spełnienia** an impossible request; **to ~e** that's impossible; **to ~e, że zostawiłem klucze w domu** I can't have left my keys at home **2.** *pot.* (*nie do zniesienia*) impossible; **~e dziecko** impossible child; **czasami jesteś ~y!** you're impossible at times!; **ona staje się ~a, kiedy jest zmęczona** she gets impossible when she's tired

nienawiś|ć *f* hatred, hate; **głęboka ~ć** deep hatred, profound hatred; **głęboko zakorzeniona ~ć** deep-rooted hatred; **głucha**

nieobecność

~**ć** blind hatred; **gwałtowna** ~**ć** violent hatred; **nieprzejednana/nieubłagana** ~**ć** implacable hatred; **rasowa** ~**ć** racial hatred; **ślepa** ~**ć** blind hatred; **wściekła** ~**ć** fierce hatred; **zaciekła/zacięta/zawzięta/zażarta/zapiekła/zapamiętała** ~**ć** passionate hatred; venomous hatred, virulent hatred; **spojrzenie pełne** ~**ci** a look full of hate; ~**ć ogarnia kogoś** sb is filled with hatred; ~**ć zaślepia kogoś/**~**ć pali kogoś/**~**ć miota kimś** sb is consumed with hatred; **budzić** ~**ć** arouse hatred; **czuć** ~**ć do** feel hatred/hate for; **popatrzyła na mnie z** ~**cią** she looked at me with hatred; **posiać ziarno** ~**ci** sow the seeds of hatred; **siać** ~**ć** sow hatred; **uczucie** ~**ci wzbierało z każdym dniem** the feeling of hate grew stronger every day; **żywić** ~**ć** nurse hatred

nieobecnoś|ć *f* absence; ~**ć nie usprawiedliwiona** unexcused absence; ~**ć usprawiedliwiona** excused absence; ~**ć w pracy/ /szkole** absence from work/school; **pod czyjąś** ~**ć/podczas czyjejś** ~**ci/w czasie czyjejś** ~**ci** during sb's absence, in sb's absence

nieobecny *a* absent; *przen.* ~ **duchem** absent in soul; **być** ~**m w/na** be absent from; absent oneself from

niepamięć *f* oblivion; **pójść/iść w** ~ sink into oblivion, fall into oblivion; **puścić coś w** ~ forget (about) sth; forgive and forget; **puśćmy wszystko/to w** ~ let's forgive and forget

niepewnoś|ć *f* uncertainty; **być/pozostawać w** ~**ci (czegoś)** be uncertain (about/of sth); **trzymać kogoś w** ~**ci** keep sb in suspense

niepodległość *f* independence; **przyznać** ~ grant independence; **stracić/utracić** ~ lose one's independence; **uzyskać** ~ gain/ /achieve independence; **zdobyć** ~ win independence

niepok|ój *m* worry; unrest; anxiety; restlessness; ~**oje społeczne** social unrest; ~**ój o czyjeś bezpieczeństwo** anxiety for sb's safety; **rosnący** ~**ój** growing anxiety/restlessness; **twarz pełna** ~**oju** anxious face; ~**ój ogarnia/nurtuje/przejmuje kogoś**

(**o coś**) sb gets worried (about sth); **budzić ~ój** loom large (in one's mind); **odczuwać ~ój** feel anxiety, feel anxious; feel worried; **odczuwać ~ój o przyszłość** feel anxious about the future; **wywoływać ~ój** cause worry; **zbliżający się egzamin budzi z każdym dniem coraz większy ~ój** the coming examination looms larger with every day; **z ~ojem** anxiously; restlessly; **z ~ojem oczekiwany** anxiously awaited

nieporozumienie *n* misunderstanding; **kompletne ~** complete misunderstanding; **małe ~** little/slight misunderstanding; **usunąć ~ między...** remove misunderstanding between...; **wyjaśnić/zażegnać ~** clear up a misunderstanding; **wynikło/zaszło między nami małe ~ o/w sprawie...** we had a slight misunderstanding over...; **zachodzi tu jakieś ~** there must be some misunderstanding

niepowodze|nie *n* unsuccess; failure; (*pech*) bad luck; **ciąg ~ń** a run of bad luck; **być skazanym na ~nie** be doomed (to failure), be foredoomed to failure; **doznać ~nia** fail; experience failure; **sukces przyszedł po wielu ~niach** success came after many failures; **zakończyć się ~niem** end in failure

nieprawd|a *f* falsehood; untruth; **mówić ~ę** tell an untruth; **to ~a!** that's not true!

nierówno|ść *f* inequality; **~ć szans** inequality of opportunity; **~ci społeczne** social inequalities

nieskończono|ść *f* infinity; infinitude; **~ć przestrzeni** infinitude of space; **dążyć do ~ci** (*w matematyce*) approach infinity; **nie możemy czekać w ~ć** we can't wait forever; **pasmo górskie rozciągało się w ~ć** the mountain range stretched away into infinity; **robić coś w ~ć** keep (on) doing sth

niespodziank|a *f* surprise; **miła/przyjemna ~a** a pleasant surprise; **coś jest dla kogoś ~ą** sth comes as a surprise to sb; **nie jest dla nikogo ~ą, że...** it comes as no surprise that...; **zrobić/sprawić komuś ~ę** give sb a surprise; spring a surprise on sb; **zrobili jej niemiłą ~ę** they sprang an unpleasant surprise on her

nieszczęści|e *n* unhappiness; misfortune; bad luck; misery; **straszne/wielkie ~e** great misfortune; *przysł.* **~a chodzą parami/w parze** it never rains but it pours; *przysł.* **~a chodzą po ludziach** accidents can happen; accidents will happen; **~e przydarzyło się/przytrafiło się/dotknęło/spadło/uderzyło...** misfortune struck...; **doświadczyć/doznać ~a** come to harm; suffer (a) misfortune; **miał ~e pójść tam w złym momencie** he had the misfortune to get there at the wrong moment; **mieć ~e coś zrobić** have the misfortune to do sth; **na ~e/trzeba ~a, że...** unfortunately; **na jej twarzy malowało się ~e** her face was a picture of misery; **przydarzyło/przytrafiło mi się ~e...** I was unfortunate enough to...; **przynosić komuś ~e** bring sb bad luck; **wybawić kogoś z ~a** put sb out of his/her misery

nieuwag|a *f* inattention; **przez ~ę** through inattention

nieważkoś|ć *f* weightlessness; **w stanie ~ci** in the state of weightlessness

niewiadom|a *f* **1.** (*wielkość*) unknown (quantity); **równanie z jedną ~ą** an equation in one unknown **2.** *przen.* unknown; **to jest wielka ~a** it is a great unknown, *pot.* it's anybody's guess

niewierny *a* ~ **(komuś/czemuś)** unfaithful (to sb/sth); ~ **mąż** unfaithful husband; ~ **Tomasz** a doubting Thomas

niewinność *f* innocence; **tracić** ~ lose innocence; **udowodnić czyjąś** ~ prove one's innocence; **ustalić czyjąś** ~ establish sb's innocence; **wykazać swoją** ~ show one's innocence

niewinn|y *a* innocent; **~a ofiara czegoś** innocent victim of sth; **~e dziecko** innocent child; *przen.* **~e pytanie** innocent question; **uznany za ~ego** presumed innocent

niewol|a *f* slavery; bondage; captivity; **być/zostać wziętym do ~i** be taken captive; **trzymać kogoś w ~i** hold sb captive; **żyć w ~i** live in captivity

niewypał *m pot.* (*rzecz nieudana*) failure, washout, misfire; **okazać się ~em** misfire; **dowcip okazał się ~em** the joke misfired

niezadowoleni|e *n* ~e **(z czegoś)** discontent (at/about/over/with sth); **oznaka** ~a a sign of discontent; **pomruki** ~a murmurs of discontent; **powszechne** ~e widespread discontent; **rosnące** ~e **z czegoś** growing discontent with sth; **powodować/budzić** ~e stir up discontent, cause discontent

niezgod|a *f* discord; disagreement; ~a **w rodzinie** family discord; **być w** ~**zie z** be at odds with; **siać** ~**ę** spread discord

nigdy *adv* never; ~ **nie wiadomo** you never know, you never can tell; ~ **w życiu** (*nigdy – z odcieniem ekspresywnym*) never in all one's life; *pot.* never ever; for the life of one; ~ **w życiu mu nie wybaczę** I'll never ever forgive him; ~ **w życiu nie przypomnę sobie, jak on się nazywa** I cannot for the life of me remember his name; ~ **w życiu nie słyszałam takiej bzdury** never in all my life have I heard such nonsense!; ~ **w życiu!** (*oczywiście, że nie*) not on your life!; **jak gdyby** ~ **nic** as if nothing had happened; **teraz albo** ~ now or never

nigdzie *adv* nowhere; (*z innym wyrazem przeczącym*) anywhere; ~ **indziej** nowhere else; anywhere else; ~ **nie można było znaleźć książki** the book was nowhere to be found

nik|t *pron* nobody; no one; (*z innym wyrazem przeczącym*) anybody, anyone; *przen.* **być** ~**im** be a nobody

nit|ka *f* thread; *GB* cotton; **nawlec** ~**kę (w igłę)** thread a needle with a cotton, thread cotton through (the eye of) a needle; *przen.pot.* **nie (po)zostawić na czymś suchej** ~**ki** tear sth to shreds; **przemoczony do suchej** ~**ki** wringing wet; wet throughout; soaking wet

noc *f* night; (*pora nocna*) night-time; ~ **poślubna** wedding night; **bezsenna** ~ sleepless night; **ciemna** ~ dark night; **czarna/ /posępna/ponura** ~ murky night; **gwiaździsta** ~ starlit night; **księżycowa** ~ moonlight/moonlit night; ~ **w** ~ night after night; ~**ą** in/during the night; by/at night; **całą** ~ all night (long); throughout the night; **co** ~ every night; nightly; **dniem i** ~**ą** day and night, night and day; **dyskusje trwające całą** ~ night-long

nocny 258

discussions; **dzisiejszej ~y** tonight; **jutro w ~y** tomorrow night; **którejś ~y** the other night; **mieć złą ~** (*źle spać*) have a bad night; **od świtu do ~y/od rana do ~y** from morning to night; **on pracuje po ~ach** he works nights; **po ~ach** nights; **późno w ~y** late at night; **pracować po ~ach/uczyć się po ~ach/siedzieć do późnej ~y** burn the midnight oil; **przez ~** through the night; **ubiegłej/wczorajszej ~y** last night; **w ~y** in/during the night; by/at night; **zapadła ~** night fell

nocn|y *a* nightly; **~a koszula** nightdress, nightgown; *pot.* nightie; **~e życie** nightlife; **~y klub** nightclub; *pot.* nightspot; **~y marek** night owl, night-bird; **~y stróż** night watchman

nog|a *f* leg; **~a komuś ścierpła** sb got pins and needles in his foot; **~i komuś zadygotały** one's legs turned to jelly; **~i się pod kimś/komuś uginają** (*z osłabienia, ze strachu itd.*) go weak at the knees, be weak at the knees; **~i wrosły nam w ziemię (z przerażenia)** we were rooted to the ground (in terror), we stood rooted to the spot (in terror); **być na ~ach (cały dzień)** be on one's feet (all day); *pot.* **być na ostatnich ~ach** be on one's last legs; **do ~i!** (*do psa*) here!; **do góry ~ami** upside down; **dzieci plączą mi się pod ~ami cały dzień** the children are under my feet all day; **iść przy nodze** (*o psie*) heel; **jedną ~ą na tamtym świecie** between life and death; **ledwo się trzymać na ~ach** (*ze zmęczenia*) be on one's last legs; **na jednej nodze** (*szybko*) at/on the double; **pierwszy człowiek, który postawił ~ę na księżycu** the first man who set foot on the moon; **pod ~ami** under one's feet; **podstawić komuś ~ę** trip sb up; **postawić/stawiać kogoś/coś na ~i** set sb/sth on their/its feet; **powiedziała, że jej ~a więcej nie postanie w tym domu** she said she wouldn't set foot in that house again; **powłóczyć/szurać ~ami** shuffle one's feet; **przewracać coś do góry ~ami** turn sth upside down; **rozprostować ~i** stretch one's legs, *pot.* go for a leg-stretcher; **rzucać komuś kłody pod ~i** put a spoke in sb's wheel; **siedzieć z ~ą**

na nodze sit with one's legs crossed; **skoczyć/zerwać się na równe ~i** jump to one's feet; **stać jedną ~ą w grobie/być jedną ~ą na tamtym świecie** have one foot in the grave; **stanąć na ~i/na ~ach** (*po chorobie, kryzysie*) get back on one's feet, be on one's feet again; **stanąć na własnych ~ach** stand on one's own (two) feet; **stracić ~ę** lose one's leg; **szok sprawił, że ~i się pode mną ugięły** the shock made me go all weak at the knees; **to lekarstwo wkrótce postawi cię na ~i** this medicine will soon have you back on your feet; **trzymać się na ~ach na** (*lodzie itd.*) keep one's feet on; **w ~ach (łóżka)** at the foot (of the bed); **wstać z łóżka lewą ~ą** get out of bed on the wrong side; **wziąć ~i za pas/dać ~ę** take to one's heels, show a clean pair of heels, do a bunk, cut and run; **założyć ~ę na ~ę** cross one's legs; **zwalać kogoś z nóg** knock sb down

nominacja *f* nomination; appointment; **~ do Oskara** nomination for an Oscar; **~ na stanowisko** nomination to a post; appointment as...

nominowa|ć *v* nominate; appoint; **~ć do nagrody** nominate for a prize; **~ć kogoś na stanowisko dyrektora** nominate sb for/as director; **~ny do Oskara** Oscar nominee; **został ~ny do nagrody Nobla** he was nominated for the Nobel Prize

nonsens *m* nonsense; **czysty ~** sheer/pure/perfect nonsense; **oczywisty ~** outright nonsense; **mówić/wygłaszać/opowiadać ~y** speak nonsense, talk nonsense

nos *m* nose; **~ jak kartofel/perkaty ~** bulbous nose; **~ zadarty** turned-up nose, up-turned nose; **~ zakatarzony** running/runny nose; **orli ~** aquiline nose; **rzymski ~** Roman nose; **czubek//koniec ~a** the tip of one's nose; **zadzieranie ~a** airs (and graces); **cieknie mi z ~a** I have a runny nose; **czuć pismo ~em** smell a rat; **dłubać w ~ie** pick one's nose; **kręcić na coś ~em** turn one's nose up at sth; sniff at sth; **kręci mnie w ~ie** my nose is tickling; **mieć czegoś po dziurki w ~ie** be

notatka

fed up (to the back teeth) with sth; **mieć (dobrego) ~a do czegoś** have a nose for sth; **mieć kogoś/coś w ~ie** not care a damn about sb/sth, not give a damn about sb/sth; **(mówić/ /oddychać) przez ~** (speak/breathe) through the nose; **nie widzieć dalej niż koniec/czubek własnego ~a** not see further than one's nose, not see beyond the end of one's nose; **nie wtykać ~a w cudze sprawy** keep one's nose out of sb else's business; **pilnować swojego ~a** mind one's own business; **pilnuj swego ~a!** mind your own business!; **poczuć pismo ~em** smell a rat; **pod ~em** (*szeptać, mamrotać itd.*) under one's breath; **pod (samym) ~em** (*w obecności*) under sb's (very) nose; **przestań dłubać w ~ie!** stop picking your nose!; **przytrzeć komuś ~a** rub sb's nose in the dirt; take sb down a peg (or two), bring sb down a peg; bring sb to heel; **rozwalić komuś ~** slit sb's nose; **siedzieć z ~em w (książce)** have one's nose in (a book); **spuścić ~ na kwintę** have a face as long as a fiddle; **sprzątnąć/zabrać/zdmuchnąć coś komuś sprzed ~a** snatch sth from under sb's nose; **utrzeć komuś ~a** rub sb's nose in the dirt; take sb down a peg (or two), bring sb down a peg; bring sb to heel; **wetknąć/wsadzić ~ w książkę** bury one's nose in a book; **widzieć dalej niż czubek/koniec własnego ~a** see beyond (the end of) one's nose; **wodzić kogoś za ~** lead sb by the nose, lead sb a merry/pretty dance, *US* lead sb a merry chase; **wtykać/ /wsadzać/wścibiać ~ w nie swoje sprawy** poke/stick one's nose into other people's business; nose into sb's affairs; **wycierać ~** wipe one's nose, blow one's nose; **zadzierać ~a** give oneself airs, put on airs; **zadzierając ~a** with one's nose in the air; **zagrać komuś na ~ie** cock a snook at sb; **zwąchać/zwęszyć pismo ~em** smell a rat

notatk|a *f* note; **~a prasowa** press notice; **robić ~i** take notes

nowotwór *m* tumour; **~ łagodny** benign tumour; **~ złośliwy** malignant tumour

now|y *a* new; **~y dzień** new day; **fabrycznie ~y** brand-new; **co ~ego (słychać)?** what's the news?; **jak ~y** as good as new; **Nowy Rok** the New Year; (*dzień 1 stycznia*) New Year's Day, *US* New Year's; **Nowy Świat** (*Ameryka Północna, Ameryka Południowa i Australia*) the New World; **naprawili samochód i jest teraz jak ~y** they've fixed the car, and it's as good as new; **od ~a** again; afresh; anew; **uczyć się ~ych słów** learn new words; **wszystko wydaje mu się ~e** everything seems new to him; **zaczynać ~e życie** start a new life; **zaczynać wszystko od ~a** start (all) over again, *US* start over

nóż *m* knife (*pl* knives); **~ do (krajania) chleba** bread knife; **~ kuchenny** kitchen knife; **~ myśliwski** hunting knife; **~ rzeźniczy** butcher knife; **~ stołowy** table knife; **ostry ~** sharp knife; **tępy ~** dull/blunt knife; *pot.* **być/iść z kimś na noże** be at daggers drawn with sb; **mieć ~ na gardle** be in a tight corner/spot; have a noose around one's neck; **naostrzyć tępy ~** sharpen a blunt knife; **pchnąć/zranić/godzić/zadźgać kogoś nożem** knife sb, stab sb with a knife; **pod ~/pod nożem** (*operowany*) under the knife; **postawić/stawiać coś na ostrzu noża** bring sth to a head; **umrzeć pod nożem** (*w czasie operacji*) die under the knife; **wbić/wsadzić komuś ~ w plecy** stab sb in the back; **wbić w kogoś ~/utopić w kimś ~/zatopić w kimś ~** plunge a knife into sb; **wyciągnąć ~** draw/pull a knife

nud|a *f pot.* boredom; **umierać z ~ów** die of boredom, be bored stiff, be bored to death

nudny *a* boring, dull; *pot.* **~ jak flaki z olejem** deadly/terribly dull, (as) dull as ditchwater; **śmiertelnie ~** deadly boring/dull

nudziarz *m pot.* bore; **nieznośny/potworny/okropny ~** a crashing bore, a terrible bore

numer *m* number; (*obuwia itd.*) size; **~ czasopisma** issue; **~ kierunkowy** area code; **~ kolejny** consecutive number; **~ nieparzysty** odd number; **~ parzysty** even number; **~ seryjny** serial number; **~ telefonu** telephone/call number; **~ wewnętrzny**

nuta

(*telefonu*) extension number; **noszę ósmy ~ obuwia** I take size eight shoes; **te buty są o jeden ~ za duże** these shoes are one size too big; **wybierać/wykręcać ~** (*telefonu*) dial a number

nut|a *f* **1.** note; **cała ~a** semibreve, *US* whole note; **niska ~a** low note; **wysoka ~a** high note; **(grać/śpiewać) z ~** (play/sing) from the score **2.** *przen.* **~a smutku** a note of sadness; **książka skończyła się ~ą optymizmu/optymistyczną ~ą** the book ended on an optimistic note; **łgać/kłamać jak z ~** lie through one's teeth, lie in one's teeth; **wyczułem ~ę niepokoju w jej głosie** I detected a note of anxiety in her voice

O

oaza *f* oasis (*pl* oases); *przen.* ~ **spokoju** an island of peace/calm

obaw|a *f* fear; anxiety; apprehension; **poważna ~a** grave apprehension; **~y o coś/kogoś** fears for sth/sb; **jestem pełen ~ o wyniki egzaminów** I am/feel apprehensive about the results of the exams; **mieć/żywić ~y o** feel apprehesive about/for; **nie ma ~y!** there's no fear of that!, no fear!, never fear!; **ona była pełna ~ o bezpieczeństwo syna** she was apprehensive about/for her son's safety; **rozproszyć ~y** dispel fears; **to potwierdza moje najgorsze ~y** it confirms my worst fears; **uspokoić czyjeś ~y** allay one's apprehensions/fears; **wyrazić ~ę** express/voice apprehension; **z ~y przed** for fear of; **z ~y, żeby** for fear that

obawia|ć się *v* **~ć się (czegoś/kogoś)** be afraid of (sth/sb); **~ć się najgorszego** fear the worst; **~ć się o (coś/kogoś)** be anxious about/for (sth/sb); worry about (sth/sb); feel/be apprehensive about (sth/sb); fear for (sth/sb); **trochę się ~m, że nikt nie przyjdzie** I'm a bit apprehensive that no one will come; **~ć się, że...** fear that...; (*w zwrotach grzecznościowych*) **~m się, że...** I'm afraid; (*w odpowiedzi*) **~m się, że nie** I'm afraid not; I fear not; **~m się, że tak** I'm afraid so; I fear so

obcas *m* heel; **niski ~** low heel; **wysoki ~** high heel; **na wysokim ~ie** high-heeled

obchody *pl* celebration(s); **~ dwusetnej rocznicy** bicentenary celebrations; **~ Nowego Roku** New Year celebrations; **~ setnej rocznicy** centenary celebrations

obchodzi|ć *v* **1.** (*świętować*) celebrate; **~ć czyjeś urodziny** celebrate sb's birthday; **~ć rocznicę ślubu** celebrate a wedding anniversary **2.** (*przepisy, drogę służbową itd.*) evade; **~ć prawo** evade the law **3.** (*traktować*) **~ć się z czymś/kimś** treat sth/sb; **~ć się z kimś/czymś jak z jajkiem** handle sb/sth with kid gloves, treat sb/sth with kid gloves; **~ć się (z kimś) źle** treat (sb) badly, ill-treat (sb) **4.** (*posługiwać się*) **~ć się z czymś** handle sth; **~ć się niewłaściwie** mishandle; **~ć się ostrożnie** handle with care, handle cautiously **5. ~ć się bez czegoś** go without sth; do without sth; dispense with sth **6.** (*interesować*) interest; (*dotyczyć*) concern; (*przywiązywać znaczenie*) care (about); **kogo to ~?!** who cares!; **nie ~ mnie, co myślą ludzie** I don't care what people think; **nie ~ mnie polityka** politics doesn't interest me

obch|ód *m* (*kontrolny*) round(s); **lekarz jest na ~odzie** the doctor is out on his rounds; **lekarz robi ~ód** the doctor is doing his rounds

obc|y *a* **1.** (*nieznajomy*) unfamiliar; strange; (*o kraju, walucie*) foreign; (*odmienny – zwyczaj, kultura*) alien; **~e środowisko/otoczenie** alien environment; **~y człowiek** stranger; **język ~y** foreign language; **w ~ym kraju** in a strange country; **w ~ym miejscu** in a strange place **2.** (*przeciwny – sposobowi myślenia itd.*) **~y komuś/czemuś** alien to sb/sth; **okrucieństwo było ~e jego naturze** cruelty was alien to his nature, cruelty was alien to him; **te zasady są mi zupełnie ~e** such principles are totally alien to me

obecnoś|ć *f* presence; attendance; **fizyczna ~ć** physical presence; **~ć na wykładach jest obowiązkowa** attendance at lectures is compulsory; **~ć w szkole** attendance at school; **w czyjejś ~ci** in sb's presence, in the presence of sb

obecny *a* present; **~ rok** this year; **będę tam ~ duchem** I'll be there in spirit; **być ~m na czymś** attend sth, be present at sth

obiad *m* dinner; (*posiłek południowy, wczesny obiad*) lunch; **~ z trzech dań** a three-course dinner, a dinner of three courses; **lekki ~** light dinner; **obfity/suty ~** big dinner; **co jest na ~?** what will we have for dinner?; **czy jadłeś już ~?** have you had dinner yet?; **jeść ~** have dinner, eat dinner, dine; (*poza domem*) dine out; **przygotować ~** prepare dinner; **zaprosić/prosić kogoś na ~** ask sb to dinner; **zrobić ~** make dinner

obiecank|a *f pot.* pie in the sky, pie-in-the-sky promise; *przysł.* **~i cacanki (, a głupiemu radość)** promises, promises!; pie in the sky!

obiecywać *v* promise; *przen.* **~ komuś złote góry/gruszki na wierzbie** promise sb the moon, promise sb the earth; **~ sobie** promise oneself; **przed wyborami politycy obiecują gruszki na wierzbie** politicians promise the earth before an election; **zrobię co będę mógł, ale niczego nie obiecuję/nie mogę obiecać** I'll try my best, but I can't promise anything

obieg *m* **1.** circulation; cycle; **~ pieniądza** money circulation; **być w ~u** circulate, be in circulation; **puszczać w ~** circulate, put into circulation; **wycofać z ~u** withdraw from circulation **2.** (*okrążanie*) revolution; **~ Ziemi dookoła Słońca** the revolution of the Earth round the Sun

obiekcje *pl* objections; **mieć ~** object; **zgłaszać/przedstawiać ~ do** raise objections to, put forward objections to

obiekt *m* **1.** object; **~ inwestycyjny** investment project; **~ podziwu** object of admiration; **~ pożądania** object of desire; **~ zainteresowania** object of interest; **niezidentyfikowany ~ latający** unidentified flying object, UFO; **być ~em żartów** be the butt of everyone's jokes; **stać się ~em kpin** become a figure of fun, become an object of derision **2.** (*teren łącznie z budynkami*) facility; **~ rekreacyjny** recreational facility; **~ sportowy** sports facility; **~ wojskowy** military facility

obietnic|a *f* promise; **~a przedwyborcza** campaign/election promise; **uroczysta ~a** solemn promise; **spełnienie ~y** fulfil-

obliczyć 266

ment of a promise; **dać/złożyć** ~ę give a promise, make a promise; **domagać się spełnienia** ~y claim sb's promise; **dotrzymać** ~y keep a promise; **nie dotrzymać** ~y break a promise, go back on one's promise; **spełnić** ~ę fulfil a promise; make good a promise; **wymuszać na kimś** ~ę extort a promise from sb; **zwolnić kogoś z** ~y release sb from his promise

oblicz|yć v calculate, compute, count; **~yć błędnie** miscount, miscalculate; **~yć ile coś będzie kosztować** calculate how much sth will cost; **~yć koszty czegoś** calculate the costs of sth; **~yć objętość** cube; **~yć obwód prostokąta** calculate the perimeter of a rectangle; **~yć powierzchnię** square; **~yć promień okręgu** calculate the radius of a circle; **~yć średnią** average, calculate an average; **być ~onym na...** (*wywołanie zamierzonego efektu*) be calculated to...; **na ile ~asz jego dochód?** what do you rate his income at?

obligacj|a f bond, debenture; **~a państwowa** state/treasury bond; **posiadacz ~i** bond/debenture holder; **emitować ~e** issue bonds

obłok m cloud; *przen*. **bujać w ~ach** have one's head in the clouds; daydream; **przestać bujać w ~ach** come down to earth

obojętność f ~ **(wobec/dla/względem)** indifference (to/towards//concerning); **zupełna** ~ complete indifference; **czuć** ~ feel indifference; **okazywać** ~ show indifference; **udawać** ~ feign/affect indifference; **zachować** ~ remain indifferent

obojętn|y a ~y **(na coś)** indifferent (to sth); **~y na głosy opinii publicznej** indifferent to public opinion; **coś jest komuś zupełnie ~e** sth is a matter of total indifference to sb; **czy jest ci ~e, co się z nimi stanie?** don't you care what happens to them?; **jest mi to ~e** I don't care; **wydawał się być ~ym na ich cierpienia** he appeared indifferent to their sufferings

obowiąz|ek m duty; obligation; **~ek moralny** moral duty/obligation; **~ek służby wojskowej** military obligation; **~ki rodzinne** family obligations; **~ki zawodowe** professional duties; **ciężkie**

~ki onerous duties; **pełniący ~ki** (*w zastępstwie*) acting; **brać na siebie ~ek** take on a duty, assume a duty; assume an obligation; **czasami podczas wykonywania ~ków służbowych policja zmuszona jest użyć broni palnej** sometimes in the execution of their duty the police have to use firearms; **muszę już iść – ~ek wzywa!** I must go now – duty calls!; **nakładać na kogoś ~ek** lay sb under an obligation, place sb under an obligation; **spełniać swój ~ek** carry out one's duty, do one's duty, perform one's duty; fulfil an obligation; **uchylać się od ~ku** shirk one's duty

obóz *m* **1.** camp; **~ letni** summer camp; **~ szkoleniowy** training camp; **~ wojskowy** army/military camp; **być na obozie** be in camp; **jako chłopiec zwykle spędzał wakacje na obozach** as a boy, he used to spend holidays on camp; **rozbić ~** set up a camp, make a camp, pitch a camp; **wyjechać na ~** go camping; **zwinąć ~** strike a camp **2.** (*miejsce odosobnienia*) camp, detention camp; **~ (dla) internowanych** internment camp; **~ dla uchodźców** refugee camp; **~ jeniecki** prisoner-of-war camp, POW camp, PW camp; prison camp; **~ koncentracyjny** concentration camp; **~ pracy** work camp; **~ przejściowy dla uchodźców** a transit camp for refugees **3.** (*stronnictwo, ugrupowanie*) camp; **~ przeciwnika** rival camp; **~ zwolenników aborcji** proabortion camp; **zwalczające się ~y** opposing camps; **partia dzieli się na dwa wyraźne ~y w kwestii//sprawie...** the party is divided into two distinct camps over...

obraca|ć *v* **1.** turn; *pot.* **~ć coś w żart** turn sth into a joke; *pot.* **~ć językiem** (*dużo mówić*) talk nineteen to the dozen, talk ten to the dozen **2.** **~ć się** (*odwracać się*) turn (round); *przen.* **~ć się przeciw komuś** turn against sb; *przen.* **~ć się w gruzy** go to rack and ruin; **obrócił się na pięcie i wyszedł** he turned on his heel(s) and walked out **3.** **~ć się** turn; rotate; revolve; **~ć się wokół osi** rotate about/on an axis; **Ziemia ~ się dokoła Słońca** the Earth revolves round/around the Sun; **Ziemia ~ się wokół**

własnej osi the Earth rotates on its axis **4. ~ć się w** (*środowisku*) move in; **~ć się w kołach artystycznych** move in artistic circles; **~ć się w wyższych sferach** move in high society

obrady *pl* debate; **~ parlamentu** parliamentary debate

obraz *m* **1.** picture, painting; **na ~ie** in the picture; **~ przedstawia...** the picture represents...; **malować/wieszać ~** paint/hang a picture **2.** *przen.* (*opis, ucieleśnienie itd.*) picture; *pot.* **~ nędzy i rozpaczy** a sorry sight; the picture of misery **3.** (*na ekranie telewizora itd.*) picture; **~ kontrolny** test pattern **4.** *pot.* (*film*) film, movie, (motion) picture; **czyjś najnowszy ~** sb's latest film

obraz|a *f* offence; insult; slight; **~a sądu** contempt of court, contempt; **bez ~y** no offence

obrażenie *n* injury; **~ cielesne/ciała/fizyczne** bodily injury; **~ głowy** injury to the head; **ciężkie ~** severe injury; **lekkie ~** slight/minor injury; **poważne ~** serious injury; **wewnętrzne ~** internal injury; **śmiertelne ~** fatal injury; **doznać obrażenia** receive/suffer/sustain an injury; **kierowca samochodu doznał poważnych obrażeń nóg i rąk** the driver of the car sustained serious injuries to the legs and arms

obrączka *f* ring; **~ ślubna** wedding ring

obron|a *f* **1. ~a (przed)** defence (against), *US* defense (against); **~a cywilna** civil defence; **~a konieczna** defence of necessity; **~a powietrzna/przeciwlotnicza** air defence, anti-aircraft defence; **~a praw człowieka** defence of human rights; **w ~ie...** in defence of...; **w ~ie własnej** in self-defence; **walczyć w ~ie swojego kraju** fight in defence of one's country **2.** (*w procesie sądowym*) defence; **podjąć się (czyjejś) ~y** assume the defence **3.** (*w sporcie*) the defence; **niektórzy gracze lepsi są w ~ie** some players are better at defending; **wzmocnić ~ę** strengthen the defence

obrońca *m* defender; **~ z urzędu** public defender

obrót *m* **1.** turn; **~ w lewo** left turn; **~ w prawo** right turn **2.** (*dokoła osi*) turn; revolution; rotation; **~ Ziemi dokoła**

(swej) osi the rotation of the Earth on its axis **3. wolne obroty** (*silnika*) idling speed; **pracować na wolnych obrotach** idle **4.** (*sprawy itd.*) turn; **nieoczekiwany** ~ unexpected turn; **rozmowa przybrała interesujący** ~ the conversation took an interesting turn; **sprawy przyjęły pomyślny** ~ things took a favourable turn **5.** (*gospodarczy*) turnover, traffic; **~ handlowy** trade turnover; **~ kapitału** capital turnover; **obroty handlu zagranicznego** foreign trade turnover

obrzęd *m* ritual; rite; **~ religijny** religious ceremonial

obsada *f* (*osobowa*) personnel; crew; staff; (*aktorska*) cast; **gwiazdorska ~** (*filmu*) star-studded cast

obserwacj|a *f* observation; **~e naukowe** scientific observations; **być pod ~ą** be under observation; **być/pozostawać w szpitalu na ~i** be in hospital under observation; **wziąć kogoś pod ~ę** place sb under observation

obsesj|a *f* obsession; **coś staje się czyjąś ~ą** sth becomes an obsession with sb; **mieć ~ę na punkcie czegoś** be obsessed by/with sth, have an obsession with sth

obsług|a *f* **1.** (*klientów itd.*) service, servicing; **~a pasażerów** passenger service; **~a prasowa** news service; **stacja ~i** service station **2.** (*urządzeń itd.*) operation, operating; **~a maszyny** machine operation **3.** (*personel obsługujący*) servicing personnel; service (staff); **~a naziemna** (*lotniska*) ground crew/staff

obstawa *f* guard; bodyguard; **~ policyjna** police guard; **~ prezydenta** president's bodyguard; **~ nie była w stanie jej ochronić** her bodyguard was/were unable to protect her

obstawa|ć *v* **~ć przy czymś** hold on to sth; persist in/with sth; stick to sth; *pot.* **~ć przy swoim** stick to one's guns; **~ć przy (swoim) poglądzie, że...** persist in the belief/in believing that...; **jeśli będziesz uparcie ~ła przy swoim, zdenerwujesz ich jeszcze bardziej** if you persist, you will annoy them even more

obszar *m* area; region; territory; space; **~ dotknięty klęską żywiołową/klęski żywiołowej** disaster area; **~ działania** field of action; sphere of action; **~ graniczny** frontier area/zone; **~ miejski** urban area; **~ morski** maritime territory; **~ niskiego ciśnienia** (*atmosferycznego*) low-pressure area; **~ państwa** state territory; **~ skażony** contaminated area; **~ wiejski** rural area; **~ wysokiego ciśnienia** (*atmosferycznego*) high-pressure area; **~ zabudowany** built-up area; **wieczorem niewielkie opady deszczu spodziewane są na ~ze całego kraju** all areas will have some rain tonight

oburzeni|e *n* **~e (na)** indignation (at); resentment (at); **dać wyraz swemu ~u** express one's indignation

obw|ód *m* **1.** (*talii, ciała itd.*) girth; **drzewo o ~odzie jednego metra** a tree 1 metre in girth, a tree with a girth of 1 metre; **zmierzyć ~ód czegoś** measure the girth of sth **2.** (*linia lub długość linii kolistej*) circumference; perimeter; **~ód koła** perimeter/cirumference of the circle; **~ód kuli ziemskiej** circumference of the Earth; **~ód kwadratu** perimeter of the square; **mieć... metrów ~odu** be... metres in circumference; **obliczyć ~ód prostokąta** calculate the perimeter of a rectangle **3. ~ód (elektryczny)** (electric) circuit; **~ód magnetyczny** magnetic circuit; **~ód scalony** integrated circuit; **przerwać ~ód** break/open a circuit; **zamknąć ~ód** close a circuit **4.** (*obszar, okręg*) perimeter; district; region; **~ód łowiecki** hunting ground; **~ód wyborczy** constituency, electoral/election district, *US* election precinct

obyczaj *m* **1.** (*zwyczaj*) custom; **dawny/stary ~** old custom, ancient custom; **jak nakazuje ~/według ~u** by custom, according to the custom **2. ~e** *pl* (*prowadzenie się*) morals; **luźne ~e** loose/lax morals; **surowe ~e** strict morals; **kobieta lekkich ~ów** a woman of easy virtue; **zepsucie ~ów** the corruption of (public) morals

obywatel *m* citizen; *przen.* **~ świata** a citizen of the world; **honorowy ~ miasta** freeman (*pl* freemen); **zostać honorowym ~em miasta** be made a freeman of the city

obywatelstw|o *n* citizenship; nationality; **honorowe ~o miasta** the freedom of the city; **obce ~o** foreign nationality, foreign citizenship; **podwójne ~o** dual citizenship, dual nationality; **nadać/przyznać ~o** grant citizenship; **nadać/przyznać komuś honorowe ~o miasta** give sb the freedom of the city; **pozbawić kogoś ~a** revoke sb's citizenship; **uzyskać ~o** acquire/receive citizenship; **zrzec się ~a** give up/renounce one's citizenship

ocen|a *f* **1.** (*osąd*) assessment; appraisal; evaluation; estimation; judg(e)ment; **~a sytuacji** assessment of the situation, appraisal of the situation; **błędna ~a** misjudgment; **wyważona ~a** balanced judg(e)ment; **dokonać ~y** make an assessment; **dokonała szczegółowej ~y sytuacji** she gave a detailed appraisal of the situation; **według mojej ~y** in my estimation **2.** (*stopień w szkole*) mark, grade; **najwyższa/najlepsza ~a** top mark; **ona miała bardzo dobre ~y z angielskiego przez cały rok** she had very good marks in/for English throughout the year; **otrzymać dobrą/złą ~ę z (matematyki)** get a good/poor mark in (maths); **otrzymał wspaniałe ~y na egzaminach** he got excellent grades in his exams; **postawić komuś niskie//wysokie ~y za coś** give sb low/high marks for sth

oceni|ać *v* **1.** (*osądzać*) assess; appraise; evaluate; estimate; judge; **~ać błędnie** misjudge; **~ać efekty/rezultaty** evaluate the effects; **~ać możliwości** evaluate the possibilities; **~ać na podstawie wyglądu zewnętrznego** judge by/on appearances; **~ać pracę ucznia** appraise a student's work; **~ać sprawiedliwie** judge fairly; **~ać surowo** judge severely; **~ać wysokość szkód wyrządzonych przez powódź** assess the flood damage; **~ać zbyt nisko** underestimate, underrate; **~ać zbyt wysoko** overestimate, overrate; **powinien być ~any tylko na podstawie wyników egzaminów** he should be judged only on exam results; **trudno ~ć, ile drzew zostało zniszczonych** it's difficult to estimate how many trees had been destroyed; **trudno ~ć, jak**

ochota

zareagują na nasze propozycje it's difficult to assess how they'll react to our suggestions; **trudno ~ć rozmiary strat** it's difficult to judge the extent of the damage **2.** (*stawiać stopnie*) mark; give marks; **~ć kogoś nisko/wysoko** give sb low/high marks

ochot|a *f* willingness; readiness; **~a do nauki** (a) willingness to learn; **mieć ~ę coś zrobić** feel like doing sth; (*w pytaniach i przeczeniach*) care to do sth; **czy masz ~ę pójść na spacer?** would you care to go for a walk?; **nie mam ~y, aby widziano mnie w jego towarzystwie** I don't care to be seen in his company; **mieć na coś ~ę** (*w pytaniach i przeczeniach*) care for sth; **czy masz ~ę na drinka?** would you care for a drink?; **jeśli masz na to ~ę** if you feel like it; **wykazać ~ę** show readiness; show willingness; **wyrazić ~ę zrobienia czegoś** express willingness to do sth; **z ~ą** with a will, willingly

ochotnik *m* volunteer; **zgłosić się/pójść na ~a (do...)** volunteer (for sth/to do sth)

ochron|a *f* **1.** (*zabezpieczenie*) protection; safeguard; preservation; **~a lasu** forest protection; **~a prawna** legal protection; **~a przeciwpożarowa** fire protection; **~a przed korozją** corrosion protection; **~a przed zimnem** protection against the cold; **~a przyrody** conservation of nature; **~a radiologiczna** radiation protection; **~a środowiska** environment protection; **~a zabytków** preservation of monuments; **~a zdrowia** health protection; **~a zwierzyny** game-preserving; **być pod ~ą** be under protection; be preserved; **zapewnić ~ę** give/provide protection **2.** (*straż, dozór*) guard; **~a osobista** personal bodyguard

oczekiwa|nie *n* **1.** expectation, waiting, awaiting; **w ~niu na coś** in expectation of sth **2. ~nia** *pl* expectations; **nie spełniać czyichś ~ń** fall short of one's expectations, not come up to one's expectations; **przechodzić czyjeś najśmielsze ~nia** be beyond one's wildest dreams; **przechodzić wszelkie ~nia**

exceed all expectations, surpass all expectations; **spełniać czyjeś ~nia/sprostać czyimś ~niom** fulfil one's expectations, come up to one's expectations, meet one's expectations; **wbrew (wszelkim) ~niom** against (all) expectations, contrary to (all) expectations

oczy *zob.* **oko**

oczywiście *adv* (*naturalnie*) naturally; obviously; of course; *pot.* course; **~!** certainly!; **~, że nie!** of course not!

od *prep* **1.** from; **~ chwili gdy...** from the moment...; **~ ciebie** from you; **~... do...** (*określając granice*) from...to...; (*określając czas*) from...till, from...until; **~ godziny czwartej do szóstej** from four until six o'clock; **~ sklepu do sklepu** from shop to shop; **~ świtu do nocy** from morning to night **2.** (*w porównaniach*) than; **on jest wyższy ode mnie** he is taller than I am **3.** (*z czasem Present Perfect*) for; since; **pracuję tutaj ~ (wielu) lat** I've worked here for years (and years); **znam go ~ dziesięciu lat** I have known him for ten years; **znam go ~ roku 1983** I have known him since 1983

odbicie *n* reflection; **~ czyjejś postaci w wodzie** one's reflection in water; **~ nastrojów społecznych** reflection of the public mood; **~ światła** reflection of light; **czyjeś ~ w lustrze** one's reflection in the mirror; *przen.* **być wiernym/zwierciadlanym ~m czegoś** be a mirror image of sth

odbierać *v* **1.** receive; **~ gratulacje** receive congratulations; **~ program satelitarny/przez satelitę** receive a programme via satellite; **~ staranne wykształcenie** receive a good education; **~ telefon** receive a phone call, answer the (tele)phone; **jak odebrano sztukę?** how was the play received? **2.** (*zabierać*) take away; **dziecko zostało odebrane rodzicom** the child was taken away from its parents **3. ~ dziecko** (*przy porodzie*) deliver a baby; **dziecko odebrał jej własny lekarz** her baby was delivered by her own doctor **4. ~ kogoś/coś** (*pójść po kogoś, coś*) collect sb/sth; **~ coś z pralni** collect sth from the cleaners;

odbiornik 274

~ **dziecko ze szkoły** collect a child from school; **odbiorę cię ze stacji** I'll collect you from the station

odbiornik *m* receiver; ~ **radiowy** radio receiver, radio set; ~ **telewizyjny** television receiver, television/TV set

odbywa|ć się *v* be in progress; go on; take place; (*konferencja, targi, mecz, spotkanie itd.*) be held; **lekcja się ~** a lesson is in progress; **mecz/spotkanie ~ się...** a match/meeting is held...

odchodzi|ć *v* go away; leave; **~ć od kogoś** (*męża itd.*) walk out on sb; **~ć od rozumu/zmysłów** take leave of one's senses; **pociąg ~ o...** the train leaves at...; **twój autobus ~ za parę minut** your bus is starting in a few minutes

odcin|ek *m* **1.** segment; **~ek prostej** line segment **2.** (*powieści, filmu itd.*) instalment; part; **serial sześcioodcinkowy** a six-part serial; **w ~kach** in instalments; **wychodzić/ukazywać się w ~kach** (*powieść*) be serialized

odcisk *m* **1.** impression; imprint; **~i palców** fingerprints **2.** (*na stopie, palcu*) corn; *przen.* **nadepnąć komuś na ~** tread on sb's corns

odczyt *m* **1.** lecture; **wygłosić ~** give/deliver a lecture **2.** ~ **wskazań przyrządu** instrument reading

oddawać *v* **1.** (*zwracać*) give back, return; (*pieniądze*) repay, pay back; ~ **dług** repay a debt; ~ **pożyczkę** repay a loan **2.** (*przekazywać*) turn over; ~ **coś do naprawy** have sth repaired, have sth fixed; ~ **do użytku** put into operation/service; put to use; ~ **sprawę do sądu** submit a case to court; ~ **w ręce policji** turn over to the police **3.** ~ **cześć boską** worship; ~ **komuś cześć** venerate sb, honour sb

oddech *m* breath; **brać/wziąć (głęboki) ~** take a (deep) breath; **brakowało mi ~u** I was out of breath, I was short of breath; **(z)łapać ~** catch one's breath; **wstrzymać ~** hold one's breath; **zapierać ~** take one's breath away

oddychać *v* breathe; inhale; respire; ~ **ciężko** breathe hard/heavily; ~ **głęboko** breathe/inhale deeply; ~ **powietrzem** breathe/

/inhale air; **~ przez nos** breathe through the nose; **~ świeżym powietrzem** breathe (in) fresh air

oddychanie *n* breathing, respiration; **~ usta-usta** mouth-to-mouth resuscitation; **sztuczne ~** artificial respiration

oddział *m* **1.** department; division; (*filia*) branch; **~ banku** branch bank; **~ terenowy** country branch **2. ~ (szpitalny)** hospital department, ward; **~ chirurgiczny** surgical ward; **~ dziecięcy** children's ward; **~ intensywnej opieki medycznej** intensive-care ward; **~ położniczy/porodowy** delivery ward, labour ward, *US* maternity ward

odejmować *v* subtract; **~ 5 od 8** subtract 5 from 8; **8 odjąć 5 równa się 3** 5 subtracted from 8 is 3, 5 subtracted from 8 equals 3

odejmowanie *n* subtraction; **wykonać ~** do subtraction

oderwać *v* **1.** (*urwać*) tear off/away/out; **~ się** break away/off; fall away/off; separate; **~ się od ziemi** (*samolot przy starcie*) lift off **2.** *przen.* **~ się od czegoś** (*zajęcia itd.*) detach oneself from sth, tear oneself away from sth; **nie móc ~ oczu od kogoś/czegoś** never/not be able to take one's eyes off sb/sth

odjeżdżać *v* leave; depart; **~ do** leave for; depart for; **~ o** leave at; **~ z peronu...** depart from platform...

odkręcać *v* (*wodę, gaz itd.*) turn on; **~ nakrętkę** undo a nut; **~ śrubę** unscrew a bolt, unbolt

odkrycie *n* discovery; **~e Ameryki** the discovery of America; **~e naukowe** scientific discovery; **dokonać ~a** make a discovery; **uczynić/zrobić ~e** discover, make a discovery

odległość *f* distance; **~ć do przejścia/przebycia** walking distance; **duża ~ć** good/great/long distance; **mała ~ć** short distance; **między pojazdami powinna być zachowana odpowiednia ~ć** the proper interval should be maintained between vehicles; **przebyć ~ć** cover a distance; **w ~ci... km** within the distance of... km; **w ~ci trzech mil** three miles away; **zachować (bezpieczną) ~ć** keep a (safe) distance

odległ|y *a* (*w przestrzeni, czasie*) distant; faraway; far; far-off; remote; **w ~ej przeszłości** in the remote past, in the distant past; **w ~ej przyszłości** in the remote future, in the distant future; **w niezbyt ~ej przyszłości** in the not-too-distant future

odliczać *v* (*przeliczać – banknoty itd.*) count (out); (*potrącać*) deduct; **~ wstecz** count down

odludzi|e *n* the wilds; wilderness; **mieszkać na ~u** live in the wilds/wilderness

odmian|a *f* **1.** change; **dla ~y** for a change **2.** (*roślin itd.*) variety; **nowa/rzadka ~a** new/rare variety; **wyhodować nową ~ę** create a new variety **3. ~a czasownika** conjugation; **~a rzeczownika** declension

odmow|a *f* refusal; **kategoryczna ~a** point-blank/flat refusal; **spotkać się z ~ą** meet with a refusal

odnos|ić *v* **~ić się do** refer to, relate to, apply to; **dane statystyczne ~zące się do polityki gospodarczej** statistics relating to economic policy; **nie ~iłam tego do ciebie** I wasn't referring to you; **to samo ~i się do...** the same goes for...

odpłacić *v* pay back; repay; *przen.* **~ coś z nawiązką** repay/return sth with interest; **~ komuś pięknym za nadobne** give sb a taste of his own medicine, give sb a dose of his own medicine; **~ komuś tą samą monetą** pay sb back in the same coin, pay sb in his own coin; **odpłacono mu pięknym za nadobne** he was given a dose of his own medicine

odporność *f* resistance; **~ na** (*choroby, krytykę itd.*) immunity to; **naturalna ~** natural immunity

odporny *a* immune; resistant; **~ na antybiotyki** resistant to antibiotics; **~ na choroby** immune to diseases, disease-resistant; **~ na krytykę** immune to criticism; **~ na wpływy atmosferyczne** weatherproof, resistant to weather

odpowiada|ć *v* **1.** (*na pytanie*) answer, reply, respond; **~ć komuś** answer sb, reply to sb; **~ć na coś** answer sth, reply to sth, respond to sth; **~ć na coś śmiechem** answer to sth with a laugh, answer to sth by laughing **2.** (*czynić zadość*) **~ć czemuś** answer sth, meet sth, comply with sth, satisfy sth; **~ć komuś** suit sb; **~ć opisowi** answer the description, fit the description; **~ć potrzebom** answer the needs; **~ć wymaganiom** meet the requirements; **to mi bardzo ~** that suits me fine **3.** (*ponosić odpowiedzialność*) **~ć za coś** be responsible for sth, be answerable for sth, answer for sth; **kierowca ~ za bezpieczeństwo pasażerów** the driver is responsible for the safety of his passengers; **on jest psychicznie chory i nie może ~ć za swoje czyny** he's mentally ill and cannot be held responsible for his actions

odpowiedzialnoś|ć *f* responsibility; **~ć cywilna** civil responsibility; **~ć finansowa** financial responsibility; **~ć karna** criminal responsibility; **~ć osobista** private responsibility; **~ć zbiorowa** collective responsibility; **~ć prawna** legal responsibility; **pełna ~ć** full responsibility; **poczucie ~ci** a sense of responsibility; **~ć spoczywa na kimś** the responsibility lies with sb, the responsibility rests with sb; **brać na siebie ~ć za** take (on) the responsibility for, accept the responsibility for, assume the responsibility for; **obarczać kogoś ~cią** saddle sb with the responsibility; **pociągać kogoś do ~ci** bring sb to account, call sb to account; **ponosić ~ć za** bear the responsibility for, be responsible for; **spadł na mnie ciężar ~ci** the weight of responsibility fell upon me; **uchylać się od ~ci** evade the responsibility, dodge the responsibility, shirk the responsibility; **uniknąć ~ci** escape the responsibility; **zrobić coś na własną ~ć** do sth on one's own responsibility

odpowiedzialn|y *a* **1. ~y (za coś)** responsible (for sth), answerable (for sth); **kierowca jest ~y za bezpieczeństwo pasażerów** the driver is responsible for the safety of his passengers; **kto jest ~y za ten bałagan?** who is responsible for this mess? **2.** (*mający poczucie obowiązku*) responsible; **~a decyzja** responsible decision; **~a praca** responsible job; **bardzo ~e stanowisko** highly responsible position

odpowied|ź *f* answer, reply, response; **~ź na list** answer to a letter; **~ź pisemna** written answer; **~ź ustna** spoken answer; **błędna ~ź** the wrong answer; **dobra ~ź** the right answer; **dyplomatyczna ~ź** diplomatic answer; **gotowa ~ź** ready answer; **natychmiastowa ~ź** immediate/prompt reply; **negatywna//nieprzychylna/odmowna ~ź** negative answer; **ostateczna ~ź** final answer; **pozytywna/przychylna/twierdząca ~ź** affirmative answer; **prawidłowa ~ź** the right answer; **trafna ~ź** apt answer; **wyczerpująca ~ź** exhaustive/complete answer; **wykrętna/wymijająca ~ź** evasive answer; **zła ~ź** the wrong answer; **~ź ludzi na apel była natychmiastowa** the response of the people to the appeal was immediate; **coś jest ~zią na coś** sth is an answer to sth; **dać negatywną ~ź** answer in the negative; **dać pozytywną ~ź** answer in the affirmative; **otrzymać/uzyskać ~ź** obtain an answer, receive an answer, have an answer; **udzielić ~zi (na)** give/make/provide an answer (to), give/make a reply (to); **unikać ~zi** evade an answer; **w ~zi na...** in answer to...; **w ~zi na twój/wasz list** in reply to your letter

odprawa *f* (*służbowa itd.*) briefing; **~ celna** (customs) clearance; **~ przed odlotem** check-in

odprowadzać *v* accompany; see; escort; (*przed podróżą*) see off; **~ kogoś do domu** see sb home; **~ kogoś do drzwi** see sb to the door; escort sb to the door; **~ kogoś na dworzec** see sb off at the station

odpukać *v* **~/~ w nie malowane drewno** touch wood

odróżnieni|e *n* distinction; **nie do ~a (od)** indistinguishable (from); **w ~u od** as distinct from; as distinguished from

odruch *m* reflex; **~ bezwarunkowy** unconditioned reflex; **~ warunkowy** conditioned reflex

odsetki *pl* interest; **narosłe ~** accrued/accumulated interest; **~ będą narastać jeśli będziesz trzymać pieniądze na rachunku oszczędnościowym** interest will accrue if you keep your money in a savings account; **obliczać ~** calculate interest; **płacić ~** pay interest

odstęp *m* (*w przestrzeni*, *czasie*) distance; interval; space; **~ między wyrazami** the space between words; **duży ~** large/wide space; **krótki ~ (czasu)** brief/short interval; **mały ~** small/narrow space; **w regularnych/równych/jednakowych ~ach** at regular intervals

odszkodowani|e *n* ~**e (za)** compensation (for), damages (for), indemnity (for); **~a wojenne** reparations; **~e za straty moralne** punitive damages; **wysokość ~a** amount of damages/compensation; **dochodzić ~a od kogoś na drodze sądowej** sue sb for damages; **otrzymać ~e** receive/recover damages; **(otrzymać ... $) tytułem ~a za** (receive $...) in compensation/by way of compensation/as a compensation for; **przyznać ~e** award damages; **ustalić wysokość ~a** assess damages; **zapłacić ~e** pay damages; **żądać ~a** claim/demand damages

odtwarzać *v* **1.** (*tworzyć na nowo*, *powtórnie*) reproduce; **~ dźwięk** reproduce sound **2.** (*rekonstruować*) reconstruct; recreate; restore; **~ przebieg wydarzeń** reconstruct the events; **~ w pamięci** recreate in one's imagination

odwag|a *f* courage; bravery; *pot.* guts; pluck; *pot.* **~a po pijanemu** Dutch courage; **bezprzykładna ~a** exemplary courage; **cywilna ~a** moral courage; the courage of one's convictions; **nadludzka ~a** superhuman courage; **nieustraszona ~a** dauntless courage; **człowiek wielkiej ~i** a man of great courage; **nagrodzony za ~ę** rewarded for bravery; **~i!** be brave!; **dodać komuś ~i** encourage sb; **mieć ~ę coś zrobić** have the courage to do sth; **mieć cywilną ~ę** have the courage of one's convictions; **nabierać ~i** gather/take courage; **nie grzeszyć ~ą/nadmiarem ~i** be faint-hearted; **nie mieć cywilnej ~i** lack the courage of one's convictions; **odebrać komuś ~ę** unnerve sb; **odznaczać się ~ą** demonstrate/show courage; **powiedzenie prawdy wymaga ~i** it takes courage to tell the truth; **stracić**

odwet 280

~ę lose courage; **zabrakło mu ~i, żeby to zrobić** he lacked the courage to do it; **z ~ą** courageously; bravely; **zdobyć/zebrać się na ~ę** muster (up) one's courage, summon up one's courage, pluck up one's courage

odwe|t *m* retaliation; (*zwł. wojskowy, polityczny*) reprisal; **brać ~t za coś** retaliate sth; **w ~cie za** in retaliation for, in reprisal for, as a reprisal for

odwołać *v* **1.** cancel; call off; **~ lot kosmiczny** (*wskutek awarii*) abort a space flight; **~ pociąg** cancel a train; **~ przedstawienie** cancel a performance; **~ spotkanie** call off an appointment; **~ strajk** call off a strike **2.** (*ze stanowiska*) dismiss; recall; **~ ambasadora** recall an ambassador **3. ~ się do kogoś** appeal to sb **4. ~ się od wyroku** appeal against the sentence, appeal against the verdict

odwrotnie *adv* **1.** inversely; **~ proporcjonalny** inversely proportional **2.** (*w funkcji zaprzeczenia*) the other way round; opposite way round; **i ~** and vice versa; **to ty go zaprosiłeś, a nie ~** it was you who invited him along, not the other way round

odzież *f* clothing; clothes; **~ ochronna** protective clothing; **~ robocza** working clothing

ofert|a *f* offer; **~a pracy** job offer; **odrzucić ~ę** decline/refuse/reject an offer; **przyjąć ~ę** agree to/accept an offer; **złożyć ~ę** make/submit an offer

ofiar|a *f* **1.** victim; **~a gwałtu** rape victim, victim of rape; **~a kataklizmu** disaster victim; **~a morderstwa** murder victim; **~a powodzi** flood victim; **~a śmiertelna** fatality; **~a trzęsienia ziemi** earthquake victim; **~a wypadku** accident victim; casualty; **~y AIDS** AIDS victims; **~y klęski głodu** famine victims; **niewinna ~a** innocent victim; **liczba ~** (*wypadku, katastrofy itd.*) death toll; **coś pochłonęło wiele ~** sth claimed a lot of victims; **paść (łatwą) ~ą czegoś** fall (an easy) victim to sth, fall (an easy) prey to sth; **trzęsienie ziemi pochłonęło tysiące ~** the earthquake claimed thousands of victims **2.** (*religijna*) sacrifice; offering; **~a całopalna** burnt offering; **składać w ofierze** sacrifice, make an offering, make a sacrifice; **złożyli (bogom) jagnię w ofierze** they sacrificed a lamb (to the gods) **3.** (*poświęcenie się*) sacrifice; **ponieść ~ę** sacrifice; make a sacrifice **4.** (*dar*) gift; donation; **~a na/dla** donation to **5. ~a losu** (*nieudacznik*) a failure

ogarn|iać *v* **1.** (*o uczuciach*) **~iać kogoś** overwhelm sb; sb is seized with; sb is overwhelmed by; **~ął go gniew, kiedy...** he was seized with anger when...; **~ął go strach** he was seized with fear; **~ął go żal** he was overwhelmed by grief **2.** (*rozszerzać się*) spread; **pożar ~ął wkrótce sąsiednie budynki** the fire soon spread to the adjoining buildings

ogień *m* **1.** fire; **dom strawiony przez ~** a house gutted by fire; **krzyżowy ~ pytań** cross-examination; *przen.* **słomiany ~** a flash in the pan; **szalejący ~** raging/roaring fire; **sztuczne ognie** fireworks; **zimne ognie** sparklers; **~ szybko strawił drewnianą chatę** the fire quickly consumed the wooden hut; **czy masz ~?** (*zapalniczkę, zapałkę*) have you got a light?; *przen.* **dolewać oliwy do ognia** add fuel to the flames; **(gotować coś) na wolnym ogniu** (cook sth) on a low heat; **igrać z ogniem** play with fire; *pot.* **iść na pierwszy ~** go over the top first; **puścić coś z ogniem** (*podpalić*) put sth to the torch; **rozpalać ~** kindle a fire; **skoczyć w ~ (za)** go to the stake (for); **stanąć w ogniu/zająć się ogniem** catch fire; **upiec dwie pieczenie przy jednym ogniu** kill two birds with one stone; **w ogniu** in flames; ablaze; **wziąć kogoś w krzyżowy ~ pytań** cross-examine sb, cross-question sb **2.** (*z broni palnej*) fire; **~ artyleryjski** artillery fire; **~ krzyżowy** crossfire; **ognia!** fire!; **być w ogniu/pod ogniem** be under fire; **na linii ognia** in the line of fire; **odpowiedzieć ogniem** return (sb's) fire; **otworzyć ~** open fire; **policja otworzyła ~ do demonstrantów** the police opened fire on the protestants; **przerwać ~** cease fire; **znaleźć się w ogniu/pod ogniem** come under fire

oglądać *v* 1. watch; see; *przen.pot.* ~ **każdy grosz/każdą wydawaną złotówkę** watch every penny; ~ **mecz piłkarski** watch a football match; ~ **telewizję** watch television/TV; **czterdzieści tysięcy ludzi obejrzało mecz** forty thousand people saw the match 2. *pot.* ~ **się na kogoś/coś** (*liczyć*) count on sb/sth 3. ~ **się za siebie** look back 4. *pot.* ~ **się za czymś** (*pracą itd.*) look around/round for sth

ogłaszać *v* announce; declare; ~ **blokadę** declare the blockade; ~ **konkurs** invite entries for a competition; ~ **przetarg na coś** invite tenders for sth; put sth out to tender; ~ **rozejm** declare a truce; ~ **sprawozdanie** publish a report; ~ **upadłość/niewypłacalność** declare bankruptcy/insolvency; ~ **w prasie** announce in press; advertise in press; ~ **wyniki wyborów** announce the election results; ~ **wyrok** pronounce the judgment, pronounce (a) sentence

ogłoszenie *n* 1. (*reklamowe*) advertisement, advert, ad; ~ **całostronicowe** full-page advertisement; ~ **drobne** classified ad, small ad, *US* want ad; ~ **w prasie** press advertisement; **zamieścić/dać** ~ put an advertisement, place an advertisement 2. (*podanie do wiadomości*) announcement; declaration; ~ **przez radio** radio announcement; ~ **rozejmu** declaration of a truce; ~ **upadłości** declaration of bankruptcy; ~ **wyników** the announcement of the results

ognisk|o *n* 1. bonfire; (*harcerskie, na obozie*) campfire; **przy ~u** by the fire; **rozpalić ~o** light a bonfire, make a bonfire; **siedzieć przy ~u/wokół ~a** sit around/round a bonfire; **śpiewać przy ~u** sing round the campfire 2. (*ośrodek*) focus; seat; centre; **~o domowe/rodzinne** (family) hearth; hearth and home; home 3. **~o zapalne/infekcyjne** (*chorobowe*) focus of infection

ogniwo *n* link; ~ **łańcucha** chain link; **brakujące** ~ the missing link

ogon *m* 1. tail; *przen.pot.* **chować** ~ **pod siebie** put/have one's tail between one's legs; **machać/merdać ~em** wag his/its tail;

przen.pot. **wlec się/iść w ~ie** drag behind **2. ~ komety** comet's tail, tail of a comet

ogólnie *adv* generally, in general; **~ biorąc** in general; on the whole; by and large; **~ dostępny** generally available; **~ mówiąc** generally speaking; **~ przyjęty** generally accepted

ogranicza|ć *v* **1.** limit, restrict; **~ć do minimum** reduce to the minimum; minimize; keep to a minimum; **~ć prędkość** limit the speed; impose a speed limit; **~ć wolność** restrict freedom; **mgła ~ła widoczność** fog restricted visibility **2. ~ć się do** limit/restrict oneself to; be restricted to; **~ła się do jednego posiłku dziennie** she limited/restricted herself to one meal a day

ogród *m* **1.** garden; **~ botaniczny** botanical garden; **uprawiać ~** garden **2. ~ zoologiczny** zoological gardens

ojciec *m* **1.** father; **~ chrzestny** godfather; **przybrany ~** foster father; **rodzony/własny ~** one's natural father; **wykapany ~** the very image of one's father, the living image of one's father, the spitting image of one's father; *przysł.* **jaki ~, taki syn** like father, like son; **z ojca na syna** (*z pokolenia na pokolenie*) from father to son **2. ojcowie miasta** the city fathers **3. Ojciec Święty** the Holy Father; **Bóg Ojciec** God the Father; **Ojcze Nasz** (*modlitwa*) the Lord's Prayer, *pot.* Our Father **4.** *przen.* (*twórca, inicjator*) **~...** the father of...

ojcostwo *n* fatherhood, paternity; **ustalić ~** establish paternity

ojczyzna *f* homeland; motherland; native country; **przybrana ~** country of adoption, country of one's choice

okaz *m* specimen; (*na wystawie*) exhibit; **~ muzealny** museum piece; **~ z kolekcji** collector's item/piece; *przen.* **~ zdrowia** the picture of health; **bezcenny ~** priceless exhibit; **wspaniały ~ dębu** a very fine specimen of the oak

okazj|a *f* **1.** occasion; opportunity; chance; **rzadka ~a** rare occasion; **zmarnowana ~a** lost opportunity/chance; *przysł.* **~a czyni złodzieja** opportunity makes the thief; **jeśli nadarzy się**

~a if the occasion arises; **marnować ~ę** lose the opportunity; miss the opportunity; **mieć ~ę coś zrobić** have the opportunity to do sth; have the chance to do sth; **nadarza się/wyłania się ~a** an opportunity presents itself, an opportunity arises; an occasion arises; *pot.* **przegapić ~ę** miss the opportunity; **przy ~i** (*nawiasem mówiąc*) by the way; **przy każdej ~i** at every turn; **przy najbliższej ~i** at the first opportunity; **skorzystać z ~i** take the opportunity; take the occasion; **stracić/zmarnować ~ę** lose the opportunity; miss the opportunity; **z ~i** on the occasion of **2.** *pot.* (*podwiezienie samochodem*) lift; hitch; **łapać ~ę** thumb a lift, thumb a ride; **pojechaliśmy ~ą** we hitched; **złapał ~ę do Londynu** he thumbed a lift to London

okaz|ywać *v* **1.** (*dokumenty do kontroli*) produce; show; **~ywać paszport** produce/present one's passport **2.** (*uczucia, postawę itd.*) show, manifest, demonstrate; **~ywać zainteresowanie czymś** show/manifest/demonstrate interest in sth **3.** **~ywać się** prove; turn out; come out; appear; **jak się później ~ało...** as it turned out later...; **wiadomość ~ała się nieprawdziwa** the news turned out to be untrue

okład|ka *f* (*książki*) cover; **w miękkiej ~ce** in paperback; **w twardej ~ce** hardcover, hardbound

okn|o *n* window; *przen.* **~o na świat** a window on the world; **~o wystawowe** shop window; **ślepe ~o** blind window; **przez ~o** through the window; *przen.* **za ~em** outside

oko *n* eye; **dwoje oczu** a pair of eyes; **jastrzębie/orle/sokole ~** an eagle eye; **kątem oka** out of the corner of one's eye; **przekrwione oczy** bloodshot eyes; **~ w ~ z** face to face with, eyeball to eyeball with; *przysł.* **~ za ~ (, ząb za ząb)** an eye for an eye (and a tooth for a tooth); **cieszyć/napawać oczy widokiem czegoś/kogoś** feast one's eyes on sth/sb; *przysł.* **co z oczu, to i z serca** out of sight, out of mind; what the eye doesn't see the heart doesn't grieve (over); **coś zagląda komuś w oczy** sth stares sb in the face; *przysł.* **czego ~ nie widzi, tego sercu nie**

żal what the eye doesn't see the heart doesn't grieve (over); out of sight, out of mind; **jak okiem sięgnąć** as far as the eye can reach; **miała łzy w oczach** tears were in her eyes; **miała w oczach strach** fear could be seen in her eyes; **mieć kogoś/coś na oku, mieć ~ na kogoś/coś** have one's eye on sb/sth; **mieć na coś oczy i uszy szeroko otwarte** keep one's weather eye open on sth; **mieć oczy otwarte (na coś)** keep one's eyes open, keep one's eyes peeled, keep one's eyes skinned; *pot.* **mieć z tyłu oczy** (*wszystko widzieć*) have eyes in the back of one's head; *pot.* **mydlić komuś oczy** pull the wool over sb's eyes; soft-soap sb; **na czyichś oczach** (*w obecności*) under one's very eyes, before one's very eyes; **na oczach tłumu** in full view of the crowd; **na pierwszy rzut oka** at first glance; at first sight; **nie móc oderwać oczu od kogoś/czegoś** never/not be able to take one's eyes off sb/sth; **nie mrugnąć (nawet) okiem** not bat an eyelid, not bat an eye; **nie spuszczać oka z** keep an eye on, keep a watchful eye on; **nie tracić czegoś z oczu** have an eye to sth; **nie wierzyć/nie dowierzać (własnym) oczom** not believe one's eyes; **nie zmrużyć oka** not to get a wink of sleep, not to sleep a wink; *pot.* **oczy wyłażą jej z orbit/na wierzch...** her eyes bulge from their sockets...; **oczy wyszły jej na wierzch ze zdziwienia, kiedy zobaczyła dom** her eyes bulged in surprise when she saw the house; **opuścić/spuścić oczy** drop one's eyes, lower one's eyes; **otworzyć komuś oczy na coś** open sb's eyes to sth; *przysł.* **pańskie ~ konia tuczy** the master's eye fattens the horse, the master's eye fats the horse, the master's eye makes the horse fat; **patrzeć na coś krytycznym okiem** look at sth with a critical eye; **patrzeć na coś złym/krzywym okiem** look at/on sth with a jaundiced eye; **podnieść/wznieść oczy** lift one's eyes, raise one's eyes; **przymykać na coś oczy** wink at sth, shut one's eyes to sth, turn a blind eye to sth; **robić/puszczać do kogoś ~** give sb the eye; make eyes at sb; **rzucić na coś okiem** take/give/

okoliczność

/shoot/throw a glance at sth, cast an eye over/on sth, run one's eye over sth; **rzucić na coś/spojrzeć na coś fachowym okiem** glance at sth with an expert eye, glance down sth with an expert eye; **spojrzeć komuś prosto w oczy** look sb in the eye, look sb in the face; **spojrzeć na coś krytycznym okiem** look at sth with a critical eye; **stracić kogoś z oczu** lose sight of sb; **śmierć zaglądała im w oczy** death was staring them in the face; **ten człowiek nie jest moim bratem – nigdy przedtem nie widziałem go na oczy** that man is not my brother – I've never set eyes on him before; **utkwić w kimś/czymś oczy, wbić, wlepić w kogoś/coś oczy** fix one's eyes on sb/sth; keep one's eyes glued to sb/sth; stare at sb/sth; **wlepiła oczy w ekran** her eyes were fixed on the screen; **w czyichś oczach** in the eyes of sb, in sb's eyes; **w oka mgnieniu** in the blink/twinkling of an eye; **wszyscy jesteśmy równi w oczach Pana Boga** we are all equal in the sight of God; **wydrapać komuś oczy** scratch out sb's eyes; **wypatrywać (sobie) za kimś/czymś oczy** keep an eye out for sb/sth; **wypłakiwać sobie oczy** cry one's eyes out; **z zamkniętymi/zawiązanymi oczami** with one's eyes shut/closed; **zdobył się na odwagę i powiedział jej to prosto w oczy** he plucked up his courage and said that to her face; **zejdź mi z oczu!** get out of my sight!; **zobaczyć/widzieć coś na własne oczy** see sth with one's own eyes

okoliczn|ość *f* circumstance; **~ci towarzyszące czemuś** circumstances surrounding sth; **nieprzewidziane ~ci** unforeseen circumstances; **tragiczne ~ci** tragic circumstances; **wyjątkowe ~ci** exceptional/special circumstances; **jakie były ~ci jego śmierci?** what were the circumstances of his death?; **(nieszczęśliwy) zbieg/splot ~ci** (unhappy) coincidence; **w sprzyjających ~ciach** under favourable conditions; **w tych ~ciach** under the circumstances, in the circumstances

okres *m* period; **~ historyczny** period of history; **~ międzywojenny/w ~ie międzywojennym** between the wars; **~ mrozów**

freeze; ~ **pięciotygodniowy** a five-week period; ~ **pięciu tygodni** a period of five weeks; ~ **próbny** trial period; ~ **przejściowy** period of transition; ~ **Świąt Bożego Narodzenia** Christmastime; ~ **świąteczny** festive season; ~ **żniw** harvest/reaping time; **przechodzić trudny** ~ go through a difficult period; **w ~ie...** within a period of...; during the period of...; **w ~ie rewolucji** during the period of the revolution; **zatrudnić kogoś na ~ próbny** employ sb for a trial period, employ sb on a trial basis; **zostać przyjętym na trzymiesięczny ~ próbny** be taken on for a three month trial period

okręg *m* district; region; ~ **przemysłowy** industrial district; ~ **wiejski** rural district; ~ **wyborczy** constituency, electoral//election district, *US* election precinct

okręt *m* ship; vessel; ~ **bojowy** fighting/combat ship; ~ **desantowy** landing craft; ~ **podwodny** submarine; ~ **wojenny** warship

okrzyk *m* cry; exclamation; shout; ~ **rozpaczy** a cry of despair; ~ **trwogi** a cry of terror; ~ **wojenny** a war/battle cry; ~ **zachwytu** a cry of delight; **~i gniewu/gniewne ~i** angry cries; **wydać** ~ give a cry, let out a cry; **z tłumu rozległ się ~ protestu** a cry of protest rose from the crowd

okulary *pl* glasses, (a pair of) spectacles; ~ **do czytania** glasses for reading, reading glasses; ~ **ochronne** (safety) goggles; ~ **przeciwsłoneczne** sun glasses; **ciemne** ~ dark glasses; **nosić** ~ wear glasses; *przen.* **patrzeć na świat/życie przez różowe** ~ see life through rose-coloured glasses, look at life through rose-coloured spectacles

okup *m* ransom; ~ **w wysokości... dolarów** a ransom of $...; **wysoki** ~ huge ransom; **trzymać/przetrzymywać kogoś dla ~u** hold sb to ransom, *US* hold sb for ransom; **uwolnić za ~em** ransom; **wymusić na kimś/od kogoś** ~ exact a ransom from sb; **zapłacić ~ za** pay (a) ransom for; **zapłacił ponad trzy miliony dolarów ~u** he paid over $3 million in ransom (money); **zażądać ~u** demand a ransom

olej *m* oil; ~ **jadalny** edible oil; ~ **napędowy** diesel oil/fuel; ~ **rzepakowy** rape/colza oil; ~ **słonecznikowy** sunflower oil; ~ **sojowy** soybean oil; *pot.* ~ **w głowie** gumption

ołtarz *m* altar; *przen.* **poprowadzić kogoś do ~a** lead sb to the altar; **poświęcić/złożyć coś na ~u czegoś** sacrifice sth on the altar of sth

opad *m* **1.** ~**y** *pl* (*atmosferyczne*) fall, precipitation; ~**y deszczu** rainfall; ~**y przelotne** intermittent precipitation; ~**y śniegu** snowfall **2.** ~ **radioaktywny** (radioactive) fallout

opanować *v* **1.** (*umiejętność*) master; ~ **obcy język** master a foreign language **2.** (*zapanować nad czymś*) control; subdue; ~ **gniew** subdue anger; ~ **inflację** subdue inflation; ~ **pożar** control the fire; bring the fire under control; ~ **(swój) strach** conquer one's fear, overcome one's fear; ~ **sytuację** keep the situation under control **3.** ~ **się** cool down, calm down; **opanuj się trochę!** just calm down a bit!

oparzenie *n* burn; ~ **drugiego stopnia** second-degree burn; ~ **pierwszego stopnia** first-degree burn; ~ **prądem elektrycznym** electric burn; ~ **słoneczne** sunburn; ~ **trzeciego stopnia** third-degree burn; **ciężkie/poważne** ~ severe burn; **lekkie** ~ minor burn; **zmarł wskutek oparzeń doznanych podczas pożaru** he died of the burns he had received in the fire

opatrunek *m* dressing; **założyć** ~ put on/apply a dressing; **zdjąć** ~ remove a dressing

oper|a *f* **1.** (*dzieło*) opera; ~**a komiczna** comic opera; **wystawić** ~**ę** perform/stage an opera **2.** (*budynek*) opera-house; **pójść do** ~**y**/*pot.* **pójść na** ~**ę** go to the opera; **w** ~**ze** at the opera **3.** *pot.* ~**a mydlana** soap opera

operacj|a *f* **1.** (*chirurgiczna*) operation, surgery; ~**a czegoś** an operation for sth; ~**a na otwartym sercu** open-heart operation, open-heart surgery; ~**a plastyczna** plastic operation/surgery; ~**a usunięcia kamieni żółciowych** an operation for the removal of gallstones, an operation to remove gallstones; *pot.*

~a wszczepienia bypassów bypass surgery; **poważna ~a** major operation/surgery; **rutynowa ~a** routine operation; **~a się powiodła/udała się** the operation was successful; **dokonać ~i** perform an operation, perform surgery; **przejść ~ę/poddać się ~i** undergo an operation, have an operation, undergo surgery; **przeżyć ~ę** survive an operation **2.** (*wojskowa*) operation; **~a militarna** military operation; **przeprowadzić ~ę** conduct an operation **3.** (*finansowa itd.*) operation; **~e bankowe** bank operations; **~e handlowe** commercial transactions; **prowadzić ~e** carry on business, be engaged in dealings

opiek|a *f* care; **~a medyczna** medical care; **~a społeczna** welfare; **bezpłatna ~a medyczna** free medical care; **intensywna ~a medyczna** intensive care; **pod ~ą lekarską** under a doctor's care; **zostawić kogoś pod czyjąś ~ą** leave sb in one's care

opini|a *f* **1. ~a (o)** opinion (of/about); **~a biegłego** expert's opinion; **~a publiczna** public opinion; **powszechna ~a** prevailing/prevalent opinion; **sprzeczne ~e** conflicting opinions; **światowa/międzynarodowa ~a publiczna** worldwide/international opinion; **kształtować ~ę publiczną** mould public opinion; **wyrazić ~ę** express/give/state an opinion **2.** (*reputacja, renoma*) reputation, repute; **cieszyć się ~ą...** be reputed to be sth; **dbać o ~ę** protect/guard one's reputation; **lekarz cieszący się ~ą dobrego fachowca** a doctor of repute; **mieć ~ę...** have a reputation of being...; **on cieszy się ~ą najlepszego chirurga** he is reputed to be the best surgeon; **psuć/szargać komuś ~ę** tarnish sb's reputation; **zyskać sobie ~ę** build up/establish//make a reputation for oneself

opis *m* description; **~ szczegółowy/drobiazgowy** detailed description, thorough description, precise description; **~ techniczny** specification; **wierny/dokładny ~** faithful/accurate description; **nie do ~ania** beyond description; **nie odpowiadać ~owi/nie zgadzać się z ~em** not fit the description; **odpowiadać ~owi/zgadzać się z ~em** answer/fit the description

opisać *v* describe; ~ **coś barwnie** describe sth vividly; ~ **coś szczegółowo** describe sth in detail; ~ **coś zwięźle** describe sth briefly; **coś nie da się ~/czegoś nie można ~** sth is beyond description; sth defies description

opłat|a *f* charge; fee; **~a dodatkowa** surcharge; additional charge; **~a pocztowa** postage, postal charge; **pobierać ~ę** charge a fee; collect money; **wolny od ~y pocztowej** post-free, postpaid

opór *m* **1.** resistance; ~ **aerodynamiczny** aerodynamic resistance; **bierny ~** passive/non-violent resistance; **słaby ~** weak/token resistance; **zacięty ~** stiff resistance; **zbrojny ~** armed resistance; **ruch oporu** resistance movement; **demonstranci nie stawiali policji żadnego oporu** the demonstrators offered no resistance to the police; **do oporu** (*np. dociskać coś*) home; **napotykać słaby ~** encounter token resistance; *przen.* **pójść/iść po linii najmniejszego oporu** follow the line/path of least resistance, take the line/path of least resistance; **przełamać ~** break down/put down/overcome resistance; **stawiać (silny) ~** put up a (strong) resistance, offer a (strong) resistance; **stawiać słaby ~** offer token resistance; **wciskać do oporu** press home; **złamać ~** break down/put down/overcome resistance **2. opory** *pl* (*natury psychicznej*) resistance; **istnieją/są (silne) opory w stosunku do...** there is a (lot of) resistance to...; **pomysł spotkał się z pewnymi oporami** the idea met with some resistance; **przełamać/przezwyciężyć czyjeś opory** overcome one's resistance

oprócz *prep* except, besides, but, save; ~ **tego** (*ponadto*) besides, moreover; **odpowiedział na wszystkie pytania ~ jednego** he answered all the questions save one

optymista *m* optimist; **niepoprawny ~** incurable optimist

orbi|ta *f* orbit; **~ta okołoziemska** circumearth orbit, orbit round the earth; **krążyć po ~cie** orbit; **krążyć po ~cie wokółziemskiej** orbit the earth; **na ~cie** in orbit; **umieścić na ~cie/ /wynieść na ~tę** (*satelitę*) put into orbit

organizacj|a *f* **1.** organization; **~a charytatywna/dobroczynna** charitable organization, charity; **~a podziemna** underground organization; **~a polityczna** political organization; **~a przestępcza** criminal organization; **~a społeczna** civic organization; **~a studencka** student organization; **~a terrorystyczna** terrorist organization; **Organizacja Narodów Zjednoczonych** the United Nations Organization, UNO; **tajna ~a** secret organization; **rozwiązać ~ę** dissolve an organization; **utworzyć/ /powołać/założyć ~ę** form an organization, set up an organization, establish an organization **2.** (*zorganizowanie*) organization; **~a pracy** organization of labour

organizm *m* **1.** organism; **~ człowieka/ludzki** human organism; constitution; system; **martwy ~** dead organism; **zdrowy ~** healthy organism; **złożony ~** complex organism; **żelazny ~** robust organism; **żywy ~** living organism; **ludzie o silnym ~ie** people with strong constitution; **mieć słaby/wątły ~** have a weak constitution; **to jest szkodliwe dla (twojego) ~u** it is bad for your system; **trucizna dostała się do jej ~u** the poison has passed into her system **2.** *przen.* organism; **~ państwowy** the body politic; **~ społeczny** society; **społeczeństwo stanowi złożony ~** a society is a complex organism

orientacj|a *f* orientation; **~a polityczna** political orientation; **~a seksualna** sexual orientation; **stracić ~ę** (*w sytuacji itd.*) lose one's bearings

orkiestr|a *f* orchestra; band; **~a dęta** brass band; **~a jazzowa** jazz band; **~a kameralna** chamber orchestra; **~a smyczkowa** string orchestra; **~a symfoniczna** symphony orchestra; **~a wojskowa** military band; **dyrygować ~ą/prowadzić ~ę** conduct an orchestra, direct an orchestra, lead an orchestra

oryginalny *a* **1.** (*autentyczny*) original; **~ obraz** original painting **2.** (*nieszablonowy*) original; **~ artysta** original artist; **~ pomysł** original idea

orygina|ł *m* original; **czytać coś w ~le** read sth in the original

orzech *m* nut; ~ **laskowy** hazelnut; ~ **włoski** walnut; ~ **ziemny** peanut, groundnut; **dziadek do** ~**ów** nutcrackers, *US* nutcracker; *przen.* **twardy/trudny** ~ **do zgryzienia** a hard nut to crack, a tough nut to crack

orzeczenie *n* decision, judg(e)ment; ~ **sądowe** legal decision, court judgement; **wydać** ~ **o/w sprawie** give a decision on

orzeł *m* **1.** eagle; ~ **dwugłowy** the Two-Headed Eagle; **Orzeł Biały** the White Eagle **2.** (*strona monety*) heads; ~ **czy reszka?** heads or tails?; **grać w orła i reszkę** play at heads or tails; flip a coin, throw a coin, toss a coin **3.** (*osoba*) genius; **ona jest orłem w matematyce** she's a mathematical genius

osiągnięci|e *n* attainment; achievement; accomplishment; ~**a nauki i techniki** achievements in science and technology; ~**e celów** accomplishment of one's objectives; ~**e sportowe** sporting achievement; **najnowsze** ~**a medycyny** recent advances in medical science; **najnowsze** ~**a w dziedzinie...** the latest in...; **znaczne** ~**e** sizable achievement; **wygranie zawodów było wspaniałym** ~**em** winning the competition was a marvellous accomplishment

osiedle *n* settlement; ~ **mieszkaniowe** housing estate

osioł *m dosł. i przen.* donkey, ass; *pot.* **harować/pracować/tyrać jak dziki** ~ work like a Trojan, work like a horse; **uparty jak** ~ (as) stubborn as a mule

oskarżenie *n* accusation; **fałszywe** ~ false accusation; **poważne** ~ grave accusation; **wnieść** ~ **przeciwko komuś** bring/make an accusation against sb

osob|a *f* **1.** person; ~**a cywilna** civilian; ~**a fizyczna** natural person; ~**a niepaląca** nonsmoker; ~**a niepełnoletnia** minor; ~**a niepełnosprawna** disabled person; ~**a nie upoważniona** unauthorized person; ~**a niewierząca** unbeliever; ~**a paląca** smoker; ~**a pełnoletnia** major; ~**a prawna** artificial/legal person, body corporate; ~**a prywatna** private person; ~**a publiczna** public figure; ~**a uprawniona** authorized person; ~**a**

zaginiona missing person; **bardzo kulturalna ~a** a very civilized person; **dla osób niepełnosprawnych** for the disabled people, for the disabled; **we własnej ~ie** in person; oneself; **wyjątkowo/niezwykle sympatyczna ~a** an extremely kind person **2.** (*w gramatyce*) person; **pierwsza ~a liczby pojedynczej** first person singular; **w pierwszej ~ie** in the first person

osobnik *m* individual; **dorosły ~** adult

osobowość|ć *f* **1.** personality; **~ci świata teatru** personalities from the theatre world; **~ć telewizyjna** television personality; **artystyczna ~ć** artistic personality; **charyzmatyczna ~ć** charismatic personality; **rozdwojona ~ć/rozdwojenie ~ci** split personality, dual personality; **wybitne/znakomite ~ci sceny i ekranu** celebrities of stage and screen; **mieć silną ~ć** have a strong personality **2. ~ć prawna** legal personality/status; **posiadający ~ć prawną** incorporated, corporate

ostrożność *f* care; caution; **zachować ~** exercise care; exercise caution

ostrz|e *n* edge; (*szpic*) point; **~e noża** knife-edge; *przen.* **stawiać/postawić coś na ~u noża** bring sth to a head

ostrzeżeni|e *n* warning; **~e przed niebezpieczeństwem** warning of danger; **~e przed silnym wiatrem/burzą** gale/storm warning; **bez ~a** without warning; without giving a warning

oszczędz|ać *v* economize; save; spare; **~ać na czymś** economize on sth; stint on sth; **~ać na jedzeniu** economize on food; **~ać pieniądze** save money; *przen.* **nie ~ać się** not spare oneself; **nie ~ać się w pracy** work unstintingly; **Piotr ~a na nowy rower** Peter's saving (up) for a new bike; **proszę, oszczędź mi szczegółów** please spare me the details; **to ~i nam kłopotów/zmartwień** it will spare us trouble/worry, this will save us trouble/worry; **wróg zabił wszystkich mężczyzn ale ~ił dzieci** the enemy killed all the men but spared the children

oś *f* **1.** axis (*pl* axes); **~ obrotu** axis of rotation; **~ odciętych** axis of abscissae, X-axis; **~ rzędnych** axis of ordinates, Y-axis;

~ symetrii axis of symmetry; **~ świata** axis of heavens; **~ współrzędnych** coordinate axis; **~ ziemska** axis of Earth; **na osi odciętych/rzędnych** on the axis of abscissae/ordinates **2.** (*pojazdu*) axle; **~ przednia** front axle; **~ tylna** back axle **3.** *przen.* **~ (centralna) czegoś** the pivot of sth

ośrodek *m* centre; **~ badawczy** research centre; **~ przemysłowy** industrial centre; **~ przetwarzania danych** data processing centre; **~ szkoleniowy** training centre; **~ zdrowia** health centre

oświadczenie *n* statement; declaration; **~ pod przysięgą** sworn statement; **oficjalne ~** official statement; **wspólne ~** joint statement; **wydać ~** issue a statement; **wydać ~ dla prasy** issue a press statement; **złożyć ~** make a statement/declaration

otwarci|e 1. *n* opening; **~e wystawy** opening of an exhibition; **~e zebrania** opening of a meeting; **uroczystość ~a** opening ceremony **2.** *adv* openly, frankly; **~e mówiąc** frankly (speaking); **mówić ~e** speak one's mind (plainly)

otwierać | (się) *v* open; **~ drzwi** open the door; (*kluczem*) unlock the door; (*na czyjeś pukanie, dzwonek*) answer the door; **~ konto** open an account; **~ książkę** open the book; **~ (szeroko) usta** open one's mouth (wide); *przen.* **~ przed kimś serce** open one's heart to sb, pour out one's heart to sb; **~ wytrychem (drzwi)** pick the lock (on the door); **~ zebranie** open a meeting; **sezamie, otwórz się!** open, sesame!; **zostaw drzwi otwarte** leave the door open

owacja *f* ovation; **~ na stojąco** standing ovation

owoc *m* fruit; **~ pestkowy** stone fruit; *przen.* **~ zakazany** forbidden fruit; **~e cytrusowe** citrus fruit; *przen.* **~e czyjejś pracy** the fruits of one's labour; *przen.* **~e zwycięstwa** the fruits of victory; **dojrzały ~** ripe fruit; **mrożone ~e** frozen fruit; **niedojrzały ~** unripe fruit; **świeże ~e** fresh fruit; *przen.* **wydawać/przynosić/dawać ~e** bear fruit

P

pacjent *m* patient; **~ ambulatoryjny** ambulatory patient; **~ chory na raka** cancer patient; **~ chory na serce** cardiac patient; **~ chory umysłowo/psychicznie** mental patient; **~ cierpiący na...** a patient suffering from..., a patient afflicted/affected with...; **~ przyjęty do szpitala** patient admitted to hospital; **~ szpitala** hospital patient; **~ w ciężkim stanie** patient in a serious condition; **~ wypisany do domu** patient discharged home; **leczyć ~a** cure/treat a patient

paczk|a *f* **1.** (*pocztowa*) parcel; (*pakunek*) package; (*opakowanie*) packet; pack; **~a książek** package of books; **~a lotnicza** air parcel; **~a papierosów** packet of cigarettes, *US* pack of cigarettes; **doręczyć ~ę** deliver a package; **wysłać ~ę** mail a parcel, post a parcel; send a parcel; **rozpakować ~ę** unwrap a parcel; **(za)pakować ~ę** wrap a parcel **2.** *pot*. **~a (przyjaciół)** gang (of friends)

pad|ać *v* **1.** fall; *przen*. **~ać jak muchy** fall/drop (off)/die like flies; **~ać komuś do nóg** fall at sb's feet; **~ać (łatwą) ofiarą czegoś** fall (an easy) victim to sth, fall (an easy) prey to sth; **~ać na kolana/klęczki** drop on one's knees, fall on one's knees; **~ać na krzesło** drop into a chair; **~ać na łóżko** fall into bed; *pot*. **~ać trupem/~ać martwym/~ać nieżywym/~ać bez życia** drop dead, fall dead; **~ać w czyjeś ramiona/objęcia** fall into sb's arms; **~ać ze zmęczenia/z nóg/z wyczerpania** feel (completely) washed-out; drop; **z jego ust nie ~ło ani jedno słowo** not a word fell from his lips **2. ~a**

pajęczyna

(*deszcz*) it's raining; **znowu zaczęło ~ać** the ran started falling again

pajęczyn|a *f* web, spiderweb, spider's web; **pająk snuje ~ę** a spider spins a web

pakować *v* pack; package (up); **~ się** pack (up); *pot.* **~ się w kłopoty/tarapaty** land oneself in trouble; *pot.* **~ swoje manatki** pack one's bags; **~ w papier** wrap in paper; **~ w pudełka** box; **~ w worki** bag; sack; **~ walizkę** pack a suitcase; *pot.* **jej głupie kawały wpakują ją któregoś dnia w kłopoty** her stupid pranks are going to land her in trouble one day; **w niezłe kłopoty/w niezły bigos nas wpakowałeś!** this is a fine mess you've landed us in!

pakt *m* pact; **~ o nieagresji** nonaggression pact; **~ wojskowy//militarny** military pact; **Pakt Północnoatlantycki/Organizacja Paktu Północnego Atlantyku** the North Atlantic Treaty Organization, NATO; **podpisać ~** sign a pact; **zawrzeć ~** make a pact

palacz *m* (*tytoniu*) smoker; **nałogowy ~** habitual/heavy smoker

pal|ec *m* **1.** finger; *przen.* **~ec boży** the hand of God; **~ec mały** little finger, *US* pinkie; **~ec serdeczny** ring finger; **~ec środkowy** middle finger; **~ec wskazujący** index finger, forefinger; *pot.* **coś jest ~cem na wodzie pisane** sth is written on water; *przen.* **daj mu ~ec, a on całą rękę chwyta** give him an inch and he'll take a mile/yard; **grozić komuś ~cem** shake one's finger at sb; **kiwnąć na kogoś ~cem** beckon on sb; **liczyć na ~cach** count on one's fingers; *pot.* **maczać w czymś ~ce** have a hand in sth; **mieć coś w małym ~cu** have sth at one's fingertips; **na ~cach jednej ręki można było policzyć...** one could count on the fingers of one hand...; **niegrzecznie jest wskazywać ~cem** it's rude to point; **nie kiwnąć/ruszyć ~cem (aby coś zrobić)** not to lift/raise a finger (to do sth), not to lift/raise a hand (to do sth); **nie tknąć kogoś ~cem** not lay a finger on sb; **owinąć sobie kogoś wokół małego ~ca** twist sb round one's little finger, wind sb round one's (little) finger; have sb wrapped around one's little finger; **patrzeć na coś przez ~ce** turn a blind eye to sth; **pogrozić komuś ~cem** shake a finger at sb; **pokazywać kogoś ~cem** point a/the finger at sb; **poparzyć sobie na czymś ~ce** burn one's fingers, get one's fingers burnt; **sam jak ~ec** all alone; **ssać ~ec** suck one's thumb; **strzelać ~cami/na ~cach** snap one's fingers; **wskazać ~cem na** point one's finger at; *pot.* **wyssany z ~ca** sucked out of one's fingers ends; **wytykać kogoś ~cem** (*piętnować*) point a/the finger at sb; **znać coś/kogoś jak swoje pięć ~ców** know sth/sb like the back/palm of one's hand **2.** (*u nogi*) toe; **chodzić/iść na ~cach** walk on tiptoe, tiptoe; **na ~cach** on tiptoe; **stać na ~cach** stand on tiptoe

palenie *n* (*papierosów, fajki*) smoking; (*w napisie*) **palenie wzbronione** no smoking; smoking prohibited; **~ ci szkodzi – powinieneś je rzucić** smoking's bad for you – you ought to pack it in; **rzucić ~** give up smoking, *pot.* pack smoking in

pali|ć *v* **1.** (*o węglu, ogniu, papierze itd.*) **~ć (się)** burn; **~ się dom** the house is burning, the house is on fire; *przen.* **~ć za sobą mosty** burn one's boats, burn one's bridges; **ogień się ~** the fire is burning; **wilgotne drewno nie ~ się dobrze** damp wood doesn't burn well; *przen.* **ziemia/grunt ~ się komuś pod nogami** the ground is burning under sb's feet **2.** (*o świetle itd.*) **~ć (się)** burn; **światło się ~** the light is burning **3.** (*o tytoniu itd.*) smoke; **~ć jednego papierosa za drugim** chain-smoke **4.** *przen.pot.* **~ć się do zrobienia czegoś** burn to do sth; have an itch to do sth

paliwo *n* fuel; **~ ciekłe** liquid fuel; **~ gazowe** gaseous fuel, fuel gas; **~ jądrowe** nuclear/atomic fuel; **~ stałe** solid fuel; **zaopatrzenie w ~** fuel supply; **uzupełniać ~/zaopatrywać się w ~** tank, fuel, refuel

palm|a *f* palm (tree); *przen.* **~a pierwszeństwa/zwycięstwa** palm; **dzierżyć ~ę pierwszeństwa** bear the palm; **oddać (komuś) ~ę**

pamiątka

pierwszeństwa yield the palm (to sb); **zdobyć ~ę pierwszeństwa** carry off the palm

pamiątk|a *f* souvenir; keepsake; memento; **dać komuś coś na ~ę** give sb sth as a keepsake

pamię|ć *f* **1.** memory; **~ć wzrokowa** visual memory; **długa ~ć** long/retentive memory; **krótka/kurza ~ć** short memory; **dodawanie/mnożenie** (*itd.*) **w ~ci** mental arithmetic; **nauka /uczenie się na ~ć** rote-learning; **coś tkwi żywo w ~ci** sth is in living memory, sth is within living memory; **jeżeli mnie ~ć nie myli/nie zawodzi** if my memory serves me (well/correctly), if my memory is correct; **mieć dobrą ~ć do czegoś** have a good memory for sth; **mieć złą ~ć** have a bad memory; **musisz spróbować wymazać z ~ci te okropne wydarzenia** you must try to wipe out the memory of these terrible events; **na ~ć** (*uczyć się*) by heart, by rote; **odświeżać czyjąś ~ć** refresh one's memory; **przywodzić coś na ~ć** recall sth; bring sth back to one's mind; call sth to mind; **stracić ~ć** lose one's memory; **uczyć się na ~ć** learn by heart, learn by rote, memorize; **ulecieć/wylecieć z ~ci** slip one's memory; **utkwić komuś w ~ci** stick in one's memory; **wykonywać działanie (arytmetyczne) w ~ci** do a sum in one's head; **z ~ci** (*recytować itd.*) from memory; **zachować coś w ~ci** bear sth in mind, keep sth in mind; commit sth to memory **2.** (*pamiętanie*) memory; remembrance; **~ć o nim na zawsze pozostanie z nami** his memory will always remain with us; **czcić czyjąś ~ć/składać hołd czyjejś ~ci** honour sb's memory, venerate sb's memory; **ku ~ci...** in memory of..., to the memory of...; in remembrance of...; **świętej ~ci...** the late...; ...of blessed memory; ...of sacred memory **3.** (*komputera*) memory, store, storage; **~ć o dostępie swobodnym/bezpośrednim** random-access memory, RAM; **~ć stała** read-only memory, ROM; **~ć zapasowa** backup storage

pamiętać *v* remember; **~ o czymś/kimś** remember about sth/sb; **~, że się coś zrobiło** remember doing sth; **~, żeby coś zrobić** remember to do sth

pamiętnik *m* **1.** diary; **prowadzić ~** keep a diary **2.** (*forma literacka*) **~i** memoirs; **wydać drukiem (swoje) ~i** publish (one's) memoirs

pan *m* **1.** (*mężczyzna*) man (*pl* men); gentleman (*pl* gentlemen); **~ młody** bridegroom, groom; *przen.* **być ~em czegoś** be master of sth; **być ~em samego siebie/swej woli** be one's own master; **on jest ~em sytuacji** he is master of the situation; **służyć dwóm ~om** serve two masters; **ten pies jest przywiązany do swojego ~a** this dog is devoted to his master **2.** (*forma grzecznościowa*) you; sir; (*przed nazwiskiem, tytułem, funkcją itd.*) Mr (*pl* Messrs); **Panie Prezydencie** Mr President; **Panie Przewodniczący** Mr Chairman; (*w liście*) **Szanowny Panie!** Dear Sir, **3. ~ domu** (*gospodarz domu*) master; (*dla gości*) host **4.** *pot.* (*nauczyciel*) master; sir; **~ od angielskiego** the English master **5. Pan Bóg** God, the Lord, *zob.też* **bóg**

pani *f* **1.** (*kobieta*) woman (*pl* women); lady; *przen.* **być ~ą czegoś** be mistress of sth; **być ~ą samej siebie/swej woli** be one's own mistress; **ona jest zawsze ~ą sytuacji** she's always mistress of the situation **2.** (*forma grzecznościowa*) you; (*forma oficjalna*) madam; (*przed nazwiskiem*) Ms; (*przed nazwiskiem mężatki*) Mrs; (*przed tytułem, funkcją*) Madam; **Pani Przewodnicząca** Madam Chairman; **~e i panowie!** ladies and gentlemen!; **nie, proszę ~** no, madam; **tak, proszę ~** yes, madam; (*w liście*) **Szanowna Pani!** Dear Madam, **3. ~ domu** (*gospodyni domu*) mistress of the house; (*dla gości*) hostess **4.** *pot.* (*nauczycielka*) mistress; **~ od angielskiego** the English mistress

panik|a *f* panic; **~a ogarnia kogoś** panic seizes sb, sb is filled with panic; **szerzyć ~ę** spread panic; **wpadać w ~ę** panic, get into panic; **wywoływać ~ę** cause/create panic

panna *f* **1.** miss; maiden; maid; (*forma grzecznościowa*) miss; ~ **młoda** bride; **stara** ~ old maid, spinster **2. Panna** (*znak zodiaku*) Virgo, Virgin; **(ona jest) spod znaku Panny** (she was born) under Virgo; **ona jest typową Panną** she is a typical Virgo

panowa|ć *v* **1.** (*sprawować władzę*) rule; reign; **~ć w Anglii** rule England **2.** (*kontrolować*) **~ć nad czymś** control sth; **~ć nad sobą** control oneself; **~ć w pełni nad sytuacją** be in full control of the situation **3.** (*trwać, występować powszechnie*) reign; prevail; (*o chorobie*) be about; **wszędzie panuje grypa** there's a lot of flue about; **wszędzie ~ła cisza** silence reigned everywhere

panowani|e *n* **1.** (*sprawowanie władzy*) rule; reign; **pod ~em brytyjskim** under British rule; **za ~a...** during the reign of..., in the reign of... **2.** (*kontrolowanie*) control; **~e nad sobą** self-control; **stracić ~e nad** (*pojazdem itd.*) lose control of; **stracić ~e nad sobą** lose control of oneself, lose one's self-control

pantof|el *m* shoe; **~le domowe** slippers; *pot.* **być pod czyimś ~lem** be under sb's thumb

państw|o *n* **1.** state; nation; **~o buforowe** buffer state; **~o członkowskie** member state; **~o neutralne** neutral state; **~o niepodległe** independent state; **~o opiekuńcze** the welfare state; **~o policyjne** police state; **~o satelickie** satellite state; **~o suwerenne** sovereign state; **~o świeckie** secular state; *przen.* **~o w ~ie** a state within the state; **kierować/rządzić ~em** govern a state, rule a state **2.** (*przed nazwiskiem*) Mr and Mrs...; (*forma grzecznościowa*) **proszę ~a!** ladies and gentlemen! **3. ~o młodzi** bridal/newlywed/newly-married couple, newlyweds

państwowość|ć *f* statehood; **dążyć do uzyskania ~ci** seek statehood, strive for statehood; **uzyskać ~ć** achieve statehood

papier *m* **1.** paper; ~ **do pakowania** wrapping/packing paper; ~ **fotograficzny** photographic paper; ~ **gazetowy** newsprint; ~ **higieniczny** toilet/hygienic paper; ~ **listowy** letter paper;

~ pergaminowy parchment paper; **~ ścierny** abrasive paper; **~ światłoczuły** light-sensitive/photocoping paper; **~ toaletowy** toilet/hygienic paper; *przen.* **biały/blady jak ~** (as) white as paper; **z ~u** of paper **2. ~y** *pl* (*dokumenty*) papers; **~y wartościowe** securities

papierek *m* bit of paper, slip of paper; **~ lakmusowy** litmus paper; *przen.* litmus test

papieros *m* cigarette; *pot.* fag; smoke; **~ z filtrem** filter-tip cigarette; **ćmić ~a** puff on a smoke; **palić ~a** smoke a cigarette; **wyjść na ~a** go out for a smoke; **zaciągnął się głęboko ~em** he inhaled deeply on his cigarette; **zapalić ~a** (*przypalić*) light (up) a cigarette; (*palić*) have a smoke; **zgasić ~a** extinguish a cigarette, put out a cigarette

par|a *f* **1.** (*dwie osoby, sztuki*) couple; pair; *pot.* twosome; **~a...** (*butów, spodni itd.*) a pair of...; **~a nożyczek** a pair of scissors; **~ami** in pairs; **but/rękawiczka nie do ~y** an odd shoe/glove; **młoda/ślubna ~a** bridal/newlywed/newly-married couple, newlyweds; **iść/chodzić w ~ze** go hand in hand; **kojarzyć kogoś w ~y z kimś** pair sb off with sb; **łączyć się w ~y/kojarzyć się w ~y/tworzyć ~y z kimś** (*aby wspólnie pracować, grać itd.*) pair up with sb; **mam tylko jedną ~ę rąk!** I've only got one pair of hands!; *przysł.* **nieszczęścia chodzą ~ami/w ~ze** it never rains but it pours; **ona zawsze próbuje kojarzyć swoich przyjaciół w ~y** she's always trying to pair her friends off with each other; *pot.* **to inna ~a kaloszy** that's a different kettle of fish, that's another kettle of fish; **wysokie bezrobocie i wysoka przestępczość często idą w ~ze** high unemployment and high crime often go hand in hand **2. ~a** (**wodna**) steam, vapour; *przen.* **nie puścić ~y z ust** not say a word, not breathe a word; **pełną/całą ~ą** (at) full blast

parad|a *f* parade; **~a wojskowa** military parade; **~a zwycięstwa** victory parade; **brać udział w ~zie/uczestniczyć w ~zie** be on parade; *przen.* **mieć głowę nie od ~y** have one's head screwed on

paraliż *m* paralysis; ~ **dziecięcy** infantile paralysis; **cierpieć na ~ (prawej nogi)** suffer from paralysis (of the right leg); **dostać ~u/ulec ~owi/zostać dotkniętym ~em** be paralysed; **powodować ~** cause/produce paralysis

parasol *m* **1.** umbrella; ~ **od słońca** sunshade, parasol; **rozłożyć/otworzyć ~** put up an umbrella; open an umbrella; **zamknąć/zwinąć ~** fold (up) an umbrella **2.** *pot.* ~ **ochronny** umbrella; **(schronić się) pod ~em ochronnym kogoś/czegoś** (shelter) under the umbrella of sb/sth

park *m* **1.** park; ~ **miejski** city park; ~ **narodowy** national park **2.** ~ **(maszynowy)** fleet; stock; ~ **samochodowy** fleet of motor vehicles

parking *m* parking place, car park, *US* parking lot; (*budynek*) parking garage; ~ **przy drodze** lay-by, *US* rest stop; ~ **strzeżony** attended car park; ~ **wielokondygnacyjny** multi-storey car park

parlament *m* parliament; ~ **dwuizbowy** bicameral parliament; ~ **jednoizbowy** unicameral parliament; **sesja ~u** parliamentary session; ~ **obraduje** a parliament sits, a parliament is in session; ~ **postanowił, że** the Parliament resolved that; ~ **zbiera się** a parliament meets; **rozwiązać ~** dissolve (a) parliament; **zwołać ~** convene (a) parliament, convoke (a) parliament

parti|a *f* **1.** **~a (polityczna)** (political) party; **~a opozycyjna** opposition party; **~a rządząca** ruling party; **rozwiązać ~ę** dissolve a party; **w tym kraju brakuje skutecznej ~i środka** this country lacks an effective party of the centre; **założyć ~ę** establish/form a party; **zapisać się/wstąpić do ~i** join the party **2.** (*grupa ludzi, rzeczy*) lot; batch; **~ami** in batches; **~a wysłanego towaru** shipment; **przybyła pierwsza ~a gości** the first lot of visitors has/have arrived **3.** **być dobrą ~ą/stanowić dobrą ~ę** (*do małżeństwa*) be a good catch **4.** *przen.* **dobrze//zręcznie/sprytnie rozegrać swoją ~ę** play one's cards well, play one's cards right

pas *m* **1.** belt; **~ napędowy** driving belt; **~ ratunkowy** life-belt; **~ transmisyjny** transmission belt; **~y bezpieczeństwa** seat//safety belts; **zapiąć ~y (bezpieczeństwa)** fasten seat belts **2.** (*strefa*) belt; zone; **~ zieleni** green belt **3.** (*talia*) waist; **wysoki po ~/do ~a** waist-high; **spodnie są na mnie trochę za ciasne w ~ie** the trousers are a bit tight around my waist **4.** (*pasek*) strap; belt; *przen.* (**uderzyć**) **poniżej ~a** (hit) below the belt; **zaciskać ~a** tighten one's belt **5. ~ ruchu** traffic lane; **~y** (*przejście dla pieszych*) zebra crossing; pedestrian crossing; *US* crosswalk **6. ~ startowy** airstrip, flying strip

pasażer *m* passenger; **~ autobusu** bus passenger; **~ klasy turystycznej** tourist-class passenger; **~ kolejowy/kolei** rail passenger; *pot.* **~ na gapę** passenger without a ticket; **~ samochodu** car passenger; **~ samolotu** airline passenger; **~ taksówki** fare; **przewozić ~ów** carry passengers; **zabierać ~ów** pick up passengers, take on passengers

pas|ek *m* **1.** strap; belt; **~ek skórzany** leather strap/belt; **odpiąć ~ek** undo one's belt; **zapiąć ~ek** fasten one's belt; buckle one's belt **2.** (*papieru, tkaniny itd.*) strip; (*kolorowy*) stripe; **biały obrus w zielone ~ki** a white tablecloth with green stripes; **bluzka w ~ki** striped blouse; **w ~ki** striped

pasj|a *f* **1.** (*zamiłowanie*) passion; **mieć jakąś ~ę** have a passion (for sth); **muzyka jest jej ~ą** music is her passion **2.** (*gniew*) fury; passion; rage; **szewska ~a** uncontrollable/ungovernable rage, unbridled fury; **doprowadzać kogoś do ~i** drive sb wild; **wpadać w ~ę** fly into a passion; fly into a fury; fly into a rage

pasmo *n* **1.** band; strip; **~ częstotliwości** frequency band; **~ górskie/gór** mountain range; **~ ruchu (drogowego)** traffic lane **2.** *przen.* series; train; run; **~ klęsk/niepowodzeń//nieszczęść** a chapter of accidents; a run of bad luck; **~ wydarzeń (, które doprowadziło do...)** the train of events (that led up to...)

pasować *v* fit; suit; *pot.* ~ **jak ulał** fit like a glove, fit perfectly; **czy te kolory pasują do siebie?** do these colours go well together?; **marynarka pasuje na ciebie jak ulał** the jacket fits you perfectly; **ten stół nie będzie pasował do kuchni** this table won't fit in(to) the kitchen

pasta *f* paste; ~ **do obuwia** shoe polish; ~ **do podłóg** floor polish; ~ **do zębów** toothpaste

paszpor|t *m* passport; ~**t dyplomatyczny** diplomatic passport; **ważny** ~**t** valid passport; ~**t jest ważny do/wygasa...** a passport expires on...; **dostać/otrzymać** ~**t** get a passport; **okazywać** ~**t** produce/present one's passport; **podróżować na fałszywym** ~**cie** travel on a false passport; **starać się o** ~**t** apply for a passport; **wyrobić sobie** ~**t** have a passport issued; **wydać** ~**t** issue a passport

patent *m* patent; ~ **na wynalazek** letters patent, a patent on one's invention; **posiadacz** ~**u** patent holder; **przyznać** ~ grant/issue a patent; **ubiegać się/starać się o** ~ apply for a patent; **uzyskać/otrzymać/zdobyć** ~ obtain a patent, be granted a patent

patrol *m* patrol; ~ **drogowy** *GB* motorway patrol, *US* highway patrol; ~ **pieszy** foot patrol; ~ **policyjny/policji** police patrol; ~ **rozpoznawczy** reconnaissance patrol; ~ **wojskowy** army patrol; **iść na** ~ be out on patrol; **po całym mieście krążą** ~**e policji** the whole town is patrolled by police

patronat *m* patronage; sponsorship; **być/znajdować się pod czyimś** ~**em** be under sb's patronage; **objąć/sprawować** ~ **nad kimś/czymś** sponsor sb/sth

patrzeć *v* ~ **(na coś/kogoś)** look (at sth/sb); *przen.pot.* ~ **na coś przez palce** turn a blind eye to sth; *pot.* ~ **na kogoś/coś jak sroka w gnat/w kość** stare at sb/sth; *przen.* ~ **na kogoś z góry** look down on sb; ~ **na świat/życie przez różowe okulary** see life through rose-coloured glasses, look at life through rose-coloured spectacles; ~ **(niecierpliwie) na zegarek** watch the clock; ~ **przed siebie** look ahead; ~ **przez okno** look out of the window, look through the window; *pot.* **~ wilkiem/spode łba** look daggers at; **~ za siebie** look back

pawilon *m* pavilion; **~ wystawowy** exhibition pavilion/hall

paznok|ieć *m* nail; **obcinać ~cie** cut/trim/pare one's nails; **piłować ~cie** file one's nails; **przestań obgryzać ~cie!** stop biting your nails!; **złamać ~ieć** break a nail

pech *m pot.* bad luck; **mieć ~a** be out of luck, be down on one's luck; **prześladował nas ~** bad luck dogged us, we were dogged by bad luck; **przynosić komuś ~a** bring sb bad luck; **to ~!** bad/hard/tough luck!; hard lines!

pełni|a *f* **1. ~a (księżyca)/księżyc w ~** full moon **2.** (*punkt kulminacyjny*) height; climax; **być/znajdować się w ~ czegoś** be full of sth; be brimming with sth; **doceniać coś w ~** appreciate sth to the full; **ona jest w ~ sił/życia** she's full of vitality; **w ~/w całej ~** fully; to the full; entirely; **w ~ cieszyć się życiem** enjoy life to the full; **w ~ sezonu** at the height/peak of the season; **w ~ zimy** in the dead of winter

pełn|o *adv* **1.** (*po brzegi*) to the brim; up to a rim; **nalać do kubka ~o wody** fill the jug to the brim with water; **nalewać do ~a** fill up, top up **2.** (*wiele*) in plenty; **~o czegoś** plenty of sth; **było ~o pracy dla każdego** there was work in plenty for everyone; **mieć ~o czegoś** be full of sth; **wszędzie jej ~o** she's here, there and everywhere

pełnoletność *f* majority; **osiągnąć ~** come of age, be of age, attain/reach one's majority

pełn|y *a* **1. ~y (czegoś)** full (of sth); brimful (of sth); **oczy ~e łez** eyes full of tears; **ona jest ~a energii** she's brimful of energy; **pełen wspaniałych niespodzianek** brimful of wonderful surprises; **pokój pełen ludzi** a room full of people **2.** (*całkowity*) full, complete, whole; **~a szybkość** full speed; **~e kwalifikacje** full qualifications; **~e morze** open sea; **~e porozumienie** full agreement; **~y adres** full address; **~y asortyment** complete assortment; **~y sukces** full success

pensja

pensj|a *f* salary; **~a w wysokości... dolarów** a salary of $...; **głodowa ~a** starvation wages; **skromna ~a** modest salary; **~e lekarzy powinny być wyższe** doctors' salaries should be higher; **czy twoja ~a została już wpłacona na konto?** has your salary been paid into your bank account yet?; **obniżać ~e** cut/reduce salaries; **otrzymać ~ę** receive a salary; **podwyższać ~e** raise salaries; **pobierać/podjąć/wziąć ~ę** get a salary; **trudno jest mu utrzymać się z ~i** he finds it difficult to manage on his salary; **wypłacać/płacić ~ę** pay a salary

perfekcj|a *f* perfection; **szczyt ~i** the acme of perfection; **dążyć do ~i** aim for/strive for/search for perfection; **do ~i** to perfection; **osiągnąć ~ę** achieve/attain perfection

perfum|y *pl* perfume; **mocne ~y** strong perfume; **zapach ~** smell of perfume; **jakich ~ używasz?** what perfume are you wearing?

perł|a *f dosł. i przen.* pearl; **(rzucać) ~y przed wieprze** (cast) pearls before swine

personel *m* personnel; staff; **~ kierowniczy** managerial staff; **~ pomocniczy** ancillary/auxiliary staff; **~ techniczny** technical staff

perspektyw|a *f* **1.** perspective; **~a historyczna** historical perspective; **z ~y...** from a perspective... **2.** *przen.* (*widoki, możliwości*) prospect; vista; **~y gospodarcze** economic prospects; **~y na następny rok** prospects for the next year; **pomyślne ~y** propitious/good prospects

perspektywicznie *adv* in perspective; **myśleć o czymś ~** take the long view of sth

pertraktacje *pl* negotiations; **~ pokojowe** peace negotiations; **prowadzić ~** conduct negotiations; **wznowić ~** reopen negotiations; **zerwać ~** break off negotiations

peryferi|e *pl* periphery, outskirts; **na ~ach miasta** on the outskirts of the town, on the periphery of the town

pewnik *m* axiom; certainty; **brać/przyjmować coś jako ~** take sth for granted; *pot.* take sth as read; **możemy uważać za ~, że**

gazety poprą naszych przeciwników we can take it as read that newspapers will support our opponents

pewnoś|ć *f* certainty; certitude; *pot.* cert; **~ć siebie** self-assurance, self-confidence; **absolutna ~ć** absolute certainty; *pot.* dead certainty, dead cert; **nie ma ~ci, że...** there is no certainty that...; **stwierdzić coś z całą ~cią** state sth with certainty; **wiem z całą ~cią, że...** I know for a certainty that...; **z ~cią** surely, certainly, for certain, for sure, undoubtedly

pewn|y *a* certain, sure; positive; *przen.* **~y jak amen w pacierzu** (as) sure as eggs is eggs, (as) sure as fate, (as) sure as I'm standing here; **~y siebie/~y swego** self-assured, self-confident; **absolutnie ~y (czegoś)** absolutely positive (of/about sth); **być ~ym siebie** be sure of oneself; **jedno jest ~e...** one thing is sure...; **jest absolutnie ~e, że...** it's a dead certainty that..., it's a (dead) cert that...; **jestem ~y, że...** I am sure..., I feel sure...; **na ~o będzie padać** it's sure to rain, it's bound to rain

pęcherz *m* **1.** blister; **~ pęka** a blister bursts; **robi się ~** a blister forms; **robią mi się ~e na dłoniach od...** my hands blister from...; **robią mi się ~e na skórze** (*po opalaniu itd.*) my skin blisters **2.** bladder; **~ moczowy** urinary bladder; *pot.* **biegać/latać jak kot z ~em** bustle about

pęd *m* **1.** (*bieg*) run; rush; dash; *przen.* **owczy ~** craze; *pot.* **robić coś w ~ie** do sth at the double, *US* do sth on the double **2.** (*roślin*) shoot, sprout; **puszczać ~y** shoot, sprout

pędzi|ć *v* (*biec*) run; rush; dash; **~ć co sił/co tchu/ile sił w nogach** run for dear life; **~ć jak huragan/jak strzała/jak na skrzydłach** run like the wind, go like the wind; **~ć jak szalony** run like mad; **~ć życie/żywot** lead a life; **karetka ~ła na miejsce wypadku** the ambulance dashed to the scene of the accident

pian|a *f* froth; foam; **~a do kąpieli/kąpielowa** bath foam; **~a gaśnicza** fire foam; **~a mydlana** lather; **~a na piwie** head on beer; **bić/ubijać ~ę z białek** beat the eggs (up) to a frothy consistency; **kufel piwa z grubą ~ą** a glass of beer with thick froth on top; **pies z ~ą na pysku** a dog with foam at its mouth; **psu ~a toczy się/cieknie z pyska** the dog is foaming at the mouth, the dog is frothing at the mouth; *przen.pot.* **z ~ą na ustach** (*z wściekłością*) foaming at the mouth

pias|ek *m* sand; **drobny ~ek** fine sand; **gruby ~ek** coarse sand; **ruchome ~ki** quick sand, shifting sand; *przen.* **chować/kryć głowę w ~ek** bury one's head in the sand, hide one's head in the sand; **dzieci bawiące się w ~ku** children playing on the sand(s), children playing in the sand; *przen.* **mieć ~ek w oczach** have sore eyes; **posypać/wysypać ~kiem** scatter sand, spread sand, sprinkle sand

piątek *m* Friday; **Wielki Piątek** Good Friday; **w ~** on Friday; **w przyszły ~** next Friday; **w zeszły/ubiegły ~** last Friday

pić *v* **1.** drink; **chce mi się ~** I am thirsty, I feel thirsty; **~ małymi łykami** sip **2.** (*alkohol*) drink; *pot.* booze, tipple; **~ czyjeś zdrowie/~ na zdrowie** drink to sb's health, drink to health; **~ jak szewc/bez umiaru** drink like a fish; **~ strzemiennego** have one for the road; **on pije na umór** he's drinking himself to death; **on znowu pije** he's back on the bottle again now **3.** (*o ubraniu*) be too tight; **te nowe buty mnie piją** these new shoes pinch me, these new shoes are too tight for me

piec *m* furnace; oven; (*do wypalania*) kiln; **~ hutniczy** metallurgical furnace; **~ martenowski** open-hearth furnace; **~ piekarski** baking oven; **wielki ~** blast furnace; *przysł.* **jak u Pana Boga za ~em** (as) snug as a bug in a rug; **piec coś w ~u** bake sth in an oven; **rozpalać wielki ~** light off a blast furnace; *przen.* **tu jest gorąco jak w ~u** it's like a furnace in here, it's like an oven in here; **wyjmować chleb z ~a** take the bread out of the oven

piecze|ń *f* (*potrawa*) roast (meat); **~ń cielęca** roast veal; **~ń wołowa** roast beef; **upiec ~ń** roast a joint of meat; *przen.* **upiec dwie ~nie przy jednym ogniu** kill two birds with one stone

piedestał *m* pedestal; *przen.* **strącić kogoś z ~u** knock sb off his pedestal; **wynieść kogoś na ~** put sb on a pedestal

piekł|o *n* hell; *przen.* ~o na ziemi hell on earth; **istne** ~o sheer hell; *pot.* **robić** ~o (*awanturować się*) raise Cain, raise the devil, raise the roof; **z** ~**a rodem** devilish; **zamienić w** ~**o** turn into hell

pieniądz *m* money; (*waluta*) currency; (*moneta*) coin; (*gotówka*) cash; ~**e** *pl* money; ~**e kieszonkowe** pocket money, *US* allowance; ~**e na drobne wydatki** pin money; ~**e podatników** tax money; ~**e zmarnowane/wyrzucone w błoto** money down the drain; **drobne** ~**e** change, small change; **fałszywe** ~**e** counterfeit money; ~**e nie grają roli/nie stanowią przeszkody** money is no object; ~**e to nie wszystko** money isn't everything; **być bez pieniędzy/nie mieć pieniędzy** be out of money; *pot.* **być przy** ~**ach** be in the money; **czy masz przy sobie trochę pieniędzy?** do you have any money on you?; **inwestować w coś** ~**e** invest money in sth, put money into sth; **marnować** ~**e** waste money; **pobierać** ~**e z banku** draw money from the bank; *pot.* **prać brudne** ~**e (z handlu narkotykami)** launder the (drugs) money; **robić coś dla pieniędzy** do sth for money; *pot.* **robić duże** ~**e** coin money; **rozmieniać** ~**e** change money; **sypiać na** ~**ach** be rolling in money, have money to burn; **szastać pieniędzmi** throw money away, throw money about; **wydawać** ~**e** spend money; **wymuszać od kogoś** ~**e** extort money from sb; *pot.* **wyrzucać** ~**e w błoto** throw money down the drain; **za** ~**e** for money; **zarabiać** ~**e** earn money; make money; **za żadne** ~**e** not for love or money; **znaleźć** ~**e** find the money

pie|niek *m* stump; *pot.* **mieć z kimś na** ~**ńku** have a bone to pick with sb

pieprz *m* pepper; *przen.* **suchy jak** ~ bone-dry; *pot.* **uciekać/ /wiać/drapnąć gdzie** ~ **rośnie** cut and run; **znać się na czymś jak kura na** ~**u** not know the first thing about sth/doing sth; **obawiam się, że na gotowaniu znam się jak kura na** ~**u** I'm afraid I don't know the first thing about cooking

pierś

pier|ś *f* breast; chest; **~ś owłosiona** hairy chest; **bóle w ~si** breast pains; *przen.* **bić/uderzać się w ~si** beat one's breast, beat one's chest; **duma rozpiera komuś ~ś** sb throws out his chest with pride; **karmić ~sią (dziecko)** breast-feed, nurse (a baby); **oddychać pełną/całą ~sią** breathe freely; **odstawić dziecko od ~si** wean a child; **przytulić/przygarnąć kogoś do ~si** clasp sb to one's breast, hold sb to one's breast; **ssać ~ś matki** suck its mother's breast; **żołnierz z medalami przypiętymi do ~si** a soldier with medals pinned to the breast

pierścionek *m* ring; **~ zaręczynowy** engagement ring

pierwiastek *m* **1.** (*element*) element; **~ prawdy** element of truth **2. ~ (chemiczny)** element; **~ promieniotwórczy** radioactive element, radioelement **3.** root; **~ kwadratowy** square root; **~ sześcienny** cube root; **~ kwadratowy z 4 wynosi/równa się 2** the square root of 4 is 2; **wyciągać ~** extract a root; **znaleźć/obliczyć ~** find a root

pierwszeństwo *n* priority, precedence; **~ przejazdu** right of way; **dawać ~ czemuś** accord priority to sth, give precedence to sth; **mieć ~ przed czymś** take precedence over sth

pierwsz|y *num* first; *US* **~a dama** the First Lady; **~y... drugi...** (*z wymienionych*) the former...the latter...; **~y lepszy/z brzegu** picked at random; **~y z brzegu przykład – wczoraj znowu się spóźniła** to pick an instance at random, she was late again yesterday; *przen.* **kto ~y, ten lepszy** first come, first served; **po ~e** first(ly), in the first place; **po ~e..., a po drugie...** for one thing... and for another...; **po ~e nie mam pieniędzy, a po drugie jestem zbyt zajęty** for one thing I have no money, and for another I am too busy; **w ~ej chwili** at first; **wielu popiera ~e rozwiązanie, ale ja osobiście opowiadam się za drugim** many support the former solution, but personally I favour the latter (one); **z dwóch możliwości, ~a wydaje się bardziej prawdopodobna** of the two possibilities, the former seems more likely

pies *m* dog; **~ bezdomny/bezpański** stray dog; **~ łańcuchowy** watchdog; **~ myśliwski** hunting dog; **~ nierasowy** mongrel; *przen.* **~ ogrodnika** a dog in the manger; **~ pasterski** sheepdog; **~ podwórzowy** watchdog; **~ pokojowy** pet dog; **~ policyjny** police dog; (*do wykrywania narkotyków*) sniffer dog; **~ przewodnik** guide dog; seeing-eye dog; **~ rasowy** pedigree dog; *pot.* **~ z kulawą nogą** not a soul; **dziki ~** wild dog; **wściekły ~** rabid/mad dog; **zabłąkany ~** stray dog; **zły ~** vicious dog; **sfora/zgraja psów** a pack of dogs; **~ kąsa/gryzie** a dog bites; **~ merda ogonem** a dog wags its tail; **~ skomli/skowyczy** a dog whines; a dog yelps; **~ szczeka** a dog barks; **~ warczy na kogoś** a dog snarls at sb; a dog growls at sb; *przen.* **głodny jak ~** as hungry as a wolf; **kiedy nasz ~ był bardzo stary, kazaliśmy go uśpić** when our dog was very old we had him put to sleep; *przysł.* **kto chce psa uderzyć, kij zawsze znajdzie** give a dog a bad name and hang him, give a dog an ill name and hang him; **mój ~ wabi się Black** my dog answers to the name of Black; *przen.* **ni ~, ni wydra** neither fish flesh nor fowl; **(po)szczuć kogoś psem** set the dog on sb; *pot.* **schodzić na psy** go to the dogs; **ten ~ jest przywiązany do swojego pana** this dog is devoted to his master; **uśpić psa** put a dog to sleep; **uwaga, zły ~!** beware of the dog!; *pot.* **wieszać na kimś psy** pull/pick/tear sb to pieces; **wyprowadzać psa** take a dog for a walk; *pot.* **zdechnąć jak ~** die like a dog; **żyć jak ~ z kotem** live like cat and dog, lead a cat-and-dog life; fight like cat and dog

pieśń *f* song; **~ ludowa** folk song; **~ miłosna** love song; **komponować/tworzyć ~** compose a song, write a song; **nucić ~** hum a song; **śpiewać ~** sing a song

pięć *num* five; *pot.* **ni w ~, ni w dziewięć/dziesięć** without rhyme or reason; *przen.* **za ~ dwunasta** at the eleventh hour; **jego wizyta została odwołana za ~ dwunasta** his visit was called off at the eleventh hour

piękny 312

piękn|y *a* beautiful; **~a muzyka** beautiful music; **~a pogoda** beautiful weather; **~y głos** beautiful voice; **~e rzeczy dzieją się ostatnio w tym domu** (*ironicznie*) there've been a lot of fine goings-on in that house recently; *przen.* **~y jak z obrazka** as pretty as a picture; **jego przemówienie pełne było ~ych, nic nie znaczących słów** his speech was full of fine words which meant nothing

pięś|ć *f* fist; **grozić komuś ~cią** shake one's fist at sb; **zaciskać ~ć** clench one's fist

pięt|a *f* heel; **(czyjaś) ~a achillesowa/Achillesa** an Achilles' heel, one's Achilles' heel; *przen.* **deptać komuś po ~ach** be on sb's heels, be at sb's heels, tread on sb's heels; **nie dorastać komuś do ~** not be a patch on sb

piętno *n* brand; mark; **wycisnąć/zostawić swoje ~ na czymś** leave one's mark on sth; **wypalić ~ (czymś)** brand sth (with sth); **zostawić na kimś trwałe ~/zostawić na kimś ~ do końca życia** brand sb for life

pigułka *f* pill; *przen.* **gorzka ~** a bitter pill

pijan|y *a* drunk; intoxicated; *przen.* **~y czymś** (*powodzeniem itd.*) drunk with sth; **~y kierowca** drink-driver, *US* drunk driver; *pot.* **~y jak bela/w sztok/jak szewc/jak bąk** blind drunk, (as) drunk as a lord, *US* (as) drunk as a skunk; **jazda (samochodem) po ~emu** drinking and driving, drink-driving, *US* drunk driving; **prowadzić (pojazd) po ~emu** drink and drive

pik *m* (*kolor w kartach*) spades; **król ~** king of spades

piknik *m* picnic; **jechać na ~** go for a picnic; **urządzić ~** have a picnic

pilot *m* **1.** pilot; **~ automatyczny** automatic pilot, autopilot; **~ myśliwski** fighter pilot; **~ oblatywacz** test pilot; **~ portowy** harbour pilot; **~ szybowcowy** glider pilot; **~ śmigłowca** helicopter pilot; **wypadek został spowodowany przez błąd ~a** the accident was caused by pilot error **2.** **~ wycieczek** tour guide

piłk|a *f* ball; **~a nożna** football, soccer; **~a ręczna** handball; **~a odbija się** a ball bounces; **grać w ~ę** play ball; **grać w ~ę nożną** play football; **kopać ~ę** kick a ball; **łapać ~ę** catch a ball; **odbijać ~ę** bounce a ball; **podawać ~ę** pass a ball; **rzucać ~ę** throw a ball

piorun *m* thunderbolt; lightning; **~ kulisty** ball lightning; **trzask ~ów** thunderclap; **uderzenie ~a** a bolt of lightning, a stroke of lightning; *pot.* **~em** (*błyskawicznie*) like (greased) lightning; at the double, *US* on the double; **~ uderza** a lightning strikes, a thunderbolt strikes; **~ uderzył/strzelił w drzewo** a thunderbolt struck a tree, a tree was struck by lightning; *przen.* **(jak) rażony ~em/jakby w niego ~ strzelił (na wiadomość)** thunderstruck (at the news)

piosenk|a *f* song; **~a ludowa** folk song; **~a miłosna** love song; *przen.pot.* **stara ~a/ta sama ~a** the same old song; **komponować/tworzyć ~ę** compose a song, write a song; **nucić ~ę** hum a song; **śpiewać ~ę** sing a song

piór|o *n* **1.** pen; **gęsie ~o** (*do pisania*) quill, quill pen; **wieczne ~o** fountain pen; **człowiek ~a** man of letters; **książka ~a...** a book from the pen of...; **zarabiać ~em/żyć z ~a** live by one's pen **2. ~o (ptaka)** feather **3. ~o świetlne** (*komputerowe*) light pen

piractwo *n* piracy; **~ kaset wideo** video piracy; **~ komputerowe/informatyczne** hacking; **~ (morskie)** piracy; **~ powietrzne** air piracy; (*uprowadzanie samolotów*) hijacking; **popełnić ~** commit piracy

pirat *m* pirate; **~ drogowy** road hog; hit-and-run driver; **~ komputerowy** hacker; **~ (morski)** pirate; **~ powietrzny** hijacker

pis|ać *v* **~ać (o)** write (about/of); **~ać (coś) na maszynie** type (sth); **~ać czytelnie** write legibly; *pot.* **~ać jak kura pazurem** scrawl, scribble; **~ać niewyraźnie/nieczytelnie** write illegibly; **~ać wielkimi literami** write (in) capitals; **~ać wyraźnie** write legibly; **~ana jej była kariera sceniczna** she was destined for a career on the stage; *przen.* **coś jest komuś ~ane** sb is destined

pismo 314

for sth/to do sth; **jak się to ~ze?** (*przeliteruj*) how do you spell that?, how's that spelt?; **możesz ~ać atramentem lub ołówkiem** you may write in ink or pencil; **nie mam czym ~ać** I haven't got anything to write with; **ona ~ze (artykuły) do popularnych magazynów** she writes for popular magazines

pism|o *n* **1.** writing; letter; **~o hieroglificzne** hieroglyphic writing; **~o klinowe** cuneiform writing; **~o obrazkowe/ideograficzne** picture writing; **na piśmie** in writing; *pot.* **czuć/zwąchać/ /zwęszyć/poczuć ~o nosem** smell a rat **2.** (*gazeta*) newspaper; paper; magazine; **~o codzienne** daily newspaper; **~o kobiece** women's magazine; **to jest poczytne ~o** it's a widely-read newspaper **3.** (*sposób pisania*) handwriting; hand; **~o czytelne** legible handwriting; **~o maszynowe** typewriting; **~o ręczne** handwriting **4. ~o okólne** circular letter; **~o urzędowe** (*nakaz itd.*) writ **5. ~a** *pl* (*dzieła*) writings, works; **czyjeś ~a wybrane** sb's selected works; **czyjeś ~a zebrane** sb's collected writings; **Pismo Święte** the (Holy) Scriptures, the Holy Bible **6.** (*zbiór czcionek*) fo(u)nt; type; print; **~o grube** bold face; **~o jasne** light face; **~o pochyłe** italic type, italics; **krój ~a** type face

pistolet *m* pistol; (hand)gun; **~ maszynowy** machine pistol, submachine gun; **~ natryskowy** spray-gun; **~ startowy** starting pistol; **~ (zabawka)** toy pistol; **~ nie wypalił** a pistol misfired; **~ wypalił** a pistol fired, a pistol went off; **nabić ~** load a pistol; **wypalić z ~u** fire a pistol

piw|o *n* beer; **~o beczkowe** beer on draught, draught beer; **~o butelkowe** bottle beer; **~o ciemne** dark beer; **~o jasne** pale beer; **~o lekkie** light beer; **~o mocne** strong beer; **beczka ~a** a barrel of beer; **butelka ~a** a bottle of beer; **kufel ~a** a mug of beer; a stein of beer; *przen.pot.* **małe ~o** small beer, small potatoes; **puszka ~a** a can of beer; *przen.* **nawarzyć (sobie/komuś) ~a** get into hot water; be in hot water; **warzyć ~o** brew beer; **(wy)pić ~o, którego się nawarzyło** stew in one's own juice; take one's medicine; **wypij ~o, którego nawarzyłeś!** take your medicine (like a man)!

plac m (*miejski*) square; site; (*przed budynkiem*) yard; **~ bitwy/ /boju** the site of the battle; **~ budowy** building site/ground, construction site; **~ pod budowę nowego hotelu** a site for a new hotel; **~ składowy** stacking yard, store place; **~ targowy** market square; **~ u zbiegu ulic** circus; **~ więzienny** prison yard; **~ zabaw/do zabaw** playground

plag|a f *dosł. i przen.* plague; scourage; **~a dżumy** the plague, bubonic plague; **~a egipska** plague; **~a szarańczy** plague of locusts; **~a szkodników** plague of insects; **choroba Aids została nazwana ~ą współczesnego świata** Aids has been described as the scourge of the modern world; **stać się/być ~ą czegoś** plague sth, be a scourage; **w niektórych wiejskich regionach króliki są ~ą/stały się ~ą** rabbits are a scourge in some rural areas

plagiat m plagiarism; **popełnić ~/dokonać ~u** plagiarize, commit a plagiarism

plakat m poster, bill, placard; **~ teatralny** theatre bill; **~ wyborczy** election poster; **rozlepiać ~y** post bills, stick bills, put up posters; **rozlepiać ~y na mieście** plaster the town with posters; **rozlepiać ~y na murach** placard walls

plam|a f (*brudu itd.*) stain; spot; smudge; *przen.* **~a na honorze** stain/blemish (on one's reputation); **~a ropy** (*rozlana na morzu*) oil spill; **~y słoneczne/na Słońcu** sunspots; **tłusta ~a** grease mark, grease spot; **uporczywa ~a** stubborn stain; **czyścić/wywabiać/usuwać ~ę** remove a stain; get out/remove a spot; **te ~y od atramentu nie chcą zejść/puścić** these ink stains won't come out; **zostawić ~ę** leave a stain; leave a spot

plan m **1.** plan; project; schedule; scheme; program(me); **~ dalekosiężny/długookresowy** long-term plan; **~ działania** plan/scheme of action; **~ pięcioletni** five-year plan; **~ rozwoju/ /rozbudowy** development plan; **~y na najbliższą przyszłość**

plaster 316

plans for the immediate future; **najbliższe ~y** immediate plans; **starannie opracowany ~** a carefully worked-out plan; **wielki ~** grandiose/sweeping plan; **~ jest realizowany/wcielany w życie** a plan is realised; **~ nie wypalił/spełzł na niczym** a plan misfired/backfired, a plan miscarried, a plan failed; **~ się udał/powiódł się** a plan succeeded; **iść/odbywać się/przebiegać zgodnie z ~em** go according to plan, run according to plan; **nakreślić ~** draw up a plan; **nasze ~y przybierają realne kształty** our plans are taking shape; **obmyślić ~** devise a plan; **opracować ~** work out a plan; draw up a plan; **pokrzyżować//zniweczyć czyjeś ~y** thwart one's plans, foil one's plans, frustrate one's plans; **ponad ~** above the plan; **przedstawić ~** present a plan; **przekroczyć ~** overfulfil a plan; **snuć/robić ~y** make plans; **wcielać ~ w życie** implement a plan; **wykonać ~** carry out a plan, execute a plan; **zmienić (swoje) ~y** change one's plans **2.** (*obrazu*) part of the view; *dosł. i przen.* **na dalszym ~ie** in the background; **na pierwszym ~ie** in the foreground; **pozostawać na drugim ~ie** stay/remain in the background; **zejść na drugi/dalszy ~** relegate (sb/sth) to the background **3.** (*rysunek – domu itd.*) plan; **~ centrum miasta** a plan of the town centre; **~ Londynu** map of London; street--plan of London; **~ sytuacyjny** location plan; site plan **4. ~ (filmowy)** location; **na ~ie** on location

plast|er *m* **1.** (*płat*) slice; **~er miodu** honeycomb; **pokroić coś w//na ~ry** slice sth, cut sth into slices **2. ~er opatrunkowy** plaster, sticking plaster; **przykładać ~er na ranę** plaster a wound

plec|y *pl* back; shoulders; **osoba o szerokich/barczystych ~ach** a person with broad shoulders; **szerokie/barczyste ~y** broad back, broad shoulders, square shoulders; **brać coś na ~y** shoulder sth; **dźwigać/nieść coś na ~ach** carry sth on one's shoulders; *pot.* **mieć ~y** (*znajomości*) be well-connected; have connections; **odwrócić się ~ami do kogoś/czegoś** turn one's back on sb/sth; *pot.* **powiedzieć coś za czyimiś ~ami** say sth behind one's back; **stańcie do siebie ~ami a zobaczymy, który z was jest wyższy** stand back to back and let's see which of you is taller; *dosł. i przen.* **wbić komuś nóż w ~y/zadać komuś cios w ~y** stab sb in the back; **wziąć/zarzucić sobie coś na ~y** shoulder sth; *pot.* **(z)robić coś za czyimiś ~ami** do sth behind one's back; **zrobiła to za moimi ~ami** she did it behind my back

plener *m* **1.** (*otwarta przestrzeń*) the open (air); the outdoors; **w ~ze** in the open; in the outdoors **2. ~ (filmowy)** location; **nakręcony w ~ze** (*zdjęcia, film*) shot on location, made on location

plon *m* **1.** yield; crop; harvest; **~ z hektara** the yield per hectare; **~ ziemniaków** harvest of potatoes; **bogaty/obfity ~** heavy crop; heavy harvest; **słaby/ubogi ~** poor crop; poor harvest; **wysokie ~y pszenicy** high yield of wheat; **dawać ~** yield crops; **tegoroczny ~ pszenicy był ubogi** this year's wheat harvest was poor; **uzyskać dobry ~ (czegoś)** have a good harvest (of sth); **zbierać ~y** crop, gather crops; harvest; reap the harvest **2.** *przen.* fruits; **~ czyjejś pracy** the fruits of one's labour

plotk|a *f* gossip; rumour; **bzdurna/głupia ~a** silly gossip; **kłamliwa ~a/~a wyssana z palca** idle gossip; **złośliwa ~a** malicious/vicious gossip; **krążą różnego rodzaju ~i** all sorts of rumours are going round; **krąży/kursuje ~a, że...** there's a rumour (circulating) that..., rumour has it that..., it is rumoured that...; it's common gossip that...; **krąży wstrętna ~a o twoim ojcu** there's a nasty rumour going round/circulating/spreading about your father; **robić ~i (o/na)** gossip (about); **roznosić ~i** spread gossip; spread/circulate a rumour; **zaprzeczyć ~om** deny rumours

plus *m* **1.** (*znak*) plus (sign); (*dodatkowo*) plus; *pot.* **~ minus...** give or take..., plus minus...; **~ podatek** plus tax; **będzie podróżowało dwoje dorosłych, ~ troje dzieci** there will be two adults travelling, plus three children; **dostałem czwórkę**

pluton

z ~em za... I got B plus for..., I got B+ for...; **pięć ~ trzy równa się osiem** five plus three is eight; **temperatura ~ pięć stopni** the temperature is plus five degrees **2.** *przen.* (*dodatnia strona*) plus (side), plus point, advantage; **~y i minusy czegoś** the pluses and minuses of sth; **jeden z ~ów życia w mieście** one of the advantages of living in the city; **mogłabyś przynajmniej policzyć jej na ~ cały wysiłek, jaki w to włożyła** you could at least give her some credit for all the effort she's put in; **zapisać/policzyć/zaliczyć (coś komuś) na ~** give (sb) credit (for sth); **zmieniać się na ~/in ~** change for the better; **znajomość angielskiego jest ~em w jej pracy** knowledge of English is a plus in her job

pluton *m* (*w piechocie*) platoon; **~ egzekucyjny** firing squad; **śmierć przed ~em egzekucyjnym** death by firing squad

płac|a *f* wage(s); pay; **~a akordowa** piece wages; **~a dniówkowa** daily wages; **~a głodowa** starvation wages; **~a minimalna** minimum wages; **~a podstawowa/zasadnicza** basic wages; **~a realna** real wages; **zamrożenie ~** wage freeze; **pobierać ~ę** receive/draw one's wages; *pot.* **windować ~e** boost wages; **zamrozić ~e** freeze wages

płaci|ć *v* pay; **~ć czekiem** pay by cheque; **~ć gotówką/pieniędzmi** pay (in) cash; *przen.* **~ć komuś pięknym za nadobne** give sb a taste of his own medicine, give sb a dose of his own medicine; **~ć okazicielowi** pay to (the) bearer; **~ć przy dostawie/odbiorze** pay on delivery; **~ć z dołu** pay afterwards; **~ć z góry** pay beforehand/in advance; **jego firma dobrze ~** his firm pays well; *pot.* **słono za coś ~ć** pay through the nose for sth, *US* pay top dollar for sth

płacz *m* cry, crying, weeping; **była bliska ~u** she was near to tears; **doprowadzać kogoś do ~u** make sb cry; reduce sb to tears; **jest mi do ~u** I am feeling weepy; **powstrzymywać się od ~u** hold back one's tears; **wybuchnąć ~em/uderzyć w ~** burst into tears; **zanosić się ~em** dissolve into tears

płakać *v* cry, weep; **~ głośno/wniebogłosy** cry loudly; **~ gorzko//gorzkimi łzami** weep bitter tears; **~ jak bóbr** cry one's eyes out; **~ nad rozlanym mlekiem** cry over spilt milk/spilled milk; **~ nad swoim nieszczęściem** weep over one's misfortune; **~ po zmarłym przyjacielu** weep over the death of one's friend; **~ z bólu** cry with pain; **~ z radości** cry/weep for joy; **~ z żalu** cry with grief; **nie ma sensu ~ nad rozlanym mlekiem** there's no point in crying over spilt milk

płat|ek *m* **1.** (*kwiatu*) petal; **~ek śniegu** snowflake, flake of snow; **~ki róży** rose petals; *przen.pot.* **iść jak z ~ka** come up roses; **wszystko idzie jak z ~ka** everything is coming up roses **2. ~ki** (*spożywcze*) flakes; **~ki kukurydziane** flaked maize, cornflakes; **~ki owsiane** oat flakes

płaz *m* **1.** (*zwierzę*) amphibian; (*przen. – o człowieku*) **nędzny//obrzydliwy ~** reptile **2.** *pot.* **nie ujdzie ci to ~em!** you won't get away with it!; **on myśli, że znowu ujdzie mu to ~em** he thinks he can get away with murder; **puścić coś ~em** overlook sth; **tym razem puszczę ci ten błąd ~em** I'll overlook your mistake this time; **ujść komuś ~em** get away with sth; go unpunished; get off scot-free, go/escape scot-free; **uszło im ~em z braku dowodów** they got off scot-free because of lack of evidence, they escaped scot-free because of lack of evidence

płeć *f* sex; **~ męska** male sex; **~ piękna/słaba ~** fair sex, gentle sex; **~ żeńska** female sex; **osobnik płci przeciwnej/odmiennej** a member of the opposite sex

płomie|ń *m dosł. i przen.* flame; blaze; **~ń namiętności** a flame of passion; **~ń zemsty** a flame of vengeance; **~nie liżą coś** the flames lick at/against sth; **stanąć w ~niach** go up in flames, burst into flame(s); burst into a blaze

płot|ek *m* (*w sporcie*) hurdle; **bieg na 400 metrów przez ~ki** the 400 metres hurdles; **biegacz przewrócił się na ostatnim ~ku** the runner fell at the last hurdle; **biegać przez ~ki** hurdle;

płyta

z łatwością pokonał wszystkie ~ki he cleared all the hurdles easily

płyt|a *f* **1.** (*tafla*) plate; panel; board; slab; **~a kamienna** stone slab; **~a lotniska** apron; **~a marmurowa** marble slab **2. ~a (gramofonowa)** (gramophone) record; disc, *US* disk; **~a długogrająca** long-playing record, long-player, LP; **~a kompaktowa** compact disc, CD; **złota ~a** gold disc; **nagrania na płycie** recordings on disc; **nagrać ~ę** cut a disc; **nastawić ~ę** put on a record; **przegrać ~ę** play a record; **przesłuchać ~ę** listen to a record

pobliż|e *n* neighbourhood; vicinity; **będę w ~u** I'll be around; **gdzieś w ~u...** (*domu, stacji itd.*) somewhere in the neighbourhood of...; **nie widzę nikogo w ~u** I can't see anybody around; **w ~u...** in the vicinity of...

pobud|ka *f* **1. ~ka (do)** motive (for); **altruistyczne ~ki** altruistic motives; **egoistyczne ~ki** selfish motives; **niskie/najniższe ~ki** base motives; **szlachetne ~ki** noble/highest motives; **działać z ~ek osobistych** act from personal motives; **robić coś/uczynić coś/działać z niskich ~ek** act from base motives **2.** (*budzenie*) reveille; **~a jest o godzinie...** a reveille is at... hours; **zagrać/ /zatrąbić ~ę** play a reveille, sound a reveille

pocałun|ek *m* kiss; *przen.* **~ek śmierci** the kiss of death; **~ek w (policzek/usta)** a kiss on (the cheek/lips); **gorący ~ek** loving kiss; **judaszowy/judaszowski ~ek** Judas kiss; **namiętny ~ek** passionate kiss; **obsypać kogoś ~kami** kiss sb all over; **przesłać/posłać komuś ~ek (ręką)** blow sb a kiss, throw sb a kiss

pochodzeni|e *n* origin; genesis; provenance; **~e gatunków** (*w przyrodzie*) origin of species; **~e (rodowe)** descent; parentage; **~e społeczne** social background; **polskiego ~a** (*osoba*) of Polish origin, Polish-born; **(wyraz) obcego ~a** foreign (word)

pochodzi|ć *v* **1.** (*wywodzić się*) **~ć z** originate from; derive from; come from; **skąd ~sz?** where do you come from? **2.** (*datować* *się*) **~ć z** date back to, date from; **ten zwyczaj ~ z czasów gdy...** the custom dates from the time when...

poch|ód *m* march; procession; parade; **~ód demonstracyjny** demonstration, demo; **~ód pierwszomajowy** a May Day parade; **spontaniczny ~ód** spontaneous demonstration; **zorganizowany ~ód** organized demonstration; **iść/kroczyć/maszerować w ~odzie** march in a procession; **otwierać ~ód** lead a procession

pochwał|a *f* praise; approval; **nauczyciele nie znajdują/nie mają słów ~y dla jej pracy** her teachers are full of praise for her work; **obsypywać kogoś ~ami** heap/lavish praise on sb; **osiągnięcie zasługujące na ~ę** an achievement worthy of praise, praiseworthy achievement; **otrzymać ~ę za coś** receive praise for sth; **zyskać ~ę** earn praise

pociąg *m* **1.** train; **~ bezpośredni** through train; **~ dalekobieżny** long-distance train; **~ odjeżdżający o godz. ...** the...o'clock train; **~ osobowy** passenger/stopping train; **~ podmiejski** suburban/commuter train; **~ pospieszny** express (train), fast train; **~ towarowy** goods train, *US* freight train; **~iem** by train; **jechać ~iem** go by train; ride on a train; **następny ~ do Londynu odjeżdża o godzinie piątej** the next train to London is due at 5 o'clock; **o której (godzinie) przyjeżdża ~?** what time does the train get in?; **pojechać ~iem** take a train; **przesiąść się do innego ~u** change trains; **w ~u** on the train; **wsiadać do ~u** get on a train, board a train; **wysiadać z ~u** get off a train, alight from a train; **zdążyć na ~** catch a train **2.** (*skłonność*) bent; **~ do literatury** literary bent; **~ seksualny** sexual drive; **mieć ~ do...** have a bent for sth/for doing sth; be given to sth/to doing sth; **od najmłodszego wieku przejawiała silny ~ do muzyki** she showed a strong musical bent from a very early age; **on ma ~ do alkoholu** he's given to drink

pociech|a *f* comfort, consolation; **słaba/żadna ~a** cold comfort, little comfort; **słowa ~y** words of comfort/consolation; **czerpać ~ę z** derive/take/draw comfort from; **naszą jedyną ~ą było to,**

pocisk

że... our only consolation was that...; **nieść/przynosić ~ę** bring comfort; afford/offer consolation; **rodzice mieli z niej wielką ~ę** she was a great comfort to her parents; **szukać ~y w** seek comfort in; **twoja przyjaźń stała się dla mnie wielką ~ą** your friendship has been a great consolation to me

pocisk m (*do broni strzeleckiej*) bullet; (*wyrzucany z wyrzutni*) missile; projectile; **~ artyleryjski** artillery shell; **~ balistyczny** ballistic missile; **~ bliskiego zasięgu** short-range missile; **~ dalekiego zasięgu** long-range missile; **~ kierowany** guided missile; **~ klasy powietrze-powietrze** air-to-air missile; **~ klasy ziemia-ziemia** ground-to-ground missile; surface-to-surface missile; **~ nuklearny** nuclear projectile; nuclear missile; **~ przeciwlotniczy** anti-aircraft missile; **~ przeciwpancerny** armour-piercing shell; **~ rakietowy** rocket (missile); **wystrzelić ~** launch/fire a missile

początlek m beginning; start; commencement; origin; *przen.* **~ek końca** the beginning of the end; **~ek nowego roku szkolnego** the start of the new school year; **dać ~ek czemuś** start (up) sth; **na ~ek** for a start, to begin with, to start with; **na ~ku** at the beginning, at the outset, at the start; **od ~ku** from the beginning, from the start; **od ~ku do końca** from beginning to end, from start to finish; **od samego ~ku** from the very beginning, from the very start

poczlta f post, *zwł. US* mail; (*urząd*) post office; **~ta elektroniczna** e-mail, electronic mail; **~ta lotnicza** air mail; *przen.* **~ta pantoflowa** gossiping; **~ta zwykła** (*nie lotnicza*) surface mail; **na ~cie** at the post office; **odwrotną ~tą** by return of post, by return mail; **wysłać coś ~tą** send sth by post, post sth, mail sth; **wysłać coś ~tą elektroniczną** e-mail sth

poczucile n feeling; sense; **~e bezpieczeństwa** feeling of security, sense of security; sense of safeness; **~e humoru** sense of humour; **~e obowiązku** sense of duty; **~e własnej wartości** a sense of one's own worth; **mieć ~e humoru** have a good sense of humour; **nie mieć ~a humoru** have no sense of humour; **nie mieć ~a winy** have no sense of guilt

podanie *n* application; **~ o paszport** passport application; **~ o pracę** an application for the job; **~ o przyjęcie na uniwersytet** an application for admission to university; **odrzucić ~** reject an application, turn down an application; **otrzymać ~** receive an application; **złożyć ~ o** apply for, submit an application for, make an application for

podat|ek *m* tax; **~ek akcyzowy** excise tax; **~ek dochodowy** income tax; **~ek na alkohol** liquor tax; **~ na benzynę** petrol tax /*US* gasoline tax; **~ek na papierosy** cigarette tax; **~ek obrotowy** turnover tax; **~ek od wartości dodanej** value-added tax, VAT; **~ek od wynagrodzeń** employment tax; **~ek wyrównawczy** equalization tax; **uciążliwe ~ki** oppressive taxes; **nakładać ~ek na** impose/levy/put a tax on; **obniżać ~ki** reduce/lower/cut taxes; **płacić ~ek (za)** pay a tax (on); **podnosić ~ki** raise/increase taxes; **po odliczeniu ~ku** after tax; **uchylanie się od płacenia ~ku** tax evasion; **zapłacić ~ek drogowy** tax a car; **zwolnić od ~ku** exempt from tax

podaż *f* supply; **~ i popyt** supply and demand; **duża ~** great supply; **mała ~** short/scant supply; **~ towarów jest duża** the goods are in great supply

podb|ój *m* conquest; **dokonać ~oju** make a conquest

podejrz|any **1.** *m* suspect; **główny ~any** prime suspect **2.** *a* **~any (o coś)** suspected (of sth); **~ewany o szpiegostwo** suspected spy; **~ewany o terroryzm** suspected terrorist; **on jest ~any o morderstwo** he's suspected of murder **3.** *a* (*wątpliwy*) suspect; suspicious; dubious; **~ane zachowanie** suspicious behaviour; **to było ~ane, że...** it was suspicious that...

podejrzenie *n* suspicion; **bezpodstawne ~** groundless/unfounded suspicion; **~ pada na...** suspicion falls on...; **(być) poza ~m** (be) above suspicion; **mieć ~** have/harbour a suspicion; **potwierdzić ~** confirm a suspicion; **rzucić ~ na** cast suspicion on;

podejrzewać

wzbudzać/budzić/rodzić ~ arouse (a) suspicion, cause (a) suspicion, stir (a) suspicion

podejrzewa|ć *v* suspect; **~ć kogoś o kradzież** suspect sb of theft; **~ł, że to zasadzka** he suspected an ambush; **~m, że chcą się mnie pozbyć** I suspect that they're trying to get rid of me; **policja ~ morderstwo** the police suspect murder

podejście *n* **1.** (*do tematu, zagadnienia itd.*) approach; **naukowe ~** scientific approach; **niewłaściwe ~** wrong approach; **pragmatyczne ~** pragmatic approach; **podoba mi się jego ~ do sprawy** I like his approach to the problem; **mieć/prezentować nowe ~ do** have a new approach to **2. ~ do lądowania** landing approach; **nieudane ~ do lądowania** missed approach

podium *n* podium; dais; **~ zwycięzców** winner's podium; **stanąć na ~** stand on a podium

podmiot *m* **1.** subject; **~ gramatyczny** grammatical subject; **~ logiczny** logical subject **2. ~ gospodarczy/ekonomiczny** economic subject

podoba|ć się *v* like; **~ mi się twoja nowa sukienka** I like your new dress; **czy się to komuś/nam ~, czy nie** willy-nilly; **jak/gdzie ci się (żywnie) ~** as you wish, just as you wish

podobieństwo *n* resemblance, similarity, likeness; (*cech, zainteresowań itd.*) affinity; **~ do** resemblance to; **~ między siostrami** resemblance between sisters; **rodzinne ~** family resemblance; **uderzające/zadziwiające ~** striking resemblance; **zachodzi wyraźne ~ między... a...** there is a clear/close resemblance between... and...

podobn|y *a* similar, alike, akin, like, resembling; *przen.* **~i jak dwie krople wody** as like as two peas (in a pod); **~ie myślący** like-minded; *pot.* **~o...** they say...; there's a rumour that...; **bardzo ~y** much the same, much alike; the same in all ways; **być ~ym do** bear a resemblance to; **ci dwaj bracia są do siebie bardzo ~i** the two brothers are very much alike; *pot.* **coś ~ego!** you don't say!; **i tym ~e/i temu ~e** and the like, and such; **mający ~e właściwości** similar in properties; **mamy ~e poglądy** we have similar opinions, we have like opinions; *pot.* **nic ~ego!** nothing of the kind!, nothing of the sort!; **to do niej nie ~e** it's not like her; **twój syn nie jest ani trochę do ciebie ~y** your son does not take after you in any way

podpis *m* signature; **~ autentyczny** authentic/genuine signature; **~ sfałszowany** forged/counterfeited signature; **~ uwierzytelniony** authenticated/legalized signature; **~ własnoręczny** autograph; **~ był czytelny/nieczytelny** the signature was legible/ /illegible; **kłaść ~ pod czymś/składać ~ pod czymś, na czymś/opatrywać coś ~em** put a signature on sth, sign sth; **podrobić/sfałszować czyjś ~** forge sb's signature, counterfeit sb's signature, fake sb's signature; **stwierdzać własnoręczność ~u** attest a signature

podpisa|ć *v* sign; **~ć czek** sign a cheque; **~ć in blanco** sign blank; **~ć list** sign a letter; *przen.* **~ć na kogoś wyrok** sign sb's death warrant; *przen.* **~ć na siebie wyrok** sign one's own death warrant; **~ć się** sign (one's name), sign oneself; *przen.* **~ć się pod czymś obiema rękami** endorse sth; **~ć własnoręcznie** sign one's autograph; **~ć w zastępstwie/z upoważnienia** sign on authority, sign on proxy; **my, niżej ~ni...** we, the undersigned...; **podpisz się tutaj/w tym miejscu** put your name here

podręcznik *m* manual; handbook; textbook; **~ do gramatyki** grammar textbook; **~ do historii** history textbook, textbook on history; **~ szkolny** school textbook, schoolbook

podróż *f* travel; journey; trip; tour; **~ dookoła świata** round-the-world trip/journey; **~ dziewicza** (*statku*) maiden voyage; **~ kosmiczna** space travel; **~ morska** sea passage, voyage; sea trip, cruise; **~ pociągiem** train journey; **~ poślubna** wedding/ /honeymoon trip; **~ samochodem** car journey; **~ samolotem** air journey; **~ służbowa** business trip; **~ trzydniowa** a three days' journey, a three-day journey; **~ w nieznane** journey into the unknown; **~ zagraniczna** foreign travel;

podróżować

długa ~ long/extended trip; **krótka ~** short trip; **męcząca ~** tiring journey; **być w ~y** be on a trip; **odbyć ~** make a trip; make a journey; **przerwać (czyjąś) ~** break one's journey; **szczęśliwej ~y!** happy journey!; have a safe journey!; **wybrać się w ~/wyjechać w ~** go on a trip/journey; take a trip; **wyruszyć w ~** set out on a journey

podróżować *v* travel; **~ drugą klasą** travel second-class; **~ morzem** voyage; **~ na fałszywym paszporcie** travel on a false passport; **~ pierwszą klasą** travel first-class; **~ po świecie** travel the world; **~ samolotem** travel by air; **~ w interesach** travel on business; **dużo ~** travel extensively, travel widely

podsłuch *m pot.* (*urządzenie podsłuchowe*) bug; **~ telefoniczny** phone tap; **jego telefon jest na ~u** his telephone is being tapped; **w pokoju założony jest ~** the room is bugged; **założyć ~** install a bug, plant a bug

podstaw|a *f* **1.** base; basis (*pl* bases); foundation; ground(s); **~a naukowa** scientific basis; **~a opodatkowania** tax base; **dostateczna/wystarczająca ~a do** sufficient grounds to; **mocne ~y do** solid grounds to; **być ~ą czegoś** be/form the basis of sth; **dawać ~y do obaw** give ground for concern; **leżeć u ~ czegoś** underlie sth; **na ~ie czegoś** on the basis of sth; on the grounds of sth; **na jakich ~ach formułujesz/stawiasz to oskarżenie?** on what grounds do you make that accusation?; **na jakiej ~ie?** on what grounds?; **nie ma ~ do** there is no basis for; you have no grounds for; **stanowić ~ę czegoś** form the basis of sth; **to stanowi wystarczającą ~ę do rozwodu** it is a ground for divorce; **tkwić u ~ czegoś** underlie sth **2. ~y** *pl* (*wiedzy, umiejętności*) fundamentals; **uczyć się ~ (geometrii)** learn the fundamentals (of geometry) **3. ~a logarytmu** base of a logarithm; **~a potęgi** base of a power; **~a trójkąta** base of a triangle

podstęp *m* trick; ruse; stratagem; **uciec się do ~u** resort to a stratagem; **użyć ~u** use a stratagem; **zdobyć coś ~em** get sth by a trick

podwyżk|a *f* increase; rise; ~**a cen** rise/advance of prices; ~**a pensji** rise, *US* raise; **dostać/otrzymać ~ę w wysokości... dolarów** get a raise of $...; **żądać/domagać się ~i** demand a rise

podział *m* division; partition; ~ **na odcinki** segmentation; ~ **na pół** bisection; ~ **na strefy** zoning, zonation; ~ **pracy** division of labour; ~ **zysku** distribution of profits; **głębokie ~y w dzisiejszym społeczeństwie** the deep divisions in society today; **niesprawiedliwy ~** unfair division; **pogłębiające się ~y w społeczeństwie** the widening divisions in society; **sprawiedliwy ~ pieniędzy** a fair division of money

podziela|ć *v* ~**ć coś** share sth; ~**ć czyjeś poglądy** share sb's views, fall in with sb's views, meet sb's views; ~**ć czyjś niepokój/ /troskę** share sb's concern; ~**ć czyjś optymizm** share sb's optimism; ~**m pogląd, że...** I share the view that...; **nie ~m twoich poglądów/przekonań** I don't share your views/beliefs

podziel|ić *v* 1. divide; ~ **15 przez 3** divide 15 by 3; ~ **to na połowę** divide it in half; **15 ~one przez 3 równa się 5** 15 divided by 3 is 5; ~**ić na równe części** divide into equal parts 2. ~**ić się z kimś** share with sb; **ona nie ~i się z nami swoim sekretem** she won't share her secret with us; **zaproponował, że ~i się ze mną zyskiem** he offered to share the profit with me 3. ~**ić się (na)** divide (into); **klasa ~iła się na trzy grupy** the class divided into three groups

podziemi|e *n* (*polityczne*) underground; ~**e kryminalne/przestępcze** criminal underworld, underworld; **kontakty/powiązania z ~em przestępczym** underworld connections; **działać w ~u** work for the underground; **mieć kontakty z ~em** contact the underground; **zejść do ~a** go underground; join underground

podziw *m* admiration; **być pełnym ~u dla** be filled with admiration for; feel great admiration for; **nad ~** admirably; **nie móc wyjść z ~u** be lost in admiration; **patrzeć na coś z ~em** look at sth with admiration; **wzbudzać/budzić/wywoływać ~** arouse admiration

pogarda

pogard|a *f* contempt; scorn; **mieć coś/kogoś w ~zie** hold sth/sb in contempt; **mówić/wyrażać się o kimś z ~ą** speak with contempt for sb; **okazywać ~ę** show/demonstrate/display contempt; **traktować coś/kogoś z ~ą** treat sth/sb with contempt

pogardz|ać *v* **~ać czymś/kimś** hold sth/sb in contempt, despise sth/sb; **nie do ~enia** not to be sneezed at, not to be sniffed at

pogląd *m* view; opinion; **~ na świat** world view; outlook on life; **skrajne ~y** extreme views; **ludzie o podobnych/jednakowych ~ach** like-minded people; **mieć odmienny ~** take a different view; **podzielać czyjeś ~y** share sb's views, fall in with sb's views, meet sb's views; **podzielam ~, że...** I share the view that...; **upierać się przy swoich ~ach** dig one's heels in, dig one's toes in; **wymieniać ~y** exchange opinions/views; **wyrazić ~** express a view, voice a view; **wyznaję ~, że...** I take the view that...

pogłosk|a *f* rumour; hearsay; **nie potwierdzone ~i** unconfirmed rumours; **krąży/rozchodzi się ~a, że...** there's a rumour (circulating) that..., rumour has it that..., it is rumoured that...; **rozpuszczać ~i** spread/circulate a rumour; **zaprzeczyć ~om** deny rumours; **to tylko ~i** it's just hearsay

pogod|a *f* **1.** weather; *pot.* **~a pod psem/pieska ~a** beastly weather; **beznadziejna ~a** wretched weather; **brzydka ~a** ugly weather; **deszczowa ~a** rainy weather; **ładna ~a** fine/good/ /nice/pleasant weather; **mglista ~a** foggy weather; **mroźna ~a** freezing weather; **niepewna ~a** uncertain weather; **obrzydliwa ~a** atrocious weather; **piękna ~a** beautiful weather; **pochmurna ~a** cloudy weather; **słoneczna ~a** sunny weather; **sztormowa ~a** stormy weather; **wietrzna ~a** windy weather; **zimowa ~a** wintry weather; **zła ~a** bad/dirty weather; **zmienna ~a** changeable weather; **~a psuje się** the weather gets worse; **~a się poprawia** the weather clears up; **~a ustala się** the weather sets in; **~a utrzymuje się** the weather holds; **~a załamuje się** the weather breaks; **jak długo utrzyma się ta**

ładna ~a? how long will this fine weather hold?; **jaka beznadziejna ~a!** what wretched weather!; **jeśli będzie/dopisze ~a** weather permitting; **mieć ~ę** have weather; **przewidywać ~ę** forecast/predict the weather 2. *przen.* **~a ducha** serenity; cheerfulness

pogo|ń *f dosł. i przen.* **~ń (za)** pursuit (of); **~ń za zyskiem** pursuit of profit, drive for profit; **puścić się/rzucić się/ruszyć w ~ń** set off in pursuit, give pursuit, give chase; **w ~ni za...** in pursuit of...

pogotowi|e *n* 1. (*gotowość*) readiness; standby; **być w ~u** stand by; **trzymać/mieć w ~u** keep on standby; **w ~u** in readiness 2. **~e ratunkowe** ambulance service; **~e samochodowe** rescue truck; **karetka ~a/***pot.* **~e** ambulance; **wezwać ~e** call an ambulance

pogrzeb *m* funeral; **być na czyimś ~ie/uczestniczyć w czyimś ~ie** attend sb's funeral; **na ~ie** at the funeral; **pójść na czyjś ~** go to sb's funeral

pojazd *m* vehicle; **~ ciężarowy** goods vehicle; **~ drogowy** road vehicle; **~ gąsienicowy** tracklaying vehicle; **~ kołowy** wheeled vehicle; **~ mechaniczny** motor vehicle; **~ osobowy** passenger vehicle; **~ samochodowy** automotive vehicle; **ciężki ~** heavy vehicle

pojęci|e *n* notion; concept; (*wyobrażenie*) idea; **abstrakcyjne ~e** abstract notion/concept; **mgliste ~e** foggy idea/notion, vague idea; **dawać ~e o** give an idea of; **nie mam ~a!** I have no idea!; *pot.* search me!; **nie miałem najmniejszego ~a, gdzie go szukać** I didn't have the ghost of an idea where to look for him; **nie mieć zielonego ~a o** not to have the slightest idea of, not to have the faintest idea of; **to przechodzi moje ~e** it is beyond my comprehension, it is above my comprehension

pokaz *m* show; display; exhibition; demonstration; **~ mody** fashion show; **~ siły** a show of strength; **~y lotnicze** air show; **na ~** for show

poka|zać *v* show; exhibit; demonstrate; *przen.* **~zać prawdziwe oblicze/swoje prawdziwe ja/swój prawdziwy charakter/rogi** show (oneself in) one's true colours; show one's real/true self; **~zał rogi, jak tylko doszedł do władzy** once he achieved power he showed (himself in) his true colours; **czas ~że, czy masz rację** time will tell if you are right

pokład *m* **1.** (*samolotu, statku*) deck; **~ dolny** lower deck; **~ dziobowy/przedni** fore deck; **~ główny** main deck; **~ górny** upper deck; **~ lotniskowca** flight deck; **~ pasażerski** passenger deck; **~ rufowy/tylny** after deck; **~ spacerowy** promenade deck; **na ~zie (samolotu/statku)** aboard (the plane/ship), on board; **rozbił się samolot z pięćdziesięcioma pasażerami na ~zie** the plane has crashed killing all 50 people aboard; **wchodzić na ~** go aboard; climb aboard; **wejść na ~ samolotu** board an airplane; **wszyscy na ~!** all aboard! **2.** (*warstwa*) stratum (*pl* strata); layer; bed; **~ węgla** coal bed

pokole|nie *n* generation; **młodsze ~nie** younger generation; **przeszłe/minione ~nia** past generations; **przyszłe ~nie** coming generation; **starsze ~nie** older generation; **konflikt/różnica ~ń** the generation gap; **przekazywać z ~nia na ~nie** hand down from generation to generation

pokój *m* **1.** peace; **czas pokoju** peacetime; **kruchy ~** fragile peace; **trwały ~** permanent/lasting/durable peace; **miłujący ~** peace-loving; **~ panuje** peace reigns; **naruszyć ~** disturb the peace, break the peace; **wynegocjować ~** negotiate peace; **zawrzeć ~** make peace; **żyć w pokoju** live in peace; live peaceably **2.** room; **~ dwuosobowy** double room; **~ gościnny** guest room; **~ jadalny** dining room; **~ jednoosobowy** single room; **~ pełen dzieci/mebli** a roomful of children/furniture; **~ umeblowany** furnished room; **wolny ~** vacant room; **sprzątać ~** do the room

pokus|a *f* temptation; lure; **opierać się ~ie** resist temptation; **pokonać/przezwyciężyć ~ę** overcome temptation; **ulegać ~ie** succumb to temptation

pol|e *n* **1.** (*rola*) field; **pracować na/w ~u** work in the fields **2.** (*teren*) field; ground; **~e naftowe** oilfield; **~e namiotowe** camping site, campsite, *US* campground; **~e walki** battlefield, field of battle; **~e widzenia** field of view, field of vision, visual field **3.** (*w grach sportowych*) field; **~e bramkowe** goal area; **~e golfowe** golf course; **~e karne** penalty area/box **4.** (*powierzchnia*) area; **~e prostokąta obliczamy mnożąc jego długość przez szerokość** the area of a rectangle is obtained by multiplying its length by its width **5.** (*w fizyce*) field; **~e elektryczne** electric field; **~e grawitacyjne** gravitational field; **~e magnetyczne** magnetic field **6.** *przen.* (*dziedzina*) field; domain; sphere; **~e działalności/działania** field of activity; line of activity

polega|ć *v* **1.** (*mieć zaufanie*) **~ć na czymś/kimś** depend (up)on sth/sb, rely (up)on sth/sb; **na niej można ~ć** you can depend on her; she is very dependable **2. ~ć na** consist in; **piękno tego miasta ~ głównie na...** the beauty of this town consists largely in...; **rzecz ~ na tym, że...** the thing is that..., the point is that...; **szczęście ~ na...** happiness consists in (sth/doing sth)

policj|a *f* police; **~a drogowa** traffic police; *US* (*patrol*) highway patrol; **konna ~a** mounted police; **tajna ~a** secret police; **wezwać ~ę** call (in) the police; **wydać kogoś (w ręce) ~i/oddać kogoś w ręce ~i** give sb away to the police

policjant *m* policeman (*pl* policemen); *pot.* cop, copper; **~ z drogówki/ruchu drogowego** traffic policeman

policzek *m* **1.** cheek; *przen.* **nadstawić drugi ~** turn the other cheek **2.** (*uderzenie w twarz*) slap; **wymierzyć komuś ~** give sb a slap in the face, slap sb on the face, slap sb's face **3.** *przen.* (*zniewaga, upokorzenie*) a slap in the face; **to był prawdziwy ~, kiedy odmówiła spotkania się ze mną** it was a real slap in the face when she refused to meet me

poligon *m* range; (practice) ground; **~ artyleryjski** artillery range; **~ doświadczalny** range, firing/testing ground; **~ rakietowy** rocket/missile range; **~ wojskowy** army range

polis|a *f* policy; **~a ubezpieczeniowa na życie** life policy, insurance policy; **odnowić ~ę** renew a policy; **uzyskać ~ę** take out a policy; **wystawić ~ę** make out/issue a policy

polity|ka *f* **1.** (*działalność, sprawy polityczne*) politics; **rozmawiać o ~ce** talk politics; **zająć się zawodowo ~ką** go into politics **2.** (*sposób postępowania*) policy; **~ka gospodarcza** economic policy; **~ka monetarna** monetary policy; **~ka państwa** state policy; **~ka personalna** personnel policy; **~ka rządu** government policy; **~ka zagraniczna** foreign policy; **~ka zatrudnienia** employment policy; **~ka z pozycji siły** power politics; **elastyczna ~ka** flexible policy; **krótkowzroczna ~ka** short-sighted policy; **przyjąć ~kę** adopt//establish/set a policy; **prowadzić/realizować ~kę** carry out a policy, implement a policy, pursue a policy

pol|ować *v* (*o ludziach*) hunt; (*o zwierzętach*) hunt; prey; **~ować na grubego zwierza** hunt for big game; **koty ~ują na myszy** cats hunt mice; cats prey on mice; **niektóre zwierzęta ~ują w nocy** some animals hunt at night; **orły ~ujące na swoją zdobycz** eagles hunting their prey; **policjanci ~ują na terrorystów, którzy podłożyli bombę** police are hunting the terrorists who planted the bomb; **słonie wymierają ponieważ ~uje się na kość słoniową** elephants are dying out because they are being hunted for the ivory

polowani|e *n dosł. i przen.* hunt(ing); **~e na czarownice** witch--hunt; **~e na foki** sealing, seal fishery; **~e na grubego zwierza** a hunt for big game; **~e na lisy** fox hunt, *GB* hunting; **~e na mordercę** a murderer hunt; **~e na wieloryby** whaling; **idą na ~e na niedźwiedzia** they are going on a bear hunt; **iść na ~e** go hunting, hunt; **trwa ~e na odpowiedniego kandydata** the hunt is on for a suitable candidate; **urządzić ~e** organize/stage a hunt; **żyć z ~a** live by hunting

połączenie *n* connection; union; (*miejsce połączenia*) joint; **~ kolejowe** railway connection; **~ przedsiębiorstw** merger, fusion; ~ **radiowe** radio communication; ~ **(telefoniczne)** call; ~ **(telefoniczne) bezpośrednie** direct call; **uzyskać/dostać/ /otrzymać ~ (telefoniczne)** get a connection

połączony *a* joint; connected; ~ **równolegle** connected in parallel; ~ **szeregowo** connected in series; **być ~m z** be connected to/with; **jest pan ~** (*telefonicznie*) you're through

połow|a *f* half (*pl* halves); **~a drogi** half-way; *przen.* **czyjaś lepsza ~a** one's better half; **o ~ę więcej** half as much again, *US* half again as much, half as many again; **podzielić się po ~ie** go halves; go fifty-fifty; **w ~ie września** in the middle of September, in mid September; **w drugiej ~ie dwudziestego wieku** in the latter half of the 20th century

położeni|e *n* **1.** position; (*lokalizacja budynku itd.*) site, location; **~e geograficzne** geographical position **2.** (*sytuacja*) situation; position; **ciężkie/trudne ~e** plight; **postawić się w czyimś ~u** put oneself in sb's place; *pot.* put oneself in sb's shoes; **znaleźć się w rozpaczliwym ~u** be in a terrible plight; be in a desperate situation

poł|ów *m* **1.** fishing; **~owy dalekomorskie** deep-sea fishing; **~owy przybrzeżne** offshore fishing; **~ów krabów** crabbing; **~ów pereł** pearl-fishing; **~ów sieciami** net fishing, netting; **~ów wielorybów** whaling; **~ów włokiem** trawling, trawl fishing **2.** (*złowiona ilość ryb*) catch, take; **obfity ~ów ryb** a huge catch of fish; **rekordowe ~owy** record catches

południ|e *n* **1.** (*środek dnia*) noon, noonday, midday; **dzisiaj po ~u** this afternoon; **jutro po ~u** tomorrow afternoon; **po ~u** in the afternoon; **przed ~em** in the morning; **w ~e** at noon/midday; **wczoraj po ~u** yesterday afternoon **2.** (*strona świata*) south; **na ~e od** south of; **na ~u/na ~e** south; **wiatr wieje z ~a** the wind is blowing from the south

pom|agać *v* help; assist; **~agać sobie nawzajem** help each other; **~agać w** help with; **~óż mi, proszę, wnieść tę ciężką skrzynię po schodach** please help me up the stairs with this heavy case;

pomiar 334

bardziej mi przeszkodził, niż ~ógł he was more a hindrance than a help to me; czy mogę ci w czymś ~óc? can I be of any help to you?; lekarstwa, które ~agają na ból drugs that help to take away pain; on musi ~agać ojcu he has to help his father; płacz nic nie ~oże crying won't help; twoja rada bardzo mi ~ogła your advice helped me a lot

pomiar *m* measurement; dokonać ~u/przeprowadzać ~y/robić ~y measure

pomnik *m* **1.** ~ (kogoś/czegoś) memorial (to sb/sth); monument (to sb/sth); ~ ku czci poległych w bitwie a monument/memorial to those who fell in battle; ~ wojenny war memorial; ~ wybitnego męża stanu a memorial statue to a great statesman; ~ żołnierzy poległych w wojnie a monument to soldiers killed in the war; budować ~ build a memorial/monument; odsłonić ~ unveil a memorial; wznieść ~ erect a memorial/monument **2.** *przen.* (*pamiątka, zabytek*) monument (to sth); ~ literatury literary monument; ~ narodowy national monument

pomoc *f* **1.** help; assistance; aid; (*ofiarom klęski żywiołowej*) relief; ~ dla ofiar/ofiarom klęski głodu famine relief; ~ finansowa financial assistance; ~ gospodarcza economic aid//assistance; ~ humanitarna humanitarian aid; ~ lekarska medical help; ~ państwa government aid; ~ techniczna technical assistance; ~ z zagranicy foreign aid; ~ żywnościowa food aid; bezinteresowna ~ disinterested help; pierwsza ~ (medyczna) first aid; ~y!/na ~! help!; dziękujemy za ~ thank you for helping us; ofiarować ~ offer help; otrzymać pierwszą ~ get first aid; potrzebować ~y need help; przy ~y kogoś with the help of sb; przyjść komuś z ~ą come to sb's aid; szukać ~y seek help; udzielać ~y give/provide help; give/render assistance; *pot.* give/lend a hand; udzielić pierwszej ~y give/administer first aid; wysłać ~ do/dla (*ofiar klęski żywiołowej*) send relief to/for; wzywać ~y call for

popiół

help; **za ~ą czegoś** by means of sth, with the help of sth **2. ~ domowa** home help **3. ~e** *pl* aids; **~e naukowe/szkoleniowe** educational/teaching aids

pomp|a *f* **1.** pump; **~a oleju** oil pump; **~a paliwa** fuel pump; **~a pożarnicza** fire pump **2.** (*okazałość*) pomp; **otworzyli nowy sklep z wielką ~ą** they opened the new shop with great pomp and circumstance; **z (wielką) ~ą** with (great) pomp and circumstance

pomyłk|a *f* **1.** mistake, error; **~a sądowa** miscarriage of justice; **fatalna ~a** fatal mistake; **naprawić ~ę** correct a mistake; **popełnić ~ę** make a mistake; **przez ~ę** by mistake; mistakenly; in error; **sprostować ~ę** rectify a mistake; **zrobić coś przez ~ę** do sth by mistake **2.** (*w rozmowach telefonicznych*) wrong number; „**kto dzwonił?" „to była ~a"** ''who was on the phone?'' ''oh, it was just a wrong number''; **przepraszam, ~a** (*odbierając telefon*) I'm sorry, you've got the wrong number

pomysł *m* idea; **~ nowatorski** innovation; **absurdalny ~** absurd idea; **dziwny ~** strange idea; **fantastyczny ~** fantastic idea; **głupi ~** stupid/silly idea; **śmiały ~** daring idea; **świetny/ /genialny ~** bright idea, brilliant idea; **zwariowany ~** crazy idea; **co za ~!** what an idea!, the idea!; **on ma mnóstwo dobrych ~ów** he is full of good ideas; **to dobry ~** that's an idea; **wpaść na ~** hit (up)on an idea; get an idea; **zrealizować/wcielić w życie/urzeczywistnić ~** implement an idea

poparci|e *n* support; backing; **~e społeczne** public support; **cieszyć się ~em.../mieć ~e...** have the support of...; **na ~e czegoś** in support of sth; **otrzymać ~e od** receive/get support from; **udzielać ~a** give/lend/provide/offer support; back up; **uzyskać ~e dla** gain support for, get support for, win support for

popęd *m* drive; urge; **~ płciowy** sexual drive; libido

popi|ół *m* ash; cinders; **~ół wulkaniczny** volcanic ash; **naloty bombowe obróciły całe wsie w ~ół** whole villages were wiped out in the bombing raids; **obrócić coś w ~ół** reduce sth to

popis

ashes; wipe sth out; **odradzać się z ~ołów** rise from the ashes; **powstać/odrodzić się jak feniks z ~ołów** rise like phoenix from the ashes; **spalić (się) na ~ół** burn to ashes, burn to a cinder; **strząsać ~ół z papierosa na coś** drop cigarette ash on sth

popis *m* show; display; ~ **kaskaderski** stunt; ~ **odwagi/siły** display of courage/strength; ~ **zręczności** display of one's skill

poprawność *f* correctness; ~ **danych** correctness of data; ~ **manier/zachowania** correctitude; ~ **polityczna** political correctness; **kwestionować ~ czegoś** question the correctness of sth

popularnoś|ć *f* popularity; **cieszyć się ~cią** enjoy popularity; **stracić ~ć** lose popularity; **zdobyć ~ć** gain/acquire/win popularity

popyt *m* demand; **duży/wielki ~** great demand, enormous demand; **mały ~** limited/poor demand; **istnieje/jest ogromny ~ na komputery** there is a brisk demand for computers; **zaspokajać ~** satisfy/meet a demand

por|a *f* time; season; **~a deszczowa** rainy/wet season; **~a obiadowa** lunchtime; **~a roku** season; **~a iść do domu** it's time to go home; **~a iść spać** it's time for bed, it's bedtime; **chodźmy już, ~a na nas** it's time (that) we were leaving; **do tej ~y** so far; up to now, till now, by now; **jutro o tej ~ze** this time tomorrow; **nie ~a myśleć teraz o kupnie nowego samochodu** this is not the time to be thinking about buying a new car; **nie ~a zmieniać teraz zdanie** this is no time to change your mind; **o każdej ~ze** at any time; **o tej ~ze roku plaże są prawie puste** at this time of year the beaches are almost deserted; **przychodzić nie w ~ę** come at an awkward time; **w ~ę** in (good) time; in due time; (*punktualnie*) on time; (*zrobiony, zdarzający się itd.*) timely; **w samą ~ę** just in time

porad|a *f* advice; **~a lekarska** doctor's advice; **~a prawna** legal advice; **fachowa ~a** professional advice; **powinnaś zasięgnąć ~y prawnika** you should take legal advice; **udzielić komuś**

~y give/offer sb advice; **zrobić coś za czyjąś ~ą** act on sb's advice, follow sb's advice

poradzi|ć *v* **1.** **~ć (komuś)** advise (sb); **~liśmy im, żeby wyruszyli o świcie** we advised them to set out at dawn, we advised that they should set out at dawn; **lekarz ~ł mi, abym...** the doctor advised me to... **2.** **~ć sobie** (can) manage; **dziękuję, ~ę sobie** thanks, I can manage; **nie móc nic ~ć** can't help; **nic na to nie można ~ć** it can't be helped; **nic nie mogę ~ć na to, że mam duże uszy** I can't help having big ears **3.** **~ć się kogoś** consult sb; **~ć się lekarza** consult a doctor; **~ć się prawnika** consult a lawyer

porażk|a *f* defeat; **~a w wyborach** electoral defeat, defeat at the polls; **sromotna ~a** ignominious/shameful defeat; **doznać ~i//ponieść ~ę** meet a defeat, suffer a defeat; **przyznać się do ~i** admit defeat

porozumieni|e *n* **1.** (*zgodność poglądów*) agreement; understanding; **brak ~a** disagreement; **dojść do ~a** (*o walczących stronach, skłóconych osobach*) come to terms; **osiągnąć ~e** reach agreement **2.** (*układ*) agreement; **~e dwustronne** bilateral agreement; **~e o zawieszeniu broni** armistice/ceasefire agreement; **~e wielostronne** multilateral agreement; **zawrzeć ~e** enter into an agreement, come to an agreement, conclude an agreement; **zerwać ~e/nie dotrzymać ~a** go back on one's agreement

poród *m* delivery, birth, labour; **~ o czasie** labour at term; **~ siłami natury/samoistny** spontaneous labour; **długi ~** prolonged labour; **łatwy ~** easy delivery/labour; **przedwczesny ~** preterm/premature labour; **miała ciężki ~** she had a difficult labour; **wywoływać ~** induce labour

porównani|e *n* comparison; **bez ~a** incomparably; **bez ~a najlepszy** incomparably the best; **nie ma ~a między** there is no comparison between; **w ~u z** by comparison with, in comparison with; compared to; **wytrzymywać ~e z** stand comparison with, bear comparison with

port *m* port; harbour; ~ **lotniczy** airport; ~ **macierzysty** port of registry; ~ **morski** sea port; ~ **rybacki** fishery/fishing harbour; ~ **rzeczny** river port; ~ **wojenny** naval harbour; ~ **wolnocłowy** free port; **płynąć do ~u** head for the port; **zawinąć do ~u** call at a port

portret *m* portrait; ~ **rodzinny** family portrait; *przen.* **istny//żywy/wykapany ~ kogoś** the very image of sb, the living image of sb, the spitting image of sb; **malować ~** paint/make a portrait

porwani|e *n* kidnap(ping), abduction; **~e dziecka** child abduction/kidnapping; **~e samolotu** hijack(ing); **próba ~a** kidnap attempt

porywacz *m* kidnapper, abductor; ~ **samolotu** hijacker

porywać *v* kidnap, abduct; ~ **dziecko** kidnap/abduct a child; ~ **samolot** hijack a plane; **dwaj politycy zostali porwani przez terrorystów** two politicians have been kidnapped//abducted by terrorists

porząd|ek *m* **1.** order; **~ek dzienny zebrania/obrad** agenda, order of the day; **~ek publiczny** public order, public peace; **być na ~ku dziennym** (*zebrania*) be on the agenda; *pot.* **być w ~ku** be OK, be okay, be all right; **czy u ciebie wszystko w ~ku?** how's everything with you?; **doprowadzić coś do ~ku** put sth in order; order sth; **naruszać ~ek publiczny** disturb public order; **przejść nad czymś do ~ku (dziennego)** override sth, take no notice of sth; **przywołać kogoś do ~ku** call sb to order; *pot.* **to nie jest w ~ku!** it's not fair!; **utrzymywać ~ek** keep order; **w ~ku** in order; in trim; **w idealnym ~ku** shipshape; *pot.* in apple-pie order; **zakłócać ~ek publiczny** disturb the peace; **zaprowadzić w czymś ~ek** put sth in order; order sth **2. ~ki** *pl* (*sprzątanie*) cleaning; cleanup; **wiosenne ~ki** spring-cleaning; **robić ~ki** clean up; **robić w domu ~ki generalne** give a house a good cleanup; **robić w domu wiosenne ~ki** spring-clean a house, give a house a spring-cleaning

posad|a *f* post; employment; job; **ubiegać się/starać się o ~ę** apply for a post; **znaleźć nową ~ę** find a new job

posiada|ć *v* **1.** own; possess; **~ć umiejętności** possess skills; **rozdał wszystko, co ~ł** he gave away everything he possessed **2. nie ~ć się z** be beside oneself with; **nie ~ła się z radości//gniewu/zazdrości** she was beside herself with joy/anger//jealousy

posiadani|e *n* possession; **być w ~u...** be in the possession of...; **przechodzić w czyjeś ~e** pass into sb's possession; **przyznała się do nielegalnego ~a narkotyków** she admitted possessing illegal drugs; **wejść w ~e...** come into possession of...

posiadłość *f* property; estate; **~ ziemska** landed estate

posiedzeni|e *n* sitting, session; meeting; **~e plenarne** plenary session; **~e sądu** session of the court, court sitting; **~e zarządu** board meeting; **nadzwyczajne ~e** emergency session; **robocze ~e** working session; **~a parlamentu nie odbywają się w lecie** parliament is not in session during the summer; **brać udział//uczestniczyć w ~u** attend a meeting; **odbywa się teraz ~e sądu** the court is now in session; **odbywać ~e** hold a session; **otworzyć ~e** open a meeting; **zamknąć ~e** close a meeting; **zwołać ~e** convoke a meeting

posił|ek *m* **1.** meal; **ciężki/ciężkostrawny ~ek** heavy meal; **lekki/lekkostrawny ~ek** light meal, small meal; **obfity ~ek** square/solid/hearty meal; **wieczorny ~ek** evening meal; **nie jedz między ~kami** don't eat between meals; **przyrządzać//przygotowywać ~ek** cook a meal, fix a meal, prepare a meal **2. ~ki** *pl* (*wsparcie wojskowe, policyjne*) reinforcements; **prośba o ~ki** request for reinforcements; **ściągać ~ki** bring up reinforcements; **wysłać ~ki** send reinforcements

posła|ć *v* **1.** send; *pot.* **~ć kogoś do diabła** send sb packing; *pot.* **~ć kogoś na zieloną trawkę** fire sb, sack sb, give sb the sack/push; **~ć komuś całusa/pocałunek** (*ręką*) blow sb a kiss, throw sb a kiss; **~ć komuś kwiaty** send sb flowers; **~ć komuś**

posłuszeństwo

list send sb a letter; **~ć komuś (najlepsze) życzenia** send sb one's best wishes; **matka ~ła ją do piekarni po chleb** her mother sent her to the bakery to get some bread **2. ~ć łóżko** make (up) the bed; *przysł.* **jak sobie pościelesz, tak się wyśpisz** as you make your bed so you must lie on it; you've made your bed and you must lie on it

posłuszeństw|o *n* obedience; **całkowite ~o** strict obedience; **ślepe ~o** blind obedience; *przen.* **coś odmawia komuś ~a** sth fails sb

post *m* fast; **~ czterodniowy** a fast of four days; **Wielki Post** Lent; **w Wielkim Poście/w czasie Wielkiego Postu** (*rezygnować z czegoś*) for Lent; **zachowywać ~/przestrzegać ~u** observe a fast; **złamać ~** break a fast

posta|ć *f* **1.** form; shape; **przybierać ~ć** assume shape; take the form; **to zmienia ~ć rzeczy** that puts a different complexion on the matter, that puts a new complexion on the matter; **w ~ci.../pod ~cią...** in the form of..., in the shape of **2.** (*figura, zarys*) shape; **mogłam dostrzec dwie ~ci w mroku** I could see two shapes in the gloom **3.** (*osobistość*) personality; personage; **wybitna/znakomita ~ć** celebrity, celebrated personality **4.** (*literacka, filmowa*) character; **~ci dramatu** dramatis personae; **~ć drugoplanowa** supporting character; **~ć epizodyczna** minor character; **~ć fikcyjna** ficticious character; **~ć historyczna** historical character; **~ć pierwszoplanowa** leading character; **główna ~ć** main/major/principal character; **odtwarzać/kreować/grać ~ć** play a character

postaw|a *f* **1.** (*stosunek*) attitude; posture; **~a wyczekująca** a wait-and-see attitude; **bezkompromisowa/nieugięta ~a** uncompromising posture; **przyjąć/mieć/zająć ~ę wobec** assume an attitude to, take an attitude to, adopt an attitude to; adopt a posture on; **zajęli ~ę obronną w tej sprawie** they adopted a defensive posture on this issue **2.** (*pozycja, układ ciała*) attitude; posture; position; **~a klęcząca** kneeling position; **~a**

leżąca lying position; **~a stojąca** standing position; **przybrać/przyjąć groźną ~ę** adopt a threatening attitude; **przyjąć ~ę** adopt/assume a posture; strike an attitude

postawi|ć *v* **1.** put; place; stand; *pot.* **~ć kropkę nad i** lay it on the line; **~ć na swoim** get one's own way, have one's own way; **~ć znak równości między... a...** equate sth with sth; **~ł kanister blisko ognia** he stood a can near the fire **2.** *pot.* (*zafundować*) **~ć coś komuś** stand sb sth, treat sb to sth, buy sb sth, buy sth for sb; **pozwól, że ~ę ci drinka** let me buy you a drink, let me buy a drink for you

posterun|ek *m* **1.** post; **na ~ku** at one's post; **na ~ku pracy** in the line of duty; **opuścić ~ek** leave one's post; quit one's post; **postawić kogoś na ~ku (przed/przy czym)** post sb (at/on sth) **2. ~ek policji** police station, *US* station house; **podejrzany został zabrany na ~ek** the suspect was taken to the police station

postęp *m* **1.** progress, advance; **~ cywilizacyjny** progress of civilization, advance in civilization; **~ nauki/naukowy** advance in science, scientific progress; **~ techniczny** technological progress/advance; **osiągnąć ~** progress, make progress; **robić ~y** make progress **2. ~ arytmetyczny** arithmetic progression; **~ geometryczny** geometric progression

postępować *v* **1.** (*stąpając*) advance; move; **~ naprzód** go forward, move forward; (*z pracą*) progress, advance; proceed **2.** (*zachowywać się*) act; behave; **~ ostrożnie** exercise caution; **~ zgodnie z** (*sugestią, ostrzeżeniem itd.*) act (up)on; follow; **nie zamierzam ~ zgodnie z jego radami** I'm not going to act on his advice; **postąpiłeś bardzo taktownie...** it was very tactful of you (to...)

postępowanie *n* **1.** behaviour; **nienaganne ~** impeccable behaviour, *zob.też* **zachowanie 2.** (*procedura*) procedure, proceedings; **~ cywilne** civil proceedings; **~ karne** criminal proceedings; **~ sądowe** legal/court proceedings; **~ upadłościowe**

postój

bankruptcy proceedings; **wszcząć/wdrożyć ~ przeciwko komuś** take legal proceedings against sb

postój *m* stay; halt; stop; (*maszyny*) standstill; (*w podróży*) stopover; **~ pojazdów** parking; **~ taksówek** taxi rank, *US* taxi stand, cabstand, cab rank

posu|wać (się) *v* advance; move forward; *przen.* **~wać coś za daleko** carry sth too far, take sth too far; **~wać się naprzód** go on, go ahead, advance; **~wać się z trudem** trudge (along); *przen.* **~wać się za daleko** carry things too far; **daleko ~nięty** advanced; **nie ~nąć się do czegoś** stop short of doing sth, stop short of sth; **sądzę, że nie ~nąłby się do szantażu** I believe he would stop short of blackmail

poszukiwani|e *n* search; quest; exploration; **bezowocne ~e** fruitless search; **prowadzić ~e** conduct/make a search; **w ~u czegoś** in search of sth; in quest of sth

poszukiwany *a* wanted; **~ na rynku** in wide demand; **~ przez policję** wanted by the police

pościg *m* chase, pursuit; **~ policyjny** police chase; **~ samochodowy** car chase; **policja natychmiast wszczęła ~** the police immediately gave chase; **przerwać ~** give up/abandon the chase; **ruszyć w ~** set off in pursuit; give pursuit, give chase; **w ~u za...** in pursuit of...

poślizg *m* slide; slip; skid; **wpaść w ~** skid, go into a skid

pośmiewisk|o *n* ridicule; mockery; **być celem ~a/być ~iem** be an object of ridicule; **być wystawionym na ~o** be exposed to ridicule; **narazić się na ~o** be held up to ridicule; **stać się ~iem/stać się celem ~a** become an object of ridicule; become a figure of fun; **wystawić coś/kogoś na ~o** make a mockery of sth/sb; ridicule sth/sb; **wystawić się na ~o** be exposed to ridicule

pośpiech *m* haste; hurry; rush; **nie ma ~u** there's no rush; **po co ten ~?** what's all the hurry for?; what's all the rush?; **w ~u** in a hurry

po|t *m* sweat; perspiration; **zimny ~t** cold sweat; **~t leje się z kogoś/oblewa kogoś/zlewa kogoś** the sweat is running off sb; **być cały w ~cie/tonąć w ~tach/być w siódmych ~tach (od czegoś)** be all sweaty (from sth); **krople ~tu płynęły jej po twarzy** beads of perspiration/sweat ran down her face; **mokry od ~tu** sweaty, damp with sweat; *przen.* **nie szczędziliśmy ~tu, żeby...** we sweated blood to...; **obetrzeć/ocierać ~t z czoła** wipe the sweat from one's forehead; **oblać/oblewać się (zimnym) ~tem** break out in a (cold) sweat; *pot.* **pracować/harować w ~cie czoła/do siódmego ~tu** sweat blood; slog/sweat one's guts out; **w ~cie czoła** by the sweat of one's brow; **zbudował to w ~cie czoła/w krwawym ~cie** he built it with the sweat of his brow; **zlany zimnym ~tem** in a cold sweat

potęg|a *f* **1.** power; might; **~a gospodarcza** economic power; **~a światowa** world power; **~a wojskowa/militarna** military power; **~a wojskowa Ameryki** America's military might; **rosnąć/wzrastać w ~ę** become more powerful **2.** (*liczba*) power; **druga ~a** second power, square; **trzecia ~a** third power, cube; **podnosić do ~i...** raise to the power of...; **podnosić do drugiej ~i** square; **podnosić do trzeciej ~i** cube; **podnieść 5 do ~i trzeciej** raise five to the third power; **cztery do ~i trzeciej** 4 to the power of 3; **10 do ~i trzeciej równa się 1000** 10 cubed is 1000; **3 do ~i drugiej równa się 9** 3 squared is 9, 3 squared equals 9

potępienie *n* **1.** condemnation; **~ bombowego zamachu terrorystycznego** condemnation of the terrorist bombing; **zastrzelenie policjanta na służbie spotkało się z ogólnym ~m** the shooting of the policeman on duty received universal condemnation, the shooting of the policeman on duty aroused widespread condemnation, the shooting of the policeman on duty attracted widespread condemnation **2.** (*kara piekła*) damnation; **skazany na wieczne ~** condemned to eternal damnation

potrzeba

potrzeb|a *f* need; want; necessity; **~a fizjologiczna** physiological need; **elementarna/podstawowa ~a** basic need, fundamental need; **nagła ~a** emergency; **paląca/pilna/nagląca ~a** acute need, urgent need, pressing need; *przysł.* **~a jest matką wynalazków** necessity is the mother of invention, invention is born of necessity; **bez ~y** (*niepotrzebnie*) needlessly; **ludzie w ~ie** people in need, needy people, the needy; **istnieje ~a czegoś** there is a need for sth; **jeśli zajdzie ~a** as the need arises; **nie ma ~y...** there is no need to...; there is no necessity to...; **odczuwać ~ę zrobienia czegoś** feel a need to do sth; **powstaje ~a** a need arises; **stwarzać ~ę** create a need; **w ~ie** in need; **w razie ~y** if need be; if necessary; **zaspokajać ~y** meet/satisfy the needs

potrzeb|ować *v* need; be in need of...; **~ujemy jakiegoś dowodu** all we need is some proof; **czy ~ujesz pomocy?** do you need any help?; **pilnie ~ować** need urgently/badly

potwierdzenie *n* confirmation; **~ odbioru** acknowledgement of receipt; notice of receipt; **na ~ czegoś** in confirmation of sth

powag|a *f* seriousness; *przen.* **chodząca ~a** sobersides; **czy zdajesz sobie sprawę z ~i sytuacji?** do you realize the seriousness of the situation?; **traktować coś/kogoś z ~ą** take sth/sb seriously; **zachować ~ę** be serious; keep a straight face; **z całą/niewzruszoną ~ą** in all seriousness

poważnie *adv* seriously; in earnest; **~ chory/ranny** seriously ill/injured; **~ mówiąc...** (*na początku zdania*) seriously though..., on a more sober note...; **śmiertelnie ~** in deadly earnest; **brać coś/kogoś ~** take sth/sb seriously; **mówiąc (całkiem) ~, powinieneś bardziej dbać o zdrowie** seriously though, you ought to take more care of your health; **porozmawiać z kimś ~ o...** speak seriously to sb about...; **traktować coś/kogoś ~** treat sth/sb seriously; **wiedziałem, że mówiła ~** I knew she spoke in earnest; **wyglądać ~** look serious; **zachowywali się bardzo ~** they behaved very soberly

powie|dzieć *v* say; tell; **~działem, co myślę** I've said my piece; **co ~działeś?** what did you say?; **co na to ~sz?** what do you say?; **co ty ~sz!** you don't say!; **coś ci ~m** I'll tell you what; **nie wiedziałem, co ~dzieć** I was at a loss for words; **to (za) mało ~dziane!** that's not the word for it!; **wyraźnie im ~działem, co o nich myślę!** I told them what I thought of them in no uncertain terms!; **że tak ~m** so to say; **żeby nie ~dzieć...** not to say..., *zob.też* **prosto 2.**

powierzchni|a *f* **1.** surface; **~a boczna** flank, lateral surface; **~a drogi** road surface; **~a kuli** the surface of a sphere; **~a ziemi** the earth's surface; **chropowata ~a** rough surface; **gładka ~a** smooth surface; **nierówna ~a** uneven surface; **równa ~a** even surface, plane surface; **był pierwszą osobą, która postawiła nogę na ~ księżyca** he was the first person to set foot on the surface of the moon; **pod ~ą** beneath/below/under the surface; **pod ~ą wody** beneath the surface of water; *przen.* **ślizgać się po ~** (*tematu, problemu itd.*) scratch the surface, skim the surface, scrape the surface; **utrzymywać się na ~ wody** float; **wypływać na ~ę** surface; rise to the surface; **zetrzeć/zgładzić/znieść z ~ ziemi kogoś/coś** wipe sb/sth off the face of the earth; **zniknąć z ~ ziemi** disappear off the face of the earth **2.** (*obszar*) area; **~a mieszkalna** living space; **~a uprawna** arable/cultivated area; **~a użytkowa** usable area; **~a w akrach** acreage; **~a wystawowa** exhibition space; **~ę prostokąta obliczamy mnożąc długość jego boku przez szerokość** the area of a rectangle is obtained by multiplying its length by its width; **pokój o ~ 16 metrów kwadratowych** a room 16 square metres in area

powieś|ć *f* novel; **~ć autobiograficzna** autobiographical novel; **~ć fantastyczno-naukowa** science-fiction novel; **~ć historyczna** historical novel; **~ć kryminalna/sensacyjna** detective novel; **napisać ~ć** write a novel; **sfilmować ~ć/nakręcić film na podstawie ~ci** make a novel into a film

powietrz|e *n* air; **~e atmosferyczne** atmospheric air; **~e klimatyzowane** conditioned air; **~e kontynentalne/lądowe** continental air; **~e morskie** maritime air; **~e polarno-morskie** maritime polar air; **~e zanieczyszczone** polluted/vitiated air; **ciężkie ~e** heavy air; **orzeźwiające/ożywcze ~e** refreshing air, brisk air; **suche ~e** dry air; **świeże ~e** fresh air; **wilgotne ~e** humid air; **będziemy w ~u za pięć minut** we will be airborne in five minutes; **bitwa została stoczona w ~u** the battle was fought in the air; *przen.* **coś wisi w ~u** sth hangs in the air, there is sth in the wind/air; **most wyleciał w ~e** the bridge blew up; **na (wolnym/świeżym) ~u** in the open air; **oddychać ~em** breathe/inhale air; **odetchnąć świeżym ~em** take the air; **samoloty zderzyły się w ~u** the planes collided in midair; **tutaj brakuje ~a** it is stifling here, it is stuffy here; **w ~u** (*nad ziemią*) in midair; (*unoszący się, transportowany*) airborne; **wysadzić coś w ~e** blow sth up; blow sth sky-high; **zanieczyszczać ~e** pollute the air

powitanie *n* welcome; greeting; **chłodne ~** chilly/cool welcome; **ciepłe ~** warm welcome; **entuzjastyczne ~** enthusiastic welcome; **serdeczne ~** cordial/hearty welcome

powodzeni|e *n* success; **wielkie ~e** great/huge/tremendous success; **bez większego ~a** without much success; **cieszyć się ~em** enjoy success; **odnieść/mieć ~e** be a success, be successful, succeed; **on ma nadzieję, że odniesie ~e w interesach** he's hoping to make a success of the business; **osiągnąć ~e** achieve (a) success, attain (a) success; **te zalecenia można z ~em pominąć** these recommendations can safely be ignored; **uwieńczony ~em** successful; **z ~em** (*z dobrym wynikiem*) successfully; (*śmiało*) safely

powodzi|ć się *v* get on/along; fare; **~ć się dobrze** be well-off; **~ć się źle** be badly-off; **jak ci się obecnie ~?** how are you getting along these days?

powołan|ie *n* **1.** (*wrodzona skłonność*) vocation, calling; **mieć ~ie do stanu duchownego/być ~ym do stanu duchownego** have a religious vocation; have a vocation to the priesthood; **minąć się z ~iem** have missed one's vocation; **odnalazł (w życiu) swoje prawdziwe ~ie** he found his true vocation (in life); **sądzi, że jego ~iem jest zostać księdzem** he believes it is his calling to become a priest; **to nauczycielka z ~ia** she's a born teacher **2. ~ie do wojska** call-up, *US* draft; **dostać/otrzymać ~ie do wojska** receive one's call-up **3. ~ie komisji** setting up a committee; **~ie na stanowisko** appointment to a post **4. ~ie się na kogoś** reference to sb

pow|ód *m* cause; reason; **błahy/nieistotny ~ód** secondary cause; insignificant cause; **dostateczny ~ód** sufficient reason; **główny ~ód** main/major/leading cause; **podstawowy/zasadniczy ~ód** underlying cause, root cause; **bez ~odu** without cause; **mieć ~ód do** have every reason to; **nie bez ~odu** with reason; not for nothing; **nie było najmniejszego ~odu, żeby się tak dziwnie zachowywał** there was no earthly reason for his strange behaviour; **nie ma ~odu do obaw** there is no cause for anxiety; **nie mam ~odu do narzekań** I have no cause to complain; **nie mówiłabym ci tego bez ~odu** I wouldn't tell you without (good) cause; **on nigdy nie opuszcza pracy bez ważnego ~odu** he is never absent from work without good cause; **pociągi opóźniają się z ~odu mgły** trains are late on account of the fog; **podać ~ód** give a reason; tell a reason; **z ~odu czegoś** by reason of sth; because of sth; owing to sth; on account of sth; **z jakiegoś ~odu/z niewiadomego ~odu** for some reason or another, for one reason or another

powódź *f* **1.** flood; **szalejąca ~** raging flood; **~ dotknęła//nawiedziła kilkanaście miast** the flood struck several cities; **~ ustępuje/cofa się** the flood subsides; **~ zalała pobliskie wioski** the flood inundated nearby villages **2.** *przen.* flood; **~ kwiatów** a flood of flowers; **~ uchodźców** a flood of refugees; **dziecko tonęło w powodzi łez** the child was in flood of tears

powr|ót *m* return; **~ót do atmosfery** (*statku kosmicznego*) reentry; **~ót do bazy** return to base; **~ót do domu** (*po dłuższej nieobecności*) homecoming; **~ót do pracy** return to work; **~ót do władzy** return to power; **~ót do zdrowia** recovery; **~ót wiosny** the return of spring; **~ót z wojny** return from war; **po czyimś ~ocie (do domu)** on sb's return (home); **z ~otem/na ~ót** back

powstani|e *n* **1.** origin; formation; **~e nowego rządu** the formation of a new government; **to jest książka o ~u wszechświata** it's a book about the origin of the universe **2.** (*walka*) uprising; insurrection; **~e chłopskie** peasant uprising; **~e przeciw** uprising against; **~e zbrojne** armed uprising; **stłumić ~e** put down/quell/crush an uprising; **wzniecić/wywołać ~e** foment an uprising

powszechnie *adv* generally; commonly; popularly; **~ przyjęty//akceptowany** generally accepted; generally agreed; **~ uważa się, że...** it is popularly believed that...; **~ używany/stosowany** in common use; commonly used; **~ znany** commonly/widely known; (*problem itd.*) all-too-familiar; **być rzeczą ~ znaną** be common knowledge, be public knowledge; **ich związek jest rzeczą ~ znaną** their relationship is common knowledge; **to jest ~ praktykowane** it is the common practice

powtórk|a *f* repetition; (*sytuacji, filmu*) rerun; **~a popularnego serialu** (*telewizyjnego*) a rerun of a popular series; **nie chcemy ~i naszego poprzedniego fiaska** we don't want a rerun of our last fiasco; **rząd chce uniknąć ~i zeszłorocznego kryzysu walutowego** the government wants to avoid a rerun of the last year's currency crisis

poz|a 1. *f* pose; attitude; **przybierać ~ę** assume/strike/take an attitude; assume/strike a pose **2.** *prep* (*wyłączając*) except (for), save (for); **~a jedną starszą panią, autobus był pusty** except for one old lady, the bus was empty **3. mieć coś ~a sobą** have sth behind one; be over sth; **myślę, że najgorsze mam**

już **~a sobą** I think that I'm over the worst of it now; **ona ma ~a sobą osiem lat doświadczenia jako pracownik socjalny** she's got eight years of experience as a social worker behind her **4. ~a tym** besides; **nie chcę iść do kina, ~a tym jestem zmęczona** I don't want to go to the cinema; besides I'm feeling tired

pozdrowienia *pl* greetings; regards; **~ świąteczne** season's greetings; **przyjacielskie/przyjazne ~** friendly greetings; **serdeczne ~** cordial/sincere/warm greetings; **przesłać/przekazać ~** send greetings

poziom *m* level; (*jakości itd.*) standard; **~ alkoholu we krwi** the level of alcohol in the blood; **~ bezrobocia** unemployment level; **~ cen** price level; **~ hałasu** noise level; **~ morza** sea level; **~ płac** wage level; **~ rozwoju** state of development; level of development; **~ techniki** state of technology; **~ terenu** ground level; **~ wody w rzece** river stage; **~ życia** standard of living, level of living, living standard; **niski ~** low level; **wysoki ~** high level; **wysoki ~ usług** high standard of service; **wzniesienie nad ~em morza** altitude, absolute height; **na ~ie** at/on a level; **na ~ie morza** at sea level; **nad ~em morza** above sea level; **coś spadło do najniższego ~u** sth dropped to its lowest level; **osiągnąć ~** reach a level; **osiągnąć najwyższy ~** be at the highest level; **utrzymywać się na stałym ~ie** remain stable, keep steady; **wyrównywać ~ czegoś** level sth; *przen.* **zniżać się do czyjegoś ~u** sink to sb's level

pozosta|wać *v* stay; remain; **~je kilka rzeczy do zrobienia** several things remain to be done; **~li najlepszymi przyjaciółmi** they remained the best of friends; **~wać przy czymś** (*przy swoim sądzie itd.*) stand by sth; **~wać w tyle** fall behind; **ale ~je fakt, że...** but the fact remains (that)...; **coś ~je w związku z czymś** sth is connected with sth; **każdy z nich ~ł przy swoim zdaniu** they agreed to differ; **lekarz zalecił jej ~ć w domu przez parę dni** the doctor advised her to stay in for a few days; **nie ~je mi nic innego, jak się pożegnać** it only remains for me to say goodbye; nothing remains except for me to say goodbye; **sytuacja ~je bez zmian** the situation remains unchanged; **wszystko ~ło takie samo** everything stayed the same

poz|ór *m* pretence; appearance; **fałszywe ~ory** false pretences/ /appearances; **~ory (często) mylą** appearances are deceptive, appearances are deceitful; **na ~ór** to/by all appearances; **na ~ór są dobrymi przyjaciółmi** to/by all appearances they're good friends; **pod ~orem...** under the pretence of...; **pod żadnym ~orem** on no account, not on any account; **zachowywać ~ory** keep up appearances

pozwalać *v* **~ komuś coś zrobić** allow sb to do sth, permit sb to do sth, let sb do sth; **czy pozwolisz, że skorzystam...** do you mind if I use...; **nie ~ na coś** draw the line at sth; **nie pozwolę na takie zachowanie w moim domu!** I won't have behaviour like this in my house!; **za dużo sobie ~** make free with sth

pozwoleni|e *n* **1.** permission; **bez ~a** without permission; **odmówiła udzielenia ~a** she refused to grant her permission, she refused to give her permission; **prosić kogoś o ~e** request sb's permission, ask sb for permission; **uzyskać/dostać ~e** obtain permission **2.** (*urzędowa zgoda*) permit; licence, *US* license; **~e na broń** gun licence; **~e na pracę** work permit; **otrzymać ~e** receive a licence; **udzielić ~a** grant/issue a licence; grant/give a permit

pozycj|a *f* **1.** (*postawa ciała*) position; **~a klęcząca** kneeling position; **~a leżąca** lying position; **~a siedząca** sitting position; **~a stojąca** standing position; **niewygodna ~a** uncomfortable position; **przyjąć ~ę** take/assume a position; **usiąść w wygodnej ~i** sit in a comfortable position; **w ~i pionowej** in an upright position, in a vertical position; **w ~i poziomej** in a horizontal position; **w ~i półleżącej** half-reclining **2.** (*stanowisko, położenie*) position; **~a finansowa** financial position; **~a kobiet w społeczeństwie** the position of women in society; **~a na rynku** market position; **niezręczna ~a** embarassing position; **wiodąca ~a** leading position; **wysoka ~a** high position;

ludzie o wysokiej ~i społecznej people of position; **negocjować z ~i siły** negotiate from a position of strength; **utrzymywać swoją ~ę** maintain one's position; **zajmować ~ę** occupy a position **3.** (*wojska*) position; **~a obronna** defensive position; **~a umocniona** fortified position; **odzyskać utraconą ~ę** regain a position; **utrzymać swoją ~ę** hold/maintain one's position; **zaatakować ~e nieprzyjaciela** attack the enemy positions; **zająć ~ę** take up a position **4.** (*w nawigacji*) fix; position; **ustalić/namierzyć ~ę jachtu** get a fix on the yacht's position **5.** (*na liście itd.*) item; entry; **~a w katalogu** entry of the catalogue; **~a w słowniku** dictionary entry, entry in a dictionary **6.** (*w sporcie*) position; **druga/trzecia ~a** 2nd/3rd position; **biegacze zajęli ~e na linii startowej** the runners got into position on the starting-line; **na jakiej ~i on gra?** what position does he play?; **wysunąć się na pierwszą ~ę** move up into 1st position

pożar *m* fire; **~ domu** house fire; **~ lasu** forest fire; **fabryka strawiona przez ~** a factory gutted by fire; **gaszenie ~u** fire fighting; **szalejący ~** raging/roaring fire; **wzniecenie ~u** fire-raising; **~ rozprzestrzenia się** a fire spreads; **~ szybko strawił drewnianą chatę** the fire quickly consumed the wooden hut; **~ wybucha** a fire breaks out; **opanować ~** control the fire; bring the fire under control; **spowodować/wywołać/wzniecić ~** cause a fire; start a fire; **ugasić ~** put out a fire, extinguish a fire

pożyczk|a *f* loan; **~a długoterminowa** long-term loan; **~a krótkoterminowa** short-term loan; **~a nisko oprocentowana** low-interest loan; **~a wysoko oprocentowana** high-interest loan; **otrzymać ~ę** get/receive a loan; **spłacać/oddawać ~ę** pay off a loan; repay a loan; **udzielić komuś ~i** give/grant sb a loan; **zaciągnąć ~ę** raise a loan

pożyt|ek *m* use; advantage; benefit; **dawać/przynosić komuś ~ek** benefit sb; **jaki z tego ~ek?** what good is it?; what's the use?; **mieć/odnieść z czegoś ~ek** benefit by/from sth; **nikt nie ma**

najmniejszego ~ku z tej książki this book is (of) no earthly use to anybody; **z ~kiem dla kogoś** for sb's benefit, to the benefit of sb

pół (*wyraz nieodmienny*) half; **~ do piątej** half past four, *US* half after four; **~ godziny** half an hour, a half-hour; **~ na ~** half--and-half; fifty-fifty; **~ roku** half-year; **~ żartem, ~ serio** half--joking, half-jokingly; **autobusy odjeżdżają/kursują co ~ godziny** buses run half-hourly; **co ~ godziny** every half-hour, half-hourly; **przekrój ciasto na ~** cut the cake in half

półkul|a *f* **1.** hemisphere; **~a południowa** southern hemisphere; **~a północna** northern hemisphere; **~a wschodnia** eastern hemisphere; **~a zachodnia** western hemisphere; **na ~i...** in the... hemisphere **2. (lewa/prawa) ~a mózgowa** (left/right) cerebral hemisphere

północ *f* **1.** (*środek nocy*) midnight; **o ~y** at midnight; **po ~y** after/past midnight; **tuż przed ~ą** shortly before midnight; **usłyszała, jak zegar wybijał ~** she heard the clock strike midnight **2.** (*strona świata*) north; **na ~ od** north of; **na ~y/ /na ~** north; **zimny wiatr z ~y** cold wind from the north

później *adv* later (on); then; afterwards; **niektórzy z nich mieli ~ zostać jego przyjaciółmi** some of them were later to become his friends; **prędzej czy ~** sooner or later; **trzy dni ~** three days later/after; **zobaczymy się ~** I'll see you later

późn|o *adv* late; **~o chodzić spać** go to bed late, keep late hours; **~o w nocy** late at night; **~o wstawać** get up late; **~o wyszła za mąż** she married late; **do ~a** till late; *przysł.* **lepiej ~o niż wcale** better late than never; **robi się ~o** it's getting late; **zbyt/za ~o** too late

późn|y *a* late; **~a godzina** late hour; **~a starość** advanced old age; **~ą jesienią** in late autumn; **~ym popołudniem** in the late afternoon; **do ~ej nocy** late/deep into the night

prac|a *f* **1.** work; labour; job; **~a badawcza** research (work); **~a biurowa** office/clerical work; **~a domowa** housework; **~a**

fizyczna physical/manual work; **~a lekarza** the work of a doctor; **~a na dwie zmiany** two-shift work; **~a na roli** farm work; **~a na trzy zmiany** three-shift work; **~a od godziny dziewiątej do piątej** a nine-to-five work/job; **~a umysłowa** mental work; **~a w niepełnym wymiarze godzin** part-time job; **~a w pełnym wymiarze godzin** full-time job; **~a w pocie czoła** backbreaking work; **~a w terenie** field work; **~a zespołowa** team work; **~a zlecona** work to order; **ciężka ~a** hard work; **dodatkowa ~a** extra work; **dorywcza ~a** casual work; **herkulesowa ~a** herculean task; **lekka ~a** light/easy work; **męcząca ~a** tiring work; **mozolna/mrówcza ~a** meticulous work; **niewolnicza ~a** slave labour; **pionierska ~a** pioneering work; **stała ~a** permanent work; **wyczerpująca ~a** exhausting work; **tworzenie nowych miejsc ~y** job creation; **~a jest prawie skończona** the work is pretty much finished; **być bez ~y/nie mieć ~y** be out of work; **być w ~y** be at work; **byłem tak pochłonięty ~ą, że...** I was so engrossed in my work that...; **chodzić do ~y** go to work; **dostać ~ę** get a job; **musiał włożyć w to dużo ~y** he had to do a lot of work on it; **on nie ima się żadnej ~y** he never does a stroke of work, *US* he never does a lick/stitch of work; **on nie wrócił jeszcze do domu z ~y** he's not home from work yet; **ona nigdy nie spóźnia się do ~y** she's never late for work; **podjąć ~ę jako nauczyciel** take up a job as a teacher; **przykładać się do ~y** apply oneself to one's work; **rzucać ~ę** give up a job, quit a job; **rzucać się w wir ~y** fling oneself into work, throw oneself into work; **stracić ~ę** lose a job; **szukać ~y** look for a job; hunt for a job; **wychodzić (wcześniej) z ~y** leave work (early); **wykonywać ~ę** do work; *pot.* **wyrzucić/wylać kogoś z ~y** fire sb, sack sb, give sb the sack/push; **wziąć się/zabrać się do ~y (nad czymś)** get/go/set to work (on sth); *pot.* **zostać wyrzuconym/wylanym z ~y** be/get fired, get sacked, get the sack/push; **zwolnić z ~y** (*dać wymówienie*) dismiss from the

pracować

job **2.** (*funkcjonowanie – maszyny itd.*) functioning; run(ning); operation; **zatrzymanie ~y serca** cardiac arrest **3.** (*rozprawa itd.*) work; study; **~a doktorska** doctoral thesis/dissertation; **~a magisterska** master's thesis/dissertation; **~a naukowa** scientific work; **~a na temat/poświęcona...** work on...; **~a zbiorowa** (*książka*) collective work; **bronić ~y** defend a dissertation **4.** (*artystyczna*) work; **wystawiać swoje ~e (w galerii)** exhibit/display/hang one's works (in a gallery) **5.** (*zadane lekcje*) **~a domowa** homework, homework assignment; **odrabiać ~ę domową** do homework, do an assignment; **zadawać ~ę domową** give an assignment

pracować *v* work; **~ ciężko** work hard; **~ dorywczo** do odd jobs; be a casual worker; **~ fizycznie** do manual work; **~ na akord** work by the piece, work by the job, do piece-work; **~ na chleb** earn one's (daily) bread; **~ na dniówkę** work by the day; **~ na dwie zmiany** work in two shifts; **~ na nocnej zmianie** work the night shift; **~ na zmiany** work in shifts; **~ nad czymś** work at/on sth; **~ od godziny dziewiątej do piątej** work nine-to-five; **~ w godzinach nadliczbowych** work overtime; **on pracuje nad nową powieścią** he is working on a new novel, *zob.też* **etat**

pracownik *m* worker; employee; **~ biurowy** office clerk, clerical/office worker, white-collar worker; **~ fizyczny** labourer; manual worker; blue-collar worker; **~ naukowy** scientific worker; research worker, researcher; **~ niewykwalifikowany** unskilled/unqualified worker; **~ umysłowy** white-collar worker; **~ wykwalifikowany** skilled/qualified worker

pragnienie *n* **1.** (*chęć picia*) thirst; **gasić/zaspokoić ~** quench one's thirst, slake one's thirst; **mieć/odczuwać ~** be thirsty; feel thirsty **2.** (*żądza*) wish; desire; **~ pokoju** a wish for peace; **~ zemsty** desire for revenge; **gorące ~** burning desire/wish, fervent desire; **nie spełnione ~** unfulfilled desire/wish; **przemożne ~** overwhelming desire; **budzić ~** arouse/create (a) desire; **odczuwać ~** feel a desire; **spełnić/zaspokoić ~** satisfy a desire; **tłumić** ~ stifle/suppress a desire; **wyrazić** ~ express//voice a desire

prakty|ka *f* **1.** practice; ~**ka adwokacka** legal practice; ~**ka lekarska** medical practice; **prywatna** ~**ka** private practice; **przyjęta** ~**ka** accepted/common practice; **mieć dużą** ~**kę w** be practised in; **w** ~**ce** in practice; **wyjść z** ~**ki** be out of practice, get out of practice; **zastosować coś w** ~**ce** put sth into practice **2.** (*szkolenie*) training, apprenticeship; **odbywać** ~**kę w firmie** serve one's/an apprenticeship with a firm **3.** ~**ki religijne** religious exercises

pranie *n* (*rzeczy do prania*) laundry, washing, wash; (*czynność*) laundering, washing; *pot.* ~ **brudnych pieniędzy** laundering money; ~ **chemiczne** chemical/dry cleaning; **powiesić/rozwiesić** ~ hang the washing; peg out the washing; **prasować** ~ iron the laundry; **suszyć** ~ dry the laundry; **włożyć** ~ **do pralki** put a load of washing in the machine; **wyjąć** ~ **z pralki** take the wash out of the machine; **złożyć** ~ fold the laundry; **zrobić** ~ do the wash/the laundry

pras|a *f* press; ~**a brukowa** gutter press, yellow press; ~**a codzienna** daily press; ~**a krajowa** national press; ~**a lokalna** local press; ~**a zagraniczna/światowa** foreign press; **wolna** ~**a** a free press; **wycinek z** ~**y** (press) cutting, *US* (press) clipping; ~**a pisze o/donosi, że...** the press gives coverage to...; ~**y nie wpuszczono na rozprawę** the press was/were not allowed to attend the trial; **incydent był szeroko komentowany w** ~**ie** the incident was widely reported in the press; **jaką** ~**ę miało to przedstawienie?** what kind of press has the play had?; **mieć dobrą** ~**ę** get a good press, be given a good press; **mieć złą** ~**ę** get a bad press, be given a bad press; **ta historia obiegła w tym tygodniu całą** ~**ę** the story has been all over the press this week; **wydać oświadczenie dla** ~**y** issue a press statement; **zamieścić (oficjalne) zawiadomienie/oświadczenie w** ~**ie** put out/issue a press release

prawda 356

prawd|a *f* truth; veracity; **~a absolutna** absolute truth; **~a historyczna** historical truth; **cała ~a** the whole truth; **gorzka ~a** bitter truth; **naga ~a** the naked truth; **odwieczne ~y** eternal truths; **podstawowa/fundamentalna ~a** elemental truth; **święta ~a** sacred truth; gospel, the gospel truth; **ziarno ~y** a grain of truth; *przysł.* **~a jak oliwa na wierzch wypływa** truth and sweet oil always come to the top; *przysł.* **~a w oczy kole** truths and roses have thorns about them; **~a (zawsze) wychodzi/wyjdzie na jaw** the truth will out; **~ę mówiąc/powiedziawszy** to tell the truth; **co ~a..., ale/lecz...** admittedly... but...; **czy to ~a?** is that true?; *pot.* is that a fact?; **czy to ~a, że...** is it true that...; **daleki od ~y** far from the truth, far from (being) true; wide of the truth; **mijać się/rozmijać się z ~ą** be untruthful; distort the truth; **niezgodny z ~ą** untrue; **odkryć ~ę** find the truth; **okazać się ~ą** prove true; **poszukiwać ~y** search for the truth, seek the truth; **powiedz mi ~ę!** tell me the truth; **powiedzieć (całą) ~ę** tell the (whole) truth; **spojrzeć ~zie prosto w oczy** face the truth, face up to the truth; **w tym co on mówi nie ma słowa ~y** there is not a word of truth in what he says, there is no truth in what he says; **wyjawić ~ę** reveal the truth; **wyznać (całą) ~ę o czymś** make a clean breast of sth; **zgodny z ~ą** true

prawdopodobieństw|o *n* probability, likelihood; **istnieje ~o, że...** the probability is that...; **jest bardzo małe ~o osiągnięcia porozumienia** there is very little probability of an agreement being reached; **jest duże ~o...** there's a strong likelihood of...; **według wszelkiego ~a** in all probability

praw|o *n* **1.** law; **~o cywilne** civil law; *przen.* **~o dżungli/pięści** the law of the jungle; **~o i porządek** law and order; **~o kanoniczne** canon law; **~o karne** criminal law; **~o międzynarodowe** international law; **~o naturalne** natural law; **~o wyborcze** election law; **niepisane ~o** unwritten law; **naruszenie ~a** violation/infraction/infringement of the law; **nie-**

znajomość ~a ignorance of the law; **poszanowanie ~a** consideration for the law; **~o zabrania budowania na tej ziemi** the law forbids building on this land; **aborcja jest zabroniona przez ~o** abortion is forbidden by law; **człowiek wyjęty spod ~a** an outlaw; **naginać ~o** bend/stretch the law; **naruszać/pogwałcić ~o** violate/break/infringe the law; **niezgodny z ~em** illegal, unlawful; **omijać/obchodzić ~o** evade the law; **ponad ~em** above law; **popaść w konflikt z ~em** fall foul of the law; be in trouble with the law; **postępować/działać zgodnie z ~em** keep within the law; operate within the law; **przekroczyć ~o** break the law; **przestrzegać ~a** observe/obey the law; **rząd wybrany zgodnie z ~em** lawfully elected government; **ustanowić ~o** make/enact laws; **wbrew ~u** against the law; **wyjąć spod ~a** outlaw; **zgodny z ~em** legal, lawful **2.** (*uprawnienie*) right; **~a człowieka** human rights; **~a rodzicielskie** parental rights; **~o autorskie** copyright; **~o do pracy** right to work; **~o do strajku** right to strike; **~o jazdy** driving licence, *US* driver's license; **~o łaski** power of pardon; **~o pierwszeństwa przejazdu** right of way; **~o własności** ownership; title to property; **~o wyborcze** franchise; **~o zrzeszania się** freedom/right of association; **niezbywalne ~o** inalienable right; **równe ~a** equal rights; **wyłączne ~o** exclusive/sole right; **bronić swego ~a** protect one's right; safeguard one's right; **dochodzić swego ~a** vindicate one's right; **mieć ~o** have a right, exercise a right; **nadać/przyznać ~o** grant a right, vest sb with a right; *pot.* **nie mieć ~a czegoś robić** have no business to do sth, have no business doing sth; **nie miał ~a mieszać się w nasze sprawy** he had no business to meddle in our affairs, he had no business meddling in our affairs; **odebrać ~o jazdy** (*za wykroczenia*) revoke a driving licence; **odebrano jej ~o jazdy** she was banned from driving; **pozbawienie ~ obywatelskich** deprivation of one's rights as a citizen; **upominać się o swoje ~a** stand up for one's rights;

prawo 358

wszystkie ~a zastrzeżone all rights reserved; **został pozbawiony wszelkich ~ rodzicielskich do dzieci** he was stripped of all parental rights to his children; **zrzec się ~a** relinquish a right; renounce a right **3.** (*zasada, reguła*) law; principle; **~o głoszące, że/stwierdzające, że...** the law stating that...; **~o natury** law of nature; **~o podaży i popytu** the law of supply and demand; **~o powszechnego ciążenia/grawitacji** law of (universal) gravitation; **~o zachowania energii** law of conservation of energy; **~o, zgodnie z którym/według którego...** the law that...

prawo *adv* right; *przen.* **na ~ i lewo** right and left; right left and centre; **na/w ~** (*po prawej stronie*) right, on the right; (*na prawą stronę*) right, to the right; **skręcić w ~** turn (to the) right; *pot.* take a right

praw|y *a* **1.** right; **po ~ej stronie** on the right **2.** (*zewnętrzna strona tkaniny*) right; **na ~ą stronę** right side up **3.** (*uczciwy*) righteous; **~y człowiek** a righteous man

prąd *m* **1.** current; **~ ciepłego powietrza** a current of warm air; **~ morski** sea current; **~ powietrzny** air current; **silny ~** strong current; **musieli płynąć pod ~** they had to swim against the current; **z ~em** with the current; **zniesiony/porwany/uniesiony przez ~** swept away by the current **2. ~ (elektryczny)** (electric) current; **~ stały** direct current; **~ zmienny** alternating current; **pod ~em** (*przewody*) live; **porazić kogoś (śmiertelnie) ~em elektrycznym** electrocute sb; **przewodzić ~ elektryczny** conduct electricity; **włączyć ~** switch on the current; **wyłączyć ~** switch off the current **3.** *przen.* current; tide; tendency; trend; (*kulturalny, literacki*) movement; **iść pod ~** go against the tide/current/stream; **płynąć pod ~** swim against the tide; **płynąć z ~em** swim with the tide; **poddać się ~owi/dać się porwać ~owi** go with the tide, drift with the tide, swim with the tide

precedens *m* precedent; **bez ~u** without precedent, unprecedented; **bez ~u jest fakt, że...** unprecedented is the fact that...;

stanowić (niebezpieczny) ~ establish/set a (dangerous) precedent; **stworzyć ~** create a precedent

precyzja *f* precision; **wielka ~** great precision, utmost precision; surgical precision; **wymagana jest wielka ~ w celu/aby...** great precision is required to...

premedytacj|a *f* premeditation; **morderstwo z ~ą** premeditated murder; **z ~ą** with premeditation

premier|a *f* première; **~a filmu** film première; **~a sztuki** play première; **światowa ~a** world première; **~a jego nowego filmu była ogromnym sukcesem** the first/opening night of his new film was a great success; **~a opery odbyła się w Paryżu** the opera was premièred in Paris; **być na ~ze** attend a première; **wystawić ~ę** give/stage a première

presj|a *f* pressure; **~a opinii publicznej** public pressure; **silna ~a** intense/strong pressure; **pod ~ą** under pressure; **pracować pod ~ą** work at high pressure; **ulegać ~i** surrender to the pressure; **wywierać ~ę na kogoś** exert pressure on sb, put pressure on sb, place pressure on sb, bring pressure to bear on sb

pretekst *m* pretext; **coś jest ~em do/coś stanowi ~ do/coś służy jako ~ do** sth is a pretext for, sth gives a pretext to; **jako ~ do** as a pretext for; **musimy znaleźć ~, żeby nie pójść do szkoły** we'll have to find a pretext for not going to school; **pod ~em...** under the pretext of..., on the pretext of...; **robić coś pod byle (jakim) ~em** do sth at the slightest pretext, do sth on the slightest pretext

prezen|t *m* gift, present; *pot.* prezzie, pressie; **~t gwiazdkowy** Christmas present; **~t urodzinowy** birthday gift/present; **drobny/skromny ~t** small gift; **hojny/szczodry ~t** generous gift; **dać/ofiarować ~t** give a gift, present a gift; **(dać coś) w ~cie** (give sth) as a present; **dałam mu to w ~cie** I made him a present of it

prezydent *m* president; **~ elekt** the president elect; **ustępujący ~** outgoing president; **być wybranym na ~a** be elected president

prędkość

prędkoś|ć *f* speed; velocity; **~ć dźwięku** speed of sound; **~ć jazdy** travelling speed; **~ć maksymalna** top speed, maximum velocity; **~ć ponaddźwiękowa** supersonic speed; **~ć światła** speed of light; **~ć 50 kilometrów na godzinę** a speed of 50 kilometres an hour; **bezpieczna ~ć** safety speed; **dopuszczalna/dozwolona ~ć** speed limit; **duża ~ć** high speed; **mała ~ć** low speed; **ograniczenia ~ci** speed restrictions; **przekroczenie dopuszczalnej ~ci** speeding; **nabierać ~ci** speed up, gather speed, pick up speed, gain speed; **nie przekraczać dopuszczalnej ~ci/jechać z dopuszczalną ~cią** keep within the speed limit, keep to the speed limit; **ograniczać ~ć** limit the speed; impose a speed limit; **osiągać ~ć...** reach a speed of...; **przekraczać dopuszczalną ~ć** exceed the speed limit, speed; **przestrzegać dopuszczalnej ~ci** observe a speed limit; **z dużą ~cią** at (high) speed; **z ~cią 50 kilometrów na godzinę** at a speed of 50 kilometres an hour

problem *m* problem; issue; question; **~ mieszkaniowy** housing problem; **~ nie do pokonania** insuperable/insurmountable problem; **aktualny ~** present-day problem, problem of the day; **codzienne ~y życiowe** life's day-to-day problems; **drażliwy ~** ticklish problem; sensitive issue; **główny ~/~ wielkiej wagi** major problem; **palący ~** burning question/issue; **poważny ~** serious problem; **skomplikowany ~** complicated problem; **trudny ~** difficult problem; **zawiły ~** knotty problem; **~ wyłania się/powstaje** a problem arises, a problem presents itself, a problem crops up; **nie stanowić ~u** not be an issue; **podnieść/poruszyć ~** raise a problem, bring up a problem; **robić z czegoś ~** make an issue (out) of sth; **rozwiązać ~** solve a problem; settle a problem; **stanowić ~** pose a problem; **stwarzać ~** cause/create a problem; **to nie ~** that's no problem; **zajmować się ~em** deal with a problem

procent *m* **1.** percentage; per cent; **niski/niewielki ~** low percentage, small percentage; **trzydzieści ~** thirty per cent; **wysoki**

produkcja

~ high/large percentage; **na trzydzieści ~** at thirty per cent; **pożyczka na... ~** a loan at... per cent, ...per cent loan; **wzrosnąć o... ~** go up by... per cent, go up by... %; *przen.pot.* **zgadzam się z tobą w stu ~ach** I am a hundred per cent in agreement with you **2.** (*zysk od kapitału*) interest; **~ lichwiarski** usurious interest; **pożyczać na ~** (*komuś*) lend at interest; (*od kogoś*) borrow on interest; **przynosić ~** bring in/bear interest

proces *m* **1.** process; **~ chemiczny** chemical process; **~ myślowy** thought process; **~ pokojowy** peace process; **~ rozwoju** development process; **~ starzenia się** ageing process; **~ technologiczny** manufacturing process; processing **2. ~ (sądowy)** lawsuit; (legal) proceedings; trial; **~ pokazowy** show trial; **mieć sprawiedliwy ~** have a fair trial; **przegrać ~** lose one's case at law; **wszcząć/wytoczyć komuś ~** go to law, take legal action against sb; **wygrać ~** win one's case at law

proch *m* **1.** gunpowder, powder; **naloty bombowe obróciły całe wsie w ~** whole villages were wiped out in the bombing raids; *przen.* **on ~u nie wymyśli** he won't set the Thames on fire; **rozsypać się/rozbić się/zetrzeć się/rozkruszyć się na/w ~** smash (in)to smithereens; *przen.* **siedzieć na beczce ~u** sit on the powder keg; **zetrzeć/rozbić kogoś na/w ~** (*unicestwić*) wipe sb off the face of the earth **2. ~y** *pl* (*ludzkie*) ashes; **jego ~y spoczęły/zostały złożone...** his ashes were buried...; **jego ~y zostały rozrzucone nad...** his ashes were scattered over...

producent *m* producer; manufacturer; maker; **~ filmowy** film producer; **~ samochodów** car maker/producer

produkcj|a *f* **1.** production; manufacture; **~a eksportowa/na eksport** production for export; **~a masowa** mass production; **~a przemysłowa** industrial production; **~a samochodów** car production; **~a seryjna** lot/series production; **~a zwierzęca** animal production; **podjąć/rozpocząć ~ę** take up production; **zmniejszyć ~ę** decrease production; **zwiększyć ~ę** increase production **2. ~a filmowa** film production; **~a teatralna** theatrical/stage

produkt

production; **~a telewizyjna** TV production; **film ~i polskiej** a Polish film

produkt *m* product; produce; ~ **finalny** final product, end product/item; ~ **gotowy** finished product; ~ **narodowy brutto** gross national product; ~ **uboczny** by-product; **~y żywnościowe** food products, foodstuffs

profanacj|a *f* desecration, profanation; **~a cmentarza** desecration of the cemetery; **coś uległo ~i** sth was desecrated; **dokonano ~i wielu grobów** many graves were despoiled; **dopuścić się ~i czegoś** desecrate sth, profane sth

profesor *m* professor; ~ **chemii** professor of chemistry; ~ **nadzwyczajny** associate professor; ~ **socjologii** professor of sociology, sociology professor; ~ **uniwersytetu** university professor; ~ **zwyczajny** full professor

prognoz|a *f* forecast; prognosis (*pl* prognoses); **~a długoterminowa** long-range forecast; long-term prognosis; **~a krótkoterminowa** short-range forecast; **~a pięciodniowa** (*pogody*) five-day forecast; **~a pogody/meteorologiczna** weather forecast; **~a pogody przewiduje, że...** according to the (weather) forecast...; **~a sprawdziła się** the forecast came true; **opracować ~ę** make a prognosis; make a forecast, forecast; **przedstawić ~ę** give a forecast

program *m* program(me); (*informacja o programie*) listings; ~ **długofalowy** long-range program; ~ **komputerowy** computer program; ~ **krótkofalowy** short-range program; ~ **nauczania** curriculum (*pl* curricula, curriculums), syllabus (*pl* syllabuses, syllabi); ~ **pilotażowy** pilot program; ~ **polityczny** political program; ~ **radiowy** radio programme; ~ **sportowy** sports programme; ~ **szkolenia** training program; ~ **szkolny** school curriculum; ~ **telewizyjny** television programme; (*zamieszczany w gazecie*) television listings; ~ **wyborczy** election program(me); **być/znajdować się w ~ie nauczania** be on the syllabus; **niektóre gazety publikują**

~ telewizyjny na cały tydzień some newspapers print television listings for the whole week; **opracować/wytyczyć ~** draw up a program; **realizować/wcielać w życie ~** implement a program, carry out a program; **wprowadzić ~** introduce a program; **zakończyć realizację ~u** terminate a program

projekt *m* project; design; draft; plan; scheme; **~ budynku** design for a building; **~ budżetu** draft budget; **~ umowy** draft contract; **~ ustawy** bill; **opracować ~ czegoś** draft sth; **wystąpić z ~em** (*propozycją*) put forward a proposal, make a proposal

prom *m* **1.** ferry, ferryboat; **~ pasażerski** passenger ferry; **~ samochodowy** car ferry; **~em** by ferry; **przewozić ~em** ferry **2. ~ kosmiczny** space shuttle

promie|ń *m* **1.** ray; **~nie podczerwone** ultraviolet rays; **~nie rentgenowskie/X** X-rays, röntgen rays; *przen.* **~ń nadziei** a ray of hope; **~ń słońca** ray of sunlight; **~ń światła** beam of light **2. ~ń okręgu** radius of a circle **3.** (*odległość*) radius; **w ~niu sześciu kilometrów** within a six-kilometre radius, within a radius of six kilometres

propagand|a *f* propaganda; **~a ideologiczna** ideological propaganda; **~a polityczna** political propaganda; **wroga ~a** enemy propaganda; **złośliwa ~a** vicious propaganda; **szerzyć ~ę** spread propaganda; **zajmować się ~ą/uprawiać ~ę** propagandize

proporcj|a *f* proportion; ratio; **ustalone ~e** fixed proportions; **właściwe ~e** proper/right proportions; **ustalać ~e** set/fix proportions

proporcjonaln|y *a* proportional; **kara nie była ~a do przestępstwa** the punishment was out of proportion to the crime; **odwrotnie ~y** inversely proportional; **wprost ~y** directly proportional

propozycj|a *f* proposal; proposition; offer; **~a handlowa** commercial proposition; **~a pracy** job offer; **atrakcyjna ~a** attractive proposition; **kusząca ~a** tempting offer; **odrzucić ~ę** turn down/reject a proposal; decline/refuse/reject an offer; *pot.*

kill a proposal; **przedstawić ~ę** present a proposal; **przyjąć ~ę** accept a proposal, adopt a proposal; **rozważyć ~ę** consider an offer; **wystąpić z ~ą** submit a proposal, put forth a proposal; **zgodzić się na (jakąś) ~ę** agree to an offer; **złożyć ~ę** make an offer

prorok *m* prophet; **fałszywy ~** a false prophet

pros|ić *v* **1. ~ić (kogoś o coś)** ask (sb for sth), request (sb of sth); **czy mogę ~ić cię o przysługę?** can I ask a favour (of you)?; *pot.* **sam się o to ~iłeś!** you asked for it! **2.** (*w formułach grzecznościowych*) please; **~zę o ciszę!** silence, please!; will you please be quiet?; **~zę bardzo** (*w odpowiedzi na* dziękuję) you're welcome; not at all; forget it **3. ~zę** (*wręczając coś komuś*) here you are

prost|o *adv* **1.** straight; *przen.* **~o jak strzała** (as) straight as an arrow; **iść ~o** walk/go straight; **patrz ~o przed siebie** look straight ahead; **wracaj ~o do domu** come straight home **2.** (*pionowo*) upright; straight; **siedzieć ~o** sit up straight **3.** (*w prosty sposób*) simply, in a simple way; (*zrozumiale, jasno*) plainly, simply, clearly; *pot.* **~o z mostu** straight from the shoulder; **mówić/powiedzieć komuś coś ~o z mostu** tell sb sth straight out; give it to sb straight from the shoulder; **po ~u** simply, straight; **powiedziałam mu ~o z mostu, że kłamie** I told him straight out that he was lying; **powiedziałam mu po ~u, że go nie lubię** I told him straight that I didn't like him

prośb|a *f* **~a (o)** request (for); **usilne ~y** repeated/urgent requests; *pot.* **chodzić/iść po ~ie** go begging; **mieć do kogoś ~ę** have a request to make of sb; **na czyjąś ~ę** at sb's request, at the request of sb; **odrzucić ~ę/nie przychylić się do ~y** reject a request, deny a request; **on ma do nas ~ę** he has a request to make of us; **spełnić czyjąś ~ę/przychylić się do czyjejś ~y** grant sb's request; **uwzględnić ~ę** honour a request; **wnieść ~ę do** submit a request to; **zwrócić się do kogoś z ~ą o coś** make a request for sth to sb; request sth from/of sb; **zwrócili się do**

terrorystów z ~ą o uwolniene zakładników they requested of the terrorists that they free the hostages

protest *m* protest; **~ wyborczy** election petition; **~y studentów** student protests; **gwałtowny ~** vigorous protest; **oficjalny ~** formal protest; **pisemny ~** written protest; **stanowczy ~** strong protest; **na znak ~u przeciw** in protest against, as a protest against; **wnieść/wystosować/zgłosić/złożyć ~** lodge a protest; **wyrazić ~** express/voice a protest; **wywołać ~** cause/spark (off)/trigger a protest; **(zgodzić się na coś) bez ~u** (accept sth) without protest; **zrobić coś nie zważając na czyjeś ~y** do sth despite protests from sb

protestować *v* protest; **~ przeciw (wojnie)** protest against/at//about (a war), *US* protest (a war); **~ stanowczo/ostro** protest strongly

protok|ół *m* **1.** minutes; report; record(s); **~ół zebrania/posiedzenia** minutes of the meeting; **prowadzić ~ół** keep the minutes; **sporządzić ~ół** draw up the minutes/report; **wpisać coś do ~ołu/wciągnąć coś do ~ołu/umieścić coś w ~ole** put sth on the record, enter sth on the record **2. ~ół dyplomatyczny** diplomatic protocol; **naruszenie/złamanie ~ołu** a breach of protocol; **szef ~ołu** chief of the protocol; **~ół wymaga//nakazuje, żeby...** protocol demands that...

proz|a *f* prose; *przen.* **~a życia** the prosaic side of life; **pisać ~ą** write in prose

prób|a *f* **1.** test; trial; **~a charakteru** test of character; **~a ciążowa** pregnancy test; **~a czasu** test of time; **~a jądrowa/z bronią jądrową/nuklearna** nuclear test; **~a sił** trial of strength; **~a wytrzymałości** endurance test; **na ~ę/tytułem ~y** tentatively; **poddać ~ie/wystawić na ~ę** put to the test; **przechodzić ~y** undergo trials/tests; **przeprowadzić ~ę** conduct a test, carry out a test, run a test; **wytrzymać ~ę (czasu)** stand the test (of time); **zrobię to na ~ę** I'll give it a try **2.** (*usiłowanie*) attempt; **~a gwałtu** attempted rape; **~a pobicia rekordu świata**

an attempt on the world record; **~a porwania** kidnap attempt; **~a zamachu (na życie)** assassination attempt; **bezskuteczna ~a** futile/vain attempt; **nieudana ~a** abortive attempt; **odważna/śmiała ~a** brave attempt; **udana ~a** successful attempt; **policja oskarżyła go o ~ę gwałtu/morderstwa** the police have charged him with attempted rape/murder; **wszelkie ~y (zrobienia czegoś) nie powiodły się** all attempts (to do sth) have failed; **zrezygnować z ~y/zaniechać ~y** abandon an attempt **3.** (*teatralna*) rehearsal; **~a generalna** dress/final rehearsal; **robić ~ę** rehearse

próg *m dosł. i przen.* threshold; **~ podatkowy** tax bracket; **~ słyszalności** threshold of audibility, hearing/audibility threshold; **być u progu obiecującej kariery** be on the threshold of a promising career; **przekroczyć ~** cross the threshold; **stać na progu dojrzałości** be on the threshold of adulthood; **stanąć na/w progu** stand at/on the threshold; **u progu nowej ery** at/on the threshold of a new era; **w progu** on the doorstep; **witamy w naszych skromnych progach!** welcome to our humble abode!

próżni|a *f* vacuum; **~a doskonała/absolutna** perfect vacuum; *przen.* **padać w ~ę/trafiać w ~ę/zawisnąć w ~** miss one's aim; *przen.* **przyroda nie znosi ~** nature abhors a vacuum; **w ~** in vacuum

prysznic *m* shower; **gorący ~** hot shower; **zimny ~** cold shower; **brać ~** have/take a shower; **ona jest pod ~em/bierze ~** she's in the shower

przebieg *m* course, run; **~ choroby** course of a disease; **~ wydarzeń/zdarzeń** course of events, run of events; **niebezpieczny ~** dangerous course; **normalny ~** normal course; **coś ma pomyślny ~** sth runs smoothly; **musimy czekać na dalszy ~ wydarzeń** we must await further developments

przeb|ój *m* hit; (*piosenka*) hit (song), song hit; **wielki ~ój** (*film, książka*) smash, smash hit, blockbuster; **być na liście ~ojów** be in the charts; **jego nowy film to prawdziwy ~ój** his new film is a smash hit

przechodzić *v* **1.** (*mijać*) pass; **czekała, aż przejdzie burza** she waited for the storm to pass **2.** (*przebywać pieszo*) walk; go; (*w poprzek*) cross; **~ na drugą stronę ulicy/przez ulicę** cross the street; **~ obok kogoś/czegoś** walk (by) sb/sth, pass (by) sb/sth; **pomóc komuś przejść przez ulicę** help sb across the street; **pomógł niewidomemu przejść na drugą stronę** he helped the blind man across **3.** (*zmiany itd.*) undergo; (*doświadczać*) go through, undergo; have; **~ do historii (jako)** go down in history (as); **~ do innego tematu** proceed to another subject; **~ do następnej klasy** go on to the next form; **~ na islam** convert to Islam; **~ na katolicyzm** convert to Catholicism; **~ na wegetarianizm** convert to vegetarianism; **~ nad czymś do porządku (dziennego)** override sth, take no notice of sth; **~ próby** undergo trials/tests; *przen.* **~ samego siebie** excel oneself; **~ w czyjeś posiadanie** pass into sb's possession; **~ z rąk do rąk** change hands; **podziwiam ją, że ciągle jest taka pogodna po tym wszystkim co przeszła** I admire the way she is still so cheerful after all she's been through; **przeszedł zawał serca w zeszłym roku** he had a heart failure last year; **przeszły mnie ciarki** it gave me the creeps, it made my flesh creep

przechowywać *v* **1.** keep; store; **~ coś w lodówce** keep sth in the fridge; **~ w chłodnym miejscu** store in cool place, keep cool; **~ w suchym miejscu** store in dry place, keep dry **2. ~ kogoś** harbour sb; **~ ściganego przestępcę** harbour a wanted criminal

przeciek *m dosł. i przen.* leak; leakage; **~ gazu** gas leak/leakage; **~ poufnych informacji** the leakage of confidential information; **~ radioaktywny/substancji radioaktywnych** leak of radioactivity; **~ tajnego raportu do prasy** leaking of a secret report to the press; **~ w dachu** a leak in the roof; **~ wody** water leak; **miał miejsce/nastąpił ~ informacji do prasy** the information leaked (out) to the press; **zahamować/powstrzymać** ~ stop a leak

przeciwieństw|o *n* opposition; the contrary; the opposite; contrast; **ona jest zupełnym ~em swojej siostry** she's very unlike her sister; **w ~ie do kogoś/czegoś** in contradistinction to sb/sth, unlike sb/sth, in contrast with/to sb/sth, as opposed to sb/sth

przeciwnie *adv* on the contrary; **~ do kierunku ruchu wskazówek zegara** anticlockwise, *US* counterclockwise; **wręcz ~** on the contrary

przeciwnik *m* **1.** (*w sporze, walce sportowej itd.*) opponent; enemy; adversary; **~ aborcji** opponent of abortion; **~ polityczny** political opponent; **godny ~** worthy opponent/adversary; **być ~iem czegoś** be opposed to sth; **być zagorzałym/zawziętym ~iem czegoś** be violently opposed to sth; be dead against sth; **jego arogancja przysporzyła mu wielu ~ów** his arrogance made him many enemies; **znokautował ~a w pierwszej rundzie** he knocked his opponent out in the first round **2.** (*wróg w stanie wojny*) enemy; **~ został zmuszony do odwrotu** the enemy was/were forced to retreat

przeciwny *a* opposite; contrary; reverse; **być ~m czemuś** be against sth; be opposed to sth; **jestem ~ temu, żeby tam szedł** I'm against him going there, I'm against his going there; **w ~m kierunku** in the opposite direction; **w ~m razie** otherwise

przeczucie *n* hunch; **~ katastrofy** a premonition of disaster; **złe ~** gloomy foreboding, premonition; **miała ~, że wydarzy się wypadek** she had a premonition that an accident would happen; **miała dziwne ~, że nigdy więcej go nie zobaczy** she had a strange foreboding that she'd never see him again; **tknięty/wiedziony ~m** filled with foreboding

przedawkowa|ć *v* overdose, take an overdose; **~ć lekarstwo** overdose on a medication; **~ła heroinę i zapadła w śpiączkę** she overdosed on heroin and went into a coma; **kiedy miała**

siedemnaście lat ~ła środki nasenne i niemalże zmarła when she was 17 she took an overdose of sleeping pills and nearly died

przedawkowani|e *n* overdose; **~e narkotyków** drug(s) overdose; **~e proszków nasennych** overdose of sleeping tablets; **śmiertelne ~e** fatal/lethal overdose; **zmarł wskutek ~a narkotyków** he died of a drug(s) overdose

przedmiot *m* **1.** object; thing; (*krytyki itd.*) target; butt; **~ materialny** material object; **~ podziwu** object of admiration; **~ troski** subject of concern; **~ zainteresowania** object of interest; **~y osobiste** personal things/belongings; personal effects; **~y sztuki** objects of art; **cenne/wartościowe ~y** valuables, valuable things; **być ~em żartów** be the butt of everyone's jokes; **stać się ~em kpin** become a figure of fun, become an object of derision **2.** (*temat, zagadnienie*) subject (matter); topic; **~ sporu** a matter in dispute; **~ umowy** subject (matter) of a contract; **być ~em dyskusji** be under discussion/debate; **moimi ulubionymi ~ami w szkole były historia i biologia** my favourite subjects at school were history and biology

przedsiębiorca *m* businessman (*pl* businessmen); entrepreneur; (*wykonawca robót, dostawca itd.*) contractor; **~ budowlany** building contractor; **~ pogrzebowy** undertaker, *US* mortician

przedsiębiorstwo *n* enterprise; firm; business; **~ handlowe** commercial enterprise/firm/house; **~ państwowe** state/state-owned enterprise; **~ pogrzebowe** undertaking; **~ prywatne** private enterprise; **~ przewozowe** carriers' business, trucking company; **prowadzić ~** run/operate a business; **uruchomić ~** launch a business; **założyć ~** establish a business

przedsięwzięcie *n* enterprise; undertaking; **~ handlowe** business enterpise; **~ zakrojone na wielką skalę** large-scale undertaking; **wspólne ~** joint enterprise/undertaking; (*gospodarcze*) joint venture

przedstawi|ać *v* **1.** **~ać kogoś komuś** introduce sb to sb; **~ać się komuś** introduce oneself to sb; **pani pozwoli, że ~ę pani moją siostrę** allow me to introduce my sister; **pani pozwoli, że się ~ę** let me introduce myself **2.** (*przedkładać itd.*) present; submit; show; (*dokumenty*) present, produce; **~ać bilet do kontroli** produce a ticket for inspection; **~ać sprawozdanie** present a report **3.** (*opisywać itd.*) represent; depict; show; **~ać coś w ciemnych kolorach/barwach** paint a gloomy picture of sth, paint a dismal/grim picture of sth; **~ać coś w jasnych kolorach/barwach** paint a rosy picture of sth; **~ać coś w obrazowy sposób** give a graphic description of sth; **~ł sytuację w czarnych kolorach** he painted a black picture of the situation; **dlaczego ~asz sprawę w ten sposób?** why do you represent the matter in this way?; **obraz ~a scenę polowania** the picture represents a hunting scene; **raport ~a obecną sytuację w naszej szkole** the report represents the current situation in our school **4.** **~ać się** (*o sprawach itd.*) look; appear; stand; **~ać się obiecująco** look promising; **jak ~a się sprawa?** how does the matter stand?

przedstawiciel *m* representative; agent; **~e młodszego pokolenia** representatives of the younger generation; **wyłączny ~** sole agent/representative; **występować jako ~ czegoś/czyjś** act as a representative of...

przedstawienie *n* **1.** (*widowisko*) performance; play; show; **~ teatralne** theatrical performance; **dać ~ czyjejś sztuki** give a performance of sb's play **2.** (*opis – faktów itd.*) representation; presentation; **~ graficzne** graphical (re)presentation

przedzia|ł *m* **1.** interval; range; **~ł czasu** time interval; **~ł wieku** (*ludności*) age range, age bracket; **program adresowany jest do widzów w ~le wieku od 18 do 30 lat** the programme is aimed at viewers in the 18-30 age range; **w ~le wieku od 25 do 50 lat** in the 25 to 50 age bracket **2.** (*w wagonie*) compartment; **~ł bagażowy** luggage compartment; **~ł pasażerski** passenger compartment

przejazd *m* **1.** passage; ~ **autobusem** bus ride; **opłata za** ~ fare **2.** ~ **kolejowy** railway crossing; ~ **niestrzeżony** unguarded crossing; ~ **strzeżony** guarded crossing

przejm|ować *v* ~**ować się czymś** bother about sth; worry about/over sth; **nie** ~**ować się** go easy, take things easy; **nie** ~**uj się!** don't worry!; take it easy!

przejści|e *n* **1.** passage; walkway; pathway; ~**e dla pieszych** pedestrian crossing; zebra crossing; *US* crosswalk; ~**e podziemne** pedestrian subway, underpass; **blokować komuś** ~**e** block one's way; **nie ma** ~**a** no way through **2.** (*etap przejściowy, zmiana*) transition; shift; ~**e ze starego systemu na nowy** the transition between the old system and the new one; **czy kraj zdoła dokonać pokojowego** ~**a na system demokratyczny?** will the country be able to make a peaceful transition to democracy?

przekaz *m* **1.** (*pieniężny*) remittance; ~ **bankowy** bank transfer; ~ **pieniężny** money order/remittance **2.** (*transmisja telewizyjna itd.*) broadcast; ~ **na żywo** live broadcast; ~ **satelitarny** broadcast by satellite, broadcast via satellite

przekład *m* translation; ~ **autoryzowany** authorized translation; ~ **dosłowny** word-for-word translation, literal translation; ~ **maszynowy** machine translation; ~ **wolny** free/loose translation; **wierny/dokładny** ~ exact translation; **dokonać** ~**u** do/make a translation; **w** ~**zie** in translation

przekonani|e *n* conviction; **bez** ~**a** without much conviction; **mówić z głębokim** ~**em** speak in the full conviction; **trafiać do** ~**a** carry conviction

przekroczy|ć *v* cross; ~**ć barierę dźwięku** break the sound barrier; ~**ć dopuszczalną prędkość** exceed the speed limit, speed; ~**ć granicę** cross the frontier/border; ~**ć limit** exceed the limit; ~**ć linię mety** cross the finishing line; ~**ć miarę/miarkę** overstep the mark; exceed the bounds; ~**ć prawo** break the law; *przen.* ~**ć Rubikon** cross the Rubicon; ~**ł czterdziestkę** he was over forty

przekrój *m* section; ~ **poprzeczny** cross-section, transverse section

przelew *m* **1.** overflow; ~ **krwi** bloodshed; bloodbath; bloodletting; **bez ~u krwi** without shedding any blood **2.** ~ **bankowy** bank transfer

przełom *m* turn; turning point; landmark; ~ **kulturalny** cultural landmark; ~ **polityczny** political landmark; ~ **w historii medycyny** a landmark in the history of medicine; **na ~ie wieku** at the turn of the century; **stanowić ~ w...** be a turning point in...; represent a landmark in...; prove to be a turning point in...

przemian|a *f* change; transformation; **~a chemiczna** chemical change; **~a energii** energy conversion; **~a fizyczna** physical change; **~a materii** metabolism; **~y społeczne** social changes; **zła ~a materii** metabolic disorder; **~y dokonują się/zachodzą** changes take place; **ulec ~ie** undergo a change; undergo a transformation; **żyjemy w czasach wielkich ~** we're living in a time of great change

przemoc *f* violence; force; ~ **(pokazywana) w telewizji** TV violence, violence on TV; ~ **w rodzinie** domestic violence; **nastąpiła eskalacja ~y** there has been an escalation of violence; **potępić użycie ~y przeciw (demonstrantom)** condemn the use of violence against (demonstrators); **uciekać się do ~y** resort to violence; resort to force; **używać ~y** use violence; use force; **wyrzec się ~y/zrezygnować z ~y** renounce violence

przemówienie *n* speech; address; ~ **inauguracyjne** inaugural speech/address; ~ **polityczne** political speech; ~ **powitalne** welcoming speech; ~ **pożegnalne** farewell speech; ~ **żałobne** funeral oration; **długie ~** long speech; **krótkie ~** brief/short speech; **nudne ~** boring speech; **płomienne ~** passionate speech; **telewizyjne ~ prezydenta (do narodu)/~ prezydenta transmitowane przez telewizję** televised presidential address; **wygłosić ~/wystąpić z ~m** deliver a speech, make a speech; deliver an address

przemycać *v* smuggle; ~ **broń** run guns; smuggle arms; ~ **list do więzienia** smuggle a letter into prison; ~ **narkotyki** smuggle drugs; ~ **nielegalnych imigrantów** smuggle illegal aliens; ~ **pieniądze do kraju** smuggle currency into a country; ~ **towary przez granicę** smuggle goods across a border/frontier

przemysł *m* industry; ~ **ciężki** heavy industry; ~ **filmowy** film industry, motion picture industry; ~ **kluczowy** key/basic industry; ~ **lekki** consumer goods/light industry; ~ **samochodowy** motor industry, *US* automobile industry; ~ **zbrojeniowy** armaments industry

przemyt *m* smuggling; contraband; ~ **broni** gunrunning; ~ **narkotyków** drug smuggling; **zajmować się ~em** engage in smuggling

przemytnik *m* smuggler; ~ **broni** gunrunner; ~ **narkotyków** drug smuggler

przepaś|ć *f dosł. i przen.* precipice; **nad ~cią/na skraju ~ci** on the edge of the precipice; **staczać się w ~ć** speed towards a precipice

przepis *m* **1.** ~ **(kulinarny)** recipe; ~ **na coś** recipe for sth **2.** ~**y** *pl* regulations; rules; laws; code; ~**y bezpieczeństwa** safety code/rules; ~**y drogowe/ruchu drogowego** the rules of the road; traffic regulations; highway code; **łamać/naruszać ~y** violate the regulations; **przekroczyć ~y** transgress the regulations; **przestrzegać ~ów** obey the regulations, observe the regulations; **rząd wprowadził nowe ~y podatkowe** the government brought in new tax laws; **to jest niezgodne z ~ami** it's against the rules (to do sth)

przeprasza|ć *v* **1.** apologize; make an apology; offer an apology; ~**ć kogoś za coś** apologize to sb for sth; (*formuła grzecznościowa przy zwracaniu się do osób, którym się w czymś przeszkodziło*) ~**m!** (I'm) sorry, I beg your pardon, *US* excuse me, pardon me; **najmocniej ~m!** I'm really sorry; I am awfully sorry; I am so sorry; (*forma usprawiedliwienia się*)

przerażenie 374

~m, ale nie będę mógł przyjść I'm sorry but I won't be able to come; ~m za spóźnienie I'm sorry I'm late, excuse me for being late; *pot.* ~m, że żyję! excuse me for living! **2.** *pot.* ~ć się z kimś make (it) up with sb; czas, żebyście się przeprosili it's time you made it up (with each other); czy już się z nim przeprosiła? has she made it up with him yet?

przerażeni|e *n* horror, terror; ~e w oczach terror in one's eyes; **nieopisane** ~e indescribable horror; unspeakable horror; **obłędne/paniczne** ~e abject terror; ~e ogarnia/chwyta kogoś sb is filled with horror; coś nie wprawia kogoś w ~e sth holds/has no terrors for sb; krzyczeć z ~a scream with terror, scream in horror; ku memu ~u to my horror; patrzyli z ~em jak... they watched, horror-struck/horror-stricken as...; przyprawiać kogoś o ~e/wprawiać kogoś w ~e strike terror into sb; wywoływać ~e inspire terror; zdjęty ~em horror-struck, horror-stricken, terror-struck, terror-stricken

przerw|a *f* interruption; interval; break; pause; ~a obiadowa lunch break; chwilowa ~a temporary break; bez ~y (*pracować, mówić itd.*) without a break; mieć ~ę have a break; w czasie ~y/w ~ie (*między lekcjami*) during break; zrobić ~ę take a break

przesad|a *f* exaggeration; gruba ~a gross exaggeration; bez ~y without exaggeration; do ~y to excess; ~ą byłoby twierdzić/powiedzieć, że... it would be an exaggeration to say...; nazywanie go geniuszem to gruba ~a!/nazywać go geniuszem to chyba lekka ~a! to call him a genius is laying it on a bit too thick!, to call him a genius is laying it on a bit!; wpadać w ~ę exaggerate

przesąd *m* superstition; głęboko zakorzeniony ~ deep-rooted superstition; istnieje ~, że zabicie pająka przynosi nieszczęście there's a superstition that killing a spider brings you bad luck; istnieje/panuje ~, że jeśli zbijesz lustro, nieszczęście nie opuści cię przez siedem lat there's a superstition that if you break a mirror, you'll have seven years' bad luck; obalić ~

abolish a superstition; **pozbyć się ~u** get rid of a superstition; **wierzyć w ~(y)** believe in superstition; **wykorzeniać ~y** wipe out superstitions

przestępca *m* criminal; offender; delinquent; **~ młodociany** juvenile delinquent; **~ wojenny** war criminal; **nieuchwytny ~** elusive criminal

przestępczość *f* crime; **~ zorganizowana** organized crime

przestępstwo *n* misdemeanour; offence; crime; delinquency; **~ celne** customs offence; **~ gospodarcze** economic crime; **~ podatkowe** tax offence; **~ polityczne** political offence; **drobne ~** petty/minor/trivial offence; **poważne ~** serious offence; **popełnić ~ przeciwko** commit a crime against, perpetrate a crime against

przestraszyć *v* frighten, scare; **~ kogoś śmiertelnie** frighten/scare sb to death, frighten/scare the life out of sb, frighten/scare the (living) daylights out of sb; **~ się** be frightened, be scared; **~ się śmiertelnie** be scared to death, be frightened to death, be frightened out of one's wits, be scared out of one's wits

przestrze|ń *f* space; **~ń kosmiczna** outer space; **~ń międzyplanetarna** interplanetary space; **~ń życiowa** living space; **otwarta ~ń** open space; **rozległe ~nie/~nie bez granic** wide open spaces; **na ~ni... kilometrów** in the space of... kilometres; *przen.* **na ~ni... lat** within the space of... years, during the space of... years; **naruszyć ~ń powietrzną kraju** violate a country's airspace; **rozciągać się na ~ni...** spread out over an area...

przeszczep *m* graft; transplant; **~ serca** heart transplant; **~ skórny** skin transplant; **~ szpiku kostnego** bone-marrow transplant; **dokonać ~u** do a transplant, transplant; **odrzucić ~** reject a transplant

przeszkod|a *f* **1.** obstacle; hindrance; **~a nie do pokonania/nieprzezwyciężona/niepokonana** insurmountable obstacle, insuperable obstacle; **naturalna ~a** natural obstacle; **sztuczna ~a** artificial obstacle; **bez (żadnych) przeszkód** without hindrance; **coś stanowi główną/poważną ~ę na drodze do...** sth is a major obstacle (in the way) to...; **jeśli nic nie stanie na ~zie** if nothing intervenes; **napotkać ~ę** encounter an obstacle; **natrafić na ~ę** come across an obstacle; **nic nie stoi na ~zie** there is no obstacle; there is no objection; **pokonać//przezwyciężyć ~ę** overcome an obstacle, surmount an obstacle; **stanowić ~ę** be an obstacle, pose an obstacle; **usunąć ~ę** remove an obstacle **2.** (*na trasie biegu*) obstacle; **bieg z ~ami** obstacle race; steeplechase; **wziąć/brać/przesadzić ~ę** take an obstacle

przeszłoś|ć *f* past; **relikty ~ci** relics of the past; **w ~ci** in the past; **w dalekiej/odległej ~ci** in the remote past, in the distant past

przetarg *m* tender; **ogłosić na coś ~** invite tenders for sth; put sth out to tender; **wygrać ~ na coś** win the tender for sth; **zgłosić się/stanąć do ~u na** put in tenders for, submit tenders for

przewag|a *f* predominance; supremacy; prevalence; (*lepsza sytuacja*) advantage, upper hand; **~a liczebna** majority; preponderance; **~a militarna** military supremacy; **~a na morzu** naval supremacy; **~a w powietrzu** air supremacy; **istnieje/jest (liczebna) ~a kobiet w...** there is a preponderance of women in...; **mieć ~ę nad kimś** have the advantage over sb; **mieć liczebną ~ę** have a numerical superiority, exceed in number, outnumber; **osiągnąć ~ę** achieve supremacy; **rejony z ~ą ludności rolniczej** regions with a majority of farm population; **to daje mu nad nami ~ę** it gives him the advantage over us; **uzyskać liczebną ~ę** get/receive a majority; **zdobywać nad kimś ~ę** gain the upper hand over sb

przewodnictw|o *n* **1.** (*zebrania itd.*) the chair; **komisja pod ~em...** a committee chaired by...; **zebranie pod ~em...** meeting presided by...; **objąć/przyjąć ~o** take the chair **2.** (*czołowa pozycja*) lead; leadership; **objąć ~o czegoś/w czymś** take the lead in sth, assume the lead in sth; **stracić ~o** lose the lead;

utrzymywać ~o hold/maintain the lead **3.** (*w fizyce*) conduction; **~o cieplne** heat/thermal conduction; **~o elektryczne** electric conduction

przewodnicząc|y *m* chairman (*pl* chairmen); chairperson; president; **~y Izby Gmin** the speaker of the House of Commons; **~y komisji** chairman of the committee; **adresować pytania do ~ego/zwracać się z pytaniami do ~ego** (*zebrania*) address one's questions to the chair; **być ~ym zebrania** be in chair

przewodnik *m* **1.** (*osoba*) guide; (*książka*) guide (book); **~ po Londynie** a guide to London; **~ turystyczny** tourist guide **2.** conductor; **dobry ~ ciepła** a good conductor of heat; **zły ~** poor conductor

przewróci|ć *v* **1.** (*spodem do góry*) turn (over); overturn; upset; *dosł. i przen.* **~ć coś do góry nogami** turn sth upside down; **~ć filiżankę** upset one's cup; **jacht ~ł się na dużej fali** the yacht capsized in heavy seas; **potężna fala ~ła łódź** a large wave upset the boat **2.** (*upadać*) **~ć się** fall (down); fall over; **~ł się fatalnie i złamał sobie nogę** he fell badly and broke his leg; **dziecko próbowało chodzić, ale wciąż się przewracało** the baby was trying to walk but kept falling down

przewrót *m* revolution; upheaval; **~ polityczny** political upheaval; **wynalazek spowodował ~ w...** the invention caused a revolution in...

przeziębieni|e *n* cold; **lekkie ~e** slight cold; **przewlekłe ~e** lingering cold; **silne ~e** bad/severe/heavy/streaming cold; **czuję, że bierze mnie ~e** I've got a cold coming on; **leczyć ~e** nurse a cold; **nabawić się ~a** catch (a) cold, come down with a cold

przeży|ć *v* **1.** live; **~ła wiele lat za granicą** she lived many years abroad **2.** survive; outlive; **~ła męża o cztery lata** she outlived her husband by four years; **~ła swoich synów** she survived her sons **3.** (*przetrzymać wydarzenie*) survive; live through; **~ć trzęsienie ziemi** survive an earthquake; **~ł dwie wojny światowe** he lived through two world wars; **lekarze sądzą, że on**

przód 378

nie ~je nocy the doctors think he won't live through the night **4.** *pot.* **~ć się** go out of date
prz|ód *m* front; **~ód samochodu został poważnie uszkodzony** the front of the car was badly damaged; **do ~odu** forward; **(włożyć coś) tył na ~ód** (put sth on) back to front, *US* (put sth on) backwards; **wolisz siedzieć z ~odu czy z tyłu?** (*w samochodzie*) do you prefer to sit in the front or in the back?; **z ~odu czegoś** in front of sth
przybliżeni|e *n* approximation; **w ~u** approximately; roughly
przychodnia *f* **~ (lekarska)** clinic; outpatient clinic; **~ dziecięca** child health clinic; **~ stomatologiczna** dental clinic
przychodzić *v* come; get; arrive; *pot.* **~ do siebie** (*ochłonąć*) come to oneself, recover; (*wrócić do zdrowia*) recover; **coś przychodzi komuś łatwo** sth comes easily to sb; **czy przyszły do mnie jakieś listy?** have any letters come for me?; **jak przyjdzie co do czego, to...** when it comes to sth/doing sth...; **lekko/łatwo przyszło, lekko/łatwo poszło** easy come, easy go; **nagle przyszło jej do głowy/na myśl, że...** it suddenly occurred to her that...; **przyszłam tylko na godzinę** I've only come for an hour; **zima przyszła późno w tym roku** winter came late this year
przyciąganie *n* attraction; **~ ziemskie** terrestrial gravitation, earth gravity, earthpull
przycisk *m* button; push-button; **nacisnąć ~** press/push a button
przyczyn|a *f* cause; reason; ground(s); **bezpośrednia ~a** proximate/immediate cause; **błaha ~a** secondary cause; **główna ~a** major/leading cause; **~ą katastrofy była awaria silnika, a nie błąd człowieka** the reason for the disaster was engine failure, not human error; **być ~ą czegoś** be the reason for sth; cause sth; **nie bez ~y** not for nothing; **oblodzenie drogi było ~ą wypadku** ice on the road was the cause of the accident; **on sądzi, nie bez ~y, że go nie lubię** he thinks, with reason, that I don't like him; **podać ~ę** give a reason; **z ~ osobistych** for

przyjaźń

personal reasons; **z ~ sobie tylko wiadomych** for reasons best known to oneself, for some reason best known to oneself; **z ~ zdrowotnych** on medical grounds, on the grounds of ill health; **z niewiadomych ~** for some reason (or another); **znaleźć ~ę czegoś** find the cause of sth; **z prostej ~y, że...** for the simple reason that...

przygod|a *f* adventure; **poszukiwacz ~ód** adventurer; **żądny ~ód** adventurous; **żądza ~ód** love of adventure; **życie pełne ~ód** a life full of adventure; **mieć ~odę** have an adventure; **spotkało ją wiele niezwykłych ~ód w...** she had many exciting adventures in...

przygotowani|e *n* preparation; **~e posiłków** the preparation of meals; **czy ten kurs dał ci dobre ~e do zawodu?** was this course a good preparation for your career?; **kraj czyni ~a do wojny** the country is making preparations for war; **robić/czynić ~a do** make preparations for

przyjaci|el *m* friend; **~el do grobowej deski** lifelong friend; **~el rodziny/domu** a family friend, a friend of the family; **bliski ~el** close friend; **fałszywy ~el** false friend; **niezawodny ~el** tried and true friend; **prawdziwy ~el** true friend; **serdeczny ~el/~el od serca** bosom friend; **wierny ~el** faithful friend; **wspólny ~el** mutual friend; **wypróbowany ~el** tried and true friend; **bez ~ół** friendless; **mieć wpływowych ~ół** have friends in high places; *przysł.* **prawdziwych ~ół poznaje się w biedzie/~ela poznaje się w biedzie** a friend in need is a friend indeed

przyjazn|y *a* friendly; **~y dla środowiska** environmentally friendly, environment friendly; **być z kimś w ~ych stosunkach** be on friendly terms with sb; **wyciągnąć do kogoś ~ą dłoń/rękę, podać komuś ~ą dłoń/rękę** hold out the hand of friendship

przyjaź|ń *f* friendship; **~ń między narodami** international friendship; **dozgonna ~ń/~ń do grobowej deski** lifelong friendship; **niezachwiana ~ń** firm/strong friendship; **trwała ~ń** lasting

przyjemność

friendship; **zażyła ~ń** close friendship; **cenię sobie jej ~ń** I value her friendship; **zerwać ~ń** break up a friendship; **zniszczyć ~ń** destroy a friendship

przyjemnoś|ć *f* pleasure; **cała ~ć po mojej stronie!** my pleasure!; **sprawiać ~ć** give pleasure; **z ~cią!** with pleasure!; **znajdować ~ć w czymś** take pleasure in (doing) sth

przyjęcie *n* **1.** acceptance; reception; (*do organizacji itd.*) admission; (*wniosku itd.*) adoption, acceptance; **~ do pracy** engagement; employment; **~ na uniwersytet zależy od wyników egzaminów** admission to university depends on examination results; **ubiegać się o ~ do (Unii Europejskiej)** apply for admission to (the European Union), seek admission to (the European Union); **ubiegał się o ~ na uniwersytet** he applied for admission to the university **2.** (*towarzyskie*) party; reception; **~ weselne** wedding party/feast; **wydać ~** give a party, have a party **3.** (*powitanie, reakcja*) reception; **spotkać się z entuzjastycznym ~m** receive an enthusiastic reception, meet with an enthusiastic reception, get an enthusiastic reception

przyjm|ować *v* accept; receive; take; (*do organizacji itd.*) admit; (*wniosek itd.*) adopt, accept; **~ować coś do wiadomości** take cognizance of sth; **~ować do pracy** engage; employ; **~ować gości** have guests; **~ować kogoś chłodno** give sb a cool reception; **~ować podarunek/prezent** accept a gift; **~ować w poczet członków** accept/admit as a member; **~ować zaproszenie** accept an invitation; **jak przyjęto sztukę?** how was the play received?; **myślę, że możemy przyjąć pana syna na uniwersytet** I think that we can get your son into university; **nie ~uję (do wiadomości) twojego wyjaśnienia** I do not accept your explanation; **od której ~uje lekarz?** what time does the surgery open?, *US* what time does the doctor's office open?; **szkoła ~uje czterdziestu nowych uczniów każdego roku** the school admits forty new students every year; **w soboty rano lekarz ~uje od godz. 9 do 12** on Saturday mornings, surgery is from 9.00 to 12.00, *US* on Saturday mornings, office hours are from 9.00 to 12.00; **została przyjęta do szpitala z poważnymi oparzeniami** she was admitted to (the) hospital with severe burns

przykład *m* example, instance; **jaskrawy ~** glaring example; **klasyczny ~ czegoś** a classic example of sth; **konkretny ~** concrete example; **typowy ~** typical example; **być dla kogoś ~em** be an example to sb; **dawać innym dobry ~** set a good example to the others; **iść za czyimś ~em** follow sb's example; **jego odwaga powinna być dla nas wszystkich ~em** his bravery should be an example to us all; **na ~** for example, for instance; **podać ~** (*na poparcie czegoś*) give an example, provide an example; **świecić ~em** set an excellent example; be a shining example; **ukarać kogoś dla ~u** make an example of sb

przymus *m* coercion; compulsion; constraint; **metody/środki ~u** coercive methods/measures; **nie powinno się wywierać ~u na...** there should be no compulsion on...; **robić coś pod ~em** act under constraint; do sth under coercion; do sth under constraint; do sth under compulsion; **stosować ~** use coercion

przynęt|a *f dosł. i przen.* bait; **żywa ~a** live bait; **chwycić ~ę** rise to the bait; **połknąć ~ę** swallow the bait; **ryba połknęła/chwyciła ~ę** the fish swallowed/rose to/took the bait; **ryba szarpała ~ę** the fish nibbled at the bait

przypad|ek *m* **1.** (*wypadek*) case; event; instance; incident; **nagły ~ek** emergency case; **pierwszy z brzegu ~ek...** to pick an instance at random...; **pojedynczy/odosobniony ~ek** isolated case/incident; **szczególny ~ek** special case; **~ki chodzą po ludziach** accidents can happen; accidents will happen; **w ~ku...** (*w razie*) in case of...; in the event of...; **w tym ~ku** in this case/instance **2.** (*traf*) chance; **sprawa/kwestia ~ku** a hit-and-miss affair; **ślepy ~ek** blind chance; **~kiem** by (any) chance; by accident; **jeśli ~kiem zobaczysz...** if you happen to see...; **przez ~ek** by accident

przypływ *m* **1.** (*morski*) flood/rising/high tide; ~ **narasta** the tide is (coming) in **2.** *przen.* flush; spurt; surge; ~ **gniewu/entuzjazmu** a flush of anger/enthusiasm; **nagły ~ energii** a sudden spurt of energy; **poczuć ~ energii/gniewu** feel a surge of energy/anger

przypomina|ć *v* **1.** remind; **~ć komuś o** remind sb of; **~ć komuś, że** remind sb that; **~ć komuś, żeby coś zrobił** remind sb to do sth; **~ć sobie coś/o czymś** recall sth, recollect sth, remember sth; **~ć sobie, że** recall that, recollect that, remember that; **o ile sobie ~m** as far as I remember, to the best of my recollection **2. ~ć coś/kogoś** resemble sth/sb; **ona ~ (swoją) matkę** she resembles her mother

przypuszczeni|e *n* assumption; supposition; presumption; **błędne ~e** erroneous/false/wrong assumption; **słuszne/uzasadnione ~e** reasonable assumption; **snuć ~a** assume; conjecture; **ten artykuł opiera się wyłącznie na ~ach** this article is based entirely on supposition

przyrod|a *f* nature; **siły ~y** forces of nature; **opanować ~ę/siły ~y** control nature; **ujarzmić ~ę** harness nature; **wracać na łono ~y** go back to nature, get back to nature; **występujący w ~zie** found in nature

przyrząd *m* instrument; device; ~ **kontrolny** control device; check apparatus; ~ **pomiarowy** measuring instrument, meter, gauge; ~ **precyzyjny** precision instrument; ~ **rejestrujący** recording instrument; **~y nawigacyjne** navigational instruments

przysięg|a *f* oath; **~a Hipokratesa** Hippocratic oath; **~a na wierność komuś** an oath of loyalty to sb; **uroczysta ~a** solemn oath; **nie dotrzymać ~i** violate an oath; **oświadczyć/stwierdzić pod ~ą** declare on oath, declare under oath; **składać ~ę** swear an oath, take an oath; **zeznawać pod ~ą** testify on/under oath; **złożony pod ~ą** sworn; **zwolnić kogoś z ~i** relieve sb from his oath

przysług|a *f* favour; service; **niedźwiedzia ~a** disservice; **czy mogę prosić cię o ~ę?** can I ask a favour (of you)?; **wyświad-**

czyć/oddać komuś niedźwiedzią ~ę do sb a disservice; do sb an ill turn; **wyświadczyć komuś ~ę** do sb a favour; do sb a service

przystan|ek *m* stop; **~ek autobusowy** bus stop; **~ek na żądanie** request stop, *US* flag stop; **~ek tramwajowy** tram stop, *US* streetcar stop; **czy to nasz ~ek** is this our stop?; **na którym ~ku wysiadasz?** which stop do you get off at?; **ona wysiada na następnym ~ku** she's getting off at the next stop

przyszłoś|ć *f* future; **bliska ~ć** the near future; **daleka/odległa ~ć** the distant future; **na ~ć** for the future; **~ć należy do...** the future lies in...; **jego ~ć jest niepewna** his future is uncertain; **na najbliższą ~ć** for the immediate future; **nie ma tu dla niego ~ci** there is no future for him here; **przepowiadać komuś ~ć** tell sb's fortune, tell fortunes; **w ~ci** in the future; **w ~ci/na ~ć bądź bardziej ostrożny** be more careful in future; **w dalekiej//odległej ~ci** in the remote future, in the distant future; **w niezbyt odległej ~ci** in the not-too-distant future

przytomnoś|ć *f* consciousness; **~ć umysłu** presence of mind; **odzyskać ~ć** recover/regain consciousness; **pobili go do utraty ~ci** they beat him unconscious; **stracić ~ć** lose consciousness; **zachować ~ć umysłu** have the presence of mind, display/show presence of mind; **zachował ogromną ~ć umysłu w obliczu niebezpieczeństwa** he showed great presence of mind in face of danger

przywilej *m* priviledge; **specjalny ~** special priviledge; **korzystać z ~u** exercise a priviledge; **mieć ~** have a priviledge; **nadać ~** give/grant a priviledge; **odebrać ~** revoke a priviledge

przywódc|a *m* leader; **~a mniejszości** (*parlamentarnej itd.*) minority leader; **~a opozycji** opposition leader; **~a polityczny** political leader; **~a większości** majority leader; **~a wojskowy** military leader; **~a związkowy** trade union leader; **niekwestionowany ~a** undisputed leader; **urodzony ~a** born/natural leader; **jego nagła śmierć pozostawiła partię bez ~y** his sudden death left the party leaderless

przyzna|ć *v* **1.** (*udzielić*) give, allow, grant; award; **~ć komuś nagrodę** award sb a prize, grant sb an award; **~ć premię** give a bonus; **~ć rabat** allow/grant a rebate **2.** **~ć się do czegoś** admit sth; acknowledge sth; **~ć się do porażki** admit defeat; **~ć się do zamachu bombowego** acknowledge one's responsibility for the bombing; **~ję** I admit; **~ła się do winy/błędu** she admitted her guilt/mistake; **~ła, że zrobiła/popełniła błąd** she admitted (that)) she had made a mistake, she admitted making a mistake; **muszę ~ć, że byłem trochę zdenerwowany** I must admit I felt a little nervous; **później się do tego ~ł** he later admitted (to) it

przyzwoitoś|ć *f* decency; **ludzka ~ć** human decency; **zwykła ~ć** common decency; **poczucie ~ci nakazywało mu odrzucić tę ofertę** his sense of decency made him refuse the offer

przyzwyczaje|nie *n* habit; *przysł*. **~nie jest drugą naturą (człowieka)** habit is a second nature; **nabierać złych ~ń** get into bad habits; **z ~nia** out of habit, from habit

pseudonim *m* pseudonym; **~ literacki** pen name; **(pisać) pod ~em...** (write) under the pseudonym of...; **używać ~u** use a pseudonym

pszcz|oła *f* bee; **~oła robotnica** worker bee; **rój ~ół** swarm of bees; **~oła żądli** a bee stings; **~oły brzęczą** bees buzz/hum; **~oły się roją** bees swarm; **hodować ~oły** keep bees; *przen*. **pracowity jak ~oła** as busy as a bee

ptak *m* bird; **~ brodzący** wading bird; **~ drapieżny** bird of prey; **~ przelotny** bird of passage; **~ wędrowny** migratory bird; **~ wodny** water bird; *pot*. **niebieski ~** (*próżniak*) good-for-nothing; layabout; **~ ćwierka/szczebiocze** a bird chirps, a bird twitters, a bird warbles; **~ fruwa/lata** a bird flies; **~ szybuje** a bird soars; **~ śpiewa** a bird sings; **~ traci pióra/pierzy się** a bird moults; **obrączkować ~i** ring birds; *przen*. **wolny jak ~** (as) free as a bird; *przysł*. **zły to ~, co własne gniazdo kala** it is an ill bird that fouls its own nest

puchar *m* cup; ~ **przechodni** challenge cup; **zdobywcy** ~**u** cup holders; **stracić** ~ lose a cup; **zdobyć** ~ win a cup

puls *m* pulse; **miarowy/rytmiczny** ~ regular pulse, steady pulse; **nieregularny** ~ irregular pulse; **normalny** ~ normal pulse; **słaby** ~ weak pulse; **szybki** ~ rapid pulse; **przyspieszać** ~ quicken sb's pulse; set sb's pulse racing; *przen.* **trzymać rękę na ~ie (czegoś)** have/keep one's finger on the pulse (of sth); **wyczuwać** ~ feel sb's pulse; **zbadać komuś ~/wziąć kogoś za** ~ take sb's pulse

pułapk|a *f* trap; **samochód-pułapka** booby trap car; car bomb; **chwytać w ~ę** catch in a trap; **wpaść w ~ę** fall into a trap; **zakładać/zastawiać ~ę** set a trap

punkt *m* point; ~ **ciężkości** centre of gravity; ~ **honoru** a point of honour; a thing of honour; ~ **kontrolny** control point, checkpoint; ~ **krytyczny** critical point; ~ **kulminacyjny** climax, culmination, culminating point; ~ **obserwacyjny** vantage point; ~ **odniesienia** reference point; ~ **przecięcia** (*np. dróg*) point of intersection, intersection; ~ **sporny** contentious matter//issue; matter in dispute; moot point/question; ~ **szczytowy** climax, culmination, culminating point; ~ **umowy** point of a contract, item of a contract, article of a contract; ~ **widzenia** point of view, viewpoint; ~ **wyjścia** starting point, origin; ~ **zapalny** flash point; ~ **zborny** rallying point; ~ **zerowy** zero point; ~ **zwrotny** turning point, turn; landmark; ~ **zwrotny w historii czegoś** a landmark in the history of sth; ~ **zwrotny w polityce** political landmark; **martwy** ~ standstill; deadlock; stalemate; **mocny** ~ strong point; **słaby** ~ weak point; **być ~em zwrotnym/stanowić** ~ **zwrotny w czymś** be a turning point in sth; represent a landmark in sth; **dla mnie to** ~ **honoru/stawiam to sobie za** ~ **honoru** it's a point of honour with me; **na punkcie czegoś** about sth; **ruszyć z martwego ~u** break the deadlock; **uderzyć kogoś w jego słaby** ~ hit sb where it hurts; **utknąć w martwym punkcie** reach a deadlock,

pustka

end in a stalemate, come to a full stop, come to a standstill; **z mojego ~u widzenia** from my point of view

pustk|a *f* emptiness; void; vacuum; **od śmierci żony w jego życiu panuje ~a** there has been a vacuum since his wife died; **wypełnić ~ę** fill a void, fill a vacuum

pust|y *a* empty; hollow; void; (*opustoszały*) deserted; **~a przestrzeń** empty/void space; **~e miejsce** (*w formularzu itd.*) blank; **~e słowa** empty words; **~y żołądek** empty stomach; **dom stał ~y** the house stood empty; **z ~ymi rękami** empty-handed

pustyni|a *f* desert; *przen.* **~a kulturalna** cultural desert; **~a piaszczysta** sand desert; **~a skalista** rock desert; **na ~** in the desert

pusz|ka *f* (*konserwowa itd.*) tin, can; *przen.* **otworzyć ~kę Pandory** open Pandora's box; **w ~ce** tinned, canned

pył *m* dust; **~ kosmiczny** cosmic dust; **~ wulkaniczny** volcanic ash/dust; **naloty bombowe starły całe wsie w ~** whole villages were wiped out in the bombing raids; **rozbić/zetrzeć/zamienić coś w ~** (*unicestwić*) wipe sth out

pyta|ć *v* ask, question, inquire, enquire; **~ć kogoś o...** ask sb about..., question sb about/on; **~ć kogoś o nazwisko** ask sb his name; **~ć o drogę** ask the way; **~ć (ucznia) z historii** question on history; **~li ją dokładnie o...** they questioned her closely about...; **dlaczego ~sz?** why do you ask?; *pot.* why?; **lepiej nie ~j!** you'd better ask no questions

pytani|e *n* question; **~e retoryczne** rhetorical question; **kłopotliwe ~e** poser; **podchwytliwe ~e** catch question; **odpowiadać na ~e** answer a question, reply to a question, respond to a question; **zadawać (komuś)/stawiać ~e** ask (sb) a question; **zasypywać kogoś ~ami** bombard sb with questions

R

rachub|a *f* (*liczenie*) counting, computing, calculation; **stracić ~ę czasu** lose count of time; **to nie wchodzi w ~ę** it's out of the question; **wchodzić w ~ę** come into question

rachunek *m* **1.** (*w matematyce*) calculus (*pl* calculi); **~ całkowy** integral calculus; **~ prawdopodobieństwa** calculus of probability; **~ różniczkowy** differential calculus **2.** (*obliczenie*) calculation, computation, count; **~ ekonomiczny** economic calculation **3.** (*w banku*) account; **~ bieżący** current account, *US* checking account; **~ depozytowy** deposit account; **~ oszczędnościowy** savings account; **mieć ~ w banku** have an account at the bank; **otworzyć ~** open an account; **wpłacić coś na ~** pay sth into an account **4.** bill; **~ za centralne ogrzewanie** heating bill; **~ za elektryczność** electricity bill; **~ za gaz** gas bill; **~ za telefon** telephone bill; **~ płatny w terminie do...** a bill falls due...; *przen.* **wyrównać z kimś rachunki** get even with sb; settle/square one's account(s) with sb; **wystawić ~** make out the bill; **zapłacić ~** pay the bill **5. ~ sumienia** self-examination

racj|a *f* **1.** (*słuszność*) right; **~a!/to ~a!/co ~a, to ~a!** that's right; **masz zupełną ~ę** you are perfectly right; **mieć ~ę** be right; **nie mieć ~i** be wrong; **przyznaję, że nie miałam ~i** I admit (that) I was wrong **2.** (*argument*) argument; **przedstawić/przytoczyć/wyłożyć (jakieś) ~e** present an argument, put forward an argument, offer an argument **3.** (*przyczyna*) reason; **~a stanu** reasons of State; **nie bez ~i** with reason; **on sądzi, nie bez ~i, że go nie lubię** he thinks, with reason, that I don't like

rada

him; **z ~i czegoś** by reason of sth; on account of sth; *pot.* **z jakiej ~i...?** why ever...?

rad|a *f* **1.** advice, piece of advice, bit of advice, counsel; **dobra ~a** good/sound advice; **mądra ~a** wise/sage counsel, sage/sensible advice; **przyjacielska/życzliwa ~a** friendly advice; **dać ~ę** give advice; **dać sobie ~ę** manage; **dobrze dawać sobie ~ę** do well, get on well; **nasza córka dobrze daje sobie ~ę w szkole** our daughter is getting on well at school; **nie ma na to ~y** it can't be helped; there is no help for it; **(po)słuchać czyjejś ~y** take sb's advice, act on sb's advice, follow sb's advice; **prosić kogoś o ~ę** ask sb for advice; **słuchaj ~ starszych!** listen to the counsel of your elders; **służyć ~ą** offer advice/counsel; **szukać ~y** seek sb's advice; **udzielać ~y** give advice; **zasięgać czyjejś ~y** consult (with) sb **2.** (*instytucja itd.*) council; board; **~a miejska** town/local council; **~a nadzorcza** supervisory board

radca *m* adviser; counsellor; **~ prawny** legal adviser

radi|o *n* radio; (*odbiornik*) radio set, radio; **~o podało, że...** they gave out on the radio that...; **nadawać/transmitować przez ~o** radio, broadcast, transmit; **przez ~o** over the radio; **słyszałam to w ~u** I heard it on the radio; **w ~u** on the radio; **włączyć ~o** turn/switch the radio on; **wyłączyć ~o** turn/switch the radio off

radoś|ć *f* joy; delight; **nieopisana ~ć** indescribable joy; **wielka/ogromna ~ć** great joy, boundless joy; **być przepełnionym ~cią** be overcome with joy, be filled with joy; **krzyczeć z ~ci** shout for joy; **ku naszej ~ci...** to our joy/delight...; **nie posiadać się z ~ci** be beside oneself with joy; **odczuwać ~ć** feel joy; **płakać z ~ci** weep for/with joy; **promienieć ~cią** radiate joy, be radiant with joy; **skakać z ~ci** jump for joy; **sprawiać komuś ~ć** give delight to sb, delight sb

raj *m* paradise; heaven; *przen.* **~ dla** (*turystów itd.*) paradise for; **~ na ziemi** heaven on earth; **czuć się jak w ~u** be in heaven

rak *m* **1.** crayfish, crawfish; *przen.* **czerwony jak ~** as red as a beetroot, as red as a turkey-cock, as red as a fire; *przysł.* **na bezrybiu i ~ ryba** half a loaf is better than no bread; any port in a storm; *pot.* **pokazać komuś gdzie ~i zimują** teach sb a lesson; **zaczerwienić się jak ~/spiec ~a** blush crimson **2.** (*choroba*) cancer; **~ piersi** breast cancer; **~ płuc** lung cancer, cancer of the lung; **~ skóry** skin cancer; **~ żołądka** stomach cancer; **~ przerzuca się na...** the cancer spreads to...; **być chorym na ~a/chorować na ~a/mieć ~a** have cancer; **powodować ~a** cause cancer, bring about cancer **3. Rak** (*znak zodiaku*) Cancer, Crab; **(ona jest) spod znaku Raka** (she was born) under Cancer; **ona jest typowym Rakiem** she is a typical Cancer

rakiet|a *f* **1.** rocket; **~a kosmiczna** space rocket; **~a nośna** carrier rocket; launch-vehicle; **~a wielostopniowa** multi-stage rocket; **wystrzelić ~ę** launch a rocket, fire a rocket **2. ~a tenisowa** tennis racket **3. ~a sygnalizacyjna** signal rocket; **~a świetlna** flare

ram|a *f* **1.** frame; **~a podwozia** chassis frame **2.** *przen.* **~y** framework; **w ~ach czegoś** within a framework of sth

rami|ę *n* **1.** arm; **~ę w ~ę/~ę przy ~eniu** shoulder to shoulder; **brać kogoś w ~ona** take sb in one's arms; **mieć duszę na ~eniu** have one's heart in one's mouth, have one's heart in one's boots; **(przywitać coś/kogoś) z otwartymi ~onami** (welcome sth/sb) with open arms/with outstretched arms; **wzruszyć ~onami** shrug (one's shoulders) **2.** *przen.* arm; **~ę sprawiedliwości** the long arm of the law; **dosięgło go ~ę sprawiedliwości** the long arm of the law caught up with him **3. ~ę kąta** arm/edge of an angle **4. ~ę dźwigni** lever arm

ran|a *f* **1.** wound; injury; **~a cięta** cut wound; **~a postrzałowa** bullet/gunshot wound; **śmiertelna ~a** mortal wound; **~a goiła się wolno** the wound healed slowly; **~a zagoiła się** the wound healed up/over; *przysł.* **czas goi/leczy ~y** time heals all wounds; time cures all things; time heals all sorrows; **lizać ~y**

lick one's wounds; **odnieść ~ę** receive a wound; **opatrzyć ~ę** dress a wound; **rozdrapywać stare ~y** open old wounds/sores; **zadać komuś ~ę** inflict a wound on sb **2.** *pot.* (*wykrzyknikowo*) **~y boskie!** (good) heavens!; **o ~y!** (oh) boy!; **o ~y, to było dobre!** (oh) boy, that was good!

randk|a *f* rendezvous; date; **~a w ciemno** blind date; **iść z kimś na ~ę** go on a date with sb; **mieć z kimś ~ę** have a date with sb; **tylko raz umówiłem się z nią na ~ę** I only dated her once; **umawiać się z kimś na ~i** date sb

rang|a *f* **1.** (*stopień*) rank; **niska ~a** low rank; **wysoka ~a** high rank; **mieć ~ę kapitana/być w randze kapitana** hold the rank of captain; **młodszy ~ą** junior; **otrzymać ~ę kapitana** be promoted to the rank of captain; **starszy ~ą** senior; **wysokiej ~i** of high rank **2.** (*ważność*) rank; standing; **najwyższej ~i** of the first rank, of the top rank; **wysokiej ~i** of high standing

rann|y *a* **1.** wounded, injured; **~i** *pl* the wounded; **ciężko ~y** seriously/badly wounded; **lekko ~y** lightly/slightly wounded; **śmiertelnie ~y** fatally/mortally wounded; **zabici i ~i** (*w wypadku itd.*) the dead and the injured **2.** (*poranny*) morning; early; *przen.* **~y ptaszek** early riser/bird

ran|o *n* (*poranek*) morning; (*wcześnie*) in the morning; during the morning; **do białego ~a** until the small hours of the morning; **dzisiaj ~o** this morning; **jutro ~o** tomorrow morning; *przysł.* **kto ~o wstaje, temu Pan Bóg daje** the early bird catches the worm; **nad ~em** in the small hours; **o szóstej ~o** at six am; **wcześnie ~o** early in the morning; **wczoraj ~o** yesterday morning; **z samego ~a** first thing (in the morning)

raport *m* report; account; **~ policyjny** police report; **składać/ /zdać ~** report, make a report

rat|a *f* instalment, *zwł. US* installment; **kwartalna ~a** quarterly instalment; **miesięczna ~a** monthly instalment, monthly hire purchase instalment; **kupować/brać coś na ~y** *GB* buy sth on hire purchase; *pot.* buy sth on the HP; *US* buy sth on the installment plan; *pot.* **robić coś na ~y** (*z przerwami*) do sth in fits and starts, do sth by fits and starts; **w ~ach/na ~y** by instalments; **płacić za coś w ~ach** pay for sth by/in instalments

ratun|ek *m* rescue; **~ku!** help!; **jako ostatnia deska ~ku** as a last resort, in the last resort; **jedyna deska ~ku** (one's) only resort; **jesteś moją jedyną/ostatnią deską ~ku** you're my only/last resort; **nie ma na to ~ku** there's no help for it; **ostatnia deska ~ku** (one's) last resort; **przyjść/pospieszyć komuś na ~ek** come to one's rescue

raz *adv* **1.** once; time; **~ czy dwa** once or twice; **~ na dzień** once a day; **~ na jakiś czas** once in a while; **~ na zawsze** once and for all; **~ po ~/~ za ~em** time after time, time and (time) again; **dwa ~y** twice; **ile ~y?** how many times?; **innym ~em** some other time; **jak na ~ie** as yet; so far; **jeden ~** once; **jeszcze ~/~ jeszcze** once again, once more; **na ~ie** for the time being; **na ~ie!** so long!; **na drugi ~** next time; **nie ~, nie dwa, mówiłam, żebyś tego nie robił** I've told you countless times not to do that; **niejeden ~** many a time; **niezliczoną ilość ~y** umpteen times; countless times; **od ~u** at once, immediately, right away, right off; **opowiadał tę historię niezliczoną ilość ~y/nie wiadomo ile ~y** he told this story umpteen times; **ostatnim ~em** last time; **pewnego ~u** once; **po ~ nie wiadomo który** for the umpteenth time; **po ~ ostatni** for the last time; **po ~ pierwszy** for the first time; **po ~ pierwszy i ostatni** once and for all; **tylko ten jeden ~** (just) for once; **tym ~em** this time; **w ~ie czegoś** in case of sth; **wiele ~y** many times; **w każdym ~ie** in any case, anyhow, anyway; **w najgorszym ~ie** at worst; **w najlepszym ~ie** at best; **w przeciwnym ~ie** otherwise; **w sam ~** just enough; **w takim ~ie** in that case; **za każdym ~em** every time; each time **2.** (*przy mnożeniu*) times; **dwa ~y dwa równa się cztery** two times two equals four; **dwa ~y tyle** twice as much; twice as many; **trzy ~y większy niż** three times bigger than, three times as big as

razem *adv* together; ~ **z** together with; **ona ma więcej pieniędzy niż my wszyscy ~ wzięci** she's got more money than the rest of us put together; **trzymać się ~** hang together; **wszystko ~** altogether; **wziąwszy wszystko ~** taken together

rąb|ek *m* edge; (*sukienki*, *spodni itd.*) hem; *przen.* **uchylić ~ka tajemnicy** reveal/unveil a secret; *przysł.* **złej tanecznicy zawadza/przeszkadza ~ek u spódnicy** a bad workman always blames his tools

reakcj|a *f* reaction; **~a chemiczna** chemical reaction; **~a łańcuchowa** chain reaction; **~a na coś** reaction against sth; response to sth; **~a odruchowa** reflex response/action; reflex movement; **pierwsza ~a** one's first reaction; **~a ludzi na apel była natychmiastowa** the response of the people to the appeal was immediate; **wywołać (gwałtowną) ~ę** produce a (violent) reaction

realizacj|a *f* realization; accomplishment; **~a celów** accomplishment of objectives; **~a czeku** cashing of a cheque; **~a marzeń** realization of one's dreams; **~a zadań** accomplishment of tasks; **nasze plany doczekały się w końcu ~i** our plans finally came to fruition

rebeli|a *f* rebellion; **stłumić ~ę** put down a rebellion, crush a rebellion; **wszcząć/wywołać ~ę** stir up a rebellion, foment a rebellion

recept|a *f* **1.** **~a (lekarska)** (doctor's) prescription; **lek sprzedawany bez ~y** nonprescription medicine, over-the-counter medicine; **(kupować antybiotyki) bez ~y** (buy antibiotics) over the counter **2.** *przen.* **~a (na)** prescription (for); recipe (for)

red|a *f* road(s), roadstead; **na ~zie** in the roads

redukcj|a *f* reduction; cut; **~a miejsc pracy** job cuts; **~a personelu/pracowników** staff reduction; **~a płac** cut in wages; **~a wydatków** reduction of expenditures; cut in expenditure; **przeprowadzić ~ę czegoś** reduce sth

referat *m* paper; **~ na temat/o...** a paper on, a paper about...; **musiałem przygotować ~ na lekcję historii** I had to do a paper for my history class; **(na)pisać** ~ write a paper; **opracować** ~ do a paper; **wygłosić** ~ read a paper; deliver a paper; **wystąpić z ~em** present a paper

referendum *n* referendum (*pl* referenda, referendums); **głosować na tak w ~** vote yes in a referendum; **przeprowadzić ~ w sprawie** hold/conduct a referendum on; **przeprowadzono ~ w sprawie legalizacji aborcji** a referendum was held on whether abortion should be made legal; **rozwiązać coś w drodze ~/zdecydować o czymś w ~** settle sth by referendum

refleksj|a *f* reflection; cogitation; thought; **czyjeś ~e na temat** sb's reflections on...; sb's thoughts on...; **smutna ~a** sad thought; **interpretacja sztuki zmuszała/nastrajała do ~i** the interpretation of the play gave pause for thought; **nasuwa się komuś ~a, że...** a/the thought occurs to sb that...; **pobudzać/zmuszać/nastrajać (kogoś) do ~i** give (sb) pause for thought; **zmuszający do ~i** thought-provoking

reform|a *f* reform; **~a gospodarcza** economic reform; **~a rolna** land/agrarian reform; **~a społeczna** social reform; **głęboka/ /głęboko idąca/głęboko sięgająca ~a** far-reaching reform; sweeping reform; **radykalna ~a** radical reform; **program ~** reform programme; **coś wymaga ~y** sth is crying out for reform; **przeprowadzać ~y w szkolnictwie/oświacie** carry out reforms in education; **przeprowadzić ~ę** carry out a reform, effect a reform; **wprowadzać ~y** introduce/embark on/ /launch reforms

regulacj|a *f* regulation; control; adjustment; **~a automatyczna** automatic regulation; **~a ostrości** (*obrazu*) focus control; **~a płac** adjustment of wages; **~a ręczna** manual control; **~a rzeki** river regulation; **~a temperatury** temperature control; **~a urodzeń** birth control; **przeprowadzić ~ę czegoś** regulate sth; control sth

regulamin *m* regulations; rules; (*napisany*) rulebook; **~ gry/ /meczu** the rules of the game; **~ wojskowy** army regulations;

surowy ~ rigid/strict regulations; **~ szkoły określa/przewiduje, że...** it is a school rule that...; **nie przestrzegać ~u/łamać ~** break the rules; violate a regulation; **przestrzegać/trzymać się ~u** obey the rules, observe the rules, follow the rules; obey/observe a regulation; **przyjąć ~** adopt a regulation; **to jest niezgodne z ~em** it's against the rules; **uchwalić/ustalić ~** establish/lay down/make (the) rules; **złamała ~ i będzie musiała być zdyskwalifikowana** she has broken the rules and will have to be disqualified

reguł|a *f* **1.** rule; **~a trzech** (*w matematyce*) rule of three; **~y gry** the rules of the game; **~y, które rządzą czymś** the rules that govern sth; **ostra/surowa ~a** strict rule; **sztywna ~a** firm rule; inflexible rule; **żelazna ~a** iron-clad rule; **przestrzegać/trzymać się ~** obey the rules, observe the rules, follow the rules; **ustalać ~y** make the rules; *przysł.* **wyjątek potwierdza ~ę/nie ma ~y bez wyjątku** the exception proves the rule; **z ~y** as a rule **2. ~a (klasztorna)** (monastic) order

rejestr *m* register; record; **robić/prowadzić ~** keep a register, keep a record; **wpisać/wciągnąć do ~u** register, record, list, enrol; make entries in a register; **skreślić z ~u** strike off the register

rejs *m* (*morski*) voyage, trip; (*lotniczy*) flight; **dziewiczy/pierwszy ~** (*statku*) maiden voyage; **odbywać ~** voyage, make a voyage; **ruszyć/wyruszyć w ~** go on a voyage

reklam|a *f* advertising; publicity; (*ogłoszenie reklamowe*) advertisement, advert, ad; **~a neonowa** neon sign/advertising; **~a radiowa** radio advert/commercial; **~a telewizyjna** TV advert/ /commercial; **natrętna/krzykliwa ~a** puff (piece), puffery; **szeroka ~a** wide/extensive publicity; **przerwa na ~ę** (*w programie telewizyjnym*) commercial break; **coś jest złą ~ą/stanowi złą ~ę czegoś** sth is a poor advertisement for sth; **jej nowemu filmowi towarzyszy szeroka ~a** there has been a lot of publicity for her new film; **prowadzić ~ę czegoś**

advertise sth; **zakazano ~y papierosów** cigarette advertising has been banned

reklamacj|a *f* claim, complaint; **nie uwzględnić ~i** reject a complaint; **składać/wnieść ~ę** lodge a complaint, make a complaint

rekompensat|a *f* compensation; recompense; **otrzymać coś tytułem ~y za coś** receive sth in compensation/by way of compensation/as a compensation for sth; **tytułem ~y za** in compensation for, by way of compensation for; in recompense for; as a recompense for

rekonesans *m* reconnaissance; *pot.* recce, *US* recon; **przeprowadzić ~** make a reconnaissance, carry out a reconnaissance, conduct a reconnaissance; **wysłać żołnierzy na ~** send soldiers on a reconnaissance

rekord *m* record; **~ kraju** national record; **~ olimpijski** Olympic record; **~ olimpijski na 5000 metrów** the Olympic 5000 metres record; **~ prędkości** speed record; **~ świata** world record; **~ w skoku w dal** long-jump record; **~ wszech czasów** all-time record; **nowy ~ Europy w skoku wzwyż** a new European record in the high jump; **~ pada** a record falls; **pobić ~** beat a record, break a record, surpass a record, smash a record; **pobić ~ olimpijski na 5000 metrów** break the Olympic 5000 metres record; **poprawić ~** better a record; **ustanowić (nowy) ~** establish a (new) record, set a (new) record; **wyrównać ~** equal a record, tie a record

rekordzist|a *m* record holder; **on jest ~ą świata w rzucie dyskiem** he holds the world record for discus throwing

relacj|a *f* **1.** (*sprawozdanie*) account; description; report; (*dziennikarska*) coverage; **~a bezpośrednia/na żywo** live coverage; **~a naocznego świadka** eyewitness account; **~a o wydarzeniach/z wydarzeń** account of the events; **~e prasowe** press/ /newspaper relations; **dokładna ~a** accurate account; **szczegółowa ~a** detailed account, blow-by-blow account/description; **według ~i** by/from all accounts; **zdać/składać/złożyć ~ę**

z czegoś/o czymś give an account of sth, render an account of sth **2.** (*stosunek*) relation; **~e cen** price relations

religi|a *f* religion; **~a chrześcijańska** Christian religion; **~a mahometańska** Muslim religion, Islam; **~a mojżeszowa** Jewish religion; **~a monoteistyczna** monotheistic religion; **~a politeistyczna** polytheistic religion; **przeszła na ~ę katolicką** she converted into Catholicism; **wypierać się/wyrzekać się ~i** abjure a religion; **wyznawać ~ę** practise a religion

remanent *m* inventory, stock-taking; **robić/sporządzić ~** make an inventory, take stock

remis *m* draw, tie; **~ bezbramkowy** goalless draw; **mecz zakończył się bezbramkowym ~em** the match ended in a goalless draw; **zakończyć się ~em** end in a draw, end in a tie

remisować *v* draw, tie; **zremisowaliśmy pięć do pięciu** we drew five all

remon|t *m* repair; **~t kapitalny/generalny** major repair, heavy repair, general overhaul; **~t dachu kosztował nas...** the repairs to our roof cost...; **coś jest w ~cie** sth is under repair; **coś nie nadaje się do ~tu** sth is beyond repair; **coś wymaga ~tu** sth is in need of repair; **dokonać ~tu** do/make repairs; **przeprowadzić ~t czegoś** carry out repairs on sth; **sklep jest zamknięty z powodu ~tu** the shop is closed for repairs; **w ~cie** under repair

renom|a *f* renown; **mieć ~ę wybitnego artysty** be an artist of great renown; **zdobyć (sobie) ~ę** win renown, achieve renown, attain renown

rent|a *f* pension; **~a emerytalna** retirement pension; **~a inwalidzka** disability pension; **brać/otrzymywać/pobierać ~ę** receive a pension, draw a pension; **być na rencie** be a pensioner; **żyć/utrzymywać się z ~y** live on a pension

reperacj|a *f* repair; mending; fixing; **~a dachu** repairs to the roof; **oddać coś do ~i** have sth repaired, get sth repaired, have sth fixed

reperkusj|a *f* repercussion; **wywołać/mieć daleko idące ~e** have far-reaching repercussions

repertuar *m* repertoire, repertory; **bogaty ~** extensive repertoire, wide repertoire; **mieć coś w swoim ~ze** have sth in one's repertoire; **rozszerzać swój ~** extend one's repertoire, add to one's repertoire

reporter *m* reporter; **~ sportowy** sports reporter; **~ telewizyjny** TV reporter

republik|a *f* republic; **~a bananowa** banana republic; **proklamować/ogłosić ~ę** establish a republic

reputacj|a *f* reputation, repute; **człowiek o dobrej ~i** a man of good repute; **cieszyć się ~ą...** be reputed to be...; **dbać o ~ę** protect/guard one's reputation; **lekarz cieszący się ~ą dobrego fachowca** a doctor of repute; **mieć złą ~ę** have a bad reputation; **mieć ~ę...** have a reputation of being...; **on cieszy się ~ą najlepszego chirurga** he is reputed to be the best surgeon; **psuć/szargać komuś ~ę** tarnish sb's reputation; **zyskać sobie ~ę** make/build up/establish a reputation for oneself

reszk|a *f* (*monety*) tails; **orzeł czy ~a?** heads or tails?; **grać w orła i ~ę** play at heads or tails; flip a coin, throw a coin, toss a coin

reszt|a *f* **1.** (*pozostałość*) rest; remainder; **~a z dzielenia** remainder of the division; **~ę życia spędził...** he spent the rest of his life...; **bez ~y** (*wyłącznie, zupełnie*) exclusively; completely; **czy masz jakieś plany/czy zaplanowałeś coś na ~ę dnia?** have you got anything planned for the rest of the day?; **do ~y** (*do ostatka, ze wszystkim*) utterly, completely; **pierwsze pytanie było łatwe, ale ~a była trudna** the first question was easy, but the rest were difficult; **weź co chcesz, a ~ę wyrzuć** take what you want and throw the rest away **2.** (*pozostali*) the rest, the others; **co zamierza robić ~a?** what are the rest going to do? **3.** (*pieniądze*) change; **dostać ~ę** get a change; **dostać dwa dolary ~y** get $2 change; **należy się pani... ~y** you need... change; **wydać ~ę** give the change; **wziąć ~ę** take one's change; **źle mi pani wydała ~ę** you've given me the wrong change

rewi|a *f* revue, review; **~a na lodzie** ice show; **wystawić ~ę** stage a revue, put on a revue; **występować w ~i** act in revue, perform in revue

rewizj|a *f* **1.** (*przeszukiwanie*) inspection; examination; search; **~a bagażu** examination of luggage, inspection of luggage; **~a bezprawna/bez nakazu sądowego** unwarranted search; **~a celna** customs inspection/examination; **~a mieszkania** house search; **~a osobista** body search; **dokładna/gruntowna ~a czegoś** careful search of sth, thorough search of sth, exhaustive search of sth; **dokonać ~i** make a search; **poddać kogoś ~i osobistej** search sb; **przeprowadzić ~ę** conduct a search, search; **przeprowadzić ~ę bagażu** examine/inspect the luggage; **przeprowadzić ~ę w lokalu** make a search of the premises **2.** (*przegląd – tekstu itd.*) revision; **~a procesu** retrial; **poddać coś ~i** (*pogląd, stanowisko, decyzję*) revise sth, re-examine sth, reconsider sth

rewolucj|a *f* revolution; **~a bezkrwawa** bloodless revolution; **~a kulturalna** cultural revolution; **~a pałacowa** palace revolution; **~a proletariacka** proletarian revolution; **~a przemysłowa** industrial revolution; **~a światowa** world revolution; **~a techniczna** technological revolution; **aksamitna ~a** velvet revolution; **pokojowa ~a** peaceful revolution; **odkrycie penicyliny stanowiło ~ę w medycynie** the discovery of penicillin produced a revolution in medicine; **robić ~ę** conduct a revolution, carry out a revolution; **rozpętać/rozdmuchać/wywołać ~ę** foment a revolution, stir up a revolution; **stłumić ~ę** crush a revolution, put down a revolution; **(z)organizować ~ę** organize a revolution

rezerw|a *f* **1.** (*zapas*) reserve; **malejące ~y** dwindling reserves; **czerpać z ~** draw on reserves; **mieć duże ~y czegoś** have great reserves of sth; **mieć w ~ie** hold in reserve; **trzymać w ~ie**

keep in reserve; **w ~ie** in reserve **2.** (*powściągliwość*) reserve; **z ~ą** reservedly

rezerwacj|a *f* booking, reservation; **~a biletu** ticket reservation; **~a hotelowa** hotel reservation; **dokonać ~i** make a booking//reservation; **odwołać ~ę** cancel a booking/reservation; **potwierdzić ~ę** confirm a reservation

rezerwat *m* **1.** reserve, reservation; **~ dzikiej przyrody** wildlife reserve, wildlife sanctuary; **~ leśny** sanctuary forest; **~ ornitologiczny** bird sanctuary; **~ przyrody** nature reserve, sanctuary **2.** (*dla ludności autochtonicznej*) reservation; **~ Indian** an Indian reservation

rezolucj|a *f* resolution; **~a domagająca się czegoś** a resolution demanding sth, a resolution in favour of sth; **~a zakazująca czegoś** a resolution banning sth; **odrzucić ~ę** reject a resolution; **podjąć/powziąć/uchwalić ~ę** pass a resolution, adopt a resolution, carry a resolution

rezulta|t *m* result; outcome; effect; **~t końcowy** final result; **~t jest ciągle niepewny/niewiadomy** the outcome is still uncertain; **bez ~tu** without result; **dawać/przynosić ~ty** show results, produce results; **osiągać dobre ~ty** achieve good results; **w ~cie** (*ostatecznie*) finally; **w ~cie czegoś** in the consequence of sth

rezygnacj|a *f* **1.** (*pogodzenie się*) resignation; **powiedzieć coś z ~ą** say sth resignedly; **(przyjąć coś) z ~ą** (accept sth) with resignation **2.** (*ze stanowiska*) resignation (from); **nie przyjąć czyjejś ~i/odrzucić czyjąś ~ę** reject sb's resignation; **przedłożyć/złożyć ~ę** tender one's resignation, submit one's resignation; **przyjąć czyjąś ~ę** accept sb's resignation

reżim/reżym *m* **1.** regime; **~ faszystowski** facist regime; **~ totalitarny** totalitarian regime; **~ wojskowy** military regime; **obalić ~** overthrow a regime; **wprowadzić ~** establish a regime **2.** (*rygor*) rigours; **~ więzienny** rigours of prison life

reżyser *m* director; **~ filmowy** film director

reżyseri|a *f* direction; (*napis w czołówce filmu*) directed by...; **film w ~i...** a film by...
ręce *zob.* **ręka**
ręk|a *f* **1.** hand; *przen.* **ciężka/twarda ~a** a heavy hand; *przen.* **czyjaś prawa ~a** sb's right hand, sb's right-hand man; **lewa ~a** left hand; **prawa ~a** right hand; **żelazna ~a** an iron hand; *przysł.* **~a ~ę myje** you scratch my back and I'll scratch yours; **brać coś w swoje ręce** take sth into one's own hands; **być czyjąś prawą ~ą** be sb's right hand, be sb's right-hand man; **być pod ~ą** be (close/near) at hand; **być w czyichś ~ach** be in sb's hands; **być w dobrych ~ach** be in good hands; **dać komuś wolną ~ę** give sb a free hand; **dać sobie ~ę uciąć** bet one's life; **dostać się w czyjeś ręce** fall into sb's hands; **dostać się w niepowołane ręce** get into the wrong hands, fall into the wrong hands; **gołymi ~ami** with one's bare hands; **iść komuś na ~ę** be accommodating to sb; **iść z kimś pod ~ę** walk arm in arm with sb; **jeść komuś z ~i** eat out of sb's hand, feed out of sb's hand; **machać ~ą** wave one's hand; **machnąć na coś ~ą** throw one's hand in, wave sth aside, brush sth aside; **mam związane ręce** I have my hands tied; **mamy ręce związane nowymi przepisami** we are bound hand and foot by the new regulations; **mieć czyste ręce** have clean hands; sb's hands are clean; **mieć dwie lewe ręce** be all thumbs, be all fingers and thumbs; **mieć pełne ręce roboty** have one's hands full; **mieć tylko jedną parę rąk** have only one pair of hands; **mieć wolną ~ę** have a free hand; **mieć związane/skrępowane ręce (czymś)** be bound hand and foot (by sth); **nie ruszyć ~ą (aby coś zrobić)** not to lift/raise a hand (to do sth), not to lift/raise a finger (to do sth); **od ~i** (*na poczekaniu*) off-hand; **on potrzebuje silnej ~i** he needs a firm hand; **pisać prawą ~ą** write with one's right hand; **poczułem dotyk jej ~i** I felt the touch of her hand; **pod ~ą** (near/close) at hand; on hand; **podnieść ~ę na kogoś** lift/raise one's hand against sb; **poprosić dziewczynę**

rękaw

o ~ę ask for a girl's hand; **poprosił o jej ~ę** he asked for her hand in marriage; **prowadzić kogoś za ~ę** lead sb by the hand; **(przechodzić) z ~i do ~i** (pass) from hand to hand; **przejść w inne ręce/przechodzić z rąk do rąk** change hands; **przyłożyć do czegoś ~ę** set one's hand to sth; **ręce do góry!** hands up!; *przen.* **ręce opadają** enough to make the angels weep; **rozkładać ręce** throw up one's hands; *przen.* **siedzieć z założonymi ~ami** sit on one's hands, sit by; **stać z założonymi ~oma** stand by with folded arms; **stracić ~ę** lose one's arm; **trzymać coś żelazną ~ą** have an iron hand; **trzymając się za ręce** hand in hand; **umywać ręce od czegoś** wash one's hands of sth; **urabiać sobie ręce po łokcie** work one's fingers to the bone; **uścisnąć czyjąś ~ę** shake sb's hand, shake sb by the hand; **uścisnąć sobie ręce** shake hands with sb; **w bezpiecznych ~ach** in safe hands; **w czyichś ~ach** in the hands of sb, in sb's hands; **w ~ach rebeliantów** in rebel hands; **w dobrych ~ach** in good/capable hands; **wiązać komuś ręce** tie sb's hands; **wpaść w czyjeś ręce** fall into sb's hands; **wykręcać komuś ~ę** twist sb's arm; **wymykać się z rąk** get/be out of hand; **wziąć kogoś za ~ę** take sb by the hand; **z ~ą na sercu!** cross my heart!; **z ~i do ~i** from hand to hand; **zacierać ręce** rub one's hands; **z drugiej ~i** at second hand; **z pierwszej ~i** firsthand; at first hand; **zdobyć coś z drugiej ~i** get sth second-hand; **z próżnymi/pustymi ~ami** empty-handed; **zrobić coś na własną ~ę** do sth off one's own bat; **zrobić coś od ~i** do sth off-hand **2.** *przen.* (*dotyk*) touch; **fachowa ~a** professional touch

rękaw *m* (*ubrania*) sleeve; **~ (u) sukienki** a sleeve of the dress; **bluzka/sukienka bez ~ów** sleeveless blouse/dress; **bluzka//sukienka z długimi ~ami** long-sleeved blouse/dress; **bluzka/sukienka z krótkimi ~ami** short-sleeved blouse/dress; **musimy zakasać ~y i zabrać się do pracy** we must roll up our sleeves and get down to work; **podwinąć ~y** roll up one's

robić

sleeves; **zakasać ~y** roll up one's sleeves, put one's shoulder to the wheel

robić *v* **1.** do; make; ~ **herbatę** make tea; ~ **komuś przysługę** do sb a favour; do sb a service; ~ **postępy** make progress; *pot.* ~ **swoje** do one's stuff; do one's (own) thing; ~ **z kogoś bohatera** make a hero of sb; **bezustannie coś ~/nie przestawać czegoś ~** keep on doing sth; **rób jak uważasz/jak chcesz!** suit yourself! **2.** (*stawać się*) get, grow; **robi się ciemno** it's getting dark; **zaczynało ~ się ciemno** it began to grow dark

robot|a *f* **1.** (*praca*) work; labour; *pot.* **czyjaś ~a** (*negatywnie*) the handiwork of...; **~y budowlane** construction work; **~y drogowe** road work; (*informacja dla użytkowników drogi*) Road up; **~y polowe/w polu** farmwork; **~y przymusowe** forced labour; **~y publiczne** public works; **~y ziemne** earth work; diggings; **brudna/czarna ~a** dirty work; dirty job; **domowej ~y** homemade; **krecia ~a** scheming; **papierkowa ~a** paperwork; **ręcznej ~y** handmade; **brać się/wziąć się do ~y** get to work (on sth), go to work (on sth), set to work (on sth); **mieć coś do ~y** have sth to do; **mieć pełne ręce ~y** have one's hands full; **nie mieć nic do ~y** be at a loose end, *US* be at loose ends; **wybuch/eksplozja wygląda na ~ę terrorystów** the explosion looks like the handiwork of terrorists **2.** (*jakość wykonania*) workmanship; handiwork; **tandetna ~a** shoddy//poor workmanship; **wspaniała/znakomita ~a** exquisite workmanship

robotnik *m* worker; workman (*pl* workmen); labourer; ~ **fabryczny/przemysłowy** factory worker; ~ **gospodarstwa wiejskiego/rolny** farm labourer; ~ **niewykwalifikowany** unskilled worker; ~ **sezonowy** seasonal worker; ~ **wykwalifikowany** skilled worker

rocznic|a *f* anniversary; **~a ślubu** wedding anniversary; **dwusetna ~a** bicentenary, bicentennial anniversary; **setna ~a** centenary;

święcić/czcić/obchodzić ~ę celebrate an anniversary; **obchodzić ~ę ślubu** celebrate a wedding anniversary; **w ~ę** on the anniversary

rocznik *m* **1.** (*publikacja*) yearly, yearbook, annual; **~ statystyczny** statistical yearbook **2.** (*grupa wiekowa*) age group; **ludzie z tego samego ~a** people in one's own age group **3. ~ (wina)** vintage; **wino dobrego ~a** vintage wine

rodzaj *m* **1.** kind, sort, type; *pot.* species (*pl* species); **coś w ~u...** a kind of..., a sort of...; **coś w tym ~u** something of the kind; something like that; **innego ~u** of a different kind; **jedyny w swoim ~u** the only one of its kind; unique; singular; **pytania tego ~u** questions of that kind; **tego ~u** of this kind; of that kind **2. ~ ludzki** mankind, humankind **3.** (*gramatyczny*) gender; **~ męski/~u męskiego** masculine; **~ nijaki/~u nijakiego** neuter; **~ żeński/~u żeńskiego** feminine **4.** (*w sztuce*) genre; **~ literacki** literary genre; **należeć do różnych ~ów literackich** belong to different literary genres

rodzice *pl* parents; **~ chrzestni** godparents; **~ przybrani** foster parents

rodzi|ć *v* **1.** be in labour; **~ć dziecko** give birth to a child; **Helena ~ła sześć godzin** Helen was in labour for six hours; **zacząć ~ć** go into labour, begin labour **2.** (*o zwierzętach*) breed; **~ć młode** give birth to young **3.** *przen.* (*powodować*) breed; arouse; bring about; **~ć podejrzenia** arouse/cause/stir suspicions; **~ć przemoc** breed violence; **~ć się z (nienawiści)** be born of (hatred)

rodzin|a *f* **1.** family; **~a wielodzietna** numerous family; **~a zastępcza** foster family; **bliska ~a** close family; **dalsza ~a** extended family; **duża/liczna ~a** large family; **dzieci z rozbitych ~** children from broken families/homes; **najbliższa ~a** immediate family; **planowanie ~y** family planning; **mieć na utrzymaniu ~ę** have a family to provide for, have a family to support; **ona jest oddana ~ie** she is a family woman; **pochodzić z dobrej ~y** come from a good family; **zakładać ~ę**

start a family **2.** **~a języków** language family; **~a komputerów** computer family

rok *m* year; **~ akademicki** academic year; **~ bieżący** this/current year; **~ finansowy** fiscal year; **~ jubileuszowy** jubilee year; **~ kalendarzowy** calendar/civil year; **~ miniony/zeszły ~** last year; **~ nadchodzący** coming year; **~ podatkowy** tax year; **~ przestępny** leap year; **~ przyszły** next year; **~ szkolny** school year; **~ świetlny** light year; **Nowy Rok** the New Year; (*dzień 1 stycznia*) New Year's Day, *US* New Year's; **~ temu** a year ago; **człowiek/kobieta ~u** man/woman of the year; **~ w ~** year in year out; **co ~** every year; **do ~u 2000** by the year 2000; **do zobaczenia w nowym ~u** I'll see you in the new year; **dzieci poniżej siódmego ~u życia** children below the age of seven; **dzieci powyżej siódmego ~u życia** children over seven, children above the age of seven years; **na ~** for a year; **(osoba/osobowość) ~u** (person/personality) of the year; **o tej porze ~u** at this time of year; **pobieramy się za ~** we're getting married in a year's time; **początek nowego ~u szkolnego** the start of the new school year; **przez cały ~** all (the) year; **przez okrągły ~** all (the) year round; **przyjechałam tutaj równo ~ temu** it's just a year (today) since I arrived here; **studenci pierwszego ~u** first year students; **umarł w sześćdziesiątym ~u życia** he died in his sixtieth year; **w przyszłym ~u** next year; **w roku 1865** in the year 1865; **w zeszłym/minionym ~u** last year; **za ~** in a year

rokowani|e *n* **1.** **~a** *pl* (*negocjacje*) negotiations; talks; **~a pokojowe** peace negotiations; **podjąć/rozpocząć ~a** enter into negotiations; **prowadzić ~a** conduct negotiations, carry on negotiations; **zerwać ~a** break off negotiations **2.** (*choroby*) prognosis (*pl* prognoses); **~e nie jest dobre** the prognosis is not good

rol|a *f* **1.** (*pole uprawne*) land; soil; **pracować na ~i** work on land; **uprawiać ~ę** farm the land **2.** (*aktorska*) role, part; **~a epizodyczna** a bit part; **~a tytułowa** title role; **grać ~ę...** play the role of..., take the role of...; **grać główną ~ę/występować w ~i głównej** star; **obsadzić ~ę** cast (a role) **3.** (*do spełnienia*) part, role; **aktywna ~a** active role; **doniosła ~a** significant/vital role; **główna ~a** major role; **kluczowa ~a** key/central role; **odegrać/odgrywać/grać ~ę w czymś** play part in sth, play role in sth; **odegrać znaczącą/niemałą ~ę** play a meaningful role; **pieniądze/wydatki nie grają ~i** money/expense is no object; **wszyscy mamy jakąś ~ę do spełnienia w...** we all have a part to play in...

roślin|a *f* plant; **~y doniczkowe** pot plants; **~y okopowe** root crops, roots; **~y ozdobne** decorative plants; **~y ozime** winter plants; **~y pnące** climbing plants, ramblers; **~y strączkowe** leguminous plants; **~y rosną** plants grow; **uprawiać/hodować ~y** grow plants

rower *m* bicycle; *pot.* cycle, bike; **~ wyścigowy** racing bicycle; **~em** by bicycle; **jechać ~em/na ~ze** ride a bicycle, bicycle, *pot.* ride a bike; **jeżdżę do pracy ~em** I go to work by bicycle; **na ~ze** on a bicycle; **pojechaliśmy do miasta na ~ze** we bicycled to town; **wsiąść na ~** get on/mount a bicycle

rozbój *m* robbery; *przen.* **~ na równej drodze/w biały dzień** daylight robbery, *US* highway robbery

rozdroż|e *n* road fork, diverging roads; *dosł. i przen.* **na ~u** at the crossroads; at the parting of the ways

rozebra|ć *v* **1.** **~ć (się)** undress; get undressed; **~ć dziecko** undress a child; **~ć się do** (*bielizny itd.*) strip (down) to; **~ć się do naga** strip naked; **~ć się z płaszcza** take off one's coat; **~ny do pasa** naked/stripped to the waist; **~ny do rosołu** in a state of undress **2.** *przen.* **~ć kogoś oczami/wzrokiem** undress sb with one's eyes **3.** **~ć na części** (*urządzenie*) take apart; take to pieces; dismantle

rozejm *m* truce; armistice; **naruszać ~** violate a truce; **ogłosić ~** declare a truce, call a truce; **zawrzeć ~** arrange a truce, work out a truce

rozglądać się 406

rozglądać | się *v* look around, look round; *pot.* ~ **się za czymś** look around for sth, look round for sth; ~ **się za nową pracą** look around/round for a new job; **rozejrzymy się trochę, zanim zdecydujemy gdzie kupimy dom** we're going to look round a little before deciding where to buy a house

rozgłos *m* publicity; *pot.* **nabrać (publicznego) ~u** take air; **unikać ~u** avoid publicity; shun publicity; **zyskać ~** gain/ /receive publicity

rozkaz *m* order; command; **ślepo wykonywać ~y** obey implicitly; **twoja prośba jest dla mnie ~em** your wish is my command; **wydać ~** give a command, give an order; **wykonać ~** carry out a command, execute a command, execute an order

rozkład *m* **1.** (*plan*) schedule; timetable; **~ dnia** daily routine; **~ jazdy autobusów** bus timetable/schedule; **~ jazdy pociągów** train timetable/schedule; **~ lekcji/zajęć szkolnych** school timetable; **~ lotów** flight/airline schedule; **przyjazd zgodnie z ~em** arrival on schedule; **zakłócić ~** upset a timetable; interrupt a schedule; **zgodnie z ~em/według ~u** according to schedule, on schedule, to schedule; **wszystko przebiega zgodnie z ~em** everything is running to schedule **2.** (*rozplanowanie*) layout; **~ pomieszczeń w budynku** the layout of rooms in a building **3.** (*biologiczny*) decay; **coś jest w ~zie/w stanie ~u** sth is decaying **4.** *przen.* breakup; collapse; decay; **~ małżeństwa** breakup of a marriage; **~ moralny** moral decay; **ulegać ~owi** fall into decay **5. ~ chemiczny** chemical decomposition **6.** (*rozmieszczenie*) distribution; **nierówny ~** uneven distribution

rozkwi|t *m* **1.** (*rośliny*) bloom; efflorescence; **być/znajdować się w (pełnym) ~cie** be in (full) bloom **2.** *przen.* bloom; **~t architektury** efflorescence of architecture; **~t gospodarczy** economic boom; prosperity; **~t handlu** trade boom; **przeżywać ~t** flourish; **przeżywać ~t gospodarczy** boom

rozmawia|ć *v* **1. ~ć (z kimś)** talk (to/with sb); **~ć bez przerwy** talk non-stop; **~ć (całymi) godzinami** talk for hours; **~ć głośno**

talk loud(ly); **~ć na temat** talk on a topic; **~ć o** talk about, talk of ; **~ć o polityce** talk politics; **~ć otwarcie** talk openly; **~ć po angielsku** talk in English; **~ć szczerze** talk frankly; **~liśmy prawie przez godzinę** we talked for almost an hour **2.** *pot.* **nie ~ć z kimś/ze sobą** (*gniewać się*) not be on speaking terms (with sb), be not speaking; **pokłócili się wczoraj i teraz ze sobą nie ~ją** they had a quarrel yesterday and now they're not on speaking terms (with each other)

rozmiar *m* **1.** size; **duży ~** large size; **mały ~** small size; **średni ~** medium size; **jaki nosisz ~?** what size do you wear/take?; what size are you?; **ona nosi ósmy ~ obuwia** she takes size eight shoes; **proszę przymierzyć ten ~** try this one for size; **to mój ~** it's the right size for me; **to nie mój ~** it's the wrong size for me; **we wszystkich ~ach** in all sizes; **wielkich ~ów** of tremendous size **2.** (*zakres, zasięg zjawiska*) extent; incidence; size; **~y epidemii** incidence of an epidemic; **~y strat** extent of losses; **jesteśmy zaniepokojeni ~ami naszego długu** we are concerned about the size of our debt; **osiągnąć ~y epidemii** reach epidemic proportions

rozmow|a *f* **1.** conversation; talk; **~a międzymiastowa** long-distance call; **~a telefoniczna** telephone call; **banalna ~a** idle talk; **szczera ~a** heart-to-heart talk; **nawiązać ~ę** begin a conversation, strike up a conversation; **podtrzymywać ~ę** maintain a conversation; **przeprowadzić/odbyć ~ę** carry on a conversation, have a conversation; **przeprowadzić z kimś męską ~ę** have a man-to-man talk with sb, talk to sb (as) man to man; **przeprowadzić z kimś szczerą ~ę** have a heart-to-heart with sb **2. ~y** *pl* (*negocjacje*) conversations; talks; **~y na najwyższym szczeblu** top-level talks; **~y na szczycie** summit talks; **~y pokojowe** peace talks; **~y przy okrągłym stole** round-table talks; **prowadzić ~y** hold conversations; hold talks; **zerwać ~y** break off conversations; break off talks

rozpacz 408

rozpacz *f* despair; desperation; **bezdenna ~** utter/total despair; **czarna ~** black despair; **doprowadzać kogoś do ~y** drive sb to despair; **wpaść w ~** be driven to despair; **z ~y** out of despair

rozpęd *m* impetus; momentum; **nabierać ~u** gain impetus; gain/gather momentum; **nadawać czemuś ~** give impetus to sth

rozpraw|a *f* **1.** (*naukowa*) dissertation; thesis (*pl* theses); treatise; **~a doktorska** doctoral thesis/dissertation; **napisać ~ę** write a thesis/dissertation **2.** (*sądowa*) trial; hearing; **~a jawna** open/public trial; **~a przy drzwiach zamkniętych** closed trial; **brać udział w ~ie** attend a trial/hearing; **odroczyć ~ę** adjourn a hearing; **prowadzić ~ę** conduct a trial; **wznowić ~ę** resume a trial

rozrachun|ek *m* (*należności, kosztów*) settlement of accounts; **~ek bezgotówkowy** clearing; **dokonać ~ku z kimś** settle//square accounts with sb; **na własnym ~ku** financially self--supporting; *pot.* **w ostatecznym ~ku** at the end of the day

rozruch *m* **1.** starting; start-up; **~ silnika** starting an engine **2. ~y** *pl* riot(s); unrest; disturbance; **~y na tle rasowym** race riot; **~y uliczne** riots in the streets; **~y wybuchły w...** riots broke out in...; **stłumić ~y** crush a riot, put down a riot, quell a riot; **wywołać/wzniecać ~y** cause a riot, foment a riot, spark (off) a riot

rozsąd|ek *m* reason; sense; **odrobina zdrowego ~ku** an ounce of common sense; **zdrowy ~ek** common/good sense; *pot.* horse sense; **przemówić komuś do ~ku** talk some sense into sb; **w granicach ~ku** within reason; **wbrew (zdrowemu) ~kowi** against one's better judgment

rozum *m* reason; mind; brain(s); (*mądrość*) wisdom; *pot.* **chłopski ~** common/good sense; horse sense; *pot.* **być niespełna ~u** be off one's head; *przysł.* **kogo Bóg chce ukarać, temu ~ odbiera** whom God would destroy He first makes mad; **mieć swój ~** know one's own mind; **nabierać ~u** grow in wisdom; **on nie grzeszy ~em** he hasn't got much (of a) brain;

on stracił ~ he is not in his right mind, he's (gone) out of his mind; *pot.* **pozjadać wszystkie ~y** know it all, know all the answers, have all the answers; **przemówić komuś do ~u** bring sb to reason, bring sb to his senses; *pot.* **uczyć kogoś ~u** teach sb a lesson; **uczyć się ~u** learn one's lesson

rozumie|ć *v* understand; comprehend; get; follow; see; **~ć doskonale** understand perfectly; understand clearly; **~ć się** understand each other; understand one another; **~m!** I see; **~sz co mam na myśli?** do you see what I mean?; **co przez to ~sz?** what do you mean by this?; **czy mam ~ć, że...?** am I to understand that...?; **jak ~m...** as I understand (it)...; **nie ~m ani jednego słowa** I don't understand a word; **nie ~m cię** I don't get you, I don't follow you; **nie ~m o co ci chodzi/co masz na myśli** I don't understand what you mean; *pot.* **to się samo przez się ~** that goes without saying

rozumowanie *n* reasoning; **błędne ~** faulty reasoning; **logiczne ~** logical reasoning

rozwiązani|e *n* **1.** solution; **~e równania** solution of an equation; **~e zagadki** solution to the riddle; **znaleźć ~e** find a solution **2.** (*odwołanie*) dissolution; **~e parlamentu** dissolution of parliament; **~e umowy** dissolution of a contract **3.** (*załatwienie konfliktu itd.*) settlement; **doprowadzić do pokojowego ~a** bring about a peaceful settlement

rozw|ód *m* divorce; **nasze małżeństwo skończyło się ~odem** our marriage ended in divorce; **uzyskać ~ód** obtain/get a divorce; **wystąpić (do sądu) o ~ód** sue for a divorce

rozwój *m* development; growth; advancement; **~ budownictwa** housing development; **~ dziecka** child development; **~ fizyczny** physical development; **~ gospodarczy** economic growth//development; **~ miast** urban development, urbanization; **~ produkcji** production development; **~ umysłowy** intellectual development; **~ spraw/wypadków/wydarzeń** developments; **ciągły ~ cywilizacji** the continued advance of civilization;

róg 410

musimy czekać na dalszy ~ **wydarzeń** we must await further developments; **powstrzymać ~ choroby** halt the advance of a disease

róg *m* **1.** horn; (*zwierzyny płowej*) antler; *przen.* ~ **obfitości** cornucopia, horn of plenty; **chwycić/wziąć byka za rogi** take the bull by the horns; **pokazać rogi** show (oneself in) one's true colours; **pokazał rogi jak tylko doszedł do władzy** once he achieved power he showed (himself in) his true colours; **przyprawić komuś rogi** cuckold sb; **przytrzeć komuś rogów** take sb down a peg (or two), bring sb down a peg (or two) **2.** (*naroże, kąt*) corner; ~ **stołu** a corner of the table; **na rogu ulicy** at/on a corner of a street, at a street corner; **tuż za rogiem** just around/round the corner; **w prawym górnym rogu...** in the top right-hand corner of...; **w rogu pokoju** in the corner of the room; *przen.* **zapędzić kogoś w kozi ~** back sb into a corner, drive sb into a corner **3.** (*instrument*) horn; ~ **myśliwski** hunting horn; **(za)dąć w ~** blow/sound a horn **4.** (*boiska*) corner; (*rzut*) corner, corner-kick; **sędzia przyznał ~** the referee awarded a corner

równa|ć *v* **1.** (*czynić równym, płaskim*) level; **~ć powierzchnię** level the ground **2.** **~ć się** equal; **trzy razy trzy ~ się dziewięć** three times three equals nine **3.** **~ć się czemuś** be equal to sth; be tantamount to sth; amount to sth; **to co zrobił ~ się zdradzie** what he did amounts to treason

równanie *n* equation; **~ kwadratowe/drugiego stopnia** quadratic equation; **~ liniowe** linear equation; **~ różniczkowe** differential equation; **~ z dwoma niewiadomymi** equation in two unknowns; **~ z jedną niewiadomą** equation in one unknown; **rozwiązać ~** solve an equation, *US* work an equation

równoś|ć *f* equality; **~ć szans** equality of opportunities; **~ć wobec prawa** equal justice under the law; **stawiać znak ~ci między... a...** equate sth with sth...

równowag|a *f* equilibrium; balance; **~a biologiczna** biological equilibrium; **~a ekologiczna** ecological balance; **~a sił**

balance/equilibrium of power, equilibrium of forces; **brak ~i** disequilibrium; imbalance; **naruszyć ~ę** upset equilibrium; **naruszyć/niszczyć ~ę ekologiczną** damage the ecological balance; **osiągnąć ~ę** attain equilibrium; **stracić ~ę** lose one's balance; **utrzymywać ~ę** maintain equilibrium; **utrzymywać ~ę między... a...** strike a balance between... and...; **wytrącić kogoś z ~i** throw sb off his balance; **zachowywać ~ę** keep one's balance

równoznaczn|y *a* equal; **być ~ym z** be equal to; be tantamount to; amount to; **jej odpowiedź jest ~a z odmową** her reply amounts to a refusal

równ|y *a* equal; **~e prawa** equal rights; **~e szanse** equal opportunities; *przen.* **nie mieć sobie ~ego** have no equal; **traktować kogoś jak ~ego sobie** treat sb as your equal

róż|a *f* rose; **nie być usłanym ~ami** not be all roses; *przysł.* **nie ma ~y bez kolców** there is no rose without a thorn

różdżka *f* (*poszukiwawcza*) divining/dowsing rod; **~ czarodziejska** (magic) wand

różnic|a *f* difference; distinction; **~a liczb** difference; **~a między... a** difference between... and; distinction between... and; **~a potencjałów** potential difference; **~a temperatur** temperature difference; **~a wieku** age difference, difference in age; **~a zbiorów A i B** complement of B in A; **~a zdań** difference of opinion; **istotna ~a** essential difference; **niewielka ~a** minor/slight difference; **poważna ~a** considerable difference; **pozorna ~a** distinction without a difference; **wyraźna ~a** marked/noticeable difference; **zdecydowana ~a** decided difference; **znaczna ~a** considerable difference; **~a tkwi w/polega na...** difference lies in...; **co za ~a?!** what's the odds?!; **jest ogromna ~a między... a...** there is a big difference between... and...; **między nimi jest ~a czterech lat** there's an age difference of four years between them; **nie widzę dużej ~y między tymi książkami** I can't see much difference between these books; **stanowić ~ę** make a difference; **to bez ~y czy pojedziemy, czy zostaniemy** it makes no odds whether we go or stay; **to mi nie robi żadnej ~y** it makes no difference to me, it doesn't make any difference to me; **wyrównać ~e społeczne** level social differences

ruch *m* **1.** (*poruszenie*) movement; **~y ręką** hand movements; **nieskoordynowane ~y** uncoordinated movements; **rytmiczne ~y** rhythmic movements; *pot.* **być w ciągłym ~u** be on the go; **w biurze jest dzisiaj duży ~** it's all go in the office today **2.** motion; movement; **~ jednostajny** uniform motion; **~ obrotowy** rotation, rotary/rotational motion, turning; **~ obrotowy/ /wirowy Ziemi** Earth rotation; **~ postępowy Ziemi (wokół Słońca)** Earth revolution (about the Sun); **~ przyspieszony** accelerated motion; **poruszać się ~em postępowo-zwrotnym** reciprocate; **wprawiać w ~** put in motion, set in motion **3.** (*pojazdów itd.*) traffic; **~ drogowy** road traffic; **~ jednokierunkowy** one-way traffic; **~ kolejowy** railway traffic; **~ kołowy** vehicular traffic; **~ lewostronny** left-hand traffic; **~ lotniczy** air traffic; **~ pasażerski** passenger traffic; **~ pieszy** pedestrian traffic; **~ prawostronny** right-hand traffic; **~ samochodowy** motor traffic; **~ towarowy** freight traffic; **~ uliczny** street traffic; **duży ~** heavy traffic; **kierować ~em drogowym** direct traffic; **paraliżować ~ na drodze** paralyse the road; **wstrzymać ~ drogowy** hold up the traffic, sustain the traffic **4.** (*zorganizowane działanie*) movement; **~ ekologiczny** ecological movement; **~ nacjonalistyczny** nationalist movement; **~ (na rzecz) pokoju/pokojowy** peace movement; **~ oporu** resistance movement; **~ polityczny** political movement; **~ rewolucyjny** revolutionary movement; **~ społeczny** social movement; **~ związkowy** trade-union movement; **być zaangażowanym w ~ na rzecz...** be involved with a movement to...; **popierać ~** support a movement; **tłumić ~** suppress a movement **5.** (*posunięcie w grach, postępowaniu*) move; go;

czyj ~? whose go is it?; **fałszywy ~** false step, false move; **mistrzowski/doskonały ~** master-stroke; **policja bacznie śledziła ~y podejrzanych** the police kept a close watch on the suspects' movements; **twój ~** it's your move; it's your go; **zrobić ~** make the move

ruin|a *f dosł. i przen.* ruin; **~a finansowa** financial ruin; **~y zamku** the ruins of the castle; **starożytne ~y** ancient ruins; **być ~ą człowieka** be a wreck; **być/znajdować się w ~ie** be in ruin; **doprowadzić do ~y** bring to ruin; **komuś grozi finansowa ~a** sb faces financial ruin; **leżeć w ~ie** lie in ruins; **miasto zamienione przez wojnę w ~ę** a city reduced to a state of ruin by war; **obrócić się w ~ę** go to rack and ruin; **popadać w ~ę** (*budynek, urządzenie itd.*) fall into ruin; fall into disrepair; **prowadzić do ~y** lead to ruin; **w ~ie** in ruins, ruined; in rack and ruin

ruletk|a *f* roulette; **rosyjska ~a** Russian roulette; **grać w ~ę** play roulette

rund|a *f* round; **~a rozmów (pokojowych)** round of (peace) talks; **odpadli w trzeciej ~zie** they were knocked out in the third round; **walka trwała pięć ~** the fight lasted five rounds

rusz|ać *v* **1.** (*dotykać*) touch; **mówiłam, żebyś nie ~ał moich rzeczy!** I told you not to touch my things!; **prawie nie ~yłaś jedzenia** you've hardly touched your meal **2. ~ać (się)** move; **~ać z miejsca** start moving; **~aj!** move!; *pot.* **~yć głową/ /konceptem** use one's head; *pot.* **~yć z kopyta** put one's best foot forward/foremost; **~ył do okna** he moved towards the window; **nie ~aj się przez chwilę** hold (yourself) still for a moment; **nie ma gdzie się ~yć** (*jest ciasno*) there's not enough room to swing a cat, no room to swing a cat; **nie ~yć palcem (aby coś zrobić)** not to lift/raise a finger (to do sth), not to lift/raise a hand (to do sth) **3.** (*maszyna itd.*) start; **samochód nie ~y** the car won't start

ryb|a *f* **1.** fish (*pl* fish, fishes); **~a morska** saltwater fish; **~a mrożona** frozen fish; **~a słodkowodna** freshwater fish; **~a**

świeża fresh fish; **~a wędzona** smoked fish; *przen.* **gruba ~a** big fish; VIP; *pot.* big bug, big shot, top dog; **~a połknęła/chwyciła przynętę** the fish rose to/took/swallowed the bait; **~y biorą** the fish bite (at bait); *przen.* **czuć się jak ~a bez wody** feel like a fish out of water; **czuć się jak ~a w wodzie** take sth like a fish in water; *przysł.* **dzieci i ~y głosu nie mają** children should be seen and not heard; **iść na ~y** go fishing; **łowić ~y** fish; *przysł.* **na bezrybiu i rak ~a** half a loaf is better than no bread; any port in a storm; **złowić ~ę** catch a fish; *przen.* **zdrów jak ~a** (as) right as rain, (as) sound as a bell **2. Ryby** *pl* (*znak zodiaku*) Pisces, Fishes; **(ona jest) spod znaku Ryb** (she was born) under Pisces; **ona jest typową Rybą** she is a typical Pisces

rycerz *m* knight; *przen.* **~ na białym koniu** a knight in shining armour; **~ zbrojny/zakuty w zbroję** a knight in armour; **błędny/wędrowny ~** knight errant (*pl* knights errant); **być pasowanym na ~a przez...** be knighted by...; **pasować kogoś na ~a** dub sb knight

rygor *m* rigour, discipline; **~ szkolny** school discipline; **~ wojskowy** military discipline; **~y życia więziennego** rigours of prison life; **surowy/ostry ~** severe discipline, stern discipline; **ścisły ~** strict discipline; **żelazny ~** iron discipline; **pod ~em prawa** under penalty of the law; **trzymać kogoś w ~ze** discipline sb; **utrzymywać ~** keep/maintain discipline; **wprowadzić/zaprowadzać ~** establish discipline

ryn|ek *m* **1.** market; **~ek kapitałowy** capital market; **~ek krajowy** home market; **~ek papierów wartościowych** bond market; **~ek pracy** job/labour market; **~ek światowy** world market; **~ek zbytu** outlet, ready market; **chłonny ~ek** consuming//absorptive market; **czarny ~ek** black market; **wolny ~ek** free market; open market; **utrata ~ków zbytu** loss of markets; **~ek jest zalany czymś** the market is glutted with sth; **na ~ku** at the market; **rzucać towar na ~ek** throw goods on the market;

tanie towary zalewają ~ek cheap goods are flooding the market; **wchodzić na ~ek** (*towar*) come on(to) the market; **wypuszczać coś na ~ek** bring sth out, put sth on the market; **zalewać ~ek** (*towarem*) flood the market; **zdobywać ~ek** conquer/capture the market **2.** (*plac targowy*) market place, market square; **kupować na ~ku** buy at the market

rynsztok *m dosł. i przen.* gutter; **skończyć w ~u/stoczyć się do ~a** end up in a gutter

rysunek *m* drawing; (*ilustracja*) illustration; figure, fig.; **~ odręczny** freehand drawing; **~ techniczny** draft, design; **~ trzeci** fig. 3; **na rys. 3** in fig. 3; **~ na stronie piątej przedstawia mapę polityczną Europy** the figure on page 5 shows a political map of Europe; **wykonać ~** do/make a drawing

rytm *m* rhythm; **~ biologiczny** biological rhythm; **jednostajny//miarowy** steady rhythm; **~ wiersza** rhythm of a poem; **~y latynoamerykańskie** Latin-American rhythms; **w ~ie...** to the rhythm of...; **mieć poczucie/wyczucie ~u** have a sense of rhythm; **pulsować/tętnić ~em czegoś** pulsate with sth

ryzyko *n* risk; hazard; **~ pożaru** fire risk/hazard; **~ wojny** war risk; **na własne ~** at one's own risk; **wysoki stopień ryzyka** a high degree of risk; **brać na siebie ~** incur a risk; **być narażonym na ~** be exposed to risk; **istnieje ~...** there is a risk of...; **ponosić ~** take a risk, run a risk; **zmniejszać ~** reduce a risk; **zwiększać ~** aggravate a risk

rząd *m* **1.** government, *US* administration; **~ emigracyjny** government in exile; **~ koalicyjny** coalition government; **~ marionetkowy** puppet government; **~ mniejszościowy** minority government; **~ parlamentarny** parliamentary government; **~ większościowy** majority government; **~ wybrany demokratycznie** democratically-elected government; **obcy ~** alien government; **~ upada** a government falls; **obalić ~** overthrow a government; **rozwiązać ~** dissolve a government; **stanąć na czele ~u** head a government; **utworzyć ~** form

rządzić 416

a government **2.** (*sprawowanie władzy*) rule; reign; **~y demokratyczne** democratic rule; **~y despotyczne** despotic rule; **~y królewskie/cesarskie** reign; **~y mniejszości** minority rule; **~y prawa** the rule of law; **~y terroru** reign(s) of terror; **~y większości** majority rule; **obce ~y** foreign rule; **pod ~ami...** under sb's rule; under sb's reign **3.** (*szereg*) row; line; file; **cztery razy z rzędu** four times in a row, four times running; **rzędem** (*gęsiego*) (in) single file; **stać rzędem** stand in a row; *przen.* **w pierwszym rzędzie** in the first place; **wygrał trzy turnieje z rzędu** he won three tournaments back to back **4.** (*rodzaj*) order; rank; **~ wielkości** order of magnitude; **najwyższego rzędu** of the highest order; **rzędu...** (*wielkość*) of the order of...

rządzi|ć *v* **1.** govern; rule; **~ć żelazną ręką** rule with an iron hand/fist; rule with a rod of iron **2.** *pot.* **~ć kimś** boss sb about//around; **pokaż im, kto tu ~!** show them who's (the) boss! **3.** **~ć się czymś** (*kierować się*) be directed by sth; be guided by sth; **reguły, które rządzą czymś** the rules that govern sth

rzecz *f* **1.** (*przedmiot materialny*) thing; object; **~y osobiste** personal things/belongings; personal effects; **cenne/wartościowe ~y** valuables, valuable things; **pakować swoje ~y** pack one's things **2.** (*sprawa*) matter; thing; point; **~ ...** (*wielkiej wagi itd.*) a matter of...; **~ gustu** a matter of taste; **~ oczywista** a matter of course; **~ w tym, że...** the thing is that..., the point is that...; **być ~ą powszechnie/ogólnie znaną** be common knowledge, be public knowledge; **dziwne ~y dzieją się ostatnio w tym domu** there've been a lot of odd/strange goings-on in that house recently; **i tego rodzaju ~y** and that sort of thing; **ich związek jest ~ą powszechnie znaną** their relationship is common knowledge; **jest ~ą oczywistą, że...** it stands to reason that...; **ładne ~y!** a pretty state of affairs!; **mówić do ~y** talk sense; **mówić od ~y/gadać od ~y** talk nonsense, talk rubbish, talk through (the top of) one's hat; **na ~ kogoś/czegoś** in favour of sb/sth; **nie jest ~ą łatwą...** it's no easy matter to...; **od razu przejdę do ~y** I'll come straight to the point; **przejść do ~y** come to the point, get to the point; **siłą ~y** naturally; **stała się ~ straszna** a terrible thing has happened; **to nie ma nic do ~y** it is beside the point; **to nie twoja ~** it's none of your business; **to zmienia postać ~y** that puts a different/new complexion on the matter; **w gruncie ~y** in fact, as a matter of fact; at bottom; essentially; **znać się na ~y** know one's stuff, know one's onions; know what's what; know the ropes

rzecznik *m* spokesman (*pl* spokesmen), spokesperson; **~ prasowy** press spokesman; **~ rządu** government spokesman

rzeczownik *m* noun; substantive; **~ odczasownikowy** verbal noun, gerund; **~ pospolity** common noun; **~ rodzaju męskiego** masculine noun; **~ rodzaju nijakiego** neuter noun; **~ rodzaju żeńskiego** feminine noun; **~ własny** proper noun; **odmieniać ~** inflect a noun

rzeczywistość|ć *f* reality; **~ć wirtualna** virtual reality; **coś odpowiada ~ci** sth is real; sth is realistic; **coś staje się ~cią/zmienia się w ~ć** sth becomes reality; **jego relacja miała niewiele wspólnego z ~cią** his account bore very little resemblance to reality; **uciekać od ~ci** escape from reality; **w ~ci** in reality, in fact

rzek|a *f* river; **~a opada/poziom wody w rzece obniża się** the river recedes; **~a płynie do morza** the river flows into the sea; **~a przybiera/poziom wody w rzece podnosi się** the river rises; **~a wpada do morza** the river discharges (itself) into the sea; **~a wylała** the river flooded; **~a wystąpiła z brzegów** the river overflowed (its banks), the river burst its banks; **nad ~ą** on the river; **nad ~ę** to the river; **przebyć ~ę** cross the river; **przebyć ~ę w bród** ford the river; **w dół ~i** downstream, down (the) river; **w górę ~i** up (the) river

rzeź *f* (*ubój zwierząt*) slaughter; *przen.* (*masakra*) slaughter; massacre; bloodbath; **~ niewiniątek** slaughter of innocents;

rzeźba 418

urządzić ~ carry out a massacre, perpetrate a massacre, massacre
rzeźb|a *f* **1.** sculpture; **~y** (*zbiorowo*) statuary; **kolekcja ~ greckich** a collection of Greek statuary **2. ~a terenu** relief
rzut *m* throw; **~ dyskiem** discus throw; **~ karny** penalty (kick); **~ młotem** throwing the hammer, hammer throw; **~ na odległość stu metrów** a throw of 100 metres; *przen.* **~ oka na** a glance at; **~ oszczepem** javelin throw; **~ rożny** corner (kick); **~ wolny** (*w piłce nożnej*) free kick; (*w siatkówce*) free throw; *przen.* **na pierwszy ~ oka** at first glance; at first sight; **przyznać ~ karny** award a penalty; **sędzia przyznał ~ rożny** the referee awarded a corner; **wykonać ~ wolny** make a free throw

S

sabota|ż *m* sabotage; **~ż gospodarczy** industrial/economic sabotage; **dopuszczać się/dokonać ~u** commit sabotage, sabotage

sakrament *m* sacrament; **~ chrztu** the sacrament of baptism; **~ małżeństwa** the sacrament of matrimony; **Najświętszy Sakrament** the Holy Sacrament; **otrzymać/przyjmować ~** receive the sacrament; **udzielić ~u** administer the sacrament

sala *f* room; hall; **~ balowa** ballroom; **~ gimnastyczna** gymnasium; *pot.* gym; **~ koncertowa** concert hall; **~ konferencyjna** conference room; **~ lekcyjna** classroom; **~ operacyjna** operating theatre, *US* operating room; **~ porodowa** labour//delivery room; **~ sądowa** court-room; **~ wykładowa** lecture room/hall

salon *m* (*lokal, zakład usługowy*) salon; parlour; **~ artystyczny** salon; **~ fryzjerski** hairdressing salon, hairdresser's parlour; **~ kosmetyczny** beauty parlour, beauty salon, beauty shop; **~ samochodowy** motor show; **~ wystawowy** show/exhibition room

sam *pron* **1.** oneself, on one's own; **~ mi to powiedział** he told me that himself; **nie możemy rozwiązać tego problemu ~i** we can't solve this problem on our own **2.** very; right; mere; **na ~ą myśl o tym** at the very thought of it; **od ~ego początku** from the very beginning; **w ~ym środku...** right in the middle of... **3.** (*samotnie*) alone, on one's own, by oneself; **~ jak palec** all alone; **~ na ~ (z kimś)** tête-à-tête (with sb); **byłem ~ w domu** I was alone in the house; **mieszkała ~a** she lived on her own

4. jedno i to ~o one and the same; **nie ten ~** not the same; **taki ~** the same; identical; **ten ~** the same

samobójstwo *n* suicide; **zbiorowe ~** mass suicide; **popełnić ~** commit suicide; **próbować popełnić ~** attempt suicide

samochód *m* car, motorcar, *US* automobile; **~ ciężarowy** truck; lorry; **~ dostawczy** delivery van/truck; **~ osobowy** passenger car; private car; **~ policyjny** police car; **~-pułapka** booby trap car; car bomb; **~ sportowy** sports car; **~ strażacki** fire engine; **~ wyścigowy** racing car; **wybuch samochodu-pułapki** car bomb explosion; **jechać samochodem** go by car; **prowadzić ~** drive a car; **rozbić ~** smash up a car, wreck a car; **wpaść pod ~** get run over by a car, be run over by a car; **został potrącony przez ~** he was knocked down by a car

samolot *m* aeroplane, plane, *US* airplane; aircraft (*pl* aircraft); **~ bojowy** combat aircraft; **~ bombowy** bomber; **~ komunikacyjny** airliner, communication aircraft; **~ myśliwski** fighter (aircraft); **~ naddźwiękowy** supersonic aircraft; **~ nieprzyjaciela** enemy aircraft; **~ odrzutowy** jet (aircraft); **~ pasażerski** passenger aeroplane; **~ transportowy** transport aircraft; **wrogie ~y** hostile aircraft; **~em** by plane; by air; **~ kołuje na pasie startowym** an airplane taxis along the runway; **~ ląduje** an airplane lands; **~ leci** an airplane flies; **~ nabiera wysokości** an airplane gains altitude; **~ osiąga wysokość** an airplane reaches an altitude; **~ rozbija się** an airplane crashes; **~ startuje** an airplane takes off; **~ traci wysokość** an airplane loses altitude; **~y zderzyły się w powietrzu** the planes collided in midair; **w samolocie** on the plane; **zestrzelić ~** bring down a plane, shoot down a plane

sankcj|a *f* sanction; **~e ekonomiczne** economic sanctions; **~e prawne** legal sanctions; **podlegać ~om karnym** fall under the penal sanctions; **zastosować ~e wobec** apply sanctions against; **znieść ~e** lift sanctions

sank|i *pl* sledge, sled; **jeździć na ~ach** sledge, sled; go sledging; **zjeżdżać na ~ach** sledge, sled

satelit|a *m* satellite; **~a meteorologiczny** meteorological/weather satellite; **~a stacjonarny** stationary satellite; **~a telekomunikacyjny** communications satellite; **sztuczny ~a** artificial satellite; **transmitowany przez ~ę** transmitted by/via satellite; **umieścić ~ę na orbicie** put a satellite into orbit

satysfakcj|a *f* **~a (z czegoś)** satisfaction (with/at sth); **~a z pracy** job satisfaction; **głęboka ~a** deep satisfaction; **coś napawa kogoś ~ą** sb is satisfied with sth; **czerpać ~ę z** derive satisfaction from; **dawać/sprawiać ~ę** afford satisfaction, give satisfaction; **domagać się/żądać ~i** demand satisfaction; **ku czyjejś ~i** to the satisfaction of sb; **mieć ~ę z** get satisfaction from; **odczuwać ~ę** feel satisfaction; **wyrazić ~ę** express satisfaction; **z (ogromną) ~ą** with (great) satisfaction

sąd *m* (law) court, court of law, court of justice; (*budynek*) courthouse; **~ apelacyjny** court of appeal, appeals/appellate court; **~ dla nieletnich** juvenile court; **~ najwyższy** Supreme Court; **~ niższej instancji** lower/inferior court; **~ wojenny** court martial; **~ wyższej instancji** higher/superior court; **~ postanowił, że...** the court ruled that...; **oddać kogoś pod ~ wojenny** court-martial sb; **oddać pod ~** bring to trial/justice; **proszę dokładnie opisać ~owi, co świadek widział** please describe to the court exactly what you saw; **przed ~em** in court; **stanąć przed ~em wojennym** be court-martialled, be tried by court martial; **stawić się w ~zie** appear in court; **ta sprawa nigdy nie trafi do ~u/nie znajdzie swojego finału w ~zie** this case will never get to court, this case will never go to court; **wnieść przeciw komuś sprawę do ~u** bring an action against sb, take sb to court

sądz|ić *v* **1.** (*wydawać opinię*) judge; **~ąc po...** judging by...; **~ić po wyglądzie/z pozorów** judge by/on appearances **2.** (*oskarżonego*) try; judge; **będzie ~ony za morderstwo** he will be tried for murder **3.** (*mniemać*) suppose; think; **~ę, że...** I suppose (that)...; **~ę, że nie** I don't think so, I think not; **~ę, że tak** I think so; I suppose so; **jak ~isz, kto mógł to zrobić?** who do you suppose could have done this? **4. coś jest komuś ~one** sb is doomed to (do/be sth)

sąsiedztw|o *n* neighbourhood; **w ~ie...** in the neighbourhood of...; **w bezpośrednim ~ie...** in the immediate vicinity of/to...; in the close vicinity of/to...

scen|a *f* **1.** (*teatralna*) stage; **wystawić na ~ie** stage **2.** (*dramatu, w utworze literackim, na obrazie*) scene; **~a miłosna** love scene; **~a przemocy** violent scene; **odegrać ~ę** play a scene **3.** *pot.* (*awantura*) scene; **robić/urządzać ~y** make a scene, make scenes **4.** *pot.* (*obszar działalności, arena, zdarzenie itd.*) the scene; the stage; **~a muzyczna** the music scene; **~a polityczna** the political scene/stage; **dantejskie ~y** infernal scenes; **na ~ie międzynarodowej** on the international stage; **pojawić się na ~ie** appear on/come on/arrive on/burst upon the scene; **zniknąć ze ~y** disappear from/depart from/vanish from the scene

scenariusz *m* scenario; script; **~ filmowy** screenplay, film script; **kto napisał ~ do filmu „Rydwany Ognia"?** who wrote the screenplay for/of/to the film ''Chariots of Fire''?, who did the screenplay for/of/to the film ''Chariots of Fire''?

schod|y *pl* (*stopnie*) stairs; (*klatka schodowa*) staircase; **~y ruchome** escalator, moving stairs/staircase; **kamienne ~y** stone staircase; **kręte ~y** spiral staircase; **strome ~y** steep flight of stairs; **szerokie ~y** sweeping staircase; **spaść ze ~ów** fall down the stairs; **wchodzić/wspinać się na ~y/po ~ach** climb the stairs, go up the stairs; **zbiec po ~ach** come rushing down the stairs; **zejść po ~ach/ze ~ów/~ami** go down the stairs; come down the stairs

schron *m* shelter; **~ przeciwatomowy** fallout/atomic shelter; **~ przeciwlotniczy** air-raid/bomb shelter

schronieni|e *n* shelter; refuge; **~e od deszczu** shelter from the rain; **~e przed burzą** shelter from the storm; **dać/zapewnić ~e** afford shelter, give shelter, provide shelter, offer shelter;

afford/give refuge; **opuszczony dom dał nam ~e przed burzą** the abandoned house gave us refuge from the storm; **szukać ~a** seek shelter; seek refuge; **udzieliliśmy ~a/daliśmy ~e zbiegłemu więźniowi** we gave shelter to an escaped prisoner; **znaleźć ~e** find/take shelter

schronisk|o *n* **1.** (*młodzieżowe*) hostel; **~o górskie** mountain refuge **2. ~o dla bezdomnych** shelter/hostel for the homeless; **~o dla psów** dog pound; kennels; **~o dla zwierząt** animal shelter; pound; **oddawać psa do ~a** put the dog in kennels

seans *m* **1. ~ filmowy** showing; **dwa ~e dziennie** two showings a day **2. ~ spirytystyczny** seance, séance; **brać udział w ~ie** attend a séance; **na ~ie** at a séance; **odbyć ~** hold a séance; **prowadzić ~** conduct a séance

secesj|a *f* secession; **dokonać ~i** secede

sedn|o *n* crux; essence; substance; heart; **~o sprawy tkwi w...** the crux of the matter is...; **dotrzeć do ~a sprawy** get to the heart/core/crux of the matter; **przejść do ~a sprawy** come to the crux of the matter; come to the point; get down to business; **trafić w (samo) ~o** hit the nail on the head; **w tym tkwi ~o sprawy** here lies the crux of the matter

sekcj|a *f* **1.** (*dział*) section; division; **~a zajmująca się...** the section dealing with...; **dzielić (się) na ~e** section **2. ~a zwłok** autopsy, post-mortem (examination); **~a zwłok ujawniła//wykazała, że...** the post-mortem revealed that...; **przeprowadzić/zrobić ~ę zwłok** do/perform an autopsy (on sb), carry out a post-mortem

sekre|t *m* secret; mystery; **~t zazdrośnie strzeżony** a jealously guarded secret; **najskrytsze ~ty** inmost/innermost secrets; **dochować/dotrzymać ~tu** keep a secret; **nie mieć przed kimś ~tów** have no secrets from sb; **robić z czegoś ~t** make a secret of sth; **strzec ~tu** guard a secret; **utrzymywać/trzymać coś w ~cie** keep sth secret; keep quiet about sth, keep sth quiet; *pot*. keep sth under one's hat; **w ~cie** secretly, in secret; **wydać**

sekretarka 424

~t give away a secret; *pot.* **wygadać** ~t blurt out a secret; **wyjawić** ~t reveal a secret; **zdradzić** ~t betray a secret, *zob.też* **tajemnica**

sekretar|ka *f* secretary; **automatyczna** ~**ka** answerphone, answering machine; **dzwoniłem do nich kilka razy, ale odzywała się/zgłaszała się tylko automatyczna** ~**ka** I rang them several times but only got the answerphone; **zostawić wiadomość na** ~**ce** leave the message on the answerphone

sekt|a *f* ~**a (religijna)** (religious) sect, (religious) cult; **członek** ~**y** cult member, member of a cult; **wstąpić/przyłączyć się do** ~**y** join a cult

sektor *m* sector; ~ **państwowy** state sector; ~ **prywatny** private sector; ~**y gospodarki** sectors of the economy; **w** ~**ze publicznym** in a public sector

sekund|a *f* second; **będę gotowy za** ~**ę** I'll be ready in a second; **na** ~**ę** for a while, for a moment; **na ułamek** ~**y/w ułamku** ~**y** for a split second; **nie ma/mamy** ~**y do stracenia** there is no time to lose, there is no time to be lost; **w ostatniej** ~**zie** at the (very) last moment, at the last minute; **zmieniać zdanie co** ~**a/co** ~**ę** chop and change

selekcj|a *f* selection; **dokonać** ~**i/przeprowadzić** ~**ę** select, make a selection

semestr *m* semester; **letni** ~ summer semester; **pierwszy/drugi** ~ first/second semester; **zimowy** ~ winter semester, *US* fall semester

seminarium *n* **1.** seminar; ~ **na temat** seminar on; **prowadzić** ~ conduct a seminar **2.** ~ **(duchowne)** seminary

sen *m* **1.** sleep; *przen.* ~ **wieczny** the long last sleep; ~ **zimowy** hibernation, winter sleep; **głęboki** ~ deep/profound sleep; **lekki/czujny** ~ light sleep; **mocny/twardy** ~ heavy sleep; **przerywany** ~ fitful sleep; **budzić się ze snu zimowego** emerge from hibernation; **coś spędza komuś** ~ **z oczu/z powiek** sb loses sleep over/about sth; **ile godzin snu po-**

trzebujesz? how many hours' sleep do you need?; **kołysać kogoś do snu** rock sb to sleep; **mówić przez ~** talk in one's sleep; **niech ci to nie spędza snu z oczu/powiek!** don't lose sleep over it!; **obudzić się/ocknąć się ze snu** wake up; **potrzebować... godzin snu** need... hours' sleep; **spać kamiennym snem** sleep like a log/top; **śpiewać komuś do snu** sing sb to sleep; **zapadać w głęboki ~** sink into a deep sleep, fall into a deep sleep; **zapadać w ~ zimowy** hibernate; **zaznać snu** get sleep; **z głębokiego snu** out of a deep sleep **2.** (*to, co się śni*) dream; **koszmarny ~** nightmare; **zły ~** bad dream; **~ śni się komuś** sb has a dream; **być/zdawać się snem** be/seem like a dream; **mieć koszmarny ~** have a nightmare; **tłumaczyć sny** interpret dreams **3.** *przen.* (*marzenie*) **~ o** a dream about/of; **snuć sny** be lost in a dream

sens *m* sense; meaning; **~ życia** the meaning of life; **jasny//zrozumiały ~** clear meaning; **ukryty ~** hidden meaning; **bez ~u/pozbawiony ~u** meaningless; senseless; **co za ~ (robić coś)?** what's the point in (doing sth)?; **coś nie ma ~u** there is no sense in doing sth, there is no point in doing sth; **denerwowanie się tym nie ma ~u** there's no sense in getting angry about it; **mieć ~** have meaning; make sense; **nadać czemuś (nowy) ~** give (new) meaning to sth; **narzekanie nie ma ~u** there's no point in complaining; **nie widzę ~u w (robieniu czegoś)** I can't see any point in (doing sth); **pojąć/zrozumieć ~ czegoś** work out the meaning of sth; **przeczytaj to i powiedz mi, czy to ma ~** read this and tell me if it makes sense; **rozumieć ~ czegoś** get/see the point of sth; **to zdanie jest bez ~u** the sentence doesn't make (any) sense; **w pewnym ~ie** in a sense; in a way; **wypaczyć/zmienić ~** misconstrue a meaning; **życie straciło ~** life seemed to have lost its meaning

sensacj|a *f* sensation; **budzić/wywołać ~ę** cause a sensation, create a sensation, produce a sensation; *pot.* **wywołać sporą ~ę** make quite a splash, create a terrific splash

sentyment *m* sentiment; **czuć/mieć/żywić ~ do** have a sentimental attachment to; be sentimental about; **w interesach nie ma miejsca na ~y** there's no room for sentiment in business

serc|e *n* heart; *przen.* **~e z kamienia/kamienne** a heart of stone; **dobre ~e** good heart; **miękkie ~e** soft/tender heart; **nieczułe//oschłe/zimne ~e** cold heart, hard heart; **nieustraszone//waleczne/mężne ~e** brave heart; **sztuczne ~e** artificial heart; **zajęcze ~e** faint heart; **złote/anielskie ~e** a heart of gold; **bez ~a** heartless; **bliski czyjemuś ~u** close/near to one's heart; **drogi ~u** dear to one's heart; **uderzenia ~a** heartbeat; **zawał ~a** heart failure; **~e bije** one's heart is beating; **~e biło mi jak dzwon** my heart was throbbing; **~e mi się kraje/~e mnie boli/~e mi pęka...** it breaks my heart to...; my heart bleeds for...; **~e mi zamarło, kiedy...** my heart sank when..., my heart stood still when..., my heart missed a beat when...; **~e podchodzi komuś do gardła** have one's heart in one's mouth; **brać sobie coś (bardzo) do ~a** take sth (very much) to heart; **być bez ~a/nie mieć ~a** be heartless; **całym ~em** with all one's heart; **chwytać kogoś za ~e** tug at sb's heartstrings; **coś leży komuś na ~u/mieć coś na ~u** have sth at heart; **czy ty jesteś bez ~a/czy ty nie masz ~a?** have you no heart?; **komuś jest ciężko na ~u** sb is heavy-hearted, sb is down-hearted; **mieć ~e** have a heart; **mieć ~e na dłoni** wear one's heart on one's sleeve; **mieć ~e z kamienia** have a heart of stone; **mieć dobre ~e** have a good heart; have one's heart in the right place; **nie miałem ~a odmówić** I hadn't the heart to refuse; **nie mieć ~a do czegoś** have no heart for sth; **oddać komuś/czemuś ~e** give one's heart to sb/sth; **otworzyć przed kimś ~e** open one's heart to sb, pour out one's heart to sb; **spadł mi ciężar z ~a** that's a weight off my mind; **twoje interesy leżą mu na ~u** he has your interests at heart; **w ~u miasta** in the heart of the city; **w głębi ~a** in one's heart (of hearts); at the bottom of one's heart; **w głębi ~a wiem, że mają rację** in my heart I know that they are right, in my heart of hearts I know that they are right; **wkładać w coś (całe) ~e/dużo ~a** put one's heart (and soul) into sth, one's heart is in sth; **z bijącym ~em** with a throbbing heart; **z ciężkim ~em** with a heavy heart; **z głębi ~a** from the bottom of one's heart; **z lekkim ~em** with a light heart; **z ręką na ~u!** cross my heart!; **zaglądać w głąb ~a** search one's heart; **zdobyć/podbić czyjeś ~e** gain sb's heart, win sb's heart, conquer sb's heart; **ze złamanym ~em** heartbroken, broken-hearted; **złamać komuś ~e** break sb's heart

seri|a *f* 1. series (*pl* series); run; (*lekarstwa*) course; **~a antybiotyków** a course of antibiotics; **~a próbna** test run; **~a wydawnicza** series; **przepisać ~ę zastrzyków** prescribe a course of injections; **wydają ~ę poświęconą architekturze** they do a series on architecture 2. (*strzałów z broni maszynowej*) burst; **posłać/puścić ~ę** fire a burst

serial *m* serial; series; **~ dokumentalny** documentary series; **~ komediowy** comedy series; **~ sześcioodcinkowy** a six-part serial; **~ telewizyjny** television serial, television/TV series

serio *adv* seriously; **brać/traktować coś (na) ~** take sth seriously; **myśleć o czymś (na) ~** seriously think of sth; **pół żartem, pół ~** half-joking, half-jokingly

serwis *m* 1. (*naczynia stołowe*) service; **~ do kawy** coffee service 2. (*obsługa, naprawy*) service; **zapewnić ~** offer/provide service 3. service; **~ informacyjny** news service; **~ prasowy** press service 4. (*w tenisie*) serve; service; **stracić ~** lose one's service; **wygrać ~** win one's service

sesj|a *f* (*obrady*) session; **~a nadzwyczajna** special session; **~a naukowa** symposium; **~a parlamentarna** parliamentary session; **~a plenarna** plenary session; **odbywać ~ę** hold a session

sezon *m* season; **~ łowiecki** shooting season; **~ piłkarski** football season; **~ turystyczny** tourist season; **~ urlopowy** holiday season; **martwy ~** dead/low/slack season; off-season; **jest**

sędzia 428

teraz ~ **truskawek/na truskawki** strawberries are now in season; **poza ~em** out of season; **szczyt ~u** high season; **otworzyć/rozpocząć/zainaugurować** ~ open a season; **w ~ie letnim** during the summer season; **w pełni ~u** at the height/peak of season

sędzia *m* **1.** judge; (*w tytułach*) justice; ~ **pokoju** Justice of the Peace; ~ **sądu najwyższego** Supreme Court Justice; **surowy** ~ severe judge **2.** (*sportowy*) judge; (*w piłce nożnej, boksie, hokeju, koszykówce*) referee; (*w pływaniu, tenisie, siatkówce*) umpire; ~ **liniowy** linesman (*pl* linesmen)

sęk *m* knot; *pot.* **w tym ~!** that's where the shoe pinches!

sfer|a *f* sphere; **~a działania** sphere of activity; **~a ekonomiczna** economic sphere; **~a kulturalna** cultural sphere; **~a społeczna** social sphere; **leżeć w ~ze czyichś zainteresowań** be in sb's line; **obracać się w innej ~ze (społecznej)** move in a different sphere; **pochodzić z tej samej ~y społecznej** come from the same social sphere; **pozostawać w czyjejś ~ze wpływów** be within sb's sphere of influence, come under sb's sphere of influence; **w każdej ~ze życia** in every sphere of life

sidła *pl* snare; **chwycić (zająca) w** ~ snare (a rabbit), catch (a rabbit) in a snare; **wpaść w** ~ fall into a trap; *przen.* **wpaść we własne** ~ be hoist(ed) with one's own petard, be hoist(ed) by one's own petard; **zastawiać/stawiać** ~ **na** set snares for

sie|ć *f* **1.** net; **~ć rybacka** fishing net; **łapać ~cią/łowić w ~ć** catch sth in a net, net sth; **rzucać ~ć** cast a net **2.** network; system; **~ć dróg** road network; **~ć supermarketów** supermarket chain, chain of supermarkets; **~ć telefoniczna** telephone network; **~ć telekomunikacyjna** communications network; **~ć telewizyjna** television network **3.** (*elektryczna*) mains; **podłączony do ~ci** connected to the mains; **upewnij się, czy telewizor jest wyłączony z ~ci** make sure that the television is turned off at the mains; **włączyć coś do ~ci** plug sth into the mains; **wyłączyć z ~ci** switch off/turn off at the mains

siedzib|a *f* seat; **firma z ~ą w Londynie** a London-based firm; **gdzie twoja firma ma swoją ~ę?** where is your firm based?; **ona ma swoją ~ę w...** it's based in...; **Waszyngton jest ~ą rządu Stanów Zjednoczonych** Washington is the seat of government of the USA

siedzieć *v* **1.** sit; **~ cicho/spokojnie** be/keep quiet; sit still; **~ do późnej nocy/długo w noc** burn the midnight oil; *przen.* **~ jak na szpilkach/jak na gorących, rozżarzonych węglach** be on pins and needles; *przen.* **~ jak trusia/jak mysz pod miotłą** be/keep as quiet as a mouse; *przen.* **~ komuś na karku** breathe down sb's neck; **~ na jajach** sit on its eggs; **~ na koniu** sit on a horse; **~ na krześle** sit on a chair; **~ na ziemi** sit on the ground; **~ okrakiem** sit astride; **~ po turecku** sit cross-legged; **~ w fotelu** sit in an armchair; **~ w kucki** crouch; squat; **~ z nogą na nodze** sit with one's legs crossed; **~ za stołem/przy stole** sit at the table; *przen.* **~ z założonymi rękami** sit on one's hands, sit by; **nie sądzę, abym mogła wysiedzieć do końca tego filmu** I don't think I can sit through this film; **siedź prosto!** sit up!, sit straight! **2.** *pot.* **~ (za kratkami)** serve time; **siedzi za włamanie** he's serving time for burglary

sięg|ać *v* reach; **~ać od... do...** range from... to...; **~ać po (broń)** reach for (the gun); **~ać wstecz** go back to; **czy możesz ~nąć mi tamtą książkę?** can you reach me (down) that book?, can you reach that book (down) for me?; **~nęła do kieszeni po klucze** she reached into her pocket for her keys; **jak okiem ~nąć** as far as the eye can reach; **koszty ~ają...** the costs amount to..., the costs come up to the amount of...; **miała na sobie suknię, która ~ała jej do kostek** she wore a dress that reached (down) to her ankles; **śnieg ~ał dzieciom prawie do kolan** the snow reached almost to the children's knees

silnik *m* engine; motor; **~ Diesla/wysokoprężny** Diesel engine, diesel, compression-ignition engine; **~ dużej mocy** high-power

silny

engine; **~ elektryczny** electric engine; **~ małej mocy** low-power engine; **~ odrzutowy** jet engine; **~ rakietowy** rocket engine; **~ spalinowy** internal-combustion engine; **~ pracuje** an engine functions/works/runs; **włączyć/uruchomić ~** start an engine; **wyłączyć/zgasić ~** turn off an engine

silny *a* strong; powerful; *przen.* **~ jak koń** (as) strong as a horse; **~ jak wół** (as) strong as an ox

sił|a *f* force; strength; power; might; **~a bezwładności** force of inertia, inertial force; **~a charakteru** strength of character; **~a ciężkości** force of gravity; **~a fizyczna** physical strength/force; **~a nabywcza pieniądza** purchasing power of money; **~a nadludzka/tytaniczna** superhuman strength; **~a nadprzyrodzona/nieziemska** supernatural forces, supernatural powers; **~a napędowa** driving force; **~a odśrodkowa** centrifugal force; **~a przyzwyczajenia** force of habit; **~a robocza** manpower, labour force; **~a uderzenia** striking force; **~a wiatru** wind power/energy, the strength of the wind; **~a woli** willpower, strength of will; **~a wybuchu** force of the explosion; **~a wyższa** act of God; **~ą** by force; **~ą rzeczy** naturally; **~ą woli** by strength of will; **~y pokojowe** a peace-keeping force; **~y przyrody/natury** the forces of nature; **~y zbrojne** armed forces; **co ~/co ~y/ile ~/z całych ~** with all one's might; for all one is worth; for dear life; **manifestacja/pokaz ~y** a show of strength; **czuć się na ~ach coś zrobić** feel equal to sth, feel up to sth; **czy masz ~ę udźwignąć ten ciężar?** do you have the strength to lift this weight?; **gonić resztkami/ostatkiem ~** be on one's last legs; **nabierać ~** get stronger; gather strength; **nie miała ~ w nogach** her legs felt weak; **odzyskiwać ~y** recoup/regain one's strength; **ona jest w pełni ~** she's full of vitality; **opadać z ~/tracić ~y** get weak; **osłabiać/wyczerpywać czyjeś ~y** sap one's strength; **oszczędzać ~y** save strength; **połączyć ~y (z)** join/combine forces (with); **próbował z całych ~** he tried for all he was worth; **przy użyciu ~y** by the use of force;

tracić na sile spend one's force; **wracać do ~** recuperate (one's strength); **z pozycji ~y** from a position of strength

siostr|a *f* **1.** sister; **~a cioteczna/stryjeczna** cousin; **~a mleczna** foster sister; **~a przyrodnia** stepsister; **młodsza ~a** younger sister, *pot.* kid/little sister; **starsza ~a** older sister, *pot.* big sister; **była dla mnie jak ~a** she was like a sister to me; **u mojej ~y** (*w domu*) at my sister's **2.** (*pielęgniarka*) sister; nurse; **~a dyżurna** sister on duty; **~a przełożona** charge nurse **3.** (*zakonnica*) sister; nun; **~a miłosierdzia** sister of charity; sister of mercy

sito *n* sieve; **coś jest dziurawe jak ~/coś przecieka jak ~** sth leaks like a sieve; **przesiewać/przecedzić przez ~** sieve

skafander *m* suit; dress; **~ kosmonauty/kosmiczny** spacesuit; **~ nurka** diving dress/gear

skakać *v* jump; leap; **~ na jednej nodze** hop; **~ na odległość... metrów** jump... metres; **~ na skakance** skip, *US* jump; **~ na ziemię** jump onto the ground; **~ przez mur** jump over the wall; **~ ze spadochronem** parachute, jump with a parachute, make a parachute jump, bale out, *US* bail out; **~ z dachu** jump off the roof; **~ z okna** jump out of a window; **~ z radości** jump for joy; **coś się dzieje z telewizorem – obraz skacze** there's something wrong with the television – the picture keeps jumping

skal|a *f* scale; **~a Beauforta** Beaufort scale; **~a Celsjusza** Celsius temperature scale, centigrade scale; **~a Fahrenheita** Fahrenheit temperature scale; **~a Kelvina** Kelvin temperature scale; **~a Richtera** Richter scale; **mapa w ~i...** a map in the scale of...; **na małą ~ę** on a small scale; small-scale; **na wielką ~ę** on a large scale; large-scale; **osiem stopni w ~i Richtera** 8 on the Richter scale; **rysować w ~i** draw to scale; **w ~i Celsjusza** centigrade; **100 stopni w ~i Celsjusza** 100° centigrade; **w ~i od jednego do dziesięciu** on a scale of 1 to 10; **w ~i 1:2** a scale of 1:2; **w powiększonej ~i** scaled-up; **w zmniejszonej ~i** scaled-down; **zmniejszać ~ę** scale down; **zwiększać ~ę** scale up

skała

skał|a *f* rock; **~a lita** solid rock; **~a magmowa** igneous/magmatic rock; *przen.* **jak ~a/jak ze ~y** (*twardy*) rock-hard; (*nieczuły, niewzruszony*) as hard as nails, as tough as nails; hard-hearted

skandal *m* scandal; **~ wybucha** a scandal breaks/bursts/erupts; **to ~, że...** it's scandalous that, it's a scandal that; **wywołać ~** cause/create a scandal, *zob.też* **afera**

skarb *m* treasure; **~ państwa** *GB* the Treasury; *pot.* **za ~y/za żadne ~y (świata)** not for all the tea in China; not for (all) the world, not for worlds; for the life of one; **za żadne ~y świata nie mógł sobie przypomnieć, jak ona się nazywa** he couldn't for the life of him remember her name

skarg|a *f* **~a (na coś/na kogoś)** complaint (about sth/against sb); **~i na policję** complaints against the police; **odrzucić ~ę** reject a complaint; **pójść do kogoś na ~ę** complain to sb; **rozpatrzyć ~ę** investigate a complaint; **złożyć/wnieść ~ę** bring a complaint, lodge a complaint, make a complaint, submit a complaint

skarż|yć *v* **1. ~yć (kogoś o coś)** sue (sb for sth) **2. ~yć na kogoś** tell tales (about sb); **nauczyciele nie lubią dzieci, które ~ą na kolegów** teachers hate children who tell tales about their friends **3. ~yć się (na coś/kogoś)** complain (about sth/sb); **~yli się na hałas** they complained about the noise; **nie mogę się ~yć** I can't complain **4. ~yć się na** (*zły stan zdrowia*) complain of (sth); **pacjent ~ył się na silny ból ucha** the patient complained of acute earache

skaz|a *f* defect; flaw; fault; blemish; **~a w/na materiale** flaw in material; **bez ~y** flawless, with no flaw, without (a) blemish, blemish-free; **jej reputacja jest bez ~y** her reputation is without (a) blemish

skazany *a* **1.** sentenced; **~ na karę dożywotniego więzienia za...** sentenced to life (imprisonment) for...; **~ zaocznie** sentenced in absence; **więzień został ~ na śmierć** the prisoner was condemned to death; **został ~ na karę więzienia** he was sentenced to imprisonment; **został ~ na trzy lata więzienia** he was sentenced to three years in prison **2.** *przen.* **być ~m na** (*porażkę itd.*) be doomed to, be foredoomed to; **~ był na śmierć** he was doomed to die; **~ na wieczne potępienie** condemned to eternal damnation; **plan ~ był na niepowodzenie** the plan was foredoomed to failure, the plan was doomed (to failure)

skażenie *n* contamination; pollution; vitiation; **~ promieniotwórcze** radioactive contamination; **~ środowiska** environmental pollution/contamination; **~ wód** water pollution

sklep *m* shop, *US* store; **~ meblowy** furniture shop; **~ mięsny** butcher's (shop); **~ motoryzacyjny** motor shop, *US* automobile shop; **~ muzyczny** record shop, music shop; **~ odzieżowy** clothes shop; **~ rybny** fishmonger's; **~ samoobsługowy** self-service shop; **~ spożywczy** grocer's (shop), grocery; **~ warzywno-owocowy** greengrocer's (shop), greengrocery; **~ z zabawkami** toyshop; **od ~u do ~u** from shop to shop; **prowadzić ~** manage a shop, keep a shop

skład|ka *f* **~ka (na)** contribution (to sth); **~ka dobrowolna** voluntary contribution; **~ka ubezpieczeniowa** insurance premium; **wybudowany ze ~ek publicznych** raised by public subscription

skłonnoś|ć *f* tendency; inclination; **~ci samobójcze** suicidal tendencies; **~ć/~ci do tycia** a tendency to fat/to get fat/towards fatness; **mieć ~ci** have tendencies; **przejawiać/zdradzać ~ci** show tendencies

skłonny *a* inclined; willing; prone; **~ do chorób** prone to illness; **~ do przeziębień** susceptible to colds; **~ do ustępstw** yielding, compliant; **jestem ~ zgodzić się z tym, co mówiłeś na zebraniu** I'm inclined to agree with what you were saying in the meeting

skojarzeni|e *n* association; **wywoływać ~a** bring up associations, call up associations

skok *m dosł. i przen.* jump; leap; **~ cen** jump/leap in prices; **~ do wody** dive; (*w sporcie*) water jump; *pot.* **~ na bank** bank robbery; **~ na odległość ponad 6 metrów** a jump of over

skończyć

6 metres; **~ narciarski** ski jump; **~ o tyczce** pole vault; **~ spadochronowy** parachute jump; **~ w dal** long jump, *US* broad jump; **~ wzwyż** high jump; **~i narciarskie** (*konkurencja*) ski jumping; **w trzech ~ach** in three leaps; **wykonać/oddać ~** jump; leap; *pot.* **zrobić ~ na bank** rob a bank

skończy|ć (się) *v* end; finish; stop; **~ć się niepowodzeniem//porażką** end in failure; *pot.* **~ć z czymś/kimś** be through with sth/sb; **~ć ze sobą** put an end to one's life/to oneself/to it all; **~ła z nim** she is through with him; **~łaś już?** are you through yet?; **~sz w więzieniu** you'll end up in prison; **kłótnia ~ła się łzami** the argument ended in tears; *pot.* **źle ~ć** come to a sticky end, meet a sticky end, come to a bad end

Skorpion *m* (*znak zodiaku*) Scorpio, Scorpion; **(ona jest) spod znaku ~a** (she was born) under Scorpio; **ona jest typowym ~em** she is a typical Scorpio

skowronek *m* lark; *przen.* **radosny/szczęśliwy jak ~** (as) happy as a lark, as happy as the day is long

skór|a *f* **1.** skin; *przen.* **(sama) ~a i kości** (all/nothing but/just) skin and bone(s); **~a mi cierpnie** it makes my flesh creep; **~a mi schodzi** (*po opalaniu się*) my skin peels; **~a mi schodzi z twarzy** my face peels; **~a mi ścierpła** it gave me the creeps, it made my flesh creep; **dać komuś w ~ę** give sb a beating; **dostać w ~ę** get a beating; take a beating; **doświadczyć czegoś//przekonać się o czymś na własnej ~ze** find out sth the hard way; **mieć cienką ~ę** have a thin skin; **mieć grubą/twardą ~ę** have a thick skin, be thick-skinned; **obdzierać kogoś ze ~y** skin sb alive; **ratować/ocalić własną ~ę** save one's (own) skin, save one's neck; **wyskakiwać/wychodzić ze ~y** jump out of one's skin, leap out of one's skin; **zaleźć komuś za ~ę** get under sb's skin; **zdejmować ~ę ze zwierzęcia** skin an animal; **zedrzeć sobie ~ę z kolana/łokcia** skin one's knee/elbow; **złoić/(wy)garbować/przetrzepać komuś ~ę** tan sb's hide, tan the hide off sb **2.** (*wyprawiona*) leather; **~a futerkowa** fur skin

skórk|a *f* (*na pieczywie*) crust; (*owoców itd.*) peel; skin; **~a banana** banana skin; *przen.* **gęsia ~a** the creeps; **dostaję gęsiej ~i** it gives me the creeps; it makes my flesh creep; **obierać ze ~i** skin; peel

skraj *m przen.* (*kraniec, kres*) verge; brink; **być/stać na ~u** (*nędzy itd.*) be on the verge of...

skrajnoś|ć *f* extreme; **popadać w ~ć** go to extremes; **popadać z jednej ~ci w drugą** go from one extreme to the other; **popadła w inną ~ć** she's gone to the other/opposite extreme

skró|t *m* **1.** (*wyrazów*) abbreviation; (*tekstu itd.*) abridg(e)ment; shortening; **wiadomości w ~cie** a news summary; **w ~cie** for short **2.** (*droga*) short cut; **pójść na ~ty** take a short cut

skruch|a *f* contrition; repentance; **odczuwać ~ę** feel contrition; **okazać ~ę** show contrition; **okazać ~ę za grzechy** repent of one's sins

skrupuł|y *pl* scruples; **bez ~ów** without scruple; **mieć ~y** have scruples; **nie mieć żadnych ~ów** have no scruples

skrzyd|ło *n dosł. i przen.* wing; **radykalne/liberalne ~ło partii** radical/liberal wing of a party; **furkot/łopot ~eł** (*ptaka*) flutter of wings; **zawodnik grający na prawym ~le** (*w drużynie sportowej*) right wing(er); **bić ~łami** beat its wings; *przen.* **brać kogoś pod swoje ~ła** take sb under one's wing(s); **dobudować ~ło do budynku** add a wing to a building; build a wing on to the house; **dodawać komuś ~eł** lend/add wings to sb; **dostać ~eł/rozwinąć ~ła** spread one's wings; **grać na lewym/prawym ~le** (*w drużynie sportowej*) play left/right wing; **pędzić jak na ~łach** run like the wind, go like the wind; **podcinać komuś ~ła** clip sb's wings; **rozpostrzeć/rozłożyć ~ła** spread its wings; **trzepotać/łopotać ~łami** flap (its) wings, flutter (its) wings

skrzynia *f* box; case; **~ biegów** gearbox; **automatyczna ~ biegów** automatic gearbox, self-change gearbox

skrzynka *f* box; **~ biegów** gearbox; **~ na listy** letterbox, *US* mailbox; **~ na narzędzia** tool box; **~ pocztowa** postbox, letterbox,

US mailbox; **automatyczna ~ biegów** automatic gearbox, self-change gearbox; **czarna ~** black box, crash recorder

skrzypc|e *pl* violin; *pot.* fiddle; *przen.* **grać drugie ~e (w)** play second fiddle (to), be second fiddle (to); **grać na ~ach** play the violin; *pot.* play the fiddle

skrzyżowani|e *n* crossing; **~e bezkolizyjne** two-level crossing; **~e dróg** crossroads; **~e jednopoziomowe** level crossing, *US* grade crossing; **wypadek zdarzył się na niebezpiecznym ~u** the accident happened at a dangerous crossing

skut|ek *m* effect; result; outcome; consequence; **daleko idące ~ki** far-reaching effects; **katastrofalne ~ki** (*wojny itd.*) ravages of...; **nieobliczalne ~ki** incalculable consequences; **pożądany ~ek** desired effect; **uboczne ~ki** side effects; **ujemne ~ki** adverse effects; **~kiem czegoś** as a result of sth, owing to sth; **bez ~ku** to no effect; without result; **coś odnosi ~ek** sth has the desired effect; **dojść do ~ku** be realized, materialize; **doprowadzić do ~ku** realize, bring/put into effect; **nasze plany nie doszły do ~ku** our plans fell through; **nie dojść do ~ku** fall through; **nie odnosić ~ku** have no effect; **wywołać ~ek** have/produce an effect; **zapowiadany strajk nigdy nie doszedł do ~ku** the threatened strike never materialized

słaboś|ć *f* **~ć (do)** weakness (for); *pot.* soft spot (for); **~ć charakteru** weakness of character; **mieć ~ć do** have a weakness for; *pot.* have a soft spot for; **w chwili ~ci** in a weak moment

słab|y *a* weak; **~a herbata** weak tea; **~e serce** weak heart; *pot.* **być ~ym z czegoś** be weak at sth; **był ~y z matematyki** he was weak at maths; **jest ciągle ~y po chorobie** he's still weak after his illness; **mam ~y wzrok** my eyesight is weak

sław|a *f* fame; **światowa ~a** world-wide fame; **byli kiedyś bardzo popularni, ale teraz ich ~a przebrzmiała** they used to be very popular, but now they have had their day; **pisarz światowej ~y** a world-famous writer; **u szczytu ~y** at the height of one's fame; **zdobyć ~ę** achieve fame, attain fame, win fame; **zdobyła**

~ę jako malarka she made a name for herself as a painter, she made her name as a painter; **zyskać sobie ~ę jako** make/win a name for oneself as

słodk|i *a* sweet; **~a woda** fresh water; *przen.* **~i jak cukier** (as) sweet as sugar; **~i jak miód** (as) sweet as honey

słon|y *a* salty; salt; **~a woda** salt water; **zupa jest za ~a** the soup is too salty

słoń *m* elephant; **~ afrykański** African elephant; **~ indyjski** Indian elephant; **stado słoni** a herd of elephants; **~ ryczy/trąbi** an elephant trumpets; *przen.* **~ w składzie porcelany** a bull in a china shop; **jak ~** (*ciężki itd.*) elephantine

słońc|e *n* sun; (*światło słoneczne*) sunshine; **~e świeci** the sun shines; **~e wschodzi/wstaje** the sun rises; **~e zachodzi** the sun sets; **chronić się przed ~em** shelter from sunlight; *pot.* **jasne jak ~e** as clear as day/crystal, as plain as day; as plain as the nose on your face; **pod ~em** under the sun; **unikać ~a w czasie największego upału** stay out of the sun during the heat of the day

słownictwo *n* vocabulary; **~ specjalistyczne** terminology; **~ techniczne** technical vocabulary; **bogate ~** rich/large/extensive vocabulary; **ubogie ~** small/meagre vocabulary

słownik *m* dictionary; **~ dwujęzyczny** bilingual dictionary; **~ etymologiczny** etymological dictionary; **~ multimedialny (na CD-ROM-ie)** multimedia dictionary (on CD-ROM); **~ naukowo-techniczny** dictionary of science and technology, dictionary of scientific and technical terms; **~ naukowy** dictionary of science; **~ niemiecko-francuski** a German-French dictionary; **~ ogólny** general dictionary, general-use dictionary, general--purpose dictionary; **~ ortograficzny** orthographic/spelling dictionary; **~ techniczny** technical dictionary, dictionary of technology; **sprawdzać znaczenie wyrazu w ~u** look up a word in a dictionary; **zajrzeć do ~a/sprawdzić w ~u** consult a dictionary

słow|o *n* word; **~a piosenki** lyrics; **~a pociechy** words of comfort/consolation; **~o boże** the word of God, the Word; **brzydkie ~a** swear words; bad/dirty language; **czcze/puste ~a** empty words; **czyjeś ~o honoru** one's word of honour; **dobre ~o** a good word; **mocne ~a** strong words; **obce ~o** foreign word; **rodzime ~o** native word; **starannie dobrane ~a** well-chosen words; **~em...** in a word...; *przysł.* **~o się rzekło (, kobyłka u płotu)** a promise is a promise, a bargain's a bargain; **~o w ~o** word for word; **ani ~a więcej!** not another word!; **bez ~a** without a word; **brakuje mi słów** words fail me, I'm lost for words; **cedzić każde ~o** drawl; **czy mogę zamienić z tobą parę słów?** can I have a few words with you?; **(daję) ~o honoru** on my honour; **daję ci ~o (honoru), że...** I give you my word (of honour)...; **dał mi ~o, że...** I have his word for it that...; **dawać komuś ~o (honoru)** give sb one's word (of honour); **dobierać ~a** weigh one's words; **dojść do ~a** get a word in edgeways, *US* get a word in edgewise; **dotrzymać (danego komuś) ~a** keep one's word (to sb); **dzieci dały ~o honoru, że pójdą spać o dziesiątej** the children were on their honour to go to bed at ten o'clock; **głosić ~o boże** preach the Word; **innymi ~y** in other words; that is to say; **ja tego nie zrobiłem, ~o honoru!** I didn't do it, cross my heart!; **jednym ~em** in one word; **krytycy nie powiedzieli dobrego ~a o przedstawieniu** the critics didn't have a good word (to say) for the performance, the critics didn't have a good word to say about the performance; **liczyć się ze ~ami** mind/watch one's tongue; *przysł.* **mądrej głowie dość dwie ~ie** a word is enough to the wise, a word to the wise is enough; **mieć ostatnie ~o** have/get the last word; **nie dotrzymać ~a** break one's word, go back on one's word; **nie móc znaleźć słów** cannot find words; be lost for words; **nie pisnąć ~a** not say a word, not breathe a word; **nie wierzę w ani jedno ~o** I don't believe a word of it; **obiecaj mi, że nie piśniesz o tym nikomu ani ~a** promise me you won't breathe a word of this to anyone; **on zawsze dotrzymuje ~a** he's a man of his word; **ostatnie ~o zawsze należy do niego** he always gets the final word, he always has the last word; **powiedz tylko ~o (a...)** just say the word (and...), speak the word (and...); **powiedzieć/opowiedzieć coś swoimi/własnymi ~ami** tell sth in one's own words; **powinieneś cofnąć te ~a** you should take back these words; **przebierać w ~ach** mince one's words; **przekręcać czyjeś ~a** distort sb's words; **to tajemnica – nikomu ani ~a!** it's a secret: mum's the word!; **trzymać kogoś za ~o** take sb at his word; **ująć coś w ~a** word sth, put sth into words; **uwierzyć w coś na ~o** take sth on trust, take one's word for it; **w całym/pełnym tego ~a znaczeniu** in the full sense of the word; **w paru ~ach** shortly, in a few words; **ważyć ~a** weigh one's words; **wpaść komuś w ~o** break in, put in; **wyjąć komuś ~a z ust** take the words out of sb's mouth; **wyrazić coś ~ami** word sth, put sth into words; **zamieniliśmy parę słów** we exchanged a few words; **zapamiętaj moje ~a!** mark my words!; **z jego ust nie padło ani jedno ~o** not a word fell from his lips; **złamać ~o** break one's word, go back on one's word

słuch *m* audition; hearing; **dobry ~** good hearing; **ostry ~** acute/keen hearing; **uszkodzony ~** defective/impaired hearing; **mam słaby/niezbyt dobry ~** my hearing is not too good; **mieć dobry ~ (muzyczny)** have a good ear for music, have an ear for music; **nie mieć ~u** have no ear for music; **mieć przytępiony ~** be hard of hearing; **ona ma słaby ~** her hearing is poor; *pot.* **powiedzieć komuś do ~u** give sb a talking-to; *pot.* **zamieniać się w ~** be all ears; **zamieniam się w ~** I am all ears

słucha|ć *v* **~ć (czegoś/kogoś)** listen (to sth/sb); **~ć czegoś jednym uchem (a drugim wypuszczać)/~ć piąte przez dziesiąte** listen to sth with half an ear; **~ć rodziców** obey one's parents; **~ć spowiedzi** hear sb's confession; **~ć uważnie/z uwagą** listen carefully, listen intently; *pot.* **~j/~jcie...** I say,...; listen,...;

słuchawka 440

~m? (*grzecznościowa forma zapytania o coś, czego się nie dosłyszało*) pardon?, pardon me?; *zwł. US* excuse me?; **ostrzegałam ją, ale nie chciała ~ć** I warned her but she wouldn't listen

słuchawk|a *f* earphone; **~a telefoniczna** telephone receiver; **odłożyć ~ę (telefoniczną)** hang up (a receiver), put down a receiver; **podnosić ~ę** pick up a receiver

słuchy *pl pot.* (*pogłoski – w zwrotach*) **chodzą ~, że** it is rumoured that, there's a rumour (circulating) that, rumour has it that; **doszły mnie ~, że byłaś chora** I heard (that) you were ill; **doszły mnie ~, że bardzo ładnie śpiewasz** you sing very well, I hear

słup *m* pillar; post; pole; **~ dymu** column/pillar of smoke; **~ graniczny** boundary post; **~ milowy** milepost; **~ ogłoszeniowy** poster pillar; **Słupy Herkulesa** the Pillars of Hercules; *przen.* **postawić oczy w ~** stare; **zamienić się w ~ soli** be petrified

słupek *m* **1.** post; stake; **~ bramki** goalpost; **piłka trafiła w ~** the shot hit the post **2.** (*liczb*) column; **dodawać ~** add up a column of figures **3. ~ rtęci** (*w termometrze*) mercury column/thread; **~ rtęci sięgał 40 stopni** the mercury was climbing to 40 degrees

słuszno|ść *f* rightness; justness; **mieć ~ć** be right; **on jest przekonany o ~ci swego postępowania** he is convinced of the rightness of his actions; **zbadać ~ć czegoś** verify sth

służb|a *f* service; **~a cywilna** civil service; **~a czynna** (*wojskowa*) active service, *US* active duty; **~a ratownicza** salvage service; **~a wojskowa** military service; **~a wywiadowcza** intelligence service; **~a zdrowia** (public) health service, medical service; **przymusowa/obowiązkowa ~a wojskowa** compulsary service; **być na ~ie** be on duty; **w ~ie czynnej** on active service/duty

służy|ć *v* **1.** serve; **~ć jakiemuś celowi** serve some purpose; **~ć w wojsku** serve in the army; **ten pokój może ~ć za pracownię** this room can serve for a study **2.** (*o klimacie itd.*) **~ć komuś** agree with sb; **powietrze górskie ~ mi doskonale** the mountain air agrees with me perfectly; **to mi ~** it does me good **3.** (*oferować*) offer; provide; **czym mogę (panu/pani) ~ć?** what can I do for you?; can I help you?

słychać *v* be heard; be audible; **co ~?** what's the news?; **mówił tak cicho, że ledwo go było ~** he spoke so quietly that he was barely/scarcely audible

słysz|eć *v* hear; **~ałem to na własne uszy** I heard it with my own ears; it was said within my hearing; **~ano jak mówił, że przyjęcie było stratą czasu** he was heard to say that the party had been a waste of time; **~eć jak ktoś coś robi** hear sb doing sth; hear sb do sth; **czy ~ałeś dowcip/kawał o...** have you heard the one about...?; **czy ~ałeś o pożarze?** did you hear about the fire?; **nie chcę o tym ~eć!** I won't hear of it!; **niezbyt dobrze ~ę** (*mam słaby słuch*) my hearing is not too good; **pierwsze ~ę!** I have never heard of it!; **tak dużo o tobie ~ałem** I've heard such a lot about you; **w klasie był taki hałas, że ledwo ~ałam własne myśli** there was so much noise in the classroom that I could hardly hear myself think, there was so much noise in the classroom that I could barely hear myself think

smak *m* **1.** taste; **cukier ma słodki ~/jest słodki w ~u** sugar has a sweet taste, sugar tastes sweet; **czuć ~** (can) taste; **dodaj pieprzu i soli do ~u** add pepper and salt to taste; **mam nadzieję, że posiłek przypadł ci do ~u** I hope the meal was to your liking; **mieć gorzki/słodki/kwaśny ~** taste bitter/sweet/ /sour; **zupa jest bez ~u** the soup has very little taste **2.** *przen.* taste; **~ artystyczny** artistic taste; **~ sukcesu** a taste of success; **dobry ~** good taste; **coś jest w dobrym ~u** sth is in good taste, sth is tasteful; **coś przypada/trafia komuś do ~u** sth is to sb's taste; sth is to sb's liking; sth catches/takes/tickles sb's fancy; **coś świadczy o czyimś dobrym ~u** sb shows good taste in (doing) sth; **mieć dobry ~** have good taste; **(urządzony) ze ~iem** tastefully (decorated); **w dobrym ~u** in good taste; **w złym ~u** in bad taste

smakować *v* taste; ~ **słodko/gorzko** taste sweet/bitter

smut|ek *m* sadness; grief; **~ek z powodu** sadness over; grief over/at; **głęboki/bezbrzeżny ~ek** deep sadness, profound sadness; **~ek ogarnia kogoś** sb is overcome with grief; **odczuwać ~ek** feel sadness; **pogrążony w ~ku** grief-stricken; **pogrążyć się w ~ku** be plunged into grief; **spojrzała na niego ze ~kiem** she looked at him sadly; **ze ~kiem** with sadness

sobot|a *f* Saturday; **Wielka Sobota** Holy Saturday; **w ~ę** on Saturday; **w przyszłą ~ę** next Saturday; **w zeszłą/ubiegłą ~ę** last Saturday

sojusz *m* alliance; **~ obronny** defence alliance; **~ (państw) NATO** the NATO alliance; **~ polityczny** political alliance; **~ wojskowy** military alliance; **rozpad ~u** breakup of an alliance; **należeć do ~u wojskowego** belong to a military alliance; **rozwiązać ~** dissolve an alliance; **wejść w ~ z** enter into an alliance with; **zawrzeć ~** form an alliance; **zerwać ~** break off an alliance

sondaż *m* survey; poll; **~ opinii publicznej** poll, public opinion poll, public opinion survey; **~ przeprowadzony przez...** a survey carried out/conducted by...; **~ przeprowadzony wśród osób wychodzących z lokali wyborczych** exit poll; **~e pokazują, że 75% ludności aprobuje nowe prawo** surveys show that 75% of people approve of the new law; **najnowsze ~e opinii publicznej pokazują, że...** the latest opinion poll shows that...; **najnowsze ~e wykazały, że...** a recent survey found/revealed that...; **przeprowadzić ~** carry out/conduct a poll

sos *m* sauce; *przen.pot.* **dusić/kwasić się we własnym ~ie** stew in one's own juice

sól *f* salt; **~ kamienna** rock-salt; **~ kuchenna/jadalna** common salt, table salt; *przen.* **~ ziemi** the salt of the earth; **roztwór soli** salt solution; **szczypta soli** a pinch of salt; **być komuś solą w oku** be a thorn in sb's flesh, be a thorn in sb's side; **posypać coś solą** put salt on sth, salt sth; **posypać drogi solą** salt the roads; **żywność/artykuły spożywcze o dużej zawartości soli** foods with a high salt content

spacer *m* walk; **~ w przestrzeni kosmicznej** space walk, skywalk; **iść na ~** go for a walk, go on a walk; **wyprowadzać psa na ~** take a dog for a walk

spać *v* sleep; **~ czujnie** sleep lightly; **~ dobrze** sleep well; **~ głęboko/mocno** sleep soundly; **~ jak kamień/jak suseł/jak zabity/kamiennym snem** sleep like a log, sleep like a top; **~ kiepsko** sleep badly; **~ lekko/jak zając** sleep lightly; **~ pod gołym niebem** sleep out; sleep rough; **~ przy otwartych oknach** sleep in a room with the windows open; **~ smacznie** sleep well; **~ snem sprawiedliwego** sleep soundly; **~ źle** sleep badly; *przen.* **chodzić ~ z kurami** keep early hours; **iść/ /pójść/kłaść się ~** go to bed, go to sleep; **kłaść dziecko ~** put the baby to sleep; **kłaść się ~ późno/późno chodzić ~** keep late hours, go to bed late; **kłaść się ~ wcześnie/wcześnie chodzić ~** keep early hours; *przysł.* **nie budź licha, kiedy śpi** let sleeping dogs lie

spad|ać *v* **1.** (*upadać*) fall, drop, fall down, come down, go down; *pot.* **~ać na cztery łapy** fall on one's feet, land on one's feet; **~ać ze schodów** fall down the stairs; **uważaj, żebyś nie ~ł z drabiny** be careful (that) you don't fall off the ladder, take care not to fall off the ladder **2.** **~ać na kogoś** (*obowiązki, nieszczęście itd.*) fall on sb; **~ł na mnie ciężar odpowiedzialności** the weight of responsibility fell upon me **3.** (*zmniejszać się*) fall, drop, decrease, diminish, decline, be on the decline; **~ać gwałtownie** fall sharply, fall steeply; **~ać poniżej zera** (*temperatura*) fall below zero; **temperatura ~a** temperature drops, temperature goes down, temperature falls

spadek *m* **1.** fall, drop, decrease, decline; **~ kursów akcji** decline in share prices; **~ napięcia** voltage drop; **~ produkcji przemysłowej** fall in industrial production; **~ temperatury** fall/drop in temperature; **~ wartości** depreciation, decline in

sparzyć 444

value; **gwałtowny** ~ sharp/steep decline; **nieznaczny** ~ moderate decline; **znaczny** ~ marked decline **2.** (*zapis w testamencie*) inheritance, heritage, legacy; **otrzymać** ~ come into one's inheritance; inherit

sparzy|ć *v* **1.** (*oparzyć ciało*) scald; **~ć rękę (gorącym tłuszczem)** scald one's hand (with hot fat); **~ł sobie język gorącą herbatą** he scalded his tongue on/with the hot tea **2.** *przen.* **~ć się** (*na czymś*) burn one's fingers, get one's fingers burnt; *przysł.* **kto się na gorącym ~ł, ten na zimne dmucha** once bitten, twice shy

specjaln|y *a* special; particular; **nic ~ego** nothing special; *pot.* nothing to write home about

spełniać *v* **1.** fulfil; perform; (*warunek, wymagania itd.*) meet, satisfy; (*obietnicę itd.*) keep; realize; **~ czyjeś nadzieje/oczekiwania** fulfil one's expectations, come up to one's expectations, meet one's expectations; **~ warunki przyjęcia na uniwersytet** fulfil the conditions of entry to a university **2. ~ się** (*o marzeniach, nadziejach itd.*) come true; materialize; be realized

spieszyć się *zob.* **śpieszyć się**

spis *m* list; record; register; **~ alfabetyczny** alphabetical list; **~ ludności** census; **~ rzeczy/treści** contents, table of contents; **być w ~ie** be on the list; **robić/przeprowadzić ~ ludności** make a census, take a census; **ułożyć/zrobić ~** make a list, draw up a list; **umieścić coś w ~ie** put sth on the list; make entries in a register

spisa|ć *v* **1.** (*zanotować*) write (down); **~ć adres** write down the address **2. ~ć się** acquit oneself; **dobrze się ~ć** acquit oneself well; (*zwł. we współzawodnictwie*) give a good account of oneself; **źle się ~ć** acquit oneself badly; (*zwł. we współzawodnictwie*) give a poor account of oneself; **~ła się znakomicie na egzaminach** she acquitted herself splendidly in the exams; **myślę, że w dzisiejszym meczu ~li się znakomicie** I think they gave a good account of themselves in today's game

spisek *m* ~ **(przeciwko)** conspiracy (against); plot; ~ **mający na celu obalenie rządu** a conspiracy to overthrow the government; **ci trzej mężczyźni oskarżeni są o ~ przeciwko rządowi** the three men are accused of conspiracy; **udaremnić/zdekonspirować** ~ foil a conspiracy; **ukartować/uknuć** ~ hatch a conspiracy; **zawiązać/zorganizować** ~ organize a conspiracy

spocząć *v* (*usiąść*) take a seat, sit (down); (*położyć się*) lie down; (*odpocząć*) rest; *przen.* ~**ąć na laurach** rest on one's laurels; **nie ~ąć na laurach** look to one's laurels; (*komenda*) **~nij!** at ease!, stand easy!; **stać na ~nij** stand at ease

spoczyn|ek *m* **1.** (*odpoczynek*) rest; repose; *przen.* **wieczny ~ek** one's eternal rest; **miejsce (czyjegoś) wiecznego ~ku** one's final resting-place; **nie mieć chwili ~ku** be terribly busy; **odprowadzić kogoś na wieczny ~ek/na miejsce wiecznego ~ku** lay sb to rest **2.** **~ek (nocny)** night's rest; **iść/udać się na ~ek** have a night's rest **3. przejść w stan ~ku** (*na emeryturę*) retire; **w stanie ~ku** retired

spodziewać | się *v* expect; ~ **się dziecka** expect (a baby); ~ **się najgorszego** fear the worst

spojrzeni|e *n* **1.** look; **błagalne ~e** pleading look; **gniewne ~e//ponure ~e/~e pełne nienawiści** a black look; **groźne ~e** severe look; **lodowate ~e** icy glare; **nieprzyjazne ~e** unfriendly look; **znaczące/wymowne ~e** a look full of meaning; **od pierwszego ~a** at first sight **2.** (*opinia*) view; **trzeźwe ~e** clear view; **jakie jest twoje ~e na tę sprawę?** what is your view on the subject?; **mieć krytyczne ~e na coś** be critical of sth

spok|ój *m* quiet; calmness; **~ój ducha** peace of mind; **olimpijski ~ój** Olympian calm; Olympian detachment; **stoicki ~ój** stoic patience; **dać komuś ~ój** leave sb alone; **daj mi ~ój!** leave me alone!; **przyjąć coś ze stoickim ~ojem** be stoical about sth; **zachować ~ój** keep cool, stay calm, keep calm; *pot.* play it cool; **zachować stoicki ~ój** remain stoical, be stoical; **zostawić kogoś/coś w ~oju** leave sb/sth alone

sport *m* sport; ~ **amatorski** amateur sport; ~ **motorowodny** motorboating; ~ **strzelecki** shooting sport, the sport of shooting; ~ **zawodowy** professional sport; ~ **zimowy** winter sport; ~**y wodne** water/aquatic sports; **widowiskowa dyscyplina ~u** spectator sport; **uprawiać ~/zajmować się ~em** do sport, play sport

spos|ób *m* way; method; means; manner; fashion; **~ób użycia** directions for use; **jedyny ~ób** the only way; **jest kilka ~obów zrobienia czegoś** there are several ways of doing sth; **musi być jakiś inny ~ób** there must be some other way; **nie podoba mi się ~ób, w jaki on na mnie patrzy** I don't like the way he looks at me; **pokazał nam właściwy ~ób zrobienia tego** he showed us the right way to do it; **próbowano wszelkich możliwych ~obów** all possible means have been tried; **w grzeczny/uprzejmy ~ób** in a kindly way; **w inny ~ób** in a different manner, otherwise; **w jakiś ~ób** somehow; somehow or other; **w następujący ~ób** as follows; **w podstępny ~ób** in an underhand manner; **wszystkimi/wszelkimi ~obami** by hook or by crook; **w żaden ~ób** by no means; **znaleźć ~ób aby...** find a way to...

spotkani|e *n* **1.** meeting; (*umówione, służbowe itd.*) appointment; **~e na szczycie** summit meeting; **~e przedwyborcze** election meeting; **historyczne ~e** historic meeting; **przypadkowe ~e** chance meeting; **mieć/odbyć ~e** have a meeting, hold a meeting; **nie przyjść/nie stawić się na ~e** break an appointment; **przesuńmy ~e/przełóżmy termin ~a na piątek** let's move the meeting to Friday; **przyjść/stawić się na ~e** keep an appointment **2.** (*randka*) rendezvous; date; **iść z kimś na ~e** go on a date with sb; **mieć z kimś ~e** have a date with sb; **umawiać się z kimś na ~e** date sb; **tylko raz umówiłem się z nią na ~e** I only dated her once

spowied|ź *f* confession; **chodzić/pójść/iść do ~zi** go to confession; **słuchać ~zi** hear sb's confession

spód *m* bottom; **na spodzie** at the bottom

spódnic|a *f* skirt; *przen.* **trzymać się matczynej ~y** be tied to one's mother's apron strings; *przysł.* **złej tanecznicy zawadza/przeszkadza rąbek u ~y** a bad workman always blames his tools

spółdzielnia *f* cooperative; **~ mieszkaniowa** housing cooperative//association

spół|ka *f* company; partnership; **~ka handlowa** trading partnership, commercial company; **~ka z ograniczoną odpowiedzialnością** limited-liability company, Ltd; **udział w ~ce** share, partnership/business share; **przystąpić do ~ki** enter into partnership; **wystąpić ze ~ki** withdraw from the partnership; **założyć/utworzyć ~kę** establish a company, form a company

spór *m* dispute; controversy; **być przedmiotem sporu** be in dispute; **powstał ~** a dispute arose; **powstał mały ~ o/w sprawie...** there was a bit of dispute over...; **rozstrzygnąć/zażegnać ~** resolve a dispute, settle a dispute; **toczy się poważny ~ w sprawie legalizacji aborcji** there has been much dispute over the question of legalized abortion

spóźni|ać się *v* be late; (*o zegarku*) be slow; **~ać się na pociąg** miss the train; be late for the train; **~łem się na spotkanie** I was late for the meeting; **pociąg ~ł się 10 minut** the train was ten minutes late

spraw|a *f* **1.** matter; question; affair; business; point; issue; **~a najwyższej/największej wagi** a matter of paramount importance, a matter of utmost importance; **~a życia i śmierci** a matter of life and death; **drażliwa ~a** sore point; **omawiana/rozpatrywana ~a** the matter in hand, the matter under discussion; **otwarta ~a** open question; *pot.* **podejrzana/dziwna ~a** monkey business; **sporna ~a** contentious matter/issue; matter in dispute; moot point/question; **~a polega na tym, że...** the fact of the matter is that...; **coś nie jest łatwą/prostą ~ą** sth is no easy matter; **przedstawić ~ę** set out a matter, set forth a matter; state an issue; **przesądzać ~ę** prejudge the issue; **rozstrzygać**

sprawdzać 448

~ę settle the matter; settle the question; **to nie twoja ~a!** it's none of your business!; **to przegrana ~a** it's a lost cause; **to zupełnie inna ~a** it's a different matter, it's quite another matter; *pot.* that's a different kettle of fish, that's another kettle of fish; **umiem całkiem dobrze czytać po angielsku, lecz umiejętność płynnego mówienia to zupełnie inna ~a** I can read English quite well, but speaking it fluently is another/a different matter; **załatwić ~ę** settle the matter; **założenie firmy to nie łatwa ~a** starting a business is no easy matter; **zbadać ~ę** examine the matter; **zdawać sobie ~ę z czegoś** realize sth; be aware of sth, be awake to sth **2.** (*sądowa*) case; action; lawsuit; **~a cywilna** civil case; **~a karna** criminal case; **~a rozwodowa** divorce action; **przegrać ~ę** lose a case; **wygrać ~ę** win a case; **wytoczyć komuś ~ę** sue sb; bring an action against sb

sprawdz|ać *v* **1.** check; control; verify; test; (*w rozkładzie jazdy itd.*) look up; (*upewniać się*) make sure, make certain; **~ać znaczenie wyrazu w słowniku** look up a word in a dictionary **2. ~ać się** (*na stanowisku, w działaniu itd.*) come into one's own; **ten samochód ~ił się na złych drogach** this car came into its own on bad roads

sprawiedliwoś|ć *f* justice; **~ć społeczna** social justice; **ręka/ /ramię ~ci** the long arm of the law; **~ci stało się zadość** justice was done; **dosięgło go ramię ~ci** the long arm of the law caught up with him; **oddać komuś ~ć** do justice to sb, do sb justice; give sb his/her due; **wymierzać ~ć** administer justice, dispense justice, mete out justice, render justice

sprawozdanie *n* report; account; **przedstawić ~** present a report; **zdawać ~ z czegoś** give an account of sth; report sth

sprowadz|ać *v* **1.** bring; **~ać z zagranicy** bring from abroad; **co cię tutaj ~a?** what brings you here? **2.** (*powodować*) cause; bring about; **~ić wojnę** bring about a war **3. ~ać się do** (*zagadnienie, sprawa itd.*) come down to; boil down to; **cały problem ~a się do braku pieniędzy** the problem all boils down to a lack of money; **w końcu wszystko ~a się do pieniędzy** it all comes down/boils down to money in the end

sprzeciw *m* ~ (*przeciwko czemuś/wobec czegoś*) objection (to sth/doing sth); protest (against sth); **poważny ~** serious objection; **stanowczy/silny ~** strong objection; strong protest; **bez ~u** without protest; **jeśli nikt nie zgłasza ~u** if no one has any objection; **spotkać się ze ~em** meet with opposition; **pomimo czyjegoś ~u** over sb's objection; **rezolucja została przyjęta pomimo ~ów opozycji** the resolution was adopted over the objections of the opposition; **wnosić/zgłaszać ~** object; make an objection, raise an objection; voice an objection

sprzeczność|ć *f* contradiction; conflict; inconsistency; **~ć interesów** conflict/collision of interests; **~ć sama w sobie** a contradiction in terms; **być/pozostawać w ~ci z** be in conflict with; be at variance with; **jego teoria pozostaje w ~ci ze znanymi faktami** his theory is at variance with the known facts; **moim zdaniem nie ma ~ci między... a...** I find no contradiction between... and...

sprzedaż *f* sale; **~ detaliczna** retail; **~ hurtowa** wholesale; **~ na raty/ratalna** sale by instalments, instalment sale, *GB* hire purchase, *US* installment plan; **~ promocyjna** promotional sale; **~ wysyłkowa** mail order, mail-order selling; **~ za gotówkę** sale for cash, cash sale; **na ~** for sale; **książka jest w ~y** the book is in print; **zakazać ~y alkoholu** prohibit the sale of alcohol

sprzęt *m* **1.** equipment; **~ gospodarstwa domowego** household equipment, domestic appliances; **~ komputerowy** hardware; **~ pożarniczy** fire-fighting equipment; **~ ratowniczy** rescue equipment, life-saving equipment; **~ sportowy** sports equipment; **~ wojskowy** military equipment **2. ~ zboża** harvest; gathering

spust *m* **1.** (*w broni palnej*) trigger; **pociągnąć za ~** pull/press//squeeze the trigger; **trzymać palec na spuście** have one's finger on the trigger **2.** *pot.* **zamknąć coś na cztery/wszystkie ~y** lock sth away, lock sth up

spustoszenie *n* devastation; havoc; **powodzie spowodowały wielkie ~ w wielu częściach kraju** the floods created havoc in many parts of the country; **szerzyć ~** play/wreak havoc

srebr|o *n* **1.** silver; **bransoletka ze ~a** silver bracelet **2.** (*srebrny medal*) silver; **zdobyć ~o** win/take the silver medal; **zdobył ~o dla Kanady** he won (the) silver for Canada

stacj|a *f* **1.** station; **~a badawcza** testing station; **~a benzynowa** filling station, *GB* petrol station, *US* gas station; **~a doświadczalna** experimental station; **~a dysków** (*komputera*) disk drive; **~a filtrów** filter plant; water works; **~a kolejowa** (railway) station, rail station, *US* train station, railroad station; **~a końcowa** terminus; **~a kosmiczna** space station; **~a meteorologiczna** weather station; **~a metra** underground station, tube station, *US* subway station; metro station; **~a nadawcza** transmitting station; **~a obsługi** service station; **~a pomp** pumping station/plant; **~a radiowa** radio station; **~a telewizyjna** television/TV station; **na ~i** at the station; **piracka ~a radiowa** pirate radio station; **wysiadam na następnej ~i** I get off at the next station; **(z)łapać ~ę** (*radiową*) tune in to a station **2. Stacje Drogi Krzyżowej** the Stations of the Cross

stać *v* **1.** stand; **~ bez ruchu** stand still; **~ na baczność** stand to attention, stand at (the position of) attention; **~ na jednej nodze** stand on one leg; **~ na palcach** stand on tiptoe; *przen.* **~ na skraju** (*nędzy itd.*) be on the verge of...; **~ na spocznij** stand at ease; **~ rzędem** stand in a row; **~ z założonymi rękoma** stand by with folded arms; **dom stał pusty** the house stood empty; **kiedyś stała tu wysoka topola** a tall poplar tree once stood here; **pociąg stojący przy peronie czwartym** the train standing at platform 4; **samochód stał na światłach** the car stood at the traffic lights **2.** can afford; **~ nas na nowy samochód** we can afford a new car

sta|ć się *v* **1.** (*wydarzyć się*) happen; occur; become; **co się ~ło, to się nie odstanie** what has been done cannot be undone; it's water under the bridge; **co się ~ło z naszymi marzeniami z młodości?** what became of the dreams of our youth?; **co się ~nie z moimi dziećmi, kiedy umrę?** what will become of my children when I die?; **cokolwiek się ~nie** whatever happens **2.** (*zostać – bohaterem itd.*) become; come to be; **~ć się pośmiewiskiem** become a figure of fun; **~ć się przedmiotem pogardy** become the target of scorn; **~ł się sławnym człowiekiem** he came to be a famous man

stadion *m* stadium; **~ olimpijski** Olympic stadium; **~ piłkarski** football stadium; **~ pustoszeje** a stadium empties; **~ wypełnia się (kibicami)** a stadium fills; **wypełniać/zapełniać ~** pack/fill a stadium

stadium *n* phase; stage; **~ końcowe** final stage/phase, closing phase; **~ początkowe** initial stage/phase; **~ przejściowe** passing phase; **przechodzić (przez) ~** go through a phase; **wkraczać w ~** enter a stage; **wojna wkraczała w końcowe ~** the war was entering its final phase

stad|o *n* herd; flock; **~o bydła** herd of cattle; **~o gęsi** flock of geese; **~o jeleni** herd of deer; **~o krów** herd of cows; **~o lwów** pride of lions; **~o owiec** flock of sheep; **~o słoni** herd of elephants; **~o wilków** pack of wolves; **doglądać/pilnować ~a** tend a herd/flock; herd a flock; **przebywać w ~zie** flock (together); **wilki polują w ~zie/~ami/~nie** wolves hunt in packs

stagnacj|a *f* stagnation; **~a gospodarcza** economic stagnation; **~a na rynku** stagnation in the market; **wchodzić w okres ~i** enter a period of stagnation; **wykazywać oznaki ~i** show signs of stagnating; **znajdować się/być w ~i** stagnate

stajni|a *f* stable; **~a Augiasza/Augiaszowa** Augean stables; **~a wyścigowa** (*koni*) riding/racing stable; (*samochodowa*) racing stable; **(po)sprzątać ~ę Augiasza** cleanse/clean the Augean stables; **trzymać konia w ~** stable a horse

stan *m* **1.** (*sytuacja, położenie itd.*) state; condition; **~ wojenny//wyjątkowy** martial law; **~ zagrożenia** distress; **~ zdrowia**

stanąć

state of health; **zły ~** (*urządzenia, budynku*) disrepair; **wprowadzenie ~u wojennego** imposition of martial law; **budynek był w złym ~ie** the building was in disrepair; **być w ~ie coś zrobić** be able to do sth; **być w beznadziejnym ~ie** (*o sytuacji*) be in a desperate state; (*o chorym*) be beyond hope; **być w dobrym ~ie** (*urządzenie itd.*) be in (a) good (state of) repair; **być w złym ~ie** (*urządzenie itd.*) be in (a) bad (state of) repair; **dom jest w dobrym ~ie** the house is in good repair; **jego samochód był w dobrym ~ie** his car was in a good state of repair; **jej ~ zdrowia jest obecnie beznadziejny/ona jest teraz w beznadziejnym ~ie** her condition is now beyond hope of recovery; **ogłosić ~ klęski żywiołowej** declare a state of emergency; *dosł. i przen.* **w ~ie embrionalnym** in embryo, embryonic; **w dobrym ~ie** in good condition; **w idealnym ~ie** in mint condition; **żyć ponad ~** live beyond one's means **2.** (*w państwach federalnych*) state; **Stany Zjednoczone Ameryki Północnej** the United States of America, USA **3. ~ skupienia materii** state of matter; **~ ciekły** liquid state; **~ gazowy** gaseous state; **~ stały** solid state; **w ~ie nieważkości** in the state of weightlessness

stanąć *v* **1.** (*podnieść się*) stand up, get to one's feet; **~ dęba** (*o koniu*) rear; **~ na nogi/na nogach** (*po chorobie, kryzysie*) get back on one's feet, be on one's feet again; **~ na własnych nogach** stand on one's own (two) feet; *pot.* **komuś włosy stanęły dęba na głowie** one's hair stood on end; **sprawić, że włosy komuś stają dęba na głowie** make sb's hair stand on end **2.** (*przyjąć określoną pozycję, zająć miejsce*) stand; (*zatrzymać się*) stop; *pot.* **~ jak wryty** stand riveted to the spot, stand rooted to the spot; **~ na wysokości zadania** rise to the task/occasion, *zob.też* **stać 1.**

stanowisk|o *n* **1.** (*miejsce*) place; position; **~o pracy** work-stand, work-place **2.** (*posada*) post; position; office; **powołać/mianować na ~o** appoint to a post; **ubiegać się o ~o** stand for an office, run for an office; **zajmować ~o** occupy a position; hold an office **3.** (*stosunek*) attitude, position, stand; **oficjalne ~o (rządu)** (government's) official position; **wyczekujące ~o** wait-and-see attitude; waiting attitude; **zdecydowane/twarde ~o (odnośnie czegoś/w sprawie czegoś)** firm/strong/tough stand (on sth); **jakie jest twoje ~o w tej sprawie?** what's your position on this question?; **jasno określiła swoje ~o** she has made her position very clear; **rząd nie zmienił ~a w tej sprawie** the government has not moved its position on this issue; **stać na ~u, że...** take the position that...; **stać twardo na swoim ~u** stand one's ground; stand fast, stand firm; **zająć ~o wobec** take a position on, take a stand on; **zająć twarde ~o wobec** take a hard line over

star|t *m* **1.** start; **biegacze ustawili się na linii ~tu** runners lined up at the start; **na miejsca, gotowi, ~t!** ready, get set, go! **2. ~t (samolotu)** take-off; **~t pionowy** vertical take-off; **katastrofa wydarzyła się tuż/w minutę po ~cie** the crash occurred only a minute after take-off

stary *a* old; *przen.* **~ jak świat** (as) old as the hills; age-old; **Stary Świat** (*Europa, Azja, Afryka*) the Old World

stat|ek *m* ship; vessel; craft; **~ek handlowy** merchant ship, trading vessel; **~ek kosmiczny** spaceship, spacecraft; **~ek pasażerski** passenger vessel/ship/liner; **~ek piracki** pirate ship; **~ek podwodny** submersible, submarine; **~ek powietrzny** aircraft (*pl* aircraft); **~ek ratowniczy** rescue vessel; **~ek rybacki** fishing boat/craft/vessel; **~ek towarowy** cargo ship/carrier, freighter; **~ek widmo** phantom ship; **kołysanie ~ku** rolling of a ship; **na ~ku** on (ship)board; **(o)chrzcić ~ek** christen a ship; **opuścić tonący ~ek** desert/leave a sinking ship; **płynąć ~kiem** go by ship; **rozładować ~ek** unload a ship; **wodować ~ek** launch a ship; **wsiąść/zaokrętować się na ~ek** board a ship; **wysiąść/zejść ze ~ku** disembark from a ship; **załadować ~ek** load a ship

statystyk|a *f* statistics; *pot.* stats; **~a bezrobocia** unemployment statistics; **~i pokazują, że...** statistics indicate/show/suggest that...; **prowadzić ~ę** collect/gather statistics; **zrobić/sporządzić ~ę** (*tabelarycznie*) tabulate statistics

stawia|ć *v* **1.** put; place; stand; *pot.* **~ć na swoim** get one's way, have one's way; **~ć znak równości między... a...** equate sth with sth; **nie ~j tego blisko ognia!** don't stand it near the fire!; **twoja decyzja ~ mnie w niezręcznej sytuacji** your decision puts me in an awkward position **2.** *pot.* (*fundować*) **~ć coś komuś** stand sb sth, treat sb to sth, buy sb sth, buy sth for sb; **ja ~m!** this is my treat!; **ona ~ nam obiad** she's standing us a lunch

stawk|a *f* **1.** rate; **~a płac (godzinowa/za godzinę)** (hourly) pay rate; **~a podatkowa** tax rate; **niska ~a** low rate; **wysoka ~a** high rate **2.** (*w grach hazardowych itd.*) stakes; *przen.* **~ą jest cała nasza przyszłość** our whole future is at stake; **grać o wysokie ~i** play (for) high stakes; **podnieść ~ę** raise the stakes, up the stakes; **podwoić ~ę** double the stakes

stąd *adv* **1.** (*o miejscu*) from here; *przen.* **ni ~, ni zowąd** out of the blue **2.** (*dlatego*) hence; that is why; **spadł z roweru – ~ te siniaki** he fell off his bike – hence the bruises

stek *m* **1.** steak; **~ wołowy** beefsteak **2.** *pot.* **~ bzdur** a load of (old) rubbish, a load of old cobblers; **~ kłamstw** pack of lies; web of lies

ster *m dosł. i przen.* rudder; helm; **przejąć ~** (*rządu itd.*) take (over) the helm of; **stanąć u ~u...** (*organizacji itd.*) be at the helm of..., take the helm of...; **u ~u** at the helm

stolica *f* capital; **~ kraju** nation's capital; **Stolica Apostolska** the Holy See

stoł|ek *m* stool; **~ek barowy** bar stool; **~ek na trzech nogach** three-legged stool; **wysoki ~ek** high stool; *przen.* **siedzieć na dwóch ~kach** serve two masters; **siedzieć na (ministerialnym) ~ku** hold (ministerial) office

stop|a *f* **1.** foot (*pl* feet); **bosa ~a** bare foot; **od stóp do głów** from head to feet, from top to toe **2.** (*zysku, procentowa itd.*) rate; **~a życiowa** standard of living, living standard **3.** *przen.* footing; **być z kimś na koleżeńskiej/przyjaznej ~ie** be on a friendly footing with sb; **na ~ie wojennej** on a war footing

stop|ień *m* **1.** degree; grade; **~ień Celsjusza** degree Celsius/ /centigrade; **~ień Fahrenheita** degree Fahrenheit; **30 ~ni Celsjusza** 30 degrees Celsius, 30 degrees centigrade; **w temperaturze 100 ~ni Celsjusza** at a temperature of 100°C **2.** (*człon, element itd.*) stage; **~ień rakiety** stage of a rocket; **~ień schodów** stair, step **3.** (*w hierarchii*) rank; grade; degree; **~ień generała** rank of general; **~ień naukowy** (academic) degree; **on jest wyższy ode mnie ~niem** he's above me in rank **4.** (*intensywność*) degree, extent; **do pewnego ~nia** to a certain degree, to a certain extent, to some extent; **pierwszego ~nia** (*oparzenie itd.*) first-degree; **przemoc nasiliła się do takiego ~nia, że mieszkańcy bali się wychodzić z domu** violence increased to the extent that residents were afraid to leave their homes; **w jakim ~niu...** to what degree..., to what extent...; **w jakim ~niu/do jakiego ~nia możemy winić ich za ten brak informacji?** to what extent can we blame them for this lack of information?; **w mniejszym ~niu** to/in a lesser degree, to a lesser extent; **w najmniejszym ~niu** in the slightest degree; **w najwyższym ~niu** to the highest degree; **w większym ~niu** to a greater extent; **w wysokim ~niu** to a large/great extent, highly **5.** (*ocena w szkole*) mark, grade; **najwyższy/najlepszy ~ień** top mark; **ona miała bardzo dobre ~nie z angielskiego przez cały rok** she had very good marks in/for English throughout the year; **otrzymać dobry/zły ~ień z (matematyki)** get a good/poor mark in (maths); **otrzymał wspaniałe ~nie na egzaminach** he got excellent grades in his exams; **postawić komuś niskie/wysokie ~nie za coś** give sb low/high marks for sth **6.** (*przymiotnika*) degree of comparison; **~ień**

najwyższy superlative (degree); **~ień równy** positive (degree); **~ień wyższy** comparative (degree)

stos *m* **1.** pile; heap; **~ brudnych rzeczy do prania** a pile of dirty washing; **~ książek** a pile of books; **ułożyć coś w ~** pile sth (up); heap sth (up) **2.** stake; **(s)palić (żywcem) na ~ie** burn (alive) at the stake

stosun|ek *m* **1.** (*związek*) relation; relationship; **~ki dyplomatyczne** diplomatic relations; **~ki handlowe** trade relations; **~ki międzynarodowe** international relations; **przyjazne ~ki** friendly relations; **~ki między nami są napięte** relations between us are strained; **~ki między nimi pogorszyły się** relations between them have worsened; **~ki z rodziną** relations with one's family; **być w dobrych ~kach z** be on good terms with; **być z kimś w przyjaznych ~kach** be on friendly terms with sb; **mieć przyjazne ~ki z** enjoy friendly relations with; **nawiązać ~ki (dyplomatyczne) z** establish (diplomatic) relations with; **normalizować ~ki** normalize relations; **poprawić ~ki** improve relations; **pozostawać w dobrych ~kach z** be on good terms with; **utrzymywać ~ki z** maintain/have relations with; **w ~ku do...** in relation to...; regarding...; **wznowić ~ki** renew relations; **zerwać ~ki (dyplomatyczne) z** break off/sever (diplomatic) relations with **2.** (*relacja wielkości*) ratio; proportion; **w ~ku 2:1** in the proportion 2:1; **w ~ku odwrotnie proporcjonalnym/w odwrotnym ~ku** in inverse proportion/ratio; **w ~ku wprost proporcjonalnym** in direct proportion/ratio **3.** (*nastawienie*) attitude; **lekceważący/niedbały/nieodpowiedzialny ~ek do...** casual attitude to...; **negatywny ~ek do...** negative attitude to...; **nonszalancki/wyniosły ~ek do...** cavalier attitude towards...; **pogardliwy ~ek** scornful attitude; **pozytywny ~ek do...** positive attitude to...; **jaki jest twój ~ek do aborcji?** what is your attitude to abortion? **4.** **~ek (płciowy)** (sexual) intercourse; **odbyć z kimś ~ek** have sex with sb, have intercourse with sb

stół *m* table; ~ **bilardowy** billiard table; ~ **do gry/karciany** ~/ /**zielony** ~ card table; ~ **do ping-ponga** ping-pong table; ~ **kuchenny** kitchen table; ~ **operacyjny** operating table; **konferencja/obrady okrągłego stołu** round-table conference; **nakryć do stołu/nakryć** ~ lay a table, *zwł. US* set a table; **podawać do stołu** serve; wait at/on; **przy stole** at the table; **siadać do stołu** sit up to the table; **siedzieć za stołem/przy stole** sit at the table; **sprzątać ze stołu** clear the table

strach *m* **1.** fear; scare; **blady/śmiertelny** ~ mortal fear, grave fear; **blady ze ~u** white with fear; **ciągły** ~ constant/lingering fear; **gwałtowny/nagły** ~ sudden fear; ~ **pomyśleć...** I shudder to think...; **blady** ~ **padł na niego** he was overpowered by mortal/grave fear; **drżąc ze ~u** in fear and trembling; **miała w oczach** ~ fear could be seen in her eyes; **myśl o egzaminach napawa/przejmuje mnie ~em** the thought of my exams scares me stiff; **napędzić komuś ~u** give sb a scare; **okazywać** ~ show fear; **pokonać/opanować (swój)** ~ conquer one's fear, overcome one's fear; **sparaliżowany ~em** paralysed with fear; **wzbudzać** ~ arouse fear, inspire fear, kindle fear; **ze ~u** out of fear; **ze ~u przed** for fear of; **zrobiła to ze ~u** she did it out of fear; **zwyciężyć** ~ conquer one's fear, overcome one's fear; **żyć w ~u przed** live in fear of **2.** ~ **na wróble** scarecrow

strac|ić *v* lose; **jeszcze nie wszystko ~one** all is not lost; **nie ma chwili do ~enia** there's no time to lose; **nie masz nic do ~enia** you've got nothing to lose

strajk *m* strike; ~ **dziki** wildcat strike; ~ **generalny** general strike, all-out strike; ~ **głodowy** hunger strike; ~ **górników** miners' strike; ~ **kierowców autobusów** strike by bus drivers; ~ **nielegalny** illegal strike; ~ **okupacyjny** sit-down (strike); ~ **ostrzegawczy** token strike; ~ **solidarnościowy** sympathy strike; **brać udział w ~u** be on strike; **przeprowadzić** ~ conduct/stage a strike; **zorganizować** ~ organize a strike

strat|a *f* loss; (*zmarnowanie*) waste; **~a czasu** waste of time; **~y w ludziach** (*w bitwie, katastrofie*) casualties; **ciężkie ~y** heavy losses; **poważne ~y** substantial/considerable/severe losses; **rozmiary ~** extent of losses; **ponieść ~y** incur losses, sustain losses, suffer losses; **spisać na ~y** write off; **sprzedać ze ~ą** sell at a loss; **wojsko poniosło ciężkie ~y w ludziach** the army suffered heavy casualties; **wynagrodzić komuś ~ę** recompense sb a loss

straż *f* guard; **~ graniczna** border guard; **~ pożarna** fire brigade//service, *US* fire department; **pełnić/trzymać ~** keep guard; **policjanci pełnili ~ na zewnątrz budynku** policemen were keeping guard outside the building; **pod ~ą** under close guard; **rozstawić ~e** post the guard; **stać na ~y** be on guard; **wezwać ~ pożarną** call the fire brigade; **zaciągnąć ~ (przy)** stand guard (over); **zdjąć ~e** call out the guard

strażnik *m* guard; **~ więzienny** warder, *US* prison guard

stref|a *f* zone; **~a czasowa** time zone; **~a klimatyczna** climatic zone; **szara ~a** (*w gospodarce*) grey area; **podzielić na ~y** zone, divide into zones

streszczać *v* **1.** summarize; sum up; **~ fabułę** summarize the plot **2.** *pot.* **~ się** cut a long story short, make a long story short

stroić | się *v* overdress; **~ się w cudze piórka** sail/fly under false colours

stron|a *f* **1.** (*stronica*) page; **~a nieparzysta** recto (page); **~a parzysta** verso (page); **~a tytułowa** (*książki*) title page (in a book); **pierwsza ~a gazety** front page of a newspaper; **wiadomości z pierwszych ~ gazet** front-page news **2.** side; **~a wewnętrzna** inside; **~a zewnętrzna** outside; **dobra ~a czegoś** good side of sth; **druga/odwrotna ~a medalu** the other side of the coin; **dwie ~y medalu** two sides of the same coin; **mocna ~a** strong point; **słaba ~a** weak point; **ujemna ~a** disadvantage; drawback; shortcoming; failing; **ale z drugiej ~y/z drugiej zaś ~y** (but) then again, (but) there again; **brać czyjąś ~ę** take sb's side/part, side with sb; **być po czyjejś ~ie** be on the side of sb, be on sb's side; **ona nigdy nie opowiada się po żadnej ze ~** she never takes sides; **po czyjej jesteś ~ie?** whose/which side are you on?; **poprosiłam/odwołałam ją na ~ę, aby wyjaśnić jej moją decyzję** I took her on one side to explain my decision; **przekonaliśmy go, żeby przeszedł na naszą ~ę** we persuaded him to come over to our side; **stać po czyjejś ~ie** be on the side of sb, be on sb's side; **tej wojny nie może wygrać żadna ze ~** this is a war which neither side can win; **to był błąd z mojej ~y** it was an error on my part; **trzymać czyjąś ~ę** take sb's side/part, side with sb; **z czyjejś ~y** on the part of sb, on sb's part; **z jednej ~y..., z drugiej ~y...** on the one hand... on the other (hand); **z jednej ~y chcę dużo podróżować, a z drugiej ~y nie chcę zrezygnować z pracy** on the one hand I want to travel a lot, but on the other I don't want to give up my job **3.** (*kierunek*) direction; side; way; **~y świata** cardinal points of the compass; **lewa ~a** left side; **na cztery ~y świata** to all the (four) winds; **po drugiej ~ie drogi** across the road; **po mojej lewej ~ie** on my left; **po mojej prawej ~ie** on my right; **prawa ~a** right side; **w ~ę czegoś** towards sth; **w którą ~ę?** which way?; **ze wszystkich ~** from/on all sides, on/from every side; **być otoczonym ze wszystkich ~** be surrounded on all sides; **dzieci nadbiegały ze wszystkich ~** children came running from/on all sides, children came running on/from every side; **poszli/rozeszli się każdy w swoją ~ę** they went their several ways **4. ~y** *pl* (*rejon*) parts; **ona nie jest z tych ~** she's not from these parts **5.** (*w umowie, sporze itd.*) party; **~a pozwana** defendant; **~a przeciwna** opposing party; **~y zawierające umowę** contracting parties; **zainteresowane ~y** interested parties, parties concerned **6.** (*czasownika*) voice; **~a bierna** passive voice; **~a czynna** active voice **7. ~a równania** member of an equation, side of an equation

str|ój *m* dress; **~ój ludowy** folk costume; **~ój narodowy** national dress; **~ój sportowy** sportswear; **~ój wieczorowy** evening dress/wear; **~ój wizytowy** formal dress; *przen.* **w ~oju Adama** in one's birthday suit, in the buff; **w ~oju wizytowym** in formal dress

stróż *m* **1.** (*dozorca*) watchman (*pl* watchmen); **~ nocny** night watchman **2.** *przen.* (*obrońca*) guardian; **~ moralności** guardian of morals; **~ prawa** crime fighter

strun|a *f* **1.** string; **~y gitary** guitar strings; **pociągać/szarpać palcami/kostką ~y gitary** pluck the strings on a guitar with one's fingers/with a plectrum **2.** **~y głosowe** vocal cords/chords **3.** *przen.* **prosty/wyprostowany jak ~a** (as) straight as a ramrod, (as) stiff as a ramrod; **przeciągać ~ę** go too far; **uderzyć w niewłaściwą ~ę** hit/strike the wrong note; hit a sensitive nerve; **uderzyć we właściwą ~ę** hit/strike the right note; **wyprostować się/wyprężyć się jak ~a** stand as straight as a ramrod, stand as stiff as a ramrod

strycz|ek *m* **1.** (*sznur*) noose; **zacisnąć komuś ~ek na szyi** tighten a noose around sb's neck; **założyć komuś ~ek na szyję** loop a noose around sb's neck **2.** *pot.* (*kara*) the (hangman's) noose; the rope; **udało mu się uniknąć ~ka** he managed to escape the hangman's noose

strzał *m* **1.** (*z broni*) shot; **~ ostrzegawczy** warning shot; *przen.pot.* **~ w ciemno** a shot in the dark; **~ z karabinu** rifle shot; **~ z pistoletu** pistol shot; **~ pada** a shot is fired; **być w zasięgu ~u** be within rifle-range; **dwa ~y trafiły w tarczę** two shots hit the target; **oddać ~ do/w kierunku** take a shot at, fire a shot at **2.** (*w grach sportowych*) shot; **~ obroniony** save; **~ z bliskiej odległości** close-range shot; **bramkarz obronił kilka ~ów oddanych (na bramkę) z bliskiej odległości** the goalkeeper saved several close-range shots; **obronić ~** save a shot; **oddać ~ do bramki** have a shot at the goal

strzel|ać *v* **1.** **~ać (do kogoś/czegoś)** shoot (at sb/sth), fire (at sb/sth); **~ać bez ostrzeżenia** shoot on sight; *przen.* **~ać palcami** snap one's fingers; *pot.* **~ać sobie w łeb** blow one's brains out; *przen.pot.* **~ać w ciemno** take a shot in the dark; take a random shot; **~ił w powietrze** he shot into the air; *przysł.* **człowiek ~a, Pan Bóg kule nosi** man proposes but God disposes; **nie znam odpowiedzi więc będę musiał ~ać** I don't know the answer so I'll have to take a random shot at it **2.** (*w grach sportowych*) shoot, score, kick; **~ać do pustej bramki** kick the ball into an open goal; **~ać głową** head the ball; **~ić bramkę** kick a goal, score/make a goal; **~ić wyrównującą bramkę** score an equalizer; **~ił karnego** he kicked a penalty; **w całym meczu ~ono tylko jedną bramkę** only one goal was scored in the entire match

strzelec *m* **1.** rifleman (*pl* riflemen); gunner; **~ wyborowy** sharpshooter **2.** (*w grach sportowych*) scorer; **~ bramki** goal-scorer **3. Strzelec** (*znak zodiaku*) Sagittarius, Archer; **(ona jest) spod znaku Strzelca** (she was born) under Sagittarius; **ona jest typowym Strzelcem** she is a typical Sagittarius **4.** *przen.* **wolny ~** freelance, freelancer; **pracować jako wolny ~** freelance, work freelance

strzykawka *f* syringe; **~ jednorazowego użytku** disposable syringe

student *m* student; **~ historii** history student; **~ medycyny** medical student; **~ pierwszego roku** freshman, *pot.* fresher; **~ prawa** law student; **~ uniwersytetu** university student; **wieczny ~** eternal student; **wzorowy ~** model student

studia *pl* studies; **~ podyplomowe** postgraduate studies; **~ zaoczne** extramural studies; **odbywać ~** pursue one's studies; **ukończyć ~** complete one's studies

studio *n* studio; **~ filmowe** film studio; **~ nagrań** recording studio; **~ telewizyjne** TV/television studio; **publiczność//widownia (zgromadzona) w ~** studio audience; **w ~/w studiu** in the studio, at the studio

studiować *v* study; **~ dokument** study a document; **~ języki** study languages; **~ prawo** study law

stwierdzenie *n* statement; **ogólnikowe ~** sweeping statement

stworzenie *n* **1.** creation; **~ świata** the creation of the world **2.** (*istota*) creature; **~ boże** God's creature; *przen.* **wyglądać jak nieboskie ~** look like nothing on earth

styczność *f* contact; **mieć ~ z** be in contact with; come in contact with

styl *m* style; **~ architektoniczny** architectural style; **~ klasyczny** classical style; **budynek w ~u gotyckim/romańskim** a building in Gothic/Romanesque style; **coś nie jest w czyimś ~u** sth is not sb's style; **w dobrym ~u** in style, in fine/great style

stypendium *n* scholarship; **~ studenckie** student grant; **mieć ~** hold a scholarship; **otrzymać ~** get/receive a scholarship; **przyznać ~** award/grant a scholarship; **ubiegać się o ~** apply for a scholarship, try for a scholarship; **ufundować ~** found a scholarship; **uzyskać ~** win a scholarship; **żyć ze ~** live on a grant

sukces *m* success; **~ kasowy** (*filmu, przedstawienia*) box-office success; **pełny ~** full success; **wielki ~** great/huge/tremendous success; **~ nie przewrócił mu w głowie** success has not turned his head; **odnieść ~** be a success, be successful, succeed; **odnieść pełen ~** carry all before one, carry everything before one; **on ma nadzieję, że odniesie ~ w interesach** he's hoping to make a success of the business; **osiągnąć ~** achieve (a) success, attain (a) success; **uwieńczony ~em** successful

sukienk|a *f* dress; frock; **~a bez rękawów** sleeveless dress; **~a z długimi rękawami** long-sleeved dress; **~a z krótkimi rękawami** short-sleeved dress; **dopasowana/wąska ~a** tight dress; **krótka ~a** short dress; **letnia ~a** summer dress; **~a dobrze leży** a dress fits well; **miała na sobie letnią ~ę/była ubrana w letnią ~ę** she was in a summer dress; **nosić ~ę** wear a dress

sukni|a *f* dress; frock; gown; **~a balowa** ball-dress; **~a bez rękawów** sleeveless dress; **~a ślubna** wedding gown; **~a wieczorowa** evening dress; evening gown; **~a z długimi rękawami**

long-sleeved dress; **~a z krótkimi rękawami** short-sleeved dress; **długa ~a** long dress; **~a dobrze leży** a dress fits well; **nosić ~ę** wear a dress

sum|a *f* **1.** (*wynik sumowania*) sum, total; **~a algebraiczna** algebraic sum; **dwa i pięć to w ~ie siedem** the sum of two and five is seven; **obliczyć ~ę** do a sum **2.** (*kwota*) sum, amount; **~a pieniędzy** sum/amount of money; **bajońskie ~y** huge sums; tidy sum; **drobna ~a** negligible sum; **okrągła ~a** round sum; **znaczna ~a** large/considerable/substantial sum; **towar na ~ę 3 milionów dolarów** $3 million worth of goods; **rachunek opiewający na ~ę...** bill amounting to...; **w ~ie będzie cię to kosztowało 30 dolarów** that will cost you thirty dollars in total **3.** (*msza*) high mass; **być na ~ie** attend/hear high mass

sumieni|e *n* conscience; **czyste/spokojne ~e** clear conscience; **nieczyste ~e** bad/guilty conscience; **głos ~a** the still small voice (of conscience); **wolność ~a** liberty of conscience; **wyrzuty ~a** remorse; **~e dręczy kogoś z powodu...** one's conscience is troubled by...; **~e go gryzie** his conscience is pricking him; **apelować do czyjegoś ~a** appeal to sb's conscience; **być sprawą ~a** be a matter of conscience; **coś ciąży/leży komuś na ~u** sth lies heavy/heavily on sb, sth preys on one's conscience, sth weighs on one's conscience; **kierować się ~em** be guided by one's conscience; **mam wyrzuty ~a, że...** it's on my conscience that...; **mieć kogoś/coś na ~u** have sb/sth on one's conscience; **nie mieć ~a** have no conscience; **obudzić czyjeś ~e** arouse sb's conscience; **pełen wyrzutów ~a** conscience-stricken, conscience-smitten; **poruszyć czyjeś ~e** stir sb's conscience; **uspokoić ~e** salve one's conscience; **wstrząsnąć czyimś ~em** shock sb's conscience; **zrobić coś z czystym ~em** do sth in (all/good) conscience

susz|a *f* drought; **długotrwała ~a** prolonged drought; **tereny dotknięte ~ą** the areas affected by drought, the drought-affected areas; **~a panuje...** there is a drought

suwak

suwak *m* **1.** (*zamek błyskawiczny*) zip (fastener), *US* zipper; **~ zacina się** a zip gets stuck; **rozsunąć ~** undo a zip, unzip; **rozsunął ci się ~** your zip's undone; **ta sukienka zapinana jest z tyłu na ~** this dress zips (up) at the back; **zapiąć coś na ~/zasunąć ~** zip sth up; **zapinany na ~** zipped **2. ~ logarytmiczny** slide rule

swobod|a *f* liberty; freedom; **~a działania** freedom of action//movement; **~a przekonań** freedom of thought; **~y obywatelskie** civil liberties; **bronić swobód jednostki** protect the freedoms of the individual; **dać komuś ~ę działania** give sb plenty of rope; **dają/pozostawiają swoim dzieciom dość dużo ~y** they give their children a great deal of liberty; **korzystać ze ~y** enjoy liberty; **mieć ~ę działania** have freedom of action, enjoy the freedom of action; **na ~zie** at liberty; at large; **żyć na ~zie** (*o zwierzętach*) live in the wild

swoje (*w użyciu rzeczownikowym*) **dokazać swego/dopiąć swego//postawić na swoim** get one's own way, have one's own way; **dostać/mieć/oberwać za ~** get one's just deserts, meet with one's just deserts, be punished according to one's deserts; **mówi, że był w kinie, ale ja wiem ~** he says he was at the cinema, but I know different; **obstawać przy swoim/upierać się przy swoim** stand by sth; dig one's heels in, dig one's toes in; **pewny swego** self-assured; **po ~mu** one's own way; **robić ~** do one's stuff; do one's (own) thing; **wiedzieć ~** know different, know otherwise; **w końcu ona oberwie/dostanie za ~** she'll get her just deserts in the end; **w końcu ona zawsze stawia na swoim** she always gets her own way in the end

sygnał *m* signal; **~ alarmowy** alarm signal, alarm; **~ czasu** time signal; **~ radiowy** radio signal; **~ świetlny** light signal; **~ wzywania pomocy** distress signal; **~ zajętości** (*telefoniczny*) busy signal; **~ zgłoszenia** (*telefoniczny*) *GB* dialling tone, *US* dial tone; **dać ~ do rozpoczęcia czegoś** give the signal for something to begin; **nadawać ~** send/give a signal; **na dany ~**

at/on a given signal; **odebrać ~ z** receive a signal from; **przesyłać ~** send a signal

symbol *m* symbol; **~ chemiczny** chemical symbol; **~ seksu** sex symbol; **być ~em czegoś** be the symbol of sth; be symbolic of sth; symbolize sth

syn *m* son; **~ chrzestny** godson; **~ marnotrawny** the prodigal (son); **~ przybrany** foster son; **~ rodzony** one's natural son; **maminy ~ek** a mother's boy, *US* a mamma's boy; **Syn Boży** the Son (of God); **był dla nich jak ~** he was like a son to them; **jeden z najsłynniejszych ~ów Francji** one of France's most famous sons; **on ma dwóch dorosłych ~ów** he has two grown-up sons

system *m* system; **~ dwupartyjny** two-party system; **~ edukacyjny/szkolnictwa** educational system, school system; **~ ekologiczny** ecological system, ecosystem; **~ filozoficzny** philosophical system; **~ gospodarczy** economic system; **~ jednopartyjny** one-party system; **~ kapitalistyczny** capitalist system; **~ kastowy** caste system; **~ metryczny** metric system; **~ polityczny** political system; **~ socjalistyczny** socialist system; **przejść na ~ metryczny** change to a metric system; **uruchomić/włączyć ~ alarmowy** activate the alarm system; set off the burglar alarm; **w naszym ~ie politycznym** under our political system

sytuacj|a *f* situation; **~a bez wyjścia** no-win situation; **~a ekstremalna** extreme situation; **~a finansowa** financial situation; **~a gospodarcza** economic situation; **~a kryzysowa** crisis situation, crisis; **~a mieszkaniowa** housing situation; **~a międzynarodowa** international situation; **~a polityczna** political situation; **beznadziejna ~a** hopeless/desperate situation; **delikatna ~a** delicate situation; **kłopotliwa ~a** embarassing situation; **nagła/wyjątkowa ~a** emergency situation, emergency; **nieprzyjemna ~a** unpleasant situation; **nieznośna ~a** intolerable situation; **niezręczna ~a** awkward situation; **poważna ~a**

serious situation; **stabilna ~a** stable situation; **~a jest beznadziejna** the situation is hopeless, the situation is beyond/past hope; **~a się pogorszyła** the situation has worsened; **być w rozpaczliwej ~i** be in a terrible plight; be in dire/desperate straits; **czy zdajesz sobie sprawę z powagi ~i?** do you realize the seriousness of the situation?; **jesteśmy w ~i bez wyjścia – będziemy musieli mu powiedzieć** there's no way around it – we'll have to tell him; **nie możemy dopuścić, aby obecna ~a utrzymywała się/pozostawała bez zmian** we can't allow the current situation to stand; **opanować ~ę** keep the situation under control; **panować w pełni nad ~ą** be in full control of the situation; **postawić się w czyjejś ~i** *pot.* put oneself in sb's shoes; **ratować ~ę** save the situation; **stawiać kogoś w trudnej ~i** put sb in a difficult position; **to stawia mnie w bardzo niezręcznej ~i** this puts me in a very awkward position; *pot.* **w podbramkowej/trudnej ~i** in a tight corner, in a tight spot; **w twojej ~i** in your situation/position

szacun|ek *m* **1.** respect; esteem; regard; **darzyć kogoś (ogromnym) ~kiem** hold sb in (high) respect; respect sb; **okazywać brak ~ku** disrespect; flout; slight; **pełen ~ku** respectful; **z całym ~kiem** with all due respect; **z największym ~kiem** with the utmost respect **2.** (*szacowanie*) estimation; (*wynik oszacowania*) estimate; **według przybliżonego ~ku** at a rough estimate

szal|a *f* (*wagi*) pan, scale pan; *przen.* **położyć wszystko na jednej ~i/rzucić wszystko na jedną ~ę** *pot.* put all one's eggs in one basket; **przechylić ~ę na czyjąś korzyść/stronę** tip the balance in sb's favour, tip the scales in sb's favour

szaleństw|o *n* madness; insanity; folly; distraction; **~a młodości** follies of one's youth; **byłoby czystym ~em...** it would be a sheer folly to...; **doprowadzać kogoś do ~a** drive sb to distraction; **kochać kogoś do ~a** love sb to distraction

szalony *a* mad; *przen.* **jak ~** like crazy/mad/anything

szał *m* madness; frenzy; **doprowadzać kogoś do ~u** drive sb mad/crazy

szans|a *f* chance; **jedna ~a na milion** a/one chance in a million; **mała ~a** little/small chance; **nikła ~a** poor/slight/slim chance; **ostatnia ~a** last chance; **równe ~e** equal opportunities; **zmarnowana ~a** lost chance; **życiowa ~a** the chance of a lifetime; **mieć ~ę** have a chance; stand a chance; **nie mieć najmniejszej ~y** not have the slightest chance; *pot.* not have/stand an earthly; not have a snowball's chance in hell; not have a dog's chance; **on nie ma najmniejszej ~y** he doesn't have a ghost of a chance

szantaż *m* blackmail; **~ moralny** moral blackmail; **sądzę, że nie posunąłby się do ~u** I believe he would stop short of blackmail; **stosować ~/uciekać się do ~u** practise blackmail; commit backmail; **zmuszać kogoś ~em (do zrobienia czegoś)** blackmail sb (into doing sth)

szczeb|el *m* **1.** **~el (drabiny)** rung **2.** *przen.* grade; level; rung; **~el kariery** rung of a career; **(decyzje podejmowane) na ~lu ministerialnym** (decisions taken) at ministerial level; **na najwyższym ~lu** at the top level; top-level

szczegół *m* detail; **~y dotyczące (wypadku)** details about (the accident); **drobny ~** petty detail; **istotny ~** essential detail; **ważny ~** important detail; **nie znam jeszcze wszystkich ~ów** I don't know the full details yet; **podawać ~y** give/provide details; **ujawnić/wyjawić ~y czegoś** disclose the details of sth, divulge the details of sth; **wchodzić/wdawać się/wnikać w ~y** go into detail

szczepieni|e *n* vaccination, inoculation; **~e doustne** oral vaccination; **~e masowe** mass vaccination; **~e obowiązkowe** compulsory vaccination; **~e ochronne** (preventive) vaccination; **~e przeciw gruźlicy/przeciwgruźlicze** vaccination against tuberculosis; **~e przeciw wściekliźnie** rabies vaccination; **przeprowadzić masowe ~a ludności** do a mass vaccination of the population, carry out a mass vaccination of the population

szczepionk|a *f* vaccine; **~a przeciw grypie** influenza vaccine; **~a przeciw ospie** smallpox vaccine; **~a przeciw wściekliźnie** rabies vaccine; **~a chroni przed...** the vaccine protects against...; **wstrzykiwać/podawać komuś ~ę przeciw...** vaccinate sb against...

szczer|y *a* **1.** sincere; frank; **~a odpowiedź** frank reply; **będę z tobą (zupełnie) ~y...** to be (perfectly) frank with you,... **2. ~e pole/~a pustka** open country

szczęka *f* jaw; **sztuczna ~** a set of artificial/false teeth; *przen.pot.* **~ komuś opada** one's jaw drops

szczęści|e *n* **1.** happiness; **osiągnąć ~e** achieve happiness; **znaleźć prawdziwe ~e** find true happiness **2.** (*zrządzenie losu*) good luck, fortune; **~e w nieszczęściu** a blessing in disguise; **łut ~a** a bit of luck; **~e mi dopisało...** I had the good fortune to...; **~e się do nas uśmiechnęło** fortune smiled on us; **~e, że/na (całe) ~e, że** lucky that; be lucky (enough) to do; **(całe) ~e, że nie złamał nogi** he's lucky he didn't break his leg; *przysł.* **głupi ma (zawsze) ~e** fortune favours fools; **jeśli ~e nas nie opuści...** if our luck holds...; *przysł.* **kto ma ~e w kartach, nie ma ~a w miłości** lucky at cards, unlucky in love; **mieć ~e** be in luck, be lucky; **mieć ~e w kartach** be lucky at cards; **na ~e** fortunately, luckily; **na ~e** (*talizman*) for luck; **na ~e dla nas/ciebie** luckily for us/you; **nie mieć ~a** be out of luck; **przy odrobinie ~a/jeśli ~e dopisze** with (any/a bit of) luck; **przynosić ~e** bring luck; **spróbować swego ~a** try one's luck, try one's fortune; **szukać ~a** seek one's fortune; **zawsze noszę to na ~e** I always carry it for luck; **zdać się na los ~a** leave sth to chance; **życzę ~a!** good luck!; **życzyć komuś ~a** wish sb luck

szczur *m* rat; *przen.* **~ lądowy** landlubber

szczy|t *m* **1.** summit; top; peak; **~t górski/góry** peak/summit/top of a mountain; **wejść na ~t góry** scale the peak of a mountain; **wspinać się na ~t** climb to the summit; **zdobyć ~t górski**

make a successful ascent of the mountain 2. *przen.* summit; **~t** (*absurdu, głupoty itd.*) the height of...; **~t ambicji** the summit of one's ambition; **~t osiągnięć nauki** the summit of scientific achievement; **~t sezonu** high season; **konferencja na ~cie** summit conference; **rozmowy na ~cie** summit talks; **spotkanie na ~cie** summit meeting; **u ~tu...** at the peak of..., at the zenith of...; **brać udział/uczestniczyć w ~cie** attend a summit

szept *m* whisper; **~em** in a whisper; **mówić ~em** speak in a whisper; **zniżyła głos do ~u** her voice dropped to a whisper

szereg *m* 1. (*rząd, ciąg*) row; **~ książek** row of books; **~ ludzi** row of people; **równy ~** even/straight row; **~ za ~iem** in rows; **stać w ~u/~iem** stand in a row 2. (*wiele, sporo*) a number of...; a series/set of...; **~ zdarzeń** a set of events; **pojawił się ~ problemów** a number of problems have arisen

szerok|i *a* wide, broad; **~a ulica/droga** broad street/road; **~i na dwa metry** two metres wide/broad; **~i świat** the whole wide world; **~i uśmiech** broad smile; **~i zakres czegoś** a broad range of sth; **jak kraj długi i ~i** nationwide

szerokoś|ć *f* width; breadth; **~ć geograficzna** latitude; **~ć pasma** (*częstotliwości*) bandwidth; **o ~ci 10 metrów** 10 metres in width; **to ma dziesięć metrów ~ci** it is ten metres in width, it is ten metres wide

szew *m* 1. seam; stitch; *przen.* **coś pęka/trzeszczy w szwach** (*pomieszczenie itd.*) sth is bursting at the seams, sth is bulging at the seams; **pękać w szwach** (*odzież*) come apart at the seams 2. (*chirurgiczny*) suture; **założyć ~** put in a suture; **zdjąć ~** remove a suture, take out a suture

szewc *m* shoemaker; *przysł.* **~ bez butów chodzi** who is worse shod than the shoemaker's wife?, the shoemaker's wife often goes in ragged shoes; *przen.* **kląć jak ~** swear like a trooper; **pić/upijać się jak ~** drink like a fish; **pijany jak ~** blind drunk, (as) drunk as a lord, *US* (as) drunk as a skunk

szkic *m* sketch; outline; ~ **biograficzny** biographical sketch; ~ **ołówkiem/ołówkowy** pencil sketch; **zrobić/wykonać/ /narysować ~ czegoś** sketch sth, make/draw a sketch of sth

szkod|a 1. *f* harm; detriment; damage; **bez ~y dla** without detriment to; **~y wyrządzone przez powódź** flood damage; **ponieść ~ę** suffer damage; sustain damage; **powodować ~y ekologiczne** cause damage to the ecology; **wyrządzić ~ę** cause damage, do damage, cause harm, do harm; **ze ~ą dla** to the detriment of **2.** *adv* **~a, że...** it's a pity..., pity...; what a shame (that)...; I wish...; (it's) too bad...; **~a, że nie byłem w Montrealu w czasie Olimpiady** I wish I had been in Montreal during the Olympic Games; **~a, że nie mam więcej pieniędzy** I wish I had more money; **~a, że nie pomyślałeś o...** (it's a) pity you didn't think of...; **~a, że sklepy są zamknięte** what a shame the shops are closed; **jaka ~a/co za ~a!** what a pity!; too bad!; **to ~a** that's a pity

szkoł|a *f* school; **~a baletowa** ballet school; **~a dzienna** day school; **~a koedukacyjna** coeducational school; **~a muzyczna** school of music, music school; **~a ogólnokształcąca** grammar school; **~a podstawowa** elementary school, *US* grade school; **~a średnia** secondary school, *US* high school; **~a wdzięku** charm school; **~a wieczorowa** evening school; **~a wyższa** college; higher school; **~a z internatem** boarding school; **~a zawodowa** trade/vocational school; **ekskluzywna ~a** select school; **absolwent ~y** (*tegoroczny*) school-leaver; **chodzić/ /uczęszczać do ~y** go to school; attend school; **kiedy kończy się ~a?** when does school break up?; **kończymy ~ę 30 czerwca** we break up on June 30th; **ona chodzi do dobrej ~y** she goes to a good school; *przen.* **przejść twardą ~ę życia** go through the mill; **rzucić ~ę** drop out/leave/quit school; **skończyć/ /ukończyć ~ę** finish school, graduate from school, leave school; **w szkole** at/in (a) school; **zacząłem chodzić do ~y, kiedy miałem pięć lat** I began school when I was five

sznur *m* **1.** cord; line; ~ **do wieszania bielizny** washing line, clothesline; **związać coś mocnym ~em** tie sth with a stout cord **2.** *przen.* string; train; ~ **korali/pereł** string of beads/pearls; ~ **samochodów/pojazdów** motorcade

sznurowadł|o *n* lace; **~a do butów** shoe-laces; **zawiązać ~a** do up/tie one's shoe-laces, lace one's shoes up

szok *m* shock; **coś wywołuje u kogoś (ogromny) ~** sth comes as a (terrible) shock to sb, sth is a (terrible) shock to sb; **doznać ~u (po wypadku)** suffer from a shock (after an accident); **przeżyłam ~/doznałam ~u na wieść o...** I was shocked at/by the news of..., it shocked me to hear of...; **wiadomość o śmierci matki wywołała u niego ~/była dla niego ~iem** the news of his mother's death was a shock to him

szpilk|a *f* **1.** pin; *przen.* **ani ~i wetknąć/nie da się ~i wetknąć/nie ma gdzie ~i wetknąć** (*jest ciasno*) there's not enough room to swing a cat, no room to swing a cat; **przypiąć coś ~ą** pin sth, attach sth with a pin; *przen.* **(siedzieć/kręcić się) jak na ~ach** (be) on pins and needles **2.** (*but*) court shoe; **chodzić w ~ach** wear court shoes

szpital *m* hospital; ~ **dziecięcy** children's hospital; ~ **miejski** city/municipal hospital; ~ **ogólny** general hospital; ~ **polowy** field hospital; ~ **położniczy** maternity hospital; ~ **prywatny** private/proprietary hospital; ~ **psychiatryczny** mental hospital; ~ **rejonowy** district hospital; **iść do ~a** go to hospital, *US* go to the hospital; **w ~u** in/at (the) hospital; **znaleźć się w ~u** find oneself in a hospital

sztafe|ta *f* relay, relay race; **~ta cztery razy czterysta metrów** the 4 x 400 m relay; **biec/pobiec w ~cie** run a relay

sztandar *m* banner; flag; standard; ~ **narodowy** national flag; ~ **pułkowy** regimental banner; **czerwony ~** red flag; ~ **powiewa/łopocze** a flag flies, a flag flutters; **pod (czyimś) ~em/pod ~em (czegoś)** under the... flag, under the banner of...; **rozwinąć ~** unfurl a banner/flag; **zatknąć ~** plant a banner

sztuk|a *f* **1.** art; ~**a abstrakcyjna** abstract art; ~**a dla ~i** art for art's sake; ~**i piękne** fine arts; ~**i plastyczne** plastic arts **2.** (*umiejętność*) art, craft; **opanować ~ę robienia czegoś** get the knack of doing sth **3.** (*przedstawienie, dramat*) play; drama; ~**a historyczna** historical drama; ~**a jednoaktowa** one-act play; ~**a kostiumowa** costume play/drama; **rzadko wystawiana/grana ~a** a rarely-performed play; ~**a idzie/jest wystawiana/jest grana** a play runs; **wystawić ~ę** put up/stage a play **4.** (*magiczna itd.*) trick; ~**a akrobatyczna** acrobatic trick/feat; ~**a cyrkowa** circus act; *przen.pot.* **to nie ~a/wielka (mi) ~a!** (*to nic trudnego*) there is nothing to it! **5.** (*egzemplarz*) specimen; piece; unit; ~**a mięsa** piece of meat

szturm *m* ~ **(na)** onslaught (against/on); *dosł. i przen.* **brać//wziąć/zdobyć coś ~em** take sth by storm; **odeprzeć ~** withstand a storm; **przypuścić ~ na** storm sth

szum *m* noise; sound; ~ **drzew** rustle/rustling of trees; ~ **fal** murmur of waves; ~ **liści** rustle/rustling of leaves; ~ **morza** sough of the sea; ~ **płynącej wody** the sound of running water; ~ **potoku/strumienia** murmur of the brook/stream; ~ **wiatru** murmur of the wind; *przen.* **ktoś ma ~ w głowie** sb's head is buzzing; **ktoś ma ~ w uszach** sb's ears are buzzing; **robić ~ wokół czegoś** make a noise about sth, make a fuss of sth

szybki *a* fast, quick, rapid; *przen.* ~ **jak błyskawica/jak piorun/jak strzała** (as) quick as lightning, (as) quick as a flash; ~ **koń** fast horse; ~ **samochód** fast car

szybkoś|ć *f* speed; velocity; rate; **błyskawiczna ~ć** lightning speed; **duża ~ć** high speed; **maksymalna ~ć** top/full speed; **mała ~ć** low speed; **stała ~ć** steady speed; **zawrotna ~ć** breathtaking speed; **nabierać ~ci** speed up, gather speed, pick up speed; **nadawać ~ć** bring up to speed; **zmniejszać ~ć** decelerate; **zwiększać ~ć** accelerate; **z maksymalną ~cią** at top speed

szy|ć *v* sew; ~**ć na maszynie** sew by machine; ~**ć ręcznie/w rękach** sew by hand; ~**ć sukienkę** sew a dress; ~**ty ręcznie** hand-sewn

szyfr *m* cipher, cypher code; **(napisany)** ~**em** (written) in cipher; **odczytać/odcyfrować** ~ solve a cipher; **złamać** ~ break a cipher

szyj|a *f* neck; *pot.* **biec/pędzić na łeb, na** ~**ę** run headlong; **nosić coś na szyi** wear sth around one's neck; **po** ~**ę** neck-deep; **rzucać się komuś na** ~**ę** fall on sb's neck; **wyciągać** ~**ę** crane one's neck; **założyć/zarzucić szalik na** ~**ę** wrap a scarf round one's neck

szyk *m* **1.** array; order; formation; ~ **bojowy** battle formation; ~ **zwarty** close formation; *przen.* **pokrzyżować/pomieszać/ /poplątać/popsuć komuś** ~**i** queer sb's pitch **2.** (*elegancja*) chic; style; elegance; **zadać** ~**u** cut a brilliant/fine figure

Ś

ścian|a *f* wall; **~a działowa** partition (wall), division wall; **~a nośna** main/load-bearing wall; *przen.* **~a ognia** wall of fire; **~a szczytowa** gable wall; *przen.* **blady/biały jak ~a** as white as a sheet; **cztery ~y** these four walls; *przysł.* **~y mają uszy** walls have ears; *pot.* **mówić/gadać jak do ~y** talk to a brick wall; **o ~ę** against the wall

ścież|ka *f* **1.** path; pathway; **(być) na wojennej ~ce** (be) on a warpath; **chodzić własnymi ~kami** follow one's (own) bent; **wstąpić/wejść na ~kę wojenną** go on a warpath **2. ~ka dźwiękowa** soundtrack

ściga|ć *v* **1.** (*gonić*) chase, pursue, be after; **~ go policja** the police are after him **2. ~ć się (z kimś)** race (sb/against sb); **~ł się z nami do końca drogi** he raced us to the end of the road **3. ~ć sądownie** prosecute

ślad *m* **1.** trace; track; **~ łapy** footprint, pawprint; **~ stopy** footprint; **fałszywy ~** false scent; **~ po nim zaginął** he vanished without trace; we lost all trace of him; **ani ~u kogoś/czegoś** no sign of sb/sth; **czy policja trafiła na ~ mordercy?** did the police find any trace of the murderer?; **iść/podążać czyimś ~em** follow sb; follow sb's traces; **nie było ~u życia** there was no sign of life; **odnaleźć ~ czegoś/kogoś** find a trace of sth/sb; **pójść w ~y kogoś/wstępować w czyjeś ~y** follow in sb's footsteps, follow in the footsteps of sb; **zacierać za sobą ~y** hide one's tracks, cover (up) one's tracks; **zniknąć/przepaść/zginąć bez ~u** vanish without (a) trace; **zostawić ~** leave a trace

2. (*znikoma ilość*) trace; **~y trucizny** traces of poison; **bez ~u zdziwienia** without a trace of surprise

śledztwo *n* inquiry, enquiry; investigation; **prowadzić ~** carry out/conduct an investigation; make an inquiry; **prowadzić oficjalne ~** hold an official inquiry; **wszcząć ~** launch an investigation; launch an inquiry

śledź *m* herring; *pot.* **gnieść się/tłoczyć się/być stłoczonym jak śledzie w beczce** be cramped for room, be cramped for space

ślep|y *a* blind; **~a nienawiść** blind hatred; **~a ulica** blind alley, cul-de-sac; dead-end (street); **~e okno** blind window; **~e posłuszeństwo** blind obedience; **~e przeznaczenie/~e zrządzenie losu/~e fatum/~y los** blind fate, blind destiny; **~y jak kret** (as) blind as a bat, (as) blind as a mole; **~y na coś** blind to sth; **~y na jedno oko** blind in one eye; **~y traf/przypadek** blind chance; **bez okularów jestem ~a jak kret/zupełnie ~a** without my spectacles, I'm as blind as a bat; **miłość jest ~a** love is blind; *przysł.* **wiódł ~y kulawego** the blind leading the blind; *przen.* **zapędzić kogoś w ~y zaułek** back sb into a corner, drive sb into a corner

ślinka *f* saliva; **~ komuś do ust ciekne/idzie na widok czegoś/na myśl o czymś** sth makes one's mouth water

ślub *m* wedding; marriage ceremony; **~ cywilny** civil marriage; **~ kościelny** church marriage; **brać z kimś ~** marry sb; **dawać komuś ~** marry sb; **który ksiądz udzieli im ~u?** which priest is going to marry them?; **wzięli ~ w zeszłym roku** they got married last year

śmiać | się *v* **1. ~ się (z czegoś/kogoś)** laugh (at sth/sb); **~ się do łez** laugh to tears, laugh till/until one cries; **~ się do rozpuku** laugh oneself silly; laugh one's head off; **~ się głośno** laugh aloud, laugh out loud; **~ się komuś w żywe oczy/w nos** laugh in sb's face; **~ się nerwowo** laugh nervously; **~ się niepewnie** smile uncertainly; **~ się od ucha do ucha** smile from ear to ear; **nie wiem czy mam się ~, czy płakać** I don't know whether to

śmiało

laugh or cry; *przysł.* **ten się śmieje, kto się śmieje ostatni** he who laughs last laughs longest, he laughs best who laughs last **2.** (*lekceważyć*) ~ **się z czegoś** laugh off sth, laugh at sth; ~ **się z niebezpieczeństwa** laugh at danger

śmiało *adv* **1.** *pot.* (*z pewnością*) safely; well; ~ **można powiedzieć, że...** it's safe to say that...; it's a safe bet that...; we can safely say...; ~ **można przypuszczać, że...** we can safely assume that... **2.** (*odważnie*) courageously; boldly; bravely; **była jedyną osobą, która wypowiadała się ~ przeciw zamknięciu szpitala** she was the only one to speak out courageously against the closure of the hospital; **mówić ~** speak courageously; **robić coś ~** do sth courageously

śmiech *m* laughter; laugh; **serdeczny ~** hearty laughter/laugh; **wymuszony ~** forced laugh; **zaraźliwy ~** infectious laugh//laughter, contagious laughter; *przysł.* **~ to zdrowie** laughter is the best medicine; **~u wart/warte** laughable; **nie będzie ci do ~u!** you'll be laughing on the other side of your face!; **pękać/pokładać się ze ~u** double up with laughter; laugh one's head off; **tłumić/powstrzymywać/hamować ~** suppress a laugh, stifle a laugh; **trząść się ze ~u** quake with laughter; **umierać/konać ze ~u** die of laughter; **wybuchnąć/parsknąć ~em** burst into laughter; burst out laughing; **wywołać (duży) ~** get/raise a (big) laugh; **zanosić się od/ryczeć ze ~u** roar with laughter; **zrobić coś dla ~u** do sth for a laugh, do sth for laughs; **zrywać boki ze ~u** burst/split one's sides with laughing

śmier|ć *f* death; **~ć bohaterska** hero's death; **~ć kliniczna** clinical death; **~ć naturalna/fizjologiczna** natural death; **~ć przez (powieszenie/utonięcie)** death by (hanging/drowning); **~ć tragiczna** violent death; **~ć w pożarze** death by fire; **nagła ~ć** sudden/unexpected death; **natychmiastowa ~ć** immediate death; **pewna ~ć** certain/sure death; **przedwczesna ~ć** untimely/premature death; **~ć zaglądała im w oczy** death was staring them in the face; **do (samej) ~ci** to one's dying day;

do ~ci będę pamiętać ten okropny widok I'll remember that awful sight to my dying day; **grozić komuś ~cią** threaten sb's life; **igrać ze ~cią** dice with death; **jeden błąd mógł oznaczać ~ć** one mistake could mean death; **ludzie boją się ~ci** people have a fear of dying; **na ~ć** (*pobity, zamarznięty*) to death; **na łożu ~ci** on one's deathbed; at death's door; **opłakiwać czyjąś ~ć** mourn sb's death; **ponieść ~ć** die; meet one's death; **ponieść ~ć w wypadku drogowym** be killed in a traffic accident; *pot.* **raz kozie ~ć!** here goes!; **spowodować ~ć** cause death; **umarli okrutną ~cią** they died a horrible/terrible death; **umrzeć... ~cią** die a... death; **umrzeć ~cią bohaterską** die a hero; **umrzeć ~cią męczeńską** be martyred, die a martyr; **umrzeć ~cią naturalną** die a natural death; **umrzeć ~cią samobójczą** die by one's own hand, commit suicide; **umrzeć/zginąć ~cią tragiczną** meet a violent death; **uniknąć ~ci** escape death; *przen.* **wyglądać jak ~ć** look like death warmed up, look like death warmed over; **wykrwawić się na ~ć** bleed to death; **zagłodzić się na ~ć** starve to death; **znaleźć ~ć** meet one's death

śmiertelnie *adv* **1.** lethally, mortally, deadly, fatally; **~ chory** incurably ill, terminally ill; **~ ranny** fatally/mortally wounded **2.** *przen.* deadly; **~ blady** deathly/deadly pale, as white as a ghost; **~ nudny** deadly boring/dull; **~ poważny** deadly serious; **~ zmęczony** dead tired, dead beat, tired out; **~ znudzony** sick and tired

śmiertelnļy *a* **1.** (*powodujący śmierć*) lethal, mortal, deadly, fatal; **~a choroba** deadly/fatal/terminal illness; **~a dawka** lethal//fatal dose; **~a rana** mortal wound; **~y wypadek** fatal accident **2.** (*w przeciwieństwie do nieśmiertelnego*) mortal; **wszyscy ludzie są ~i** all human beings are mortal **3.** *przen.* mortal, deadly, deathly; **~e niebezpieczeństwo** deadly/mortal danger; grave peril; **~y grzech** mortal sin; **~y strach** mortal/grave fear; **~y wróg** deadly/mortal/sworn enemy

śmieszny

śmieszn|y *a* **1.** (*zabawny*) funny, amusing; **utrata pracy to nic ~ego** losing your job is no laughing matter **2.** (*zasługujący na wyśmianie*) ridiculous; **nie bądź ~y!** don't be ridiculous!

śmietanka *f* cream; *przen.* **~ towarzyska** the cream of society; the jet set; the smart set

śnieg *m* snow; **~ topniejący** slush; **~ z deszczem** sleet; **wieczny ~** perennial/perpetual snow; **~ pada** it snows; **~ prószy** it snows lightly; **~ sypie** the snow falls; **~ topnieje** the snow melts; *przen.* **biały jak ~** (as) white as snow

śnieżn|y *a* snowy; **~a zima** snowy winter; **~y dzień** snowy day; **pług ~y** snowplough; **zaspa ~a** snowdrift

śnieżyca *f* blizzard; snow; **~ szaleje** a blizzard rages; **~ ustaje** a blizzard blows itself out

śpiącz|ka *f* coma; **obudzić się/wyjść ze ~ki** come out of a coma; **w ~ce** in a coma, comatose; **zapaść w ~kę** go into/fall into/lapse into/slip into a coma

śpiesz|yć się *v* hurry, be in a hurry, hasten; make haste; (*o zegarku*) be fast; **~ się!/pośpiesz się!** hurry up!, be quick!; get on with it!; **~ się powoli** more haste, less speed; *przysł.* **gdy się człowiek ~y, to się diabeł cieszy** haste makes waste; **nie ~ się!** take your time!; **ten zegar ~y się dwadzieścia minut** that clock is twenty minutes fast

śpiew *m* singing; *przen.* **łabędzi ~** swansong

śpiewać *v* sing; *przen.pot.* **cienko ~** sing small

śpiewająco *adv pot.* with flying colours; swimmingly; **dać sobie ~ radę** come through with flying colours; **wszystko poszło ~** everything went swimmingly; **zdać ~ egzamin** pass an examination with flying colours

śpiewak *m* singer; **~ operowy** opera singer

średni|a *f* mean, average; **~a arytmetyczna** arithmetic mean//average; **~a geometryczna** geometric mean; **~a krajowa** national average; **~a miesięczna** monthly average; **~a roczna** annual/yearly average; **~a temperatury** average temperature;

obliczać ~ą average, calculate an average; **poniżej ~ej** below average; **powyżej ~ej** above average

średnic|a *f* diameter; **o ~y sześciu stóp** six feet in diameter

środ|a *f* Wednesday; **Środa Popielcowa** Ash Wednesday; **Wielka Środa** Holy Wednesday; **w ~ę** on Wednesday; **w przyszłą ~ę** next Wednesday; **w zeszłą/ubiegłą ~ę** last Wednesday

środ|ek *m* **1.** (*centrum*) centre, *US* center; middle; midpoint; **~ek ciężkości** centre of gravity; **~ek lata** midsummer; **~ek tarczy** bull's-eye; *pot.* bull; **~ek tygodnia** midweek; **~ek zimy** midwinter; **na ~ku** at/in the centre; at/in the middle; at (the) midpoint; **trafić w ~ek tarczy** hit a bull's-eye, score a bull's-eye; **w (samym) ~ku nocy** in the dead of the night; **w ~ku zimy** in midwinter; **w samym ~ku...** right in the middle of... **2.** (*czynnik*) medium; agent; **~ek antykoncepcyjny** contraceptive; **~ek konserwujący** preservative; **~ek odstraszający** deterrent; **~ek odurzający** narcotic; **~ek piorący** washing agent; detergent; **~ek przeciwbólowy** analgesic, painkiller **3.** (*to, co umożliwia działanie*) medium; means; **złoty ~ek** the golden mean; middle course; **~ki** *pl* (*do czegoś*) media; means; (*kroki*) measures, steps; (*zasoby*) means, resources; **~ki bezpieczeństwa** safety measures, safeguards; **~ki finansowe** financial means, funds; **~ki masowego przekazu** mass media; **~ki materialne** material means; **~ki odwetowe** reprisals; **~ki ostrożności** precautions, precautionary measures/steps; **~ki produkcji** means of production; **~ki transportu** means of transport(ation); transport facilities; **~ki utrzymania** (means of) subsistence, means of living, livelihood; **~ki zapobiegawcze** preventives, preventive measures; **~ki zaradcze** countermeasures; **bez ~ków do życia** down-and-out; destitute; **musimy użyć wszelkich dostępnych nam ~ków** we must use all/every means at our disposal; **nie przebierając w ~kach** by any means possible; *pot.* by hook or by crook; **przedsięwziąć ~ki ostrożności** take precautionary measures/steps; **przedsięwziąć niezbędne ~ki** take necessary

środowisko

steps; **zagrozić użyciem ~ów odwetowych** threaten (with) reprisals; **zastosować ~ki odwetowe** take reprisals, carry out reprisals; **znaleźć złoty ~ek** take a middle course, steer a middle course; **zostać bez ~ków do życia** be left destitute

środowisk|o *n* **1.** environment; surroundings; (*roślin, zwierząt*) habitat; **~o domowe/rodzinne** home environment; **~o naturalne** natural environment, the environment; **chronić ~o** protect the environment, preserve the environment; **przyjazny dla ~a** environmentally friendly, environment friendly; **zanieczyszczać ~o** pollute the environment; **zanieczyszczenie stanowi poważne zagrożenie dla ~a** pollution poses a serious threat to the environment; **żyć w zanieczyszczonym ~u** live in a polluted environment **2.** (*naukowe itd.*) circles; **~o akademickie** academic circles; **~o artystyczne** artistic circles; **~o literackie** literary circles; **~o społeczne** social milieu; **~o teatralne** theatrical circles; **obracać się w... ~u** move in the... circles; **pochodzić/wywodzić się ze ~a...** come from a... milieu

śrub|a *f* screw; **odkręcać ~ę** unscrew; *dosł. i przen.* **przykręcać/dokręcać ~ę** tighten the screw; **wkręcać ~ę** screw

świadcz|yć *v* **1.** (*być świadectwem, dowodem*) testify; bear witness (to sth); **~yć dobitnie/wymownie o czymś** speak volumes about/for sth; **dobrze ~yć o** speak well for; **dowody ~ą przeciwko niemu** the evidence is against him; **jego nerwowe zachowanie ~yło o tym, że był winny** his nervous behaviour testified that he was guilty; his nervous behaviour testified to his guilt; **te dane statystyczne ~ą wymownie o...** these statistics speak volumes about... **2.** (*w sądzie*) **~yć (na korzyść)** testify (for); **~yć przeciw** testify against **3.** **~yć usługę** offer/render/provide a service

świadectw|o *n* **1.** (*dokument*) certificate; **~o szkolne** school certificate **2.** (*fakt itd.*) testimony; **być ~em czegoś/dawać ~o czemuś** bear testimony to sth, bear witness to sth, testify to sth

świad|ek *m* witness; **~ek obrony** defence witness, witness for the defence; **~ek oskarżenia** prosecution witness, witness for the prosecution; **~ek zaprzysiężony** sworn witness; **bezstronny ~ek** independent witness; **fałszywy ~ek** false witness; **koronny ~ek** crown witness; **naoczny ~ek** eyewitness; **Bóg mi ~kiem** as God is my witness, before God; **być ~kiem czegoś** witness sth; **być ~kiem morderstwa** witness a murder; **być ~kiem wypadku** witness an accident; **powołać/wezwać na ~ka** call to witness; **zaprzysiąc ~ka** swear a witness

świadomość *f* consciousness; **~ niebezpieczeństwa** consciousness of danger; **~ polityczna** political consciousness; **odzyskać ~** recover/regain consciousness; **stracić ~** lose consciousness

świat *m* world; **~ materialny** material world; **~ nauki** scientific world; **~ przestępczy/zorganizowanej przestępczości** underworld; **~ roślin** plant world; **~ sportu** the world of sport; **~ sztuki** the world of art; **~ zwierząt** animal world; **cały ~** the whole world, all the world; *przen.pot.* **elegancki ~** the smart set; the jet set; **szeroki ~** the whole wide world; **tamten/ /przyszły ~** next world; **ten/doczesny ~** this world; **wielki ~** the great world; **~ się na tobie nie kończy** you are not the only pebble on the beach; **być dla kogoś całym ~em** be all the world to sb, mean all the world to sb; **co słychać w eleganckim świecie?** what's new with the smart set?; **dookoła ~a** around/round the world; **jaki ten ~ mały!/mały ten ~!** it's a small world!; **jedną nogą na tamtym świecie** between life and death; **na całym świecie** all over the world, the (whole) world over; **na koniec ~a** to the ends of the earth; **na świecie** in the world; **największy na świecie...** the world's largest...; **nie z tego ~a** (*wspaniały*) out of this world; **przychodzić na ~** come into the world; **stary jak ~** (as) old as the hills; age--old; **to jeszcze nie koniec ~a!** it's not the end of the world!; **wydać dziecko na ~** bring a child into the world; **wyprawić/wysłać kogoś na tamten ~** dispatch sb; **za nic na**

świecie not for (all) the world, not for worlds; for the life of one; **za nic w świecie nie mógł sobie przypomnieć, jak ona się nazywa** he couldn't for the life of him remember her name; **zawojować/podbić ~** set the world on fire; **żyć w świecie marzeń** live in a dream world; **żyć we własnym świecie** live in a world of one's own

światł|o *n* **1.** light; **~o dzienne** daylight; **~o księżyca** moonlight, moonshine; **~o migające** blinker light; **~o odbite** reflected light; **~o słoneczne** sunlight; **intensywne ~o** intense light; **łagodne ~o** soft light; **pod ~o** against the light; **rozpraszać ~o** diffuse light; *przen.* **rzucać ~o na coś** cast a light on sth, shed a light on sth, throw a light on sth; **ujrzeć ~o dzienne** see the light (of day); **w świetle...** in the light of...; **w złym świetle** in a bad light; **wychodzić na ~o dzienne** come to light; emerge; **wyciągnąć na ~o dzienne** bring to light **2.** (*źródło światła*) light; **~o gaśnie** the light goes out; **włączyć/zapalić ~o** turn on the light, switch on the light, put on the light; **wyłączyć/zgasić ~o** turn off the light, turn out the light, switch off the light **3. ~a** *pl* lights; **~a czerwone** red lights; **~a długie/drogowe** driving lights; **~a główne** head lights; **~a hamowania** stop lights; **~a krótkie/mijania** passing lights; **~a postojowe** parking lights; **~a ruchu drogowego** traffic lights; **~a zielone** green lights; **~a żółte** amber lights, *US* yellow lights; **samochód stał na ~ach** the car stood at the traffic lights; **zatrzymać się na ~ach** stop at the traffic lights, pull up at the traffic lights

świeczk|a *f* candle; **~a się pali** the candle is burning; *przysł.* **(palić) Panu Bogu ~ę i diabłu ogarek** serve two masters; **przy świeczce/świecach** by candlelight; **zapalić ~ę** light a candle; **zdmuchnąć ~ę** blow out a candle; **zgasić ~ę** extinguish a candle, snuff out a candle

świecznik *m* candlestick; *przen.* **na ~u** in the limelight

święcenia *pl* **~ kapłańskie** ordination; **przyjąć ~ kapłańskie** take (holy) orders

święt|o *n* holiday; feast; festivity; **~a Bożego Narodzenia** Christmas; **~a wielkanocne** Easter; **~o kościelne** church/religious holiday; **~o państwowe** national holiday; **Święto Trzech Króli** the Epiphany; **obchodzić ~o** celebrate a holiday; *przen.pot.* **od wielkiego ~a** once in a blue moon

świętoś|ć *f* sanctity; **zaklinać się na wszystkie ~ci** swear by all that is holy

świętować *v* celebrate; **~ sukces** celebrate a success; **~ zwycięstwo** celebrate a victory

święt|y *a* **1.** saint; holy; sacred; **~a krowa** sacred cow; **~e miasto...** the holy city of...; **~ej pamięci...** the late..., ...of blessed memory; ...of sacred memory; **Ojciec Święty** the Holy Father; **Pismo Święte** the (Holy) Scriptures, the Holy Bible; **Święty Mikołaj** Santa Claus, Santa, Father Christmas; **Ziemia Święta** the Holy Land **2.** (*nienaruszalny*) sacred; **~a prawda** sacred truth; gospel, the gospel truth

świ|t *m* dawn; daybreak; morning twilight; crack of dawn; **do ~tu** until the crack of dawn; **o ~cie/skoro ~t** bright and early; at the crack of dawn; **od ~tu do nocy** from morning to night; **wstałeś dzisiaj o ~cie!** you are up bright and early today!

T

tablic|a *f* **1.** (*płyta*) board; panel; plate; **~a ogłoszeń** notice board, *US* bulletin board; **~a pamiątkowa** plaque; **~a rejestracyjna** (*pojazdu*) number-plate, *US* license plate; **~a rozdzielcza** (*pojazdu*) dashboard, dash; **~a szkolna** blackboard, *US* chalkboard; **~a świetlna** lighting panel **2.** (*zestawienie tabelaryczne*) table; chart; **~e** *pl* (*matematyczne, nawigacyjne itd.*) tables; **~e logarytmiczne** logarithmic tables

tabliczka *f* **1.** tablet; plate; **~ czekolady** bar of chocolate, slab of chocolate **2. ~ mnożenia** multiplication table

tajemnic|a *f* **1.** (*sekret*) secret; **~a czyjegoś sukcesu** the secret of one's success; **~a handlowa** trade secret; **~a państwowa** state secret; **~a pilnie strzeżona** closely guarded secret; **~a poliszynela/publiczna** an open secret; **~a służbowa** official secret; **~a wojskowa** military secret; **najskrytsze ~e** inmost/innermost secrets; **dochować ~y** keep a secret; **nie robić z czegoś ~y** make no secret of sth; **on nie ma przede mną żadnych ~** he has no secrets from me; **plany nowej wyprawy kosmicznej utrzymywane są ciągle w ~y** the plans for the new space mission are still under wraps; **robić z czegoś ~ę** make a secret of sth; **strzec ~y** guard a secret; **trzymać coś w ~y** keep sth secret; keep quiet about sth, keep sth quiet; *pot.* keep sth under one's hat; **trzymany w ~y** *pot.* under wraps; **uchylić rąbka ~y** reveal/unveil a secret; **w ~y** secretly, in secret; **wydać ~ę** give away a secret; *pot.* **wygadać ~ę** blurt out a secret; **zabrał swoją ~ę do grobu** his secret died with him; **zdradzić ~ę** betray a secret **2.** (*tajność*) secrecy; **~a korespondencji** secrecy of correspondence **3.** (*zagadka, rzecz tajemna*) mystery; secret; **otoczony ~ą** shrouded in mystery; wrapped in mystery; **zgłębić ~ę** fathom a mystery; unravel a mystery

tak (*wyraz nieodmienny*) **1.** (*potwierdzenie, wyrażenie zgody*) yes; **~ i nie** yes and no; **~, oczywiście** yes, of course; **~, proszę** yes, please **2.** (*z przymiotnikiem, przysłówkiem*) so; **~ dalece** to such a degree; **~ miło/miły** so nice; **~ sobie** so-so; fair to middling; **~ zwany** so-called; (*przy porównywaniu*) **~... jak** as... as; so... as; **nie ~ jak** not as... as; not so... as; **nie było ~ źle, jak się spodziewaliśmy** it wasn't so bad as we expected; **~ samo (jak ktoś/coś)** the same (as sb/sth); **myślę ~ samo jak ty** I think the same as you do; **~..., że** so...that; **był ~ zirytowany, że nie mógł mówić** he was so annoyed that he couldn't speak **3.** (*w taki sposób*) like this; like that; **~ aby** so as to; **~ aby ci pomóc** so as to help you; **~ czy owak/~ czy siak/~ czy inaczej** one way or another, one way or the other; **aż ~...** that...; **aż ~ dobry** that good; **że ~ powiem** so to say, so to speak **4.** *pot.* **~ jakby** (*prawie*) as good as; nearly; **sprawa jest ~ jakby załatwiona** the matter is as good as settled

taki *pron* **1.** (*z rzeczownikiem*) such; **~ przyjaciel** such a friend; **~ a ~** such-and-such; **jaki... ~...** like...like; such...such; *przysł.* **jaki ojciec, ~ syn** like father, like son **2.** (*z przymiotnikiem*) so; such; **~ dobry** so good; **~ dobry przyjaciel** such a good friend; **~ sam** the same; identical; **~ sobie** fair to middling; **jako ~** as such

taksówk|a *f* taxi, taxicab, cab; **jechać ~ą** go by taxi; **wziąć ~ę** take/get a taxi; **zawołać ~ę** hail a taxi

takt *m* **1.** tact; **brak ~u** tactlessness; **pozbawiony ~u** tactless; **mieć ~** have tact; **wykazać dużo ~u** display considerable tact, show a great deal of tact **2.** (*muzyczny*) time; **w ~ muzyki** to the music

taktyk|a *f* tactics; **~a marchewki i kija** the carrot and the stick policy; **~a spalonej ziemi** scorched-earth policy; **zastosować ~ę** employ/use tactics

talent *m* **1.** **~ (do czegoś)** talent (for sth); gift (for sth/doing sth); **~ aktorski** histrionic talent; **~ artystyczny** artistic talent; **wielki ~** great/remarkable talent; **wrodzony ~** natural talent; **człowiek obdarzony wieloma ~ami** a man of many talents; **już w młodym wieku zdradzała ~ do aktorstwa** she showed a talent for acting at an early age; **marnować swój ~** squander one's talent; **mieć ~ do czegoś** have/possess a talent for sth; have a gitf for sth; **ona ma ~ do muzyki** she has a talent for music, she has a gift for music; **rozwijać ~** develop a talent, cultivate a talent; **zdradzać ~ do** demonstrate (a) talent for, display (a) talent for, show (a) talent for **2.** (*o człowieku*) talent; **~ piłkarski** footballing talent

tam *pron* there; **~ dalej** over there; **~ i z powrotem** to and fro; there and back; **~ w górze** up there

tam|a *f* (*na rzece*) dam; **budować ~ę** build/construct/erect a dam; *przen.* **położyć czemuś ~ę** put a stop to sth

tancerz *m* dancer; **~ stepujący** tap dancer; **~ zespołu baletowego/baletowy** ballet dancer; **~ zespołu ludowego/ludowy** folk dancer

taniec *m* dance; **~ brzucha** belly dance; **~ klasyczny** classical dance; **~ ludowy** folk dance; **~ na lodzie** ice dancing; **~ nowoczesny** modern dance; **~ wojenny** war dance; **wykonać ~** do/perform a dance

tarcz|a *f* **1.** shield; **~a, która chroni przed...** a shield which protects against...; **~a ochronna** protective shield; **użyć zakładników jako żywe ~e** use the hostages as a human shield **2.** (*płaszczyzna*) disc, *US* disk; **~a numerowa** (*telefonu*) dial; **~a słoneczna** sun's disc **3.** (*strzelecka*) target; **celować do ~y** aim at the target; **nie trafić do ~y** miss the target; **strzelać do ~y** shoot at the target; **trafić do ~y** hit the target; **trafić w środek ~y** hit a bull's-eye, score a bull's-eye

targ *m* **1.** market; (*plac targowy*) marketplace; **pchli ~** flea market **2.** *pot.* (*spór o cenę*) bargain; **dobić z kimś ~u** strike/make a bargain with sb; **dobijanie ~u** bargaining; horse-trading **3. ~i** *pl* fair; **~i książki** book fair; **~i obejmują powierzchnię wystawową x m kwadratowych** the fair covers x sq. metres of exhibition space; **uczestniczyć w ~ach** attend the fair; **zwiedzać ~i** visit the fair

taryf|a *f* tariff; rate; **~a celna** customs tariff/rates; **~a ulgowa** reduced tariff; *przen.pot.* leniency; **(za)stosować wobec kogoś ~ę ulgową** be (too) lenient with sb, treat sb leniently

taśm|a *f* **1.** (*wstęga, pas*) tape; band; (*maszyny do pisania, drukarki komputera*) ribbon; **~a filmowa** film; **~a izolacyjna** insulating tape; **~a klejąca** adhesive/sticky tape, (*przezroczysta*) scotch tape; **~a magnetofonowa** recording tape; **~a magnetowidowa** video tape; **~a magnetyczna** magnetic tape; **~a miernicza** measuring tape; **~a montażowa** assembly belt; **~a samoprzylepna** pressure-sensitive adhesive tape; **nawijać ~ę** wind a tape; **przewijać ~ę** rewind a tape **2.** (*na mecie*) tape; **przerwać ~ę/rzucić się na ~ę** breast the tape

tchórz *m* coward; **podszyty ~em** faint-hearted

teatr *m* theatre; **~ na świeżym powietrzu** open-air theatre; **~ rozmaitości** variety theatre

technik|a *f* **1.** (*dziedzina wiedzy*) technology; engineering; **nowoczesna/najnowsza ~a** high technology; state-of-the-art technology **2.** (*sposób wykonywania czegoś*) technique; **~a aktorska** acting technique; **~a tańca** dance technique; **doskonalić ~ę** perfect a technique; **opanować ~ę** acquire a technique; master a technique

telefon *m* **1.** telephone, phone; **~ bezprzewodowy** cordless telephone; **~ komórkowy** cellular phone, cell phone, mobile phone; **~ samochodowy** car phone; **~ zaufania** helpline; **~ dzwoni** the telephone's ringing; **czy masz w domu ~?** are you on the phone?; **odebrać ~** answer the (tele)phone, receive a phone call; **odłożyć ~** hang up, put the telephone down; **ona rozmawia teraz przez ~** she is on the phone at the moment; **prosić kogoś do ~u** call sb to the telephone; **rozmawiać z kimś przez ~** speak to sb by telephone, speak to sb on/over the phone; **zamawiać coś przez ~** order sth over the telephone **2.** (*rozmowa telefoniczna*) call, phone call, ring; **~ do ciebie** it's for you, a call for you, you're wanted on the (tele)phone; **czy były do mnie jakieś ~y?** where there any calls for me?

telewizj|a *f* television; *pot.* telly, TV; **~a edukacyjna** educational television; **~a kablowa** cable TV/television, cable; **~a kolorowa** colour television; **~a komercyjna** commercial TV; **~a publiczna** public television; **co jest dziś wieczorem w ~i?** what's on TV tonight?; **oglądać ~ę** watch TV, watch television; **transmitowany na żywo przez ~ę** televised live

temat *m* subject; subject matter; theme; topic; point; **~ rozmowy** subject of conversation; **~ tabu** taboo subject; **delikatny ~** delicate subject; **drażliwy ~** ticklish subject; **kontrowersyjny ~ jego nowego filmu** a controversial subject-matter of his new film; **~em naszej dyskusji jest...** our subject for discussion is...; **dlaczego podniosłaś ~ pieniędzy?** why did you bring up the subject of money?; **dotknąć drażliwego ~u** touch a sensitive nerve; **nie mam nic więcej do powiedzenia na ten ~** I have nothing more to say on that subject; **nie na ~** off the point; **odbiegać od ~u** stray from the subject/point, wander from/off the point; **poruszyć ~** tackle a subject; **poruszyć drażliwy ~** hit a sensitive nerve; **przedyskutować ~** discuss a subject; **przejść do innego ~u** proceed to another subject; **przeskakiwać z ~u na ~** jump from one subject to another; **skoro już jesteśmy przy temacie...** while we're on the subject of...; **stać się ~em debaty** become a subject of a debate; **unikać ~u** avoid a subject; **wyczerpać ~** exhaust a subject; **zajmować się ~em** deal with a subject; treat a subject; **zmienić ~** change a subject

temperatur|a *f* **1.** temperature; **~a ciała** body temperature; **~a krytyczna** critical temperature; **~a niska** low temperature; **~a normalna** normal temperature; **~a otoczenia** ambient temperature; **~a podwyższona** elevated temperature; **~a pokojowa** room temperature; **~a... stopni** a temperature of... °; **~a średnia** average temperature; **~a topnienia** melting temperature; **~a wrzenia** boiling temperature; **~a wysoka** high temperature; **~a zamarzania** freezing temperature/point; **spadek ~y** fall/drop in temperature; **wzrost ~y** rise in temperature; **~a jest stała** temperature remains steady; **~a rośnie** temperature goes up, temperature rises; **~a spada** temperature drops, temperature goes down, temperature falls; **~a spadła poniżej zera** the temperature dropped below zero; **nagrzać piec do ~y 200 stopni Celsjusza** heat the oven to a temperature of 200°C; **nagrzewać do ~y...** heat to a temperature of..., bring up to a temperature of...; *przen.* **podnosić ~ę** (*dyskusji itd.*) raise the temperature; **w ~ze 100 stopni Celsjusza** at a temperature of 100°C **2.** (*gorączka*) temperature; fever; **~a podskoczyła do...** a fever shot up to...; **~a spada** a fever goes down; **~a ustępuje** a fever abates, a fever subsides; **dostać ~y** get a fever; **mieć ~ę** have a temperature; **mieć bardzo wysoką ~ę** have a very high fever; **mierzyć ~ę** take one's temperature; **ta ~a prawie go wykończyła** that fever nearly finished him off

temp|o *n* **1.** tempo; speed; pace; rate; **~o rozwoju gospodarczego** economic growth rate; **szalone ~o** frantic/hectic pace; **nadawać ~o** set the pace; **przyspieszać ~o** increase the tempo; **w wolnym ~ie** at a slow pace; **w żółwim ~ie** at a snail's pace; **zwolnić ~o** slow down the tempo; slacken the pace **2.** (*utworu muzycznego*) tempo; **w ~ie walca** in waltz tempo

tendencj|a *f* tendency; **~a rosnąca** growing tendency; **~a spadkowa** falling tendency; **wyraźna ~a** pronounced tendency; **mieć ~ę** tend; **mieć ~ę wzrostową** be on the increase; **wykazywać ~ę** demonstrate/display/show a tendency

tenis *m* tennis; ~ **stołowy** table tennis; **piłka do ~a** tennis ball; **rakieta do ~a** tennis racket; **grać w ~a** play tennis

teori|a *f* theory; **~a ekonomiczna** economic theory; **~a ewolucji (Darwina)** (Darwin's) theory of evolution, evolution theory; **~a gier** game theory, theory of games; **~a kwantowa** quantum theory; **~a liczb** number theory; **~a muzyki** music theory; **~a naukowa** scientific theory; **~a prawdopodobieństwa** theory of probability; **~a spiskowa** conspiracy theory; **~a wielkiego wybuchu** big bang theory; **~a względności** theory of relativity; **budować ~ę** construct a theory; **obalić ~ę** disprove a theory; refute a theory; **on ma własną ~ę, że...** he has a theory that...; **potwierdzić ~ę** confirm a theory; **rozwinąć ~ę** develop a theory; **sformułować ~ę** formulate a theory; **wiązać/pogodzić ~ę z praktyką** combine theory and practice; **wysunąć ~ę** advance a theory, put forward a theory; propose a theory

terapi|a *f* therapy; **~a grupowa** group therapy; **~a pracą** occupational therapy; **~a wstrząsowa** shock therapy; **być poddanym ~i/przechodzić ~ę** have therapy, undergo therapy; **(za)stosować ~ę** use/employ therapy

teraz *adv* now; at the moment; at present; presently; ~ **albo nigdy** it is now or never; ~ **gdy** now (that); ~ **gdy przyszedł, możemy zaczynać** now (that) he came, we can begin

teren *m* **1.** terrain; site; ground; ~ **budowy** building ground/site, construction site; ~ **górzysty** mountainous terrain/country; ~ **łowiecki** hunting grounds; ~ **otwarty/odkryty** open area; ~ **pagórkowaty** hilly terrain/country; ~ **podmokły** waterlogged area; ~ **pustynny** desert land; ~ **rekreacyjny** pleasure grounds, recreation ground; ~ **skażony** contaminated area//ground; ~ **zatopiony** flooded land; **~y leśne** woodland(s), areas of woodland; **~y miejskie** urban areas; **~y wystawowe** exhibition/show grounds; **~y zielone** greens **2.** (*obręb – gmachu itd.*) premises; ~ **fabryki** factory premises; **na ~ie** on the premises

termin *m* **1.** (fixed) date; (appointed) time; day; ~ **ostateczny/****/nieprzekraczalny** deadline; ~ **ważności** expiration/expiry date; ~ **upływa...** a term runs out..., a term expires...; **przed ~em** ahead of time; **w późniejszym ~ie** at a later date **2.** term; ~ **naukowy** scientific term; ~ **prawniczy** legal term; ~ **techniczny** technical term

termometr *m* thermometer; ~ **lekarski** (clinical) thermometer; ~ **wskazuje temperaturę** a thermometer shows/reads a temperature

terroryzm *m* terrorism; **walczyć z ~em/zwalczać ~** fight terrorism

terytorium *n* territory; ~ **autonomiczne** self-governing territory; ~ **nieprzyjaciela** enemy territory; ~ **okupowane** occupied territory; ~ **państwa** state/national territory; ~ **zależne** dependency; ~ **zamorskie** overseas territory; **okupować ~** occupy territory; **przyłączyć/anektować ~** annex territory

test *m* test; ~ **na inteligencję** intelligence test, IQ test; **nie zdać ~u/oblać ~** fail a test; **poddać kogoś/coś ~om na...** test sb/sth for...; **zdać ~** pass a test; **zdawać ~** take a test; **zrobić uczniom ~ z matematyki** give the pupils a test (paper) in maths

testamen|t *m* **1.** testament; will; **obalić ~t** break/overturn a will; **sporządzić ~t** draw up/make a will; **zapisać coś komuś w ~cie** will sth to sb **2. Nowy Testament** the New Testament; **Stary Testament** the Old Testament

tez|a *f* thesis (*pl* theses); proposition; **naczelna/główna/zasadnicza ~a** main thesis, central thesis; **podważać/zbijać ~ę** refute a thesis; **wysunąć ~ę** advance/propose a thesis

tęsknot|a *f* longing; hankering; **umierać z ~y (za)** eat one's heart out (for)

tło *n* background; ~ **sprawy** background of the case; **na tle...** against the background of...; **stanowić ~** form a background

tłum *m* crowd, throng, mob; **nieprzebrany/ogromny ~** enormous crowd, huge crowd; **rozgniewany ~** an angry mob;

tłumacz

~ **gromadzi się/zbiera się** a crowd/mob collects, a crowd/mob gathers; ~ **rozprasza się** a crowd/mob disperses; **przepychać się przez** ~ push one's way through the crowd; **przyciągać ~(y)** attract/draw a crowd; **rozproszyć** ~ disperse a crowd//mob; **rozentuzjazmowany** ~ **kibiców wdarł się/wtargnął na boisko** an excited crowd/mob of fans invaded the pitch

tłumacz *m* (*tekstu mówionego*) interpreter; (*tekstu pisanego*) translator; ~ **przysięgły** sworn translator

tłumaczenie *n* **1.** (*tekstu mówionego*) interpretation; (*tekstu pisanego*) translation; ~ **z polskiego na angielski** a translation from Polish into English; **dosłowne** ~ literal/word-for-word translation; **robić** ~ do a translation, make a translation **2.** (*interpretacja*) interpretation; **błędne/mylne** ~ misinterpretation **3.** (*usprawiedliwienie*) justification; excuse; (*wyjaśnienie*) explanation; **to nie jest żadne** ~ it is no excuse

tłumaczy|ć *v* **1.** (*tekst mówiony*) interpret; (*tekst pisany*) translate; **~ć książkę** translate a book; **~ć z... na** translate from...into; **~ć na angielski** translate into English **2.** (*interpretować*) interpret; **błędnie/mylnie ~ć** misinterpret **3.** (*usprawiedliwiać*) justify; excuse; (*uzasadniać*) account for; (*wyjaśniać*) explain; **choroba** ~ **jego nieobecność** his illness accounts for his absence; **to** ~ **jej nieobecność** that explains her absence; **to wszystko** ~ that explains matters **4. ~ć się** explain oneself; excuse oneself

to (*wyraz nieodmienny*) it; this; that; ~ **nie ma znaczenia** it doesn't matter; **co ty na ~?** what do you say?; **kto ~?** who's that?; **no ~ co?!** so what?!; **otóż ~!** that's it!

toast *m* toast; **wypić/wychylić/spełnić** ~ drink a toast; **wznieść//wygłosić** ~ propose a toast; **wznieśli** ~ **za sukces swojej nowej spółki** they toasted the success of their new company

tok *m* course; run; way; ~ **wydarzeń** run of events, course of events; **negocjacje w ~u** negotiations in progress; **być w ~u** go on; be in progress; be under way; be afoot

tolerancja *f* **1.** ~ **(wobec)** tolerance (of/towards/for); ~ **religijna** religious tolerance/toleration **2.** ~ **(na)** tolerance (of/to); ~ **na lek** tolerance to the drug, drug tolerance

ton *m* tone; **ironiczny** ~ ironic tone; **lodowaty** ~ icy tone; **optymistyczny** ~ optimistic tone; **nadawać czemuś** ~ set the tone for/of sth; **nie mów do mnie tym ~em** don't speak to me in that tone (of voice); **spuścić z ~u** come down a peg or two

tona|ć *v* (*o człowieku*) drown; (*o statku itd.*) sink; *przysł.* **~cy brzytwy się chwyta** a drowning man will clutch at a straw; clutch/grasp at straws; **~ć w ciemnościach/w mroku** be in darkness; **~ć w czymś po uszy** (*oddawać się czemuś całkowicie*) bury oneself in sth; **~ć w długach** be up to one's ears in debt, be up to one's neck in debt, be deeply/heavily in debt, *US* be over your head in debt; **~ć we łzach** be in floods of tears; **~ć we mgle** be enveloped/covered in mist, be mist-covered; **ratować ~cego** rescue a drowning man

tor *m* **1.** track; path; route; course; ~ **kolejowy** railway track; ~ **pocisku** trajectory; **boczny** ~ sidetrack **2.** (*bieżni, pływacki*) lane; ~ **kolarski** cycling track; ~ **wewnętrzny** inside lane; ~ **wyścigowy** racetrack; (*konny*) racecourse; ~ **zewnętrzny** outside lane; ~ **żużlowy** cinder track; **(biec) na czwartym ~ze** (run) in the lane four; **ostatnie okrążenie ~u** the final lap of the track

torba *f* **1.** bag; (*zawartość*) bagful; ~ **na narzędzia** tool bag; ~ **na zakupy** carrier/shopping bag; ~ **papierowa** paper bag; ~ **podróżna** travelling bag, holdall; ~ **szkolna** school satchel **2.** ~ **kangura** marsupium, pouch

tort *m* layer cake; ~ **urodzinowy** birthday cake

towar *m* merchandise, commodity, article; (*zbiorowo*) goods; **~y deficytowe** goods in short supply, scarce goods; **~y krajowe** domestic/home-made goods; **~y luksusowe** luxury goods, luxuries; **~y łatwo psujące się** perishable goods/commodities, perishables; **~y na eksport** export/exportable goods, exports;

towarzystwo

~y niskiej jakości low-quality goods; ~y wybrakowane defective goods; ~y wysokiej jakości high-quality/quality goods; ~y z importu imported goods, imports; *pot.* niechodliwy ~ a drug on the market

towarzystw|o *n* **1.** company; companionship; mieszane ~o mixed company; nieodpowiednie/złe ~o bad company; dla ~a for company; dobrze czuję się w jej ~ie I enjoy her company; dotrzymać komuś ~a keep sb company, keep company with sb; on przebywa/obraca się w złym ~ie he's been keeping bad company; podróżowałem w ~ie trzech pań I travelled in the company of three women; wpaść w złe ~o fall in with bad company, get into bad company **2.** (*stowarzyszenie*) society; company; ~o historyczne historical society; ~o naukowe scientific society; ~o ubezpieczeniowe insurance company

towarzysz *m* companion; ~ podróży travelling companion; ~ życia life companion

tradycj|a *f* tradition; ~a rodzinna family tradition; kontynuować ~ę carry on/continue a tradition; pielęgnować ~ę cherish a tradition; podtrzymywać ~ę maintain/preserve/uphold a tradition; przekazywać ~ę hand down a tradition; zerwać z ~ą break with tradition; zgodnie z ~ą by tradition; according to tradition

traf *m* luck; chance; ślepy ~ blind chance; ~ chciał, że... as luck would have it...; szczęśliwym ~em luckily

trafi|ać *v* **1.** (*w cel*) hit; ~ać do przekonania carry conviction; ~ać na podatny grunt take/strike root; ~ać w dziesiątkę hit a bull's-eye, score a bull's-eye; nie ~ć do czegoś miss sth; piłka ~ła w słupek the shot hit the post **2.** (*do miejsca itd.*) get; jak tu ~łeś? how did you get here?; ~ł do więzienia he landed in prison **3.** ~ać na kogoś/coś come across sb/sth; ~ł swój na swego he has met his match, he has found his match

tragedi|a *f* tragedy; ~a ludzka human tragedy; ~a osobista personal tragedy; ~a dotknęła ich rodzinę tragedy struck their family; *przen*. **robić z czegoś ~ę** make a drama out of sth; **to prawdziwa ~a, że...** it's a tragedy (that)...

traktat *m* (*umowa*) treaty; **~ handlowy** commercial/trade treaty; **~ o ekstradycji** extradition treaty; **~ o zakazie prób z bronią jądrową** test-ban treaty; **~ o zakazie rozprzestrzeniania broni jądrowej** non-proliferation treaty (aimed at stopping the spread of nuclear weapons); **~ pokojowy** peace treaty; **nie przestrzegać postanowień ~u** break/violate a treaty; **podpisać ~** sign a treaty; **ratyfikować ~** ratify/confirm a treaty; **zawrzeć ~** conclude a treaty

traktować *v* **1.** (*obchodzić się*) **~ coś/kogoś** treat sth/sb; deal with sth/sb; **~ coś jako żart** treat sth as a joke; **~ coś/kogoś poważnie** treat sth/sb seriously; **~ dobrze** treat well; *pot*. **~ kogoś jak śmieć** treat sb like dirt, treat sb like a dog; **~ kogoś jednakowo** treat sb the same; **~ kogoś ulgowo** treat sb leniently; **~ (kogoś) źle** ill-treat (sb), treat (sb) badly; **on traktuje ją jak kompletną idiotkę** he treats her as (if she were) a complete idiot **2.** (*zajmować się, omawiać temat*) **~ o** treat of; deal with; **ten sam temat jest zupełnie inaczej traktowany przez...** the same subject matter gets a very different treatment by...

traktowanie *n* treatment; **brutalne ~ (więźniów politycznych)** brutal treatment (of political prisoners); **ludzkie ~** humane treatment; **nieludzkie ~** inhumane treatment; **nierówne/niejednakowe ~** uneven treatment; **niesprawiedliwe ~** unfair treatment; **okrutne ~** cruel treatment; **równe/jednakowe ~** equal treatment; **specjalne ~** special treatment; **sprawiedliwe ~** fair treatment; equitable treatment; **złe/podłe ~** ill-treatment, mistreatment

tramwaj *m* tram, tramcar, *US* streetcar; **jechać ~em** go by tram, ride (in) a tram; **pojechać ~em** take a tram

trans *m* trance; **wpaść w ~** fall/go into a trance

transfuzj|a *f* transfusion; **~a krwi** blood transfusion; **ranny stracił dużo krwi i musiał mieć ~ę** the injured man had lost a lot of blood and had to be given a transfusion

transmisja *f* transmission; broadcast; ~ **danych** data transmission; ~ **na żywo** live coverage; ~ **radiowa** radio broadcast; ~ **telewizyjna** television broadcast, telecast

transmitowa|ć *v* transmit; broadcast; be on the air; go on the air; **~ć na żywo** broadcast live; **~ny na żywo przez telewizję** televised live; **~ny przez satelitę** transmitted by/via satellite

transplantacj|a *f* transplantation; transplant; **~a nerki** kidney transplant; **~a serca** heart transplant; **dokonać ~i** transplant, do a transplant

transport *m* transport, transportation; haulage; ~ **drogowy** road transport; ~ **kolejowy** rail transport; ~ **lądowy** land transport; ~ **lotniczy** air transport; ~ **miejski** municipal transport; ~ **morski** sea transport

tras|a *f* route; itinerary; **~a lotnicza** air route, airway; **~a podróży** itinerary; **~a ucieczki** escape route; **okrężna ~a** circuitous route; **którą ~ą pojechaliście?** which route did you take/follow?; **podążać/jechać ~ą** follow one's itinerary; **trzymać się wyznaczonej ~y** keep to one's itinerary; **wyznaczyć/ustalić/zaplanować ~ę** plan a route; plan (out) an itinerary; **zboczyć z ~y** depart from one's route

trefl *m* (*kolor w kartach*) clubs; **król** ~ king of clubs

trem|a *f* nervousness; *pot.* jitters; (*przed występem publicznym*) stage fright; **mieć ~ę** have the jitters, be jittery; have butterflies (in one's stomach)

triumf *m* triumph; **odnieść** ~ **nad** achieve/score a triumph over; **święcić ~(y)** triumph; **z ~em** triumphantly

trofeum *n* trophy; ~ **sportowe** sports trophy; ~ **wojenne** war trophy; **zdobyć** ~ win a trophy

tron *m* throne; **objąć ~/wstąpić na ~/zasiąść na ~ie** accede to the throne, ascend the throne, mount the throne, come to the throne; **osadzić na ~ie/wynieść na** ~ enthrone; **zrzec się ~u** abdicate (from) the throne, give up the throne

trop *m dosł. i przen.* scent; trail; track; **fałszywy** ~ false scent; **świeży** ~ hot scent; **być na ~ie** be on the scent/track; **być na właściwym ~ie** be on the right scent/track; **iść/podążać ~em** follow the scent; **wpaść/trafić na ~ czegoś/kogoś** find the trace of sth/sb; **zbić kogoś z ~u** throw sb off the track/trail, throw sb off the scent; **zgubić ~** be off the scent

trójkąt *m* **1.** triangle; ~ **ostrokątny** acute triangle; ~ **prostokątny** right-angled triangle, right triangle; ~ **rozwartokątny** obtuse triangle; ~ **równoboczny** equilateral triangle; ~ **równoramienny** isosceles triangle; **zbudować/wykreślić ~** make a triangle, draw a triangle **2.** ~ **małżeński** eternal triangle, love triangle

trucizn|a *f* poison; **silna ~a** strong poison; **śmiertelna ~a** lethal/deadly poison; **~a dostała się do jej organizmu** the poison has passed into her system; **podać ~ę** give (a) poison; **wyłożyć ~ę na szczury** put out/spread rat poison; **zażyć ~ę** take poison

trud *m* trouble; pains; effort; **~y** *pl* hardships; difficulties; **bez ~u** without difficulty; with ease; **nie szczędzić ~u** spare no pains; **zadać sobie ~** take the trouble, go to the trouble; **zadać sobie wiele ~u, żeby...** take great pains to..., go to great pains to...; **z ~em** with difficulty; **z ~em wywalczony/zdobyty** (*wolność itd.*) hard-won; **z ~em zarobiony** hard-earned

trudno *adv* hard; (*z trudem*) with difficulty; ~ **było powiedzieć, czy ona rzeczywiście chciała iść** it was hard to tell whether she really wanted to go; ~ **dostępny** hard to reach; not easily accessible; ~ **dostrzegalny** barely noticeable; ~ **mi uwierzyć, że ona nie wiedziała** I find it hard to believe that she didn't know; ~ **mi zrozumieć** I can hardly understand, I can scarcely understand; ~ **palny** slow-burning; ~ **powiedzieć** there's no telling, there's no saying; ~ **przewidzieć** there's no knowing; **było nam ~ zdecydować...** it was difficult for us to decide...; (**mówi się**) ~**!** worse luck!, (*w odniesieniu do własnej osoby*) (that's) just my luck!; **musi być jej ~** it must be hard for her

trudnoś|ć *f* difficulty; trouble; **~ci finansowe** financial difficulties; **napotkać ~ci** come across/encounter/meet difficulties; **pokonać ~ci** overcome/surmount difficulties; **potęgować ~ci** add to difficulties; **powstały/wyłoniły się nieprzewidziane ~ci** unexpected difficulties arose; **powstały/wyłoniły się różnego rodzaju ~ci** all sorts of difficulties cropped up; **stwarzać ~ci** cause/make difficulties

trudn|y *a* difficult; hard; **~a rada!** worse luck!, (*w odniesieniu do własnej osoby*) (that's) just my luck!; **~e zadanie** difficult task; **~y do zrozumienia** difficult/hard to understand; *przysł.* **dla chcącego nie ma nic ~ego** where there's a will there's a way

trup *m* corpse; dead body; *pot.* **paść ~em** fall dead, drop dead; **po moim ~ie!** over my dead body!

tryb *m* **1.** course; way; mode; procedure; **~ życia** way of life; mode of life; lifestyle; **hulaszczy ~ życia** debauched lifestyle; **ustalony/zwykły ~** routine; **iść/odbywać się jakimś ~em** follow a course; **w ~ie przyspieszonym** in short order; **we właściwym ~ie** in due course **2.** (*gramatyczny*) mood; **~ oznajmujący** indicative (mood); **~ rozkazujący** imperative (mood); **~ warunkowy** conditional (mood)

trząść | (się) *v* shake; tremble; quake; *przen.* **~ się jak liść** shake like a leaf, tremble like a leaf; **~ się z zimna/ze strachu/ze zdenerwowania** shake with cold/with fear/with nerves; **~ się ze śmiechu** quake with laughter; **cały się trząsłem z przerażenia/ze strachu** I was quaking in my boots, I was quaking in my shoes; **trzęsąc się ze strachu** quaking with fear; **ziemia trzęsła się od wybuchu** the ground quaked after the explosion

trzęsienie *n* shakes; jolts; **~ ziemi** earthquake, quake; **lekkie ~ ziemi** light earthquake; **~ ziemi nastąpiło tuż po piątej po południu** the earthquake struck shortly after 5 pm; **silne ~ ziemi dotknęło/nawiedziło miasto** a severe earthquake hit the city, a severe earthquake struck the city

trzyma|ć *v* hold; keep; ~ć coś w dłoni hold sth in the palm of one's hand; ~ć coś w tajemnicy/w sekrecie keep sth secret; keep quiet about sth, keep sth quiet; *pot.* keep sth under one's hat; *pot.* ~ć kogoś krótko keep a tight reign on sb; *pot.* ~ć kury/kozy keep hens/goats; ~ć mocno hold tight; ~ć się czegoś (*przepisów*, *planu itd.*) adhere to sth; stick to sth; *pot.* ~ć się kupy (*fakty itd.*) add up; ~ć się z daleka od keep away from; ~j głowę wysoko hold your head up; ~j się! (*forma pożegnania*) take care!; ~li się za ręce they were holding hands; chłopiec ~ł ojca za rękę the boy was holding his father's hand; gdzie ~sz talerze? where do you keep your plates?; jej historia po prostu nie ~ się kupy – ona musi kłamać her story just doesn't add up – she must be lying; jeśli zimno ci w ręce, ~j je w kieszeni if your hands are cold, keep them in your pockets; musimy ~ć się umowy we must stick to the agreement; musisz ~ć się przepisów you must adhere to the regulations; nie ~j mnie w niepewności/napięciu! don't keep me in suspense!; ściśle ~ć się przepisów/reguł adhere strictly to the rules, toe the line

tunel *m* tunnel; ~ aerodynamiczny wind tunnel; ~ kolejowy railway tunnel, *US* railroad tunnel; ~ pod Kanałem La Manche the Channel Tunnel, *pot.* Chunnel; *przen.* światło na końcu ~u the light at the end of the tunnel; budować ~ construct a tunnel; kopać/drążyć ~ dig a tunnel, bore a tunnel, tunnel

tupet *m* insolence; impudence; *pot.* cheek; nerve; co za ~! what a cheek!; what a nerve!; mieć ~ have the cheek (to...); on ma nie lada ~, skoro próbuje mi mówić co mam robić he's got a nerve, trying to tell me what to do; z ~em insolently; impudently; cheekily

turniej *m* tournament, *US* tourney; competition; contest; ~ brydżowy bridge tournament/competition; ~ szachowy chess tournament; ~ tenisowy tennis tournament; zostali pokonani

twardy

w pierwszej rundzie ~u they were defeated in the first round of the tournament; **stanąć do ~u** enter a competition

tward|y *a* hard; *przen.* **~y jak skała/kamień** rock-hard; (*nieubłagany*) as hard as nails, as tough as nails; hard-hearted; **ziemia jest ~a jak kamień** the ground is (as) hard as stone

twarz *f* face; **~ą w ~ z** face to face with; eyeball to eyeball with; *pot.* **~ jak księżyc w pełni** round face; **kamienna ~** stony face; *pot.* **dać komuś w ~** give sb a slap in the face, slap sb on the face, slap sb's face; **mieć coś wypisane na ~y** be written all over sb's face; **roześmiać się komuś w ~** laugh in sb's face; **spojrzeć komuś w ~** look sb in the face; **stracić ~** lose face; **ukryć ~** (*w dłoniach itd.*) bury one's face; **winę miała wypisaną na ~y** guilt was written all over her face; **zachować ~** save face

twierdz|a *f* fortress; stronghold; **~a nie do zdobycia** impregnable fortress; **potężna/warowna ~a** strong fortress; **~a pada** a fortress falls; **~a poddaje się** a fortress surrenders; **oblegać ~ę** besiege a fortress; **poddać ~ę/oddać ~ę wrogowi** deliver (up) a fortress to the enemy; *przen.* **zamienić coś w ~ę** transform sth into a fortress; **zdobywać ~ę** take a fortress

twierdzenie *n* statement; **~ (matematyczne)** theorem; **fałszywe ~** false statement; **gołosłowne ~** allegation; **stanowcze ~** assertion

twierdzi|ć *v* maintain; state; claim; say; **~ć stanowczo, że...** assert that...; **uparcie ~ć, że...** insist (that)...; **więzień ~, że był w domu w nocy, kiedy popełniono przestępstwo** the prisoner alleges that he was at home on the night of the crime

tydzień *m* week; **~ temu** a week ago; **dwa tygodnie** fortnight; **Wielki Tydzień** Holy Week; **co ~** every week; **co dwa tygodnie** fortnightly, every fortnight; **miniony ~ był bardzo pracowity** the past week has been very busy; **od dziś za ~** a week today, today week; **pięciodniowy ~ pracy** a five-day working week; **w przyszłym tygodniu** next week; **w ubie-**

głym/zeszłym tygodniu last week; **za ~** in a week; **za trzy tygodnie** three weeks away

tyle *adv* (*z rzeczownikiem policzalnym*) so many; **~ książek** so many books; (*z rzeczownikiem niepoliczalnym, bez rzeczownika*) so much; **~ jedzenia** so much food; **~ samo co/~ ile...** as much as...; **aż ~** so much; **drugie ~** as much again

tylko *adv* (*jedynie*) only; merely; solely; but; **jak/gdy ~** when, as soon as, the minute (that); **on jest ~ dzieckiem!** he is but a child!

tył *m* back; **do ~u** backwards; **pozostawać w tyle** lag behind; **(włożyć coś) ~ na przód** (put sth on) back to front, *US* (put sth on) backwards; **wolisz siedzieć z przodu czy z ~u?** (*w samochodzie*) do you prefer to sit in the front or in the back?; **z ~u czegoś** at/in the back of sth

typ *m* **1.** (*rodzaj*) type; kind; (*wzór, model*) pattern; model; **~ gospodarki** pattern of economy; **i tego ~u rzeczy** and that type of thing; **on nie jest w moim ~ie** he's not my type; **osoba tego ~u** a person of that type; **pewnego ~u** of a certain type; **pytania tego ~u** questions of that kind **2.** *pot.* (*indywiduum*) individual; figure; character; **antypatyczny ~** loathsome creature; **podejrzanie wyglądający ~** suspicious-looking character; **podejrzany ~** shady/suspicious character

tytuł *m* **1.** title; **jej pierwsza powieść nosiła/miała ~...** her first novel was titled..., the title of her first novel was...; **książka nosi ~...** the book is entitled...; **książka pod ~em...** the book titled...; **w ubiegłym roku opublikowali ponad sto nowych ~ów** last year they published over a hundred new titles **2.** (*naukowy, społeczny itd.*) title; **~ doktora** doctor's/doctoral degree; **~ honorowy** honorary title; **~ magistra** master's degree; **~ naukowy** degree; **~ księcia odziedziczył po ojcu** he inherited the title of Duke from his father **3. ~ własności** title; (*dokument*) title deed; tenure; **kwestionować czyjś ~ do** dispute sb's title to... **4.** (*w sporcie*) title; **aktualny posiadacz ~u**

tytuł

olimpijskiego the current Olympic title-holder; **walka o ~ mistrzowski** a title fight; **mieć ~** hold a title; **stracić ~** lose a title; **zdobyć ~** win a title; **zdobyć/wywalczyć ~ mistrza świata wagi ciężkiej** win the world heavyweight title **5. ~em** as, by way of; **~em zaliczki** by way of advance; **z ~u czegoś** (*z powodu*) by virtue of sth

U

ubezpieczać *v* **1.** ~ **(się)** insure; ~ **budynek od ognia** insure a building against fire; ~ **na sumę...** insure for...; ~ **się na życie** take out life insurance; ~ **się w towarzystwie...** insure with the company..., place an insurance with the company... **2.** ~ **kogoś** (*policjanta w akcji itd.*) cover sb

ubezpieczenie *n* insurance; ~ **chorobowe** health insurance; ~ **emerytalne** old-age insurance; ~ **na życie** life insurance; ~ **od ognia** fire insurance; ~ **od wypadków** accident insurance; ~ **społeczne** social insurance

ubiega|ć się *v* **~ć się o coś** try for sth, *US* try out for sth; compete for sth; apply for sth; seek sth; **~ć się o kontrakt** compete for the contract; **~ć się o mandat poselski** run for/stand for Parliament; **~ć się o medal olimpijski** try for an Olympic medal; **~ć się o nagrodę** compete for a prize; **~ć się o posadę** apply for a post; **~ć się o przyjęcie do** apply for admission to, seek admission to; **~ć się o stypendium** apply for a scholarship, try for a scholarship; **~ł się o przyjęcie na uniwersytet** he applied for admission to the university

ubierać *v* dress; ~ **się** dress, get dressed; (*nosić odzież*) dress; ~ **się ciepło** dress warmly; ~ **się elegancko** dress elegantly, dress smartly; ~ **się lekko** dress lightly; ~ **się na czarno** dress in black; ~ **się odświętnie** dress in one's Sunday best; **niedbale ubrany** sloppily dressed; **nie mam się w co ubrać** I haven't a thing to wear

ubóstwo

ubóstw|o *n* poverty; **granica/poziom ~a** poverty line, poverty level; **żyć poniżej granicy ~a** live below the poverty line; **żyć w skrajnym ~ie** live in grinding poverty

ubrani|e *n* clothes; dress; **~e cywilne** civilian clothes; **~e ochronne** protective suit; **~e odświętne/świąteczne** one's Sunday best; *pot.* one's best bib and tucker; **nosić ~e** wear clothes; **w ~u** in clothes; **założyć ~e** put on clothes; **zdjąć ~e** take off clothes; **zmienić ~e** change clothes

uch|o *n* ear; **~o igły** the eye of a needle; **~o środkowe** middle ear; **~o wewnętrzne** inner ear; **~o zewnętrzne** outer ear; **dobre//wprawne ~o** (*dobry słuch*) good ear, acute/keen hearing; **muzykalne ~o** a musical ear; **odstające uszy** protruding ears; **coś dociera do czyichś uszu/obija się komuś o uszy** sth comes to sb's ears, sth reaches sb's ears; **coś jednym ~em wlatuje, a drugim wylatuje** sth goes in (at) one ear and out (at) the other; *pot.* **coś wychodzi/wylewa się komuś uszami** sth comes out of one's ears; **dać komuś po uszach/natrzeć komuś uszu** give sb a thick ear; **dam ci po uszach/dostaniesz po uszach!** I'll give you a thick ear!; **do ~a/na ~o** into one's ear; **dostać/oberwać po uszach** get a thick ear; **komuś dzwoni w uszach** one's ears ring; **ktoś ma odstające uszy** sb's ears stick out; **mieć czegoś powyżej uszu** be fed up with/about sth; **mieć oczy i uszy otwarte** keep one's eyes and ears open; **nastawić/nadstawić uszu/~a** prick up one's ears; cock one's ears; **nie wierzyć/nie dowierzać (własnym) uszom** not believe one's ears; **pieką mnie uszy** my ears are burning; **po uszy w** (*długach, pracy, kłopotach*) up to one's ears/eyes in, up to one's neck in; **puszczać coś mimo uszu** turn a deaf ear to sth, shut one's ears to sth; **słuchać czegoś jednym ~em** listen to sth with half an ear; **słyszałem to na własne uszy** I heard it with my own ears; it was said within my hearing; *przysł.* **ściany mają uszy** walls have ears; **śmiać się od ~a do ~a** smile from ear to ear; **uszy do góry!** cheer up!; chin up!; **uszy mi puchną od tej głośnej muzyki** this loud music grates on my ears; **zakochany po uszy** head over heels in love; **zdzielić kogoś po ~u/uszach** box sb's ears

uchodzić zob. **ujść**

uchwał|a f resolution; **podjąć/przyjąć ~ę** pass a resolution, adopt a resolution

ucieczk|a f escape; przen. **~a kapitału** flight of capital, capital flight; **~a od hałasu** escape from noise; **~a od rzeczywistości/świata** escape from reality; **~a z miejsca przestępstwa** getaway; **~a z więzienia** escape from prison; **nie było ~i od/przed...** there was no escape from...

uciekać v **1.** escape, run away, get away; flee; **~ co sił w nogach** run for dear life, run for one's life; **~ od rzeczywistości** escape from reality; **~ w panice** flee in panic; **~ w świat marzeń** escape into a dream world; **~ z kraju** flee the country; **włamywacz uciekł przez dach** the burglar made his getaway across the roof **2. ~ się do czegoś** resort to sth; **~ się do przemocy** resort to violence; resort to force; **~ się do strajku** resort to strike

uciekinier m fugitive; **~ polityczny** political refugee

uczciwie adv honestly; (zgodnie z regułami) fairly, fair (and square); **~ mówiąc...** to be honest...; quite honestly...; **~ zarabiać na życie** make an honest living; **grać/postępować ~** play fair (and square); **muszę ci ~ powiedzieć, że...** I must tell you, in all honesty, that...; to be quite honest with you...

uczciwość f honesty; przen.pot. **chodząca ~** (he/she is) as honest as the day, (he/she is) as honest as the day is long

uczeń m **1.** pupil, schoolchild (pl schoolchildren), schoolboy, US student; **~ kończący szkołę** school-leaver; **~ szkoły podstawowej** primary-school pupil; **~ szkoły średniej** secondary-school pupil, school student, US high-school student; **~ trzeciej klasy** third-grade pupil; **wzorowy ~** model student **2.** (kontynuator twórczości) pupil; **~ Rembrandta** Rembrandt's pupil

uczestniczyć *v* participate, take part, partake; **~ w demonstracji** take part in the demonstration; **~ w dyskusji** participate/take part in a discussion; **~ w zawodach** participate in a competition; **~ w zebraniu** attend a meeting, participate in a meeting; **~ w życiu towarzyskim** partake in the social life; **aktywnie ~ w** participate actively in

uczestni|k *m* participant; **~k konkursu** contestant; entrant (for a competition); **wszyscy ~cy debaty mieli możliwość wypowiedzenia się** all the participants in the debate had an opportunity to speak

uczęszcza|ć *v* attend; **~ć do szkoły** attend school; go to school; **~ć na wykłady** attend lectures; **do której szkoły ~ją twoje dzieci?** which school do your children attend?

uczta *f* feast; **~ dla oczu** a feast for the eyes, a visual feast; **~ duchowa** intellectual stimulation; **~ weselna** wedding feast

uczuci|e *n* feeling; emotion; affection; sentiment; (*fizyczne*) sensation; sense; **~a religijne** religious feelings; **~e bólu** sensation of pain; **~e głodu** a feeling of hunger; **~e niezadowolenia z czegoś** feeling of dissatisfaction with sth; **~e samotności** feeling of loneliness; **~e ulgi** sense of relief; **głębokie ~e** deep emotion; **przyjazne ~a** friendly feelings; **przyjemne/miłe ~e** pleasant sensation; **silne ~a** strong feelings; **sprzeczne ~a** conflicting emotions; **wrogie ~a** hostile feelings; **człowiek pozbawiony ludzkich uczuć** a man destitute of human feelings; **apelować do czyichś uczuć** appeal to sb's feelings//emotions; **budzić ~a** stir up/arouse feelings; **dała się ponieść ~om** she got carried away by her feelings; **darzyć kogoś (głębokim) ~em** feel (great) affection for sb; **grać na czyichś ~ach** play on/upon sb's feelings; **miałam dziwne ~e, że...** I had a strange/weird/odd sensation that...; **nie darzyła dziecka ~em** she felt no affection for the child; **odwzajemniać ~e** return affection; **okazywać ~a** show one's feelings; **robić coś z ~em** do sth with (great) feeling; **ranić/ura-**

zić/zranić czyjeś **~a** hurt sb's feelings; **tłumić ~a** repress one's feelings; **w interesach nie ma miejsca na ~a** there's no room for sentiment in business; **wyrażać ~a** express one's feelings; **wywoływać ~a** stir up/arouse feelings; **wyzuty z wszelkich uczuć** hard-hearted; hard-faced; **z mieszanymi ~ami** with mixed feelings; **żywić ~a (przyjaźni do)** harbour feelings of (friendship towards)

uczy|ć *v* **1.** (*kogoś*) teach; **~ć historii** teach history; *pot.* **~ć kogoś rozumu** teach sb a lesson; **~ć matematyki** teach mathematics; *przysł.* **~ł Marcin Marcina** the blind leading the blind; **ona ~ historii w szkole średniej** she teaches history at a secondary school **2. ~ć się** learn; study; **~ć się na błędach** learn by one's mistakes; **~ć się na pamięć** learn by heart, learn by rote, memorize; *pot.* **~ć się rozumu** learn one's lesson; **~ć się szybko** be a quick learner; **~ć się wolno** be a slow learner; *przysł.* **człowiek ~ się przez całe życie** you live and learn **3.** (*wdrażać*) **~ć się** school oneself; **~ł się słuchać innych** he schooled himself to listen to others

uczyn|ek *m* deed; **dobry ~ek** good turn; **zły ~ek** bad turn; **złapać/schwytać/przyłapać kogoś na gorącym ~ku** catch sb red-handed, catch sb in the act (of doing sth); **zrobić/spełnić (komuś) dobry ~ek** do (sb) a good turn

uczynić *v* make; do; **~ czemuś zadość** satisfy sth, fulfil sth, meet sth; **~ kogoś szczęśliwym** make sb happy; **~ propozycję** make a proposal; **~ szkodę** do damage/harm

uda|ć się *v* **1.** (*powieść się*) succeed, be a success; work; (*zdołać*) manage; **~ło mi się w końcu kupić tę książkę** I finally managed to buy this book; **czy to się ~?** will it work?; **nie ~ć się** fail; **nie ~ło mi się kupić nowego samochodu** I didn't succeed in buying a new car; **lekarzom nie ~ło się uratować mu życia** doctors failed to save his life; **operacja ~ła się** the operation was successful **2.** (*dokądś*) go; be bound for; make for; **~ć się do domu** make for home; **~ć się w podróż** set out

udawać

on a journey; **~jący się do Londynu** bound for London; **~jący się na północ/południe/wschód/zachód** northbound/southbound/eastbound/westbound

udawa|ć *v* pretend; make believe; **~ć chorobę/szaleństwo** feign illness/madness; **~ć ważnego** give oneself airs, put on airs; **~ć, że się czegoś nie wie** affect not to know sth; **~ć, że się kogoś nie widzi** cut sb dead; **~ł chorego** he pretended sickness; **~ła, że mnie nie zna** she pretended she didn't know me, she pretended not to know me; **dzieci ~ły, że są piratami** the children made believe that they were pirates, the children made believe to be pirates; *pot.* **nie ~j (mi tu) niewiniątka!** don't come the innocent with me!; **udający ważnego** (*osoba*) full of one's own importance

uderz|yć *v* strike; hit; *przysł.* **~ w stół, a nożyce się odezwą** if the cap fits (, wear it); *US* if the shoe fits (, wear it); **~yć kogoś czymś w głowę** hit sb on the head with sth; *przen.* **~yć komuś do głowy** go to sb's head; **~yć w drzewo** hit a tree; **~yć w płacz** burst into tears; **~yć w śmiech** burst into laughter; burst out laughing; **~ył głową w sufit** he hit his head on the ceiling, he struck his head on/against the ceiling; **~yła go w twarz** she struck him in the face; *przen.* **~yło mnie, że...** it struck me that...; **kamień ~ył go w czoło** a stone struck him on the forehead; **piorun ~a** a lightning strikes, a thunderbolt strikes; **podwyżki cen z pewnością ~ą w najbiedniejszych** the price increases will certainly hit the poor

udział *m* **1.** (*uczestniczenie*) participation; **brać ~ w** participate in, take part in, partake in; **brać aktywny ~ w** take an active part in; **mieć niemały/spory ~ w czymś** have no small part in sth **2.** share; quota; **~ w zyskach** share in the profits

uginać *v* **1.** bend; **~ się** bend; sag; yield; **~ się pod ciężarem czegoś** sag under the weight of sth; yield under the weight of sth **2.** (*ulegać*) **~ się przed czymś/kimś** give in to sth/sb; yield to sth/sb

ugry|źć *v* bite; take a bite; **~zła jabłko** she bit (into) the apple; **owad ~zł mnie w rękę** an insect bit me on the arm; **pies ~zł go w nogę** the dog bit him in the leg, *zob.też* **gryźć**

ujm|a *f* discredit; **~a dla rodziny** a discredit to one's family; **przynosić komuś ~ę** bring discredit on sb; **przynoszący ~ę** discreditable; **to dla nas prawdziwa ~a, że...** it is greatly to our discredit that...

ujście *n* (*otwór, wylot*) outlet; vent; **~ rzeki** estuary, mouth of a river; *przen.* **dać ~** (*uczuciom, gniewowi*) give vent to...

ujść/uchodzić *v* **1.** (*umknąć, uciec*) escape; **~ bezkarnie/płazem//na sucho** go unpunished; get away with sth; get off scot-free, go/escape scot-free; **nic nie uszło jego uwagi** nothing escaped his notice; nothing escaped his attention; **nie ujdzie ci to na sucho!** you'll never get away with it! **2.** (*o cieczach itd.*) escape, leak; **gdzieś uchodzi gaz** there's gas escaping somewhere

ukaz|ać *v* **1.** show; **~ać się** appear; come into view; **duch ~uje się** a ghost appears; **oczom naszym ~ała się szeroka równina** we came in view of a wide plain, a wide plain came into view **2. ~ać się w druku** be published; **jej nowa książka ukaże się jesienią** her new book will be appearing in autumn

układ *m* **1.** (*porozumienie*) agreement; **~ dwustronny** bilateral agreement; **~ międzynarodowy** international treaty; **~ o zakazie prób jądrowych/z bronią jądrową** test-ban treaty; **~ o zakazie rozprzestrzeniania broni jądrowej** non-proliferation treaty (aimed at stopping the spread of nuclear weapons); **~ trójstronny** tripartite treaty; **~ wielostronny** multilateral treaty; **zawrzeć ~** conclude an agreement, enter into an agreement, reach an agreement; **zerwać ~** break an agreement **2.** (*ukształtowanie, konfiguracja*) configuration; arrangement; (*rozplanowanie*) layout; **~ strony** page layout **3.** (*anatomiczny*) system; **~ krążenia** circulatory system; **~ nerwowy** nervous system; **~ oddechowy** respiratory system; **~ odpornościowy** immune system; **~ pokarmowy** alimentary system; **~ tra-**

ukłon 510

wienny digestive system; **centralny ~ nerwowy** central nervous system **4.** (*system*) system; **~ dwójkowy** binary system; **~ dziesiętny** decimal system; **~ hamulcowy** braking system; **~ kierowniczy** steering system; **~ kierowniczy lewostronny** left-hand drive; **~ kierowniczy prawostronny** right-hand drive; **~ międzynarodowy jednostek miar** international system of units, SI; **~ odniesienia** reference system; **~ okresowy pierwiastków** periodic system/table; **~ równań** system of equations; **~ scalony** integrated circuit, IC; **~ słoneczny** solar system; **~ sterowania** control system; **~ współrzędnych** coordinate system; **~ zasilania** feed/supply system

ukłon *m* **1.** bow; *przen.* **~ w czyjąś stronę/pod czyimś adresem** a gesture towards sb; **głęboki ~** low/deep bow; **rozdawać ~y** (*aktor*) take one's bow; **zrobić ~** make a bow **2. ~y** *pl* (*pozdrowienia*) regards; **~y dla twojej mamy ode mnie** please give/convey my regards to your mother

ukończeni|e *n* completion; **~e szkoły/uniwersytetu** graduation; **być na ~u** be near completion, sth is nearing completion

ulec/ulegać *v* **1.** (*ugiąć się*) **~ czemuś/komuś** give in to sth/sb; yield to sth/sb; (*poddać się – nieprzyjacielowi itd.*) succumb; surrender; **~ pokusie** succumb to temptation; **~ presji/naciskowi** surrender to the pressure **2.** (*podlegać działaniu – zmianom itd.*) undergo; be subject to; **~ czyimś wpływom** be influenced by sb; **~ wielu zmianom** undergo a great many changes; **rozkład może ~ zmianie** the timetable is subject to alteration; **w ostatnich latach ulegała atakom depresji** in recent years, she has been subject to attacks of depression

ulg|a *f* **1.** relief; **co za ~a!** what a relief!; **odetchnąć z ~ą** breathe/heave a sigh of relief; **poczuć ~ę** feel relief, be relieved; **przynosić ~ę** bring/give relief; **ta wiadomość była dla nas ogromną ~ą** the news was a great relief to us; **wszyscy odetchnęliśmy z ~ą** we all heaved a sigh of relief **2.** (*zniżka*) allowance, reduction, abatement; **~a podatkowa** tax relief

ulic|a *f* street; **~a o ruchu jednokierunkowym** one-way street; **~a przelotowa** through street; **boczna ~a** side street; back street; **główna ~a** arterial street; main street; high street; **okrężna ~a** circular street; **ruchliwa ~a** bustling/busy street; **ślepa ~a** blind alley, cul-de-sac; dead-end (street); **nazwa ~y** name of the street; **numer ~y** number of the street; **~ą** along/down the street; **~e tętniły/pulsowały życiem** the streets were pulsating with life; **na ~y** in/on the street; **przejść na drugą stronę ~y** cross the street; **przez ~ę** across the street

ultimatum *n* ultimatum (*pl* ultimatums, ultimata); **odrzucić ~** defy an ultimatum; **postawić komuś ~** give/present sb an ultimatum; **wycofać ~** withdraw an ultimatum

ulży|ć *v* (*sprawić ulgę*) relieve; bring relief; give relief; *pot.* **~ć sobie** (*emocjom itd.*) relieve one's feelings; **~ło mi (gdy usłyszałem), że są bezpieczni** I was relieved (to hear) that they were safe

ułam|ek *m* **1.** fraction; **~ek dziesiętny** decimal fraction; **~ek niewłaściwy** improper fraction; **~ek okresowy** repeating//recurring/periodic fraction; **~ek właściwy** proper fraction; **~ek zwykły** vulgar/simple/common fraction **2.** *przen.* (*kawałek*) fraction; **~ek sekundy** a split second; **na ~ek sekundy//w ~ku sekundy** for a split second

umawiać *v* **1. ~ się, że...** arrange to...; agree to... **2. ~ się** (*ustalać termin oficjalnego spotkania*) make an appointment; set a date **3.** *pot.* **~ się z kimś** (*sympatią itd.*) have a date with sb, date sb; **tylko raz się z nią umówiłem** I only dated her once

umiar *m* moderation; **używać czegoś z ~em** go easy on sth; **z ~em** in moderation

umiejętnoś|ć *f* skill; **~ci manualne** skill with one's hands; **~ć posługiwania się komputerem** skill at/in using a computer; **fachowe ~ci** professional skill; **gotowanie jest ~cią, której nie posiadam** cooking is a skill that I don't possess; **mieć ~ć/~ci** have the skill (to do sth); **opanować ~ć** master a skill;

umierać

posiadać ~ci possess skills; **wykazywać ~ci** display/show skills

umiera|ć *v* **~ć (na)** die (of/from), **~ć z głodu** die of/from hunger, die of starvation; starve to death; **~ć ze śmiechu** die of laughter; *przen.pot.* **~m z głodu** I'm famished, I'm starving, I'm starved; **~my z ciekawości, gdzie byłaś** we're dying to know where you've been, *zob.też* **umrzeć**

umow|a *f* contract; agreement; **~a kupna** purchase contract; **~a międzynarodowa** international agreement; treaty; **~a najmu** hire/lease contract; **~a o pracę** employment contract/agreement, contract of employment; **~a sprzedaży** sale contract; **~a przewiduje...** an agreement provides for...; **~a wchodzi w życie z dniem...** the contract takes effect on...; **~a wygasła** the contract expired; **~a zawarta na... lat** contract running for... years; **na podstawie ~y** by contract; **nie dotrzymać ~y** break/violate a contract; **odstąpić od ~y** withdraw from a contract; **podpisać ~ę** sign a contract; **postanowić/zapisać w ~ie** stipulate in a contract; **przedłużyć ~ę** prolongate a contract; **rozwiązać ~ę** dissolve a contract; **sporządzić ~ę** make (out) a contract, draw up a contract; **wypowiedzieć ~ę** terminate a contract; **zawrzeć ~ę** conclude a contract, enter into a contract, make a contract

umrzeć *v* die; **~ młodo** die young; **~ na** die of/from; **~ na raka** die of/from cancer; **~ na zawał serca** die of heart failure; **~ od rany** die from a wound; **~ przedwcześnie** die before one's time; come to an untimely end; **~ ... śmiercią** die a... death; **~ śmiercią bohaterską** die a hero; **~ śmiercią męczeńską** die a martyr, be martyred; **~ śmiercią naturalną** die a natural death; **~ śmiercią samobójczą** die by one's own hand, commit suicide; **~ śmiercią tragiczną** meet a violent death; **~ w kwiecie wieku/w młodym wieku** go to an early grave; die at an early age; **~ we śnie** die in one's sleep; **~ za coś** (*za sprawę*) die for sth; **~ za ojczyznę** die for one's own country;

umarli okrutną śmiercią they died a horrible/terrible death; **umarła na atak serca** she died of/from a heart attack

umysł *m* mind; intellect; brain; **bystry ~** keen/sharp mind; **ciasny/ograniczony ~** narrow mind; **otwarty ~** open mind; **zatruwać czyjś ~** poison sb's mind

umywa|ć *v* wash; *przen.* **~ć ręce od czegoś** wash one's hands of sth; *pot.* **nie ~ć się do czegoś/kogoś** can't hold a candle to sth/sb, be not fit to hold a candle to sth/sb; **nikt się do niego nie ~, jeśli idzie o grę w piłkę nożną** no one can hold a candle to him when it comes to playing football

uni|a *f* union; **~a gospodarcza** economic union; **ubiegać się//zabiegać o przyjęcie do Unii Europejskiej** apply for admission to the European Union, seek admission to the European Union; **zawrzeć ~ę** form a union

uniewinni|ać *v* acquit; **~ać kogoś z zarzutu (morderstwa)** acquit sb of (murder); **został ~ony** he was acquitted

unika|ć *v* **~ć czegoś/kogoś** avoid sth/sb; shun sth/sb; evade sth; *przen.* **~ć czegoś jak ognia/zarazy** avoid sth like the plague; **~ć czyjegoś wzroku/spojrzenia/czyichś oczu** evade sb's eye; **~ć płacenia podatków** evade taxes; **~ć rozgłosu** shun publicity; **~ć służby wojskowej** evade military service; **~ć trudnych pytań** evade difficult questions; **sąsiedzi ~ją jej** she's been shunned by her neighbours; **tego rodzaju wypadku można uniknąć** this sort of accident is avoidable; **wypadek, którego nie można uniknąć** unavoidable accident

uniwersyte|t *m* university; **chodzić/uczęszczać na ~t** go to (a) university; **na naszym ~cie** at/in our university; **ona ma nadzieję wstąpić/pójść na ~t w przyszłym roku** she's hoping to go to university next year; **skończyć/ukończyć ~t** graduate from university, take a university degree; **studiować coś na ~cie** study sth at university; **ubiegał się o przyjęcie na ~t** he applied for admission to the university; **wykładać na ~cie** teach at a university

uosobienie *n* personification; **być ~m czegoś** be the personification of sth, be sth personified; be sth itself; **był ~m cierpliwości/uczciwości** he was patience/honesty itself; **była ~m elegancji** she was the personification of elegance, she was elegance personified

upad|ek *m* **1.** fall; **~ek z konia** fall from a horse; **niefortunny ~ek** nasty/bad fall **2.** *przen.* decline; fall; downfall; collapse; **~ek gospodarczy/ekonomiczny** economic decline, economic collapse; **~ek imperium** decline/fall of the empire; **~ek niepodległości** loss of independence; **wzloty i ~ki** ups and downs; the rise and fall; **chylić się ku ~kowi** fall into a decline; go downhill; **dźwigać się/podnosić się z ~ku** recover; **mieliśmy wzloty i ~ki** we've had our ups and downs; **prowadzić do czyjegoś ~ku** lead to one's downfall; **przyczyniać się do ~ku małych/drobnych przedsiębiorstw** cause the collapse of small businesses; **spowodować ~ek (rządu)** bring about the downfall (of the government)

upadłość *f* bankruptcy; **ogłosić ~** declare bankruptcy

upał *m* heat; **nieznośny ~/~ nie do wytrzymania/~ nie do zniesienia** unbearable heat; **unikać słońca w czasie największego ~u** stay out of the sun during the heat of the day; **źle znosić ~/~ doskwiera/~ daje się we znaki** suffer from the heat

uparty *a* stubborn, obstinate; *przen.* **~ jak osioł/kozioł** (as) stubborn as a mule

upie|c *v* **1.** **~c (się)** (*pieczywo*) bake; (*mięso*) roast; *przen.* **~c dwie pieczenie przy jednym ogniu** kill two birds with one stone **2.** *przen.pot.* **~c się** get off easy; **~kło mi się** I got off easy

upomin|ek *m* gift, present; *pot.* prezzie, pressie; **~ek urodzinowy** birthday gift/present; **drobny/skromny ~ek** small gift; **hojny/szczodry ~ek** generous gift; **dać/ofiarować ~ek** give a gift, present a gift; **(dać coś) w ~ku** (give sth) as a present; **dałam mu to w ~ku** I made him a present of it

upośledzenie *n* handicap; impairment; ~ **fizyczne** physical impairment; ~ **słuchu** hearing impairment; ~ **umysłowe** mental impairment; ~ **wzroku** visual impairment

upośledzon|y *a* handicapped; **~y fizycznie** physically handicapped; **~y umysłowo** mentally handicapped; **osoby ~e fizycznie** the physically handicapped

upoważnieni|e *n* authorization, authority; proxy, **bez ~a** without authority/authorization; **z ~a** on authority; **czy mogę zobaczyć twoje ~e?** may I see your authorization for this?; **działać z czyjegoś ~a** act as sb's proxy, act by sb's authorization; **mieć ~e do podpisywania czegoś** have authority to sign sth; **zrobiono to bez ~a kierownika** it was done without the manager's authority

upór *m* stubbornness, obstinacy; **z uporem (maniaka)** stubbornly, obstinately

uprawa *f* ~ **(roli)** cultivation, tillage; ~ **roślin** plant raising//growing/cultivation; ~ **zbóż** corn growing

uprawnia|ć *v* entitle; authorize; qualify; give authority; **bilet ~ do jednorazowego przejazdu** the ticket entitles to a single passage; **coś automatycznie ~ (cię) do...** sth automatically qualifies you for/to...; **egzamin ~ do prowadzenia ciężkich pojazdów** a test qualifies you to drive heavy vehicles; **karta członkowska ~ do...** a membership card entitles you to...; **nowa ustawa ~ policję do przeszukiwania prywatnych domów bez nakazu** the new law empowers the police to search private houses without a warrant

uprawnion|y *a* entitled; qualified; eligible; (*licencjonowany*) licensed; **~y do głosowania** eligible/entitled/qualified to vote, voter; **~y do odszkodowania** entitled to indemnity; **być ~ym do...** (*mieć upoważnienie*) be vested with the authority to...; **być ~ym do (zasiłku dla bezrobotnych)** be entitled to (unemployment benefit); **każdy, kto ukończył 18 lat ~y jest do głosowania** anyone over the age of 18 is eligible to vote; **ona**

uprowadzenie

nie jest ~a do urlopu macierzyńskiego she doesn't qualify for maternity leave; **osoby, które ukończyły osiemnaście lat są ~e do głosowania** eighteen-year-olds qualify to vote; **rodzic samotnie wychowujący dziecko jest ~y do...** being a single parent qualifies you for...

uprowadzeni|e *n* kidnap(ping), abduction; **~e dziecka** child abduction/kidnapping; **~e samolotu** hijack(ing); **próba ~a** kidnap attempt

uprowadz|ić *v* kidnap, abduct; **~ić dziecko** kidnap/abduct a child; **~ić samolot** hijack a plane; **dwaj politycy zostali ~eni przez terrorystów** two politicians have been kidnapped//abducted by terrorists

uprzedze|nie *n* **1.** (*o czymś*) forewarning; notice; **bez ~nia** without notice **2.** (*negatywny stosunek*) **~nie (do)** prejudice (against); bias (against); **~nie rasowe** race/racial prejudice; **głębokie ~nie** deep/deep-seated prejudice; **osoba bez ~ń** unbiased person; **mieć ~nie** have/hold (a) prejudice; **oceniać coś bez ~ń** judge sth impartially; **pozbyć się ~ń** eliminate prejudice

uraz *m* injury; trauma; **~ psychiczny** psychical trauma; **~ śmiertelny** fatal injury; **doznać ~u** suffer an injury; suffer a trauma; **doznać ~u głowy** suffer/receive an injury to the head; **śmierć jej matki pozostawiła po sobie głęboki ~** she was completely traumatized by the death of her mother

uraz|a *f* grudge; rancour; **głęboka/długotrwała/zadawniona ~a** deep-seated grudge, deep-seated rancour; **bez ~y** without rancour; **czuć ~ę** feel rancour; **nie żywię do niej ~y** I bear her no grudge; **żywić ~ę (do kogoś)** bear a grudge (against sb), hold a grudge (against sb), nurse a grudge (against sb)

urlop *m* holiday; vacation; leave; **~ bezpłatny** unpaid leave; **~ macierzyński** maternity leave; **~ okolicznościowy** compassionate leave; **~ płatny** paid leave; **ile dni ~u przysługuje ci w ciągu roku?** how much annual leave do you get?; **na ~ie** on a leave; **ona jest na ~ie macierzyńskim** she is on maternity leave; **pójść na ~** go on a leave; **przedłużyć ~** extend a leave; **spędzać ~** vacation; **udzielić ~u** give/grant a leave; **wykorzystałam już mój tegoroczny ~** I've used up my leave entitlement for this year; **wziąć ~** take a leave; **wziąć miesięczny ~ bezpłatny** take a month's unpaid leave

urn|a *f* **1.** urn; **~a z prochami** burial urn, funerary urn **2.** **~a wyborcza/do głosowania** ballot box; **iść/pójść do ~** go to the polls

uroczystość|ć *f* ceremony; celebration; **~ci pogrzebowe** funeral rites; **~ci weselne** wedding ceremonies; **~ć inauguracji** inaugural ceremony; **~ć otwarcia** opening ceremony; **~ć religijna** religious celebration; **obchodzić ~ć czegoś** celebrate sth

urodzaj *m* harvest, crop; **bogaty ~** rich/bountiful/abundant harvest; **dobry ~** good harvest, heavy crop; **rekordowy ~** bumper/record crop; **zły ~** poor harvest/crop

urodzi|ć *v* **1.** **~ć dziecko** give birth to a child; deliver a child; be delivered of sb; **~ła zdrowego chłopca** she was delivered of a healthy boy; **trzecie dziecko ~ła w domu** she delivered her third child at home **2.** **~ć się** be born; **~ć się pod szczęśliwą gwiazdą** be born under a lucky star

urodzin|y *pl* (*rocznica*) birthday; (*przyjęcie*) birthday party; **co dostałeś na ~y?** what did you get for your birthday?; **dzisiaj są moje ~y** it is my birthday today; **na ~y** on/at a birthday; **na jego dziesiąte ~y** on his tenth birthday; **obchodzić ~y** celebrate a birthday; **wszystkiego najlepszego z okazji ~!** many happy returns of the day!; happy birthday (to you)!

urodzony *a* **1.** born; **~ w roku...** born in...; **szlachetnie/wysoko ~** nobly-born; *przen.* **w czepku ~** born with a silver spoon in one's mouth **2.** (*prawdziwy*) born; natural; **~ przywódca** born/natural leader; **~ sportowiec** a born athlete **3.** (*rdzenny*) born and bred, born; **~ Amerykanin** American-born, an American born and bred

urok *m* charm; beauty; **~ jego poezji** the beauty of his poetry; **~i jesieni** charms of autumn; **~i życia na wsi** the charms of rural life; **kobiecy** ~ woman's charms; **nieodparty** ~ irresistable charm; **niepospolity/szczególny** ~ special charm, particular charm; **bez ~u** charmless; **być/znaleźć się/zostawać pod ~iem czegoś** be charmed by sth; **dodawać ~u czemuś** add charm to sth; **kobieta o niezwykłym ~u osobistym** a woman of great charm; **mieć/posiadać** ~ have charm, possess charm; *pot.* **na psa ~!** touch wood!; **na tym polega jej** ~ (*jakiejś rzeczy, sprawy itd.*) that's the beauty of it; **on ma wiele ~u** he has a lot of charm; **pełen ~u** charming; **rzucać ~ na** cast a spell on/over, put under a spell

urząd *m* **1.** (*instytucja*) office; ~ **celny** customs office; ~ **patentowy** patent office; ~ **pocztowy** post office; ~ **podatkowy** tax board, revenue office **2.** (*stanowisko*) office; ~ **ministra//ministerialny** ministerial office; ~ **publiczny** public office; **objąć** ~ enter upon one's office; take one's office; **pełnić//piastować/sprawować ~ ministra** hold ministerial office; **piastować** ~ hold an office; **z urzędu** officially; by virtue of one's office

urządzeni|e *n* installation; system; device; appliance; **~a klimatyzacyjne** air conditioner; **~a sanitarne** sanitary facilities; **~e alarmowe** alarm (device); **~e pomiarowe** measuring unit

usług|a *f* service; **~i** *pl* service(s); **być na ~ach (mafii)** be in the service of (mafia), be the servant of (mafia); **ofiarować ~i** offer services; **świadczyć ~ę** offer/render/provide a service

usposobienie *n* disposition; temperament; nature; temper; **łagodne** ~ mild disposition; **pogodne** ~ cheerful/genial/sunny disposition; **wybuchowe** ~ explosive temper

usprawiedliwieni|e *n* justification; excuse; **bez ~a** (*nieobecność itd.*) without excuse; **na ~e czegoś** in justification of sth; in excuse of sth, by way of excuse; **to nie jest żadne ~e** it is no excuse

ust|a *pl* mouth; (*wargi*) lips; *pot.* **być na ~ach...** be the talk of...; **być na ~ach wszystkich** be on everyone's lips; **jej zacho-**

wanie było na ~ach całego biura her behaviour was the talk of the office; **miała w ~ach papierosa** she had a cigarette in her mouth, she had a cigarette between her lips; **nie mów z pełnymi ~ami!** don't talk with your mouth full!; **usłyszałem to z jego ~** I heard it from his lips; *pot.* **zamknąć komuś ~a** shut/stop sb's mouth; **z jego ~ nie padło ani jedno słowo** not a word fell from his lips

ustalony *a* established; determined; **z góry ~** predetermined

ustaw|a *f* law; act; **~a konstytucyjna** constitution, constitutional law; **uchwalić/przyjąć ~ę** pass a law, adopt a law; **wprowadzić w życie ~ę** enact a law; **znowelizować ~ę** revise//amend a law

ustępstw|o *n* concession; *pot.* give-and-take; **iść na ~a/robić ~a** make concessions

ustr|ój *m* **1.** (*organizm*) system; organism; **trucizna dostała się//przeniknęła do jego ~oju** the poison has passed into his system **2.** (*system*) system; **~ój ekonomiczny/gospodarczy** economic system; **~ój kapitalistyczny** capitalist system; **~ój komunistyczny** communist system; **~ój polityczny** political system; **~ój socjalistyczny** socialist system; **w naszym ~oju politycznym** under our political system

uszkodzenie *n* damage; defect; failure; impairment; **~ ciała** personal injury; **~ słuchu** hearing impairment

uszy *zob.* **ucho**

uśmiech *m* smile; **~ losu** a bit of luck; **beztroski/pogodny//radosny ~** cheerful smile; **drwiący/szyderczy ~** sneer; **głupawy ~** smirk; **niepewny ~** uncertain smile; **promienny ~** beam, radiant/sunny smile; **szeroki ~** broad smile; **sztuczny/udawany/wymuszony ~** forced smile; **zagadkowy ~** intriguing smile; **kryć/ukrywać ~** hide one's smile; **rozpływać się w ~u** be all smiles; **tłumić ~** repress one's smile; **wywoływać ~** evoke a smile; **z ~em na twarzy** with a smile on one's face

utknąć

utkną|ć v **1.** (*ugrzęznąć*) stick; get stuck; **autobus ~ł w błocie** the bus stuck in the mud; **klucz ~ł w zamku** the key has stuck in the lock **2.** *przen.* (*urwać się, zaciąć się*) come to a full stop; **negocjacje utknęły w miejscu** the negotiations came to a full stop

utrapienie *n* nuisance; trouble; *pot.* pain in the neck, pain; **być ~m** make a nuisance of oneself; **co za ~!** what a nuisance!; **ona jest prawdziwym ~m** she's a real pain

utrat|a *f* loss; **~a niepodległości** loss of independence; **~a pamięci** loss of memory; **~a praw obywatelskich** forfeit of civil rights; **~a przytomności** loss of consciousness; **~a syna** loss of one's son; **~a zdrowia** loss of health; **~a życia** loss of life; **~a pracy to nic śmiesznego** losing your job is no laughing matter; **pobili go do ~y przytomności** they beat him unconscious

utrzymani|e *n* **1.** (*środki do życia*) means of living; livelihood; (means of) subsistence; **osoba na ~u** (*dziecko, żona*) dependant; **mieć na ~u rodzinę** have a family to provide for, have a family to support; **ona nie zarabia na własne ~e** she doesn't earn enough to support herself; **rodzina jest na ~u najstarszego syna** the eldest son is the family's provider; **zarabiać na swoje ~e** earn one's living, earn one's livelihood **2.** (*konserwacja urządzeń itd.*) maintenance, upkeep; **~e tego domu jest bardzo kosztowne** the upkeep of this house is very expensive

utrzymywa|ć v **1.** (*twierdzić*) maintain; claim; **~li, że widzieli go w lesie** they claimed to have seen him in the forest **2.** **~ć kogoś** provide for sb, support sb; **ciężko pracowali, żeby utrzymać dużą rodzinę** they worked hard to provide for a large family **3.** (*zachowywać*) keep; maintain; **~ć kogoś przy życiu** keep sb alive; **~ć się przy życiu** stay alive; survive; **~ć stosunki z** maintain/have relations with; **~ć temperaturę** maintain temperature **4.** **~ć się** (*sytuacja itd.*) stand; **niebezpieczeństwo powodzi utrzymuje się w miarę jak...** the danger of flooding stands while...; **nie możemy dopuścić, aby obecna sytuacja ~ła się bez zmian** we can't allow the current situation to stand **5.** (*konserwować urządzenia itd.*) maintain, keep up; **~ć w dobrym stanie** keep in repair; **dobrze utrzymany dom** a well-maintained house

utw|ór *m* (*muzyczny, poetycki*) composition; work; **~ór literacki** literary work; **~ory polskich kompozytorów** works by Polish composers, works of Polish composers; **wykonać/zagrać ~ór** perform a composition, play a composition

uwag|a *f* **1.** attention; heed; consideration; **odwrócenie ~i** diversion; **brać pod ~ę** take into consideration, take into account; **czas zwrócić naszą ~ę na kwestię pieniędzy** it's time to turn our attention to the question of money; **dziecko pochłaniało całą jej energię i ~ę** the baby took up all her energy and attention; **mam na uwadze twoje zdrowie** I'm concerned about/for your health; **nic nie uszło jego ~i** nothing escaped his attention; nothing escaped his notice; **nie brać czegoś pod ~ę** ignore sth, disregard sth; **odwracać ~ę od czegoś** divert attention from sth; **on lubi być w centrum ~i** he likes to be the centre of attention; **poświęcać czemuś ~ę** devote one's attention to sth; **przyciągać ~ę** attract/capture/catch/draw attention; **przykuwać ~ę** hold/retain/rivet attention; **skierować czyjąś ~ę na coś** bring sth to sb's attention; **skupiać czyjąś ~ę na czymś** focus one's attention on sth; **Uwaga! Wysokie napięcie!** Danger! High Voltage; **Uwaga! Zły pies!** Beware of the dog!; **w centrum ~i publicznej** in the centre of public attention; in the limelight; **z ~i na coś** owing to sth; **zwracać czyjąś ~ę na** turn sb's attention to; **zwracać ~ę na coś** pay attention to sth **2.** (*spostrzeżenie*) remark; (*napomnienie*) admonition; **~i rodziców** parental admonitions; **trafna ~a** apt remark; **matka zwróciła jej ~ę, że za szybko pije** her mother admonished her for drinking too quickly; **robić ~i (na temat)** make remarks (on/about); **zwrócić komuś ~ę (że)/robić**

uważać 522

komuś ~i (*upomnieć*) reproach sb (for sth/for doing sth); admonish sb (for doing sth/to do sth); **zwróciła mi delikatnie ~ę, że zapomniałem o naszej rocznicy ślubu** she reproached me gently for forgetting our wedding anniversary

uważa|ć *v* **1.** (*sądzić*) think; consider; find; believe; **~ć się za** consider oneself; **~ć za konieczne** consider it necessary, find it necessary; **~ć za stosowne/właściwe (zrobić coś)** see/think fit (to do sth); **musisz zrobić to, co ~sz za właściwe** you must do as you see fit; **powszechnie ~ się, że...** it is popularly believed that...; **za kogo ty się ~sz?!** who do you think you are?! **2.** (*poczytywać*) consider; regard; **~m to za wielki zaszczyt** I consider it a great honour **3.** (*skupiać uwagę*) be attentive; be careful; **~ć na coś** pay/give one's attention to sth; **~j na to, co robisz** pay attention to what you're doing; **~j, żebyś nie spadł z drabiny** be careful (that) you don't fall off the ladder, take care not to fall off the ladder; **czy ~sz (o czym się mówi)?** are you attending (to what is being said)? **4.** (*troszczyć się*) **~ć na coś/kogoś** take care of sth/sb; look after sth/sb; **~j na siebie** take care (of yourself)

uwierz|yć *v* **~yć (w coś/komuś)** believe (sth/sb); **~ę, jak zobaczę** I'll believe it when I see it; **~yć w coś na słowo** take sth on trust, take one's word for it; **nie ~ysz!** would you believe it!; **nie mogę ~yć, że mógł(by) to zrobić** I can't believe it of him; **trudno mi ~yć, że ona nie wiedziała** I find it hard to believe that she didn't know; **trudno mi w to ~yć** I refuse to believe it

uzbrojony *a* armed; *pot*. **~ po zęby** armed to the teeth; **~ w broń nuklearną** armed with nuclear weapons

uzdolniony *a* talented; gifted; **muzycznie ~** musically gifted; **on jest człowiekiem wszechstronnie ~m** he is a man of (many) parts

uzna|ć *v* **1.** acknowledge; admit; recognize; **~ć kraj/rząd** recognize a country/government; **ona jest ~wana za eksperta w tej dziedzinie** she is acknowledged as an expert on this subject **2.** (*orzekać*) find; **~ć za winnego** find guilty

uznani|e *n* **1.** (*stwierdzenie*) acknowledg(e)ment; admission; recognition; **~e kraju/rządu** recognition of a country/government; **w ~u czegoś** in acknowledgment of sth **2.** (*wysoka ocena*) approval; approbation; praise; **godny ~a** praiseworthy; **powszechne ~e** widespread praise; **cieszyć się ~em** be appreciated; **patrzeć na kogoś z ~em** look at sb with approval; **spotkać się z ~em** meet with approval; **wyrazić swoje ~e** express one's approval; **zasługiwać na ~e** deserve praise; **zyskać czyjeś ~e** win sb's approval; win praise **3.** (*sąd, opinia*) discretion; **pozostawiam decyzję do twojego ~a** I leave the decision to your discretion; **według własnego ~a** at one's discretion

użyci|e *n* use; usage; employment; **~e przemocy** use of violence; **~e siły** employment of force; **groźby ~a przemocy** threats of violence; **nadający się do wielokrotnego ~a** reusable; **niewłaściwe ~e** misuse; **wychodzić z ~a** go out of use; (*o wyrazach, terminologii itd.*) become obsolete

użyt|ek *m* **1.** use; usage; **do ~ku zewnętrznego** (*lekarstwo*) for external use/application; **jednorazowego ~ku** throwaway, disposable; **nadający się do ~ku** usable, fit for use; **mieć coś na swój ~ek/na własny ~ek** keep sth for one's own use; **na ~ek...** for...; **oddać do ~ku** put into operation/service; put to use; **powszechnego ~ku** of common use; **wycofany z ~ku** out of use; **zrobić z czegoś ~ek** make use of sth; **zrobić z czegoś dobry ~ek** put/turn sth to good use; put/turn sth to good account; **zrobić z czegoś jak najlepszy ~ek** make the best of sth **2. ~ki rolne** arable land, cropland

użytkownik *m* user; **~ drogi** road user; **~ komputera** computer user; **rodzimy ~ języka** native speaker

używać *v* use; employ; **~ niewłaściwie** misuse; **~ ponownie** reuse; **~ siły** use/employ force; **~ życia** live it up

używan|y *a* used; second-hand; **~y samochód** second-hand car; **powszechnie ~y** in common use; commonly used; **słowa najczęściej ~e** words most commonly used; the most frequent words

W

wad|a *f* **1.** (*uszkodzenie żywego organizmu*) defect; **~a fizyczna** physical defect; **~a słuchu** hearing defect; **~a wrodzona** birth//congenital defect; **~a wymowy/mowy** speech defect; **~y genetyczne** genetic defects; **wykryto u niej małą ~ę słuchu** her hearing was found to be slightly defective **2.** (*uszkodzenie, defekt*) defect, fault, flaw; **~a ukryta** hidden/latent defect **3.** (*ujemna cecha*) fault, defect; disadvantage; drawback; shortcoming; failing; **~a charakteru** a defect of character; **~a konstrukcyjna** a fault in the design, a fault of the design; **~a życia w mieście** disadvantage of living in the town; **~y i zalety** advantages and disadvantages; *pot.* swings and roundabouts; **~y systemu edukacyjnego** defects in the education system; **główną ~ą kandydatki jest jej wiek** the candidate's main disadvantage is her age; **główną ~ą mojego samochodu jest...** my car's main failing is...; **inspekcja ujawniła kilka poważnych ~ w...** the inspection revealed some serious shortcomings in...; **mieć ~ę** be defective; **musimy się zastanowić, czy ~y naszego planu przeważają jego zalety** we must consider whether the disadvantages of our plan outweigh the advantages; **nikt nie jest bez ~/każdy ma jakieś swoje ~y** no one is without his faults; every man has his faults; **pomimo wszystkich swoich ~, ona jest wciąż najlepszą nauczycielką w szkole** in spite of all her shortcomings, she's still the best teacher the school has; **wszyscy mamy swoje małe ~y** we all have our little failings

wag|a *f* **1.** balance, scales, *US* scale; **~a kuchenna** kitchen scales; **~a łazienkowa** bathroom scales; **ważyć coś na wadze** weigh sth on the scales **2.** (*ciężar*) weight; **~a brutto** gross weight; **~a netto** net weight; **kupować/sprzedawać na ~ę** buy/sell by weight; **stracić na wadze/zrzucić ~ę** lose weight **3.** (*znaczenie*) weight, importance, significance; **na ~ę złota** worth one's weight in gold; **(sprawa) najwyższej/doniosłej ~i** (a matter) of paramount importance, (a matter) of utmost importance; **przywiązywać/przykładać ~ę do** attach weight to, give weight to, lend weight to; **ta książka jest na ~ę złota** this book is worth its weight in gold; **wielkiej ~i** weighty; of great importance; of considerable weight **4. Waga** (*znak zodiaku*) Libra, Scales; **(ona jest) spod znaku Wagi** (she was born) under Libra; **ona jest typową Wagą** she is a typical Libra

wagary *pl* truancy, truanting; **chodzić/iść na ~** play truant, *US* play hook(e)y

wagon *m* car; **~ bydlęcy** cattle truck; **~ dla palących** smoker; **~ osobowy/pasażerski** carriage, passenger car; **~ pocztowy** mail van, postal car; **~ restauracyjny** restaurant car; **~ sypialny** sleeping car; **~ towarowy** freight car, goods wagon

wahani|e *n* **1.** hesitation; **bez chwili ~a** without a moment's hesitation; **nie mieć wahań co do czegoś** have no hesitation in doing sth; **po chwili ~a** after a moment's hesitation **2. ~a** *pl* fluctuations, variation(s); **~a cen** price fluctuations; **nieznaczne ~a czegoś** slight variations in sth; **ceny nie ulegały dużym ~om w tym roku** prices have not shown much variation this year; **coś ulega (dużym) ~om** sth fluctuates (widely)

wakacj|e *pl* holidays; vacation; **letnie ~e** summer holidays; **szkolne ~e** school holidays; **na ~ach** (away) on holidays; **wyjechać na ~e** go for one's holidays

walczy|ć *v* fight; struggle; **~ć dzielnie/mężnie** fight bravely; **~ć bohatersko** fight heroically; **~ć do końca/do ostatniego tchu/do upadłego/do ostatniej kropli krwi** fight to the finish, fight to the bitter end; **~ć jak lew/tygrys** fight like a tiger; **~ć na pięści** fight with one's fists; **~ć na śmierć i życie** fight to the death; **~ć o wolność/prawa** fight for one's freedom/rights; **~ć w powietrzu** fight in the air; **~ć wspólnie z... przeciw** fight with/alongside... against; **~ć zaciekle/zażarcie** fight stubbornly; **~ć z biedą** fight (against) poverty; **~ć z chorobą** fight (against) disease; **~ć ze snem** fight off sleep; **~ć ze śmiercią** fight for one's life; **~ć ze zmęczeniem/z uczuciem zmęczenia** fight off a feeling of tiredness; **~ć z kimś o coś** fight sb for sth; **~ć z pożarem** fight a fire; **~ć z przestępczością/terroryzmem** fight crime/terrorism; *przen*. **~ć z wiatrakami** tilt at windmills, fight the windmills; **ona ~ teraz w szpitalu o życie** she is now fighting for her life in hospital

walk|a *f* fight; combat; struggle; **~a byków** bullfight; **~a do końca** a fight to the finish; **~a klas** class struggle; **~a na pięści** fist fight; **~a na śmierć i życie** deadly/mortal combat, fight to the death; **~a o** fight for; **~a o przetrwanie** a fight for survival; **~a o tytuł mistrza świata** a world title fight; **~a o tytuł mistrzowski** a title fight; **~a o władzę** power struggle; **~a wręcz** hand-to-hand combat; **~a zbrojna** armed fighting; **~a z chorobą** a fight against disease; **~a z inflacją** a fight against inflation; **~a z pożarem** fire-fighting; **~a z przestępczością** a fight against crime; **~a z ubóstwem** a fight against poverty; **odwieczna ~a dobra ze złem** the eternal struggle between good and evil; **drużyna stoczyła dobrą ~ę** the team put up a good fight; **odebrać komuś wolę ~i** take all the fight out of sb; **polec w walce** fall in a battle, be killed in a battle; **prowadzić ~ę z przestępczością** wage (a) war against crime; **stoczyć ~ę** fight a battle; **wdać się w ~ę** get into a fight

walkower *m* default; **przegrać ~em** default; **wygrać mecz ~em** win a game by default

walut|a *f* currency; **~a wymienialna** convertible currency; **~a zagraniczna** foreign currency; **mocna ~a** hard/sound currency; **słaba ~a** soft currency; **kantor wymiany ~** exchange office

warg|a *f* lip; **zagryzać ~i** bite one's lips

wariat *m* madman (*pl* madmen); *pot.* **kompletny ~** (as) mad as a hatter, (as) mad as a March hare; **robić z kogoś ~a** make a fool of sb

warkocz *m* plait, *US* braid; (*krótki*) pigtail; **nosić ~e** wear plaits, wear one's hair in plaits; **dziewczyna uczesana w ~e** a girl in plaits; **zaplatać ~** plait, *US* braid; **włosy splecione w ~** plaited hair

warstw|a *f* layer; stratum (*pl* strata); tier; **~a geologiczna** geological stratum; **~a społeczna** social stratum; **gruba ~a kurzu** a thick layer of dust; **tort składający się z trzech ~** a cake with three tiers/layers; **coś składa się z wielu ~** sth is multi-layered; **układać coś ~ami** layer sth

warszta|t *m* workshop; **~t naprawczy** repair shop; **~t samochodowy** garage; **~t usługowy** service workshop; *przen.pot.* **brać coś na ~t** set to work on sth; **mieć coś na ~cie** work on sth; **prowadzić ~t** keep/run a workshop

wart *adv* **1.** worth; **samochód ~...** a car worth... **2. ~ czegoś** worth doing sth; worthy of sth; deserving of sth; **~ obejrzenia** worth seeing; *pot.* **~ zachodu** worthwhile; **przedstawienie ~e zapamiętania** a performance worthy to be remembered

war|ta *f* guard; **~ta honorowa** guard of honour, honour guard; **zmiana ~ty** the changing of the guard; **żołnierz na ~cie** a soldier on guard; **pełnić/trzymać ~tę przy** keep guard over; **policjanci pełnili ~tę na zewnątrz budynku** policemen were keeping guard outside the building; **rozstawić ~ty** post the guard; **stać na ~cie** be on guard; **zaciągnąć ~ę (przy)** stand guard (over); **zdjąć ~tę** call out the guard

warto (*nieosobowo*) it's worth...; **~ było** it was worthwhile; **~ spróbować** it's worth a try; **~ to przeczytać** it's worth reading

wartość 528

wartoś|ć *f* (*materialna, duchowa itd.*) value; worth; **~ć brutto** gross value; **~ć historyczna** historical value; **~ć netto** net value; **~ć nominalna** face value; **~ć odżywcza** nutritional value; **~ć praktyczna** practical value; **~ć rynkowa** market value; **~ć sentymentalna** sentimental value; **spadek ~ci dolara** the depreciation of the dollar; **wielkiej ~ci** of great value/worth; **~ć funta spadła w stosunku do innych europejskich walut** the value of the pound fell against other European currencies; **~ć nagrody wynosi...** the value of the award is...; **bez ~ci** valueless, of no value, worthless; **doceniać ~ć** value; **mieć dużą/małą ~ć dla kogoś** be of great/little value to sb; **młodzi ludzie wyznają inny system ~ci niż ich rodzice** young people have a different set of values from their parents; **musieli sprzedać gospodarstwo poniżej jego ~ci rynkowej** they had to sell their farm at below market value; **nie doceniać ~ci czegoś** underestimate sth; **nie mieć dla kogoś żadnej ~ci** be of no value to sb; **oceniać/oszacować ~ć** value; **opowiadanie ma bardzo małą ~ć poznawczą** the story has very little news value; **poniżej ~ci** below/under the value; **przeceniać ~ć czegoś** overestimate sth; **spadać na ~ci** drop/go down/fall in value; depreciate; **tracić na ~ci** lose value; **ustalać ~ć** valuate, appraise, assess the value; **zachowywać tradycyjne ~ci** preserve traditional values; **znaleźć ~ć x** (*w matematyce*) find the value of x; **zyskać na ~ci** increase in value, acquire value, take on value, go up in value

warun|ek *m* condition; (*wymóg*) requirement; term; **~ek nie do przyjęcia** unacceptable condition; **~ek podstawowy** basic/ /principal/essential condition; **~ek wstępny** precondition; **~ki klimatyczne** climatic conditions; **~ki pogodowe/meteorologiczne** weather/meteorological conditions; **ciężkie ~ki** trying/ /difficult conditions; **zimowe ~ki** wintry/winter conditions; **nie dotrzymać ~ków** fail to meet the terms; **pod ~kiem, że...** on condition (that)..., provided (that)..., providing (that)...; **pod**

żadnym **~kiem** on no condition; on no account, not on any account; **postawić ~ek** set a condition; **przestrzegać/dotrzymać ~ków** observe the terms, adhere to the terms; **przyjąć/zaakceptować ~ek** accept a condition; **spełnić ~ek** meet a condition, satisfy a condition, fulfil a condition; **w ~kach ekstremalnych** in extreme conditions; **w istniejących ~kach** under existing conditions; **w sprzyjających ~kach** under favourable conditions

ważnoś|ć *f* (*dokumentu itd.*) validity; force; **~ć decyzji** validity of a decision; **tracić ~ć** expire; become void; **z ~cią od...** effective from...

ważn|y *a* **1.** important, significant; **~a decyzja** important/big decision; **(co) ~iejsze** more important; **jest ~e, żeby to zostało przygotowane** it is important that it should be prepared; **udający ~ego** (*osoba*) full of one's own importance; **udawać ~ego** give oneself airs, put on airs **2.** (*prawnie*) valid; **~y paszport** valid passport; **~y na (trzy miesiące)** valid for (three months); **~y od...** effective from...

waży|ć *v* **1.** weigh; **~ć coś na wadze** weigh sth on the scales; **czy ~łeś się ostatnio?** have you weighed yourself lately?; **to ~ dwa kilogramy** it is two kilos in weight, it weighs two kilos; **ważę mniej niż zwykle** I weigh less than I used to **2.** *przen.* **~ć się** be/hang/lie in the balance; **~ się przyszłość narodu/kraju** the future of the nation is in the balance, the future of the nation hangs in the balance **3. ~ć się** (*ośmielać się*) dare; **nie waż się!** don't you dare!

wąs|y *pl* moustache; **długie/sumiaste ~y** handlebar moustache; **kręcić/podkręcać ~a** twist/finger one's moustache; **zapuścić ~y** grow a moustache

wąt|ek *m* (*myśli, rozmowy, książki itd.*) thread; **pisarz zręcznie przeplata/łączy różne ~ki fabuły** the writer skilfully weaves the different threads of the plot together, the writer skilfully pulls the different threads of the plot together; **podjąć ~ek**

wątpić

(czegoś) pick up the thread (of sth); **zgubić/stracić ~ek (czegoś)** lose the thread (of sth); **zgubiłam/straciłam ~ek** I lost the thread what I was saying

wątpi|ć *v* **~ć (w coś)** doubt (sth); **(bardzo) ~ę** I (very much) doubt it; **bez ~enia** undoubtedly; no doubt; easily; **bez ~enia najlepszy program telewizyjny** easily the best TV programme

wątpliwoś|ć *f* doubt; **budzić ~ci** raise doubts; **mam ~ci (co do tego)** I have my doubts (about it); **nie ma co do tego ~ci** (there are) no two ways about it; **nie mieć żadnych ~ci** have no doubts; **nie ulega/nie ma ~ci, że...** there is no doubt that...; **opadły go ~ci** doubts invaded his mind; **podać coś w ~ć** call sth into question, question sth; dispute sth; **ponad wszelką ~ć** beyond all doubt; past (all) doubt; without a slightest doubt; **rozproszyć/rozwiać czyjeś ~ci** dispel sb's doubts; **zasiać//posiać ~ć w czyimś umyśle** sow doubt in sb's mind

wąż *m* **1.** snake; **~ grzechotnik** rattlesnake, *pot.* rattler; **jadowity ~** poisonous/venomous snake; *przen.* **zdradziecki ~** a snake in the grass; **ukąszenie węża** snake-bite; **zaklinacz węży** snake--charmer; **~ pełznie** a snake crawls; **~ syczy** a snake hisses; **~ ukąsił** a snake bit; **~ wije się** a snake coils; **~ zrzuca skórę** a snake moults; **~ zwija się w kłębek** a snake coils up; *przen.* **mieć węża w kieszeni** be (very) tight with one's money, be tight-fisted; *przen.* **wić się jak ~/wężem przez...** snake (one's way) across/through...; *przen.* **wyhodować sobie węża/wyhodować węża na własnym łonie** nourish a viper in one's bosom **2.** (*przewód*) hose; **~ pożarniczy** fire hose

wdow|a *f* widow; **słomiana ~a** grass widow; **wojenna ~a** war widow; **być ~ą** be a widow; **wcześnie została ~ą** she was widowed at an early age; **zostać ~ą** be widowed

wdow|iec *m* widower; **słomiany ~iec** grass widower; **wcześnie został ~cem** he was widowed at an early age; **zostać ~cem** be widowed

wdzięczność *f* **~ć (dla kogoś za coś)** gratitude (to sb for sth); **bezgraniczna ~ć** untold gratitude; **dozgonna ~ć** undying/everlasting gratitude; **głęboka ~ć** deep/profound gratitude; **czuć ~ć** feel gratitude; **okazywać ~ć** show gratitude; **w dowód ~ci** in token of gratitude; **wyrazić ~ć** express gratitude

wejrzenie *n* glance; look; **od pierwszego ~a** at first glance/sight; **to była miłość od pierwszego ~a** it was love at first glance/sight

wejście *n* **1.** entrance; entry; **~e do gmachu** entrance to the building; **~e frontowe/od frontu** front entrance; **boczne ~e** side entrance; **główne ~e** main entrance; **czekaj na mnie przy ~u** wait for me at the entrance **2. ~e w posiadanie czegoś** coming into possession of sth; **~e w życie** (*przepisów itd.*) coming into force/into operation/into use **3.** (*do organizacji*) entry; **ubiegać się o ~e do Unii Europejskiej** seek entry into/to the EU

werdykt *m* verdict; **ogłosić ~** announce a verdict

wersja *f* version; **~a filmowa powieści** a movie version of a novel; **~a na CD-ROM-ie** (*słownika*) CD-ROM version; **~a nieoficjalna** unofficial version; **~a oficjalna (wydarzeń)** official version (of events); **~a sceniczna powieści** a stage version of a novel; **~a standardowa samochodu** the standard version of a car; **różniące się ~e** different versions; **krążyły sprzeczne ~e o...** there were contradictory versions of...; **podać swoją ~ę (wydarzeń)** give one's version (of a story); **potwierdzić czyjąś ~ę wydarzeń** corroborate sb's version of an event

wesele *n* wedding party/feast/reception; **brylantowe/diamentowe ~e** diamond wedding; **srebrne ~e** silver jubilee; **złote ~e** golden jubilee; **na ~u** at a wedding

wezwanie *n* (*straży pożarnej, lekarza itd.*) call; (*apel*) call; appeal; (*do współzawodnictwa, walki*) challenge; **~ do sądu** summons; **~ do strajku** strike call; **doręczyć komuś ~ do sądu** serve a summons on sb; **prezydent zwrócił się do**

węch *m* smell; **psi ~** doggy smell

węg|iel *m* 1. (*pierwiastek chemiczny*) carbon; **tlenek ~la** carbon monoxide 2. coal; **~iel brunatny** brown coal; **~iel drzewny** charcoal, wood coal; **~iel kamienny** hard/bituminous coal; **dokładać/dorzucać ~la do pieca** shovel coal into a furnace; **eksploatować/urabiać/wydobywać ~iel** mine coal; **palić ~lem** burn coal; *przen.* **siedzieć/stać jak na rozżarzonych ~lach** be on pins and needles

węzeł *m* 1. *dosł. i przen.* knot; **~ gordyjski** Gordian knot; **~ małżeński** marriage knot; **luźny ~** loose knot; **mocny ~** tight knot; **połączyć (się) węzłem małżeńskim** tie the knot; **przeciąć/rozciąć ~ gordyjski** cut the Gordian knot; **rozwiązać ~** undo/untie a knot; **zawiązać ~** make a knot; **związać coś w/na ~** knot sth 2. **~ kolejowy** railway junction

wiadomoś|ć *f* 1. news, information; message; bit of information, bit of news, piece of information, piece of news; **~ć z drugiej ręki** second-hand information; **~ć z pierwszej ręki** firsthand information; **dobra ~ć** good news; **sensacyjna ~ć** sensational news; **zła ~ć** bad news; **czy dostałaś/odebrałaś moją ~ć?** did you get my message?; **doszło do naszej ~ci, że...** it has come to our knowledge that...; **ogłosić ~ć** announce the news; **otrzymać ~ć od kogoś** (*listownie*) hear from sb; **podawać do czyjejś ~ci** bring to sb's knowledge; **przekazywać ~ć** convey the message; **przyjąć coś do ~ci** take cognizance of sth; **rozgłaszać/kolportować ~ci** spread the news; **szczegóły raportu nie zostały podane do ~ci publicznej** details of the report have not been made public; **zostawić komuś ~ć** leave sb a message 2. **~ci** *pl* (*w radiu, telewizji*) news; **~ci prasowe** press news; **~ci w skrócie** a news summary; **~ci z kraju**

home/national news; **~ci z pierwszych stron gazet** front-page news; **najświeższe/ostatnie ~ci** the latest news; **oglądać ~ci** watch the news; **radio podało ~ć, że...** they gave out on the radio that...; **słuchać ~ci** listen to the news; **słyszałem to w ~ciach o dziewiątej** I've heard it on the 9 o'clock news; **w ~ciach wieczornych** on the nightly news **3. ~ci** *pl* (*zasób wiedzy*) knowledge; **gruntowne ~ci** profound knowledge; **podstawowe ~ci** rudimentary knowledge; **skąpe ~ci** slight knowledge

wiar|a *f* **1.** (*przekonanie, pewność*) belief; credence; faith; *przysł.* **~a góry przenosi** faith will move mountains; **dawać czemuś ~ę** give credence to sth, lend credence to sth; **nie do ~y** unbelievable; **pokładać ~ę w kimś/czymś** place one's faith in sb/sth, put one's faith in sb/sth; have faith in sb/sth; **przyjmować coś na ~ę** accept sth on faith; **przywracać ~ę w** restore faith in; **stracić ~ę w** lose faith in; **w dobrej wierze** in good faith; **w złej wierze** in bad faith **2.** (*religijna*) faith, belief; **~a chrześcijańska** Christian faith; **~a w Boga** faith/belief in God; **~a w życie pozagrobowe** a belief in the afterlife; **głęboka ~a** deep faith; **mocna ~a** strong faith; **niewzruszona ~a** unshakable faith; **prawdziwa ~a** true faith; **akt ~y** act of faith; **jego ~a pomogła mu przetrwać trudny okres w życiu** his faith helped him get through a difficult period of his life; **wyprzeć się ~y** renounce one's faith, recant (one's faith)

wiatr *m* wind; **~ halny** foehn; **~ od morza** onshore wind; **boczny ~** cross-wind; **lodowaty ~** icy wind; **łagodny ~** gentle//soft/light wind; **niepomyślny ~** adverse wind; **południowy/północny ~** south/north wind; **pomyślny ~** fair/favourable wind; **porywisty ~** gusty wind; **przeciwny ~** head wind; **przejmujący ~** biting/cutting wind; **silny ~** strong/heavy//high/stiff wind; **wschodni/zachodni ~** east/west wind; **zimny ~** cold wind; **zmienny ~** baffling wind; **pod ~** against the wind, into the wind; **podmuch ~u** blast of wind; **poryw ~u**

widać

gust of wind; **siła ~u** wind power/energy; **~ przycicha/słabnie/ustaje** the wind falls, the wind subsides, the wind drops; **~ wieje** the wind blows; **~ się nasila/wzmaga się** the wind rises, the wind picks up; **~ zmienił kierunek** the wind changed direction; *przysł.* **kto sieje ~, burzę zbiera** he that sows the wind must reap the whirlwind; he/she had sown the wind and was reaping the whirlwind; **wiał/był zbyt silny ~** there was too much wind; *przen.* **wypędzić/rozpędzić/wygnać na cztery ~y** scatter to the four winds; *pot.* **wystawić kogoś do ~u** leave sb stranded; **z ~em** downwind

widać *v* **1.** show; be visible; *pot.* **~ jak na dłoni/na kilometr** stick out a mile; **jak ~** as seen; **plamy nie będzie ~** the stain won't show; **włożyła mało pracy w to sprawozdanie, i to ~ !** she did very little work on this report, and it shows! **2.** *pot.* (*okazywać się*) appear; **~ nie zapisałam jego nazwiska** I don't appear to have written his name

widmo *n* (*zjawa*) ghost, spectre; *przen.* (*groźba*) spectre; **~ bezrobocia** unemployment spectre, spectre of unemployment; **~ głodu** famine spectre; **~ przeszłości** spectre from the past; **~ wojny** spectre of war

widoczność *f* visibility; **dobra ~** good visibility; **ograniczona ~** limited visibility; **zła ~** bad/poor/low visibility; **z powodu mgły ~ była ograniczona do stu metrów** visibility was down to 100 metres in the fog

widoczn|y *a* visible; **~a poprawa** visible improvement; **~e różnice** visible differences; **~y gołym okiem** visible to the naked eye; **~y na tle...** visible against the background of...

widok *m* **1.** sight; view; perspective; vista; prospect; **~ (czegoś) z lotu ptaka** bird's-eye view (of sth); *przen.* **codzienny//powszedni/zwyczajny ~** all-too-familiar sight; **niezbyt ładny ~** not a pretty sight; **rzadki ~** rare sight; **żałosny ~** sorry sight; **na ~...** at the sight of...; **zasłaniać komuś ~** block one's view; **zemdlała na ~ krwi** she fainted at the sight of blood; **żebracy**

na ulicach stają się powszednim/zwyczajnym ~iem beggars on the streets are becoming an all-too-familiar sight **2.** *przen.* **~i** *pl* prospects; vista; **~i na przyszłość** prospects for the future

widowisko *n* show; spectacle; performance; *przen.pot.* **robić z siebie ~** make a spectacle of oneself

widowni|a *f* (*publiczność*) house; audience; **pełna ~a/wypełniona po brzegi ~a** full house, packed house; **pusta ~a** empty house; **przy pełnej ~** to the full house

widzi|eć *v* see; can see; **~eć coś w ciemnych kolorach/barwach** see the dark side of sth; **~eć coś w kimś** see sth in sb; **czarno coś ~eć** see a black cloud on the horizon; *przysł.* **czego oko nie ~, tego sercu nie żal** what the eye doesn't see the heart doesn't grieve (over); out of sight, out of mind; **jak ~sz** as you see; *przysł.* **jak cię widzą, tak cię piszą** fine feathers make fine birds; **nie ~ałem jej całą wieczność** I haven't seen her in a month of Sundays, I haven't seen her for ages

wiec *m* rally; **~ pokojowy** peace rally; **przemawiać na ~u** address a rally; **wziąć udział w ~u** attend a rally; **zorganizować ~** organize/stage a rally

wiecz|ór *m* evening; night; **~ór kawalerski** *GB* stag night, stag party, *US* bachelor party; **~ór poezji** a poetry evening; **~orem** in the evening; at night; **co ~ór** every evening; nightly; **dobry ~ór** (*powitanie*) good evening; **dzisiaj ~orem** this evening, tonight; **o szóstej ~orem** at six pm; **wczesnym/późnym ~orem** in the early/late evening; **wczoraj ~orem** last night

wiedz|a *f* **1.** knowledge; **~a fachowa/zawodowa** professional knowledge; **~a specjalistyczna** specialist knowledge; **~a techniczna** technical/technological knowledge; **głęboka ~a** profound knowledge; **powierzchowna ~a** superficial knowledge; **rozległa ~a** extensive knowledge; **zdobywać ~ę** acquire/gain/accumulate knowledge **2. bez czyjejś ~y** without sb's knowledge

wie|dzieć *v* know; **~dzieć coś z pewnego źródła** know sth from a reliable source; **~dzieć czego się chce** know one's own mind; **~dzieć najlepiej** know best; **~dzieć na czym się stoi** know where one stands; **~dzieć swoje** know different/otherwise; **~dzieć to i owo** know a thing or two; **~sz** you know; **~sz co?** you know something/what?; **~sz, równie dobrze jak ja, że...** you know as well as I do that...; **Bóg jeden ~** God/Lord only knows, heaven only knows; **mówi, że był w kinie, ale ja ~m swoje** he says he was at the cinema, but I know different; **nic o tym nie ~m/nic mi o tym nie wiadomo** not that I know of; **nie ~działem, co powiedzieć** I was at a loss for words; **nie bardzo ~m, co powiedzieć/robić** I don't quite know what to say/do; **nigdy nie wiadomo** you never know, you never can tell; **o ile ~m** to (the best of) my knowledge; for all I know; to the best of my belief; **przyjdziesz w przyszłym tygodniu? – kto ~** will you be coming next week? – you never know; **skąd ~sz?** how do you know?; **skąd mam ~dzieć?!** how should I know?!

wiek *m* **1.** age; **~ dojrzały** adult age, maturity; **~ emerytalny** pensionable age; retirement age; **~ poborowy** (*do wojska*) call-up age; **~ szkolny** school age; **młody ~** tender/young age; **podeszły ~** (ripe) old age; **sędziwy ~** advanced age; **średni ~** middle age; **być w ~u emerytalnym** be of pensionable age; **być w kwiecie ~u** be in the prime of youth; **być w sile ~u** be in one's prime, be in the prime of life; **coś przychodzi z ~iem** sth comes with age; **czekałem całe ~i** I waited (for) ages, I waited an age; **dożyć ~u** live to an age; **mam syna w twoim ~u** I have a son your age; **młodzi mężczyźni w ~u poborowym** young men of call-up age; **nie widziałem ich od ~ów** I haven't seen them for ages; **osiągnąć ~** reach an age; **w młodym ~u** at an early age; **w ~u sześciu lat** at the age of six, aged 6, aged six years; **w jakim on jest ~u?** what age is he? **2.** (*stulecie*) century; **na przełomie ~u** at the turn of the century; **sztuka dwudziestego ~u** twentieth-century art **3.** (*epoka*, *era*) age; **~ atomowy** atomic age; **złoty ~** (*sztuki itd.*) golden age

wiele *a* many, a lot of, lots of, a great deal; much; **o ~ gorszy** far worse; **o ~ lepszy** far better; **tego już za ~!** that's enough!; enough is enough!; **to jest o ~ ciekawsze** this is lots more interesting; **to jest o ~ łatwiejsze** this is a lot easier

wielkoś|ć *f* **1.** size; dimension; volume; **~ci jajka** the size of an egg; **drugi pod względem ~ci...** the second largest...; **firma średniej ~ci** a medium-size(d) firm; **naturalnej ~ci** life-size(d), full-size(d); **średniej ~ci** middle-sized, medium-sized, midsize; **być ~ci czegoś** be the size of sth; **tej ~ci** this/that size **2.** (*w matematyce*) quantity; magnitude; value; **~ć dodatnia** plus; **~ć liczbowa** numerical quantity; **~ć skalarna** scalar; **~ć ujemna** minus; **~ć wektorowa** vector quantity **3.** (*cecha umysłu*, *charakteru*) greatness; **mania ~ci** delusions of grandeur

wieniec *m* wreath; **~ laurowy/z wawrzynu** laurel wreath; **~ na trumnę/pogrzebowy** funeral wreath; **~ z kwiatów** floral wreath; **uroczyste złożenie wieńca** wreath-laying ceremony; **złożyć ~ (na grobie)** lay/place a wreath (at a tomb)

wierność *f* **~ komuś/czemuś** fidelity to sb/sth; faithfulness to sb/sth; **~ małżeńska** marital fidelity; **~ przekładu** translation's fidelity; **~ zasadom** fidelity to one's principles; **wysoka ~ odtwarzania** (*dźwięku*) high fidelity, hi-fi; **ślubować ~** swear fidelity

wierny *a* **~ (komuś/czemuś)** faithful (to sb/sth); **~ mąż** faithful husband; **~ opis** faithful description; **~ pies** faithful dog; **~ przyjaciel** faithful friend; **~ sługa** faithful servant; **był zawsze ~ żonie** he was always faithful to his wife; **pozostać ~m czemuś** remain faithful to sth

wiersz *m* **1.** verse; poem; **~ biały** blank verse; **~ rymowany** rhymed/rhyming verse; **~ wolny** free verse; **napisany ~em**

written in verse; **pisać** ~ write a poem; **recytować/deklamować** ~ recite a poem; **uczyć się** ~**a na pamięć** memorize a poem; **układać** ~ compose a poem **2.** (*linijka tekstu*) line; *przen.* **czytać między** ~**ami** read between the lines

wierzchołek *m* **1.** peak; top; summit; ~ **góry** peak/top/summit of a mountain; *przen.* ~ **góry lodowej** the tip of the iceberg; ~ **masztu** masthead **2.** ~ **kąta** vertex of an angle; ~ **trójkąta** vertex of a triangle

wierz|yć *v* believe; ~**yć święcie** believe firmly/strongly; ~**yć w Boga** believe in God; ~**yła we wszystko, co jej mówili** she believed everything they told her; **czy** ~**ysz w duchy?** do you believe in ghosts?; **nie** ~**ę, że mógł to zrobić** I can't believe it of him; **nie** ~**yć w ani jedno słowo** not believe a word of it; **nie** ~**yć własnym oczom/uszom** not believe one's eyes/ears; **powszechnie** ~**ono, że...** it was widely believed that...

wieś *f* village; (*ogólnie*) country; **głucha/zapadła** ~ remote village; **na** ~ to the country; **na wsi** in the country; **życie na wsi** country/rural/village life

wieża *f* tower; ~ **kontrolna** (*lotniska*) control tower; ~ **obserwacyjna** observation tower; ~ **z kości słoniowej** an ivory tower; **Wieża Babel** (the) Tower of Babel

większoś|ć *f* majority; ~**ć bezwzględna** absolute majority; ~**ć czasu** most time; ~**ć krajów europejskich** most European countries; ~**ć ludności/ludzi** the majority of people, most people; ~**ć względna** relative majority, *US* plurality; ~**ć w parlamencie** a majority in parliament; ~**cią głosów** by the majority of votes, by majority vote; ~**cią 2/3 głosów** by two-thirds majority; **nieznaczna** ~**ć** slim/small/narrow majority; **ogromna/zdecydowana** ~**ć** vast majority; **przeważająca/ /przytłaczająca** ~**ć** overwhelming majority; **wymagana** ~**ć (głosujących)** working majority; **znaczna** ~**ć...** a large majority of...; **zwykła** ~**ć** simple majority; ~**ć głosowała przeciw** the noes have it; **jak** ~**ć ludzi...** like most people...; **mieć** ~**ć**

(*w parlamencie itd.*) have/hold a majority; **stanowić ~ć** be in the majority; **to była decyzja ~ci** it was a majority decision; **uzyskać ~ć** (*w głosowaniu*) get/receive a majority; **w ~ci przypadków/wypadków** in the (vast) majority of cases; **został wybrany ~cią... głosów** he was elected by the majority of...votes

więzieni|e *n* **1.** prison, jail, gaol; **~a są przepełnione** the prisons are overcrowded; *pot.* **gnić w ~u** rot in prison; **iść do ~a** go to prison; **siedzieć w ~u** be in prison; **skończyć w ~u** end up in prison; **uciec z ~a** break out from prison, escape from prison; **wtrącić/wsadzić do ~a** imprison; **wyjść z ~a** come out of prison; *pot.* **wylądować w ~u** land up in prison; **znaleźć się w ~u** find oneself in prison; **zostać skazanym na ~e** be sentenced to prison, be sent to prison; **zostać zwolnionym z ~a** be released from prison; **zwolnić z ~a** discharge from prison **2.** (*kara w więzieniu*) imprisonment; **dożywotnie ~e** life imprisonment; **skazany na pięć lat ~a** sentenced to five years' imprisonment

więzień *m* prisoner; **~ polityczny** political prisoner; **~ sumienia** prisoner of conscience; **zbiegły ~** escaped prisoner

więz|y *pl dosł. i przen.* fetters; bonds; **~y konwenansów** fetters of convention; **~y krwi** blood ties; **~y przyjaźni** ties/bonds of friendship; **połączeni ~ami przyjaźni** linked by bonds of friendship; **rozluźnić ~y** loose one's bonds; **wyswobodzić się z ~ów** cast off/break one's bonds

wię|ź *f* ties; bond; (*między faktami, wydarzeniami itd.*) link(s); **~ź duchowa** spiritual bond; **~ź ekonomiczna** economic links; **~ź rodzinna** family ties; **mocna ~ź** strong/firm bond; **nie odczuwam już żadnej ~zi z moim rodzinnym miastem** I no longer feel any ties with my home town; **wzmocnić/zacieśnić ~ź (przyjaźni) z** strengthen a bond (of friendship) with

wilk *m* wolf (*pl* wolves); *przen.* **~ morski** sea dog; **~ w owczej skórze** a wolf in sheep's clothing; **stado/wataha ~ów** pack of

wina

wolves; *przysł.* **człowiek człowiekowi ~iem** man is a wolf to man; **głodny jak ~** as hungry as a wolf; *przysł.* **(natura) ciągnie ~a do lasu** a leopard can't change its spots; *przysł.* **nie wywołuj ~a z lasu** let sleeping dogs lie; *przysł.* **nosił ~ razy kilka, ponieśli i ~a** every fox must pay his own skin to the furrier; *przysł.* **o ~u mowa (, a ~ tu)!** talk of the devil!, speak of the devil!; **patrzeć/spoglądać ~iem na** look daggers at

win|a *f* guilt; blame; fault; **przyznanie się do ~y** admission//acknowledgement of guilt; **brać na siebie ~ę za coś** take/accept the blame for sth; **czyja to ~a?** who is to blame?; whose fault is it?; **który kierowca ponosi ~ę za wypadek?** which driver is to blame for the accident?; **nie przyznać się do ~y** (*w sądzie*) plead not guilty; **nikt z nas nie jest zupełnie bez ~y** none of us is entirely guiltless/blameless; **obarczyć kogoś ~ą** lay the blame on sb, place the blame on sb, put the blame on sb; **ponosić ~ę za** bear the guilt for; bear the blame for; take the guilt for; **przypisywać komuś ~ę** ascribe the blame to sb, assign the blame to sb, attribute the blame to sb; **przyznać się do ~y** admit one's guilt; (*w sądzie*) plead guilty; **to wyłącznie jej ~a** it's all her fault, it's entirely her fault; **zrzucić ~ę na kogoś** shift the blame to sb

winny/winien *a* **1.** (*ponoszący winę*) guilty; *przen.* **Bogu ducha winien** blameless, guiltless, innocent; **czuć się ~m** feel guilty; **kto jest temu winien** who is to blame?; whose fault is it?; **który kierowca był ~m spowodowania wypadku?** which driver was to blame for the accident? **2.** (*mający dług*) owing; **być ~m komuś pieniądze** owe money to sb **3. winien ci jestem wyjaśnienie/przeprosiny** I owe you an explanation/apology

wino *n* wine; **~ białe** white wine; **~ czerwone** red wine; **~ deserowe** dessert wine; **~ dobrego rocznika** vintage wine; **~ mszalne** sacramental wine; **~ musujące** sparkling wine; **~ słodkie** sweet wine; **~ stołowe** table wine; **~ wytrawne** dry wine; **produkować ~** produce/make wine

wiosn|a *f* spring; **~ą/na ~ę** in spring; **wczesna ~a** early spring; **w powietrzu czuć ~ę** there is a touch of spring in the air; **z nadejściem ~y** with the approach of spring

wir *m* whirl; vortex; **~ wojny** the vortex of war; **rzucać się w ~ czegoś** fling oneself into sth, throw oneself into sth; **w ~ze** (*walki, wydarzeń*) in the thick of...

wirus *m* **1.** virus; **~ AIDS** AIDS virus; **~ grypy** flu/influenza virus; **choroby wywoływane przez ~y** viral diseases; **on jest nosicielem ~a HIV** he's carrying the HIV virus; **wyizolować ~a** isolate a virus **2. ~ komputerowy** computer virus

wisi|eć *v* hang; *przen.* **~eć na włosku** hang by a hair, hang by a (single) thread; **~eć w szafie** hang in the wardrobe; *przysł.* **co ma ~eć, nie utonie** he that is born to be hanged will never be drowned; **coś ~ nad kimś jak miecz Damoklesa** sth hangs over sb like a sword of Damocles; **coś ~ w powietrzu** sth hangs in the air, there is sth in the wind/air; **jego życie ~ało na włosku** his life hung by a thread

wita|ć *v* greet; welcome; **~ć chłodno** welcome coolly; **~ć kogoś serdecznie** welcome sb cordially, welcome sb warmly, give sb a warm welcome; **~jcie w...!** welcome to...!

wiza *f* visa; **~ tranzytowa** transit visa; **~ wjazdowa** entry visa; **~ wyjazdowa** exit visa

wizj|a *f* **1.** (*wyobrażenie*) vision; **apokaliptyczne ~e** apocalyptic visions **2.** (*obraz telewizyjny*) picture; **na ~i** on the air

wizyt|a *f* visit; **~a dwudniowa** two-day visit; **~a nieoficjalna** unofficial visit; **~a oficjalna** official visit; **~a państwowa** state visit; **~a prywatna** private visit; **krótka ~a** flying visit; **odkładać ~ę** put off a visit; **odwołać ~ę** cancel a visit; **przerwać ~ę** cut short a visit; **przybywać z ~ą** come for a visit, arrive on a visit; **spodziewamy się ~y lekarza około południa** we are expecting a visit from the doctor at around midday; **to jego pierwsza ~a w naszym kraju** this is his first visit to our country; **wpaść do kogoś z ~ą** drop in on sb; stop

władza 542

by (one's house); **złożyć komuś ~ę** make a visit to sb, pay a visit to sb

władz|a *f* **1.** power; authority; **czwarta ~a** (*prasa*) the fourth estate; **dojść do ~y** come to/into power, achieve power; **mieć ~ę nad** have power over; **objąć ~ę** take power; **przy ~y** (*partia itd.*) in power; **sprawować ~ę nad** exercise power over; **tracić ~ę** fall from power, lose power; **utrzymywać się przy ~y** remain in power; be in power; **wojsko przejęło ~ę** the army seized power; **wrócić do ~y** return to power; **zdobyć ~ę** seize power **2. ~e** *pl* authorities; **~e lokalne** local authorities; **~e miejskie** municipal authorities; **~e państwowe** government/state authorities

włamać | się *v* **~ się (do domu)** burgle (the house), break into (the house), burglarize (the house); **~ się do (pamięci) komputera** hack into a computer

włamani|e *n* **~e (do domu/budynku)** burglary; break-in; **~e do banku** break-in at the bank; **~e się do (pamięci) komputera** hacking; **dokonać ~a** commit a break-in, commit (a) burglary; **dokonano ~a do ich domu, kiedy byli na urlopie** their house was burgled while they were away on holiday

własnoś|ć *f* **1.** (*cecha*) property; quality; **~ci chemiczne** chemical properties; **~ci fizyczne** physical properties; **różnić się ~ciami** differ in properties, vary in properties **2.** (*rzecz posiadana*) property; (*prawo*) ownership; **~ć państwowa** state property; **~ć prywatna** private property; **~ć ziemska** landed property; **firma będąca ~cią prywatną** a privately owned firm; **wspólna ~ć** common property/ownership; **posiadać coś na ~ć** own sth; **stanowić ~ć prywatną** be in private ownership; **stanowić ~ć publiczną** be in public ownership; **stanowić czyjąś ~ć** belong to sb

właściciel *m* owner; holder; **~ domu** house/home-owner; (*czynszowego*) landlord; **~ fabryki** factory owner; **~ konta** account holder, holder of an account; **~ psa** dog-owner, dog's owner;

~ **samochodu** car-owner; ~ **ziemski** landowner; **być ~em czegoś** own sth

właśnie *adv* **1.** just; ~ **sprzedałem samochód** I've just sold my car **2.** (*potwierdzająco, wykrzyknikowo*) exactly; just; ~ **tutaj** just here; **o to ~ chodzi** that's it; that's the point; **tego ~ chciałem** that's just what I wanted

włącznie *adv* inclusive; **od... do... ~** from... to... inclusive; **od poniedziałku do soboty ~** from Monday to Saturday inclusive

włos *m* hair (*pl* hair); **~y blond/ciemne/rude** blond/dark/red hair; **~y krótkie/długie/do ramion** short/long/shoulder-length hair; **gęste ~y** thick hair; **parę/kilka siwych ~ów** a few grey hairs; **proste ~y** straight hair; **rzadkie ~y** thin hair; **o... ~ach** -haired; **o ciemnych ~ach** dark-haired; **o jasnych ~ach** fair-haired; **o krótkich ~ach** short-haired; *pot.* ~ **komuś z głowy nie spadnie** not harm/touch a hair of sb's head; **~y się komuś jeża/stają dęba** the hair rises on one's head; **dzielić ~ na czworo** split hairs; **głaskać kogoś pod ~** rub sb up the wrong way; **jeżyć komuś ~y na głowie** make one's hair stand on end; **komuś ~y stanęły dęba na głowie** one's hair stood on end; **o ~ od czegoś/zrobienia czegoś** within an inch of sth/doing sth; **o mały ~** by a hairbreadth, by a hair's breadth; by the skin of one's teeth; **o mały ~ doszłoby do nieszczęścia** that was a close shave, that was a close call; **o mały ~ nie straciłaby życia** she came within a hair's breadth of losing her life; **ona ma krótkie ciemne ~y** she's got short dark hair; **postanowiła zapuścić ~y** she decided to let her hair grow; **rwać//drzeć/wyrywać sobie ~y z głowy** tear one's hair (out); **sprawić, że ~y się komuś jeżą/stają dęba na głowie** make sb's hair stand on end; **uniknąć o ~** escape by a hair's-breadth

wnios|ek *m* **1.** conclusion; **dojść do ~ku** come to a conclusion, arrive at a conclusion, reach a conclusion; **prowadzić do ~ku** lead to a conclusion; **wyciągać ~ek** draw a conclusion; **wyciągać mylne ~ki** jump to the wrong conclusion; **wyciągać**

wobec 544

pochopne ~ki jump/leap to conclusions; jump/leap to the conclusion that... **2.** (*propozycja*) motion; proposal; **~ek racjonalizatorski** proposal for an improvement; **~ek przeszedł** the motion passed; **~ek upadł** the motion failed; **odrzucić ~ek o wotum nieufności dla rządu** reject a motion of no confidence in the government; **wystąpić z ~kiem** put forward a motion, bring forward a motion

wobec *prep* (*w stosunku do*) towards; to; **~ tego** in that case

wod|a *f* water; **~a deszczowa** rainwater; **~a kolońska** cologne; **~a mineralna** mineral water; **~a pitna** drinking/potable water; **~a sodowa** soda water; **~a święcona** holy water; **~a z kranu** tap water; **~a źródlana** spring water; *pot.* **~a sodowa uderzyła mu do głowy** he has got a swollen head; *przysł.* **cicha ~a brzegi rwie** still waters run deep; **iść pod ~ę** (*statek itd.*) go under; *pot.* **nabrać ~y w usta** one' lips are sealed; **po ulewnym deszczu pola znalazły się pod ~ą** the fields were under water after the heavy rain; **przepaść/zniknąć/wpaść jak kamień w ~ę** disappear into thin air, vanish into thin air; *przen.* **w gorącej ~zie kąpany** hotheaded

wodzić *v* (*prowadzić*) lead; *pot.* **~ kogoś za nos** lead sb by the nose, lead sb a merry/pretty dance, *US* lead sb a merry chase; *pot.* **~ rej** call the tune, call the shots

wojn|a *f* war; **~a atomowa/nuklearna** atomic/nuclear war; **~a bakteriologiczna/biologiczna** germ warfare, biological warfare; **~a błyskawiczna** blitzkrieg; **~a domowa** civil war; **~a gangów** gang war, gang warfare; **~a konwencjonalna** conventional war; **~a nerwów** war of nerves; **~a obronna** defensive war; **~a partyzancka** guerilla war/warfare; **~a psychologiczna** psychological warfare; **~a światowa** world war; **~a totalna** total war; **~a trojańska** Trojan war; **~a wyniszczająca** war of attrition; **~a z przestępczością** war against/on crime; **~a zaczepna** offensive war; **pierwsza/druga ~a światowa** the First/Second World War; **święta ~a** holy war; **zimna ~a** cold war; **kraj prowadzący ~ę** belligerent country, warring country; **przystąpienie (Francji) do ~y** (France's) entry into the war; **weteran ~y** war veteran; **wybuch ~y** outbreak of war; **wypowiedzenie ~y** declaration of war; **zniszczony przez ~ę//spustoszony przez ~ę/targany ~ą** war-torn; **~a rozszerza się na...** a war spreads to...; **~a wybucha** a war breaks out; **być w stanie ~y** be at war; **incydent na granicy doprowadził do ~y między...** the border incident led to war between...; **pogrążać kraj w ~ie** plunge a country into war; **prowadzić ~ę** make/conduct a war; be at war (with); **przegrać ~ę** lose a war; **przystąpić do ~y** enter into a war; **toczyć ~ę** fight//wage a war; **wygrać ~ę** win a war; **wypowiedzieć komuś ~ę** declare war on sb

wojsk|o *n* army; (*zbiorowo – żołnierze*) the military; **pobór do ~a** conscription, *US* draft; **on jest w ~u** he's doing his military service; **powołać/wcielić kogoś do ~a** call sb up, *US* draft sb; be called up for military service; **służyć w ~u** be in the army, do one's military service; **wezwano ~o do stłumienia zamieszek** the military was/were called in to deal with the riot; **wstąpić do ~a** join the army, *zob.też* **armia 1.**

wol|a *f* will; **~a walki** fight; **do ~i** at will; to one's heart content; **dobra ~a** good will; **silna ~a** an iron will; **zła ~a** ill will; **mimo ~i** unintentionally; **narzucać komuś swoją ~ę** impose one's will on sb; **odebrać komuś ~ę walki** take all the fight out of sb; **okazać dobrą ~ę** show good will; **wbrew czyjejś ~i** against sb's will; **z własnej ~i** of one's own free will

wol|eć *v* prefer; would rather; **~eć coś od czegoś** prefer sth to sth; **~ałbym nie wychodzić** I'd rather not go out; **~ałbym zostać w domu** I'd rather stay at home; **~ałbym, żebyś nie wychodził** I'd rather you didn't go out; **~ałbym, żebyś został w domu** I'd rather you stayed at home

wolnoś|ć *f* freedom; liberty; **~ć prasy** freedom of the press; **~ć słowa** freedom of speech; **~ć sumienia** liberty of conscience;

~ć wyznania freedom of religion, freedom of worship; **~ć zgromadzeń** freedom/right of assembly; **na ~ci** at liberty; (*o zbiegłym więźniu, zwierzęciu*) at large; **niebezpieczny przestępca na ~ci** a dangerous criminal on the loose; **wyjść na ~ć** come out of prison

wotum *n* **1.** **~ nieufności** vote of no confidence; **~ zaufania (dla kogoś)** vote of confidence (in sb); **otrzymać ~ zaufania** win a vote of confidence; **udzielić ~ zaufania** give a vote of confidence **2.** (*religijne*) votive offering

wół *m* ox (*pl* oxen); *przen.* **~ roboczy** work-horse; **pracować/ /harować jak ~** work like a Trojan, *US* work like a dog

wóz *m* car; carriage; (*dwukołowy, czterokołowy*) cart; **~ policyjny** police car; **~ strażacki** fire engine; *przysł.* **baba z wozu, koniom lżej!** good riddance (to bad rubbish)!

wóz|ek *m* (*dwukołowy, czterokołowy*) cart; (*w sklepie*) trolley, shopping trolley; supermarket trolley; **~ek dziecięcy** pram, *US* baby buggy/carriage; (*spacerowy*) pushchair, *US* stroller; **~ek inwalidzki** wheelchair; *przen.pot.* **jechać na tym samym ~ku** be in the same boat; **na ~ku inwalidzkim** in a wheelchair

wpaść *v* **~ do czegoś** fall into sth; **~ do kogoś (z wizytą)** drop in on sb; stop by (one's house); **~ do pokoju** burst into the room; **~ jak burza/jak bomba/jak huragan/jak piorun/jak wicher (do...)** storm into (sth...), dash into (sth...); **~ jak kamień w wodę** disappear into thin air, vanish into thin air; **~ na kogoś/coś** (*spotkać, zderzyć się*) run into sb/sth; **~ na pomysł/koncept** hit (up)on an idea; get an idea; **~ na trop kogoś/czegoś** find the trace of sb/sth; **~ pod samochód** get run over by a car, be run over by a car; **~ w chorobę** fall ill with a disease; **~ w długi** get into debt, go into debt, run into debt; **~ we własne sidła** be hoist(ed) with one's own petard, be hoist(ed) by one's own petard; **~ w ekstazę** go into ecstasy, be thrown into ecstasy; **~ w furię/szał** fly into a fury; go up in the air; **~ w gniew** get angry; **~ w kłopoty/tarapaty** get into trouble, run into trouble; ~ **w konflikt z** come into conflict with; ~ **w konflikt z prawem** fall foul of the law; be in trouble with the law; ~ **w panikę** panic, get into panic; ~ **w przesadę** exaggerate; ~ **w pułapkę/sidła/sieci** fall into a trap; ~ **w rozpacz** be driven to despair; ~ **w trans** fall/go into a trance; ~ **z jednej skrajności w drugą** go to extremes; ~ **w zachwyt (nad)** go into raptures (about/over); ~ **w złe towarzystwo** fall in with bad company, get into bad company; **dwoje dzieci wpadło pod samochód** two children were run over by a car; **wpadła do mnie po kolacji** she dropped in on me after supper; **wpadnę do ciebie po drodze do domu** I'll stop by (your house) on my way home; **wpadnij kiedyś na kawę** drop by any time for a coffee; **zgadnij na kogo dzisiaj wpadłem** guess who I ran into today

wpłat|a *f* payment; **~a jednorazowa** single payment; **dokonać ~y** pay (in), make a payment

wpływ *m* influence; impact; **decydujący ~ na** decisive influence on; **ich opinia nie będzie miała ~u na moją decyzję** their opinion will not affect my decision; **mieć ~ na** have an influence (up)on, have an impact (up)on, affect; **pod ~em...** under the influence of...; **pozostawać pod ~em...** be influenced by...; **wywierać ~ na** exert influence on

wpływy *pl* (*przychody*) receipts; revenue(s); return(s); ~ **budżetowe/do budżetu państwa** budgetary revenues; ~ **z eksportu** export earnings; ~ **ze sprzedaży sięgały/wyniosły...** the proceeds of the sale amounted to...

wprawdzie *part* admittedly; **~... ale/lecz...** admittedly... but...

wrażeni|e *n* impression; (*bólu itd*.) sensation, feeling; **~e smakowe** taste; **~e wzrokowe** visual sensation; **błędne ~e** misleading/false/erroneous impression; **dodatnie/korzystne ~e** favourable impression; **niekorzystne ~e** unfavourable impression; **nieprzyjemne ~e** unpleasant impression; **niezatarte ~e** indelible impression; **ogólne ~e** general/overall impression;

pierwsze ~e one's first impression; **przyjemne/sympatyczne ~e** pleasant impression; **mam ~e, że...** I have the impression that..., I have a feeling (that)...; **miałem dziwne ~e, że jestem śledzony** I had the strange sensation that I was being followed, I got the strange impression that I was being followed; **odniosłem ~e, że.../miałem ~e, że.../uległem ~u, że...** I was under the impression that...; **robić/wywierać ~e na kimś** impress sb; **sprawiać ~e kogoś/jakiegoś** give the impression of sb/sth; **sprawiała/stwarzała ~e, że...** she created the impression that...; **wywierać silne ~e na** make a strong impression on; **wywierający głębokie ~e** impressive; **zrobić ~e na** make an impression on/upon; **zrobił na nich wyjątkowo korzystne ~e** he made a most favourable impression on them

wrog|i *a* hostile; **~ie nastawienie** belligerent attitude; **~ie samoloty** hostile aircraft; **~ie spojrzenie** hostile look/glance; **być ~o usposobionym do/odnosić się ~o do** be hostile to

wrogość *f* hostility, enmity; **odczuwać/żywić ~** feel hostility; **okazywać komuś ~** show/display hostility to/towards sb

wron|a *f* crow; *przysł.* **kiedy wejdziesz między ~y, musisz krakać jak i one** when at Rome, do as the Romans do

wróbel *m* sparrow; *przysł.* **lepszy ~ w ręku niż gołąb na dachu** a bird in the hand is worth two in the bush

wróg *m* enemy; **~ publiczny (numer jeden)** public enemy (number one); **główny/największy ~** main enemy; **nieprzejednany ~** bitter/implacable enemy; **śmiertelny ~** mortal//sworn/deadly enemy; **wspólny ~** mutual enemy; **jego arogancja przysporzyła mu wielu wrogów** his arrogance made him many enemies; **zwyciężyć/pokonać wroga** conquer an enemy, overcome an enemy

wróży|ć *v* **1. ~ć komuś** (*przepowiadać przyszłość*) tell sb's fortune(s); **~ć komuś z dłoni** read sb's palm; **~ć (komuś) z fusów** tell (sb's) fortune from the tea leaves; **ona ~ z ręki** she tells your fortune by looking at the lines on your hand **2. ~ć**

(komuś/czemuś) dobrze bode well (for sb/sth); **~ć (komuś//czemuś) źle** bode ill (for sb/sth)

wsch|ód *m* **1.** rise; **~ód słońca** sunrise, *pot.* sun-up; **o ~odzie słońca** at sunrise **2.** (*strona świata*) east; **na ~odzie/na ~ód** east; **na ~ód od...** east of...; **wiatr wieje ze ~odu** the wind is blowing from the east **3. Wschód** the East; the Orient; **Bliski Wschód** the Near East; **Daleki Wschód** the Far East; **Środkowy Wschód** the Middle East

wskazów|ka *f* **1.** (*instrukcje*) instructions, directions; **dokładne//szczegółowe/drobiazgowe ~ki** detailed instructions; **postępować zgodnie ze ~kami/stosować się do ~ek** follow instructions, carry out instructions; **udzielić ~ek/dawać ~ki** give instructions; **zgodnie ze ~kami** on instructions **2.** (*przyrządu*) pointer; indicating needle; **~ka godzinowa/mała** hour hand; **~ka kompasu** compass needle; **~ka minutowa/duża** minute hand; **~ka sekundowa** second hand; **~ka kompasu pokazuje północ** a compass needle points north

wskaz|ywać *v* indicate; point; show; **znak ~ujący skrzyżowanie** a sign indicating a crossroads; **~ała na mnie** she pointed at me; **~ywać drogę do...** show the way to..., point the way to...; **~ywać palcem na...** point one's finger at...; **nic na to nie ~uje** there is no indication of it; **niegrzecznie jest ~ywać palcem** it's rude to point; **wszystko ~uje na to, że...** there is every indication that...; **zegar ~ał północ** the clock showed midnight

wspomnieni|e *n* **1.** recollection; memory; **mgliste ~a** misty//indistinct memories; **przywoływać/wywoływać ~a z dzieciństwa** call up memories of one's childhood **2. ~a** *pl* (*forma literacka*) memoirs; **wydać drukiem (swoje) ~a** publish (one's) memoirs

wspóln|y *a* common; joint; mutual; **~a własność** common property/ownership; **mamy ~y cel** we share a common purpose; **mieć coś ~ego z** have sth in common with; **mieć/znajdować**

współczucie

z kimś ~y język speak the same language, talk the same language; **nie mieć nic ~ego z** have nothing to do with, have nothing in common with

współczuci|e n ~e **(dla)** compassion (for), sympathy (for/towards), pity (for); **głębokie ~e** deep/profound compassion; **szczere ~e** heartfelt sympathy; **człowiek pozbawiony jakiegokolwiek ~a** a man destitute of all compassion; **budzić ~e** arouse compassion, arouse sympathy, stir up sympathy; **doznać ~a** be filled with compassion; **mieć dla kogoś ~e** have pity/compassion for sb; **obce mu było jakiekolwiek ~e** he was dead to all feelings of pity; **odczuwać ~e** feel pity/compassion; **okazywać ~e** demonstrate/display/show compassion, show/ /display sympathy; **prezydent przesłał wyrazy ~a rodzinom poległych żołnierzy** the president sent a message of sympathy to the relatives of the dead soldiers; **proszę przyjąć wyrazy naszego głębokiego ~a** please accept our deepest sympathy; **wyrazić ~e** express sympathy

współprac|a f cooperation; collaboration; **~a gospodarcza** economic cooperation; **ścisła ~a** close cooperation; **chętny do ~y** cooperative; **we ~y z** in cooperation with, with the cooperation of, in collaboration with

wstawać v **1.** (*podnieść się*) stand up, get to one's feet, rise; **~ od stołu** rise from the table; **~ z krzesła** rise from one's chair; **~ z martwych/z grobu** rise from the dead, come back from the dead; **wstał z miejsca, żeby mnie przywitać** he rose to welcome me **2.** (*z łóżka*) get up; **~ z łóżka lewą nogą** get out of bed on the wrong side; *przysł.* **kto rano wstaje, temu Pan Bóg daje** the early bird catches the worm; **późno ~** get up late; **wcześnie ~/~ do dnia** keep early hours **3. dzień wstaje** day breaks, day dawns; **ranek wstaje** morning breaks, morning dawns; **słońce wstaje** the sun rises

wstęp m **1.** (*wejście*) entrance; admittance; admission; **~ tylko za zaproszeniami** admission (is) by invitation only; **~ wolny** free admission; **~ wzbroniony** no admittance; entry prohibited; out of bounds, *US* off limits; **ktoś nie ma ~u do/na** (*teren, miejsce*) sth is out of bounds to sb; **zabroniono jej ~u do klubu** she was forbidden access to the club **2.** (*wprowadzenie*) introduction; **~ autora/od autora** preface; **~ od wydawcy** foreword; introduction; *przen.* **na ~ie** to begin with; **poprzedzić książkę ~em** preface a book, furnish a book with a preface

wstrząs *m* **1.** (*szok*) shock; **przeżyłam ~/doznałam ~u na wieść o...** I was shocked at/by the news of..., it shocked me to hear of...; **to był dla nas wszystkich wielki ~** it came as a terrible shock to all of us **2.** shock; jolt; shake; **~ podziemny** earth tremor; **~ sejsmiczny** seismic tremor, earthquake (shock), quake; **silny/potężny ~** severe shock; **seria ~ów** series of jolts; **~ nastąpił tuż po piątej po południu** the earthquake struck shortly after 5 pm; **łagodzić ~y** absorb shocks **3. ~ mózgu** (brain) concussion; **lekki ~ mózgu** slight/mild concussion; **poważny ~ mózgu** severe concussion; **doznać ~u mózgu** be concussed

wstyd *m* shame; **~!/nie ~ ci?!** shame on you!; **~ powiedzieć, ale skłamałem** it shames me to say it, but I told a lie; **bez ~u** without shame; **czy oni nie mają ~u?** have they no shame?; **najeść się/nałykać się ~u** be ashamed, feel ashamed; **oszczędzić komuś ~u** spare sb's blushes; **przynosić komuś ~** shame sb, bring shame on sb; **przynosisz ~ rodzinie** you shame your family; **umierać ze ~u** die of shame

wszystk|o *n* everything; anything; all; **~o albo nic** all or nothing; **~o zależy teraz od...** everything now depends on...; **czy u ciebie ~o w porządku?** how's everything with you?; *pot.* **dosłownie ~o** anything and everything; **jest mi ~o jedno** it's all the same to me; **jest (już) po ~im** it's all over now; **mieć ~iego dosyć** be fed up with everything; **mimo/pomimo ~o** for all that; even then; in spite of everything; **pieniądze to nie ~o**

wściekłość 552

money isn't everything; **przede ~im** first of all; primarily; **to na razie ~o** that's (just) about all, that's (just) about it; **to ~o bzdury** it's all nonsense

wściekłość *f* fury; rage; **wpaść we ~** fly into a fury; fly into a rage

wulkan *m* volcano; **czynny ~** active volcano; **wygasły ~** extinct/dead volcano; **~ wybucha** a volcano erupts

wybaczeni|e *n* forgiveness; **nie do ~a** unforgivable; **prosić o ~e** ask for/beg for forgiveness

wybaczy|ć *v* forgive; **~ć coś komuś** forgive sb for sth; **~ć sobie** forgive oneself; **nie mogę ~ć mu tego, co zrobił mojej siostrze** I can't forgive him for what he did to my sister; **nie może sobie ~ć, że nie zobaczyła matki przed śmiercią** she cannot forgive herself for not going to see her mother before she died; **nigdy bym sobie tego nie ~ła** I'd never forgive myself; **proszę mi ~ć/~ pan, pani, że... ale...** (*zwroty usprawiedliwiające, przepraszające*) please forgive me for... but...; **proszę ~ć, że przerywam, ale...** please forgive me for interrupting, but...; forgive my interrupting, but...

wybor|y *pl* election(s); (*głosowanie*) poll(s); polling; (*tajne*) ballot; **~y do władz lokalnych** local election; **~y parlamentarne/do parlamentu** parliamentary election; **~y powszechne** general election; **~y prezydenta/prezydenckie** presidential election(s); **~y uzupełniające** by-election, *US* special elections; **wcześniejsze ~y** early election; **wolne ~y** free election; **data/dzień/termin ~ów** election date, polling day; **~y odbędą się w...** elections will take place in...; **bojkotować ~y** boycott the polls; **kandydować w ~ach** stand/run for election; **pokonany w ~ach** defeated at the polls; **pójść do ~ów** go to the polls; **przegrać ~y** lose an election; **przeprowadzić/odbyć ~y** hold an election; **unieważnić ~y** declare the election void; **w Ameryce ~y prezydenckie odbywają się co cztery lata** in America, presidential elections are held every four years;

w przyszłym miesiącu odbędą się w Polsce ~y they are having/holding an election in Poland next month; **wybrany w ~ach** chosen by election; **wygrać ~y** win an election; **wygrać w ~ach** win a victory at the polls; **wyniki ~ów** election results/returns; the result of the poll; **wyniki ~ów będą znane...** the result of the poll will be known...

wyb|ór *m* **1.** choice; option; selection; **do ~oru** at choice; **duży ~ór** (*towarów*) large choice/assortment; **mały/niewielki ~ór** (*towarów*) poor assortment; **właściwy/dobry/trafny ~ór** right choice; good choice; **zły ~ór** wrong choice; **dokonać ~oru** make/take one's choice; **mieć ~ór** have the choice; **mieć swobodę ~oru** have a free choice; **nie mieliśmy ~oru** we had no choice; **nie pozostawić/nie dać komuś ~oru** leave sb with no option; **stać przed trudnym ~orem** be faced with a difficult choice **2. ~ór kogoś na stanowisko...** the appointment of sb as..., one's appointment as...

wybuch *m* **1.** explosion; **~ bomby** burst of a bomb; **~ gazu** gas explosion; **~ jądrowy** nuclear explosion; **~ pocisku** shell burst; **~ samochodu-pułapki** car bomb explosion **2. ~ wulkanu** volcanic eruption, eruption of a volcano **3. ~ wojny** outbreak of war **4. ~ epidemii** outbreak of epidemic **4. ~ entuzjazmu** burst of enthusiasm; **~ gniewu** outburst of anger, flare-up; **~ śmiechu** outburst of laughter

wychodzić *v* **1.** (*opuszczać*) leave; go out; come out; **~ na spacer** go out for a walk; **~ szybko** make a quick exit; **~ z więzienia/na wolność** come out of prison; **deszcz przestał padać i wyszło słońce** the rain stopped and the sun came out; **ona wyszła z domu** she's out; **powinnaś częściej ~ z domu** you ought to get out (of the house) more; **wolałbym nie ~** I'd rather not go out **2.** *przen.* **~ cało z wypadku** make it through an accident; **~ z czegoś** get through, come through, pull through; **~ z czegoś cało/obronną ręką/bez szwanku** come off well; **lekarze nie mają pewności, czy ona z tego wyjdzie**

wychowywać

doctors are unsure about whether she'll pull through **3. ~ na czoło/pierwsze miejsce** move/go into the lead **4. ~ na jaw/światło dzienne** come to light; emerge; **potem wyszło na jaw, że kierowca był pijany** it later emerged that the driver of the car had been drunk **5.** *pot.* **~ z siebie z** (*radości, ze złości itd.*) be beside oneself with; **~ ze skóry** jump out of one's skin, leap out of one's skin **6. ~ z mody** go out of fashion, go out of vogue; **~ z użycia** go out of use; (*o wyrazach, terminologii itd.*) become obsolete **7. coś wychodzi komuś na dobre/na korzyść** sth does sb good; **coś wychodzi komuś uszami** sth comes out of one's ears; **wakacje wyjdą ci na dobre** it'll do you good to have a vacation **8.** *pot.* **wyszło na to, że...** it came out that...; **na jedno wychodzi** (*daje ten sam wynik*) it comes to the same thing, it amounts to the same thing **9.** *pot.* **~ na durnia/głupca** make a fool of oneself **10.** (*na coś, w określonym kierunku*) face, look; **ogród wychodzi na południe** the garden faces/looks south; **okna wychodzą na park** the windows look onto the park **11.** (*książka, gazeta itd.*) come out; be published; **kiedy wyjdzie jego nowa powieść?** when is his new novel coming out? **12.** (*w grze w karty*) lead; **~ w asa/asem** lead with an ace **13. coś wychodzi** (*udaje się*) sth works; sth comes of sth/doing sth; **nic z tego nie wychodzi** it doesn't work; **obiecali, że pomogą, ale nie sądzę, żeby coś z tego wyszło** they promised to help, but I don't think anything will come of it **14. ~ za kogoś za mąż** marry sb, get married to sb **15.** (*o zdjęciach*) come out; **moje zdjęcia z wakacji nie wyszły** my holiday photos didn't come out; **ona dobrze wychodzi na fotografiach** she comes out well in the photographs

wychow|ywać *v* bring up; **~ała ją ciotka** she was brought up by her aunt; **~ano go w poszanowaniu dla...** he was brought up to respect...; **~ywać dziecko** bring up/raise/rear a child; **~ywać się** be brought up; **dobrze ~any** well brought up; **źle ~any** badly brought up

wycieczk|a *f* excursion; (pleasure) trip; tour; **~a autokarowa** coach tour; **~a jednodniowa** a day excursion; **~a krajoznawcza** sight-seeing tour; **~a piesza** walking tour; **~a rowerowa** cycling tour; **~a z przewodnikiem** guided tour; **wybrać się/wyjechać na ~ę** go on an excursion, go on a trip, take a trip

wydanie *n* (*książki*) edition; (*zwł. gazety*) issue; **~ kieszonkowe** pocket edition; **~ na CD-ROM-ie** CD-ROM edition; **~ nadzwyczajne** (*gazety*) special edition; **~ pirackie** pirated edition; **~ poprawione** revised edition; **~ rozszerzone** expanded edition; **~ skrócone** abridged edition; **~ specjalne** special edition; **popołudniowe ~** (*gazety*) evening edition

wydarzenie *n* event; happening; **~ dramatyczne** dramatic event; **~ dużej miary/doniosłe ~** major event; **~ historyczne/dziejowe** historical event; **~, które zmieniło bieg historii** an event which changed the course of history; **~ literackie** literary event; **~ przełomowe** (*w historii, polityce itd.*) landmark; **~ tragiczne** tragic event; **przebieg wydarzeń** course of events, run of events; **rok obfitujący w wydarzenia** an eventful year; **~ ma miejsce** an event occurs, an event takes place; **musimy czekać na dalszy rozwój/przebieg wydarzeń** we must await further developments

wydat|ek *m* expense, expenditure, outlay; **poważny ~ek** considerable expense; **narazić kogoś na ~ek** put sb to expense; **nasze ~ki rosną** our expenses are mounting up; **ograniczać/obcinać ~ki** reduce expenses, curb expenses, curtail expenses; **pociągać za sobą ~ki** entail expenses; **pokrywać ~ki** cover the expenses

wygląd *m* appearance; looks; **antypatyczny ~** repulsive appearance; **dobry ~** good looks; **miły/sympatyczny/schludny ~** neat appearance; **zaniedbany/niechlujny/nieporządny ~** unkempt appearance, untidy appearance; **~ jest najważniejszy!/liczy się ~!** appearances matter!; **budynek przy-**

wyglądać

pominał z ~u więzienie the building was like a prison in appearance

wygląda|ć *v* **1.** look; **~ na to, że..** it looks as if..., it looks as though...; by the look(s) of it..., by the look(s) of things...; **~ na to, że będzie padał deszcz** it looks as if it might rain, it looks like rain; **~ na to, że nie będziemy mogli wziąć urlopu do jesieni** by the looks of it we won't be able to take our holiday till the autumn; **~ć blado** look pale; **~ć chorowicie** look ill; **~ć dobrze** look well/good; **~ć jak...** look like...; **~ć jak nieboskie stworzenie** look like nothing on earth; **~ć jakby/jak gdyby...** look as if..., look as though...; **~ć jak półtora nieszczęścia** look the very picture of misery; **~ć jak śmierć/jak trup/jak widmo/jak z krzyża zdjęty** look like death warmed up, look like death warmed over; **~ć jak zmokła kura** look like a drowned rat; **~ć młodo jak na swoje lata/jak na swój wiek** look young for one's years; **~ć na zmęczonego** look tired; **~ć poważnie** look serious; **~ć smutnie/smętnie** look sad; **~ć śmiesznie** look funny; **~ć zdrowo** look healthy; **~ć źle** look bad; **~ła jakby nie spała całą noc** she looked as if she hadn't slept all night, she looked as though she hadn't slept all night; **nie ~ć na swój wiek** not to look one's age; **on ~ na przyjazną osobę** he looks (like/to be) a friendly sort of person; **to ~ trochę podejrzanie** it looks a bit suspicious; **to źle ~** it looks bad; **w tej sukience ~sz ślicznie** you look nice in this dress **2.** (*patrzeć*) look; **~ć przez okno** look out of the window

wygran|a *f* win; **~a pieniężna** (*w zakładach itd.*) winnings; *pot.* **dawać za ~ą** give up

wyjaśni|ać *v* **1.** explain; clarify; clear up; **~ać coś sobie** get sth straight; **~ać nieporozumienie** clear up a misunderstanding; **~ać, że...** make it clear that...; **~j, proszę, dlaczego się spóźniłeś** please explain why you are late; **~jmy sobie jedną rzecz** let's get one thing straight; **czy możesz mi ~ć, jak to działa?** can you explain to me how it works?; **mam nadzieję,**

że to co mówię ~ sytuację I hope that what I say will clarify the situation **2. ~ać się** (*nieporozumienie itd.*) clarify; become clear

wyjaśnieni|e *n* explanation; **~e tajemnicy/sekretu** explanation of a mystery; **jasne ~e** lucid/clear explanation; **proste ~e** simple explanation; **bez ~a** without explanation; **domagać się/żądać od kogoś ~a/wyjaśnień** demand an explanation of sb; **to nie jest właściwe ~e** that's not an adequate explanation; **udzielić ~a** give/provide an explanation

wyjąt|ek *m* exception; **~ek od reguły** exception to the rule; *przysł.* **~ek potwierdza regułę/nie ma reguły bez ~ku** the exception proves the rule; **bez ~ku** without exception; **z ~kiem** with the exception of, except, excepting; but, save; (*po rzeczowniku*) excepted; **każdy bez ~ku** each and every; **każdy, z ~kiem Alicji, był zajęty** everyone, Alice excepted, was busy; Alice excepted, everyone was busy; **odpowiedział na wszystkie pytania, z ~kiem jednego** he answered all the questions save one; **w drodze ~ku** by way of an exception; **wszyscy bez ~ku** nobody excepted; all and sundry; **z nielicznymi ~kami** with few exceptions; **(z)robić ~ek** make an exception

wyjści|e *n* **1.** exit; **~e zapasowe/bezpieczeństwa** emergency exit; (*na wypadek pożaru*) fire exit **2.** *przen.* way out, way around; **~e kompromisowe** compromise; **sytuacja bez ~a** no-win situation; **nie ma ~a – musisz mu powiedzieć** there's no way around it – you have to tell him; **nie widzieć ~a z...** see no way out of...; **twoim jedynym ~em jest...** your only recourse is...; **znaleźć ~e z sytuacji** find a way out

wyjść *zob.* **wychodzić**

wykład *m* lecture; **~ z/na temat** a lecture about, a lecture on; **cykl ~ów** a series of lectures; **chodzić na ~y** attend lectures; **mieć/prowadzić ~** deliver a lecture, give a lecture; **nie pójść na ~** cut a lecture; **ona prowadzi/ma ~y z literatury an-**

wykształcenie

gielskiej she lectures in/on English literature; **(z)rozumieć** ~ follow a lecture

wykształcenie *n* education; ~ **podstawowe** elementary education; ~ **średnie** secondary education; ~ **wyższe** university//higher education; **odebrać dobre/staranne** ~ receive a good education

wylot *m* outlet; mouth; ~ **lufy** muzzle; ~ **tunelu** tunnel opening; **kula przeszyła go na** ~ the bullet went straight through him; **na** ~ through; **znać coś/kogoś na** ~ know sth/sb inside out; know sth/sb backwards

wymian|a *f* exchange; interchange; ~**a części** (*urządzenia*) replacement of parts; ~**a doświadczeń** exchange of experience; ~**a informacji** exchange of information; ~**a jeńców** exchange of prisoners; ~**a kulturalna** cultural exchange; ~**a myśli** interchange of ideas; ~**a ognia/strzałów** exchange of fire; ~**a poglądów** exchange of opinions/views; ~**a spojrzeń** exchange of glances/looks; ~**a towarów** exchange of goods; ~**a wzajemnie korzystna/ekwiwalentna** fair exchange; **ostra** ~**a zdań** heated exchange; **dokonać** ~**y** make an exchange; **między braćmi nastąpiła przykra** ~**a zdań/doszło do przykrej** ~**y zdań** a bitter exchange occurred between the brothers, there was a bitter exchange between the brothers; **zgodzić się na** ~**ę** agree to exchange

wymiar *m* **1.** dimension; **czwarty** ~ fourth dimension **2.** dimension; size; measurement; measure; **dużych** ~**ów** large-sized; **mieć** ~**...** measure...; **niepełny** ~ **godzin pracy** part-time; **pełny** ~ **godzin pracy** full-time **3.** ~ **sprawiedliwości** jurisdiction, administration of justice; **łagodny** ~ **kary** light/mild punishment; **maksymalny** ~ **kary** maximum punishment; **surowy** ~ **kary** severe punishment

wymówk|a *f* **1.** (*usprawiedliwienie*) excuse; **znaleźć** ~**ę** find an excuse **2.** (*wyrzut*) reproach; **robić komuś** ~**i z powodu czegoś** reproach sb for sth; upbraid sb for sth

wynaj|em *m* hire; **~em samochodów** rent-a-car; **do wynajęcia** for rent, for hire

wynalaz|ek *m* invention; **~ek druku** the invention of printing; **epokowy ~ek** epoch-making invention; **dokonać ~ku** invent

wynik *m* **1.** result; outcome; effect; **~ badania krwi** result of one's blood test; **~ końcowy** final/end result; **~i badań/poszukiwań** findings; **~i dochodzenia** findings of an investigation; **~i egzaminu** examination results; **~i wyborów** election results/returns; the result of the poll; **będący ~iem...** resulting from...; **być ~iem czegoś** be the result of sth; **dawać/ /przynosić ~i** show results; **osiągać (dobre) ~i** get/obtain results; **w ~u czegoś** in the consequence of sth; as a result of sth **2.** (*w sporcie*) score; **~ bezbramkowy** goalless/scoreless draw; **mecz zakończył się ~iem bezbramkowym** the match ended in a goalless draw; **wyrównać ~** even (the score), equalize

wyno|sić *v* **1.** (*usuwać*) carry away; take out; *przen.* **~sić kogoś na piedestał** put sb on a pedestal; **~sić kogoś pod niebiosa/niebo** (*chwalić*) praise sb to the skies; **rannych wyniesiono na noszach** the injured were carried away on stretchers **2.** *pot.* **~sić się z** (*miasta, miejsca*) get out of; **~ś się do diabła/do licha/precz!** go to the devil!; get lost!; **~ś się (stąd)!** get out of here! **3.** (*o sumie*) amount to; **~sić łącznie** total (up); **~sić przeciętnie** average; **cena ~si...** the price is...; **rachunek ~si...** the bill amounts to...

wyobraźni|a *f* imagination; **bogata ~a** active/lively/vivid imagination; **bujna/wybujała ~a** wild imagination; **twórcza ~a** creative/fertile imagination; **wytwór czyjejś ~** a figment of sb's imagination; **mieć bogatą ~ę** have much imagination; **obdarzony ~ą** imaginative; **pobudzać czyjąś ~ę** stir one's imagination; **puszczać wodze ~** give free rein to one's imagination; indulge in fantasy

wyobra|żać *v* **1.** (*przedstawiać*) represent; **~żony w postaci/jako** represented as **2. ~żać sobie** imagine; picture; **~ź sobie!** fancy

wyobrażenie

that!; imagine (it/that)!; **~ź sobie, jak okropny musiał to być dzień** picture to yourself how terrible that day must have been; **~ź sobie następującą scenę...** picture the scene...; **~ź sobie, że jesteś bogaty i sławny** imagine yourself (to be) rich and famous; **możesz sobie ~zić, jaki byłem zaskoczony** you can imagine how surprised I was

wyobrażenie *n* (*pojęcie*) idea; notion; **dobre ~ o** good idea of...; **książka daje pewne ~ o...** the book gives you some idea of...; **to przechodzi moje ~** it is above my comprehension, it is beyond my comprehension

wypad|ek *m* **1.** (*przypadek*) case; (*wydarzenie*) event; **na wszelki ~ek** just in case; **w najgorszym ~ku** at worst; **w najlepszym ~ku** at best **2.** (*katastrofa*) accident; **~ek drogowy** road accident, traffic accident; **~ek kolejowy** train accident, railway accident, *US* railroad accident; **~ek losowy** act of God; **~ek przy pracy** industrial accident; injury at work; employment injury; **~ek samochodowy** car accident, motorcar accident, *US* automobile accident; **nieszczęśliwy ~ek** (unfortunate) accident; **śmiertelny ~ek** fatal accident; **~ek ma miejsce** an accident occurs, an accident takes place; **~ki chodzą po ludziach** accidents can happen; accidents will happen; **lekarz został wezwany do ~ku** the doctor was called to an accident; **po ~ku została kaleką do końca życia/~ek uczynił z niej kalekę do końca życia** the accident crippled her for life; **ponieść śmierć w ~ku drogowym** be killed in a road/traffic accident; **ulec ~kowi** meet with an accident, have an accident; **wyjść cało z ~ku** make it through an accident; **zapobiegać ~kom** prevent accidents; **zginąć w ~ku drogowym** be killed in a road/traffic accident

wypa|ść *v* **1. ~ść (z czegoś)** fall out (of sth); **~dł jej ząb** her tooth fell out; *przen.* **~ść jak burza/jak bomba/jak huragan (z...)** storm out (of...), dash out (of...); **~ść z pokoju** burst out of the room **2.** (*przydarzyć się*) happen; **jeżeli coś ~dnie** if something happens **3.** (*nieosobowo – przystoi*) **~da** it befits; it becomes; it fits **4.** (*o datach*) **~dać w...** fall on...; **w tym roku moje urodziny ~dają w czwartek** my birthday falls on a Thursday this year **5.** (*zrobić wrażenie, powieść się*) come off; **~ść dobrze** come off well; **~ść źle** come off badly; **kto ~dł najlepiej w debacie?** who came off best in the debate?

wypisa|ć *v* **1.** write out; make out; *przen.* **coś jest ~ne na czyjejś twarzy/czole, mieć coś ~ne na twarzy/czole** sth is written all over sb's face **2. ~ć pacjenta (ze szpitala)** discharge a patient (from a hospital); **chociaż wciąż była chora, ~ła się ze szpitala** although she was still ill, she discharged herself from hospital

wypraw|a *f* **1.** expedition; **~a kosmiczna/w kosmos** space mission; **~a na księżyc** lunar mission; **~a naukowa** scientific expedition; **~a wysokogórska** mountain-climbing expedition; **iść/udać się na ~ę** go on an expedition; **planować ~ę na Biegun Północny** plan an expedition to the North Pole; **podejmować ~ę** mount/launch an expedition; **(po)prowadzić ~ę/przewodzić ~ie** lead an expedition **2. ~a skóry** leather dressing

wyprzedaż *f* sale; **~ posezonowa** end-of-season sale; **kupować coś na ~y** buy sth in/at the sales, buy sth in/at a sale; **prowadzić ~** conduct/have/hold a sale

wyraz *m* **1.** word; **~ bliskoznaczny** synonym; **~ obcy/obcego pochodzenia** foreign word; **~ przestarzały** obsolete word; **~ zapożyczony** borrowed word; **brzydkie ~y** swear words; bad/dirty language; **prezydent przesłał ~y współczucia rodzinom poległych żołnierzy** the president sent a message of sympathy to the relatives of the dead soldiers; **proszę przyjąć ~y współczucia** please accept our deepest sympathy; **przekaż siostrze moje ~y szacunku** please give/send my regards to your sister; **z ~ami poważania/głębokiego szacunku/ /sympatii** (*na końcu listu*) with kind regards, with warm re-

wyrażenie

gards **2.** (*ekspresja, wygląd*) expression; ~ **twarzy** expression on one's face; **gniewny** ~ angry expression; **poważny** ~ serious/grave expression; **skupiony** ~ intense expression; **bez ~u** expressionless; **środki ~u** means of expression; **dać ~ czemuś** (*uczuciom, przekonaniom itd.*) voice sth, give voice to sth, give expression to sth; **na jej twarzy malował się ~ niezadowolenia** there was an expression of discontent on her face

wyrażenie *n* expression; phrase; ~ **algebraiczne** algebraic expression; ~ **potoczne** colloquial expression; ~ **techniczne** technical expression

wyrok *m* judg(e)ment, verdict, sentence; ~ **skazujący** a guilty verdict, a verdict of guilty; ~ **śmierci** death sentence; *dosł. i przen.* death warrant; ~ **uniewinniający** a verdict of not guilty; ~ **w zawieszeniu** suspended sentence; **łagodny** ~ light sentence; **niesprawiedliwy** ~ unfair verdict; **sprawiedliwy** ~ fair verdict; **surowy** ~ severe/harsh sentence; **apelować od ~u** appeal against the sentence, appeal against the verdict; **dostać/otrzymać** ~ **śmierci** receive the death sentence, be given the death sentence; **odsiadywać** ~ serve (out) a sentence; **ogłosić** ~ pronounce the judgment, pronounce (a) sentence; *przen.* **podpisać/wydać na kogoś** ~ sign sb's death warrant; *przen.* **podpisać/wydać na siebie** ~ sign one's own death warrant; **uchylić** ~ set aside a verdict, overturn a verdict; **utrzymać w mocy** ~ sustain a verdict, uphold the judgment; **wydać** ~ pass the judgment, pass (a) sentence; **wykonać** ~ execute the judgment, carry out/execute a sentence

wyróżnienie *n* distinction; **dostać/zdobyć** ~ win a distinction; **zdała egzamin z geografii z ~m** she got a distinction in her geography exam

wysił|ek *m* effort; **~ek fizyczny** physical effort; **~ek woli** effort of will; **daremny/próżny ~ek** useless effort, vain effort; **intensywny ~ek** intensive/intense effort; **nadludzki ~ek** superhuman effort; **ogromny ~ek** great effort; **wspólny/zbiorowy ~ek** joint effort, collaborative effort; **bez ~ku** without effort, effortlessly; **nie szczędzić ~ków, żeby...** spare no effort to...; make every effort to...; **wiele ~ku włożono w...** a lot of effort has been put into..., a lot of effort has gone into...; **zdwoić ~ki** redouble one's efforts

wysokoś|ć *f* **1.** height; **na ~ci... metrów** at a height of... metres; **to ma dziesięć metrów ~ci** it is ten metres in height, it is ten metres high **2.** (*nad poziomem morza*) altitude; height; **na dużej ~ci** at heigh altitude; **na małej ~ci** at low altitude; **nabierać ~ci** (*samolot*) gain altitude; **osiągnąć ~ć** reach an altitude; **tracić ~ć** lose altitude **3.** (*wielkość*) amount; quantity; **~ć dochodu** amount of income

wyspa *f* island; **bezludna ~** desert island

wystarcz|ać *v* suffice; be enough; be sufficient; (*na pewien czas*) last; **~y powiedzieć, że...** suffice it to say (that)...; **tej żywności ~y (im) tylko na trzy dni** this food will only last (them) three days; **to ~y** that will do; **zapasy ~ą na rok** the stocks will last a year

wystaw|a *f* **1.** exhibition, show, display, exposition; **~a dzieł sztuki** art exhibition; **~a kwiatów** flower show; **~a światowa** world exposition; **urządzić/zorganizować ~ę** put on an exhibition, stage an exhibition **2.** **~a (sklepowa)** shop window

wysypk|a *f* rash; **swędząca ~a** itchy rash; **dostać ~i** come out in a rash, break out in a rash; **kiedy użyłam tego kremu, na skórze pojawiła się ~a** my skin came out/up in a rash when I used that cream; **mieć ~ę na** have a rash on

wyścig *m* race; **~ formuły jeden/pierwszej** Formula 1 racing; **~ samochodowy** car racing, *US* automobile race; **~ zbrojeń** arms race; **~ z czasem** a race against time; **~i konne** horse race, race meeting, races; **brać udział w ~u** race; **prowadzić ~ z czasem** run against the clock, work against the clock; **przegrać ~** lose a race; **wygrać ~** win a race; **zająć**

wytrzymałość 564

pierwsze/drugie/ostatnie miejsce w ~u come first/second/last in a race

wytrzyma|łość *f* endurance; **~łość fizyczna** physical endurance; **granica/kres ~łości** *pot.* the end of one's tether; **granice ludzkiej ~łości** the limits of human endurance; **być u kresu ~łości** be at the end of one's tether, *US* be at the end of one's rope; **nie do ~nia** beyond endurance; unbearable

wytyczn|e *pl* guidelines; **(ściśle) trzymać się/przestrzegać ~ych/ /kierować się ~ymi** follow the guidelines (closely), adhere to guidelines (closely)

wywiad *m* **1.** interview; **~ telewizyjny** television/TV interview; **przeprowadzić ~ z kimś** conduct an interview with sb, interview sb; **udzielić ~u** give an interview **2.** (*służba wywiadowcza*) intelligence; **~ przemysłowy** industrial intelligence; **~ wojskowy** military intelligence

wyzna|nie *n* **1.** (*zwierzenie się*) confession; **~nie wiary** confession/profession of faith **2.** religion; belief; denomination; **chrześcijanie wszystkich ~ń** Christians of all denominations

wyzwani|e *n* challenge; **podjąć/przyjąć ~e** take up a challenge, accept a challenge; **rzucić ~e** challenge, issue a challenge, send a challenge; **sprostać ~u** meet a challenge

wzgl|ąd *m* consideration; regard; respect; **~ędy bezpieczeństwa** safety considerations; **bez ~ędu na...** regardless of...; **drugi pod ~ędem wielkości...** the second largest...; **pod ~ędem** in respect of; **pod tym ~ędem** in this regard; in this respect; **pod wieloma ~ędami** in many respects; **ze ~ędu na** for the sake of

wziąć *zob.* **brać**

wzór *m* **1.** (*matematyczny itd.*) formula (*pl* formulas, formulae); **~ chemiczny** chemical formula; **przekształcić ~** convert a formula; **wyprowadzić ~** derive a formula; **wyrazić za pomocą wzoru** formulate, express by a formula; **zastosować ~** use a formula **2.** (*deseń*) pattern; **~ geometryczny** geometric pattern; **~ kwiecisty** flowery pattern; **~ w kratę** checked pattern; **suknia we wzory** patterned dress **3.** (*przykład*) pattern; model; example; **wzory zachowań** behaviour patterns, patterns of behaviour; **brać ~ z kogoś/iść za czyimś wzorem** follow sb's example; **stanowić dla kogoś ~/być dla kogoś wzorem/stać się dla kogoś wzorem (do naśladowania)** set the pattern for sb (to follow)

wzrok *m* eyesight; **bystry ~** keen eyesight; *przen.* **lodowaty ~** icy glare; **mieć dobry ~** have good eyesight; **mieć słaby ~** have poor/weak eyesight; **nie odrywać ~u od/nie spuszczać ~u z** not take one's eyes off; **patrzył błędnym ~iem** he had a faraway look in his eyes; *pot.* **pożerać kogoś/coś ~iem** never (be able to) take one's eyes off sb/sth; **spotkać czyjś ~** meet sb's eye(s); **stracić ~** lose one's sight; **utkwić/wbić ~ w** fix one's eye on; **wytężać ~** strain one's eyes

wzrost *m* **1.** height; **niskiego ~u** short; **wysokiego ~u** tall; **mężczyzna średniego ~u** a man of medium height; **mieć... centymetrów ~u** be...centimetres tall **2.** (*zwyżka*) increase, growth, rise, advance; **~ cen** increase/rise of prices; **~ gospodarczy** economic growth; **~ kosztów utrzymania** cost-of-living rise; **~ płac** rise of wages; **~ przestępczości** growth in/of crime; **~ temperatury** rise in temperature; **~ wartości** rise/increase in value; **~ wartości dolara** a rise in the value of the dollar; **gwałtowny ~** sharp increase

wzrusze|nie *n* emotion; **silne ~nie** strong emotion; **dostarczać ~ń** provide emotions; **doznawać ~ń** be overcome with emotion; **nie okazywać ~nia** show no emotion

Z

za 1. ~ **i przeciw** the pros and cons; for and against; **jesteś ~ czy przeciw propozycji?** are you for or against the proposal?; **rozważmy wszystkie ~ i przeciw** let's examine the pros and cons **2.** (*w funkcji przysłówka*) too; ~ **duży** too big; ~ **późno** too late

zabaw|a *f* **1.** (*rozrywka*) amusement; fun; (*dziecięca*) play; game; **~a w berka** tag, tig; **~a w chowanego** hide-and-seek; **~a w klasy** hopscotch; **chętny/skłonny do ~y** fun-loving; **brać udział/uczestniczyć w ~ie** play; **dla ~y** for fun, for the fun of it; **popsuć komuś ~ę** spoil the fun; **przyjemnej/wesołej ~y!** have fun!, enjoy yourself! **2.** (*bal*) ball; party; (*śpiew, taniec, picie*) merry-making; **~a kostiumowa** costume ball; **~a ludowa** festivities; **~a sylwestrowa/noworoczna** New Year's Eve party; **huczna ~** revelry; **przyłącz się do ~y!** join the festivities!

zabi|ć *v* kill; **~ć na miejscu** shoot on sight; **~ć się** kill oneself; *pot.* **~jać się o coś/aby** (*zabiegać o coś*) fall over oneself to do sth; *przen.* **~ty deskami** (*miejscowość*) god-forsaken; **mama mnie ~je, kiedy się dowie, gdzie byłem** my mother will kill me when she finds out where I've been; **spać jak ~ty** sleep like a log/top; **został ~ty w wypadku drogowym** he was killed in a road/traffic accident

zabieg *m* **1.** intervention; ~ **chirurgiczny** surgery; surgical intervention; operation; **drobny/mały ~** minor surgery; minor operation; **poważny ~** major surgery; major operation; **do-**

konać ~u/wykonać ~/zrobić ~ perform an operation; **poddać się ~owi** have/undergo an operation **2. ~i** *pl* (*wysiłki*) endeavours; **czynić ~i** endeavour, make endeavours

zabójca *m* killer; **seryjny/wielokrotny ~** serial killer, multiple killer

zabójstwo *n* homicide; murder; **~ w afekcie** crime of passion; **~ z premedytacją** premeditated murder; **popełnić ~** commit homicide/murder

zaburzeni|e *n* disturbance; perturbation; trouble; **~a hormonalne** hormonal imbalance; **~a pracy serca** heart trouble; **~a psychiczne** psychic disturbances; **~a w pracy silnika** engine trouble; **~a żołądkowe/trawienia** dispepsia, indigestion

zachowanie | (się) *n* behaviour; **aspołeczne ~** asocial behaviour; **beznadziejne ~** crass behaviour; **dobre ~** good behaviour; **dziwne ~** strange behaviour; **nerwowe ~** nervous behaviour; **nienaganne ~** impeccable behaviour; **nienormalne ~** abnormal behaviour; **nieokrzesane ~** unruly behaviour; **niesportowe ~** unsportsmanlike behaviour; **poprawne ~** correct behaviour; **prowokacyjne ~** provocative behaviour; **skandaliczne ~** scandalous behaviour; **skromne ~** modest behaviour; **sportowe ~** sportsmanlike behaviour; **wzorowe ~** model behaviour; **zdyscyplinowane ~** disciplined behaviour; **złe ~** bad behaviour; **nie pozwolę na takie ~/nie będę tolerował takiego zachowania w moim domu!** I won't have behaviour like this in my house!; **studiować ~ się małp** study the behaviour of apes

zach|ód *m* **1.** set; **~ód słońca** sunset; **o ~odzie słońca** at sunset **2.** (*strona świata*) west; **na ~odzie/na ~ód** west; **na ~ód od...** west of...; **wiatr wieje od/z ~odu** the wind is blowing from the west **3. Zachód** the West; **Dziki Zachód** the Wild West **4.** *pot.* **to kosztowało go wiele ~odu** it cost him a lot of trouble; **to warte było ~odu** it's been worthwhile

zachwyt *m* rapture; enchantment; delight; **krzycząc z ~u pobiegł w stronę matki** with a cry of delight he ran towards his

zaczynać 568

mother; **wpaść w ~ (nad)** go into raptures (about/over); **wprawić/wprowadzić kogoś w ~** delight sb; **z ~em** with delight

zaczyna|ć (się) *v* begin; start; commence; **~ć od** start/begin with; *przen.* **~ć od zera** start from scratch; **~ć pracę** begin work; **~ć wszystko od nowa** start (all) over again, *US* start over; **~m rozumieć** I'm beginning to understand; **kiedy ~ się koncert?** when does the concert begin?; **zaczął od przeprosin** he began with an apology; **zaczął padać śnieg** it began to snow, it began snowing; **zacznijmy od strony ósmej** let's begin at page 8

zaćmienie *n* **1.** eclipse; **~ całkowite** total eclipse; **~ częściowe** partial eclipse; **~ księżyca** lunar eclipse; **~ słońca** solar eclipse **2.** *przen.* (*umysłu, przytomności*) blackout; **~ pamięci** memory lapse, lapse of memory

zadani|e *n* **1.** task; **nałożyć na kogoś ~e/przydzielić komuś ~e/ /wyznaczyć komuś ~e** assign sb a task; **stanąć na wysokości ~a** rise to the task, rise to the occasion; **wykonać ~e/wypełnić ~e/wywiązać się z ~a** carry out a task, fulfil a task, perform a task; **wziąć na siebie ~e** take on a task, undertake a task **2. ~e domowe** homework assignment; **~e (z matematyki)** problem; **rozwiązać ~e** solve a (mathematical) problem, do a problem

zadawać *v* **1.** (*wyznaczać zadanie*) assign; **~ pracę domową** give an assignment **2. ~ pytania** ask questions **3. ~ coś komuś** (*ból itd.*) inflict sth on/upon sb; **~ czemuś kłam/fałsz** give lie to sth; **zadał żonie i dzieciom wiele cierpienia** he inflicted a great deal of suffering on his wife and children

zadowoleni|e *n* **~e (z czegoś)** satisfaction (with/at sth); **~e z pracy** job satisfaction; **czerpać ~e z** derive satisfaction from; **dawać/sprawiać ~e** afford satisfaction, give satisfaction; **ku memu ~u** to my satisfaction; **mieć ~e z** get satisfaction from; **odczuwać ~e** feel satisfaction; **wyrazić ~e** express satisfaction; **z (gromnym) ~em** with (great) satisfaction

zadowolony *a* ~ **(z kogoś/czegoś)** satisfied (with sb/sth); ~ **z siebie** self-satisfied, complacent; **bardzo** ~ greatly satisfied; **zupełnie** ~ completely/perfectly satisfied

zagadk|a *f* (*do rozwiązania*) riddle, puzzle; (*tajemnica*) mystery, puzzle, riddle; **~a, jak powstał wszechświat** the riddle of how the universe originated; **ona jest kompletną ~ą, nawet dla swoich rodziców** she's a complete riddle, even to her parents; **pozostawać ~ą dla** remain a puzzle to; **rozwiązać ~ę** solve a riddle; solve a puzzle; (*tajemnicę*) solve a mystery; **zadać komuś ~ę** ask/tell sb a riddle; **znać rozwiązanie ~i** know the answer to a riddle

zagrożenie *n* menace, threat; risk; ~ **lawinowe** risk of avalanches; ~ **pożarowe** fire hazard/risk; **stanowić ~ dla** be a menace to, pose a threat to; **zanieczyszczenie stanowi poważne ~ dla środowiska** pollution poses a serious threat to the environment

zainteresowani|e *n* interest; **różnorodne ~a** varied interests; **szerokie ~a** broad/wide interests; **wspólne ~a** common/mutual interests; **żywe ~e** lively interest; **leżeć/mieścić się w sferze czyichś zainteresowań** be in sb's line; **okazywać ~e czymś** show interest in sth, manifest interest in sth, demonstrate interest in sth; **(słuchać czegoś) z ~em** (listen to sth) with interest; **stracić ~e czymś** lose interest in sth; **temat, który budzi/wywołuje duże ~e** a topic that arouses/raises/stimulates a lot of interest; **wyrazić ~e czymś** express an interest in sth; **wyraźny brak ~a** a marked lack of interest

zainteresowan|y *a* interested; concerned; **~e strony** interested parties, parties concerned; **~y w ustaleniu prawdy** concerned with establishing the truth; **bardzo ~y** greatly/very much/highly interested; **być czymś ~ym** be interested in sth/in doing sth; be concerned with sth; **dla wszystkich ~ych** for all concerned; **nie być czymś ~ym** be uninterested in sth; **nie wydawał się być bardzo ~ym** he didn't seem very interested; **przez**

wszystkich ~ych by everyone concerned; **wszyscy ~i powinni...** all interested parties should...; all concerned should...

zakaz *m* ban; prohibition; **~ parkowania** no parking; **~ prób z bronią jądrową** test ban; **~ zgromadzeń** ban on public meetings; **traktat o ~ie prób z bronią jądrowa** test ban treaty; **wydać ~** put a ban (on sth); **znieść ~** lift a ban

zakład *m* **1.** establishment; institution; plant; **~ fryzjerski** hairdresser's shop; **~ krawiecki** tailor's shop; **~ naukowo-badawczy** research institute; **~ oczyszczania miasta** municipal department of sanitation; **~ penitencjarny** penitentiary; **~ poprawczy** *GB* borstal, *US* reformatory; **~ pracy** working place; **~ produkcyjny** works, factory, production plant; **~ przemysłowy** industrial plant/establishment; **~y użyteczności publicznej** public utilities; **~y włókiennicze** textile factory **2.** bet; **idę o ~, że...** I bet (that)...; **o co ~?** (how much) do you want to bet?, what's the bet?; **pójść o ~** bet; **przegrać ~** lose a bet; **przyjmować ~y** take bets; **wygrać ~** win a bet

zakładnik *m* hostage; **trzymają dzieci jako ~ów** they are holding the children hostage; they are keeping the children as hostages; **uwolnić ~ów** release/free hostages; **wziąć ~ów** take hostages; seize hostages

zakłopotanie *n* embarrassment; **wprawiać kogoś w ~** embarrass sb; **ten pomysł wprawił ją w ~** she was overcome with embarrassment at the idea

zakres *m* range; scope; extent; (*dziedzina*) field; sphere; **~ częstotliwości** frequency range; **~ działania** scope/range//sphere of activity; **~ tematyczny** subject area/field; **~ temperatur** temperature range; **szeroki ~ czegoś** a broad/wide range of sth; **we własnym ~ie** on one's own

zakręt *m* turn; bend; **~ drogi/rzeki** a bend in the road/river; **~ w lewo** left turn; **~ w prawo** right turn; **ostry ~** sharp turn; **brać ~** make/negotiate a turn

zakup *m* **1.** purchase; *pot.* buy; **dobry/udany** ~ a good buy; **zły/nieudany** ~ a bad buy **2.** **~y** *pl* shopping; **iść na ~y** go shopping; **robić ~y** do the shopping; **robić świąteczne ~y** do the Christmas shopping

zaległości *pl* arrears; **~ w płaceniu czynszu** rent arrears; **~ w pracy** work arrears; **mieć ~ w czymś** be in arrears with sth; **musimy znaleźć jakiś sposób spłacenia naszych ~ czynszowych** we must find some way of paying off our rent arrears; **ona ma ~ w płaceniu czynszu** she's in arrears with her rent

zalet|a *f* advantage; merit; virtue; **~a charakteru** virtue (of character); **~a życia na wsi** advantage of living in the country; **~ą posiadania tak małego samochodu jest łatwość jego parkowania** the virtue of having such a small car is that you can park it easily; **jedną z jej wielkich ~ jako nauczycielki jest umiejętność słuchania** one of her great merits as a teacher is her ability to listen; **ma tę ~ę, że jest tani** it has the virtue of being cheap; **ten plan nie ma/posiada żadnych ~** the plan is entirely without merit; **wolny handel ma wiele ~** free trade has a number of virtues; **wychwalać ~y czegoś** extol the virtues of sth

zależ|eć *v* **1. ~eć (od)** depend (on/upon); **dzieci ~ą od rodziców** children depend on their parents; **gdyby to ~ało ode mnie...** *pot.* if I had my way...; **to ~y** that (all) depends, it (all) depends; **to ~y od ciebie** it depends on you; it's up to you **2. komuś ~y na kimś/czymś** sb is anxious for sb/sth; **~y jej na awansie** she's anxious for promotion; **~y mi, żeby go spotkać** I'm anxious to meet him; **~y mu, żeby raport został opublikowany** he is anxious that the report should be published

zależnoś|ć *f* **~ć (od)** dependence (on/upon); **~ć służbowa** line of authority; **czyjaś ~ć od rodziców** one's dependence on his parents; **wzajemna ~ć** mutual dependence; interdependence; **w ~ci od** depending on

zalicza|ć *v* **1.** **~ć kogoś do czegoś/~ć kogoś do grona czegoś/~ć kogoś w poczet czegoś** number sb among sth, count sb among sth; **~m ją do (grona) moich najbliższych przyjaciół** I number/count her among my closest friends; **on ~ się do najlepszych współczesnych pisarzy** he numbers among the best modern writers, he is numbered among the best modern writers **2.** *pot.* **~ć egzamin** take an exam; pass an exam; **nie zaliczyłem egzaminu** I failed my exam

zaliczk|a *f* advance; **~a na (pensję)** an advance on (one's salary); **tytułem ~i** by way of advance; **dał jej ~ę w wysokości... dolarów** he gave her an advance of $...; **otrzymać/dostać ~ę** receive an advance; **wypłacić ~ę** pay an advance

załamanie *n* **1.** (*zagięcie*) bend; fold; **~ się** (*pod ciężarem*) breakdown; **~ światła** refraction of light **2.** **~ (nerwowe)** (nervous) breakdown; **przeżyć ~** have a breakdown, suffer a breakdown

załog|a *f* crew; **~a fabryki** factory, factory staff; **~a remontowa** repair crew; **~a samolotu** aircrew; **~a statku** (*wodnego*) ship's crew, hands; **~a statku buntuje się/~a podnosi bunt/~a wszczyna bunt** a crew mutinies; **~a statku składała się z czterdziestu osób** the ship had a crew of forty; **obsadzić ~ą** man, staff; **samolot liczy ośmiu członków ~i** the aircraft has a crew of eight, the aircraft carries a crew of eight

założeni|e *n* (*przesłanka, teza*) assumption; **błędne ~e** erroneous//wrong assumption; **fałszywe ~e** false assumption; **opierać się na ~u** be based on an assumption; **przyjmować ~e** make an assumption; **przy ~u, że...** assuming that...; **wychodząc z ~a, że...** on the assumption that...; **wychodzić z ~a, że...** assume that...

zamach *m* **1.** attempt; assassination; **~ bombowy** bombing, bomb attack; **~ polityczny** political assassination; **~ stanu** coup, coup d'état (*pl* coups d'état); **~ terrorystyczny** terrorist attack; terrorist action; **nieudany ~** abortive attempt; **terrorystyczny ~ bombowy** terrorist bombing, bomb attack; **udany ~** successful attempt; **próba ~u (na życie)** assassination attempt; **próba ~u na prezydenta** an assassination attempt on the president; **~ terrorystyczny został potępiony jako akt barbarzyństwa i tchórzostwa** the terrorist action was condemned as an act of barbarism and cowardice; **dokonać ~u na czyjeś życie** make an attempt on sb's life; **ekstremiści dokonali ~u na premiera** the prime minister was assassinated by extremists; **przeprowadzić ~** carry out an assassination; **przyznać się do ~u bombowego** acknowledge one's responsibility for the bombing; **terroryści przyznali się do wczorajszego ~u bombowego** terrorists have claimed responsibility for yesterday's bomb attack; **udaremnić ~** foil an attempt, thwart an attempt **2.** *pot.* **za jednym ~em** at/in one go, at a stroke, at one stroke; **chciał rozwiązać wszystkie swoje problemy za jednym ~em** he wanted to solve all his problems at one stroke; **nie możemy zrobić tego wszystkiego za jednym ~em** we can't do it all in one go

zamachow|iec *m* assassin; bomber; **~iec samobójca** suicide bomber; **domniemany ~iec** supposed assassin; **wynająć ~ca** hire an assassin

zam|ek *m* **1.** castle; **~ek z piasku** sandcastle; *przen.* **(budować/stawiać) ~ki na lodzie/piasku** (build) castles in the air, (build) castles in Spain **2.** **~ek błyskawiczny** zip (fastener), *US* zipper; **~ek u drzwi/~ek od drzwi/~ek w drzwiach** door lock

zamian|a *f* **1.** exchange; *pot.* swap, swop; **dokonać ~y** make an exchange; **w ~ za** in exchange for **2.** **~a kary** commutation; **~a kary śmierci na dożywotnie więzienie** commutation of the death sentence to life imprisonment

zamiar *m* intention; **~y na przyszłość** plans for the future; **mieć ~ coś zrobić/nosić się z jakimś ~em** intend to do sth; **mieć dobre ~y** mean well; **nie mam najmniejszego ~u przyjść tutaj znowu!** I have no intention of coming here again!; **nie miałem ~u...** I had no intention to..., it wasn't my

zamieniać

intention to...; **odwieść kogoś od ~u zrobienia czegoś** persuade sb from doing sth; **udaremnić/przekreślić/pokrzyżować czyjeś ~y** foil one's plans, frustrate one's plans, thwart one's plans

zamieni|ać *v* **1.** exchange; interchange; change; **~ać coś na coś** exchange sth for sth; *pot.* swap/swop sth for sth **2.** (*karę*) commute; **~ać karę śmierci na dożywotnie więzienie** commute a death sentence to one of life imprisonment **3. ~ać się** exchange; change; *pot.* swap, swop; **~ać się na miejsca/ /miejscami** exchange seats; swap/change places, swap seats, swap over; **~ać się z kimś** exchange with sb; **czy ktoś chce się (ze mną) ~ć?** does anybody want to swap (with me)?; **nie widziałem dobrze ekranu więc ~liśmy się miejscami** I couldn't see the screen properly so we swapped seats **4.** *przen.* **~ać się w** turn into; *pot.* **~ać się w słuch** be all ears; **~am się w słuch** I am all ears

zamierza|ć *v* intend; be going to; **~ć właśnie coś zrobić** be about to do sth; **właśnie ~ł wyjść** he was about to leave

zamieszani|e *n* commotion; confusion; *pot.* mix-up; **dzieci robią dużo ~a** the children are making a lot of commotion; **na stacji panowało ~e** there was a mix-up at the station; **wywołać/ /wprowadzić ~e** cause a commotion/mix-up, raise a commotion, create a commotion

zamieszkały *a* living, residing, resident, domiciled; **~ przy ulicy...** residing at... street; **~ w Wielkiej Brytanii** domiciled in Britain; **~ za granicą** residing/resident abroad

zamieszki *pl* riot(s); unrest; disturbance; **~ na tle rasowym** race riot; **~ uliczne** riots in the streets; **~ wybuchły w...** the riots erupted in..., the riots broke out in...; **stłumić ~** crush a riot, put down a riot, quell a riot; **wywołać ~** cause a riot, foment a riot, spark (off) a riot

zamknięt|y *a* closed, shut; **~a granica** closed frontier; **~y dla ruchu** (*droga*) closed to traffic; **~y dla zwiedzających**

closed to visitors; *przen.* **być ~ym w sobie** keep oneself to oneself; **sprawa jest ~a** the matter is closed; **z ~ymi oczami** with one's eyes shut/closed

zamówienie *n* order; **~ pisemne** order in writing, order letter; **~ telefoniczne** telephone order; **kelner przyjął ~** the waiter has taken an order; **na ~** against/on order; **przyjąć ~** take an order; accept an order; **składać ~** place an order; **wykonywać na specjalne ~** (*zgodnie z wymaganiami klienta*) customize; **wykonany na specjalne ~** custom-made

zamykać | (się) *v* close, shut; *pot.* **~ coś na cztery/wszystkie spusty** lock sth away, lock sth up; **~ drzwi** shut/close the door; (*na klucz*) lock the door; **~ drzwi za sobą** close/shut the door behind one; **~ fabrykę** shut down a factory, close down a factory; **~ komuś drzwi przed nosem** (*nie wpuścić*) shut the door on sb, shut the door in one's face; **~ komuś usta** shut/stop sb's mouth; **~ książkę** shut the book; *przen.* **~ się w sobie** go (back) into one's shell; **~ usta** shut one's mouth; **~ zebranie** close a meeting; **drzwi zamykają się automatycznie** the door shuts automatically; **o której zamykają sklepy?** what time do the shops shut/close?; **okno nie chce się zamknąć** the window won't shut; **zamknęła się w swoim pokoju** she shut herself in her room; **zamknięto drogę z powodu wypadku** they've closed the road because of an accident; *pot.* **zamknij buzię/gębę!** shut your gob!; **zamknij się!** shut up!, *zob.też* **zamknięty**

zanieczyszczenie *n* impurity; **~ powietrza** air pollution; **~ rzek//wód** river/water pollution; **~ środowiska naturalnego** pollution of the environment, environmental pollution; **~ stanowi poważne zagrożenie dla środowiska** pollution poses a serious threat to the environment

zaniedbywać *v* **1.** neglect; **~ dzieci/pracę** neglect one's children//work **2.** **~ się w czymś** be neglectful of sth; **~ się w obowiązkach** be neglectful of one's responsibilities

zanosi|ć *v* **1.** (*do kogoś, dokądś*) carry, take; **zanieśliśmy jej parę kwiatów** we took her some flowers; **zaniosło go do/los zaniósł go do**/*pot*. **licho zaniosło go do...** he has gone to...; he was brought to... **2. ~ się na coś** it looks like, it looks as if, it looks as though; there is sth afoot; **~ się na deszcz** it looks like rain, it looks as if it's going to rain; **~ się na duże zmiany** great changes are afoot; **~ć się ze śmiechu/śmiechem** roar with laughter

zaokrągleni|e *n* (*kształtu*) rounding; **~e liczby** rounding of a number; **w ~u** in round figures, in round numbers

zapach *m* smell; **~ farby** smell of paint; **brzydki ~** (bad) smell; **duszący ~** choking smell; **kuchenne ~y** smell of cooking, smells from the kitchen; **nieprzyjemny ~** unpleasant odour, disagreeable smell; **ostry ~** strong smell; **przyjemny ~** pleasant odour, fragrance; **słaby ~** faint/slight smell; **słodki ~** sweet smell; **coś ma ~** sth has a smell; **czuć ~ czegoś** smell sth; **czy podoba ci się ~ tych perfum?** do you like the smell of this perfume?; **unosi się tutaj smakowity ~** there's a delicious smell in here; **wydzielać ~** give off a smell

zapalenie *n* inflammation; **~ opon mózgowych** meningitis; **~ oskrzeli** bronchitis; **~ płuc** pneumonia, inflammation of the lungs; **~ ucha** inflammation of the ear; **ostre ~** acute inflammation; **wywołać/powodować ~** cause (an) inflammation

zapał *m* enthusiasm; zeal; fervour; **~ do pracy** enthusiasm/zeal for work; **~ religijny** religious zeal/fervour; **ogromny ~** great//boundless enthusiasm; **bez ~u** half-heartedly; **budzić ~** arouse/stir up/kindle enthusiasm; **mówić o czymś z ~em** talk enthusiastically about sth; **ostudzić/ochłodzić czyjś ~** dampen sb's enthusiasm; **pełen ~u do czegoś** enthusiastic about sth; **przejawiać ~ do czegoś** demonstrate/display/show enthusiasm for sth; **przystąpić/wziąć się do czegoś bez ~u** make a half--hearted attempt at sth; **stracić ~ do** lose one's enthusiasm for

zapał|ka *f* match; **pudełko ~ek** matchbox; **potrzeć ~kę** strike a match; **zapalić ~kę** light a match

zapas *m* stock(s), reserve; **~y żywności** food stocks, reserve of food; **mały/skąpy/niewielki ~** low stock; **żelazny ~** emergency stock; iron rations; **~y żywności wyczerpują się** food stocks are running low; **gromadzić/robić ~y** store, build up stocks, accumulate reserves; **kupować na ~** buy ahead; **martwić się na ~** borrow trouble; **mieć coś w ~ie** have//keep/hold sth in reserve; **mieć duże ~y czegoś** have great reserves of sth; have a good stock of sth; **nie martw się na ~** don't cross a bridge until you come to it; **uzupełnić ~ paliwa** refuel

zapiera|ć się *v* **1. ~ć się czegoś** (*zaprzeczać*) deny sth **2. ~ć komuś dech** take one's breath away; **~jący dech w piersi** breathtaking; **z zapartym tchem** with bated breath

zapłat|a *f dosł. i przen.* payment; **~a czekiem** payment by cheque; **~a gotówką** cash payment; **~a przy dostawie** payment on delivery, cash on delivery; **~a w naturze** payment in kind; **~a z góry** advance payment; **dokonać ~y** make a payment; **obelgi były jedyną ~ą za mój trud** all the payment I got for my troubles was insults; **zalegać z ~ą** be in arrears with one's payment

zapomni|eć *v* forget; **~eć języka (w gębie)** lose one's tongue; be taken aback; **~eć na śmierć/zupełnie/kompletnie** forget completely, forget utterly; **~eć o bożym świecie/~eć o wszystkim/~eć o (całym) świecie** be lost to the world; **~eć się** forget oneself; **~j o nim** forget (about) him; **~j o sobie i pomyśl o innych** forget yourself and think of someone else

zapomnieni|e *n* (*niepamięć*) oblivion; **ocalić od ~a** rescue from oblivion; **pójść w ~e** sink into/fall into oblivion

zapotrzebowanie *n* demand; **~ na komputery** a demand for computers; **ogromne ~** great/enormous/strong demand; **zaspokoić/pokryć ~** meet a demand, satisfy a demand

zapowiada|ć *v* **1.** announce; **zapowiedziano, że pociąg miał opóźnienie** they announced that the train had been delayed

zapowiedź 578

2. (*zwiastować*) announce; promise; **~ć się...** promise to be; **~ się ciepłe popołudnie** it promises to be warm this afternoon; **chmury ~ły deszcz** the clouds promised rain; **dobrze się ~ć** promise well

zapowie|dź *f* **1.** (*ogłoszenie*) announcement; **~dź pogody** weather forecast **2.** (*zwiastun*) forerunner; omen; (*zwł. nieszczęścia*) portent; **~dź klęski** a portent of disaster; **~dź zwycięstwa** an omen of victory; **dobra ~dź** good omen; **zła ~dź** bad omen **3. ~dzi** *pl* (*ślubu*) banns; **dać na ~dzi** have the banns published; **ogłosić ~dzi** call the banns; read/publish the banns

zaproszeni|e *n* **~e (na)** invitation (to); **bez ~a** without invitation; **na czyjeś ~e** (*przybywać itd.*) at sb's invitation, at the invitation of sb; **nie przyjąć ~a/odrzucić ~e** decline an invitation; **przyjąć ~e** accept an invitation; **wstęp tylko za ~ami** admission (is) by invitation only

zarabia|ć *v* earn; **~ć na chleb** earn one's (daily) bread; **~ć na siebie** earn one's keep; **~ć na życie/na swoje utrzymanie** earn one's living, earn one's livelihood; **~ć pieniądze** earn money; make money; **jak ~sz na życie?** what do you do for a living?; **uczciwie ~ć na życie** make an honest living

zaraz|a *f* pestilence; **~a szerzy się** pestilence spreads; **~a wybucha** pestilence breaks out; *pot.* **unikać czegoś jak ~y/uciekać przed czymś jak przed ~ą/strzec się czegoś jak ~y** avoid sth like the plague

zarod|ek *m* embryo; **w ~ku** in embryo; **stłumić/zdusić/zniszczyć/zgasić coś w ~ku** nip sth in the bud

zarówno (*w wyrażeniu*) **~..., jak (i)...** both... and...

zarys *m* **1.** (*kontur*) outline; contour; **wyraźny ~ jego postaci widoczny był w świetle lampy** he was clearly outlined in the light of the lamp; **widział ~ domu** he saw the outline of the house **2.** (*szkic*) outline; **~ historii świata** an outline of world history; **ogólny ~** general/broad outline; **przedstawić coś**

(komuś) w ~ie outline sth (to sb); **w głównych/ogólnych ~ach** in broad outline

zarzut *m* **1.** (*wyrzut*) reproach; **bez ~u** above/beyond reproach; **jej zachowanie było bez ~u** her behaviour was above/beyond reproach **2.** (*oskarżenie*) charge; **aresztować pod ~em** arrest on charges of, arrest on a charge of, arrest for; **aresztować kogoś pod ~em kradzieży** arrest sb on suspicion of theft; **uwolnić od ~u** clear of charge

zasad|a *f* **1.** principle; rule; law; **ogólna ~a** general principle; **podstawowe ~y geometrii** the basic principles of geometry; **żelazna ~a** iron-clad rule; **na tej samej ~zie** on the same principle; **w ~zie** in principle **2. ~y** *pl* (*normy postępowania*) principles; rules; **osoba z ~ami** a person of principle; **nie mieć żadnych ~** have no principles; **stosować ~ę** apply a principle; **trzymać się/przestrzegać ~y** adhere to a principle; **ustalać ~y** lay down rules; **z ~y/dla ~y** as a matter of principle, on principle; **żyć zgodnie z ~ami** live according to one's principles

zasadność *f* rightness; **~ decyzji** the rightness of a decision; **zbadać ~ czegoś** verify sth

zasadzk|a *f* ambush; **wciągnąć/zwabić kogoś w ~ę** draw sb into an ambush; **wpaść w ~ę** run into an ambush; **zastawić/urządzić na kogoś ~ę** lay an amush for sb, set an ambush for sb

zasięg *m* range; reach; scope; **~ pocisku** missile range; **ich uprawnienia mają raczej ograniczony ~** their powers are rather limited in scope; **poza czyimś ~iem** out of one's reach, beyond one's reach; **poza ~iem wzroku** outside one's range of vision; **w ~u ręki** within (arm's) reach; **w ~u wzroku** in sight; **w czyimś ~u** in one's reach, within one's reach, within one's grasp

zasił|ek *m* benefit; allowance; **~ek chorobowy** sickness benefit; **~ek dla bezrobotnych** unemployment benefit, dole, *US* unemployment compensation; **~ek mieszkaniowy** *GB* housing benefit; **~ek rodzinny** *GB* (*na dzieci*) child benefit; (*dla rodzi-*

zaskoczenie 580

ny o niskich dochodach) family credit; **być na ~ku dla bezrobotnych** be on the dole, be on the unemployment compensation; **otrzymywać ~ek dla bezrobotnych** get the unemployment benefit; **pobierać ~ek dla bezrobotnych** receive the unemployment benefit

zaskoczeni|e *n* surprise; **element ~a** an element of surprise; **coś jest dla kogoś ~em** sth comes as a surprise to sb; **ich porażka nie była dla nikogo specjalnym ~em** their defeat caused little surprise; **ku memu ~u** to my surprise; **nie jest dla nikogo ~em, że...** it comes as no surprise that...; **przegrali, ku naszemu wielkiemu ~u** they lost, much to our surprise; **zdobyli/wzięli miasto przez ~e/z ~a** they took the town by surprise

zasłon|a *f* **1.** curtain; **~a (sięgająca) do podłogi** floor-length curtain; **ciężka ~a** heavy curtain; **gęsta ~a** thick curtain; **koronkowa ~a** lace curtain; **rzadka/przejrzysta ~a** thin curtain; **siatkowa ~a** net curtain; *przen.* **komuś spadła ~a z oczu** the scales fell from one's eyes; **podnieść ~ę** raise a curtain; *przen.* **spuścić/zapuścić ~ę (milczenia) na coś** draw a veil over sth; **zaciągnąć ~ę** draw a curtain; **zawiesić ~ę na okno** curtain a window **2. ~a dymna** smokescreen

zastanowieni|e *n* thought; consideration; reflection; **po głębokim ~u** after long consideration; after due consideration, on further reflection; (**robić coś**) **bez ~a** (do sth) without a second thought

zastosowani|e *n* use; application; **niewłaściwe ~e** misuse, misapplication; **powszechne ~e** common use; **praktyczne ~e** practical application/use; **różnorodne ~e** variety of uses; **nowy wynalazek, który znajdzie/będzie miał ~e w przemyśle** a new invention that will have application in industry; **z ~em czegoś** using sth; **znaleźć ~e** find a use; **znaleźć szerokie ~e w** find wide-ranging applications in

zast|ój *m* stagnation; **~ój gospodarczy** economic stagnation; **~ój na rynku** stagnation in the market; **wchodzić w okres ~oju**

enter a period of stagnation; **wykazywać oznaki ~oju** show signs of stagnating; **znajdować się w ~oju** stagnate

zastrzeże|nie *n* **~nie (co do/wobec/w stosunku do)** reservation (about); objection (to/against); **poważne ~nia co do...** serious reservations to/about...; major reservations to/about...; **budzący ~nia** objectionable; **mieć ~nia do czegoś** have/take objection to sth; take exception to sth; have reservations to/about sth; **pomimo czyichś ~ń** over sb's objections; **popierać coś bez ~ń** support sth without reservation; **zaakceptować coś bez ~ń** accept sth without reservation; **zgłosić/wysunąć ~nia do propozycji** raise objections to the proposal, put forward objections to the proposal

zastrzyk *m* **1. ~ (przeciwko)** injection (against); **~ domięśniowy** intramuscular injection; **~ dożylny** intravenous injection; **~ podskórny** hypodermic injection; **~ przeciwtężcowy** a tetanus injection; **śmiertelny ~** lethal injection; **dostać ~** get/have an injection; **lekarstwo zostało podane w ~u** the drug was administered by injection; **nie znoszę ~ów** I hate having injections; **zrobić ~** give an injection **2.** *przen.* **~ gotówki w wysokości...** a cash injection of...; **~ pieniędzy** an injection of money

zaszczyt *m* honour; **mieć ~...** have an honour to...; **ona przynosi ~ swojej rodzinie** she brings honour to her family; she does honour to her family; she is an honour to her family; **poczytuję sobie za ~, że zostałam zaproszona** it is a great honour to be invited; **uważam to za wielki ~/jest to dla mnie wielki ~** I consider it a great honour

zaświadczenie *n* certificate; testimonial; **~ lekarskie** doctor's certificate, medical certificate; **~ ukończenia kursu** certificate; **~ z poprzedniego miejsca pracy** testimonial; **przedstawiać ~** produce a certificate; **wydać/wystawić ~** issue a certificate

zatrucie 582

zatruci|e *n* poisoning; intoxication; **~e grzybami** mushroom poisoning; **~e jadem kiełbasianym** botulism; **~e pokarmowe** food poisoning; **ulec ~u** be poisoned

zatrudnieni|e *n* employment; **~e sezonowe** seasonal employment; **~e w charakterze (mechanika)** employment as (a mechanic); **~e w niepełnym wymiarze godzin** part-time employment; **~e w pełnym wymiarze godzin** full-time employment; **stałe ~e** regular employment; **~e maleje/zmalało** employment is down; **~e wzrasta** employment rises; **dać komuś ~e** give employment to sb; **szukać ~a** seek employment; **znaleźć ~e** find employment

zatykać *v* **1.** **~ coś** (*dziurę, otwór*) stop sth (up); *pot.* **~ komuś dech w piersi** take one's breath away; **~ uszy** stop one's ears; **widok ze szczytu zatkał mi dech w piersi** the view from the top took my breath away **2.** **~ się** (*zapychać się*) clog up; be clogged; **rury się zatykają** the pipes are clogging up **3.** *pot.* **~ kogoś** flabbergast sb; **zatkało mnie zupełnie, gdy podała cenę** I was absolutely flabbergasted when she told me the price **4.** *pot.* **~ komuś usta** (*przekupić*) shut/stop one's mouth

zaufani|e *n* **~e (do kogoś/czegoś)** confidence (in sb/sth); trust (in sb/sth); **~e we własne siły** self-confidence; **bezgraniczne//całkowite/pełne ~e** every confidence, absolute confidence//trust, perfect confidence/trust, implicit trust/confidence; **ślepe ~e** blind trust; **brak ~a** mistrust; **godny ~a** trustworthy, worthy of trust; **budzić ~e do** inspire confidence in; **cieszyć się ~em** enjoy confidence/trust; **darzyć kogoś ~em** place one's confidence in sb; put one's trust in sb; **mam do niej bezgraniczne ~e** I have every confidence in her; I trust her implicitly; **mieć ~e do kogoś/czegoś** trust in sb/sth; have confidence in sb/sth; **nie mieć ~a do** have a mistrust of; **opierać się na ~u** be based on trust; **powiedzieć coś/o czymś komuś w ~u** confide sth to sb; **powiedział mi w ~u, że...** he confided to me that...; **stracić ~e do kogoś** lose confidence

in sb; **zawieść czyjeś ~e** betray sb's confidence/trust; **zdobyć/
/zyskać czyjeś ~e** gain sb's confidence, win sb's confidence,
win sb's trust

zawartość *f* contents; (*składnik*) content; **~ procentowa** percentage; **~ tłuszczu** fat content

zawieszeni|e *n* suspension; **~e broni** ceasefire; armistice; truce;
~e pracownika suspension of a worker; **~e walki** suspension
of fighting; **~e wykonania kary śmierci** a stay of execution;
wyrok w ~u suspended sentence; **sprawa pozostaje w ~u** the
case is left in abeyance, the case is being held in abeyance;
ulegać ~u fall into abeyance

zawodnik *m* contestant; competitor; **~ rezerwowy** reserve

zawodowstwo *n* professionalism; **przejść na ~** turn professional

zawod|y *pl* contest; competition; **~y gimnastyczne** gymnastics
competition; **~y lekkoatletyczne** athletics (meeting); **~y o mistrzostwo** competition for the championship; **~y pływackie**
swimming competition; **~y sportowe** sports competition/
/contest; (sports) events; **wyrównane ~y** tight contest/competition; **brać udział w ~ach** compete

zawołanie *n* call; **na każde ~** at one's beck and call; **nie jestem
na każde twoje ~** I'm not at your beck and call; **przybiegli na
moje ~** they came at my call

zaw|ód *m* **1.** profession; occupation; **~ód lekarza** medical profession; **~ód nauczyciela** teaching profession; **~ód pielęgniarki**
nursing profession; **~ód typowo kobiecy** pink-collar profession; **~ód wykonywany** practised profession; **~ód wyuczony**
acquired profession; *przen.* **najstarszy ~ód świata** the oldest
profession (in the world); **do niedawna praca sekretarki
i pielęgniarki były typowo kobiecymi ~odami** until recently
secretarial work and nursing were very much pink-collar
professions; **wykonywać ~ód** practise a profession; **z ~odu**
by profession **2.** (*rozczarowanie*) letdown; disappointment;
ciężki ~ód great/deep disappointment; **przykry ~ód** bitter dis-

appointment; **doznać ~odu w czymś** be disappointed in/with sth; **sprawić/zrobić komuś ~ód** let sb down; disappoint sb

zawsze *adv* always; **na ~** forever, for good; for ever (and ever); **raz na ~** once and for all

zazdrosny *a* **~ (o coś/kogoś)** jealous (of sth/sb); envious (of sth/sb); **~ mąż** jealous husband; **być ~m o czyjeś sukcesy** be jealous/envious of sb's success; **patrzeć na coś ~m okiem** cast envious eyes/glances at sth

zazdroś|ć *f* jealousy; envy; **budzić ~ć** arouse jealously/envy; **mówić coś przez ~ć** say sth out of envy; **patrzeć/spoglądać na coś z ~cią** look enviously at sth; **żerała go ~ć** he was devoured by jealousy; **zielony z ~ci** green with envy; **zrobiła to z ~ci** she did it out of envy; **żółknąć/zzielenieć z ~ci** turn green with envy, be green with envy

ząb *m* tooth (*pl* teeth); *przen.* **~ czasu** the tooth of time; **~ dolny** lower tooth; **~ górny** upper tooth; **~ mądrości** wisdom tooth; **~ mleczny** milk tooth; **~ przedni** front tooth; **~ sieczny** incisor; **~ sztuczny** false/artificial tooth; **~ trzonowy** molar (tooth); **~ zepsuty** decayed tooth; **~ psuje się** a tooth decays/rots; *pot.* **ani w ~** not a whit; **bez zębów** toothless; **borować zęby** drill teeth; *pot.* **coś na ~** a snack; **dziecku wyrzynają się zęby/dziecko dostaje zębów** the baby is cutting teeth, the baby is getting teeth, the baby is teething; **dzwoniła zębami** her teeth chattered; **grzebień nie miał trzech zębów** the comb had three teeth missing; **myć zęby** brush/clean one's teeth; **plombować zęby** fill teeth; *przen.pot.* **pokazać zęby** show one's teeth; show (oneself in) one's true colours; **pokazał zęby, jak tylko doszedł do władzy** once he achieved power he showed (himself in) his true colours; **rwać/wyrywać/usuwać zęby** extract teeth, pull teeth, take out teeth; **szczerzyć zęby (do kogoś)** grin (at sb); **szczękała zębami** her teeth chattered; **trzymać język za zębami** hold one's tongue; keep one's mouth shut; **uzbrojony po zęby** armed to the teeth; **(walczyć**

o coś) zębami i pazurami (fight) tooth and nail; **wypadł mi ~** my tooth fell out; **zaciskać zęby** clench/grit one's teeth; **zatopił zęby w...** he sank his teeth in...; **zęby szczękają komuś** sb's teeth chatter; **zęby wypadają** teeth fall out; **zgrzytać zębami** grind one's teeth; *pot.* **zjeść zęby na czymś** cut one's teeth on sth

zbawieni|e *n* salvation; **~e duszy** salvation; **czekać na coś jak na ~e/wyglądać czegoś jak ~a** long for sth; **muzyka była dla niego ~em** music was his salvation

zbieg *m* **1.** (*uciekinier*) fugitive; **~ polityczny** political refugee; **~ z więzienia** escapee from prison; **~ z wojska** deserter **2. ~ okoliczności** coincidence; **dziwny ~ okoliczności** odd/strange coincidence; **nieszczęśliwy ~ okoliczności** unhappy coincidence; **szczęśliwy ~ okoliczności** happy coincidence; **szczęśliwym ~iem okoliczności** by happy coincidence

zbiór *m* **1.** collection; **~ numizmatyczny** coin collection; **~ poezji/wierszy** collection of poetry; **ten obraz pochodzi z jej prywatnych zbiorów** the painting comes from her private collection **2.** (*też pl*) **zbiory** crop; harvest; **dobry//ładny/bogaty ~** heavy crop, large crop; **marny/zły/ubogi ~** poor crop; **rekordowy ~** bumper crop; **tegoroczne zbiory pszenicy były ubogie** this year's wheat harvest was poor; **w czasie/podczas zbiorów** during the harvest **3.** (*w matematyce*) set; **~ danych** data set; **~ pusty** empty/null set; **~ skończony** finite set; **~ uporządkowany** ordered set

zbrodni|a *f* crime; **~a doskonała** perfect crime; **~a ludobójstwa** genocide; **~a przeciw ludzkości** crime against humanity; **~a w afekcie** crime of passion; **~a wojenna** war crime; **brutalna ~a** brutal crime; **okropna/potworna/straszna ~a** atrocious crime, horrible crime; **dokonać ~** commit a crime, perpetrate a crime; **oskarżyć kogoś o ~ę** accuse sb of a crime; **popełnić ~ę** commit a crime, perpetrate a crime; **ścigany za ~e wojenne/za popełnienie ~ wojennych** prosecuted for war crimes

zbrodniarz *m* criminal; ~ **wojenny** war criminal

zbudowa|ć *v* build; *przysł.* **nie od razu Kraków ~no** Rome wasn't built in a day, *zob.też* **budować**

zdani|e *n* **1.** sentence; **~e nadrzędne** main clause; **~e oznajmujące** declarative sentence; **~e podrzędne** subordinate clause; **~e przeczące** negative sentence; **~e pytające** interrogative sentence; **~e twierdzące** affirmative sentence; **~e wykrzyknikowe** exclamatory sentence; **przerwała nagle w środku/połowie ~a** she broke off in the middle of a sentence; **ułożyć ~e** make up/form a sentence **2.** (*opinia*) opinion; **być ~a, że...** be of an opinion that; **być tego samego ~a** (**odnośnie czegoś**) (*o grupie osób – zgodni*) be of the same mind (on/about sth), be of one mind (on/about sth); (*o osobie – nie zmienić zdania*) be of the same mind; **bronić swego ~a** defend one's point of view; argue for one's opinion; stand for one's opinion; **czy on ciągle jest tego samego ~a?** is he still of the same mind?; **jesteśmy tego samego ~a w tej sprawie** we are of one mind on this matter, we are of the same mind on this matter; **każdy z nich pozostał przy swoim ~u** they agreed to differ; **mieć o kimś dobre ~e** have a high opinion of sb; **mieć o kimś złe ~e** have a low opinion of sb; **mieć odmienne ~e** take a different view; **moim ~em** in my opinion, to my mind, to my way of thinking; **podtrzymywać swoje ~e** maintain one's opinion; **podzielać czyjeś ~e/zgadzać się z czyimś ~em** agree with sb's opinion; **upierać się przy swoim ~u** dig one's heels in, dig one's toes in; **wciąż zmieniać ~e/***pot.* **bez przerwy zmieniać ~e** chop and change; **zmienić ~e** change one's mind, change one's opinion

zdarze|nie *n* event; **doniosłe ~nie** major event; **tragiczne ~nie** tragic event; **przebieg ~ń** course of events, run of events; **szereg ~ń** a set of events; **~nie ma miejsce** an event occurs, an event takes place; **z prawdziwego ~nia** real; genuine

zdarz|yć się *v* happen; take place; come about; occur; **~a się** these things happen; **~yło mi się spotkać ją w drodze do**

domu I happened to meet her on my way home; **~yło mu się wielkie nieszczęście** a great misfortune befell him; **cokolwiek się ~y** whatever happens; whatever befalls; **coś ~a się komuś** sth befalls sb; **tak się jakoś ~yło, że...** as it happened...; it happened that...; **w takim wyścigu jak ten wszystko może się ~yć** anything can happen in a race like that

zdecydowa|ć *v* **1.** decide; determine; **co ~ło, że zrezygnowałeś z pracy?** what decided you to give up your job?; **przypadkowe spotkanie ~ło o jej przyszłości** a chance meeting determined her future **2. ~ć się** decide, make up one's mind; **~ć się na** decide on; **co sprawiło, że ~łeś się aby/na...** what made you decide to/on...; **nie mogę się ~ć** I can't decide, I can't make up my mind

zdenerwowani|e *n* nervousness; vexation; **odczuwać ~e z powodu czegoś** feel nervous about sth; **opanować ~e** conquer one's nervousness; **trząść się ze ~a** shake with nerves

zderzeni|e *n* collision; **~e czołowe** head-on collision; **~e dwóch samochodów** a collision between two cars; *przen.* **~e rywalizujących ze sobą ideologii** a collision between rival ideologies; **~e samochodu z autobusem** a collision between a car and a bus; **~e w powietrzu** (*samolotów*) a midair collision; **doszło do ~a dwóch statków** the two ships came into collision, the two ships were in collision

zdjęci|e *n* **1.** photo(graph); picture; **~e grupowe** group photograph; **~e lotnicze** aerial photograph; **~e rodzinne** family photograph; **~e satelitarne** satellite picture; **~e ślubne** wedding picture; **wyblakłe/pożółkłe ~e** faded photograph; **powiększać ~e** blow up/enlarge a photograph; **pozować do ~a** pose for a photograph; **robić ~e** take a picture/photograph; **wywoływać ~a** develop photos **2. ~a (filmowe)** shots, shooting; **~a plenerowe** outdoor shots; exterior shooting; **~a we wnętrzu** interior shooting

zdobycz *f* **1.** (*wynik starań*) prize; (*łup*) booty; loot; plunder; **~ wojenna** war booty; **największa ~ ze wszystkich – pokój**

zdobyć 588

światowy – jest teraz w naszym zasięgu the greatest prize of all – world peace – is now within our grasp **2.** (*osiągnięcie*) achievement; advance; **~e nauki i techniki** achievements in science and technology; **najnowsze ~e czegoś/w dziedzinie...** the latest in...; **najnowsze ~e medycyny** recent advances in medical science; **trwałe ~e** lasting achievement

zdoby|ć *v* **1.** gain; acquire; achieve; attain; (*nagrodę, przychylność itd.*) win; (*stać się posiadaczem lub użytkownikiem*) get; **~ć bilet** get a ticket; **~ć czyjeś serce** gain sb's heart, win sb's heart, conquer sb's heart; **~ć kogoś/czyjeś poparcie** win sb over, win sb round; **~ć wiedzę** acquire/gain/accumulate knowledge; **~li spory elektorat, od kiedy został przywódcą partii** they've won over a lot of electorate since he's been leader of the party; **~ł pierwszą nagrodę** he won first prize, he took first prize; **~ła Nagrodę Nobla w dziedzinie fizyki** she was awarded the Nobel prize for physics; **ciężko pracowali, żeby ~ć głosy niezdecydowanych** they worked hard to win over the undecided voters; **film ~ł Oskara za...** the movie won an Oscar for...; **góra (nie) została ~ta** the mountain was (not) conquered **2.** (*podbić w walce*) conquer, take over; **~ć łupy** capture the booty, seize the booty, take the booty **3.** **~ć się na coś/na zrobienie czegoś** bring oneself to do sth

zdolnoś|ć *f* **1.** ability; capacity; aptitude; **~ci do języków** aptitude for languages; **wrodzone ~ci** innate/natural abilities; **wybitne ~ci** outstanding/remarkable abilities; **wyjątkowe ~ci** exceptional abilities; **ona wykazuje ~ci do matematyki** she's showing an aptitude for/at maths; **uczniowie o różnych//zróżnicowanych ~ciach** pupils of mixed/different abilities; **wykazywać ~ci do** demonstrate ability to, display ability to, exhibit ability to **2.** (*możność*) capacity; power; **~ć produkcyjna** production capacity, productivity

zdoln|y *a* **1.** (*utalentowany*) talented; gifted; able; capable; **~iejszy uczeń** abler pupil, more able pupil; **mniej ~y uczeń**

less able pupil **2.** **~y coś zrobić** capable of doing sth; **~y do czegoś** capable of sth; **~y do morderstwa** capable of murder; **~y do pracy** able to work, fit to work; **~y do służby** (*wojskowej itd.*) able-bodied, fit

zdrad|a *f* **1.** (*ojczyzny*) treason; treachery; **~a stanu** high treason; **dopuścić się ~y** commit treason; **oskarżyć kogoś o ~ę stanu** impeach sb for high treason **2.** (*przyjaciela itd.*) treachery; betrayal; **~a ideałów** betrayal of principles

zdrowi|e *n* health; **~e fizyczne** physical health; **~e psychiczne** mental health; **pogarszające się ~e** deteriorating health; **słabe ~e** poor/failing/bad health; **żelazne/końskie ~e** robust health; **cieszyć się dobrym ~em** enjoy good health; **odzyskać ~e** recover/regain one's health; **on pływa dla ~a** he swims for health; **podkopywać ~e** undermine sb's health; **rujnować ~e** ruin sb's health; **szkodliwy dla ~a** injurious to health; **szybko wracać do ~a** make a quick recovery; **tryskający ~em** in the pink; **wracać/dochodzić/przychodzić do ~a** recover, get better, *pot.* be on the mend; **za twoje (wasze) ~e!/~e!** (*słowa toastu*) here's to your (good) health!, your health!

zdrow|y *a* healthy; sound; **~a dieta** healthy diet; **~a żywność** health food; **~e drzewo** healthy tree; **~e dziecko** healthy child; *przen.* **~y jak rydz/~y jak ryba/***pot.* **~y jak byk/***pot.* **~y jak koń** (as) sound as a bell, (as) right as rain; **~y klimat** healthy climate; **~y tryb życia** healthy life-style; **być przy ~ych zmysłach** be in one's right senses, be in one's right mind, be of sound mind; **cały i ~y** safe and sound; *przysł.* **w ~ym ciele, ~y duch** a sound mind in a sound body

zdumieni|e *n* amazement; **bezbrzeżne/bezgraniczne/najwyższe//niezmierne ~e** complete amazement, total amazement, utter amazement; **coś wprawia kogoś w ~e** sb is amazed at sth; **ku memu ogromnemu ~u** to my utter amazement; **otwierali szeroko oczy ze ~a** they stared in amazement; **spojrzał na**

zdziwienie 590

mnie ze ~em he looked at me in amazement; **wyrażać ~e (z powodu)** express amazement (at/with)

zdziwieni|e *n* surprise; **ku memu (ogromnemu) ~u** (much) to my surprise; **spojrzeć ze ~em** look in surprise; **wyobraź sobie jakie było moje ~e, kiedy ją tam zobaczyłem** imagine my surprise on seeing her there; **wyrazić ~e** express surprise

zebrani|e *n* meeting; **~e ogólne** general meeting; **~e otwarte** open meeting; **~e zarządu** board meeting; **odbyć ~e** hold/have a meeting; **odwołać ~e** call off/cancel a meeting; **(po)prowadzić ~e** chair a meeting, preside over a meeting, conduct a meeting; **uczestniczyć w ~u** attend a meeting, participate in a meeting; **(z)organizować ~e** organize/stage a meeting; **zwołać ~e** call/convene a meeting

zegar *m* clock; **~ biologiczny** biological clock; **~ elektryczny** electric clock; **~ kwarcowy** quartz clock; **~ słoneczny** sundial; **~ stojący** grandfather clock; **~ ścienny** wall clock; **~ z kukułką** cuckoo clock; **~ z kurantem** chiming clock; **~ bije godzinę** a clock strikes the hour; **~ dobrze/źle chodzi** a clock keeps good/bad time; **~ mierzy/odmierza czas** a clock keeps time; **~ spóźnia się** a clock is slow; **~ śpieszy się** a clock is fast; **~ tyka** a clock ticks; **cofać ~ (o godzinę)** set a clock back (by one hour), turn a clock back (by one hour); **nakręcać ~** wind a clock; **nastawiać ~** regulate a clock, set a clock; **przesuwać wskazówki ~a do przodu (o godzinę)** (*przy zmianie czasu na letni*) advance a clock (by one hour), set a clock ahead (by one hour), turn a clock ahead (by one hour); **ten ~ nie chodzi** this clock doesn't go

zegar|ek *m* watch; *pot.* **chodzić/działać jak w ~ku** go like clockwork, run like clockwork; **mój ~ek dobrze chodzi** my watch keeps good time; **mój ~ek nie chodzi** my watch isn't going; **patrzeć (niecierpliwie) na ~ek** watch the clock

zemst|a *f* revenge; **pałać chęcią ~y** nurse feelings of revenge; **pałał żądzą ~y** he lusted for revenge; **poprzysiągł ~ę ich ro-**

dzinom he swore to take his revenge on/against their families; **wymierzyć/wykonać ~ę na** exact a revenge on, take a revenge on, have a revenge on

zepsu|ć v (*zniszczyć*) damage; put out of order; (*nastrój, humor itd.*) spoil; **~ć samochód** damage a car; **~ć się** go out of order; break down; go wrong; (*o żywności*) spoil, decay, perish, go bad; **jajka ~ją się jeśli nie włożysz ich do lodówki** the eggs will spoil if you don't put them in the fridge, the eggs will go bad if you don't put them in the fridge; **radio w samochodzie znowu się ~ło** the car radio has gone wrong again; **winda się ~ła** the elevator has broken down; **złe wieści ~ły mi dzień** the bad news has spoilt my day

zer|o n **1.** zero, nought, null, nil; (*w wynikach sportowych*) nil; **~o bezwzględne/absolutne** absolute zero; **~o do ~a** nil-to-nil; **było dziesięć stopni poniżej ~a** it was ten degrees below zero; **dążyć do ~a** (*funkcja*) approach zero; *przen.pot.* **maleć/spadać do ~a** dwindle away to nothing; **od ~a** (*zaczynać itd.*) from scratch; **poniżej ~a** below/under zero; **powyżej ~a** above zero; **szanse na sukces w rozmowach spadły do ~a** prospects of success in the talks were put at zero; *przen.* **zaczynać od ~a** start from scratch; **zredukować coś do ~a** reduce sth to nil **2.** *pot.* **(kompletne) ~o** (*o człowieku*) nonentity

zesp|ół m **1.** (*ludzi*) team; group; **~ół adwokacki** lawyers' co-operative; **~ół baletowy** corp de ballet; **~ół naukowców** team of scientists; **~ół redakcyjny** editorial board; **~ół taneczny** dance troupe, troupe of dancers; **jaki jest twój ulubiony ~ół (muzyczny)?** what's your favourite group?; **należeć do ~ołu/ /być w ~ole** be on the team, be in the team; **organizować/stworzyć ~ół** pick the team, select the team; organize a group; **usunąć/wyrzucić kogoś z ~ołu** drop sb (from the team); **wstąpić do ~ołu** join the group **2.** (*urządzeń itd.*) assembly; set; unit; **~ół prądotwórczy** generating set **3.** **~ół chorobowy** syndrome; **~ół Downa** Down's syndrome, mongolism; **~ół nabytego upośledzenia odporności** acquired immune deficiency syndrome, AIDS

zeznanie *n* **1.** (*deklaracja*) return, statement; **~ podatkowe** tax return, statement of income; **składać ~ podatkowe/o dochodzie** make/file a tax income, return one's income **2.** (*świadka*) testimony, evidence; **fałszywe ~** false evidence/testimony; **składać ~** give (one's) evidence, testify; **składać ~ pod przysięgą** testify on/under oath; **składać ~ przed sądem** testify in court; **składać fałszywe ~** give false testimony

zezwolenie *n* permission; permit; licence, *US* license; **~ na broń** gun licence; **~ na pracę** work permit; **~ na przywóz** import licence; **~ na wywóz** export licence; **cofnąć ~** cancel/revoke a permit; **otrzymać ~** receive a licence; **wydać ~** grant/give a permit; give/grant a permission

zęby *zob.* **ząb**

zgłaszać *v* notify; (*wypadek, kradzież*) report; **~ włamanie do mieszkania** report a burglary; **~ zaginięcie kogoś/czegoś** report sb/sth missing; **chciałbym zgłosić kradzież** I'd like to report a theft

zgod|a *f* **1.** consent; **~a!** (*dobrze, zgadzam się*) agreed!; done!; **nie wyrazić ~y/odmówić ~y** refuse one's consent; **wyrazić ~ę na coś** give one's consent to sth; **za obopólną ~ą** by mutual consent **2.** (*harmonia*) harmony; agreement; *przysł.* **~a buduje, niezgoda rujnuje** united we stand divided we fall; **być w ~ie z** agree with, be in agreement with; **być w ~ie ze swoim sumieniem/ze sobą** be square with one's conscience; **żyć w ~ie** live together in harmony

zgodnie *adv* **1.** (*jednomyślnie*) unanimously; **uchwalić coś ~** pass/adopt sth unanimously **2. ~ z czymś** in accordance with sth, in agreement with sth, according to sth; **~ z ruchem wskazówek zegara** clockwise; **~ z tradycją** according to tradition; by tradition; **postępować ~ z prawem** act in accordance with the law

zgromadzenie *n* **1.** assembly; meeting; ~ **narodowe** national assembly; ~ **ogólne/walne** general assembly, general meeting; ~ **publiczne** public meeting; ~ **ustawodawcze** legislative assembly; **Zgromadzenie Ogólne Narodów Zjednoczonych** the UN General Assembly; **zwołać** ~ convene an assembly **2.** ~ **klasztorne** cloistered order; ~ **wiernych** congregation; ~ **zakonne** monastic order; monastic community

zgroz|a *f* horror; ~**a wojenna** the horrors of war; **nieopisana//niesłychana** ~**a** indescribable horror; **niewypowiedziana** ~**a** unspeakable horror; **coś przejmuje kogoś** ~**ą** sth gives sb the horrors; **o** ~**o!/**~**a!** (*okrzyk wyrażający oburzenie*) oh horrors!; horror of horrors!; **przejęty/zdjęty** ~**ą** horror-struck, horror-stricken; **ze** ~**ą/ze** ~**y** in horror

ziarno *n dosł. i przen.* grain; seed; ~ **prawdy** a grain of truth; **oddzielać** ~ **od plew** separate the wheat from the chaff; **posiać** ~ **nienawiści** sow the seeds of hatred

ziemi|a *f* **1.** (*kula ziemska*) earth; (**planeta**) **Ziemia** (the planet) Earth; ~**a obiega Słońce** the Earth revolves round/around the Sun; ~**a obraca się wokół własnej osi** the Earth rotates on its axis; **musisz być najszczęśliwszym człowiekiem na** ~**!** you must be the happiest man on earth!; **na** ~ on earth; **największy... na** ~ the biggest...on earth; **nie z tej** ~ (*wspaniały*) out of this world; **poruszyć niebo i** ~**ę** move heaven and earth; leave no stone unturned; **wahadłowiec wraca na** ~**ę** the space shuttle is returning to earth; **zetrzeć/zgładzić/znieść z powierzchni** ~ **kogoś/coś** wipe sb/sth off the face of the earth; **zniknąć z powierzchni** ~ disappear off the face of the earth **2.** (*ląd*) land; ~**a mlekiem i miodem płynąca** a land flowing with milk and honey, a land of milk and honey; ~**a obiecana** the promised land; ~**a ojczysta** one's native soil; **obca** ~**a** an alien land, foreign soil; **Ziemia Święta** the Holy Land; **postawić nogę na obcej** ~ set foot on foreign soil **3.** (*gleba*) earth; soil; ground; land; ~**a uprawna** cultivated land; *przen.* **~a pali się komuś pod nogami** the ground is burning under sb's feet; **czarny jak święta ~a** (*brudny*) as black as coal/soot; **górnicy pracujący pod ~ą** miners working below ground; *przen.* **mocno stąpać po ~** have both feet on the ground, have/keep one's feet on the ground; **nad ~ą** above ground; **nogi wrosły nam w ~ę (z przerażenia)** we were rooted to the ground (in terror), we stood rooted to the spot (in terror); **poczuć ~ę pod nogami** feel the earth under one's feet; **pod ~ą** below ground; **uprawiać ~ę** farm the land; *przen.* **zapaść się pod ~ę** (*ze wstydu, zakłopotania*) curl up and die; **zejść na ~ę** come down to earth

zim|a *f* winter; **ciężka/ostra/surowa ~a** hard winter, harsh winter, severe winter; **łagodna/lekka ~a** mild winter; **mroźna ~a** cold winter; **~ą/w ~ie** in (the) winter; **przez całą ~ę** all through the winter; **z nadejściem ~y** with the approach of winter

zimn|o **1.** *n* cold; **drżeć z ~a** shiver with cold; **siny z ~a** blue with cold **2.** *adv* cold; **~o mi w ręce/nogi/uszy** I have cold hands/ /feet/ears; **jest ~o** it's cold; **jest mi ~o** I'm (feeling) cold; *przen.* **na ~o** (*trzeźwo, beznamiętnie*) in the cold light of day; **na dworze jest (bardzo) ~o** it's (bitterly) cold out/outside; *przen.* **jest ~o jak w lodowni/jak w psiarni/nie do wytrzymania** it's as cold as ice; **patrzeć na kogoś ~o** stare at sb coldly; **robi się ~o** it's getting cold; **traktować kogoś ~o** give sb the cold shoulder **3.** (*o potrawach – nie podgrzane*) **na ~o** cold; **mięso na ~o** cold meat

zimn|y *a* cold; *przen.* **~y jak lód** as cold as ice; **mieć ~e ręce/nogi** have cold hands/feet; **z ~ą krwią** in cold blood

zjawisko *n* phenomenon (*pl* phenomena); effect; **~ fizyczne** physical phenomenon; **~ powszechne** common phenomenon; **~ przyrodnicze/przyrody** natural phenomenon; **~ społeczne** social phenomenon; **~ wtórne** after-effect; **rzadkie ~** rare phenomenon

zjazd *m* **1.** (*organizacji*) congress; rally; (*absolwentów szkoły itd.*) reunion; ~ **(absolwentów) klasy** class reunion; ~ **międzynarodowy** international congress; ~ **partii** party congress; ~ **przedwyborczy** election rally; ~ **rodzinny** family reunion; ~ **weteranów wojny** reunion of war veterans; **doroczny** ~ annual congress; annual reunion; **w całym kraju odbywają się ~y dla uczczenia zwycięstwa** rallies are being held across the country to celebrate the victory; **zorganizować** ~ organize a rally; **zwołać** ~ convene a congress **2.** (*z góry*) downhill ride; ~ **na nartach/narciarski** downhill skiing

złamanie *n* **1.** break; breakage; ~ **prawa** violation/infraction/ /infringement of the law; ~ **przepisów** violation/infraction of the rules **2.** (*kości*) fracture; ~ **nogi** fracture of a leg; ~ **powikłane** compound fracture; **doznał licznych złamań w wypadku samochodowym** he sustained multiple fractures in a car accident, he suffered multiple fractures in a car accident; **ma lekkie** ~ **nadgarstka** she has a hairline fracture of the wrist; *przen.* **na** ~ **karku** headlong, headfirst; **nastawić** ~ set a fracture

złapa|ć *v* catch; **~ć autobus/pociąg** catch a bus/train; **~ć falę/ /stację/program** tune in; **~ć grypę** catch flu; **~ć kogoś na czymś** catch sb doing sth; **~ć kogoś na gorącym uczynku** catch sb red-handed, catch sb in the act (of doing sth); **~ć za coś** (*chwytać*) catch hold of sth; **~ć złodzieja** catch a thief; **~łam ją, jak paliła w łazience** I caught her smoking in the bathroom; **~łem go, gdy wychodził z budynku** I caught him when he was leaving the building; **miałem nadzieję, że złapię cię w domu** I was hoping to catch you at home

zło *n* evil; ~ **konieczne** a necessary evil; **mniejsze** ~ the lesser evil, the lesser of two evils; **naprawić wyrządzone** ~ redress the damage done; **wykorzenić/wytępić** ~ root out evil; **wyrządzić/czynić** ~ do evil

złodziej *m* thief (*pl* thieves); **~ kieszonkowy** pickpocket; *przysł.* **na ~u czapka gore** if the cap fits; **łapać/chwytać/ująć ~a** catch a thief

złoś|ć *f* anger; **na ~ć** (*komuś*) out of spite, from spite; *przen.* **na ~ć mamie odmrozić sobie uszy** cut off one's nose to spite one's face; **wpaść w ~ć** get angry; **ze ~cią** angrily; **żeby zrobić nam na ~ć** (just) to spite us

złot|o *n* **1.** gold; **parytet ~a** gold standard; *przysł.* **mowa jest srebrem, a milczenie ~em** speech is silver but silence is golden; *przysł.* **nie wszystko ~o, co się świeci** all that glitters is not gold; **ociekać ~em** drip with gold **2.** (*złoty medal*) gold; **~o olimpijskie** an Olympic gold; **zdobyć ~o** win a/the gold

złudzeni|e *n* illusion; **~e optyczne** optical illusion; **być do ~a podobnym do kogoś/przypominać kogoś do ~a** be as alike as two peas (in a pod), be as like as two peas (in a pod); **nie mam złudzeń co do...** I have no illusions about...; **rozwiać/rozproszyć czyjeś ~a** dispel an illusion; **to tylko ~e** that is only an illusion; **ulegać ~u, że...** be under the illusion that...

zł|y *a* (*niedobry*, *niewłaściwy*) bad; (*moralnie*) evil; **~y humor** bad temper; *przysł.* **~ej tanecznicy zawadza/przeszkadza rąbek u spódnicy** a bad workman always blames his tools; **być ~ym na kogoś** be cross with sb; **być ~ym o coś** be cross about sth; **byłam na niego ~a, że się spóźnia** I was cross with him for being late; **mieć/brać coś komuś za ~e** hold sth against sb; take sth amiss; **na domiar ~ego** to cap it all, to make things worse; **nie brać/nie mieć czegoś za ~e** take sth in good part; *przysł.* **nie ma tego ~ego, co by na dobre nie wyszło** every cloud has a silver lining; **nie miej mi za ~e jeśli...** don't take it amiss if I...

zmartwie|nie *n* worry; trouble; **mieć ~nie (z)** have trouble (with); be in trouble (with); **przysporzyć komuś ~ń** put sb to trouble; **to moje ~nie** that's my worry

zmęczenie *n* fatigue; tiredness; **~ psychiczne** mental fatigue; **czuć/odczuwać ~** feel fatigue; **ogarnęło ją nagłe ~** she was overtaken by a sudden tiredness; a feeling of fatigue swept over her

zmęczon|y *a* tired; **~y życiem** world-weary, tired of living; **śmiertelnie ~y** dead tired, dead beat, tired out; **jestem ~y czekaniem** I'm tired of waiting; **mówiła ~ym głosem** she spoke in a tired voice; **wyglądać na ~ego** look tired

zmian|a *f* **1.** change; modification; alteration; **~a adresu** change of address; **~a biegów** (*w samochodzie*) gear change, *US* gearshift; *przen.* **~a frontu** about-turn, about-face; **~a kierunku wiatru** a shift in the direction of the wind; **~a klimatu** a change of air/climate; **~a na gorsze** a change/turn for the worse; **~a na lepsze** a change/turn for the better; **~a pogody** a change in the weather; **~a pracy** a change of job; **~a rządu** change of government; **~a stanu skupienia** (*materii*) change of state; **~a warty** the changing of the guard; **~a zdania/opinii** change of opinion; a change of heart; **~y klimatyczne** climatic changes; **zdecydowana ~a na lepsze** a decided change/turn for the better; **bardzo potrzebuję ~y** I badly need a change; **dokonać (radykalnych) ~** make (radical/sweeping) changes; **jeśli nastąpi jakakolwiek ~a sytuacji** if there's any change in situation; **myślę o ~ie samochodu na większy** I'm thinking of changing my car for a bigger one; **nastąpiła ~a w programie** there has been a change in the programme; **ulegać ~om** undergo changes; **zanosi się na duże ~y** great changes are afoot **2.** (*robocza*) shift; **dzienna ~a** day shift; **nocna ~a** night shift; **pracować na ~y** work in shifts; **pracować na nocnej ~ie** work the night shift

zmieni|ć (się) *v* change; alter; vary; (*na służbie*) relieve; **wydarzenie, które ~ło bieg historii** an event which changed the course of history; **~ć kolor** change colour; *przen.* **~ć nagle front** do a sudden about-face; **~ć swój stosunek (do czegoś)** change one's attitude (to sth); **~ć zdanie** change one's mind, change one's opinion; **nasze plany ~ły się** our plans have changed; **wiatr ~ł kierunek** the wind changed direction

zmierzać

zmierza|ć *v* **1.** ~**ć do** (*miejsca*) be bound for, head for; make for; ~**ć do domu** head for home, be bound for home; make for home; ~**ć na południe** head south; **dokąd ~sz?** where are you bound (for)?, where are you headed (for)?, where are you heading for? **2.** ~**ć do** (*w wypowiedzi itd.*) aim at; tend towards; drive at; **do czego ~sz?** what are you driving at?; what's your point? **3.** *przen.* ~**ć do (katastrofy/klęski)** be heading for (disaster); ~**ć do celu** pursue a goal, follow an aim; **wydaje się, że ~ją do bankructwa** they seem to be heading for bankruptcy

zmierzch *m* **1.** dusk; twilight; nightfall; ~ **zapada** night falls; **o ~u** at dusk; at nightfall; **przed ~em** by nightfall **2.** *przen.* (*upadek, kres*) decline; fall; ~ **imperium** decline/fall of the empire

zmow|a *f* collusion; conspiracy; ~**a milczenia** conspiracy of silence; **być w ~ie z kimś** act in collusion with sb; be in the league with sb

zmrok *m* dusk; twilight; nightfall; ~ **zapada** night falls; **o ~u** at dusk; at nightfall; **przed ~iem** by nightfall

zmuszać *v* ~ **kogoś do zrobienia czegoś** make sb do sth; force sb to do sth; ~ **kogoś szantażem (do zrobienia czegoś)** blackmail sb (into doing sth); ~ **się do (zrobienia) czegoś** bring oneself to do sth; **nie potrafię zmusić się do wczesnego wstawania** I can't bring myself to get up early

zmysł *m* sense; ~ **dotyku** sense of contact; ~ **słuchu** sense of hearing; ~ **smaku** sense of taste; ~ **węchu** sense of smell; ~ **wzroku** sense of sight; **szósty ~** the sixth sense; **(być) przy zdrowych ~ach** (be) in one's right senses, (be) in one's right mind, (be) of sound mind; **odchodzić od ~ów** take leave of one's senses; **postradać ~y** lose one's mind

znaczek *m* stamp; ~ **okolicznościowy** commemorative stamp; ~ **pocztowy** postage stamp; ~ **skarbowy** revenue stamp; **nakleić ~ na** put/stick a stamp on; **poślinić ~** lick a stamp; **stemplować ~** cancel a stamp

znaczeni|e *n* **1.** (*treść*) meaning; sense; **dosłowne ~e** literal meaning/sense; **przenośne ~e** figurative meaning/sense; **wiersz o głębszym ~u** a poem with a deeper meaning; **wyraz o kilku ~ach** a word with several meanings/senses; **~e tego wyrazu nie jest jasne** the sense of this word is not clear; **objaśniać ~e wyrazu** explain the meaning of the word; **ten wyraz ma dwa różne ~a** this word has two different meanings; **w całym/pełnym tego słowa ~u** in the full sense of the word; **w ścisłym ~u czegoś** in the strict sense of sth **2.** (*waga*) meaning; sense; weight; **prawdziwe ~e czegoś** the true meaning of sth; **bez ~a** (*mało ważny*) meaningless; unimportant, insignificant; of no value; of no account; **coś dodaje czemuś ~a** sth adds weight to sth; **jakie to ma ~e?** what does it matter?; **jej opinia nie ma wielkiego ~a** her opinion doesn't carry much weight; **mieć ~e** have meaning; **nie mieć żadnego ~a** have no meaning; **przywiązywać do czegoś ~e** attach weight to sth, give weight to sth, lend weight to sth; **to nie ma (dla mnie) ~a** it doesn't matter (to me); **tracić na ~u** lose its meaning

znacznie *adv* considerably; **~ mniej** far less; **~ później** well after; **~ więcej** far more; **dzisiaj rano jest ~ zimniej** it's considerably colder this morning

znacz|yć *v* mean; **co ~y ten wyraz?** what does this word mean?; **co to ma ~yć?!** what's the meaning of this?!; **nic nie ~ący** (*nieistotny*) of no account; **nie wiem, co to ~y** I don't know what it means; **on nie wie, co to ~y być głodnym** he doesn't know what it means to be hungry; **to ~y...** (*czyli*) that is to say...; **wiem, co to dla ciebie ~y** I know what it means to you

zna|ć *v* know; **~ć coś/kogoś dobrze** know sth/sb well; **~ć coś/kogoś jak własną dłoń/jak swoje pięć palców/jak własną kieszeń** know sth/sb like the back of one's hand, know sth/sb like the palm of one's hand; **~ć coś na pamięć** know sth by heart; **~ć coś/kogoś na wylot/na wskroś** know sth/sb inside

znajomość 600

out; know sth/sb backwards; **~ć kogoś osobiście** know sb personally; **~ć kogoś z widzenia** know sb by sight; **~ć się na czymś (dobrze)** be (well) versed in sth; know sth (well); **~ć się na czymś jak kura na pieprzu** not know the first thing about sth/doing sth; **~ć się na rzeczy** know one's stuff, know one's onions; know what's what; know the ropes; **~ć się z kimś** know each other; **~ć (się) z widzenia** have a nodding acquaintance, have a bowing acquaintance; **~ć sprawę** (*być wtajemniczonym*) be in the know; **~ć swoje miejsce** know one's place; **~m go od lat** I've known him for years; **~m go tylko z widzenia** I know him by sight only; **czy ~sz niemiecki?** do you know German?; **dać komuś ~ć** let sb know; **nie ~m twojego adresu** I don't know your address; **obawiam się, że na gotowaniu ~m się jak kura na pieprzu** I'm afraid I don't know the first thing about cooking; **ona ~ Londyn jak własną kieszeń** she knows London like the back of her hand; **ona słabo ~ angielski** she's weak at English; her English is rather weak, *zob.też* **znany**

znajomoś|ć *f* **1.** (*wiedza*) knowledge; acquaintance; **~ć języków obcych** command/knowledge of foreign languages; **~ć obsługi komputera** computer literacy; **~ć rzeczy** competence; (*dotycząca wiedzy technicznej*) know-how; **~ć tematu** acquaintance with a subject; **~ć terenu** local knowledge; **gruntowna ~ć** thorough/profound knowledge; **imponująca ~ć szczegółów** impressive command of the details; **powierzchowna ~ć...** (*języka, tematu itd.*) passing acquaintance with..., superficial acquaintance with..., nodding acquaintance with...; **praktyczna ~ć** working knowledge; **do tej pracy potrzebujemy kogoś ze ~cią obsługi komputera** we need someone who is computer literate to do this job; **mieć płynną ~ć języka angielskiego** have a fluent knowledge of English **2.** (*z kimś*) acquaintance; **mieć ~ci** (*wśród ludzi wpływowych*) be well-connected; have connections; **nawiązać ~ć z** strike up an acquaintance with; **odnowić ~ć z kimś** renew one's acquaintance with sb; **zawrzeć z kimś ~ć** make sb's acquaintance, make the acquaintance of sb; **zawarła z nim ~ć na przyjęciu** she made his acquaintance at a party

znak *m* sign; mark; character; *przen.* ~ **czasu** a sign of the times; ~ **drogowy** road/traffic sign; ~ **dwójkowy** binary digit, bit; ~ **dzielenia** division sign; ~ **fabryczny** trademark, brand; ~ **informacyjny** (*drogowy*) informatory sign; ~ **interpunkcyjny** punctuation mark; ~ **jakości** quality symbol, mark of quality; ~ **matematyczny** mathematical symbol; ~ **minus** minus (sign); ~ **mnożenia** multiplication sign; ~ **nakazu** (*drogowy*) mandatory sign; ~ **ostrzegawczy** caution sign; ~ **pierwiastka** (*w matematyce*) radical (sign); ~ **plus** plus (sign); ~ **przestankowy** punctuation mark; ~ **rozpoznawczy** indentity mark; ~ **równości** equality sign; ~ **szczególny** peculiarity; ~ **wodny** watermark; ~ **zakazu** (*drogowy*) prohibitory sign; ~ **zapytania** question mark; ~ **zodiaku** the sign of the zodiac, star sign; **nieomylny** ~ unmistakable sign; **dać** ~ (*gestem, spojrzeniem*) give/make a sign; **dawać ~i życia** show signs of life; **jaki jest twój ~ zodiaku?** what's your star sign?; **nie dawać ~ów życia** show no signs of life; **nie ma ani ~u czegoś** there is no sign of sth; **przyszłość tego klubu piłkarskiego jest/stoi pod wielkim ~iem zapytania** there is a big question mark over the future of this football club, a big question mark hangs over the future of this football club; **spod jakiego jesteś ~u (zodiaku)?** what sign are you?, what (star) sign were you born under?; **stawiać ~ równości między... a...** equate sth with sth; **stawiać coś pod ~iem zapytania** throw/cast doubt on sth; call sth into question; **wszystkie ~i na ziemi i niebie wskazują na to, że.../według wszelkich ~ów na niebie i ziemi...** all the signs are that...; **(z)robić ~ krzyża** make the sign of the cross

znan|y *a* **1.** known; **być ~ym z** be known for; **ktoś jest ~y jako...** sb is known to be...; **ktoś..., ~y również jako...** sb..., also known as...; **lekarstwo na tę chorobę nie jest jeszcze ~e** this disease has no known cure; **on jest ~y jako wybitny naukowiec** he's known to be an outstanding scientist; **on jest ~y policji** he's known to the police; **uczynić kogoś/coś ~ym** *pot.* put sb/sth on the map **2.** (*znajomy*) familiar; **~a twarz** familiar face; **czy ten typ maszyny jest ci ~y?** are you familiar with this type of machine?

znicz *m* torch; **~ olimpijski** the Olympic torch; **zapalić ~** light a torch

znieczulenie *n* an(a)esthesia; **~ miejscowe** local an(a)esthesia; **~ ogólne** general an(a)esthesia; **~ ustępuje** the an(a)esthesia wears off; **wyrywać ząb ze ~m** take a tooth out under an(a)esthetic

znika|ć *v* vanish; disappear; **~ć bez śladu** vanish without (a) trace; **~ć z oczu** be lost to one's view, pass out of view; **samochód skręcił za rogiem i zniknął nam z oczu** the car turned the corner and was lost to our view, the car turned the corner and passed out of view; *pot.* **~j!** get lost!

zobowiązani|e *n* commitment; obligation; **podjąć/złożyć ~e** make a commitment; take on an obligation, assume an obligation; **spełnić ~e/dotrzymać ~a** meet a commitment; meet/ /fulfil an obligation

zostaw|ić *v* **1.** leave; **~ to mnie** leave it with me, leave it to me; **~ić coś komuś** (*w spadku*) leave sth to sb; **~ić coś na później** leave sth for later on; **~ić coś/kogoś w spokoju** leave sth/sb alone; **~ić drzwi otwarte** leave the door open; **dlaczego zawsze ~iasz wszystko na ostatnią chwilę?** why do you always leave everything until the last moment?; **nie ~ić kamienia na kamieniu** not to leave a stone standing **2.** **~ić kogoś** (*żonę, dzieci itd.*) leave sb; *pot.* walk out on sb; **~iła go dla innego mężczyzny** she's left him for another man

zrozumiał|y *a* understandable; comprehensible; intelligible; **~e motywy** understandable motives; **~y dla każdego/wszystkich**

understandable to everyone; **~y sam przez się** self-evident; **jest ~e/rzecz ~a, że...** it's understandable that..., it's understood that...; **ledwo ~y** barely understandable

zrozumi|eć *v* understand; comprehend; make out; **~ano?!** understand?, is that understood?; *pot.* **~eć coś na odwrót/opacznie** get (hold of) the wrong end of the stick; **~eć w lot** see with half an eye; **nie mogę ~eć, dlaczego on zachowuje się w ten sposób** I cannot understand his behaving like this; **nie mogę ~eć, o co mu chodzi** I can't make out what he wants; **źle ~eć coś/kogoś** misunderstand sth/sb; get it/sb wrong

zrozumieni|e *n* understanding; **głębokie ~e** deep/profound understanding; **łatwy do ~a** easy to understand, easily/readily understandable; **pełne ~e** full/complete understanding; **trudny do ~a** difficult/hard to understand; **wzajemne ~e** mutual understanding; **dawać do ~a** hint; **dawać komuś do ~a, że...** give sb to understand that...; **panuje ~e (po)między...** there is an understanding between...

zup|a *f* soup; **~a cebulowa** onion soup; **~a jarzynowa/z jarzyn** vegetable soup; **~a pomidorowa** tomato soup; **~a rybna** fish soup; **~a w proszku** packet soup; instant soup; **gęsta//zawiesista ~a** thick soup; **rzadka/wodnista ~a** clear soup; **czy chcesz trochę ~y?** would you like some soup?; **gotować/przyrządzać ~ę** make soup

zupełnie *adv* totally, absolutely, completely, utterly, quite; **~ inny** quite different; **~ jak/jakby...** as if, as though; **nie ~** not quite; **zachowywała się ~ jakby nic się nie stało** she behaved as if nothing had happened

zwiastun *m* forerunner; omen; (*zwł. nieszczęścia*) portent; (*filmu, programu telewizyjnego*) trailer; **~ klęski** a portent of disaster; **~ zwycięstwa** an omen of victory

związ|ek *m* **1.** (*powiązanie*) connection; relation; **~ek małżeński** matrimony, marriage; **~ek przyczynowy** causality, causation; the relation of cause and effect; **coś ma ~ek/pozostaje w ~ku**

z czymś sth is connected with sth; **coś nie ma ~ku z...** sth has no connection with...; sth bears no relation to...; **jaki jest/ /istnieje ~ek między tymi dwoma pojęciami?** what's the connection between the two ideas?; **piszę do ciebie w ~ku z...** I am writing to you in connection with...; **w ~ku z** in connection with; in relation to; **w ~ku z tym** in this connection 2. **~ek chemiczny** chemical compound 3. (*organizacja*) union; **~ek zawodowy** trade(s) union, *US* labor union; **~ek żeglarski** yachting association

zwierciadło *n* mirror; **~ wody** surface of water; *przen.* **krzywe ~** false mirror

zwierzę *n* animal; **~ bezdomne** waif; **~ domowe** domestic animal; **~ doświadczalne** experimental animal; *dosł. i przen.* guinea-pig; **~ dzikie** wild animal; **~ futerkowe** furred animal; **~ gospodarskie** farm animal; **~ mięsożerne** carnivorous animal; **~ pociągowe** draught animal; **~ta leśne** forest/woodland animals; **tresować ~ta** train animals; **udomowić ~** domesticate an animal

zwierzyn|a *f* game; **~a gruba** big game; **~a płowa** deer; **polować na ~ę** hunt game

zwłok|a *f* delay; **bez (chwili) ~i** without delay; **grać/działać na ~ę** play for time; temporize; **nastąpiła ~a w...** there was a delay in...; **nie cierpiący ~i** pressing; urgent; **ten plan jest po prostu działaniem/grą na ~ę** the plan is merely a temporizing device

zwolenni|k *m* advocate; adherent; supporter; partisan; **~cy kampanii na rzecz obrony praw zwierząt** supporters of the animal rights campaign; **~k partii** adherent/supporter of a party; **~k teorii** proponent of a theory; **gorący/żarliwy ~k** strong/passionate advocate; strong/ardent supporter; **on jest ~kiem przywrócenia kary śmierci** he is an advocate of the return of capital punishment, he advocates the return of capital punishment; **ruch zjednuje sobie/zdobywa coraz więcej ~ków** the movement is gaining more and more adherents

zwolnieni|e *n* **1.** (*uwolnienie*) release, discharge; ~e od podatku tax exemption; ~e hamulca brake release; ~e lekarskie sick leave; ~e warunkowe (*z więzienia*) parole, conditional discharge; ~e z pracy dismissal (from work), discharge; ~a z pracy doprowadziły do strajku dismissals led to a strike; być na ~u warunkowym be put on parole **2.** ~e (tempa) deceleration; slowdown; ~e rozwoju gospodarczego economic slowdown

zwracać *v* **1.** (*oddawać*) return; give back; (*pieniądze*) repay; pay back; ~ coś z nawiązką return sth with interest; ~ dług pay (off) a debt **2.** ~ się w kierunku/w stronę/do turn towards; zwrócił się w jej stronę he turned towards her **3.** ~ się do kogoś (*o pomoc, radę itd.*) turn to sb; nie wiem do kogo się zwrócić I don't know who to turn to; ona nie ma się do kogo zwrócić she has nobody she can turn to **4.** *pot.* (*wymiotować*) bring up; zwróciła śniadanie she brought up her breakfast

zwrot *m* **1.** turn; ~ o 180° U-turn; ~ w lewo left turn, turn to the left; ~ w prawo right turn, turn to the right; w lewo ~! left turn!; w prawo ~! right turn!; w tył ~! about turn!; wykonać ~ turn **2.** (*oddanie*) return; (*pieniędzy*) repayment; możesz żądać ~u pieniędzy jeśli... you can claim your money back if...; otrzymać od kogoś ~ czegoś recover sth from sb; otrzymać ~ kosztów/wydatków recover costs/expenses; żądać ~u/domagać się ~u/upominać się o ~ czegoś claim sth back **3.** phrase; expression; ~ krasomówczy well-turned phrase; ~ potoczny colloquial phrase/expression; ~ przenośny figurative phrase; ~ żartobliwy humorous/jocular phrase; oklepany ~ hackneyed/trite phrase, cliché **4.** *przen.* (*zmiana*) change, turn; about-turn, about-face; swing (to); ~ na gorsze change/turn for the worse; ~ na lepsze upturn, change/turn for the better; ~ na lewo (*w polityce*) swing to the left; ~ o 180° U-turn; ~ w stronę ideologii prawicowej swing to the right--wing ideology; nieoczekiwany ~ wydarzeń an unexpected

zwycięstwo 606

turn of events; **dokonać ~u** do an about-turn; **następuje ~ w czymś** there is a change in sth; **wykonać ~ o 180°** do a U-turn

zwycięstw|o n victory; **~o nad wrogiem/nieprzyjacielem** victory over an enemy; **~o po ciężkiej walce/ciężko okupione//opłacone wielkimi stratami** hard-won victory; **~o w...** a victory in...; **~o w wyborach** electoral victory; **łatwe ~o** easy victory, walkover; **moralne ~o** moral victory; **pyrrusowe ~o** a Pyrrhic victory; **walne ~o/~o na całej linii** sweeping victory; **wielkie/imponujące ~o** resounding victory; **wspaniałe ~o** glorious victory; **zdecydowane ~o** decisive/outright victory; **odnieść ~o w wojnie** be victorious in war; **odnieść/wywalczyć ~o (nad)** achieve a victory (over), gain a victory (over), win a victory (over); **odnieść łatwe ~o** win (sth) hands down; **odnieśli łatwe ~o** it was a walkover for them; **poprowadzić drużynę do ~a** lead the team to victory; **świętować ~o** celebrate a victory

zwycięzc|a m victor; winner; **~y i pokonani** the victors and the vanquished; **pewny ~a** sure winner

zwyciężyć v win; overcome; **~ łatwo/bez wysiłku** win easily, win hands down; **~ strach** conquer one's fear, overcome one's fear; **~ wroga/nieprzyjaciela** conquer an enemy, overcome an enemy; **~ w turnieju** win a tournament; **~ w wyborach** win an election

zwyczaj m custom; **~ dawania prezentów na Święta** the custom of giving presents at Christmas; **miejscowy ~** local custom, custom of the place; **panujący/powszechny/przyjęty ~** general custom; prevailing custom; **pogański ~** pagan custom; **stary ~** old custom; **mam ~ wcześnie wstawać** it's my custom to rise early; **mieć coś w ~u** it is one's custom to; **weszło w ~...** it is customary to... ; **zgodnie ze ~em/jak ~ każe** according to a custom; as customary

zwykle adv usually; **jak ~** as usual

zysk *m* profit; gain; ~ **brutto** gross profit; ~ **czysty** clear profit; ~ **netto** net profit; **duży** ~ large profit; **mały** ~ small profit; **pokaźny** ~ handsome profit; **~i spadły o...** profits fell by...; **~i wzrosły o...** profits rose by...; **interesuje ich tylko szybki** ~ they're only interested in a quick profit; **mieć udział w ~ach** have a share in the profits; **nastawiony na** ~ profit-motivated; **osiągać** ~ make/get a profit; **przynosić** ~ bring (in)/yield a profit; **sprzedać coś z ~iem** sell sth at a profit

Ź

źle *adv* wrong; wrongly; bad; badly; improperly; poorly; ~ **kogoś traktować** ill-treat sb, treat sb badly; ~ **o kimś mówić** speak ill of sb; ~ **o kimś myśleć** think ill of sb; ~ **płatny** poorly paid; ~ **poinformowany** misinformed; ill-informed; ~ **przygotowany** ill-prepared; ill-equipped; *pot.* ~ **skończyć** come to a sticky end, meet a sticky end, come to a bad end; ~ **ukształtowany** malformed; ~ **wychowany** ill-bred; ~ **wyposażony** ill-equipped; ~ **zorganizowany** badly organized; ~ **zrobiony** badly made; ~ **zrozumieć coś/kogoś** misunderstand sth/sb; get it/sb wrong; ~, **że...** (that's) too bad...; **absolwenci szkół ~ przygotowani do dorosłego życia** school-leavers ill-equipped for adult life; **nauczyciel ~ przygotowany do pracy z takimi dziećmi** a teacher ill-equipped to deal with such children; *pot.* **pójść ~** (*nie udać się*) go badly; **to ~ wygląda** it looks bad

źródł|o *n* **1.** (*wypływ wody*) spring; **~o rzeki** source of a river; **gorące ~a** hot springs **2.** source; **~o dochodu** source of income; **~o energii** energy source; **~o informacji** information source; **~o prądu** current generator; **mieć swoje ~o w...** spring from..., rise from...; **wiedzieć coś z pewnego ~a** know sth from a reliable source; **z dobrze poinformowanego ~a** from a well-informed source

Ż

żad|en *pron* **1.** (*z rzeczownikiem*) no; not any; not a; **~en z** none of; **~en z telefonów nie działa** none of the telephones is working; **nie mam ~ych książek** I have no books **2.** (*bez rzeczownika*) none; **która z tych książek jest twoja? – ~na** which of these books is yours? – none; **ona ma dużo przyjaciół, a ja nie mam ~nych** she has many friends, but I have none **3.** (*jeden z dwóch wymienionych*) neither; **~na droga** neither road; **~na z dróg** neither of the roads **4.** (*niewiele wart*) no; **~en z niego kibic** he is no fan; **to ~na niespodzianka** it's no surprise

żag|iel *m* sail; **pod ~lami** under sail; **pod pełnymi ~lami** under full sail, in full sail, all standing; **podnosić ~le** hoist the sails, raise the sails, make sails; **rozwijać ~le** spread the sails; **spuścić ~iel** lower a sail; **zwijać ~iel** take in a sail, furl a sail

żal *m* **1.** (*smutek*) grief; sorrow; regret; **~ mi jej** I am sorry for her, I feel sorry for her; **~ z powodu** grief at/over; **czy jest coś w twojej przeszłości, czego ci ~?** is there anything in your past life that you regret?; **jedyne, czego mi ~ to...** my only regret is that...; **niczego mi nie ~** I have no regrets; **pogrążony w ~u** grief-stricken, grief-struck; **pogrążyć się w ~u** be plunged into grief; **wyrazić głęboki ~ z powodu...** express deep regret at/for...; **z ~u** of grief; **z wielkim ~em** with great grief **2.** (*uraza*) grudge; rancour; **mieć/żywić ~** bear a grudge, hold a grudge, nurse a grudge; **mam nadzieję, że nie masz do mnie ~u** I hope you don't bear me any grudge; **ona ma do**

mnie ~ she has a grudge against me **3.** (*biadanie, narzekanie*) grumble(s); **wylewać ~e (z powodu)** grumble (at sth) **4.** (*skrucha*) repentance; contrition; **~ za grzechy** repentance; **nie okazać najmniejszego ~u** show no sign of repentance

żałob|a *f* mourning; **~a narodowa** national mourning; **głęboka ~a** deep mourning; **na znak ~y po (zmarłym prezydencie)** as a sign of mourning for (the dead president); **nosić ~ę po kimś** be in mourning for sb; **ogłosić ~ę** declare/proclaim (a period of) mourning; **okryć się ~ą (po czyjejś śmierci)** go into mourning (for sb); **pogrążyć się w ~ie** be plunged into mourning; **przywdziać ~ę po kimś** go into mourning for sb; **w ~ie po** in mourning for

żałować *v* **1.** (*odczuwać żal*) **~ czegoś** regret sth; feel sorry for sth, be sorry for sth; **niczego nie żałuję** I have no regrets; **żałuję, że nie będę mógł przyjść** I regret that I will be unable to come; **pożałujesz tego!** you'll regret it! **2.** (*odczuwać skruchę*) **~ czegoś** repent sth; **~ swego postępku** repent one's actions; **~ za grzechy** repent of one's sins **3.** (*skąpić*) stint; begrudge, grude; **~ pieniędzy** begrudge the money; **~ sobie czegoś** stint oneself of sth

żarówk|a *f* (electric) bulb, light bulb; **~a matowa/mleczna** frosted bulb; **~a się przepaliła** a bulb burnt out; **wkręcić ~ę** put in a bulb, screw in a bulb

żart *m* joke; **niesmaczny/niestosowny ~** coarse joke, crude joke; **pieprzny/nieprzyzwoity ~** dirty joke, obscene joke, off-colour joke, smutty joke; **~y na bok** joking apart, joking aside; **być przedmiotem ~ów** be the butt of everyone's jokes; **obrócić coś w ~** turn sth into a joke; **ona nie zna się na ~ach** she can't take a joke; **pół ~em, pół serio** half-joking, half-jokingly; **robić sobie z kogoś ~y** make fun of sb; **stroić/robić sobie ~y z czegoś** make a joke of sth; **to nie ~y** it's no joke; **z nim nie ma ~ów** he is not a man to be trifled with

żądani|e *n* demand; **~a płacowe** wage-claim, wage demands; **~a związkowe** union demands; **na ~e** at/on demand; **przystać na ~e** (*terrorystów itd.*) give in to a demand, yield to a demand; **spełnić ~e** meet/satisfy a demand; **wystąpić z ~em** make a demand; **zgodzić się na czyjeś ~a** agree to sb's demands

żądny *a* thirsty; **~ krwi** bloodthirsty; **~ władzy** thirsty for power

żądz|a *f* (*pragnienie*) desire; thirst; craving; lust; greed; **~a krwi** blood-lust; **~a przygód** lust for adventure; **~a władzy** lust for power; **~a złota** lust for gold; **~a zysku** greed for profit; **ślepa ~a** blind desire; **przemożna ~a** overwhelming desire; **pałać ~ą czegoś** lust for sth; **pałał ~ą zemsty** he lusted for revenge; **spełnić/zaspokoić ~ę** satisfy a desire

żeby *conj* (*aby*) to, in order to, in order that; **~ tylko...** if only...

żelaz|o *n* iron; **ruda ~a** iron ore; **szpinak jest bogaty w ~o** spinach is full of iron; *przen.* **ktoś jest (jak) z ~a/jak ~o** sb is of iron, sb is as hard as iron; *przysł.* **kuj ~o, póki gorące** strike while the iron is hot; make hay while the sun shines; **wytapiać ~o** smelt iron

żmij|a *f* viper; *przen.* **podstępna/nikczemna/jadowita/zjadliwa ~a** viper; a snake in the grass; **~a pełznie** a viper crawls; **~a syczy** a viper hisses; **~a ukąsiła** a viper bit; **~a wije się** a viper coils; *przen.* **wyhodować ~ę na własnym łonie** nourish a viper in one's bosom

żniw|o *n dosł. i przen.* harvest; **okres ~** harvest/reaping time; **coś zbiera krwawe ~o** sth claims lives; **pomagać przy ~ach** help with the harvest; **wojna zebrała krwawe ~o** the war claimed thousands of lives; **zbierać ~o** reap the harvest

żołąd|ek *m* stomach; **~ek boli** a stomach aches/hurts; **na pusty ~ek** on an empty stomach; **na widok krwi ~ek podchodzi mi do gardła** the sight of blood churns my stomach, the sight of blood turns my stomach; **z pełnym ~kiem** on a full stomach

żołnierz *m* soldier; **~ zawodowy** professional soldier; regular; **Nieznany Żołnierz** the Unknown Soldier

żon|a *f* wife (*pl* wives); **była ~a** ex-wife, former wife; **być jak ~a cezara** (*uczciwą, poza podejrzeniem*) be like Caesar's wife; **czy zostaniesz moją ~ą?** will you be my wife?; **miał dwoje dzieci z pierwszą ~ą** he had two children by his first wife; **opuścić/porzucić/zostawić ~ę** desert one's wife, leave one's wife; **pojąć/wziąć kogoś za ~ę** take sb for one's wife

żółw *m* turtle; tortoise; *przen.* **iść/jechać jak ~** go at a snail's pace; **poruszać się/wlec się jak ~** move at a snail's pace

życi|e *n* life; (*okres życia*) lifetime; **~e doczesne** this life; **~e ludzkie** human life; **~e na prowincji** life in the provinces; **~e na wsi** country/rural/village life; **~e osobiste** personal life; **~e polityczne** political life; **~e pozagrobowe/po śmierci** afterlife, life after death; **~e prywatne** private life; **~e przyszłe** future life; **~e publiczne** public life; **~e rodzinne** family/home life; **~e roślin** plant life; **~e seksualne** sb's sex life; **~e towarzyskie** social life; **~e w mieście** town/city life; **~e wewnętrzne** inner life; **~e wieczne** eternal life; **~e wyższych sfer** high life; **~e zakonne** monastic life; **~e zwierząt** animal life; **ciężkie ~e** difficult/hard/tough life; **dorosłe ~e** sb's adult life; **łatwe/lekkie ~e** easy life; **nocne ~e** nightlife; *przen.* **pieskie/psie ~e** a dog's life; **podwójne ~e** double life; **sprawa/kwestia ~a i śmierci** a matter of life and death; **bez ~a** lifeless; **~e zaczyna się po czterdziestce** life begins at forty; **bać się o własne ~e** be in terror of one's life, live in terror of one's life, go in terror of one's life; **budzić się do ~a** come to life; **być pełnym ~a** be full of life, be full of beans; **co za ~e!** what a life!; **coś nabiera ~a** sth takes on life; **czy istnieje ~e na Marsie?** is there life on Mars?; **dać komuś ~e** (*urodzić kogoś*) give birth to sb; **dawać oznaki ~a** show signs of life; **do końca ~a** for life; **jak zarabiasz na ~e?** what do you do for a living?; **jego ~e wisiało/zawisło na włosku** his life hung by a thread; **jego młode ~e zostało okrutnie i bezsensownie przerwane** his young life was cruelly and senselessly snuffed out; **miała bo-**

gate ~e she had an eventful life; **mieć ciężkie ~e** have a hard life; **na całe ~e** (*przyjaciel, praca itd.*) for life; **narażać czyjeś ~e** risk one's life; **ocalić komuś ~e** save sb's life; **oddać (własne) ~e za kogoś/coś** lay down one's life for sb/sth; **odebrać sobie ~e** take one's own life; **ona jest w pełni ~a** she's full of vitality; **pełen ~a** full of life; lively; **poświęcić czemuś ~e** devote one's life to sth; **powołać do ~a** bring into existance, bring into being, call into being; **pozbawić kogoś ~a** take sb's life; **pozostać przy ~u** stay alive; survive; **podtrzymywać/utrzymywać kogoś przy ~u** keep sb alive; **prowadzić ~e** lead a life; **pulsować ~em** pulsate with life; **rozpocząć nowe ~e** start a new life; **rozstać się z ~em** depart this life; **stracić ~e** lose one's life; **takie jest ~e!/samo ~e!** that's life!; **tętnić ~em** pulsate with life; **to jest (dopiero) ~e!** this is the life!; **trwający całe ~e** lifelong; **ulice tętniły//pulsowały ~em** the streets were pulsating with life; **utrudniać/zatruwać komuś ~e** make life difficult for sb; **używać ~a** live it up; *pot.* **w ~u!** not on your life!; **w całym moim ~u** in all my life; *pot.* in all my born days; **wejść w ~e** (*przepisy itd.*) come into force, become effective, become valid; **widzieć niejedno w ~u** see life; **wprowadzać/wcielać w ~e** implement; carry into effect, carry in force; bring into action; **wycofać się z ~a publicznego** retire from public life; **z ~a wzięty** real-life; **za czyjegoś ~a** in one's lifetime; **zachować się przy ~u** stay alive; survive; **zachowywać kogoś przy ~u** keep sb alive; **zacząć nowe ~e** start a new life; **zakończyć ~e** end one's life; **zarabiać na ~e** earn one's living, earn one's livelihood; **zostać powołanym do ~a** be brought into being, come into being

życzeni|e *n* **1.** wish; desire; **ostatnie ~e** last wish, dying wish; **pobożne ~a** wishful thinking; **czyjeś ~e spełnia się** sb's wish is granted, sb's wish is fulfilled; sb's wish comes true; **spełniać/zaspokajać ~e** meet a desire, fulfil a wish, realize

życzyć

a wish; **to pozostawia wiele do ~a** it leaves a lot to be desired; **twoje ~e jest dla mnie rozkazem** your wish is my command; **wyrazić ~e** express a desire, voice a desire, express a wish; **zamknij oczy i pomyśl sobie jakieś ~e** close your eyes and make a wish **2. ~a** *pl* (*okolicznościowe*) wishes; **~a noworoczne** one's wishes for the New Year; **~a powrotu do zdrowia** one's wishes for one's recovery; **~a serdeczne/ /gorące** one's warm(est) wishes; one's good wishes; **~a świąteczne** season's greetings; **najlepsze ~a z okazji...** best wishes for...; **najlepsze ~a z okazji ślubu/na nowej drodze życia** best wishes for your married life; **przesyłać ~a** send one's wishes; **składać ~a** extend one's wishes, offer one's wishes

życzy|ć *v* **1.** wish; **~ć komuś dobrze** wish sb well; **~ć komuś źle** wish sb ill; **~ę szczęścia** (I wish you) good luck; **~ę wesołych Świąt Bożego Narodzenia** I wish you a merry Christmas **2. ~ć sobie** wish; desire

ży|ć *v* live; be alive; exist; **~ć czymś** live and breathe sth; **~ć dla kogoś/czegoś** live for sb/sth; **~ć jak król** live like a king/lord; **~ć jak pies z kotem** live like cat and dog, lead a cat-and-dog life; fight like cat and dog; **~ć na swobodzie/w stanie dzikim** live in the wild; **~ć na wsi** live in the country; **~ć ponad stan** live beyond one's means; **~ć powietrzem** live on air/nothing; **~ć przeszłością/wspomnieniami** live in the past; **~ć w czyjejś pamięci** be in living memory, be within living memory; **~ć w grzechu** live in sin; **~ć w kłamstwie** live a lie; **~ć w separacji** live in separation; **~ć własnym życiem** live one's own life; **~ć z** (*pensji itd.*) live on; **~ć z dnia na dzień** (*zarabiać dorywczo*) live from hand to mouth, eke out a bare living; (*nie troszczyć się o przyszłość*) live from day to day; **~ć z kimś (na wiarę)** live together, live with each other; **~ć z kimś dobrze** be on good terms with sb; **~ć z kimś źle** be on bad terms with sb; **~ć z polowania** live by hunting; **~ć zgodnie z** (*zasadami* *itd.*) live up to, live by; **dobrze ~ją ze wszystkimi sąsiadami** they're on good terms with all their neighbours; **nie ~ć** be dead; **niech ~je prezydent!** long live the President!; **ona ~ła wyłącznie muzyką** she lived and breathed music; *pot.* **przepraszam, że ~ję!** excuse me for living!; **z czego ~jesz?** what do you do for a living?

żył|a *f* vein; *przen.* **~a złota** goldmine; **podciąć sobie ~y** slash one's wrists; **trafić na ~ę złota** strike gold; *pot.* **wypruwać z siebie ~y** slog one's guts out, sweat one's guts out

żywio|ł *m* element; **rozszalały/szalejący ~ł ognia** raging fire, roaring fire; *przen.* **być nie w swoim ~le** be out of one's element; **być/znaleźć się w swoim ~le** be in one's element; **poczuć się w swoim ~le** feel in one's element; *pot.* **puścić coś na ~ł** let sth take its (natural) course

żywność *f* food; eatables; **niezdrowa ~** junk food; **zdrowa ~** health food; **zaopatrzenie w ~** food supply

żywo *adv* lively; intensely; keenly; **~ się czymś interesować** take a keen interest in sth, be keenly interested in sth; show a lively interest in sth; **co ~** (*natychmiast*) at once, immediately; **coś tkwi ~ w pamięci** sth is in living memory, sth is within living memory; **na ~** (*o transmisji radiowej, telewizyjnej*) live; **transmitować/nadawać na ~** broadcast live

żyw|y *a* **1.** (*żyjący*) living; live; alive; **być ledwie/na pół/na wpół ~ym** be dog tired, be as tired as a dog; be more dead than alive; **dotknąć kogoś/zranić kogoś/dokuczyć komuś/dogryźć komuś/dopiec komuś (czymś) do ~ego** cut sb to the quick (with sth); **jak ~y** (*podobny*) lifelike; to the life; **widziałam prawdziwego, ~ego węża** I saw a real live snake **2.** (*żwawy, intensywny*) lively; **~e dziecko** lively child; **~e zainteresowanie** lively interest; **~y odcień czerwieni** a lively shade of red; **okazywać ~e zainteresowanie czymś** show a lively interest in sth

CZASOWNIKI NIEREGULARNE
IRREGULAR VERBS

verb	past tense	past participle
arise [əˈraɪz]	arose [əˈrəʊz]	arisen [əˈrɪzn]
awake [əˈweɪk]	awoke [əˈwəʊk]	awoken [əˈwəʊkən]
be [biː]	was, were [wəz, wə]	been [biːn]
bear [beə]	bore [bɔː]	borne [bɔːn]
beat [biːt]	beat [biːt]	beaten [ˈbiːtn]
become [bɪˈkʌm]	became [bɪˈkeɪm]	become [bɪˈkʌm]
begin [bɪˈgɪn]	began [bɪˈgæn]	begun [bɪˈgʌn]
bend [bend]	bent [bent]	bent [bent]
beset [bɪˈset]	beset [bɪˈset]	beset [bɪˈset]
bet [bet]	bet/betted [bet/ˈbetɪd]	bet/betted [bet/ˈbetɪd]
bid [bɪd]	bade [beɪd]	bid/bidden [bɪd/ˈbɪdn]
bid [bɪd]	bid [bɪd]	bid [bɪd]
bind [baɪnd]	bound [baʊnd]	bound [baʊnd]
bite [baɪt]	bit [bɪt]	bitten [ˈbɪtn]
bleed [bliːd]	bled [bled]	bled [bled]
bless [bles]	blessed/blest [ˈblesɪd/blest]	blessed/blest [ˈblesɪd/blest]
blow [bləʊ]	blew [bluː]	blown [bləʊn]
break [breɪk]	broke [brəʊk]	broken [ˈbrəʊkən]
breed [briːd]	bred [bred]	bred [bred]
bring [brɪŋ]	brought [brɔːt]	brought [brɔːt]
broadcast [ˈbrɔːdkɑːst]	broadcast [ˈbrɔːdkɑːst]	broadcast [ˈbrɔːdkɑːst]

build [bɪld]	built [bɪlt]	built [bɪlt]
burn [bɜːn]	burnt/burned [bɜːnt/bɜːnd]	burnt/burned [bɜːnt/bɜːnd]
burst [bɜːst]	burst [bɜːst]	burst [bɜːst]
buy [baɪ]	bought [bɔːt]	bought [bɔːt]
can [kæn]	could [kʊd]	—
cast [kɑːst]	cast [kɑːst]	cast [kɑːst]
catch [kætʃ]	caught [kɔːt]	caught [kɔːt]
choose [tʃuːz]	chose [tʃəʊz]	chosen ['tʃəʊzn]
cling [klɪŋ]	clung [klʌŋ]	clung [klʌŋ]
come [kʌm]	came [keɪm]	come [kʌm]
cost [kɒst]	cost [kɒst]	cost [kɒst]
creep [kriːp]	crept [krept]	crept [krept]
cut [kʌt]	cut [kʌt]	cut [kʌt]
deal [diːl]	dealt [delt]	dealt [delt]
dig [dɪg]	dug [dʌg]	dug [dʌg]
dive [daɪv]	dived/US dove [daɪvd/dəʊv]	dived [daɪvd]
do [duː]	did [dɪd]	done [dʌn]
draw [drɔː]	drew [druː]	drawn [drɔːn]
dream [driːm]	dreamed/dreamt [driːmd/dremt]	dreamed/dreamt [driːmd/dremt]
drink [drɪŋk]	drank [dræŋk]	drunk [drʌŋk]
drive [draɪv]	drove [drəʊv]	driven ['drɪvn]
dwell [dwel]	dwelt/dwelled [dwelt/dweld]	dwelt/dwelled [dwelt/dweld]
eat [iːt]	ate [et, eɪt]	eaten ['iːtn]
fall [fɔːl]	fell [fel]	fallen ['fɔːln]
feed [fiːd]	fed [fed]	fed [fed]
feel [fiːl]	felt [felt]	felt [felt]
fight [faɪt]	fought [fɔːt]	fought [fɔːt]
find [faɪnd]	found [faʊnd]	found [faʊnd]

flee [fliː]	fled [fled]	fled [fled]
fling [flɪŋ]	flung [flʌŋ]	flung [flʌŋ]
fly [flaɪ]	flew [fluː]	flown [fləʊn]
forbear [fɔːˈbeə]	forbore [fɔːˈbɔː]	forborne [fɔːˈbɔːn]
forbid [fəˈbɪd]	forbade [fəˈbeɪd]	forbidden [fəˈbɪdn]
forecast [ˈfɔːkɑːst]	forecast/forecasted [ˈfɔːkɑːst/ˈfɔːkɑːstɪd]	forecast/forecasted [ˈfɔːkɑːst/ˈfɔːkɑːstɪd]
foresee [fɔːˈsiː]	foresaw [fɔːˈsɔː]	foreseen [fɔːˈsiːn]
foretell [fɔːˈtel]	foretold [fɔːˈtəʊld]	foretold [fɔːˈtəʊld]
forget [fəˈget]	forgot [fəˈgɒt]	forgotten [fəˈgɒtn]
forgive [fəˈgɪv]	forgave [fəˈgeɪv]	forgiven [fəˈgɪvn]
forsake [fəˈseɪk]	forsook [fəˈsʊk]	forsaken [fəˈseɪkn]
forswear [fɔːˈsweə]	forswore [fɔːˈswɔː]	forsworn [fɔːˈswɔːn]
freeze [friːz]	froze [frəʊz]	frozen [ˈfrəʊzn]
get [get]	got [gɒt]	got/*US* gotten [gɒt/gɒtn]
give [gɪv]	gave [geɪv]	given [ˈgɪvn]
go [gəʊ]	went [went]	gone [gɒn]
grind [graɪnd]	ground [graʊnd]	ground [graʊnd]
grow [grəʊ]	grew [gruː]	grown [grəʊn]
hang [hæŋ]	hung/hanged [hʌŋ/hæŋd]	hung/hanged [hʌŋ/hæŋd]
have [hæv]	had [hæd]	had [hæd]
hear [hɪə]	heard [hɜːd]	heard [hɜːd]
hew [hjuː]	hewed [hjuːd]	hewed/hewn [hjuːd/hjuːn]
hide [haɪd]	hid [hɪd]	hidden [ˈhɪdn]
hit [hɪt]	hit [hɪt]	hit [hɪt]
hold [həʊld]	held [held]	held [held]
hurt [hɜːt]	hurt [hɜːt]	hurt [hɜːt]
keep [kiːp]	kept [kept]	kept [kept]
kneel [niːl]	knelt/*zw. US* kneeled [nelt/niːld]	knelt/*zw. US* kneeled [nelt/niːld]

Infinitive	Past Tense	Past Participle
knit [nɪt]	knitted/knit [ˈnɪtɪd/nɪt]	knitted/knit [ˈnɪtɪd/nɪt]
know [nəʊ]	knew [njuː]	known [nəʊn]
lay [leɪ]	laid [leɪd]	laid [leɪd]
lead [liːd]	led [led]	led [led]
lean [liːn]	leaned/*zwl. GB* leant [liːnd/lent]	leaned/*zwl. GB* leant [liːnd/lent]
leap [liːp]	leapt/*zwl. US* leaped [lept/liːpt]	leapt/*zwl. US* leaped [lept/liːpt]
learn [lɜːn]	learned/*zwl. GB* learnt [lɜːnd/lɜːnt]	learned/*zwl. GB* learnt [lɜːnd/lɜːnt]
leave [liːv]	left [left]	left [left]
lend [lend]	lent [lent]	lent [lent]
let [let]	let [let]	let [let]
lie [laɪ]	lay [leɪ]	lain [leɪn]
light [laɪt]	lighted/lit [ˈlaɪtɪd/lɪt]	lighted/lit [ˈlaɪtɪd/lɪt]
lose [luːz]	lost [lɒst]	lost [lɒst]
make [meɪk]	made [meɪd]	made [meɪd]
may [meɪ]	might [maɪt]	
mean [miːn]	meant [ment]	meant [ment]
meet [miːt]	met [met]	met [met]
melt [melt]	melted [ˈmeltɪd]	melted/molten [ˈmeltɪd/ˈməʊltən]
mislay [ˌmɪsˈleɪ]	mislaid [ˌmɪsˈleɪd]	mislaid [ˌmɪsˈleɪd]
misread [ˌmɪsˈriːd]	misread [ˌmɪsˈred]	misread [ˌmɪsˈred]
mistake [mɪˈsteɪk]	mistook [mɪˈstʊk]	mistaken [mɪˈsteɪkən]
misunderstand [ˌmɪsʌndəˈstænd]	misunderstood [ˌmɪsʌndəˈstʊd]	misunderstood [ˌmɪsʌndəˈstʊd]
mow [məʊ]	mowed [məʊd]	mown/mowed [məʊn/məʊd]
must [mʌst]	(had to) [hæd tuː]	(had to) [hæd tuː]
offset [ˈɒfset]	offset [ˈɒfset]	offset [ˈɒfset]
outdo [ˌaʊtˈduː]	outdid [ˌaʊtˈdɪd]	outdone [ˌaʊtˈdʌn]
overcome [ˌəʊvəˈkʌm]	overcame [ˌəʊvəˈkeɪm]	overcome [ˌəʊvəˈkʌm]
overdo [ˌəʊvəˈduː]	overdid [ˌəʊvəˈdɪd]	overdone [ˌəʊvəˈdʌn]

Infinitive	Past Simple	Past Participle
overdraw [ˌəʊvəˈdrɔː]	overdrew [ˌəʊvəˈdruː]	overdrawn [ˌəʊvəˈdrɔːn]
overhear [ˌəʊvəˈhɪə]	overheard [ˌəʊvəˈhɜːd]	overheard [ˌəʊvəˈhɜːd]
overlay [ˌəʊvəˈleɪ]	overlaid [ˌəʊvəˈleɪd]	overlaid [ˌəʊvəˈleɪd]
overpay [ˌəʊvəˈpeɪ]	overpaid [ˌəʊvəˈpeɪd]	overpaid [ˌəʊvəˈpeɪd]
oversee [ˌəʊvəˈsiː]	oversaw [ˌəʊvəˈsɔː]	overseen [ˌəʊvəˈsiːn]
oversleep [ˌəʊvəˈsliːp]	overslept [ˌəʊvəˈslept]	overslept [ˌəʊvəˈslept]
overtake [ˌəʊvəˈteɪk]	overtook [ˌəʊvəˈtʊk]	overtaken [ˌəʊvəˈteɪkən]
partake [pɑːˈteɪk]	partook [pɑːˈtʊk]	partaken [pɑːˈteɪkən]
pay [peɪ]	paid [peɪd]	paid [peɪd]
prepay [ˌpriːˈpeɪ]	prepaid [ˌpriːˈpeɪd]	prepaid [ˌpriːˈpeɪd]
prove [pruːv]	proved [pruːvd]	proved / US proven [pruːvd / ˈpruːvn]
put [pʊt]	put [pʊt]	put [pʊt]
quit [kwɪt]	quit / quitted [kwɪt / ˈkwɪtɪd]	quit / quitted [kwɪt / ˈkwɪtɪd]
read [riːd]	read [red]	read [red]
rebroadcast [ˌriːˈbrɔːdkɑːst]	rebroadcast [ˌriːˈbrɔːdkɑːst]	rebroadcast [ˌriːˈbrɔːdkɑːst]
rebuild [ˌriːˈbɪld]	rebuilt [ˌriːˈbɪlt]	rebuilt [ˌriːˈbɪlt]
redo [ˌriːˈduː]	redid [ˌriːˈdɪd]	redone [ˌriːˈdʌn]
relay [ˌriːˈleɪ]	relaid [ˌriːˈleɪd]	relaid [ˌriːˈleɪd]
remake [ˌriːˈmeɪk]	remade [ˌriːˈmeɪd]	remade [ˌriːˈmeɪd]
rend [rend]	rent [rent]	rent [rent]
repay [rɪˈpeɪ]	repaid [rɪˈpeɪd]	repaid [rɪˈpeɪd]
reset [ˌriːˈset]	reset [ˌriːˈset]	reset [ˌriːˈset]
rethink [ˌriːˈθɪŋk]	rethought [ˌriːˈθɔːt]	rethought [ˌriːˈθɔːt]
rewind [ˌriːˈwaɪnd]	rewound [ˌriːˈwaʊnd]	rewound [ˌriːˈwaʊnd]
rewrite [ˌriːˈraɪt]	rewrote [ˌriːˈrəʊt]	rewritten [ˌriːˈrɪtn]
rid [rɪd]	rid / ridded [rɪd / ˈrɪdɪd]	rid / ridded [rɪd / ˈrɪdɪd]
ride [raɪd]	rode [rəʊd]	ridden [ˈrɪdn]
ring [rɪŋ]	rang [ræŋ]	rung [rʌŋ]

rise [raɪz]	rose [rəʊz]	risen [ˈrɪzn]
run [rʌn]	ran [ræn]	run [rʌn]
saw [sɔː]	sawed [sɔːd]	sawed/sawn [sɔːd/sɔːn]
say [seɪ]	said [sed]	said [sed]
see [siː]	saw [sɔː]	seen [siːn]
seek [siːk]	sought [sɔːt]	sought [sɔːt]
sell [sel]	sold [səʊld]	sold [səʊld]
send [send]	sent [sent]	sent [sent]
set [set]	set [set]	set [set]
sew [səʊ]	sewed [səʊd]	sewed/sewn [səʊd/səʊn]
shake [ʃeɪk]	shook [ʃʊk]	shaken [ˈʃeɪkən]
shave [ʃeɪv]	shaved [ˈʃeɪvd]	shaved/shaven [ˈʃeɪvd/ˈʃeɪvn]
shear [ʃɪə]	sheared [ˈʃɪəd]	sheared/shorn [ˈʃɪəd/ʃɔːn]
shed [ʃed]	shed [ʃed]	shed [ʃed]
shine [ʃaɪn]	shone [ʃɒn]	shone [ʃɒn]
shoe [ʃuː]	shod [ʃɒd]	shod [ʃɒd]
shoot [ʃuːt]	shot [ʃɒt]	shot [ʃɒt]
show [ʃəʊ]	showed [ʃəʊd]	shown/showed [ʃəʊn/ʃəʊd]
shrink [ʃrɪŋk]	shrank/shrunk [ʃræŋk/ʃrʌŋk]	shrunk/shrunken [ʃrʌŋk/ˈʃrʌŋkən]
shut [ʃʌt]	shut [ʃʌt]	shut [ʃʌt]
sing [sɪŋ]	sang [sæŋ]	sung [sʌŋ]
sink [sɪŋk]	sank/sunk [sæŋk/sʌŋk]	sunk/sunken [sʌŋk/ˈsʌŋkən]
sit [sɪt]	sat [sæt]	sat [sæt]
sleep [sliːp]	slept [slept]	slept [slept]
slide [slaɪd]	slid [slɪd]	slid [slɪd]
sling [slɪŋ]	slung [slʌŋ]	slung [slʌŋ]
slit [slɪt]	slit [slɪt]	slit [slɪt]
smell [smel]	smelt/zwl. US smelled [smelt/smeld]	smelt/zwl. US smelled [smelt/smeld]

Infinitive	Past Tense	Past Participle
sow [səʊ]	sowed [səʊd]	sowed/sown [səʊd/səʊn]
speak [spiːk]	spoke [spəʊk]	spoken [ˈspəʊkən]
speed [spiːd]	sped/speeded [sped/ˈspiːdɪd]	sped/speeded [sped/ˈspiːdɪd]
spell [spel]	spelt/*zwl. US* spelled [spelt/speld]	spelt/*zwl. US* spelled [spelt/speld]
spend [spend]	spent [spent]	spent [spent]
spill [spɪl]	spilt/*zwl. US* spilled [spɪlt/spɪld]	spilt/*zwl. US* spilled [spɪlt/spɪld]
spin [spɪn]	spun/span [spʌn/spæn]	spun [spʌn]
spit [spɪt]	spat/*US* spit [spæt/spɪt]	spat/*US* spit [spæt/spɪt]
split [splɪt]	split [splɪt]	split [splɪt]
spoil [spɔɪl]	spoiled/spoilt [spɔɪld/spɔɪlt]	spoiled/spoilt [spɔɪld/spɔɪlt]
spread [spred]	spread [spred]	spread [spred]
spring [sprɪŋ]	sprang/*US* sprung [spræŋ/sprʌŋ]	sprung [sprʌŋ]
stand [stænd]	stood [stʊd]	stood [stʊd]
steal [stiːl]	stole [stəʊl]	stolen [ˈstəʊlən]
stick [stɪk]	stuck [stʌk]	stuck [stʌk]
sting [stɪŋ]	stung [stʌŋ]	stung [stʌŋ]
stink [stɪŋk]	stank/stunk [stæŋk/stʌŋk]	stunk [stʌŋk]
stride [straɪd]	strode [strəʊd]	stridden [ˈstrɪdn]
strike [straɪk]	struck [strʌk]	struck [strʌk]
strive [straɪv]	strove/strived [strəʊv/straɪvd]	striven/strived [ˈstrɪvn/straɪvd]
swear [sweə]	swore [swɔː]	sworn [swɔːn]
sweep [swiːp]	swept [swept]	swept [swept]
swell [swel]	swelled [sweld]	swelled/swollen [sweld/ˈswəʊlən]
swim [swɪm]	swam [swæm]	swum [swʌm]
swing [swɪŋ]	swung [swʌŋ]	swung [swʌŋ]
take [teɪk]	took [tʊk]	taken [ˈteɪkən]
teach [tiːtʃ]	taught [tɔːt]	taught [tɔːt]
tear [teə]	tore [tɔː]	torn [tɔːn]

tell [tel]	told [təʊld]	told [təʊld]
think [θɪŋk]	thought [θɔːt]	thought [θɔːt]
thrive [θraɪv]	thrived/throve [θraɪvd/θrəʊv]	thrived [θraɪvd]
throw [θrəʊ]	threw [θruː]	thrown [θrəʊn]
thrust [θrʌst]	thrust [θrʌst]	thrust [θrʌst]
tread [tred]	trod [trɒd]	trodden ['trɒdn]
undergo [ˌʌndəˈgəʊ]	underwent [ˌʌndəˈwent]	undergone [ˌʌndəˈgɒn]
underlay [ˌʌndəˈleɪ]	underlaid [ˌʌndəˈleɪd]	underlaid [ˌʌndəˈleɪd]
underlie [ˌʌndəˈlaɪ]	underlay [ˌʌndəˈleɪ]	underlain [ˌʌndəˈleɪn]
understand [ˌʌndəˈstænd]	understood [ˌʌndəˈstʊd]	understood [ˌʌndəˈstʊd]
undertake [ˌʌndəˈteɪk]	undertook [ˌʌndəˈtʊk]	undertaken [ˌʌndəˈteɪkən]
undo [ʌnˈduː]	undid [ʌnˈdɪd]	undone [ʌnˈdʌn]
unwind [ʌnˈwaʊnd]	unwound [ʌnˈwaʊnd]	unwound [ʌnˈwaʊnd]
uphold [ʌpˈhəʊld]	upheld [ʌpˈheld]	upheld [ʌpˈheld]
upset [ʌpˈset]	upset [ʌpˈset]	upset [ʌpˈset]
wake [weɪk]	woke/waked [wəʊk/weɪkt]	woken/waked [ˈwəʊkən/weɪkt]
waylay [ˌweɪˈleɪ]	waylaid [ˌweɪˈleɪd]	waylaid [ˌweɪˈleɪd]
wear [weə]	wore [wɔː]	worn [wɔːn]
weave [wiːv]	wove [wəʊv]	woven [ˈwəʊvn]
wed [wed]	wedded/wed [ˈwedɪd/wed]	wedded/wed [ˈwedɪd/wed]
weep [wiːp]	wept [wept]	wept [wept]
wet [wet]	wetted/wet [ˈwetɪd/wet]	wetted/wet [ˈwetɪd/wet]
win [wɪn]	won [wʌn]	won [wʌn]
wind [waɪnd]	wound [waʊnd]	wound [waʊnd]
withdraw [wɪðˈdrɔː]	withdrew [wɪðˈdruː]	withdrawn [wɪðˈdrɔːn]
withhold [wɪðˈhəʊld]	withheld [wɪðˈheld]	withheld [wɪðˈheld]
withstand [wɪðˈstænd]	withstood [wɪðˈstʊd]	withstood [wɪðˈstʊd]
wring [rɪŋ]	wrung [rʌŋ]	wrung [rʌŋ]
write [raɪt]	wrote [rəʊt]	written [ˈrɪtn]

WYDAWNICTWA NAUKOWO-TECHNICZNE
ul. Mazowiecka 2/4, 00-048 Warszawa
tel. 826-72-71 do 79
Dział Marketingu i Sprzedaży
tel. 827-56-87, fax 826-82-93
e-mail: marketing@wnt.com.pl

WNT. Warszawa 2002. Wyd. I
Ark. wyd. 62,8. Ark. druk. 42,25
Symbol ESA/83597/WNT
Cieszyńska Drukarnia Wydawnicza